非洲25国国别分析报告

(2010年版)

主　编　李若谷

副主编　苏　中　朱鸿杰　刘连舸

中国财政经济出版社

图书在版编目（CIP）数据

非洲25国国别分析报告．2010年版／李若谷主编．—北京：中国财政经济出版社，2010.5
ISBN 978－7－5095－2211－0

Ⅰ．非…　Ⅱ．李…　Ⅲ．①非洲－概况②投资环境－研究报告－非洲　Ⅳ．K94　F14

中国版本图书馆CIP数据核字（2010）第075336号

中国财政经济出版社出版

URL：http：//www.cfeph.cn

E-mail：jiaoyu@cfeph.cn

（内部资料）

社址：北京市海淀区阜成路甲28号　邮政编码：100142

北京金华印刷有限公司印刷

889×1194毫米　16开　48.25印张　1 078 560字

2010年5月第1版　2010年5月北京第1次印刷

定价：128.00元

ISBN 978－7－5095－2211－0/F·1757

（图书出现印装问题，本社负责调换）

《非洲25国国别分析报告(2010年版)》
编 写 组

主　　编：李若谷

副 主 编：苏　中　朱鸿杰　刘连舸

编写人员：王法德　首大春　易宗华　黄启钻
林　铭　付峻青　何　博　周旭文
李　坚　张　飙　刘　鹏　沈旭生
雷佳林　戴　蔚

后危机时代国际经济格局发展趋势及中国的角色

（代序）

——李若谷行长于2009年6月为中国国际经济关系学会成立30周年所著学术论文

李若谷行长于2010年1月在瑞士达沃斯参加世界经济论坛2010年年会（冬季达沃斯）

由美国次贷危机引发的金融与经济危机目前仍在全球蔓延，全球经济正经历大萧条时代以来最严重的衰退。纵观世界经济发展史，每一次危机都带来国际经济格局的重要调整。本轮危机波及范围之广、影响程度之深，堪称“百年一遇”，无疑将对国际经济格局产生深远影响。中国应适应国际经济格局的变化，及时调整发展战略，确保又好又快发展。

一、后危机时代国际经济格局的发展趋势

这次危机对传统的国际经济关系造成了巨大冲击，引起了国际经济发展的许多重要变化。从深层次看，危机对国际经济分工、协调机制以及发展模式等影响很大，已经显现出新的发展趋势。

（一）从国际经济分工看，正在由垂直分工向水平分工转化

传统的国际经济关系主要是殖民和掠夺关系，国际经济分工是一种垂直分工。资本主义列

强通过武力等掠夺广大落后国家的资源，把过剩的资本和落后的生产力转移到落后国家，由这些落后国家生产低端产品，少数资本主义列强凭借武力、资本和技术等生产所谓的高端产品，通过这种垂直的国际经济分工实现对广大发展中国家的掠夺和剥削。比如，跨国公司就是这种垂直分工的主要形式，也是西方发达国家在经济全球化背景下推行经济霸权的行为主体，为其赚取了巨大利益。据联合国贸发会统计，2006年全球有7.8万家跨国公司及其78万家国外附属公司，它们控制了全球生产的45%、国际商品贸易的50%—60%、国际技术贸易的60%—70%、对外直接投资的90%。其中真正代表跨国公司影响力的是少数大型跨国公司，这些企业主要为发达国家所有。据统计，2005年跨国公司中前100名的企业有83家来自美、日、欧等发达国家，为这些国家赚取了巨额利润。例如，2004年美国企业全球平均收益率为10.1%，而在中国达到19.2%，高出全球平均水平9.1个百分点。跨国公司及其国外子公司还控制着全球资源能源生产。2005年，跨国公司及其国外子公司控制了几内亚、马里、坦桑尼亚、赞比亚等最不发达国家以及阿根廷、博茨瓦纳、加蓬、加纳、蒙古、纳米比亚和巴布亚新几内亚等国家几乎全部金属矿产生产，在其他主要金属生产国所占份额也高达50%—86%；跨国公司还占有全球石油和天然气产量的22%，在撒哈拉以南非洲地区其份额平均为57%①。

近年来，伴随着中国等发展中国家经济崛起，这种传统的国际经济垂直分工方式逐步向水平分工方式转化，这次危机成为这种国际经济分工方式转化的加速器。随着发展中国家经济的快速发展，西方发达国家的资本、技术等优势逐步减弱，在全球化中也逐渐丧失产业优势，原来的垂直分工方式也就难以运转。在这种情况下，西方发达国家不得不寻求与发展中国家进行经济、技术合作，国际经济分工开始向发挥资源优势、区位优势等合理的水平分工方式转化。其主要表现在三个方面：

1. 国际贸易趋势的变化

国际贸易是国际分工的直接反映。近年来，国际贸易中不再是过去的发达国家向发展中国家提供高端产品、发展中国家向发达国家提供资源、原材料、低附加值加工品等低端产品，形势发生了显著变化。如早在2004年，中国已超越美国，成为全球最大的信息、通讯产品出口国。美国信息、通讯产品市场总额中，27%来自中国。中国对美国、欧盟的信息通讯产品贸易中都处于顺差国地位。2002年至2007年，中国高新技术产品出口增长率分别达到46.1%、62.6%、50.1%、31.8%、33.3%和12.6%，2008年1月至6月增长21.7%，出口地集中在香港、美国、欧盟等发达国家和地区。2007年，中国对欧盟、美国、日本、澳大利亚、加拿大的高新技术产品出口增长率分别约为40%、10%、5%、50%和23%。②

2. 对外投资趋势的变化

对外投资是国际经济分工方式转化的直接推动力量。近年来，发展中国家海外投资快速发展，带动了资本、技术、设备的输出。联合国贸发会议数据显示，发展中国家已成为国际

① 联合国贸易和发展委员会，世界投资报告2007。
② 数据来自商务部和海关网站。

直接投资的重要来源地，对外直接投资存量超过50亿美元的发展中国家数量已从1990年的6个增加到30多个，"金砖四国"是最主要的投资来源地。2007年发展中国家对外直接投资总量达2530亿美元。2006年巴西对外直接投资达270亿美元，首次超过其吸收外资规模，巴西20家最大跨国公司持有境外资产达560亿美元。截至2008年底，俄罗斯累计对外投资538亿美元，累计已收回投资1032亿美元。中国2008年对外直接投资522亿美元。除对外直接投资外，发展中国家也凭借近年施工技艺及管理水平的提高和劳动力众多，在对外承包工程和对外劳务合作方面异军突起。截至2008年底，中国对外承包工程累积完成营业额2630亿美元，对外劳务合作累积完成营业额559亿美元，输出劳务人员462万人。

3. 跨国经营形势的变化

跨国公司实力和跨国并购形势变化是国际经济分工方式转化的重要表现。近年来，发展中国家与发达国家的跨国公司实力对比也在发生变化。2008年《财富》世界500强名单中，发展中国家跨国公司已达52家（中国从2007年的30家增长到35家，印度7家，俄罗斯和巴西各5家），5家发展中国家跨国公司跻身前20名（其中中国4家，巴西1家[①]）。相比之下，美国上榜企业则从2007年162家下滑到153家，为10年来最差表现。尽管面临反垄断、知识产权、意识形态和法律法规等多方面的限制和阻挠，但近年来发展中国家企业并购发达国家企业的趋势已经形成。比如，中国对发达国家的跨国并购发展很快，已经收购了美国一些知名品牌、先进技术和渠道网络等，如联想收购IBM全球PC业务、万向集团收购美国UVA公司股权、民生银行收购美国联合银行、华立集团收购菲利普公司美国CDMA通信研发中心、华谊集团收购美国MPS公司17条电池生产线等。

（二）从国际经济协调机制看，正在由发达国家主导向发达国家与发展中国家共同主导转化

从传统的国际经济关系看，发达国家始终掌握着国际经济秩序的主导权。二战前，发达资本主义国家主要通过武力等掌握国际经济发展的主导权；二战后主要通过控制国际经济组织等控制国际经济发展。当前影响世界经济秩序的三个主要组织，即国际货币基金组织（IMF）、世界银行和世界贸易组织都由美国等发达国家主导建立并一直占据核心地位。例如，目前美国在IMF的投票权为16.77%，德国、英国和法国拥有的投票权分别5.88%、4.86%和4.86%，而中国只有3.66%。即使根据国际货币基金组织理事会2008年4月批准的改革方案，发达国家的投票权重从59.5%降为57.9%，发展中国家的投票权重从40.5%上升为42.1%，但发达国家在IMF中的绝对优势也没有改变，何况世界银行行长历来是由美国人担任的，而国际货币基金组织总裁人选则由欧洲国家决定。又比如，由美国主导的"乌拉圭回合"谈判最终达成协定，其减税产品的贸易额达112亿美元，减税幅度近40%，在近20个

---

① 分别为中石油、中国工商银行、中国移动、中国建设银行和巴西石油。

产品部门实现了零关税，结果给美国带来巨大利益。此外，在美国签订的双边和区域性贸易协定带来的市场效应的压力下，其他国家不得不实行贸易自由化改革或者建立更多贸易协定，从而使美国确立了其在全球贸易安排中的领导地位，增强了在贸易谈判中的主导权。

经济实力是国际经济主导权的决定因素。国际经济实力的变化必然导致国际经济的主导权转变。此次金融危机使世界各主要经济体之间展开了一场新的博弈，推动世界经济格局进入调整和再平衡过程。由于本轮危机发源于美国，直接导致世界主要发达经济体的经济衰退，而对发展中国家的影响相对较小。从经济的基础层面看，发达国家经济实力正在下降已成为事实，而发展中国家的经济实力则呈现相对上升的态势。据 IMF 2009 年 1 月 28 日《世界经济展望》报告显示，2008 年全球经济和贸易增长分别为 3.4% 和 4.1%，其中发达国家经济增长率为 2.7%、进口增长率为 1.5%、出口增长率为 3.1%，而新兴经济体上述三个指标分别为 6.3%、10.4% 和 5.6%。IMF 预测先进经济体 2009 年产出将收缩 2%，而新兴和发展中经济体的增长预期尽管将下降至 3.3% 的水平，但其增长率仍将保持或超过以往全球经济下滑期间的增长水平（见表 1）。经济合作与发展组织（OECD）也在 3 月 31 日公布的一份经济展望报告中预测，2009 年全球经济将下滑 2.7%，具体看，日本、美国、欧元区将分别下滑 6.6%、4.0% 和 4.1%；俄罗斯和巴西经济将分别下滑 5.6% 和 0.3%；而中国和印度经济将分别增长 6.3% 和 4.3%。美国高盛公司经济学家吉姆·奥尼尔预测中国、俄罗斯、印度和巴西 4 国将在 2025 年达到美、日、德、法、意、英 6 国 GDP 之和的 50%，并在 2050 年内全面超越西方 6 大强国。当前，由危机推动国际经济权力格局变化的一个有力表现是，以往长期主导世界经济全局的富国俱乐部“G8”已经被拥有 11 个新兴经济体和发展中国家的 20 国集团所代替。正如英国《新政治家》周刊在其封面文章中所说，伦敦 20 国峰会具有“巨大的象征意义”，“承认了全球经济权力平衡由发达国家向发展中国家进行的重大转移”。

需要特别强调的是，中国在这次金融危机中显示出了强大的抗危机能力，在全球经济下滑的情况下依然保持了持续快速发展的趋势，成为世界经济的主导力量之一。

1. 中国已成为全球经济增长的重要推动力量

此次危机对所有发达国家都造成了严重的冲击，绝大多数发展中国家也没有逃脱厄运。2008 年 9 月以来，美、欧、日等世界主要经济体出现了多年未有的同步衰退，极大地拉低了全球经济增长。世界第一大经济体——美国自 2007 年 12 月就已陷入衰退，2008 年第 4 季度 GDP 增长率已下降为 -6.2%，创下 1982 年以来的最差纪录。中国尽管也受到较大冲击，但 GDP 增速仍然保持了相对较高的水平，与美、欧、日形成了强烈的反差。2008 年第 4 季度中国 GDP 增速为 6.8%，全年则高达 9%，是全球总体水平的 2.6 倍，对全球经济增长贡献率超过了 20%。因此，在危机背景下，中国经济就成为了世界经济最为重要的推动力量，在世界经济格局中的地位不言而喻。

2. 中国已成为全球金融系统的主要稳定力量

这次危机使得发达国家金融体系几近瘫痪，而国际金融中心主要集中在为数不多的几个主要发达国家，因此危机在削弱发达国家金融系统内部造血功能的同时，也对资金跨国流动造成了严重的打击。反观中国，金融体系的安全性、流动性基本没有受到太大影响。尽管中国金融体系对外开放度还不是很高，但作为全球第三大经济体和第三贸易大国，与外部的资金联系也是全球国际金融活动的重要构成部分。中国近 2 万亿美元的外汇储备对美国等发达国家的经济和金融体系危机起到了极大的缓和作用，对全球金融体系的稳定和恢复发挥了重要的影响。因此，中国健康而安全的金融体系在一定程度上防止了金融恐慌在全球范围的进一步蔓延。

3. 中国将成为全球经济复苏的重要引擎

危机全面爆发后，中国政府凭借雄厚的财政实力，迅速出台了规模高达 4 万亿元的经济刺激计划，极大地鼓舞了各国的信心，获得了普遍的赞誉，起到了良好的示范带头作用。中国政府一系列扩大内需的经济刺激计划，以及前段时间政府牵头的欧、美采购计划，客观上减缓了全球经济需求总量的下滑。值得一提的是，2009 年以来，中国已超越美国，连续 3 个月成为全球最大的汽车销售市场。可以预期，中国的需求将成为全球经济复苏的重要支撑。与世界其他主要经济体相比，中国经济基本面良好，金融体系健康安全。随着中国政府一系列保增长、扩内需、调结构、重民生的经济刺激计划的实施，中国完全有可能率先走出危机，成为全球经济走向复苏的重要原动力之一。

这次金融危机是中国经济崛起的加速器，提前确立了中国的经济大国地位。美国彼得森国际经济研究所所长伯格斯滕（Fred Bergsten）在 2008 年 7 月《外交》期刊上声称，未来世界经济问题的解决方案主要掌握在中美两国手中。世界银行行长佐利克和首席经济学家林毅夫在今年 3 月 6 日的《华盛顿邮报》上撰文指出，没有一个强有力的 G2，G20 将会很失望。英国《经济学家》杂志网站也在 3 月 31 日《中国占据舞台中央》的文章中指出，今年 G20 峰会应当关注的不是 G20，而是 G2。今年 5 月 17 日英国外交大臣戴维·米利班德在《卫报》发表文章说“未来数十年里，中国将与美国一道成为两支权威力量，成为世界两强，中国将与美国并肩成为 G2 集团”。这些言论或有不甚妥当之处，但在某种程度上可以说明，中国已经成为世界经济主导力量之一。

（三）从国际经济发展模式看，西方自由市场经济模式被颠覆，中国发展模式和理念体现适宜性

长期以来，以美国为首的发达国家不遗余力地向全球推行其自由市场经济模式。其最突出的表现是，20 世纪 80 年代后发达国家通过西方债权俱乐部施加压力，迫使拉美国家接受“华盛顿共识”，推行“三化”即自由化、私有化和市场化。到 90 年代，西方世界极力游说东亚国家实行金融自由化、贸易自由化和投资自由化改革。在非洲等发展中国家，发达国家长期以实施经济援助为条件，迫使这些国家按西方意志进行市场化改革。历史实践证明，自由市场经济模式没有解决这些国家和地区既有的矛盾和问题，反而导致经济陷入了更加困难

的境地。这次危机进一步证明了这一结论。

1. 西方自由市场经济模式陷入危机

对本次危机，尽管美国的金融监管和货币政策确实要承担一定的责任，但引发危机的根本原因是美国实行的自由市场经济模式在作祟。因为监管与货币政策都是建立在“自由市场经济”理论之上的。本轮危机是一种系统性危机。美国等西方发达国家一直崇尚自由市场经济模式，虽然经过20世纪30年代大危机之后，逐渐吸收了凯恩斯的国家干预思想，但“市场至上”仍然是这些西方国家治理经济的核心理念。自由市场经济模式的根本缺陷并不在于它是否有政府干预，或者是在多大程度上运用了政府干预，而在于这种经济治理模式过度信任市场的力量。由于对市场的过度信任，自由市场经济模式对经济的治理有一种天然的惰性，总是头痛医头，脚痛医脚。也就是说，国家干预往往是作为市场的补充手段存在的，政府不会积极主动地干预经济，而是抱着对市场能不干预就不干预的消极防御态度。但是经济作为一个总体，不仅需要政府出面对市场已经显现的一些漏洞进行修补，更为重要的是，政府应当动态地调整其参与经济调节的程度。经济是一个系统，在一定的情境下，它有一种合理的运转方式，但是当原有的外部或内部环境发生变化，系统原来的运转方式就会失去其合理性，整个系统就会失衡。由于系统的运转方式往往具有较强的路径依赖性质，如果没有一种外部力量在适当的时候促使原有的运转方式发生改变，那么该系统必然会发生危机，甚至将整个系统摧毁。而政府就应该充当经济系统的外部牵引者，不仅是进行局部的修补，更应当从全局的角度审视经济系统的运转，及时发现系统性危机，并通过政府的力量，结合市场的运转规律，适时地给经济系统做出结构性、方向性的指引和调节。20世纪60年代末以来，美国经济先后出现了三个方面的结构失衡，即产业结构失衡、消费储蓄结构失衡，以及由于服务业的可贸易性远低于制造业，服务业过度膨胀与美国过度消费共同造成美国严重的国际收支失衡。而美元的国际地位却支撑了这种失衡。本轮危机就是这种结构失衡的结果，即使不发生次贷危机也会发生其他的危机。由于美国政府过于信任市场这只“看不见的手”，尽管当经济过热或者过冷的时候，美国政府也会运用货币和财政政策等手段对经济总量进行调节，但对以上提及的经济结构失衡等问题却置之不理，始终相信市场的选择是合理的。不幸的是，市场往往是盲目的。就像温水中的青蛙，它的选择就它的视野来说是理性的，但它看不到水缸外的火堆，看不到系统性危机。

2. 中国选择市场与政府相结合的发展模式在本次危机中显示出合理性

本轮危机宣布了放任自流的自由市场经济模式失败。与此相反，中国选择市场与政府相结合的模式，最终把中国经济推向世界，奠定了经济大国地位。市场与政府相结合的经济治理理念的核心在于，政府不仅要担任市场局部缺陷的“修理工”，同时还要担当经济系统的外部指引者和调节者。中国是真正把市场与政府相结合的经济治理理念付诸实践的先行者。中国经济改革的成功不仅仅是由于市场机制的引入，更为重要的是中国政府在改革开放的过程中成功认识到与市场调节相结合。当前的经济危机将加速放任自流的自由市场经济模式的灭亡，而市场与政府相结合的经济模式将成为世界经济的主流。如美国国家情报委员会出版的题为《2025 年全球趋势：一个剧变的世界》的“全球趋势报告”明确指出，“到 2025 年……更多的国家将被中国的发展模式所吸引，而不是仿效西方政经发展模式”。

中国的成功证明了中国经济制度和模式的可行性和适宜性，确立了中国经济的发展理论。

3. 西方经济模式的意识形态性得以暴露，中国和谐发展理念具有积极意义

剖开理论层面的原因，发达国家致力于推行西方经济发展模式的深层原因在于西方资本主义意识形态的驱动。正如英国剑桥学派经济学家琼·罗宾逊夫人在《经济哲学》中写到的：“经济学是实证科学与意识形态的混合物”。任何一种经济理论尤其是西方经济理论都离不开意识形态的纠缠。西方经济学各种理论的出现和盛行都是资本主义发展特定历史阶段的产物，不论是古典自由主义、凯恩斯主义还是新自由主义，其发展与更替都是为了解决资本主义的矛盾和问题，核心是为促进和维持资本主义的发展和根本利益。这种意识形态性在外部的表现是，将西方经济理论作为各国经济发展的普适原则，反对其他模式，认为西方模式是世界经济发展的必然。例如，新自由主义代表人物哈耶克的学说就带有非常强的意识形态性。他认为，计划经济会通向对人的奴役，社会主义是一个巨大的错误，要拯救人类就必须驳倒社会主义，他把拯救西方文明的核心价值当作自己的使命①。此外，西方世界还长期秉持着西方中心主义和霸权主义思想，正是这种思想将西方经济理论的意识形态性在外部推向了极端。除了意识形态层面的原因，现实利益的驱动是西方鼓吹并极力推行自由主义市场经济模式的根源所在。如前文所述，中国等发展中国家经济的崛起使西方世界在国际经济格局中的传统利益受到了冲击。在基于“新兴大国崛起——冲击国际社会固有利益格局——影响权利格局——国际体系变迁”的理论和现实影响下，为维持其主导地位和既有利益，西方国家必然选择以牺牲其他国家利益为代价，推行自身发展模式和对外经济策略。

但是，由于西方经济理论一直掩盖在增加社会财富总量、促进经济发展、提高社会福利水平等科学性和价值取向之下，使其背后的意识形态性往往被忽略或不易引起重视。本次危机从资本主义世界内部打破了西方经济理论及其发展模式的光环，使世界各国尤其是发展中国家更加深刻地认识到片面强调市场机制的功能和作用，鼓吹自由化、市场化、私有化，放松对外资的监管、放松政府对市场的监管等并不能保证经济发展，其实质不过是以美国为首的发达国家对广大发展中国家的发展进行控制，是资本主义进行全球扩张战略的手段。与西方不同，中国强调“和而不同，求同存异”，促进全球经济共同增长的和谐发展理念就显示出重要意义和价值。

中国从不按照自身制度原则和社会结构来判断和衡量其他国家，从不认为经济发展存在普适模式，而是强调“兵无常势、水无常态”，主张各国根据自身具体情况和现实制定经济策略和选择发展道路。在国际经济合作中，中国强调互利共赢，致力于建设持久和平、共同繁荣的和谐世界。在对发展中国家提供援助时不干涉受援国的内政。在共同应对本次危机中，

① 张保全，西方经济思潮的意识形态色彩.《理论与现代化》，2006 年（06）。

中国采取了一个负责任大国的态度，不仅积极促进本国经济的稳定发展，还积极支持其他发展中国家的发展。中国的做法在世界上越来越具有吸引力。

二、后危机时代中国的应对策略

面对国际经济格局的快速变化，中国应该做好充分准备，牢固树立世界眼光和战略思维，采取正确的应对策略，在推动世界和谐发展的同时，确保自己又好又快发展。只有这样，建设社会主义现代化强国和实现中华民族的伟大复兴目标才能顺利实现。

特别需要强调的是，中国已经成为世界经济重要力量之一，今后还将成为亚洲经济的主导力量，所以，中国要从心理上与思想上有所准备。中国变成主要角色有利有弊，既要承担相应的责任，也要承担相应的义务。过去，我们在一些领域承担责任不够，又在另一些领域承担过多。中国要以新的姿态、新的思维承担与未来国际地位相称的国际使命，树立大国意识、责任意识，成为促进世界经济发展和维护世界和平的重要力量。从这一点出发，我们思考问题的角度要有些变化。

（一）立足国情，解决好自身经济发展问题

目前中国经济地位的上升是在发达国家衰退的背景下凸显出来的，并不是因为中国的经济实力已经可以左右世界经济大局了。尽管中国GDP和贸易总量均已进入世界前三，也基本称得上是“世界工厂”，但事实上中国与发达国家还存在不小的差距。不仅人均收入远低于发达国家，企业竞争力更是远逊于发达国家，特别是与美国相比：根据4月9日《福布斯》公布的全球2000家大企业名单，中国大陆仅有91家上榜，占比还不到5%，而美国有551家企业入围，占比高达28%；仅全球10强企业，就有5家来自美国，而中国企业最高排名才到第12位，而且仅有4家进入30强。我们应清醒地意识到与发达国家的差距，不能被假象蒙蔽双眼，妄自尊大。目前，西方国家和国际机构纷纷向中国求援，作为一个经济大国，中国应当负起一定的责任，但是不在其位，不谋其事，中国不能做超过自身实力和地位的幻想和举动。此外，虽然中国在危机中表现出了相对较好的经济稳定性，但同样也面临许多困难，比如出口下降、内需不足、产业结构失衡等等。因此，中国应对危机的首要任务是解决好自身的问题。

1. 要继续发挥中国传统比较优势，加快产业结构升级

中国目前还面临着巨大的就业压力，同时新的比较优势也还未建立，因此传统劳动力优势不能轻易放弃。这种不放弃不是简单保住，而是要用高新技术改造传统产业，使之成为劳动与技术同为密集型的新的制造业、加工业。世界上每一次危机都必然导致产业结构的调整。例如，30多年前两次石油危机期间，美国在重化工业遭受严重打击后大力发展计算机、航天

航空、生物工程等一批高附加值、低能耗的新兴产业，顺势完成了经济结构的转型；与此同时，欧洲在计算机、机器人、通信网、生物技术、新材料等领域先后取得了一大批超前技术成果，为产业转型奠定了坚实基础；日本也实现了由高耗能的资源密集型产业向加工产业为主的资本密集型、技术密集型产业的转移。本次危机也不会例外，产业调整与发展步伐决不会因为金融危机而止步，反而会进一步加快。美、欧、日等发达国家正在酝酿一场新的产业技术革命，加大了对新能源、生物医学、计算机等高新技术领域的投入。要赶上此次产业结构调整的快车，中国必须加强科技投入和自主创新，提高产品附加值，努力在危机过后形成以科技进步和创新为基础的经济增长点和新的竞争优势。

2. 进一步完善政府与市场相结合的运行机制，调整经济结构，扩大内需

改革开放以来，中国成功地运用了市场和政府两种手段，取得了丰硕的成果。但是，市场与政府的最佳结合点是动态变化的，需要不断探索和完善市场与政府相结合的经济治理理念和模式，充分发挥政府的系统指引和调节功能，理顺市场机制，激发市场活力，改善经济结构。中国扩大内需是一项长期经济发展战略，因为只有成为一个主要市场，中国在世界经济中的话语权才会更大。扩大内需依靠两个方面，一是靠投资包括私人投资和政府投资拉动；另一个是靠个人、家庭消费和政府消费。通过投资和公共部门消费拉动内需容易，比较困难的是刺激个人和家庭消费。目前，我国居民还不具备消费的实力，非不为而是不能为。要较为显著地扩大个人和家庭消费难以在短期内实现，其中基本的是要增加居民收入。因此，要多出台增加居民收入的政策措施。今后二三十年的发展要以增加居民的收入为主要目标之一。

（二）积极宣传中国发展经验和理念

与发达国家和一些发展中国家相比，中国在国际经济舞台上是后来者，仅用30年的时间创造了资本主义国家需要上百年才能获得的成就，原因是中国成功地开创性地建立了一套适宜的制度和模式。过去西方资本主义一直对中国崛起保持着怀疑、警惕和防范的心理，甚至利用“中国威胁论”、“中国崩溃论”等各种不利言论试图打击、阻碍中国经济发展。但是，经过此次危机，就连西方人也意识到了中国发展模式的强大生命力，从而降低了对中国的敌对情绪。我们应抓住当前相对宽松和有利的国际舆论环境，积极宣传中国发展模式，让其他发展中国家也能分享中国成功的经验。因为，只有发展中国家总体实力增强了，我们才能借助集体的力量有效地推进国际经济秩序改革，发展中国家才能争取到公平的待遇。另外，全球各国经济已经紧密地联系在了一起，各国经济相互之间的互动性已上升到空前的高度，颇有一荣俱荣、一损俱损的架势，任何国家也不能独善其身。我们对外宣扬中国模式，希望西方发达国家也能从中吸取一定的经验教训，正视自身的问题，完善自身经济体系。只有这样，才能构建一个良好而稳定的国际经济环境，才能更顺利地推动中国的改革开放。

（三）实施新的经济国际化战略

1. 实施新的海外投资战略

凭借稳定的金融系统和充足的外汇储备，在危机中寻找难得的国际合作机会，进一步扩大对外投资规模，充分利用境外市场和境外资源。美国一个马歇尔计划奠定了美国的霸权地位，中国也应实施具有战略性的海外投资计划。尤其在当前我国外汇储备比较多，美元不断贬值的情况下，更应通过资本输出来创造外部市场需求，增加海外非金融资产。重点支持那些对出口带动作用大的资源开发、能源、交通、水利、电力、航空航天等大项目。对那些受金融危机影响而资产严重缩水的国际知名企业，要抓住时机收购，以利用其海外销售渠道和品牌效应。同时，应加大对发展中国家的援助、增加买方信贷，为中国企业和产品创造更多商机，缓解不利的国际经济环境对中国外贸发展带来的压力。

2. 推动人民币国际化发展

危机为人民币国际化发展提供了绝佳的机遇，我们应当顺势而为，深入研究并稳步推进人民币国际化。人民币国际化有利也有弊，人民币国际化最主要的好处是增加稳定性，减少不确定性，进出口商都可以从中受益，降低汇率风险，节省外汇衍生品交易的相关费用，减少汇兑环节和成本。从宏观看，人民币国际化还有利于国际货币体系稳定，减少中国货币错配，增强我国参与国际经济和金融事务的协调能力，获得一定的铸币税等。人民币国际化的不利之处主要在于国内经济政策将受掣肘。中国在制定本国宏观经济政策时，会面临内外政策均衡的冲突，必须兼顾政策对国际市场和其他持有人民币国家可能产生的影响，宏观政策国际间协调与保护本国利益产生矛盾等。

所以，人民币国际化不能急于求成，必须随着国家经济实力的发展而水到渠成。当前应做好相关准备工作：第一，要保持人民币币值稳定。币值不稳定的货币实现自由兑换，充当国际货币，在国际市场行使价值尺度和流通手段等功能，只会导致国际市场不确定性增加，扰乱国际货币体系。第二，资本市场逐步开放。目前的资本市场开放度还跟不上人民币自由兑换的要求。第三，提高金融机构管理水平和金融人才素质。健全完善的金融机构和高素质金融人才是人民币自由兑换的重要保证。但我国目前金融机构的管理水平和金融人才水平，离人民币自由兑换的要求还有较大差距。第四，稳步推进利率市场化。利率市场化是可兑换货币的共同特征。中国虽然一直在深化利率改革，但与市场化的要求还有一定差距。

3. 逐步确立中国在亚洲经济的主导地位

中国要利用这次危机创造机会，在亚洲经济一体化的过程中发挥主导作用。只有这样，才能使人民币国际化有坚实的基础。要实现这种主导作用，就必须使中国周边的经济体与中国的经济融为一体。在东北，我们应该加大对东北的投入，使东北的发展、老工业基地的振兴与俄远东地区和蒙古的资源优势，日、韩技术与管理的优势相结合，形成以东北为中心的整个东北亚地区的繁荣与发展，形成3亿人口的市场规模。在西北，要以新疆的发展为中心将整个中亚地区融入中国经济，让中亚地区的发展受益于我国广大的市场潜力。在南部，要把西南、华南的发展与东盟融为一体，加大华南、西南与东盟之间公路、铁路和航空等交通网的建设，使中国成为东盟经济发展的依托。东部地区要与日、韩合作，使之成为亚洲地区金融、研发、教育、科技和先进制造业的中心。中国应充分利用巨大的国内市场，以此力量整合整个东亚的经济，使之成为一个以中国为核心的经济体，这样中国才能在下一轮世界经济竞争中处于有利的地位。

表1　　全球产出和贸易增长率

增长率（%）　年度	2007	2008	2009	2010
全球产出	5.2	3.4	0.5	3.0
先进经济体	2.7	1.0	-0.2	1.1
美国	2.0	1.1	-1.6	1.6
欧元区	2.6	1.0	-2.0	0.2
德国	2.5	1.3	-2.5	0.1
法国	2.2	0.8	-1.9	0.7
意大利	1.5	-0.6	-2.1	-0.1
日本	2.4	-0.3	-2.6	0.6
英国	3.0	0.7	-2.8	0.2
加拿大	2.7	0.6	-1.2	1.6
新兴和发展中经济体	8.3	6.3	3.3	5.0
中国	13.0	9.0	6.7	8.0
印度	9.3	7.3	5.1	6.5
巴西	5.7	5.8	1.8	3.5
俄罗斯	8.1	6.2	-0.7	1.3
非洲	6.2	5.2	3.4	4.9
全球贸易	7.2	4.1	-2.8	3.2
先进经济体进口	4.5	1.5	-3.1	1.9
新兴及发展中经济体进口	14.5	10.4	-2.2	5.8
先进经济体出口	5.9	3.1	-3.7	2.1
新兴及发展中经济体出口	9.6	5.6	-0.8	5.4

资料来源：IMF，世界经济展望．2009年1月28日。

前 言

由李若谷行长担任主编，苏中、朱鸿杰副行长担任副主编，由中国进出口银行东南非代表处工作人员编写的2009年版《非洲25国国别分析报告》已经成为中国进出口银行总行各业务部门和分行有关人员的案头工具书，成为中资企业开展对非洲业务的重要参考。

2009年全年，东南非代表处按照总行要求，进一步加大了研究工作力度，不仅对辖区25个国家的国民经济运行情况和热点问题进行了更深入研究和数据更新，而且还对辖区国家的重点行业进行了调研，先后向总行报送专题报告55篇，情况反映摘要194篇，共计约120万字。这些报告都是代表处人员赴业务辖区内各国拜访其财政部、中央银行等政府部门以及有关实业部门，获取的这些国家的中央银行年报、财政预算报告、政府经济发展规划、政经概况等重要的一手材料，花费大量心血认真编译和分析研究，并结合对中国驻非洲国家大使馆、经商处和部分中资企业调研的基础上形成的，对总行领导和业务部门了解非洲、分析和评估国别风险、进行项目评审和有关决策起了很好的参考作用，得到了总行领导和有关部门的较高评价。

按照李若谷行长“既然是工具类材料就一定要有实用价值……注意材料的新、实、快”的重要指示精神，本着便于保管和翻阅，更好满足工作需要的原则，代表处对2009年所撰写的有关报告、摘要进行了认真梳理和精心挑选，删减过时内容、合并相同或相近内容，在补充、更新有关数据资料的基础上，再次编印2010年版《非洲25国国别分析报告》，作为内部资料在全行范围内发行。

本书在稿件选用上，本着好中选优的原则，要求相关报告和摘要对我行业务发展能提供参考及决策依据；实效性强；文字水平较高；分析透彻、数据翔实、层次清楚、逻辑性较强。

本书由李若谷行长亲自担任主编并作序，苏中、朱鸿杰、刘连舸副行长担任副主编，东南非代表处工作人员编写。该书共分为两个部分：

第一部分：非洲总体情况。包括：非洲总体情况专题报告及非洲总体情况有关摘要。

前　言

由李若谷行长担任主编，苏中、朱鸿杰副行长担任副主编，由中国进出口银行东南非代表处工作人员编写的2009年版《非洲25国国别分析报告》已经成为中国进出口银行总行各业务部门和分行有关人员的案头工具书，成为中资企业开展对非洲业务的重要参考。

2009年全年，东南非代表处按照总行要求，进一步加大了研究工作力度，不仅对辖区25个国家的国民经济运行情况和热点问题进行了更深入研究和数据更新，而且还对辖区国家的重点行业进行了调研，先后向总行报送专题报告55篇，情况反映摘要194篇，共计约120万字。这些报告都是代表处人员赴业务辖区内各国拜访其财政部、中央银行等政府部门以及有关实业部门，获取的这些国家的中央银行年报、财政预算报告、政府经济发展规划、政经概况等重要的一手材料，花费大量心血认真编译和分析研究，并结合对中国驻非洲国家大使馆、经商处和部分中资企业调研的基础上形成的，对总行领导和业务部门了解非洲、分析和评估国别风险、进行项目评审和有关决策起了很好的参考作用，得到了总行领导和有关部门的较高评价。

按照李若谷行长“既然是工具类材料就一定要有实用价值……注意材料的新、实、快”的重要指示精神，本着便于保管和翻阅，更好满足工作需要的原则，代表处对2009年所撰写的有关报告、摘要进行了认真梳理和精心挑选，删减过时内容、合并相同或相近内容，在补充、更新有关数据资料的基础上，再次编印2010年版《非洲25国国别分析报告》，作为内部资料在全行范围内发行。

本书在稿件选用上，本着好中选优的原则，要求相关报告和摘要对我行业务发展能提供参考及决策依据；实效性强；文字水平较高；分析透彻、数据翔实、层次清楚、逻辑性较强。

本书由李若谷行长亲自担任主编并作序，苏中、朱鸿杰、刘连舸副行长担任副主编，东南非代表处工作人员编写。该书共分为两个部分：

第一部分：非洲总体情况。包括：非洲总体情况专题报告及非洲总体情况有关摘要。

第二部分：代表处业务辖区内各个国家的国别情况。涵盖国家包括：南非、肯尼亚、安哥拉、苏丹、加纳、尼日利亚、埃及、喀麦隆、埃塞俄比亚、坦桑尼亚、赞比亚、博茨瓦纳、乌干达、津巴布韦、莫桑比克、纳米比亚、毛里求斯、马达加斯加、斯威士兰、马拉维、莱索托、厄立特里亚、塞舌尔、科摩罗和索马里等25个国家。

该部分主要内容包括：该国国民经济运行情况分析；该国近期主要大事及分析；该国重点行业发展情况分析；该国热点问题透视等。

希望该书的编印对全行同仁的工作有所裨益。由于时间仓促，水平所限，书中难免有不足甚至错误之处，请大家批评指正。

编　者

2010年4月

CONTENTS

目录

第一篇 非洲总体情况

一、2009年非洲经济回眸

2009年注定将成为历史上继1929年经济大萧条以来全球经济最不乐观的一年。受到美国次贷危机的影响，美国迅速将危机传播到世界各地，并全面引发全球性的金融危机。非洲虽然对全球经济的贡献度很小，但其依然不能置身事外，反而很大程度上受到金融危机的影响——由于世界各国收紧资金链，非洲传统出口产品的需求下降、石油价格下跌，非洲的石油、天然气生产商不得不急匆匆地修改预算。不过，即使在这个令人沮丧的一年里，也有一些亮点。本文将着重回顾一下2009年非洲经济的主要表现。

一月

2009年1月，在达沃斯经济论坛上，许多经济学家预测，此次危机将在未来的12个月内引起全球性的经济大萧条，随后世界经济将进入2年的低速增长期，这很有可能使得贸易保护主义抬头。有些分析家甚至预测，经济衰退很有可能持续长达5年之久，这将是历史上时间最长的经济衰退期。

2008年下半年大起大落的国际油价，迫使非洲许多产油国政府，包括尼日利亚、安哥拉和利比亚等国，不得不大大削减2009年的政府开支。即使是非洲大多数非产油国，也由于担心本国的出口商品（从铜矿到花卉）价格下跌，各自压缩了政府预算。

二月

2009年2月，经济衰退对全球富裕消费者的影响显现。主要表现在博茨瓦纳的国营钻石公司德比斯瓦纳（Debswana）公司宣布，由于全球性的需求减少，公司决策在2009年剩余时间内关闭在博茨瓦纳的两块钻石矿。作为博茨瓦纳邻国的南非同样也是钻石生产大国，据官方数字显示，自2008年第4季度，该国的国内生产总值已经出现1.8%的萎缩。

然而，南部非洲并非都是坏消息。2月，津巴布韦历经一年的政治危机终告一段落，反对派领导人摩根·茨万吉拉伊宣誓就任罗伯特·穆加贝总统政府下的总理，使得这个濒临崩溃的国家迎来了政治稳定的曙光。

三月

2009年3月，对经济增长的可怕预言进一步恶化。国际货币基金组织（IMF）曾在1月预测，2009年世界经济将增长0.5%，处于60年来最低水平，仅仅两个月后他们改变了该预测，认为全球经济2009年将出现1%的萎缩。

世界银行的预测更为悲观，他们预测全球GDP将出现1.7%的下降，并进而预测2009年世界主要工业国的经济将下降3%，而发展中国家的经济有可能达到2.1%的增长。

2009年撒哈拉以南非洲的经济增长预计将达到平均2.4%的水平，是2008年增长速度的一半。非政府组织——“行动援助”①（Action Aid）预测，2009年非洲将失去270亿美元的援助和220亿美元其他资金来源，这相当于整个非洲大陆的收入减少了10%。“行动援助”的政策负责人，克莱尔·梅拉梅德（Claire Melamed）表示：虽然发展中国家不是这场危机的制造者，但很清楚，他们正承受着危机的最严重影响。国际援助的减少将使得许多非洲国家的经济倒退，并导致出现非洲大陆的人民陷于贫困的可怕后果。

即使在悲观和沮丧之际，希望也仍然存在。巴西淡水河谷公司宣布，他们将在莫桑比克投资13亿美元进行莫阿蒂泽煤矿开采项目。所开采出来的煤炭除用于出口以外，还将提供国内的发电原料，并由此带动铁路、港口等基础设施项目的投资，为该国农业出口以及其他行业提供更快捷的基础设施。

四月

2009年4月2日，20国集团峰会在英国伦敦国际会展中心举行。会议的主题是讨论如何合作以应对百年一遇的金融危机。其中主要的一项议题是遏制保护主义，并为解决世界经济危机而筹划方案。20国领导人同意向国际货币基金组织、世界银行等国际金融机构增资1.1万亿美元，以帮助各国摆脱金融危机所带来的困境。其中，国际货币基金组织的救援储备基金将扩大2倍，达到7500亿美元。世界银行等国际金融机构也将收到至少1000亿美元的发展基金。虽然大多数资金用于世界主要工业化经济体，但20国集团也同意以1000亿美元增加对发展中国家的援助。

20国峰会的召开无疑对非洲国家来说是个重大利好消息。4月底，南非、博茨瓦纳和东南非共同市场国家同意为津巴布韦联合政府提供4亿美元的贷款。

五月

进入2009年5月，20国集团首脑会议的兴奋很快平息下来。IMF再次对撒哈拉以南非洲国家的经济增长率作出预测，认为2009年撒哈拉以南非洲国家的经济增速约在1.5%，远远低于2000年以来该地区6%的平均水平。

IMF总裁斯特劳斯·卡恩说：“在许多方面，非洲是金融海啸的无辜受害者。尽管非洲银行避免接触有毒资产，但私人资本退出，证券投资和外国直接投资枯竭，使得非洲的经济不容乐观。”

---

① “行动援助”是一个以消除全球贫困为宗旨的公益性国际联盟组织，1972年成立于英国，2004年秘书处迁至南非。30多年来，行动援助在全球50个国家或地区开展工作，通过与2000多家当地扶贫和民间组织密切合作，帮助了1300万贫穷人群和弱势群体，改善了他们的生存和发展状况。在未来，行动援助将主要从事与反贫困相关的社区综合发展和政策研究倡导，以社会性别与妇女发展、教育、公共卫生与艾滋病、可持续发展、人类安全与治理为主要的工作领域

六月

2009年6月，担任南非新任总统的雅各布·祖马（Jacob Zuma）为解决南非的失业问题，承诺到2009年年底创造50万个新职位，并到2014年年底再创造400万个新职位，并同时宣布，7870亿兰特（980亿美元）的政府预算支出计划维持不变，但警告议会在使用预算时必须要精打细算。

有专家预测，2010年南非世界杯将会对南非经济起到一定的弥补作用，但要挽回南非采矿业的颓势仍任重道远。

七月

2009年7月8日—10日，G8峰会在意大利拉奎拉举行，会议围绕应对金融危机，促进世界经济增长，实现经济复苏，以及气候变化，能源安全，粮食安全，国际贸易和发展问题特别是非洲国家的发展问题进行沟通。出席会议的各经济体领导人共同认为如果没有复苏，全球经济不可能出现稳定的迹象。同时为保证粮食安全，一些钱必须用于支持非洲的农业生产者，而联合国粮食和农业组织（FAO）估计，稳定非洲的小型农业至少需要300亿美元的新投资。

同月，坦桑尼亚宣布将增加该国的石油和天然气勘探投资，并计划在达累斯萨拉姆和姆特瓦拉新建几个较大的燃气电厂，同时拟向肯尼亚首都内罗毕建设一条天然气出口管道，非洲开发银行已同意就该项目提供可行性研究部分的融资支持。

八月

2009年8月，南非中央银行再次下调了贷款利率，这是自2008年12月以来的第6次调降，在短短的9个月里，贷款利率从12%直降到7%。南非中央银行行长Tito Mboweni称，持续性的利率下调是考虑到南非经济复苏的速度似乎落后于全球经济复苏速度。

同月，俄罗斯Sintezneftegaz公司宣布在纳米布沙漠①盆地近海处发现可能含有多达14万亿立方英尺的天然气田。如果得到证实，这将是南部非洲最大的天然气田。

九月

2009年9月，随着G20美国匹兹堡金融峰会的召开，全球复苏的迹象变得更加明显。财

① 纳米比沙漠（Namib）是纳米比亚西部的一个沙漠，位于非洲最大的国家公园——纳米布—诺克陆夫国家公园内。沙漠面积50000平方公里，位于纳米比亚长1600公里的大西洋海岸线，东西阔度由50—160公里不等，安哥拉西南部也属于纳米比沙漠范围。

政刺激政策承诺已经达到令人兴奋的5万亿美元，外加1万亿美元用于帮助财政极度困难的国家。日本和德国都逐步走出谷底，新兴经济体如巴西、印度和中国也表现出了他们在全球性金融危机中的较强复苏能力。

然而，非洲的欠发达经济体依然受着严重的影响。法国、意大利和爱尔兰相继宣布削减其援助预算，经济合作与发展组织则警告说，这项政策将在其他捐助国被仿效。

十月

2009年10月，来自世界各地的经济数据显示，全球奢侈品的销售在2009年第3季度出现大幅下降。但例外的是，虽然南非采矿业出口收入下降，游客人数也下降，但南非葡萄酒业的发展却未受全球性危机的影响。10月公布的数字显示，南非1月—7月葡萄酒出口额为44亿美元，同比增长48%。这证明了即使在最严峻的经济环境下，经济的成功也是有可能的。

十一月

2009年11月，世界经济复苏的迹象终于也在非洲有所展现。南非结束了2009年前三个季度以来的经济衰退，出现了0.9%的增长，制造业出口商继续保持对海外竞争者的竞争力，2010年世界杯足球赛的筹备工作也帮助该国的建筑业增长了6.1%。

11月中国政府在中非合作论坛埃及部长级会议上承诺向非洲提供100亿美元低息贷款用于非洲项目建设，加强中国与非洲之间的合作。这是2006年中非合作论坛北京峰会所承诺金额的2倍。非洲大陆内部也在积极寻求经济解决方案，如东非共同体（EAC）5个成员国——肯尼亚、坦桑尼亚、乌干达、布隆迪和卢旺达批准了5国之间人员和货物的自由流动，并在2010年7月前创建一个共同市场。

在西非，壳牌公司透露，由于当地武装分子对石油产业的袭击减少，天然气产量达到两年来的最高。这主要得益于当地政府2009年年初的武器大赦措施。

十二月

2009年12月，世界各国领导人在丹麦首都哥本哈根举行了气候变化大会。工业化世界的大多数国家政府已承诺削减二氧化碳排放量，虽然削减量比绝大多数科学家建议数值要少。而撒哈拉以南非洲对本次气候大会所倡导的低碳经济作出的贡献巨大（约占全球人均排放量3%—4%），但长远来看，该地区的经济利益将受到全球性低碳经济的影响。

毫无疑问，2009年将被视为对全球经济具有破坏性的一年，非洲经济2009年的增速出现较大幅度下滑，个别国家甚至陷入负增长。由于非洲绝大多数国家的金融业尚不发达，未与国际金融体系接轨，这使得国际金融危机对非洲金融业影响有限，对实体经济的影响是间接和次递的。在全球金融危机形势下，西方国家从非洲进口减少，对非洲援助下降，赴非游客减少，原材料价格下跌，均使得非洲经济增长遭到全方位冲击。但非洲国家通过近年来谨慎且卓有成效的经济改革措施，一定程度上靠自身缓解了金融危机的冲击。到2009年底，非洲经济已呈现了企稳向上的势头。此外，值得一提的是，亚洲和拉美新兴市场已成为非洲越来越重要的经贸合作与发展伙伴。中国因素更是在非洲抗击此次国际金融危机中发挥了不可替代的作用。

展望未来，多数经济观察家对非洲经济前景持乐观态度，2010年将会出现好转。非洲的人力资源和自然资源十分丰富，只要继续推进经济改革，投资基础设施和教育，抓住危机带来的机遇进行结构调整，非洲经济一定能逐步踏上稳健、快速的增长之路。

据非洲开发银行、经济合作与发展组织及联合国非洲经济委员会预测，2010年非洲经济增幅有可能回升至4.5%。

参考文献资料

1. 非洲经济受金融危机全面冲击（Africa takes full brunt of crisis）.《非洲商务》，2010年1月刊。
2. 2009世界经济年终回顾与展望．中国经济网。

二、2008年非洲社会经济发展状况及展望

非洲[①] 2008年的经济增长出现了放缓，2009年将进一步放慢。非洲经济增长的变化是由于从美国开始的金融危机的影响而致。非洲作为一个整体，尽管经济增长下滑，财政和经常账户平衡却出现了好转，国内储蓄和投资比率上升。然而，受高油价和食品价格影响，非洲的平均通货膨胀率大幅上升，影响了很多国家的宏观经济的稳定和食品安全。

非洲需要采取短期措施以处置全球金融危机和粮食短缺的负面影响，并需要采取长期的措施以加速和保持经济发展，从而在未来获得社会和经济实质性的发展。在资源丰富的国家，受石油和矿产出口拉动，经济增长较快，但国家仍面临很大不确定性，达不到千年发展目标规定的要求。

（一）2008年非洲发展状况

1. 2008年非洲发展放缓

2008年非洲经济增长率从2007年的6%下降至5.1%。尽管增速放缓，考虑到全球经济

① 指撒哈拉以南非洲，以下同。

放缓，增长依然强劲。影响非洲2008年发展的主要因素是高商品①需求和价格，持续的、稳健的宏观经济管理和经济改革，国内投资和产能的提高，近期的债务减免，私人资本的流入，非石油产品出口的增加，以及非洲各地方的政局的稳定。政府执政能力的提高，执法环境的改善，长期计划落实的监督和评估，给私人部门的发展创造了机会。然而，援助和其他资本流入由于受全球严重金融危机和经济衰退影响将减少。

商品收入，尤其是石油收入是非洲2008年经济发展的关键推动力。非洲石油出口国2008年贡献了非洲53.3%的GDP和61.4%的GDP增长。受益于较高的油价，尽管最近全球经济放缓，非洲石油出口国保持了相对较高的增长率。下一阶段受金融危机和全球需求减少影响，预计石油和其他商品价格会下降。但是受历史价格水平影响，石油和矿产品价格仍将保持较高，石油出口国的经济增长将继续保持较高的水平。图1显示了2006年至2008年非洲石油和非石油生产国经济增长率，从中可以看出，近3年来石油生产国的经济增长率高于非洲平均水平。

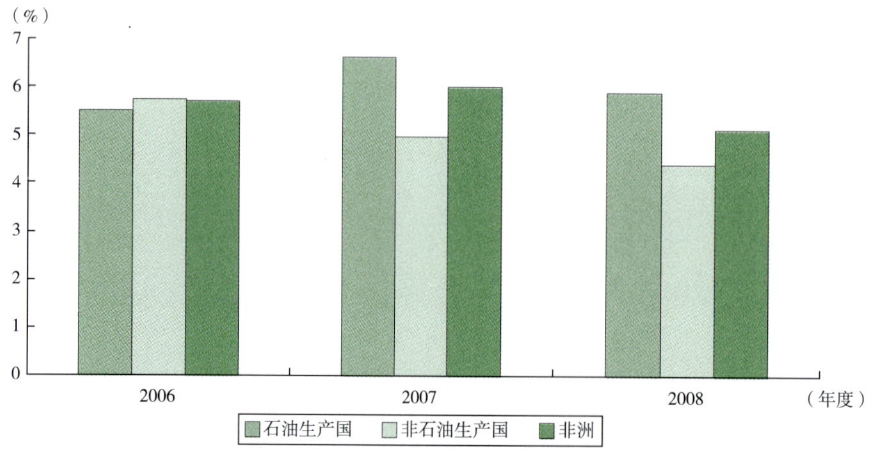

图1　2006—2008年非洲石油和非石油生产国经济增长率比较

2008年非洲平均增长率放缓主要是非洲石油进口国GDP增长的显著放缓，从2007年5%的增长率减少至2008年的4.4%。增长下滑主要受能源和食品成本较高影响，导致进口增加较多，此外也受金融危机导致的全球需求减少的影响，出口出现下滑。

非洲的经济受全球金融危机的直接影响较少，但更容易受到金融危机次级冲击波——商品价格波动的冲击。因此，工业化国家受金融危机影响而产生衰退的直接和第二波影响将于2009年开始登陆非洲，负面影响将会显现。从数量上看，非洲商品和服务的出口2006年至2008年间年均增长13%，进口年均仅增长6.6%。从价值来看，出口和进口则分别年增长8.1%和4.2%，导致非洲的贸易条件增长比较缓慢，年均仅增长1.4%。

总体来说，非洲的经济增长远比千年发展目标要求的7%的增长率低。更重要的是，过去3年来，获得7%以上增长率的非洲石油进口国家的数量在减少。非洲人均收入的增

① 是指石油、矿产品等初级产品，以下如无特别说明，相同。

加也很慢。根据最近估计，2005 年撒哈拉以南非洲国家的贫困率与 1981 年相比差不多，而贫困人口的绝对数量则翻了 1 倍。表 1 展现了非洲国家 2006 年至 2008 年按 GDP 增长分类情况。

表 1　　2006—2008 年非洲国家按 GDP 增长分类情况表

年度 / GDP 增长率(%)	2006		2007		2008	
	石油生产国	非石油生产国	石油生产国	非石油生产国	石油生产国	非石油生产国
低于 3%	5	7	4	10	2	7
3%—5%	1	11	2	8	3	14
5%—7%	4	14	2	15	3	17
7% 以上	3	8	5	7	4	2
合　计	13	40	13	40	12	40

2008 年非洲无论石油出口国还是进口国，通货膨胀率有明显上升。通货膨胀压力对宏观经济管理造成了压力，威胁着经济增长的成果和宏观经济稳定，尤其是对石油进口国而言。稳步提高的宏观经济管理和长期的、非债务资源对非洲出口多样化和持续高增长十分重要。

由于商品价格高企，更多的援助和资本流入，使得今年非洲国家汇率升值，多样化的动力受到弱化。而这种趋势将由于商品价格下跌于 2009 年停止或扭转。

非洲各国政府应当通过紧缩性的宏观经济政策和竞争性的汇率政策，实施增长导向的长期战略。也应当实施鼓励教育、技术、基础设施的公共投资和高效率产业政策，同时还需要实施与世界经济融合的战略，鼓励人们开发具有非洲竞争优势的产品。

2008 年非洲平均的高油价和食品价格带来了非洲贫困率的上升和粮食短缺，尤其是西非、战乱国家和非洲之角。非洲从其他区域进口了大量的粮食，贫困家庭一半以上收入支出在粮食消费上。除了外部支持之外，石油进口国家需要稳健的国内政策以处置高能源和食品价格对经济和社会的冲击。

国际社会已经致力于向非洲尤其是向冲突国家和干旱区域提供紧急援助。但非洲国家应当辅之以国内政策，包括减少进口税和国内粮食方面的税，以及现金补贴。在中长期内，非洲国家必须在农业方面加大投资，通过使用更好的种子，科学的施肥和更好的灌溉和耕作技术提高生产效率。

2. 各次区域和国家之间经济发展不平衡

2008 年非洲 5 个次区域①中有 3 个次区域 GDP 增长放缓。其中，西非和中非增长率为 5.4% 和 4.9%，2007 年度为 5.2% 和 3.9%，增速放缓不明显；北非、东非、南非增长率分别为 5.4%、5.7% 和 4.2%，比 2007 年度的 5.9%、6.3%、6.2% 均有较大幅度放缓。非洲 5 个次区域 GDP 增长情况见表 2：2006 年至 2008 年非洲次区域经济增长情况。

---

① 东部非洲、南部非洲、西部非洲、北部非洲和中部非洲（简称东非、南非、西非、北非和中非，下同）。

表2　　2006—2008年非洲次区域经济增长情况

区域＼年度	2006	2007	2008
东　非	6.2	6.3	5.7
南　非	6.1	6.2	4.2
北　非	5.8	5.9	5.4
西　非	4.6	5.2	5.4
中　非	1.8	3.9	4.9
非洲总体	4.9	5.5	5.1

尽管增长放缓，东非依然是非洲近3年经济发展最快的地区。埃塞俄比亚是该区域经济发展的领头羊，2008年GDP增长达到8%；其次为刚果（金）（7.2%）、坦桑尼亚（6.8%）、塞舌尔（6.2%）、乌干达（6%）、卢旺达（5.8%）、马达加斯加（5.2%）、布隆迪（5%）、吉布提（5%）。肯尼亚由于受大选骚乱以及随后的旅游业剧跌影响，增长率由6.1%降至3.5%。厄立特里亚由于暴雨、农业歉收及商业环境欠佳影响，增长缓慢，仅1%。科摩罗由于政治不稳定影响了旅游和外国直接投资（FDI），增长仅0.5%。

东非经济的增长点有农业、园艺、服务（尤其是金融）、电信和建筑业。该次区域受益于援助的流入以及旅游和外国直接投资（FDI）的强劲增长。然而，像乌干达等国经济增长依然受制于基础设施瓶颈。

高油价和旅游收入持续给北非经济发展带来支撑。埃及增长率达6.5%，其次为利比亚（6.2%）、苏丹（6%）、摩洛哥（5.1%）、突尼斯（4.8%）。毛里塔尼亚的经济复苏强劲，从2007年的1%上升至4.2%，但是阿尔及利亚则经济增长放缓，从4.6%降至3.3%。除了石油和矿产品出口强劲，刺激北非大多数国家公共和私人消费之外，北非的农业生产以及受旅游和居民建设需求拉动的建筑业均有较快增长。突尼斯由于食品和石油价格上升以及欧盟需求减少，增速放缓。苏丹则由于石油产量降低导致增速放缓。

在西部非洲，大多数国家增长强劲，利比亚加速恢复（8%），尼日利亚石油产量和价格双增长（6.1%），佛得角外国直接投资高流入和汇款收入（5.8%）、塞拉利昂矿业增加（5.8%），加纳和布基纳法索分别达到6%、4.3%。冈比亚由于建筑业、旅游业及公共支出的高增长，增长达到5.8%。贝宁由于出口恢复、棉花产量和建筑业增长强劲，增长达到4.7%。受矿业和服务业增长支撑，塞内加尔增长达4.6%，尼日尔达4%。而马里受益于非矿部门快速扩张影响增长率达3.9%。该区域其他国家的经济成果则相对较弱，几内亚比绍为3.3%，多哥、科特迪瓦、几内亚分别为2.9%、2.8%、2%。

在中部非洲，2007年增长率为3.9%，2008年增加至4.9%。其中，赤道几内亚受益于基础设施的公共投资增加，增长率达到9%；刚果（布）和加蓬由于石油产量较多增长和非油部分的活力增加，增长率分别达到7.8%和3.9%；圣多美和普林西比的增长依然较快，达到5.3%。中非共和国受捐赠和政治局势转好影响，增长达到4.4%。喀麦隆3.9%的增长率则是基础设施投入和自然资源开发带动的。乍得受政治动乱、石油收入管理混乱影响，增长仅1%。

南部非洲的经济增长从2007年的6.2%下降至2008年的4.2%。但是，尽管区域经济放缓，安哥拉的GDP增长率是非洲最高的，达到12.9%。该区域的其他国家增长率分别为：马拉维（6.6%）、博茨瓦纳（6.5%）、莫桑比克（6.2%）、赞比亚（5.9%）、毛里求斯（5.4%）、莱索托（5.0%）、纳米比亚（3.6%）。南非的GDP增长率陡降，从2007年的5.1%突降至2008年的3.1%，2009年的上半年甚至开始负增长。斯威士兰增长率也很低，为2%。津巴布韦则继续负增长，为-4.5%。该次区域的主要增长因素是高油价和矿产品价格及出口，增加的粮食作物产出，以及商业、电信、交通运输的增长。而影响增长的因素为援助资金延误（马拉维），全球需求放缓（赞比亚），缺电、高利率和全球经济活力减弱（南非），出口制造工业遇到的困难（斯威士兰），以及政局不稳定（津巴布韦）。

3. 2008年表现最佳和最差的国家

以往，非洲经济表现最好的一般是资源丰富、接受高额援助的国家，而表现最差的则往往是遭遇政局不稳或外部冲击的国家。2007年的11个表现最好国家中，只有6个继续出现在2008年表现最佳名单。这6个国家中，只有埃及经济多样化较好。这使得非洲的可持续发展和加速发展能力难以提高。

津巴布韦、科摩罗、乍得、索马里和厄立特里亚在过去5年里一直是非洲经济发展最慢的5个国家。厄立特里亚系由于农业产量下降和商业环境欠佳而致，乍得、科摩罗、几内亚、索马里和津巴布韦则是由于政局不稳定所为。因此，提高这些国家的政局稳定是加快经济发展的关键，同时增加增长点和出口无论对经济表现最好还是最差的国家来说都是非常重要的。

2008年非洲表现最好和最差的国家经济增长情况见图2：2008年非洲最佳和最差表现国家GDP增长。

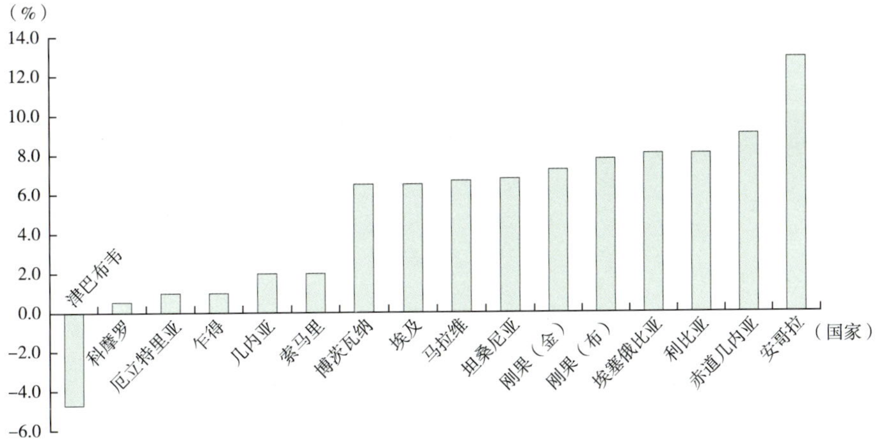

图2　2008年非洲最佳和最差表现国家GDP增长

4. 石油进口国的财政赤字加大

高油价和粮食价格使得非洲石油进口国中财政赤字国的比例从2007年的76%增加到2008年的86%。石油进口国的平均财政赤字占GDP比重为0.5%。而石油出口国的财政盈余国数量没有变化。总财政赤字占 GDP 比重为 7.7%，比 2007 年的 5% 增加了 2.7 个百分点。

非洲 2008 年财政盈余国和财政赤字国家分布情况见表 3：2008 年非洲国家按财政状况分布情况表。

表 3　　2008 年非洲国家按财政状况分布情况

	石油生产国	非石油生产国	矿产生产国	非矿产生产国	撒哈拉以南非洲
盈余国数量	8	4	2	2	10
低于 5%	2	3	1	2	5
5%—10%	0	1	1	0	1
大于 10%	6	0	0	0	4
赤字国数量	5	25	8	17	26
低于 5%	4	18	5	13	19
5%—10%	1	5	2	3	5
大于 10%	0	2	1	1	2
总国家数	13	29	10	19	36

非洲总体的财政盈余实际上是石油出口国的盈余。非洲过去 5 年内所有 9 个盈余国家都是石油或矿藏储量丰富的国家。而所有最大的财政赤字国中，除了埃及和加纳是因为对基础设施和人力资源开发进行了大量投入外，其余都是因为有较强的外部冲击或者政局不安定。

非洲石油进口国家的财政赤字反映的是长期的趋势而不是短期的现象。1998 年至 2008 年间，93% 的非洲石油进口国家有财政赤字。而这些国家中，79% 国家的赤字占 GDP 的比重少于 5%，这是因为实施了谨慎财政政策的缘故。

近年来非洲国家按财政状况分类情况见表 4：1998 年至 2008 年非洲国家按财政状况分类情况表。

表 4　　1998—2008 年非洲国家按财政状况分类情况表

	石油生产国	非石油生产国	矿产生产国	非矿产生产国
财政盈余国数量	7	2	1	1
盈余低于 5%	1	1	0	1
5%—10%	3	1	1	0
大于 10%	3	0	0	0
财政赤字国数量	6	27	9	18
赤字低于 5%	5	23	7	16
5%—10%	1	3	2	1
大于 10%	0	1	0	1
总国家数	13	29	10	19

由于基础设施，尤其是能源和公路、社会部门的支出增加，谨慎财政政策使得政府从其他来源寻找财政收入，而不是增加债务。财政收入的增加来源包括经济增长、出口增加、出售公共企业、扩大税基以及提高税收等。然而，2008 年由于能源和食品价格较高，导致薪水、基础设施支出、能源补贴等增加，从而财政支出大幅增加。

为了保持财政稳定性，很多国家寻找额外的措施平衡公共支出和财政赤字，包括降低发展性项目的支出，减少公共服务等。很多撒哈拉以南非洲国家依赖于援助、外部非债务捐赠和优惠性贷款；以及从国内借款以填补财政赤字。这增加了未来进一步债务减免和增加援助的需要。

5. 加强通货膨胀控制是非洲国家的共识

非洲国家除津巴布韦外，总体通货膨胀率为10.7%，比2007年的6.4%增加了4.3个百分点。52个国家中有90%以上通胀率高于5%。只有中非共和国、科特迪瓦、科摩罗3个国家的通胀率低于5%。非洲最近的高通货膨胀率都是由于高能源和食品价格输入所为。其他因素还包括政府持续的支出和国内需求拉动，尤其是石油出口国经济过热。例如安哥拉、埃及和苏丹，通货膨胀率分别达到12.6%、17.1%和15%。除津巴布韦外，埃塞俄比亚受高能源和食品价格以及干旱的影响推动通货膨胀率走高达到41%，其次为几内亚（30%）、圣多美（28%）、普林西比（28%）、肯尼亚（25%）。津巴布韦通货膨胀率依然是天文数字，达到百分之1100万。

2008年非洲国家按通货膨胀率分布情况见表5：2008年非洲国家按通货膨胀率分布情况表。

表5　2008年非洲国家按通货膨胀率分布情况表

	非　洲	石油生产国	非石油生产国	矿产生产国	非矿产生产国	撒哈拉以南非洲
低于5%	3	1	2	1	2	3
5%—10%	23	7	16	5	18	19
10%—20%	19	0	19	8	11	16
高于20%	6	0	6	2	4	6
总国家数	51	8	43	16	35	44

非洲通货膨胀率上升增加了非洲国家宏观经济管理的难度，使过去20年积累下来的高增长和减困成绩受到侵蚀，撒哈拉以南非洲的贫困率倒退至1980年水平。飙升的粮食价格对于低收入的石油进口国来说影响尤其大。高通货膨胀率总是对基本的消费品的价格有强劲的冲击，使得这些国家的穷人缺乏足够的安全保障。

紧缩性的财政和货币政策如果对通货膨胀没有明显影响，则将伤害穷人。大多数非洲国家的货币政策定位于控制货币供给以降低通货膨胀率。由于金融市场不发达，这些国家缺乏有效的直接货币工具。另外，这些国家的货币政策和财政政策的协调一般比较差。在金融市场比较发达的国家，政府一般主要依赖于利率和债券利率作为主要的货币政策工具。例如，南非2008年6月将回购利率（Repo）提高了50个基本点至12%，将贷款基准利率提升至15.5%。埃及的隔夜存款和贷款利率也于2008年8月提高50个基本点至11%和13%。高利率对于增长以及政府收入有较强的负面影响。

6. 大多数非洲国家外部平衡恶化

尽管2008年下半年经济增长下行，高能源和粮食价格导致了31个石油进口国家的经常账户赤字增加。这些国家的经常账户赤字从2007年平均占GDP的负1.5%增加至平均占负1.8%。尽管有相对较高的捐赠支持，经常账户赤字还是有所增加。对于石油出口国来说，由于高油价，经常账户盈余从2007年占GDP的10.7%增加至2008年的占15.9%。因此，总体来说，非洲42国2008年经常账户盈余占GDP的2.6%。

数据表明经常账户稳定性所受到的威胁，加上内部不平衡和通货膨胀压力，使这些国家的宏观经济稳定性和增长预期受到影响。除了加强能源消费管理之外，这些国家还应当采取多样化出口、促进旅游和吸引汇款等措施。短期来说，非洲石油进口国家需要更多的援助流入以有效应对外部平衡。然而，石油出口国应当将他们出口收入的相当部分和积累的外汇储备投向公共基础设施、人力资本、公共服务等方面。

7. 汇率和国际竞争力

从名义汇率来看，35个非洲国家中18个国家的汇率相对美元升值，16个国家贬值，1个国家没有变化。有较多初级产品出口的国家2008年都经历了货币升值。过度高估的货币将抑制非商品出口国的出口，降低国际竞争力。然而，很多非洲国家的货币开始于2008年年末相对于美元贬值。

按照实际汇率①（Real Effective Exchange Rate，REER），38个国家中28个国家经历了货币升值。然而，只有6个国家的升值幅度超过10%，有3个国家的贬值超过10%。肯尼亚、马达加斯加、毛里求斯、莫桑比克和赞比亚是非洲国家中REER升值最多的5个国家。布隆迪、加纳、纳米比亚、塞舌尔、津巴布韦则是汇率贬值最多的5个国家。这表明无论是石油进口国还是资源出口国都会面临较大的REER升值或者贬值。

导致REER波动（通过名义汇率或者国内价格）的因素是较高的商品收入和拉动的支出，援助及其他资本流入，侨汇，旅游高收入。13个石油出口国中12个国家的REER在2008年出现了货币升值。保持竞争性的汇率尤其是石油出口国的汇率，要求采取通过公共基础设施、教育、技能培训和科技研发等公共投入以加强供给的战略。

由于石油出口国家的高经常账户赤字，非洲的外汇储备持续增长，从2007年占GDP的32.6%增加到2008年占GDP的34.5%。42个国家中有31个国家拥有的外汇储备占GDP的10%以上。外汇储备占GDP比重前10位的国家的外汇储备主要来自商品收入和私人资本流入，但没有一个国家是高援助接受国。

8. 管理好内部和外部资源对非洲加快发展非常重要

非洲平均的国内储蓄占GDP比重从2004年的21.8%增加到了2007年的26.3%。然而，国内投资比率依然没有变化，2004年至2008年间保持在22%，远低于千年发展目标的最低要求。这部分反映了国内和区域金融市场尤其是石油出口国金融市场的羸弱，无法利用商品收入增加国内投资。

① 汇率扣除物价因素。

为了动员更多的国内资源，非洲需要动员更多的非债务外部资源投资以带动国内投资。至2008年7月，有19个国家得到了官方债务减免。然而，虽然非洲官方债务减少，银行和其他私人借款人的债务上升较快，使得总体债务水平依然很高。考虑到达到千年发展目标需要，提供给非洲的官方发展援助依然保持在低于720亿美元的水平。因此，非洲需要做的是进一步加强援助实施的质量和效果，以及通过贸易促进发展。

为促进贸易发展，除了提高公共和私人基础设施投资之外（每年约520亿美元），非洲需要大力提高市场准入，加强区域性市场融合以增加国际竞争力。面对当前的全球金融危机和日益增加的不确定性，非洲国家应当继续巩固它们当前的经济改革，创造吸引资本流入的商业环境。

（二）行业状况

1. 各行业产值增加情况

2007年，非洲的工业增加值达到创纪录的8%，其中制造业达到9.6%，是自2001年来最高的增长率。工业增长主要来自东部和南部非洲，受益于这两区域矿业投入、建筑业和制造业复苏。其他区域的工业增值则不明显。北非的制造业产值增长率2006年达到高峰后，2007年出现了下滑，为5.4%。西非的制造业扭转了上年度停滞的局面，达到4.7%，但相比较2000年年初的发展势头，增长率依然很低。中非虽然努力加强制造业，但是由于矿业部门遇到了诸多困难以及工业多样化进展缓慢，工业仅增加3.1%。

农业在过去3年里情况差不多。增加值增加了3.2%，5个次区域的增长率均低于5%。而北非的农业甚至出现了下降。农业增值缓慢是由于该行业长期的趋势的影响。自1961年以来，非洲的农业产值年均仅增长3%。非洲2005年的农民人均产值高于南亚和东亚以及中低收入国家平均水平。但1985年至2005年间人均产值仅增加了38%，低于低收入国家的40%增加率，拉丁美洲加勒比地区的64%增加率以及东亚的72%增加率，南亚的41%的增加率，这表明目前非洲农业的生产效率虽然比较高，但是正逐渐落后于世界水平。

服务业2007年增长6%，是1970年以来最高的增长率。其中北非增长最快，达到7.6%。增长最慢的西非增长率也达到了4.8%。表明服务业的增长全非洲基本相同。过去5年的数据表明无论是各个国家还是各个区域服务业的增长比其他行业稳健。

2. 行业对GDP的贡献情况

工业占GDP的比重2007年有增加，达到了32%。2002年至2007年间，工业在GDP中的占比上升了4个百分点，而农业的占比则从26.4%下降至22%，减少了4.4个百分点。

将行业增长和行业占GDP比重结合分析，可以确定每个行业对总增加值的贡献。从分析中可以发现，农业的贡献率非常小，在5个次区域中北非是最小，贡献率为零，西非是最大，贡献率也仅达到1.4%。工业和服务业则贡献较大。服务业是东非和北非增加值的动力，而南部非洲则是工业每年提供了最大的贡献。各部门对总增加值的贡献显然不平衡，除西非之外，其他次区域的农业贡献几乎可以忽略。

3. 经济多样化

1960年至2007年间，非洲农业增加值占GDP的比重从41%降低至22%。同时，工业增加值占GDP的比重则从17%增加至32%，服务业从42%增加至46%。这种变化还没有达到经济多样化以保持长期可持续发展的标准。各项指标显示，非洲的产业结构的多样化反而降低了。服务业和矿业过去几年来增长较快，弥补了农业和其他产业部门下降的份额。

过去40年的工业份额的增加主要是由于矿业扩张导致的，制造业所占份额依然很小，制造业份额仅从1960年的8.7%增加至2007年的10.7%。制造业的贡献虽然微弱，但有着重要的作用。首先技术进步、生产效率提高、技能提高将使制造业成为增长的关键动力；其次缺乏制造业部门的动力，国家将会严重依赖初级产品出口；最后，目前非洲工业部门主要是矿业。这一行业的岗位创造力很小，其他行业不能从该行业获得益处。矿业的增长不能像其他行业分配，矿业对减贫和社会发展的贡献有限，非洲必须增加制造业份额，扭转矿业占主体的状况。

因此如何提高经济多样化以促进发展非常重要。从上述分析可以发现，经济多样化首先需要农业复苏，增强非矿业尤其是制造业活力。制造业的提高，投资的增加反过来需要辅之以宏观经济、工业和金融政策。宏观经济稳定和微观经济改革对于加强国内投资和经济多样化十分重要。包括加强金融资金更有效地流向高效部门和加强对盈利性强的投资项目的融资。

（三）2009年预期

预计2009年非洲实际GDP增长率将从2008年的5.1%跌至2%。次区域的增长率分别为南非-1.2%、中非1.9%、北非3.1%、西非3.1%、东非3.8%。2009年非洲的预期主要基于世界金融危机的较强不确定性和全球经济衰退的加剧。

由于与全球金融的融合较差，金融危机对非洲的直接影响很少。但是，对所有发达和高收入发展中国家的经济发展预期表明2009年将出现增长下降或衰退，从而总体减少对初级产品的需求以及价格下降。相应的，非洲的经济增长也将下降。

2009年非洲增长反弹的机会很少，要基于发达国家经济刺激计划的规模是否会增加对非洲商品的需求。尽管如此，持续的经济改革，通胀率下跌，本国货币贬值，以及增加国内需求的努力将可以对2009年的经济表现有所贡献。由于能源和粮食价格下降，非洲2009年的通货膨胀率预计有所缓和，从而刺激个人消费和投资需求。

2009年的较低的能源和粮食价格还将缓和政府预算的压力，支持政府努力巩固宏观经济管理的效率和机构改革，进一步刺激私人投资。根据全球金融市场的趋势，非洲各国政府将会保持或降低利率，放松货币市场，这将促使汇率调整以稳定相关部门，提高国际竞争力。受经济衰退、出口收入和资本流入减少影响，预计2009年大多数非洲国家的货币将贬值。

由于主要捐赠国的经济形势困难，预计2009年非洲外部资本流入将减少，非洲各国应当运用现有的资金促进内需，也应当提高政治稳定性、加强政府管理能力、提高治安状况等以帮助经济渡过难关。

虽然肯尼亚和科摩罗的政治局势好转，但是刚果（金）和CAR仍然存在持续的冲突，乍得、苏丹、津巴布韦的政局依然紧张。当前的粮食危机威胁着政治和社会稳定，尤其是东部和西部非洲尚处于冲突中的国家。贫困率的上升加上流行疾病的影响，降低了非洲经济和社会发展的效果。最后，由于产品结构多样化效果有限，农业高度依赖于自然环境，非洲发展依然保持较高的不确定性。

参考文献资料

IMF，2009非洲经济报告。

三、中国与非洲贸易概况

过去20年里，中国经济高速发展，大大刺激了其对原油、矿产、木材等资源的巨大需求。非洲面积是中国的3倍，总人口比中国少得多，但非洲大陆拥有丰富的原材料，与中国的经济正好形成互补。为此，中国对非洲各领域的投资力度不断加大，双方的贸易和投资往来日益增多。中非贸易额从2000年的131亿美元上升到2007年的710亿美元，并且于2008年突破了1000亿美元（达到1068亿美元①）。

中国和非洲经济强劲增长是带动中非贸易蓬勃发展的主要因素。2007年中国货物进口额接近9000亿美元，国民经济以2位数增长，中国在几乎所有领域都拥有巨大的市场。德意志银行认为："中国的工业化和生活水平的提高使其对商品的需求快速增加，对世界原材料市场和价格以及世界资源丰富的地区——特别是非洲和拉丁美洲——产生了重要影响。"非洲发展银行行长Donald Kaberuka也认为："非洲仍然属于一个原材料出口型的经济体，原材料供应构成非洲与其伙伴相互关系的核心。"

近10年来，中非双边贸易额取得了飞跃式增长，人们普遍认为这对非洲有利。2001年至2007年期间，非洲向中国出口额和进口额分别以平均41%和31%的速度增长，大大高于同期世界贸易增长速度。非洲对中国的出口额和进口额分别从2001年的53亿美元和74亿美元增长到2007年的325亿美元和382亿美元。中国目前已成为非洲第二大出口市场（仅次于美国），并且超过法国成为非洲第一大进口国，中国对非洲政治经济影响力日益增加，并着手与非洲国家建立新的伙伴关系。正如中国总理温家宝曾表示："中国政府将继续遵循真诚

① 中国海关总署数据。

友好、平等相待、互利互惠、共同发展的原则，与非洲国家携手建立和发展中非新型战略伙伴关系。”

（一）中非商品贸易繁荣

由于全球原材料价格上涨和中国输出到非洲的商品价格保持稳定，使得中非贸易条件对非洲有利。经IMF计算，在2001年至2006年期间，由于国际市场上石油和工业用金属价格呈螺旋式攀升，非洲向中国出口商品的价格相对于从中国进口的商品价格提高了80%—90%。IMF表示，中国强劲的需求从一定程度上带动了石油与工业用金属价格上涨。

从贸易额上来看，2007年中非之间707亿美元的贸易额与世界其他主要地区相比还是相对较小的。中国与欧盟、美国的双边贸易额2007年分别达2457亿美元和995亿美元。非洲主要的欧洲贸易伙伴分别是法国、德国、意大利、西班牙、荷兰和英国。2007年中国进口非洲商品额占非洲总出口商品额的十分之一，落后于欧盟和美国，仅相当于欧盟的三分之一，美国的四分之一。2001年至2006年间非洲生产的石油五分之二出口到美国，17%出口到欧盟，仅有14%出口到中国。然而，从新千年开始，中国占非洲对外贸易的份额增长了4倍。相反，同期非洲与美国和欧盟的贸易却增长缓慢。

（二）中非贸易结构互补

中非之间的贸易模式反映了其资源禀赋的不同。非洲的矿产和能源储备量巨大，在原材料和资源类产品上拥有比较优势。相对而言，中国则有先进的技术和熟练的工人，在工业制成品方面有竞争优势。非洲向中国出口的产品主要集中在初级产品方面，如石油、非石油矿产品、金属和农业原材料。其中仅燃料出口一项就占其总出口额的五分之三以上。而非洲从中国进口的商品则种类繁多，例如机械、运输工具、纺织品、服装、医药品、电子产品、化妆用品、鞋、电池和工业材料，包括合成纤维。根据联合国商品贸易资料库的资料显示，2006年制造类产品和机械设备分别占非洲从中国进口总额的45%和31%。中国从非洲进口的主要产品如下：

1. 石油

中国从安哥拉、苏丹、刚果（布）、赤道几内亚和尼日利亚进口的石油占其全部进口原油的三分之一以上。从安哥拉进口的原油量就占从非洲进口原油量的一半。目前，中国对非洲碳氢化合物领域投资已超过300亿美元；并与安哥拉和尼日尔签订了勘探协议。据国际能源署（IEA）估计，到2030年世界石油新增需求量的三分之一来自中国。

2. 金属和矿产

中国非常依赖撒哈拉以南非洲地区的贱金属和贵金属。如赞比亚的铜矿；加蓬、南非和莫桑比克的铁矿；南非、加蓬和加纳的锰矿；南非、马达加斯加和苏丹的铬矿；南非的铝矿；

津巴布韦和南非的铂以及南非的钻石。而且，中国对民主刚果的钴矿也非常依赖。中国每年要使用1.5万吨的水钴矿石，主要用于制造手机和手提电脑的电池。此外，中国使用的锰和钴分别有三分之一和五分之四来自非洲。

3. 饮料

科特迪瓦和加纳向中国提供可可豆，肯尼亚向中国出售大量的阿拉伯咖啡豆和茶叶。

4. 其他原材料

中国工业用棉花和木材主要来自西非。棉花主要来自布基纳法索、贝宁和马里，这3个国家出口的棉花占中国进口棉花的五分之一。喀麦隆、刚果（布）、赤道几内亚、加纳和利比里亚是木材的主要供应国，大约占中国木材进口量的三分之一。甚至纳米比亚和塞舌尔也已加入到非洲供应者行列中，开始向中国出口鱼粉和桂皮。

（三）中国采取积极政策进一步加强中非贸易

为确保商品供给和巩固中非关系，中国向非洲提供了综合性贸易优惠、优惠贷款和买方信贷。中国政府广泛使用了降低市场准入和特别优惠措施。特别优惠关税协议于2005年1月颁布，对非洲25个最不发达的国家的190项产品进口执行免关税待遇。2006年11月，免关税产品增加至440项以上。中国积极地向非洲轻工产品开放市场，类似于欧盟的EBA（Everything But Arms）条例和美国“非洲增长与机会法案”（African Growth and Opportunity Act），给予来自最不发达国家的产品无限额地免税进入本国市场。

中国还与区域贸易组织谈判建立自由贸易区。最近，中国与南部非洲关税同盟谈判建立自由贸易区，同时正在非洲建立100个贸易加工项目来帮助非洲国家搭建出口平台。此外，到2009年年底中国将在非洲建立3—5个经济贸易合作区。

通过进入同一货币区域和签订区域自由贸易协议，中国投资者和贸易商在开拓区域市场方面拥有了更大的空间。

此外，中国进出口银行在非洲不断扩大经营规模。中期计划是提供200亿美元资金用于贸易融资和项目融资。据世界银行估计，中国进出口银行投资撒哈拉以南非洲基础设施领域贷款额达125亿美元，非洲36个国家的259个项目由中国进行融资。目前，中国国有贸易公司不再独享进出口权，实际上民营企业和合资企业控制着中国的贸易。

中非关系的不断扩大对两方都有利。中国外交学院校长吴建民解释说：“两方在经济上相互需要。中非互信从非洲独立开始就有了。并且我们中国人感到在经济全球化过程中，非洲被边缘化是不公平的。”在未来几年内，中国很有可能在对非贸易和投资方面取得更大的份额。

向亚洲巨人中国出口产品既是机遇又是挑战。非洲应从中国学到如何实现经济持续增长，而不能仅仅成为中国的资源基地，这对非洲国家经济发展没有多少益处。非洲国家面临的挑战是如何在自然资源开发和其他领域中营造良好的环境从而使产品增值，如何有效整合进入全球供应链等。非洲目前还是被局限于低附加值的原材料提供领域，因此其对中国的贸易平衡取决于世界商品价格。

作为一个主要的出口市场、投资者、融资人、建设者和援助人，中国的崛起已成为非洲大陆发展的新动力。

（定稿于2009年2月25日）

参考文献资料

Sino – African trade to top USD100bn.《African Review》杂志，2009年1月。

四、2008年非洲国家吸收外国直接投资情况

（一）概述

1. 非洲外国直接投资流入情况

2008年尽管遭遇全球金融危机和经济衰退的不利影响，但非洲国家吸收外国直接投资（FDI）依然达到880亿美元，比2007年增长66%，再创历史新高，实现6年连续增长，这也使得非洲国家的FDI存量达到5110亿美元。据联合国贸易和发展委员会（UNCTAD）报告分析，非洲吸收外国直接投资增长主要是由于跨国并购投资的增长，2008年前半年全球初级商品价格高涨和旺盛需求带来的较好投资回报，刺激了跨国公司在非洲继续扩大市场份额，在新的区域新开了很多勘探项目，并向绿地投资项目投入了大量资本。此外，部分非洲国家采取了一系列政策措施使得其商业环境继续得到改善，也有利于吸引外国直接投资。2008年FDI的流入占非洲固定资本总投资的比例依然较高，为29%，稍高于2007年的27%；FDI存量占GDP的比重为33.2%，高于2007年的26.2%，说明FDI对于非洲的总投资具有重要意义。非洲的FDI流入所占全球FDI流入的比例只有5.2%，尽管高于2007年的3.5%，但所占比例依然较小。近3年来非洲FDI流入占比情况如图1所示。

从投资的形式来看，2008年跨国并购的增长非常强劲，尤其是在商品价格下降和全球金融危机蔓延之前的2008年上半年，欧洲和亚洲的跨国公司在非洲制造业领域的并购比2007年增长了1倍多。2008年全年，非洲国家跨国并购的总交易金额达到历史最高水平，为209亿美元，远高于2007年的79亿美元。大部分的并购发生在制造业领域，主要集中于两个国家：埃及和南非。在埃及，法国水泥建材公司拉法基SA以150亿美元收购了埃及的OCI水

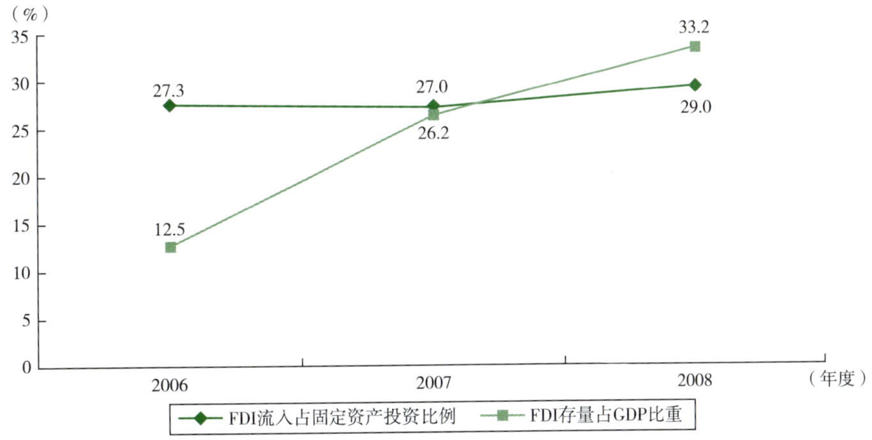

图1　2006—2008 年非洲 FDI 流入占比情况

资料来源：联合国贸发会，2009 年世界投资报告。

泥集团。2008 年，跨国并购金额排名前 10 位的国家还包括赤道几内亚、加纳、刚果（金）和尼日利亚（如表 1 所示）。2008 年下半年，由于全球金融危机的负面影响，许多国家的跨国公司面临流动性紧缩不利局面，跨国并购急剧减少，而且价格都比较低。在危机的高峰期，大量的跨国并购交易被取消，新项目的建设速度也放缓。

表 1　　2008 年非洲国家前 10 个跨国交易情况表

排名	价值（百万美元）	被收购公司	东道国	所属行业	收购公司	收购公司所在国	收购股份比例（%）
1	15018	OCI 水泥集团	埃及	水泥	Lafarge SA	法国	100
2	5617	南非标准银行集团	南非	银行	中国工商银行	中国	20
3	2200	Devon 能源集团	赤道几内亚	原油和天然气	未透露	赤道几内亚	100
4	900	加纳电信公司	加纳	电信	沃达丰集团	英国	70
5	732	刚果(金)资源控股公司	刚果(金)	铁矿	中部非洲矿产开发公司	英国	50
6	700	阿尔斯通南非有限公司	南非	电力	战略投资者	英国	100
7	670	埃及集装箱处理公司	埃及	海运货物处理	未透露	阿联酋	90
8	626	OML125	尼日利亚	原油和天然气	Oando 公司	尼日利亚	50
9	513	Lafarge Titan Egypt	埃及	水泥	Titan Cement Co SA	希腊	50
10	475	Banco de Fomento Angola	安哥拉	银行	Unitel SA	安哥拉	50

说明：表中东道国和收购国为同一个国家的，被收购公司系东道国的外资公司，被东道国国内公司所收购。
资料来源：联合国贸发会，2009 年世界投资报告。

尽管 2008 年下半年因矿产项目减少而导致投资项目数量减少，但 2008 年全年非洲的绿地投资项目仍然达到 820 个，大大高于 2007 年的 381 个。绿地投资项目个数最多的国家为南非（114 个），其次是摩洛哥（90 个）、埃及（83 个）、阿尔及利亚（71 个）和突尼斯（55 个）。自然资源相关项目在 2008 年外国资本的绿地投资中依然占据主导地位。由于 2008 年上半年对全球经济前景普遍看好，新启动的大量项目主要集中于自然资源开采领域。

从地理分布来看，2008 年非洲 5 个次区域中有 4 个区域的外国直接投资流入实现增长。其中，北非占非洲全部外国直接投资的27%，而2007年为36%；撒哈拉以南非洲47个国家占73%，高于2007年的64%。FDI流入前几位的国家的排名与前几年相比稍有变化。其中北非6国延续着前几年的良好形势，而大量的FDI进入尼日利亚、安哥拉和南非，再加上刚果（金）、加纳、几内亚和马达加斯加的良好表现（4国2008年的FDI流入都超过了10亿美元），有力地推动了撒哈拉以南非洲的FDI流入的增长。图2显示了近3年来非洲各次区域吸收FDI情况变化。

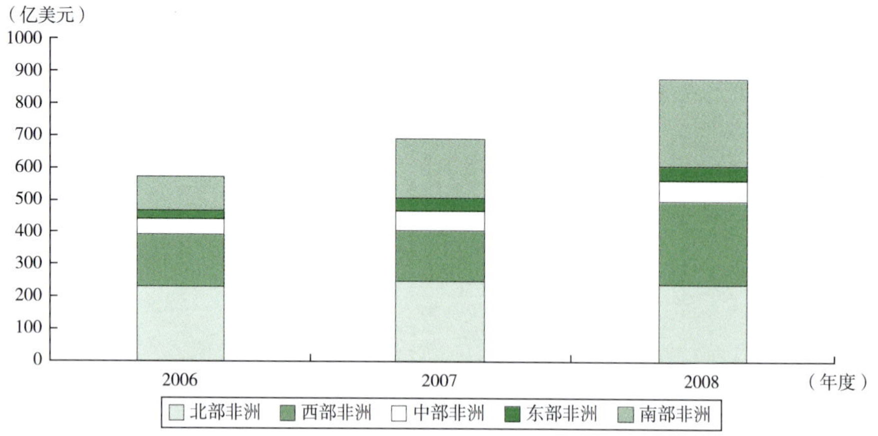

图2　2006—2008年非洲各区域吸收FDI情况变化图

资料来源：联合国贸发会，2009年世界投资报告。

按照国别来看，非洲有29个国家FDI流入实现增长，其余24国则有所下降。下降主要是由于全球金融危机导致跨国公司取消或推迟新项目的上马。吸引外国投资的主要国家包括很多在过去几年中已经吸引大量投资的自然资源生产国，此外还有新兴的自然资源储藏丰富的国家。尽管发展中国家，特别是来自亚洲的发展中国家对非投资增长较快，但发达国家依然是非洲地区外国直接投资的主要来源。

2008年，非洲FDI流入前10位的国家吸收的投资都超过10亿美元，其中有4个国家（安哥拉、埃及、尼日利亚和南非）超过90亿美元。排名依次为尼日利亚（202.79亿美元）、安哥拉（155.48亿美元）、埃及（94.95亿美元）、南非（90.09亿美元）、利比亚（41.11亿美元）、突尼斯（27.61亿美元）、阿尔及利亚（26.46亿美元）、刚果（金）（26.22亿美元）、苏丹（26.01亿美元）和摩洛哥（23.88亿美元）（如图3所示）。前10位国家的FDI流入量都比2007年有较大幅度的增长，主要是由于投资政策的改革，以及巨大的市场和跨国并购的增多。前10位国家吸收的外国直接投资从2007年的550亿美元增加到2008年的710亿美元，占该地区全部FDI流入的82%。FDI流入量前10位国家具有以下共同特点：自然资源储量大、积极实行私有化、外资政策自由化和积极的投资促进措施。从2000年到2008年间，平均FDI流入量尼日利亚居第一位。

按照投资存量看，在前10位国家中南非居首位，吸收投资存量达1193.92亿美元。其次是尼日利亚和埃及，分别为830.69亿美元和599.98亿美元。投资存量前10位国家都超过100亿美元，前10位国家占全部非洲存量的81.27%，反映出投资的集中度仍然比较高。图4显示了2008年非洲吸收FDI存量排名前10位的国家及资金额。

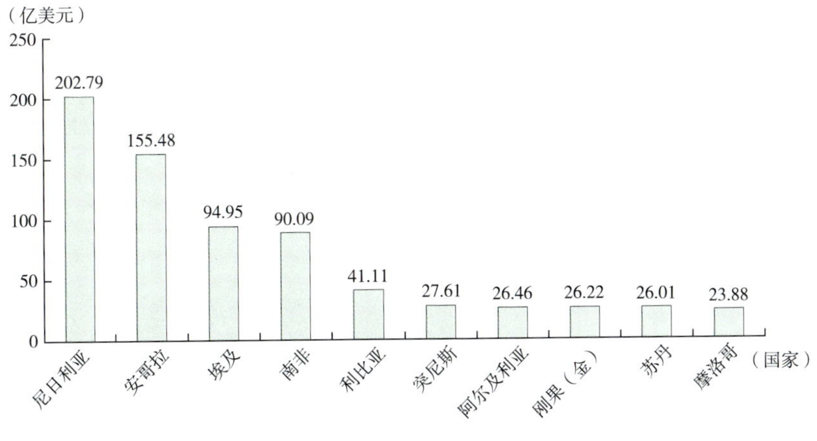

图 3　2008 年非洲 FDI 流入前 10 位的国家及流入资金额

资料来源：联合国贸发会，2009 年世界投资报告。

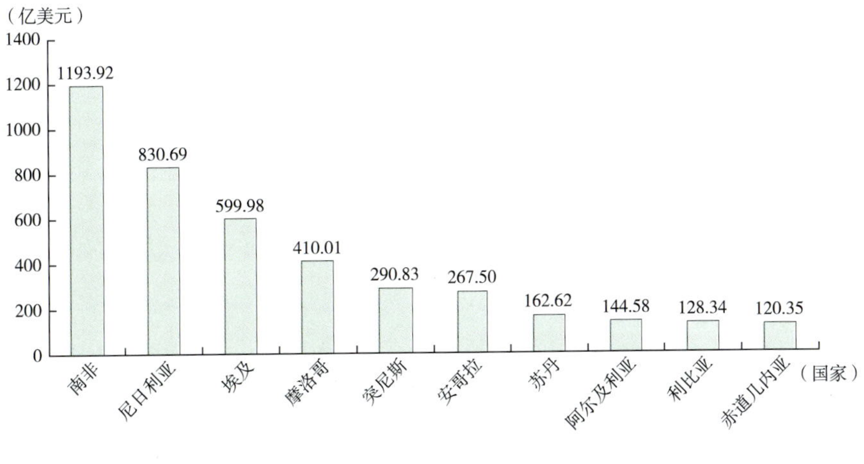

图 4　2008 年非洲吸收 FDI 存量前 10 位国家及资金额

资料来源：联合国贸发会，2009 年世界投资报告。

FDI 的增长对非洲国家的经济产生了重要影响，在主要的资源生产国，对自然资源勘探开发项目的投资推动了这些国家的出口增长。近年来，由于外国直接投资的积极影响，非洲国家的外汇储备呈稳步上升阶段。2007 年 FDI 流入使得营业收入增长了 3%，非洲的 FDI 投资回报率从 2004 年以来一直稳定增长，2006 年和 2007 年更是为所有发展中国家最高的，成为吸引跨国公司投资的一个重要因素。

2. 非洲最不发达国家吸收外国直接投资情况

2008 年，非洲 33 个最不发达国家①的 FDI 流入实现 8 年连续增长，达到 300 亿美元，占

---

① 非洲 33 个最不发达国家包括：安哥拉、贝宁、布基纳法索、布隆迪、中非、乍得、科摩罗、刚果（金）、吉布提、赤道几内亚、厄立特里亚、埃塞俄比亚、冈比亚、几内亚、几内亚比绍、莱索托、利比里亚、马达加斯加、马拉维、马里、马里塔尼亚、莫桑比克、尼日尔、卢旺达、圣多美和普林西比、塞内加尔、塞拉利昂、索马里、苏丹、多哥、乌干达、坦桑尼亚和赞比亚（佛得角 2008 年从最不发达国家毕业）。

非洲 FDI 流入的 34%，而 2007 年为 220 亿美元，占 32%。投资流入主要发生在 2008 年上半年。大部分投资是以绿地投资和追加投资的形式，集中于石油矿产和基础设施领域。从地域分布来看，呈现不平衡的状态，投资主要集中于少数资源丰富的国家，包括安哥拉、苏丹、马达加斯加、几内亚、赤道几内亚和刚果（金），尤其是安哥拉和苏丹的 FDI 流入排名非洲前 10 位。从投资来源来看，主要来源依然是发达国家，特别是法国、英国和美国。但 2008 年，在马达加斯加和乌干达，来自于亚洲和非洲发展中国家的投资增长较快。其中南非的跨国公司在安哥拉、刚果（金）、莫桑比克和赞比亚基础设施和服务业领域的投资活动比较积极。按照国别来看，非洲最不发达国家中只有厄立特里亚的 FDI 流入为负数。总的来说，许多最不发达国家，特别是以前深受内战之害的国家（如安哥拉和乌干达）目前政局较为稳定。同时，最不发达国家也积极维持宏观经济的稳定、放松对经济的管制、进行私有化改革、引入市场经济的措施并对投资法律框架进行修订和完善。此外，随着全球经济增速放缓，跨国公司开始重新审视其投资策略，为供应当地市场而向被其忽视多年的制造业领域进行投资。这些改变可从 2008 年非洲国家包括最不发达国家制造业领域的跨国并购①的增加反映出来。

发达国家向非洲最不发达国家所提供的市场准入优惠政策，如普惠制（GSP）②、“除武器外全部开放”计划（EBA）③ 和“非洲增长和机遇法案”（AGOA）④，尽管目的是为了帮助非洲最不发达国家在制造业领域吸引外国直接投资，但是受生产成本和产能所限，非洲最不发达国家很难从这些优惠政策中充分受益。随着 2005 年 1 月 1 日“多种纤维协定”的中止，非洲国家在纺织服装业多年来所享有的对欧美市场的优惠准入优势逐步丧失。部分旨在利用发达国家给予非洲的优惠措施的投资（如利用“非洲增长和机遇法案”向美国出口纺织品）正在逐步退出非洲。有一部分已经开始将目光转向一些未来更有竞争力优势的国家（比如东亚和东南亚国家），拟在那里投资建厂或扩大原有企业生产规模。

（二）外国直接投资的地区分布

2008 年非洲各次区域吸收外国直接投资的情况各不相同：

---

① 2008 年跨国公司在最不发达国家并购的典型案例有，香港的中联石化公司并购从事油漆、涂料等产品的马达加斯加国际能源公司；挪威的 Norfund SA 公司控股从事农药生产的卢旺达 SOPRWA 公司；南非的 Dimension Data 公司增资控股以前投资的安哥拉 Dimension Data 公司；瑞士的百乐嘉利宝集团收购了从事巧克力和可可产品生产的坦桑尼亚 Biolands 公司。

② 普惠制（Generalized System of Preference，GSP），即发达国家对于发展中国家出口的某些商品，主要是制成品和半制成品，给予普遍、非歧视、非互惠的优惠关税待遇。

③ “除武器外全部开放”计划（“Everything But Arms”Initiative，EBA）制定于 2001 年 2 月，根据该计划，除武器等敏感产品外，最不发达国家的产品可以免关税和配额进入欧盟市场，享受欧盟内部待遇。从实施情况看，该计划对于扩大贸易份额的作用并不明显。这一情况至少部分归咎于计划中的原产地规则等复杂的技术性条款。

④ 非洲增长和机遇法案（African Growth and Opportunity Act，AGOA）是美国为 48 个撒哈拉沙漠以南非洲国家提供单方面贸易优惠条件，已符合条件的 30 多个国家可按普惠制向美国免税出口 6350 种商品。该法案于 2000 年 10 月生效，将于 2015 年到期。

1. 北部非洲区域[①]

该区域2008年依然维持较大规模的FDI流入，为240亿美元，稍低于2007年的247.86亿美元，占整个非洲FDI的27.38%，在非洲5个区域的排名下降到第3位。该区域投资增长的主要推动因素是继续进行政治改革，包括东道国的私有化改革，以及跨国公司对自然资源储存研究的加强。其中阿尔及利亚、苏丹和突尼斯FDI流入都得到增加，这主要是受对石油天然气产业投资以及石油行业国有企业的私有化所推动。而埃及、利比亚和摩洛哥则有所下降。尽管FDI流入从2007年的115.78亿美元下降到2008年的94.95亿美元，但埃及依然是该地区最大的FDI接收国。2008年，意大利的爱迪生国际公司以14亿美元收购了埃及一个老天然气田40%的股份，并承诺再向该气田投入17亿美元进行勘探开发。这一交易是埃及首次向外国投资者转让现有气田的特许权。2009年，受绿地投资和跨国并购投资双双降低的影响，流入该区域的FDI将有所减少。

2. 西部非洲区域[②]

该区域2008年吸引外国直接投资259.69亿美元，比2007年的159.34亿美元增长了63%。这使得该区域占非洲吸收FDI的比例从2007年的23%上升到2008年的30%，但仍然居第二位。FDI流入增长的主要原因是，尼日利亚石油行业新项目的增加和跨国公司对在布基纳法索、马里和尼日利亚原有投资项目，特别是在矿产行业项目的继续投资。此外，该区域的其他国家也发生了较大规模的并购交易，比如，英国的沃达丰集团以9亿美元的价格收购了加纳电信公司70%的股份。其他投资还包括：在科特迪瓦，美国的国际能源联合公司和科特迪瓦国有石油公司Petroci联合投资14亿美元建设原油炼制和储存工厂；佛得角将国有的Empresa Nacional de Combustíveis（Enacol）公司28.5%的股份在证券交易所挂牌出售，还有来自西班牙联合体在佛得角投资3.08亿美元建设一座豪华宾馆。跨国公司对以前收购项目的继续投资占该区域2008年FDI流入的主要部分。在尼日利亚，由英国石油公司、美国雪佛龙公司和英荷壳牌石油公司组成的联合体继续在Olokola自由贸易区建设OK液化天然气工厂。中国海洋石油公司2006年以23亿美元收购了尼日利亚一离岸油田45%的股份，2008年继续支付收购款。2009年前半年的跨国并购数据显示，该区域大规模的外国直接投资流入预计将减缓。

3. 东部非洲区域[③]

该区域2008年FDI流入比2007年的40.28亿美元略有增长，为42.72亿美元，占非洲总流入的5%，仍然是非洲吸收外国直接投资最少的地区。该区域实现FDI流入增长的国家

① 该区域包括阿尔及利亚、埃及、利比亚、摩洛哥、苏丹和突尼斯。

② 该区域包括贝宁、布基纳法索、佛得角、科特迪瓦、冈比亚、加纳、几内亚、几内亚比绍、利比里亚、马里、毛里塔尼亚、尼日尔、尼日利亚、塞内加尔、塞拉利昂和多哥。

③ 该区域包括科摩罗、吉布提、厄立特里亚、埃塞俄比亚、肯尼亚、马达加斯加、毛里求斯、马约特岛、留尼汪岛、塞舌尔、索马里、乌干达和坦桑尼亚。

有7个，即科摩罗、吉布提、马达加斯加、毛里求斯、塞舌尔、乌干达和坦桑尼亚，其中马达加斯加增速最大，由2007年的7.77亿美元增长到2008年的14.77亿美元，但该区域没有一个国家进入非洲吸收FDI前10位国家行列。马达加斯加、乌干达和坦桑尼亚3国的FDI增长是由于跨国并购的增加，主要是对现有自然资源开发项目扩大产能的投资，且大部分发生在全球金融危机爆发之前。在5个FDI流入下降的国家中，肯尼亚下降最为明显，从2007年的7.28亿美元下降到2008年的9600万美元，这主要是由于2008年年初选举后暴力活动所致。2009年流入该区域的FDI将趋于平稳或有所下降。

4. 中部非洲区域①

该区域2008年FDI流入与2007年大体相当，为62.82亿美元，占非洲总流入的7%，在非洲5个区域排名倒数第二。外国资本主要是投向了石油和矿产等行业。在该区域，刚果（金）、赤道几内亚和刚果（布）是主要的投资目的国，这3个国家所吸收的FDI占该区域全部FDI的78.2%。其中刚果（金）最多，为26亿美元。在赤道几内亚，尽管部分跨国公司，如英国的Devon能源集团由于与赤道几内亚政府的争议而撤资，但该国的FDI流入依然达到了13亿美元。金融危机和全球经济低迷预计将使得2009年进入该区域的投资有所下降。

5. 南部非洲区域②

安哥拉和南非FDI流入的增加使得该区域的FDI流入在2008年达到了历史最高水平的271.23亿美元，而2007年则为187.29亿美元。南部非洲地区FDI流入占整个非洲的31%，为各区域之首。和以往一样，跨国并购是该地区外国直接投资的主要形式。流入南非的外国直接投资继续增长，部分原因是由于中国工商银行继续支付其以56亿美元购买南非标准银行20%股份的资金。工行对南非标准银行股份的收购是南非独立以后最大的外国直接投资项目，金额超过了2005年巴克莱银行和南非Amalgamated银行的合并。按照国家来看，安哥拉和南非排名前2位，分别为155.48亿美元和90.09亿美元，合计占该区域FDI流入的90.54%。而博茨瓦纳和赞比亚的FDI流入下降则比较明显，分别从2007年的4.95亿美元和13.24亿美元下降到2008年的负400万美元和9.39亿美元。2009年，该区域FDI流入的前景较为乐观。

（三）外国直接投资的行业分布

从投资的行业分布来看，近年来非洲吸收FDI最主要的行业是初级产品行业，包括石油和矿产资源的开发，占全部投资的近一半。但是2008年外国资本在金融和制造业领域的投资增长也较快，成为一大亮点。从跨国并购的数据来看，流入非洲的外国直接投资，特别是2008年金融危机前的投资，主要集中在制造业和服务业。2008年，制造业领域的跨国并购占

① 该区域包括布隆迪、喀麦隆、中非、乍得、刚果（布）、刚果（金）、赤道几内亚、加蓬、卢旺达和圣多美与普林西比。

② 该区域包括安哥拉、博茨瓦纳、莱索托、马拉维、莫桑比克、纳米比亚、南非、斯威士兰、赞比亚和津巴布韦。

全部并购投资的75%左右，接近160亿美元，而2007年则为140亿美元，主要是由于2008年埃及发生金额高达150亿美元并购项目。尽管跨国公司在非洲特别是撒哈拉以南地区的制造业领域投资并没有明确的上升趋势，但是，与全球其他地区的制造业投资活动的停滞相比，非洲制造业领域吸引投资的增长至少部分地反映了非洲东道国将投资引向附加值更高的生产和服务部门所做的努力。

1. 初级产品行业

由于过去几年全球原材料价格持续上涨和对自然资源储量和项目赢利性的大量研究，跨国公司的投资主要是绿地投资。相反，由于商品价格在2008年下半年急剧下降，跨国并购的数量和金额下降都非常明显，事实上撤出投资甚至超过新的收购，总体上为负20亿美元，而2007年则为正40亿美元。对于东道国来说，目前该行业投资的主要问题是，尽管投资增长速度较快，各国也努力引导投资向产业链下游行业发展，但是投资的增长对下游行业影响仍然很小。总的来说，初级产品下游行业投资和多样化投资依然较少。因此，对非洲国家来说，如何改变这种趋势，将资源优势转变为发展优势，依然是一个重要的挑战。

2. 制造业

2008年，跨国公司增加了对非洲制造部门的关注，尤其是跨国并购投资达到历史最高水平的160亿美元，这与20世纪90年代并购投资下降和21世纪前几年的投资水平较低形成鲜明对比。并购投资主要集中于非金属矿产领域。此外，部分国家，如阿尔及利亚、尼日利亚和南非，在化学产品、纺织、服装和皮革、运输车辆和其他运输设备等领域，也吸引了相当规模的绿地投资。

3. 服务业

在服务业领域，特别是金融领域，2008年的外国直接投资流入继续增长。其中跨国并购超过70亿美元，高于2007年的30亿美元，但还是低于2006年的140亿美元。部分在非洲从事地质勘察及相关商业服务的小型跨国公司也积极进行跨国并购活动。增长主要是由于整体经济的增长和部分国家战略性改革，特别是在金融领域的改革所为。跨国公司进行服务业投资的主要国家包括埃及、肯尼亚、利比亚、尼日利亚和南非。特别是在尼日利亚，受其中央银行鼓励银行合并改革措施的刺激，许多尼日利亚银行迅速向周边其他国家，如贝宁、加纳、冈比亚、科特迪瓦、利比里亚、塞拉利昂和多哥，进行扩张。特别是尼日利亚的Ecobank银行集团的业务迅速扩张到非洲24个国家。

（四）投资政策方面的新变化

1. 非洲国家对投资环境的改善

2008年，尽管非洲地区的投资环境依然比较复杂，但是有更多的非洲国家政府承诺继续维持良好的政策环境以确保外国直接投资流入的增长和稳定。由于政策稳定性的要求和原材料价格上涨带来的利益驱动，许多非洲国家实行激励措施吸引更多的外国直接投资，同时，增强了法律政策稳定的制度性支持。

部分非洲国家实行鼓励私人投资（包括外国私人投资）的措施。布隆迪颁布了新的投资法典，目的是吸引外国投资者。埃及决定建立各种自由工业区；肯尼亚将一部分公用事业公司进行私有化；毛里求斯颁布了竞争法，对垄断和合谋进行限制。另外，为了提高本国在自然资源开发中的收益，赞比亚颁布了新的税收制度，将矿产行业的税率从31.7%提高到47%。

政策的发展不限于单边措施。2008年非洲国家签署了12个新的双边投资协定，因此，到2008年年底，非洲国家参加的双边投资协定达到715个。其中，利比亚表现最活跃，分别与阿尔巴尼亚和俄罗斯签署了双边投资协定。此外，2008年非洲国家还签署了8个新的双边税收协定，使得非洲国家参与的双边税收协定达到467个。其中最积极的国家还是利比亚，分别与白俄罗斯、乌克兰和英国签署了双边税收协定。摩洛哥与伊朗和拉脱维亚签署了双边税收协定。其中大约有50%的双边投资协定和60%的双边税收协定是非洲国家与发达国家签订的，主要是与英国、法国、德国和意大利等欧盟国家。

2. 非洲区域性国际组织改革投资政策

非洲区域性国际组织也推出了一系列吸引FDI的政策和改革措施。比如：南部非洲关税同盟（SACU）和美国缔结了贸易、投资和发展合作协议；东非共同体（EAC）与美国缔结了贸易和投资框架协议。以上两个协议为双方建立了一个制度框架，以监测贸易和投资关系。而科特迪瓦和欧盟签署的经济伙伴协议中也包含在投资相关问题上合作的承诺。此外，2008年4月召开的非洲—印度峰会上，双方签署了非洲—印度合作框架协议，双方认识到需要通过促进外国直接投资的发展来培育一个互利的经济发展环境。

就区域组织内部来讲，西非经济共同体（ECOWAS）通过了3个法案：一是A/SA. 3/06/08号增补法案，在共同体内采用统一的投资规则；二是A/SA. 1/06/08号增补法案，在共同体内采用统一的竞争规则；三是A/SA. 2/06/08号增补法案，建立共同体统一的区际竞争管理局并规定了其职能。以上法案的目的是培育商业和劳务可以流动的单一经济体，提高生产效率、增加国内和外国投资、促进就业、促进区际贸易和对外出口的增加。

（五）2009年非洲吸收外国直接投资前景分析

经过连续6年的增长，2009年非洲的外国直接投资流入预计将下降。主要原因是全球经济衰退、初级商品价格下降和金融危机对许多发达国家及新兴经济体的负面影响。其中受影响最严重的可能是非洲的最不发达国家，在这些国家，在前几年全球初级商品价格上涨时新上的很多自然资源勘探开发项目将被推迟或取消。目前，经济下行和油价快速下降已经引起许多能源公司股票下跌，使其为保持流动性而不得不削减资本支出。如果初级商品继续保持低价，该地区的部分小型石油和天然气跨国公司将面临被收购的命运。全球金融危机也将使得在非洲投资的跨国公司减少投资，这由最近大量的项目被延期或取消所印证。由于缺乏信贷资金支持和投资者负债意愿较低，2009 年非洲很少发生跨国并购。

从地域来看，全球金融危机和经济衰退对非洲外国直接投资流入的负面作用将影响非洲内部所有区域。预计南部非洲地区某些领域的并购活动将使得该区域的外国直接投资流入增加，而其他区域都将出现外国直接投资流入减少的情况。从 2009 年 1 季度的外国直接投资流入数据（见表 2）以及 2009 年前半年跨国并购情况来看，非洲全年的外国直接投资流入将下降，2010 年也将继续呈现下降趋势。联合国贸发会最新的世界投资预期调查显示，该地区的外国直接投资估计只有到 2011 年年底才会再次出现正增长。

表 2　　2008 年到 2009 年 1 季度非洲部分国家吸引 FDI 情况　　单位：百万美元

国　家	2008 年 1 季度	2008 年 2 季度	2008 年 3 季度	2008 年 4 季度	2009 年 1 季度
佛得角	73	50	46	44	24
埃　及	3482	1985	1655	2373	1211
冈比亚	17	17	15	15	11
加　纳	132	205	1361	442	372
莱索托	54	53	53	41	43
毛里求斯	60	70	122	126	39
塞舌尔	66	71	168	59	44
南　非	5642	793	2879	328	1175
突尼斯	659	714	618	771	304
乌干达	209	209	211	159	183
津巴布韦	15		37		15
总　计	10408	4165	7164	4339	3442

从长期来看，非洲吸引外国直接投资仍有许多不利因素，其中最突出的就是基础设施的极度落后和缺乏。目前非洲国家尤其是撒哈拉以南非洲国家在电力、道路和市政供水等方面普遍缺乏，这对于外国投资者的进入形成了不小的障碍。另外，非洲在人才储备和技术储备方面的不足也对制造业和服务业投资进入带来了不利影响，这些行业的发展对于非洲经济的长期可持续增长极为重要。

参考文献资料

UNCTAD（联合国贸发会），World Investment Report 2009. United Nation。

五、非洲大陆的机遇和挑战

众所周知，由于对外贸易量的下降，发达国家对非投资减少等原因，非洲大陆的经济受到了全球金融危机的影响。但最近从一些关于非洲的报道或者统计数据来看，非洲经济的表现比以前那些悲观的预测要好很多。

（一）南非经济出现令人振奋的迹象

从非洲最大的经济体——南非最近的贸易数据来看，非洲在国际贸易中的地位不断在走强，表现在全球贸易都大幅度下降的时候，南非却戏剧般的减少了贸易逆差，使得全球的经济学家们对此大感吃惊。

从统计数据上看，不包括欧洲、美洲、亚洲和大洋洲，南非2009年1月至2月的出口量比2008年1月至2月的出口量有所下降，进出口呈现出逆差，但对非洲其他国家的出口增长较快，进出口显示为顺差。这些由南非财政机构提供的具体数据包括：对欧洲出口下滑了19%，对美洲出口下滑31%，对亚洲出口下滑4%，对大洋洲出口下滑了52%。但是南非对非洲其他地区的出口却增加了37%。

南非在2009年1月经历了创纪录的单月贸易逆差17.5亿美元，2月（收集到的最新数据）出口增长了21.54%，使得2月的贸易逆差减少到5757万美元。之前，路透社通过投票的方式征集到部分经济学家的预测，认为南非2月的贸易逆差将达到8.76亿—8.86亿美元水平。

（二）部分经济学家以及非洲的商业领袖们对非洲经济所持态度

南非的案例让人振奋，这无疑会对那些持有非洲不会受金融危机冲击或者冲击很小观点的经济学家产生极大鼓舞，但仍有许多经济学家认为今后非洲的发展状况肯定会被证明上述观点不仅错误且对非洲有害。

南非著名经济学家David Masondo即是持后一种观点。针对那些持悲观态度的人断言非洲在经济上已经没有什么可以失去的，他指出："谁能够肯定，只有拥有更多东西的人才是失去最多的人。"言下之意，非洲经济在这次金融危机中同样会失去很多。但Masondo对非洲在本次金融危机中所受冲击相对较小的说法表示认同，他强调非洲其实正处于一个十字路口，他认为"非洲国家向世界所展示的主要是两副面孔，要不被其国内自己制定的某些政策困死；要不以一种值得信赖、值得期望和安全的合作伙伴形象融入世界经济。"同时令Masondo感到高兴的是，在目前这种金融危机环境下，与发达国家相比较，非洲很多商业领袖显得不那么灰心丧气。

根据Pricewaterhouse Coopers杂志每年针对东非国家搞的"年度最受尊重的企业"排名调查中，相比较于世界其他地方，非洲的商业领袖们对世界经济增长最乐观，其中半数被调查的非洲企业家都预测2009年企业收入将增加。

调查显示，非洲企业的主要管理人员中51%都对过去一年企业的表现充满信心，58%的管理人员对企业未来3年收入的增长表示有信心。而相对于北美，这两个比例只有21%和34%；而西欧只有15%和26%；拉丁美洲只有21%和29%；亚太地区只有21%和41%。

上述对东非国家的调查，具体涉及了肯尼亚 61 家企业的 CEO，乌干达 45 家企业的 CEO，坦桑尼亚和卢旺达的 41 家企业 CEO。其中 34% 的人都认为未来业务的增长还是主要靠现有的市场；32% 的人认为在现有市场之外开辟新的市场将成为业务发展的增长点；只有 11% 的人认为有必要做部分裁员。

（三）贸易保护危害非洲经济

什么会对目前全球经济造成更大的损害呢？那就是现在一些国家政府所实行的贸易保护措施，不仅发展中国家的经济受到了很大影响，发达国家也深受其害。

世界贸易组织已经提出警告，贸易保护主义将在全球范围内抬头，而且肯定会对全球贸易的发展产生负面影响，最终会影响全球经济的复苏。同样的，在伦敦召开的 G20 峰会上，各国领导人也警告说，伴随着经济衰退，贸易保护主义将不可避免的再次出现。各国政府倡导的“购买本国货”潮流将大幅度地减少这些国家的进口。

美国就是一个例子。随着美国汽车巨人陷入危机，白宫开始劝导美国人购买美国制造的汽车。这将导致汽车及机车零配件的进口大幅度下降，反过来将很大程度影响那些向美国汽车市场出口的国家。有数据显示，向美国、欧洲及日本的出口占到了南非全部出口的 60%，随着这些国家或地区经济的衰退，已使得南非的出口下降了 15%，同时削弱了南非支持出口的制造业。根据统计，相对于上一年度，南非汽车出口下降了 30.1%。

根据经济合作与发展组织（OECD）最近的一篇报道预测，由于经济危机造成需求下降，2009 年世界贸易总量相对于上一年将下降 13.2%，高于世界贸易组织预测的 9% 下降幅度。该报道指出“国际贸易总量将以自由落体的速度下滑”，警告说那些严重依靠出口的国家将会受到严重影响。“国际贸易大幅度下滑也正好说明为什么危机会传导得这么快。特别是亚洲，半年前金融危机对亚洲的影响非常之小，而现在影响正在逐渐加深。”

对于非洲，最主要问题还是那些依靠出口来发展经济的国家，由于缺少加工业，产品附加值不高，而原料商品的价格通常又由外部市场决定，这使得非洲国家的收入非常不稳定，严重影响了非洲国家的经济增长和经济发展。除此之外，国外援助的规模也取决于外部因素，非洲国家对此无法控制。

（四）经济危机下，非洲面临的机遇和挑战

虽然前文数据显示出了非洲经济发展积极的一面，但 Pricewaterhouse Coopers 杂志的调查报告中另外的一面却不免让人有些失望。这部分内容正好印证了南非经济学家 David Masondo 所说的话，非洲国家经济发展被自己制造的一些障碍阻止了。

根据调查，分析家们普遍对政治动荡的关心远远高于经济紧缩。东非的企业管理者更关心政治的稳定而非目前正在蔓延的世界经济危机。在调查投票中，至少 30% 的人强调政治才是一个需要长期担忧的事情，政治对企业的持久发展影响最大，只有 8% 的人在考虑目前全

球经济下滑的现状和影响。

来自著名的African Peer Review机构一位叫Evelynne Changa的政企协调员说："大多数非洲国家都比较小，发展历程短，企业波动较大，受政治和其他非系统因素的影响较大，而受全球系统性经济危机的影响则相对较小。"Changa同时也提醒说非洲并不能完全从本次全球危机中幸免，她说："由于西方发达国家深陷于经济危机，造成对外援助下降，这必然给那些依靠援助的非洲国家带来较大的影响。"此外她还说："随着上世纪90年代非洲开始实行私有化，FDI扮演了重要的角色，而目前FDI一直在下降，FDI的下降也直接影响了非洲这些国家利用优惠贸易协议这一优势的能力。"她认为还需要考虑的就是"由于那些走出非洲到国外打工的移民为了应付目前的危机，使得向非洲的汇款逐渐减少。"最后，Changa认为，对非洲大陆来说，经济发展的主要障碍还是来自于内部。她指出"基础设施落后，官僚主义加上公共机构的惰性和腐败"是非洲需要克服的主要障碍。Changa因此提出建议，非洲需要采取一些实用的措施，比如"改革或制定一些针对企业经营的法律；为非洲当地人提供融资渠道，并为他们提供必要的培训。非洲的可持续发展首先要求政府解决一系列的问题，包括：反腐败和提高政府服务意识，并需要加强基础设施的建设。"

另一位重要人物，南非财政部长Trevor Manuel在约翰内斯堡Gordon Institute of Business Science学院近期做的一篇演讲中，则反复提到，这次全球经济危机对非洲国家以及部分发展中国家来说完全有可能是一个机会。

Manuel提出了"强大的变化不可逆转"来支持他的观点。这些变化包括：大范围的工业化和现代化；相应带来的对基础设施、进出口货物贸易及进出口服务贸易的需求；城市化率不断提高，使得发展中国家内出现巨型城市；教育的发展和新技术的运用速度加快。再加上大部分发展中国家（包括几个主要的非洲经济体）宏观经济稳定，所有这些因素都构成了他所说的"不可逆转改变"。另外，中国和印度经济的快速崛起；原料产品价格的持续上涨（不包括最近期间）；信息产业和通讯技术的快速发展等也成为Manuel提出的几个因素之一。他认为这次世界经济危机的爆发，将给非洲国家和发展中国家的经济带来一次长期而有力的增长。

还有部分经济学家认为，非洲是一个沉睡的巨人，完全有能力在世界经济中占得一席之地。非洲现在的情况与20世纪70年代的中国有点类似——吸引大量的投资，然后成为世界一流、具有全球竞争力的经济巨人。但是，非洲国家也应该看到，虽然中国经济的崛起开始于投资的拉动，但最近几年经济发展的动力则主要来自于中国对其经济基础的改造和升级以及中国为提高其人民生活水平而实行的政策。非洲国家不应也不能忽略这些经验。

参考文献资料

非洲商业（The African Business），2009年5月期。

六、全球经济危机下非洲经济发展预测

对于发达国家或者新兴经济体来说，2009 年的新年跟往年确实有着很大的不同，让所有人感到经济环境的严酷和不安。作为全球资本的主要接收地区和一个以原料商品出口为主的地区，非洲已经发现，自己也很难在全球经济衰退中独善其身。尽管可能在受影响的面和程度方面有所不同，但全球经济危机造成的国际信贷环境紧缩以及以美国、日本、德国和英国为首的发达经济体的国民产出大幅下降，将肯定会对非洲经济造成负面影响。

在这种低迷的全球经济环境下，包括国外投资、官方援助和汇款等方面的国际资本流动速度大幅减慢，使得大家对未来非洲经济走势的预期下降。根据 IMF 的预测，非洲跟其他发展中国家相似，经济发展速度将从 2008 年的 5.5% 下降到 5% 的水平。

撒哈拉以南地区曾经以 2007 年 6.8% 的增长速度显示其强劲的经济能力。在这个地区中，那些人们印象中的前沿国家，如：博茨瓦纳、加纳、肯尼亚、尼日利亚、莫桑比克、坦桑尼亚、乌干达和赞比亚等，依靠出口和私人消费的大幅增长，带动了经济的高速增长。从统计数据显示，从 2000 年开始，这个地区的大部分国家，其国民产出的增长，主要依靠的是私人消费拉动，而非出口和公共消费。同时，这些国家的金融服务产业，也为实体经济中的私人消费提供了便利。由于背负相对较少的主权债务，拥有稳定的宏观经济政策以及不断增加的国家外汇储备（特别是尼日利亚），相对于过去的几次危机来说，这些国家更能平稳的渡过这次经济危机，但除了这些国家外，其他国家可能面临的形势就比较严峻了。据 IMF 透露："相对于发达国家以及新兴经济体来说，本次全球金融危机对非洲的影响相对较小，但并不是说非洲能从全球危机中解脱出来。" IMF 还警告说，由于食品和燃料价格的大幅震动带来了高企的通货膨胀，同时对外赤字也不断扩大，使得许多撒哈拉以南地区的国家经济非常脆弱。即便是撒哈拉以南最大的经济体——南非，也不得不以不断提高利率的方式来抑制通货膨胀以及贸易赤字。

（一）多米诺骨牌效应下的非洲经济

世界经济的衰退将通过以下几个途径对非洲经济产生较大影响：

1. 原料商品市场的需求大幅度下降

这种影响已经在能源市场和金属市场上出现了。国际市场上，布伦特原油价格已从 2008 年夏天最高价 147 美元/桶下降到了报告日的 47.6 美元/桶，期铜价格也由最高的 8443 美元/吨下降到了报告日的 3500 美元/吨。原料商品的出口一直以来占到了撒哈拉以南地区 GDP 的很大一部分，而国际市场价格的大幅度下降，将直接影响这些资源富裕国家的经济发展。但据世界银行的一篇报道说，他们相信非洲国家在面对本次原料商品价格下降的严峻形势时，将比 1980 年那次危机更容易应付，在 1980 年那次石油价格暴跌的危机中，许多非洲国家的经济陷入了一片混乱。

2. 影响全球对非洲服务业（主要是旅游业）的需求

该行业在2005年占非洲GDP的2.3%。受影响最严重的是博茨瓦纳、毛里求斯、南非、加纳、肯尼亚、坦桑尼亚和赞比亚，同时马格里布地区所受影响也比较大。这些国家或经济体旅游收汇将减少，对国际收支造成负面影响，同时由于劳动密集型的旅游业萎缩，很多当地人面临失业。

3. 由于全球金融市场融资条件日趋苛刻，原料商品价格暴涨已告一个段落，加上投资者对风险厌恶感也有所增加，导致国外直接投资（FDI）不断降低

对于非洲国家的外汇资本流入来说，FDI主要支持一个国家的长期发展，在带来资金的同时，可以给非洲国家带来新的技术，新的企业管理架构，以及进入国际市场的契机。根据2008年UNCTAD的世界投资报告，非洲在2007年吸收了创纪录的530亿美元的资本流入，主要进入矿产、石油等行业。FDI带来的资金加速了一些资本密集型行业的合并或者兼并。另据UNCTAD的调查显示，目前被调查的企业只有15%有计划于2009年至2010年期间在非洲扩大投资。

4. 与FDI相似，以非洲地区的股权和债券市场为目标的风险投资组合也可能发生转向，因为投资者目前更倾向于投资如美国国债、黄金等更具流动性和安全性的资产

在最近几年，私募风险基金在撒哈拉以南地区（特别是南非）的资金投入远高于其他发展中地区。但如果由于信贷紧缩的滞后反应引起全球资本流动速度下降，同时造成投资者对风险的偏好下降，则会对那些依靠外资流入进行基础设施建设和弥补国际收支赤字的非洲国家带来非常严重的影响。南非、毛里求斯和肯尼亚就在其中之列。

5. 发达国家经济呈螺旋状的下滑，必然会造成汇出汇款的缩减

许多散居在美国和欧洲的非洲人（包括一些专业人员），打工后把很大一部分收入汇回非洲。最近的统计数据显示，像汇入汇款占到国家GDP的7%的乌干达，在最近几个月里，汇入汇款金额下降了一半多。肯尼亚中央银行的数据也反映了这种情况，2008年8月的汇入汇款金额较2007年8月下降了37.8%，直接影响消费者的消费能力和房地产市场。

6. 外汇市场和资本市场也受全球金融危机的影响

以2008年11月非洲各国货币汇率与2007年11月的汇率比较，相对于美元都出现了大幅度的贬值，其中南非贬值56%，肯尼亚贬值24%，加纳贬值22%，赞比亚贬值20%，非洲金融共同体贬值了17%。与此相类似，这些国家或地区的股票市场也出现了大幅度下调。但也有例外，石油出口国尼日利亚和安哥拉的货币汇率仍保持了稳定。

7. 非洲的银行很少持有西方的“有毒”债券

他们倾向于把钱直接贷给其他企业而非购买证券化的资产。受本次次级抵押债券崩溃直

接影响的只有非洲惟一的一个非常小的二级市场，这个市场主要用于债券证券化和衍生品交易。但我们也不能忽略在非洲金融系统中的一些意外情况的发生，影响主要来自于以下几个方面：对贸易融资和项目融资的授信额度将会大幅度缩减；银行的金融资产减值，包括存放在受次贷危机冲击的海外代理行的存款和因为经济不景气造成的信贷资产质量下降。同时，对于一些跨国银行集团来说，如花旗银行和富通银行，其母银行受到的冲击非常之大，必然会对其在非洲或世界其他地方的分支机构带来影响，已采取的措施之一就是将资金抽回国内挽救母银行。

8. 仍然有部分非洲国家显示出的宏观经济不平衡迹象与国际市场各种商品价格崩溃的现实相去甚远

2008 年，有 20 个撒哈拉以南国家的通货膨胀率达到了 2 位数，而 2006 年时仅有 12 个国家——不包括津巴布韦。据 IMF 估计，进口食品的大幅度涨价，将使那些高度依靠食品进口而人均收入又很低的国家更加贫穷，包括冈比亚、加纳、毛里塔尼亚和斯威士兰等国家，在这些国家里，食品支出占到了日常生活开支的绝大部分。一些国家采取紧缩的货币政策来应付高企的通货膨胀，但更多国家通过采用减少食品的进口关税及增值税，或者向食品出口加增关税及增加限制等方式来解决食品价格的上涨。

（二）援助缩减对非洲的影响

由于总部位于巴黎的发展救助委员会（DAC）的各成员国的预算削减，2009 年该委员会对非洲的官方援助将大幅度下降。据世界银行的报道说：“官方的发展援助肯定有一定影响，但我们仍有合理的信心对部分援助进行支持，因为这部分援助直接关系着一部分人的生死。”

2007 年，对非的官方发展援助达到了 387 亿美元，占全球援助总金额 1035 亿美元的 37%。在 2005 年格伦伊格尔斯举行的 G8 峰会上，各会员国保证“在 2010 年前，对非的官方发展援助将按照每年 250 亿美元的速度增加，到 2010 年，对非援助金额将在 2004 年的基础上翻倍”。国际慈善协会解释说，按照 2004 年的物价水平和汇率，格伦伊格尔斯 G8 峰会承诺的 2010 年援助金额将达到 545 亿美元。

要达到这个目标，捐赠国或者捐赠人必须增加其捐赠金额，且在 2007 年到 2010 年间增加的幅度达到年均 17%，但在目前的金融环境下，对很多发展中国家来说将是一个不可能完成的任务。对那些缺少国际投资且国家外债高昂的贫穷国家，额外的捐赠成了弥补资金缺口的主要途径。经济合作与发展组织的秘书长 Angel Gurria 和 DAC 的主席 Eckhard Deutscher 都急切地强调“除非现在我们就果断地行动，不然将无法阻止这场金融危机进一步造成援助危机。”在 20 世纪 90 年代的衰退中，全球官方的发展援助下降了 25%，全球发展中心（Centre for Global Development）的数据显示，在 1990 年到 1996 年间，日本的对外援助减少了 44%，一直到现在都还没有恢复到以前的水平。

DAC 警告说“用于援助的预算减少，将进一步加重这些受食品和能源价格困扰国家的压力，同时也限制了我们帮助这些国家应对全球气候变化的能力。我们清楚地知道，那些面临经济和社会压力巨大的贫困国家，将更有可能发生武装冲突，因此我们必须采取行动避免贫困危机的加深。”目前有部分国家通过努力，已经向“实现千年发展目标”迈出了一大步，从一个长远规划来说，提高农业发展水平并为社会中最脆弱的群体提供稳定的收入来源对非洲国家来说至关重要。但援助的大幅度削减将使这些目标难以实现。

总之，希望非洲在这次金融危机中独善其身是不现实的。我们只能希望这次危机持续的时间越短越好。相信伴随着各国采取的积极财政政策的刺激和较低的能源价格，全球经济能在2010年开始复苏。

参考文献资料

非洲商业（The African Business），2009年1月期。

七、撒哈拉以南非洲最具竞争力3个国家国际竞争力情况

（一）撒哈拉以南非洲总体情况

非洲经过最近几年GDP大幅度持续增长之后，当前的全球经济危机对该地区如何在更长时期内保持可持续发展带来了挑战。虽然非洲经济比起世界其他地区与全球市场的联系较少，但依然没有幸免于全球经济危机的影响。IMF正在调低对该地区的经济发展预期。

尽管如此，一些非洲国家的经济保持了稳定。南非和毛里求斯自去年以来经济平稳，在国际竞争力排名上仍然排在较好位置，另外有相当多非洲国家的国际竞争力排名有了显著上升。但另一方面，也有很多非洲国家的排名出现了下滑。总体来说，撒哈拉以南非洲的国际竞争力日趋降低，逐渐掉队。

（二）南非

南非的国际竞争力2009/10年度排在世界第45位，与上年度相比保持不变。南非的竞争力受益于该国经济规模较大（经济规模排名世界第24位）。在公共机构质量和要素分配方面，南非表现良好。例如产权保护居第24位，私人机构可问责性居世界第5位，商品市场效率居第35位。尤其是金融市场效率取得了长足进步，排名从上年度的第24位上升至第5位，表明投资者对南非金融市场的强大信心。南非在其他方面表现也不错，例如商业成熟度居第36位，创新居第41位，科技研发居第29位，以及大学与商业部门创新方面的合作居第25位。

但是，在其他一些方面，南非还需要进一步努力。南非在劳动力市场效率方面排名仅在第90位，雇佣和解雇非常不具有弹性，排名仅在第125位，公司对薪水决定的弹性指数排名

仅在第123位，劳资关系也非常差，排名仅在第121位。此外，南非的创新潜力存在降位风险，表现为大学录取率仅15%，居世界第94位。南非的基础设施在非洲来说非常好，但是与世界相比尚需要升级，居第45位。为迎接2010年世界杯足球赛，南非正在进行的基础设施建设将有助于提高南非的竞争力。南非应对犯罪和暴力的商业成本也十分高，居世界第133位，为世界倒数第一。其中警察提供有效保护的能力很差，居世界第106位。另外，南非还需要对劳工的健康进行关注，劳工健康在133个国家中仅排名第127位。对这些方面的改革将有助于南非今后提升国际竞争力。

（三）毛里求斯

今年度毛里求斯排名世界第57位，与去年持平。是撒哈拉以南非洲国家中竞争力第二强的国家。毛里求斯的特点是公共机构非常透明，产权清晰，司法独立性强，以及治安状况很好。私人机构可问责性良好，居世界第22位，审计和会计标准体系严格，可以很好保护小股东利益。从区域性来说，该国的基础设施比较完善，尤其是公路、航空和电信。与其他撒哈拉以南非洲国家相比，健康水平也很高。此外，商品市场和金融市场运转良好，分别位于第37位和第26位，且比2008年有进步。

然而，教育方面的努力还需要加强，教育录取比率还比较低，尤其是大学录取比率仅居世界第97位。教育支出很低，教育质量有待提高。除了教育比较差之外，劳动力市场缺乏弹性，雇佣和解雇的法律过于严格，居世界第87位，薪水的决定也缺乏弹性，居世界第105位。

（四）博茨瓦纳

2008年博茨瓦纳的世界排名有很大进步，但是2009年却又倒退了10名，退至第66名。目前博茨瓦纳和南非、毛里求斯是非洲3个最具竞争力的国家。博茨瓦纳的政府机构的可信赖度和合规度居世界前列，其中政府支出的效率居世界第16位，公众对政治家的信赖居世界第19位，司法独立性居第27位。博茨瓦纳是非洲最廉洁的国家，居世界第22位，与澳大利亚、德国差不多。近年来，博茨瓦纳公共机构的透明性和可问责性对宏观经济环境贡献很大，虽然自去年以来这方面有所退步，从第22位退到第41位。

博茨瓦纳的弱点主要是该国的人力资源基础较差。尽管教育支出很高，教育录取比率的国际排名依然很低，初等教育、高中和大学的录取比率在世界排名分别为第111位、第92位和第115位。教育的质量得分也很低。然而，博茨瓦纳面临的最大的障碍是该国的健康水平。博茨瓦纳的艾滋病流行比率依然非常高，居世界第133位，疟疾发病率居世界第94位，肺结核第130位。然而，这些疾病发病率有所好转，寿命预期从52岁提升至56岁。继续提高教育和健康水平依然是提高博茨瓦纳竞争力的主要因素。

世界前20名、新兴发展中国家及参选非洲国家竞争力排名及得分情况见表1：世界部分国家国际竞争力情况表。

表1　　世界部分国家国际竞争力情况表

国家	2009/10国际竞争力		2009/10国际竞争力分指标						2008/09国际竞争力排名
			基本因素		效率		创新因素		
	排名	得分	排名	得分	排名	得分	排名	得分	
瑞士	1	5.69	3	5.98	3	5.39	3	5.68	2
美国	2	5.59	28	5.23	1	5.66	1	5.71	1
新加坡	3	5.55	2	5.99	2	5.61	10	5.15	5
瑞典	4	5.51	5	5.96	7	5.31	4	5.53	4
丹麦	5	5.46	4	5.98	6	5.36	7	5.28	3
芬兰	6	5.43	1	6.04	12	5.17	6	5.47	6
德国	7	5.37	8	5.85	14	5.12	5	5.47	7
日本	8	5.37	27	5.27	11	5.21	2	5.7	9
加拿大	9	5.33	10	5.74	4	5.39	12	4.96	10
荷兰	10	5.32	12	5.71	10	5.26	9	5.17	8
中国香港	11	5.22	6	5.9	5	5.37	23	4.53	11
中国台湾	12	5.2	18	5.47	17	5.06	8	5.25	17
英国	13	5.19	26	5.29	8	5.31	14	4.92	12
挪威	14	5.17	11	5.73	13	5.14	18	4.83	15
澳大利亚	15	5.15	14	5.63	9	5.29	21	4.61	18
法国	16	5.13	15	5.6	16	5.08	15	4.9	16
奥地利	17	5.13	13	5.7	19	4.98	11	5	14
比利时	18	5.09	20	5.43	18	5.04	13	4.95	19
韩国	19	5	23	5.4	20	4.92	16	4.88	13
新西兰	20	4.98	16	5.58	15	5.11	27	4.37	24
马来西亚	24	4.87	33	5.12	25	4.76	24	4.43	21
中国	29	4.74	36	5.09	32	4.56	29	4.23	30
南非	45	4.34	77	4.26	39	4.47	39	4.05	45
印度	49	4.3	79	4.18	35	4.52	28	4.24	50
巴西	56	4.23	91	4.04	42	4.41	38	4.08	64
毛里求斯	57	4.22	51	4.63	72	4.01	65	3.59	57
俄罗斯	63	4.15	64	4.43	52	4.2	73	3.47	51
博茨瓦纳	66	4.08	63	4.43	87	3.77	92	3.25	56
埃及	70	4.04	78	4.21	80	3.87	71	3.51	81
纳米比亚	74	4.03	53	4.61	90	3.72	91	3.26	80
肯尼亚	98	3.67	120	3.49	75	3.94	50	3.8	93
尼日利亚	99	3.65	118	3.51	77	3.91	70	3.53	94
坦桑尼亚	100	3.59	103	3.71	104	3.45	95	3.21	113
莱索托	107	3.54	102	3.71	116	3.31	101	3.16	123
乌干达	108	3.53	110	3.58	102	3.49	103	3.14	128
喀麦隆	111	3.5	107	3.68	119	3.27	106	3.11	109
赞比亚	112	3.5	117	3.51	98	3.52	90	3.26	112
加纳	114	3.45	127	3.4	94	3.58	108	3.08	102
埃塞俄比亚	118	3.43	111	3.56	120	3.26	115	2.98	121
马拉维	119	3.42	124	3.43	105	3.43	97	3.21	119
马达加斯加	121	3.42	115	3.52	118	3.28	99	3.2	125
莫桑比克	129	3.22	129	3.26	124	3.19	113	3	130
津巴布韦	132	2.77	132	2.71	130	2.87	124	2.86	133

南非、毛里求斯和博茨瓦纳竞争力各项指标情况见表2：3国基本因素情况表，表3：3国效率情况表，表4：3国创新因素情况表。

表2　　3国基本因素情况表

国　家	基本因素		基本因素分指标							
	排名	得分	机　构		基础设施		宏观经济稳定		健康和初级教育	
			排名	得分	排名	得分	排名	得分	排名	得分
南　非	77	4.26	45	4.47	45	4.33	68	4.62	125	3.6
毛里求斯	51	4.63	41	4.59	53	4.16	98	4.21	56	5.56
博茨瓦纳	63	4.43	29	4.89	61	3.93	41	5.06	118	3.85

表3　　3国效率情况表

国　家	效率因素		效率因素分指标											
	排名	得分	高等教育和培训		商品市场效率		劳动力市场效率		金融市场效率		技术水平		市场规模	
			排名	得分	排名	得分	排名	得分	排名	得分	排名	得分	排名	得分
南　非	39	4.47	65	4	35	4.65	90	4.15	5	5.43	65	3.69	24	4.86
毛里求斯	72	4.01	79	3.79	37	4.62	74	4.32	26	4.86	57	3.8	110	2.69
博茨瓦纳	87	3.77	94	3.51	78	4.05	58	4.47	47	4.53	92	3.16	98	2.93

表4　　3国创新因素情况表

国　家	创新因素		创新因素分指标			
	排名	得分	商业效率		革　新	
			排名	得分	排名	得分
南　非	39	4.05	36	4.57	41	3.54
毛里求斯	65	3.59	55	4.23	85	2.95
博茨瓦纳	92	3.25	107	3.41	71	3.1

参考文献资料

世界经济论坛，2009—2010年全球竞争力报告。

八、非洲农业全球化现状简述

2008年11月，韩国Daewoo Logistics公司宣称，该公司与马达加斯加政府签订了一项期限达99年的土地租赁合同。令人震惊的是，该租赁合同所涉及的耕地面积达到了130万公顷，相当于半个比利时的国土总面积。Daewoo Logistics公司计划投资60亿美元，以形成年产400万吨玉米和50万吨棕榈油的生产能力，报道同时说明，这些农产品主要用于出口。

国外投资者正在加快投资非洲农业，特别是投资非洲土地的步伐。2008年8月，总部位于阿联酋首都阿布扎比的AI－Qudra Holdings也宣称，该公司目前在摩洛哥和阿尔及利亚正在耕种的土地有1500公顷，现在正在寻求在非洲或者亚洲进一步获得40万公顷土地用于种植玉米、水稻及饲养牲口，而苏丹是一个比较可能的备选地。目前沙特阿拉伯和阿联酋在苏丹控制了大量可耕地。仅阿布扎比的Fund for Development在苏丹北部就拥有3万公顷的可耕地，沙特阿拉伯的Hadco公司也在苏丹投资了9600万美元，用以租赁喀土穆附近尼罗河两岸的1万公顷土地，主要用来种植小麦、蔬菜和饲料等。

同样的农业投资（土地投资）也出现在莫桑比克、乌干达、津巴布韦，以及全球的其他地区的国家，如：菲律宾、柬埔寨、巴基斯坦和乌克兰等。埃塞俄比亚现任总理Meles Zenawi在邀请中东投资者来该国投资方面表现得特别积极，他形容他自己是“非常渴望”吸引这些投资者来签订土地租赁合同。埃及也一直在招揽这些投资。一家英国的公司最近在埃塞俄比亚获得了3000公顷的土地，用于种植膏桐，一种不能食用但其种子经加工后可以生产生物柴油的植物。一家名叫Flora EcoPower的德国公司也紧随其后，通过其在埃塞俄比亚的子公司，在该国Oromia省租赁了8000公顷土地，用于种植蓖麻。英国的生物燃油公司DI – BP Fuel Crops在种植膏桐方面也很积极，目前在赞比亚、斯威士兰、马达加斯加租土地在种植。但是，用大片土地来种植生物燃料的原料也一直有争议。世界银行的经济学家指出，去年国际粮食价格疯涨，至少有部分原因是因为生物柴油的发展。同时，还有其他争论，认为生物柴油作物的种植会危害土地和环境。西澳大利亚已经开始禁止种植膏桐，理由是“膏桐对人和动物有害，而且扩散性极强”。

膏桐作为一种原生于中美洲的植物，在目前的情况下，要达到既能种植又能控制确实比较难，然后这种作物在生物燃料的产量方面是大豆的4倍、玉米的10倍。同时，一些支持者也指出，由于膏桐除了种子可以榨油外，其他部分也可以加工成肥料，因此能提高土地的质量。

投资者在非洲等发展中国家或地区投资农业，特别是投资土地，其目的很简单，因为具有巨大的潜在获利机会。2008年全球粮食价格疯涨（目前已经跌下来了）使那些依靠粮食进口的国家开始寻求可靠的农产品来源，以保证本国的粮食安全。

总部设在罗马的世界粮农组织（FAO）经济学家Concepcion Calpe说：“很多国家通过在海外购买或者租赁土地来保障本国的粮食安全。”这句话也得到了FAO在阿布扎比分部主任Kayan Jaff博士的回应，他说：“阿联酋需要在海外投资农业用地以应对不断上涨的粮食价格。”

目前，只要你不是太在意被投资国固有的政治风险，农业投资对投资国的吸引力是相当大的。但是，对那些提供土地的国家（被投资国），他们获得了什么好处呢？毕竟，这些投资的首要目的是解决投资国的粮食问题，而非被投资国的粮食问题。但这也并不是说对被投资国一点好处都没有。AI – Audra Holding的首席执行官就说：“我们投资的主要目的是为阿联酋提供农产品，但作为一个全球化的公司，我们也将为其他国家提供粮食。”

非洲土地投资因为其他一些原因也引起了很大争议。尼日利亚的一个评论家就怀疑说，这些投资可能给非洲带来新殖民主义，同时给政府带来腐败。他在评论里提到，在苏丹，因为要吸引那些国外的农业投资者，许多当地的农民被迫迁离了自己的土地。

那些来自于发达国家的投资者，总是希望把非洲大量的矿产资源资本化，而由于有殖民的阴影，必然引起当地人的反抗，这也是一种可以理解的现象。当然，对像苏丹、埃塞俄比亚这种受长期饥荒影响的国家来说，可能情况有些不一样。苏丹每年进口100万吨小麦，其达尔富尔地区还主要依靠粮食援助。埃塞俄比亚也一样，该国一方面在寻求国际上对该国农业进行投资，一方面且还在限制农产品出口。

以上并不是要说明海外农业投资会损害被投资国的利益。因为目前农业投资是受到非洲欢迎的，也是非洲需要的。据FAO统计，非洲耕地被开发的程度相当之低，只有7%的可耕地已经开发（特别是在撒哈拉以南地区，这个比率只有3.7%），而在亚洲的这个比率达到了42%。

国外投资所提供大量资金可以为非洲改变目前的这种状况，同时可以修建和改进部分基础设施，比如说目前非洲高昂的运输费用使得非洲国家的出口竞争力受到很大影响，而国外投资修建的公路则会大大降低相应的运输费用。

参考文献资料

非洲商业（The African Business），2009年2月期。

九、东非国家加大农业发展扶持力度

2009年6月末，乌干达、坦桑尼亚、肯尼亚等东非国家陆续发布了2009年度的财政预算，从各国预算文件中可见，伴随着新财年①的开始，东非国家已纷纷将农业发展作为其经济发展的新引擎和新财年重要的经济政策。

（一）为鼓励农业发展，各国纷纷出台新财税配套政策

1. 肯尼亚鼓励农业发展的措施

肯尼亚将小麦等粮食产品的进口关税，从10%提高至25%，将其国内粮食的附加税降至0。同时还将运输牛奶的隔热保鲜罐的关税及附加税也降为0，并取消农业机械配件、园艺机械配件、林木机械配件等相关设备的进口关税。

据肯尼亚媒体报道，肯尼亚2009年农业预算比上一年增加了78%，资金将主要用于农业科研、农产品市场开发、农业信贷等方面。肯尼亚农业部长威廉·萨莫西·鲁托日前表示，

① 肯尼亚等部分非洲国家其财年自上一年的7月1日始至次年的6月30日止。

政府已签订化肥进口合同，并将以非常优惠的价格向农民出售化肥；为提高肯尼亚咖啡在世界市场的竞争能力，肯尼亚咖啡管理委员会计划在2010年2月把肯尼亚的咖啡包装，贴上自己的品牌后再出口；农业部已经制定新的茶叶拍卖制度，从而保障茶农利益。2009财年，肯尼亚政府计划投资30亿肯先令用于新建和修缮Bura，Hola，Tarda，Weiwei和Kerio Valley地区农田灌溉系统，以期在2009年年底收获100万袋的玉米和大米，争取在2012年使得肯尼亚成为粮食出口国。

2. 坦桑尼亚鼓励农业发展的措施

为鼓励农产品及农机设备的出口，坦桑尼亚取消了牛奶保鲜运输车、铝罐、农业机械（碎土机、施肥机、播种机、收割机等）的出口关税及增值税，同时取消了当地种植和加工茶叶、咖啡的附加税，而酸乳酪和其他牛奶制品的进口关税则从25%提高至60%。

据坦桑尼亚媒体报道，坦桑尼亚计划和财政部长穆斯塔法·姆库洛在国民议会宣读2009/10财政年度政府预算时表示，坦桑尼亚政府将确保"农业至上"战略得以落实，把公共资金有效地用于有发展潜力的领域。根据坦桑尼亚新财年的政府预算，农业领域的预算为6669亿坦桑尼亚先令（约合5.05亿美元），同比增长30%。

3. 乌干达鼓励农业发展的措施

为鼓励农产品加工投资和提高产品附加值，乌干达政府早在2008年7月1日已颁布对农产品加工投资者提供免所得税优惠政策，在2009/10财年乌政府计划将免税期延长。同时乌干达政府还针对农业投资筹集了150亿乌干达先令（约合710万美元）的鼓励资金，用于鼓励农业投资和生产。乌干达财政部长Ms. Syda Bbumba日前宣布，利用当地大麦和高粱酿造啤酒的将降低消费税，由60%降至40%，以刺激本地农产品的消费，带动大麦和高粱等作物的种植。

2009/10财年，乌政府农业预算投入1.26亿美元，其中1636万美元用于农业推广服务资金，1363万美元用于农村信用资金。乌政府计划通过提高农作物产量和农产品附加值，增加食品供应降低食品价格，增加农产品出口，解决食品不足，增加税收和就业，并最终促进经济转型和社会繁荣。新一财年农业发展的关键是帮助农民脱贫，改善农民生活，促进农村经济增长和社会转型。

（二）东非3国的农业基本状况

肯尼亚、坦桑尼亚和乌干达3个东非国家共有土地180万平方公里和人口8000多万人。东非共同体3国自然环境与生态条件类似，即境内多高原，平均海拔1500米左右。全境位于热带季风区，沿海地区湿热，高原气候温和，全年最高气温为22℃—30℃，最低为10℃—14℃，全年降雨量较为集中。1967年，这3个国家曾建立东非共同体，但10年后宣布解体。2001年1月15日，肯、坦、乌3国总统在阿鲁沙宣布成立新的东非共同体。

1. 各国农业概况及其在国民经济中的地位

在肯尼亚，农业是其国民经济的支柱，全国85%的人口从事农牧业，可耕地面积10.48万平方公里。正常年景粮食基本自给，并有少量出口，茶叶、咖啡、园艺产品为主要出口换汇产品。30%的GDP和19%工资总额来自于农业，60%的国家外汇收入来自于农业，农产品加工业占整个加工业的70%以上，50%以上的出口收入来源于农业初级产品，如茶叶、甘蔗、棉花、小麦、剑麻、咖啡、除虫菊酯等。

在坦桑尼亚，农业人口占总人口的75%，农业占国内生产总值的50%左右，农产品出口收入占外汇收入的75%—80%。全国可耕地面积394000平方公里，已耕地面积62000平方公里。48%的GDP来自农业。

农业也是乌干达政府收入的主要来源，占政府收入的70%和出口收入的95%。农业人口占总人口的80%，粮食自给有余。全国可耕地占陆地总面积42%，已耕地面积39000平方公里。主要经济作物有咖啡、棉花、烟草、茶叶等。主要粮食作物有小米、木薯、玉米、高粱、水稻等。

2. 种植模式

在东非，大多数农民是属于小农经济，很少有家庭的种植面积超过2公顷，只有最基本的手工农具。仅仅大约20%的农民使用牲畜进行耕种。玉米占有主导地位，特别是在北方和南方的高原地区。在繁华的沿海地区，温暖潮湿，以木薯为主，西部有一些水稻。在中部的高原地区，温度和降雨量变化较大，种植耐旱的茶叶、咖啡、粟、高粱等，除了这些干燥地区外，全年的降雨量较好。因为气候和地理多样性，那里水果、蔬菜和调味品植物十分丰富。坦桑尼亚的桑给巴尔岛曾经是世界上最主要的调味品生产基地，也生产大量的牧草。

3. 农产品进出口状况

在肯尼亚，随着出口和国内消费均迅速增长，对小麦的需求正在日益增长，目前肯尼亚仅能供应所需小麦的70%。玉米、木薯、高粱和黍等也处于同等状况。经过十几年的发展，茶叶已经超过咖啡成为最重要的出口商品作物，这是小农场主们大大改善茶叶生产方法和质量的结果。1996年肯尼亚茶叶出口量超过斯里兰卡和印度，成为世界上最大的茶叶出口国，肯尼亚现在是仅次于印度和中国的世界第三大产茶国。咖啡仍然是重要的出口创汇产品，尽管栽培面积只有耕地面积的3%，但由于取消了咖啡出口配额限制，咖啡的销量增加很快，加快了咖啡工业的发展。肯尼亚是世界上第二大剑麻生产国和第四大切花出口国。世界上大约70%的除虫菊酯来自肯尼亚。其他的出口农产品包括腰果、水果和蔬菜等，农业产品现在是肯尼亚第三大出口商品。化肥、农药主要依靠进口，近年来，小麦和蔗糖的进口有所增加。

在坦桑尼亚，农场主和农民种植的咖啡是一种主要的出口作物，获得国家17%的外汇，棉花、腰果、烟草也是出口产品。除出口外，该国粮食自给自足，大约90%的消费品自产。剑麻和丁香产量居世界首位。

乌干达农产品进出口状况基本与其他两国类似，出口以咖啡、棉花、茶叶为主。粮食一般能够自给。

4. 畜牧业发展

草地资源是东非各国主要财产，畜牧业也是该地区经济收益的主要来源之一，特别是牛肉和奶牛也是各国农业经济的重要组成部分，如肯尼亚是非洲撒哈拉地区奶牛工业最发达的国家之一，年产牛奶约20亿升。

东非国家有些民族主要以放牧为生，特别是在中西部地区。近年来，奶牛业发展迅速，牛羊奶的需求量增加很快，因此，草地载畜量大幅度上升。在过去的40年中，这块最好的草地上饲养的牛群的数量增加了3倍以上。传统的牧羊主不愿意减少牧群数量和大小，因为它们是牧民的生命、保障和留给子孙们的遗产。因过度放牧，庞大的牛群被迫迁向正在沙漠化的草地边缘，超载放牧必然引起土地的蚀化。此外，一半以上的牧区面积还遭受舌蝇危害，结果导致动物主要集中在国家的北部和中部的干旱和半干旱且无舌蝇危害的地区。大多数农民既种植庄稼，也饲养以奶牛为主的牲畜，但生产与人口的增长仍不平衡，制约了人民生活水平的提高。

5. 渔业发展

东非各国水产资源十分丰富，肯尼亚、坦桑尼亚东南濒临印度洋，有数百公里海岸线，乌干达虽然为内陆国家，但拥有世界上第二、非洲最大并与肯、坦两国共享的淡水湖——维多利亚湖的近一半的水上面积，维多利亚湖是世界著名的尼罗河的源头，也是世界上最大的淡水鱼生产基地之一。渔业在乌干达经济中占重要地位，近50万人从事渔业生产，河流湖泊面积共4.2万平方公里，渔业资源比较丰富。肯尼亚年产鲜鱼十几万吨，淡水鱼也主要来自于维多利亚湖。坦桑尼亚渔业资源也大多来自境内的淡水湖泊，其中维多利亚湖产鱼量占渔业生产总量的90%。但因缺乏现代化捕捞设备及保鲜和贮藏技术，鱼产量提高很慢。

由于生态环境持续遭到破坏，水土流失严重，河床变浅；另一方面，人为对河水的污染，造成鱼类生长发育缓慢，死亡严重；再者，政府对渔业缺乏有效管理，渔民对各种鱼类的过度捕捞等原因，使得东非各国水产业的持续发展受到严重威胁。

（三）发展中存在的问题

东非共同体国家是撒哈拉南部非洲除南非等少数国家外，经济相对较为发达的地区，但仍然是世界上最贫困的地区之一，农民生活水平始终没有得到最根本的改善，如肯尼亚有70%的农民不能喝上干净的水，有80%左右的农村地区没有电力、没有电话和公路等，其他两国农民生活水平类似或更低。亟待解决的主要问题有：过时落后的技术、极为不足的新技术研究和推广服务体系、灌溉设施缺乏，对降雨量过分依赖、新技术的低利用率、基础设施特别是公路和市场网络落后、农村财政服务系统的严重不足、地方政府处理问题的能力极其有限等。此外，贸易壁垒也造成大多数出口农产品的价格低下，给这些国家造成极大的损失。

在目前金融危机的背景下，东非国家制定了刺激农业发展的政策，不但对于发展其经济，解决各国粮食短缺和农村贫困问题有重要的意义，而且对于东非地区区域经济一体化和实现关税同盟有一定的推动作用。

参考文献资料

1. 东非日报（The eastafrica），2009 年 6 月 15 日。
2. 中华人民共和国驻肯尼亚大使馆经商处网站资料。
3. 中华人民共和国驻坦桑尼亚大使馆经商处网站资料。
4. 中华人民共和国驻乌干达大使馆经商处网站资料。

十、全球经济危机下的非洲采矿业

目前正在蔓延的全球经济危机毫无疑问会对非洲采矿业吸引海外投资带来较大影响，而且这种影响在未来的几年里还将继续。这种影响来自于以下两个大的方面：全球消费能力和消费意愿的下降引发了商品价格的大幅度走低，造成了相应的生产厂商对主要来自非洲的生产原料如铝、铁和其他矿产品的需求下降；电力消费的下降也引发了热电站对非洲煤炭需求的下降。

在全球经济危机对非洲矿业投资带来负面影响的同时，我们也应该看到，实际上那些投资非洲能矿开采的跨国公司基本都抱着一种长期投资的心态，这些公司相信，虽然世界经济复苏的具体时间不确定，但只是迟早的问题。

尽管煤炭是全球气温上升的主要影响因素之一，但随着石油和天然气价格的高企，煤炭作为一种工业燃料仍然越来越被人接受。石油、天然气价格在过去 6 个月里虽然有了大幅度的下降，但其价格的不稳定性仍让人记忆犹新，同时考虑到能源供应的安全，使得过去几年里已经停掉的一些煤矿项目燃起了重新开启的希望。

非洲发展银行（AFDB）认为非洲煤炭产业将在最近几年有一个较大的发展。其研究部经理 Abdul Kamara 说："相对于石油和天然气，煤炭具有三个主要的优势：为产生同一单位能量，煤炭的价格最低；类似的储量下，煤炭的开采率最高；相对于石油、天然气，煤矿分布的地理要求最低。而这三个主要优势使得煤炭越来越被广泛应用。"

预计到 2011 年，非洲煤炭开采量将达到 2.76 亿吨/年，其中南非将继续保持最大生产国的地位，同时莫桑比克以及博茨瓦纳也将会成为非常重要的煤炭生产国之一。

南部非洲地区

莫桑比克

AFDB预测，得益于铁路和港口等基础设施的提高，莫桑比克的煤矿开采及电力部门将在接下来的10年里吸引超过300亿美元的投资，这部分投资主要用于开采Tete省和Niassa省的煤矿。

从2005年开始莫政府已签发的125张煤矿开发许可证中，有96张是针对Tete省和Niassa省的煤矿的。投资者包括英国Central African Mining & Exploration Company公司、澳大利亚Riversdale公司、巴西Vale公司。AFDB研究部经理Abdul Kamara说："这个区域的煤炭储量非常丰富，且生产能力也基本上能匹配。"

近段时间内最大的投资或许将来自于巴西的Vale公司。该公司计划在近期内投资8.31亿美元，同时，一个高达15亿美元的投资计划也将继续跟进。该公司在该地区的开矿许可达到了24亿吨，公司希望通过这些投资，在2011年前，达到年产800万吨的生产能力，而且通过不断提高，最终达到年产4000万吨的目的。当然，要达到这个产能，连接Beira港口的Sena铁路线的运输能力也必须有相应提高。

在最近的一份报告中，Vale公司认为，就算是在世界经济如此不景气的今天，发展该煤矿项目仍有经济可行性。报告中称："尽管目前金融危机的冲击较大，且已经蔓延至实体经济，但Vale公司对未来的矿产品市场和金属产品市场仍具有信心。尽管全球经济面临着减速和下降的风险，但新兴经济体得益于较强的生产能力和不断改善的经济政策，已显示出反弹的征兆。金融危机不会破坏新兴经济体的长期增长的趋势，预计在下个季度将出现比较温和的增长。"

博茨瓦纳

该国也是一个越来越重要的煤炭生产国。CIC Energy公司希望大力开采Mamabula煤矿，用于国内电力生产和出口。该国已经授权一家由MRN Runge公司、DRA公司和Bon－Terra Mining公司组成的联营体，对一条连接该煤矿与Namibian港，主要服务于煤炭出口的铁路项目进行可行性调查。另外一条铁路项目也与煤矿有关，该项目将把纳米比亚的Aranos煤矿与该国Shearwater湾的煤炭专用码头连接，主要目的是提高煤炭的出口量，该码头位于目前已有的Luederitz港口以南30公里。

南　非

南非目前仍是非洲煤炭生产的第一大国，该国主要煤矿企业包括Anglo Coal、Eyesizwe、Kumba、Ingwe Collieries、Sasol以及其他一些受权开矿的公司。该国开采的煤炭一部分用于本国火力电站的生产，这也是南非发电的主要方式；其他大部分煤炭通过Richards湾的煤炭专用码头（RBCT）出口。全球经济的不景气表面上可能会对南非煤炭出口带来负面影响，但是实际上，从产煤区到RBCT的铁路运力严重不足的现状才是影响南非煤炭出口的主要原因。

如果国有铁路公司 Transnet Freight Rail 能解决铁路运力的问题，仅仅现有的 Mpumalanga 煤矿和位于北部新开放的 Waterberg Basin 煤矿所吸引的新增投资，都将促使该国煤炭产量的大步增长。就算该铁路运力的问题没有解决，上述两个产煤区仍可通过莫桑比克的 Matola 煤炭专用码头解决出口问题，以扩大南非的煤炭海运出口量。

南非的铁矿石出口也显示出较强的增长潜力。铁矿石生产商 Kumba Resources 公司已经与南非 Transnet Freight Rail 铁路公司签署了一项协议，以提高 Sishen 铁矿石区到大西洋海岸 Saldanha 港口的运力。根据 Kumba Resources 公司首席执行官 Chris Griffith 介绍，该项协议的签署，使得该公司有能力开发位于北角 Posmasburg 附近的 Sishen South 铁矿，开发成本将控制在85 亿兰特（8.55 亿美元）以内。该铁矿的开发，将使南非铁矿出口量从目前的4700 万吨/年提高到6000 万吨/年。

东部非洲地区

坦桑尼亚

往北看，坦桑尼亚吸引了投资于东北非洲矿产开采的大部分资金，特别是该国迅速发展的金矿开采。但是 2008 年 7 月该国矿产业合同审查委员会的一项建议使得投资者感到不安，该建议提到，坦政府应该在该国所有的矿产开采项目中占 10% 的股份，而且这种变相的税收还将在以后年度里不断增加，特别是钻石和黝帘石开采业。已经在这个行业经营多年的外国公司显然不愿意将自己利润的一大块交出，该项建议是否能被接纳，最后还取决于坦政府。

对坦政府来说，是否接纳这个建议也是个两难问题，实施这个建议，政府肯定可以从中得益，但反过来却会吓跑很多潜在的投资者，而坦政府非常希望在 2025 年前，矿产开采业的产值占 GDP 的比率从目前的 2.3% 提高到 10%。坦桑尼亚的矿产开采业的迅速发展得益于 20 世纪 90 年代的贸易自由化，因此达累斯萨拉姆也不敢在目前原产品价格不断下跌的时候轻易地给该产业增加额外费用。而且 2008 年 12 月出现的超过 200 名当地人袭击 Barrick Gold North Mara 矿区事件的负面影响还在持续。虽然该矿区的开发公司认为该事件并没有扩大的趋势，而且将继续向目前已有的 Bulyanhulu 和 Tulawaka 矿区项目和 Buzwagi 新矿区项目投资。

肯尼亚

紧邻的肯尼亚虽然没有坦桑尼亚这么丰富的矿藏，但也即将获得大量的投资，投资资金主要进入金红石、钛铁矿、锆石矿等开采行业。2008 年 8 月，加拿大 Tiomin Resources 公司与中国 Jinchuan 公司签订了一个谅解备忘录，以共同向 Kwale 矿砂项目投资 2500 万美元。

Tiomin Resources 公司首席执行官 Robert Jackson 说：“这项交易对 Tiomin Resources 公司非常重要，而且确定了现金入股的方式，消除了交易的不确定性。中国 Jinchuan 公司是一个非常有实力的合作伙伴，我们有信心相信这个项目将向我们双方满意的方向发展。”据悉，这个项目可以达到年产钛铁矿 33 万吨、金红石 7.5 万吨、锆石矿 4 万吨的生产能力。

中西部非洲地区

刚果（金）

刚果民主共和国［简称刚果（金）］。根据官方数据显示，刚果（金）的钽矿石产量占世界产量的1%，但实际产量应该远远高于这个数据。刚果（金）钽铁矿的储量占到了世界储量的80%，谁拥有这些矿区的控制权，谁都将获得巨大的回报。

同时刚果（金）还出产大量的钻石、黄金、锡、铜、钴、石油、锌以及咖啡等。并且这个面积巨大的国家的木材产量占到了南撒哈拉国家木材产量的一大半。

喀麦隆

该国吸收外国投资额在中部非洲占第一位。目前该国的一个大铁矿已经勘探证实，该铁矿甚至延伸到了邻国刚果（布）和加蓬。2009年1月，澳大利亚的Sundance Resources公司宣布该公司继续开发Mbalam项目，该项目紧邻目前正由中国国家机械设备进出口公司开发的Belinga矿区项目。而喀麦隆政府准备投资1.6亿美元在Kribi深水港修建铁矿石专用码头的计划无疑使这家澳大利亚公司下定决心投资上述铁矿石项目。除铁矿石项目外，还有由Geovic Cameroon公司正在开发的Nkamouna露天矿区，该矿区出产钴、锰、镍等。Geovic Cameroon公司由Geovic Mining Corporation控股60%，其余股份则由如喀麦隆国际投资公司等喀麦隆投资者持有。按计划，该矿区将在2010年开始正式营运生产，但由于全球金融危机的影响，该计划可能将推迟。

几内亚、塞拉利昂以及利比里亚也希望通过开发本国的矿产资源为国家重建筹措资金。而基础设施的建设将成为经济发展的基础，这些国家首先需要吸收用于港口、铁路建设的投资，以使得本国的矿产资源有一个畅通的出口渠道。

在利比里亚，ArcelorMittal公司已确认在Yekepa铁矿投资15亿美元。公司创始人、最大股东Lakshmi Mittal说："我们对利比里亚非常乐观，我们确信这个项目将获得成功，因为这个项目将是我们未来投资的一个样本"。

印度的一家公司也计划在塞内加尔投资22亿美元，用于铁矿石的开采。但该公司也暗示，全球经济是否能尽快复苏将对该公司在西非的投资计划带来很大的影响。

当然，这其中也有很多没有处理好的地方。比如：African Mine和London Mining两家公司就塞拉利昂Marampa deposit矿区的控制权已经诉诸法庭，该矿区是塞拉利昂影响最大的铁矿石矿区，而铁矿石出口已占到了塞拉利昂整个出口的90%。但是这两家公司所掌握的开采授权书中规定的矿区重叠，而且双方都不准备让步。目前塞政府已经开始介入准备解决此事。

参考文献资料

非洲商业（The African Business），2009年2月期。

十一、非洲国家矿业投资环境排名

最近，加拿大弗雷泽研究所（Fraser Institute）① 发布了第 12 个年度（2008/09 年度）矿业公司关于世界主要国家或地区矿业投资环境评价的调查结果。今年的调查报告是基于全球除南极洲以外的所有大洲 71 个国家和地区的 3000 家从事矿产开发的企业所做，其中非洲地区选取了 10 个主要国家，包括博茨瓦纳、布基纳法索、刚果（金）、加纳、马里、纳米比亚、南非、坦桑尼亚、赞比亚、津巴布韦。表 1 展示了非洲国家 2009 年矿业投资环境排名情况。

表 1　2009 年非洲国家矿业投资环境排名表

国　家	政策潜力指数		现行法规和土地限制条件下的矿产潜力		矿产潜力(不考虑土地使用限制和政策影响)	
	得分	排名	得分	排名	得分	排名
博茨瓦纳	64.9	18	0.81	17	0.87	45
布基纳法索	45.1	42	0.8	20	0.89	35
刚果(金)	24.1	63	0.53	56	0.93	19
加纳	51.3	35	0.76	27	0.88	39
马里	53.6	33	0.77	26	0.69	68
纳米比亚	52.2	34	0.71	34	0.74	64
南非	40.4	49	0.59	47	0.91	27
坦桑尼亚	41.8	48	0.78	22	0.96	8
赞比亚	44.4	44	0.78	23	0.9	29
津巴布韦	19.1	65	0.22	71	0.76	62

资料来源：Fraser Institute Annual Survey of Mining Companies，2008/09。

在“政策潜力指数”（用以衡量政府政策对矿产勘探投资的影响，包括政治稳定性、现有法规解释和实施、劳工法律、地质数据、环境法律、安全、劳动力供应、土地所有制、基础设施便利性、税收等方面。指数得分越高表示其政策对吸引矿产勘查投资越有利）一栏中，马里（从上年的第 58 位上升到今年的第 33 位）有显著进步，坦桑尼亚（从上年的第 49 位上升到今年的第 48 位）、南非（从第 50 位上升到第 49 位）和津巴布韦（从第 67 位上升到第 65 位）的名次也较去年有所提升，其他非洲国家则都有所下降。

博茨瓦纳政策潜力指数综合得分为 64.9，排名第 18 位，低于去年的第 11 位，但仍然是非洲国家排名最靠前的，这也是该国自 2005/06 年度以来连续第 4 年排名非洲国家首位。所有对博茨瓦纳进行评价的公司都认为，博茨瓦纳拥有非洲国家矿产方面的最好政策。非洲其他国家得分依次是：马里（53.6）、纳米比亚（52.5）、加纳（51.3）、布基纳法索（45.1）、赞比亚（44.4）、坦桑尼亚（41.8）、南非（40.4）。刚果（金）（24.1）和津巴布韦（19.1）

---

① 弗雷泽研究所为加拿大著名智库之 ，总部设在温哥华，在国际经济政策研究方面具有较大的影响力。该研究所从 1997 年开始进行矿业调查，而且被调查的对象和国家也在不断增加。调查结果代表全球矿产勘探开发和矿产咨询公司经理人员的观点。

依然位列被调查国家最后10名之中。

在计算“政策潜力指数”的13个参考因素中，非洲国家在对现有法律规则的解释和执行、环境法律、法律的重复和矛盾、税收制度、当地居民的土地权利主张、自然保护区的划定方面均排名比较靠前。这说明非洲国家现行的政策和法律对其矿产行业的投资是鼓励的，也积极进行了部分改革，主要是政府管理和法律制度的改革，受到投资者的欢迎。典型的例子就是博茨瓦纳。一名被调查者表示，博茨瓦纳是非洲在政府管理方面的新星，很少有腐败现象。另一名被调查者则表示，在博茨瓦纳，探矿许可证的审批时间为6个星期，而南非则需要12个月。但是在政治稳定性、基础设施便利性、地质数据获得（包括地图的质量和规模、信息取得的便利性等）、安全（包括由于恐怖袭击威胁、暴力犯罪、反政府武装等造成的人身安全隐患等）、劳动力供应和技能、社会发展等方面，非洲国家的整体排名相对较低。这说明目前影响跨国公司对非矿业投资的主要不利因素还是政局不稳定、基础设施落后、安全状况不好以及劳动力素质普遍较低等。

现行法规和土地限制条件下的矿产潜力指标最能够比较全面地反映一个国家矿业投资环境。2008/09年度非洲国家的该项指标排位降幅较大，上年度排在前20位的5个国家，本年度仅存布基纳法索，从上年度的第4位下降到第20位。加纳从第9位降到了第27位，马里从第10位降到了第26位，纳米比亚从第14位降到了第34位。博茨瓦纳和南非进步较大，分别从第28位和第53位上升到第17位和第47位。总的来看，目前非洲的该项指标排位居中上水平。博茨瓦纳最好，排在第17位，布基纳法索、坦桑尼亚、赞比亚、马里、加纳也都排在前30名之内。南非、刚果（金）和津巴布韦排位靠后，其中津巴布韦排名倒数第一。

在世界2008/09年度“矿产潜力”指标（即不考虑土地限制和政策因素，单纯从矿产资源角度来评判其矿业投资的潜力）中，非洲国家的位次除坦桑尼亚、南非和赞比亚以外普遍下降，尤其是加纳，从上年度的第1位下降到今年的第39位。非洲国家中排名最高的坦桑尼亚排在第8位。排名在前20位中还有刚果（金）（排第19位）。排名在最后10位中有3个非洲国家（马里、纳米比亚、津巴布韦），马里排名最后，倒数第4位。

根据弗雷泽研究所2008/09矿业公司调查，矿业公司普遍认为今年该行业的前景不乐观，至少有30%的勘探公司可能在今年或明年关闭。90%的被调查者相信，2009年勘探公司的勘探开发活动将大幅下降，估计将减少57%。该调查报告协调人——弗雷泽研究所贸易和全球化研究主任Fred McMahon表示，调查表明全球矿业部门的投资计划在今年将急剧减少，大量矿产生产活动将中止或停止。所有这些都不利于全球经济的复苏。2009年，随着大量的勘探开发公司歇业和大部分公司计划缩减勘探开发投资，世界可能面临原材料短缺，当世界经济走出衰退并进入新的增长周期后，原材料价格将会飞涨。

参考文献资料

1. Fraser Institute Annual Survey of Mining Companies，2008/09。
2. Country Ranked No. 1 in Africa for Mining Investment. 博茨瓦纳《Megi》报，2009年3月17日。

十二、非洲港口运输业的蓬勃发展

在全球经济阴霾笼罩下，几乎每一个国家、每一个部门目前都遭受了持续性经济危机这一灾难的影响：工厂正在关闭，GDP 增长预期下调，财政预算收紧。然而，非洲港口运输业一枝独秀，成为了这一时期为数不多的出现增长和新投资的乐观行业。全球几大港口运营商，在薄弱经济指标的态势下，对非洲大陆许多国家的海港展开竞争，使得贸易量逆市上升，新港口不断建造，货物装卸设备也在不断升级。

（一）南非 Ngqura 新港

南非，作为非洲最大的经济体，在非洲港口的开发领域自然发挥着重要的作用。东开普敦的 Ngqura 新港离伊丽莎白港仅 20 公里。南非国有运输公司 Transnet 打算将该新港打造成为未来 30 年内南非最大的货物运转中心。据 Transnet 港口码头集装箱部门行政经理 Siyabulela Mhlaluka 说，目前该项目已经投资 11.5 亿美元，主要用于一期工程中一个集装箱货柜码头的建设和相应港口设备的采购。Ngqura 新港码头的大部分基础设施已经到位，共有 2 个泊位，并配备了 22 个橡胶轮胎龙门起重机和 6 个船岸吊，可以有效地保证集装箱的快速装卸。预计一期工程将于 2009 年 10 月份完成。目前 Transnet 正在制定有关招聘和培训方案。

该码头的初步集装箱处理能力为每年 80 万标准箱（20 英尺标准尺寸集装箱），未来处理能力还会进一步提升，达到每年 200 万标准箱。该码头将成为南非惟一能够停泊目前新一代 Megamax 货船（该船为目前国际航运主流货船，可装载 9000 标准箱，吃水深度 16.5 米）的码头。

（二）吉布提港

在非洲之角，由迪拜港口世界公司（Dubai Ports World，简称 DP World）建设的另一个新的集装箱码头——Doraleh 码头 2009 年在吉布提港开通。该码头为目前非洲东海岸的德班北部地区最大的码头，可停靠转载量 15000 标准集装箱的超级巴拿马型货轮（吃水深度为 18 米）。鉴于吉布提有限的国内市场和该码头较大的泊船能力，DP World 计划将该码头开发成为转运码头，为该地区的其他港口分配货物，同时为内陆的埃塞俄比亚提供运输服务。而原有的码头将被改造成为集装箱仓库。

据统计，2008 年吉布提港处理货物 35 万标准箱，较 2007 年增长 30%。虽然 Doraleh 码头的初步处理能力为每年 120 万标准箱，但随着港口货运量的增加，该码头集装箱处理能力未来可能会相应升级到每年 300 万标准箱。

据 DP World 公司主席艾哈迈德·本·苏拉耶（Ahmed Bin Sulayem）说：“在过去的 9 年

里，我们已经在吉布提港投入了大量的财力和人力，我们承诺在这里维持长期的合作伙伴关系。未来我们将继续在吉布提港投资高效率的基础设施，以刺激经济，并支持贸易。”

（三）阿尔及利亚 Djazair 港和 Djen Djen 港

2009年3月，DP World公司拿到了阿尔及利亚阿尔及尔港和Djen Djen港的30年特许经营权，并把阿尔及尔港改名为Djazair港。目前，阿尔及利亚60%的对外贸易通过Djazair港处理，而Djen Djen港则被认为是西地中海的枢纽。DP World公司计划将Djazair港每年50万标准箱的处理能力扩大到80万标准箱。

（四）非洲其他港口

2009年4月，肯尼亚政府公布在拉穆岛新建港口的计划，卡塔尔政府已经同意帮助其建设该港口，但是须向卡塔尔方提供4万公顷的可耕地。虽然这种交易方法颇存争议，但是肯尼亚政府一心要建立新的港口来缓解蒙巴萨港的压力。据肯尼亚运输部长奇劳·阿里·姆瓦奎雷（Chirau Ali Mwakere）表示，该项目预计在2011年年底完成，到时在拉穆港的曼达湾将有2—3个泊位可供船只停靠进行货物装卸。同时公路和铁路将会从该港口连接到埃塞俄比亚和苏丹南部。

在莫桑比克，其公共运输运营企业——北部发展走廊（Corredor de Desenvolvimento do Norte，英文名称译为“the North Development Corridor”，简称“CDN”）计划将纳卡拉港发展成为该区域内的转运中心。纳卡拉是东部非洲最深的天然海港，并有一条铁路连接到马拉维，目前这条铁路正在修建升级。据CDN行政长官费尔南多·科托（Fernando Couto）称有投资者正在考虑在莫桑比克、毛里求斯或者科摩罗投资港口项目，旨在服务西印度洋区域。

靠大西洋一侧非洲的刚果（布）黑角港，目前由法国Bollore非洲物流公司（Bollore Africa Logistics）牵头的一个财团，其中包括马士基集装箱码头公司（APM Terminals）和几个当地公司，正在投资一个新的集装箱码头——刚果码头。该码头建成后将更加方便非洲中部的贸易，同时也对喀麦隆的杜阿拉港（Douala）形成强有力的竞争。此外，邻国刚果（金）也计划扩大其内河部分港口；而赤道几内亚则正在为方便本国石油出口开发卢巴（Luba）自由港，该港口将成为周边地区投资最大的港口。

金融危机使得商品价格大幅下跌，但是各国对商品的进出口数量并未出现明显下降，在非洲一些国家甚至有增无减，这可能是非洲港口业蓬勃发展的一个原因。有人提出不知道这种繁荣还能持续多久。但是无论如何，我们看到的是大量的新港口建设项目正在非洲进行，而非洲大陆最后所获得的是他们长期以来一直缺乏的运输基础设施。

参考文献资料

非洲商务（The African Business），2009年6月刊。

十三、信息与通信技术在非洲发展迅速但任重道远

激烈的竞争和高水平投资保证了电信行业近年来成为非洲大陆最成功的产业之一。据多个研究结果显示，经济增长率的高低与信息和通信技术的发展水平有着密切的关联。

根据2009年10月在瑞士日内瓦召开的国际电信联盟会议提供的统计数据显示，全球移动用户在2009年年底将达到46亿户，远远超过了固定电话用户。撒哈拉以南非洲国家移动电话用户比例已达到32.6%。以肯尼亚为例，肯尼亚全国拥有1500万移动用户，接近一半的人可以享受到移动通信带来的便利，虽然非洲各国与世界其他地区国家的通信水平还有很大差距，但与5年前相比，已经获得了巨大进步。

（一）非洲通信业发展还不平衡

与其他行业一样，越发达、营商环境越好的国家越吸引投资者，而往往这些国家也能最快享受到新的产品和服务。在撒哈拉以南非洲，南非和尼日利亚拥有最大的通信市场，各运营商都将大量资金和人力投放这两个国家。在过去的8年时间内，尼日利亚GSM网络的投资达到了180亿美元，华为公司就分别在尼日利亚和南非成立了非洲研发中心。但像中非和刚果（金）等国，通信行业的发展明显缓慢。

由于大量移动通信运营商进入非洲市场，大部分非洲国家至少有3个移动运营商，有的甚至更多，它们相互竞争，使得非洲的移动通信资费大大下降，但也有一些互联网服务提供商（ISP）提出，因为他们有的只是相对较小的客户群，不得不被迫实行高收费，但从长远来看，通信行业未来只有低收费才能创造巨大的市场。

（二）固定电话市场发展缓慢

同世界其他地区类似，固定电话在非洲各国发展缓慢。固定电话普及率差，费用高，私营部门介入较少而且缺乏宽带接入。由于长期内战导致基础设施大量毁灭，在个别国家中上述现象更为明显，例如在布基纳法索，移动用户量是固定电话用户量的15倍；利比里亚此项比例更大，在该国几乎完全依赖无线通讯。

资费过高是影响固定电话发展的关键问题。根据国际电联的电信服务价格统计，撒哈拉以南非洲的电信服务资费高于世界其他任何一个地区。国际电联得出结论认为，过高资费已使向该地区渗透更多的信息和通信技术成为最大的障碍。在固定电话服务中的互联网业务上，绝大多数非洲国家目前还需要通过卫星来实现与世界各国的连接，他们对卫星的过度依赖无疑推高了通信的成本，但随着非洲地区海底光缆铺设的逐步完成，收费可能在未来几年有望下降。

（三）非洲手机银行业务发展潜力巨大

非洲地区通信领域未来几年增长迅速的应该是手机银行业务，这将改变传统的银行转账模式，是对即用即付模式的一种革新。在非洲偏远地区，许多人没有传统的银行账户，非洲老百姓需要被迫携带现金进行交易，这使他们很容易被盗窃或抢劫。

专家因此对手机银行未来在非洲普遍推广充满信心。首先，世界各地约有10亿移动用户目前还没有银行账户，无法享受银行服务。比如在坦桑尼亚，只有不到5%的人有银行账户；其次，非洲的银行收费往往要高于世界其他地区，而且对开户最低限额有更高要求；第三，在非洲大陆的大部分地区，缺乏住宅邮政服务，而移动预付费系统，可以成为调动资金的最佳方法。

通过使用自动化付费系统，手机银行可以处理金额非常小的交易。正如Safaricom公司的移动银行部门负责人沃恩·佩萨所言："我们有超过700万的客户注册了手机银行服务。现在手机银行平均转账额度实际上低于40美元，但每天转账总额度达850万美元。"该公司正考虑进入坦桑尼亚市场，扩大手机银行业务。南非的MTN公司也已经宣布了一个可以横跨20个非洲国家使用手机银行进行转账的运营计划。此外，今年7月，MTN加纳分公司联合了9家银行：CAL银行、ECO银行、Fidelity银行、GT银行、Intercontinental银行、Merchant银行、UBA银行、标准银行和Zenith银行，推出其移动理财服务。

（四）若干海底光缆的开通，将极大促进非洲通信业发展

从总体上看，非洲的通信业普遍落后于世界其他地区。近年来，非洲各国十分重视海底光缆的投资和建设，在未来几年内，会有7条海底光缆将非洲大陆与世界其他地区相连。

今年7月，连接非洲东南部与欧亚大陆的SEACOM海底光缆铺设完毕。此光缆总长1.7万公里，总带宽为每秒12.8亿兆字节（1280T/秒），整个工程历时2年，耗资6.5亿美元。它把南非、莫桑比克、肯尼亚、坦桑尼亚、乌干达、卢旺达和埃塞俄比亚等非洲东南部广大地区与国际互联网连接起来，从而大幅提高当地网速和降低上网费用。

今年10月，首条连接非洲大陆东南部地区与国际互联网的TEAMS海底光缆成功登陆肯尼亚东部港口蒙巴萨。TEAMS海底光缆耗资1.3亿美元，长约5000公里，将肯尼亚蒙巴萨与阿联酋的富查伊拉相连接。

除上述2条光缆外，连接大约20个非洲东部和南部国家的海底光缆EASSy将于2010年7月前投入使用。这条海底光缆全长约1万公里，将是东南非地区的第3条国际互联网海底光缆，启用后将惠及2.5亿非洲人。

在西非地区，目前也有4条光缆正在规划或建设中。Glo－1光缆预计在今年年底前完工，它将尼日利亚和加纳同欧洲相连。MainOne光缆将于2010年5月使尼日利亚和加纳同葡萄牙连接。价值6亿美元的西非光缆系统Wacs预计2011年完成。第4条由法国电信主导的西非

海岸至欧洲光缆系统 Ace 项目将于 2011 年前使西非同欧洲 25 个国家相连接。

对此，有分析人士指出，在未来 2 年，还会有数条连接非洲与世界其他地区的海底光缆将先后建成投入使用。海底光缆的陆续接通将有效提高非洲的互联网普及率。随着低费用宽带上网的逐步普及，非洲偏远地区也将能享受到互联网服务。此外，海底光缆的建成还大大促进了非洲的电信投资，并带动起整个经济发展。因此，种种迹象表明，非洲信息高速公路正在加速拓宽，非洲互联网及相关行业即将迎来一个崭新的时代。

参考文献资料

ICT：Plugging Africa into the world：great progress but still a long way to go. The African Business，November 2009。

十四、非洲电力发展状况和前景

目前，全球媒体关于非洲能源的报道，头版头条大都是描述非洲油气资源出口潜力如何巨大，等等。这也确实是事实，根据国际能源委员会（International Energy Agency）的预测，随着几内亚湾新的液化天然气（LNG）厂的不断出现，以及通过地中海连接北非（甚至包括尼日利亚）与欧洲天然气消费市场管道的不断建设，到 2030 年，非洲向欧洲提供的天然气量将达到 2006 年提供量的 3 倍。

但另一方面，天然气大量出口也让非洲国家逐渐感到紧张，因为这些国家中的大部分还不能为本国的能源系统，特别是为电力系统提供足够的燃料。

（一）非洲各国大力发展电力

尼日利亚

2009 年年初，尼日利亚总统办公室已对该国人民承诺，所有前期的发电厂项目均会尽快完工，到 2010 年年底，尼日利亚全国发电能力将达到 853.7 万千瓦。负责电力改革的总统高级助理 Foluseke Somolu 解释说：“对已有电站的改造或者恢复发电的这部分项目，我们保证能按期完成；对于新建的电站，部分项目即将完工，其他的也已经得到了承包商按期完工的承诺。”

这些以天然气为燃料的上游项目的完工，必然将增加对天然气的需求，估计天然气需求量将从 2007 年的 12.81 亿立方英尺/天增加到 2010 年年末的 21.46 亿立方英尺/天。相对于尼日利亚 187 万亿立方英尺（tcf）的天然气储备，上述项目需求量仅仅是小数目。

与尼日利亚不同，坦桑尼亚可以说是充分利用了本国的天然气资源。Tanzania Petroleum Development Corporation（TPDC）公司刚更新了该国官方数据，其已证实的天然气储备量达到3.3万亿立方英尺。该公司已经同意国有电力企业Tanesco修建2个新的天然气火力发电站。坦桑尼亚在2004年前，即Ubungo发电厂项目（作为Songas气田项目的一部分）上马以前，电力供应还主要依靠水电项目。

坦桑尼亚

通过使用坦桑尼亚东南沿海Songas气田提供的天然气，Ubungo发电厂在2005年发电能力达到了18万千瓦，但随着经济的不断发展，对电力的需求显得非常迫切。国有电力企业Tanesco因此决定再修建Tegeta 4.5万千瓦和Kinyerezi 20万千瓦2个天然气火力发电厂，预计这2个电站将分别于2010年年初和2011年年初完工。随着新的热电项目的投资，该国发电能力在2011年年末将增加至121.2万千瓦。

莫桑比克

莫桑比克政府也渴望保留更多的天然气以用在国内电力生产上。目前，该国Temane气田和Pande气田的大部分天然气产量是通过管道提供给南非Sasol的合成燃料厂商，而该国的电力供应主要依靠Cahora Bassa大坝和其他水电项目。

据莫桑比克Matola Gas Company（MGC）公司的高级主管Bruno Morgado说："随着Matola和Maputo两个工业园区的发展，天然气的需求将大大增加。每年，我们需要通过管道提供的天然气大约为1000万吉焦耳。"另一家莫桑比克国有发电公司Electricidade de Mocambique（EDM），也希望在Temane气田附近修建一个100万千瓦的天然气火力发电站。营运模式跟Cahora Bassa水电站相似，所发的电，部分供应国内，大部分出口到南非或者南部非洲电力联营体（SAPP）的其他国家。

南　非

在南非，有一家半国营性质的电力企业Eskom公司，它的一位负责投资战略的经理Andrew Etzinger说，Eskom公司很有兴趣与莫桑比克EDM公司签订一项长期电力购买合同，这将有利于莫桑比克EDM公司以预期收益向金融机构申请融资。由于南非国内电力供应前景不乐观，使得莫桑比克的电力出口显得非常必要。Eskom公司在过去的几年里，都有比较富裕的电力生产能力，甚至可以将电出口到南部非洲电力联营体（SAPP）的其他成员国。但是，由于比预期更高的经济增长速度和电力消费能力，南非电力供应在2008年年初已经显得不足了，此种状况可能在未来的三四年内持续。

Eskom公司已选择在沿海地区建设天然气火力发电厂，同时另有3个停止营运的煤炭火力电站也重新投入发电。2007年年末，位于开普敦附近的2个开路循环燃气轮机发电厂项目开始投入营运，即Ankerlig的58.8万千瓦发电厂项目和Gourikas的43.8万千瓦发电厂项目。另外，在Western Cape和Kwazulu－Natal的海岸附近，其他的一些天然气火力发电厂项目也提上了议程。

在南非，采用煤炭火力发电的成本要低于天然气火力发电，但南非第二和第三大城市开普敦和德班都远离 Mpumalanga 煤炭火力发电站，因此大量的电力都被白白消耗在输送途中。在 Limpopo 省的 Lephalale，一个叫 Medupi 的新的煤炭火力发电项目正在建设中，预计发电能力 478.8 万千瓦。同时，考虑到南非的输电线路和能力，Eskom 公司在出口电力的同时，还积极使用其他国家进口的部分电力。

除了从莫桑比克进口部分电力外，博茨瓦纳也向南非出口大量的电力。加拿大 CIC Energy of Canada 公司就计划在该国 Mamabula 煤矿建一个煤炭火力发电厂，最大发电能力预计为 250 万千瓦，这个发电能力是目前博茨瓦纳全国电力需求的许多倍，而该发电厂又恰好在南非与博茨瓦纳的边界附近，因此南非也期待着能在该项目上受益。另外一家加拿大公司 Saber Energy Corporation 也计划在同一地区建立一座热电厂，利用煤矿床所产生的沼气来发电，目前的想法也是用于出口。

Eskom 公司还期待能从另外一个南部非洲电力联营体（SAPP）的成员国——刚果（金）进口电力，并签订长期合同。目前，World Energy Council（WEC）正在为位于刚果河下游地区的 Grand Inga 大坝方案招商引资。该大坝预计发电能力将达到 400 万千瓦，这也是目前世界上最大的水电项目。但该项目投资金额将达到 400 亿美元，同时还需要 400 亿美元来铺设从 Grand Inga 大坝到非洲其他地区的输变电线路。这么大的投资加上刚果（金）尚不稳定的安全形势，投资这个项目被认为有点像一场赌博，但是 Eskom 公司仍然对该项目持乐观态度，认为该项目一定能够实施。

（二）中国在非洲承办的电力项目日趋增多

在最近几个月，水电成为了西部非洲电力发展的主要突破口。这其中，为了增强中国在外交上对非洲的影响，北京已经同意在该地区帮助发展一系列大型水电项目，而最有影响的是在加纳 Brong Ahafo 地区建设一个 40 万千瓦级的 Bui 水电项目。项目总金额 6.22 亿美元，其中中国进出口银行提供 2.92 亿美元的买方信贷，中国政府提供 2.7 亿美元的贷款，整个大坝和发电厂项目的承包商为中国国有企业——中国水电公司。

而在刚果（布）布拉扎维，中国公司已经修建了发电能力达 12 万千瓦的 Imboulou 水电站；同时，中国 CMEC 公司也在加蓬进行了水电项目的投资，并且同意在尼日利亚修建 390 万千瓦的 Mambila 水电项目。

中国国家水资源和水电工程公司（CWHEC）在埃塞俄比亚 Tigray 省修建的 30 万千瓦 Tekeze Hydro Power Project（THPP）水电项目也即将完工，项目总金额 3.5 亿美元。同时该公司在其他 6 个非洲国家的水电项目也在施工中。

非洲通过拿出可重建的小水电项目来吸引中国在水电方面大额投资，扩大这些项目的规模，并把非洲丰富的天然气储备与非洲的发电项目进行整合。可以认为，通过实施这些项目，在不久的将来完全有可能极大改善非洲目前发电能力低下、供应不足的状况。

（三）非洲利用可再生能源发电前景广阔

当然，发展其他的可再生能源也是非洲电力的一个新的发展方向。当传统的热电厂或者水电项目在很大程度上不能满足非洲大陆对电力的需求时，人们的目光可能转向如太阳能、风能、潮汐能、地热和生物能源发电等项目。虽然这些可再生能源在目前来说建设成本比传统能源高很多，但随着整个国际社会的重视，其建设成本和营运成本正在逐渐减低，且传统的热电、水电的各项成本也在不断上涨。因为可再生能源的大范围运用可以使部分非洲国家不用再依靠进口相对较贵的初级能源（煤、石油、天然气）来发电，对这些国家的能源安全来说也显得极为重要。同时，国际社会对环保问题的深入关注，也使得可再生能源的可接受性不断增强。

此外，利用可再生能源发电，所产生的二氧化碳排放非常低，这些国家可以把节约的二氧化碳排放限额转让给部分工业化国家，从而也可从这些国家获得各种方式的信贷融资支持。同时，可再生能源也是解决偏远农村地区电力供应的重要途径之一。大型的电站项目需要复杂的输变电基础设施支撑，才能把所发的电传送到一个比较大的范围。但对非洲大部分国家来说，其电网基本都只能覆盖国家主要的几个大城市，农村地区由于没有电网覆盖，就算农民有支付能力，也无法从国家电网上买到日常生活工作所需的电。而可再生能源恰恰相反，其电站规模可以相对较小，仅仅用于支持一个特定区域内的电力需求即可。

参考文献资料

非洲商业（The African Business），2009年1月期。

十五、非洲开发银行采取积极措施应对全球金融危机

（一）全球金融危机对非洲的影响

本次金融危机对非洲国家的影响主要包括：企业倒闭，矿场停工，失业率上升，财政收入下降，甚至在某些国家，还直接威胁到了民众的生活。

进出口贸易量的下降导致了非洲经济增长率的大幅度下降。2009年非洲可能出现人均GDP增长率为零的状况，这是近10年来的首次。真实GDP增长率方面，2002年之后非洲一直保持着3%以上的增长，但预计2009年将会跌到2.8%的水平。而贸易量的下降，则导致非洲经常项目外汇收支由盈余变成赤字，2007年、2008年非洲经常账户盈余占GDP的2.7%，但预测2009年经常账户赤字将占到GDP的4.3%。

财政收入方面，其下降程度，使得非洲国家的预算不平衡越来越严重，2008年从整个非

洲来看，财政盈余还占到了 GDP 的 2.8%，但预测 2009 年将出现财政赤字占 GDP 的 5.4%。同时，私人资本的流入也大幅度滑落；此外，西方国家经济的不景气，更导致了非洲海外务工人员的汇入汇款呈现巨幅下降。受上述种种因素影响，非洲股票市场也深受打击，本币汇率严重下挫，外汇储备日显不足。一些非洲国家的非国有项目，由于投资者抽走资金，或者为了规避高财务杠杆的风险，已迫使项目暂停或者推迟。

（二）非洲开发银行在危机中扮演了重要角色

本次全球金融危机不仅造成经济领域的冲击，也带来了新的政策困境，它促使各国的经济政策制定者开始互相交流经验、寻求创新的解决方案以及开展跨国联合行动。非洲开发银行在其中也发挥了重要作用，它不断利用自身的影响，加强和提高在金融领域的执行力度。大力呼吁并推行：增强该行的信息分析能力；加大对来自不同领域的信息整合能力；加强与其他地区的开发银行或者金融机构的合作；根据各个国家的特定经济环境和需要，向这些国家的政策制定者提出合适的建议。

为保证上述举措的落实，非洲开发银行于 2008 年 11 月 12 日在突尼斯组织了一次成员国财政部长和中央银行行长会议，在该行的直接推动下，本次会议成立了一个由 10 个成员国财政部长和央行行长组成的委员会。而后仅在 2009 年的第 1 季度里，该委员会就已经召开了 2 次会议（1 月 16 日在南非开普敦，3 月 13 日在坦桑尼亚首都达累斯萨拉姆）。

在 11 月召开的部长级会议上，与会代表还就非洲开发银行的职能提出了新的要求，希望该行针对本次金融危机，进一步加大研究工作，并提供对相关信息的监控能力。由此，一个银行间的金融危机监控机制应运而生，其主要目的是为了严密监控金融危机对非洲经济的影响。而对应的国别研究官员或者研究机构也纷纷开始行动，他们广泛地收集不同地区、不同国家、不同行业的连续经济数据。非洲开发银行作为非洲最主要的经济发展研究机构，它努力让世界其他国家和地区知晓非洲在这次危机中的遭遇，并倡导在地区性或国际性会议上讨论关于金融危机的影响，例如今年在伦敦召开的 G20 峰会。

（三）非洲开发银行为应对危机推出 3 项具体措施

为应对本次金融危机，非洲开发银行提出了若干意向性措施，用以向地区成员国组织提供资金支持，它们包括：建立紧急流动性信贷支持（ELF）机制；建立贸易融资信贷支持（TFF）机制；加快成员国之间的闲置资金调配速度等行动方案。同时非洲开发银行也在不断呼吁其他国家对非洲经济发展加大支持力度。

第一，非洲开发银行建立的紧急流动性信贷支持（ELF）体系，金额达 15 亿美元。在该体系下，非洲开发银行将根据经济环境的变化，发行一种带弹性的金融票据，票据的受益人包括了一些中等收入国家的政府、中央银行、公营或私营的金融机构及企业。此外，根据规定，只要非洲开发银行合格的会员国或者地区成员国组织中的非主权机构因受金融危机影响需要资金支持，均可以向该体系提出申请。

第二，贸易融资方面，非洲开发银行则提出了建立一个金额达10亿美元的贸易融资体系（TFF）的建议。在该体系下，那些提供贸易融资的商业银行和部分金融机构将获得资金支持。另外，非洲开发银行在采纳其他国际金融机构（包括国际金融公司以及多边开发银行）提出的贸易融资方案的同时，也不断推出新的融资产品和融资服务，以对非洲地区的进出口贸易提供全面的支持。新的融资产品和服务主要涉及到该行发行的一种类似于担保函的金融票据，它为非洲地区那些信用不高的商业银行提供担保，以作为多边开发银行给这些商业银行提供担保的一个替代。

第三，加快成员国之间的闲置资金调配速度也是非洲开发银行为了使非洲国家尽快摆脱危机的手段之一。该机制主要是针对由于成员国利用该行提供的优惠贷款的效率不高，经常导致资金闲置，资金调配速度的加快，可以引导那部分闲置资金流向该地区迫切需要的基础设施建设或者私营企业发展等方面。

（四）在非洲开发银行推动下，非洲各国政府加大应对危机力度

非洲开发银行已展开行动，不断整合自己收集到的信息，并及时向地区成员国提供，以便于这些国家对自身经济进行衡量，并根据具体情况制定相关的政策手段，调整发展战略，保证经济的持续发展以及向减贫目标迈进。

在非洲开发银行大力参与以及积极推动下，非洲各国的政府已采取了很多措施来缓解金融危机对非洲经济带来的影响，包括：建立专门的监督机构来监控金融危机的影响；采取大力度的财政刺激计划；重新修订财政预算；对关键行业提供政策支持；推动银行业的发展；就金融市场制定严格的监管措施；实行扩张的货币政策；加强外汇汇率的管制以防范本币的过度贬值或者外资的大量流出。

因受制于国民储蓄率的不足，非洲国家在基础设施建设方面明显缺乏投资能力，这已导致现有的一些项目出现了恶化的趋势。因此，持续且金额巨大的投资，对巩固非洲经济增长显得十分必要。

根据非洲商业杂志的估计，非洲要维持本次危机前的经济增长率，需要在2009年和2010年分别增加投入500亿美元和560亿美元。而要实现在2015年达到千年发展目标，则需在2009年和2010年分别额外追加投资1170亿美元和1300亿美元。

因此，对于世界发达国家对非洲承诺的援助，非洲开发银行一再强调不能仅停留在口头上，必须更进一步地加快落实，能否尽快拿到实实在在的援助款项对非洲国家来说也非常迫切。而且非洲要保持较为合理的经济发展水平以降低贫困率，仅仅依靠这部分已承诺的援助款项还远远不够。最近的G20峰会上达成的意向性协议必须尽快且保质保量地完成，从而为非洲争取更多的资金以渡过本次金融危机。

参考文献资料

非洲商业（The African Business），2009年5月期。

第二篇 国别情况

第一章 南 非

一、2008 年南非政治经济运行状况

黑人执政后的南非实行三权分立，基本上沿袭了原已存在的完备的法律体系和司法体系；政治上一党独大，政府执政能力相对较强并正在进一步改善；经济上，作为非洲最大的经济体，南非近 10 年经济持续稳定较快发展，经济结构较为均衡，金融体系健全，基础设施优良，交通运输发达；作为南部非洲共同体的核心，对非洲有举足轻重的影响，也有较高国际声望，其国际竞争力、营商环境、国家信用评级得分较高，名列撒哈拉以南非洲前茅。尽管黑人执政后政策走向上存在不确定因素以及犯罪率、失业率、艾滋病感染率均居高不下、两极分化严重，但各大跨国公司和银行依然把南非作为进入非洲的重要桥头堡。

2008 年下半年，受世界经济危机影响，南非经济出现了较大波动，汇率剧烈贬值后又强劲升值，财政出现了较大赤字并将在未来几年继续延续，出口受需求减少影响大幅减少，经常账户赤字继续存在，为此南非的经济发展将放缓。

但值得欣慰的是新任总统祖马上台后没有大张旗鼓地改变前任经济政策，而是在此基础上进一步加以落实，并加强对社会痼疾如社会治安、艾滋病、两极分化等的整治。

因此，相信南非在未来中期内经济将总体看好，政局进一步保持稳定，国家风险中期可控。

（一）南非国家概况

南非位于非洲大陆最南端，北邻纳米比亚、博茨瓦纳、津巴布韦、莫桑比克和斯威士兰，东、南、西三面濒临印度洋和大西洋，另有莱索托为南非领土所包围。陆地面积 1219090 平方公里，海岸线长 3000 公里。全国共划为 9 个省，设有 284 个地方政府，包括 6 个大都市、47 个地区委员会和 231 个地方委员会。人口 4875 万人（截至 2008 年 12 月 31 日，南非国家统计局统计），分黑人、白人、有色人和亚裔四大种族，分别占总人口的 79.4%、9.3%、8.8% 和 2.5%。有 11 种官方语言，英语和阿非利卡语为通用语言。白人、大多数有色人和 60% 的黑人信奉基督教新教或天主教。因长期实行种族隔离的教育制度，黑人受教育机会远远低于白人。1995 年 1 月，南非正式实施 7 岁至 16 岁儿童免费义务教育，并废除了种族隔离时代的教科书。政府不断加大对教育的投入，着力对教学课程设置、教育资金筹措体系和高等教育体制进行改革。2007

年成人识字率达74%。2005年教育支出131亿兰特，占国内生产总值的5.5%。

全国大部分地区属热带草原气候。最早的土著居民是桑人、科伊人及后来南迁的班图人。17世纪后，荷兰人、英国人相继入侵并不断将殖民地向内地推进。19世纪中叶，白人统治者建立起4个政治实体：2个英国殖民地，即开普、纳塔尔殖民地；2个布尔人共和国，即德兰士瓦南非共和国和奥兰治自由邦。1899年—1902年英布战争以英国人艰难取胜告终。1910年4个政权合并为“南非联邦”，成为英国的自治领地。南非当局长期在国内以立法和行政手段推行种族歧视和种族隔离政策。1948年国民党执政后，全面推行种族隔离制度，镇压南非人民的反抗斗争，遭到国际社会的谴责和制裁。1961年5月31日退出英联邦，成立南非共和国。1989年，德克勒克出任国民党领袖和总统后，推行政治改革，取消对黑人解放组织的禁令并释放曼德拉等人。1991年，非洲人国民大会党（简称非国大或ANC）、南非政府、国民党等19方就政治解决南非问题举行多党谈判，并于1993年就政治过渡安排达成协议。1994年4月至5月，南非举行首次不分种族大选，以非国大为首的非国大、南非共产党、南非工会大会三方联盟以62.65%的多数获胜，曼德拉出任南非首任黑人总统，非国大、国民党、因卡塔自由党组成民族团结政府。

1. 法律体系

1994年4月，南非颁布了历史上第一部体现种族平等的临时宪法。1996年5月，南非制宪议会通过了在临时宪法基础上起草的新宪法并于同年12月生效。新宪法保留了临时宪法中的权利法案、三权分立系统、联邦制政府管理体制和现行司法体系的重大制宪原则和内容，其中“人权法案”（Bill of Right）被称为南非民主的基石，明确保障公民各项权利并引申出“广义黑人经济振兴法案”和“公平就业法案”。司法体系基本分为法院、刑事司法和检察机关三大系统。法院由宪法法院、最高上诉法院、高等法院、地方法院等组成。宪法法院为解释宪法的最高机构，有权撤销国会批准建立的立法机关；最高法院为除宪法事务外的最高司法机构，由首席法官、上诉庭和省庭组成，地方法院上诉案件提交最高法院的省庭裁决，省庭上诉则提交最高法院的上诉庭裁决。

2. 政治体系

以非国大为主体的民族团结政府奉行和解、稳定、发展的政策，妥善处理种族矛盾，全面推行社会变革，实施“重建与发展计划”、“提高黑人经济实力”战略和“肯定行动”，努力提高黑人政治、经济和社会地位，顺利实现由白人政权向多种族联合政权的平稳过渡。1996年国民党退出民族团结政府，非国大基本实现单独执政。非国大领导的三方执政联盟奉行种族和解政策，逐步提高黑人的经济地位，促进经济社会发展，连续赢得1999年和2004年大选。1999年大选后，南非将各政党按比例分享权力改为由大选中的多数党执政。由于政党过多，反对势力分散，多数政党规模较小，以致无法对执政党ANC构成威胁；另有些政党过分偏激，只能引起小部分特定民族或是地方民众共鸣。2006年3月，南非举行第三次地方政府选举，非国大获得66%选票，赢得全国6大都市中的5个、231个地方市政府中的174

个。非国大在 2004 年选举中压倒性的胜利表明南非正逐步走向一个一党独大的政治形态。

2008 年南非政坛最为显著的事件就是南非总统姆贝基在执政党——非国大的压力下，于 9 月被迫辞职。一些姆贝基的支持者宣布脱离非国大，另立门户（人民大会 COPE），这是自 1994 年以来非国大内部最为激烈的派系斗争的结果。南非非国大紧急宣布其副主席莫特兰蒂出任代总统。进入 2009 年，南非执政党 ANC 主席祖马作为南非 2009 年 4 月总统大选最强有力的候选人，其总统竞选道路上的最大障碍——腐败案一波三折。2008 年 9 月，南非高级法院驳回了检察机关针对祖马的腐败指控，称祖马是“一场政治阴谋”的受害者。但南非最高上诉法院在今年 2 月作出裁定，推翻了去年高级法院对祖马涉嫌腐败案件所作出的无罪判决。根据这一裁定，祖马将再次受到检察机关的一系列指控。3 月底 4 月初，南非最高检察机关作出了撤销对祖马的腐败指控的决定。主要原因是检察机关认定对祖马的指控卷入了政治因素，因此不宜受理。这为祖马在不久后的南非总统选举中顺利当选铺平道路。2009 年 4 月的总统大选中，执政党 ANC 再次以绝对优势赢得选举胜利，ANC 领导人雅各布·祖马当选为南非新一届总统。南非政治斗争落下帷幕。祖马领导的非国大党将解决贫困和失业问题作为主要目标，没有对南非的经济政策做大幅度的改动，而是在以往政策的基础上加强落实。作为非洲最大的政治军事经济强国，南非在实现了和平、公正的大选后，政治局势保持稳定，其今后的发展对整个非洲国家和非洲大陆的发展都有一定的借鉴作用。

3. 南非对外政策

南非奉行独立自主的全方位外交政策，主张在尊重主权、平等互利和互不干涉内政的基础上同一切国家保持和发展双边友好关系。反对单边主义，倡导多边主义，认为多边主义有助于广大发展中国家平等参与国际事务和维护自身利益。呼吁以联合国等多边国际机制为基础建立“多边治理体系”，制定共同遵守的国际规则和公约。其外交政策可概括为 6 个方面：保证人权；在全世界促进自由、民主；尊重公正原则及国际法；维护世界和平，参加解决冲突的国际机制；在国际舞台上维护非洲利益，促进相互依赖的世界。南非对外交往活跃，已同 186 个国家建立外交关系。是联合国、非盟、英联邦等 70 多个国际组织成员国。积极参加联合国人权、裁军等领域的活动。2004 年成为泛非议会永久所在地。2006 年当选联合国人权理事会成员（至 2010 年）。2007 年—2008 年担任联合国安理会非常任理事国。

4. 南非政府执政情况及面临的挑战

南非非国大党 1994 年取得政权后，贯彻执行了一系列政经改革政策，在弥合黑白鸿沟，实现种族平等，促进经济发展，提高国家地位等方面，成效显著。据世界银行公布的 2002 年至 2006 年南非施政指标，南非在传媒自由和透明性、政治稳定、政府效率、规章制度、依法治政和腐败控制等 6 个方面，所得分值整体较高。其中，除了传媒自由和透明性，其他 5 个方面南非政府 2006 年的表现均优于往年。表明南非政府的执政能力在进一步改善。但是，高犯罪率、贫穷、失业、艾滋病和种族分歧等敏感的社会和政治问题，仍是南非政府亟待解决的要务和重大挑战。有关高犯罪率、贫穷、失业、艾滋病、种族分歧等问题详见后文分析。

（二）经济发展状况和风险分析

南非属于中等收入的发展中国家。国内生产总值约占全非国内生产总值的五分之一，是非洲经济最发达的国家。自然资源丰富，是世界5大矿产国之一。金融、法律体系比较完善，通讯、交通、能源等基础设施良好。矿业、制造业、农业和服务业是经济4大支柱，深井采矿等技术居于世界领先地位。但国民经济各部门发展水平、地区分布不平衡，城乡、黑白二元经济特征明显。20世纪80年代初期至90年代初期，受国际制裁经济出现衰退。新南非政府制定了“重建与发展计划”（RDP），强调提高黑人社会、经济地位。1996年推出“增长、就业和再分配计划”（GEAR），旨在通过推进私有化，削减财政赤字，增加劳动力市场灵活性，促进出口，放松外汇管制，鼓励中小企业发展等措施实现经济增长，增加就业，逐步改变分配不合理的情况。2006年2月，南非政府公布实施“南非加速和共享增长倡议”（ASGISA），加大政府干预经济力度，通过加强基础设施建设、实行行业优先发展战略、加强教育和人力资源培训等措施，促进就业和减贫。

2008年上半年经济平稳运行，但进入下半年后受全球经济危机影响凸现。为此南非央行连续5次降息，实行宽松的货币政策，同时利用迎接世界杯场馆建设和基础设施建设以及应对电力危机进行电力设施建设实行拉动内需的扩张性财政政策以刺激经济发展。

1. 资源

南非矿产资源非常丰富（但缺乏石油），是世界5大矿产资源国之一，其矿产以种类多、储量大、产量高闻名于世，矿业是南非的经济支柱产业。目前已探明储量并开采的矿物有56种，黄金、铂族金属、铝硅酸盐、铬矿和锰矿的储量位居世界第一，黄金、铂族金属、铝硅酸盐、铬矿、蛭石和锆族矿石的产量位居世界第一。其他多种矿物的储量和产量也位居世界前列。矿产品是南非出口的重要构成部分。南非还是世界最大的黄金生产国和出口国和第五大钻石生产国，铬铁、锰铁、锑、钒、锆、蛭石和铝硅酸盐等矿产出口量均位居世界首位。

南非丰富的矿产资源储量构成了南非经济的坚实基础。

2. GDP增长

自1999年至2007年，南非实际GDP呈加速上升并持续快速增长的态势，年均增长率达到4%。2006年经济增长率达到了最高点5.4%，随后2007年略降至5.1%。2004年以来连续4年GDP增长率接近或超过5%，近5年的平均经济增长率高于“南非加速和共享经济成长计划”（Accelerated and Shared Growth Initiative for South Africa，ASGISA）的4.5%的目标，比1993年至2003年的3%平均增长率要高50%以上。

但是，自1999年9月开始的南非最长经济上升周期于99个月后的2007年11月结束。2008年，南非经济发展开始失去动力，首先是出现电力供应危机，随后房地产消费迅速降温，然后出口于2008年年末至2009年上半年又开始出现大幅缩水，由于经济衰退，企业也减少了商业投资活动，导致了南非10年来GDP第一次出现负增长。2008年南非实际GDP增长率降至3.1%，比2007年的5.1%减少2个百分点。2008年第4季度实际GDP年增长率降至1.8%，2009年上半年GDP增长率则进一步缩至负4.5%，出现负增长。南非的实际国民总收入（GNI）2007年增长率为5%，2008年降至3.7%，2009年上半年则出现负增长，增长率为负1.3%。南非历年实际GDP增长率见表1：1996年至2008年南非实际GDP增长率。

表1　　1996—2008年南非实际GDP增长率

年　度	1996	1997	1998	1999	2000	2001	2002	2003	2004	2005	2006	2007	2008
GDP增长率(%)	4.3	2.6	0.5	2.4	4.2	2.7	3.7	3.1	4.9	5	5.4	5.1	3.1

资料来源：南非储备银行2008/09年报。

下面从各行业来具体阐述。

（1）农业

受农业贸易恶化影响，2009年上半年南非农业实际增加值增长仅为2.3%，比2008年下半年的23.9%增长率大幅减少。玉米产量出现了下降，牲畜、稻谷、园艺等增产很少。

（2）矿业

2008年全年的矿业产值增长率为负6.5%，2009年上半年进一步恶化为负16.8%。矿业恶化主要是归因于非黄金部门产量的下降。矿业近3年产值增长率见表2：2007年至2009年南非矿业增加值增长率情况表。

表2　　2007—2009年南非矿业增加值增长率情况表

年　度	2007	2008			2009
	全年	上半年	下半年	全年	上半年
矿业实际GDP年增长率(%)	0.0	-11.0	-0.2	-6.5	-16.8

2008年上半年，市场对基本金属和矿产品的需求还呈上升趋势，但2008年中期开始形势迅速恶化。需求减少的同时还伴随着矿产品价格的急剧降低，导致南非矿业产量和产值大幅缩水。

南非是世界铂族金属和铑占垄断地位的供应国和钯的重要供应国。南非铂族金属、铑、钯的产值于2009年上半年也出现了较大缩水，产量比2007年上半年年峰值产量低11%。产值缩水的原因有：出于安全原因部分矿井关闭、生产瓶颈、电力供应不足、开采效率下降以及熟练工人不足。尽管全球提高了废气排放标准，增加了接触反应装置的使用①，但是由于全球经济的迅速下行，使得世界范围内汽车销售减少，从而减少了对铂族金属的消费。

（3）制造业

过去几年，南非制造业缩水非常严重，2007年制造业增长率为4.5%，2008年则仅为1.2%，2009年上半年则出现了负19.4%的巨大负增长。制造业产出缩水反映了市场需求的

① 废气排放标准提高和增加了接触反应装置的使用都将增加对铂族金属的消费。

减弱。由于市场需求减弱，使得厂家信心不足，削减产能过度，是巨大负增长的重要原因。由于制造业衰退，南非的资本存量和就业也出现了较大减少。产能使用率从2008年下半年的82.7%降低至2009年上半年的78%，劳动力生产效率也出现了下降。制造业近3年产值增长率见表3：2007年至2009年南非制造业增加值增长率情况表。

表3　　2007—2009年南非制造业增加值增长率情况表

年　度	2007	2008			2009
	全年	上半年	下半年	全年	上半年
制造业实际GDP年增长率(%)	4.5	5.4	-7.4	1.2	-19.4

资料来源：南非储备银行2008/09年度年报。

（4）建筑业

建筑业受益于2010年世界场馆和基础设施建设，保持了较高的增长，2008年下半年增长率12.4%，2009年上半年则继续增长13.1%。但是，建筑业产值的增长主要受益于政府和公共企业资本性支出，而居民住宅建设等则反而减少。此外，由于受现有的和新的建筑项目的负债融资限制，建筑企业的业务活动不能更快的开展。建筑业近3年产值增长率见表4：2007年至2009年南非建筑业增加值增长率情况表。

表4　　2007—2009年南非建筑业增加值增长率情况表

年　度	2007	2008			2009
	全年	上半年	下半年	全年	上半年
建筑实际GDP年增长率(%)	17.1	13.6	12.4	13.9	13.1

资料来源：南非储备银行2008/09年度年报。

（5）第三产业

与第一产业和第二产业大幅下降相反，作为占GDP的63%第三产业保持了相对稳定并温和增长，为南非避免GDP大幅下滑作出了巨大贡献。第三产业的相对稳定主要受益于社区、社会和个人服务业的增长，其增长率在2009年上半年约3%。然而，2009年上半年交通、仓储、通讯和金融服务均出现了负增长。第三产业近3年产值增长率见表5：2007年至2009年南非第三产业增加值增长率情况表。

表5　　2007—2009年南非第三产业增加值增长率情况表

年　度	2007	2008			2009
	全年	上半年	下半年	全年	上半年
第三产业实际GDP年增长率(%)	5.4	3.4	1.9	3.5	-0.1
商业	5.2	1.5	-4.5	0.5	-2.4
交通和通讯	5.6	3.7	3.8	4.0	-0.7
金融和其他服务	6.8	4.1	3.2	5.0	-1.0

3. 就业

南非的劳动力市场没有幸免全球金融危机深化的影响。在制造业和黄金开采业岗位流失尤其严重，影响了总体就业水平。在过去5年内（2003年3季度至2008年3季度），受经济持续繁荣带动，南非共创造了92万个新就业岗位。但随后在2008年第4季度岗位开始流失。根据南非统计局的季度劳动力调查报告，2009年1季度和2季度，南非就业率降低了2个百分点，岗位流失26.7万个，官方失业率从2008年9月的23.2%攀升至2009年6月的23.6%；非官方失业率则从30.2%上升至32.5%。

从各年龄段就业情况来看，15岁至24岁及25岁至34岁年龄段的失业率最高，分别达到48.1%和27.2%①，成为南非社会稳定和减贫的最大挑战。南非历年各年龄段失业率情况见表6：南非失业率情况表。

表6　　南非失业率情况表

年度 / 年龄段 / 失业率（%）	2003		2004		2005		2006		2007		2008		2009	
	3月	9月	3月	9月	3月	9月	3月	9月	3月	9月	3月	9月	3月	6月
15—24岁	59.1	55.3	55.6	51.8	52.6	51.4	50.3	50.2	51.1	46.9	46.1	46.6	47.8	48.1
25—34岁	34.7	30.9	31.4	29.8	31	30.3	29.5	28.5	28.9	25.7	26.5	26.2	27.6	27.2
35—44岁	20.8	18.7	18.1	18.2	17.1	18.2	17.2	18.2	16.8	14.7	16.3	16.6	15.3	15.7
45—54岁	15.8	13.5	13.7	11.9	11.9	13	11.8	12.4	12.3	11.5	10.6	9.3	9.7	10.9
55—65岁	10.6	8.9	7.8	7.2	8.1	8.3	5.9	6.9	6.6	6.7	7.8	6.5	6	5.3
狭义失业率(官方)	31.2	28	27.9	26.2	26.5	26.7	25.6	25.5	25.5	23	23.5	23.2	23.5	23.6
广义失业率(非官方)	42.5	41	40.8	39.7	39.5	37.9	37.9	36.2	37.1	34.3	31.5	30.2	31.2	32.5

资料来源：南非2009年经济发展指标。

4. 人均GDP

近年来，南非的人均收入增长较快。人均GDP自2004年以来年均约增长3.7%，2007年南非名义人均GDP已经达到5906美元②，是中国内地人均GDP一倍以上。进入2008年后，受经济危机影响，南非人均GDP增长率放缓，仅1.9%。

根据南非统计局的收入和支出分析，南非显示收入公平的指标基尼系数很高，2008年达到66.6%，并且有上升的趋势，表明南非两极分化现象严重，并且趋向恶化，经济增长的果实没有被公平的享有。南非历年人均GDP增长情况见表7：南非历年人均GDP增长情况表。

表7　　南非历年人均GDP增长情况表

年度	1996	1997	1998	1999	2000	2001	2002	2003	2004	2005	2006	2007	2008
人均GDP增长(%)	2.1	0.5	-1.6	0.2	2.1	0.8	1.9	1.5	3.4	3.6	4	3.9	1.9

资料来源：南非2009年经济发展指标。

---

① 狭义失业率。

② 南非统计局数据。

5. 外国直接投资（FDI）

进入南非的外国资本以短期投资为主，只有少量的长期投资。1994年至2004年固定投资（Fixed Investment）的增长率低于成功发展中国家的水平。当前，由于全球经济不稳定，国际投资者对投向新兴发展中国家的投资变得谨慎，将会进一步影响南非资金的流入。

但是，2007年南非的长期FDI出现了较大增长，为181亿兰特，2008年南非的FDI则出现了井喷现象，达到1035亿兰特，一定程度上表明南非稳健的经济指标和良好的总体投资环境对FDI有较大的吸引力。2008年FDI主要来自于境外投资者购买南非公司资产，南非子公司从海外母公司的中长期贷款则呈减少趋势。南非历年FDI情况见表8：南非历年FDI情况表。

表8　　南非历年FDI情况表

年　度	1998	1999	2000	2001	2002	2003	2004	2005	2006	2007	2008
FDI(10亿兰特)	-6.737	-0.475	4.28	85.763	12.153	1.275	-3.566	36.354	-49.078	18.127	103.5

资料来源：南非2009年经济发展指标。

6. 固定资本形成总额①

2003年以来，固定资本形成总额（Gross Fixed Capital Formation，GFCF）处于持续上升的态势，于2008年达到顶峰，占GDP的23.2%。至2014年，南非计划GFCF占GDP比重达到25%。

政府和公共企业为迎接联合会杯足球赛和2010年世界杯足球赛在基础设施建设方面进行了大规模投资是GFCF增加的主要原因，公共企业在电力和交通设施方面的建设以及矿业部门的资本投入对GFCF贡献也很大。南非历年GFCF情况见表9：南非历年GFCF占GDP情况表。

表9　　南非历年GFCF占GDP情况表

年　度	1996	1997	1998	1999	2000	2001	2002	2003	2004	2005	2006	2007	2008
GFCF占GDP(%)	16.3	16.5	17.1	15.5	15.1	15.1	15.0	15.9	16.2	16.9	18.6	20.6	23.2

资料来源：南非2009年经济发展指标。

7. 财政状况

（1）财政支出

2008/09财年南非国家政府支出超出预算246亿兰特，支出总金额达到6356亿兰特，名义财政支出增长了17.4%，比前3财年的年均13.7%的增长率高3.7%。实际财政支出②增

① 固定资本形成总额（Gross Fixed Capital Formation，GFCF）是指常住单位购置、转入和自产自用的固定资产，扣除固定资产销售和转出后的价值，分有形固定资产形成总额和无形固定资产形成总额。

② 按消费物价指数调整。

长率为 7.6%，比实际经济增长率高。

财政支出占 GDP 比重近 3 年为 26.5%，预计未来 3 年平均将达到 29.4%。

财政支出中，利息支出占财政总支出 2.3%，比上年度增加 2.8%，这是由于政府因为公务员调薪、世界杯足球赛场馆和基础设施建设增加发行了债券。非利息支出主要是各政府部门支出和地方省政府转移支付，增长 9.2%。

2008/09 财年资本性支出为 90 亿兰特，比上年度增加 12.5%，反映政府基础设施建设支出的大幅增加。虽然资本性支出占整个财政支出的比重相对较小，但是由于基础设施建设的实质性支出由公共企业和政府的其他单位实施，将导致转移支付、政府补贴和政府债务担保，因此财政资本性支出通过杠杆带动了大额资本性支出，并且未来政府部门的资本性支出将进一步增加。

（2）财政收入

2008/09 财年南非财政收入增长了 8.7%，达到 6083 亿兰特。增长率比预计的低，仅是 2007/08 财年增长率的一半。2008/09 财年是继 2003/04 财年以来第一次财政收入低于预期。

尽管受全球金融危机影响，而财政收入中来自收入、利润和资本利得的税收增长稳定，达到 3839 亿兰特，占财政收入的 63%。与上年度相反，来自不动产的税收由于房地产市场紧缩出现了下降，为 948 亿兰特，占 16%。来自商品、服务交易的税收均适度增长，为 2011 亿兰特，占 33%①。但增长率低于预计。国际贸易税收则出现了大幅下降，仅为 13.5 亿兰特。

（3）财政赤字

财政收入增长缓慢而支出又高于预算，使得南非 2008/09 财年改变了前 2 年财政盈余的局面，出现了较大财政赤字，政府举债前赤字金额达到 273 亿兰特，占 GDP 的 1.2%。为弥补赤字，南非政府境内净短期融资 122 亿兰特，境内净长期贷款 231 亿兰特，从国际市场净融资负 39.5 亿兰特②，由于南非政府将继续推行进一步扩张性的财政政策，预计未来中期内财政赤字将保持在占 GDP 的 3% 水平，2009/10 年度财政赤字占 GDP 将达到 3.9%。南非历年财政盈余情况见表 10：南非历年财政盈余占 GDP 情况表。

表 10　　南非历年财政盈余占 GDP 情况表

年　度	1997/98	1998/99	1999/00	2000/01	2001/02	2002/03	2003/04	2004/05	2005/06	2006/07	2007/08	2008/09
财政盈余占 GDP(%)	-3.8	-2.3	-2	-1.9	-1.4	-1.1	-2.3	-1.4	-0.3	1.0	1.0	-1.0

资料来源：财政部“中期预算回顾和预算政策报告”。

8. 外债和外汇储备

（1）外债

2007 年至 2008 年年末，南非的外债水平无论是兰特债还是外币债都进一步下降。其中外币

① 来自收入、利润和资本利得的税收，来自不动产的税收，来自商品、服务交易的税收三项合计超过财政收入总和的原因是南非需向南非非洲关税联盟国家支付分成的税收，以及财政收入还有其他小金额收入调整。

② [illegible]。

债务出现下降是因为南非机构发行的一些国际债券进行了偿付。而兰特债务下降则主要是因为兰特汇率贬值，使得折算成美元的外债余额出现了下降。2009年1季度，由于南非银行部门外币债务减少以及非居民投资者净售出南非兰特债券，南非外债进一步减少。南非外债占GDP比重从2007年年末的26.6%下降至2008年年末的25.9%及2009年1季度末的25.8%。

受金融危机影响，南非对外举债能力受到了削弱，资本流动减少，消化金融危机冲击的能力减弱。为此，部分国际评级机构降低了对南非的远期外债预期评级。其中惠誉和标准普尔将南非远期外债预期评级从稳定（Stable）调低至消极（Negative），穆迪评级公司的评级结果没有变化，依然是积极（Positive）。

南非历年外债情况见表11：南非历年外债情况表。

表11　　南非历年外债情况表　　单位：亿美元

年　度	2004	2005	2006	2007	2008	2009年1季度
外币债务	279	281	358	436	420	394
不记名债券	97	91	105	152	140	133
公共部门债务	49	46	52	56	53	53
货币部门债务	70	79	103	127	121	105
非货币私人部门债务	63	65	98	101	106	103
兰特债务	171	205	236	317	298	280
债券	58	63	75	79	80	66
其他	113	142	161	238	218	214
总外债	450	486	594	753	718	674
占GDP(%)	20.8	20.0	23.0	26.6	25.9	25.8

但是由于受全球经济危机影响和南非经济持续衰退，南非的财政收入减少较快；相反为应对世界杯足球赛场馆建设和基础设施建设，电力危机导致的电力设施修、新、扩建，以及公务员薪资增加，南非的财政支出出现了急剧上升的势头。在此情况下，南非政府的外债水平虽然有所降低，但南非政府实行了增加政府对内借款的政策，内债水平上升较快。2009年1季度南非政府借款高达564亿兰特，比去年同期增加了近4倍。政府债务①占GDP比重2008年达到22.6%，有所上升。详见表12：2008/09—2009/10财年1季度南非政府借款情况和表13：南非历年政府债务占GDP情况表。

表12　　2008/09—2009/10财年1季度南非政府借款情况　　单位：百万兰特

项目 \ 年度	2009年6月	2008年6月	2009/10年1季度	2008/09年1季度
国内短期借款	8812	2281	26160	9916
国内长期借款	7343	1677	24275	6433
向外国借款	-80	20	5973	-4779
借款合计	16075	3978	56408	11570

资料来源：南非财政部季报。

① 包括中央政府和地方政府债务。

表 13　　南非历年政府债务占 GDP 情况表

年　度	1996	1997	1998	1999	2000	2001	2002	2003	2004	2005	2006	2007	2008
政府债务占 GDP(%)	49.5	48.9	48	49.9	46.6	43.9	43.9	34.3	33	29.7	26.4	22.3	22.6

资料来源：南非 2009 年发展指标。

（2）外汇储备

南非外汇储备近年来增长快速。至 2007 年年末，南非外汇储备 330 亿美元，2008 年年末达到 341 亿美元，2009 年 7 月末进一步达到 360 亿美元。外汇储备可以覆盖进口月份数从 2007 年的 13 个星期增加到了 2009 年中的 20 个星期。南非外汇储备情况见表 14：南非外汇储备情况表。

表 14　　南非外汇储备情况表（截止日期：2009 年 7 月 31 日）　　单位：百万美元

外币储备	31650	存放总部在境外的银行	27114
证券	1504	IMF 储备	0
存款		特别提款权	346
存放其他中央银行、BIS、IMF	3032	黄金（包括黄金存款）	3750
存放总部在南非的银行	0	外汇储备合计	35746

资料来源：南非储备银行。

9. 利率和汇率

（1）利率

利率是南非储备银行控制物价稳定的货币政策主要工具。2006 年年初及以前，由于南非的低利率环境促使信贷市场快速膨胀，带动消费者需求达到了历史水平，导致南非的通货膨胀压力开始出现。为此，南非储备银行于 2006 年 6 月开始实行货币紧缩，第一次提高了利率。2007 年又将回购利率提高了 4%。由于通货膨胀的趋势日益加快，导致实际利率有所下降，2007 年降至 6%。

受金融危机影响，2008 年 12 月份开始，南非货币政策委员会开始放松货币政策，将回购利率降低了 50 个基本点，在此后的连续 4 次会议上，货币政策委员会均再次决定降低利率 100 个基本点。自 2009 年 3 月开始，货币政策委员会又决定将每 2 个月召开一次的会议改为每个月召开一次（2009 年 7 月除外），以应对快速变化的经济形势。2009 年 6 月，南非的回购利率降至 7.5%，本次会议没有变化。但 2009 年 8 月的会议再次决定降息 50 个基本点。2008 年 12 月至 2009 年 8 月，南非回购利率累计降息达 500 个基本点。银行间贷款利率，例如隔夜利率（South Africa Benchmark Overnight Rate，SABOR）、隔夜外汇交换利率（overnight FX rate）跟着回购利率均做了相应调整。南非历年利率情况见表 15：南非历年利率情况表。

表 15　　南非历年利率情况表

年　度	1995	1996	1997	1998	1999	2000	2001	2002	2003	2004	2005	2006	2007	2008
实际利率	9.1	12	11.5	14.7	13	9.2	8.1	6.4	9.3	9.9	7.2	6.5	6	3.6
名义利率①	17.8	19.3	20.1	21.6	18.2	14.6	13.8	15.6	15.2	11.3	10.6	11.1	13.1	15.5

资料来源：南非2009年经济发展指标。

（2）汇率

南非实行汇率市场化机制，但经济成熟度与发达国家相比还有不少差距，因此，汇率波动较大，易受世界大环境的影响。2008年受世界经济危机影响，投资者对新兴市场国家的风险预期增加，投资者的避险心理导致短期国际资本从新兴市场国家的资本市场大规模撤出，并重新流回美国。因为美元仍是当前国际货币体系中最具流动性的币种，美国国债仍是当前国际金融市场上最具流动性的资产。大量短期国际资本重新流入美元短期国债市场，导致了美元相对于其他主要货币的显著升值，南非币兰特也在其中。2008年最后4个月南非资本流入减少，2008年下半年非居民投资者又纷纷处置了在南非的证券，对兰特造成巨大冲击，导致2008年南非兰特名义汇率贬值了23.5%，完全抵消了前2年兰特的升值。

虽然汇率波动反映了外国投资者对南非经济预期的不确定性，但是兰特贴水后非居民持有南非货币的风险降低了，再加上国际商品价格开始上涨，带来2009年上半年兰特币值回升。2009年上半年兰特回升了18.5%。近年南非汇率情况见表16：2007年至2009年南非汇率情况表。

表 16　　2007年—2009年南非汇率情况表

年　度	2007年12月31日—2008年6月30日	2008年6月30日—2008年12月31日	2008年12月31日—2009年6月30日	2009年6月30日—2009年8月18日
加权平均②	-17.7	-7	18.5	-3.7
欧　元	-19.9	-5	19.6	-3.6
美　元	-13.9	-15.3	19.7	-3.5
人民币	-19.2	-15.7	19.8	-3.4
英　镑	-13.7	16.8	4	-2.3
日　元	-19.2	-27.3	26.6	-3.8

资料来源：南非储备银行2008/09年度年报。

进入2009年下半年后，影响兰特汇率走势的因素主要有：一是美国经济前景暗淡和不断攀升的外债等对美元的贬值压力开始显现；二是商品价格在供给减少和美元走弱的情况下开始回升；三是在避险需求降低时，南非的高利率将吸引投资者资金回流。为此，兰特升值的压力较大。

① 名义利率是指优惠汇票利率，实际利率是指名义利率减去通货膨胀率。
② 15种货币加权平均。

10. 通货膨胀率

2002 年以来，南非央行采取了“通货膨胀目标区”做法。将通货膨胀指标 CPIX 年平均值（后改为月变动值）目标区设定在 3%—6%。如果通货膨胀预测结果高于目标或目标区上限 6%，则采取抑制性货币供给调整；如果通货膨胀预测结果低于目标或目标区下限 3%，则采取松动性货币供给调整；如果通货膨胀预测结果在 3%—6% 之内，货币政策取向则保持不变。

自引入新的通货膨胀目标以来，2004 年至 2006 年 CPIX 一直保持在 3%—6% 的控制区间内。但是，2006 年以后受食品及交通运输价格上涨的影响，通货膨胀率开始一路上扬，在连续 43 个月 CPIX 保持在 3%—6% 目标区之内之后，2007 年 4 月 CPIX 首次突破 6% 上限，2007 年达到 7.1%，2008 年前 4 个月的通货膨胀率均在 9.3% 以上，2008 年 8 月甚至达到峰值 13.6%。2008 年南非通货膨胀的压力主要来自食品价格和石油价格上涨、兰特贬值以及电费大幅上调。

但受金融危机对全球产出和贸易打击的影响，南非通货膨胀的压力于 2008 年年末开始减轻，2008 年全年通胀率减至 11.5%，至 2009 年 6 月，通胀率进一步下降至 6.9%，即将回到通胀目标区。自 2006 年中期实施的紧缩性货币政策也开始让位于 2008 年年末的宽松政策，至 2009 年 8 月累计减息达 500 个基本点。2009 年，由于世界经济放缓，对石油的需求下降，国际高库存量和精炼油技术的提高，很多世界知名金融机构（包括 US DOE/IEA，Goldman Sachs，Deutsche Bank，CERA 等）均预测石油价格依然在低位振荡，这对于石油主要靠进口的南非来说是一个极大的利好消息。预计 2009 年和 2010 年南非的通货膨胀率将继续下降。南非历年通货膨胀情况见表 17：南非历年物价指数情况表。

表 17 南非历年物价指数情况表

年度	1995	1996	1997	1998	1999	2000	2001	2002	2003	2004	2005	2006	2007	2008
CPI(%)	8.7	7.4	8.6	6.9	5.2	5.3	5.7	9.2	5.9	1.4	3.4	4.6	7.1	11.5
CPIX(%)				7.1	6.9	7.7	6.6	9.3	6.8	4.3	3.9	4.6	6.5	11.3

注：CPIX 与 CPI 的区别在于 CPIX 剔除了抵押债权利率。
资料来源：南非统计局。

11. 外贸和经常账户支付

出口方面，农产品出口下降，出口多样化战略进展缓慢，导致出口商品增长缓慢。但自 2004 年以来，经济增长率超过了 4%，投资过热，导致进口需求增长较快，尤其是高消费支出和固定资本投资增长较快。出口增长缓慢和进口增长过快使得南非经常账户平衡自 2003 年以来处于恶化的局面。2006 年经常账户赤字占 GDP 比重达到了 6.5%，2007 年又进一步攀升到 7.3%。进入 2008 年以来，由于电力危机严重影响到南非出口支柱产业——采矿业的生产，以及世界经济危机导致南非主要贸易伙伴国对南非产品需求减弱，致使 2008 年全年贸易逆差达到 356 亿兰特，占 GDP 的 2.8%，经常账户赤字 1692 亿兰特，占 GDP 达 7.4%，是 26

年来的最高水平。2009 年上半年南非出口缩水了 24%，但由于南非对制成品的需求也相应减少，抵消了出口减少造成的贸易赤字，2009 年 6 月经常账户赤字下降至 5.1%。南非历年贸易情况见表 18：南非历年贸易和经常账户平衡占 GDP 情况表和表 19：南非 2007 年至 2009 年贸易情况表。

表 18　　南非历年贸易和经常账户平衡占 GDP 表

年度 占GDP(%)	1996	1997	1998	1999	2000	2001	2002	2003	2004	2005	2006	2007	2008	2009年6月
出口	24.7	24.6	25.7	25.3	27.9	30.1	33.0	28.1	26.7	27.5	29.6	31.6	35.4	27.5
进口	23.2	23.4	24.5	22.7	24.9	26.1	29.1	25.8	27.1	28.3	32.9	34.7	38.5	27.4
贸易平衡	1.5	1.2	1.2	2.8	3.5	4.7	5.1	2.6	-0.1	-0.6	-3.5	-3.3	-2.8	
经常账户平衡	-1.2	-1.5	-1.8	-0.5	-0.1	0.3	0.8	-1.1	-3.2	-4	-6.5	-7.3	-7.4	-5.1

资料来源：2009 年南非发展指标。

表 19　　2007—2009 年南非贸易情况表

年度	2007	2008			2009
	全年	上半年[①]	下半年	全年	上半年
商品出口(亿兰特)	4939	6242	6873	6558	5113
黄金净出口(亿兰特)	399	468	503	485	492
商品进口(亿兰特)	-5743	-7140	-7657	-7399	-5739
贸易平衡(亿兰特)	-405	-430	-281	-356	-134
贸易平衡占 GDP(%)	-2.0	-1.9	-1.2	-1.6	-0.6
净服务、收入和转移支付(亿兰特)	-1056	-1363	-1309	-1336	-1050
经常账户平衡(亿兰特)	-1461	-1793	-1590	-1692	-1184
经常账户平衡占 GDP(%)	-7.3	-8.1	-6.8	-7.4	-5.1

资料来源：南非储备银行 2008/09 年度年报。

但是，尽管在美国次贷危机的影响下，全球信贷紧缩，南非依旧名列投资理想国之列，接受外国直接投资从 2007 年的 181 亿兰特飙升至创纪录的 1034 亿兰特。南非经常账户的逆差被充足的资本和金融账户顺差抵消。

（三）国家竞争力分析

1. 增长潜力和市场机会

2006 年全球营商环境排名中，南非名列 183 个国家的第 28 位，2009 年为 34 位[②]。南非在雇工、边境贸易、合同履约、财产注册 4 个方面得分较低。总排名虽然略有下降，但是依然在非洲地区排名第 2 位，在世界排名前列。南非是海外投资者进入非洲的首选国家，具备

① 半年数按季度调整至全年。
② 资料来源：www.doingbusiness.org。

良好的营商环境。

尽管进入2008年以来，南非经济出现了高通胀，高利率，贸易逆差加大，电力缺乏等问题，但南非依然是非洲经济最发达的国家，经济开放程度较高，是非洲的经济动力厂。其中，南非国内生产总值（GDP）是南部非洲各国的4倍，并占非洲各国GDP总额的25%。工业产量占非洲总产量的40%，矿产量占到45%，电能产量超过50%。其他新兴市场国家的营商环境排名为中国89名，印度133名，巴西129名，尼日利亚125名；非洲国家中毛里求斯17名，博茨瓦纳35名。从中可以看出，南非作为新兴市场，具有较大的增长潜力和市场机会。

2. 国际竞争力排名

根据世界经济论坛（World Economic Forum，WEF）和国际管理开发组织（International Institute for Management Development，IIMD）的报告，南非的国际竞争力全球排名有所下降，撒哈拉以南非洲国家的总体国际竞争力比南非上升得快。但是，南非依然是撒哈拉以南非洲地区国际经济力最强的国家。排名的依据包括：创新潜力、基础设施建设、初级医疗和教育。

此外，根据世界银行2007年度知识经济排名，南非在140个国家中排名第50位，比1995年的第41位有所下降。原因是由于区域教育、信息化教育（ICT）和创新发展缓慢。但南非依然是撒哈拉以南非洲国家知识经济最强的国家。

南非竞争力和知识经济世界排名情况见表20：WEF全球国家竞争力排名和表21：世界银行知识经济排名。

表20　WEF全球国家竞争力排名

国家 \ 年度 / 排名	2005—2006	2006—2007	2007—2008
马来西亚	26	19	21
智利	27	27	26
爱沙尼亚	25	26	27
立陶宛	40	39	38
斯洛伐克	37	37	41
南非(非洲国家)	45	36	44
拉脱维亚	36	44	45
匈牙利	41	38	47
波兰	48	45	51
墨西哥	58	52	52
毛里求斯(非洲国家)	55	55	60
巴西	66	66	72
罗马尼亚	68	73	74
博茨瓦纳(非洲国家)	81	57	76

资料来源：WEF，2006—2007年全球竞争力报告，2007—2008年全球竞争力报告。

表21 世界银行知识经济排名

国家 \ 年度 排名	1995	2007	国家 \ 年度 排名	1995	2007
爱沙尼亚	25	25	马来西亚	53	40
匈牙利	32	28	罗马尼亚	56	48
立陶宛	43	31	南非	41	50
拉脱维亚	52	33	墨西哥	45	59
波兰	38	35	巴西	58	54
斯洛伐克	33	36	毛里求斯	63	64
智利	37	39	博茨瓦纳	80	84

资料来源：2007知识经济报告，www. worldbank. org/kam。

（四）BEE政策实施情况

黑人经济振兴政策（简称BEE政策）是南非非常重要的政策，包括“广义黑人经济振兴法案”（Broad-Based Black Economic Empowerment Act，BBBEE）、“公平就业法”（Employment Equity Act，EEA）以及一系列相关规章制度。BEE政策的实施旨在振兴黑人经济，从根本上扭转黑人经济弱势地位。

由于BEE政策是比较“左”倾的政策，对当地白人和外国投资者进行了诸多不利的限制，而对黑人则给予了诸多优惠，它的实施遭到了白人阶层和外国投资者的极大反对，因此其实施顺利与否对南非的国家稳定至关重要。

1. BEE交易情况

1995年至2002年期间，BEE交易额占比出现了迅速下降的局面。为此，2003年政府公布了BBBEE法案，2007年2月又颁布了BBBEE行为规范。BBBEE法案颁布后，BEE交易额出现了较大回升，BBBEE行为规范的颁布又进一步刺激BEE交易。2003年至2008年间，BEE交易额占兼并重组交易额的平均比重达到22.8%。南非历年BEE实施情况见表22：南非历年BEE交易情况表。

表22 南非历年BEE交易情况表

年度	1997	1998	1999	2000	2001	2002	2003	2004	2005	2006	2007	2008
BEE交易额(10亿兰特)	8	21	23	28	25	12	42	50	56	56	96	61
兼并重组交易额(10亿兰特)	166	314	236	371	502	242	150	166	269	284	514	312
BEE占比(%)	4.8	6.7	9.7	7.5	5.0	5.0	28.0	30.1	20.8	19.7	18.7	19.5

资料来源：南非2009年经济发展指标。

2. 黑人和妇女参与情况

黑人在高级管理层（Top Management Positions，简称高层或TMP）和高级管理职位

（Senior Management Positions，SMP）的职位占比均增加较快，其中在公共部门高层中黑人已经占了大多数。2008年黑人占所有高层职位24.2%，占所有高级管理职位32.5%。高级管理职位占比比2004年的25.7%上升了6.8个百分点，比2000年的18.5%上升了14个百分点。

而妇女的管理参与度也在较快、大幅增加。根据2006/07年度就业公平报告，妇女在高层职位中占比17.8%，比2001年增加了6个百分点。在高级管理职位中，女性占比27.8%，比2001年的17.7%增加了约10个百分点。

因此，BEE实施以来南非无论人种还是性别的就业公平都在取得显著进步。但是，这种进步主要体现在公共部门，私营部门的进步有限。黑人和妇女参与管理情况见表23：黑人在高层和高级管理职位的占比情况表和表24：妇女在高层和高级管理职位的占比情况表。

表23 黑人在高层和高级管理职位的占比情况表

年　度	2000	2001	2002	2003	2004	2005	2006	2007	2008
高层占比（%）	12.7	25.1	18.4	23.8	21.1	27.2	22.2	28.8	24.2
高级管理占比（%）	18.5	19.1	22.2	27.3	25.7	27.5	26.9	32.4	32.5

资料来源：劳动部就业公平委员会年度报告。

表24 妇女在高层和高级管理职位的占比情况表

年　度	2000	2001	2002	2003	2004	2005	2006	2007	2008
高层占比（%）	12.4	11.9	13.8	14.1	15.1	16.5	21.6	17.8	17.8
高级管理占比（%）	21	17.7	21.6	22.3	23.7	23.6	27.4	24.9	27.8

资料来源：劳动部就业公平委员会年度报告。

（五）南非的金融业

南非银行监管水平处于世界最佳级别，位居全球前10位。约翰内斯堡证券交易所（JSE）按市场资本规模在世界排名第18位。南非共有银行及外资银行代表处79家，其中有33家银行和46家外资银行代表处。

截至2008年12月末，南非银行业共有总资产31700亿兰特，比上年增长24.5%，占GDP的135%，按2008年12月31日汇率（9.46）约折3351亿美元，其中贷款和预付款总额达到23160亿兰特，折合2448亿美元。4家最大的银行分别为Standard、ABSA、FirstRand、Rand，总资产合计达到26760亿兰特（约折2829亿美元），占南非银行业总资产的84.4%，4大银行基本上控制了南非的银行业。

截至2008年2月末，南非银行业共有总负债29890亿兰特，净资产1810亿兰特，不良贷款率为3.8%；资本充足率13%。不良贷款率比2008年1月的2.3%上升了1.5个百分点，系因为利率较高以及国际经济危机影响。

2008年南非银行的成本收益率为42.2%，净资产回报率28.7%，流动资产为最低流动资产标准的1.16倍。

南非有较发达的电子银行业务，广泛使用自动提款机和信用卡。保险业也是南非金融业的重要组成部分。

南非储备银行作为中央银行是南非金融业的中枢，负责制定和贯彻国家的货币政策、发行货币和对其他南非金融机构进行管理。

（六）南非政府面临的问题和挑战

1. 治安状况不佳

南非的犯罪水平自1999年至2002年有较大幅度增长，最近几年虽然犯罪率有所下降，但是依然很高，尤其是暴力犯罪反而呈现上升趋势。2008/09年度①南非警察局注册登记的严重犯罪案件达到210万件，案件比例为平均每100人4.31件。

南非不仅犯罪率高，而且侦破率较低。在过去3年里，南非严重犯罪案件侦破率为40%左右，其中侵财案件破案率最低，仅达到16.5%。接触性犯罪破案率较高，但也只能达到57%，约有一半接触性案件无法告破。南非警方打击犯罪的能力和力度不佳助长了罪犯的嚣张气焰。

高犯罪率严重影响了南非的经济，大量海外投资者出于安全考虑，对南非投资望而却步。同时，因治安不佳，掌握南非经济命脉的白人弱势群体开始纷纷转移资产，移居海外。

2. 高失业率

总体来看，南非创造就业的速度高于劳动力增长速度，失业率自2003年以来趋于下降。主要是因为经济的稳定增长对就业形势产生了积极影响。其中零售、批发、建筑、金融、商业服务和制造业是主要的创造就业行业。这些行业同时也是增长最快的行业。

但是，南非的失业率依然很高。据非官方统计，2004年以前，南非的失业率高达40%以上。2004年9月以后呈下降趋势，当前依然高达35%左右。尤其是15岁—24岁的青壮年劳动力，有一半以上不能找到工作。高失业率带来了严重的两极分化，引发了治安等一系列社会问题。

3. 贫富两极分化

根据南非AMPS和IES数据库，南非最穷的10%人群的人均月收入从1993年的783兰特上升到了2008年的1041兰特（以2008年物价为基准），上涨了32%，上升缓慢。而与此同时，最富的10%人群的人均月收入2008年达到97899兰特。最富的10%人群的人均收入是最穷的10%人群人均收入的94倍。

基尼系数（Gini）是从总体上衡量一定范围（一国或地区）内居民收入分配不公平情况

---

① 2008年4月1日至2009年3月31日。

的系数。基尼系数的范围为 0—1，0 表示绝对公平，1 表示绝对不公平。希尔系数（Theil）是显示区域之间经济发展水平差异的指标。

用基尼系数和希尔系数可以分析南非两极分化的情况。根据统计，南非的基尼系数还在上升，2008 年达到 67.9%，显示南非居民收入分配严重不公平，居民收入分配不公平情况正在恶化。

如果对南非穷人和富人的平均收入水平进行分析，可以发现不同人种贫富差距比较大。白色人种收入最高，而非洲黑人月收入则最低，约为白人的十分之一。

4. 艾滋病及死亡率

南非是世界上艾滋病感染人口最多的国家。2008 年成年[①]妇女艾滋病感染率达 19.7%，成年男子感染率达 13.5%。

由于艾滋病感染率上涨过快，大大影响了南非人口的预期寿命。8 年内南非人口预期寿命下降了 4 岁，目前人口预期寿命仅 50.5 岁。

艾滋病吞噬了大量的劳动力，同时为防治艾滋病南非政府投入了大量人力物力。艾滋病的蔓延成为南非经济发展的重要障碍。

（七）全球经济危机将对南非 2009 年经济的影响

2008 年下半年，国际金融危机开始从金融领域蔓延到实体经济，发达国家经济已经陷入衰退，全球经济增长率大幅放慢，国际金融危机向发展中国家蔓延，据 IMF 预测，2009 年发达国家经济增长将由 1.4% 降至负 0.4%，新兴市场与发展中国家将由 6.6% 放缓至 5.1%。但伴随房地产市场走稳，油价下跌，通货膨胀压力减轻，主要大国采取政府干预措施以及经济政策的国际协调，全球经济发生大萧条的可能性不大。

全球经济危机对南非的负面影响主要有四个方面：一是许多发达国家的经济衰退通过国际贸易和国际金融领域很快波及发展中国家和经济转型国家，包括南非在内的发展中国家的经济增长将减速。二是由于全球经济危机引发的投资者风险规避，全球对外直接投资 2008 年下降了 21%，资本大量逃离南非等新兴国家，使这些国家货币受到贬值压力。三是由于经济下行导致消费者缩减开支，2009 年世界贸易将大幅下降，南非的主要贸易往来国（主要为发达国家）的需求减少，将不可避免的对 2009 年的南非出口形势产生负面影响。四是使大宗商品价格下行的因素和压力依然存在，这对南非的经常账户收支将产生冲击。

参考文献资料

1. Development Indicators 2009（南非 2009 年发展指标）。

---

① 20 岁—64 岁。

2. Annual Report 2008/09（南非储备银行2008/09财年年报）。

3. Annual Report 2008（南非储备银行2008年年报）。

4. Quarterly Financial Stability Review（南非储备银行金融稳定状况回顾季报）。

5. National Treasury（南非财政部网站），www. treasury. gov. za。

6. South African Reserve Bank（南非储备银行网站），www. reservebank. co. za。

7. Doingbusiness（全球营商环境网），www. doingbusiness. org。

二、2009年南非营商环境状况

世界银行及下属的国际复兴开发银行发布了《营商2010——艰难的改革》（Doing Business 2010：Reforming Through Difficult Times，简称《营商》），这是世行第7次发布对世界各国促进商业的规章制度的最新调研报告，报告数据截止日期为2009年6月。

《营商》系列报告对世界183个国家在财产权利保护和商业规章方面的大量指标进行了比较，这些指标分为10大类，分别是新设公司、获取建筑许可、雇佣工人、注册财产、获得融资、保护投资者、支付税收、跨境贸易、履行合同和关闭公司，10大类指标又各自进行细分。《营商》对世界各国的该10大类指标分别进行了评估和排名，根据该评估和排名，《营商》对各国的营商环境进行了总排名。

183个国家包括撒哈拉以南非洲46个国家，拉丁美洲和加勒比32个国家，东欧和中亚27个国家，东亚和太平洋24个国家，中东和北非19个国家以及南亚8个国家。

根据《营商2010》评估和排名，南非在世界183个国家中营商环境排名第34位。具体情况如下：

（一）南非的营商环境总排名情况

在183个国家中，南非排名第34位，新加坡排名世界第1位，中国香港排名第3位，中国、印度、巴西、俄罗斯等新兴市场国家分别排名第89位、第133位、第129位和第120位。在非洲，毛里求斯排名第17位，博茨瓦纳排名第45位，纳米比亚、加纳、肯尼亚、埃及、尼日利亚、安哥拉分别排名第66位、第92位、第95位、第106位、第125位、第169位。因此，南非的世界排名比较靠前，属于比较理想的投资目的地国；在非洲排名第2位，是进入非洲的首选国。

南非在世界的营商环境排名可参见图1。

但是，从南非最近几年的世界排名情况来看，南非的排名在处于逐渐倒退的状况。

从10大指标分析，南非在获得融资、保护投资者、支付税收3个方面表现较好，世界排

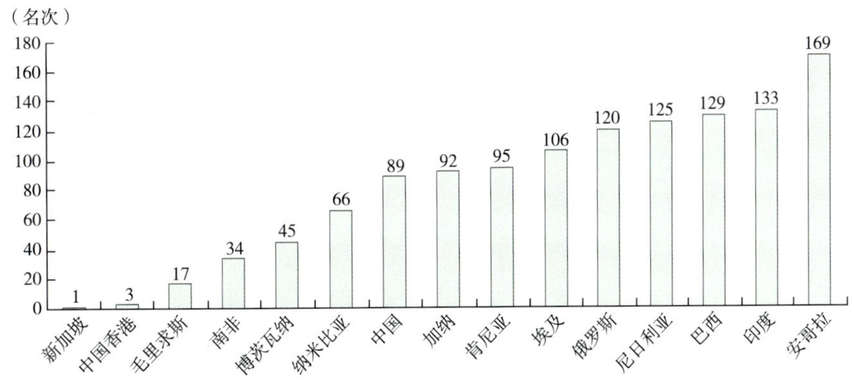

图 1　南非在世界的营商环境排名

名比较靠前，分别位于世界第 2 位、第 10 位和第 23 位。但是跨境贸易、雇佣工人、注册财产、履行合同、关闭公司、新设公司和获得建筑许可等 7 个方面表现较差，分别是第 148 位、第 102 位、第 90 位、第 85 位、第 76 位、第 67 位、第 52 位。南非 10 大指标世界排名情况见表 1：南非营商环境 10 项指标世界排名情况。

表 1　南非营商环境 10 项指标世界排名情况

	营商 2010	营商 2009		营商 2010	营商 2009
总排名	34	32	保护投资者	10	9
新设公司	67	45	支付税收	23	23
获得建筑许可	52	49	跨境贸易	148	148
雇佣工人	102	99	履行合同	85	82
注册财产	90	89	关闭公司	76	76
获得融资	2	2			

（二）南非 10 大指标具体情况

1. 新设公司

当企业家准备好商业计划后，第一步是注册成立一家新公司。世界各国对于注册成立新公司的规章各异。为便于对各国成立公司的难易程度进行对比，《营商》假定设立的公司为中小规模的公司，注册成功的标志是获得合法运营所需要全部许可和执照。中小规模公司的标准为：

新设公司为实施普通商业行为的有限责任公司；

位于该国最大的商业城市；

资本 100% 本国国民拥有；

启动资本为人均收入的 10 倍；

营业额至少是人均收入的 100 倍；

有 10 名至 50 名雇员；

没有任何特殊的利益；

不拥有不动产。

在此假设基础上，《营商》将“新设公司”指标细分为4个分指标进行评分，然后每个分指标按25%加权平均计算出该国“新设公司”总得分，以此比较183个国家的新设公司难易度。“新设公司”指标的4个分指标分别是：

时间，占25%，评估注册前准备、注册、注册后所需要的平均天数①；

成本，占25%，评估注册公司花费的费用占人均收入的比例，不包括贿赂支出；

程序，占25%，评估到获得最终许可文件所需要进行的程序数；

最低资本，占25%，评估注册前需要存入银行或公证的最低资本要求。

新设公司指标评分方法见图2：新设公司指标评分方法示意图。

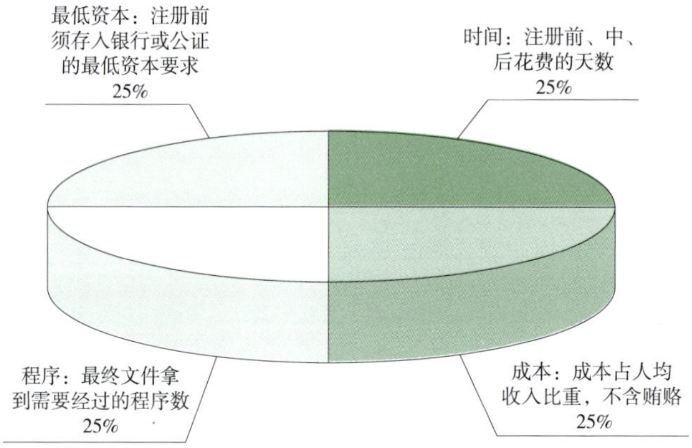

图2 新设公司指标评分方法示意图

经上述方法评分，南非新设公司难易度世界排名第67位，4个分指标情况为：南非新设公司需要履行6个程序，需要花费22天，费用占人均收入的5.88%，最低资本要求为零。

需要履行的6个“程序”分别为：

在注册官处支付费用，留出公司名称；

在贸工部公司和知识产权注册办公室（Companies and Intellectual Property Registration Office，CIPRO）处提供位于首都比勒陀利亚的办公地址信息文件；

开立银行账号；

在南非税务局注册所得税、增值税和雇员代缴税；

在劳工部注册失业保险；

根据《职业伤害和疾病赔偿法》（Compensation for Occupational Injuries and Disease Act）进行相关注册。

如果和新设公司最容易的新西兰和丹麦等国比较，则可以发现南非还有不少差距。丹麦需要花费的注册费用为零，新西兰注册成立公司只需要1天时间，经过1道程序。若与非洲

① 日历天。

其他国家比较，则南非新设公司的程序较少，花费的时间也较短，成本也较低。南非与非洲其他国家新设公司的 4 项指标比较情况见表 2：南非与非洲其他国家新设公司 4 项指标比较。

表 2　　南非与非洲其他国家新设公司 4 项指标比较

国　家	排　名	程　序	时　间	成　本	最低资本
南　非	67	6	22	5.9	0
博茨瓦纳	83	10	61	2.1	0
肯 尼 亚	124	12	34	36.5	0
毛里求斯	10	5	6	4.1	0
纳米比亚	123	10	66	20.4	0
尼日利亚	108	8	31	76.7	0

从历年情况看，南非程序、时间、成本 3 项指标自《营商 2004》以来一直保持了进步，程序从 9 个降为 6 个，花费的时间从 38 天减少至 22 天，成本占人均收入的比重从 9.4% 下降至 5.9%。最低资本要求则一直保持为零。这表明南非的营商环境中关于新设公司的要求一直在降低，环境在持续改善。但是南非“新设公司”的世界排名却反而从 2008 年的第 45 名下降至 2009 年①的第 67 名，表明南非新设公司方面的改革虽然有所进步，但步伐慢于世界其他国家的改革进程。南非新设公司的分指标历年情况如表 3：南非新设公司 4 项指标历年情况表。

表 3　　南非新设公司 4 项指标历年情况表

年　度	排　名	程　序	时　间	成　本	最低资本
2004	—	9	38	9.4	0
2005	—	9	38	9.7	0
2006	—	9	35	8.6	0
2007	—	9	35	6.9	0
2008	—	8	31	7.1	0
2009	45	6	22	6	0
2010	67	6	22	5.9	0

2. 获得建筑许可

当公司注册成立后，公司将面临哪些法律法规约束是营商环境的重要方面。为评估这些法律法规约束，《营商》首先关注建筑部门。建筑公司要持续面对政府的执照、安全等检查，面对客户高效和节约的压力，为此建筑公司需要在法律法规之间进行权衡，要在安全和成本之间进行权衡。在很多经济体里，尤其是较穷国家，为满足建筑法规花费的成本和时间实在太高，为此很多公司不得不选择退出，或者采取向检查人员贿赂，甚至直接采取非法建设的方法，从而导致安全隐患。因此，为评估各国营商环境，《营商》对建筑公司获得建筑许可的难易进行了评估。

“获得建筑许可”指标评估建筑公司获得建筑许可以建造 1 间仓库的难易，包括呈递项目文件（建设计划、地图等）给当局，获得所有必需的执照和许可，完成所有必需的布告，

① 《营商 2010》评估的是 2009 年的营商环境，《营商 2009》评估的是 2008 年的营商环境，以此类推，以下同。

受到所有必需的检查。假设条件是：

公司假设条件：中小型有限责任公司；位于最大商业城市；国民拥有和运营的建筑企业；有 20 名雇员。

要建造的仓库条件为：新建而不是改建、扩建仓库；已经由执业建筑师完成建筑和技术计划；水、电、污水排放、电话将可开通；仓库用于存放一般货物；需要 30 周完成建设。

在上述假设基础上，《营商》将“获得建筑许可”指标细分为 3 个分指标进行评分，然后每个分指标按 33.3% 加权平均计算出该国“获得建筑许可”总得分，以此比较 183 个国家的获得建筑许可难易度。

“获得建筑许可”指标的 3 个分指标分别是：

时间，占 33.3%，评估获得建设仓库许可需要花费的天数①；

成本，占 33.3%，评估获得建设仓库许可需要花费的费用占人均收入的比例，不包括贿赂支出；

程序，占 33.3%，评估到获得最终许可文件所需要进行的程序数。

获得建筑许可指标评分方法见图 3：获得建筑许可指标评分方法示意图。

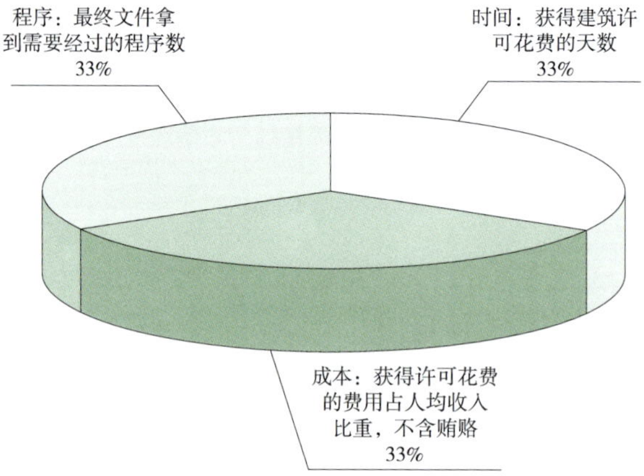

图 3　获得建筑许可指标评分方法示意图

经上述方法评分，南非“获得建筑许可”难易度世界排名第 52 位。3 个分指标情况为：南非“获得建筑许可”需要履行 17 个程序，需要花费 174 天，费用占人均收入的 24.5%。

需要履行的 17 个“程序”分别为：

向市政府呈递建造计划；

向固定电话公司 Telkom 递交建造计划以申请电话线；

递交职业医疗和健康计划；

支付修路押金；

递交挖掘/奠基完工通知；

接受挖掘/奠基完工检查；

① 日历天。

递交污水/下水道完成通知；

接受污水/下水道检查；

递交污水/下水道合规证书；

递交供电设施完工通知；

接受供电设施安装检查；

递交供电安装合规证书；

向当地供电所申请电路连接；

申请水和污水管连接；

获得电话连接；

获得市政府最终检查；

获得建筑许可。

如果和获得建筑许可最容易的丹麦、卡塔尔、新加坡等国家比较，则可以发现南非还有不少差距。丹麦需要经过的程序为 6 个；卡塔尔需要花费的费用仅为人均收入的 0.6%；新加坡则只需要 25 天时间即可获得建筑许可。若与非洲其他国家比较，则南非获得建筑许可花费的时间较冗长，成本较低，程序适中。南非与其他非洲国家获得建筑许可的 3 项指标比较情况见表 4：南非与非洲其他国家获得建筑许可 3 项指标比较。

表 4　　南非与非洲其他国家获得建筑许可 3 项指标比较

国　家	排　名	程　序	时　间	成　本
南　非	52	17	174	24.5
博茨瓦纳	122	24	167	246
肯尼亚	34	11	120	162
毛里求斯	42	18	107	36
纳米比亚	38	12	139	125
尼日利亚	162	18	350	573

从历年情况看，南非获得建筑许可程序数自《营商 2006》以来反而从 16 个增加为 17 个，成本占人均收入的比重从 0.1% 飙升至 33.5%，随后逐渐下降至 24.5%，花费的时间保持 174 天不变。由于南非“获得建筑许可”方面未有革新，反而有所倒退，使得南非“获得建筑许可”指标的世界排名从 2008 年的第 49 名下降至第 52 名。南非“获得建筑许可”的分指标历年情况如表 5：南非“获得建筑许可”3 项指标历年情况。

表 5　　南非“获得建筑许可”3 项指标历年情况

年　度	排　名	程　序	时　间	成　本
2006	—	16	174	0.1
2007	—	17	174	33.5
2008	—	17	174	30.4
2009	49	17	174	27.5
2010	52	17	174	24.5

3. 雇佣工人

世界各经济体都已经建立了保护劳工和保障公民最低生活标准的法律体系。这种体系一般包括4部分法律：雇佣、劳工关系、社会安全、职业健康和安全。雇佣法律对于保持雇主和工人间雇佣合同的高效以及保护工人免受差别待遇或不公平对待是必要的。但是如果雇佣法规过于提高工资和任期，将产生负面影响，包括失去岗位，缩减公司规模，减少研发投资，技能退化，从而降低生产效率。因此世界各国的政府都面临着寻找劳工保护和劳动力市场弹性之间平衡的难题，发展中经济体的当局往往走向极端，将劳工和雇主推向非正常状况。为此，《营商》通过“雇佣工人”指标评估各国根据国际劳工组织（International Labour Organization，ILO）惯例制定的雇佣、工作时间和解雇方面法律法规的弹性。按照《营商》的评估标准，一个经济体可以做到既能符合ILO的所有保护劳工标准，又能具有最大的弹性，如果经济体不符合ILO标准，则将不能获得高分。

“雇佣工人”指标分解为2个分指标，分别是“雇佣刚性指数”和“冗员成本”。其中“雇佣刚性指数”又分为3个子指标：“雇佣难度”、“工作时间刚性指数”和“解雇难度”。每个子指标得分为0—100，得分越高，则法律法规越具刚性。“雇佣难度”子指标评估雇佣合同的弹性和最低工资占工人增加价值的比重；“工作时间刚性指数”子指标评估的是法律对加班的限制，包括中小型工业企业员工加班有经济必要性的情况下对加班时间的规定以及强制带薪休假规定；“解雇难度”子指标评估对于解雇的法律保护，包括解雇最低要求和解雇程序。“冗员成本”分指标衡量裁汰冗员的预先通知成本、买断工龄成本以及裁汰冗员支付的罚金。3个子指标和“冗员成本”分指标各占25%权重。

中小企业的假设条件是：

制造业部门的中小型有限责任公司；

位于最大商业城市；

国民拥有和运营；

有60名雇员；

该公司需要参与劳资协议谈判。

“雇佣工人”指标评分方法见图4：雇佣工人指标评分方法示意图。

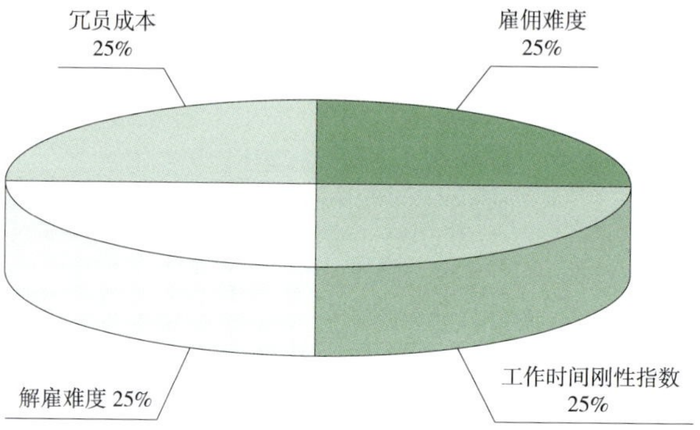

图4 雇佣工人指标评分方法示意图

经上述方法评分，南非“雇佣工人”指标难易度世界排名第102位，2个分指标情况为：“雇佣刚性指数”得分35分，“冗员成本”得分24分。

如果和“雇佣工人”指标最佳的中国香港和新西兰相比，南非还有相当差距。中国香港“雇佣刚性指数”得分为0分，即具有完全弹性；新西兰“冗员成本”得分为0分，即完全没有冗员成本。若与非洲其他国家比较，则南非雇佣刚性指数指标明显过高，冗员成本指标则适中，总体排名南非在非洲较差。南非与其他非洲国家的雇佣工人指标比较情况见表6：南非与非洲其他国家雇佣工人指标比较。

表6　　南非与非洲其他国家雇佣工人指标比较

国　家	排　名	雇佣刚性指数	冗员成本	国　家	排　名	雇佣刚性指数	冗员成本
南　非	102	35	24	毛里求斯	36	18	4
博茨瓦纳	71	13	90	纳米比亚	37	13	24
肯尼亚	78	17	47	尼日利亚	43	7	50

从历年情况看，南非“雇佣工人”各项指标中除雇佣难度有所降低之外，其余指标均保持不变，表明南非在雇工方面的法律法规进步微弱，使得南非“雇佣工人”指标的世界排名从2008年的第99名下降至2009年的第102名。南非“雇佣工人”的指标历年情况如表7：南非“雇佣工人”指标历年情况。

表7　　南非“雇佣工人”指标历年情况

年　度	排　名	雇佣难度	工作时间刚性指数	解雇难度	冗员成本
2004	—	67	20	30	
2005	—	67	20	30	
2006	—	56	20	30	
2007	—	56	20	30	
2008	—	56	20	30	24
2009	99	56	20	30	24
2010	102	56	20	30	24

4. 登记物权

通过登记确保所有人对财产所有权的机制有助于激励商业投资和交易。对企业家而言，拥有正式的产权可以帮助其对房屋或土地进行抵押获取贷款，以便发展业务。但是发展中国家的大量财产都是非正式注册的。这些非正式的产权不能用来借取贷款，限制了企业融资的机会。很多政府已经意识到这点，开始加强产权立法。但是产权合法化只是一小部分，更大的难题和成本是正当转让财产。因此减轻财产注册和转让不必要的障碍对经济发展非常重要。高效的财产注册可以降低交易成本，使产权正式化。简化财产注册程序可以减少腐败，增加产权安全。

《营商》通过调查一家企业在购买一所位于城区的库房的交易中不动产权属从卖方转移

到买方的过程，评估登记物权难易度。交易完成的标志是买家可以用该财产向银行申请抵押贷款。

“登记物权”指标分解为3个分指标，各占三分之一权重，分别是：物权交易的程序数；物权交易的天数；物权交易的成本占物产价值的比重。

买卖双方的假设条件是：

有限责任公司；

私人国民，非外国人；

物权位于最大商业中心城市市区；

普通的商业交易。

“物权”的假设条件是：

拥有土地和两层建筑；

位于最大商业中心城市市区；

财产占地557.4平方米；

建筑面积929平方米；

物权价值为人均收入的50倍；

卖家已经拥有该物权10年；

物权已经登记在册，并且没有产权纠纷问题。

“登记物权”指标评分方法见图5：登记物权指标评分方法示意图。

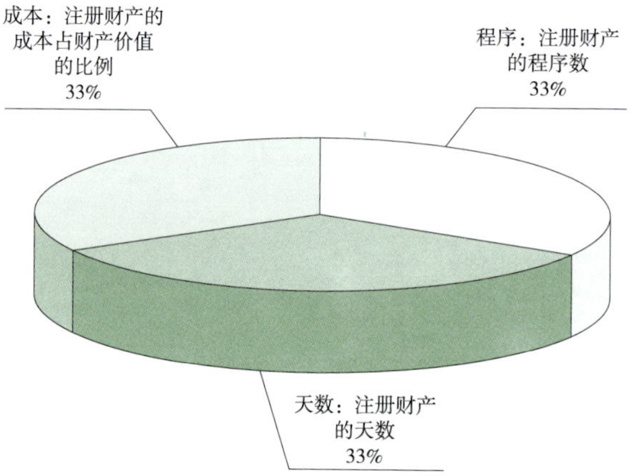

图5 登记物权指标评分方法示意图

经上述方法评分，南非“登记物权”指标难易度世界排名第90位，在南非“登记物权”需要经过6个程序，花费24天，费用占人均收入的8.65%。

需要履行的6个程序具体为：

出售物权者准备契约；

从当局取得税费结清证明；

从税务局（South African Revenue Services，SARS）取得转让税收据；

出售物权者准备和收集所有必备文件；

交易双方在出售者办公室签署所有文件；

出售物权者到财产注册机构交出契约。

如果和“登记物权”指标最佳的挪威和新西兰相比，南非还有相当差距。挪威①只需要进行1个程序，新西兰②只需要2天时间，沙特阿拉伯的财产转让费用为零。若与非洲其他国家比较，则南非注册财产的程序、天数、费用均适中。南非与其他非洲国家的登记物权指标比较情况见表8：南非与非洲其他国家登记物权指标比较。

表8　南非与非洲其他国家登记物权指标比较

国　家	排名	程序	天数	成本	国　家	排名	程序	天数	成本
南　非	90	6	24	8.7	毛里求斯	66	4	26	10.7
博茨瓦纳	44	5	16	5	纳米比亚	134	9	23	9.6
肯尼亚	125	8	64	4.2	尼日利亚	178	13	82	20.9

从历年情况看，南非“登记物权”指标各项子指标中除注册费用有所降低之外，其余指标均保持不变，表明南非在财产注册方面的法律法规基本上没有变化，使得南非“登记物权”指标的世界排名有所下降，从2008年的第89名下降至2009年的第90名。南非“登记物权”指标的分指标历年情况如表9：南非登记物权指标历年情况。

表9　南非登记物权指标历年情况

年　度	排　名	程　序	天　数	成　本
2005	—	6	24	11.3
2006	—	6	24	11
2007	—	6	23	8.9
2008	—	6	24	8.8
2009	89	6	24	8.8
2010	90	6	24	8.7

5. 获得融资

企业能否便利地获取信贷是营商环境宽松与否的一项重要指标。贷款通常需要借方提供已作登记和担保的抵押物做抵押。由于抵押贷款可以减少贷方风险，借方通常可以获得更大数额的贷款，较低的利息和更长的还贷周期。《营商》对“获得融资”指标设定了2项分指标，以此评估企业获得融资的难易度，一是“信贷信息”，占37.5%权重，用来评估受评国信贷信息充分程度，共6分，分为3个子指标，每个子指标2分，分别是：信贷信息深度指标，考量信贷信息发布范围、获得信息容易度、信息的质量等；公共信息登记系统覆盖率，考量公共信息登记系统覆盖个人和公司的比例；私人信息登记系统覆盖率，考量私人信贷信

① 最佳国家还有沙特阿拉伯、泰国，阿联酋。

② 最佳国家还有阿联酋。

息登记部门覆盖私人和公司的比例。二是“法律权利”，62.5%权重，用来考核抵押法和破产法对借贷双方权益的法律保护程度，满分为10分，有10个子指标，每个子指标1分。

“获得融资”指标评分方法见图6：获得融资指标评分方法示意图。

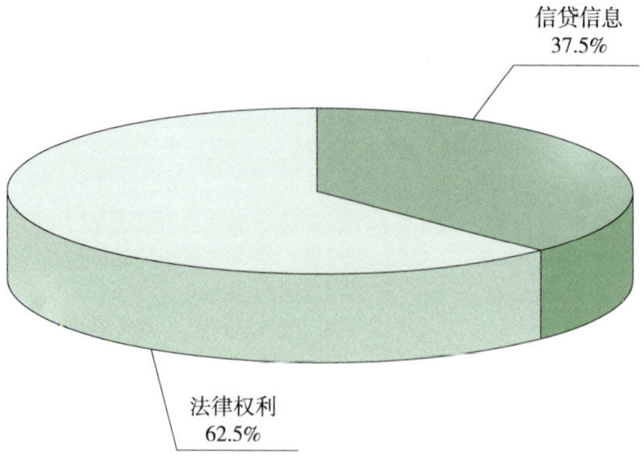

图6 获得融资指标评分方法示意图

经上述方法评分，南非“获得融资”指标世界排名第2位①，表明南非的借贷双方法律保护比较充分，信贷信息也十分公开。其中“法律权利”指标得分9分，“信贷信息”指标得满分6分。

南非和非洲其他国家比较情况见表10：南非与非洲其他国家“获得融资”指标比较。

表10 南非与非洲其他国家“获得融资”指标比较

国　家	排名	法律权利	信贷信息	国　家	排名	法律权利	信贷信息
南　非	2	9	6	毛里求斯	87	5	3
博茨瓦纳	43	7	4	纳米比亚	15	8	5
肯尼亚	4	10	4	尼日利亚	87	8	0

从历年情况看，南非“获得融资”指标2项分指标均保持不变或改善，世界排名保持第2位。南非“获得融资”指标的分指标历年情况如表11：南非“获得融资”指标历年情况。

表11 南非“获得融资”指标历年情况

年　度	排名	法律权利	信贷信息	年　份	排名	法律权利	信贷信息
2004	—	—	—	2008	—	9	6
2005	—	9	5	2009	2	9	6
2006	—	9	5	2010	2	9	6
2007	—	9	5				

6. 保护投资者

公司通过银行贷款或者吸收资本投资者筹资发展。出售股票使公司可以不必抵押和偿还贷

① 马来西亚排名第1位。

款就可以扩张。然而，投资者需要法律保护他们的资金安全。研究表明法律法规对投资者的保护占投资决策的73%。为此，《营商》"保护投资者"指标对投资者获得保护情况进行评估。

为评估投资者获得的保护程度，《营商》假定了1个案例，即James是某上市公司董事长和最大股东，他促使该公司购买了其自有公司的二手卡车，买价明显高于市场价，该交易已经进行，所有审批均已通过，所有披露都已完成，为此股东起诉利益方和董事会成员。针对该案例，《营商》评估一个经济体如何规范管理者用公司财产为个人利益进行的交易。《营商》设定了3个分指标，分别占三分之一权重，一是信息披露深度指标，用以衡量测评交易程序、立即向公众和股民披露拟进行的交易的规定、周期性档案的披露规定、交易前外部审阅的可能性；二是公司管理者责任指标，用于衡量投资者促使董事长和董事会成员对损失承担责任的能力、废除交易的能力、对自我交易处罚和判刑的能力、直接或衍生诉讼的可能性、要求董事长交回自我交易个人所得的可能性；三是股东参与诉讼容易度指标，用于衡量诉讼期间文件可用性、投资者审查被告和其他证人的能力、股东阅读公司内部文件的可能性、任命检查人调查交易的可能性、提交针对董事长诉讼的证据标准。

"保护投资者"指标评分方法见图7：保护投资者指标评分方法示意图。

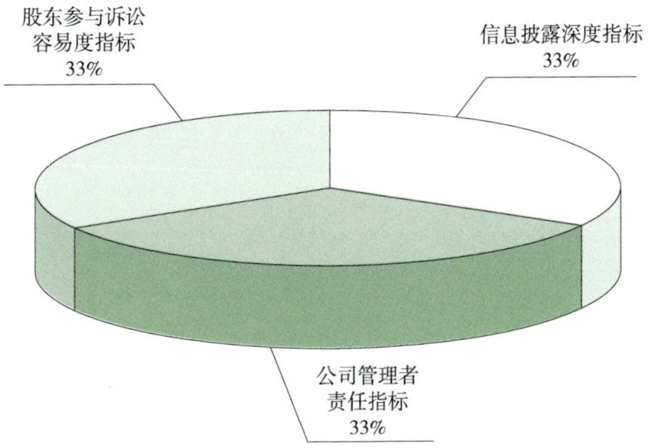

图7 保护投资者指标评分方法示意图

经上述方法评分，南非"保护投资者"指标得分为8分（满分为10分），世界排名第10位。

世界"保护投资者"指标得分最高的为新西兰，获得9.7的高分。若与非洲其他国家比较，则南非在投资者保护方面成绩相当好，在非洲名列前茅。南非与其他非洲国家的保护投资者指标比较情况见表12：南非与非洲其他国家保护投资者指标比较。

表12 南非与非洲其他国家保护投资者指标比较

国　家	排　名	保护投资者得分	国　家	排　名	保护投资者得分
南　非	10	8	毛里求斯	12	7.7
博茨瓦纳	41	6	纳米比亚	73	5.3
肯尼亚	93	5	尼日利亚	57	5.7

从历年情况看，南非"保护投资者"指标的3项分指标得分均为8分，并一直保持不变，表明南非在保护投资者方面成绩较好，法律法规基本上没有变化。因没有进行过改革，南非

“保护投资者”指标的世界排名有所下降，从2008年的第9名下降至2009年的第10名。南非保护投资者指标的分指标历年情况如表13：南非保护投资者指标历年情况。

表13 南非保护投资者指标历年情况

年 度	排 名	信息披露深度	公司管理者责任	股东参与诉讼容易度
2006	—	8	8	8
2007	—	8	8	8
2008	—	8	8	8
2009	9	8	8	8
2010	10	8	8	8

7. 支付税收

税收对于公共管理、基础设施建设非常重要。但是对于中小企业来说往往选择偷逃税。避免该现象发生的措施之一是简化税收支付的程序，增强税收支付的便利。《营商》“支付税收”指标调查的是中小企业应付税费的实际税负以及纳税的管理成本。分为3项分指标，一是纳税的数目，包括纳税的方法、纳税的次数、参与纳税的中介机构数；二是时间，指公司每年支付公司所得税、增值税、销售税、商品和服务税、劳动力税、强制捐赠等花费的小时数，包括准备和管理税收文档以及支付税收的时间；三是税率，衡量公司运营第2年应承担的税和强制性捐赠占利润的比重。

“支付税收”指标评分方法见图8：支付税收指标评分方法示意图。

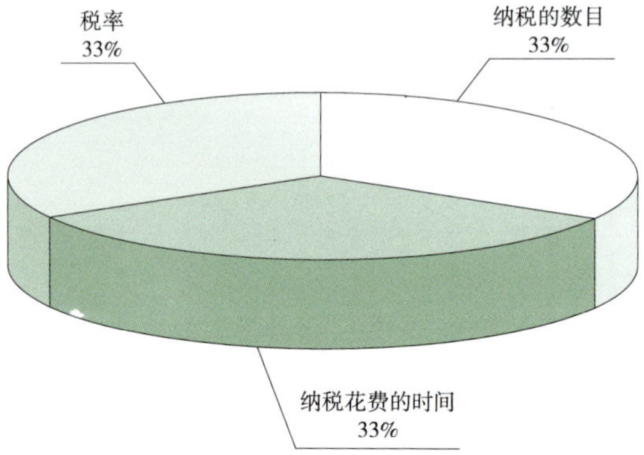

图8 支付税收指标评分方法示意图

经上述方法评分，南非“支付税收”指标世界排名第23位，其中税收占利润的比重为30.2%，纳税的数目为9项，需要花费的纳税时间为200个小时。

世界“支付税收”指标得分最高的为马尔代夫和东帝汶，马尔代夫纳税数目仅为1项，需要花费的纳税时间为0，东帝汶的税负仅为利润的0.25。若与非洲其他国家比较，则南非在纳税的数目和花费的时间方面比较靠前，但是税收负担比较重，总体排名比较靠前。南非与其他非洲国家的支付税收指标比较情况见表14：南非与非洲其他国家支付税收指标比较。

表 14　　南非与非洲其他国家支付税收指标比较

国　家	排名	数目	时间	税负	国　家	排名	数目	时间	税负
南　非	23	9	200	30.2	毛里求斯	12	7	161	22.9
博茨瓦纳	18	19	140	17.1	纳米比亚	97	37	375	9.6
肯尼亚	164	41	417	49.7	尼日利亚	132	35	938	32.2

从历年情况看，南非“支付税收”指标的3项分指标均有所进步，其中数目从2005年的12个减至2009年的9个，需花费的时间从350小时减少至200小时，表明南非在税收方面进行了比较多的改革。南非“支付税收”指标的世界排名近2年保持不变。南非保护投资者指标的分指标历年情况如表15：南非支付税收指标历年情况。

表 15　　南非支付税收指标历年情况

年度	排名	数目	时间	税负	年度	排名	数目	时间	税负
2006	—	12	350	—	2009	23	9	200	—
2007	—	12	350	—	2010	23	9	200	24.5
2008	—	11	350	—					

8. 跨境贸易

贸易的益处无须赘述。关税、配额和距离是贸易的主要障碍。全球和区域贸易协议已经大大降低了贸易壁垒，然而非洲占全球贸易的份额比2005年缩减了很多。企业出口或进口货物面对着诸多障碍，包括边境的延误，因此常常放弃甚至不敢尝试。简化贸易手续往往比简单地降低关税更能促进贸易开展。一个经济体如果有高效的海关，良好的交通运输网，更少的文件要求，使得进出口程序便捷、经济，则在全球竞争中更具竞争力，可以促进进出口贸易，创造更多就业机会。

《营商》对各国通过海洋运输标准货物的整个贸易程序要求进行了评估，包括每个程序、文件、时间、成本，从双方签订协议直到货物运输。对于进口，评估的范围从轮船抵达港口到货物运输至进口商仓库；对于出口，评估的范围从工厂包装货物至货物离开港口。分为3个指标，一是文件，包括港口填制的文件、海关声明和清关文件，以及交易双方之间的正式文件；二是时间，以日历天计算，从每个程序的第1天至最后1天；三是费用，包括20尺集装箱以美元计算的运费、文件费、海关清关管理费、到港卸货费、内陆运输费等所有有关费用，不包括税。

“跨境贸易”指标评分方法见图9：跨境贸易指标评分方法示意图。

经上述方法评分，南非“跨境贸易”指标世界排名第148位，其中出口每个集装箱需花费1531美元，准备8份文件，花费30天时间；进口每个集装箱需花费1807美元，准备9份文件，花费35天时间。

世界“跨境贸易”指标得分最高的为丹麦、法国、马来西亚、新加坡、爱沙尼亚等国。法国进口和出口均只需要准备2份文件，丹麦出口只需要花费5天时间，马来西亚出口只需

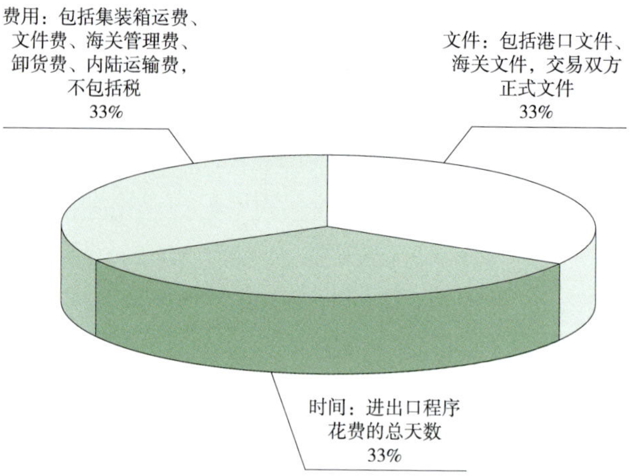

图9　跨境贸易指标评分方法示意图

要花费450美元/集装箱，新加坡进口只需要3天时间，花费439美元/集装箱。若与非洲其他国家比较，则南非的各项指标均比较靠后，需要准备较多的文件，花费较多的时间和费用。南非与其他非洲国家的跨境贸易指标比较情况见表16：南非与非洲其他国家跨境贸易指标比较。

表16　　南非与非洲其他国家跨境贸易指标比较

国　家	排　名	出口文件	出口天数	出口成本（美元）	进口文件	进口天数	进口成本（美元）
南　非	23	8	30	1531	9	35	1807
博茨瓦纳	18	6	30	2810	9	41	3264
肯尼亚	164	9	27	2055	8	25	2190
毛里求斯	12	5	14	737	6	14	689
纳米比亚	97	11	29	1686	9	24	1813
尼日利亚	132	10	25	1263	9	41	1440

从历年情况看，南非“跨境贸易”指标的天数和文件数没有任何变化，但是进出口成本增加了不少，表明南非在跨境贸易方面没有进行改革。南非“跨境贸易”指标的世界排名近2年保持不变。南非跨境贸易指标的分指标历年情况如表17：南非跨境贸易指标历年情况。

表17　　南非跨境贸易指标历年情况

年　度	排　名	出口文件	出口天数	出口成本（美元）	进口文件	进口天数	进口成本（美元）
2006	—	8	30	1087	9	35	1195
2007	—	8	30	1087	9	35	1195
2008	—	8	30	1087	9	35	1195
2009	148	8	30	1445	9	35	1721
2010	148	8	30	1531	9	35	1807

9. 强制执行合同

如果法院能够高效地解决合同纠纷，企业就会更乐意借款、开拓新市场、发展新客户。《营商》通过跟踪地方法院审理一起商业买卖纠纷案件的过程，衡量地方司法系统在强制执行合同方面的效率。数据是根据对当地诉讼律师的调研以及对民事诉讼法和其他法律法规的研究收集的。合同强制执行的效率由 3 个分指标衡量，一是时间，计算自原告向法院提起诉讼至判决执行后收回欠款的天数，等待的时间也包括在内；二是成本，衡量法院诉讼程序的法定成本，以诉讼标的额的百分比计，成本包括诉讼费、执行费、律师费等；三是程序，衡量原、被告双方以及原告与法官和法院之间交互的程序数，包括案件立卷程序、案件审理程序和案件执行程序等。

“强制执行合同”指标评分方法见图 10：强制执行合同指标评分方法示意图。

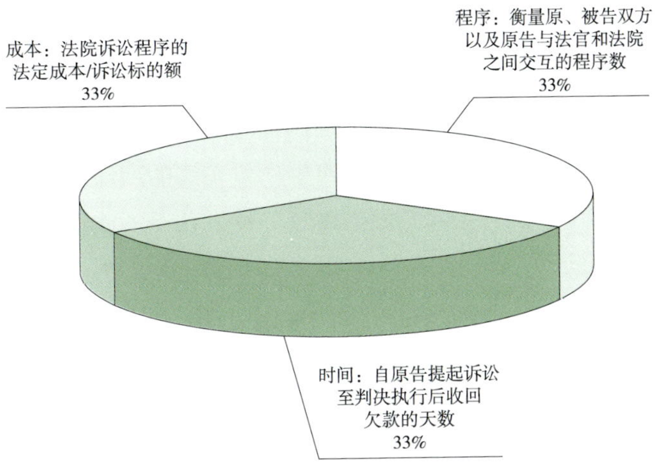

图 10　强制执行合同指标评分方法示意图

经上述方法评分，南非“强制执行合同”指标世界排名第 85 位，需要经过 30 道程序，经历 600 天时间，花费的成本占标的额的 33.2%。

世界“强制执行合同”指标得分最高的为不丹、爱尔兰和新加坡等国。不丹花费的成本仅占标的额的 0.1%，爱尔兰要经过 20 道程序，新加坡则只需要花费 150 天时间。若与非洲其他国家比较，则南非的各项指标均比较靠后，需要准备较多的文件，花费较多的时间和费用。南非与其他非洲国家的强制执行合同指标比较情况见表 18：南非与非洲其他国家强制执行合同指标比较。

表 18　南非与非洲其他国家强制执行合同指标比较

国　家	排名	程序	时间	成本	国　家	排名	程序	时间	成本
南　非	85	30	600	33.2	毛里求斯	66	36	720	17.4
博茨瓦纳	79	29	687	28	纳米比亚	41	33	270	35.8
肯尼亚	126	40	465	47.2	尼日利亚	94	39	457	32

从历年情况看，南非“强制执行合同”指标的程序、时间、成本3项指标一直没有变化，表明南非在“强制执行合同”方面没有进行任何改革。南非“强制执行合同”指标的世界排名近2年下降了3位。南非强制执行合同指标的分指标历年情况如表19：南非强制执行合同指标历年情况。

表19　南非强制执行合同指标历年情况

年度	排名	程序	时间	成本	年度	排名	程序	时间	成本
2004	—	30	600	33.2	2008	—	30	600	33.2
2005	—	30	600	33.2	2009	82	30	600	33.2
2006	—	30	600	33.2	2010	85	30	600	33.2
2007	—	30	600	33.2					

10. 关闭公司

20世纪90年代的经济危机从东南亚席卷拉丁美洲，引起了对破产体系设计以及该体系对重组可救治公司和关闭不可救治公司的能力关注。对于破产低效率的国家，不可救治公司的破产将拖延数年，使得资产和人力资本不能向生产效率高的部门分配，将影响经济的发展和效率。很多发展中国家由于破产极其低效率以致债权人几乎不能用该程序，不得不致力于破产之外的其他合同强制执行。

《营商》评估破产法的弱项，以及破产进程中程序上和管理上的瓶颈。《营商》假定1家公司走破产程序，然后评估破产程序完成花费的时间，破产花费的成本，债权人偿付的比例。“关闭公司”指标评分方法见图11：关闭公司指标评分方法示意图。

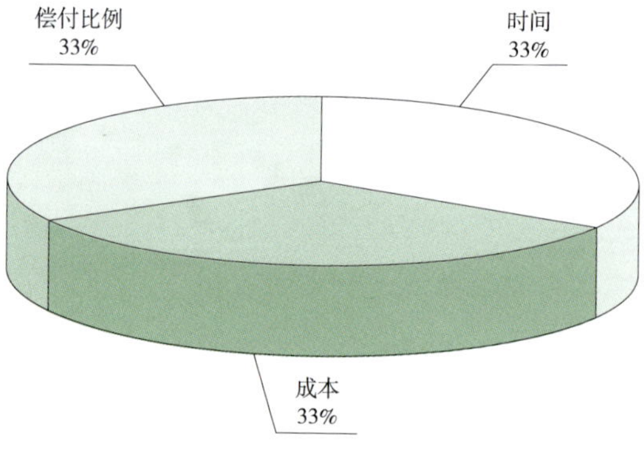

图11　关闭公司指标评分方法示意图

经上述方法评分，南非“关闭公司”指标世界排名第76位，需要经过2年时间，花费公司财产18%的成本，获得偿付的比例为32.2%。

若与世界“关闭公司”指标得分最高的国家比，南非还有相当差距。爱尔兰只需要花费0.4年时间，日本的偿付比例达到92.5%，新加坡花费的成本占公司财产的1%。若与非洲其他国家比较，则南非的各项指标均比较居中，不十分突出。南非与其他非洲国家的关闭公司指标比较情况见表20：南非与非洲其他国家关闭公司指标比较。

表 20　　南非与非洲其他国家关闭公司指标比较

国　家	排名	偿付率	时间(年)	成本	国　家	排名	偿付率	时间(年)	成本
南　非		32.2	2	18	毛里求斯		33.6	1.7	15
博茨瓦纳		60.3	1.7	15	纳米比亚		39.5	1.5	15
肯尼亚		31.6	4.5	22	尼日利亚		28	2	22

从历年情况看，南非“关闭公司”指标的程序、时间、成本 3 项指标基本上没有变化，表明南非在“关闭公司”方面改革很少。南非关闭公司指标的分指标历年情况见表 21：南非关闭公司指标历年情况。

表 21　　南非关闭公司指标历年情况

年度	排名	偿付率	时间(年)	成本	年度	排名	偿付率	时间(年)	成本
2004	—	30.7	2	18	2008	—	33.2	2	18
2005	—	31.8	2	18	2009	76	32.2	2	18
2006	—	33.9	2	18	2010	76	32.2	2	18
2007	—	34.4	2	18					

参考文献资料

世界银行和国际复兴开发银行，营商 2010——艰难的改革。

三、南非电力工程承包行业发展状况

南非从 2007 年年底爆发电力危机并迅速蔓延至南部非洲，迫使南部非洲各国政府开始采取应对措施，并向外寻求金融支持。博茨瓦纳、莫桑比克、赞比亚等国与我国企业及我行频频接触，部分电力工程项目开始启动。而南非政府与南非电力公司（Eskom）也制定了巨额电力建设计划，拟在 5 年内投资 3430 亿兰特（按当时汇率约等于 500 亿美元），并公布了未来 20 年内投入 10000 亿兰特的宏大计划。

为便于我行以及中资企业把握南非电力工程承包机会，我代表处从 2008 年年初即开始跟踪南部非洲尤其是南非电力工程承包市场，同年底又获山东电力工程咨询院等帮助共同合作研究南非电力工程承包行业。经过一年多努力，我们形成了实务性较强的本报告，供有关单位参考。

（一）南非电力供给现状和电力危机

1. 南非电力供给现状

南非是非洲第一电力大国，发电量占非洲的三分之二，电力危机之前向周边南部非洲发展共同体（SADC）国家净输出电力，纳米比亚、博茨瓦纳、津巴布韦、莫桑比克及其境内的莱索托和斯威士兰对南非电力甚至有依赖性。南非也是全球电价最低的国家之一，每度电约2美分。

南非电力行业实行厂网合一（目前该体系已引起很大争议），南非国家电力公司Eskom是国家垄断性电力发、输、配售一体化的电力公司，也是世界上第4大电力生产和第5大电力销售企业，供应全国95%的电力。2003年，Eskom装机容量达到42010兆瓦，售电量为1970亿度。2007年，南非全国电力生产能力为36000兆瓦，电力短缺共计4600兆瓦。目前装机43000兆瓦，最大净容量38744兆瓦，输电线路366203千米（电压等级包括765千伏、533千伏直流、400千伏，275千伏，220千伏，132千伏）。

（1）Eskom电力构成

Eskom共拥有13座燃煤电厂，总发电能力为37744兆瓦。南非是非洲国家惟一拥有核电厂的国家，在开普敦市的科贝赫（Koeberg）有1座核电厂，包括2座900兆瓦反应堆，总装机1800兆瓦。南非还有2座燃气电厂，分别位于西开普省的安柯里（Ankerlig）和Gourikwa（古利科瓦）。南非第1座风电厂也于2008年5月16日开始运营。风电厂位于开普敦，拥有4个风电机组，装机容量5.2兆瓦。

Eskom公司拥有电厂如表1所示。

表1　　Eskom公司拥有电厂一览表

电厂类型	数量(个)	最大净出力(兆瓦)	电厂类型	数量(个)	最大净出力(兆瓦)
煤电	13	33566	抽水蓄能	2	1400
燃气/燃油	4	1378	核电	1	1800
水电	6	600	合计	26	38744

南非目前的电力构成情况见图1：

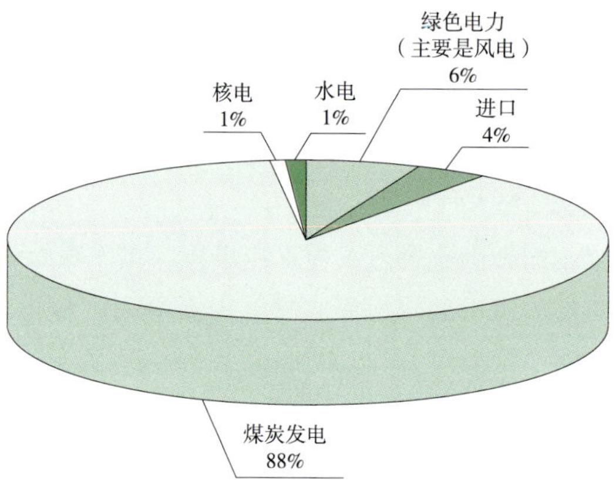

图1　2008年南非发电构成比例

（2）Eskom电厂分布及各电厂装机情况

Eskom公司拥有电厂的分布情况如图2所示。

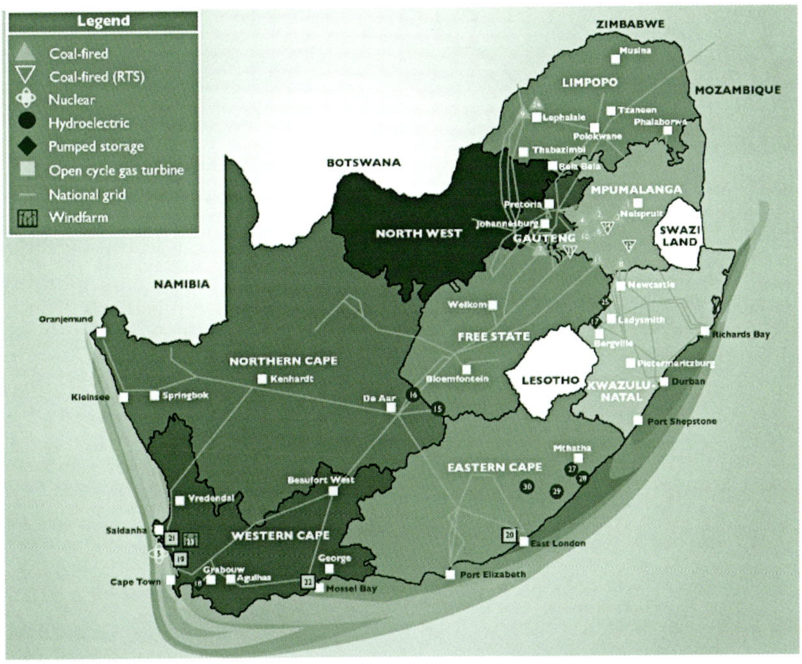

图 2　Eskom 公司电站分布图

各个电厂的装机情况见表 2。

表 2　Eskom 公司各电厂装机情况

编号	电　厂	装机(兆瓦)	用途	平均可用率(%)	服役时间
1	Arnot	6×350 = 2100	基荷	92.07	31 年
2	Duvha	6×600 = 3600	基荷	89.85	22 年
3	Hendrina	10×200 = 2000	基荷	88.78	32 年
4	Kendal	4116	基荷	93.69	13 年
5	Koeberg(核电)	1930	基荷	83.1	
6	Kriel	6×500 = 3000	基荷	93.37	26 年
7	Lethabo	6×618 = 3708	基荷	93.05	16 年
8	Majuba	3×665 + 3×716 = 4110	基荷	97.17	6 年
9	Matimba	6×665 = 3990	基荷	93.67	14 年
10	Matla	6×600 = 3600	基荷	93.84	22 年
11	Tutuka	6×609 = 3654	基荷	93.41	15 年
12	Camden	8×200 = 1600	重新启用		35 年
13	Grootvlei	6×200 = 1200	重新启用		32 年
14	Komati	5×100 + 4×125 = 1000	重新启用		40 年
15	Gariep(水电)	4×90 = 360	峰荷	96.58	31 年
16	Vanderkloof(水电)	2×120 = 240	峰荷	97.41	
17	Drakensberg(抽水蓄能)	4×250 = 1000	峰荷	93.88	33 年
18	Palmiet(抽水蓄能)	2×200 = 400	峰荷		20 年
19	Acacia(燃气)	3× 57 = 171	峰荷	99.09	26 年
20	Port Rex	3×57 = 171	峰荷	98.73	26 年

续表

编号	电　厂	装机(兆瓦)	用途	平均可用率(%)	服役时间
21	Ankerlig	592	峰荷		
22	Gourikwa	444	峰荷		
23	Klipheuwel Windfarm(风电场)	3. 2			
24	Medupi	4788	新建		
25	Ingula	1332	新建		
26	Gas 1	1036	新建		

注：本表根据 Eskom 公司发布的信息整理。

（3）输电网络

南非的输电网大部分由地方政府拥有、经营和管理，目前部分输电网老化严重。南非中央政府试图将全国的输电网划分为6个统一管理的地区性电力网，但该计划遭到了地方政府的反对。地方政府不愿意失去电力收入这一块，除非给予适当补偿。目前，南非政府有意向投资改造输电网系统，但需多年才能完成。输电线路366203千米（电压等级包括765千伏、533千伏直流、400千伏，275千伏，220千伏，132千伏）。南非政府拟投资65亿美元，将全国的电网相连，并在2012年前实现户户通电的目标。目前在建的400千伏输电线通往Platinum Basin和由Mpumalanga省的Zeus变电站通往Omega变电站的总长约1450千米的765千伏输电线将于2011年建成。

2. 南非电力危机

但是1998年以来，因政府注重矿业投资发展的同时，忽视了电力的平行发展，在经济持续9年快速增长之后，电力供应出现了严重不足的局面。从2007年开始停电事件频繁发生，平均每天停电三四小时。进入2008年以来，停电情况日趋严重，爆发了严重的电力危机，矿业公司作为用电大户都不同程度被迫采取限产措施，限产比例为70%—90%不等，一些新的矿业投资项目也因电力供应得不到保障不得不暂停。为此，2007年年末开始，南非被迫减少甚至停止了向纳米比亚、博茨瓦纳、津巴布韦等国输电，导致南部非洲国家也连锁出现了供电短缺的局面。

造成南非电力危机的原因主要有：

（1）南非政府和Eskom对本国用电量增长趋势估计不足，未及时扩大产能，近10年来基本上没有新的电力设施上马，使电力产能增长滞后于经济的快速发展，导致了电力供应的不足。通常情况下，电力盈余①达到15%以上才能确保用电正常。而现在南非的电力盈余只有8%—10%，今后几年盈余最低甚至将降到5%以下，所以目前南非电力赤字至少5%—10%。

（2）部分发电设备老化，按计划进行停机检修和维护。Eskom发言人Raeesah Waja在2008年3月称：归因于技术问题，该公司大约产能的五分之一当前并未被使用，7%的产能

① 产能高于需求的比例。

正在维护，9% 下线，加剧了电力危机。

（3）受暴雨和洪水影响，使南非煤炭生产和供给大幅减少，影响了电厂发电量。

就上述三个因素而言，电力投入不足是根本原因。

3. 短期应对电力危机的措施

为了应对这次电力危机，南非政府采取了短期措施和长期规划双重手段。短期方面，南非政府、工商企业和居民分别采取节电措施，应对停电给生产、经营和生活造成的问题。主要应对措施包括：

（1）为保障电网稳定运行，全国用电量减少 10%，即 4000 兆瓦。Eskom 表示这项节电目标至少将持续到 2010 年。

（2）工业界将工业用电量减少 1500 兆瓦，其他行业限制用电达到每 2 天 3 个小时。

（3）居民用电量减少 10%，商业用电量减少 15%，购物中心和饭店用电量减少 20%。超出用电量的用户将被罚款，达到或少于用电量的用户将得到奖励。

（4）南非 2008/09 年财政预算规定从 2008 年起实施用电税，税金额度为每度用电征税 2 分兰特。

（5）与此同时，政府鼓励居民迅速改变生活方式。例如：把烧水做饭的电炉改为液化气炉，生活用热水和庭院照明改用太阳能热水器和太阳能灯，推广使用节能灯等。

（二）南非未来电力发展规划与投资计划

1. 电力发展规划

由于近 10 年来南非没有大力发展电力，2007 年电力存量已经降到 5.6%，导致该年底爆发了严重电力危机，直接制约了南非乃至南部非洲经济的发展。为应对电力危机，南非制定了中长期电力发展规划，计划从 2005 年算起 20 年内增加约 40000 兆瓦的电力容量，2026 年装机容量达到 80000 兆瓦。其中第一个 6×800 兆瓦电厂的第一台机组将于 2012 年投产，以后每 6 个月投产一台。Eskom 公司的第一批电力发展计划见表 3。

表 3　　**Eskom 公司第一批电力发展规划容量**

发电类型	规划容量（兆瓦）	发电类型	规划容量（兆瓦）
启用老机组	3800	抽水蓄能	1352
燃气发电	14×150	风能发电	100
Medupi 燃煤电厂	4788	总　计	16940
Bravo	4800		

南非在建以及各类型发电规划方向见表 4：

表4 南非在建以及各类型发电规划方向

发电类型	规划方向
燃煤电厂	1. 林波波省Leporaare市近郊Medupi发电站规划4788兆瓦，已落实6×80＝480兆瓦；Eskom公司第4个干冷却式发电站，将是南非乃至世界上最大的火力发电站。投资780亿兰特（110亿美元），预计2012年1号锅炉将投入使用，此后，每隔6—7个月有一个机组投入运营。2015年完全投产。由日本日立公司和法国阿尔斯通公司提供锅炉和涡轮机，采用“超临界压力”燃烧方式发电技术。（日立已在南非获得发电规模总计达1700万千瓦的设备，占南非总发电量的约40%，据称，南非发电站约80%的设备选用的是法国阿尔斯通公司的产品）。 2. Bravo工程：4800兆瓦，2008年3月，批准Eskom两个电厂建设合同，价值40.7亿美元。首台机组发电到2013年年末，其他机组每8个月投运一台，2017年投运，日立非洲公司获锅炉合同。 3. 重新启用Camden，Komati和Grootvlei电厂，共23台机组，总装机3800兆瓦，预计2011年10月投运。 燃煤发电未来几年内仍是南非的主要电力供应形式，但政府希望在2050年前将燃煤电厂发电比例减少70%。
核　　电	原计划新建第二座核电厂，但由于Eskom公司资金缺乏，该计划已停止。 南非是目前非洲惟一拥有核电站的国家，一直将核能视为满足未来该国能源需求的关键。尽管受到环保主义者的极力反对，但政府仍然不放弃将其用于取代煤炭。目前海湾国家、法国、日本、中国等国家都希望与南非合作开发核能技术。但有人分析南非已经达到了铀峰值，即便核电站规模再庞大，在10年内极有可能出现因原料不足而出现产量不足。大约50年后，铀矿可能消耗殆尽。 南非计划到2025年把核电装机提高到20000兆瓦。
燃气电厂	1. Ankerlig燃气：2×150兆瓦，预计于2009年投产； 2. Gourikwa燃气：5×150兆瓦，预计于2009年投产； 3. 南非时下正在设法发展燃气发电厂来弥补本国的燃煤能源基础设施。南非计划从卡塔尔进口液化天然气。从卡塔尔进口的LNG将可能交付给时下正在东开普省Coega建造的新港或者交付给位于西开普省莫塞尔贝（Mossel Bay）的现有天然气中心。据悉，南非计划在东开普省的Coega建造燃气发电厂。
风　　电	南非是理想的风力发电地，空间广阔，风力集中。南非利用可再生能源的可能性相当大。Eskom公司计划在大西洋西部沿岸建设风能发电场，发电100兆瓦，但全年只有三分之一的时间可以运作。 一项新的有关南非可再生能源潜力的研究表明，到2020年风能和太阳能可能满足南非13%—20%的电力需求，到2050年可以满足70%。
太阳能	自发生电力短缺以来，太阳能已受到南非的高度重视。南部非洲大陆常年阳光灿烂，南非日照每年长达2500小时，是使用太阳能设备的最佳地区。以色列一太阳能公司宣布，进入南非电力市场，将修建太阳能发电站。据悉在北部海峡附近，一座太阳能发电厂正在筹备之中。
生物质能	南非政府2006年12月7日宣布将把生物燃料作为发展可再生能源的主攻方向，预计在2013年使生物燃料在可再生能源中所占的比例达到75%。
抽水蓄能	Ingula抽水蓄能电站，1332兆瓦，预计2013年投运。

2. 南非未来电力投资计划

面临严重的电力短缺，南非制定了复杂的投资计划，各种版本充斥媒体。在与Eskom会晤中，有关人员不愿予以证实，也不提供具体计划。以下信息均来自媒体报道。

（1）常规电源投资计划

Eskom公司计划未来5年投资3430亿兰特增加装机，计划到2026年投资总额达到10000亿兰特。从2005年该投资计划开始，截至目前已经落实25000兆瓦，但离40000兆瓦目标还差约16000兆瓦。

南非财政部已决定在未来5年为Eskom提供600亿兰特（约合76亿美元）贷款，用于火力和核能发电建设。在南非2008/09年度财政预算中电力方面的投资占据了总支出的40%。南非财政部部长曼纽尔说，600亿兰特将主要用于Eskom的扩建计划，包括重新启用3座发电站，以及新建2座发电站，建成后新增发电能力总计将超过12700兆瓦。

（2）核电

Eskom原本计划5年内投资430.56亿美元，为南非建造第2座核能发电厂。该计划选址在约翰内斯堡，预计2010年启动，2014年投运，3年以后（2017年）开始商业运行。阿尔法和西屋公司都参加了该新建核电站的竞标。但由于近年国内电力短缺，Eskom已投入大笔资金进行火电项目建设；而核电厂建设周期长，所需资金量大，不可能在短期内产生效益，经过董事会充分酝酿讨论，决定停止南非第二座核电厂的建设计划。不过，据《日本时报》报道，日本正在考虑在南非建造12座核电厂，以缓解南非电能短缺的困境和减少地区温室气体排放量。据报道，每座核电厂的成本大约在3000亿—4000亿日元，日本计划和南非合资修建这些核电厂，包括日本出资的部分在内，日本计划向南非贷款3万亿—5万亿日元。所以不排除Eskom将来投资核电的可能性。

（3）可再生能源发展计划

南非矿产能源部和南部非洲发展银行在2008年11月共同推出了可再生能源市场转化计划，以消除投资者在可再生能源领域投资遇到的障碍，促进可再生能源技术的开发和商业化。南非矿产能源部负责该计划的实施，南部非洲发展银行则是被指定的资金管理机构。南非可再生能源市场转化计划特别关注两个方面：一是促进可再生能源发电并入国家电网；二是推动太阳能热水技术商业化。

据当地媒体报道，南非矿产能源部已确定到2013年使该国可再生能源发电量达到10000兆瓦的目标，届时南非政府将针对可再生能源技术开发和商业化建立起完善的政策和管理框架，提供技术支持服务，同时为不同的主要参与方提供制度性的能源建设支持。

目前，该计划已获得1730万美元的基础资金，其中私人投资超过900万美元，南非政府投入230万美元，世界银行投资600万美元。世界银行董事会已经通过决议，同意提供1.33亿兰特全球环境基金来帮助南非建立政策、调整框架和可再生能源发展机构。

（三）南部非洲未来电力投资计划及对南非的影响

1. 南非与周边国家共同电源投资计划

（1）非洲拟建水坝，将有助缓解南非电力危机

据南非经济日报2008年4月22日报道，非洲计划重启英加水坝建设计划，水坝建成后将成为世界上最大的水坝，地点初步选在刚果（金）东部。报道说，水坝建成后，将向周边

国家供电，包括目前陷入电力危机的南非。

（2）莫桑比克拟加快投资电厂，向南非增加供电，缓解南非电力危机

在未来7年内（即2015年之前），莫桑比克除要开发 Mepanda Uncua 水电站（1300兆瓦）之外，还将开发 Temane 水电站（1000兆瓦，2011年前）、Moatize 水电站（1500兆瓦，2014年前）、Benga 水电站（450兆瓦，2013年前）、CB 北岸水电站（850兆瓦，2014年前）、Lurio 电站（120兆瓦，2015年前）以及连接南北的输变电线路。合计开发发电能力5220兆瓦，预计总投资达到93亿美元。这些电站的建设主要是为了应对南非电力危机对莫桑比克供电的减少和出口南非。

（3）博茨瓦纳政府拟投巨资开发能源项目，有望向南非送电

博茨瓦纳政府计划投资10亿美元开发 Morupule B 一期电站，项目发电能力600兆瓦，以应对南非电力危机造成的对其限电。目前该项目招标工作已经结束，中国电工已经中标该项目，博茨瓦纳政府正在就项目融资问题与世界各大金融机构磋商中。

此外，博茨瓦纳政府计划投巨资在该国中部的 Mamabula 开发煤炭发电项目，项目一期为此地下煤矿的基础设施建设，预计投入约30亿美元，发电能力2×600兆瓦。该火力发电项目亦属南部非洲发展共同体能源项目。项目建成后，除可使博茨瓦纳摆脱对南非电力大量进口的依赖外，预计还可以在2011年实现向其他南部非洲地区供电的目标（计划85%销往南非），从而缓解该地区电力长期短缺的局面。

此外，Morupule B 和 Mamabula 都预留了二期开发。目前，南非 Eskom 公司已与博茨瓦纳电力公司签订了未来从其进口电力的协议。

（4）南部非洲发展共同体14国能源投资计划

南部非洲发展共同体14国能源部长在2008年3月紧急会议达成一致，增加电力建设投资，提高南部非洲发电能力。预计今后2年，南部非洲发展共同体将投资50亿美元用于短期电力项目，从2010年到2025年将投入240亿美元。

2. 周边国家电力合作与电力需求

（1）南部非洲电力消费水平

非洲总体人均年用电量不到500千瓦时，许多国家不到100千瓦时，而南非2001年的人均年用电量为4546千瓦时，目前国家电气化水平超过30%的只有津巴布韦和南非（60%—70%）。

（2）南部非洲电力合作概况

近年来非洲国家非常重视发展区域之内和区域之间的电力合作，借以调节国家间的能源供应余缺，集中财力发展大型企业，并实行区域化的良好经营管理，进行区域化能源储备，保障成员国的能源供应，从而形成巨大的市场和竞争的环境，更多地吸引私人资本参与，降低成本和电价。实践证明，开展区域内外电力合作，降低了成本，提高了供电的可靠性和质量，让消费者得到了实惠。

在南部非洲，南非已经与它的所有邻国并网，目的是为了满足其电力需求。南部非洲电力电网集团（Southern African Power Pool，SAPP）于1995年在南部非洲地区已有的2个电网

的基础上成立起来，最早实现了纳米比亚和南非的联网。除南非外，还有11个国家也加入这一集团，它们是安哥拉、博茨瓦纳、刚果（金）、莱索托、坦桑尼亚、赞比亚、马拉维、莫桑比克、纳米比亚、斯威士兰、津巴布韦。SAPP成员国总装机容量已达55032兆瓦，可用电力47067兆瓦，其中已连入SAPP的装机容量和可用电力分别为52416兆瓦和47067兆瓦。SAPP成员国发电能力和电力交易情况见表5、表6。

表5　　SAPP区域内已安装和可用的电力情况

No.	国家	电力公司	装机（兆瓦）	可用电力（兆瓦）2006年12月	可用电力（兆瓦）2008年4月	增长（%）
1	安哥拉	ENE	1128	590	943	60
2	博茨瓦纳	BPC	132	120	90	-25
3	刚果（金）	SNEL	2442	1170	1170	0
4	莱索托	LEC	72	70	70	0
5	马拉维	Eskom	302	241	246	2
6	莫桑比克	EDM	233	174	173.8	0
		HCB	2250	1675	2075	24
7	纳米比亚	NamPower	393	360	360	0
8	南非	Eskom	43061	36208	38764	7
9	斯威士兰	SEB	51	50	70	40
10	坦桑尼亚	TANESCO	1186	680	780	15
11	赞比亚	ZESCO	1737	1095	1200	10
12	津巴布韦	ZESA	2045	1085	1125	4
SAPP合计			55032	43518	47067	8
连入SAPP合计			52416	42007	45098	7

资料来源：2008年5月SADC会议报告，Status Report on the Power Supply Situation in the SADC Region。

表6　　南部非洲电力联营集团成员国电力交易情况　　单位：吉瓦时

国家	2004.4—2005.3		2005.4—2006.3		2006.4—2007.3	
	进口	出口	进口	出口	进口	出口
安哥拉	17.5	—	0	0	19.6	0
博茨瓦纳	1864.20	—	2006.5	0	2050.40	0
刚果（金）	—	1800.00	0	1800.00	13.8	1322
莱索托	8	39	8	11	39	22
马拉维	—	—	0	0	0	0
莫桑比克	1773	1496	1501	1496	1870	174
纳米比亚	1566		1703.0	0	1948.0	0
南非	8660	13067	8730	13107	8643	5515
斯威士兰	916.8		916.8	0	894	0
坦桑尼亚	43		43	0	43	0
赞比亚		231	0	69	0	505
津巴布韦	1993	255.3	2666	2555	4241	414

资料来源：Annual Report 2007 of SAPP，Annual Report 2006 of SAPP，Annual Report 2005 of SAPP。

（3）SAPP成员国未来5年电力需求约56422兆瓦，需求年均增速约4%，以目前发电能力测算缺口约10000兆瓦。参见表7：

表7　南部非洲电力联营集团成员国最大需求预测表

国家 \ 年度	2008	2009	2010	2011	2012	2013	年均增速（%）
安哥拉	897	1016	1114	1217	1320	1426	9.71
博茨瓦纳	563	675	737	795	817	864	8.94
刚果	1138	1172	1207	1244	1281	1320	3.01
莱索托	111	117	123	127	132	138	4.45
马拉维	268	287	306	376	394	412	8.98
莫桑比克	418	478	557	583	609	636	8.76
纳米比亚	692	703	713	724	746	768	2.11
南非	37349	39452	40507	42185	43658	44759	3.69
斯威士兰	204	213	223	233	245	255	4.56
坦桑尼亚	747	786	873	910	937	965	5.25
赞比亚	1753	1908	1935	2095	2341	2395	6.44
津巴布韦	2186	2230	2281	2345	2414	2484	2.59
合计	46326	49037	50576	52834	54894	56422	4.02

资料来源：Annual Report 2007 of SAPP。

3. 南非与周边国家电力交易情况

南非一度是电量出口大国，曾出口电力到津巴布韦、纳米比亚、博茨瓦纳、斯威士兰、赞比亚和刚果（金）等国家。但由于2008年的电力危机，南非只暂时保留向斯威士兰等单纯依赖南非电力的国家的出口，南非在2008年已成为电力净进口国。据悉，南非将从莫桑比克、博茨瓦纳和刚果（金）即将建成的大型电力项目进口7500兆瓦，充分保证国内需求。南非参与的电力交易流向变化情况如图3所示，其具体交易情况见表8。

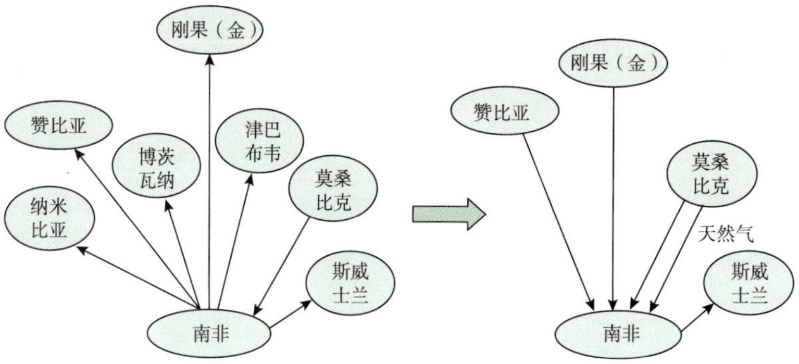

图3　南非及周边国家电力流向变化示意图

表 8 南非及周边国家电力交易现状

国　家	电力交易现状
南非←津巴布韦	津巴布韦目前高峰用电需求为3000兆瓦，但津巴布韦电力生产能力小，其中35%从南非、莫桑比克和刚果（金）、赞比亚进口。津巴布韦依赖其他国家供电的局面将长期存在。 津巴布韦电力公司（ZESA）同Eskom在2006年达成意向，Eskom投资3700万美元扩建和改造津巴布韦万吉火电站，每周向南非出口150兆瓦的电力。 2008年，南非停止对津巴布韦出口电量。
南非←莫桑比克	莫桑比克国内无输电主干线，输电困难，电厂发电后首先卖给南非，由南非再卖回到莫桑比克首都马普托。莫桑比克拟向南非增加供电，缓解南非电力危机，但现在只能满足自身和南非的需要。 2008年南非每月自莫桑比克卡奥拉·巴萨（Cahora Bassa）进口1800兆瓦—2000兆瓦。莫桑比克拟向南非增加供电，缓解南非电力危机。另外，莫桑比克Temane和Pande两地约有30000亿立方英尺天然气，在两国间铺设了865公里天然气管线输送到南非的Secunda。南非Sasol获得天然气管线50年经营权；天然气将给予南非25年的稳定供应。
南非←纳米比亚	2008年11月，南非停止向纳米比亚出口电量。
南非→博茨瓦纳	南非2008年开始逐年削减对博茨瓦纳的电力出口，至2013年完全停止电力供应。博茨瓦纳长期从南非进口电力，但与南非间在2000年签订的供电协议，将在2008年12月终止。在有效期截止前，博电力公司仍不懈努力，与南Eskom谈判，以期协议可以延至2012年年底，南非Eskom也曾确认考虑与博谈判。但双方可否成功续签协议，情况至今不明朗。有一点已确定无疑，即博茨瓦纳如延长从南非电力进口协议，价格将大幅提高。由于已意识到尽快开发长期、可持续能源是解决能源危机的根本办法，博茨瓦纳加入了由安哥拉、刚果（金）、纳米比亚和南非组成的非洲西部电力供应走廊（WESCO），与其他几国开发一系列电力项目。
南非←赞比亚 南非←刚果（金）	赞比亚、刚果（金）曾一度从南非进口电力，但目前南非停止对其出口电量，并从赞比亚和刚果（金）进口电量（2008年1月进口300兆瓦）。 据南非经济日报2008年4月22日报道，非洲计划重启英加水坝建设计划，水坝建成后将成为世界上最大的水坝，地点初步选在刚果（金）东部。报道说，水坝建成后，将向周边国家供电，包括目前陷入电力危机的南非。
南非→斯威士兰	由于斯威士兰单纯依赖南非电力，因此暂时保留向斯威士兰出口电量。

4. *初步结论*

综合考虑南部非洲电力投资、生产和分配情况以及经济发展水平，测算南非电力需求和分配如下。

（1）南非本国电力供需情况

2007年南非全国电力生产量为36000兆瓦，电力短缺共计4600兆瓦，目前装机43037兆瓦，可知机组可利用率约83%，而预计今后20年新建电站的发电能力将增加约40000兆瓦。南非今后20年的电力供求测算如下：

① 由于南非发电所用燃煤以本国产煤为主，南非期待采用先进的超临界压技术，以提高发电站的运营效率，因此按照机组可利用率为85%测算，则20年后的年发电力约70581兆瓦，按照2027年风能和太阳能可能满足南非13%到20%的电力需求的速度测算，则20年后南非的总供给约为81127兆瓦—88226兆瓦。

② 2007年南非电力总需求为40600兆瓦，按照电力需求年均增长3.7%（SAPP未来5年需求增速预测）测算20年后的电力需求为81000兆瓦。

因此，在不考虑周边国家对南非电力供求影响的前提下，如按照未来5年南非电力需求年均增速约3.7%速度测算，20年后南非的电力基本上处于平衡状态。

（2）与周边国家的电力供求关系

根据南部非洲电力投资计划测算，莫桑比克、博茨瓦纳近几年拟建设的发电能力分别是5220兆瓦和1800兆瓦，合计约7000兆瓦；未来5年南非周边国家电力需求约增加3000兆瓦。因此，南部非洲近期电力投资如果全部实现，在满足自身需求同时，可以富余4000兆瓦出口南非。而南部非洲共同体20年内拟建设发电能力8000兆瓦，该宏伟计划尚停留在纸面上，未见启动迹象。

如按照未来20年南部非洲电力需求年均增速约4%速度测算，南部非洲电力总需求为94200兆瓦；目前计划的电能建设落实后，20年后电能约达95000兆瓦，这其中包括南非80000兆瓦、博茨瓦纳1800兆瓦以及莫桑比克尚待落实的5000兆瓦（据悉尚未落实融资，且落实难度较大），还包括南部非洲共同体20年内拟建设的发电能力8000兆瓦。如果南部非洲其他国家电力投资计划全部落实，南部非洲电能供需可基本上保持平衡。

因此，南非国有电力公司Eskom公司首席执行官马罗加（Jacob Maroga）2008年6月29日警告，造成南非经济增长减缓以及投资者恐慌的电力短缺将持续数年，也有专家称南非电力短缺将持续到2013年等，这些说法都是可信的。周边国家电力投资，对南非电力供求不会产生太大影响，且一旦南非的电力危机过后，其仍将是非洲的电力出口大国。

（四）南非电力投资的可行性分析

拟从南非电煤供应、电力设备采购、电网、发电成本、电价几个方面，考察南非电力投资可行性。

1. 电煤供应

南非电力总量的88%来自燃煤发电，且南非火电所用电煤全部来自本土。因此，南非煤炭市场的波动，对南非发电运营有重大影响。

（1）南非煤炭资源概况

据2006年BP能源数据，2006年世界已探明可采煤炭储量共计9100亿吨（见表9），可供开采约200年。而南非煤炭可采储量为487亿吨，可采储量排在美国、俄罗斯、中国、印度和澳大利亚之后，居世界第6位，占世界可采总储量的5.4%，储采比达到180年。南非煤矿共55个，54%是地下挖煤，46%为露天采矿。煤矿工业高度集中，其中Ingwe、Anglo Coal、Sasol 3大公司产量约占总产量的82%。可采储量中，低级烟煤占81.5%，高级烟煤占13.1%、无烟煤占5.4%。

表 9　　2006 年世界已探明可采煤炭储量

国　家	可采储量(百万吨)	占世界比(%)	储采比(年)
美　国	246643	27.1	234
俄罗斯	157010	17.3	500
中　国	114500	12.6	48
印　度	92445	10.2	207
澳大利亚	78500	8.6	210
南　非	48750	5.4	180
世界合计	910121	100	224

① 煤炭资源分布。南非煤炭资源集中在东部地区。普马兰加省和北部省的煤炭储备一般为烟煤，煤层较厚；夸祖鲁－纳塔尔省有无烟煤，煤层相对较薄。南非境内煤层主要集中在干燥的弗赖海特台地。其余如北部省煤田，其海拔超过干燥台地海拔，比东开普省东北部的煤田还要高。

② 煤炭特性。南非含煤地层属二叠纪。冰川对成煤地层起重要作用。东部煤田煤炭的变质程度较西部煤田高，西部煤田的煤炭水分比东部煤田大，东部地区边缘主要煤种是无烟煤。局部地区的煤层有火成岩侵入，煤的变质程度较其他地区高，特别在德兰士瓦东部煤田、乌特勒支煤田、克利普河谷煤田、弗勒海特煤田，火成岩侵入现象很普遍，许多煤层由于火成岩侵入，发育成无烟煤；也有相当一部分煤炭资源被火成岩侵入彻底破坏，或者变成贫煤。

北部省地区的煤层中，混有大量泥岩；煤层和炭质泥岩密密相间，形成煤与夹石互层，或薄或厚，极不规则，开采难度很大。南非已开采的煤田，大多是近水平煤层或缓倾斜煤层，断层比较少，最大落差 200 米左右。由于火成岩侵入，常见煤层位移。比勒陀利亚北部的斯普林博克—弗赖茨煤田极其平缓，有的地方倾角 1 度左右，再往北至苏特潘斯伯克煤田，倾角约 10—12 度。多数煤田煤层赋存较浅，90% 以上埋深在 200 米以内，围岩不稳定，易破碎。

（2）南非煤炭供求关系及对发电行业的影响

南非是世界第 3 大煤炭出口国。欧洲电力供应企业所用动力煤主要来自南非，在南非电力危机之前，欧洲发电厂消耗的煤炭的四分之一由南非提供。南非煤炭供求关系，总体上有如下特点。

① 南非煤炭供应趋于紧张，煤炭价格呈上涨趋势。由于 2008 年南非的暴雨天气，给煤矿生产和运输带来一些困难，导致南非的煤炭供给减少。但是煤炭市场需求依然强劲，导致南非理查德湾煤炭现货离岸价格不断上涨，运往欧洲交货的煤炭价格不断创出历史新高。为了保障南非国内煤资源的供给，南非政府有意向限制煤炭出口，这更加剧欧洲和亚洲煤炭价格上涨趋势。

② 煤炭战略储备下降，缺口扩大，已影响发电用煤。在 2008 年下半年，南非煤炭的战略储备只能够维持 13 天。由于 Eskom 当年没有达到 4 月 30 日前实现 20 天最低煤炭库存的目标，致使南非出现新的电力紧缺的风险再次显著加大。根据 Eskom 公司年度报告，南非煤炭产量增速缓慢，对公司和南非来说都是一个十分紧迫的现实问题。以前质量较次的煤炭仅仅供 Eskom 消耗，但由于煤炭价格上升，这些质次煤炭目前却对国际买家，特别是印度，也产生了较强吸引力。

有消息称，目前南非政府正在积极地解决煤炭短缺问题。南非的煤炭战略储备目前已经增加到30天。Eskom预计，如果政府不进一步采取措施，到2017年南非将面临1亿吨的煤炭缺口。

③ Eskom目前规避煤炭供应风险的做法。尽管南非现在面临煤炭价格不断上涨，但并未出现严重的煤电价格矛盾。其主要原因有：第一，投资参与煤矿的建设，以控制电煤供应；第二，与煤炭厂商签订长期“固定价格合同”，即煤矿以预定的价格向电站供煤，以保证电煤价格平稳；第三，积极吸引煤炭企业加入电力投资领域，进一步扩大坑口发电，Eskom电网负责收购所发电量。

据悉，近期Eskom已与煤炭生产企业达成了增购3900万吨煤炭的协议。

2. 电力设备供应情况

南非当地电力设备特别是大型设备的制造能力较差，需要通过进口解决，且目前多数依赖日本、英国、法国、美国等发达国家的设备。

（1）变电设备

南非的变压器等变电设备主要由住友商事和日本AE帕瓦2家公司提供。据报道，住友商事和日本AE帕瓦2家公司与Eskom公司签订了变压器等变电设备的7年长期供货合同，同期间变压器将由住友商事等独家供货。订单金额预计2015年之前将合计超过200亿日元，第一阶段将于近期签订3台大型变压器和4台输电电压调整设备的订单合同，之后还将根据Eskom的输电扩建计划陆续签订合同。此次的长期供货合同包含2015年合同期满之后，合同期限延长3年的可选条款。

（2）输电设备

南非的输电设备主要由ABB提供。包括变电站的设备、新型半导体闸流管、DC电容器、控制和保护系统、输电断路器，等等。据报道，2006年南非与ABB签订了3000万美元合同之后，又向ABB发出价值6200万美元订单。

（3）发电设备

南非的发电设备主要由日本日立公司和法国阿尔斯通公司提供。日本日立公司和法国阿尔斯通公司分别获得了锅炉和涡轮机的供货合同，总价值达330亿兰特（约49亿美元）。日立已在南非获得发电规模总计达17000兆瓦的设备，占南非总发电量的约40%。据Eskom有关人员透露，实际上最近几年阿尔斯通公司提供的发电设备，部分产自中国。

（4）发电设备标准

南非的发电设备标准一般采用欧洲标准，设备供应商也大多来自欧洲，环境评价标准较高，技术落后的或给南非环境带来压力的项目，一般不会得到批准。

3. 南非电价分析

（1）世界上最低廉的电价

南非政府为吸引外资，一直把廉价、充足的供电作为最大的卖点，引以为自豪。Eskom作为南非垄断性电力发、输、配售一体化的国家电力公司，为维持低价电力供应，享有较多优惠政策。

由于 Eskom 独家垄断电力供应，使得其终端供电价格构成十分复杂，完全不同于中国电价体系。Eskom 电价政策近 40 页纸，详尽说明其价格构成和各类优惠条款。总的来看，南非终端用户电价主要由几个部分组成：

输电网费用。按照每千伏安逐月收取，与用电量无关。

配送网费用。根据配送电距离，在电价基础上加收最高 3%。

变动费用。属于对 Eskom 额外资本性支出的补偿，根据供电是否需要增加开支，额外加收。例如工厂、居民区等供电扩容，新建工厂、新区配送电网以及电表支出等。

各类管理费。包括读表、记账、账单发送等，按百分比逐月收取。

用电量。根据用电总量，本着鼓励节约和平衡负荷的精神，对不同季节、高低谷时段、限额内外等实行差别电价。例如，冬季的高峰时段、标准时段和低谷电价分别为 86.51、25.05 和 12.04 分钱，其他季节 3 个时段分别为 26.68、17.67 和 10.43 分钱。

如表 10、表 11 展示了 2008 年 9 月南非的供电服务费价目和公共照明电价。

表 10　　南非 2008 年 9 月供电服务费价目表　　单位：兰特/天

	晚间节能（城区）		晚间节能（农村）	
	2008.9	加增值税	2008.9	加增值税
≤100 千伏安	1.37	1.56	4.97	5.67
100 千伏安至≤500 千伏安	17.46	19.90	17.46	19.90
500 千伏安至≤1 兆伏安	85.73	97.73	85.73	97.73
≥1 兆伏安	85.73	97.73	85.73	97.73

资料来源：Tariffs for 2008.9 applicable from 01 July 2008。

表 11　　南非 2008 年 9 月公共照明电价表

公共照明电价	2008.9	加增值税
价格上升	35.9%	14%
电　费		
傍晚到午夜		
分/千伏安	33.31 分	37.97 分
兰特/100 瓦/每月	5.55 兰特	6.33 兰特
整　晚		
分/千伏安	26.51 分	30.22 分
兰特/100 瓦/每月	8.84 兰特	10.08 兰特
24 小时		
分/千伏安	31.26 分	35.64 分
兰特/100 瓦/每月	22.82 兰特	26.01 兰特
城区固定电费（兰特/月）	53.02 兰特	60.44 兰特
维护费用		
每个照明设备/月	17.44 兰特	19.88 兰特
每个高杆照明设备/月	407.04 兰特	464.03 兰特
或按合同上规定的实际费用		

资料来源：Tariffs for 2008.9 applicable from 01 July 2008。

（2）南非可长期维持低电价的原因

第一，超低的煤价。2003 年—2004 年版《南非年鉴》称，南非用于发电领域的煤炭价格是全世界最低的。且南非煤炭资源丰富，Eskom 公司的主要火电厂均为建在煤矿的坑口电站，几乎不存在煤炭运输的瓶颈问题。第二，对发电企业政策优惠。在 2002 年以前，Eskom 不需要向国家缴税，也不需要支付国有资本的红利。第三，设备折旧基本完毕。由于 Eskom 在 20 世纪 80 年代初期进行了大规模电力扩容投资，当时的机组到现在已经基本上折旧完毕，但都还处于可用状态，所以电价中固定费用比例小。第四，长期没有新建电站。20 世纪 70 年代至 80 年代，南非为适应经济发展而建立了大批电站。由于当时对经济发展前景的预期过于乐观，导致电站建设过剩，所以到现在南非还没有新建过电站，这使得其电价无需包含建设成本。

（3）电价变动趋势

过去 15 年，南非电价变动趋势基本与物价指数一致，但调整幅度通常低于物价上涨幅度（参见表 12：Eskom 过去 15 年电价调整情况）。由于电力短缺，2008 年电价大幅上涨 27.5%。南非能源管理委员会已证实，Eskom 公司以煤炭成本增加和需要大笔资金扩大电力生产规模为由，于 2009 年初向能源管理局提出将电价提高 53% 的申请。但南非能源管理委员会认为，上调电价不是根本的解决办法，电价继续攀升会产生一系列社会问题，在综合考虑社会承受力等各方面因素后，只同意今年上涨 13.3%。不过即使南非电价再上调 53%，依然是世界上最便宜的。面临如此严峻的电力供求矛盾，未来 3 年南非电价将不可避免地继续小幅上涨。据 5 月南非新闻媒体报道，南非国家能源管理委员会为推动可再生能源发展，正式颁布了风能发电上网电价为每度电 1.25 兰特，该价格将维持 20 年不变。

表 12　　Eskom 过去 15 年电价调整情况

调整年度	平均调整幅度(%)	物价指数(%)	调整年度	平均调整幅度(%)	物价指数(%)
January 1994	7.00	8.82	January 2002	6.20	9.20
January 1995	4.00	8.71	January 2003	8.43	5.80
January 1996	4.00	7.32	January 2004	2.50	1.40
January 1997	5.00	8.62	January 2005	4.10	3.42
January 1998	5.00	6.87	April 2006/7	5.10	4.70
January 1999	4.50	5.21	April 2007/8	5.90	7.10
January 2000	5.50	5.37	April 2008/9	27.50	6.60
January 2001	5.20	5.70			

（五）相关法律法规、产业政策以及优惠政策

包括外国投资法律法规、与电力承包有关的法律法规和产业政策、给予外国投资的优惠政策三方面情况。因外国投资法律法规中的“黑人经济振兴法案”（BEE 法案）比较重要，

特单独介绍。

1. 外国投资法律法规

（1）外国投资的相关管理机构

南非大选刚刚结束，新政府正在组建当中，原有政府部门相应进行了分立、合并，并组建了新的国家计划委员会（类似于我国的发展改革委员会，负责规划以及组织、协调规划落实，促进重大建设项目的实施），各部职能、权力尤其是新组建的国家计划委员会尚不清晰。我们依然按照原有权力架构介绍相关管理机构。目前，在南非建设和投资电力工程主要接触的政府相关管理部门包括南非贸易工业部（简称“贸工部”）、国际贸易管理委员会（简称“贸管委”）、南非技术标准局（简称“技标局”）、南非科学技术部（简称“科技部”）等。

① 贸工部和贸管委。南非对外贸易的管理工作主要由贸工部和贸管委负责。

贸工部负责对外经贸谈判，签订双边和多边贸易协定，联络各省的经济发展机构，协调各省之间的贸易和投资关系等事务。

贸管委负责处理南部非洲关税同盟地区的反倾销和反补贴案件，负责进出口管理、许可证管理、关税体制改革、产业优惠政策的管理和监督，并有权要求当地进出口商提供其商业活动的信息。其他与贸易投资相关的政府管理部门还有：南非税务总署、南非国家经济发展和劳工委员会、地区工业发展委员会等。

② 技标局。技标局负责制定进口产品的技术标准。2007 年，为确保技术标准设立的公正性和独立性，贸工部先后发布了“标准议案”和“强制性标准议案”，将技标局按照行政功能拆分出一个评估服务提供站——国家强制规范管理局。该管理局将根据公众健康、公共安全和公共环境的利益制定部分强制性标准。

③ 科技部。根据 2007 年颁布的“技术创新机构法案”，科技部所属的技术创新机构为从事技术创新和发明的个人、协会或企业提供必要的融资资助等方式的援助。

（2）在南非企业类型

外国投资者到南非投资办厂或进行贸易，应该注册成立一个公司。南非的注册公司最常见的主要有 3 种形式：股份公开公司（Public Company，PC）、私人有限公司（Proprietary Company，PTY）和封闭型私人有限公司（Close Corporation，CC）。另外，外国公司可在南非设立办事处代表总部开展业务。

① PC 和 PTY。PC 的成员不得少于 7 人，必须有 2 名以上的董事。若达到在约翰内斯堡股票交易所（JSE）上市的条件，可申请上市。PTY 的成员最多不能超过 50 人，必须有一名以上的董事及股东。

PC 和 PTY 都必须提交申请表，注册登记。公司在南非必须要有一个注册的办公地点，并有规章制度和会计师记录。如果会计师记录保存在南非之外，公司必须拿到这些财务资料以便准备财务报告。上市公司可以向公众出售股票。股东人数不受限制，对股票的转让也没有限制，但公司每年必须向公司注册处提交年度财务报表，以便用于公众监督。PTY 不可以向公众发行股票，其股权转移仅限于其成员内部。PTY不需要每年向公司注册处递交财务报表。上述PC和PTY种形式的公司，必须要有经注册会计师和审计师审计后的年度会计报表和审计报表。

② CC。根据南非1984年通过的“小企业法”，CC是小企业的一种通用形式。一般来说，对这种企业没有太多严格的要求。人数最多为10人，这种企业没有董事，成员具有股东和董事的权利和义务，负责业务的开展。因此，这种企业的所有权和经营权是结合在一起的。这种企业的资金称为“贡献”（contribution），不受保有资本金额的限制和约束。对CC在财务报告方面的要求，不像对公司那样严格，不要求有法定的审计师，但是其必须有一个指定的会计师，这个会计师必须按照规定报告其年度财务报表。注册这种企业要到CC注册办公室注册。注册时不需要注册审计师，也不需要律师。

③ 外国公司驻南非办事处。任何外国公司都可以在南非设立办事处开展业务，根据公司法的要求，建立一个办事处需要按照“外部公司”（External Company）登记注册。登记注册管理机构是贸工部的公司注册处，办事处在建立业务地点后21天内办理注册手续。

注册需提交的材料包括：

注册成立办事处的申请表；

经公证的办事处条款和备忘录的复印件以及南非官方语言的译文；

注明要注册办事处的通信地址和办公地址；

在南非要雇佣的审计师的姓名、地址和其同意服务的证明；

总公司上一年度的财务报表复印件；

注册办事处雇佣当地经理和秘书的情况以及他们同意在办事处工作的证明；

注明接受办事处代表总公司服务的南非人员名称和住址。

办事处的注册费有一套计算方法，办事处的资本越大，注册费用越高。经注册的办事处必须在南非有办公地点，并指定一个当地的审计师，负责审计南非办事处每年的财务报表，以及根据其国内母公司要求准备的报表的复印件等相关材料，一并提交给贸工部的公司注册处。

（3）税收方面法律法规

南非有三级政府，中央、省和地方政府。中央政府拥有基本税权，省和地方政府仅拥有宪法授予的税权。南非税务局征收全部中央税收。税务局依据税法规定征税，税法草案由财政部长提出，议会讨论通过后由总统签字生效实施。

国家税务公司（State Tax Company，STC）是南非税务管辖机构。南非的税制安排与政策调整通过立法程序明确，政府和税务征管部门只能在法定的授权范围内制定实施办法。

自2001年1月1日起，南非实行根据居住地征税的政策。尽管南非与有关国家签有避免双重征税协议，但非南非居民仍需按其在南非的收入纳税。南非的税种主要分直接税和间接税。直接税包括所得税、公司二级税、资本收益税和捐赠税；间接税包括增值税、房地产遗产税、印花税、消费及进口税、流通证券税、地区服务顾问费和技能发展费。

目前，南非税法规定公司制（Corporation）企业所得税税率为28%，分支机构（Branch）所得税为33%，企业分红要缴纳10%的红利税。公司制企业还要缴纳增值税（VAT），税率为14%。消费税除办公室用品和摩托车为5%以外，其余产品为10%。

南非规定对于在南非境内居住不满6个月的个人，不用交税，超过6个月，自第6个月开始视为居民纳税义务人，按照税法规定缴纳个人所得税。个人所得税采用超额累进制度，税率从18%到40%，由企业从雇员工资中预扣，代为缴纳，年龄在65岁以下的免征额为3.5万兰特，65岁以上的免征额为6万兰特。税率为18%—40%的超额累进税率，年收入30万兰特以上的纳税人适用40%的最高税率。关税方面，不同的商品关税税率不同。

（4）外汇管理方面法律法规

南非外汇管理的主管机关是隶属于南非储备银行（South African Reserve Bank）的外汇管制部（Exchange Control Department）。目前施行的是1961年12月1日第R.1111号政府公告发布并且于1997年8月1日在第18170号公报第R.1022号政府公告中修改的《南非1961年外汇管制规章》。

南非的外汇管制比较松，20世纪90年代取消了大部分外汇管制。目前对经常项目下交易的限制基本上都已取消。外汇管理制度规定对进入南非的所有资金都要进行记录。对于购买的外汇，无论其数额大小都应由授权的交易商将南非居民获得的境外合作伙伴付款的详细信息申报给南非储备银行。对于任何汇出的外汇，无论其数额大小，授权交易机构都要向南非储备银行报告南非居民向外方所支付款项的详细信息。

另外，南非居民如果要偿还国外贷款必须先征求有关机关同意。若外籍人士以合资方式投资南非，则股票经纪商应该在股份所有权证后面证明此为“外籍人士”（non-resident）的股份，以便将来能够把实际收益或股息汇回原居住国。

（5）与劳工相关的法律法规

1994年南非在第一次不分种族的大选后，实行了新的“劳工法案”。新的“劳工法案”主要内容包括：规定雇主与雇员间的关系；为雇员提供基本的雇佣条件；在工作领域提升那些因为历史原因不具备优势的雇员的水平；提高雇员的技术水平。这些法律条款在很多方面加强了工会和雇员的地位。分为如下几个比较重要的子法案及相关规定：

① 劳工关系法案。“劳工关系法案”（Labour Relations Act）适用于农业工人、国内其他领域的工人、公务员，不适用于国防部门和国家情报部门的雇员。对工会组织、争端解决机制、雇员解雇、裁员等做了规定。

• 工会组织。新的劳工关系法案鼓励在工会组织与雇主之间开展对话。允许设置对话委员会、规章委员会和工作地点论坛等一些组织，通过这些组织的努力，南非工人的地位在不断加强。一是对话委员会（Bargaining Councils）的基本职能是在工会组织与雇主组织之间通过协议达成一致。二是规章委员会（Statutory Councils）。劳工关系法案规定：只要本行业或部门有30%的成员支持，就可以由工会组织的代表和雇主组织的代表共同建立规章委员会，其职能主要是解决争议、开展岗位教育和培训。三是工作地点论坛（Workplace

Forums）。100人以上的工作地点可以成立工作地点论坛。其职能是在共同关心的企业经营战略和引进技术方面促进工会与雇主之间的合作。

• 争端解决机制。根据劳工关系法案，调解和仲裁委员会（Commission for Conciliation Mediation and Arbitration）和劳工法庭（The Labor Court）是解决劳资争端的主要机构。所有劳资争端如不合理解雇、裁员、禁止罢工等争端要先到调解和仲裁委员会。劳工法庭专门负责对争议进行评定，并对调解和仲裁委员会的决议进行复核。对劳工法庭判决后的上诉，则由劳工上诉法庭受理。

• 雇员解雇。在南非雇主可以解雇雇员，但需要有合理的原因。解雇雇员的合理原因包括：一是雇员在某些方面的不端行为；二是雇员不能胜任工作；三是因经营的原因而裁员。

• 裁员。雇主在裁员前，要与有关的雇员或工会组织协商，包括提出裁员原因、将受影响的人数、被裁减人员的选择办法以及遣散费等问题。遣散费的最小额为每一完整服务年的一周工资。关于不平等解雇的争议要送调解和仲裁委员会调解。如调解无效，根据争议的情况不同，可送交仲裁或劳工法庭。

② 雇工基本条件法案。新的“雇工基本条件法案”旨在保护南非雇员的基本工资条件。它在工作时间、年假、产假、家庭事假以及对雇员加班等方面，明确了雇主和雇员之间的权利义务关系，对夜班工人和轮换制工人还制定了特别保护。该法案的主要内容包括：

• 标准工作时间。一个雇员允许的标准工作时间包括：每周45小时；对于那些一周工作5天或少于5天的雇员，每天工作9小时；对于那些一周工作超过5天的雇员，每天可以工作8小时。

超出这些标准时间就算做加班。雇主在根据普通工作小时计算的每天工作后，在征得雇员同意的情况下，雇员可以延长15分钟的工作时间，但累计每周不得超过1小时。除非雇主与雇员之间签订加班协议，否则不能加班。雇员的加班工资是其正常小时工资的1.5倍。雇员也可以不要钱而要倒休。倒休必须在加班后一个月内实施。

• 星期天工作。如果有协议，雇员可以在星期天工作。如果雇员在星期天是正常工作，则工资是其标准小时工资的1.5倍；如果雇员星期天是非正常工作，则雇主要支付平时工资的2倍。雇员星期天工作不足1天，甚至只工作1—2个小时，雇主也需要支付其平时的全天工资。

• 在公共假日工作。南非雇员休的假期有：年假、病假、产假和家庭事假。除工作时间每月少于24小时的雇员外，所有的雇员都有权利休假。只有那些一周为雇主工作4天以上的雇员才有权利休家庭事假。

一是年假。雇员每年可以连续休年假21天，具体时间则雇主和雇员自行协商。在休病假或被通知要结束合同期等“雇佣基本条件法案”规定的享受带薪假的期间，雇员不能提出休年假。二是病假。雇员休病假，3年计1次。在这1周期里，累计休病假的时间为其1周内工作时间的6倍，例如，每周工作5天，则3年内可以休30天带薪病假。对按规定休带薪病假的雇员，雇主支付其平时的工资，或者支付较少工资但增加带薪病假的时间也可。如果雇员连续2天不上班，则雇主在支付其病假期间工资之前，有权要求其出示医生的诊断书。如果雇员在8周的工作期间有2次缺席，雇主也可以要求雇员提供医生出具的诊断书。三是产假。雇员可以享受4个月的产假，并可以在预产期前4个星期适当的时间开始休。雇员休假可以不足4个月，但孩子出生后6周内不能工作，除非有医生出具的证明，以证明其可以工作。雇员在休假前至少4个星期通知雇主，说明什么时候开始休假，什么时候开始上班。雇员怀孕或哺乳期间，不能从事对孩子有害的工作。四是家庭事务假。在每一个年度的休假周期里，雇员可以有3天的带薪家庭事务假。家庭事务假适用于以下几种情况：男雇员的孩子出生；孩子生病；家庭成员去世。雇员休家庭事务假时，雇主应按平时其工作的工资支付工资。

- 童工。“雇佣基本条件法案”禁止雇佣15岁以下的童工。非法雇佣童工要受法律制裁。此外，雇佣15岁—18岁的孩子做工，不能从事的工作有：不适合孩子的工作；对孩子的成长、教育、身体或精神健康、道德以及社会发展不利的工作。

③ 雇佣平等法案。该法案要求雇主采取措施，减少不平等歧视，制定平等雇佣计划，使各种人都能有机会工作。雇主每2年都要向劳动管理部门报告雇佣工人的情况。

④ 技能发展法案。该法案要求雇主关注对雇员的培训和教育。所有雇主要将雇员工资的1%交给部门教育和培训局（Sectoral Education & Training Authority）。如果雇主提交的计划比较合理或能够有利于展开培训，则有得到回报的资格。

⑤ 工作许可配额。2007年4月，南非正式宣布将在53个行业范围内开放近3.5万个工作许可配额，以解决专业技术人才的短缺问题。实施的行业范围将根据本地市场需求每年进行调整。该特殊工作许可能够让符合条件的外国人在不需要聘用合约的情况下，进入南非找工作，而且雇主不需要提出繁琐的证明，便可以聘用这些外国人，外国申请者只要符合要求，90天内即可获得进入南非工作的许可证，过程简捷迅速，且只要持证者继续从事相关行业的工作，即使另换单位，工作许可证仍继续有效。

53个行业大部分都属于工程科学领域，包括：电话中心经理、保险精算与估价、农业经济、统计学、经济学、化学原料工程、土木工程、结构工程、航天工程、飞机保养工程、航空电子工程、电机电子科技、工业工程、机械工程、矿业工程、质量工程与检验、管线工程与制造、森林科学、生物化学、食物科技、地质学、地球物理学、兽医、医学、药物研发、数学或科学老师、农业技师、电机绘图、水力空气科学、产品研发、自动科技、机电整合、航空科技、生产科技、铁板技师、焊接工、锅炉技师、金属产业、工具制造以及珠宝设计等。

2. BEE法案

在南非从事工程承包的企业必须遵守BEE法案。《黑人经济复兴法案》（BEE）由南非政府发起，在2003年由南非国会审议通过，在2004年正式执行，旨在：一是纠正种族隔离所带来的社会分配的极度不公；二是向曾经的弱势群体（黑人，有色人种，印度人和中国人

（2008年6月被归于“黑人”行列））提供更多经济机会的一个程序法案。

它包括面向弱势群体的，在平等就业、技能开发、企业所有权和管理权、社会经济发展和优惠采购等方面的一系列优待措施。

南非政府于2003年颁布BEE法案后，2005年颁布了第一部BEE规章制度（BEE Codes of Good Practice），最终的广义BEE规章制度（The Codes of Good Practice on Broad-Based BEE）在2007年2月9日出台，对所有权、管理、就业平等、技能开发、优先采购、企业发展、社会经济发展、小企业资质进行了规定。BEE法案和南非的平等就业法案、技能开发法案和优惠采购体系等一系列措施互相支持并保持一致。

BEE相关支持性法律文件还包括：一是2007年6月的广义BEE规章制度解释指引（The Interpretive Guide of Codes of Good Practice on Broad-Based BEE）；二是BEE战略文件（BEE strategy document）；三是BEE部门章程（BEE sectoral charters）。

上述BEE法案以及一系列的规章制度经常统称为BEE法案。根据BEE法案，南非利用一系列记分卡来判断公司对BEE政策的响应程度，并根据BEE得分情况，制定不同的优惠政策。

2007年颁布的《广义BEE规章制度》只规定了以下的六种评分记分卡：

通用的广义记分卡（Generic Broad Based Scorecard）；

通用的狭义记分卡（Generic Narrow Based Scorecard）；

小企业资质狭义记分卡（Qualifying Small Enterprises Narrow Based Scorecard）；

小企业资质广义记分卡（Qualifying Small Enterprises Broad Based Scorecard）；

金融行业记分卡（Financial Sector Scorecard）；

建筑行业记分卡（Construction Sector Scorecard）。

BEE法案中对小型企业有着非常优惠的政策。根据小型企业资质法规，只要年营业额在500万兰特以下的公司一概不需要遵守BEE（南非称其为Exempted Micro Enterprises），同时自动被定义为“第4级贡献者”，或者被认为完成了100%的BEE贡献；而如果公司有50%或超过50%的黑人所有权，则该公司资质提升为“第3级贡献者”，完成了110%的BEE贡献，享受更加优惠的待遇。而年营业额在500万—3500万兰特的小公司，只需要从7项标准中任选4项来进行自身的BEE评判，总分为100分，见表13。

表13　按年营业额分类的记分卡类型

年营业额	记分卡类型
<5000000	不需要遵守BEE。
5000000—35000000	可以使用针对小企业的宽松标准来竞标，但是在合同执行阶段却必须满足通用的广义的记分卡标准。
>35000000	通用的广义的记分卡。

在Eskom的标书中对投标人的资质评审是根据上面提及的通用的广义记分卡和小型企业资质广义记分卡进行的，两种记分卡的评分标准分别见表14、表15。

表 14　　通用的广义记分卡评分标准

项　　目	权　重	履　约　目　标
所有权（Ownership）	20 分	弱势群体占 25% 并具有选举权
管理权（Management Control）	10 分	弱势群体占 40%—50%
就业平等（Employment Equity）	15 分	弱势群体占 40%—80%
技能开发（Skills Development）	15 分	工资总额的 3%
优先采购（Preferential Procurement）	20 分	70% 从 BEE 企业采购
企业发展（Enterprise Development）	15 分	税后净利润的 3% 用于企业发展计划
社会经济发展（Socio-economic Development）	5 分	税后净利润的 1% 用于社会经济发展

注：要求在南非境内所有公司，必须将其股份按最低比例 25.1% 出售给“黑人”及“历史上受到不公平对待”的人群；要求公司必须将税后利润的 3% 用于教育，税后 1% 用于社会发展项目。

表 15　　小企业资质的广义记分卡评分标准

项　　目	权　重	履　约　目　标
所有权（Ownership）	25 分	弱势群体占 25% 并具有选举权
管理权（Management Control）	25 分	弱势群体占 50.1%
就业平等（Employment Equity）	25 分	弱势群体占 40%—70%
技能开发（Skills Development）	25 分	工资总额的 2% 用于弱势群体技能开发
优先采购（Preferential Procurement）	25 分	50% 从 BEE 企业采购
企业发展（Enterprise Development）	25 分	税后净利润的 3% 用于企业发展计划
社会经济发展（Socio-economic Development）	25 分	税后净利润的 1% 用于社会经济发展

南非政府将根据不同的 BEE 得分情况，给予不同的优惠政策。

3. 与电力承包有关的法律法规和产业政策

（1）电力法案

1987 年第 41 号“电力法案”的目标是为了延续国家电力管理委员会的存在以及对电力生产管制和电力供应及相关问题提供法律基础。

该法案第 1 章对本法案中的术语进行了定义，第 2、3、4 章明确了国家电力管理委员会的地位、目标、职能。第5章明确了国家电力管理委员会的构成，包括首席执行官的任命和职权、电管局基金使用、会计核算及责任和年度报告发布的规定。

第6章对许可证相关事务进行了规定。主要内容包括：若无许可证授权，则任何人不得以任何方式从事或参与任何发电或供电的事务；年售电量不超过5千兆瓦时，则不要求其持有许可证（当地机构除外）。

第7章是许可证的申请。主要内容是：按照国家电力管理委员会的格式，向其提交许可证书，要求申请人在申请所将从事其业务的地区发行的报纸上发布一则申请通知，若有反对意见，则在发布通知后60天内提交到国家电力管理委员会，国家电力管理委员会可酌情公开听取反对意见，其时间地点应至少提前14天通知到申请人及每一个反对者。听证会后国家电力管理委员会针对该申请尽快发布其决定。

第8章规定了许可证的格式及条款。规定必须按照国家电力管理委员会的格式提交申请，同时提交电价计划表。申请书大致条款包含：最大供应量、供应区域、供电用户群、供电的条件、供电责任、供电的时间段、供电质量及其他事务。未经同意，许可证持有人不得将许可证转让或转借给他人。

第9章规定国家电力管理委员会有权要求对许可证中经批准的电价计划表进行适当修改。

第10—15章规定了许可证持有人未能履行供电义务或申请破产，掌管或接管资产的补偿问题。

第16章对当地权力机构拟建或扩建电站的相关事宜作出规定。规定当地权力机构拟新建电站当12个月内扩建超过其现有额定发电容量10%的电站时，需向国家电力管理委员会提交详细的有关新建或扩建电站项目建议书，由Eskom辅助其进行决策。

第18章对使用公共河流水做了具体规定。规定要求：使用正常流量的公共河流一定量的水；在河流通道内外抽取或圈闭或存储公共溪流一定量的多余水；在任何集水区，为河流、电或任何其他形式能量的产生、冷凝、冷却或其他目的，都必须向“国家水法”中规定的水事法院（Water Court）提出申请。水事法院（Water Court）按照相关规定条件决定是否授予许可，但需对水的使用、抽取、积聚或存储应支付的金额或赔偿金额作出明确规定。

第19章对土地征用和土地权益做了规定。具体规定可参见1975年“征地法”（1975年第63号法案）。

第20章规定：用于所有者自己使用，且其额定功率不超过400千瓦；或由国家电力管理委员会特别豁免除外，否则建造发电机械的任何个人应依照频率、压力和电流类型相关法规建造。任何个人不能使用额定功率超过500千瓦的电厂为其个人使用发电，除非该电厂符合国家电力管理委员会制定的法规和要求。

其余章节对相关细节问题进行了规定。

（2）环境保护相关法律法规

① 1989年第73号“环境保护法案”（ECA）。环境保护法案是目前南非环境评估的基本法律，它的主要内容是：规定对环境产生有害影响的活动进行监管，并设定南非环境评估的

触发机制，即何时需要进行环境评估（EA）及相应的程序。由“环境部”宣布需要进行环境评估的范围以及环境认可等工作。而环境认可则要求被评估单位以报告形式说明此活动对环境的影响，并上报环境部。另外，南非还在 1997 年第 21 条公告公布了 3 套配套的规章制度。

第 1 套规章规定第 21 条给出了必须执行环境评估 EA 的活动范围。其中“商业电力生产和供应设施”列在其中。

第 2 套规章规定了与上述 21 条所列活动相关的成套的实体规则。

第 3 套规章是一项行政措施，规定了省级政府有权实施这些管理规定。

但这些体制即将被“国家环境管理法案”（NEMA）等一系列新的修正案所代替，根据 NEMA 制定的一些草案规定已颁布。

② 1998 年第 107 号“国家环境管理法案”（NEMA）。“国家环境管理法案”第 1 章确立了南非环境管理的基本原则，宣布这些原则不仅适用于对本法的解释、运用与执行，且适用于任何与保护和管理环境有关的法律。第 3 章规定了合作管理程序；第 4 章是关于公正决策及冲突解决的规定；第 5 章是关于综合性的环境管理规定；第 6 章是关于国际环境义务与条约规定；第 7 章是关于法律的遵守与执行的规定；第 8 章是关于环境管理的合作条约。

③ 1998 年第 36 号“国家水法案”。“国家水法案”是南非重建与发展计划中最重要的法律之一，该法不仅是一部法律，而且是南非关于水资源管理的根本大法。它取消了对水的各种分类（南非曾把水分为公共水、私人水、剩余水及一般水流），规定所有的水都具有同等的法律地位。

“国家水法案”强调用水的计划性。在第 2 章、第 3 章中规定国家和地区级水资源管理政策。对重要的水资源区分等级，并对各等级水资源建立水质标准。要求必须保持各等级水资源管理的量与质以满足人们需求，保护水体生态系统以确保其可持续发展与利用。提出了防止水污染与消除污染影响的严格条款，要求土地所有者或占有者，采取合理方式避免在土地上进行可能导致污染水流的活动，从而确立了污染者付费的原则。第 4 章规定了所有的水资源利用都必须服从许可证制度，以及用水许可证的申请事宜。规定该申请必须予以公告，利害关系人可予以反对。发证机构在颁发许可证之前必须考虑下列因素：对水的利用效率，是否有益于公共利益，对水源的使用是否具有战略重要性及是否对其他用水者产生影响。发证机构对其作出的决定必须附以理由。对发证机构的决定有异议者，可向有独立地位的水法庭起诉。用水许可证的有效期不得超过 4 年，且每 5 年进行一次复查，并可根据复查结果对获得该证的条件予以修改。持证人因获得许可证条件的修改而遭受重大损失的，可获得经济补偿。

该法案中规定的水资源利用包括：从水资源中提取水，贮存水，及阻碍或者引导水流进入一个水道等，很明显水电站被视为是一种“水资源利用”必须向相关机构申请许可证。

（3）在南非承包电力工程的要求和条件

① 公司申请。在南非参与 Eskom 的电力项目投资需首先进行登记注册，填写 Eskom 的供货商申请表（Supplier Application form，SAF），随申请表提交以下 10 种材料。

付讫支票原件，用来审核银行的相关记录；

营业登记证明材料复印件；

有效的清税证明书原件；

核证后的公司董事和股东/合作伙伴/成员的身份证明材料副本；

建筑工业发展委员会（CIDB）出具的1份资质证明和1份遵守“从事建筑采购的行为守则”承诺书；

专业资质认证材料；

营业额超过500万兰特的公司需提交有效的资产证明材料；

根据记分卡规则，提交支持广义BEE规章制度一系列计划；

股东授权书/伙伴关系协定（建立伙伴关系和合资企业），用来确定黑人所有权和黑人内部管理业务的比例；

最新核实的年度财务报表，确认每年的营业额、税前净利润（NPBT）和总劳工成本（注：财务报表必须得到公司会计或有资质的会计事务所的专业人员的审核）。

供货商申请表共包括4部分：

第1部分是公司的一般信息，如地址、名称、电话等公司信息。

第2部分是BEE身份证明，用来确定将来的优惠政策范围。

第3部分是Eskom感兴趣的公司附加信息，包括以下8个方面的内容：

商务活动方面。参与的3个相关活动记录及证明人信息；

财务方面。公司是否有破产经历，若有详细说明情况；

技术认证方面。公司是否持有南非国家标准（SANS）的相关认证，若有，给出认证登记号及相关信息；

质量管理方面。了解公司是否采用了先进的质量管理体系，体系是否得到了国家或国际认证机构的评估或认证等；

安全方面。了解公司是否持有健康和安全证，是否符合南非“职业健康和安全法案”要求；

环境方面。了解公司是否有环境管理体系，公司活动会对环境造成什么样的影响，有什么样的措施应对；

能效方面。了解公司的耗能和产能情况；

人力资源方面。了解公司的全职和兼职员工情况、组织结构图、人力资源管理相关信息。

第4部分是公司的相关利益群体考察，了解公司的股东情况，利益群体曾经或现在是否与Eskom存在业务联系或相关利益等。

② 投标相关要求。

• Eskom的采购协议。Eskom会提前发布招标公告，同时发布一套行为准则（Code of Conduct）、交易政策（Business Conduct Policy）和投标指导（Guidelines）来指导投标者。投标者必须严格按照Eskom要求的日期和投标格式开展投标工作。南非Eskom的投标程序同国内一样，经过招标、投标、开标、评标与定标等程序。对投标者的基本要求包括技术、财务、环保、质量、安全性等方面，经过预选投标后，方可进行合同谈判，Eskom 在 30 日之内通知未中标投标者。期间发生的成本费用由投标者自行承担，期间关于投标信息需要严格保密。

Eskom 公司的采购协议（Eskom's Purchasing Pact）对 Eskom 公司的招标政策和程序做了具体规定。其中，与在南非电力项目投资密切相关的有如下：

Eskom 选择合作伙伴的顺序。协议第 3 部分的第 5 条规定，按如下顺序选择合作伙伴：

首先履行现有的框架协议/合同，以及该合同的外包协议；

受 Eskom 公司监管的公司；

不受 Eskom 公司监管的公司（归属或部分归属于 Eskom 公司）；

黑人所属公司，顺序为：黑人妇女拥有的企业、黑人拥有的小公司、黑人拥有的大公司、符合《黑人振兴经济法案》要求的黑人参股公司；

南非当地的制造商或服务供应商；

南非分销商；

Eskom 公司直接引进的外国供应商；

价值增加的机构（a value adding agency）。

供货商的资格评选。Eskom 公司有一套资格评价系统，评价标准集中在技术、质量、环境、财务等方面，主要从 Eskom 投标人数据库中筛选。Eskom 有权要求投标者详细阐述其在环境保护、安全健康、能效等方面作出的实施计划等资料；如果 Eskom 发现有错误或不真实信息，则有权撤标。如果 Eskom 公司发现投标标的大大低于其他投标书，则有权要求投标人证明其能够履行合同的条款。Eskom 公司将拒绝招标由于异常低价倾销进口的产品，或有出口奖励的出口国。

经过投标环节后，出现下列情况，Eskom 公司则会展开谈判：

投标价大大低于 Eskom 公司的预期价格；

怀疑有串通投标情况；

不存在明显优势的标书；

对邀请来的投标人。

Eskom 规定若出现以下几种情况之一，供应商可以不参与投标直接进入谈判环节：

发出招标通知后没有得到供应商的回应；

产品、工程或服务只能由一家供应商提供，且无相关替代品；

如果发生紧急事件，通过公开招标或有限竞争招标方式来不及获取产品、工程或服务的情况下；

为了防止某些零部件或其他设备的不兼容性，必须从原供应商处获取的产品；

大型电站或复杂系统的实施过程中出现不可控的事件，若改变产品供应商将给原工程造成较大损失或新增成本过大的情况，但追加合同金额不得超过原合同金额的 50%；

能够使 Eskom 公司在短期内收到巨大经济效益的特殊供应商。

- Eskom 对投标者的 BEE 要求。政府对外国公司承建电厂的要求是必须持有南非的资质，即BEE成分。Eskom是BEE政策十分坚定的拥护者和执行者，具有BEE身份的中资公司才有资格对政府性项目进行投标，这尤其表现在基础建设、社会发展项目等方面。Eskom发布了两个BEE规定，分别是“Eskom内部实施广义BEE行为准则”（Application of the Broad-Based Black Economic Empowerment Codes of Good Practice within Eskom）和“Eskom实施BEE战略”（Implementation of Eskom's Black Economic Empowerment Strategy）。

Eskom的标书通常采用广义记分卡和小型企业资质广义记分卡两种，记分卡标准见1.2.8中的“黑人经济振兴法案”。针对记分卡，Eskom公司做了相应调整，并列出了要求提交的证明材料见表16。

表16　　Eskom公司规定的记分卡

项　目	标　准	备　注
所有权（Ownership）	0分	
管理权（Management Control）	15分	根据董事会成员、高级管理人员、高层管理人员的比例来评分，要求提供证明材料
就业平等（Employment Equity）	15分	公布的声明或证明等相关证明材料
技能开发（Skills Development）	20分	技能开发计划，给黑人提供的优先培训计划，在员工学习、深造、资质认证培训、培训计划等花费记录以及其他证明材料
优先采购（Preferential Procurement）	20分	Total Measured Procurement Spend（TMPS）；Total Measured Procurement Spend（Exclusions）；Total B-BBEE Procurement Spend等对每一类花费都作出具体规定，要求提供证明材料
企业发展（Enterprise Development）	15分	根据企业发展的受益人中黑人的比例来评分，要求提供企业发展的时间表，财务报表，开销单据等证明材料
社会经济发展（Socio-economic Development）	15分	75%的受益群体是黑人，则得满分，否则按照受益群体的比例作为系数与总分相乘则为最后得分

- 其他对项目有重要影响的相关规定如下：

在南非投资的外国公民必须符合下列条件中的至少2项才能在南非开展业务。这些条件包括：投资额不少于250万兰特；良好的商业记录；雇佣5名南非人；产品具有出口潜力等。

南非电力公司一直以来采取按系统划块承包的形式，按照欧洲电建模式，一个电厂可以分成30多个包。除非是承包商带资建设，政府一般不允许总承包方式，为了提高建设速度，尽快解决电力危机，南非电力公司在考虑采取整个电厂EPC总承包和IPP建设模式。

在当地搞工程建设必须在当地设立公司，招标无预付款，只按进度付款，而且只要合同签订，接到中标通知书的第二天就要开工。由于工作准许证难办，很难从中国马上调队伍来，也只能请当地公司先开工，所以在当地找一家很有能力的合作伙伴非常重要。

外国公民在南非就业法规定：外国工作人员收入的2%必须上缴给南非内政部，作为培训南非当地人才的费用。“公平就业法”规定企业必须按照种族肤色比例聘用一定人数的黑人，企业各管理层的黑人用工比例必须达到50%—70%之间，企业董事会成员中黑人比例不得少于50%。

南非的劳工法很严格，在当地承包工程必须雇佣当地工人。若自带劳工，外国工人到当地工作必须办理签证，签证分为短期签证和长期工作签证，但必须做好政府解释工作。

南非的工业发展公司（Industry Development Cooperation）以及国家振兴基金（National Empowerment Fund）针对BEE公司提供特别贷款。不具备BEE身份的中资公司在南非银行申请贷款时需要支付至少45%的保证金。若通过与BEE公司合作，在这两大基金公司，中资公司最低可以仅缴纳2.5%的保证金，其余政府组织可以为中资公司解决。

南部非洲电力联营集团（Southern African Power Pool，SAPP）要求包括南非在内的各成员国的电力公司及其设备提供商等遵循以下环境保护标准。①职业健康安全管理体系（OHSS，Occupational Health and Safety Systems）；②ISO 14001环境管理体系（2004 Environmental Management Systems）；③SAPP健康安全和环境管理指引（The SAPP Safety Health and Environmental Guideline）。SAPP附属的环境委员会（The Southern African Power Pool Environmental Sub-committee）负责开展环境影响评估（Environmental Impact Assessment），具体的评估办法见《Guidelines for Environmental Impact Assessment（EIA）for Thermal Power Plants》。

4. 外国投资的优惠政策

南非政府已规划若干奖励投资计划以吸引外资，外国投资人可投资南非各项产业，无须政府核准。有关投资方式以及规模，几乎没有任何限制。其优惠政策主要包括以下5类。

（1）技术支持计划（Skill Support Program，SSP）

技术支持计划的主要内容和申请程序如下：

① 生效时间：2000年9月。

② 主管部门：贸工部、劳工部。

③ 主要内容：对于在南非投资的企业，南非政府可以在3年内给予其相当于劳工技术培训成本50%（不含建筑成本）的培训补贴，但补贴总额不超过该项目总薪水额的30%。职工学习补贴（Learning Program Development Grant）每个项目最高补贴300万兰特；资本补贴（Capital Grant），是根据机器、设备和设施的价值，对与技能培训有关的资本进行补贴，每个项目最高补贴600万兰特。

④ 申请程序：

企业按要求填写培训补贴申请表交于贸工部；

贸工部将表格转至劳工部进行审批；

劳工部审批同意后将通知“部门教育和培训局”将该企业列入补贴计划；

贸工部与该企业签订合同，并抽报劳工部；

企业按季度向贸工部申领补贴，贸工部将对企业的资产、资信情况、就业和培训记录进行调查，然后将申请转交劳工部审批；

劳工部每个季度向符合条件的企业直接支付其上一季度的培训补贴。

（2）关键性基础设施计划（Critical Infrastructure Program，CIP）

关键性基础设施计划的主要内容和申请程序如下：

① 生效时间：2000年9月1日。

② 主管部门：贸工部/企业组织（TEO）。

③ 主要内容：对于符合以下要求之一的，经主管部门批准对投资项目起到关键作用和具有战略意义的投资总额必须在1500万兰特以上的关键性经济基础设施，南非政府将给予项目所在地政府或投资者最多相当于建设成本50%的建设补贴：

提高项目的环保水平；

符合南非国家、地区和当地经济工业发展政策以及土地使用规划；

促使项目创造更多直接或间接的就业机会；

密切生产商和消费者之间联系；

为中小型企业发展提供更多机会。

可以申请此项优惠政策的基础设施建设包括：道路、输变电设施、通讯设施、供水设施、水处理、燃气设施等。

南非政府每年对此项优惠政策作出一定数额的预算，用完为止。有关评估部门将对具体项目进行评分，最高为130分。一是为开发区服务的基础设施可以得到项目总开发费用30%的补贴；二是此项补贴措施既不能超过当年的预算总额，也不能超过项目的建设总费用，还不能超过拟建设的基础设施所服务的投资项目20%的资本；三是得分在80分以上的基础设施项目，所得到的补贴不能超过当年政府此项预算的20%；四是得分在70分—79分的基础设施项目，所得到的补贴不能超过当年政府此项预算的15%；五是得分在50分—69分的基础设施项目，所得到的补贴不能超过当年政府此项预算的10%。

④ 申请程序：企业按要求填写申请表格交于南非贸工部“关键基础设施裁定委员会”进行审批。

（3）中小企业发展计划（Small and Medium Enterprise Development Program，SMEDP）

中小型企业发展计划的主要内容和申请程序如下：

① 生效时间：2000年9月1日。

② 主管部门：贸工部/企业组织（TEO）。

③ 主要内容：某些行业的中小型企业，如其固定资产投资符合条件，可以按固定资产投资额的一定比例获得现金补贴。公司（私人或公共）、封闭公司（Close Corp.）、合作企业、个体独资经营、合伙企业等可以申请；信托公司、分支机构等没有资格申请补贴。

且对申请项目有如下严格要求：

从事相关产业的新项目或项目的扩建；

按初始资产负债表对获准资产的投资不超过1亿兰特的，对原投资已达1亿兰特的项目的扩建不得申请，申请项目必须在获准资产中有投资；

获准固定资产超过500万兰特的项目必须承诺达到ISO和环保标准，并提交经南非劳工部批准的培训计划；

项目不得同时申请战略项目计划和中小型企业发展计划，一旦获得其中一项计划的批准，则不得随意改变实体的身份。

④ 鼓励措施。投资实体可以在3年内就批准符合条件的资产按不同补贴率分段获得免税现金补贴：一是对于批准合格的资产在头2年内给予投资补贴；二是在人力资源的支出占生产成本的比例不低于30%的情况下，在第3年给予额外的投资补贴；三是对2000万兰特以下的新的机器设备（不包括商用车辆）的投资给予不超过15万美元的“外资补贴”；四是对500万兰特以下的新机器设备（不含商用车辆）的投资给予不超过5万美元的“外资补贴”。

对项目获得核准的资产净值（最小值）要求如下：500万兰特以下的固定资产，要求10%的资产净值；500万—1500万兰特的固定资产，要求25%的资产净值；1500万—1亿兰特的固定资产，要求35%的资产净值。

符合条件的资产见表17。

表17 符合申报条件的资产

项　目	投资比例(%)
自有土地和建筑(按原价)	100
租赁的土地和建筑(按15%转为资本)	100
自有机器设备(按原价)	100
租赁的机器设备(按资产负债表转为资本)	100
商用车辆(自有/租赁)	100
研发资金成本	100

新项目的申请最好在生产开始日期前直接交于主管部门，最晚不得超过开始生产后180天。只有在2000年9月1日后开始生产的项目才有资格申请。扩建项目的申请必须在生产开始日期前交于主管部门。

（4）外国投资补贴（FOREIGN INVESTMENT GRANT，FIG）

外国投资补贴的主要内容如下：

① 主管机构：贸工部/企业组织（TEO）。

② 主要内容：对于任何南部非洲关税同盟（SACU）和南部非洲发展共同体（SADC）以外的外国投资者，南非政府给予相当于新的机器设备价值15%，最多不超过每台300万兰特的现金补贴，用于将机器设备从海外迁往南非。获得补贴的外资项目需同时享受SMEP下优惠政策。二手设备不能享受；或虽为新设备，如技术落后，也不得享受。另外，市场已经饱和的行业，如电视机行业、烟草行业和塑料行业，不再享受此政策。

可以申请补贴的费用包括：设备的运费、人员的转移费、差旅费、技术人员的佣金、港杂费、内陆运输费、保险费和代理费，等等。

（5）工业革新扶持计划（Support Program for Industrial Innovation，SPII）

工业革新扶持计划主要内容和申请程序如下：

① 主管机构：南非国家科研基金（National Research Foundation）和贸工部管理。

② 主要内容：对企业重要的技术（工艺）创新、新产品开发给予扶持，但研制的新工艺、新产品必须有较好的市场前景。所有私营企业家均可申请。

具体的计划包括：一是针对性鼓励计划（Matching Scheme）：给予研发费用50%的补贴（须纳税），每个项目最多不超过150万兰特。二是合伙研发鼓励计划（Partnership Scheme）：给予研发费用50%的补贴，不设上限。新产品上市后，企业须按照一定比例从其销售收入中提取部分费用，用于偿还所得到的补贴。合伙研发鼓励计划主要用于支持大型的研发项目。

此项鼓励政策有一整套评估和监督体系，有资格申请的项目必须是技术含量高的项目，一般来说，企业在合格的科研项目上投入1兰特，政府会相应地投入0.5兰特或1兰特。

（六）在南非开展电力工程承包注意事项

1. 设备技术的先进性

南非原属英联邦国家，经济地位在非洲处于领先，对进口技术采用欧洲标准进行检测，技术不先进或者对环境造成影响的项目不会得到批准。

（1）电厂效率要高

目前，南非非常看重电厂的发电效率，欢迎大机组项目（Eskom计划的项目多数是单机容量600兆瓦—800兆瓦）。南非当地电力设备特别是大型设备的制造能力较差，需要通过进口解决。日本日立公司和法国阿尔斯通公司提供的锅炉和涡轮机大多采用“超临界压力”燃烧方式发电技术。

（2）注重环保，CO_2等气体排放要少

南非是主要温室气体排放国之一，该国大约90%的电力来自煤。根据国际电力网的消息：南非现在的新电厂和煤气化装置都必须强制安装碳俘获装置，没有碳俘获装置的电厂得不到批准。世界上目前还没有商业运行的碳俘获CCS电厂，只有十几个国家如美国、英国、加拿大和挪威保证以商业规模检测这种技术。这些样板电厂预计最早在2012年—2014年开始运行。因此，去南非投资电厂，要注意环保，特别是CO_2等温室气体的节能减排。

2. 当地化问题

（1）当地化问题

“当地化”，也叫本土化，是指外来企业融入当地经济社会的程度。比方，有相当数量的当地工人、工程技术人员和管理人员，具备当地企业的文化背景和经济背景等。当地化问题实质就是“急当地群众所急，想当地群众所想”，帮助南非的同时，使企业获利。

根据在南非有经验的中方企业介绍：尊重当地习俗，和当地群众交友，解决当地群众生

活困难，是中国企业“当地化”的重要内容，如中钢南非铬业公司为曼彻斯特联合足球俱乐部购买了成套足球用具，平整球场；为马普托和蒙哥威尔恩菜园捐献了1台电机，安装储水罐及管道，提供安全鞋和化肥；对艾滋病防范工作进行了培训，等等。中国铁建中土集团公司与中信国华公司分别以各自总公司名义组成联合体，联合体作出“为当地建立技工学校、培训机械操作手和设备维修工、组织公路运营人员赴中国培训”等郑重承诺。

另外，本土化策略中把握住当地的高级工程师很重要，他们有着各种各样的人脉，能够在公司项目争取上助“一臂之力”。在非洲有一种咨询工程师的职业，相当于国内的监理工程师，负责监督和验收，与国内不同的是，他们的中立程度相当强烈，某种程度上在建筑方和业主之间更加倾向于业主，这让外国的建筑公司非常棘手，而他们对当地的“土著”工程师则不会太“苛刻”，很多公司得益于本地员工。

（2）合资经营的股权分配问题

我方在南非开展工程最好与非洲企业实行合作经营，利用合作方在当地的影响和关系，办理营业执照、税收额度、出口配额、出关手续等，处理工商、税务、治安等棘手事情，可省去我国企业很多精力，减少很多麻烦。

但需要注意的是，我方需要做到控股，企业的管理权由我方掌握，从董事长到班组长均由我方人员担任，对方可担任副职。不可忽视的一点是，企业的财政权利要掌握在我方人员手中，对于企业经济效益、销售状况、利润分成等要一清二楚，这是获取回报的关键。

（3）寻找有能力的合作伙伴非常重要

中国企业在南非发展时，最需要借助的力量就是当地合作伙伴。因为无论是国家法律，还是行业规则，以及当地的历史文化都需要一个对此相当熟悉的人作为“向导”。仅在工程承包方面，按照南非规定，承包商接到中标通知书的第二天就要开工，由于工作准许证难办，很难从中国马上安排人员过来，只能请当地公司先开工，所以在当地找一家很有能力的合作伙伴非常重要。但是外国公司在南非当地又很难找到合作伙伴，因为当地公司的报价都很高，且当地公司擅长利用合同中的漏洞来赚钱，因此在非洲建设工程，不仅要有高水平的项目管理能力同时还要有很高的当地化成分，包括与各个政府部门的关系。

3. 上层政府关系和基层劳务关系

在南非投资，要妥善处理上层政府关系和基层的劳务关系。

（1）政府官员腐败，与政府接触讲求关系。

（2）当地工会势力强大，要慎重处理与工会之间的关系。

在劳工方面，南非有限制规定，在南非雇佣劳工一般是通过当地的劳务公司。若公司自带劳工，则需要做好对政府的解释工作。在南非，工人罢工时有发生，因此要处理好劳资关系，避免发生劳务纠纷。但总体上南非还是个法制社会，在劳动合同、商标专利等方面都有着与国际接轨的立法体系。另外需要注意的是，保险公司一般把罢工归为“不可抗力”，不予承保。

（3）在南非终止劳工合同很难，要通过南非法院里的劳工调节庭审议通过，方可解雇，该庭站在劳工的立场上，免费为劳工服务，解雇一个劳工的费用很高，约合10万兰特。对于零星用工，不要签订长期合同。基于此，为避免纠纷及触犯法律，外国公司在当地雇佣劳工最好是通过劳工律师来办理。

另外，建议初到南非的中资企业，尽快与中国使馆商务处和所在地区的中国领事馆取得联系，加入中资企业组织的工商联合会，并与南非的行业工会取得联系，以便在必要时获得这些组织的支持，妥善解决劳资纠纷。而且，中资企业还应聘请律师，寻求法律保护。中资企业经常与当地工人沟通，培养他们的主人翁意识，事先化解一些棘手的劳资矛盾，避免事态进一步扩大也很重要。

4. 企业员工人身安全

南非是世界上犯罪率最高的国家之一，南非在1994年后废除了死刑，这在某种程度上助长了犯罪率的上升。再加上警察破案率低，法律尚不健全，南非的犯罪率长期居高不下。据统计，南非每年平均有1100多人遭到武装抢劫、谋杀、强奸和绑架，外国人是遭袭的主要对象。2004年一年内，南非境内针对中国人的抢劫、绑架和枪击案发生了60多起，造成20多名中国公民被害身亡。南非恶性犯罪案件频繁发生的主要原因是南非的失业率比较高，居民收入分配不公现象严重，政府对枪支的管制比较松。外交部特别提醒，露财和缺乏防范意识是中国人在南非屡遭歹徒袭击的最根本原因。所以，中国公民要特别留意自身的财物安全和当地的社会治安情况。如何对待治安问题，不同的公司有不同的做法。南非台商与约翰内斯堡警察局建立了“警友会”，建立了警民联防系统，收到了比较好的效果。或者通过聘请知名的保安公司负责警卫工作，提高对安全问题的重视程度，建立有效的安全值班制度来降低中方企业在南非的治安风险。

5. 谈判技巧

（1）同南非方进行经济、贸易、商务谈判时，要坚持对等的原则，互惠的精神，妥协的策略。谈合同要考虑项目资金来源、合同价格、汇率的稳定性、还款能力。本着最终谈判的结果能够为双方带来好处和实惠的原则，采取在不损害自己根本利益的原则下，向对方作出适当的妥协与让步，最后达成双方都能接受的“双赢”协议。

（2）许多企业投资往往怀有一种急于求成的心理，当自己认为是合适的项目，总是匆忙同对方签订合同，对于对方的种种要求和规定也不假思索地一一答应，这样做的结果往往要吃苦头。正确的做法应当是，经过考察，认为某个项目切实可行，不要急于同对方签订合同，先向当地政府写一份报告，讲一讲由我方承办这个项目可以为当地解决什么困难，可为当地带来什么效益，可以为当地解决多少人的就业问题等，尽力争取对方提供更多的优惠政策，如多减免一定年限的税收、免征一定年限的土地税或者增加一些进出口配额等，这样可以少交一定数额的税收，实际上等于多得到了一定数额的收益。

6. 南非汇率

最近几年，南非货币兰特的汇率波动巨大。一会儿不断坚挺，成为全球表现最佳的货币，一会儿又巨幅下跌，让投资者措手不及。货币的反复不稳定波动是投资者必须考虑的问题。所以在交易时，尽量避免以兰特结算，以免在兰特币值波动时，对企业造成不必要的损失。有的企业为了规避汇率风险，与南非合作方签署了共同承担汇率风险的协议：如果兰特贬值，对方承担70%的损失，我方承担30%；如果兰特升值，对方获得70%的利益，我方获得30%。也有的企业把美元作为抵押，向南非的商业银行进行兰特贷款，都在一定程度上避免了兰特大幅度贬值所带来的损失。

7. 企业信誉

南非政府非常看中投资者的信用和职业道德。在南非提供给竞标者的投标指导资料中单列一节重点对投资者的信誉和职业道德作出了要求，一旦投资者的信誉或职业道德上出现了问题，则南非将毫不犹豫把竞标者的信息永久删除。近年来，在南非发生的罢工事件中，部分原因就是投资商未履行当初竞标时的当地化承诺，惹怒了当地居民。可见，在南非投标一旦作出承诺，则必须将承诺兑现，因此公司应时刻保持良好信誉。

参考文献资料

1. Eskom1998/99 财年年报。
2. Eskom 网站。
3. 南非黑人经济振兴法案。
4. 南非贸工部网站。
5. 南非小企业法。
6. 南非储备银行网站。
7. 南非劳动关系法案。
8. 南非雇工基本条件法案。
9. 南非电力法案。
10. 南非环境保护法案。

四、南非煤炭重新获得青睐

肮脏、便宜、令人生厌成了当今人们对煤炭的代名词——全球碳排放量的一半都来自于煤炭。但它同样也是必不可少的，因为全世界41%的电力来自于煤炭。这个数字在未来至少10年内看起来可能不会改变。

（一）南非煤电概况

南非煤炭产量占非洲煤炭总产量的98%。2007年，南非煤炭产量约2.44亿吨，四分之一用于出口，剩余的部分中约1.2亿吨用于发电。这些煤炭主要被南非国有电力公司——Eskom公司消耗。Eskom公司是世界第11大电力公司，南非95%的电力由该公司生产，Eskom电力生产量占非洲总产电量的60%。

在过去的2年里，南非的电力需求给Eskom的服务能力带来了巨大的压力。2008年1月25日，南非政府在比勒陀利亚举行新闻发布会，宣布目前严重的电力短缺为“国家紧急状况”，并警告缺电危机短期内无法缓解，要求全社会节约用电。由于电力得不到保障，南非一些大型矿业公司均停止生产。由于采矿业的启动费用是巨大的，因此，即使停电1天，对采矿公司来说可能会造成数天的损失。虽然南非2008年的电荒到2008年5月已经结束，但是Eskom公司预测，南非未来的电力需求将很有可能再次超过电力供应。南非政府希望未来建设更多的燃煤电站。

（二）煤炭供求情况

南非煤炭储量占世界煤炭总储量的5.7%。这是远远不够的——按照目前的煤炭消耗水平，只能满足178年的使用。事实上，非洲能源最大的贡献者是煤炭，而不是石油。按照石油当量换算，非洲拥有160亿吨的石油，天然气储量相当于130亿吨石油当量，煤炭储量则相当于340亿吨石油当量。而大部分煤炭储量主要集中于南非——这使得南非成为非洲重要的增长引擎。

南非东北部海岸的南非里查德湾煤炭码头公司（Richards Bay Coal Terminal Co. Ltd，以下简称“RBCT”）是南非最大的煤炭出口商，跟英美公司（Anglo American plc）、必和必拓（Broken Hill Proprietary Billiton Ltd）和斯特拉塔公司（Xstrata plc）一样，都是欧洲发电厂最大的电煤供应商。Richards Bay煤炭码头，是世界数一数二的高科技码头，该码头预计2009年处理煤炭运输9100万吨。RBCT表示，2009年6月的煤炭出口量较2008年同期上涨7.2%。出口量从2008年同期的515万吨上涨到552万吨。而仅仅一个月前该港口的煤炭运输量为376万吨，达到了16个月以来的最低点。

2009年上半年出口量的低迷主要是由于受到金融危机影响，欧洲工业需求下降，信贷紧缩，煤炭进口量骤减。而印度日益成为南非煤炭的主要进口国之一，2008年，南非共出口印度1000万吨煤炭，2009年第1季度，印度又进口南非400万吨煤炭——这个数字占印度2009年煤炭进口预算量的10%。印度越来越多的从南非进口煤炭，主要由于南非的煤炭价格每吨比印度目前煤炭供应商印度尼西亚低4美元。预计印度到2013年将超过中国成为世界上最大的煤炭进口国。

随着金融危机的缓和，欧洲、亚太地区的经济逐步恢复，煤炭的需求量也止跌上扬。得益于煤炭旺盛的需求，好望角的船只（运输煤炭和铁矿石）收费标准自2009年5月初开始已经从原来的每天22000美元上涨到57000美元。

据统计，煤炭有着坚韧的需求量。1973年，世界24.5%的能源供应来自于煤炭，到2006年，这个数字增长到26%；在同一时间内，非洲产煤量在全球产煤量中的比重由3%上升到4.5%。而最近5年，煤炭的需求量正以每年2%的速度递增——对煤炭需求增加的绝对数量超过任何其他能源增加的绝对数。据国际能源组织估计，到2030年，世界能源供应量的29%将来自于煤炭。这一数字的增加有85%是由于印度和中国对煤炭需求的增加而造成。

（三）新的煤矿开采和碳捕获技术研究情况

加拿大的Homeland Energy Group Ltd. 刚刚获得Eloff煤矿的开采许可。预计每年将产煤50万吨，该公司在南非的姆普马兰加（Mpumalanga）拥有50%的煤炭项目。而ARM煤炭公司①将投资4亿美元在乔治文登（Goedgevonden）矿区建立一条输煤管道。此外，在博茨瓦纳和莫桑比克，也有一些新的煤矿等待开采。

不可否认的是，全球煤炭消耗造成了极为严重的环境污染，但是作为一种能源，应该找到管理它的办法，而不是放弃它。

奥巴马总统最近宣布了一项30亿美元的基金用于研究和开发碳捕获和储存（Carbon Capture and Storage，CCS）。许多人认为这是减少燃煤污染的一个重要途径。CCS所研究的是捕获煤炭燃烧后所产生的二氧化碳，阻止其进入大气层，减少温室效应，并将所捕获的碳储存于地下深处。虽然现在有一些理论依据和假设办法，但是该技术在很大程度上仍然需要经受考验，而且CCS的使用成本非常高，因此，在未来2年或者更长的时间内，该技术不会在燃煤电站中广泛使用。

但是乐观的假设是，一旦CCS形成标准以后，发电成本将降低50%（相当于风力发电），燃煤电站平均发电效率提高30%。这意味着煤炭将有着巨大的潜力。为此，中国和欧盟签订了一项协议，目的是到2020年建成一个接近于零碳排放的燃煤电站。

总而言之，鉴于国际能源组织“到2030年，世界能源供应量的29%将来自于煤炭”的估计，煤炭似乎将继续是主要的并不断扩大的基础性资源。而且煤炭以其便宜的价格将比石油和天然气更优先被考虑。同时，煤炭也有可能在未来几年内继续成为全球碳排放量的主要来源。

参考文献资料

非洲商务（The African Business），2009年7月刊。

① ARM煤炭公司由南非非洲彩虹矿业公司（African Rainbow Minerals Ltd.）（控股51%）和斯特拉塔公司（Xstrata plc）（控股49%）共同拥有。

五、南非矿业投资环境状况分析

（一）南非在非洲国家中的矿业投资环境评级总体情况

1. 非洲矿产分布总体情况

非洲大陆幅员辽阔，总面积约3029万平方公里，蕴藏着丰富的矿产资源。目前已知的石油、铜、金、钻石、铬、铂、钽铁矿、铝土矿、磷酸盐、铌和钴的储量在世界总储量中均占很大比重。石油主要分布在北非和大西洋沿岸各国，估计占世界总储量的12%左右。铜主要分布在赞比亚与刚果（金）的沙巴区。金主要分布于南非、加纳、津巴布韦和刚果（金），储量约占世界总储量的一半以上，其中加纳和南非黄金产量在非洲领先。钻石主要分布在南部非洲，其中南非和博茨瓦纳钻石产量很大。由于全球需求的增长，尤其是来自新兴国家的需求增长，使非洲铂和铀的开采蒸蒸日上。非洲出口收入中的大部分来自矿产出口，因此矿产业对非洲来说，具有战略性的意义。

2. 非洲矿产开发情况及南非矿业投资环境评级情况

在非洲，博茨瓦纳的矿产业发展名列前茅，其国家出口收入的75%以上来自矿产业。纳米比亚和安哥拉的矿产发展水平仅次于博茨瓦纳，在这两个国家分别发现了大量的铀矿和钻石储量，从而刺激当地矿产业的发展。但是，由于矿产开发步伐减慢，以及矿产业内快速兼并等原因，南非的矿产投资环境评级仅处于中等水平（见表1）。同时，津巴布韦近年来恶性通货膨胀和宏观经济政策失调，其矿业投资环境排在最后一名。

表1　非洲矿业投资环境评级表　　单位：分值

	矿业市场	国家结构	潜在收益限制	市场风险	国家风险	经营风险	矿业评级	评级
博茨瓦纳	73	51	64.9	62	69	65.1	65	1
安哥拉	68	55	63.1	54	29	41.3	57	2
纳米比亚	50	54	51.4	69	66	67.1	56	3
赞比亚	58	47	53.7	59	48	53.6	54	4
南非	40	56	45.7	63	65	63.8	51	5
莫桑比克	48	29	41.1	54	42	48.2	43	6
加纳	33	46	38.1	53	54	53.5	42	7
坦桑尼亚	43	29	37.9	55	46	50.7	42	7
民主刚果	55	11	39.6	46	20	32.9	38	9
摩洛哥	18	43	26.6	69	58	63.4	38	9
津巴布韦	30	40	33.6	45	23	33.5	34	11

从评级表可见，南非在国家结构、市场风险、国家风险、经营风险四个方面名列非洲前茅，表明在南非投资矿业的宏观经济及政治和法律环境良好，风险较小。但是，在矿业市场、潜在收益限制两个方面却欠佳，表明南非的行业环境、国家对矿业的政策，以及劳动力市场等与投资者收益密切相关的要素较差。

南非矿业投资环境的总体得分为 51 分，在非洲 11 个矿业生产国中排名第 5 位。南非矿业投资环境的具体情况见下文分析。

（二）南非矿业投资环境具体情况

1. 法律环境

（1）总体情况

南非高级法院的法官由南非总统经与司法服务委员会和南非国民大会中的各政党领导人磋商后任命的。为此一些人质疑南非司法体制是否能获得宪法充分的保护。近年来，南非非洲人国民大会①（简称非国大，African National Congress of South Africa——ANC）在司法体制方面屡次发起冲击，并被人们指责试图制定出一种更符合非国大政策规划的司法制度。

南非法律体系在执行中证明是有效的。法令法规总体来说也被公平地实施了。解决重要的商业和劳资纠纷方面的立法得到了很好的发展，有关竞争政策、著作权、专利权、商标权和争议解决等方面的法律符合国际惯例和公约。法律法规环境有稳固的支持。不过，一些重要的行业，如电讯行业的有关法律法规尚不明确。有部分企业提出在通过法律诉讼程序解决争议时，花费的成本太高。

（2）财产权

财产权在南非获得了很好的法律保护。法院能够尊重商业权利和义务。外国投资者在主张自己的私人财产时，不会遇到任何限制，并且可以在任何时候自由买卖私人实体。南非作为多边投资担保机构②（Multilateral Investment Guarantee Agency——MIGA）的成员，外国投资者能够确保其南非的商业行为不受非商业因素的威胁，如合同违约、没收和国内冲突。

尽管私人财产得到法律保护，但是南非农田却面临着较大的划拨风险。按照一项在 2008 年 3 月初被批准执行的新内阁法令，南非政府计划在未来 6 年内将农田转让给黑人的比例达到 30%。南非当局高调宣布该法令是针对以前土地改革方案失败而推出的。

（3）知识产权

知识产权法修改案和假冒伪劣商品法案的实施反映了南非在世界贸易组织（WTO）框架下承担起保护知识产权和打击假冒伪劣的义务，同时保障南非本土公司和外资企业的相关权

---

① 南非非洲人国民大会是南非最大的黑人民族主义政党，目前是执政党。它反对种族隔离制度，主张建立统一、民主和种族平等的南非。1912 年在布隆方丹由一些知名黑人创建。

② 多边投资担保机构是成立于 1988 年，是世界银行集团里成立时间最短的机构，1990 年签署第一笔担保合同。多边投资担保机构的宗旨是向外国私人投资者提供政治风险担保，包括征收风险、货币转移限制、违约、战争和内乱风险担保，并向成员国政府提供投资促进服务，加强成员国吸引外资的能力，从而推动外商直接投资流入发展中国家。

益。南非于1994年在日内瓦世界知识产权组织①总部签署了《商标权法律协议》（The Trademarks Law Treaty），成为世界上第一个签署该协议的国家，因此专利权、商标权、著作权和工业设计和新型在南非能到法律保护。此外，南部非洲联合反版权盗窃法（SAFACT）在过去几年中已成为打击假冒伪劣商品的有效手段，成功地将制假者绳之以法。

（4）腐败

根据透明国际②（Transparency International）发布的2009年全球司法腐败报告，南非是撒哈拉以南黑非洲地区腐败现象最少的国家之一。其在2009年全球司法腐败报告中180个被评级的国家中处于第55位（排名越靠前，腐败现象越少），在非洲国家中排名第4位，仅次于博茨瓦纳（第37位）、毛利求斯（第42位）和塞舌尔（第54位）。这得益于南非严格的反腐败法律，一旦发现公务人员受贿，即予严惩。“南非预防和打击腐败行为法”（2004年）具体规定了腐败的范围，以及允许对不明财产进行调查和没收。此外，还设置了许多机构来打击腐败行为，如公诉人和总审计官。而且，南非警察局的反腐败部门和特别行动队均设置了专门的处室来打击腐败。

尽管南非在腐败排行榜上排名较靠前，但仍有迹象表明腐败在南非的私人和公共领域相当盛行。近年来，多起备受瞩目的腐败丑闻震惊了南非政界。其中，最出名的案件之一就是非国大主席祖马（即现任总统）的腐败调查案。祖马被指控在20世纪90年代从一桩与法国军工企业Thint的军火交易中收取了贿赂，该案以检察机关撤诉告终，但仍引起大家对南非腐败状况的质疑。

2. 经营风险

（1）市场风险

由于拥有广泛和大量的金属矿储备，南非从近年的国际金属价格暴涨中获益。但是，严格监管环境可能成为利用好全球涨价机会的挑战。南非有着严格的矿业法律法规，国家控制着矿业，但同时也限制了潜在的投资，这些投资能够帮助南非加快勘探的步伐。

（2）国家风险

南非在反腐败方面表现得十分理想。在南非国内众多反腐败的行政机构的努力下，南非成为了一个腐败现象相对较少的国家。1994年民主政治的实现保证了南非政治的稳定性。

3. 劳动力市场

截至2007年7月，南非人口4399万人，其中65.5%（即2880万人）以上位于15至64

---

① 世界知识产权组织（World Intellectual Property Organization）是世界各国政府间的国际组织机构，也是联合国的专门机构，总部设在日内瓦。世界知识产权组织与国际保护工业产权联盟和国际保护文学艺术作品联盟的关系极为紧密，均归属联合国国际第三局管理。

② 透明国际（Transparency International）即“国际透明组织”，简称TI，是一个非政府、非营利、国际性的民间组织。“透明国际”于1993年由德国人彼得·艾根创办，总部设在德国柏林，以推动全球反腐败运动为己任，今天已成为对腐败问题研究得最权威、最全面和最准确的国际性非政府组织，目前已在90多个国家成立了分会。它的研究结果经常被其他权威国际机构反复引用。“透明国际”成立以来所做的主要工作是：1. 主持或参与国际性或地区性反腐败会议；推动该组织各国支部成立；2. 出版大量有关反腐败的出版物；定期出版《透明国际通讯》等刊物；3. 建立自己的网站，发布有关反腐败的信息；4. 每年发布一期“腐败排行榜”等等。其中“腐败排行榜”已经在全世界产生了较大影响。

岁之间。人口识字率达到总86.4%左右（其中男性87%，女性85.7%）。人口识字率在撒哈拉以南地区排名第三，仅次于津巴布韦和圣多美和普林西比民主共和国（Sao Tome and Principe）。根据非洲发展银行提供的数据，2004年南非劳动人口参与率①（Labour Force Participation Rate）达到42%（其中，男性61%，女性39%）。尽管有相对较高的人口识字率，但世界经济论坛（WEF）发布的2007年—2008年全球竞争力报告仍强调南非相对落后的教育体系依然是阻碍南非成为世界一流的外资吸引国的重要因素。影响南非劳动力素质的另一个重要因素是艾滋病的流行，这已严重影响到吸收劳动力最多的那些生产性部门。

南非工商界严重关切监管过度的劳动力市场，过度监管已限制了就业水平的提高。南非政府已提议放松对劳动力市场的管理，从而刺激经济增长和降低失业率。但是，考虑到无技能的劳工人数众多，劳动力市场的灵活性一直是一个极有争议的问题。南非执政党非国大的支持基础就是工人，加上左派政治势力的影响力日益高涨，导致现政府在改革劳动力市场方面的策略空间有限。根据世界经济论坛分析，虽然南非的非收入劳动力成本（如：劳工社会保险费）非常低，但是南非是世界上劳动雇用与解除规范最严格的国家之一，并且工资的决定方面也非常缺乏灵活性（尽管南非尚未实行国家最低工资标准）。近十年来，南非引进了许多重要的劳工法。《就业基本条件法》于1998年12月正式实施，该法律规定每周45小时工作制，并对员工休假和辞职通知期给予指导意见。更重要的一项法律是BEE②法案，该法案旨在提高南非黑人群体的就业机会。但目前该法案被认为是影响就业水平的重要原因。

南非工会化程度较高，因此虽然失业率很高，但南非的罢工和其他劳工行动却并不少。据估计，截至2006年初登记在册的工会成员多达290万人，占正规行业总劳工人数的30%左右。1996年劳动关系法案明确规定工人罢工的权利和资方解雇工人的权利。依据该法案，南非设立了调解、调停和仲裁委员会。COSATU是当今南非最大的工会联盟，它与执政党非国大和南非共产党（SACP）有紧密的联系。COSATU定期会在关键经济问题上挑战执政当局。

4. 外国投资政策

南非吸引的外国直接投资（FDI）额占南部非洲地区总的FDI额的比例较低，大约为30%，并且大部分为证券投资。尽管南非经济开放程度较高——所有行业均对外资开放，不需要政府审批，对外资数量和种类也无限制，但FDI流入仍以不稳定的少量大额投资资金流入为主，而不是稳定的外来投资流入。例如，2005年进入南非的FDI估计达63亿美元，但2006年FDI流入额迅速减少到4.4亿美元，主要原因就是2006年外商将手中的股份转让给了当地企业。根据南非储备银行（南非央行）的数据，2007年FDI流入有所回升，其中2007年前三季度进入南非FDI超过36亿美元。南非吸收外国直接投资情况见表2：2000年—2006年南非外国直接投资情况。

---

① 劳动人口参与率是指劳动人口占所有15岁及以上陆上非住院人口的比例。

② BEE是BLACK ECONOMIC EMPOWERMENT的缩写，即“提高黑人经济实力”，2003年南非政府提出了“提高黑人经济实力”战略，加大政策倾斜力度，鼓励黑人发展中小型企业，积极参与国家大型企业的发展，对各企业黑人持股比例、参与管理程度和接受技能培训等设定硬性目标，以期全面提高黑人融入经济的程度。

表2　　2000—2006年南非外国直接投资情况

年　度	2000	2001	2002	2003	2004	2005	2006
FDI流入(10亿美元)	0.89	6.79	0.76	0.73	0.8	6.25	-0.32
年变动率%	—	664.58	-88.85	-3.04	8.93	682.16	-105.17
FDI占GDP比重	0.67	5.73	0.68	0.44	0.37	2.58	-0.13
人均FDI(美元)	19.56	147.9	16.31	15.64	16.86	130.5	-6.7

除外商独资需要审批外，其他外国投资均不需要政府批准。由于相对自由的外资撤资政策，南非投资环境更有利于投资者。低劳动力成本加上相对完善的基础设施已帮助南非成为许多企业的出口基础。此外，《南非公司法》（1973年）对外国投资者开办和运营公司作出了明晰的规定。

总体来说，非居民的投资收益和资本得利的转移在南非不受监管。并且在过去十年里南非政府逐步放松对资本的管制（尽管南非还是保留了一些管制项目，如要求出口商在六个月内将外汇收入汇回南非）。相对南非国内投资者，外国投资者必需遵守南非外汇管理当局对外商在南非本地借款的限制。而在南非企业对外投资方面，对外投资项目首先须经南非储备银行外汇管理部门的批准。2008年2月，储备银行宣布在当年放松对国内投资者的外汇管制，将养老基金和保险公司对外投资风险敞口限制从占总零售资产额的15%调高到20%。而且，外资对共同基金和资产管理公司的投资比例也被提高到该基金或公司总资产的30%，同时允许当地银行将负债的40%用于投资海外。

南非投资促进机构——南非贸易和投资局，确定了一批吸引外国投资的行业，主要有农业加工、汽车业、化学工业、金融业、IT和电子业、矿业和旅游业等。在贸易和工业部规划中的投资项目获得批准后可能获得免税50%或100%的税收减免优惠政策。推进私有化计划在2004年姆贝基总统上台后进度受阻。目前，政府工作重点是如何重构国有企业以创造更多的就业机会，而不是变卖国有资产。

总体上南非投资政策是积极的，不过仍有外国投资者抱怨政府的某些政策阻碍了他们的发展。移民限制政策就是其中一个障碍，为外国雇员办理南非工作许可经常被延误。此外，外国投资者对政府BEE政策不明确和非连贯性提出了不少抱怨。其他潜在的不利于发展的因素还包括2003年推出的向外籍员工征收的培训税——凡需要加快签证办理程序的外籍员工，须向政府上缴其收入2%的培训税。而不需要加快办签证的外籍员工则不用缴此税。

另外，南非尚没有设立自由贸易区和免税区，但在伊丽莎白港（Port Elizabeth）、东伦敦（East London）、理查德湾（Richards Bay）和约翰内斯堡国际机场建立了4个工业开发区。

5. 潜在收益限制

（1）矿业市场

南非的铬、黄金、钒、锰和铂族元素储量世界第一。南非矿产业处于世界矿产行业一流水平，同时南非矿产业对其国民经济贡献也非常大。然而，在预测期间内，南非矿业的年增长率却出现了大幅下降，原因主要是矿产储备的快速减少和勘探速度减慢。2008年南非出台有关鼓励国内钻石市场的法案被视为推动矿业中期利好的刺激因素，缓冲了南非矿业的大幅下降。

（2）国家结构

非熟练劳动力充裕而且廉价。尽管如此，南非整个劳动力市场仍在相当严格的法律法规下进行操作，甚至可以说被过度控制了。相比全球通行标准，南非在基础设施建设和税收体制方面运作相当谨慎。国家对矿业的控制很严格，需要严格审查资源的安全性，防止非法采矿和走私。

（定稿于 2009 年 12 月 12 日）

参考文献资料

南非矿业报告，国际商业观察杂志。

六、南非能源和公共设施概况

长期以来，南非被视为电力丰富的国家，其电力工业发达，发电量占全非洲的三分之二，曾经不仅为本国国民提供价格仅为 0. 22 兰特/kWh 的电，而且向其他非洲国家输送电力。其国营电力公司 Eskom 是世界上第七大电力生产和第九大电力销售企业，实力雄厚。因此，无论是南非政府还是企业界都对本国充足的电力充满信心。然而，2008 年 1 月中旬，一场电力短缺危机却突然在南非爆发。

（一）电力危机

由于南非长期处于电力丰富的状态，使得南非政府忽视了出现电力短缺危机的可能性，也忽视了一些危机的苗头。早在 10 年前，就有相关专家向政府提出南非可能在未来十年出现电力短缺，但未受到政府的重视。国营电力公司 Eskom 由于资金短缺，自身无力扩大产能，曾于几年前向政府提出加大电力投资的请求，但并未引起政府足够的重视，投资请求被拒绝。前总统姆贝基公开承认政府拒绝了 Eskom 的申请。

而另一方面，近几年来南非经济迅速、稳定发展，GDP 增速几乎都在 4% 以上，即使 2008 年经济增长有所减缓，但增长率仍在 3% 以上。这使得电力消耗和需求迅速增加。2007 年南非全国电力消耗比 2006 年增加 4. 31% （即 10141 吉瓦时），电力需求峰值比 2006 年高出 4. 90% （即 1706 兆瓦）。相比迅速增加的电力消耗和需求，电力生产能力发展缓慢。至 2006 年底，南非电力备用容量（Reserve Margin）已从 2002 年的 25% 降至 16% ，逼近南非供电系统安全、有效保证全国电力供应的最低要求15%。据估计，2007年备用容量已降至15%以下，而2008年备用容量进一步降低至8%—10%，无法保证南非全国用电。

电力短缺严重影响了南非经济发展和对外国投资者的吸引力，同时冲击了社会经济各个领域，尤其是矿业生产。南非矿业生产运营需要稳定安全的电力供应。由于电力短缺，不少矿业企业不得不被迫停产。如2008年1月南非Goldfields被迫停产；BHP也宣布暂停对其管理的锰矿的开采，同时Anglo American公司宣布由于电力不足，被迫关停其在南非九个矿厂中的四个。

此次突如其来的电力短缺使南非各界为之震动，南非总统亲自召见Eskom公司高层。南非政府也积极反应，在短短十几天后，能矿部于2008年1月25日公布了“南非电力短缺应对措施”，从电力供应和需求两方面提出各项解决措施，并与电力公司Eskom、采矿业界在1月26日发布应对电力短缺联合声明。其中，在用电高峰时间，Eskom采用限制用电和分区停电的措施，在短期内缓解电力紧张局面。

为了满足国内用电需求，Eskom不得不缩减电力出口。尽管这场电力危机源于南非，但实际上产生的连锁反应已经影响到整个南部非洲地区。已经受到影响的其他南部非洲国家有博茨瓦纳、莱索托、莫桑比克、纳米比亚、斯威士兰和津巴布韦。

目前南非计划推动电力发展，首批3个新电站计划于2013年前并网发电。一系列中长期的电力发展规划也已正式发布。

（二）电力结构

1. 火电

火电是南非最主要的电力来源。国家总发电量的90%来自火电。这意味着如果火电燃料短缺了，则国家电力供应也随之下降。这种发电结构单一的风险在2008年完全显现出来，尤其是当雨季来临，雨水增多，导致送达火电站的煤无法直接燃烧发电，造成电力的进一步紧张。南非政府正试图增加发电结构的多样化，但由于电力危机尚未消除以及国家煤炭储量丰富，目前新建的电厂仍以火电为主。预计至2012年火电仍占总发电量的87.6%左右，而煤仍然是南非电力的主要能源。

2. 石油和天然气发电

由于南非不产石油和天然气，因此这两种能源不会成为南非发电的主要能源。南非目前规划中也没将其他燃烧能源放入南非发电系统里。但不排除未来会适当发展一些小规模的这类电站。预计至2012年这类电站发电比例可能会有所上升。

3. 核电

目前，南非国内拥有2个核反应堆，均位于Koeberg核电站，发电量为1842兆瓦，约占南非总发电量的4.5%。南非首台商业性核反应堆于1984年开始运行发电。2007年早期，Eskom董事会批准调研2027年前新建20吉瓦规模的核电站，其中首先于2009年—2010年新建一座加压水冷却反应堆（PWR），第一台发电机组将于2016年开始发电。环境评估程序已在进行中，目前有五个建设地址供选择。至于新核电站采用什么技术，尚在论证中，美国西屋公司和法国阿海珐集团的技术均有可能被选中。预计到2012年，核电占南非总发电量的比例将增加到5.75%，成为南非仅次于火电的第二大电力来源。扩大核电已逐渐成为南非电力发展的一个方向。

4. 水电

尽管南非总体上是一个水资源紧张的国家，但有能源专家指出南非还是有一定的水电发展潜力。在全国范围内适当建设一批小水电站有助于提高未来电力供应的稳定性。美国能源部估计南非境内约有6000—8000个地方适合建设发电容量在100兆瓦以下的小水电站，并指出Kwazulu - Natal和Eastern Cape 2个省是最有潜力的地方。目前，南非最大的水电站是发电量为1吉瓦的Drakensberg蓄水发电站，该发电站属于一个大型的用水管理规划（把Tugela河水调到Vaal流域）。南非第二大水电站位于开普敦（Cape Town）市外的Palmiet河。目前，水电在国家总发电量的占比仅为1.8%，不过预计到2012年将增长到2.5%。

5. 风力发电

目前，南非境内用于发电的可再生能源主要包括生物能、地热能和太阳能。2008年5月风能也被列入发电的可再生能源，就在当月南非首座风力发电厂正式上网发电。该风力发电厂名称为Darling风力发电厂，位于西开普敦省，拥有4台涡轮发电机，总装机容量达5.2兆瓦，总投资为7500万兰特（约合988万美元）。南非第二座风力发电厂现计划建在Sthelena Bay，预计能发出150兆瓦的电力。南非拥有广阔的海岸线，具有发展大型风力发电厂的潜力。目前南非可再生能源发电量仅3.3兆瓦，占总发电量的3%。但考虑到今后风力发电在南非的推广将提高可再生能源发电量的比重，预计到2012年可达到总发电量的4.7%。

（定稿于2009年12月12日）

参考文献资料

2009年1季度南非基础设施报告(South Africa Infrastructure Report). Business Monitor International。

第二章 肯尼亚

一、2008/09年度肯尼亚国民经济运行情况

肯尼亚位于非洲东部，赤道横贯中部，东非大裂谷纵贯南北。东与索马里为邻，北与埃塞俄比亚和苏丹接壤，西与乌干达毗连，南和坦桑尼亚交界，东南濒临印度洋。领土面积58.27万平方公里，人口3830万①，人口增长率3%。肯尼亚是东非地区最大的经济体和撒哈拉以南非洲第五大经济体。

（一）受大选危机和诸多不利外部因素影响，GDP增速明显放缓

肯尼亚独立后实行以私营经济为主、多种经济形式并存的“混合经济”体制，经济发展较快，成为东南非共同市场（COMESA）的重要成员和东非共同体（EAC）的倡导者，有“东非经济火车头”之称。1991年以来，肯政府实行经济自由化，提出到2020年成为新兴工业化国家的发展目标。但90年代中期以来，由于自然灾害频繁、国际金融组织停止援助以及体制上的痼疾，肯尼亚经济增长乏力，年均GDP增长不足2%。当全国彩虹同盟（NARC）在2002年底大选获胜上台后，齐贝吉总统提出“经济复苏战略”，大力发展经济，肯尼亚经济开始缓慢复苏。

近年来，肯尼亚宏观经济总体运行良好。2003年以来，受良好的国际宏观经济形势所推动，肯尼亚GDP增长率稳步上升，2007年达到7.1%（见图1）。但2007年底的大选争议引发政治危机，农业、旅游、工业、外贸均受到较大冲击，经济急转直下。2008年一季度GDP增长-1.0%，系2002年齐贝吉总统执政以来首次现出负增长。2008年4月大选危机结束、成立联合政府后，肯尼亚采取了一系列恢复和重建经济的措施，修订并正式实施“2030远景规划”，出台“2008—2012年发展计划”，对外实施全方位和务实的外交政策，注意改善和加强与西方的关系，寻求政治支持和增加援助，取得一定成效。2008年二季度GDP增长3.2%，显示经济已逐步恢复。但肯尼亚经济又受到上半年世界粮食危机、燃油价格暴涨以及下半年美国金融危机等外界因素冲击，增速明显放缓。

2008年肯尼亚GDP按当前价格计算为20998亿肯先令（约303.5亿美元），比2007年的18260亿肯先令（约291.3亿美元）增长了15%；扣除物价上涨因素，按2001年不变价格计

① 肯尼亚财政部2008年数据。

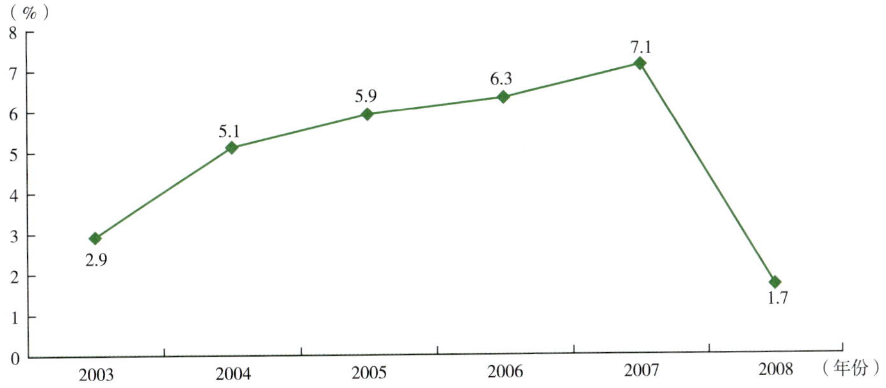

图 1 肯尼亚近年来 GDP 实际增长率

资料来源：肯尼亚中央银行、国家统计局和财政部。

算为 13606 亿肯先令，比 2007 年的 13380 亿肯先令增长 1.7%，与上一年同期的 7.1% 相比，经济增速明显放缓。人均 GDP 按当前价格计算为 54895 肯先令（约 793.5 美元），比 2007 年的 49128 肯先令（约 783.9 美元）略有增加；以 2001 年不变价格计算，人均 GDP 为 35611 肯先令，比 2007 年的 36000 肯先令下降 1.1%（见表 1）。根据肯尼亚中央银行的分析，增速降低的主要原因包括：2008 年年初大选后大规模暴力活动；包括石油在内的全球初级商品价格高涨；2008 年四季度全球金融危机对肯尼亚旅游业和出口的负面影响。

表 1　　近年来肯尼亚 GDP 总量和人均国民收入情况表

年　度	2003 年	2004 年	2005 年	2006 年	2007 年	2008 年
GDP(亿肯先令)*	1131783	1274328	1415724	1622434	1825960	2099798
GDP(亿肯先令)**	1055658	1109541	1175081	1249331	1338039	1360626
人均 GDP(肯先令)	34090	37284	40289	44894	49128	54895

* 按当前价格计算。

** 按 2001 年不变价格计算。

资料来源：肯尼亚中央银行、国家统计局和财政部。

从各产业部门来看，情况差异较大（见表 2）。农业、制造业、批发零售业和交通通信业与上一年相比表现较差，而建筑业则实现较快的增长。具体来看，农林渔业增速为 -5.1%，而 2007 年则增长 2%。产值下降的主要原因是肯尼亚大选后暴力行为造成粮食生产下降，气候条件比较干旱导致粮食特别是玉米产量急剧下降，以及农业生产成本增加，特别是燃料和肥料价格上涨。制造业 2008 年增长 3.8%，低于 2007 年的 6.5%。增速下降的主要原因是 2008 年上半年国际油价暴涨导致生产成本的升高。而建筑业 2008 年增长了 8.3%，高于 2007 年的 6.9%，主要是由于政府部门在基础设施领域支出的增加以及银行对私营部门支持的增加。从服务业部门来看，2008 年宾馆和餐饮业增速为 -36.1%，而 2007 年则为 16.3%，下降非常明显，这主要是受到大选暴力活动的影响。2008 年一季度同比下降了 60.2%，从 2 季度开始，开始逐步恢复，但又受到全球金融危机的打击，恢复比较缓慢。同样，交通通信业增速从 2007 年的 15.1% 下降到 2008 年的 3.1%。

表2　　肯尼亚各行业GDP近年来增长情况　　单位：%

年　度	2003年	2004年	2005年	2006年	2007年	2008年
农林渔业	0.7	3.5	6.9	4.4	2.1	-5.1
矿产业	3.5	-0.3	2.7	4.1	12.9	3.2
制造业	6	4.5	4.7	6.3	6.5	3.8
电力和供水	14	3	-0.1	-1.4	9.1	5.2
批发零售贸易	1.5	8.5	5.6	11.6	11.5	5.1
宾馆餐饮业	-20.3	38.8	13.3	14.9	16.3	-36.1
建筑业	1	4.4	7.5	6.4	6.9	8.3
交通和通信业	3.5	7	9	11.4	15.1	3.1
金融中介	1.5	1.4	5.6	4.8	6.7	3.1
房地产、租赁和商业服务	2.3	3	3.4	3.9	3.5	3.7
公共管理和国防	0.6	0.2	-1.3	-1.6	-2	0.6
教育	9.7	2	0.7	0.3	3.7	5.8
健康和社会事业	2.8	3.8	3.2	3.3	3.2	3.6
其他社区、社会和人力服务	0	3.7	3	4.3	3.4	3
家庭私营经济	2	2	2	2	2	2

资料来源：肯尼亚中央银行、国家统计局和财政部。

从经济发展推动力来看，2008年消费比上年增长了12.34%，其中政府消费比2007年增加了6.82%，私人消费增加了13.69%，分别为3605.69亿和15727.61亿肯先令，而2007年为3375.60亿和13833.66亿肯先令。2008年总固定资产投资和净进口分别为4022.32亿和3252.86亿肯先令，分别比2007年增长15.58%和57.46%。政府消费的增长主要是由于工资、利息以及发展性支出，而私人消费增加则主要是由于银行信贷投放的增加。2008年，投资、消费和进出口贸易占GDP的比重结构中（详见表3），消费占GDP的比重依然最大（92.07%）。投资所占比重继续呈上升趋势，但所占比例依然较小，由于原油价格走高以及商品价格上涨，肯尼亚贸易逆差继续呈扩大趋势。

表3　　肯尼亚投资、消费和进出口贸易占GDP的比重　　单位：%

年　度	2003年	2004年	2005年	2006年	2007年	2008年
消费占GDP比重	90.18	93.38	92.78	92.81	94.25	92.07
其中						
私人消费	73.02	75.52	75.4	75.35	75.76	74.9
政府消费	17.17	17.86	17.38	17.46	18.49	17.17
投资占GDP比重	15.61	17.09	16.91	17.95	19.06	19.16
其中						
固定资产投资	15	16.26	18.7	19.08	19.4	19.45
存量增减	0.61	0.83	-1.79	-1.13	-0.34	-0.29
出口	22.6	26.35	27.92	26.96	26.54	26.25
进口	-28.38	-34.2	-37.01	-37.83	-37.86	-41.74
贸易平衡	-5.78	-7.85	-9.09	-10.87	-11.32	-15.49
国内储蓄	9.25	5.83	6.64	6.88	5.22	7.78
总的国民储蓄	14.91	12.17	13.41	14.88	13.06	14.81

资料来源：肯尼亚中央银行2008年度经济报告。

（二）肯尼亚产业状况分析

农业、工业和服务业是肯尼亚国民经济三大支柱。根据2008年统计数据显示，上述三大产业占GDP的比例分别为27%、15%和58%（如图2所示）。

1. 农业

农业是肯尼亚经济的主体，农产品出口约占商品出口总额的70%，全国70%以上的人口从事农牧业。可耕地面积10.48万平方公里（约占国土面积的18%），其中已耕地占73%，主要集中在中部、西部和南部部分地区。北部和东部半干旱地区主要是畜牧业。主要粮食作物有玉米、小麦、水稻、粟类、豆类和薯类等，其中玉米是最重要的粮食作物。主要经济作物有茶叶、园艺产品、咖啡、除虫菊、甘蔗、剑麻、棉花、马卡达姆坚果（俗称夏威夷果）等，主要供出口。咖啡、茶叶和园艺产品是肯尼亚主要出口换汇产品。园艺产品出口持续攀升，成为欧洲园艺产品市场排名第一的供应国，园艺业也是肯尼亚就业人数最多的行业。鲜花出口量连续数年位居世界首位，占据欧盟25%的市场份额。肯尼亚还是世界上除虫菊主产国，产量占世界总产量的80%。渔业资源丰富，大多来自境内的淡水湖泊，其中维多利亚湖产鱼量占渔业生产总量的90%。

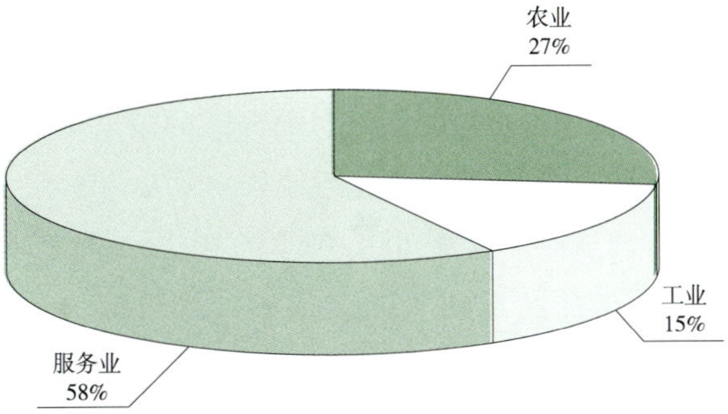

图2 2008年肯尼亚三大产业占比情况

资料来源：肯尼亚中央银行2008年度经济报告。

农业在2008/09财政年度①表现较差，增长率为-5.4%，而上一年为2.1%，负增长主要是由于天气干旱、选举后暴力活动以及肥料等农资的价格上涨。农业内各部门的表现也有较大的差异，其中，2008/09财年茶叶产量下降0.15%，而上一年则增长11.9%。园艺产品出口比上年减少了10.8%，主要是2008年初选举后危机影响了花卉种植，而2008年第4季度的全球金融危机使得各国的进口需求减少。与此相反，咖啡的产量则增长了34.8%，从上一年的39842吨增长到53701吨。甘蔗产量增长了2.5%，从522.86万吨增长到535.78万吨（见表4）。

① 肯尼亚财政年度计算方法为上一年的7月1日到当年的6月30日。因此，2008/09财年为2008年7月1日至2009年6月30日。其他财政年度依此类推。

表4　肯尼亚主要出口创汇农产品生产情况

产　品	2004/05	2005/06	2006/07	2007/08	2008/09
茶叶					
产量（吨）	321440	295791	375226	328216	327713
增长率(%)	0.19	-8.07	25.24	-11.89	-0.15
园艺产品					
产量（吨）	160729	162099	167959	206485	184239
增长率(%)	18.24	3.98	8.00	19.77	-10.77
咖啡					
产量（吨）	51136	47995	50899	39842	53701
增长率(%)	-9.77	-7.14	12.58	-30.82	34.78
甘蔗					
产量（吨）	4751432	4953329	4953167	5228645	5357764
增长率(%)	3.73	8.52	0.88	2.83	2.47

资料来源：肯尼亚中央银行2008年度经济报告。

2. 工业

肯尼亚独立以后，工业发展较快，门类比较齐全，是东非地区工业最发达的国家。所需日用消费品85%由国内生产，其中服装、纸张、食品、饮料、香烟等基本自给，有些还可供出口。较大的企业有炼油、轮胎、水泥、轧钢、发电、汽车装配厂等。肯尼亚制造业部门2008年增长率为3.8%，低于2007年的6.5%。主要是由于油价上涨导致生产成本升高以及第一季度选举后暴力活动和第四季度全球金融危机而导致的需求减少。但是饮料、服装、木材和非金属产品生产活跃。2008/09财年制造业的增长主要是由水泥和啤酒行业所推动，增长率分别为29.3%和16.2%。水泥产量从2007/08财年的263.35万吨增加到340.51万吨，而同期啤酒产量从3.81亿升增加到4.43亿升。同样，糖和石灰的产量分别增长1.1%和1.2%。牛奶和烟草产量分别下降2.4%和0.5%，分别为3.88亿升和1500万支（见表5）。

表5　肯尼亚主要制造业产品生产情况

产　品	2004/05	2005/06	2006/07	2007/08	2008/09
食糖					
产量（吨）	507306	504589	474944	530129.00	536135.33
增长率(%)	-3.35	2.92	-5.14	10.79	1.13
水泥产品					
产量（吨）	1975464	2104918	2370982	2633494	3405146
增长率(%)	22.86	2.64	14.50	10.28	29.30
石灰					
产量（吨）	357521	364760	385756	439958	445220
增长率(%)	1.30	1.58	4.89	16.00	1.20
牛奶					
产量（千升）	284144	351609	402009	397209	387554
增长率(%)	17.19	17.71	14.18	-1.23	-2.43

续表

产　品	2004/05	2005/06	2006/07	2007/08	2008/09
啤酒					
产量（千升）	257124	278905	328345	381164	442877
增长率(%)	19.13	8.01	20.70	15.99	16.19
烟草					
产量（千支）	10052	12049	13281	15075	14995
增长率(%)	21.28	20.57	9.35	12.26	-0.53

资料来源：肯尼亚中央银行2008年度经济报告。

除制造业外，电力也是肯尼亚工业的支柱产业。肯尼亚电力来源由水电、地热发电和其他热电组成，其中水电占比最大。2008/09财年，由于降水量不足，肯尼亚全年发电量从上一年的60.67亿千瓦时下降到55.94亿千瓦时，下降了7.8%。水电占全部发电量的46.5%。受干旱影响，发电量从34.88亿千瓦时下降到28.49亿千瓦时。而电力消费的增长速度则较为缓慢，从上一年的52.43亿千瓦时增加到52.81亿千瓦时，增长了0.7%（如表6所示）。

表6　肯尼亚近年来的电力供需情况

年　度	2004/05	2005/06	2006/07	2007/08	2008/09
电力供应(发电)					
发电量(百万千瓦时)	5246.20	5654.00	6097.20	6066.60	5594.40
增长率(%)	7.9	7.8	7.9	-0.5	-7.8
其中					
水力发电(百万千瓦时)	2867.80	3025.30	3300.10	3488.10	2849.10
增长率(%)	-12.0	5.5	9.1	5.7	-18.3
地热发电(百万千瓦时)	1034.30	1003.40	1014.90	1020.50	1179.00
增长率(%)	31.3	-3.0	1.1	0.6	15.5
热电(百万千瓦时)	1344.00	1625.30	1782.90	1558.00	1653.70
增长率(%)	64.5	20.9	9.7	-12.6	6.1
电力消费					
消费量(百万千瓦时)	4351.40	4605.70	4965.70	5242.90	5281.40
增长率(%)	7.0	5.8	7.8	5.6	0.7
燃料消费					
消费量(吨)	2549	2742	3002	2939	2041
增长率(%)	13.2	7.6	9.5	-2.1	-30.6

资料来源：肯尼亚国家统计局。

3. 服务业

服务业在肯尼亚整个国民生产总值中占比最大，其中旅游业更是肯尼亚第二大创汇行业。2008/09财年服务业部门中的旅游业和交通运输业表现不够理想。近年来肯尼亚旅游业发展较为迅速，但2008年受选举后暴力活动和全球金融危机的负面影响，旅游业形势不佳，2008

年入境旅游游客人数下降较为明显，直到2009年前半年，旅游业才开始逐步复苏。2008/09财年肯尼亚游客入境人数从上一财年的85.05万上升到86.38万，增长了1.6%（参见图3）。

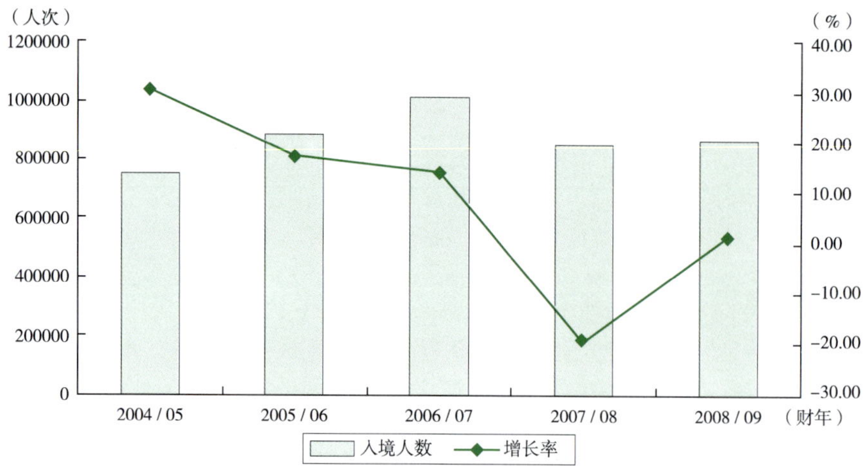

图3　近年来肯尼亚旅游入境人次情况

资料来源：肯尼亚旅游局。

2008/09财年的前半年，受到高油价和全球金融危机的影响，出口和旅游需求减少，最终导致交通需求减少。肯尼亚输油管道全年运输量增长4.8%，从387.39万吨增长到405.87万吨。蒙巴萨港的货物吞吐量增长了7.6%，从1629万吨增加到1753万吨。航空服务的产值从上年的63.97亿先令增加到66.3亿先令，增长了3.64%，远低于上一年同期的16.49%（如表7所示）。

表7　　肯尼亚近年来运输业情况

年　　度	2004/05	2005/06	2006/07	2007/08	2008/09
海运					
吞吐量（吨）	13284921	13524051	15198435	16290399	17534495
增长率（%）	6.23	1.28	12.38	7.18	7.64
管道运输					
运输量（千升）	3459298	3627232	3963076	3873855	4058727
增长率（%）	11.83	4.90	9.26	2.51	4.77
航空运输					
产值（百万先令）	2982	3963	5360	6397	6630
增长率（%）	32.74	35.41	35.28	16.49	3.64

资料来源：肯尼亚国家统计局。

通信业是肯尼亚服务业重点行业之一。近年来，该行业已成为肯尼亚经济增长的亮点。通信业原来一直由政府垄断，电信设施落后成为制约肯尼亚经济发展的瓶颈。2000年后政府开始有限开放移动通信业，允许两家私营手机服务商参与经营。此后，移动通信业迅猛发展，也因此带动了整个通信业的快速增长（如表8所示）。

表 8　　肯尼亚固定电话和移动电话用户发展情况

年　度	2002/03	2003/04	2004/05	2005/06	2006/07	2007/08
固定电话容量	508000	508000	513820	516993	505103	512281
固话用户数	328358	299225	278867	293364	339229	327064
移动电话容量	2000000	3935000	6800000	10600000	18200000	25964700
移动用户数	1590286	2546157	4479375	6484791	9304818	12933653

资料来源：肯尼亚通信管理委员会。

2008/09 财年肯尼亚固定电话用户从 32.09 万用户增长到 44.85 万，增长了 39.76%；移动电话用户从 1293 万户增长到 1786 万户，增长了 38.13%；电信渗透率从 34.80% 增长到 45.70%（见图 4）。

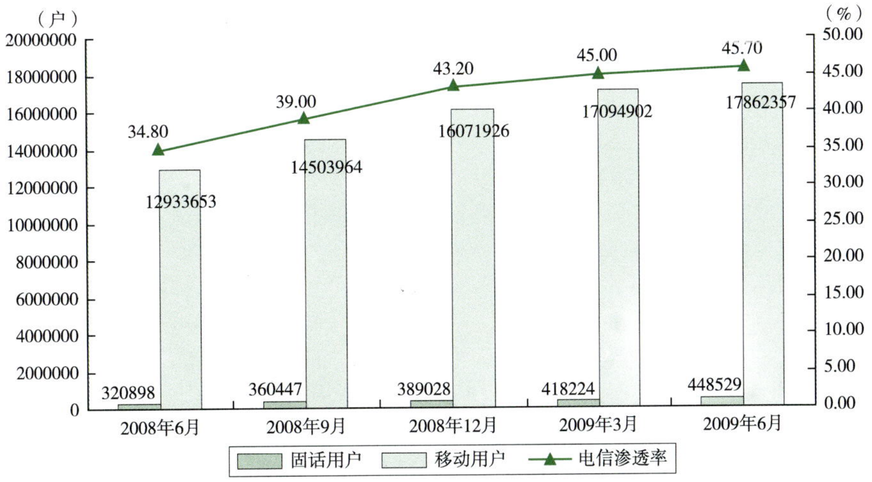

图 4　2008/09 财年肯尼亚电信业增长情况

资料来源：肯尼亚通信管理委员会。

（三）肯尼亚政府财政状况分析

1. 财政政策

肯尼亚政府 2008/09 财年财政政策的总体目标是刺激经济增长和创造就业、减少贫困、提高粮食安全程度和保障贫困人口生活。为此，肯尼亚政府确定了财政政策的五个基本原则：第一，维持稳定的宏观经济环境，创造良好的商业环境；第二，促进基础设施和公共工程的发展，以刺激经济增长、创造就业和减少贫困；第三，促进地区和社会公平发展以维护稳定；第四，增加对环境和粮食安全的投入；第五，增强政府治理能力。

2. 2008/09 财年政府财政收支情况

2008/09 财年肯尼亚政府财政收入（包括外国赠款）为 5114 亿肯先令，而 2007/08 财年为4577亿肯先令，增长了11.73%（见表9）。但财政收入和赠与占GDP的比重则从22.5%下降到21.4%。尽管财政收入状况有所改善，但是依然低于年初预期的5384亿肯先令的目标。缺口主要是由于公司所得税和增值税收入下降。

表9　肯尼亚政府近三年基本财政状况　单位：十亿肯先令

年　度	2006/07财年	2007/08财年	2008/09财年		
	实　际	实　际	实　际	目　标	差　额
1. 收入	388.5	457.7	511.4	538.4	-27.0
收入	373.0	432.2	493.3	510.8	-17.6
税收收入	322.3	381.1	437.0	438.5	-1.5
非税收收入	17.7	15.4	18.8	25.3	-6.5
AIA	33.0	35.7	37.5	47.1	-9.6
外国赠款	15.5	25.4	18.1	27.5	-9.5
2. 支出	419.6	534.8	621.9	676.0	-54.1
经常性支出	339.2	403.4	462.2	470.6	-8.3
发展性支出	80.4	131.5	159.7	205.4	-45.8
3. 承诺基础赤字	-31.0	-77.2	-110.6	-137.7	-27.1
占GDP比重	-1.8	-4.5	-4.6	-5.8	
4. 现金基础调整	-5.6	9.3	17.2	-0.4	17.6
5. 现金基础赤字	-36.6	-67.9	-93.4	-138.1	-44.7
占GDP比重	-2.1	-4.0	-4.6	-5.8	
6. 误差	0.0	-7.9	-3.6	0.0	3.6
7. 融资	36.6	59.9	83.5	138.1	-54.6
国内（净额）	34.7	-13.9	50.9	75.9	-25.0
外部（净额）	-2.0	6.3	11.6	41.1	-29.6
资本收益（私有化）	4.0	67.5	0.0	0.0	0.0
其他	0.0	0.0	21.1	21.1	0.0

资料来源：肯尼亚财政部和中央银行。

就财政收入的来源来看，总的税收收入为4370亿肯先令，比2007/08财年的3811亿肯先令增长了14.7%。但是，税收收入比年初预定的目标低15亿肯先令。同样，援助拨款（AIA）增长了18亿肯先令，达到375亿肯先令，而非税收收入增长了34亿肯先令，达到188亿肯先令。但是，外国赠款下降较为明显，比上一年减少了74亿肯先令，为181亿肯先令，下降了28.74%。由于以上变化，税收收入占总收入的比重从2007/08财年的83.3%上升到2008/09财年的85.5%。同样，非税收收入的比重从3.4%上升到3.7%。但援助拨款的占比从7.8%下降到7.3%，外国赠款占比从5.6%下降到3.5%。从以上可以看出，税收收入依然是肯尼亚政府收入的主要来源，在政府收入（不包括外国赠款）中，所得税和增值税、消费税占比较大，分别为35.9%、26.1%和14.2%（如图5所示）。

如图6所示，2008/09财年，肯尼亚政府财政支出和净借款增长了16.3%，从2007/08财年的5348亿肯先令上升到6219亿肯先令。增长主要是由于经常性支出和发展性支出分别增长了14.6%和21.4%。经常性支出增长了589亿肯先令，从2007/08财年的4034亿肯先令上升到2008/09财年的4622亿肯先令。这主要是由于工资支出、利息支付和其他支出分别增

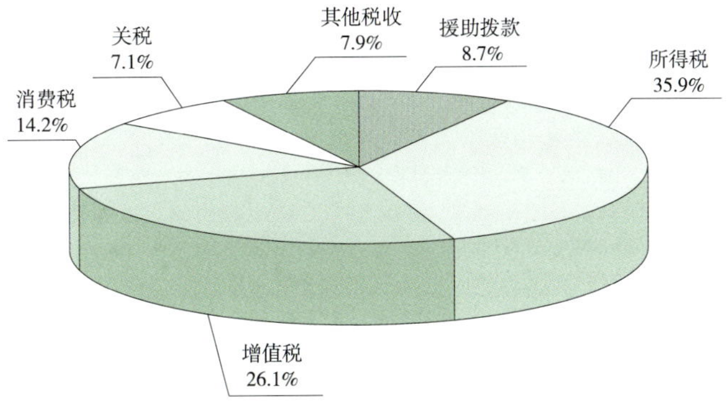

图5 2008/09 财年肯尼亚政府收入构成情况

资料来源：肯尼亚财政部和中央银行。

加了104亿、41亿和444亿肯先令。但经常性支出比年初预定的目标低83亿肯先令。发展性支出从1315亿肯先令增长到1597亿肯先令，反映了基础设施发展的支出增加。发展性支出比年初预定目标低458亿肯先令（34.8%）。低于预定目标主要是由于项目特别是外部融资项目的执行率降低。但是，发展性支出占总支出的比例从2007/08财年的24.6%上升到25.7%，而经常性支出的比重从75.4%下降到74.3%（如图7所示）。这一变化与肯尼亚政府将更多的资源投入到基础设施发展上来，从而创造良好商业环境和促进投资，以实现经济快速增长的财政政策目标是一致的。

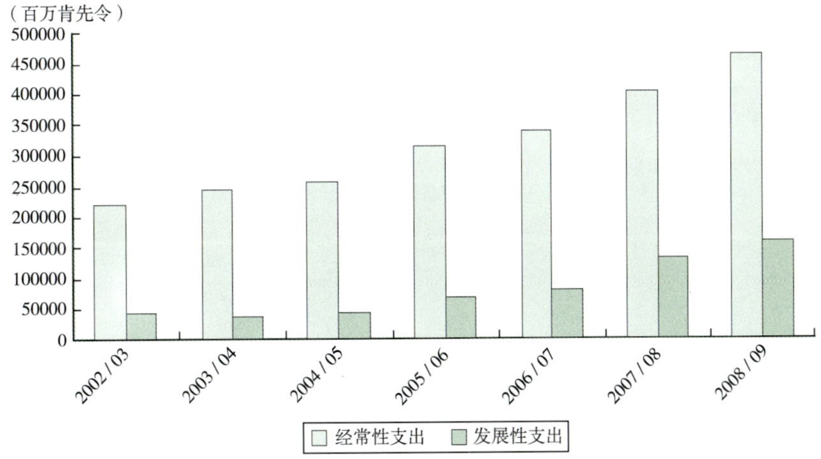

图6 肯尼亚政府近年来财政支出状况

资料来源：肯尼亚财政部和中央银行。

2008/09财年肯尼亚政府财政赤字为1106亿肯先令，占GDP的4.6%，而2007/08财年赤字为772亿肯先令，占GDP的4.5%。此外，由于非税收收入和援助拨款（AIA）的下降，政府收入低于预期目标。赤字低于修正的1377亿肯先令（占GDP的5.8%）的目标。

肯尼亚中央政府的2008/09财年财政运行导致需要融资898亿肯先令的资金，而2007/08财年则为907亿肯先令。融资资金有835亿肯先令用于弥补赤字，63亿肯先令偿还政府对中央银行的透支。融资渠道包括：从商业银行和非银行途径借债724亿肯先令，从外国借债116亿肯先令，从中央银行提取政府存款33亿肯先令，从出售Telkom股份中获得25亿肯先令（见表10）。

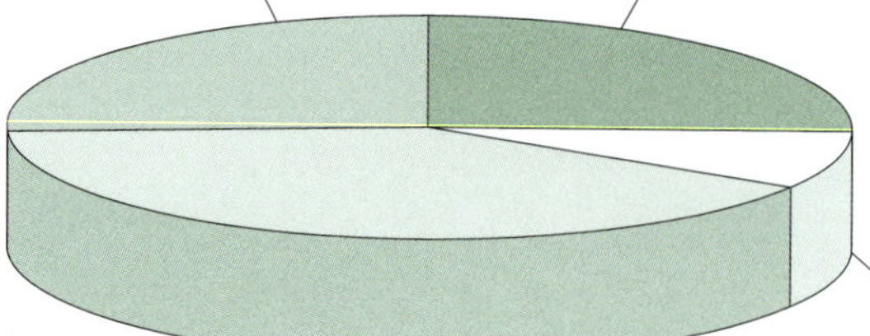

图7　2008/09财年肯尼亚政府支出构成

资料来源：肯尼亚财政部和中央银行。

表10　肯尼亚政府财政融资要求和来源　单位：十亿肯先令

I 融资要求	2004/05	2005/06	2006/07	2007/08	2008/09
1. 预算赤字	—	36.5	37	58	83.5
2. 外债减免	0.6	—	1.7	—	—
3. 国内债务减免	19.6	5.6	5.6	6.2	6.3
3.1 中央银行	4.3	5.6	5.6	—	6.3
3.2 商业银行	15.3	—	—	6.2	—
3.3 非银行来源	—	—	—	—	—
4. 中央政府在央行存款增加	6.1	15.4	—	26.4	—
总　计	26.4	57.5	44.3	90.7	89.8
II 融资来源	**2004/05**	**2005/06**	**2006/07**	**2007/08**	**2008/09**
1. 预算盈余	7.3	—	—	—	—
2. 外债增加	—	1.3	—	4.4	11.6
3. 国内债务增加	19.1	49.3	22.2	18.8	72.4
3.1 中央银行	—	—	—	9.3	—
3.2 商业银行	—	27.1	7.3	—	43.6
3.3 非银行来源	19.1	22.1	14.9	9.5	28.8
4. 中央政府在央行存款减少	—	—	18.1	—	3.3
5. 再融资成本	—	7	4	67.5	2.5
总　计	26.4	57.5	44.3	90.7	89.8

资料来源：肯尼亚财政部和中央银行。

3. 肯尼亚政府2009/10财年财政预算

根据肯尼亚政府2009/10的财政预算，政府财政收入（除外国赠款）预计为5696亿肯先令（占GDP的22.4%）。外国赠款预计为353亿肯先令（占GDP的1.4%）。政府支出预计为7724亿肯先令（占GDP的30.3%），其中经常性支出5091亿肯先令（占GDP的19.9%）。发展性支出为2613亿肯先令（占GDP的10.3%）。

全部预算赤字（包括赠与）预计为1682亿肯先令（占GDP的6.6%）。赤字主要通过外国借款502亿肯先令（占GDP的2%）、国内借款1095亿肯先令（占GDP的4.3%）、私有化收益60亿肯先令和Telkom融资成本25亿肯先令来解决。

4. 政府债务情况

（1）总体债务状况

肯尼亚政府债务管理战略的总体目标是满足中央政府以最小成本和最低风险度借款的需求。该战略目标也包括便于政府从金融市场融资，支持国内金融市场的良性发展。2008/09财年肯尼亚公共债务和公共担保增长了21%，从2008年6月的8706亿肯先令增加到2009年6月的10538亿肯先令。增长的债务中包括879亿肯先令国内债务和953亿肯先令外债。国内债务占全部债务的比例从50.1%下降到49.2%，而外债的占比从50.5%升高到50.8%。全部公共债务存量占GDP的比重从2008年6月的42.8%增加到2009年6月的44%。其中，外债占GDP的比重从21.6%增加到22.4%，而国内债务占GDP的比重从21.2%上升到21.7%（见表11）。

表11　肯尼亚政府债务需求和来源状况　单位：十亿肯先令

年　度	2006年6月		2007年6月		2008年6月		2009年6月	
	金额	占比(%)	金额	占比(%)	金额	占比(%)	金额	占比(%)
国内债务								
证券债务	349.7	97.7	402.9	99.6	427.2	99.2	511.6	98.7
短期国债	130.3	36.4	130.0	32.1	111.3	25.8	116.8	22.5
其中附回购交易债券	35.5	9.9	35.5	8.8	34.4	8.0	33.3	6.4
长期国债	218.4	61.0	272.2	67.3	315.2	73.2	360.7	69.6
政府公债	1.1	0.3	0.8	0.2	0.8	0.2	0.8	0.1
非证券债务	8.1	2.3	1.8	0.4	3.4	0.8	6.9	1.3
透支/预支	8.1	2.3	1.1	0.3	0.4	0.1	5.1	1.0
其他	0.0	0.0	0.7	0.2	3.0	0.7	1.8	0.3
国内债务总计	357.8	100.0	404.7	100.0	430.6	100.0	518.5	100.0
占GDP的比重	23.2		23.6		21.2		21.7	
占全部债务比重	45.3		50.5		50.1		49.2	
外债								
双边	154.9	35.9	137.9	34.8	153.2	34.8	185.4	34.6
多边	255.5	59.3	240.3	60.6	268.2	61.0	326.9	61.1
商业银行	1.3	0.3	0.3	0.1	0.0	0.0	0.0	0.0
出口信贷	19.5	4.5	18.0	4.5	18.5	4.2	23.1	4.3
外债总计	431.2	100.0	396.6	100.0	440.0	100.0	535.3	100.0
占GDP的比重	27.9		23.1		21.6		22.4	
占总债务比重	54.7		49.5		50.5		50.8	
公共债务总计	789.1		801.3		870.6		1053.8	
占GDP的比重	51.1		46.7		42.8		44.0	

资料来源：肯尼亚财政部和中央银行。

（2）国内公共债务

2008/09财年，肯尼亚政府国内公共债务从2008年6月的4306亿肯先令增长到2009年6月的5185亿肯先令，增长了20.4%。其中，短期国债增加399亿肯先令，长期国债增加456亿肯先令，其他国内债务增加35亿肯先令。政府从央行透支是其他国内债务的重要组成部分，增加了51亿肯先令，但仍在法律规定的169亿肯先令的限度内。长期国债从2008年6月的3152亿肯先令增加到2009年6月的3607亿肯先令。长期国债存量增加部分有185亿肯先令是肯尼亚政府为基础设施项目融资而发行的第一期基础设施债券。短期国债（包括回购协议）从1113亿肯先令增加到1378亿肯先令。长期国债占全部国内债务的比例从2008年6月的72.7%下降到2009年6月的69.6%，而同期短期国债占比从17.7%上升到22.5%。

从债务期限来看，肯尼亚政府国内债务的平均期限从2008年6月的3年零8个月增加到2009年6月的3年零9个月。这一变化与肯尼亚政府延长债务期限以减少短期债务风险的债务管理战略相一致。2009年2月发行的基础设施债券超额认购了80亿肯先令，反映了投资者对此类债券的潜在需求很大以及债券市场的活跃。2008/09财年政府在发行长期债券上取得了巨大进步。截至2009年6月，到期日在5年以内的政府债务占比为11.1%，到期日在10年到20年之间的国债占比从20.7%增加到27%。从债务持有人来看，商业银行持有的国债比例尽管从49.5%下降到48.8%，但占比依然是最高的。

2008/09财年，肯尼亚政府国内债务利息和其他费用的支付从2007/08财年的422亿肯先令增加到455亿肯先令。但是，由于财政收入增长较快，国内债务利息支付占国内财政收入的比重从10.6%下降到10.1%。这表明，尽管肯尼亚政府国内债务存量增加，但是政府偿债能力也得到了加强。由于利率下降，新的国内债务的利息支付额从2007/08财年的101亿肯先令下降到2008/09财年的79亿肯先令（参见图8）。

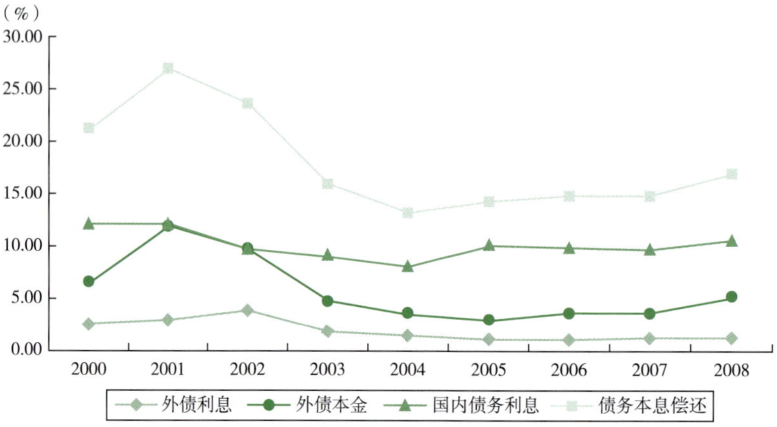

图8　近年来肯尼亚债务偿还占财政收入的比重

资料来源：肯尼亚财政部和中央银行。

（3）外债（见表12）

由于肯先令对欧元、美元和英镑走弱，肯尼亚外债以本币计价，从2008年6月的4400亿肯先令（68亿美元）增加到2009年6月的5353亿肯先令（69亿美元）。增加部分包括外国贷款提款243亿肯先令和701亿肯先令升值损失。

表12 肯尼亚政府外债的具体情况 单位：百万先令

	2004	2005	2006	2007	2008	2009	债务偿还			
							2008/09		2009/10	
							本金	利息	本金	利息
外 债										
双 边										
奥地利	2606	2465	2437	3031	3252	2156	201	86	247	57
比利时	5607	5782	5247	4625	4750	6944	391	209	728	209
加拿大	1393	1295	1267	1117	1340	1262	47	66	57	32
丹 麦	2514	2362	2392	2144	2336	2260	138	—	135	—
芬 兰	212	134	160	118	120	130	7	7	8	4
法 国	18418	18086	18643	18887	22903	26576	1135	661	933	600
德 国	11190	12927	13910	13479	15764	15489	564	172	482	187
意大利	9131	8535	8741	6688	6344	5768	1227	32	1066	26
日 本	57378	56031	54267	44241	72845	58791	3823	1524	4025	1329
荷 兰	4039	3870	2752	2367	2318	2099	329	81	255	73
英 国	2739	2704	2705	2628	2458	2179	92	129	121	150
美 国	5661	4359	5842	4754	4863	5422	180	211	232	228
其 他	12561	11516	11316	14433	13848	18927	970	522	1129	835
总 计	133449	130066	129680	118512	153141	148003	9104	3700	9418	3730
多 边										
非发行	25365	23619	25837	23631	30135	32180	309	240	683	269
欧 盟	10178	8490	13335	10248	11235	10191	1493	226	1114	199
世 行	213604	206493	200901	187538	202612	230481	6381	1805	7068	1979
IFAD	2750	3606	3405	3339	4021	4942	63	27	108	55
其 他	382	426	665	1799	2673	5279	139	54	309	109
总 计	252279	242634	244142	226555	250676	283073	8385	2352	9282	2611
商业银行	19586	21020	20810	19653	18543	22547	—	—	5235	—
银 团	—	—	—	—	—	—	—	—	—	340
外债总计	405314	393720	394632	364720	422360	453623	17489	6052	23935	6681
IMF	8265	13138	11408	13704	17548	18738	1051	228	1566	112
总计(含IMF)	413579	406858	406040	378424	439908	472361	18540	6280	25501	6793
担保债务										
双 边	29178	24806	25197	23195	25591	33054	1203	450	972	236
多 边	136	73	—	—	—	—	—	—	—	—
总 计	29314	24879	25197	23195	25591	33054	1203	450	972	236
广义外债总计	442893	431737	431237	401619	465499	505415	19743	6730	26473	7029

资料来源：肯尼亚财政部和中央银行。

根据贷款人来分，对多边机构（除IMF以外）外债的比例从2008年6月的61%上升到2009年6月的61.1%，双边债权人占比从34.8%下降到34.6%。但是出口信贷占外债比例由4.2%上升到4.3%（见图9）。

从币种来看，美元、英镑和欧元债务占比从2008年6月的30.1%、5.9%和34.1%分别下降到2009年6月的27.2%、5.7%和31.4%。但是包括特别提款权在内的其他币种债务占比从4.7%上升到10.6%。日元债务比例维持不变，仍为25.1%。

由于肯先令的贬值，外债偿还数额从2007/08财年的229亿肯先令（占经常收入的5.8%）增加到2008/09财年的239亿肯先令（占经常收入的5.2%）。偿债数额中有176亿肯先令用于偿还本金，63亿肯先令用于偿还利息。外债偿债率（外债偿还额与货物和服务出口收入的比率）从2007/08财年的4.4%下降至2008/09财年的4.2%。从2004/05财年以来，肯尼亚偿债率逐步稳定在4%左右，大大低于2003/04财年的9.3%（参见图10）。

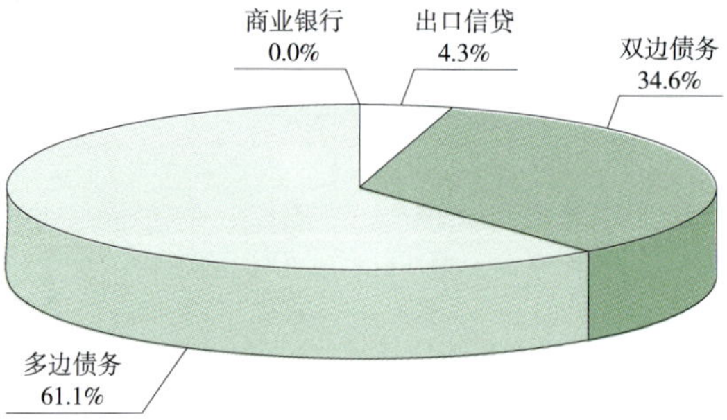

图9　2009年6月肯尼亚外债构成

资料来源：肯尼亚财政部和中央银行。

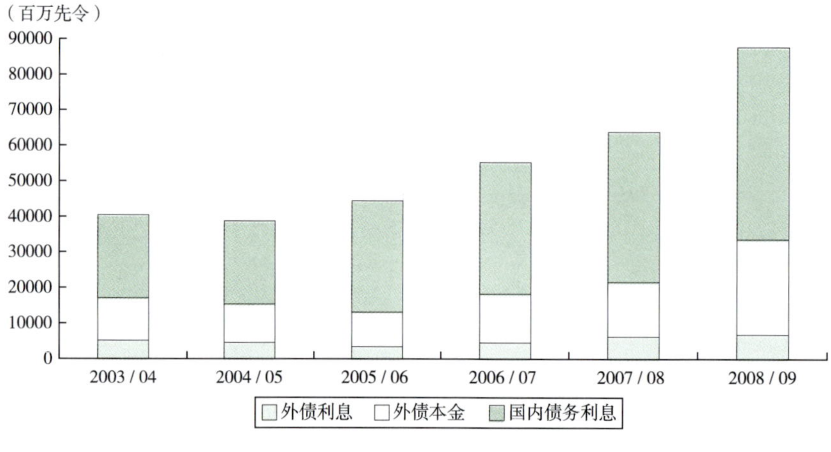

图10　近年来肯尼亚政府偿债情况

资料来源：肯尼亚财政部和中央银行。

（4）肯尼亚政府2009/10财年借债计划

根据肯尼亚财政部2009/10财年财政预算报告，政府国内借债的目标为1095亿肯先令（占GDP的4.3%），而外债借款预计为502亿肯先令（占GDP的2%），但是根据肯尼亚政府中期（从2009/10财年到2011/12财年）预算战略，总的国内债务与GDP的比率预计从2009年6月的22.7%上升到2010年6月的24.7%，主要是由于预期的GDP的增长速度低于国内债务增长速度。因此，外债占GDP的比率预计将从22%增加到23.9%，但是低于2009年6月的24.1%。

（四）金融市场发展状况

1. 流动性从过剩走向从紧，货币供应增速减缓

2008/09 财年肯尼亚货币政策的基本目标依然是加强宏观经济的稳定性，通过控制货币发行来控制通货膨胀，使货币政策与抑制通货膨胀和实现经济增长的目标相协调。为实现货币政策目标，肯尼亚央行主要利用回购协议（REPO）等来进行公开市场操作（OMO）。但2008/09 财年肯尼亚货币政策的实施面临着一系列的不利因素，包括 2008 年年初选举后的暴力活动，2008 年全国遭遇大面积长时间的干旱，外部市场初级商品价格上涨，全球金融危机和此后的经济衰退。这些因素导致银行信贷供需降低以及银行存款增长减缓，流动性从过剩走向从紧。结果，全年货币增长低于年初预计的目标。

2008/09 财年肯尼亚的货币政策的目标是将国内基础通胀率控制在 5% 左右。为此，肯尼亚央行设定了能够维持国内价格稳定的储备货币和货币供应水平。货币供应（M3）和储备货币增长目标分别为 17.1% 和 10.7%。但是，由于 2008 年 12 月 4 日央行将现金储备率（CRR）从 6% 调低到 5%，从而导致储备货币的增长目标调整为 16.2%。2008/09 财年的广义货币（M2）量供应量为 8121 亿肯先令，广义货币（M3）供应量为 9502 亿肯先令，市场中的流动性总计为 11669 亿肯先令，增速为 13.5%。其中广义货币（M2）的增速从2007/08 财年的 18.2% 下降到 2008/09 财年的 13.4%；同时，广义货币（M3）的增速从18.7% 下降到 13%，低于预期的 17.1% 的目标。广义货币增速下降主要是由于 2008 年肯尼亚经济增速放缓。银行系统净外汇资产（NFA）下降抵消了净本币资产（NDA）的增长。净外汇资产下降了 4.5%，而 2007/08 财年则增长 30.8%，特别商业银行外汇资产下降了 21.8%，这主要是由于肯先令贬值损失和官方债务偿还额的增加。银行系统的净本币资产增长了 22.3%，高于上一年的 13.1%，反映了对私营部门和政府的信贷投放增加（见表 13）。

储备货币①在2008/09 财年增长了 4.6%，低于 2007/08 财年 18.2% 的增速，且低于年初预定的 10.7% 的目标。储备货币增速减缓是由于商业银行和银行外现金增速都有所减缓所致。2008/09 财年商业银行现金储备增速为 4.7%，远低于 2007/08 财年 35.3% 的增速，银行外现金增速为 4.5%，低于 2007/08 财年的 7%。作为储备货币来源的肯尼亚央行外汇净资产和国内净资产都实现增长，其中外汇净资产增速为 3.1%，低于前一年的 23.8%；净国内资产增速为 1.6%，而前一年增速为 -44.8%，主要是由于央行向银行间市场注入流动性而导致商业银行在中央银行的储备金减少以及政府净借款增加（见表 14）。

① 包括流通中的货币和商业银行在中央银行的存款。

表13　肯尼亚近年来货币供应及其来源　单位：十亿肯先令

年　度	2006/07财年	2007/08财年	2008/09财年	年均增速(单位%)	
				2007/08	2008/09
1.0 负债					
货币供应					
货币供应(M2)	605.5	716.0	812.1	18.2	13.4
货币供应(M3)	708.4	840.7	950.2	18.7	13.0
流动性总计	884.4	1028.6	1166.9	16.3	13.5
2.0 资产(2.1+2.2)					
2.1 净外汇资产	222.7	291.3	278.2	30.8	-4.5
中央银行	163.7	202.6	208.8	23.8	3.1
其他银行机构	59.1	88.7	69.4	50.2	-21.8
2.2 净本币资产(2.21+2.22)	485.6	549.4	672.1	13.1	22.3
2.21 本币信贷(2.210+2.211)	600.3	701.8	854.0	16.9	21.7
2.210 政府信贷	157.2	133.4	173.9	-15.1	30.3
2.211 私营部门和其他公共部门	443.2	568.3	680.2	28.2	19.7
2.22 其他净资产	-114.7	-152.4	-181.9	32.8	19.4
储备货币	129.4	152.9	159.9	18.2	4.6

资料来源：肯尼亚财政部和中央银行。

表14　肯尼亚储备货币及其来源　单位：十亿肯先令

年　度	2007年6月	2008年6月	2009年6月	变化(%)	
				2007/08	2008/09
1. 外汇净资产	163.7	202.6	208.8	23.8	3.1
2. 国内净资产	-34.3	-49.6	-48.8	-44.8	1.6
2.1 政府净借款	-3.5	-27.7	-23.5	-696.3	14.9
2.2 预支和贴现	-15.7	4.5	15.0	128.9	230.8
2.3 其他国内资产	-17.5	-28.9	-42.8	65.8	-47.9
3. 储备货币	129.4	152.9	159.9	18.2	4.6
3.1 银行外现金	78.1	83.6	87.3	7.0	4.5
3.2 银行储备	51.2	69.3	72.6	35.3	4.7

资料来源：肯尼亚财政部和中央银行。

根据肯尼亚央行货币政策目标，2009/10财年肯尼亚央行广义货币（M3）和储备货币增速的目标分别为14.5%和10.9%。

2. 通胀得到初步控制，但防通胀压力仍然较大

总体通货膨胀率从2008年6月的29.3%下降到2009年6月的17.8%。下降主要由于选举后暴力活动影响的消退及季节性食品和石油产品的价格下降。但是，平均年度通胀率从上一年同期的18.5%上升到25%，反映了2008年下半年油价高涨、2009年第1季度的大旱和现有CPI计算方法导致的向上偏误。基础通胀率从2008年6月的7.6%上升到2009年6月的

8.5%。在此期间，基础通胀率在2009年4月达到最高的9.95%，反映了供应短缺（包括肯先令贬值和食品供应不足）带来的通胀压力（见表15）。

表15　2008/09财年肯尼亚通货膨胀情况

年　度	2008年							2009年					
	6月	7月	8月	9月	10月	11月	12月	1月	2月	3月	4月	5月	6月
总　体	29.26	26.51	27.58	28.24	28.43	29.37	27.72	21.87	25.09	25.86	26.07	19.52	17.76
基　础	7.60	7.61	8.23	8.59	8.67	9.10	9.04	8.89	8.67	8.75	9.95	9.37	8.51

资料来源：肯尼亚财政部和中央银行。

2009年6月，食品和非酒精饮料消费者价格的年均通胀率最高，为23.4%，但比2008年6月的40.1%有所下降。燃料和电力类通胀率从20.1%下降到-2.6%，主要是由于国际油价下跌所致。这还导致交通通信类通胀率从2008年6月的21%下降到1.6%，下降了19.4%。同样，酒精饮料和烟草、再就业和教育、服装鞋子类通胀率都得到下降，分别下降了5.6%、0.8%和0.2%。医疗货物和服务、个人货物和服务、住房以及家庭货物和服务通胀率分别从2008年6月的10.3%、6.8%、6.6%和8.6%上升到2009年6月的15.3%、11.5%、9.5%和9.5%。

总的来说，国际原油价格波动对肯尼亚国内价格水平有重要影响。目前的电力和水资源短缺也将导致生产成本的增加，最终影响货物和服务价格。CPI计算方法的改变和CPI篮子权重的修正也将影响国内总体价格水平。此外，由于干旱导致的粮食供应短缺问题也将导致食品价格的上涨。因此，未来肯尼亚控制通胀的压力依然较大。

3. 继续实行以市场为基础的利率制度，利率水平总体下降

为了增加国内的流动性，肯尼亚央行两次调低中央银行利率（CBR），从2008年7月的9%调低到2009年6月的8%。由于央行降息，短期利率呈下降趋势。91天短期国债利率从2008年7月的8%下降到2009年6月的7.3%。182天短期国债利率从2008年7月的9.1%下降到2009年6月的8.3%。同期，银行间拆借利率也从8.1%下降到3.1%。银行间利率下降增加了市场中可以获得的流动性，降低了信贷成本。

在信贷市场，商业银行平均贷款利率从2008年7月的13.9%上升到2009年6月的15.1%。主要是由于1到5年期商业和个人贷款利率的增加。反映了经济增长速度放缓导致的借款人信用风险增加。而5年以上的长期贷款利率和透支利率基本维持不变。

商业平均存款利率增长了80个基点，从2008年7月的4.5%上升到2009年6月的5.3%。3个月以内的存款利率和超过3个月的存款利率都有所上升。存款利率升高主要是由于银行长期存款的需求增加以及国债购买最低水平从100万肯先令降低到10万肯先令给存款市场带来的竞争。活期存款利率从2008年7月的1.3%降低到2009年6月的1.1%，而储蓄存款利率从1.7%升高到2.1%。由于整体贷款利率的增长速度高于存款利率的增长，存贷款利差从9.4%上升到9.8%（见表16）。

由于肯尼亚宏观经济的基本面在未来将保持稳定，预计利率将保持稳定。肯尼亚央行

将继续执行谨慎的货币政策以维持利率的稳定性。但是未来为刺激存款和投资的增长，存款利率必须保持增长，而贷款利率将一步下调，存贷款利差也将进一步降低，以提高金融市场效率。

表16　2008/09财年肯尼亚利率基本情况

单位：%

年　度	2008年						2009年					
	7月	8月	9月	10月	11月	12月	1月	2月	3月	4月	5月	6月
91天短期国债	8.031	8.017	8.36	7.75	8.39	8.59	8.46	7.55	7.31	7.33	7.45	7.33
182天短期国债	9.09	8.75	8.08	8.32	8.86	9.08	8.93	7.89	7.91	8.34	8.77	8.28
平均贷款利率	13.91	13.66	13.66	14.12	14.32	14.87	14.78	14.67	14.92	14.71	14.85	15.09
透支利率	13.49	13.11	13.43	13.91	13.85	14.4	13.84	13.46	13.78	13.66	14.46	14.41
银行间拆借	8.07	6.92	6.7	6.81	6.83	6.66	5.95	5.49	5.57	5.81	5.55	3.08
平均存款利率	4.54	4.65	4.62	4.65	4.86	4.89	5.19	5.23	5.09	5.12	5.1	5.28
3个月定期	5.25	5.39	5.19	5.39	5.89	5.68	6	6.11	5.89	5.96	5.95	6.02
储蓄利率	1.67	1.68	1.73	1.74	1.61	1.65	2.1	2.13	1.9	1.91	1.67	2.08
利　差	9.37	9.01	9.04	9.47	9.46	9.98	9.59	9.44	9.78	9.59	9.87	9.8

资料来源：肯尼亚中央银行。

4. 国内信贷市场波动较大，总体趋势逐渐向好

根据肯尼亚中央银行的资料，截至2009年6月，肯尼亚银行业由43家商业银行、2家抵押金融公司和123家外币兑换所组成。其中四大商业银行——巴克莱银行、渣打银行、肯尼亚商业银行和肯尼亚国民银行业务总量占肯尼亚金融业的60%。银行分支机构从2008年6月的772家增加到2009年6月的930家，增长了20.5%。截至2009年6月30日，肯尼亚银行业依然维持较高的资本充足率、充足的流动性和较低的不良贷款率。2008/09财年总的股东资金、存款和资产分别增长了25.4%、9.5%和15.0%。银行资产的流动性比较强，流动比率为40.9%，远高于法定的20%的标准。

2008/09财年，肯尼亚银行业的总资产增长了15%，从2008年6月的10991亿肯先令增长到2009年6月的12635亿肯先令。资产的主要由贷款、国债和投资组成，分别占53%、20%和10%。存款增加了9.5%，从8712亿肯先令增加到9537亿肯先令。存款、保留盈余和资本注入的增长支持了资产规模的扩张。不良贷款增长了14%，从2008年6月的563亿肯先令增加到2009年6月底的642亿肯先令。增长主要是由于选举后的暴力活动以及正常商业活动中的不良贷款的增加。但是不良贷款率从2008年6月的9.4%下降到2009年6月的9.0%，主要是由于金融机构提高了信用担保标准。从负债来看，2008/09财年商业银行总存款增加了9.5%，从8712亿肯先令增加到9537亿肯先令。主要是由于金融机构加强了吸收存款力度、分支机构的扩张以及出口流入的增加。

受选举后政局逐步稳定、肯尼亚中央银行降息、商业银行分支机构扩张等有利因素的影响，2008/09财年肯尼亚银行系统对国内的信贷投放增长了21.7%，增速高于2008/09财年的16.9%。其中对政府部门的信贷增长了30.3%，而上一年为净偿还15.1%。对其他公共部

门（包括地方政府和半政府机构）和私营部门的信贷投放从2007/08财年的5683亿肯先令增加到6738亿肯先令，但由于2008年经济增速减缓，对其他公共部门和私营部门的信贷增速从上一年的28.2%下降到19.7%。其中，对私营部门信贷投放增加了20.7%。就行业而言，对矿产开发、房地产、消费信贷、贸易等行业的信贷投放增速较快，分别为299.7%、60.9%、58.7%和56.1%。对贸易、制造业、家庭和商业的信贷投放占整个信贷投放的比重较大，占比分别为14.6%、12.7%、12.4%和11.5%（见表17）。

表17　肯尼亚对其他公共部门和私营部门信贷投放情况　单位：十亿肯先令

年　度	2007/08财年		2008/09财年		变　化	
	金　额	占比(%)	金　额	占比(%)	金　额	占比(%)
1. 对其他公共部门信贷	10.1	1.8	6.3	0.9	-3.7	-37.2
地方政府	-2.6	-0.5	-4.2	-0.6	-1.6	61.2
半政府机构	12.7	2.2	10.5	1.5	-2.1	-16.9
2. 对私营部门信贷	558.3	98.2	673.8	99.1	115.6	20.7
农业	27.1	4.8	31.3	4.6	4.1	15.2
制造业	70.1	12.3	86.3	12.7	16.2	23.2
贸易	63.8	11.2	99.6	14.6	35.8	56.1
建筑	35.2	6.2	40.0	5.9	4.8	13.5
交通运输	44.3	7.8	54.6	8.0	10.3	23.2
金融保险	26.6	4.7	19.9	2.9	-6.7	-25.3
房地产	26.9	4.7	43.3	6.4	16.4	60.9
采掘业	5.3	0.9	21.3	3.1	16.0	299.7
家庭	104.9	18.5	84.3	12.4	-20.7	-19.7
消费信贷	27.0	4.7	42.8	6.3	15.8	58.7
商业服务	61.3	10.8	78.1	11.5	16.8	27.4
其他	65.6	11.6	72.4	10.6	6.8	10.3
3. 总计	568.3	100.0	680.2	100.0	111.8	19.7

资料来源：肯尼亚中央银行。

（五）进出口贸易、外国直接投资及外汇储备情况

1. 国际收支状况

2008年，肯尼亚国际收支平衡（参见表18）深受全球经济形势的影响。受全球金融危机等不利外部因素的影响，2008/09财年整个国际收支平衡表有4.22亿美元的赤字，而2007/08财年则为盈余6.83亿美元。由于受贸易伙伴国经济增速放缓影响，花卉和原材料出口降低，而进口额则呈增长趋势，导致经常账户赤字增加了15.98亿美元，从2007/08财年的赤字10.73亿美元增加到2008/09财年的26.71亿美元，增长了149%。而同期资本和金融账户的盈余增加了4.93亿美元，从17.56亿美元增加到22.49亿美元，增长了28%。

表18　　2008/09财年肯尼亚国际收支平衡表　　单位：百万美元

项　目	2007/08财年	2008/09财年 1季度 6—9月	2季度 10—12月	3季度 1—3月	4季度 3—6月	2008/09财年	变　化
1. 总体平衡	683	-292	-273	-160	302	-422	-1105
2. 经常账户	-1073	-937	-628	-508	-599	-2671	-1598
2.1 货物账户	-5428	-1958	-1665	-1264	-1365	-6252	-824
出口(FOB)	4648	1312	1189	1099	1024	4623	-25
咖　啡	169	35	30	47	68	179	10
茶　叶	755	256	229	210	182	877	122
园艺产品	739	159	170	177	162	668	-71
石油产品	145	20	28	19	19	87	-58
制成品	571	188	137	131	114	570	-1
原材料	320	73	57	62	55	247	-72
转　口	213	85	85	65	47	28	168
其　他	1736	496	453	388	376	1713	-23
进　口(CIF)	10076	3269	2854	2363	2388	10875	799
石　油	2448	1081	540	400	536	2556	108
化学品	1318	384	339	353	308	1384	66
制成品	1505	409	445	301	323	1477	-28
机械及运输设备	2762	862	825	801	663	3151	389
其　他	2043	534	706	509	560	2309	265
2.2 服务账户	4355	1021	1038	757	766	3581	-774
非要素服务	2015	568	591	397	377	1934	-81
其中旅游	786	211	190	146	117	664	-123
收　入	-69	-21	-19	-15	-17	-73	-4
其中:官方利息	-141	-21	-27	-23	-26	-97	44
经常转移	2409	475	466	374	405	1720	-689
私人部门	2102	480	470	374	405	1730	-372
公共部门	307	-5	-5	0	0	-10	-317
3. 资本和金融账户	1756	645	355	347	901	2249	493
3.1 资本转移	337	47	37	101	62	247	-90
3.2 金融账户	1419	598	318	247	839	2002	583
官方中长期	96	-18	45	15	78	119	23
流　入	348	52	103	74	132	361	112
流　出	-252	-71	-58	-59	-54	-242	11
私人部门中长期	14	629	-47	-145	21	459	445
商业银行	-493	636	-35	-136	7	472	965
其他私人中长期	507	-6	-12	-9	13	-14	-520
短期(包括误差)	1309	-13	319	377	741	1424	115
总外汇储备	5786	1548	5012	4320	4822	4822	-965
官　方	13445	1119	3151	2714	3219	3219	-226
进口覆盖*	4	3	3	3	3	3	0
进口覆盖**	5	0	4	3	4	4	-1
商业银行	2341	429	1861	1606	1602	1602	-739

* 基于当年的货物进口和非要素服务。

** 基于36个月平均的货物进口和非要素服务。

资料来源：肯尼亚中央银行。

在2008/09财年的经常账户中，非要素服务、收入和经常转移账户盈余为35.81亿美元，比2007/08财年的43.55亿美元减少了21.6%。非要素服务净收入从上一年的20.15亿美元下降到19.34亿美元。主要是由于2008年初选举后危机和全球经济下降等负面因素导致入境旅游收入从2007/08财年的7.86亿美元下降到2008/09财年的6.64亿美元。同样，居民对非居民提供交通服务的收入也有所下降。由于对非政府组织转移和汇款的减少，经常转移账户净收入从24.09亿美元下降到17.2亿美元。收入账户平衡进一步恶化，2008/09财年的净流出为7300万美元，而2007/08财年为6900万美元，反映了国际利率水平下降导致官方外汇储备和私有外汇利息收入的下降。但外汇利息收入的下降部分抵消了私营部门对非居民的红利支付的下降以及政府外债利息支付的减少。

资本和金融账户的盈余从2007/08财年的17.56亿美元增加到2008/09财年的22.49亿美元，增加了28.1%。金融流入增加主要是由于“私人中长期”和“官方中长期”两类的流入分别从1400万美元和9600万美元增加到4.59亿美元和1.19亿美元。中长期金融流入状况的改善主要是由于商业银行提取4.72亿美元的海外存款（而2007/08财年商业银行向海外存款4.93亿美元）。肯尼亚政府外国借款从2007/08财年的3.48亿美元增长到2008/09财年的3.61亿美元；而外债偿还额从2.52亿美元下降到2.42亿美元，因此，导致官方中长期金融流的改善。资本转移账户的余额从3.37亿美元下降到2.47亿美元，反映了对政府的项目赠款的减少。但是，其他的私人中长期金融流有所恶化，2008/09财年的净流出为1400万美元，而2007/08财年为净流入5.07亿美元。短期净金融流入（包括交易错误和忽略）从13.09亿美元增加到14.24亿美元，增长了8.8%。

2. 进出口贸易情况

(1) 肯尼亚进出口贸易情况

对外贸易在肯尼亚经济中占有重要地位。从2003年到2008年，肯尼亚进出口贸易总额从4206亿肯先令增长到10933亿肯先令，增长了160%。随着贸易额的增加，肯尼亚的对外贸易依存度也从37%增加到52%（见图11）。肯尼亚主要出口商品（见图12）为茶叶、咖啡、花卉、水泥、剑麻、除虫菊、纯碱、皮革、肉类和石油产品等；主要进口商品（见图13）为原油、机械、钢铁、车辆、药品、化肥等。

2008/09财年，肯尼亚出口额下降了0.5%，从2007/08财年的46.48亿美元下降到46.23亿美元。各种类产品表现不一。茶叶出口金额增加了16.8%，主要是由于茶叶价格从2100美元/吨增加到2452美元/吨，而茶叶出口的总量从357606吨增加到360081吨。由于价格上涨和产量增加，咖啡出口收入也有所增长。咖啡单位出口价格从3190美元/吨升高到3278美元/吨，增加了2.8%，而产量则从53791吨增加到54858吨。转口额特别是润滑油脂、肥料和道路车辆也得到增长。另一方面，受全球需求减少的影响，园艺产品出口收入下降。原材料和石油产品出口也分别下降了23%和40%，出口额分别为2.47亿美元和8700万美元。主要是由于肯尼亚贸易国产出的减少。制造货物出口价值保持不变，为5.7亿美元。从出口产品价值构成来看，茶叶、园艺产品和工业制成品在出口产品中占比最大，分别为

19%、14.5%和12.3%。

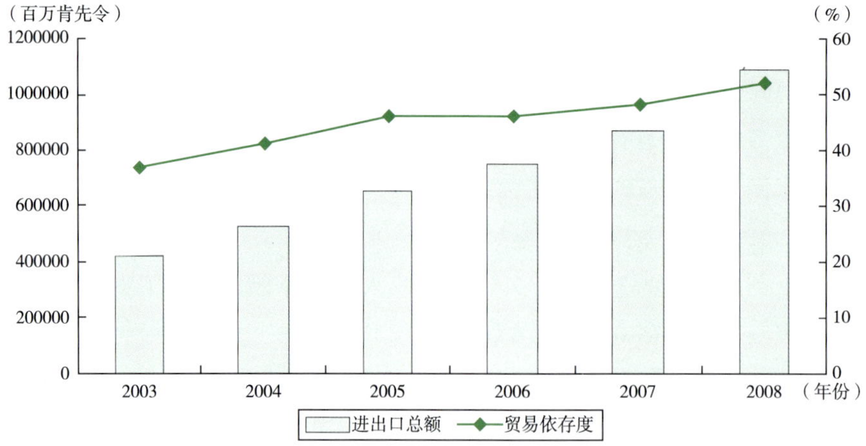

图11 肯尼亚近年来进出口贸易增长情况

资料来源：肯尼亚财政部和中央银行。

由于进口额增长了7.9%而出口额降低了0.5%，因此，肯尼亚的贸易赤字从2007/08财年的54.28亿美元扩大到2008/09财年的62.52亿美元，增长了15.2%。

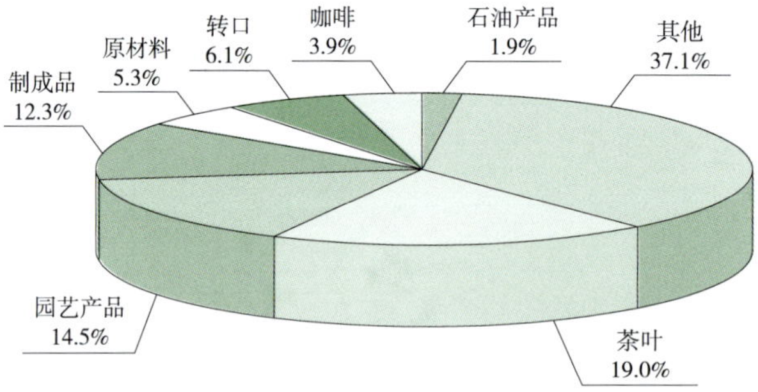

图12 2008/09财年肯尼亚出口产品构成

资料来源：肯尼亚财政部。

2008/09财年，肯尼亚进口额从2007/08财年的100.76亿美元增长到108.75亿美元。其中，增长最快的是机械和运输设备类产品，增速为14.1%。该类进口货物包括发电机械、电力机械、电信和音像设备以及办公设备。石油进口（主要是航空煤油和车用汽油）增加4.4%，从24.48亿美元增加到25.56亿美元。其他进口增长了13.5%，主要是由于肯尼亚国内粮食短缺而导致玉米进口从3.31亿美元增长到3.44亿美元。从进口产品价值构成来看，机械和运输设备、石油和工业制成品在进口产品中占比最大，分别为29%、23.5%和13.6%。

（2）肯尼亚主要贸易对象国分析

2008/09财年，肯尼亚主要出口目的国（见表19）分别为乌干达（占全部出口的13.8%）、英国（11.4%）、坦桑尼亚（9.3%）、荷兰（7.9%）、美国（6.3%）、巴基斯坦

（4.6%）、埃及（4.3%）、苏丹（3.9%）、索马里（3.5%）和刚果（金）（3.4%）。总的来说，对非洲国家的出口占肯尼亚全部出口的50.7%。

肯尼亚进口的主要来源国（见表20）分别为阿联酋（占全部进口的11%）、印度（10.9%）、中国（8.6%）、南非（7.5%）、日本（5.6%）、美国（4.5%）、英国（3.9%）、德国（3.8%）、新加坡（3.8%）和沙特阿拉伯（3.4%）。

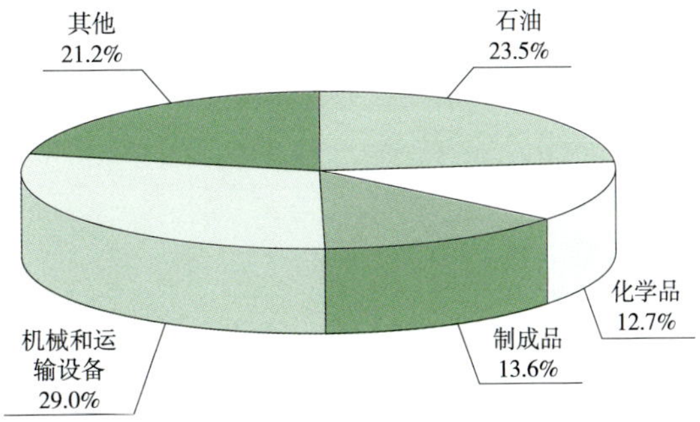

图13　2008/09财年肯尼亚进口产品构成

资料来源：肯尼亚财政部。

表19　2008/09财年肯尼亚主要出口目的国　单位：百万美元

目的国	财年			占全部出口比重（%）		
	2006/07	2007/08	2008/09	2006/07	2007/08	2008/09
乌干达	435	571	637	11.2	12.3	13.8
坦桑尼亚	291	367	431	7.5	7.9	9.3
埃及	151	157	199	3.9	3.4	4.3
苏丹	166	200	179	4.3	4.3	3.9
索马里	115	179	163	3.0	3.8	3.5
刚果（金）	116	130	158	3.0	2.8	3.4
卢旺达	73	100	140	1.9	2.2	3.0
其他	359	394	437	9.2	8.5	9.5
非洲总计	1705	2098	2344	44.0	45.1	50.7
英国	396	520	528	10.2	11.2	11.4
荷兰	299	372	367	7.7	8.0	7.9
美国	294	283	292	7.6	6.1	6.3
巴基斯坦	223	169	212	5.8	3.6	4.6
阿联酋	85	151	102	2.2	3.2	2.2
德国	69	94	96	1.8	2.0	2.1
印度	65	97	88	1.7	2.1	1.9
阿富汗	33	53	74	0.9	1.1	1.6
法国	50	70	70	1.3	1.5	1.5
其他	658	742	450	17.0	16.0	9.7
出口总计	3877	4648	4623	100.0	100.0	100.0

资料来源：肯尼亚财政部和中央银行。

表 20　　2008/09 财年肯尼亚主要进口来源国　　单位：百万美元

来源国	财年			占全部出口比重(%)		
	2006/07	2007/08	2008/09	2006/07	2007/08	2008/09
南非	454	597	815	5.5	5.9	7.5
埃及	148	144	134	1.8	1.4	1.2
其他	365	426	348	4.4	4.2	3.2
非洲总计	967	1166	1296	11.8	11.6	11.9
印度	703	1069	1186	8.6	10.6	10.9
阿联酋	1194	1600	1201	14.5	15.9	11.0
中国	540	817	940	6.6	8.1	8.6
日本	503	653	614	6.1	6.5	5.6
美国	643	393	494	7.8	3.9	4.5
英国	432	409	421	5.3	4.1	3.9
新加坡	249	194	417	3.0	1.9	3.8
德国	304	351	354	3.7	3.5	3.8
沙特阿拉伯	316	289	375	3.8	2.9	3.4
印度尼西亚	227	335	278	2.8	3.3	2.6
荷兰	138	162	230	1.7	1.6	2.1
法国	185	246	232	2.3	2.4	2.1
巴林	140	101	209	1.7	1.0	1.9
意大利	185	188	184	2.3	1.9	1.7
其他	1479	2101	2444	18.0	20.8	22.5
进口总计	8205	10076	10875	100.0	100.0	100.0

资料来源：肯尼亚财政部和中央银行。

按照地区来分，2008/09 财年，肯尼亚与亚洲的国家的贸易占全部贸易额的比重（见表21）为47.2%，而2007年为43.2%。但和欧洲和美洲国家贸易占比分别从2007年的25.1%和8.6%下降到2008年的23.8%和5.9%。与亚洲国家贸易额的增加主要是由于与中国、日本和印度的贸易额的增加。肯尼亚与欧洲国家的贸易主要是与西欧国家的贸易，但是占比有所下降。与非洲国家的贸易占比没有变化，为22.3%，主要集中于东非共同体和东南非共同市场。

表 21　　2008/09 财年肯尼亚贸易地区分布情况

	总的贸易额(10亿肯先令)						占贸易额比重(%)					
	2003	2004	2005	2006	2007	2008	2003	2004	2005	2006	2007	2008
欧洲	134.2	159.5	172.5	206.9	220.4	265.0	28.9	27.5	24.5	26.8	25.1	23.8
西欧	127.0	151.9	165.8	194.5	207.2	241.5	27.3	26.2	23.6	25.2	23.6	21.7
欧盟	119.0	143.9	155.7	180.2	193.7	222.4	25.6	24.8	22.1	23.3	22.0	19.9
其他	8.0	7.9	10.1	14.3	13.5	19.2	1.7	1.4	1.4	1.8	1.5	1.7
东欧	7.2	7.6	6.7	12.4	13.1	23.4	1.5	1.3	1.0	1.6	1.5	2.1
美洲	22.1	30.5	65.1	53.8	76.0	65.6	4.7	5.3	9.3	7.0	8.6	5.9
美国	17.2	18.9	54.6	45.1	63.7	48.1	3.7	3.3	7.8	5.8	7.2	4.3
其他	4.9	11.6	10.5	8.8	12.2	12.3	1.0	2.0	1.5	1.1	1.4	1.1
非洲	122.0	154.3	183.5	171.9	196.0	248.5	26.2	26.6	26.1	22.3	22.3	22.3
东非共同体	56.4	67.2	78.3	59.1	77.0	96.5	12.1	11.6	11.1	7.7	8.8	8.7

续表

	总的贸易额(10亿肯先令)						占贸易额比重(%)					
	2003	2004	2005	2006	2007	2008	2003	2004	2005	2006	2007	2008
坦桑尼亚	16.0	19.9	23.1	22.8	29.0	36.5	3.4	3.4	3.3	3.0	3.3	3.3
乌干达	31.7	38.1	44.1	28.8	39.5	47.5	6.8	6.6	6.3	3.7	4.5	4.3
COMESA	33.2	42.1	49.8	56.7	66.8	79.6	7.1	7.3	7.1	7.3	7.6	7.1
其他国家	32.4	45.0	55.4	56.1	52.2	72.4	7.0	7.8	7.9	7.3	5.9	6.5
亚洲	174.4	219.1	257.6	324.2	380.3	526.0	37.5	37.8	36.6	42.0	43.2	47.2
中东	82.0	107.7	116.8	129.5	143.6	199.8	17.6	18.6	16.6	16.8	16.3	17.9
远东	92.3	111.4	140.8	194.7	236.7	326.2	19.9	19.2	20.0	25.2	26.9	29.2
大洋洲	2.5	2.1	2.5	3.8	3.1	2.5	0.5	0.4	0.4	0.5	0.4	0.2
其他国家	9.9	13.9	22.3	11.8	3.9	3.4	2.1	2.4	3.2	1.5	0.4	0.3
总计	465.0	579.4	703.5	772.5	879.7	1115.6	100.0	100.0	100.0	100.0	100.0	100.0

资料来源：肯尼亚财政部和中央银行。

3. 肯尼亚吸引外国直接投资的情况

肯尼亚自 1963 年独立以来，一向重视吸收利用外国资本为本国经济建设服务。1964 年政府颁布实施《外国投资保护法》。根据其相关条款和 1994 年的《促进经济振兴和持续发展纲要》，肯尼亚政府实行了一系列改善投资环境的改革措施，如调整关税、放开汇率、投资补贴、亏损结转等。目前，英、美、德、法等国在肯尼亚设有数百家公司，投资领域遍及农业、工业、商业、旅游、金融、交通运输等部门。1997 年以来，西方国家对肯尼亚投资减少。2003 年肯尼亚新政府上台后，外国投资有所增加。肯尼亚 2006 年获外国直接投资 5100 万美元，2007 年更是达到了 7.28 亿美元。但 2008 年受肯尼亚大选政治危机影响，外国直接投资快速下降，全年吸收外国直接投资 9600 万美元，大大低于 2007 年。到 2008 年底，肯尼亚的外国直接投资存量达到 19.88 亿美元。但是从整个东非地区来看，肯尼亚的外国直接投资无论是流入量还是存量都比较少（见表 22）。

表 22　东非地区外国直接投资流量和存量情况　　单位：百万美元

	FDI 流入量			FDI 存量		
	2006 年	2007 年	2008 年	1990 年	2000 年	2008 年
科摩罗	1	8	8	17	21	40
吉布提	164	195	234	13	40	752
埃塞俄比亚	545	222	93	124	941	3681
肯尼亚	51	728	96	668	931	1988
马达加斯加	294	777	1	107	141	3306
毛里求斯	105	339	383	168	683	1632
塞舌尔	146	238	364	213	448	1508
索马里	96	141	87	—	4	346
乌干达	644	733	787	6	807	4189
坦桑尼亚	597	647	744	388	2778	6686
东非地区总计	2643	4028	4272	1701	7132	24511

资料来源：联合国贸发会《2009 年世界投资报告》。

4. 肯尼亚汇率和外汇储备情况

（1）肯先令汇率变化情况

受全球金融危机的影响，2008/09财年肯尼亚先令对世界主要货币贬值较多（见表23）。2008年6月至2009年6月，先令兑美元贬值22.1%，从1:63.8贬到1:77.9。贬值主要发生在2008年下半年，由外国投资者在内罗毕证券交易所大量出售Safaricom公司股票引发，导致大量外汇流出，随后的全球金融危机导致贬值进一步加快，而国际市场美元兑英镑和欧元走强使得先令兑美元更加弱势。但是，2009年前半年，先令兑美元的汇率保持在77.9到80.30之间小幅度波动。此外，先令对英镑、欧元和日元也有所贬值。2009年6月，先令对英镑、欧元和日元的平均汇率分别为127.2:1、109:1和80.6:100，而2008年6月分别为125.3:1、99.2:1和59.6:100。

表23　　近年来肯尼亚先令对世界和非洲货币汇率变化情况

年　度	2006年			2007年			2008年			2009年		2008.06—2009.06 汇率变化(%)
	1月	6月	12月	1月	6月	12月	1月	6月	12月	1月	6月	
肯先令/美元	72.2	73.4	69.6	69.9	66.6	63.3	68.1	63.8	78.0	78.9	77.9	22.1
肯先令/英镑	127.5	135.4	136.8	136.9	132.3	128.5	134.0	125.3	116.5	114.3	127.2	1.6
肯先令/欧元	87.5	93.0	92.0	90.9	89.3	92.2	100.2	99.2	105	105	109.0	9.9
肯先令/日元	62.6	64	59.5	58.1	54.3	56.5	63.2	59.6	85.4	87.4	80.6	35.2
肯先令/兰特	11.8	10.5	9.9	9.7	9.3	9.3	9.8	8.0	7.8	8.0	9.6	20.1
乌先令/肯先令	25.2	25.3	26.1	26.0	25.0	27.1	25.2	25.1	25.1	25.1	27.5	9.3
坦先令/肯先令	16.3	17.1	18.6	18.6	19.0	18.4	17.1	18.6	16.6	17.0	16.9	-9.5

资料来源：肯尼亚财政部和中央银行。

2008/09财年，肯尼亚先令对非洲国家货币表现各有差异。其中肯先令对乌干达先令升值9.3%，2009年6月乌干达先令对肯先令的汇率为27.5:1，而2008年6月为25.1:1。而肯先令对南非兰特和坦桑尼亚先令分别贬值20.1%和9.5%，2009年6月肯先令对兰特和坦先令的汇率分别为9.6:1和1:16.9，而2008年6月分别为8.0:1和1:18.6。

从2008年6月到2009年6月，肯尼亚先令的贸易加权名义有效汇率（NEER）指数贬值16.6%。真实有效汇率（REER）指数是衡量外部竞争力的一个指标，肯尼亚该指数在同期贬值2.6%，反映了肯尼亚通货膨胀率比其贸易伙伴国家要高。

在2009/10财年，受经济恢复计划带来的资本性货物进口增加和干旱导致的食品进口增加，肯尼亚的外汇需求依然非常强劲。肯尼亚央行继续实行谨慎的货币政策，这将有利于抑止通胀率并提高其外部竞争力。

（2）肯尼亚外汇储备情况

2008/09财年，肯尼亚银行系统的总外汇储备（见图14）从2008年6月底的57.86亿美元下降到2009年6月底的48.22亿美元。主要是由于官方持有的外汇储备和商业银行持有的

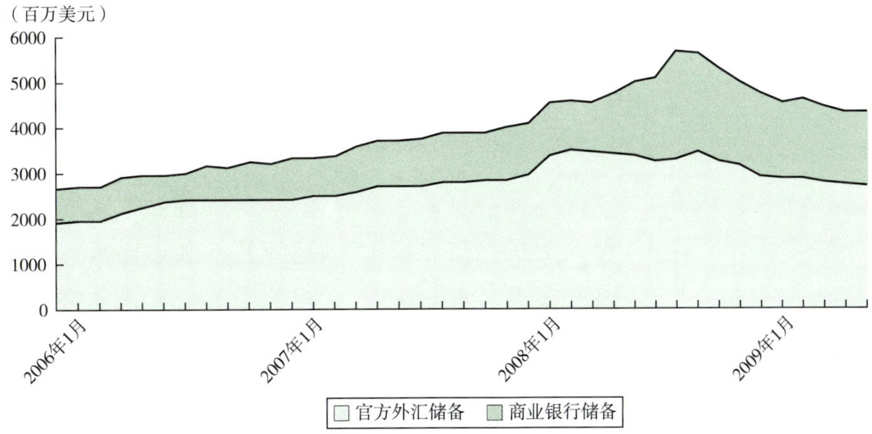

图 14 近年来肯尼亚外汇储备变化情况

资料来源：肯尼亚财政部和中央银行。

外汇储备双双下降。

肯尼亚央行的官方外汇储备从 2008 年 6 月底的 34.45 亿美元（可满足 4.5 个月进口要求）下降到 2009 年 6 月底的 32.19 亿美元（可满足 3.6 个月进口要求）。外汇储备的下降主要是由于肯先令贬值损失和全球金融危机的负面影响。其他贬值损失是由于相当大一部分外汇储备以欧元和英镑存款的方式持有，而这两种货币 2008 年双双对美元贬值。但 2009 年 4 月官方外汇储备开始有所增长，主要是由于 IMF 以外部冲击贷款（ESF）对肯尼亚国际收支平衡进行支持以及肯尼亚央行向国内商业银行购买外汇。

同期，肯尼亚商业银行的外汇资产也下降了 31.6%，从 2008 年 6 月底的 23.41 亿美元下降到 2009 年 6 月的 16.02 亿美元。大部分商业银行外汇资产以存款的方式持有，共计 12.4 亿美元，其他外汇资产包括股票和证券、国外贷款和其他应收账款等。除此之外，当地居民所持有的外币现金存款有所下降，也从 2008 年 6 月底的 19.24 亿美元下降到 2009 年 6 月底的 19.12 亿美元。

参考文献资料

1. Central Bank of Kenya, Annual Report 2009.
2. Ministry of Finance of the Republic of Kenya, Budget Speech For the Fiscal Year 2009/2010.
3. Kenya National Bureau of Statistics, Economic Survey 2009.
4. Kenya National Bureau of Statistics, Statistical Abstract 2009.
5. UNCTAD, World Investment Report 2009, United Nation.

二、2009年度肯尼亚经济自由度状况

撒哈拉以南的非洲国家过去5年的经济增长速度保持在6%左右，但该地区贫穷问题和社会不稳定性多年来一直存在，该地区的经济自由度①也低于世界其他地区。2009年全球各国经济自由度指数公布，非洲国家整体排名情况偏后，其中排名前三位的非洲国家毛里求斯（74.3分）、博茨瓦纳（69.7分）和南非（63.8分），在全球排名分别为18、34和61。非洲国家经济自由度与世界水平的主要差距普遍体现在商业政策和物权等方面。肯尼亚作为东非大国，其排名情况也不容乐观，得分和排名均比去年有所下降。

（一）肯尼亚2009年度经济自由度综述

肯尼亚是东部非洲的交通、通讯和金融中心，是东部非洲地区最大的经济体，并且其私营经济发展迅速，经济自由度水平已经接近世界平均水平。尤其是肯尼亚的政府规模和财政支出占GDP的比重相对较低，近些年一直保持在25%左右，并且肯尼亚国内债务占GDP的比例近几年一直保持下降趋势。

受到国内大选骚乱等社会问题影响，2009年肯尼亚的经济自由度有所下降，肯尼亚2009年经济自由度指数为58.7，比上一年度下降了0.6个点，在世界各国经济自由度排名中位于第90位，比2008年的83位下降7位。主要是因为2008年以来在贸易自由度、政府财政支出和物权等方面指数有所降低，导致总体经济自由度有所下降。

在撒哈拉以南的46个非洲国家中，肯尼亚排名第10，总体评分接近世界平均水平。但近几年来，不恰当的经济政策和广泛存在的腐败问题，使得肯尼亚社会和经济发展不稳定。其腐败问题被认为普遍存在，肯尼亚在这一方面得分位于世界落后水平。非透明的贸易规则和惯例使得总体贸易效率低下，并严重影响贸易自由化。像许多其他撒哈拉以南的非洲国家一样，肯尼亚的司法机构不发达并非常容易受到政治局势变化的冲击。

（二）肯尼亚经济自由度具体得分情况分析

肯尼亚商业政策、税收政策、货币政策和劳动力四项得分高于世界平均水平，其他六项得分低于或等于世界平均水平（见图1）。

---

① 经济自由度指数（Index of Economic Freedom）：每年由《华尔街日报》和美国传统基金会发布的年度报告，涵盖全球超过170个国家和地区，是全球权威的经济自由度评价指标之一。该指数根据经济自由度50个指标评价各个国家的得分。各个指标累加后的平均值可以计算出总体系数。美国传统基金会的观点是，具有较多经济自由度的国家与那些较少经济度的国家相比，会拥有较高的长期经济增长速度和更繁荣。

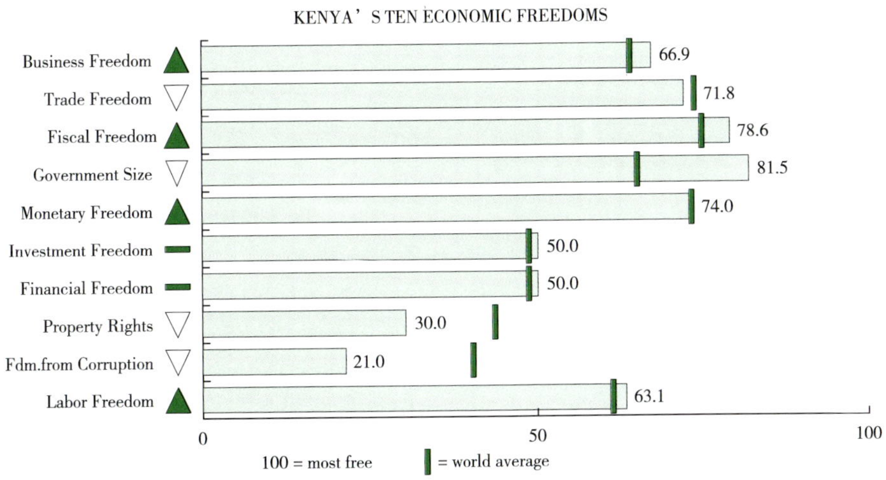

图 1　2009 年度肯尼亚各项经济自由度具体得分与世界平均水平比较

1. 商业政策得分：66.9

2009 年肯尼亚的商业政策评分高于世界平均水平。商业自由度的高低主要取决于肯尼亚的商业监管制度和商业环境。在肯尼亚开办一家公司的时间平均需要 30 天，世界平均水平为 38 天。在肯尼亚领取营业执照所需要的程序也较为简单，但关闭企业则需要相对较长的时间和流程。

2. 贸易政策得分：71.8

2009 年肯尼亚的贸易自由评分低于世界平均水平。在 2008 年，肯尼亚的加权平均关税为 6.6%。肯尼亚还存在一些诸如进口产品限制、进口和出口税、进出口许可证的要求、非透明和限制性规定、不透明的政府采购、出口促进计划、知识产权保护执行不力、海关腐败等等问题。

3. 税收政策得分：78.6

2009 年肯尼亚的税收政策评分高于世界平均水平。肯尼亚的企业所得税税率等税率基本合理。收入税和企业所得税最高税率为 30%。其他税收包括增值税和利息税等。在 2008 年，肯尼亚全国税收收入占 GDP 的 18.4%。

4. 政府财政支出得分：81.5

2009 年肯尼亚的政府财政支出评分低于世界平均水平。肯尼亚政府总开支，包括消费和转移支付的规模相对较小。2008 年，政府支出相当于国内生产总值的 24.8%。2008 年 1 月 2 日私有化法（修订案）生效，但 2007 年底爆发的大选骚乱延缓了该法案的实施进程，许多关键行业如石油、交通和银行等仍然由政府控制。

5. 货币政策得分：74

2009 年肯尼亚的货币政策评分高于世界平均水平。肯尼亚通货膨胀率较高，2005—2007

年平均为11.0%。虽然1994年肯尼亚正式放开价格管制，但政府仍然保留在国内价格波动异常情况下，通过国有公用事业和企业等单位干涉关系民生商品价格的权利，以保障本国经济运行稳定。

6. 外国投资得分：50

2009年肯尼亚的外国投资评分低于世界平均水平。肯尼亚投资自由度得分相对较低，主要是因为外国和本地投资者虽然在通常情况下获得同等待遇，但肯尼亚的投资法存在很多对外国投资的限制条款。

在投资资本金方面，外资需要50万美元，而内资只需要6.5万美元；外资在肯尼亚的某些投资领域仍然面临所有权限制问题，如电信、能源等基础设施、保险和传媒；外资投资内罗毕股票交易市场的上市公司，外资股份不能超过75%；外资经纪和外资基金管理公司中的肯方持股比例也分别不能小于30%和51%。这些所有权方面的限制，直接影响了外商在肯尼亚这些领域的投资。

肯尼亚《贸易许可法》中设定了包括内罗毕、蒙巴萨、纳库如、基苏木、埃尔多雷特、锡卡部分地区在内的“一般商业地区”，不允许非本地居民在“一般商业地区”以外经营，除非得到特许证明。此外，肯尼亚《贸易许可法》列举了大约70种“特种产品”，内容包括食品和工业品。除非获得特许，否则外国投资者不允许投资经营这些“特种产品”。

为了促进国民经济的发展，肯尼亚政府积极推行吸引外资的政策。特别是近年来，根据《外国投资保护法》的相关条款和《促进经济振兴和持续发展纲要》，肯尼亚政府实行了一系列改善投资环境的改革措施。

7. 银行和金融业得分：50

2009年肯尼亚的银行和金融业评分低于世界平均水平。肯尼亚金融体系在撒哈拉以南非洲国家中是比较发达的。肯尼亚最大的五个商业银行占肯尼亚金融业一半的资产，其中最大的三家分别为肯尼亚商业银行、巴克莱银行和渣打银行。肯尼亚政府还拥有或持有国内几个金融机构的股票，可以影响国内信贷的发放。尽管肯尼亚金融业目前尚未受到国际金融危机太大的影响，但流动资金减少等对实体经济产生的影响终将波及金融领域，导致不良贷款率上升、本国货币贬值等。

肯尼亚金融业自由度仍然很容易受到政府的干涉和监管。肯尼亚资本市场相对比较小，抵抗风险能力弱。

8. 物权得分：30

2009年肯尼亚的物权评分低于世界平均水平。肯尼亚的司法系统仿照英国的旧有制度。商业法院处理商业案件时，执法财产和契约权利程序繁琐、效率低、时间长。同时，肯尼亚保护知识产权力度较薄弱。

9. 腐败问题得分：21

2009 年肯尼亚的腐败问题评分低于世界平均水平。肯尼亚腐败问题严重。在全世界参加排名的 180 个国家中，肯尼亚的国家透明度和腐败指数排第 150 位。肯尼亚的腐败问题也是造成肯尼亚国大选骚乱的几个政治和经济问题之一。新一届大联合政府也正面临着如何解决腐败的问题。姆瓦利穆·马蒂是位于首都内罗毕的反腐倡廉组织“火星组织”的负责人。在他看来，肯尼亚被各种大大小小的腐败现象所困扰。他介绍说，国际透明组织最近的一份报告就谈到了这个问题。报告说，从商业角度来看，投资者把肯尼亚看作是世界上最腐败的 10 个国家之一。

10. 劳动力得分：63.1

2009 年肯尼亚的劳动力评分高于世界平均水平。肯尼亚现有相对灵活的劳动法规。在非工资成本方面，在肯尼亚雇用工人的费用较低，但解雇多余的员工费用昂贵。肯尼亚的劳动力素质在撒哈拉以南非洲相对较高。联合国贸发会议在《肯尼亚投资指南》中写道，很多外国投资者称赞肯尼亚雇员“技术熟练、工作勤奋、富有进取精神”。在整个非洲来看，肯尼亚虽没有丰富的矿产资源，但经济发展却处于较好状态，正是得益于人的因素。

参考文献资料

2009 Index of Economic Freedom.

三、肯尼亚将设立一批经济特区

最近，肯尼亚总统新闻办公室对外发表声明称，将在全国多个地区设立一批经济特区，以推动当地经济发展，实现在 2030 年将肯尼亚建设成为中等收入国家的目标。

（一）肯尼亚建立经济特区的背景

肯尼亚的出口工业加工区（EPZ）法案制定于 1990 年，旨在促进出口导向投资的发展，并以此创造良好的投资环境。出口加工区内主要的生产活动制造业，在当时极大地受惠于该项法案的实施。该法案允许投资者在本地或通过进口采购生产活动所需的原材料。肯尼亚当局统计数据表明，EPZ 产值约占全部生产部门产值的 4.42%，出口额约占全部出口的 8.9%，2006 年就业人数约占制造业就业人数的 14.7%。

随着时间的推移，EPZ 法案已经过数次修订，比如为企业提供服务，界定非区内企业从事商业服务活动的资格条件等。其他一些修订是为了确保区内企业将目标集中于出口市场。

从最初的单纯的促进出口、促进制造业的发展，到现在经济区概念下广泛的经济活动，出口工业加工区的概念已经有了巨大的演变。经济区包括出口工业加工区（EPZ）、经济特区（SEZ）、科技园、自由贸易港口和保税区。经济特区是指那些已高度发展或有潜力发展成为农业、工业、旅游业、商业、银行业、高科技产业、投资或金融中心的区域。而一个经济特区可包括出口工业加工区、自由贸易区（航空港或海运港口）、科技园或旅游休闲中心等。多行业、多领域发展有利于相互促进，进行一体化发展。

肯尼亚政府早已规划出2030年的宏伟蓝图，目标是使肯尼亚成为具有全球竞争力的、人民安居乐业的、繁荣昌盛的国家。经济支持者强调促进制造业发展的必要性，使肯尼亚成为区域贸易和服务的中心，创造一体化的基础建设，树立信息通讯技术发展的重要地位。现已选择六大部门作为发展重点，它们是：农业和农用工业、商业加工外购、零售、金融、旅游/休闲及制造业，这为肯尼亚发展经济特区提供了目标和方向。

（二）肯尼亚建立经济特区的原因

随着时间的推移，EPZ法案的一些变化减弱了EPZ的吸引力。这些变化包括：缩小原来可享受所得税优惠的农业活动、商业活动的范围；要求商业活动咨询委员总会、肯尼亚税收部后，方能取得许可证；要求在国内市场的销售产品需得到国家贸易工业部的批准。

目前的EPZ政策没有将与园艺相关的农业活动列为符合税收优惠条件的活动。比如说，若想获得EPZ优惠政策，企业家必须成立一家公司从事农业活动，然后再成立另一家公司加工这些农产品。同样，一个企业家必须注册一个公司，从事捕鱼业，然后再注册另一家公司专门从事鱼产品的加工。这不但给商业活动带来不便，而且还不利于商业向更高层次发展，更进一步制约了偏远地区的工业与经济的平衡发展。

上述政策的变化使得EPZ项目有了许多的局限性，因此也使得其向经济特区的转变成为必要。在经济特区下，不同的经济活动将享受不同的税收优惠政策，比如制造企业可享受十年的税收优惠政策，免税区或港口可享受20%的税收优惠政策。这些活动包括：对科技园、免税港口、免税区和传统产业加工区的投资。从这个意义上讲，经济特区能向投资者提供更多的投资机会。

（三）目前的相关情况

在促进EPZ模式下中小企提高出口方面，EPZ政策及其法律框架缺乏严谨的战略构想。目前肯尼亚在EPZ拥有的企业比例占较低水平，仅约17%。尽管中小企业有他们独特的需求，比如说贷款帮助、降低运营成本等，可他们却面临与EPZ内较大公司一样的运作环境。经济特区应允许EPZ成长，促进当地资本更多地参与到EPZ工业加工区。

以机场为例，在机场管理方面出现了一个趋势，那就是随着机场不断向飞机城方向发展，机场运营者需要通过发展非航空收入来增加价值产出、多样化收入来源。国际民航组织（ICAO）为航空管理局推荐了一些全面发展收入来源的方案。发展自由贸易港口和区域的商业活动除了能使航空管理局增加产出之外，还可以使其税收基础多样化。

在所选定的主要业务部门中有一个部门，能够有助于肯尼亚达到2030年愿景目标，那就是商业加工外购（BPO）。BPO部门，在肯尼亚目前的经济中，还是新生的、非常小的经济活动。只有500个场所，1000个员工，仅占GDP的0.01%。

阻碍BPO行业成长的因素有：物质与通讯基础建设投入不足，缺乏拥有BOP行业所需的特殊技能人才，缺乏本地供应商，缺乏激励性薪酬等。ICT（信息、通讯、技术）园区的发展将加速BPO服务的发展。在Athi河，将有100英亩的土地用于ICT园区的发展。

区域一体化通过定义国内市场从而限制从工业加工区向区域市场的出口总量。比如说在东非海关联盟的草案中，肯尼亚、乌干达和坦桑尼亚被认为是一个国内市场。东部和南部非洲共同市场（COMESA）① 的运作为一个海关联盟又进一步减少了出口市场的范围。这样，EPZ内的公司原有的出口市场成为了一个区域内的市场。因此，肯尼亚将面临失去寻求有利市场的投资者转向其他市场的挑战。

国际贸易领域一般限制使用补贴，WTO关于补贴和抵扣措施方面的协议限制了出口补贴，然而，这个协议允许在某些领域使用补贴手段，前提是不能损害其他成员国利益。更重要的是，补贴的使用不能仅使某一个企业受益，而主要是促进缺乏优势地区整个产业的发展。另一个规定是，每单位资本国民生产总值低于1000美元的最不发达和低收入国家，可享受免于禁止出口补贴的规定。肯尼亚可以享受这个豁免条件，因为其国民生产总值每单位仅530美元②，所以在可预见的未来，肯尼亚可使用补贴手段促进其出口发展。为了将来符合WTO的相关规定，肯尼亚必须采用经济特区的概念。

肯尼亚内阁目前已批准将现有的出口加工区③升级为经济特区，在东部港口城市蒙巴萨设立自由港，将首都内罗毕至蒙巴萨之间铁路及公路沿线地区设为“阿西盆地工业走廊”。此外，连接肯尼亚与周边国家的一些主要公路沿线的重要城镇以及东部印度洋沿岸一些城镇也将设立经济特区。肯尼亚政府将负责经济特区内的基础设施建设，为在特区内投资的企业提供土地，但具体的优惠措施尚未公布。

作为该计划的启动项目，信息通信部已经获得9亿肯尼亚先令（约合1125万美元）拨款，用于在内罗毕设立一个信息通信工业园。

（四）肯尼亚希望借鉴中国设立经济特区的经验

目前肯尼亚运作经济特区的相关法律框架和运作模式正在筹备之中。肯尼亚相关部门表

---

① 有关非洲区域组织方面的信息，请参考东南非代表处2008年10月23日第一四一期情况反映摘要“非洲一体化趋势进一步加强”。

② 根据2007年世界发展报告。

③ 目前肯尼亚共有出口加工区30多个，主要分布在内罗毕、蒙巴萨等地，其中大部分为私人经营。在这些出口加工区投资可享受税收优惠及简化投资审批程序。

示，中国经济特区的建立取得了巨大的成功，肯尼亚政府也希望能到中国的经济特区去参观、学习，以促进双方的合作，并吸引中国企业到肯尼亚投资。

参考文献资料

1. 肯尼亚贸易部（Ministry of Trade，Kenya）。

2. 中国驻肯尼亚大使馆经商处提供的资料 http：//ke. mofcom. gov. cn。

四、肯尼亚政府2009年内将加大农业投入以促进农业进一步发展

（一）农业是肯尼亚经济的支柱产业之一

肯尼亚共有可耕地面积10.48万平方公里（约占国土面积的18%），其中已耕地占73%，主要集中在西南部。据统计，肯尼亚全国70%以上人口从事农牧业，其中园艺业是肯尼亚就业人数最多的行业。

2008年1—10月，肯尼亚茶叶产量与上年同期相比下降11.33%，主要受到部分产茶区雨量稀少影响。但茶叶价格较上年大幅增加，从1.87美元/公斤增加到2.81美元/公斤；鲜花产量比2007年增加4.67%；受到化肥、劳动力成本增加影响，咖啡产量大幅降低，减少29.44%；蔗糖产量同比下降5.25%（见表1）。

表1　　2006年—2008年肯尼亚主要农业作物产量表

产量/增长率	2006	2007	2007年1—10月	2008年1—10月
茶叶(吨)	310578.33	369606.18	308438.39	273492
增长率(%)	-5.50	19.01	26.10	-11.33
鲜花(吨)	166736.82	192147.45	157017.45	164350.08
增长率(%)	2.20	17.71	14.80	4.67
咖啡(吨)	50527.91	52268	43825	30921
增长率(%)	6.00	3.44	7.10	-29.44
蔗糖(吨)	4933805	5208026	4331147	4103767
增长率(%)	5.10	5.56	4.08	-5.25

资料来源：肯尼亚中央银行2008年11月统计数据。

肯尼亚农产品出口约占其商品出口总额的70%。农业是肯尼亚创汇的主要产业之一，其中咖啡、茶叶和园艺产品等农产品都是肯尼亚的主要出口换汇产品。近年来，肯尼亚园艺产品出口持续攀升，已成为欧洲园艺产品市场排名第一供应大国；鲜花出口量也连续数年位居

世界首位，占据欧盟25%的市场份额。

（二）肯尼亚农业发展中存在的桎梏

肯尼亚这一新兴发展中国家的农业资源丰富，发展潜力巨大，但是由于基础相对薄弱，其农业发展仍面临诸多障碍。

1. 农户分散经营，缺乏有效生产力

目前，肯尼亚的农业生产以农户分散经营为主，而且农产品深加工能力不足，因此只能以初级产品出口作为农产品出口的主要模式，这导致肯尼亚农产品在世界市场上缺乏竞争力。

2. 粮食短缺严重，粮食安全问题凸显

2008年，东非地区的持续干旱致使玉米减产，而玉米又是肯尼亚人民的主要食物。2008年4月以来，肯尼亚就开始面临未来几个月可能出现粮食短缺的问题，国家粮食储备仅够维持到2008年8月份。肯尼亚通常从美国和南非进口玉米，2008年已进口160万袋，但仍然无法缓解该国粮食短缺的危机。玉米面价格由2007年底每包48肯尼亚先令飙升到后一财年的120肯尼亚先令，肯尼亚中下层老百姓生活成本急剧增加。目前有200万肯尼亚人依赖粮食救济，农业部的首要任务是要保证所有人都能买得起粮食。农业部还在与金融机构协商，希望他们向农民提供贷款。

农业部部长在接受媒体采访时谈到："除非我们迅速采取行动，否则会有更多的人要依赖救济。储备的粮食超过350万袋，但只能维持到8月份。"他向肯尼亚人保证，政府会采取措施抢种粮食作物。农业部将解决农业投入和化肥价格问题。肯尼亚农业部正在与肯尼亚种子公司商讨，计划将种子价格降低30%至40%。

3. 农业常受旱灾威胁，产量波动很大

肯尼亚全境地理环境复杂，气候类型多样，农业生产粗放，基本上靠天吃饭。国家曾努力发展水利和灌溉，特别是在水稻产区实施"姆维亚灌溉计划"，但成本高，难以推广。因缺乏资金，近些年来灌溉面积增加十分缓慢。1997年和1998年，肯尼亚连续两年遭受大旱，粮食产量急剧下降，出现了独立后最严重的粮荒，政府不得不动用大量外汇进口粮食。畜牧业受自然条件的影响也很大，20世纪70年代初的一场大旱使肯尼亚损失了一半的牲畜。

（三）肯尼亚政府已经制定措施推动农业发展

为了改变肯尼亚的农业发展状况，专家认为政府应加大投入力度，采取措施提高生产力，加强农业与旅游业、食品饮料加工业以及生物燃料行业等方面的联系，提高产品竞争力，着力打造本国品牌。

对此，肯尼亚政府已表示将加大农业资金投入，以促进农业发展。针对肯尼亚粮食安全、粮价飞涨和农业发展存在的诸多问题，肯尼亚政府计划在2009财政年度大幅度增加农业预算，对农业财政投入将达80亿肯尼亚先令（1美元约合78肯尼亚先令）。肯尼亚2009年农业预算比2008年增加了78%，资金将主要用于农业科研、农产品市场开发、农业信贷等方面。同时肯尼亚政府还将采取一系列措施促进粮食、咖啡、茶叶等生产，提高农民收入。

肯尼亚农业部长表示，肯政府已签订化肥进口合同，并会以非常优惠的价格向农民出售化肥；为提高肯尼亚咖啡在世界市场的竞争能力，肯尼亚咖啡管理委员会计划在2009年2月将咖啡包装后，贴上自己的品牌再出口；农业部已经制定新的茶叶拍卖制度，从而保障茶农利益。

此外，肯尼亚总统齐贝吉近期表示，肯尼亚计划投资126亿先令（约合1.6亿美元）发展灌溉系统，以减少农业对雨水的依赖，提高农业产量。

齐贝吉在一个农业会议上说，肯尼亚拥有成为地区粮仓的潜力，不仅可以满足本国的食品需求，还可将剩余农产品出口获取外汇。他敦促肯尼亚农民充分利用对灌溉系统的投资，大力生产鲜花和水果等高价值的农产品。据悉，这笔投资得到了非洲开发银行和国际农业发展基金的支持。

肯尼亚政府还表示将提供更多优惠政策，以吸引更多外国投资者到肯尼亚投资农业。由于肯尼亚外国投资者发展环境的不断改善，目前已有越来越多的外国投资者正在进入肯尼亚农业领域投资，投资的领域已涉及鲜花、水果、蔬菜、茶叶、咖啡和粮食作物等。中肯之间农业互补性强，肯尼亚与中国在农业合作方面拥有巨大潜力。据肯尼亚农业部长介绍，中、肯两国在农业方面已进行了卓有成效的合作，中国为肯尼亚培养了一些农业专家。他还表示，中肯同为世界贸易组织成员，肯尼亚和中国发展农业贸易的前景非常光明，尤其是可将肯尼亚特产的咖啡、茶叶、除虫菊、棉花、鲜花、水果和蔬菜等农产品出口到中国。

参考文献资料

1. The Kenya Agricultural Research Institute.

2. Monthly Economic Review November 2008, The Central Bank of Kenya.

五、肯尼亚加紧打造其茶叶知名度

据2009年肯尼亚当地媒体报道，肯尼亚主要的茶叶出口商将参加6月13日开幕的2009年度香港国际茶叶展览会，以此为契机来扩大肯尼亚茶叶在国际市场上的影响，塑造肯尼亚的茶叶品牌，以获得更多的茶叶贸易机会。

据报道，这是肯尼亚茶叶出口商首次远渡重洋到亚洲参加此类茶叶展览，香港贸易发展委员会①的非洲区经理Conrad Hendry先生表示，我们希望吸引更多的人关注肯尼亚这个茶叶

① 香港贸易发展委员会是2009年度香港国际茶叶展览会的组织方。

生产大国，关注他们优质的茶叶，同时也关注其蒙巴萨港作为东非地区茶叶出口集散地的优势。有关方面积极的认为，此次展会对于想在东南亚市场寻求需求机会的肯尼亚茶商来说，是一个非常重要的宣传渠道，对于肯尼亚茶商进一步打开东南亚市场，有着重要的意义。

据统计，仅2008年一年内，肯尼亚就生产了约3.45亿公斤茶叶，但是其中大部分都是首先以散装茶叶方式出口，在和当地低等级茶叶进行混参并包装后，以产成品方式被再次出口到第三国。Hendry先生表示，肯尼亚如果继续按这种方式出口散装茶叶给其他国家，将是极其错误的。他指出，以散装无牌的模式出售茶叶，肯尼亚不但可能丢失其作为高质量茶叶产地的品牌，也会因为出口的是初级产品，而丢失了出口高附加值成品所能获得的高额的税收收入。同样是非洲国家，布隆迪虽然茶叶出口数量上低于肯尼亚，但却以高质量大品牌而闻名国际市场。

此前，肯尼亚制造业协会贸易和政策首席执行官Walter Kamau先生就曾呼吁，希望政府出台政策，禁止出口未加工的肯尼亚茶叶产品。他认为，只有政府干预，才有可能使肯茶叶贸易商改变茶叶出口结构，将主要茶叶出口产品定位为产成品。他表示，长期以来，肯尼亚早已习惯了以散装的形式出口未加工茶叶，以获得差价利润，还未形成将茶叶进行加工和包装后再出口的习惯和惯例。

要实现茶叶出口由初级产品向产成品的转变，肯尼亚政府还应该出台相应的优惠配套措施。对此，肯尼亚茶叶发展中介公司（Kenya Tea Development Agency，KTDA）负责市场和销售的高级经理Charles Mbui表示，尽管对茶叶进行加工能带来更多的回报，但是由于目前肯尼亚加工成本过高，如果在肯尼亚对茶叶进行加工，将会使茶叶在国际市场上失去竞争力。他认为，政府应该降低包装材料的税收，使得包装成本降低，从而使加工后的肯尼亚茶叶有能力与埃及、巴基斯坦、斯里兰卡、印度等主要茶叶出口国竞争。他表示，这些竞争者享受着税收方面的优惠，降低了他们的产品成本，从而加大了他们的竞争优势，肯尼亚本地的出口商将根本无法与之竞争。本地专门出口未加工茶叶的一位经理也表示支持这个观点，声称目前肯尼亚每公斤包装好的茶叶要比其他国家的贵1.5美元，在价格上缺乏竞争力。他还表示，早在5年前曾就茶叶包装税收过重的问题向政府的相关部门提过意见，但是至今仍没有得到任何回应。

KTDA公司是肯尼亚第一大茶叶生产商，其生产的茶叶占肯尼亚茶叶生产总量的62%，此外，其他部分主要来自Sasini和Unilever① 等跨国公司。近年来，KTDA公司已经意识到茶叶加工方面的巨大回报，开始在香港和迪拜寻找战略投资合作伙伴。香港是打入中国和远东市场的窗口，迪拜则是进入海湾地区的切入点。合作的主要模式是由一方负责生产，而另一方负责加工。

KTDA高级经理Charles Mbui表示，俄罗斯也是一个新的巨大市场，但是由于其信用体系不高，特别是在目前全球经济不稳定的宏观形势下，业务开展存在一定困难。肯尼亚当局以前曾经就接到过俄罗斯进出口商不及时支付货款的投诉。俄罗斯的信用不好，这是早有先例可循的。此前印度曾是俄罗斯的主要茶叶供应方，他们通过120天远期付汇方式向俄罗斯出口茶叶，其结果可想而知，糟糕的拒付经历使得他们不得不重新对付款方式进行谈判。印度

① Sasini公司成立于1952年，经营包括茶叶和咖啡等产品，已在内罗毕证交所上市。其下属公司业务范围覆盖畜牧、园艺、花卉、旅游、进出口等领域，正式职员超过5000人。Unilever即联合利华。

出口商在寻求新的付款方式的同时，机会之门也开始向肯尼亚出口商打开，经过磋商，目前俄罗斯方面也开始逐渐接受肯方所提出的短期内支付货款的付款条件。

Mbui先生认为，肯尼亚可以寻求战略合作伙伴将茶叶加工业进行外包，但是从长远利益来看，肯尼亚还是必须发展自己的茶叶加工业。一般来说，加工业的资本投入和品牌打造需要至少5年左右的时间来收回成本，但是之后，投资方就可以坐收双倍的利润了。

目前，肯茶商主要担心当地已有的贸易商不会欢迎新投资者的进入，甚至可能利用手上的资源来联合抵制新的肯尼亚茶商进入当地市场。对此，肯尼亚当局表示，肯方对此高度自信，因为肯尼亚的茶叶质量是经得起检验的，即使在进入亚洲市场时，可能会受到抵制一年或是两年，但迟早会因产品质量优良最终被当地市场所接纳。肯尼亚农业部长William Ruto曾不止一次的向公众表示，创立肯尼亚独有的茶叶品牌，将从国际市场上获得更多的收益。

肯尼亚茶叶、鲜花与咖啡三大农产品是肯尼亚出口创汇的主要来源，占其国内生产总值的比重达到30%。在全球金融危机的背景下，肯尼亚农产品出口也受到一定影响，对此，肯尼亚政府已采取对策，如已通过国家出口市场发展规划，来加强肯尼亚出口贸易市场的开拓。该新规划旨在增加出口行业主要股东的资本参与，促进向国际市场出口产品和服务，从原来肯尼亚传统的东南非共同市场和欧盟等出口集中市场①，扩大至北美、东欧、中东和远东地区。肯尼亚出口促进委员会已确定了全球重点发展市场，主要包括欧盟国家、美国、东非共同体以及俄罗斯、印度、卢旺达、赞比亚、中国、以色列、日本和埃及在内的其他21个国家。

近年来，我国对肯尼亚茶叶的进口增长迅速。有关统计数据显示，在过去4年里，我国从肯尼亚进口的茶叶量以每年一倍以上的速度增长，至2008年我国年进口肯尼亚茶叶已达1200吨。因此肯尼亚茶叶出口商此次不远万里，前往香港参加茶叶展览会，也是看中了中国乃至整个亚洲巨大的市场潜力，意欲进一步扩大影响，提高其茶叶出口量。

参考文献资料

1. 东非日报（The Eastafrica），2009年6月8日。

2. 中华人民共和国驻肯尼亚大使馆经商处网站资料。

六、肯尼亚信息通信行业发展情况

肯尼亚实行以私营经济为主体的“混合经济”体制，私营经济在整个经济中占70%。农业是经济的支柱产业，产值约占GDP的1/4，农产品出口约占出口总额的70%，茶叶、园艺产品（蔬菜、花卉）和咖啡是三大创汇农产品。工业在东非地区相对发达，日用消费品基本

① 据统计，肯尼亚每年对欧盟和东南非共同市场的出口占其出口总额的60%，美国市场占7%。

实现自给。旅游业较发达，是第二大创汇行业。

与许多非洲国家不同的是，肯尼亚矿产资源较为贫乏，为此，肯尼亚必须充分利用自身优势大力发展附加值高的产业。信息通信业是肯尼亚服务业中的重点行业之一，虽然信息通信业目前占国民经济总量的比重仍较低，但近些年来增长速度十分迅速，并正在成为肯尼亚经济增长的新的亮点。

（一）肯尼亚信息和通信产业概况

2000年以前，肯尼亚的通讯业由政府垄断，通讯业发展缓慢，电讯设施落后成为制约肯尼亚经济发展的主要瓶颈之一。2000年起，肯尼亚政府开始逐步开放移动通讯业，首先批准了两家私营手机服务商参与经营，自此移动通讯业开始迅猛发展，并带动了整个电讯业快速增长。

从20世纪90年代末，肯尼亚政府开始意识到电信行业发展对国家经济的促进作用，着手对通信市场进行改革，开放肯尼亚电信市场，并分别于1998年和2001年颁布了肯尼亚通信法和新的国家通信政策。按照肯尼亚通信法规定，电信行业实行政企分开，这样就将管制职能与运营职能分离开来。同时实现了邮电分营，将原先的肯尼亚邮电公司（KPTC）分解成三个实体：通信委员会（CCK）、肯尼亚邮政公司和肯尼亚电信公司，并对肯尼亚电信公司实行私有化改革。采取了一系列措施刺激电信发展，引进国际上先进的管制理念，如普遍服务、互联互通管制、资费管制等，输入到政府的管制政策中。2003年起，政府逐步在固定和移动领域引入新的竞争者，进一步开放电信市场。为促进肯尼亚信息产业发展，肯尼亚财政部还免除了计算机类商品的进口关税，并将其他信息类产品的关税降低到5%。

在政府优惠政策的合理引导下，肯尼亚的通信基础设施得到了迅速的发展。截至2008年，肯尼亚固定电话总交换容量达51.7万条，移动通信用户数达到1623万，目前已经有4家移动通讯公司。此外，肯尼亚通信业全面私有化进程也已经提上日程，信息和通讯行业正在对肯尼亚的社会、经济发展起到越来越重要的作用（见图1）。

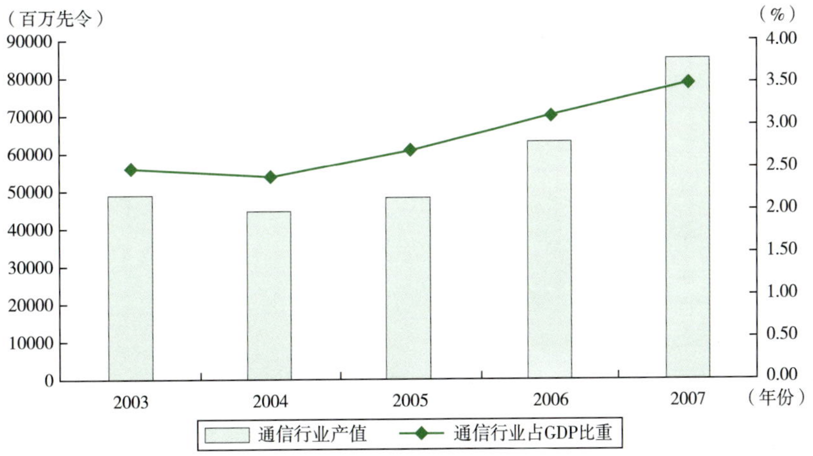

图1 2003—2007年肯尼亚通信产业产值情况图

但与迅速增长的通信需求相比，通信容量和服务质量仍存在相当大的差距，尤其是通信资源分布不均衡，广大的农村地区享受不到足够的通信服务。

（二）肯尼亚信息通信各行业情况介绍

1. 移动通信市场情况

（1）非洲各国移动通信发展迅猛

在通信发展历史中，迄今为止最成功的故事便是非洲移动电话的卓越发展。非洲的移动通信市场在最近几年以全球速度的两倍以上快速发展。移动通信为非洲最广大的中低层老百姓提供了便捷的通信渠道。2001年非洲移动电话用户数首次超过固定电话用户数，2006年达到1.925亿户，现在是固定电话用户数的7倍。在撒哈拉以南的非洲地区，移动电话所占比例增长更快，90%的市民用上了移动电话，移动电话总体普及率从2003年的6.3%增长到了2006年的21%。

非洲能取得如此惊人的发展，主要都归功于私有企业的推动，在非洲竞争激烈的移动通信市场中，私有企业的发展最快。同时，预付费用户的增加也是主要推动因素之一，2005年，95%的非洲用户使用预付费套餐业务。此外，小资金手机划转服务、电话共享业务、用户之间余额转移等新方案层出不穷，都共同促使市场繁荣发展。

非洲移动通信市场具有较高的市场集中度。在非洲大陆，最大的10个非洲市场拥有所有移动电话用户的4/5，而约有1/5移动电话用户集中在南非，约1/6移动用户集中在尼日利亚（见图2）。

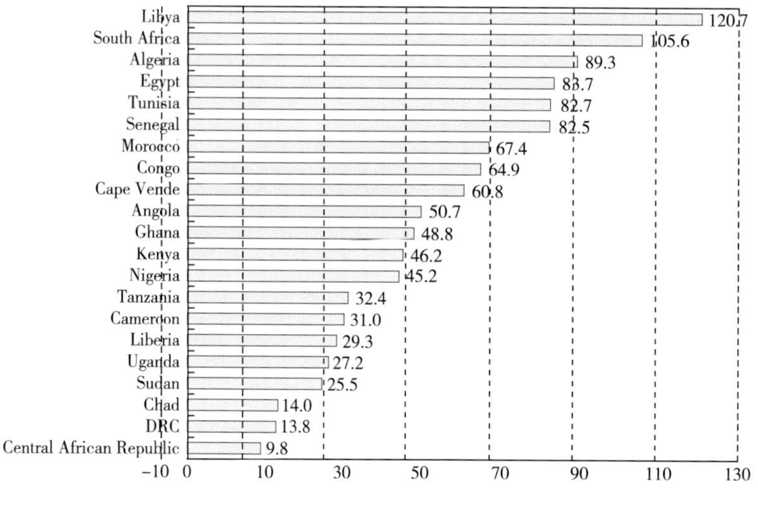

图2 2008年非洲主要国家移动通信占有率图

（2）肯尼亚移动通信市场份额

肯尼亚现在共有4家移动通信运营商，分别是Safaricom，Zain，Telcom（Orange）和

Econet，其中 Safaricom 所占市场份额最大，约占肯尼亚整个移动市场 80%，Telkom 和 Econet 都是 2008 年底刚刚进入市场的运营商。

截至 2009 年 3 月，Safaricom 用户市场份额占 79.1%，略低于去年同期水平，Zain 用户市场份额从 14.4% 增加到 15.9%，Telkom 和 Econet 分别占 3.0% 和 2.1%（见图 3）。

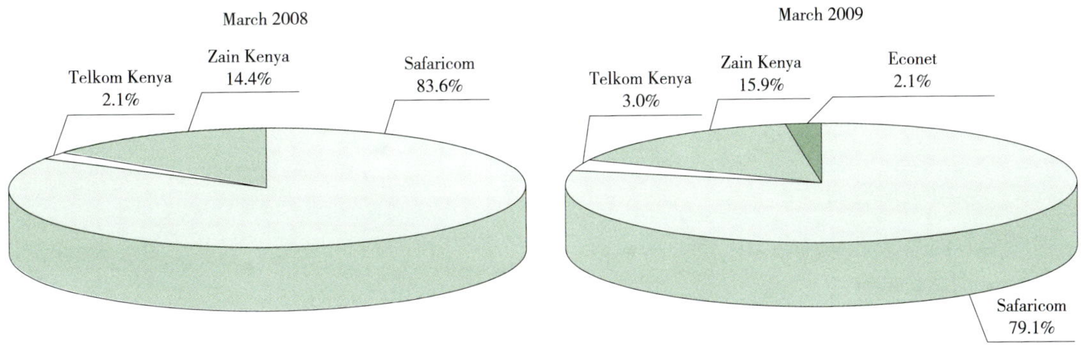

图 3　肯尼亚移动市场份额变化图

肯尼亚通信委员会最新公布的一份报告显示，截至 2008 年底，肯尼亚手机用户已达到 1623 万人，比前一年的 1293 万人增加了 25.5%。

（3）移动通信收入

2008 年肯尼亚移动通信服务收入达到 7263 亿先令（约 91 亿美元），比前一年的 5800 亿先令增加了 25%（见表 1）。据肯尼亚通信委员会的统计资料，2008 年第四季度手机用户人数增加较多的主要原因是因为肯尼亚移动通信市场新增了两家服务商，由法国电信控股的肯尼亚电信公司和由印度埃萨尔集团控股的 Econet 肯尼亚公司分别于 2008 年 9 月和 11 月在肯尼亚推出手机网络服务。由于市场竞争激烈，每用户平均收入（Average Revenue per User①）同比下降 12.46%。

表 1　　2007 年—2008 年移动通信收入情况对比表

年　度	2007	2008	增长(%)
移动市场收入(百万先令)	57998	72625	25.20
每用户平均收入(先令)	1559	1952	25.20
ARPU(每用户费用)	5110	4474	-12.50
移动市场投资(百万先令)	21221	29365	38.40
移动市场收入/投资(%)	36.60	40.40	10.40

（4）肯尼亚移动网络覆盖率

肯尼亚全国有移动通信基站约 1900 个，目前肯尼亚约 83% 人口可以享受到移动通信服

① ARPU 注重的是一个时间段内运营商从每个用户所得到的利润。很明显，高端的用户越多，ARPU 越高。在这个时间段，从运营商的运营情况来看，ARPU 值高说明利润高，这段时间效益好。ARPU 是给股东的，投资商不仅要看企业现在的赢利能力，更关注企业的发展能力。ARPU 值高，则企业的目前利润值较高，发展前景好，有投资可行性。

务，移动网络能覆盖约32%的国土，并且在内罗毕、蒙巴萨和纳瓦莎等主要城市，已拥有了3G网络。2008年肯尼亚移动通信覆盖率较上一年相比略有增加，随着两家新运营商的加入，肯尼亚移动通信的覆盖率还将进一步提高（见表2）。

表2　　2007年—2008年移动通信信号覆盖率

时　间	2007年9月	2007年12月	2008年9月	2008年12月
人口覆盖率(%)	81	82	82	83
国土面积覆盖率(%)	30.67	31	31	32

（5）移动通信资费情况

目前肯尼亚移动通信市场竞争环境良好，预计各服务商将推出更多服务产品，服务费用也会降低，从而使消费者获益。

以市场占有率最高的Safaricom公司为例，其语音通话业务主要分为预付费和后付费两大类。后付费方式收取每月252先令的月租费，每分钟通话费用为：本公司网络内部为7先令，与固定电话或其他公司网络通话为14先令。预付费方式不收月租费，每分钟通话费用为本网内8先令，网外15先令。两种付费方式的短信及国际通话收费标准统一。短信本网内每条3.5先令，网外每条5先令，发送至国外为每条10先令。国际通话收费按不同地区为每分钟18至50先令。对于预付费用户，Safaricom公司充值卡都有有效期，时间长短根据充值卡面值有所不同。20到500先令的各种充值卡有效期都是90天，1000先令的是120天，2500先令的是240天，5000先令的是360天，1万先令的是485天。

Zain肯尼亚分公司目前市场占有率只有Safaricom公司的三分之一到四分之一。为吸引更多用户，Zain公司推出的资费标准相对更低。其预付费方式有两套不同方案：一套是重点针对非高峰时段通话提供优惠。电话接通一次收费2.5先令，此后通话高峰时段本网内每分钟7先令，非高峰时段3先令；网外每分钟16先令，不分时段。另一套是重点推广“亲情号码”，即每个手机号可以设置10个亲情号码，全天任何时间给这10个号码拨打电话通话费均为每分钟3先令，除此之外的其他号码不论网内网外、外地本地都是每分钟8先令，也不分时段。

肯尼亚所有移动通信公司都采用单向收费。收费标准与之前相比，每分钟通话费已降至原来的二分之一甚至三分之一。这主要归功于市场竞争，因为越来越多的私营公司正在加入到对手机用户的争夺战中，激烈的竞争促使价格一路走低。

（6）移动通信公司介绍

① Safaricom。Safaricom通信公司是肯尼亚最大的移动通信运营商，占肯尼亚国内市场份额一半以上，同时也是东非地区盈利最多的公司之一，其2006—2007财务年度的税前利润比前一年度增长41%，达到178亿肯尼亚先令（约合2.89亿美元）。

2008年Safaricom公司首次在肯尼亚股票交易市场公开发行股票（IPO）共吸引了1910亿肯尼亚先令（约合24亿美元）资金，大大超出财政部原先设定的500亿先令的目标。肯尼亚财政部在一份声明中说，该次Safaricom公司首次公开发行股票是为撒哈拉以南非洲地区有史以来规模最大的IPO和全非洲地区第三大IPO，仅次于摩洛哥电信和埃及电信。在该次IPO之前，肯尼亚政府拥有Safaricom公司60%的股份，另外40%属于英国沃达丰公司（Vodafone）。通过此次IPO，肯尼亚政府出售了25%的股份，共计100亿股。目前，Safaricom公司的40%股份属于英国沃达丰公司，35%股份属于肯尼亚政府，25%股份在内罗毕证交所上市。

② Zain。肯尼亚Zain公司前身为Celtel，总部在科威特。2008年8月，Zain集团对Celtel Kenya进行了品牌再造，并于不久之后取消了该公司在非洲及中东22个地区的用户手机漫游费。

Zain集团副总裁表示，该公司计划于未来五年内在肯尼亚投资至少250亿先令，他同时保证将超过肯尼亚目前通信市场的第一大企业Safaricom公司，该公司拥有1100万用户，而此前Zain Kenya只有240万用户。

③ Telkom。由法国电信控股的Telkom（肯尼亚电信）2008年初推出手机网络服务，成为肯尼亚第三家移动通信服务商。

根据法国电信同肯尼亚政府达成的并购协议，肯尼亚电信在肯尼亚最大的移动通信运营商Safaricom中所持有的60%的股份将移交给肯尼亚政府。肯尼亚电信此后将使用法国电信的统一业务品牌Orange提供移动、固话、互联网集成服务。此前，在肯尼亚电信的竞购战中，法国电信击败了其他3家对手——印度Reliance、南非Telekom及利比亚LAPGreen而胜出。

④ Econet。2008年11月，由印度埃萨尔集团控股的Econet肯尼亚公司正式推出手机网络服务，从而成为肯尼亚移动通信市场第四家手机服务商。印度埃萨尔集团宣布未来将在肯尼亚电信市场投资5亿美元，这是近年来肯尼亚电信市场中最大的一笔投资。Econet肯尼亚公司将目标客户群定位在18岁至35岁的年轻人，之后推出的多媒体服务也锁定这一群体。该公司手机网络服务将首先在首都内罗毕和港口城市蒙巴萨展开，陆续推广到其他地区。

业内人士指出，Econet肯尼亚公司进入肯尼亚移动通信市场，将进一步增强市场竞争，因为肯尼亚这一市场在过去近10年来仅由两家服务商——Safaricom通信公司和Zain公司控制。

印度埃萨尔集团的资产约有100亿美元，业务涉及钢铁、能源和电信等领域，业务范围覆盖印度、加拿大、美国、非洲、中东、加勒比和东南亚等国家和地区。埃萨尔集团东非地区负责人斯里尼瓦萨说，集团将通过其控股的Econet肯尼亚公司进行投资，该集团对肯尼亚经济和市场充满信心，认为肯尼亚是进入非洲的门户；集团还将在肯尼亚市场寻求其他机会，比如考虑购买肯尼亚炼油公司一半的股份。

2. 固定通信市场情况

在电信业的发展历程中，固定电话一直都扮演着重要的角色。但现阶段，随着移动电话用户的数量全面超过固定电话用户数量的现实，传统固定电话产业的发展步伐逐渐迟缓。固定电话与手机、电脑更新换代发展步伐的不平衡，导致固定电话与智能手机、电脑同作为通讯工具的竞争日趋白热化，固定电话的发展进入瓶颈阶段，大有被取代之势。另一方面，肯尼亚电话线路偷盗现象屡禁不止，肯尼亚固定电话通信经常被中断，难以保障客户的通信质量。

（1）固定电话业务

肯尼亚固定电话遇到了发展的瓶颈，用户量在逐年减少，通话量和业务收入也在下降。

据肯尼亚电信公司统计数据显示，2003 年等待安装固定电话业务的用户有 109758 个，但到 2007 年，减少到仅有 8194 个。

肯尼亚 1999 年左右放开通信市场，但固定电话业务仍由肯尼亚电信公司垄断，肯尼亚电信委员会给肯尼亚电信公司 5 年的固定电话业务运营垄断权。由于移动通信发展迅速，移动电话费用低廉并且使用便捷（见表 3），越来越多的肯尼亚人购买了手机，肯尼亚固定电话用户反而连年下降。截至 2008 年 6 月底，肯尼亚固定电话用户量仅有 25 万人，相对于 2000 年，下降 19.4%。肯尼亚通过固定电话网络的国际通信流量也逐年下降，截至 2008 年 6 月底，通过固定电话的国际通话时长相对于 2004 年下降 44.1%（见图 4）。

表 3　　固定电话资费情况

	电话直拨费用（每 6 秒）		电话卡费用（每 6 秒）	
	忙　时	闲　时	忙　时	闲　时
本地电话	0.5	0.5	0.33	0.5
长途电话	1.5	1	1.4	1
移动电话	3.13	3.13	3.13	3.13
东非国家	4.64	3.48	4.64	3.48
国际长途	8	8	8	8

注：忙时为周一至周五的早 8 点到晚 8 点。

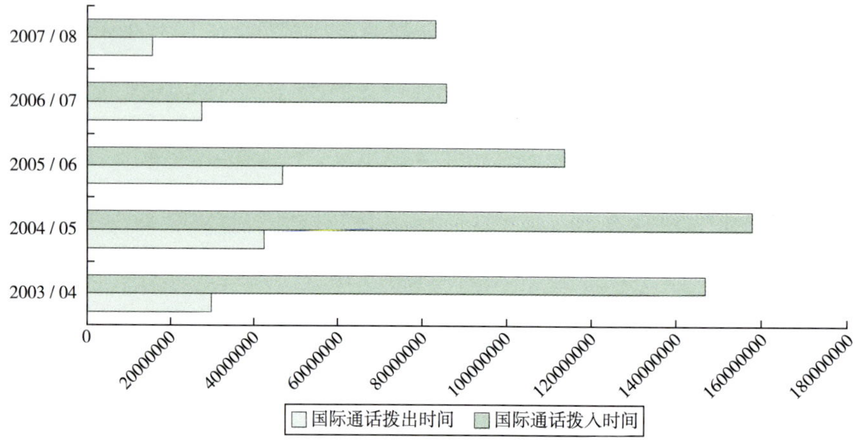

图 4　2003 年—2008 年固定电话国际通话量图

法国电信成功收购肯尼亚电信公司后，肯尼亚电信加大内部管理体制改革，精简机构和人员，计划进一步加大私有化力度，并已经获得移动通信牌照。公司希望发展成为非洲前五大电信运营商。

（2）本地环路业务（Local Loop Operators）

肯尼亚共有 2 家本地环路运营商，分别是 EM Communications 和 Flash Com。2007 年—2008 年，本地环路用户量略有增加，达到了 10064 个（见表 4）。

表 4　　2005 年—2008 年本地环路用户和通信量统计表

年　度	2005/06	2006/07	2007/08
用户数量(户)			
后付费用户	376	6056	5377
预付费用户	308	3785	4687
居民用户	—	4127	4428
商业用户	—	5714	5636
总用户量	684	9841	10064
通信量统计(分钟)			
拨入	—	801183	927897
拨出	—	1983653	3097735

3. 其他通信产业市场情况

（1）邮政快递业

肯尼亚邮政和快递业务稳步增长，截至 2008 年 6 月底，肯尼亚全国邮局和快递公司分支机构总数达到 1350 个，同比增长 6%，其中私营快递公司营业网点近些年持续增长，5 年内营业网点数增加 47.8%（见图 5）。

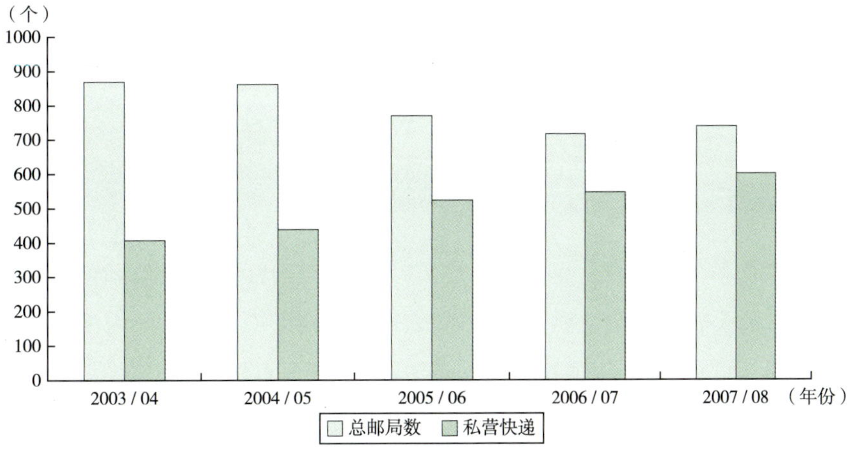

图 5　2003 年—2008 年肯尼亚邮局和私营快递分支机构个数图

自从 1998 年肯尼亚政府将邮政单独分割出来后，肯尼亚邮政快递业务发展迅速。截至 2008 年，肯尼亚共有 14 家国际快递公司进入肯尼亚市场，包括 DHL、UPS 和 FedEX 等国际知名快递公司，保障了可以从肯尼亚寄送材料至世界主要国家，例如通过 DHL 邮寄材料至中国，3 个工作日即可到达，但费用较贵（约 50 美元）。根据肯尼亚通信委员会统计数据，2007 年—2008 年，肯尼亚新增加了 14 个快递公司，主要从事肯尼亚境内邮递业务，肯尼亚政府计划进一步放开邮政速递业务市场，引入更多的投资者，促进各公司的合理竞争，降低邮递费用。

（2）广播电视等传媒业

肯尼亚广电业源于殖民地时代成立的肯尼亚广播公司（Kenya Broadcasting Corporation—KBC），其电台于1927年开播。独立后肯尼亚出台广播公司法，授权新政府继承了殖民时代KBC的资产和负债，并把它改名为肯尼亚之声（Voice of Kenya，VOK），同时禁止一切未授权广播。此后，在政府垄断下，VOK取缔了各地区性广播，建立起全国广播网，用英语、斯瓦西里语和16种非洲语言广播。1987年，政府再次成立KBC，并使其逐步发展成为当前肯尼亚唯一的节目能覆盖全国的广播电视公司。

肯尼亚电视网（Kenya Television Network— KTN）为肯尼亚第一家私营广电公司、第二大电视台，1990年4月开播，主要用英语播报新闻等节目。迄今政府已为127个电视频道和368个调频广播节目颁发了经营许可证，大多数电视台和电台的覆盖范围仅限于内罗毕、蒙巴萨等主要城市。中国国际广播电台调频频道2006年2月27日在肯尼亚正式开播，成为肯尼亚第一个中文调频广播。肯尼亚每百人拥有收音机68台、电视机3台。

1964年成立的肯尼亚通讯社为官方通讯社，与新华社、路透社、法新社、泛非通讯社等多家外国通讯社有合作协议。肯尼亚全国有5家日报、数十种周报和期刊，绝大部分为私营，各类英文报刊发行量近1亿份，斯瓦西里语报刊发行量751万份。发行量最大的英文报纸为《民族日报》（Daily Nation），约20万份，其次为《东非旗帜报》（East African Standard），发行量约7万份。《肯尼亚时报》（Times）是原执政党肯盟的机关报，发行量约4万份。斯瓦希里语报以《民族日报》媒体集团创办的《塔伊法》最有影响。主要的期刊有《每周评论》（Weekly Review）和《经济评论》（Economic Review）。世界各主要媒体多将其非洲地区总部设在内罗毕。

（三）肯尼亚海底光缆和互联网市场情况

1. 东非海底光缆

全球经济一体化和各国自身信息化的不断实现，使得国际间的通信和信息流量激增，尤其是以因特网为首的多媒体通信急剧发展，造成了通信容量不足，因此为海底光缆通信提供了广阔的市场空间。自从1985年世界上第一条海底光缆问世以来，海底光缆的建设在全世界的得到了蓬勃的发展。海底光缆以其大容量、高可靠性、优异的传输质量等优势，在通信领域，尤其是国际通信中起到重要的作用。

1987年—2007年的20年期间，世界范围内海底光缆总投资460亿美元，而撒哈拉以南非洲只有9.34亿美元，仅占2%。非洲海底光缆系统的建设远远落后于世界其他地区。目前，非洲东部地区是全球唯一没有海底光缆与互联网相通的地区，其通信与上网完全依靠卫星手段，费用昂贵且稳定性差，这一地区滞后的信息化建设已严重制约了经济的发展。为了解决这一问题，非洲各国加强相互合作和寻找海外投资渠道，加大建设海底光缆的步伐。现在在非洲东海岸有4条海底光缆项目正在实施。

（1）EASSY 海底光缆（East African Submarine Cable）

2002 年，由非洲 13 个国家的电信公司共同发起实施了建设 EASSy 海底光缆项目，该项目计划从南非德班港以北的曼图兹尼（Mtunzini）起到苏丹港止，光缆将延伸覆盖至整个东南非地区共 21 个国家，规划海缆全长 10500 公里。该项目总投资 2.48 亿美元，由法国阿尔卡特－朗讯公司独家负责实施建设，于 2007 年 3 月签订商务合同，包括约 2.18 亿美元设备供应费用和 2900 多万美元项目实施和管理费用。东非海底光缆项目主要投资方由西印度洋海底光缆有限公司和南非电信、南非 MTN、苏丹电信等 16 家电信运营商共同组成，并由世行、非洲发展银行、欧洲发展银行等 5 家国际性金融机构提供联合融资。2008 年 3 月，EASSy 项目已经开始施工，按照项目预计进程，2010 年 6 月 30 日项目执行完毕并投入运营。

（2）TEAMS 海底光缆（East African Marine System）

EASSy 项目从 2002 年开始提出，项目初始阶段，肯尼亚作为牵头方，项目管理委员会总部设在肯尼亚，委员会主席由肯尼亚电信公司负责人担当。虽经讨论多年，由于作为主牵头方的肯尼亚和南非之间在有关项目建设资金、所有权和管理等方面长期存在重大分歧，致使项目被一再推迟实施。为尽快解决本国与世界通信的瓶颈问题，肯尼亚通信委员会于 2006 年提议，单独建设一条通向中东地区的海底光缆。

TEAMS 海底光缆是一条点对点的海底光缆，从肯尼亚的蒙巴萨到阿联酋的富查伊拉（Fujairah），海底部分长约 5000 公里（见图 6），由阿尔卡特－朗讯公司施工建设。肯尼亚政府出资 40%，阿联酋国有运营商 Etisalat 出资 15%，其他部分资金由市场筹得。该条海底光缆已经完成海底铺设，现已登陆肯尼亚，在 2009 年 7 月下旬投入使用。肯尼亚总统齐贝吉在庆祝光缆登陆的仪式上称赞这一海底光缆的铺设具有重要历史意义，将对肯尼亚以及其他东南非国家的信息产业产生巨大推动作用。

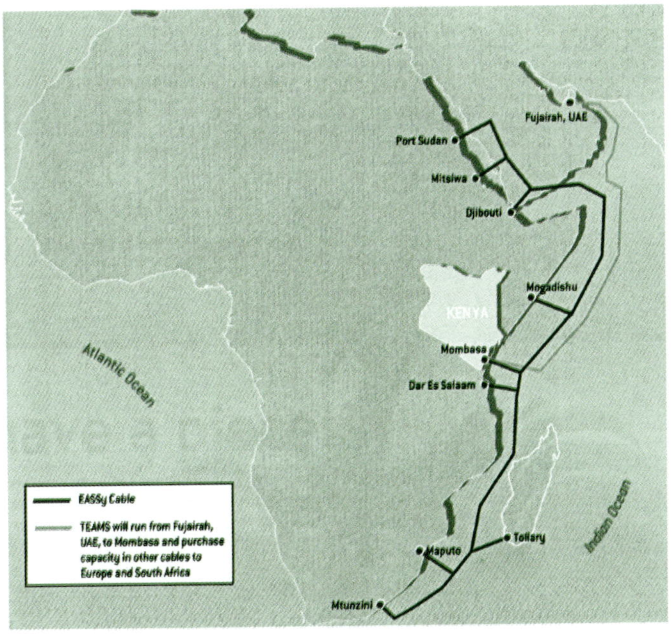

图 6　EASSy 和 TEAMS 海底光缆线路图

（3）SEACOM 海底光缆

SEACOM 海底光缆由私营公司筹资修建，总投资约 6.5 亿美元，其中 76% 由非洲公司投资，24% 由其他国际公司投资。由 Tyco 公司承建。

SEACOM 海底光缆从南非经莫桑比克、坦桑尼亚、肯尼亚、吉布提然后分别到达法国的马赛和印度的孟买（见图 7）。在 2009 年 2 月已经完成肯尼亚蒙巴萨登陆点的建设工作，并已经与肯尼亚主要的网络运营商签订商务合同，出售国际网络带宽。

图 7　SEACOM 海底光缆线路图

（4）NGN（FLAG Next Generation Network，System-2）

2004 年，印度的 Reliance 集团用 2.07 亿美元购买了 FLAG 电信公司 40% 的股份。2006 年年底，FLAG 电信公司宣布计划投资 16 亿美元建设“下一代网络（Next Generation Network）”，其中的 2 号系统将通过海底光缆连接肯尼亚和印度，并有可能继续延伸到东非沿海的南非、莫桑比克、坦桑尼亚、马达加斯加、毛里求斯和法属留尼汪。项目计划在 2010 年完成。

2. 互联网

20 世纪 90 年代初，肯尼亚开始出现互联网服务，主要是供肯尼亚工作的西方专家和非政府组织人员使用。1995 年以后，肯尼亚最早的两家服务提供商（ISP）FormNet 和 Africa Online 开始提供拨号上网服务，但用户量很少，而且都集中在首都内罗毕，上网成本也十分昂贵。由于当时肯尼亚国际通信带宽很小，国内通信网络落后，网络用户量小，所以在 2000

年前互联网业务在肯尼亚发展缓慢。2000 年—2004 年，肯尼亚电信公司成为肯尼亚互联网的垄断通信运营商，包括网络宽带和网络专线租赁等。

2004 年，肯尼亚电信委员会给新的互联网运营商颁发了牌照，结束了肯尼亚电信公司的垄断地位，由于引入了新的竞争对手和肯尼亚国际通信带宽出口的扩大，使得肯尼亚互联网资费从 2005 年开始下降。到目前为止，肯尼亚互联网应用服务供应商主要提供网络接入服务，网络增值服务很少。

（1）肯尼亚互联网用户情况

目前，全国的英语服务供应商（ISP）超过 50 个，公共数据网运营商 20 个，6 个骨干网和路由运营商及 20 个本地环路运营商（见表 5）。

表 5　　2000 年—2007 年肯尼亚互联网服务商和用户数量表

年　　度	2001	2002	2003	2004	2005	2006	2007
应用服务供应商(ISP)	34	66	72	76	78	51	51
互联网用户数(万人)	10	20	40	100	105	111	277
64Kbps 网络月租费用(先令)	14400	14400	14400	14400	14400	14400	7200
2Mbps 网络月租费用(先令)	96477	81457	81457	81457	81457	81457	40728.5

尽管肯尼亚互联网用户不断增加，但与移动电话等相比，互联网接入仍是肯尼亚通信服务中普及率较低的服务之一。肯尼亚互联网普及率较低主要是由于相关基础设施薄弱以及本地网络内容缺乏造成的。截至 2007 年年底，肯尼亚约有 280 万互联网用户，但分布极为不均衡，有超过 80% 的用户集中在首都内罗毕，其次是海岸省占 9.4%。东北部省和西部省互联网用户量最少（见图 8）。

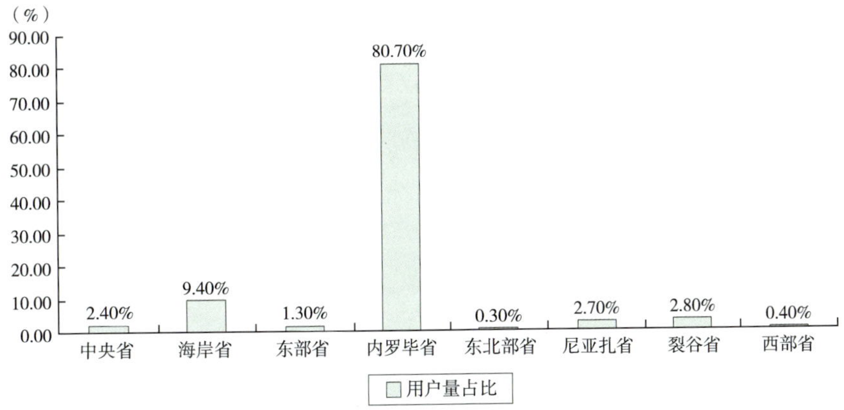

图 8　2008 年肯尼亚互联网用户地区分布图

按照行业划分，网络宽带租赁用户最多的是政府机关，占 28.69%，其次是商业 23.4%，教育方面反而最少，只占 1.38%。肯尼亚通信委员会意识到互联网资源分布不均这个现状。一方面加大对广大农村地区的投资力度，另一方面在各等学校中尽量普及计算机和互联网应用课程，提高肯尼亚整体国民素质。

目前非洲互联网整体接入率约为5%，但摩洛哥和塞舌尔的互联网较发达，接入率分别达到21%和36%。摩洛哥2004年政府向通信行业投入巨资，发展信息产业，使得业务流程外包业已经成为摩洛哥的主要支柱产业之一，同时也使得信息产业的研究和教育水平上了一个新台阶。肯尼亚目前互联网接入率约为9%，肯尼亚政府也希望通过互联网业的发展，促进本国服务外包业发展，以寻找新的经济增长点，促进本国经济的腾飞。

（2）肯尼亚国际网络带宽情况

2006年，肯尼亚网关总带宽从2002年的82.75M增加到758.59M（见表6）。尤其是从2004年结束肯尼亚电信公司对互联网业务的垄断情况之后，新引入的两家互联网供应商购买了大量的国际网络带宽，使得肯尼亚网络带宽飞速增长。但肯尼亚境内网络速度仍然很慢。

表6　　2000年—2006年肯尼亚国际网络带宽情况表

年　度	2002	2003	2004	2005	2006
国际网关下行带宽(Mbps)	62.24	102.32	84.91	180.75	660.83
人均国际网关(bps)	2.06	3.33	2.7	5.64	20.26
国际网关上行带宽(Mbps)	20.51	24.61	26.2	42.63	97.77
国际网关总带宽(Mbps)	82.75	126.92	111.1	223.38	758.59
下行/上行比率	3.03	4.16	3.24	4.24	6.76

（3）肯尼亚互联网发展预测

对肯尼亚未来互联网行业预测基于以下假设：

① 一半以上肯尼亚中学（约2000家）都有一条宽带网络。一条宽带网络约1000个用户。

② 40%的商业机构，100%的医疗机构、100%的政府部门和40%的其他行业都覆盖有互联网，而且平均每条宽带网络有100个用户。

③ 根据之前统计数据，20%固定电话用户使用互联网。

④ 60万用户通过手机网络访问互联网（参见表7）。

表7　　未来肯尼亚网络用户量预测情况表

行　业	教　育	商　业	医　疗	政　府	其　他	有线网络	手机网络
数　量	299912	29820	880	2590	3009	—	—
现在网络数量	414	6978	149	743	591	168035	236220
占比(%)	1.38	23.40	16.93	28.69	19.64	—	—
预测将来网络数量	2400	11928	880	2590	1204	336070	600000
用户数	2400000	1192800	88000	259000	120360	1680350	1200000
总用户量	6940510						

肯尼亚通信委员会根据在肯尼亚开展互联网服务的企业的经营情况统计，在过去，所有互联网服务商总投资仅有2亿美元，根据肯尼亚互联网用户量预测，表8中对肯尼亚未来互联网业投资情况进行了预测，总投资约7亿美元，其中包括了肯尼亚全国骨干网的铺设和肯

尼亚各种网络服务平台系统（包括电子学习系统、电子政务系统、电子商务系统）。

表 8　　未来五年肯尼亚互联网投资情况预测表　　单位：万美元

投资 预测	教育	商业	政府
国家骨干网			15000
网络接入	13200	1618.1	1000
网络服务	9800	4213.8	
网络平台服务			
电子学习	19600		
电子政务			2500
电子商务		500	
总投资	67431.9		

肯尼亚通信委员会总结，发展肯尼亚互联网业，需要做好以下四点：合理规划互联网业牌照管理办法和监管结构，通过引入竞争降低互联网资费，肯尼亚本国网络应用服务的大量普及，加大互联网对在教育、医疗等公共事业的服务水平。

尽管肯尼亚互联网服务业发展受到费用高、教育水平低和电力短缺等多种因素制约，但光纤电缆通信的应用和政府推出的数字化工程将有助于互联网普及和数据传输速度加快，肯尼亚互联网服务业期待更好地发展。

通信委员会已经认识到因特网在促进经济发展、提升国家竞争力方面的巨大作用，把 ISP 提供商的许可证年费由现在的 35 万肯尼亚先令（约合 4430 美元）降低到 10 万肯尼亚先令（约合 1265 美元），从而达到降低互联接入费、刺激使用的目的。

（四）监管体系和法规

1. 行业监管体系

肯尼亚信息和通信部是肯尼亚信息和通信产业的政府管理部门，下设国家信息通报秘书处、肯尼亚通信委员会。通信委员会负责通信行业日常监管、牌照发放和数据统计等，是最主要的监管部门。此外，还有肯尼亚通信服务组织这样的非政府组织。

（1）肯尼亚信息和通信部（Ministry of Information and Communication）

肯尼亚信息和通信部总体负责肯尼亚通信行业的产业政策法规。涉及通信行业的法律法规主要包括：

肯尼亚通信法 1998（Kenya Communications Act 1998），肯尼亚邮政公司法 1998（Postal Corporation Kenya Act 1998），肯尼亚广播公司法（Kenya Broadcasting Corporation Act），电报消息法 1983（The Telegraph Press Message Act 1983），科学与技术法（The Science & Technology Act），公司法（State Corporations Act），教育法（The Education Act）等。

（2）国家信息通报秘书处（National Communications Secretariat）

电信和信息基础设施关系到任何国家的经济生产力、竞争力和国家安全。由于信息产业发展迅猛，技术和设备更新速度快，这使得肯尼亚政府必须保持有效和有活力的政策环境，以促进肯尼亚通信和信息行业的可持续发展。

1998年通过的肯尼亚通信法，规定成立一个全国信息通报秘书处，作为肯尼亚政府所有与通信行业相关的政策咨询机构，即充当肯尼亚政府与通信委员会的联系纽带作用，主要职能包括：

对信息通信产业政策提出合理化建议，目的是使之符合肯尼亚国家发展战略；对电信和邮政政策的研究和分析；向肯尼亚政府提供意见，以便用最有效的方式管理无线电频谱；为政府编写在国际通信会议上的相关声明和报告；负责整理肯尼亚所有通信产业的政策声明、立法文件等。

（3）肯尼亚通信委员会（Communications Commission of Kenya）

肯尼亚通信委员会1999年成立，主要负责通信行业的监管、牌照颁发、调节通信市场定价水平、批准通信产品型号和管理无线电频谱等，是肯尼亚通信产业最重要的监管机构。

① 电信服务。肯尼亚通信委员会负责制定电信服务运营的政策法规，协调各运营商的战略发展规划；负责颁发通信行业所有业务牌照（包括供应商、承包商、从业工程师、分销商、网络运营商和服务提供商等）；负责通信服务用户投诉受理；负责通信服务产品的定价机制，保证市场竞争；负责肯尼亚通信市场调研分析，以确保运营商健康稳定发展。

② 无线电通信。肯尼亚通信委员会负责肯尼亚无线电通信频率的规划、牌照颁发、监控和协调，特别是注重在满足大众传播媒介（例如广播）、科学研究和无线电通信爱好者正常需求之外的肯尼亚国家无线电通信安全。

③ 邮政及速递。通信委员会负责在肯尼亚范围的邮政和速递业务的监管，负责对所有经营者进行颁发执照、调节收费标准、监督邮政法律法规的执行情况、建立合理有序的邮政和速递市场秩序等。

④ 通信运营商市场准入条件。根据肯尼亚通信法规，若投资者想在肯尼亚投资信息通信业，需要依照通信委员会的投资注册程序：在肯尼亚当地注册本地公司；该公司必须至少有30%的肯尼亚本地股份；申请人必须有足够量的通信工程师；支付运营商牌照申请费；如果申请互联网服务提供商牌照，在通信委员会批准后，服务提供商应接受一次60天的报刊公告；申请牌照成功后在时限内支付注册费用；该公司必须提供两个相对独立的仲裁者。

（4）肯尼亚通信服务组织（Telecommunications Service Providers Association of Kenya）

肯尼亚通信服务组织成立于1999年，是一个非营利性的自发行业组织，主要负责代表在肯尼亚通信企业与政府组织进行沟通与协调。现在已经有包括Safaricom、Zain和Telkom等大型运营商在内的34家会员。

2. 主要法律法规

肯尼亚电信市场开放进程是伴随着1998年的《肯尼亚通信法》和2001年新的《国家通信政策》的颁布而进行的。

（1）肯尼亚通信法

随着《肯尼亚通信法》的颁布实施，《肯尼亚邮电法》即告废止。新法的突出特点是政企分开，将管制职能与运营职能分离开来，同时实现邮电分营，将原先的肯尼亚邮电公司分解成三个实体：通信委员会、肯尼亚邮政公司和肯尼亚电信公司。

肯尼亚电信公司是按照公司法组建的有限责任公司。公司建立之初，政府是它的股东，提供除移动通信以外（移动业务由其子公司 Safaricom 提供）的所有电信业务。根据许可证要求，它还要承担普遍服务，并向其他公司提供互联。目前，政府已决定将肯尼亚电信公司私有化，以吸引私人投资。政府所持股份将降到51%。肯尼亚邮政公司是根据《肯尼亚邮政公司法》组建的，负责提供邮政和邮政金融业务。肯尼亚通信委员会按照《肯尼亚通信法》组建，履行行业管制职能。

《肯尼亚通信法》第 3 章规定了与许可证发放相关的事宜。任何人欲经营电信服务都需获得许可证，肯尼亚通信委员会负责许可证的审批和发放。在制定许可证发放原则时，肯尼亚通信委员会应兼顾下列目标：在价格、质量以及业务多样化等方面，保护所有电信用户的利益；维护和促进电信市场的高效竞争；鼓励电信领域的私人投资；促进国际业务的发展；鼓励电信服务提供商和产品制造商走出国门。

许可证费分为申请费和年费。申请费一般为 1 万肯尼亚先令（约合 127 美元），年费按公司营业额的一定比例收取，征收比例通常为 0.5%。一些影响不大的增值业务有的按年固定额收取。

（2） 国家通信政策

从 20 世纪 90 年代末期，肯尼亚政府认识到通信技术的飞速发展对政策带来的挑战，政府需要不断对通信政策加以审视和调整，才能适应不断变化的市场环境。因此，从 1997 年开始，政府每两年就对通信市场进行政策回顾，并制定颁布新通信政策。2001 年，政府颁布的《国家通信政策》就是为了进一步开放市场、促进竞争、刺激投资而采取的措施，旨在保证以下目标实现。

① 普遍服务[①]。目前，除了固网运营商肯尼亚电信公司承担普遍服务义务外，移动运营商 Kencell 公司（现在的 Zain 通信公司）也有普遍服务义务。

有 5 个机构负责与普遍服务相关的事宜，它们是肯尼亚通信委员会、国际发展研究中心（IDRC）、信息管理公司、高级战略组及内罗毕大学中央统计局。

实施普遍服务计划的第一步是确定普遍服务的内涵以及实施方式，国际发展研究中心投入 22 万美元用于此项研究，首批 15.5 万美元的研究经费已经到位。而肯尼亚通信委员会也准备投入 6.5 万美元进行相关研究，然后根据研究结果，确定普遍服务战略，选取合作伙伴，实施普遍服务计划。

② 平等参与。政府鼓励肯尼亚公民以拥有股权的形式参与行业投资。但同时规定对于任何许可证，肯尼亚人的持股比例不得低于 30%，还得遵从国家资本市场管制局（CMA）的相关管制规则。

---

① 所谓“普遍服务”，即指对任何人都要提供无地域、质量、资费歧视且能够负担得起的电信业务。“普遍服务”这一术语最早由美国 AT&T 总裁威尔先生在 1907 年年度报告中提出，其原话为“一种政策，一种体制，普遍服务”。1934 年，美国首先将这一政策纳入法律条文，在《电信法》中明确规定：“电信经营者要以充足的设施和合理的资费，尽可能地为合众国的所有国民提供迅速而高效的有线和无线通信业务。”

（3）肯尼亚电信公司的私有化

政府电信发展规划是，到2015年农村电话普及率由现在的0.16%提高到5%；城市电话普及率由现在的4%提高到20%。要实现这一目标，需要在农村安装150万线，在城市安装240万线。这意味着平均每年要投入3.9亿美元。因此政府决定重组肯尼亚电信公司，并逐步开放电信市场，以吸引到更多的资金。

3. 通信各品种业务牌照情况

肯尼亚为了大力发展通信业，在通信各领域吸引投资者，加大各种牌照发放力度，增加行业竞争。截至2008年6月底，肯尼亚电信委员会共颁发通信行业牌照2627个，比上年同期多185个（见图9、表9）。

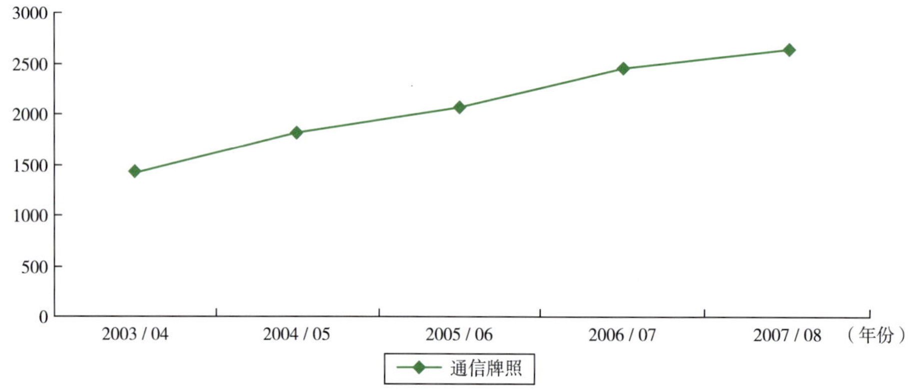

图9 2003年—2008年肯尼亚通信行业牌照发放情况图

表9 2003年—2008年肯尼亚通信行业各种牌照情况统计表

年　度	2003/04	2004/05	2005/06	2006/07	2007/08
通信产品供应商	822	846	867	887	917
个人技术服务	172	207	257	287	315
互联网服务供应商	58	59	72	83	108
增值服务供应商	17	24	34	44	65
公共数据网络运营商	5	11	16	17	24
本地环路运营商	5	10	19	23	31
本地卫星通信	271	548	673	971	1025
国际卫星通信	48	78	101	110	121
卫星通信基站服务商	0	3	4	4	0
IBGO	4	6	8	0	0
DCNO	0	0	7	12	0
卫星电话服务商	1	1	2	2	3
服务外包商	0	1	0	2	18
总　计	1403	1794	2060	2442	2627

（五）肯尼亚通信市场发展潜力和规划

1. 肯尼亚发展通信业的优势

（1）地理位置优越

肯尼亚位于非洲中东部，地理位置优越，与乌干达、坦桑尼亚、埃塞俄比亚、苏丹和索马里接壤，首都内罗毕交通便利，是非洲重要交通枢纽。肯尼亚时区介于欧亚之间，为格林尼治+3时区，这样的地区和时区优势，使得肯尼亚具备成为合适的呼叫中心（Call Centre）和商务流程外包中心（Business Process Out Sourcing）。

（2）投资环境宽松

电信和信息基础设施关系到任何国家的经济生产力、竞争力和国家安全。由于信息产业发展迅猛，技术和设备更新速度快，使得肯尼亚政府必须保持有效和有活力的政策环境，以促进肯尼亚通信和信息行业的可持续发展。

肯尼亚是个传统的农业国家，农业是经济的支柱产业，产值约占GDP的1/4，农产品出口约占出口总额的70%。肯尼亚政府近些年意识到，世界科技发展迅猛，如不抓住时机，将进一步被其他国家拉大差距。因此，肯尼亚政府将通信业作为服务业中重点复制和发展的行业之一。20世纪90年代以来，肯尼亚政府采取多项改革措施，制定了《促进投资法案》、《私有化法案》、《肯尼亚通信法》和《国家通信政策》，打破通信行业的垄断，引入外来投资和私营公司，大力促进通信和周边行业发展，增加就业，保持肯尼亚经济多样性和活力。

（3）人力资源丰富

肯尼亚共有3000多万人口，英语和斯瓦西里语为国家官方语言。政府重视发展教育，每年教育经费占到政府财政预算20%左右，近些年肯尼亚通过推行免费初级教育，加大对各类人员培训力度，使全民素质得到进一步的提高，工作效率也得到有效改进。肯尼亚共有11家大学，4家技术学校和41个培训机构，是东非地区大学和大学毕业生最多的国家。肯尼亚绝大多数的大学都开设有包括通信、计算机技术、软件开发和系统维护等专业。肯尼亚政府也开始对政府工作人员进行通信和计算机技术的培训，使其掌握相关技能。根据肯尼亚通信部统计数据显示，同样技术能力的通信人才，肯尼亚本地人才成本比欧洲和北美低40%。

2. 信息和通信行业发展规划

肯尼亚希望发展成为东非乃至非洲地区的金融和信息服务中心，离不开对通信业的大力发展。肯尼亚信息和通信部制定了通信行业未来几年发展目标：通过利用肯尼亚丰富的业务流程外包（Business Process Outsourcing）资源提高肯尼亚经济竞争力；将肯尼亚发展成为知识主导型社会，提高国民生活质量；通过建设大量的数字化村来保障肯尼亚公民能享受到信息服务；保证肯尼亚可以跟上世界先进技术的发展潮流。

为了达到以上的发展目标，肯尼亚政府制定了相应的发展规划：加强信息和通信行业基础设施的建设，使得肯尼亚成为非洲通信枢纽；发展农村地区信息中心；通过提高对信息通信领域的研究，大力发展包括硬件、软件和增值服务在内的信息技术产业；继续完善电子政务网，使得政务信息进一步公开透明；加强信息行业培训力度，发展服务外包。

其中，肯尼亚政府计划加大外包商业的发展力度。外包商业是一个新兴产业，对年轻人而言，更是一个有着很高回报率和高附加值的行业。外包商业主要以互联网的方式为来自发达国家（如美国、英国和加拿大）的各公司、各组织等客户提供商业性服务。外包商业2030年远景目标为：跻身非洲三大外包商业国。2012年五年规划为：创造不少于7500个就业岗位，对GDP贡献达到100亿肯先令（约折合1.7亿美元），具体包括：吸引大型国际性IT公司投资（至少包括5个大型IT超级供货商、10个大型跨国外包商业企业），由此创造不少于5000个就业岗位；通过合资企业获取经验或自身优异的运营，至少确认本国五家企业的领军地位，成为本国行业主导性企业。投资环境的改善，也将在更多的投资领域吸引国际顶尖IT供货商，增强投资者信心，发展外包商业的顶级品牌，以吸引更多国际性公司。

2012年的BPO示范项目：在内罗毕Athi河区域设立一个主要的BPO园区，提供世界一流的、由国际IT供货商负责开发的设施。肯尼亚将提供一系列以竞争为目的的商业激励政策，鼓励公司来园区落户，提供一站式服务，以吸引更多的顶级外国IT公司。

参考文献资料

1. Kenya ICT Invetor Guide.
2. Summary National ICT Master Plan.
3. Strategic Plan2006 – 2010, Ministry of Information and Communications.
4. Telecom Marke Structure.
5. 2008 – 2013 Strategic Plan of CCK.
6. CCK Annual Report 2007/08.
7. Kenya Information & Communications Technology Sector 2005, Export Processing Zones Authority.
8. The World wide Submarine Cable Market and the State of African Submarine Communications, Terabit Consulting.
9. Communications Statistics Report Second Quarter 2008/09, CCK.
10. Annual Results Presentation, Safaricom, 2009年3月21日。
11. Corporate Kenya—Thebusiness, Trade and Investment Guide 2007/08.
12. Statistical Abstract 2008, Kenya National Bureau of Statistics.
13. Economic Survey 2008, Kenya National Bureau of Statistics.

肯尼亚通信委员会网站统计数据。

七、肯尼亚电力行业发展状况

近年来，撒哈拉沙漠以南非洲国家的经济增长正处于四十多年来最快的发展阶段。2007 年经济增长率为 6.1%，较 2006 年的 5.7% 上升 0.4 个百分点，预计 2008 年还将进一步增至 6.8%。但是非洲是世界上电气化程度最低的大陆之一。随着地区经济快速而稳定地发展，和电力等基础设施建设普遍滞后，电力供求缺口越来越大。电力供给经常捉襟见肘。由于长期受电力供应不足困扰，当地的生活和生产活动都受到了严重影响。有世界银行专家称，撒哈拉以南非洲每年增加的发电装机容量都在 1000 兆瓦左右，但需要至少两倍于此才能基本满足其需求。

因此，进一步发展电力行业，扩大产能并降低成本，对于肯尼亚的整个国民经济发展十分重要。

（一）肯尼亚电力发展无法适应其经济快速发展的要求

1. 肯尼亚经济发展概况

近年来，肯尼亚宏观经济总体运行良好。肯尼亚独立后实行以私营经济为主、多种经济形式并存的“混合经济”体制，肯尼亚经济发展较快，是东南非共同市场（COMESA）的重要成员和东非共同体（EAC）的倡导者，素有“东非经济火车头”之称。

2007 年肯尼亚 GDP 按市场价计算为 1.81 万亿肯先令，人均 GDP 产值约 778 美元（按 1 美元折合 77.87 肯先令），GDP 增长率约为 7%。据非洲开发银行（African Development Bank）近日发布的消息，肯尼亚 2009 年经济增长率将达到 4.2%，将远远好于预期。非洲开发银行在一份声明中说，根据有关统计数据显示，尽管在金融危机的外部影响下，肯尼亚出现了经常项目巨额逆差、财政赤字急剧增加及外汇储备大幅减少等诸多困难，但全年 GDP 增长速度预计仍将达到 4.2%，这一预测值高于肯尼亚政府年初预计的 2% 至 3%（见图 1、表 1）。

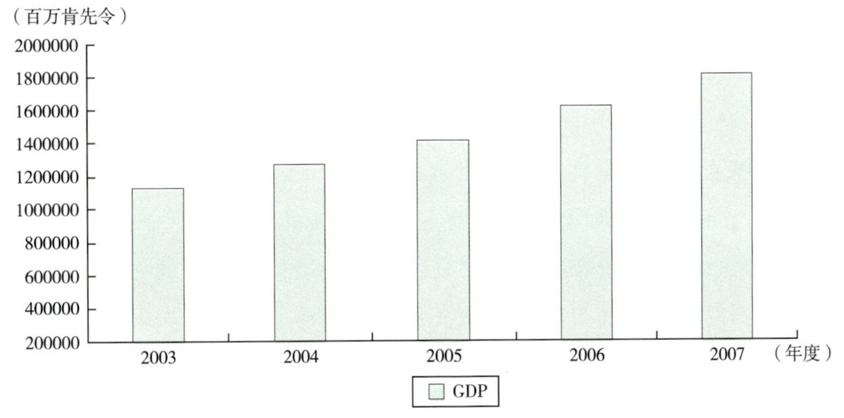

图 1 肯尼亚 GDP 总额增长情况

资料来源：statistical abstract 2008，Kenya national bureau statistics。

表1　　肯尼亚近几年GDP增长率情况

年　度	2003	2004	2005	2006	2007	2008
GDP增长率(%)	2.9	5.1	5.8	6.4	7.1	4.6

资料来源：statistical abstract 2008，Kenya national bureau statistics，按市场价格计算。

肯尼亚于2002年开始实施第九个发展规划（2002—2008年），目标是实现经济年均增长达到4%，该目标任务现已圆满完成。在此基础上，肯尼亚政府又于2007年年底制订了2030年远景规划，该规划于2008年6月10日正式启动，核心目标是实现GDP增长10%以上，到2030年将肯尼亚建成一个新兴工业化、中等发达和具有国际竞争力的国家。规划中还同时宣布了中期（2008年—2012年）发展规划，确立了肯尼亚中期经济、政治和社会发展目标，包括到2012年实现GDP增长10%、人均GDP超过3000美元等。

2. 肯尼亚电力发展现状

现代经济运行模式离不开电力资源，随着肯尼亚国民经济的发展和社会的进步，其对电力资源的需求越来越高。目前，在肯尼亚各能源领域中，电力占有的比例还相对低。由于社会发展程度较低，生物类能源高达68%，占有比例最高，主要用以满足肯尼亚广大农村的家庭使用；其次是石油类资源约占22%，主要是满足各现代经济因素运作的需求；电力类能源只有约9%（见图2）。

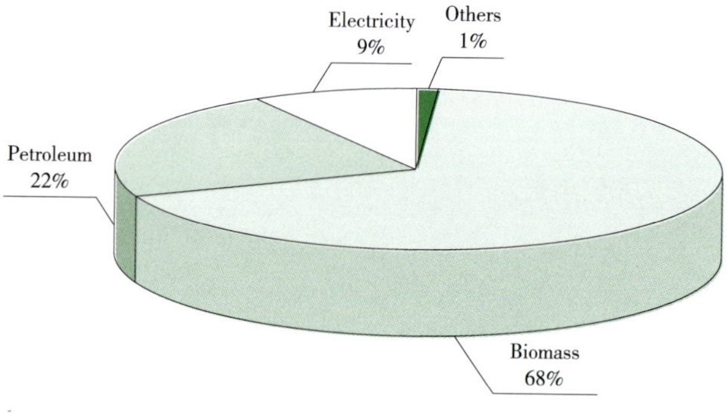

图2　肯尼亚各种能源占比情况

资料来源：国际能源组织2003年报告。

2008年，肯尼亚整个电力总体有效装机容量为1223兆瓦，最高峰需求为1150兆瓦，富余差数仅为65兆瓦，远低于国际上预备差额不低于15%的标准。

肯尼亚政府已经意识到其发展所面临的突出问题，诸如基础薄弱、能源严重不足等，这些瓶颈已经严重限制肯尼亚经济的进一步快速可持续发展。要实现2030年远景规划中的宏图伟略，必须加快各项配套设施建设，以跟上快速发展的需要。其中，电力行业配套设施建设尤为突出。对此，肯尼亚也制定了大量的计划，大力发展电力资源，以满足其经济和社会发展的需要。

(二) 肯尼亚电力行业现状

1. 肯尼亚电力行业概况

在 1996 年之前，肯尼亚共有 Kerio Valley Development Authority（KVDA）、Tana River Development Company（TRDC）、Kenya Power Company（KPC）、Tana and Athi Rivers Development Authority（TARDA）、Kenya Power and Lighting Company（KPLC）等五个公司完成电力行业相关业务。随后，在过去很长一段时间，肯尼亚电力行业为肯尼亚电力与照明公司（Kenya Power and Lighting Company，KPLC）所垄断，KPLC 包揽了发电、输电、配电等方面的业务。而目前，形势已经发生了转变，发电方面已部分由私营投资者承担，最大的发电公司是国营的肯尼亚电力公司（Kenya Generating Company，KenGen），KPLC 则全面负责肯尼亚的电力输送和分配业务。

2. 肯尼亚电力主要供应商

肯尼亚几家主要电力供应商如下：国营的 KenGen 公司发电量占到 86%，Tsavo Power 公司发电占 7.2%，Iber Africa 公司发电占 5.4%，West Mont 公司发电占 3.7%，Or Power 公司发电占比 1.2%，其余部分从乌干达等国进口。除了国有公司 KenGen 以外的电力生产商统称为独立电力生产商（Independent Power Producers，IPPs），占比约为 14%。事实上，在 IPPs 中最主要的一家公司是 Mumias Sugar Company，占了约 30% 的比例，其发电量也已并入肯尼亚国家电网（见表 2）。

表 2　　肯尼亚电力行业装机情况（包含进口）　　单位：兆瓦

		装机容量	实际容量	占比（%）
KenGen	水力	677.28	641	62
	地热	115	115	11
	热力	214.2	133	13
IPPs	地热	13	13	1
	热力	174	132	13
UETC	进口	30	0	0
	合计	1223.48	1034	

资料来源：肯尼亚电力公司。

肯尼亚照明公司 KPLC 负责统一调度所有电力资源，再分配给各消费者。KPLC 和乌干达输电公司（the Uganda Electricity Transmission Company Limited，UETC）签订了电力合作协议，商定在满足了自身需要以后，优先将剩余电力出口给对方。

从发电方 KENGEN 到 KPLC，中间还需要经过电力监管局（Electricity Regulatory Board，ERB）的协调。ERB 主要负责从发电方到 KPLC，直至最终消费者所有的课税规则的制定、税率的调整等。目前，肯尼亚电力消费税大约是0.08美元每千瓦时，是东非地区最高的。制定新税则的调研工作正在进行，但是要降低这一税率，面临着较大的压力。

3. 肯尼亚电力行业主要企业财务状况分析

（1）KenGen的财务情况

如表3所示，截至2008年6月30日，KenGen公司总资产达10699355万肯先令，比2007年同期增长4.93%。其中流动资产1065514万肯先令，比2007年同期增长8%；固定资产9633841万肯先令，比2007年同期增长5%；净资产达到9906861万先令，比2007年同期增长5%；电力销售收入为1154818万先令，比2007年同期增长4%；净利润480945万先令，比2007年同期增长97%。

根据2007年发布的信息，KenGen在内罗毕股票交易所共发行的股份为21.98亿股，总市值为8.09亿美元（参见图3、表3、表4）。

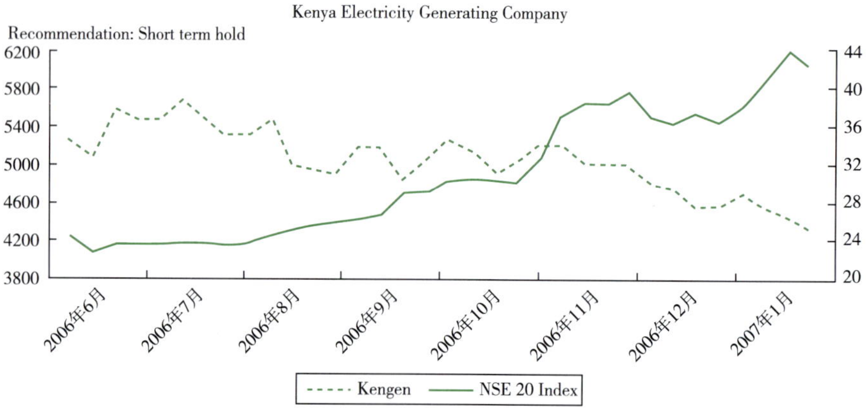

图3 KenGen2006/07财年股票走势图

资料来源：CORPORAE KENYA。

表3 KenGen公司2008年主要财务数据 单位：千先令

财务指标	2008	2007	财务指标	2008	2007
固定资产(NON-CURRENT ASSETS)	96338413	92142616	电力销售收入	11548176	11141219
流动资产(CURRENT ASSETS)	10655138	9824245	燃油转售收入	45433887	3410548
流动负债(CURRENT LIABILITIES)	7924944	7234189	营业成本	12557479	11409594
净资产(NET ASSETS)	99068607	94732672	其他收入	333991	710838
资产净值(SHAREHOLDERS'FUNDS AND LIABILITIES CAPITAL AND RESERVES)	68125174	63638189	营业利润	3868075	3853011
长期负债(NON-CURRENT LIABILITIES)	30943433	31094483	净利润	4809445	2445666

资料来源：KenGen公司2008年[①]年报。

① 2008年年报统计的是从2007年7月1日至2008年6月30日的情况。

表 4 截至 2008 年 6 月 30 日 KenGen 公司前十名股东情况

List Of Ten Largest Shareholders As At 30 June 2008

		Number of Shares	(%)
1	Permanent Secretary, Treasury	1538853019	70.00
2	National Social Security Fund	17334800	0.79
3	Barclays(K) Nominees Limited - A/C 9230	9255300	0.42
4	Bardays(K) Nominees Limited - A/C 1853	8899831	0.41
5	Kenya Commercial Bank Nominees Lmited - A/C 769G	7667592	0.35
6	Alfaways Limited	6436121	0.29
7	Jennid Tracing Limited	5455794	0.25
8	Lancaster Investmen Limited	4502106	0.20
9	Sandhurst Investments Limited	4501294	0.20
10	Kensington Developers Limited	4148427	0.19
		1607054284	73.10
	220089 other shareholders	591307172	26.90
	Total	2198361456	100.00

资料来源：KenGen 公司年报。

（2） KPLC 的财务情况

截至 2008 年 6 月底，KPLC 的总资产为 5981212 万肯先令，比 2007 年同期增长 26.39%。其中固定资产 3905724 万先令，比 2007 年增长 38.09%；净资产为 2388192 万先令，比 2007 年增长 7.34%。2008 年财年，KPLC 实现收入 2391760 万先令，比 2007 年增长 2.64%；营业利润 352204 万先令，比 2007 年增长 47.84%，实现税后净利润 176487 万先令，比 2007 年增长 2.70% （见表 5）。

表 5 KPLC 公司 2008 年主要的财务数据 单位：千先令

财务指标	2008	2007	财务指标	2008	2007
固定资产(NON-CURRENT ASSETS)	39057243	28283300	销售收入	23917599	23303233
流动资产(CURRENT ASSETS)	20754879	19038564	其他收入	17967465	15141668
长期负债(NON-CURRENT LIABILITIES)	17412457	7226460	营业总收入	41885064	38444901
流动负债(CURRENT LIABILITIES)	18517743	17846004	营业成本	38363024	36062567
净资产(TOTAL EQUITY)	23881922	22249400	营业利润	3522040	2382334
总资产(TOTAL EQUITY AND LIABILITIES)	59812122	47321864	净利润	1764870	1718477

根据 2007 年发布的信息，KenGen 在内罗毕股票交易所共发行的股份为 5.1 亿股，总市值为 3.44 亿美元（参见图 4、表 6）。

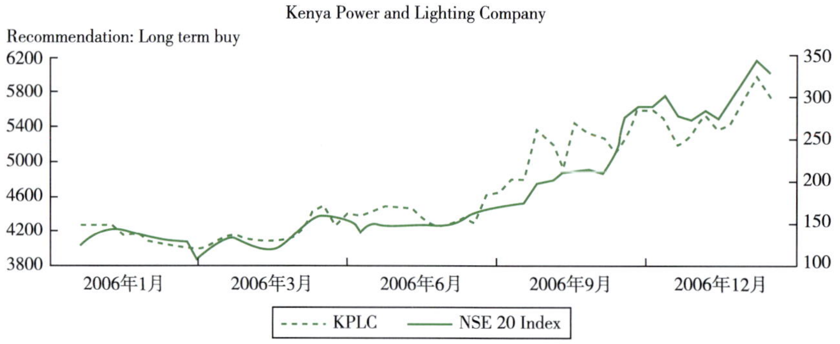

图4 KPLC2006/07 财年股票走势图

资料来源：CORPORAE KENYA。

表6 截至2008年6月30日KPLC公司前二十名股东情况

NO.	NAME OF SHAREHOLDER	ORDINARY(£)	4%PREF.(£)	7%PREF(£)	TOTAL(£)	% – AGE
1	P. S. TREASURY	32002929	656808	193531	32853268	40.421
2	BARCLAYS(KENYA)NOMINEES LTD.	9659786	5127	250	9665163	11.891
	BOARD OF TRUSTEES N. S. S. E.	6413801	3550	750	6418101	7.896
4	KCB NOMINEES LTD.	1853747	69784	800	1924331	2.368
5	STANBIC NOMINEES KENYA LTD.	1836707	48308	—	1885015	2.319
6	JUBILEE INSURANCE CO. LTD.	1471835	59828	17160	1548823	1.906
7	NIC BANK LIMITED	1313623	—	—	1313623	1.616
8	ALIMOHAMED ADAM	529169	277264	57617	864050	1.063
9	PHOENIX OF E. A. ASSURANCE CO. LTD.	730168	—	—	730168	0.898
10	INVESTMENTS&MORTGAGES NOMINEES LTD.	696594	—	—	696594	0.857
11	CFC LIFE ASSURANCE LIMITED	668475	—	—	668475	0.822
12	K. P. L. C. LTD. STAFF RBS TRUSTEES	450000	—	—	450000	0.554
13	TRANS – CENTURY LTD.	381100	—	—	381100	0.469
14	BRITISH AMERICAN INSURANCE CO. (K) LTD.	371500	—	—	371500	0.457
15	THE HERITAGE ALL INSURANCE CO. LTD.	364408	—	—	364408	0.448
16	VIR CHAND VIRPAL & SONS LIMITED	360700	—	—	360700	0.444
17	KCB STAFF PENSION FUND	345525	—	—	345525	0.425
18	MADISON INSURANCE CO. (K) LTD.	334044	—	—	334044	0.411
19	KARIM JAMAL	273558	—	—	273558	0.337
20	OLD MUTUAL LIFE ASSURANCE CO. LTD.	263000	—	—	263000	0.324
	SUB – TOTALS	60320669	1120669	270108	61711446	75.926
	OTHER SHAREHOLDERS	18807331	679331	79892	19566554	24.074
	TOTAL ISSUED SHARES	79128000	1800000	350000	81278000	100.000

资料来源：KPLC 年报。

4. 肯尼亚电力需求情况

近年来，由于肯尼亚经济持续发展，工业用电和居民生活用电需求均不断增长。电力需求的日益增加，对肯尼亚电力行业发展提出了迫切的要求。据肯尼亚能源部统计资料，2006/07 财年，肯尼亚的电力消费量为 61.69 亿千瓦时，2007/08 财年增长到 63.85 亿千瓦时，增长了 8.6%。用户数量从 2006/07 财年的 924329 户增长到 2007/08 财年的 1060383 户，全年增长了 14.7%。农村电气化项目（Rural Electrification Programme，REP）使得更多的农村居民使用上了电，2007/08 财年农村用电人口增加了 28307 户达到 161354 户，比前一个财年增长 18%。肯尼亚当局计划在未来 5 年内，通过完善消费电网连接和执行农村电气化项目使得电力用户增加至 2000000 户，这将大大增加其电量需求。

事实上，在肯尼亚全国约 3500 万人口中，只有大约 500 多万人能够用上电。在广大农村地区，缺电问题十分普遍。据肯尼亚能源部统计资料，该国目前农村电网覆盖率仅为 10%，远低于全球发展中国家 30% 覆盖率的平均水平，农业生产也因此受到一定影响。为此，肯尼亚政府计划大力加强电力建设，到 2012 年把农村电网覆盖率提高到 20% 以上，并在今后几年内让 100 万户农村家庭用上电。

据肯尼亚能源部研究表明，肯尼亚电力需求将会为以下因素所驱动：（1）经济的发展。制造业、农业等不断发展，将促使电力需求增大。（2）电力消费人口的增长。据估计，肯尼亚电力大约为中高社会阶层的人提供服务，该部分人口约占 15%—18%，随着其人口的增加及经济的发展，有能力消费电力的人口数目将不断增大。（3）电力器械的增加。随着社会经济的发展，越来越多的电气产品走进肯尼亚人的生活，这势必导致用电需求的增加。（4）国家不断扩大电网的覆盖范围，鼓励电力普及的政策也成了推高电力需求的又一因素。

据肯尼亚能源部测算，肯尼亚用电的最高峰需求量在 2010 年，将达到 1401 兆瓦，至 2012 年将达到 1715 兆瓦，而到 2014 年，这个数字将是 2112 兆瓦，到了 2020 年，这个数字将超过目前数额的三倍多而达到 3828 兆瓦。

肯尼亚本身的电力供应，始终无法满足其市场需要。按照目前的情况估计，到 2012 年，肯尼亚需要进口 100 兆瓦容量才能满足其需求缺口，而到了 2028 年，这一数据将达到 900 兆瓦。这些计算数据尚未包括国际上一般要求的富余 15% 的预备差额，如果考虑 15% 富余的储备要求，到 2030 年肯尼亚电量进口需求占总电力比例将达到 30%。

肯尼亚的电力供应和其他非洲国家一样存在严重不足，究其主要原因：电力基础设施投入不足；缺乏地区间有效的电力合作；缺乏节能技术的应用；新能源开发不足；电网、发电设施管理能力不足。

（三）肯尼亚电力行业投资环境情况

1. 肯尼亚整体投资环境分析

肯尼亚自 1963 年独立以来政局一直保持稳定，是撒哈拉以南非洲政局最稳定的国家之一。2002年12月第三次多党大选，反对党全国彩虹同盟获胜，姆瓦伊齐贝吉于2003年1月宣誓就任肯尼亚第三任总统，实现了政权的平稳交接。2007年年底，肯尼亚大选出现骚乱，在各方斡旋下，执政党和反对党最终达成和解，齐贝吉续任总统，反对派领导人奥丁伽出任总理。此次骚乱给肯尼亚社会造成惨重的损失，使肯尼亚人民充分意识到稳定的重要性。有关人士认为，肯尼亚再次出现此类大规模骚乱和动荡的可能性不大，其下届大选时间为2012年。

肯尼亚独立以来，经济发展较快，是非洲经济状况较好的国家之一。1991年开始，肯尼亚政府在整个经济领域实行自由化，对国有企业开始进行私有化改造，逐步开放允许外国投资的行业，并提出到2020年争取成为新兴工业化国家的发展目标。

（1）肯尼亚的税收政策

肯尼亚税务局（KRA）负责估税、征收中央税和执行税法。税务局有三个部门：所得税部门、增值税部门以及关税和国内消费税部门。每个部门由一名监督官（COMMISSIONER）负责。

肯尼亚自1992年起实行所得税自我估税制。从事经营活动的公司和个人在每个税收年度结束的4个月内，必须主动申报自我估税报告。

肯尼亚中央政府征收直接税和间接税。直接税包括公司及个人所得税。间接税包括增值税、关税和国内消费税。地方政府主要征收房地产税、贸易许可费和服务性收费。

① 公司所得税：对所有在肯尼亚注册的公司的所得税率为30%，未在肯注册的外国公司应缴所得税率为37.5%。在肯尼亚所得收入都应缴纳所得税。

② 个人所得税：税率为10%至30%，年收入超过22225肯先令适用于最高税率。应纳税收入包括所有业务所得、红利、利息和财产所得（见表7）。

表7 所得税率一览表

应税收入（肯先令）	税率（%）	应税收入（肯先令）	税率（%）
0—5808	10	5809—11280	15
11281—16752	20	16753—22224	25
超过22225	30		

③ 增值税（VAT）：制造、贸易、服务类公司申请增值税注册的最低要求为年最低营业额不低于3000000肯先令。增值税率为16%，注册增值税的公司可对其生产的投入进行抵扣。未经加工的农产品和航空器材免征增值税。

④ 消费税：消费税的征收仅限于部分进口或肯尼亚当地生产的商品，包括香烟、酒类、含酒精饮料、软饮料、汽油、柴油和大型客车。

⑤ 关税：大部分进口到肯尼亚的商品都要征收关税。关税税率从3%到35%不等。货值超过FOB5000美金的进口货物要求装船前接受检验。

⑥ 避免双重征税协定。肯尼亚与东非共同体国家（坦桑尼亚、乌干达）、加拿大、丹麦、挪威、瑞典、英国、赞比亚等国签订了避免双重征税协定。同时，与其他国家正在商谈签订

协议，其中包括中国。

（2）肯尼亚为吸引外资所做的努力

为鼓励外商来肯尼亚投资，肯尼亚政府制定了《外国投资保护法》。该法制订于1964年，后于1976年、1981年进行过两次修订。随着国际政治经济环境的不断变化和肯尼亚自身条件及需求的变更，该法已明显滞后于鼓励投资的形势发展的需要。2008年，肯尼亚政府再次修订该法，以期吸引更多投资，并采取了一系列鼓励投资的措施，如取消进出口许可证、降低进口关税税率、设立出口加工区（EPZ）等。

① 有关改善投资环境的改革措施。为了促进国民经济的发展，肯尼亚政府积极推行吸引外资的政策。特别是近年来，根据《外国投资保护法》的相关条款和1994年的《促进经济振兴和持续发展纲要》，肯尼亚政府实行了一系列改善投资环境的改革措施：A. 除了在《进出口重要物品供应法案》列明的少数品种外，废除进出口许可做法；B. 调整关税、降低进口关税税率，取消出口关税；C. 先令汇率放开，汇率由市场决定；D. 取消现金账户限制，允许常驻人员和非常驻人员在肯尼亚银行开办外汇账户；E. 取消外国公司在肯尼亚借款的限制；F. 允许常驻人员无条件地从国外借贷；G. 允许常驻人员不经中央银行批准，向肯尼亚境外投资（限额50万美元）；H. 取消资金限制条款，开放部分资本市场——外国公司可购买公司全部上市股票的40%；个人可购买5%；I. 取消价格控制；J. 废除外汇控制法。

② 为外国投资者提供的保证。根据吸引外资的需要，肯尼亚政府允诺为外国投资者提供下列保证。

A. 保证资本和利润的自由汇出。外国投资者可将企业的初始投资、股息和利息自由汇出。投资者只需持有肯尼亚财政部颁发的批准证书，便可将下列款项汇出境外：

——该企业的税后利润，包括尚未资本化的留存利润；

——企业批准证书记载的资本金额；

——企业批准证书记载的贷款本金和利息。

B. 保证不没收财产。肯尼亚宪法规定不得没收私人财产。确因国家安全和公众利益需要实施私人财产国有化时，必须给予投资者公平和及时的补偿。

C. 其他保证。肯尼亚是“世界银行多国投资保证机构”（MIGA）的成员国，保证签约国投资企业不承担非商业风险。肯尼亚也是世界银行解决投资争端中心的成员国。

（3）其他鼓励投资的政策

与此同时，肯尼亚政府当前还采取一些鼓励投资的具体措施，主要包括投资补贴、折旧、亏损结转、关税减免等。

① 投资补贴用于鼓励制造业和旅店业，投资补贴为60%。保税工厂实际补贴率为100%。投资补贴还扩大到包括某些与制造业有关的基础设施和环保设备支出。

② 允许资产以账面价值进行折旧。建筑折旧采用直线折旧，其中工业建筑为2.5%，旅店为4%。机器采用固定折旧，拖拉机、联合收割机及陆地移动设备为37.5%，其他自助交通工具包括飞机为25%，其他所有机器，包括船只为12.5%，计算机和其他办公设备为30%。

③ 商业企业的亏损可结转到下一年度，直至盈利。

④ 免除关税项目。资本、工厂设备和机器关税率为5%。大型私人投资项目，投资于再生产的不动产，两年期间超过500万美元，并为国家产生净收入的，该项目进口资本物的进口关税税额，可与所得税相抵扣。

⑤ 促进出口计划。肯尼亚出口一直依赖于食品和饮料，其次是非食品类的工业产品；其传统出口市场是东南非共同体市场、欧盟等。为扩大非传统项目的产品出口，如食品加工产品、园艺产品和出口服务项目，继续扩大在传统出口市场的份额，并不断开拓新的出口市场，肯尼亚推行了促进出口计划，具体内容如下。

A. 关税免除。对用于加工出口的材料及用于生产出口产品所需原材料的生产或在国内市场销售的免税产品的生产，免除关税。在肯尼亚无合适人员承担工作的领域，允许雇佣外籍人员。

B. 保税工厂。为鼓励加工业进入国际市场，政府实施保税计划，吸引国内外投资者。从事该计划的企业可享受如下优惠：

——对进口工厂机器、机械设备、原材料和其他物资，免征关税和增值税。

——工厂机器、设备和建筑享受100%投资补贴。

保税工厂可在内罗毕、蒙巴萨、基苏木、埃多、纳库鲁、尼亚里和塞卡，或在这些城市邻近的地区获准开办。

此外，根据特殊安排和关税减让，肯尼亚出口产品进入一些特定的国际市场可享受优惠条件。

A. 区域市场。肯尼亚是东非合作体（肯尼亚、乌干达和坦桑尼亚）的成员国，（东非合作体人口大约为8000万）同时也是东南非共同市场（COMESA）的成员国（南非共同市场人口近3亿）。成员国之间进出口享受优惠关税率。

B. ACP及洛美协定。肯尼亚产品进入欧盟市场享受关税减让。根据洛美会议的条款，产品出口没有配额限制。贸易优惠包括所有工业制成品及大部分农业产品，包括牛肉、鱼、奶制品、谷物、新鲜和加工水果和蔬菜，可自由进入欧洲市场。

C. 普惠制（GSP）。根据普惠制，肯尼亚加工产品在美国、日本、加拿大、瑞士、挪威、瑞典、芬兰、澳大利亚、新西兰及欧洲大多数国家享受优惠关税待遇。另外，对在目前适用普惠制的3000多个出口产品的出口没有数量限制。

2. 肯尼亚电力行业投资环境分析

（1）电力投资环境分析

由于电力行业对于肯尼亚的经济发展和国计民生具有不可替代的作用，肯尼亚政府大力鼓励本地资本和外国资本投资其电力行业。

到肯尼亚投资电力行业，除了可以享受以上所列投资于一般行业能获得的优惠条件外，还可以享受其他一些特别的优惠政策。2008年年底，肯尼亚政府就制定了一系列针对电力行业的免税优惠措施，包括对装机容量5万千瓦以上的水电站免除所得税15年，装机容量2万到4.9万千瓦之间以及2万千瓦以下的水电站分别免除所得税10年和7年。对于热电厂，这一免税标准分别为：5万千瓦以上免10年，3万到4.9万千瓦免7年，1万到2.9万免5年。此外，向从事电力生产和传输的公司提供7年和7年以上贷款的商业银行和机构投资者获得的利息收入也可以免除所得税。

肯尼亚能源部一位不愿意透露姓名的官员表示，一旦完成对相关政策的调整，这些优惠措施就将付诸实施，并一直持续到肯尼亚家庭电力接入比例达到70%①为止。他表示，实际上，相关的优惠条件还有一定的谈判空间。

总体来看，投资肯尼亚电力行业，能享受政府相关的优惠政策，当局会在各方面给予投资者相关配套服务和支持。同时，其市场需求强劲，电量销售较有保障，整体投资条件比较优厚。

（2）到肯尼亚投资咨询服务

到肯尼亚投资，首先可以从肯尼亚投资促进中心（Investment Promotion Centre，以下简称“中心”）处获得一些信息，该机构是肯尼亚贸易和工业部的常设机构，其职能是促进本国和外国的投资。“中心”为投资项目审批和申请营业执照提供方便，同时在国内或国外组织投资促进活动。“中心”包括4个相互密切联系的部门：政策研究和信息部、投资服务部、金融管理部、投资促进部。“中心”还负责处理出口型项目的申请。在合作方式上，尽管肯尼亚政府鼓励外国投资者与当地公司建立合资公司，但在法律上并没有此规定。

根据投资者在申请表上所填内容，“中心”可以确定批准证书和所需的营业执照的类型，并协助从肯尼亚政府获得这些证书。“中心”可以提供包括公司注册、登记、工作准证及投资所需各种手续的服务与咨询。

此外，肯尼亚还有非营利性中介机构肯中经贸协会（Kenya-China Economic and Trade Association）、中国（肯尼亚）投资开发贸易促进中心（Chinese Centre for Promotion of Investment，Development and Trade in Kenya Limited）、肯尼亚雇主联合会（Federation of Kenya Employers）、肯尼亚制造商协会（Kenya Association of Manufacturers）、肯尼亚工商联（Kenya National Chamber of Commerce and Industry）、肯尼亚商务信息中心（Centre for Business Information in Kenya）等以及Mawa Geological Consultants②公司等收费服务机构可为企业提供咨询服务。

3. 肯尼亚电力行业的监管情况

肯尼亚电力行业的监管，主要由能源部及其下设的能源管理委员会（Energy Regulatory Commission）负责。其中能源部主要负责大的方针政策制定、监督和执行大的能源项目的开发、融资安排及电力行业发展规划制定等。能源部实行部长负责制，能源管理委员会委员也由其任命。

---

① 目前，肯尼亚全国仅有约100万户家庭能用上电，约占全部家庭总数的18%。

② Mawa Geological Consultants公司是一家肯尼亚地质勘探顾问公司，主要向地质勘探投资者提供水资源研究、地质工程勘探、地质勘探技术、矿产开发等咨询服务。

能源管理委员会的前身电力监管局（Electricity Regulatory Board，ERB）是按照1997年的电力法设立起来的，该法后来演变成2006年的能源法，电力监管局也被重组成能源管理委员会，成为一个独立的行业管理机构，负责电力、可再生能源及下游的石油产业的经济和技术方面的事务，包括税费税率制定和变更、发放经营执照、经营授权、争端解决、电力销售和电网服务管理等。

根据1997年的电力法，电力监管局具体职能如下。①制定和更改针对电力输送和分配方面的税费税率；②调研税费情况，以研究其合理性和适用性；③监督电力生产安全和环境保护；④调查任何关于行业内的所有违法投诉；⑤保证行业内公平竞争；⑥审批、协调电力生产商或社会电力提供者与大型电力消费者之间的电力销售合同和输送电服务合同。

改制成能源管理委员会后的职责则包括：①规范电能、石油及相关行业，管理可再生能源和其他能源；②保护消费者和投资者的利益；③按照规定进行能源领域的系列核算；④管理、保证能源领域的公平竞争及授权开发者的合作；⑤及时提供各种信息和数据；⑥收集和维护能源领域的资料；⑦制定国家能源发展规划；⑧执行能源法或任何其他法律赋予其的职能，或者附加的或派生的其他职能。

在肯尼亚，从事电力生产、电力进口、电力输送、电力分配、电力供应等业务都必须经过专门的审批。从事电力行业的申请，包括修改、转让、更新营业范围，都必须依法向能源管理委员会提出。而按照规定，在向能源管理委员会提出申请之前，相关的申请意图必须通过公众媒体进行公告，时间不得少于30天，不得超过60天，公告必须至少在两家国家级著名报纸上进行，而且必须刊登于授权版面。内容必须声明，所有的意见或异议请书面提交至能源管理委员会，并注明“电力执照异议”的字样，同时，提出异议的相关文件必须在公告60天的期限以内抄送给申请当事人。能源管理委员会应当一次性公开审理所有的异议，审理应该提前14天通知申请人和反对人，审理应当在收到异议后30天内进行。

能源管理委员会评估申请一般考虑以下几个因素：①本国或区域的能源需求、供给情况；②对社会经济、文化生活的影响；③依据环境管理和协调法案，保护环境和自然资源；④土地的使用和工程建设位置、输变电线路情况等；⑤对国家或地区经济带来的具体益处；⑥项目执行的成本和融资安排；⑦申请人执行项目的资质和能力，是否能保证其健康和安全需要；⑧申请人的融资能力；⑨能源利用和成本的效率；⑩各方的意见和异议情况；⑪可能带来的税收收入情况；⑫政府的政策等。

委员会会在申请人交齐所需材料后给予书面答复，并于90天以内审批，如果相关申请没有获得批准，会在拒绝后的30天内向申请人作出原因说明。

总体来看，肯尼亚电力行业监管较为严格，从事电力行业不但需要符合当地法律法规和官方的政策，还要接受公众媒体监督，特别是在电站建设、输变电线路建设等方面更是牵涉到环境保护等相关问题。

（四）肯尼亚电力行业未来发展规划

1. 解决电力供、求矛盾迫在眉睫

（1）加大电力领域投资力度

非洲许多国家已经意识到电力供应对一个国家的至关重要作用，加大对电力的投资力度成为必然。有资料显示，世界银行在撒哈拉以南非洲资助的能源项目数目激增，金额从5年前的2.5亿美元增加到了2007年的6.6亿美元，而2008年达到10亿美元。

（2）地区供电合作逐步加强

有研究机构的专家提出，解决非洲供电问题的最佳办法就是各国在地区供电问题上进行合作。专家指出，兴建一至两座大型地方发电厂，比起兴建数十家小型发电厂更能有效地供应成本低廉的电力。为此，已有很多非洲国家计划兴建大型发电厂。

（3）采取各种节能措施以减少电力需求

节能作为降低电力需求的一种替代方案被广泛应用。据有关资料显示，世界银行将帮助撒哈拉以南非洲国家通过推广小型日光灯和发光二极管等新型节能照明产品来缓解电力供求矛盾，以减少电力危机对经济和人民生活造成的影响。

（4）开发、应用新的能源方式以增加电力供给

为了增加供电，撒哈拉以南非洲一些国家正在考虑开拓水力和火力发电以外的发电方式，如风能、太阳能、生物能、核能、地热能等。

2. 肯尼亚电力生产行业发展规划

在肯尼亚政府面临的，是如何进行电力改革、有效开放电力市场、快速发展电力行业。

为了满足肯尼亚的电力需求，使更多的普通老百姓有能力使用电力，肯尼亚能源部制定了低成本电力发展规划（Least Cost Power Development Plan，LCDP）。该计划的时间跨度是20年，目前规划时间为2009年—2029年，是由2007年制定的2008年—2028年计划升级而来的（见表8）。主要执行方由KPLC、KenGen、新成立的Kenya Electricity Transmission Company和Geothermal Development Corporation以及能源发展委员。

表8　　肯尼亚LCDP 2009—2029年情况表

时　间	建设地	成本（百万美元）	类　型	增加的装机容量（兆瓦）	总有效装机容量（兆瓦）	最大的高峰需求（兆瓦）	富余比例（%）
2009	OLK3	0	地热发电	-8			
	OLK3	0	地热发电	-4			
	OLK3	135	地热发电	48			
	COGN	33.74	煤炭发电	26			
	IBA1	68.25	柴油发电	53			
	KIAM	0	水力发电	-72			
	KIAM	7.6	水力发电	82			

续表

时间	建设地	成本（百万美元）	类型	增加的装机容量（兆瓦）	总有效装机容量（兆瓦）	最大的高峰需求（兆瓦）	富余比例（%）
2009	Ngong	16	风力发电	5			
小计					1265	1188	6
2010	IBA1	39	柴油发电	30			
	RBD1	115.19	柴油发电	89			
	TAN1	0	水力发电	-2			
	TAN2	0	水力发电	-8			
	TAN1	22.55	水力发电	9			
	TAN2	22.55	水力发电	11			
	KIAM	0	水力发电	-72			
	KIAM	7.6	水力发电	82			
	MSD1	117	柴油发电	90			
	MD20	78	柴油发电	60			
	MD20	78	柴油发电	60			
	FIAT	0	燃气涡轮	-10			
	WIN1	0	风力发电	50			
小计					1652	1334	24
2011	MD20	156	柴油发电	120			
	OK23	137	地热发电	35			
	WIN3	150	风力发电	50			
	C150	55.5	煤炭发电	20			
小计					1876	1481	27
2012	WIN3	150	风力发电	50			
	KIND	0	水力发电	20			
	SAHP	78	水力发电	21			
	C150	700	煤炭发电	300			
小计					2267	1672	36
2013	GEOT	462	地热发电	140			
	C150	300	煤炭发电	150			
小计					2557	1838	39
2014	OLK1	0	地热发电	-15			
	GEOT	462	地热发电	140			
小计					2682	2029	32
2015	IMP1	752	进口	300			
	GEOT	231	地热发电	70			
小计					3052	2242	36
2016	OLK1	0	地热发电	-30			
	GEOT	693	地热发电	210			
小计					3232	2487	30
2017	IMP1	0	进口	230			
	GEOT	231	地热发电	70			
小计					3532	2767	28
2018	GEOT	462	地热发电	140			
	IMP1	0	进口	150			
	GEOT	462	地热发电	140			
小计					3962	3066	29
2019	KIP1	0	柴油发电	-75			
	C150	600	煤炭发电	300			
	IMP1	0	进口	50			
小计					4237	3401	25
2020	IBA1	0	柴油发电	57			
	IMP1	0	进口	370			

续表

时 间	建设地	成本（百万美元）	类 型	增加的装机容量（兆瓦）	总有效装机容量（兆瓦）	最大的高峰需求（兆瓦）	富余比例（%）
2020	C150	900	煤炭发电	450			
小计					5114	3774	35
2021	IMP1	0	进 口	240			
	GEOT	462	地热发电	140			
小计					5494	4188	31
2022	KIP2	0	柴油发电	-74			
	IMP1	0	进 口	330			
	GEOT	462	地热发电	140			
小计					5890	4647	27
2023	KGT1	0	燃气涡轮	-30			
	KGT2	0	燃气涡轮	-30			
	GEOT	693	地热发电	210			
	C150	900	煤炭发电	450			
小计					6490	5151	26
2024	GEOT	693	地热发电	210			
	G90M	73.9	燃气涡轮	90			
	G90K	73.9	燃气涡轮	90			
	C150	900	煤炭发电	450			
小计					7330	5706	28
2025	G90K	73.9	燃气涡轮	90			
	G90E	73.9	燃气涡轮	90			
	GEOT	693	地热发电	210			
	C150	900	煤炭发电	450			
小计					8170	6318	29
2026	GEOT	693	地热发电	210			
	C150	900	煤炭发电	450			
	G90K	73.9	燃气涡轮	90			
	GEOT	693	地热发电	210			
	G90M	73.9	燃气涡轮	90			
小计	MD20	104.3	柴油发电	80	9300	6995	33
2027	G90K	147.8	燃气涡轮	180			
	GEOT	693	地热发电	210			
	GEOT	693	地热发电	210			
	C150	900	煤炭发电	450			
小计					10350	7742	34
2028	C150	600	煤炭发电	300			
	OLK3	0	地热发电	-48			
	COGN	0	热电联发	-25			
	GEOT	693	地热发电	210			
	C150	900	进 口	450			
小计					11237	8568	31
2029	GEOT	693	地热发电	210			
	C150	600	煤炭发电	300			
	G90K	73.9	燃气涡轮	90			
	G90K	73.9	燃气涡轮	90			
	GEOT	693	地热发电	210			
	MD20	104.3	柴油发电	80			
	MD20	104.3	柴油发电	80			
	C150	600	煤炭发电	300			
小计					12597	9480	33

如表8所示，肯尼亚计划从2009年至2029年大力发展包括水力、地热、热力、风力等在内的电力发电设施，20年内将使其装机容量增加11332兆瓦。按照肯尼亚能源部的测算，至2029年，其有效总装机容量将达到12597兆瓦，而其高峰需求将达到9480兆瓦，富余差达到3117兆瓦，预备差额比例为33%，高于国际上通行的15%的标准（见图5）。其中2009年，肯尼亚电力行业计划投资成本为2.37亿美元，2010年投资成本将达到4亿美元，2011年达到5亿美元。

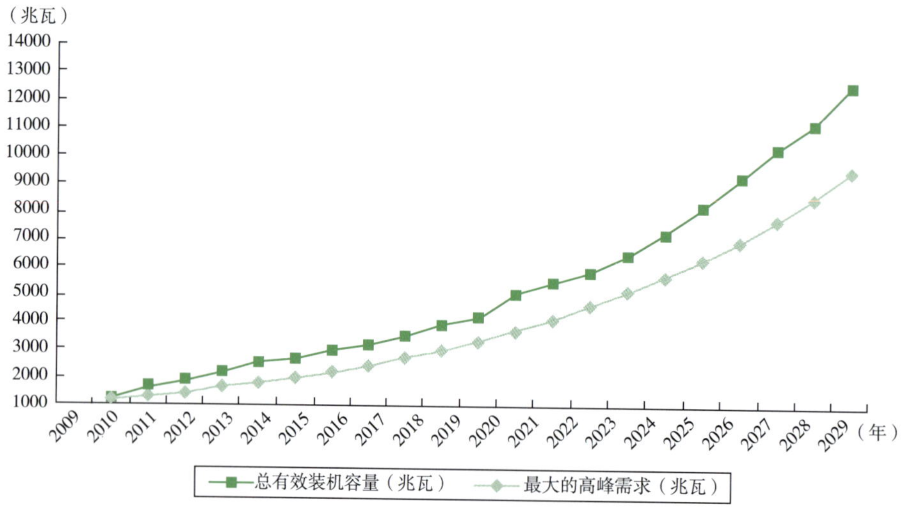

图5 LCDP电力发展规划装机容量增长示意图

资料来源：肯尼亚能源部。

2009年5月份，KenGen公司对外宣布，该公司正在寻求电力公司投资，在肯尼亚首都内罗毕及其周围建立3座以石油为燃料的重质燃料发电站，以改善内罗毕的供电短缺问题。这3座发电量约为60兆瓦至80兆瓦的发电站预计于2010年竣工并投入使用。发电站的经营执行期限为20年至25年。

在电力发展规划中，水力发电和地热发电占据比例最大。但是肯尼亚也将发展风能、核能、生物能纳入了发展蓝图中。据兼联合国环境规划署执行主任阿齐姆·施泰纳近日在纽约的一个国际论坛说，肯尼亚北部地区拥有300亿瓦特的风能资源，如果加以开发利用，可以解决本国和周边国家的用电需求。肯尼亚KenGen公司目前表示将投资至少1000万欧元（约合1411万美元）在该国进行风能发电开发，以提高肯尼亚的发电能力。而2008年，肯尼亚政府在举行国家能源会议时就已经表示，肯尼亚政府计划发展核能技术，准备建立核电厂，以增加国内电力供应量。

3. 输变电设施行业发展规划

目前，肯尼亚的输变电设施普遍比较落后，严重影响了电力输送，制约电力普及。为了提高肯尼亚电力输送能力，LCDP制定了输变电线路发展规划，主要包括15个项目规划。

（1）Rabai至Diani132千伏输电线路

建设一条50公里长的单回路输电线路，从Rabai的220/130千伏变电站至Diani的Galu，在 Rabai 变电站建设一个 132 千伏的出线间隔，并在 Galu 建设一个 132/33 千伏、23 兆伏安的变电站。

（2） Rabai 经 Bamburi 至 Kilifi132 千伏线路工程

改造 Rabai 和 Kilifi 之间 60 公里 132 千伏的单回路输电线路，同时将目前的木头电线柱改换成铁塔支柱。

（3） Voi 至 Taveta132 千伏输电线路项目

建设一条 110 公里 132 千伏的单回路输电线路，同时在 Taveta 建设一个 132/33 千伏、5 兆伏安的变电站，在 Voi 变电站建设一个 132 千伏的出线间隔。

（4） Kindaruma 至 Sultan Hamud132 千伏线路项目

建设一条从 Kindaruma 至 Sultan Hamud 的 132 千伏输电线路，总长 185 公里，同时分别在 Mwingi、Kitui、Wote、Sultan Hamud 各建设一个 132/33 千伏、5 兆伏安的变电站。

（5） Konza 至 Kajiado132 千伏输电线路

建设一条从 Juja - Rabai 至 Isinya Green 变电站 132 千伏、总长 45 公里的输电线路，并在 Kajiado 和 Konza 分别建设一个 132/33 千伏、15 兆伏安和 23 兆伏安的变电站。

（6） Kabarnet 至 Lessos132 千伏输电线路

建设一条从 Nanyuki 经 Nyahururu、Kabarnet 至 Lessos132 千伏，总长 235 公里单回路输电线路，同时在 Nyahururu 建设一个 132/33 千伏、2 × 15 兆伏安的变电站，在 Kabarnet 建设一个 132/33 千伏、7. 5 兆伏安的变电站。

（7） 从 Nanyuki 至 Meru132 千伏的连接线路

建设一条从 Nanyuki 至 Meru132 千伏、长 75 公里的连接线路，并建设一个 132/33 千伏的变电站。

（8） 从 Ishiara 至 Kieni132 千伏的输电线路

建设一条从 Ishiara 至 Kieni 132 千伏，长 35 公里的单回路输电线，在 Kieni 建设一个 132/33 千伏、23 兆伏安的变电站。

（9） Kilimambogo 经 Thika、Githambo 至 Kiganjo 的 132 千伏输电线路

建设一条 132 千伏 135 公里的单回路输电线，在 Thika 建设一个 132/33 千伏、2 × 45 兆伏安的变电站，在 Githambo 建设一个 132/33 千伏、23 兆伏安的变电站。

（10） Musaga 至 Webuye132 千伏输电线路

在 Musaga 至 Webuye 之间建设一条 132 千伏、15 公里长的单回路输电线路，并将目前的木头电线柱更换成铁塔支柱。

（11） Eldoret 至 Kitale 间 132 千伏输电线路

建设一条 132 千伏 60 公里长的单回路输电线路，并在 Kitale 建设一个 132/33 千伏、23 兆伏安的变电站。

（12） Musaga 经 Mumias、Siaya 至 Kisumu132 千伏的输电线路

建设一条 132 千伏总长 85 公里的输电线路，并在 Mumias 和 Siaya 分别建设一个 132/33 千伏、23 兆伏安的变电站。

（13）Kisii 至 Sondu132 千伏的输电线路

建设一条 Kisii 连接 Sondu 变电站的输电线路，电压 132 千伏，长 50 公里。

（14）Kisii 至 Migori132 千伏输电线路

建设一条 132 千伏连接 Kisii 至 Migori 之间的连接线路，长 60 公里，并在 Migori 建设一个 132/33 千伏、23 兆伏安的变电站，在 Kisii 建设一个 132 千伏的出线间隔。

（15）Naivasha 至 Kisii132 千伏输电线路

建设一条 Naivasha 之间 Kisii 的连接输电线路，总长 250 公里，并在中间的 Bomet、Kilgoris、Narok 分别各建设一个 132/33 千伏、5 兆伏安的变电站，在 Kisii 建设一个 132 千伏的出线间隔。

综上所述，肯尼亚电力行业需求缺口较大，肯尼亚政府也在按照世界电力行业的发展经验及其目前的发展趋势，不断革新其政策法规，积极推行开放政策，吸引外来投资者，以期更好地解决其电力短缺的问题，促进其经济发展。近来来，肯尼亚不仅仅在水力、热力、地热发电等既有领域加大政策扶持和资金投入，而且也在积极探索发展太阳能、风能、生物能、核能等可再生能源。总之，肯尼亚电力行业及其相关产业的市场潜力巨大，前景广阔。

参考文献资料

1. 民族报（Daily Nation），2008 年 10 月 8 日，20 日，24 日。
2. 标准报（The Standard），2009 年 5 月 25 日。
3. 金融邮报（The Financial Post），2009 年 5 月 24 日。
4. 彭博网站报告（Kenya Plans State Geothermal，Transmission Companies，http：//bloomberg. com）。
5. 肯尼亚能源部地热潜力报告（Geothermal Potential in Kenya，Ministry of Energy）。
6. 联合国环境规划署报告（Geothermal Power Boost for Kenya and Eastern Africa，http：//www. unep. org）。
7. 肯尼亚电力照明公司年报（KPLC Annual Report 2007—2008）。
8. 肯尼亚能源部能源行业投资机会报告（Investment Opportunities in the Energy Sector，Ministry of Energy，Kenya）。
9. 肯尼亚低成本电力发展规划（Update of the Least Cost Power Development Plan，2009—2029）。
10. 可再生资源在肯尼亚电力行业中利用报告（Renewables in Kenya's Electricity Industry，Heinrich B?ll Foundation Regional Office for Eastern and Horn of Africa）。
11. 肯尼亚 2009/2010 财年预算报告（Budget Speech for the Fiscal Year 2009/2010，Kenya）。
12. 肯尼亚统计局资料（Statistical Abstract 2008，Kenya National Bureau Statistics）。
13. 肯尼亚企业报告（Corporate Kenya，2007/2008）。
14. 中华人民共和国驻肯尼亚大使馆经商处网站资料。

八、肯尼亚地热行业发展状况

世界地热资源非常丰富。开发和利用好地热资源，对于促进经济发展、满足人们生活需要、减少利用其他化石类资源造成的污染等都有重要意义。肯尼亚在地热资源开发方面走在了许多国家的前面，中国企业在肯尼亚地热市场开发领域也颇有建树。

（一）地热介绍

1. 地热的形成

地球是一个巨大的热库，它由地壳、地幔和地核组成，越往下温度越高（见图1）。地热来源于地球的熔岩浆和放射性物质的衰变。地下水的深处循环和来自极深处的岩浆侵入到地壳后，把热量从地下深处带至近表层（见图2）。从地球表面往下正常增温梯度是每1000米增加25℃—30℃，在地下约40公里处温度可达到1200℃，地球中心温度可达到6000℃。

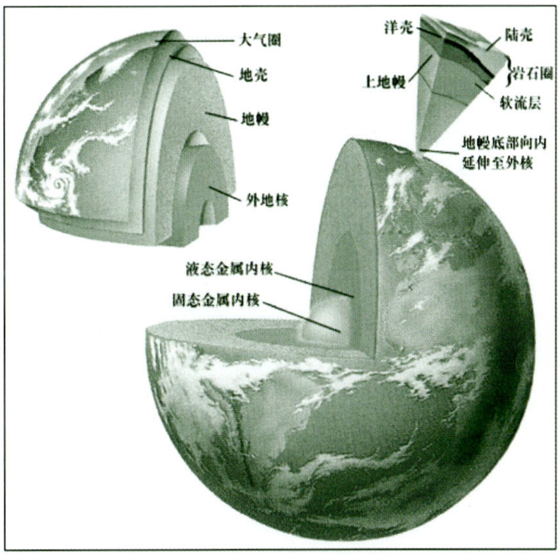

图1　地球圈层示意图

由于构造原因，地球表面的热流量分布不均，这就形成了地热异常，如果再具备盖层、储层、导热、导水等地质条件，就可以进行地热资源的开发利用了。在地质因素的控制下，这些热能会以热蒸汽、热水、干热岩等形式向地壳的某一范围聚集，如果达到可开发利用的条件，便成了具有开发意义的地热资源。按照其储存形式，地热资源可分为蒸汽型、热水型、地压型、干热岩型和熔岩型五大类。

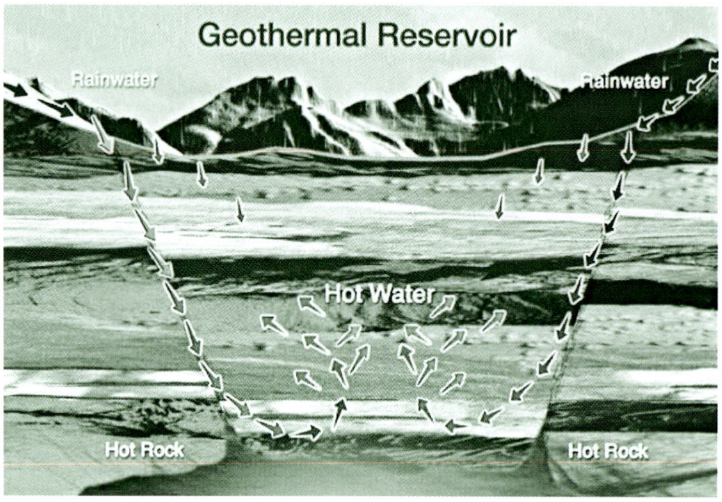

图2　地热形成示意图

2. 地球上地热资源的分布

就全球而言，地热资源的分布是不平衡的（见图3）。明显的地温梯度每公里深度大于30℃的地热异常区，主要分布在板块生长、开裂——大洋扩张脊和板块碰撞，衰亡——消减带部位。环球性的地热带主要有下列4个。

（1）环太平洋地热带。它是世界最大的太平洋板块与美洲、欧亚、印度板块的碰撞边界。世界许多著名的地热田，如美国的盖瑟尔斯、长谷、罗斯福；墨西哥的塞罗、普列托；新西兰的怀腊开；中国的台湾马槽；日本的松川、大岳等均在这一带。

（2）地中海—喜马拉雅地热带。它是欧亚板块与非洲板块和印度板块的碰撞边界。世界第一座地热发电站——意大利的拉德瑞罗地热田就位于这个地热带中。中国的西藏羊八井及云南腾冲地热田也在这个地热带中。

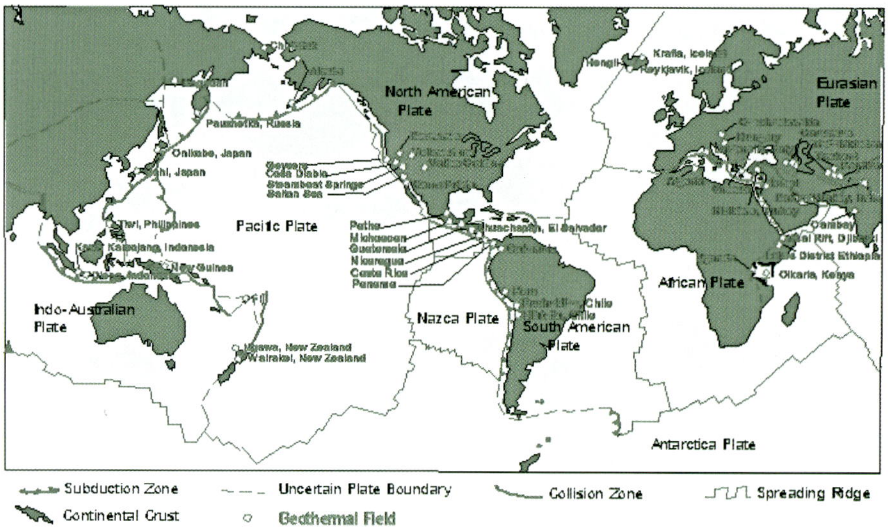

图3　全球主要地热田分布

（3）大西洋中脊地热带。这是大西洋海洋板块开裂部位。冰岛的克拉弗拉、纳马菲亚尔和亚速尔群岛等一些地热田就位于这个地热带。

（4）红海—亚丁湾—东非裂谷地热带。它包括吉布提、埃塞俄比亚、肯尼亚等国的地热田。

除了在板块边界部位形成地壳高热流区而出现高温地热田外，在板块内部靠近板块边界部位，在一定地质条件下也可形成相对的高热流区。如中国东部的胶、辽半岛、华北平原及东南沿海等地。

3. 地热资源的利用

近年来，地热的开发利用逐渐受到世界各国的重视，地热资源被广泛用于生活供暖、发电、制冷、烘干、化工业、农业养殖业、房地产开发、旅游、医疗沐浴及食品精制，显现出日益广阔的前景。国际能源专家普遍认为，预计到2100年，地热利用将在世界能源总值中占30%—80%。目前，意大利、新西兰、冰岛、美国、日本、菲律宾、印度等国，都将地热能源列为亟待开发利用的替代型能源。冰岛85%的住宅都利用地热资源集中供暖，美国的地热装机和地热发电量在世界上独占鳌头（参见图4）。

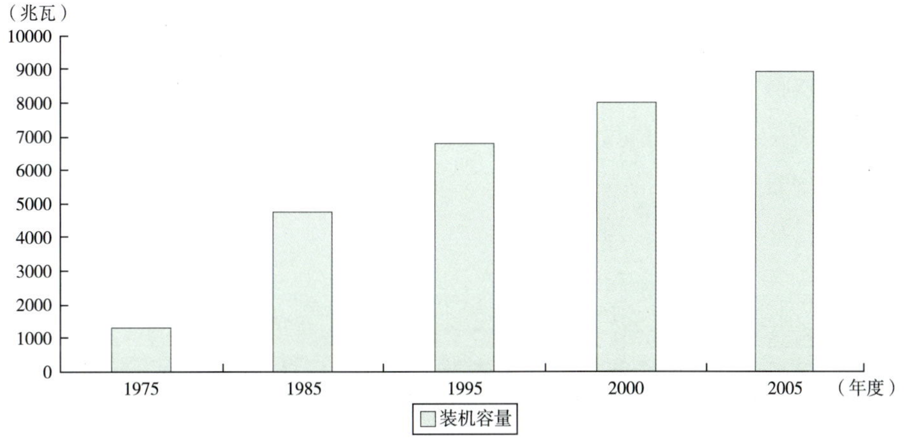

图4 全球地热发电增长情况

2009年年初，联合国环境署公开的一个计划称，东非将扩大地热发电以满足这个世界最穷大陆的能源需求。由于肯尼亚地热资源具有很强的代表性，联合国支持了在肯尼亚测试新的地震和钻探技术的项目，它要证明地热能可利用，并且成本低。肯尼亚的潜力预计在400万千瓦以上，它目前的容量为100万千瓦。实际上，整个非洲大约有超过700万千瓦地热能可开发，如果充分利用这些地热资源进行发电，非洲电力短缺的局面有望得到很好的缓解。

地热发电是把地下热能转变为机械能，然后再把机械能转变为电能的生产过程。能够把地下热能带到地面并用于发电的载热介质主要是天然蒸汽（干蒸汽和湿蒸汽）和地下热水。由于热水和蒸汽的温度、压力以及它们的水、汽品质不同，地热发电的方式也不同，常用的地热发电方式有以下三种。

（1）直接蒸汽法

从地热井取出的高温蒸汽，首先经过净化分离器，脱除井下带来的各种杂质，清洁的蒸汽推动汽轮机做功，使发电机发电。所用发电设备基本上同常规火电设备一样（见图5）。

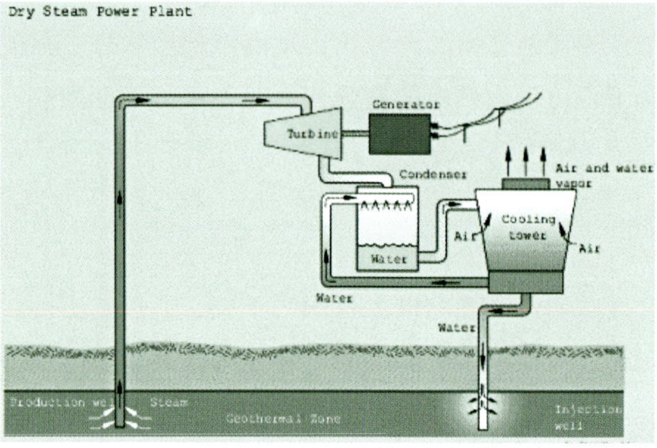

图5　直接蒸汽法地热发电示意图

（2）闪蒸发电方式

闪蒸发电方式又称为扩容发电方式、二次蒸汽法发电方式，即地热水经井口引出至热水箱部分扩容后进入厂房扩容器，扩容后的二次蒸汽进入汽机做功发电。将一级扩容器出口蒸汽引入汽机前几级做功，一级扩容器后的地热水进入二级扩容器，经二级扩容后进入汽轮机中间级做功，这就是两次扩容地热发电（见图6）。我国西藏羊八井地热发电站属此种发电方式的机组，单机容量为3兆瓦。

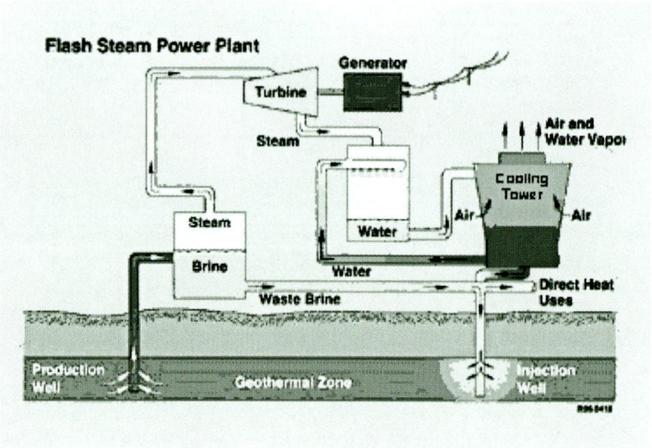

图6　扩容地热发电示意图

（3）双工质循环地热发电方式

当地热参数较高，温度在150℃以上时，采用闪蒸发电很合适。但参数较低时闪蒸发电就很困难，这种情况适宜采用双工质发电方式，即用参数较低的地热水去加热低沸点的工质（如异丁烷、氟里昂等），再用低沸点工质的蒸汽去冲动汽轮机（见图7）。

地热发电与化石燃料发电相比具有以下优点：①由于地热发电不消耗燃料，因而不需要

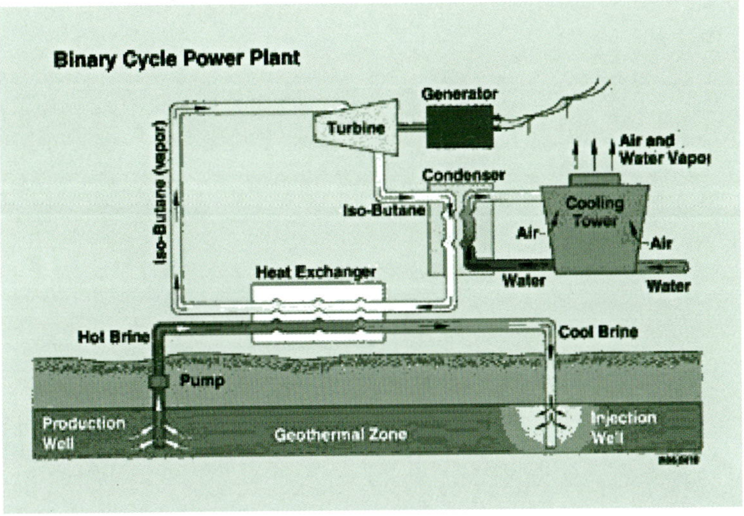

图 7 双工质循环地热发电示意图

庞大的燃料运输、存储设施，设备系统比火力发电简单，以地热流体为动力无需购买化石燃料，发电成本低；② 地热发电后排出的热水只是降低了一些温度，不会排出污染环境的烟气和灰尘，清洁环保，社会效益巨大；③ 地热资源一旦探明，取之不尽用之不竭，不受气候、季节以及化石燃料供给的影响，可靠性高，投资收益期长（见图 8）。

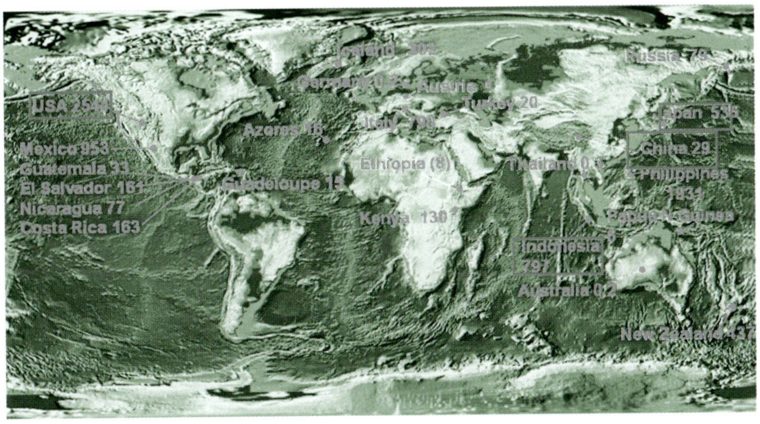

图 8 2005 年全球地热发电总装机容量分布（单位：兆瓦）

（二）肯尼亚地热行业情况

肯尼亚水资源的多寡取决于气候变化，存在很大的不确定性，而热力发电则受制于燃料价格的市场波动。近年来，肯尼亚经济稳步发展，对电力的需求不断扩大，平均年增长率基本保持在 8% 左右。因此，进一步发展电力行业，扩大产能并降低成本，对于肯尼亚的整个国民经济发展十分重要。在这样的情况下，储量丰富、成本较低的地热资源无疑成了其进一步扩容的首选（见图 9）。

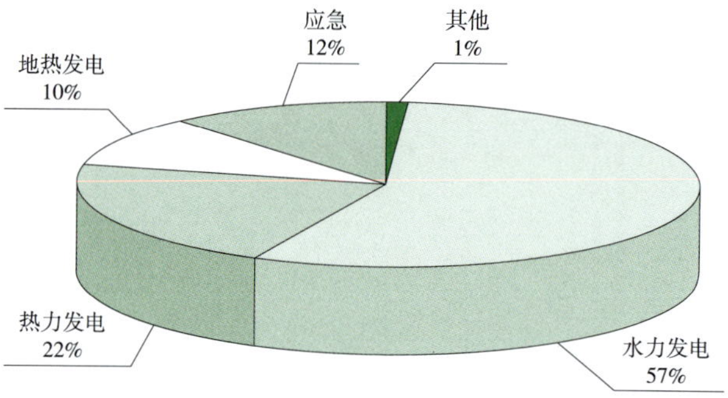

图9　2008年肯尼亚电力供给来源比例

1. 肯尼亚地热资源的储藏情况

肯尼亚有着丰富的地热资源，主要分布于肯尼亚大裂谷一带（见图10）。据当地媒体报道，肯尼亚的地热资源探明储量为3000兆瓦，估计总储量达在4000兆瓦至7000兆瓦左右。而截至目前，肯尼亚仅开发利用了约130兆瓦。

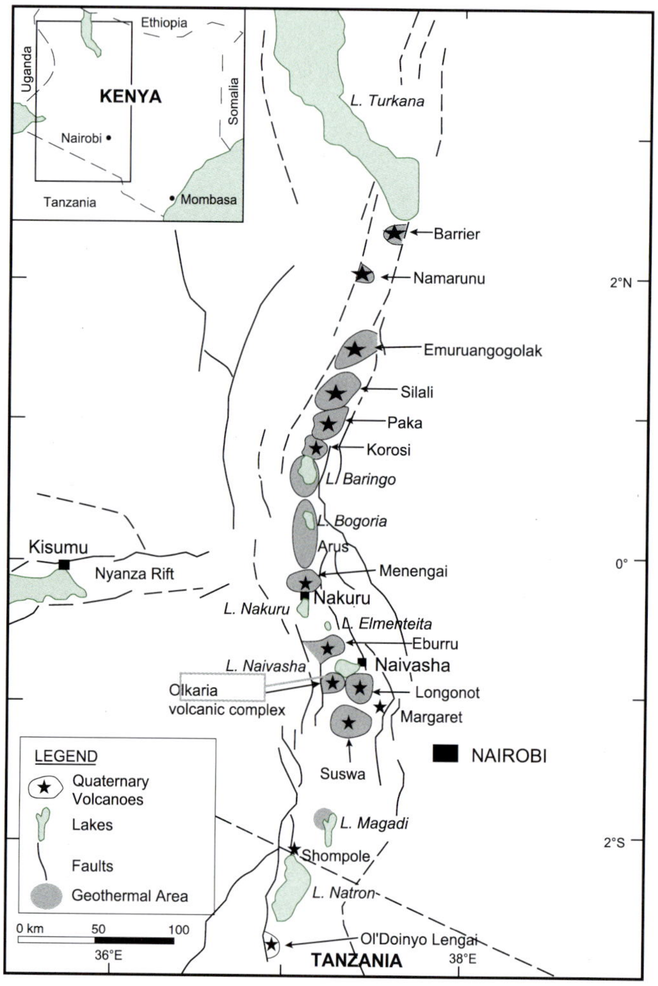

图10　肯尼亚裂谷地热资源分布示意图

2. 肯尼亚地热资源的开发利用情况

肯尼亚开发地热资源始于 1956 年，当时在 Oikaria 打了两个 950 米的井，后来由于热量达不到技术要求，被迫放弃。从 1971 年开始，在世界银行下属的国际开发协会（International Development Association，简称 IDA）、英国联邦发展公司（Commonwealth Development Corporation，简称 CDC）、欧洲投资银行（European Investment Bank，简称 EIB）、德国复兴信贷银行（Kreditanstalk Fur Wiederaufbau，简称 KFW）等机构的支持下，地热开发项目又重新启动并逐步取得成效。

目前肯尼亚地热发电的上游板块——地热资源钻探和中游板块——电厂建设以及日常维护主要由肯尼亚能源部下属的肯尼亚电力公司（Kenya Electricity Generating Company LTD.，简称 KenGen）负责；下游板块——配输电力到用户由肯尼亚电力照明公司（The Kenya Power & Lighting Co. Ltd.，简称 KPLC）负责。肯尼亚地热发电行业的组织结构如图 11 所示。

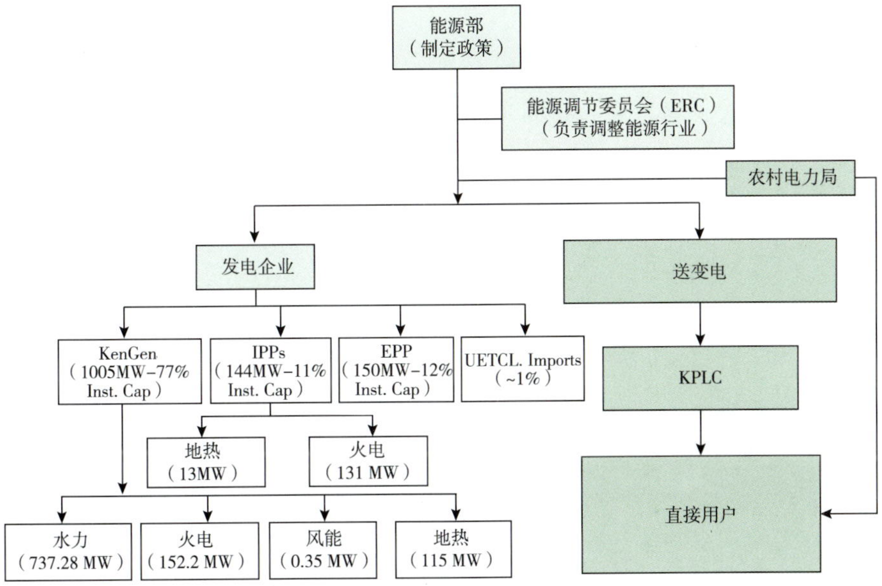

图 11 肯尼亚地热发电行业的组织结构

目前，肯尼亚所有地热发电项目主要集中在 Oikaria，一共分为 4 个片区。

（1）Oikaria 一号区

一号区域占地面积 70 余平方公里，是最早开发的地区，由肯尼亚电力公司 KenGen 负责开发（见图 12）。一共有 33 个汽井，目前与发电站连接的有 24 个，发电容量为 45 兆瓦。其资金来源为 IDA 6100 万美元，EIB 880 万美元，CDC 1550 万英镑，KenGen 4080 万肯先令①。该地区汽井蒸汽量至少还可以增加 25 兆瓦的发电量。

① 目前肯尼亚先令兑美元的汇率约为 1 美元 = 80 肯尼亚先令。

图12 Oikaria 一号区发电厂

（2.）Oikaria 二号区

二号区占地8.8平方公里，发电量35兆瓦，可扩容至70兆瓦。二号区域发电站是非洲目前最大的地热发电站。该电站于1986年开始钻井，但由于资金问题，电站直到2000年才建成，2003年11月使用。这个工程由世界银行、欧洲投资银行EIB、德国复兴信贷银行KFW和肯尼亚政府GOK共同支持建立（见表1）。

表1 Oikaria 二号区发电厂的资金来源

单位：万美元

IDA	10797	**EIB**	3889
KFW	1173	**GOK**	840
KenGen	2476	**KPLC**	402
Total	19577		

二号区电厂（见图13）无论从设计到建设都采用了先进的技术，蒸汽的运用效率也达到很高水平。该区域目前有22个蒸汽井连接于发电厂，其蒸汽容量可增加28兆瓦的发电量。

（3）Oikaria 三号区

三号区是肯尼亚第一个私人地热发电站，也是第一个使用二次蒸汽法技术的地热电站（见图14）。

1983年至1997年间，这一区域共钻探了7个井，其中5个被成功用于发电，能量从1兆瓦到4兆瓦不等。

1997年，美国ORMAT① 公司获得肯尼亚政府的许可，在Oikaria三号区发电48兆瓦。

① Ormat是一家专门从事地热勘探和开发的美国公司，从事地热行业已经有近40年的历史，其业务遍布全球。比较大的项目有美国的Brady、Heber Complex、Mammoth Complex、Ormesa Complex、Puna、Desert Peak 2和Steamboat Complex等项目，危地马拉Zunil、Amatitlan项目，肯尼亚Olkaria III项目，尼加拉瓜Momotombo项目，新西兰GDL项目等。

图 13 Oikaria 二号区发电厂

图 14 Oikaria 三号区电厂

2000 年 8 月，ORMAT 公司通过它在当地的子公司采用了联合循环发电系统，从而使发电量为 8 兆瓦的利用水平提高到 12 兆瓦。

三号区的可发电量介于 64 兆瓦到 100 兆瓦之间。目前，在肯尼亚对地热能源需求迫切的情况下，有关方面要求 ORMAT 公司做更多的努力，以到达产能翻倍的目标。

（4）Oikaria 四号区

四号区（见图 15）从 1992—1993 年开始实施开发，目前已经钻探了 6 个井，每个井的蒸汽储量大约在 4 兆瓦到 5 兆瓦之间。钻探还将继续，以便建设一个 70 兆瓦的发电站。在 2009 年 11 月份之前，完成钻探 33 个蒸汽井，使得该区域的地热产能在 2013 年达到 140 兆瓦。

此外，肯尼亚能源部资料显示，Eburru 地区的地热储量足以支持一个 20 兆瓦的发电站，

图15 Oikaria四号区一角

肯尼亚电力公司计划于2010年先在这个地区建一个2.5兆瓦的发电厂。Longonot地区和Suswa地区的地热储量分别足以支持200兆瓦的发电量，到2012年，Longonot地区计划建成一个70兆瓦的发电站，2015年再提高70兆瓦，到达140兆瓦。到2016年，Suswa地区计划建成70兆瓦的发电站。Menengai地区的地热储量更加丰富，达到720兆瓦，目前计划到2014年建成一个容量达140兆瓦的发电站（见表2）。

表2 肯尼亚能源部提供的部分地热发电站的发展计划

项目	计划产能(兆瓦)	投产时间
Oikaria 三号区	35	2008(11月)
Oikaria 二号区	35	2010
Eburru	2.5	2010
Oikaria 四号区	140	2012
Longonot 1期	70	2012
Menengai 1期	70	2013
Menengai 2期	70	2014
Longonot 2期	70	2015
Suswa 1期	70	2016
North rift 1期	70	2018
North rift 2期	70	2019

3. 肯尼亚地热资源发展需求

据肯尼亚能源部测算，肯尼亚用电的最高峰需求量在2010年将达到1401兆瓦，至2012年将达到1715兆瓦，而到2014年，将是2112兆瓦，到了2020年，这个数字将超过目前数额的三倍多而达到3828兆瓦。为此，当地报道援引肯尼亚能源部常务秘书Patick Nyoike的话说，对于肯尼亚来说，要解决好电力需求，利用地热能源是成本最低、最有效的选择。

2008年9月，肯尼亚财政部专门拨出45亿先令的预算用于钻探12至16个井。同时政府也在积极鼓励私营资本投入地热资源的开发，据肯尼亚国家日报消息，政府目前正在与一家私营公司就在Kinangop地区建设一个200兆瓦和在Ngong地区建设一个50兆瓦的发电厂项目进行谈判。

此外，2008年10月份，肯尼亚总统齐贝吉宣布将成立两个国营公司，以改善国家的能源问题。其中政府将斥资75亿先令用于成立National Transmission Company，该公司将接管肯尼亚电力公司部分业务。同时将成立Geothermal Development Company，该公司将负责开发肯尼亚地热资源及寻求相关的融资支付。

（三）我国企业在肯尼亚地热行业的业务发展情况

目前，中石油下属的中油长城钻井有限责任公司（简称长城钻探）在肯尼亚地热钻探方面占据着重要的市场地位。中油长城钻井有限责任公司是中国石油天然气集团公司所属中油国际工程有限责任公司的子公司，成立于1993年，总部设在北京。公司拥有对外经营权，是代表集团公司在国际钻井市场进行钻（修）井工程施工及提供相关技术服务的专业化公司。公司共为国际上包括BP、Esso、Shell、Amoco、Agip、PETRONAS、PDO、PDVSA、OMV等知名公司在内的100多家石油公司提供过钻井和相关工程技术服务，业务遍布全球四大洲包括哈萨克斯坦、委内瑞拉、苏丹、美国、加拿大、古巴、埃及、印度尼西亚、泰国、阿曼、伊朗在内的26个国家，累计出国钻（修）机180台，经过近几年的高速成长，已发展成为全球第二大陆上钻井承包商。

长城钻探在肯尼亚的项目是日本资金支持框架下的高温地热定向井的钻井、固井、空气钻井、定向井等综合服务项目，由两个合同构成。项目甲方为肯尼亚国家电力公司KenGen，项目投资方为肯尼亚政府，作业区位于肯尼亚首都内罗毕西北130公里的地狱之门国家公园（见图16）。

第一个合同：2006年6月，长城钻探应肯尼亚电力公司邀请参加该公司6口地热井项目的钻井及相关服务国际招标。经过激烈竞争，同年12月中标并与KenGen最终签订合同，长城钻探为其提供一套钻井相关设备（GW188，1000马力），合同期1年，合同总额为2000多万美元。为执行项目，2007年年初长城钻探在肯尼亚首都内罗毕设立分公司，2007年6月份正式开始6口地热井钻井服务项目的作业。于2008年8月14日实施完毕，累计完成合同额近3000万美元。

第二个合同：由于长城钻探在肯尼亚地热井的高效、优质和安全的作业表现以及双方融洽的合作关系，2008年年初双方又签署了15口高温地热井钻井综合服务合同。该合同在原有一套钻井设备的基础上再增加一套（GW116钻机，2000马力，见图17）。合同期一年半，合同总金额为8000多万美元。该合同于2008年7月27日正式实施。

图16　长城钻探在肯尼亚的作业位置

图17　长城钻探肯尼亚项目GW116作业现场

目前长城钻探肯尼亚项目共有员工190人，其中中方员工91人，外籍雇员99人。基层作业队伍6支，钻井队2支（GW116和GW188）、空气钻井队2支、固井队和定向井服务队各1支。其基本情况如表3所示。

表 3　　长城钻探肯尼亚队伍及设备情况一览表

序　号	队伍编号	主体设备
1	钻机－GW188	ZJ40L
2	钻机－GW116	ZJ70D
3	空钻一队	4 台空压机，三台增压机
4	空钻二队	4 台空压机，三台增压机
5	固井队	一套哈里巴顿固井车、化验设备等
6	定向井服务	常规定向设备

截至 2009 年 2 月底，长城钻探公司在肯尼亚项目实现开钻 13 口井，完钻 11 口井（井身质量合格率 100%），特别是 OW909 井，测试产能为 12 兆瓦以上，是当前非洲第一高产地热井。

该项目经济效益显著，实现收入利润率 20% 以上，资产原值回报率 50% 以上。从项目启动到现在，工作成绩良好，安全事故零记录以及高效优质的作业表现，赢得了甲方的赞誉，树立了长城钻井公司的品牌形象，也为该公司进一步开拓肯尼亚及周边国家市场打下了很好的基础。

（四）中国企业进军肯尼亚地热市场的重要意义

肯尼亚地热资源丰富、市场广阔，我国企业进军肯尼亚地热行业市场，其意义已经超出了一般的赚取外汇的概念，其作用主要体现在以下几个方面。

1. 带动了相关机电设备产品的出口

我国企业在肯尼亚从事地热开发项目，带动了该领域相关设备的出口，为我国机电设备产品拓展国际市场提供媒介。地热钻探必需的设备一般包括钻机、空压机、增压机、固井车、化验设备等。目前在肯尼亚的长城钻井公司，其设备基本来自国内。

2. 促进了劳务输出

我国企业在肯尼亚从事地热开发项目，需要大量的劳工人员，由于地热钻探作业技术要求比较高，当地劳动力市场往往无法满足作业上的需求，需要大量从国内输送大量的技术人员和作业工人，促进了我国劳务输出。

3. 扩大了中资企业的影响

我国企业在海外地热行业的突出表现，打破了西方企业在这一领域的垄断局面，向世界展示了我国企业在高技术行业领域的竞争实力，扩大了中国企业在海外市场上的影响力，为中国企业开拓国际市场树立了品牌。

4. 为更好开发我国地热资源打下基础

我国虽不是地热资源最密集的国家之一，但由于幅员辽阔，地热总量也很可观。据初步统计，我国地热可采储量约相当于4626.5亿吨标准煤的热量，是已探明煤炭可采储量的2.5倍，其中距地表2000米内储藏的地热能为2500亿吨标准煤。其中位于亚欧—印度板块交界处的藏南、滇西和川西地区，以及台湾部分地区拥有温度在150℃以上的地热蒸汽。此外环渤海、东南沿海和中西部地区也有许多水温在60℃—100℃左右的中低温地热田。

近几年，在我国可再生能源发展中，地热一直作为一种“节流”能源存在的，绝大多数是直接利用地热水进行建筑供暖、发展温室农业和温泉旅游，而地热发电所占比例还不足7%，装机量仅为28MV左右，在全球范围内居第15位。对比近年来纷纷开工的风能、太阳能电站，国内自1992年西藏羊八井三期工程投产之后再没有建新的地热发电项目。

20世纪70年代石油危机发生之时，我国也将地热作为替代能源之一予以发展，数年间在华北、华中和华南地区建了7家小规模的中温地热水发电站。然而由于当时技术所限，难以维持，现已大都停止运行。只有在富含高温地热蒸汽且当地缺乏其他能源的西藏羊八井、云南腾冲，仍有两家较大规模的地热电站。

由于地热资源是无污染、可再生资源，随着我国社会经济发展需要，地热资源的开发利用也将更快提上议事日程。而我国企业参与肯尼亚地热开发，锻炼了队伍、检验了设备、实践了技术，将为我国自主开发利用地热资源积累宝贵的经验，为国家能源战略安全作出贡献。

此外，我国企业参与肯尼亚地热资源开发，促进了当地电力行业发展，客观上缓解了当地电力短缺的局面，有利于当地经济的发展；项目的开发也给当地人提供更多的就业机会。另外，对改善当地人们的生活，促进经济发展，提高民众对当局政权的支持率，维护社会稳定和促进两国友好合作关系的发展都有重要的意义。

（五）中国进出口银行中资企业拓展肯尼亚等海外地热市场的建议

我国企业要更好地拓展海外市场，参与国际竞争，离不开强有力的金融支持。中国进出口银行作为专门支持企业走出去的国家政策性银行，应该更好地发挥应有的作用，为在地热行业领域具有较明显竞争优势的中资企业提供更多金融支持。具体可以考虑以下几种做法。

1. 利用出口卖方信贷，为企业提供直接融资支持

对于提供设备出口的企业，可以考虑提供设备出口卖方信贷支持；对于提供一般机电产品出口的企业，可以考虑提供一般机电产品出口卖方信贷支持；对于提供高新技术产品出口的企业，可以考虑提供高新技术产品出口卖方信贷支持；对于在海外承包地热开发项目的企业，可以考虑提供对外承包工程贷款支持；对于企业直接到境外收购或者参股当地企业的，可以考虑提供境外投资贷款支持。

2. 利用出口买方信贷，为企业提供间接资金支持

对于有我国政府认可的有能力实施出口项目企业参与的项目，如果工程有利于促进中国产品、技术和服务的出口以及能带动中国设备、施工机具、材料、工程施工、技术、管理出口和劳务输出的，可以考虑利用中国进出口银行的出口买方信贷，向境外借款人发放贷款，用于支付中国出口商（承包商）商务合同款，为项目提供资金融通，提高外方的支付能力，间接为我国企业提供资金支持。

3. 利用中国进出口银行政府优惠贷款，提高企业在国际市场上的竞争力

地热项目的开发利用，不但有经济效益而且还具有一定的社会效益，同时也有利于促进我国机电产品、成套设备、技术服务以及其他物资的出口，可以考虑为项目所在国提供政府优惠贷款。在中国进出口银行提供低成本资金支持下，我国企业参与竞争激烈的地热市场开发市场无疑将更有优势。

总之，肯尼亚地热资源丰富，市场前景较好。我国企业参与这一市场，不但能够赚取项目利润，还有利于促进我国产品出口和劳务输出，同时还有利于我们更好地开发国内地热资源，意义重大。

参考文献资料

1. 肯尼亚民族报（Daily Nation），2008年10月8日，20日，24日。

2. 彭博网站资料（Kenya plans state geothermal，transmission companies，http：//bloomberg. com）。

3. 肯尼亚能源部资料（Geothermal Potential in Kenya，Ministry of Energy，Geothermal Development in Kenya，Kengen's Plans for Expansion）。

4. 联合国环境规划署网站资料（Geothermal Power Boost for Kenya and Eastern Africa，http：//www. unep. org）。

5. 路透社网站资料（Feature – Kenya looks to geothermal power to fuel development，http：//www. reuters. com）。

6. 欧玛特公司网站资料（http：//www. ormat. com）。

7. 中华人民共和国大使馆经商处网站资料。

第三章　安哥拉

一、2009年安哥拉政治经济形势简况

当前安哥拉政局稳定，各界普遍希望总统大选能公平顺利地进行。受全球金融风暴与经济危机的影响，安哥拉2009年石油收入下降，国家财力与资金紧张，经济陷入衰退。随着世界经济的缓慢复苏，国际油价的稳步回升，安哥拉经济有望于未来走出衰退，前景向好。由于安哥拉境内蕴藏着丰富的石油、钻石等自然资源，即使在全球资金紧缩的情况下，外资对安哥拉投入的热情依然不减。

（一）安哥拉总统大选是当前安哥拉政坛的头等大事

安哥拉政府原定于2009年9月举行新一届总统选举。然而，现任总统多斯桑托斯提出在举行总统大选前应首先改革宪法，明确总统是由议会选举还是由全民普选产生。2009年6月，安哥拉宪法委员会宣布将于2010年前两个月内就此事进行公开咨询，在确立新宪法后再进行总统选举，总统选举因此被推迟。总统选举的推迟引发外界种种猜测，有说法称多斯桑托斯拟通过修改宪法的形式来延长总统任期。

对于安哥拉总统大选，外界普遍给予了高度关注。美国国务卿希拉里2009年8月访问安哥拉时，明确表示安哥拉总统选举对美国的重要性。美国希望安哥拉总统选举能及时、公正地进行。国际货币基金组织（以下称IMF）也在密切注视安哥拉总统大选的有关进展。为解决今年安哥拉政府面临的严重资金压力，安哥拉政府正通过修复与IMF的关系谋求获得新的贷款资金，双方恢复了曾于2007年中断的IMF对安哥拉提供贷款的接触与谈判。如果IMF认为总统大选使安哥拉政治更加民主与透明，将有利于IMF对其提供贷款。此外，包括雪佛龙、道达尔在内的国际石油巨头也极其关注其总统选举，因为原定在此次大选之后将进行新一轮石油区块的竞标，巨大的政治利益与经济利益密切相关。

2008年9月，安哥拉举行了议会选举。选举产生的执政党“安哥拉人民解放运动”（以下简称“安人运”）牢牢地控制着议会的绝大多数席位，而反对党力量薄弱，对其基本上不构成威胁。因此对于未来的总统选举，现任总统多斯桑托斯成功连任几乎成为板上钉钉的事。然而，安哥拉是世界上最贫穷的国家之一，两极分化尤为严重，全国近三分之二的人口生活在每天不到2美元的贫困线以下，缺水少电，生活困难。安哥拉石油、钻石等自然资源虽然

丰富，但由这些资源产生的财富却被少数高层人物垄断和分配，普通百姓并不能感受到由石油资源带来的生活质量的提高和改善。严重的贫富不均与两极分化埋下了社会动荡的种子，目前安哥拉境内失业率很高，犯罪率也在持续上升，社会不安定因素增多。安哥拉社会目前之所以能保持稳定，是由于政府牢牢地控制着国家资金、安全与军队等权利部门，掌握着局面，而深层次的社会矛盾尚无法有效解决。

（二）受全球经济危机影响，安哥拉经济陷入衰退

目前，安哥拉经济主要靠石油出口的收入支撑，石油收入占安哥拉外贸收入的 90%，GDP 的 58% 和国家财政收入的 70%。在全球经济稳定发展时期，安哥拉巨额的石油收入有力地支持了本国社会和经济的恢复与建设，促使近年来 GDP 的增长速度保持在两位数水平上。但在全球经济出现危机的情况下，安哥拉经济完全依靠石油经济的致命缺陷暴露无遗。国际油价在 2008 年下半年至 2009 年年初骤然下跌了 60%，安哥拉的石油产量受石油输出国组织的限制而相应减少，2009 年日产石油约 180 万桶，低于 2008 年 190 万桶的日产量。石油收入的下降直接导致安哥拉经济在 2009 年陷入了衰退。为应对金融危机，安哥拉政府开始了经济多元化的进程，但步伐缓慢。对于 2009 年，安哥拉政府预计该年的 GDP 增长率约为 6.2%，但 IMF、非洲发展银行等国际金融机构认为，安哥拉在 2009 年将出现经济萎缩，他们分别预测其 2009 年 GDP 将下跌 3% 和 0.8%。随着今后国际石油价格的稳定上浮、安哥拉石油产量的上升和外资的持续流入，以及 2010 年“非洲杯”足球赛在安哥拉的举行将带动安哥拉旅游业发展和国内消费的增加。外界普遍预计 2010 年安哥拉经济状况将好于 2009 年，GDP 增长率有望达到 7.4%，使其经济呈现“V”型复苏。在石油收入稳定，经济多元化逐步展开，基础设施建设投入巨大的带动下，安哥拉经济在 2011 年到 2013 年间，年均 GDP 增长可望达到 7.5%（见表 1）。

表 1　　2005 年—2012 年安哥拉主要宏观经济数据

年　度	2005	2006	2007	2008	2009	2010	2011	2012
名义 GDP（亿美元）	306	452	609	934	746	920	1139	1424
GDP 年均增长率（%）	20.6	18.6	19.8	14.8	-0.8	7.4	5.7	9.8
人均 GDP（美元）	1843	2642	3465	5185	4026	4833	5823	7080
人口数（万人）	1660	1710	1760	1800	1850	1900	1960	2010

注：2009 年至 2012 年数据为预测值。
资料来源：非洲发展银行；国际货币基金组织。

（三）外国对安哥拉投资兴趣不减

由于安哥拉蕴藏着丰富的石油和钻石等自然资源，即使在 2008 年爆发全球金融危机的情况下，外国资本依然对安哥拉保持着相当的投资热情，与世界其他地区相比，外资对安哥拉

的投入实际在不断增长。

2009年6月，俄罗斯总统梅德韦杰夫访问安哥拉，双方签署了一系列经济合作协议，其中包括俄国国有武器出口商Rosoboronexport同意为安哥拉发射第一颗卫星，改善其电信系统。早在1990年就进入安哥拉的俄国国有钻石开发商Alrosa计划将其在安哥拉的投资多元化，不仅投资于钻石业，还将进入石油、建筑与水电等领域。

8月，美国国务卿希拉里对安哥拉的访问表明美安双边关系的加强。希拉里表示，美国将继续保持在安哥拉石油和天然气开发领域的地位，并将扩大对其农业的投资。目前，美国的艾克森美孚和雪佛龙两大石油公司每天的石油开采量占安哥拉石油开采总量的一半，多尔（Dole）公司也已开始在安哥拉运作农业项目。

安哥拉原宗主国葡萄牙也是对其投资的一支主要力量。葡萄牙最大的建筑公司MotaEngil 2009年8月宣布，将与另一家葡萄牙公司Energias de Porutgal合作，在安哥拉从事电力能源项目，MotaEngil还与安哥拉石油公司（以下简称Sonangol）达成合作协议，开发安哥拉建筑市场。南非作为非洲的经济大国，对投资安哥拉也表现出了较浓厚的兴趣。南非标准银行（Standard Bank）2009年8月宣布，将在安哥拉开立分支机构，提供全方位的金融服务，重点是企业金融和投资银行业务。南非的饮料企业SABMiller也于2009年6月宣布投资1.25亿美元在安哥拉建立饮料工厂。南非能源部2009年9月宣布，南非有意在两年内介入安哥拉天然气领域，以帮助安哥拉将天然气转变为电力能源。

安哥拉政府与IMF的重新接触，也被外界视为安哥拉政治与经济进一步开放和透明的迹象，这将增强外资进入安哥拉的信心。国际研究机构认为，2009年，进入安哥拉的外资总量比2008年增加了7%，且预计2010年至2013年外资流入安哥拉的年增长率将达到12%。

（四）财政开支压缩，外债规模可控

在安哥拉GDP结构中，来自私人的投资只占20%，而政府投资与消费占GDP的比重则高达40%至50%。在全球金融危机的背景下，由于石油价格的大幅下跌，安哥拉政府2009年的财政收入与开支水平较2008年出现萎缩。2008年年底，安哥拉政府以55美元/桶的石油参考价确定2009年财政开支为310万亿宽扎。但到2009年6月，出于石油价格下跌和政府资金紧张等原因，政府将财政预算中的石油参考价调整至37美元/桶，并将当年的财政开支压缩到260万亿宽扎的水平。

安哥拉政府提出，2009年财政政策的两大前提是维持公共开支的可持续性与合理性，具体目标是促进经济可持续发展、增加百姓就业与收入、恢复基础设施、提高人民的生活水平和进行国家改革。安哥拉政府初步统计数据显示，2009年上半年，安哥拉政府实际财政收入完成了计划的90%，实际支出则完成了111%。财政支出主要用于人事开支、购买商品与服务、投资与偿还债务等四个方面。随着石油价格的回稳走高，安哥拉政府收入与开支水平也将有所提高，预计2010年政府实际开支将比2009年增加4%。根据安哥拉政府统计数据，2008年该国外债约为150亿美元，而鉴于2008年GDP同比增长较大的状况，外债占GDP的

比重有所下降，尚不足 20%。安哥拉政府认为现有外债水平基本可控。

（五）本币宽扎贬值压力大，但仍盯住美元

自 2008 年下半年以来，由于国际油价大跌导致安哥拉经济整体下滑，本币宽扎一直面临贬值压力。石油输出国组织预测 2009 年国际石油均价将在 55 美元/桶的水平，而 2008 年则为 95.4 美元/桶。随着美元的贬值，以美元计价的流入安哥拉的外国资金也会相应减少。然而自 2009 年年中以来，随着国际油价的稳定上升，外国资本继续流入安哥拉，宽扎的贬值压力有所下降。目前的官方汇率是 1 美元约合 87 宽扎。

安哥拉目前实行的是本币盯住美元的浮动汇率制。货币当局为防止宽扎出现大幅贬值，已采取了多种手段。中央银行在 2009 年 1 月至 4 月，动用近 50 亿美元的外汇储备投入市场，提供足够的美元以保卫宽扎。2009 年 4 月，央行宣布将银行的储备金率由以前的 20% 上调到 30%。4 月中旬，央行又举行了两次特别的美元拍卖，以满足市场对美元的需求。

虽然宽扎贬值的压力一直存在，但随着 2009 年石油价格重现上升趋势，宽扎面临的最强烈贬值风暴的时期或已过去。以下因素将在以后一段时间内支撑宽扎对美元汇率的稳定。一是安哥拉的外汇储备情况有所改善，2009 年 6 月时为 121 亿美元，7 月份达到 126 亿美元，表明外汇储备失血的情况已经消失；二是目前安哥拉的通胀率正处于 14% 的高水平，这促使安哥拉央行继续维持宽扎稳定，以避免进口产品与服务的价格过度上升和进一步推高通胀；三是安哥拉政府要继续为外国投资者维持有利的投资环境，就必须要维持好当前的宽扎对美元汇率的稳定，以保持国家宏观经济的整体稳定。

展望 2010 年至 2011 年，全球经济复兴步伐缓慢，因此，2010 年至 2011 年国际石油价格究竟会如何变化，目前尚难作出预测，不排除国际油价较当前水平下滑的可能性。因此，安哥拉政府在维持本币宽扎的稳定方面仍然面临着严峻的挑战。有研究机构称，只有在 2012 年世界经济明显复苏后，安哥拉本币宽扎的币值才能稳定下来。

（六）投资环境问题多

虽然安哥拉是非洲第二大外国直接投资对象国，且外资对投资安哥拉的热情保持不减，但其投资环境却长期位列世界排行榜的倒数。在世界银行“2010 年全球经商环境报告”中，安哥拉在被调查的 183 个国家中排名第 169 位。这一名次反映出当前安哥拉的投资环境存在着众多严重的缺陷，尤其是在基础设施、政府机构与市场化这三个方面。

安哥拉政府力量十分强大，严重的官僚习气与腐败现象阻碍着经济的正常发展。其政府参与经济建设的程度非常之深，政府的力量几乎渗透到经济的各个方面，官僚习气严重，办事环节繁琐，流程不透明、不公开，且官员腐败现象猖獗。在透明国际“2008 年全球腐败指数报告中”，安哥拉在 180 个国家中排名第 158 位。

安哥拉的法律系统是在葡萄牙民法体系基础上建立起来的。最高法院与省、市的地方法

院构成了三级司法体系，最高法院为最高上诉法院。安哥拉司法部负责管理18个省的省级法院，最高法院负责提名省级法院的法官人选。安哥拉宪法规定其司法体系是独立的，然而司法体系无法摆脱安哥拉政府和执政党的影响。1991年议会修改了安哥拉宪法，规定总统有权指定16名最高法院法官而无需议会确认同意，总统也有权任命总检察长。来自总统和政府高层的意志与压力决定着司法案件的裁定结果，司法系统实际上无力确保其独立性。对于实际的商业争端，司法体系也缺乏有效的机制予以解决。2003年，安哥拉议会通过了“自愿仲裁法”，其目的是为解决争端提供一种快速的无需司法仲裁的法律体系，然而实际上这部法律并没有得到有效的实施。

安哥拉的基础设施被长达27年的内战破坏殆尽，现状十分落后。目前全国只有12%的人口能用上电，通讯资源也严重不足，每百人拥有的电话线不到1条，无线移动网络仅能覆盖首都和主要城市，尚无法覆盖全国大部分地区。安哥拉现有公路长度约为5.1万公里，但仅有10.4%的公路铺了沥青。首都和主要省会城市之间的公路交通状况在逐步改善，但全国大部分道路通车条件较差。每年11月至次年4月的雨季期间，常有道路和桥梁被冲毁，而内战遗留至今的大量地雷也对公路交通安全构成了重大威胁。安哥拉现有机场232个，但其中只有31个机场铺有跑道。目前，法航、英航、汉莎航空、埃塞航空等国际航空公司每周有一至两班航班从欧洲和其他地区飞往安哥拉首都卢安达，而安哥拉国有航空公司TAAG Angola Airlines自身却因安全问题而被欧盟禁止在其领空范围之内。

在劳动力方面，据统计，安哥拉全国具有劳动能力的人口约为680万人，尚不到全国人口的一半，政府没有准确可靠的就业率数字。在这些劳动力中，70%是农民，其余30%主要从事石油、采矿和服务业。受长期内战影响，其教育体系十分落后，人们无法接受科学、有效的教育培训，因此劳动力素质低下，缺乏有效的管理和技术技能。此外，安哥拉卫生与医疗条件较差，严重的肝炎、脊髓灰质炎、疟疾等疾病严重地威胁着人们的健康。

经济严重受制于政府，市场化程度因此很低，目前仅处于起步阶段。安哥拉政府于2003年制定了新的“私人投资基本法”，取代了原有的“外国投资法”，并在政府内设立了私人投资局（National Agency for Private Investment）负责新投资法的实施。新的投资法为外国投资人提供了与安哥拉境内投资者平等的待遇，免除外资15年的产业所得税、资本所得税以及6年的海关税，简化了外资进入的审批流程，降低了最低投资的门槛，吸引外资进入其农业、制造业、能源、供水和房建等领域参与建设。然而，这部新的投资法受制于政府部门制定的有关规定，严重限制了该法的有效执行。此外，针对在能源、钻石、电讯和金融等领域的投资，安哥拉政府还分别制定了相应的法律予以规范和引导。为吸引更多的外资进入包括水坝、电厂和输变电网络等电力基础设施建设领域，安哥拉政府于2004年7月通过了新的注册登记规定。对于采矿，政府也正在制定新的有利于投资者的法规。

目前安哥拉税收较高，主要税种有企业税、个人税和非直接税。其中企业税税率一般为35%，但对农业和造林企业的企业税为20%；个人税税率一般为35%，针对雇员的税率从1%至40%不等，针对自谋职业的专业人士的税率从3%到60%不等；非直接税是对除制造商外征收的销售税，主要对100种产品征收从5%至50%不等的税收。针对石油企业，政府制定了不同于其他产业的税种，分别是石油生产税、石油收入税和石油转移税，政府还将征收税率为 40% 的产业所得税。

未来安哥拉经济将进入结构性转变的阶段。目前，安哥拉政府已意识到启动经济多元化进程的重要性，以促进农业、制造业、服务业等非石油经济部门尽快地成长起来，使国家经济走上从严重依赖石油产业转向多元化发展的道路。当然，安哥拉政府应大力克服官僚习气，减少腐败，以进一步吸引投资；在全社会更公平、合理地分配由自然资源创造的财富，提高普通百姓的生活水平，从而避免深层次社会矛盾的激化与爆发，保持社会的稳定和发展。

参考文献资料

1. International Monetary Fund：国际货币基金组织网站 www. imf. org。
2. The World Bank：世界银行网站 www. worldbank. com。
3. Jornal de Angola：《安哥拉日报》网站 jornaldeangola. sapo. ao。
4. Portal do Governo da República de Angola：安哥拉共和国政府门户网站 www. governo. gov. ao。
5. African Development Bank：非洲发展银行网站 www. afdb. org。

二、安哥拉电信业现状及发展趋势

2002 年安哥拉内战结束后，随着国内政治、经济和社会整体情况的不断发展，安哥拉政府开始投资、恢复电信基础设施网络，逐步开放电信市场，使得安哥拉电讯业呈现出较快的发展态势，尤其是无线移动市场更是呈现出了爆炸式的发展。但由于安哥拉整体经济还处于较低水平，人民收入普遍不高，消费能力有限。因此，当前的安哥拉电信业仍处于初级发展阶段，存在着电信市场尚不发达、通讯普及与覆盖率低和通讯质量不稳定等问题。

（一）当前安哥拉电信市场简况

近几年来，安哥拉无线移动网络发展较快。目前，安哥拉移动运营商主要有 Unitel 和 Movicel 两大公司。据初步统计，到 2008 年年底，无线网络用户数量达 660 万户，用户渗透率约为 36%，移动通讯市场的年运营收入达 17 亿美元（见图 1）。

与移动网络发展相比，安哥拉固定网络通讯发展相对较慢。固网主要运营商为安哥拉电信公司（Angola Telecom，以下简称“安电”）和 MS Telecom。安电是国有的固网运营商，它虽是第一大固网运营商，但其用户数在 2008 年年底尚不足全国人口的 0. 8%。安电和其他的固网运营商目前服务的主要客户为政府机关和一些商业机构。

近年来，通过引进 3G 技术和无线宽带接入技术 WiMAX 等先进手段，安哥拉的互联网与

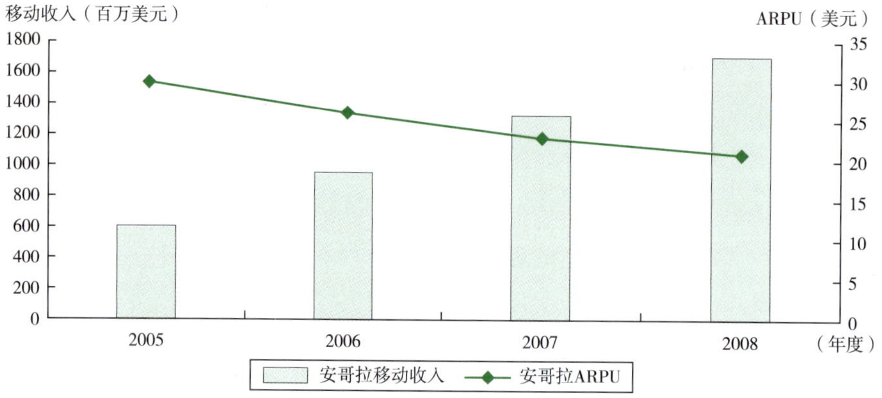

图1　安哥拉移动运营收入与ARPU值（2005年—2008年）

宽带数据传输服务市场有所发展。但由于目前宽带建设成本较高，互联网使用资费超过了绝大多数安哥拉普通民众的负担水平。因此，截至2008年年底，安哥拉境内互联网用户仅为30万户，渗透率仅为2%。随着非洲西海岸海底光缆工程的推进，该海底光缆有望于2009年在安哥拉登陆。通过与这一光缆工程相接，安哥拉宽带成本将会降低。与此同时，安哥拉政府将通过安电投资5亿美元，修建全国光纤骨干网，以解决基本网络设施问题，进而促进该国互联网的发展。

（二）安哥拉国内主要固话与移动网络运营商

1. 固网运营商

安电是安哥拉国内第一大固网运营商，为政府全资控股的国有公司，主要设备供应商为爱立信。该公司成立于1992年，注册资金约为2亿美元，现有员工约2000名，总资产约为540亿宽扎（约合6.8亿美元）。在2001年《电信基本法》出台后，政府将无线运营牌照发给Unitel和其他公司，使得安电以往独家垄断经营安哥拉电信市场的局面被打破。目前，该公司主营固网业务，现有固网用户约20万户，CDMA用户约3万户，ADSL用户约1万户。由于该公司经营效率较低，业务经营情况并不理想，固网用户数量呈下降趋势，而较高的人员成本，使得安电2007年运营收入（约为15亿宽扎，合1880万美元）较2006年下降了11%。目前，该公司通过中安互惠贷款合作，利用中国进出口银行提供的约2.5亿美元贷款，由我国的华为、中兴及上海贝尔等公司为该公司在安哥拉18个省中的15个省修建NGN网络。

MS Telecom是另一家主要的固网运营商，由安哥拉国家石油公司（以下简称“Sonangol”）完全控股。相对于安电而言，该公司规模较小，现有员工不足200人，主要业务为利用Intelsat 3R卫星为Unitel公司的GSM网络提供数据传输、集团电话服务和带宽出租等。该公司规模虽小，但经营能力较强，2008年运营收入达1亿美元。

2. 移动运营商

Unitel 是安哥拉第一大移动运营商，它由葡萄牙电信公司（Portugal Telecom）、Sonangol、Geni 和 Vidatel 等四家公司各持 25% 股份组建而成。目前，该公司主要业务品种为 GSM 和 WCDMA 网络运营、3G 数据卡和一些增值业务，主要设备供应商为爱立信、阿尔卡特和华为等公司。该公司的经营战略是，以大众市场为主攻目标，通过提供多种低价位、条件优惠的服务来吸引客户。据统计，该公司 2008 年营业收入约为 13 亿美元，ARPU 均值为 26 美元，用户数约为 450 万户，约占移动市场的 67%。该公司移动用户基本为预付费用户，预付费收入是该公司目前的主要收入来源。Unitel 于 2001 年开始进行 GSM 网络运营，目前，该公司网络已覆盖安哥拉全部 18 个省的 100 多个城镇。2006 年，该公司投资约 4 亿美元，开始沿安哥拉境内的省际公路铺设网络设施，将用户数量扩大到 300 万户。从 2007 年下半年开始，该公司投资约 4500 万美元，与爱立信公司签署设备采购与工程承包协议，由爱立信公司为其搭建包括 WCDMA 在内的 3G 网络。截至 2007 年年底，Unitel 累计投资了约 5 亿美元，在全国建立了近 380 个基站。通过大规模的投资、兴建数据传输网络，Unitel 已在网络覆盖、宽带分配和 GSM 手机终端上占据了市场优势，巩固了其市场第一的地位。在较强大的网络基础的支撑下，Unitel 可以做到不断更新操作模式和服务品种，并较早地开始推出 GPRS/EDGE/UMTS、视频会议、可视电话、语音信箱等移动数据增值服务，不断提高 ARPU 表现，扩大盈利空间和提高盈利水平。

安哥拉第二大移动运营商为 Movicel 公司。该公司成立于 2003 年，安电持有该公司 99% 的股份，剩余 1% 的股份由安哥拉邮政与电讯部持有。该公司目前以基于 CDMA 网络的语言与数据服务为主要业务，其设备供应商主要为摩托罗拉、北电和 UTStarcom 等公司。Movicel 现有无线用户约 250 万户，2007 年营业收入约为 2.5 亿美元，2008 年营业收入预计为 3.5 亿美元，ARPU 值约为 15 美元。该公司经营现状和盈利水平与 Unitel 差距较大的主要原因在于，该公司的 CDMA 网络覆盖率远低于 Unitel 的 GSM 网。为提高该公司的运营效率和水平，安哥拉政府于 2007 年年初开始着手研究该公司的私有化方案，确定其市场价值并选择战略合作伙伴。2008 年 10 月，我国的中兴通讯被选作该公司的战略合作伙伴，介入该公司的运营管理。据安哥拉媒体称，安哥拉政府正计划出售该公司 80% 的股份，其中，中兴通讯将获得 31% 的股份，另有 49% 的股份将由安哥拉私人资本控制，安电将保留剩余 20% 的股份。如果 Movicel 私有化进展顺利，该公司将转变为混合所有制企业，国有成分将减为 20%。

（三）行业监管机构与法律

安哥拉电信市场的主要监管机构是该国的邮政与电讯部和安哥拉通讯委员会（Angola Institute of Communications）。邮政与电讯部主要负责在国家和政府层面制定安哥拉电信市场的宏观政策，监督并规范整个电信市场的发展，而发挥主要监管职能的则是安哥拉通讯委员会。该委员会的主要职责是保证电信法规的有效执行，维护消费者的利益，处理运营商之间的纠纷以维持市场上的良性竞争，同时为可能出台的政策与法规提供建议。该委员会的具体职能如下。

负责安哥拉境内频段的规划与分配，制定未来发展计划；

为兴建和开发电信网络提供相关服务颁发牌照，并使之符合限定的标准；

向运营商和供应商收费，必要时施以制裁；

制定不同网络之间互联互通的程序与条件；

制定电信设备和材料的标准，明确这些设备和材料在国内电讯系统中运行的条件；

出于安全或干扰其他服务等原因，限制电讯设备的使用；

提出费率标准，使农村和边远地区居民有能力享受到国家的电讯服务。

安哥拉电信市场的基本法律是政府于2001年颁布的“电信基本法”。该法旨在规范安哥拉电信设施与经营者的建立、经营和开发行为，通过法律平台促进该国电信业的发展并使之实现现代化，以合理的价格提供高质量的服务，使安哥拉普通百姓能享受到现代化的电信服务。此法的出台放开了安哥拉电信市场，打破了原来只有安电一家经营的垄断局面。Unitel于2001年4月获得了运行GSM网的牌照，开始了与Movicel的竞争。2002年，Mercury Telecom、MS Telcom等四家公司获得了固网运营的牌照，并涉足数据传输和互联网服务等领域，为市场引入了竞争，提高了服务质量。该法律的主要宗旨如下。

在透明注册的原则上，推动来自政府和私人的投资，促进合理竞争，以可负担的价格将有质量的电信服务延伸到农村和边远地区；

在机会平等、没有特权的原则上，确保服务商之间的良性竞争；

促进国有电信基础设施的建设，引入新的运营商；

确保与国际准则相符；

促进新服务、新网络的使用与发展，确保运营商使用最佳技术并以成本效益相符的方式开发网络与服务；

确保如号码、频点等有限的电信资源被有效使用；

保护使用者的权益，确保他们不受歧视地享有电信服务。

（四）当前安哥拉电信业的特点

2002年安哥拉内战结束后，政治渐趋稳定，国家开始大规模的经济重建。在石油出口的带动下，安哥拉经济出现井喷式发展，最近几年的GDP增长率保持着16%至21%的较高水平。在此背景下，安哥拉电信业近年也呈现出快速发展的势头，用户数量增长迅速，预计在未来几年将进入稳定发展的阶段。

电信业经常使用可开发市场和可开发市场渗透率等指标来衡量一个国家的移动市场的发展速度。可开发市场是指对电讯服务有需求同时又能支付起电讯服务费用的人群，该人群通常是指一个国家中年龄在15至64岁之间的脱贫人口。可开发市场渗透率是指在可开发市场中已使用电讯业务的人数比例。根据移动市场S曲线发展理论，当一个移动电信市场的可开发市场渗透率低于10%时，该市场处于初期发展阶段；当该渗透率在10%至90%之间时，该市场处于快速成长阶段；当渗透率高于90%时，该市场处于饱和稳定阶段（见图2）。

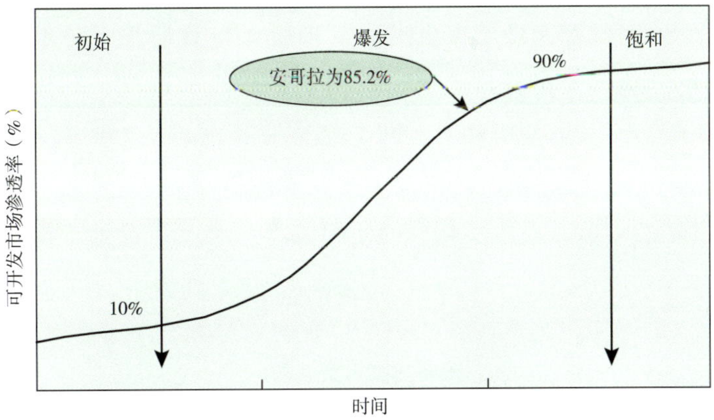

图2 移动市场发展理论S曲线

安哥拉现有人口约为1600万人。2002年内战结束后，人口出生率和增长率较高，年均人口增长率接近3%。而在当前人口中，年龄在15至64岁的人群数量约占总人口数的50%以上，0至14岁的人口约占总人数的40%。总体来看，安哥拉人口的低龄化特点突出，全国平均年龄仅为22岁。由于人口相对年轻，因此对包括电信服务在内的各种需求较为旺盛，加上近年来安哥拉国内政治与经济形势稳定，在此情况下，安哥拉电信业发展也较快。数据统计显示，2005年其无线用户数增长率高达114%，2006年为90%，2007年为59%，2008年为38%。2008年的可开发市场渗透率为85%。从以上数据可以看出，通过近几年较快速的发展，安哥拉电信业已从初始期进入了迅速发展时期，即将进入一个饱和期。

安哥拉电信业近几年的快速成长是相对于安哥拉以前长期停滞的局面而言的。如果与较发达国家的电信市场相比，安哥拉的电信市场和电信业仍处于整个电信行业的较低水平阶段，其主要表现为市场整体渗透率不高，数据增值业务少。前文所提到的安哥拉移动领域的可开发市场渗透率虽然已达85%，但整个移动用户数占全部人口数即整个市场的总渗透率目前约为50%，而电信行业普遍认可的发达市场的总渗透率应在70%以上，如南非的总渗透率接近100%（这并不意味着南非人人都使用手机，而是相当多的人同时使用多部手机而非仅仅一部）。就业务品种而论，目前，安哥拉几大电信公司的主营业务仍然是简单的语音服务，而类似我国国内发展较快的彩铃、彩信以及可视电话等增值服务品种很少，目前尚未开展起来。导致这种状况一方面是因为安哥拉目前贫富两极分化状况较严重，总人口中青壮年人口虽较多，但其中大多数仍处于贫困线以下，对电信的需求虽较大，但支付能力相当有限；另一方面，安哥拉电信基础设施严重落后，如果要实现境内较高层次的数据传输，必须要在全国建立起完整的骨干网。而安哥拉电信网络基础设施的建立也仅在几年前才开始，目前的网络仅能覆盖包括首都和几个主要省会城市等在内的西部沿海地区，大部分的农村和边远地区尚无网络接入。而安哥拉当前公路交通、发电供电等基础设备的不完善也极大地制约着电信基础设施的建设。总之，安哥拉社会的总体贫困和不发达造成了该国电信发展基础薄弱的局面。

因此，对于安哥拉而言，要发展电信业，首先要解决电信基础设施建设的问题。电信基础设施的建设需要长期投入大量的资金，而安哥拉人口数量并不是很大，因此人均建设成本相对较高，这也导致了安哥拉目前电信资费水平较高的现状，如安哥拉使用固网的2兆宽带的费用是350美元/月，使用移动上网1兆宽带的费用是250美元/月，200K的费用是180美元/月（见表1）。与之相比，我国2兆宽带的费用是15美元/月，南非不到60美元/月。电信基础设施的落后，造成了高昂的使用成本、通讯质量的不稳定和客户满意度不高的现状。

表1　安哥拉宽带费率表

宽带级别	下行(kbps)	上行(kbps)	安哥拉电信公司	有线电视	Movicel	Unitel(按流量)
超级宽带	2048	512	350美元/月	450美元/月		
兆宽带	1024	256	264美元/月	320美元/月	266美元/月	
对称宽带	512	512		320美元/月		240美元/月(不限量)
专业宽带	512	128	163美元/月	200美元/月		120美元/月(5G)
住宅宽带	256	96	94美元/月	100美元/月	181美元/月	
轻量宽带	192	64	65美元/月	70美元/月	117美元/月	60美元/月(2G)
用户数			4000	20000	30000	30000

资料来源：华为技术有限公司驻安哥拉代表处。

总体来看，安哥拉电信开放程度并不高，仍处于较封闭的阶段，固网和移动网运营商数量不多，竞争并不充分。此外，安哥拉电信市场的法律监管尚不完善，监管体制并不健全。

（五）未来发展趋势与问题

安哥拉电信业未来几年的发展趋势将是以GSM、WCDMA为基础的移动业务与以ADSL、WiMAX等无线接入为主的宽带服务为主要业务的发展模式。如果安哥拉未来数年内仍能保持当前政治、经济稳定发展的局面，那么，随着该国人口的稳定增加和人均收入与消费水平的提高，可开发电信市场将继续扩大，移动用户与宽带用户的数量也将进一步增加。根据较成熟电讯市场的统计数据，一国的电讯业发展速度一般要高于该国GDP增长率几个百分点。对于安哥拉来说，未来几年电讯业增长率有可能达到10%的水平。

在移动领域，根据南非等成熟市场的经验，语音服务仍是移动业务的主要收入来源，占比可达80%。随着人均收入和消费水平的提高，3G数据服务的需求与支付能力也将相应提高，发展高峰时3G用户数的增长速度可达到每年翻番的程度。对于安哥拉移动市场而言，随着人口数量的快速增长和人均收入与消费能力的提高，移动市场未来存在着一定的发展空间，前几年井喷式发展的局面已不太可能出现，取而代之的是以较稳定的速度向前发展（见表2、图3）。

表 2 安哥拉移动市场发展预测（2009 年—2014 年）

	2009 年	2010 年	2011 年	2012 年	2013 年	2014 年
用户数	8.17	9.05	10.07	10.92	11.6	12.18
增长率(%)	20.7	10.7	11.2	8.5	6.2	5.0
总渗透率(%)	42.6	45.9	49.7	52.4	54.2	55.4

资料来源：华为技术有限公司驻安哥拉代表处。

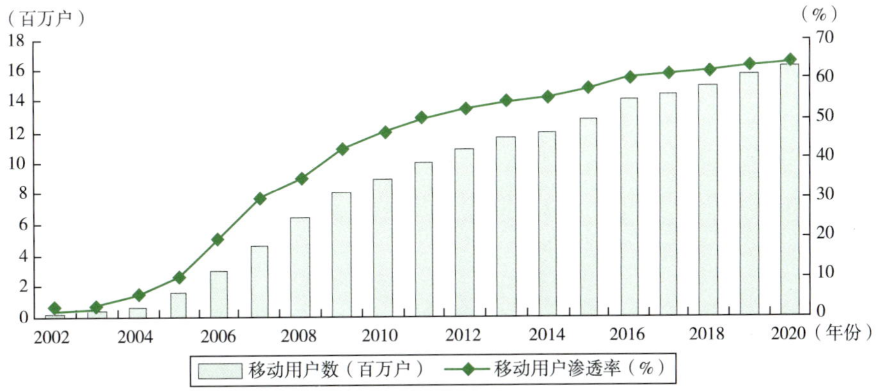

图 3 安哥拉移动用户数预测（2002 年—2020 年）

资料来源：华为技术有限公司驻安哥拉代表处。

对于宽带市场，安哥拉目前的宽带使用水平很低，宽带的家庭渗透率仅约为 2%。从中国、南非等发展中国家和英、美等发达国家的经验来看，如果安哥拉经济能继续保持较快的增长速度，宽带市场应有较大的发展空间（见表 3）。

表 3 安哥拉与世界其他国家宽带渗透率比较

	家庭渗透率（以 5 人/户计）	人均 GDP（世界银行 2007 年数据，单位美元）
安哥拉	2%	3738
中 国	10%	2460
南 非	10%（到 2010 年）	5724
阿联酋	56%	42275
英 国	60%	45301
美 国	50%	45594

资料来源：华为技术有限公司驻安哥拉代表处；世界银行。

当然，安哥拉未来电讯业的发展水平与规模在很大程度上取决于该国的经济发展水平、人均收入水平以及国家对电信基础设施投入的程度。当前，安哥拉经济发展速度虽较快，但整体经济水平较低，社会贫富差距悬殊，电讯基础设施严重落后，监管机构与法律尚待进一步完善。如果这些问题在未来得不到有效改善，安哥拉未来的电讯业仍将会停留在一个较低的发展水平上。

参考文献资料

1. The World Bank：世界银行网站 www. worldbank. com。

2. Jornal de Angola：《安哥拉日报》网站 jornaldeangola. sapo. ao。

3. Portal do Governo da República de Angola：安哥拉共和国政府门户网站 www. governo. gov. ao。

4. Unitel：Unitel 公司网站 www. unitel. co. ao。

5. Movicel：Movicel 公司网站 www. movicel. net。

6. Telecom：安哥拉电信公司网站 www. angolatelecom. com。

第四章　苏　丹

一、苏丹政治和国民经济运行情况

苏丹共和国位于非洲东北部，3800万人口。拥有丰富的自然资源，石油、天然气、铁、银及其他金属矿产储量较大。国内民族与宗教矛盾突出，长期的战乱使它成为世界上最不发达国家之一。但近年来，苏丹国民经济逐步复苏，并呈现出良好的发展势头。主要表现在四个方面：一是随着石油收入迅速增加，GDP和财政收入不断增加，通货膨胀维持中等水平；二是包括石油在内的对外贸易总额增长较快，国际收支逐渐平衡，汇率较为稳定；三是各国政府援助、银行贷款和直接投资金额较大，增长较快，外汇储备相对于前几年有了一定增长；四是苏丹近年来基础建设发展较快，中苏合作前景广阔。

（一）苏丹政治环境

苏丹实行建立在联邦制基础上的非中央集权制，总统是国家主权的最高代表和军队最高统帅，拥有立法、司法、行政最高裁决权。现任总统为巴希尔。苏丹实行多党制，执政党是全国大会党。

苏丹自独立以来，政局一直较为混乱。其国家政治风险首先体现在南北问题上。1983年，因对在全国推行伊斯兰法不满，南方黑人军官约翰·加朗发动武装叛乱，成立“苏丹人民解放军”（SPLA，以下简称“苏人解”又称SPLM，即“苏丹人民解放运动”），苏丹内战爆发。1989年巴希尔发动政变上台后，解散议会、内阁及地方政府；取缔一切政党，停止一切非官方新闻机构的活动；1991年起在全国范围内（南方部分省份除外）实行伊斯兰法，以《古兰经》和《圣训》作为制定政治、经济、社会生活方针和政策的准则。1996年3月，苏丹举行首次总统和议会选举，巴希尔当选总统。1998年6月，苏丹颁布新宪法，明确规定言论、结社自由和政治协商等原则，承认宗教平等、信仰自由，确立了独立、开放和不干涉别国内政的外交政策。同年年底政府制定并通过《政治结社组织法》，约30个党派注册成为合法政党。巴希尔在2000年12月的大选中获胜，连任总统，并统治苏丹至今。

巴希尔连任后继续奉行全国和解政策，积极寻求与各方反对派的和解与对话，特别与南方反政府武装展开和谈。在美国和政府间发展组织（简称“伊加特”）的直接参与下，苏丹政府与南方反政府武装“苏人解”的和平谈判取得积极进展，双方于2005年1月9日在内罗毕签署《全面和平协议》，宣布苏丹于7月9日起进入为期6年的过渡期，期内由北南双方联合执政，巴希尔继续担任总统。至此，长达22年之久的苏丹内战宣告结束。

苏丹北方的阿拉伯人认同阿拉伯—伊斯兰文化，与阿拉伯—伊斯兰世界保持密切联系；南方的非洲黑人认同非洲文化，是基督教会、西方国家，甚至犹太复国主义的支持者。该国宗教与国家关系的问题，尤其是伊斯兰法“沙里亚法”的作用问题成为南北冲突的中心。目前根据和平协议，苏丹赢得了6年的暂时团结和统一，“苏丹人民解放军”也暂时放弃了其政治独立的企图，但6年过渡期结束后，苏丹的政治局势仍难以预料。

2006年6月，苏丹政府与东部反政府组织“东部阵线”开始在厄立特里亚首都阿斯马拉举行和谈。双方最终签署了“原则宣言”等文件，为和谈取得实质性突破奠定了良好的基础。

此外，达尔富尔问题是困扰苏丹当局的另一个主要问题。达尔富尔地区位于苏丹西部，面积约50万平方公里，分为北达尔富尔、南达尔富尔和西达尔富尔三个州，生活着80多个部落，共500多万人。20世纪60年代以来，当地农牧民常因争夺水草、土地资源发生冲突，当地安全局势恶化。2003年年初开始，当地非阿拉伯人组成的“苏丹解放运动（SLM）”和“正义与平等运动（JEM）”等反政府武装采取军事行动，造成大量平民死亡，并出现严重的难民问题。美国等西方国家借此指责苏丹政府纵容、支持该地区阿拉伯民兵组织“金戈威德”滥杀平民，推动联合国安理会先后通过多项决议，威胁对苏丹制裁。一直以来，达尔富尔问题始终没有得到妥善解决，主要由于该地区武装派别较多，组织松散，各派别各行其是，增加了解决问题的难度。

目前苏丹政局基本稳定，但苏丹的政治局势仍很难预料。北南双方未来政治格局不确定，苏丹政府实行的政策使得南方黑人在政治和经济上处于边缘地位，达尔富尔地区的冲突也一直没有停止。并且，南北问题与达尔富尔问题在某些地区、某些事件上相互交错、相互影响，众多复杂因素均制约着两个问题的彻底解决。在国际社会上，苏丹是被美国制裁的国家之一，国际社会一些亲美国家对苏丹的敌对情绪仍然存在。总体来看，苏丹政治风险仍然较高。

（二）近年来苏丹经济运行情况①

1. 国内生产总值持续增长

近5年来，苏丹国内生产总值（GDP）实现持续增长，尤其是2004年至2007年间，呈现加速增长的良好势头。2008年由于全球性金融危机的影响，国际石油价格下跌，使得苏丹经济发展速度略有放缓，但从增长率上来看，GDP实际增长率依然达到5.9%。从GDP总量上看，苏丹2004年实际GDP为173.4亿苏丹镑（折合78.8亿美元），到2008年已达到260亿苏丹镑（约合118.2亿美元），平均年增长率为10.6%。人均GDP也从2004年的647美元增加到2008年的1732美元（见表1）。

① 本文所用经济数据如无特殊说明，均来自苏丹中央银行。但由于2008年的经济数据尚未正式公布，此文所引均为苏丹中央银行提供的年报草稿。

表 1　**2004 年—2008 年苏丹 GDP 情况表**　单位：亿苏丹镑

年　度	2004 财年	2005 财年	2006 财年	2007 财年	2008 财年
名义 GDP	491.0	622.0	754.8	933.0	1317.6
实际 GDP	173.4	195.0	208.2	245.5	260
实际 GDP 增长率(%)	7.2	12.5	6.8	17.9	5.9
人均 GDP(USD)	647	799	945	1140	1732

2. 产业结构情况

从产业结构来看，农业在 GDP 中的占比逐年呈降低趋势，工业在 GDP 中的占比不断增加，服务业在 GDP 中的占比则保持在 30% 到 35% 的水平（见表 2）。

表 2　**2004 年—2008 年苏丹 GDP 构成情况表**　单位：亿苏丹镑

年　度	2004 财年		2005 财年		2006 财年		2007 财年		2008 财年	
	金额	占比(%)	金额	占比(%)	金额	占比(%)	金额	占比(%)	金额	占比(%)
实际 GDP	173.4	100	195.0	100	208.2	100	245.5	100	260	100
农　业	77.1	44.5	75.2	38.6	81.7	39.2	86.7	35.3	93.3	35.9
工　业	44.1	25.4	54.3	27.8	58.9	28.3	75.0	30.6	81.6	31.4
服务业	52.2	30.1	65.6	33.6	67.7	32.5	83.8	34.1	85.1	32.7

在农业方面，可耕地面积约 8400 万公顷（12.6 亿亩），占国土面积的 33%，已开发种植的土地约 1700 万公顷，占可耕地面积的 20.2%，其余 6700 万公顷尚待开发利用。苏丹农村人口占全国人口的 70%，其中 65% 左右的农村人口从事农业生产。目前苏丹具有代表性的农作物包括高粱、小麦、玉米、黍子、芝麻、葵花、花生、甘蔗、棉花、阿拉伯胶等。苏丹炎热的气候，使瓜果蔬菜一年四季都能生长，蔬菜品种齐全，水果种类繁多。代表性的蔬果有土豆、南瓜、红薯、番茄、胡萝卜、洋葱、茄子、西葫芦、菜花、圆白菜、芒果、香蕉、西瓜、甜瓜、柚子、橘子等。天然草场面积约 4700 万公顷，它是苏丹发展畜牧业的重要保障。家畜以牛、绵羊、山羊、骆驼为主，存栏数在 1.36 亿头左右。

苏丹的工业主要依赖于石油，苏丹石油资源丰富，原油地质储量达 116 亿桶，目前已勘探开发的仅 10% 左右。近年来，通过与中国和马来西亚等外国石油公司合作，苏丹石油工业飞速发展，形成了集勘探、开采、运输、炼制上下游一体的完整工业体系，石油产量不断提高。石油产值占到工业总产值的 90% 以上。同时，石油产业的蓬勃发展在一定程度上也带动了其他产业的发展，如建筑、金融、通讯等。苏丹其他工业主要有纺织、制糖、制革、食品加工、制麻、烟草和水泥等，但大多基础薄弱，企业面临资金短缺，存在设备陈旧，生产、管理方式落后和开工不足等问题；大部分工业品都需要从国外进口，主要进口商品包括机械设备、运输设备、工业制成品等。

苏丹的服务业主要有交通运输、旅游、金融、通信等，受石油工业蓬勃发展等积极因素影响，苏丹服务业在 GDP 中的占比也逐年提高，由 2004 年的 30.1% 上升到 2008 年的 32.7%。

近几年来由于苏丹的经济发展过度依赖于石油，使得农业在 GDP 中的比重不断降低。2008

年，政府提出了“大力发展农业”的口号，将农业定位为“永不枯竭的石油”。2008年至2009年年间，苏丹向中国政府多次提出在农业领域加强两国的合作，并于2009年6月在苏丹首都喀土穆召开了中苏农业合作研讨会，特别成立了中苏农业混委会，建立了农业投资领域方面中苏政府间的长期沟通、交流渠道，为今后中苏农业合作发展在政府层面奠定了基础。

3. 货币指标

苏丹中央银行（CENTRAL BANK OF SUDAN，以下简称“CBS”）是苏丹国内货币政策的主要制定者和执行者。苏丹货币为苏丹镑（SDG）①。近年来，苏丹实行较为谨慎和稳健的货币政策，旨在控制通货膨胀和增加外汇储备。

（1）货币供应量

由表3可以看出，2004年至2008年，苏丹的货币供应量逐年增加，且增长速度较快，主要原因有：

① 受到近年来经济发展较快因素影响；

② 国内投资活动增加；

③ 国外净资产额减少，一定程度上降低了其紧缩货币的作用。

表3　　2004年—2008年货币供应量统计数据　　单位：亿苏丹镑

年　度	2004	2005	2006	2007	2008
货币供应量	96	137.8	176.8	197.1	244.5
增长率(%)	30.8	43.5	28.3	11.5	24.0

（2）通货膨胀

2004年—2008年，苏丹的通货膨胀率基本维持在可接受水平（见表4），未对经济产生不良影响，主要由于有较高的GDP增长做基础。此外虽然国际商品价格趋高，但由于近几年来美元对苏丹镑存在一定的贬值，因此一定程度上稳定了苏丹国内的物价水平。

表4　　2004年—2008年通货膨胀率统计数据

年　度	2004	2005	2006	2007	2008
通货膨胀率(%)	5.8	8.5	7.2	8.8	8

（3）利率

苏丹北方均采用伊斯兰金融体系，其伊斯兰金融体系禁止收取利息②，更无利率之说。

① 2006年7月份，苏丹将原发行的货币第纳尔（Sudanese Dinar，SDD）改为苏丹镑（Sudanese Pound，SDG）。新苏丹镑的价值是1个苏丹镑等于100第纳尔。

② 这种禁律基于社会公正、公平和财产权益等论据。伊斯兰鼓励赚取利润，但是禁止收取利息，因为事后确定的利润象征着进取精神的成功，而且还带来额外的财富，而事先确定的利息则是一种成本，它是不考虑企业经营后果而产生的，一旦企业亏损就不可能产生任何财富。社会公正要求借款人和放款人以公平的形式分享回报并分担损失，还要求经济中财富的积累和分配过程都是公平的，并且代表着真实的生产力。

由于苏丹是伊斯兰国家，因此没有利息和利率方面的统计数据。

（4）汇率

2004 年至 2006 年，苏丹镑汇率持续快速升值；从 2007 年开始有所回落，到 2008 年 1 美元可兑换 2.2 苏丹镑（见表 5）。苏丹镑汇率的走势反映了近年来苏丹经济的发展状况。

表 5　　2004 年—2008 年美元兑苏丹镑汇率

年　度	2004	2005	2006	2007	2008
汇　率	2.582	2.311	2.0248	2.0526	2.2

近年来，苏丹石油实现了工业化开采并大量出口，伴随着国际油价的不断上涨，使得苏丹国民经济开始复苏，外汇收入逐年增加，对外贸易状况显著改善；同时，石油工业带来的大量外国投资，也为苏丹引入了大量外汇。这些都导致苏丹外汇储备在近年来不断增加。但 2007 年以来，苏丹政府进一步加大基础设施项目的建设，不但新上项目众多，且摊子越铺越大，超过了其石油产业的发展速度，同时前期开展的项目也逐渐到了还款期，这导致了经常项目和资本项目的外汇流出增大。此外，2008 年国际石油价格的大幅下挫，直接导致苏丹石油外汇收入降低。为此，苏丹汇率开始走低。

4. 财政指标

（1）财政收支状况

近年来，随着苏丹国民经济的逐步复苏，政府收入不断增加，从 2004 年的 102.4 亿苏丹镑增加到 2008 年的 215.0 亿苏丹镑，5 年间政府财政收入增长了 110%，年均增长率高达 20.4%。

从表 6 可以看出，苏丹财政收入占 GDP 的比重基本稳定。财政赤字方面，无论是在 GDP 中的占比还是在财政支出中的占比均处于比较正常的范围之内。

表 6　　2004 年—2008 年苏丹财政收支情况表　　单位：亿苏丹镑

年　度	2004	2005	2006	2007	2008
财政收入	102.4	121.8	150.8	179.4	215.0
财政支出	110.4	138.5	182.5	209.7	224.5
财政赤字	-8.0	-16.7	-31.7	-30.3	-9.5
收入占 GDP(%)	20.9	19.6	20.0	19.2	15.3
赤字占 GDP(%)	1.6	2.7	4.2	3.2	0.7
赤字占财政支出(%)	7.2	12.1	17.4	14.4	4.2

（2）外汇储备状况

苏丹为石油大国，石油出口创汇能力较强，但在外汇储备方面，2004 年至 2008 年，外汇储备额较少，主要原因是近几年来，苏丹国内大型建设项目较多，这些项目使用了大量的外汇。另一方面，从近 5 年来的外汇储备趋势看，2004 年至 2006 年，外汇储备额连年下跌，而从 2007 年开始外汇储备开始上涨（见表 7），这主要由苏丹本国的政治问题所决定——

2005 年 1 月 9 日，苏丹政府与南方反政府武装“苏丹人民解放运动”（SPLM）签署《全面和平协议》，宣布苏丹于 2005 年 7 月 9 日起进入为期 6 年的过渡期，因此，在刚签完协议后的几年里（2005 年至 2007 年），苏丹政府开始大兴土木，大力投资基础设施项目建设，外汇储备随之不断减少。然而随着 2011 年的到来，苏丹南北双方的过渡期即将结束，南方按照《全面和平协议》规定要举行全民公投来决定南方是否从联合政府中独立出去，以成立新的国家，因此，在这样的政治背景下，苏丹北方政府开始储备外汇，以备不时之需。

表 7　　2004 年—2008 年苏丹外汇储备情况表　　单位：亿美元

年　度	2004	2005	2006	2007	2008
外汇储备	7.3	5.3	2.1	2.8	7.1

（3）外债

最近几年来，随着接受外国援助的持续增加，以及本国基础设施建设项目的增多，苏丹的外债规模呈现上涨趋势。2008 年，苏丹的外债规模达到 335 亿美元。虽然苏丹的外债规模逐年扩大，但其增长速度明显小于 GDP 的增长速度，使得近 5 年来外债在 GDP 中的比重逐年降低，尽管如此，苏丹的外债负担仍很沉重（见表 8）。

表 8　　2004 年—2008 年苏丹外债情况表　　单位：亿美元

年　度	2004	2005	2006	2007	2008
外债	268	270	282	318	335
外债增长率(%)	—	0.7	4.4	12.8	5.3
在 GDP 中的占比(%)	115.8	98.6	78.1	68.9	55.0

就外债结构来说（见表 9），苏丹的外债主要来自于国际多边组织、双边国家、外资银行和外国投资者，其中来自于国际多边组织的外债约占 10%，双边国家占 70%，其他外资银行和外国供货商约占 15%。这些外债中大部分为中长期外债。

表 9　　2008 财年苏丹外债结构情况表　　单位：亿美元

债权人	金　额	债权人	金　额
国际组织	52	外国商业银行	42
巴黎俱乐部国家	105	外国供货商	14
非巴黎俱乐部国家	122	合　计	335

5. 对外贸易状况

2008 年苏丹出口额为 116.7 亿美元，比 2007 年的 88.8 亿美元增长 31.4%，进口额为 82.3 亿美元，比 2007 年增长 6.6%（见表 10）。近年来，苏丹出口额大幅增长，已连续两年保持贸易顺差，这主要得益于石油产业的蓬勃发展。据统计，2008 年苏丹石油出口额约为 110.9 亿美元，占当年出口额的 95% 以上。

表 10　**2004 年—2008 年苏丹进出口情况表**　单位：亿美元

年　度	2004	2005	2006	2007	2008
进口额	35.9	59.5	71.0	77.2	82.3
出口额	37.8	48.2	56.6	88.8	116.7
贸易顺差	1.9	-11.2	-14.5	11.6	34.4

注："-"号为逆差。

6. 投资情况

近年来，苏丹利用外国直接投资规模不断扩大，成为非洲利用外国直接投资最多的国家之一。从表 11 可以看出，2004/08 财年，苏丹累计吸收外国直接投资 131.3 亿美元，其中 2006 年达到了 35.4 亿美元的最高水平。外国公司对苏丹的直接投资重点集中在石油、运输、通讯、工业和农业等领域。中国是苏丹最大的投资国家。截至 2008 年年末，中资企业在苏丹投资总额超过 80 亿美元。

表 11　**2004 年—2008 年外国直接投资情况表**　单位：亿美元

年　度	2004	2005	2006	2007	2008
FDI	15.1	23.0	35.4	24.3	33.5
FDI 增长率(%)	11.9	52.3	53.9	-31.4	37.9

7. 经济援助情况

为了获得世界各国和国际金融组织的援助，2005 年苏丹政府恢复和加强了与阿拉伯基金会、伊斯兰发展银行、国际农业发展基金会、欧佩克发展基金会、非洲发展银行、世界银行和国际货币基金组织等金融机构的联系。特别是苏丹近两年财政预决算和经济发展状况得到世界银行和国际货币基金组织的认可，他们在苏丹设立了分支机构，世行还首次向苏丹提供了 4700 万美元无偿援助。同时，苏丹与欧盟的关系也得到进一步改善，原被欧盟冻结的 5200 万欧元得以解冻。另外，苏丹与中国、印度、土耳其、马来西亚等国在双边合作方面取得了良好进展，并得到大量的经济援助和投资；与日本、伊朗和法国的关系也得到了进一步发展。2006 年苏丹从国外（包括外国政府、金融机构、国际金融组织等）的经济援助达到了 3.71 亿美元，比 2005 年的 2.45 亿美元增长了 38.45%。但在 2007 年和 2008 年间，苏丹获得的国际援助出现了明显的下降，分别为 2.55 亿美元和 1.97 亿美元。这主要是由于美国次贷危机爆发，引发了 2008 年全球性金融危机，国际经济形势的不乐观，使得西方许多发达国家对非洲的援助大幅减少（见表 12）。

表 12　**2004 年—2008 年苏丹获得国际援助情况表**　单位：亿美元

年　度	2004	2005	2006	2007	2008
国际援助	0.52	2.45	3.71	2.55	1.97
增长率(%)	206	371	51.4	-31.3	22.7

8. 2009年苏丹经济状况

由于苏丹快速发展的国民经济和出口贸易大都建立在石油开采和石油工业的基础之上，而国际市场石油价格自2008年起不断下跌，这直接导致苏丹2009年经济增长速度减缓。在过去的十年中，苏丹经济平均增长率保持在8%以上，但是根据国际货币基金组织估算，苏丹2009年经济增长率将下降至7.7%，而苏丹本国预计数值为6%，为近10年来最低，苏丹经济正承受着来自国内外众多不利因素的影响。

苏丹政府2009年财政预算约为220亿苏丹镑（约合100亿美元）。预算缩水成为了苏丹政府面对的较大困难之一。为此，苏丹政府自2009年以来，出台了一系列政策措施，例如提高某些种类的税收以补偿因国际油价大幅下跌导致财政收入的缩水，特别是增加机动车辆进口关税和电信服务税等税收项目。此外，苏丹政府也大力削减各项行政费用的支出，以缓解经济下滑压力。

（三）苏丹石油储量、产量与销售情况

1. 总体储量及区块分布

苏丹石油蕴藏量约为150亿桶，中资石油公司已探明可开采石油储量为100亿桶。

为了石油的全面开发，苏丹能矿部将石油开发区域划分为19个区块（16个区块+A、B、C区块）供外国公司开发，具体区块分布如下。（1）北方各州石油区块分布为：第8区块在森纳尔州；第9区块在尼罗河州；第10区块在加达里夫州；第11区块在北科尔多凡州；第12区块在北达尔富尔州；第14区块在北方州；第13、第15、第16三个区块在红海州。（2）南方各州分布为：第1区块在瓦哈达（团结）州；第2、第4、第6区块在西科尔多凡州；第3、第7区块在上尼罗河州；第5区块分为5A和5B区（5A区块在瓦拉卜州、5B区块在湖泊州）；A区块在凡加克，B区块在琼莱州；C区块在南达尔富尔州。到目前为止，上述各区块都已进行初步勘探，其中部分区块已实现工业化开采。

除石油之外，初步探明在苏丹港红海沿岸（第15区）储有天然气，中石油公司已获得开采许可证，目前正在对其开采的商业价值进行论证。

2. 石油产量

苏丹近10年来取得的经济发展与该国石油工业息息相关，特别是石油出口以及国外对石油工业的投资为苏丹经济发展带来了大量外汇，这些资金保证了苏丹大量的城市基础设施和工业项目的建设。据苏丹财政与国民经济部统计，近5年来，苏丹共计生产石油6.6亿桶。其中，2004年—2007年年间，苏丹石油产量逐年递增，到2008年，石油产量开始减少（见表13）。

表13 2004年—2008年苏丹石油产量 单位：亿桶

年 度	2004	2005	2006	2007	2008
产 量	0.77	1.03	1.33	1.77	1.69

3. 苏丹主要石油区块介绍

（1）1/2/4石油区块

1996年，加拿大Arakis独立能源公司（以下简称Arakis）开始开发第1/2/4区石油开发项目。由于第1/2/4地区不靠近红海沿岸，因此Arakis与大尼罗河石油作业公司（Greater Nile Petroleum Operating Company，GNPOC）签订了联营协议，共同开发一条1600公里的输油管道，直接连接到位于苏丹港的Suakim石油码头。经过3年的建设，1999年9月，第一船从第1/2/4区开采出来的原油从苏丹港离岸。第1/2/4区最初石油产量仅为15万桶/天，截至目前产量已经提高到30万桶/天。据估计，该区的最大产量可达45万桶/天。在第1/2/4区石油开采项目中，中石油（CNPC）占股40%，马来西亚国家石油公司（Petronas）占股30%，印度石油天然气公司（ONGC）占股25%，苏丹石油公司（Sudapet）占股5%。

（2）3/7石油区块

2000年7月，苏丹政府对Melut公司（加拿大弗斯特资源公司控股的子公司）在第3/7区的46%的股份对外招标，CNPC和阿联酋Thani公司中标。2000年11月11日，四家合作伙伴与苏丹政府签订第3/7区块石油分成协议备忘录，股份分配为Petronas 46%、CNPC 41%、Thani公司5%（原为23%，后将其18%出让给CNPC）、苏丹石油公司8%。2001年9月1日和9月30日，四家参股者分别签订了联合作业协议和股东协议，组建了石油作业公司——登记注册为Petro Dar Operating Company（简称PDOC），该公司属BVI公司，在苏丹设有分公司，负责第3/7区项目的建设作业和运行管理。2004年2月26日，马来西亚石油公司将其在合资公司中6%的股份出让给中石化，投资方由此增加到5个。

2004年6月，以5家投资方共同运作的PDOC开始开发第3/7石油区项目，当时据估计，该石油区块的Adar Yale和Palogue地区，石油可开采储量约为4.6亿桶。2005年11月，中石油建成了从第3/7石油区至苏丹港的输油管道。整个输油管道由6个泵站和数据采集与监视控制系统来支持。目前该项目日产原油20万桶，预计到2009年年底将达到日产30万桶。

（3）其他石油区块

此外，苏丹还有一些小的石油区块也在开采中，包括：5a区（日产2.5万桶），第6区（日产4万桶）等。

（四）苏丹未来重点发展领域

苏丹政府排除外部压力，积极进行国内经济建设。苏丹政府确定未来发展的重点项目主要分布在以下领域。

1. 电力

自2002年以来，苏丹政府高度重视电力建设，苏丹国家电力公司计划至2010年使全国发电总量达到300万千瓦。目前，已建成吉利电站一期、二期，总发电量为40万千瓦。正在建设的吉利电站四期发电量为11万千瓦，北喀电站为20万千瓦，麦罗维大坝电站为125万千瓦。根据东南非代表处苏丹工作组的贷后检查情况看，这3个电站于2009年开始陆续发电。40.5万千瓦的富拉电站有望在2009年年底启动。上述发电量合计为236.5万千瓦。苏丹发电能力的不断增长对输变电线路的建设提出了要求，其电力建设发展前景良好。

根据苏丹国家电力公司（NEC）作出的苏丹电力2008年—2030年的长期电力规划，未来将投资304.35亿美元用于改善电力服务系统。该长远规划是苏丹25年战略规划的一部分，目标是至2030年电力服务系统将覆盖全国80%的地区。

2. 交通运输

（1）铁路

苏丹现有铁路5000多公里，由于年久失修，设备陈旧老化，基本处于半停运状态。苏丹政府非常重视铁路建设，由于开发资金有限，迫切希望与中方公司合作恢复铁路干线的正常运营。目前，苏丹港—喀土穆铁路线已经签订商务合同，合同总金额12亿美元。截至2009年11月，苏丹财政部已支付预付款2000万美元，未来两个月内，苏丹有望再支付4300万美元的预付款。巴巴努斯—尼亚拉铁路项目和萨瓦金—萨鲁姆铁路项目正在洽谈中。其他铁路干线，由于缺乏开发资金，项目可行性论证还未启动。在今后几年内，随着苏丹石油产量的不断增加，国民经济复苏的步伐不断加快，中苏两国在铁路运输领域合作的前景较为广阔。

（2）公路

苏丹目前已建成各种公路约3万公里。2006年启动建设公路项目23个，公路总里程4858公里；2007年启动建设项目17个，公路总长4928公里；2008年建设项目14个，公路总长2094公里。2009年仅使用中国进出口银行中苏互惠贷款就建设公路项目6个，公路总长1235公里。苏丹目前所需建设公路里程长，而且以前的已建成的公路，随着经济的发展也面临着扩宽升级的问题。而在公路建设的成本控制和建设质量上，中国企业具有较强的竞争力，中苏两国在公路建设上同样具有较好的合作前景。

（3）港口

苏丹港是位于红海的天然良港，也是苏丹最大的、唯一的对外贸易港口，自1905年修建以来，已有百年的历史。目前，苏丹港的年设计吞吐量为1400万吨，2005年实际吞吐量为785.8万吨，其中杂货进口为547.6万吨，出口34.4万吨，集装箱装卸达到203.8万吨（273385箱）。随着苏丹经济快速发展，进出口量猛增，原有泊位和吞吐量已严重滞后于经济发展的需要，成为制约货物流通的瓶颈。为解决这一问题，苏丹政府制定了港口发展20年规划，计划于2020年使该港口的年吞吐量达到2000万吨以上。另外，中国港湾集团公司已于2009年10月19日与苏方签署了苏丹第二大港口萨瓦金港口集装箱码头（一期）项目，合同金额超过1亿美元。

（4）新国际机场

苏丹政府计划在首都西南部修建新国际机场，满足6万架次飞机起降，年旅客流量1000万人次。整个工程分为四期，一、二、三期为机场建设，四期为机场周边设施建设。一期准备建设客运大楼及两条飞机跑道，计划总投资约20亿美元。目前，中国港湾集团公司正在跟踪该项目。

3. 农业

苏丹是非洲面积最大的国家，拥有250万平方公里国土，有8400万公顷的耕地，占国土面积的33%。同时，苏丹水资源极为丰富，苏丹人均淡水达到5300立方米，是我国人均淡水2200立方米的两倍多。因为拥有如此得天独厚的条件，苏丹被联合国评为“非洲的粮仓”。但由于缺少资金、技术，缺乏农田灌溉等基础设施，目前常年耕种的土地仅为1260万公顷，占耕地总面积的15%，剩下7140万公顷的可耕地荒芜闲置。

苏丹曾多次向中国政府提出在农业领域加强两国的合作，2009年6月在苏丹首都喀土穆特别召开了中苏农业合作研讨会，成立了中苏农业混委会，建立了农业投资领域方面中苏政府间的长期沟通、交流渠道，为中苏农业合作发展奠定了政府层面的基础。这次会议具体成果包括：第一，在中苏政府合作框架下，由苏丹政府划出一定区域，建立农业试验区（自由区）。该区不仅包括农业管理方式、农业技术的试验，也包括对农业政策的试验，在该试验区内可采用新的、力度更大的农业优惠政策和农业投资政策。通过此种方式，如3—5年内呈现效果，则可以将这些政策进一步推广用于区外农业投资项目；第二，苏丹方承诺专门制定针对中国农业投资企业的鼓励政策，在土地价格、关税、所得税等方面给与全方位支持；第三，支持苏丹对农业基础设施的投入，包括修建或改建农区公路、灌溉水渠、电力设施等；第四，人力资源开发与培训。苏丹政府今后每年将选派部分农业官员和农业技术人员到中国参加农业管理和农业技术培训。

中国通过30年的时间，走出了一条从简单农业到精细农业和农业产业化的发展道路。而这些宝贵的经验也非常适用于苏丹农业的发展，因此可以肯定地说，农业将成为中苏未来合作的一个新的、更为广阔的领域。

参考文献资料

1. 苏丹央行2004年报。
2. 苏丹央行2005年报。
3. 苏丹央行2006年报。
4. 苏丹央行2007年报。
5. 苏丹央行2008年报。
6. 苏丹财政部网站：http：//www. mof. gov. sd/index_E. php。

二、苏丹农业投资前景广阔大有可为

（一）中苏农业合作的意义

任何跨国投资，都离不开投资国和被投资国政府的支持，中国企业在苏丹进行农业投资，也需要中苏两国政府在政策、资金等各方面的支持，因此，中苏农业合作的意义，对双方政府的态度，以及投资企业的信心有重大作用。

1. 国际形势

首先我们回顾一下在2008年发生的、对国际政治经济格局造成重大影响的三大经济事件，并探讨其政治背景。

第一是世界能源危机。2008年1月石油价格突破每桶100美元大关，7月突破140美元，到达最高点147美元后，开始直线下跌，截至报告日油价已跌至每桶不足40美元。瑞银甚至预测，到2009年，油价将跌破每桶20美元。能源价格的大起大落，给世界经济带来了非常大的不确定性，各国的经济不稳定性随之增加，国际石油价格大涨之时，石油进口国入不敷出，国际收支状况极度恶化；而国际石油价格大跌，又使得以石油为主要出口产品的国家出口大幅度下降，直接影响外汇收入和政府财政预算。

第二是美国的次贷危机及其所引发的全球金融市场动荡，最终又反过来造成实体经济进一步下滑，使世界经济进入了衰退时期，而这一影响仍在继续。

第三就是粮食危机，国际市场粮食价格及相关的食品价格大幅度上涨，推动了许多国家物价加快上涨。自2005年以来世界主要粮食价格已上涨80%，到2007年12月，全球共有37个国家出现粮食危机；2008年亚、非及拉美地区均有国家发生因粮价上涨引发的示威和骚乱，粮食供求失衡成为经济和社会动荡不稳的因素。2008年4月12日，海地总理雅克·爱德华·亚历克西被国会罢免职务，理由是他没有解决好海地面临的粮价危机。在此次蔓延多个国家和地区的粮价危机中，亚历克西成了第一个因此被赶下台的政府首脑。不只是海地，在埃及、印尼等国，此前都发生了反对粮食价格上涨的大规模抗议活动，粮价危机已从经济问题开始向政治问题演变。

上述三个危机，具有一个共同的特点，即西方的几个主要大国对世界经济的重要资源进行垄断，并通过金融市场对实体市场加以渗透，从而实现操控全球资源价格，控制世界经济的目的。从表面来看，这是经济问题，但从深层次看，其实质是政治问题。

在这里，我们主要讨论粮食危机的问题。为何在目前科学技术如此发达的今天，全球还有这么多人吃不饱饭呢？这需要我们对目前世界农产品的产销体系以及“农业资本时代”有一定的了解。随着世界经济一体化的不断发展，欧美等发达国家的农业资本化程度不断加深，逐渐形成了强大且集中的跨国粮食集团和联合体。国际四大粮食跨国公司：ADM、邦吉、嘉吉和路易达孚公司垄断着世界大约80%的农产品交易份额。这些资本集团不仅垄断了全球从种子培育、种植、收购、加工和销售等关键环节，它们还致力于推动农产品贸易自由化。美国已成功建立了一个以其为中心的世界粮食和农产品供给和消费结构体系，拥有世界主要农产品的期货定价权，进而影响世界农产品的现货定价。而全球这种粮食产销体系，因为掺杂着不合理的利益分配和再分配机制，由少数人来决定世界粮食的供给和分配，必然酿成世界粮食危机。之所以这么说，让我们分析本次世界粮食危机在这种机制下是怎样产生的。按照中科院农业政策研究中心主任黄季焜的计算，国际食品价格上涨的驱动因素中，30%来自能源价格上涨，40%与生物能源有关，20%来自投机资金，10%来自贸易壁垒。在2008年罗马召开的世界粮食峰会上，粮食进口国家和联合国粮农组织、经济合作与发展组织（OECD）、国际货币基金组织以及世界银行等国际组织，都普遍认为，部分国家的生物燃料政策，是粮价上涨的重要原因。生物燃料需求扩大，造成粮价飙升15%至30%。国际货币基金组织总裁卡恩表示，大量使用粮食制造生物燃料，已成为一个伦理问题。但他们的反方却是三个粮食生产大国：美国、欧盟和巴西。国际组织言辞激烈的抨击，并没有影响农业大国继续推动能源化的决心。美国农业部长爱德华·谢弗在为美国生物燃料政策辩护时，称因此造成的粮价上涨不超过3%。巴西总统卢拉则更是表示：乙醇生产和粮价危机无关。这就是目前世界粮食产销机制造成的现状，一方面粮食生产大国使用大量粮食制造生物然料，另一方面却有很多人没有保证生存所需的粮食。

粮食问题也是一个政治问题，是实现政治目的的一个重要工具。让我们看看美国国家安全委员会的一篇研究报告——《国家安全研究备忘录：全球人口增长对于美国安全和海外利益的牵连》，报告认为，欠发达国家人口的增长对美国国家安全构成严重威胁，提出通过控制生育，隐含的还有通过控制粮食等办法来降低这些国家的人口增长速度。而这篇报告的牵头人——美国前国务卿亨利·基辛格有这样一句名言：控制了石油，你就控制了国家；而控制了粮食，你就控制了人类。在他看来，发展中国家人口膨胀，那么政治、经济和军事力量会很快因之增强。这对美国来说自然是一个威胁。所以，可以通过控制粮食出口，逼迫那些国家实施控制生育的政策。于是粮食“利剑”出鞘。美国通过对粮食生产的大量补贴向世界倾销粮食，冲击其他国家的粮食供应体系，从而剥夺别国的粮食主权，然后美国再以“粮食援助”为武器，影响别国政治和世界政治格局。1980年—1981年，前苏联入侵阿富汗，美国对其实行谷物禁运。但当20世纪80年代末期，前苏联沿着美国指引的方向进行改革时，西方立刻对前苏联改变态度：需要多少粮食就给多少粮食。前苏联在得到粮食的同时付出的代价是整个联邦解体。现在，美国仍然在朝核问题上挥舞着他的“大棒”。为了逼迫朝鲜放弃研发核武器，美国使用的手段仍然是粮食禁运。可以说，现代的国际形势下，一个国家如果粮食不能自给，必然引发国内政治及社会问题，在寻求国外援助的同时，将付出主权丧失的代价，在国际舞台上任人宰割。因此，要解决粮食安全问题，不仅要从经济方面入手，更要从政治上重视，从战略高度保障国家粮食安全。

为了维护本国粮食安全，我们的近邻已经提前开始行动，日本、韩国早已加入到海外扩展农场的争夺战中，加紧拓展海外农场，建立海外粮食基地，日本在海外已经拥有1200万公顷农田，相当于日本国内农田面积的3倍。2008年8月，就在全球媒体热炒粮价上涨之际，《日本农业新闻》的一条消息令日本百姓多少感觉到了些许安慰：三井物产在巴西投资100亿日元经营农场，面积达10万公顷，除种植玉米和棉花外，仅黄豆的种植面积就有2.7万公顷。而目前日本全国黄豆种植面积只有14万公顷，远不能满足需要。

与日本一样，韩国对进口粮食的依赖程度也很高。2007年，韩国3/4的粮食依赖进口，每年进口粮食1400万吨，是世界第五大粮食进口国。20世纪70年代，韩国企业就开始赴海外垦荒。经过多年经营，韩国企业在俄罗斯边疆区垦荒取得了一定成绩，目前有近30万公顷农田，相当于韩国耕地面积的1/6，生产的无公害大米受到韩国消费者欢迎。2008年早些时候，韩国总统李明博赴美访问途中在专机上召开记者招待会，专门提到了“建立海外粮食基地”问题。李明博曾任职柬埔寨首相洪森的经济顾问，柬埔寨对韩国很信任，韩国政府通过社会间接资本投资的方式，帮助柬埔寨建设水渠，从而获得了五十年土地租借权以建立粮食基地。2008年4月，韩国还在蒙古以无偿援助的方式获得27万公顷的土地，将来可用于种植大豆。

2. 在海外投资农业对中国粮食安全的意义

从2004年开始，中国粮食连续实现丰收，到2007年，中国全年粮食总产量达到50150万吨，人均386公斤，粮食自给率达到97%。同时，中国农业科学技术也取得了巨大成就，杂交水稻、杂交玉米、转基因工程都获得了巨大的成功；小麦、水稻、花生、棉花等主要农产品单产等方面走在了世界前列；育种、生物技术、病虫害防治、盐碱地改造、水利基础设施、农业机械化、农产品加工、农产品出口等领域成就非凡。国家政策上，2008年7月2日召开的国务院常务会议讨论并原则通过了《国家粮食安全中长期规划纲要》，再次强调了两个关键指标：粮食自给率稳定在95%以上，2010年粮食综合生产能力稳定在1万亿斤以上。

虽然粮食实现近5年丰收，国家也一直强调粮食安全，但中国并没有彻底解决粮食安全的问题。简单的以《国家粮食安全中长期规划纲要》的要求来看，如果垄断世界粮食市场的西方大国以“粮食武器”攻击中国，以中国粮食自给率稳定在95%计算，仍将会有6500万人口缺粮，这对社会的稳定是非常严重的威胁；从粮食结构看，棉花、油料作物等大宗农产品的国内供给严重不足，2007年，棉花总产量750万吨，自给率仅67%；油料总产量5600万吨，自给率不足40%，供需缺口始终存在，并有逐渐扩大之势。2006年度、2007年度，中国棉花进口量均达到了380万吨，食糖进口达到了130万吨。

而油料作物大豆则是国内农产品品种失衡形成“粮食安全弱点”和外资入侵中国粮食市场的典型代表。从2004年开始，外资大举入股国内大豆压榨领域，2008年中国最大的93家大豆压榨（炼油）厂中，80%都已经被外资控制。从1996年后的10年间，中国大豆年进口量从269.5万吨增加到3000多万吨，增长超过10倍；2006年—2007年粮食年度，中国大豆进口总量在3100万吨左右，自给率不足30%。与此同时，中国的大豆产业受到冲击。在大豆主产区黑龙江省，大豆种植面积出现迅速萎缩。随着国内大豆种植面积减少和自给率降低，国外大豆价格上涨对国内市场的冲击也变得更为直接。由于中国进口，拉动国际市场大豆价格持续上升，仅2007年中国大豆进口均价同比上涨就达40.3%。中国人的开门七件事中的油已基本上被外国资本把住了命脉，甚或吃点豆腐都得看外国人的脸色。

为什么我国的农业现状如此让人不安，这就需要我们对中国目前的国情、土地资源、所面临的国际环境进行分析。

一是中国人均耕地资源不足。统计资料显示，2007年耕地保有量人均仅1.4亩，为世界平均水平的四成；人均水资源为世界平均水平的28%，农业用水每年缺口达300亿立方米。今后随着经济社会的发展，耕地和水资源的紧缺将使粮食供给在较长时间内面临着资源相对不足的压力。

二是中国农村人口众多，地区间差异较大，农户平均耕地仅7.3亩，只相当于美国的四百分之一和日本的十分之一。在粮食生产比较效益相对较低，人均耕地规模极为狭小的条件下，既要实现中国粮食基本自给，又要解决农业生产发展、农民生活富裕、农村社会繁荣的多重目标，对中国农业管理部门来说，困难重重。

三是农业生产资料价格大幅度波动、农产品生产成本增加影响了农民生产积极性。

四是中国是世界人口最多的大国，粮食进口量的细微变化就可能引起国际市场价格的波动。中国粮食进口存在着明显的“大国效应”，而目前粮食生产结构的失衡发展，既加大了对国际市场的依赖，又失去了自我定价权，这样任何一次国际市场的粮食价格大幅波动，都会立刻在国内市场引起震荡。2007年受世界粮食高涨的影响，中国粮食价格上涨18%，在CPI八大类价格构成中，食品价格影响率高达80%。

从2008年开始，中国关于外资企业进入粮食流通领域的WTO过渡期已结束，跨国公司开始进军中国粮食流通领域。在国内人均耕地面积明显不足、发展潜力受限的前提下，如何保障中国粮食安全，保证中国人吃粮问题不会受外国资本或外国政府控制？我们认为，需要中国的农民、农业资本、农业技术、农业管理模式走出国门，建立海外“种地”基地，从多层面保障我国粮食安全的战略高度，采取具体措施突破体制政策障碍。

谈到我国海外农业的开发，中国多位农业问题专家认为“起步明显晚了”，如今方才有所作为，必将面临诸多羁绊。中国农科院研究员李先德介绍，前三四年，日本在美国和加拿大屯田，建立基地、仓库。法国的路易达孚在巴西、阿根廷对农场的生产、仓储、流通、港口都布好了局。现在是高成本布局，当初中国没有财力，现在显然为时已晚。另一位农业专家李国祥接受记者采访时说：“世界上没有完全开垦的土地还很多，如美国有很多国家森林公园，但那都不是随便开垦的。很多国家对耕地的保护非常严格，是留做储备用的。即使要开垦出来也有个资金支援问题。”

但我国在发展海外农业方面并不是一无是处，也有自己的优势。首先，我国走过了三十多年的自主农业发展道路，具有适合发展中国家发展农业的技术和管理经验，并具有自己的农业机械生产能力。我国已能独立生产国际机械化农业标准的250马力以上拖拉机，非常适合在发展中国家或者落后国家农业的发展；其次，我国有大量的外汇储备，海外“种地”的资金障碍较小；我国与大部分发展中国家和经济不发达国家间建立了传统的友谊，合作空间巨大。考虑到上述优势，我们认为苏丹是发展中国海外农业的备选之地。

首先，苏丹幅员辽阔，又具有大量可耕种储备，尼罗河流经全境，阳光充沛。农业虽是其国家经济的支柱，但农业技术和管理手段落后；其次，苏丹是我国的传统友好国家，中国是苏丹最大的对外贸易伙伴国，同时，苏丹又是受美国等西方国家制裁的国家，西方大型粮食垄断企业暂时还没有进入，有利于中国农业企业进入苏丹；再次，中国企业现在正在广泛地参与苏丹国家的基础设施建设，在苏丹的农业布局中也将使中国企业处在有利地位。后面两项因素是我国在苏丹独有，而西方发达国家正缺乏的，这也是我国在起步较晚的不利条件下发展海外农业基地的必要条件。

3. 促进农业投资对苏丹经济发展的意义

苏丹农作物生产基地主要分布在青、白尼罗河流域，现有农业生产仍以传统方式为主，部分地区实现机械化播种收割，但从总体情况看，农业科技含量不高，田间管理松散，抗天灾能力差。近年来，公私合营及外资合营的中、小型农场不断发展，逐渐占据主导地位。

苏丹农田水利基础设施差，管理技术落后，农业发展极为缓慢，部分经济作物产量出现负增长。以长绒棉为例，产量在2000年—2004年期间平均下降了17%，直接影响到国内生产总值。苏丹农业投入高、产出低，生产资料消耗多，劳动力投入大，而收获的果实相对很少，造成农产品生产成本过高。苏丹现有储藏、销售和运输设施与农业发展潜力的开发仍不匹配，导致农产区发展不平衡，偏远落后地区的农业开发严重滞后；其次，国家对农业和农民的税收政策不合理，使农民销售农产品的实际收入低，影响了农民种植粮食等作物的积极性。

苏丹农业每5年为一个发展规划期，从1990年至今已经历了1990年—1994年、1995年—1999年、2000年—2004年三个规划期，从表1中三个不同时期主要农作物的种植面积和产量，可以看出苏丹农业生产状况。

表1　　主要作物种植面积　　单位：千费丹（1费丹约6.3亩）

农作物名称	1990年—1994年	1995年—1999年	2000年—2004年	1—2期增长(%)	2—3期增长(%)
高　粱	10733	13259	12912	24	-3
小　麦	849	620	300	27	-52
黍　子	2841	6123	5948	116	-3
芝　麻	2229	3660	3811	64	4
花　生	1086	2779	3143	156	13
棉　花	446	485	389	9	-20

资料来源：苏丹农业部。

从表1中不难看出，苏丹农作物播种面积在2000年—2004年年间有所减少，6种作物中有4种种植面积下降，尤以小麦和棉花种植面积减少最多。

通过将苏丹部分经济作物的单位产量与世界其他国家进行比较，我们可以比较直观地了解到苏丹农业目前的生产效率。苏丹的高粱单位面积产量，是阿根廷、美国等国家的

16.7%、尼日利亚的45%、也门的37%；苏丹的棉花单位面积产量是埃及的43%、叙利亚的30%，世界平均水平的66%。

从农产品的进出口状况看，苏丹虽然是农业生产大国，但其农产品进出口贸易却非常不理想，国家要花费大量外汇用于进口农产品。下面的两个表（表2和表3）说明了苏丹2005年—2007年年间农产品进出口贸易状况。

表2 **苏丹2005年—2007年主要农产品出口情况表** 单位：百万美元

名　　称	2005年	2006年	2007年
棉　　花	107.3	82.2	68.5
阿拉伯树胶	107.5	50.2	51.9
花　　生	25.0	0.2	0.8
芝　　麻	118.5	167.0	92.7
牲畜及肉类	133.1	126.6	83.9
合　　计	491.4	425.6	297.8

资料来源：苏丹中央银行2007年第4季度报告。

从数据上看，农产品出口总体呈下降趋势，且2007年下降明显。农产品的出口国家主要是海湾阿拉伯国家。

表3 **苏丹2005年—2007年主要农产品进口情况表** 单位：百万美元

名　　称	2005年	2006年	2007年
茶　　叶	37.0	35.2	47.6
咖　　啡	26.3	36.4	33.6
动植物油	33.3	32.8	52.6
小麦及面粉	383.6	341.7	363.6
小扁豆	20.4	41.6	52.6
其他食物	310.2	258.1	271.9
合　　计	810.8	745.8	821.9

资料来源：苏丹中央银行2007年第4季度报告。

从上述两个表可以看出，苏丹在农产品方面的进出口逆差非常之大。2007年达到了5.2亿美元。2007年，苏丹非石油产品出口为4.76亿美元，远远不能弥补当年农产品进口所需支付的外汇8.22亿美元。如果苏丹石油工业出了问题，根本不需其他国家制裁，苏丹国内就会出现严重的粮食问题，粮食安全无从谈起。

苏丹虽是一个传统的农业大国，具有优越的地理自然环境，但由于最近十来年石油勘探和开发的快速发展，造成石油工业一枝独秀，其产值已占到苏丹GDP的70%以上，石油出口更是占到了总出口的94%（2007年数据），财政收入的80%也来自石油。而据苏丹最知名大学——喀土穆大学一位经济学教授研究，苏丹石油透支已达160%。因此为保证国民经济健康发展，防止因石油的出现而带来的“荷兰病”现象，苏丹政府已经把开发农业、解决国内粮食问题放在了相当重要的位置。苏丹现任总统巴希尔也提出了“农业是苏丹永恒的石油”

的口号，说明了国家对农业发展的重视程度。而农业的发展，也将大大缓解苏丹就业问题，使长期受战乱影响的人民安居乐业，有利于维护社会和谐和政治稳定。

同时，我们也看到，苏丹在农业方面技术、管理落后，农业机械设备缺乏，又受到西方国家的制裁，资金匮乏，农业投资主要依靠海湾地区的阿拉伯国家；而中国与苏丹具有长期而良好的合作关系，在我们工作组与苏丹政府及普通农民的接触中，能感受到苏丹上下对中国能投资苏丹农业很欢迎和渴望，希望中国能带来资金和先进的农业技术和管理模式，并将苏丹农产品引入中国市场，促进苏丹农业的发展，增加苏丹农民收入，促进出口。

4. 中苏农业合作对双边政治的影响

中、苏两国长期友好，政治上互信，经济上互利；建交五十年来，在国际和地区事务中合作密切。近年来，两国高层领导互访将中苏传统友谊推向新的高度，为两国双边合作注入新的活力。经济上，中苏两国经贸合作关系日益紧密，中国已成为苏丹第一大投资国和第一大贸易伙伴，两国贸易额逐年上升。中国石油企业在苏丹投资超过70亿美元，带动了工程承包和石油工程技术服务业务的发展，同时苏丹也成为中国重要的能源保障基地。据2007年统计，中国石油进口的10%来自于苏丹，苏丹石油出口的90%针对中国企业，其中60%直接进入中国能源市场。中国石油企业在苏丹获得了非常大的石油收益。

虽然中国政府采用援助、政府优惠贷款的直接方式和对中资企业提供卖方信贷的间接方式，支持了苏丹的路、桥、电、水利、通讯等大量基础设施建设，但普通老百姓能感受到的直接获利并不大。通过我们日常生活中的接触，感觉到近几年随着中国企业不断的进入，苏丹老百姓对中国人的欢迎程度已开始降低，甚至开始反感部分中国企业，特别是产油地区的老百姓抵触情绪比较高。他们简单地认为中国企业剥夺了他们的就业机会，廉价地拿走了他们的石油，特别是在苏丹部分反政府势力的宣传下，这种抵触情绪日趋严重。2008年10月18日发生的中石油9名工作人员被绑架事件也很大程度源于这种抵触情绪。而进行农业投资、扩大农业生产，将惠及大量的农村人口，增加就业，提高苏丹广大落后地区农民的收入和福利，对于社会和谐、政治稳定，以及中国企业在苏丹的长期发展都会产生积极的影响，并可以用事实粉碎西方所谓的“新殖民主义”等谬论。

（二）投资苏丹农业的可行性分析

苏丹的政治、经济、政策及自然环境是否适合中国企业对其进行农业投资，以及能采用什么模式进行投资，可以从以下几个方面的资料进行相关分析。

1. 苏丹政治环境

苏丹目前实质上采取的是总统独裁统治，不设总理，总统直接管理政府、军队等。现任总统奥马尔·巴希尔1989年军事政变上台后，已连续3次在总统选举中胜出，并连任至今。巴希尔领导的现政府，积极发展经济，大力恢复基础设施建设，吸收国外投资，使苏丹GDP

连续实现高速增长，政府威望逐渐提高。在苏丹大部分地区，人民对巴希尔领导的政府支持率也不断提高，预计2009年举行的苏丹全国大选，巴希尔连任总统的希望较大。

但同时，苏丹也存在着比较大的政治风险。苏丹民族众多，宗教、文化复杂，全国有19个种族，597个部落。阿拉伯人约占39%，其余为黑人。南方地区人口占总人口的25%。阿拉伯语为官方语言，使用者占总人口的60%。通用英语。70%以上的居民信奉伊斯兰教，多属逊尼派，主要居住在北方；南方居民多信奉原始部落宗教及拜物教，全国仅有5%的人信奉基督教，多居住在南方和首都喀土穆。因为民族原因，特别是阿拉伯人和黑人在民族、宗教、文化、政治等方面存在的差异与矛盾，再加上苏丹经济目前仍然落后，中央政府尚不能对全国所有地方进行控制，苏丹先后爆发了两次南北战争，以及由于黑人反叛组织与阿拉伯民兵组织之间的冲突而引发了达尔富尔问题。直到现在，南北问题和达尔富尔问题仍旧继续，并在很大程度上影响着苏丹的政治格局和国家未来。这两个问题是苏丹目前两大政治问题。

（1）南北问题

南北问题是历史问题，也是困扰苏丹政府的主要问题。苏丹南方面积约65万平方公里，人口约750万，分别占全国面积和人口的1/4和1/5，居民多为非洲土著黑人。由于南北双方在民族、宗教、文化、政治等方面存在的差异与矛盾，南方希望与北方中央政府分享权力和资源的愿望一直受到打压。20世纪80年代初，苏丹总统尼迈里在全国实行伊斯兰法，引起南方人的强烈抗议。1983年5月，以约翰·加朗为首的一些南方官兵发动兵变，成立“苏丹人民解放军”（SPLA，以下简称“苏人解”），开始武装推翻政府的活动，引发了第二次内战。

1994年，在伊加特（东非政府间发展组织）倡导下，苏丹政府同“苏人解”展开政治谈判，并在美国直接介入下取得突破（美国自1997年开始通过经济制裁，迫使苏丹在南北问题上达成妥协）。2005年1月，在肯尼亚首都内罗毕，苏丹政府同“苏人解”签署《全面和平协议》（以下简称“CPA”），结束了长达22年的内战，给苏丹人民带来了和平建设和经济复苏的希望。该和平协议对过渡期新苏丹团结政府的权力分配、石油资源分配、军事布防、南北地区划分、国际维和部队监督和平协议的实施等重大问题都作了详细的规定。协议规定，苏丹南北和平过渡期为6年，自和平协议签字之日起，6个月为准备期并组建新的苏丹团结政府，6年过渡期满后，南方人民将就是否与北方统一还是独立的问题进行公投；新政府过渡期前3年的总统为巴希尔，第一副总统为加朗并兼任苏丹南方政府主席，现任第一副总统塔哈为第二副总统，其他苏丹国家领导人和内阁各部正副部长人选要经过苏丹国民议会重新选举和任命，过渡期第四年，苏丹全国举行总统大选；确定了在苏丹国民议会和内阁中代表的分配比例；石油资源分配的比例为：石油总收入扣除2%给石油产区各州后，南北方各占50%。

CPA签署后，南北双方在民族团结政府内合作基本正常，CPA约90%的内容已得到落实，苏丹经济也连续几年实现了8%左右的增长，但南北双方在具体细节问题上，如南北边界划界、阿比耶地区归属以及石油收入分配等方面仍存分歧。南方地区基础设施落后，百废待兴，自治政府官员腐败、效率低下，加之国际社会对南方重建的援助承诺大都未能落实，南方重建进程进展缓慢；目前签署的CPA协议，只是把苏丹政治上急需解决的问题向后推迟了6年，但仍旧未实质性解决。2011年南方人民将对是否与北方统一还是独立问题进行公投，公投后国家的未来如何走向，已成为苏丹现政府、苏丹人民和世界各国关注的重要问题。

（2）达尔富尔问题

达尔富尔问题是目前国际社会最为关注的热点之一，达尔富尔问题至今尚未得到解决。

苏丹西部达尔富尔地区，面积约50万平方公里，占苏丹总土地面积的五分之一，现有人口四百多万。达尔富尔距离苏丹首都约1000多公里，与利比亚、乍得及中非三个国家陆地接壤，地方部落与这三个国家的部分部落相通，有的原就是一个部落。在过去数十年中，大批移民穿过漫长且无人看守的边界，从邻国甚至更远的毛里塔尼亚来到达尔富尔。人口过渡膨胀，导致当地生存环境恶化，不同部落和村庄之间经常为了有限的土地和水资源而发生冲突。特别是1983年，该地区发生了严重干旱，部落之间为争夺土地和水资源而爆发激烈冲突，一些大部落开始发展自己的武装。

苏丹达尔富尔问题始于2003年2月，该地区以黑人村民组成了“苏人解（又称人民解放运动）”、“正义与公正运动”及“改革与发展运动”等武装组织，以苏丹政府未能保护他们免遭阿拉伯民兵袭击为由，大肆展开反政府活动，并要求实行该地区自治。另外，该地区阿拉伯人和来自邻国的武装分子联合组成了一个结构松散的民兵武装组织，称为“金戈威德”，与上述反政府武装形成对抗。双方矛盾不断激化，互相多次发生军事冲突和流血事件，造成一万多人伤亡，一百多万当地居民流离失所。苏丹现政府在镇压该地区非法武装力量的过程中，采取借刀杀人政策，向“金戈威德”民兵组织提供武器和资金。这一做法，被美国抓住把柄。布什总统因此称，制止达尔富尔危机的责任必须由苏丹政府承担，并要求苏丹政府必须解散“金戈威德”民兵组织并收缴其武器，其他武装组织则必须遵守停火协议，同时美国还推动联合国安理会先后通过多项决议，威胁对苏丹制裁。

苏丹政府指责反政府武装为“叛军”，是导致达尔富尔地区动荡不安的罪魁祸首，拒绝接受达尔富尔反政府武装提出的自治要求，否认政府同“金戈威德”民兵组织有任何关联。另外，苏丹政府还认为达尔富尔问题属于苏丹内政，反对把该问题国际化。拒绝执行联合国1593号决议，反对把战争罪犯提交国际法庭审判，坚持将战争罪犯提交苏丹国内法庭审判。

2004年4月1日，在非洲联盟调解下，苏丹政府与“苏丹解放军”及“正义与公正运动”的代表在乍得首都举行了谈判，4月8日双方达成停火协议。同年7月15日，双方在亚的斯亚贝巴举行了第二论谈判。反政府武装提出六点要求，主要是解除达尔富尔阿拉伯民兵组织武装、对所谓“种族灭绝和种族清洗”进行国际调查、释放战俘、把谈判地点从埃塞俄比亚转到中立国等要求，苏丹政府拒绝接受这些要求，谈判宣告破产。同年12月，在尼日利亚首都阿布贾又举行了第三论谈判，也未取得任何进展。

2004年8月，非盟开始向达尔富尔派出特派团（AMIS，目前约7000人）执行维和行动，但效果不彰。次年，即2005年上半年联合国安理会发布了1590号和1593号两项决议，要求苏丹政府和达尔富尔反政府武装在非洲联盟的协调下尽快停止武装冲突，和平解决争端。

2006年8月，安理会通过1706号决议，决定联合国加快接管进程。苏丹政府对此坚决反对。此后，国际社会围绕接管问题与苏丹展开广泛对话。联合国前秘书长安南于当年11月提出由联合国向非盟提供财政、技术和后勤支持、在达尔富尔区部署联合国和非盟“混合”维和行动的三阶段解决方案。在包括中国在内的国际社会努力下，苏丹政府先后于2006年12月、2007年4月和6月就安南方案的三个阶段计划与联合国和非盟达成一致，同意在达尔富尔区部署非盟—联合国混合维和部队，国际社会为此予以积极评价。2007年7月，安理会一致通过1769号决议，授权在达尔富尔区部署非盟与联合国“混合行动”。与此同时，联合国和非盟为推进该区政治进程制订了“路线图”，并于2007年8月初召集该区反对派在坦桑尼亚阿鲁沙举行会议，与会各派就执行“路线图”、尽早与苏丹政府展开谈判达成一致。

达尔富尔问题是苏丹除南北问题后的第二大政治问题。西方国家特别是美国以此为借口在联合国推动对苏丹经济、金融的制裁，粗暴干涉苏丹内政，给苏丹社会稳定和经济发展带来了巨大的负面影响。由于南达尔富尔州处于南北分界线上，使得达尔富尔问题在一定程度上与南北问题交织在一起。而该地区民族成分复杂，武装组织众多，派系林立，仅在南达尔富尔首府尼亚拉市往南，就活跃着7—8个地方武装组织以及这些组织的支系武装。这些武装组织性较低，管理混乱，基层武装人员为所欲为，加之邻国的干涉，这些都为解决达尔富尔问题带来了非常大的负面影响。

2. 苏丹经济环境

从2001年开始，苏丹国内生产总值（GDP）实现持续增长。从GDP总量上看，苏丹2005年为643.29亿苏丹镑；2006为754.81亿苏丹镑（约合372.8亿美元）；2007年约为907.46亿苏丹镑（约合442.10亿美元）。通货膨胀率从2005年到2007年分别为8.5%、7.2%和8.8%，财政收入分别达到了121.84亿苏丹镑、150.75亿苏丹镑和179.41亿苏丹镑。

石油工业是目前苏丹国民经济的基础。石油工业给苏丹带来了大量的外国直接投资（FDI），其中2007年，石油项目以及其他相关的基础设施建设项目带来的FDI金额达到了24.3亿美元。根据中国驻苏丹大使馆经商处统计，截至2007年年末，中国在苏丹石油工业以及其他基础设施项目上的直接投资金额达到了62.6亿美元。石油出口对苏丹对外贸易和国际收支影响巨大，2007年石油出口金额达到了84.04亿美元，占当年苏丹出口总额的94.6%。2007年进口总额87.75亿美元，贸易顺差1.04亿美元，国际收支逆差2.82亿美元。

目前爆发的世界经济危机，导致全球石油价格暴跌，将对苏丹的国民经济和国际收支带来巨大影响。苏丹最初在制定2009年国家财政预算的时候，以国际市场石油价格70美元/桶为基础，预算总金额129亿美元；在石油价格暴跌后以47美元/桶为基础重新制定2009年国家预算为97亿美元。据估计，按照目前38美元/桶的价格，其2009年预算总金额将不足83亿美元，缩水幅度非常大。而苏丹石油产能增长有限，约10%—20%，根本不能弥补油价下跌造成的损失，出口形势恶劣。如果不能控制进口，特别是对外招标的基础建设项目不能得到有效控制，2009年苏丹的国际收支将出现大幅赤字。

3. 苏丹发展农业的自然资源情况

苏丹国土面积250万平方公里，是非洲国土面积最大的国家，人口约3800万，农村人口占全国人口的70%，其中65%左右的农村人口从事农业生产。苏丹国土自北向南长2100公里，从东到西宽1800公里，可耕地面积约8400万公顷（12.6亿亩），占国土面积的33%，目前已开发种植的土地约1700万公顷，占可耕地面积的20.2%，其余6700万公顷尚待开发利用。

苏丹气候环境多样，从生态角度划分，苏丹可分为六大区域：干旱区（29%）、半干旱区（28%）、高降雨量草原区（13.5%）、低降雨量草原区（13%）、中降雨量草原区（14%）、岩石高原区和山区（0.5%）。北部沙漠地区属热带沙漠气候，向南过渡到热带草原气候，至南部边缘地区过渡到热带雨林气候。全国年平均降水量从北往南由30毫米递增到1000毫米以上。苏丹位于北纬4—22度之间，近靠赤道，太阳直射，全年日照强烈，光热资源丰富，除南方部分地区，在8—10月雨季里每天有1—2个小时降雨外，其余白天时间均阳光明媚，全国大部分地区都能适合农作物生长。每年6、7月间常有来自西北部撒哈拉沙漠的风暴，会对整个国家的农作物生长带来一定的危害。

苏丹水资源丰富。发源于埃塞俄比亚高原的青尼罗河流经苏丹中部偏东地区，每年夏季水位上涨，造成尼罗河泛滥，给两岸农田积下一层肥沃的河泥；白尼罗河发源于乌干达维多利亚湖，流经苏丹南部广大地区。青、白尼罗河在首都喀土穆交汇，向北蜿蜒流入埃及。尼罗河一年四季奔腾不息，流量充沛。苏丹拥有尼罗河用水配额185亿立方米/年，加之境内其他河流、季节性河流以及全国自北向南每年30—1000毫米不等的降雨，苏丹水资源储量达1090亿立方米；此外，苏丹北方干旱地区还有丰富的地下水资源，据估计储量达400多亿立方米，且尚未规模性开发利用。

苏丹的地理环境类似于中国的新疆和美国的加州，地势平坦，非常有利于机械化大规模作业；而干旱的气候、充足的光照、丰富的水资源保障了农产品的高产与优质，这些使得苏丹具有了成为世界级农产品商品基地的基本条件。20世纪70年代，联合国粮农组织把苏丹列为非洲粮仓。

据山东省农科院的农业专家张伟东介绍，由于苏丹目前的农业采用传统耕作方式为主，生产技术与水平处于我国20世纪70年代的水平，没有杂交品种，很少或者不使用化肥、农药。中国国内具有高产能力的新品种嫁接比较容易，见效快。同时，由于生态环境比较原始、无化肥农药污染、病虫害少有发生，使得苏丹的农产品附加值高，容易加工成能进入世界市场的产品。

目前，苏丹具有代表性的农作物包括：高粱、小麦、玉米、黍子、芝麻、葵花、花生、甘蔗、棉花、阿拉伯胶等。苏丹炎热的气候，使瓜果蔬菜一年四季都能生长，蔬菜品种齐全，水果种类不少，代表性的蔬果有土豆、南瓜、红薯、番茄、胡萝卜、洋葱、茄子、西葫芦、菜花、圆白菜、芒果、香蕉、西瓜、甜瓜、柚子、橘子等。

苏丹天然草场面积约4700万公顷，这是苏丹发展畜牧业重要保障。家畜以牛、绵羊、山羊、骆驼为主，存栏数在1.36亿头左右。苏丹每年向沙特等国家出口生肉，2006年出口活畜154.52万头，出口额达1.2173亿美元，2007年提高到1.65亿美元，皮革也已打入亚洲、欧洲多个国家的市场。

尼罗河在苏丹境内蜿蜒流淌约3300公里，为苏丹提供了充足的淡水鱼资源，淡水流域中有420亿立方米的渔业资源；此外，东北部红海区域每年可为苏丹增加约20万吨各类海产品，现苏丹淡、海水鱼，虾，蟹类产品自给有余。

4. 苏丹发展农业的政策环境

目前，苏丹正从计划经济向自由市场经济转型，在大部分商品和服务方面，取消国家的垄断，不断实现私有化，加大汇率和外贸自由，以吸引外国投资和贸易。已开始执行下列涉及农业的财政金融政策：① 取消原始农产品的税收；② 取消农产品出口税；③ 农业领域融资不设上限；④ 保持苏丹货币对美元汇率稳定；⑤ 加大对农业的投入，减少融资费用。

（1）农业绿色运动

苏丹政府高层及其国内有识之士也认识到，苏丹经济不能完全依靠石油产业，国民经济可持续发展的核心是农业，农业是工业、交通、外贸等各经济领域赖以生存的基础，是增加就业率、提高收入水平、积累财富、消除贫困的保障，是维系国家长治久安、团结稳定的政治桥梁。2006年，苏丹政府启动了农业绿色运动，制定了绿色动员计划并配合出台了部分专门针对农业投资的政策，该计划目标是通过农业实现经济平衡和可持续发展，推动社会发展，降低贫困人口数量，使苏丹人民丰衣足食，生活安定。

① 绿色计划直接目标。

A. 实现粮食安全；

B. 到2015年贫困人口在现有基础上减少50%，扩大劳动就业机会，提高人均工资收入；

C. 实现苏丹全国各地区平衡发展；

D. 发展和保护自然资源，以满足各行业持续生产的需要；

E. 扩大农畜产品出口，实现出口多元化；

F. 通过农副产品加工业，最大限度提高农产品附加值。

② 绿色计划优先发展领域。

A. 农业基础设施建设：包括灌溉系统、道路桥梁、仓储设施、农产品市场建设等；

B. 劳动者技能培训：通过技术、农业科技知识培训提高普通劳动者的劳动生产技能；

C. 农业支持和技术服务：包括科研、信息、数据统计、种子改良、病虫害和疫病控制等；

D. 自然资源保护：包括草场恢复、植树造林、阿拉伯胶树林带建设、雨水储存利用、野生动物保护等；

E. 国家粮食安全战略：保证粮食生产及供应、提高粮食产量和质量、粮食战略储备、稳定粮价等；

F. 提高劳动生产率，降级生产成本：引进高产优良品种，扩大农业机械化程度，推广传统农业免耕法技术，加强自然草场保护和种植、病虫害控制和杀虫剂使用的管理等；

G. 推动农业现代化：引入现代化管理体制和先进技术，提高对水、土地等资源的使用及控制能力，改良灌溉体系，扩大喷灌面积，推广有机农业，提高蔬菜淡季节生产能力，优化畜牧业发展体制，缩小传统游牧式畜牧业，加快草场建设速度；

H. 农产品加工处理：将农业生产、农业初级产品和农产品加工工业有机联系在一起，提高普通农产品的附加值，使季节性产品得到保值，减少蔬菜、水果等因储藏困难造成的浪费，改善仓储运输条件等。

③ 绿色计划资金投入。苏丹政府为实施绿色计划斥资101亿苏丹镑（1USD = 2SDG），将于2007年—2010年四年间投入到农业基础设施、农业生产能力建设、科研服务和设施建设等不同领域，其中基础设施所占比例最大，为30.7%。此外，还特别强调了对农业科研方面的投入，过去政府在这方面的投资仅0.1%左右，绿色计划期间将达到3.4%。对不同农业区域的投资分别为：中部各州32%，西部各州45%，北部和东部各州23%；对不同农业方式的投资分别为：灌溉农业26%，雨水机械化农业20%，雨水传统农业54%。雨水传统农业的重点是科尔多凡和达尔富尔地区各州，这里农业人口最为集中，受战争影响程度最大，是实现降低贫困人口比例的目标地区。苏丹政府对该地区的投资将占对雨水传统农业投资的46%。

（2）苏丹农业计划、鼓励农业投资措施和优惠条件

苏丹政府在制定国家经济发展规划时，将食品安全、农业可持续发展、有效利用资源和提高粮食产量放在国家经济发展战略的首位，不断深化经济体制改革，加速市场化进程，采取地区平衡、社会平等、授予边缘地区小生产者土地等措施来提高农副产品供应量，鼓励外商投资农业，尤其是向最不发达地区投资，并简化相关审批手续。同时主要政策调整立足于放开对农产品及出口农产品的价格，建立对农业的金融支持体系和保险体系，在银行和公司企业中采用特定税率制，以鼓励生产，提高生产率。

① 苏丹农业计划（2007年—2011年）。苏丹制定了五年农业振兴计划：一是保证粮食安全；二是实现传统领域现代化，切实促进经济活动；三是不断鼓励动植物产品出口；四是允许动物农耕；五是保护和发展自然资源。

② 鼓励农业领域投资措施：一是制定农业领域鼓励投资政策；二是改善农业基础设施和配套服务建设；三是发挥私营部门的作用；四是在友好国家政府层面和私营部门之间，确立战略伙伴关系。

③ 投资法规的优惠条例：一是投资项目关税全免；二是优惠提供土地；三是对于农业项目，除非法律规定要求赔偿，绝不收归国有甚至没收充公（全部或者部分）；四是免盈利税。

（3）苏丹农业对外国投资者的优惠政策

苏丹政府为外国企业投资农业予以相关政策优惠，主要包括：部分或全部免除税收和关税；从项目商业运营当年起免除10年所得税，还可视对苏丹经济的贡献申请延长10年；农业项目所需机械设备、发电机、运输车辆、零备件，原料和半成品等可减免70%的进口关税，资本筹备项目的进口产品免除全部关税；减免70%的生产、出口和消费税；土地租赁期限从1年到99年不等，承租人可根据自己对苏丹农业前景的预测、投资项目周期及自身实力

进行选择；土地租赁方式多样，可选择对方用土地作为投资，也可通过租赁获得土地使用权，租赁价格优惠，但视土地所处的地理位置、租赁期限、土壤条件而有所区别，实际价格由出租、承租双方根据项目的具体内容、投资规模、产出周期等最终协商确定。

5. 苏丹农业发展的其他条件

（1）目前苏丹灌溉区域分类情况

苏丹农业按灌溉方式又分为两大区域：机灌区和雨灌区。

机灌区土地为189万公顷，包括杰齐拉灌区，拉哈德灌区，新哈尔法灌区，青、白尼罗河灌区及北方州尼罗河灌区等。苏丹出口的长绒棉95%产自这一地区，其他农作物包括小麦、高粱、花生、玉米、蔬菜、水果、甘蔗、饲料等。该区水源70%来自青尼罗河，14%来自白尼罗河，另外16%是阿塔巴拉河和北喀土穆尼罗河，共有150亿立方米水量。杰齐拉灌区占这一地区一半的土地，位于青、白尼罗河汇合处之间的三角平原，是苏丹最大的棉产地，也是苏丹最大的水利灌溉工程。

雨灌区估计土地有1155万公顷，包括西苏丹、凯达拉夫南部和北部、青尼罗河以南及中央平原的大部分地区。这一地区种植芝麻、高粱、花生、阿拉伯胶、向日葵、粟等，另外还有3150万公顷的森林。该区私人农场广泛采用拖拉机和联合收割机等农用机械大面积种植高粱，机械化程度达到45%。该区高粱产量占全国的58%，油料作物占全国的18%。

（2）苏丹农业研究机构

苏丹有自己的农业科学研究机构——国家农业科学院。该院有专业图书馆，并设有棉花研究中心、生物技术、组织培养、园艺蔬菜、植物保护、农药配制、土壤化学分析等研究单位，但硬件设施较差，仪器设备落后，制约了研究水平和科研效率。目前，由中国政府援助，山东国际承建的1000亩农业示范中心已开始建设。据农业中心负责人、山东农科所农业专家张伟东介绍，该农业中心主要试验中国农业模式是否适合苏丹农业发展，并对农业机械、种子在苏丹的使用以及如何改进加以研究。

（3）苏丹运输情况

苏丹首都喀土穆位于苏丹中部，不仅是苏丹政治经济中心，也是苏丹农产品贸易和集散地、交通枢纽和物流中心。主要的铁路干线和公路干线均在喀土穆交汇；青、白尼罗河在喀土穆汇合成尼罗河往北蜿蜒流入埃及；喀土穆机场是全国最大机场，能起降波音747等大型客机。因此，我们考虑运输情况主要以喀土穆作为物流中心。

① 公路情况。苏丹国内公路总长3万公里，柏油路面约7000公里。从首都喀土穆到苏丹唯一进出口海港——苏丹港公路总长约800公里，双向两车道，全部为柏油路面，路况较好。轿车或越野车时速可达90公里/小时，单向耗时10小时；货车单向耗时12小时。从苏丹港到喀土穆单向运输费用：重量不超过30吨的40尺集装箱为4000美元/箱；重量不超过15吨的20尺集装箱为2100美元/箱；散装货为60美元/计价吨。

喀土穆向南，是苏丹2个最大的灌区，GEZIRA灌区和RAHAD灌区。有柏油公路直通这两个灌区。其中GEZIRA灌区，起于喀土穆以南约80公里，向南一直延伸到距喀土穆280公里的SENNAR大坝。柏油公路由北至南横穿整个灌区，路况较好，双向两车道，小车或越野车时速可达90公里/小时—100公里/小时。RAHAD灌区，在GEZIRA灌区以东，由喀土穆出发，到达GEZIRA灌区最南端SENNAR大坝，过尼罗河大桥后就进入RAHAD灌区，路面情况与GEZIRA灌区大致相同，适合大宗农产品的运输。因为这两个灌区跨度大，不同的区块离喀土穆距离不同，运输费用需根据距离远近来确定价格。可参照喀土穆到苏丹港的公路运输价格计算，但每公里价格略有上浮，约20%。

喀土穆向北，属于喀土穆到苏丹港的柏油马路辐射范围，货物达到喀土穆及苏丹港均比较方便。运输费用根据其所在的具体位置，参照喀土穆到苏丹港的运费计算。

其他灌区或农业区域，目前公路条件较差。特别是南方的部分路段，雨季根本不能通行，不适应大宗农产品的运输。

② 铁路情况。目前，苏丹铁路总里程4578公里，为非洲最长，由苏丹铁路公司负责运营和建设。苏丹铁路建设始于1897年，大多数铁路建于1930年，最晚修建的铁路为1995年修建的Muglad－Abu Gabra线（52公里）。目前苏丹铁路公司拥有130辆机车、54辆调车机车、4187辆货运车辆、167辆客运车辆、910辆油罐车。线路年久失修，车辆等设备陈旧，整个铁路运力有限，主要承担货运任务。2007年苏丹境内铁路完成货物运输132万吨，平均每公里完成892.8吨。在北方地区的各大灌区，大都有铁路穿过并直到首都喀土穆。喀土穆有铁路连接苏丹港，里程约750公里，车程约10小时，每天1班。据我们实地考察，部分铁路由于缺乏维护，已被沙土掩埋，由于缺少零配件和维修技术，经常采用拆东墙补西墙的方式，很多机车零件已被拆卸用于维持其他部分机车运营，因此实际承运车辆与苏丹铁路公司提供的数据有一定差距。

目前，从喀土穆到苏丹港的铁路货物运费为：散装件41.5美元/计价吨；20尺集装箱996美元/箱；40尺集装箱1183美元/箱。略低于公路运输。

2007年2月4日，川铁国际经济技术合作有限公司和中国铁路工程集团有限公司组成一个联营体，在国家主席胡锦涛访问苏丹期间，与苏丹财政部正式签订了苏丹港至喀土穆铁路增建二线的总承包项目合同，新线路全长792公里，合同总金额11.54亿美元。该铁路建成后，将大大增强喀土穆到苏丹港的运输能力。但目前苏丹财政部仅支付了10%预付款中的2000万美元，因此项目还未正式开工。

③ 国内水运情况。目前白尼罗河自喀土穆向南至朱巴全年可通航；青尼罗河自喀土穆至SENNAR一年中大部分时间可通航。青尼罗河可部分解决GEZIRA灌区和RAHAD灌区到首都喀土穆的农产品运输问题。但由于苏丹境内尼罗河水位较浅，而且受到尼罗河汛期的影响，沿途缺少相应的货运码头，目前仍不能解决大宗农产品运输问题。

④ 海运情况。苏丹港是全国唯一的出海港口，濒临红海的西侧，属于天然港口。苏丹90%货物进出口通过此港进出。港区主要码头泊位有14个，岸线长2381米，最大水深12米。装卸设备有各种岸吊、可移式吊、装煤机、叉车、拖船及滚装设施等，其中可移式吊最大起重能力为54吨。港区有库场面积约17万平方米，筒式粮库容量达5万吨。码头最大可停靠3.5万载重吨的油船。每小时可装原油1000吨，每小时可卸原油2800吨。大船锚地水深达25米。年货物吞吐量约800万吨。

苏丹港由北部码头、南部码头和绿港码头组成。北部码头主要用来处理杂货、设备，共有泊位11个，总长度1663米，最小吃水28英尺，最大吃水35英尺。1至5泊位，配备12台5吨级电控岸吊。5A，6号，7号泊位配备9台6吨级岸吊，1台15吨岸吊。8号、9号泊位配备7台5吨岸吊。有铁路专用线延伸至8号、9号泊位。11号泊位由一罐包散货船舶长期占用。北部码头共有2台15吨岸吊，当地DEMAC公司有一台40吨移动吊，3台中国港湾公司的50吨岸吊，但作业状态都不好，作业期间容易中断。因此对于5吨以上的设备，主要依靠船吊。南部码头主要用于油轮、散装谷物船、集装箱船。15号泊位主要用于装卸散装谷物；16号泊位用于停靠滚装船、油轮或者化学品船。17号、18号泊位配备2台4吨桥吊，除用于集装箱作业外，也为苏丹港口南部的炼油厂进口油品，因此油轮优先于其他船只靠泊。19号泊位只用于集装箱作业，15号、18号泊位紧靠25000平方米的集装箱作业区，该集装箱作业区为柏油地面。附近另有7000平方米的区域也用于集装箱堆放，但该区域为混合土质地面，并非专门的集装箱作业区。绿港码头用于堆放杂货、集装箱、滚装货物，泊位400米长，水深14米，可以同时靠泊2艘60000吨级的船舶。

苏丹港的岸吊设备非常有限，而且经常出现故障，租用浮吊卸载重大件的可能性几乎为零。因此，建议5吨以上的货物，要求运输船舶配备有适合相应货物吨位的船吊，特别是40吨以上的货物，应当选择配备重型船吊的大件运输船舶。

同时需注意，由于苏丹通关手续较复杂，为避免船舶的滞港，通关工作至少须在船舶到港前10个工作日开始办理。如果船舶到港后，通关手续尚未办理完毕，港方将会要求项目方支付高额的滞港费。苏丹港口没有驳船，无法进行转驳作业。由于是伊斯兰国家，还禁止以色列船舶靠泊。每年10月份以后，假期比较集中，清关时间较长，如2008年12月，节假日总共达到20天。

运输费用方面，从中国天津港或上海港发往苏丹港（见图1、图2），重量不超过30吨的40尺集装箱，运输费用为4000美元/箱；重量不超过15吨的20尺集装箱，运输费用为2100美元/箱；散装货的运输费用为90美元/计价吨。

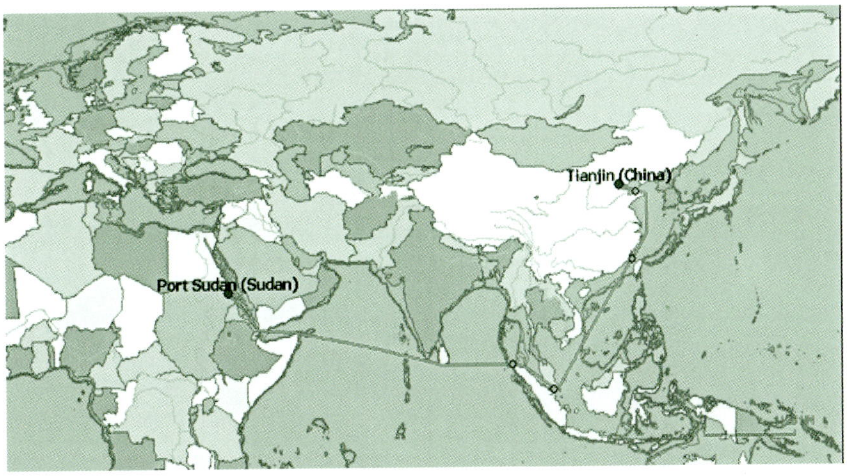

图1　苏丹港距离天津新港7047海里，航行时间约25—27天

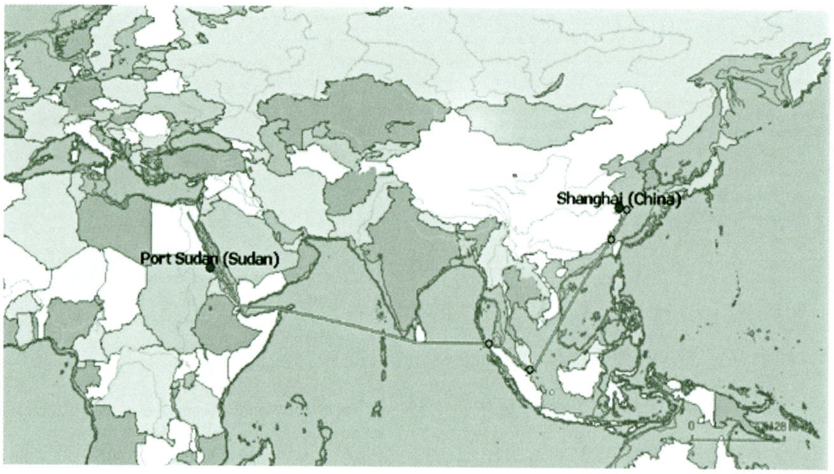

图2 苏丹港距离上海港6458海里，航行时间约为23—25天

（4）人员成本

① 往返机票。喀土穆到北京没有直达航班，需在迪拜或多哈转机。从喀土穆到迪拜或多哈，可搭乘阿联酋航空公司或卡塔尔航空公司的飞机，之后到北京，可继续搭乘这2个航空公司的飞机，也可换乘中国国航的飞机。往返机票费用约1100美元/人—1700美元/人。苏丹机场建设费为17美元左右。

② 签证费用。苏丹的出入境管理非常严格，签证的种类繁多，手续复杂，费用较高。在国内办理苏丹入境签证90美元/人，有效期1个月。到达苏丹停留超过3天，需办理登记注册，45美元/人。如果在苏丹长期工作，需办理1年工作签，费用约550美元/人，并需验血，120美元/人。对于1年的签证，每次离境需办理离境签证，85美元/人；单次往返签证125美元/人；1年内多次往返签证500美元。简单来说，对于到苏丹来工作的中国公民，工作期限满1年后回中国，期间不离开苏丹，则1年需办理的签证费用为890美元左右（均以目前1美元=2.2苏丹镑计算）。

③ 工资成本。目前在中资企业工作的中国员工，不算保险福利等，中高级管理人员约4000美元/月—7000美元/月，主要技术人员2000美元/月，普通技术人员1000美元/月，普通工人700美元/月。苏丹工人，根据岗位的不同，约400美元/月—1000美元/月。但对苏丹工人不能强制要求加班，且加班必须按照工资双倍支付加班工资。根据伊斯兰教，每天上班时间中，有2—3次祈祷时间，必须保证，每次约半小时。

（5）物价水平

目前苏丹的物价水平较国内高出很多，一般生活用品包括吃、穿、住、行，相当于国内物价3倍左右；电器产品相当于国内2倍左右。可供选择的汽车品牌和样式较国内少，主要以日韩系汽车为主。加税后，一般的小轿车在3万美元—5万美元之间，一般的越野车在5万美元—7万美元之间。由于苏丹自有工业水平较低，主要建筑原料需从国外进口，因此房屋的修建成本较高，钢混结构的房屋，建筑成本达到了1000美元/平方米。在大使馆经商处召集的企业座谈会上，南通水泥厂和合肥水泥厂的负责人介绍，他们在苏丹投建的两个水泥厂项目2009年将竣工，日产水泥分别为2000吨和4800吨。同时，据苏丹本地报纸报道，

2009年包括中国投建的，共有9个水泥厂竣工，除满足苏丹国内自需水泥用量4000吨/日（目前完全依靠进口）外，还有出口5300吨/日的生产能力。因此，建筑成本方面，特别是水泥价格，2009年有望大幅下调。

（6）电力供应

苏丹目前全国年发电量约90万千瓦，不能满足苏丹日常用电需求。除首都喀土穆外，其他地区停电比较频繁，目前基本上每家或每村都配备有小型发电机。2009年电力项目竣工较多，能较大缓解苏丹用电紧张的现状。其中的麦洛维大坝电站项目，2009年1月第一台机组两台发电机开始发电，发电量25万千瓦（2×12.5万千瓦）。通过调研我们了解到，全部5台机组将于2009年开始发电，总发电量为125万千瓦。中国进出口银行卖贷支持项目，有CMEC承建的吉利电站4期10万千瓦将于2009年1月并网发电；北喀3期电站20万千瓦将于2009年9月开始并网发电。2009年竣工的这3个电站，年总发电量达到145万千瓦，相当于新增苏丹目前发电量的1.5倍多。

同时，在输变电方面，由中国进出口银行卖贷支持，CMEC承建的苏丹Roseires－Khartoum第三条输变电线路工程项目将于2009年4月竣工。该输变电项目属苏丹国家电力重点工程，项目包括591公里220KV双回路双分裂线路及5个变电站，是苏丹南北电力输送干线。该线路将经过喀土穆南北的主要灌区，能有效解决沿途的供电问题。

目前用电价格为0.26苏丹镑/度（折合0.12美元/度）。

（7）燃料油供应

苏丹自产石油。中石油在苏丹修建了炼油厂，其汽柴油能完全满足其国内市场的需求，并在公路沿线都建设了加油站，油料供应问题不大。目前柴油价格为1苏丹镑/升（折0.45美元/升），汽油（只有一种通用标号）价格为1.45苏丹镑/升（折0.66美元/升）。

（8）当地农民基本素质

目前苏丹的农民基本上文化水平很低，仅能说阿拉伯语，认阿拉伯文，灌区所辖区块内的部分领导或村领导懂部分英语，能做少量交流。目前苏丹农业基本是人工播种，较少使用拖拉机，且无农业机械设备维护、维修能力，也无技术改造能力。

（9）本地市场情况

非洲是发展中国家最集中的大陆，经济发展滞后、农业发展水平低下，对粮食进口依存度高，多数非洲国家人均食品消费占日常开支的60%以上。在54个非洲国家中，44个国家缺粮，其中21个形势严峻，粮食缺口巨大，1亿多人口面临饥荒威胁。更为严重的是，粮价飞涨导致高通货膨胀，非洲普通民众生活困难加剧，不满情绪增长，动荡因素增加，社会稳定面临挑战。苏丹具有阿盟成员国和非盟成员国的双重身份，其北与利比亚、埃及为邻，南与刚果金、乌干达、肯尼亚交界，西与乍得、中非接壤，东与埃塞、厄特相连，东北部地区濒临红海，与阿拉伯半岛隔海相望，是连接西亚和非洲的门户。其农产品容易进入非洲及阿拉伯地区的市场。苏丹本国的粮食生产结构非常不平衡，粮食、油料、食品不能自给，2005年—2007年农产品进口额分别达到8.1亿美元、7.5亿美元和8.2亿美元。

6. 中苏开展农业合作几种模式的探讨与投资建议分析

中国已有部分民营企业、个体老板在苏丹投资农业，目前共有10个农场。但投资规模均偏小，其中最大的一个农场面积仅为360亩，均在首都喀土穆附近。主要市场是面向在喀土穆生活的2万多中国人及部分苏丹当地餐馆，以短期盈利为目的。非大宗农产品、资源性农产品的种植和加工，涉及两国间的政治、经济意义不大。

调研期间，我们拜访了苏丹农业部、苏丹Gezira Scheme灌区的管理部门、喀土穆州长办公室、苏丹农业银行、农民商业银行以及部分在当地涉及农业投资的中国企业和机构，还实地走访了部分农业区块和农民协会。经过筛选总结，提出以下几种合作模式以及投资建议分析，以供参考。

（1）Gezira Scheme灌区项目模式及投资发展建议

①Gezira Scheme灌区现状。Gezira Scheme灌区覆盖了吉支拉省的大部分地区，介于青白尼罗河之间。呈三角形状，顶点位于喀土穆，底部从Sennar向西延伸至Managil地区。底部长约110公里，两个边为300公里。面积为220万费丹，折合为90万公顷，是世界上最大的灌溉区之一。该灌区的产值相当于苏丹年GDP的3%，棉花的产量相当于苏丹全国出口量的2/3，同时该灌区还出产其他大量的粮食类农作物和牲畜。为苏丹出口创汇的同时，也节约了大量食品进口方面的外汇支出。

如图3所示，在Sennar大坝处形成水库，引入青尼罗河的水，水库库容9亿3千万立方米。水库出水后形成2条一级渠，以及若干二级主干渠进入灌区，二级渠下分为三级渠。每2条三级渠之间距离2700米，中间夹着2×90费丹（1费丹=6.3亩）纵向排列的可耕地。三级渠之间有四级渠相连，每2条四级渠之间距离280米，中间夹着5费丹横向排列的可耕地。也就是说，横向两条相邻的三级渠与纵向两条四级渠之间，总共面积为900（5×90×2）费丹。在这片可耕地里，有很多细小支渠覆盖，采用漫灌方式进行灌溉。灌溉渠道总长10300公里。图4是该灌溉系统的一个枢纽工程图片。

图4左下角较粗的来水渠为二级主干渠，分为左右两条三级渠，中间那条渠是二级渠的延长渠，在前面2700米处同样分为左右两条三级渠，两条三级渠之间为2700米。图中偏上部分的农田，面积即是900费丹。

图5中最右边偏上那条纵向渠即是四级渠（二级渠的延长渠旁边），每两条四级渠之间180米，包含5个费丹的长度。

据随行的农业专家介绍，该灌溉系统就算在中国国内也并不落后。像同样生产条件的土地在中国国内，租种费用为每亩600元人民币—800元人民币，相当于600美元/费丹—700美元/费丹。渠道方面不用改造三级、四级渠道，仅对这900费丹面积内的漫灌支渠进行改造后，即可适应现代化农业开发。土质上，基本与国内土质相同，根据山东农科所在苏丹已完成的一次试验看，采用同样的种子和肥料，棉花、花生每季的单位产量与山东基本持平。大豆的试验正在进行中，各种农产品产量的最后确认还需要经过连续多次的试验和观察。

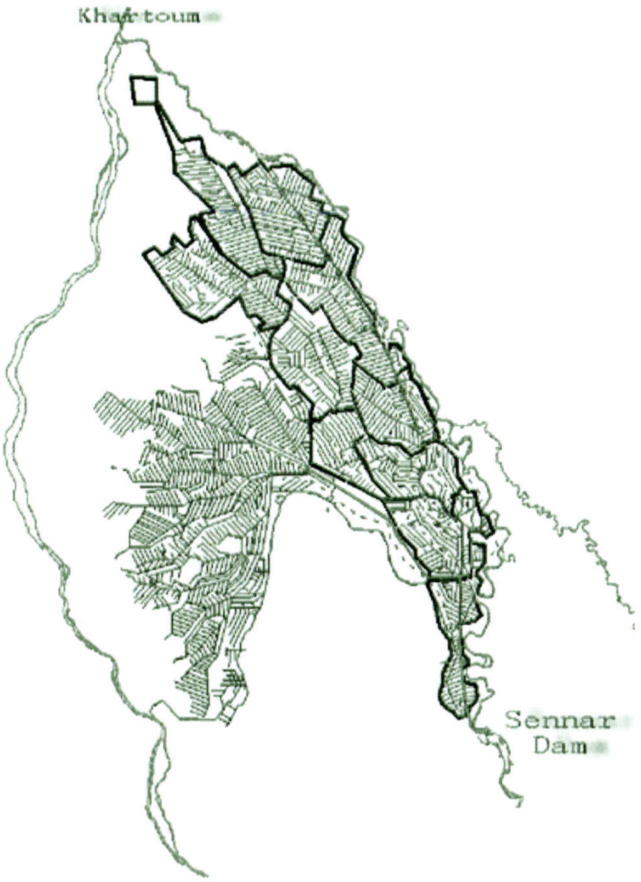

图 3 Gezira Scheme 灌区分布

图 4 灌溉系统的枢纽工程

图5　灌溉系统的枢纽工程

根据2005年Gezira Scheme灌区法案，之前有土地契约的当地农民永久拥有契约所属的土地，之后的农民需向政府租用土地，最长租期99年。整个灌区由农业部下属的一个国营企业管理，负责灌区渠道维护，水资源分配，新渠道、新土地的开发等。灌区内的农户应向该公司每年支付15美元/费丹，作为灌区水资源使用费。灌区内又分为18个片区，每个片区有相应的农民协会（类似于国内的村委会），农民协会领导由该片区内有一定威望的人担当，负责片区的土地分配。根据我们观察，在上面所说的每2条三级渠和每2条四级渠之间围成的5×90×2费丹土地内，每户农民经营横向的5个费丹，依次向下。整个土地供180户农民耕种，每纵向的90费丹生产同一种农作物，也就是说每农户需在自己耕种的5个费丹土地上种植五种不同的农作物（一般种植4种，另外一费丹土地每年轮休），且连续90个农户生产的农作物相同。从主要农作物产量上看，每费丹产量如表4。

单位面积产量大大低于国内产量。国内6.3亩面积的土地，小麦最低产量约2.5吨，采用良种大规模生产可达4.4吨左右；新疆棉花平均产量约为1.1吨；花生平均产量约为1.9吨，最高产量约3.2吨。

表4　主要农作物产量表

农作物	平均产量	最大产量	农作物	平均产量	最大产量
小　麦	1吨	2.5吨	高　粱	1吨	3吨
棉　花	0.4吨	1.5吨	花　生	1吨	2吨

目前，该灌区内农民主要依靠手工播种、施肥及收割。灌区公司统一进行飞机灭虫，但没有根据农作物品种和病虫害危险程度进行区分。棉花每年1季，花生及豆类每年可达3季。虽然苏丹农业单产较低，但每户农民可耕地面积大，土地成本和水资源成本低，因此农民收

入还是比较可观。根据该灌区某区块农民协会乐观统计，2008 年，该区块农民每户平均年收入达 5000 美元，最高的可达 30000 美元。

该灌区的农产品销售主要依靠种植的农民单独到市场上销售，没有专业的收购公司，但棉花由国家统一收购。

② 投资方案建议。在灌区某区块（10 万费丹面积）中，建立包括种子培育、农业种植、收割、加工、农业展示、培训等多项功能于一体的现代农业试验中心，对整个区块的农民进行现代农业培训，并为该区块农民提供种子、化肥，统一的机械播种、机械收割，签订有关合同，对农产品进行收购及加工，最后对外销售。具体方案如下。

通过我们与该灌区领导及部分区块农业协会的沟通，苏丹方口头上同意可为该现代农业试验中心向中方企业提供 5000 费丹（约合 31500 亩）的土地。在该试验中心，要保持三级渠和四级渠结构不变，但可以改变每个 5 ×90 ×2 费丹区块内支渠的结构，甚至可以采用喷灌来代替漫灌的方式，以适应现代农业机械的使用和现代农业的发展。

在具体操作中，中资企业可按照 1000 费丹耕种一种农作物为标准，进行最基本的现代农业耕种。在该中心种植 4 种品种，如棉花、花生、小麦、大豆等，留下 1000 费丹土地设立种子培育基地、肥料试验基地、农产品加工中心、现代农业展览厅、农业机械展示中心、农民培训中心等。

试验中心向该区块农民提供现代农业培训，在该经营方式得到农户认可后，与农户及农业协会签订长期互惠合同。根据合同，试验中心为协议农户提供改良后的良种种子，派出播种机为区块内已签订协议的农户土地提供机械化播种，同时按相应比例提供化肥、农药等，并为农户提供技术指导。农户平时负责田间的管理，施肥、除虫除草。到了农作物收割季节，由试验中心直接派出大型收割机对整个区块的相应农作物进行机械化收割；根据签订的互惠合同，直接收购，扣除种子、化肥、农药、机械等各种费用，支付差价给当地农民。农产品收购后，在试验中心加工成初级产品，最后销售苏丹国内市场和国际市场或中国国内市场。

③ 简单投资及效益分析。土地租赁费用需项目企业自行与农业协会和农户具体商谈，估计价格不会超过 50 美元/费丹 * 年。对于大型的投资项目，甚至可以向政府和农业协会申请免去前 5 年的租金。但必须根据投资规模、技术、对当地农民农业技术的培训要求以及农民收入的带动等情况，与苏丹政府、农业部、农业协会、农户的谈判后来决定（参照：苏丹农业对外国投资者的优惠政策）。

5000 费丹（31500 亩）土地，对照国内相同土地情况，仅进行漫灌改造，费用约为 300 元人民币/亩—400 元人民币/亩；如采用喷灌改造则另外需 700 元人民币/亩—800 元人民币/亩，也就是说采用最高标准，每亩灌溉系统改造费用为 1100 元人民币；按现代农业标准进行农业机械投资，中国国内约 3000 元人民币/亩，按照 4000 费丹的种植标准，按中国国内投资标准，需 1.03 亿元人民币，折合约 1500 万美元。但参照从中国国内到苏丹的机械设备的运输费用及进口关税，以及苏丹的物价水平，估计投资要达 3000 万美元。具体进口关税方面可以根据投资规模与农业部、财政部商谈，估计可以免除部分关税。同时建设 1000 费丹面积的种子培育基地、肥料试验基地、农产品加工中心、现代农业展览厅、农业机械展示中心、农民培训中心、职工住宿等场所以及修建与主公路连接的支线道路，考虑苏丹的物价水平、运费等，估计投资3000万美元。大概计算基础设施和最初的机械设备投资约6000万美元。按照10年期限折旧，每年折旧600万美元。

仅以4000费丹土地种植花生为例简单计算，按照中国的标准机械化农业生产条件，同时考虑苏丹当地的阳光、温度、灌溉情况，种植3季/年，产量可达9.6吨/费丹*年。按照目前花生在苏丹市场的价格400美元/吨，产值为3840美元/费丹。生产成本上，按国内花生种植的投入标准，400美元/费丹，考虑到苏丹人工工资和消费水平较国内要高，苏丹以700美元/费丹计算，土地费用50美元/费丹*年，灌溉费用15美元/费丹，加上1500美元/费丹的机械设备折旧，总共费用为2265美元/费丹，净利润约1570美元/费丹。则4000费丹土地，总利润约630万美元/年。

以农产品加工为例。花生出油率35%，可榨取花生油3.36吨/费丹，按照2008年12月30日秦皇岛、唐山、长沙3地国内一级花生油批发价的平均报价13.87元人民币/公斤，折合2031美元/吨；再按出厂价与批发价之间15%左右的差价计算，出厂价约为1750美元/吨，则在苏丹生产花生油单位面积产值约5880美元/费丹，远高于花生的产值。如针对中国国内市场，则增加运费等200美元/吨，也就是增加运费672美元/费丹，加上以花生为例的种植费用（固定资产、设备投入的折旧）共2265美元/费丹，净利润可达2943美元/费丹。按照4000费丹种植面积计算，利润为1177万美元，扣除100万美元加工费用，总利润为1077万美元。

以上只是就5000费丹的实验中心进行花生种植后的年收入预估。如果中国企业带来的农业品种、农业技术和管理方式能让当地农民受益，周围农户有可能加盟，那么仅就一个区块，就可能有大概10万费丹的可耕种面积。而对这部分耕种土地，中资企业只需对四级渠（不含）以下的田间支渠进行改造，按照最高喷灌的标准1100元人民币/亩（国内标准），同时根据签约农户数量进行农业机械化投资（如规模越大，单位投资就越小），估计每亩投资不超过2000元人民币，合计5100元人民币/亩，折合4700美元/费丹。参照苏丹物价标准、运输费用等，我们核算时按照约3倍的投入，即14000美元/费丹计算。而农业设备的折旧费用以及平时的种子、化肥、农业的投入，都能进入农业成本，在每次农业收割的时候一并扣除。对于这部分签约土地，如果仅计算收割的时候，企业向农民收购后进行深加工产生的附加值，根据上述种植花生的例子，单位面积花生产值3840美元/费丹，单位面积花生油产值5880美元/费丹，扣除运费、加工费等费用约1000美元/费丹，则对花生进行加工的利润约为1040美元/费丹。

但对于这部分签约土地，投资企业需一次性投入14000美元/费丹和约每年700美元/费丹的流动资金（最后均由签约农户承担）。

反过来，对当地农民来说，签约后，灌溉系统的改造以及农业机械设备的采购等均不需要自己掏钱，但需在向中国企业销售农作物时，扣除折旧费用1400美元/费丹（按照10年折旧计算）以及700美元/费丹的流动资金投入（种子、化肥、农药等），平时只负责田间的管理等一些必要的手工劳动，按照中资公司的要求施肥、打药、除草等，而产量可以提高3倍左右，销售直接针对中国企业，可以大大缓解目前单个农民靠天吃饭、市场不固定的农业现状。

这只是一个简单的推算，其中的产量等数据需执行企业派农业专家到实地进行进一步考察，可能还有部分实际费用还没有计算在内。而且农业还受天气情况、市场价格波动影响。但如果种植的规模越大，则按照年份和单位面积分摊下来，波动越小，越接近书面推断的数据。而且以苏丹的种植面积来说，企业在苏丹开展大规模种植，在棉花、油类作物方面，其产量将在市场上有一定的发言权，从而避免了中国国内市场的剧烈波动。

同时，我们也了解到，当地政府和农民希望中国企业前来投资，具体的条件及优惠政策可以在具体操作前详细谈判。同时，希望中国企业能为当地农民带来先进的农业技术、设备以及种植品种。

（2）建立合营公司的模式及方案建议

① 项目背景。喀土穆州州长向中国进出口银行推荐的合作项目，包括两个区块：喀土穆以南300公里的一个区块和喀土穆北部一个区块，目前以传统农业为主，靠天吃饭。其中喀土穆以南的区块，紧靠白尼罗河，当地雨量充足，达到了600毫米/年，灌溉所需的水源充足，可以大规模种植玉米、芝麻、高粱、棉花，甚至水稻等农作物，但缺点是离市场及物流中心——喀土穆较远；喀土穆北部区块，紧靠喀土穆，但目前灌溉水源有限，主要靠自然下雨，是否有地下水可供开发则需专业人士考察后才能作出判断。喀土穆州州长承诺，在建立合营公司的前提下，可提供30万费丹的土地进行操作。

② 项目方案建议。由中国企业与喀土穆州的代表共同建立一个合营控股公司或控股集团，然后由该控股公司投资设立相应的经营实体，如：农业研究机构、农产品种植企业、农产品加工企业、畜牧业企业、养鸡场、养鱼场以及为农牧产品提供物流的企业等。具体建议方案如下：

A. 喀土穆州主要提供土地以及少量配套资金，中资企业提供主要资金以及集团项下实体公司的农业管理方式、农业技术、种子（包括农产品种子、鸡种、鱼种等）等，中资企业可以在合营股份公司中占控股地位。

B. 喀土穆州的出资代表负责协调与苏丹政府的关系，并以协议的方式向中方投资者承诺，免去应向苏丹政府缴纳的农业税和农业机械进口的关税。同时根据苏丹法律规定，非穆斯林的企业需向国家缴纳1/10的所得税，而合资企业可以通过喀土穆州政府出面，申请不缴纳该特定税种。

C. 设立控股公司后，具体的实体企业的设立主要针对目前已存在的项目，通过注资、技术入股等方式进行控股，要求这些项目基础设施完善，其产品有市场。由于苏丹当地农产品缺口较大，同时海湾国家对家畜的需求也较大，因此这些项目的市场主要考虑苏丹和海湾国家。

D. 中资企业可对已开展的具体项目，带来自己的技术农民和技术工人，喀土穆州将对这部分人的入境提供便利，甚至专门成立一个村，由中国人进行管理。但中资企业进驻后，有义务对苏丹当地的农业管理人员和农民进行现代农业等方面的培训。

③ 简单投资分析。该模式主要依靠苏丹本地市场以及海湾国家市场发展农业，投资机制比较灵活，容易抓住市场热点，投资周期短，见效快，但相对来说，投资规模小，受市场、天气因素的影响较大，适合于资金有限或者对苏丹农业投资比较保守的投资者，可以随着盈利状况的不断改善或者实体投资领域的扩大而逐渐增大投资金额。

在该模式下投资苏丹农业，相对于在中国国内投资，主要优势在于场地、土地租赁费用、税费较低，市场需求较大，只要选对投资领域，基本上不存在销售不出去的状况，如2007年苏丹进口小麦就达到了3.636亿美元。因此只要针对目前该国进口量比较大的农产品进行投资，就能为苏丹政府节约大量外汇资金，可以大大缓解外汇不足的现状，保证苏丹粮食及食品安全，政府也将提供大量的优惠政策和投资条件。投资苏丹农业的主要劣势，首先是农业所需的机械设备、种子、饲料等需从中国进口，就算进口关税全免，运输费用也是一笔不小的开支（见前面苏丹运输费用说明）；其次，苏丹的物价水平和劳动力成本比国内高出3倍左右，企业在这边的经营成本也相对较高；再次，苏丹外汇目前虽然没有控制，但随着世界金融危机的影响，国际石油价格的下跌，可能会造成该国外汇短缺，进而影响中国企业利润正常汇回国内。

目前该模式下可供投资的实体农业领域包括：

A. 养鸡场、养鱼场。苏丹是穆斯林国家，禁止吃猪肉及动物内脏，牛、羊、鸡、鱼肉是主要的肉类食品。苏丹的牛羊存栏量较高，并有部分对外出口，而随着人民生活条件的改善，鸡、鱼肉的供应显得非常的不足。中国在养鸡、养鱼等方面有非常先进的管理经验，饲养方式及饲料配方也比较科学，而且苏丹气温较高，适合家禽、鱼类的快速生长。

B. 家禽、鱼类饲料。目前苏丹的家禽饲养主要通过敞放的方式，鱼类也主要是依靠从尼罗河捕捞的野生鱼，缺乏大规模的人工饲养，其中最主要的原因是缺乏饲料。由控股集团投资的饲料厂，一方面可以直接支持集团内养家禽、养鱼产业的发展，另一方面可以直接进入苏丹市场。

C. 小麦种植。在普通苏丹人的饮食结构中，小麦面粉占了绝大部分，而苏丹自产严重不足，2008年进口量达到了150万吨。喀土穆州提供的30万费丹的土地大部分适合小麦的种植，完全有可能在引进中国小麦品种以及机械化种植手段后，进行大规模种植，产品直接销往本地市场。

D. 农牧产品、奶制品。苏丹种植的苜蓿草蛋白质含量高（经山东农科所研究，蛋白质含量超过40%），可无需蛋白质添加剂而直接饲养牛羊等家畜及奶牛，生产的肉类制品、奶制品营养高，绿色环保。同时，苜蓿草种植成本低，据当地苜蓿种植企业提供的资料，除设备投入外，流动资金投入为200美元/亩，产值达到了1250美元/亩，多余的苜蓿干草可以向海湾国家出口，目前的出口FOB价已经达到了500美元/吨。就牛羊肉及奶制品来看，苏丹国内市场已经饱和，但海湾国家市场较大。苏丹是阿盟成员国，运输距离较近，直接通过红海对外出口，收款主要是美元、欧元，有利于企业利润的保留和汇回。

E. 农业加工企业及流通企业。针对已有的农业实体投资，再设立农业加工企业及流通企业，提高农产品的附加值，增加流通速度。苏丹在电、油等能源方面，与其他非洲国家相比有较大的优势。该加工企业及流通企业除为集团内企业提供服务，也可为当地农民提供一个农产品销售渠道。

（3）与当地银行合作模式

该模式主要适用于中国国内的银行，与苏丹当地商业银行合作，为苏丹农业项目提供资金清算、项目融资、短期贸易融资等（包括中资企业及苏丹当地企业），旨在支持中国农业机械、种子、化肥以及农药等产品的出口，包括：

① 为苏丹当地的商业银行开立银行结算账户，以规避美国对苏丹金融的制裁，加快资金清算速度，降低交易费用。目前苏丹银行服务中，汇入、汇出费率为0.5%—1%（目前国内汇出汇款费率为0.1%，汇入汇款不收费），但必须在欧洲或者其他阿拉伯地区的其他银行，清算费用增加的同时，资金清算的时间也增加到5天左右。中资银行如能在中国为其开立人民币及美元的清算账户，则可以就苏丹对中国的进出口业务进行账户间的直接清算，而不需要通过美国的美元清算中心，可以节约费用并且规避制裁，加快清算效率，促进双方进出口业务的发展。

在该业务中，中资银行可获取清算手续费收入，同时可获得一笔较为稳定的外汇存款，但需注意，涉及苏丹的资金划拨，通过了美国的清算系统，则不能有任何涉及“苏丹”的表述，否则资金有可能被冻结。

② 为苏丹对中国的进出口业务提供国际结算服务平台，包括托收业务、信用证等进出口结算业务及相应的贸易融资业务，特别是为苏丹境内的商业银行向中国企业开立的进口信用证提供保兑，并为远期信用证提供远期票据买入或福费廷等各种贸易融资服务。目前苏丹本地的国际结算费率较高，保兑费用达到了1%/季度的水平，贸易融资年利率可达8%—10%。

在该业务中，参与结算的国内银行可获得稳定的中间业务收入，并通过要求苏丹这边的商业银行提供保证金的形式，获得一笔稳定的外汇存款。同时，通过贸易融资的形式，可以优化中国进出口银行的资产结构。并且，通过提供短期贸易融资，达到了支持周期性农业要素如农药、化肥等的出口。

③ 对于需从中国进口大量农业机械的当地大型农业项目，在苏丹当地商业银行担保的情况下，以苏丹当地企业（包括中资企业及苏丹企业）为借款人，为其提供出口买方信贷，支持我国农业机械的出口。目前，苏丹金融体系主要采用两种贷款模式：一种是阿拉伯融资模式，银行为企业提供项目资金，并根据银行资金与企业自有资金的比率，确定到期利润分成模式，项目盈利后，根据比率分成，如果项目亏损或不盈利，企业只归还本金，不归还利息；另一种是一般融资模式，跟一般贷款类似，通常要求抵押，贷款年利率约10%，具体根据项目情况确定。

在实际操作中，中国进出口银行可参照目前中国进出口银行浙江分行对中小企业贷款的操作模式，给当地商业银行提供一定的贷款额度，由当地商业银行评审项目，并落实抵押担保。在其审批通过之后，按中国进出口银行要求把项目资料提交中国进出口银行，同时向中国进出口银行提供融资担保。中国进出口银行审批通过后，提供用于购买机械设备的融资款项，直接向中国的农业机械设备的生产厂商支付货款，贷款到期后向苏丹的担保银行收回贷款，达到支持我国农业机械设备出口的目的。

（三）中国企业在苏丹进行农业投资应注意的问题

1. 平等互利，多方共赢

中国企业到苏丹进行农业投资，必须做到平等互利，达到双方政府、投资企业与当地农民的各方利益都能得到一定保证的目的。农业投资是一项长期投资，投资期限超过10年，特别是涉及国家战略、粮食安全的大宗农产品投资，前3年的投资基本上没有任何收益，因此投资者必须有长远的眼光，不能仅仅为了暂时的经济利益而忽视中苏两国的政治利益和社会利益。同时，投资企业必须重视投资地的社会效益，有计划的对当地利益相关的农民做技术培训，带动当地农民一起致富，达到双方利益共存、收益共享的目的。从国家角度看，粮食安全涉及一个国家的生存空间和发展前途，投资金额巨大而收效缓慢，因此中国政府在对苏丹农业投资领域中，应对投资企业提供必要的政策支持或者资金支持，帮助国内农业企业跨出国门，在企业经营有一定困难的时候提供必要的支持，帮助企业共渡难关。

关于如何实现投资企业与当地社会共赢的局面，中国石油天然气集团公司（以下简称"中石油"）在苏丹投资的模式值得借鉴。中石油大都采用与苏丹政府合资的形式进行油田的开发，在可以接受苏丹员工的岗位尽量使用苏丹员工，并长期开展业务、技术方面的培训，合资企业副总经理以及各部门的副职均使用苏丹人，以让其学习现代企业的管理模式，并每年评选部分苏丹优秀员工和突出贡献员工，同时，拿出部分利润为油田附近的村庄修建学校，为当地农民免费开发农业。这些措施都得到了苏丹人民特别是苏丹政府的认可，很多项目不到3年就收回了全部投资。因为中石油已经把自身利益与苏丹政府以及部分苏丹人的利益捆绑在一起，虽然利润可能由于分成而减少了，但平息了当地人的抵触情绪，且政府政策也有部分倾斜，在企业出现一定问题的时候，苏丹政府也必然会尽全力对企业进行帮助。

同时，苏丹属于穆斯林国家，投资企业必须尊重当地人的宗教信仰，在当地工作的中国员工应做到不饮酒、不吃猪肉，衣着得体。对待当地员工，需保证其每天5次礼拜时间（其中2—3次在上班时间）。根据当地法律，不能强行要求苏丹工人加班，如自愿加班，则必须支付加班费。绝对不能把国内某些不好的用工方式，如使用黑工、童工，强迫劳动，甚至建立独立王国的情况带入苏丹，否则极有可能造成社会问题，特别是当社会矛盾激化的时候，这种企业就立即会成为当地人的攻击对象，不仅企业不能正常经营，甚至会引起外交纠纷。

2. 土地租期的情况

因为农业投资回收期较长，前期基础设施及农业机械投资金额较大，对于租赁土地进行自我开发的投资企业，租赁问题涉及前期投入的收回，因此在商业谈判时必须落实租期以及租赁费用。这对苏丹社会稳定、经济发展及政治和谐有促进作用，能提高当地农民生产技术及收入的大农业投资项目。投资方甚至可以向苏丹政府或当地政府申请5年的免租期、免除进口农业机械设备关税等优惠政策；同时，在谈判时，就基础设施的建设向苏丹政府提出具体要求。

3. 土壤质量问题

土壤质量好坏，适合生长什么样的农作物，必须由投资企业自己派出专家到现场取样并化验后作出结论。以上涉及相关内容的分析，仅源于部分专家的口头介绍，缺少实验数据和相应的证明文件。

图 6 是我们现场拍摄的土壤照片，仅针对表面现象，具体元素含量未知。

图 6　苏丹土壤表面

4. 规模问题

对于长期农业投资，在苏丹目前的情况下，大型、规模化、对双方政治经济有一定影响的投资更加有利，以达到引起苏丹政府高层高度重视的目的。在苏丹经济发展的初期，国家的管理还不成熟，制度缺乏，因此上层人物重视的项目，往往可以规避很多经营中由于社会管理造成的问题，避免很多不合理收费，并且在政策优惠上也能获得很大程度的倾斜。同时，在苏丹投资大型农业项目的企业，必须要有现代机械化大农业的管理经验，有种子、化肥的研究能力和机械化农业的操作技术，并且在中国国内某个农产品市场上具有较大的发言权，自有资金雄厚，有长期投资的战略眼光。

5. 农产品市场问题

对于最终目的是为了进入中国市场的农产品，应在当地完成粗加工后才能对中国销售，这主要是考虑了经济和社会两方面的问题。

① 从经济角度看，如为初级农产品出口，则相对体大、量重，单位产品利润很大部分将

用在运输费用方面（从喀土穆经苏丹港到中国上海，仅公路和海运运费合计就达150美元/吨）。如采用粗加工农产品的形式出口，则至少节约一半的运输费用，并且以目前苏丹的基础设施水平，完全有能力建立粗加工基地，待出口到中国后，再进行精细化加工。

② 从社会角度看，如直接以农产品向中国出口，苏丹人会简单认为中国在农业方面剥夺他们的原材料，类似于新殖民主义，特别是在某些西方媒体不实报道的影响下，容易引起当地人的反感。如社会出现巨大矛盾的时候，这个问题容易使中国企业成为矛盾焦点，并在国际社会上对我国造成不良影响。而采用粗加工之后，当地人会有一种对自有工业的自豪感，同时，能解决部分苏丹人的就业问题，减缓社会矛盾。

6. 中国国内市场销售情况

本次农业调查的重点主要针对苏丹本地的各种情况，对国内的农产品市场缺乏调查。对于销售主要针对中国市场的投资企业来说，必须做好国内市场的调研，保证企业自身的经济利益。

7. 建议人民币结算

对于主要出口中国的农产品，其结算可采用人民币结算的方式，包括通过中国进出口银行申请农业项目的贷款、设备采购货款的支付以及最后的销售回款等，以避免外汇管制和经济制裁，同时避免外汇汇率波动造成的风险。目前，苏丹国内外汇管制不严格，但是受美国制裁，美元清算不能通过在美国的清算中心正常进行，只能通过中国或者欧洲的银行进行间接清算，清算费用高，时间长（比正常清算多2—3天时间）。

（四）中国进出口银行在中苏农业合作中的作用

中国进出口银行作为政策性银行，在对苏农业投资中，特别是在涉及两国政治经济利益较大、影响较广、与国家经济战略有较大关系的大型农业项目方面，将发挥巨大的作用。中国进出口银行支持的范围将涉及农业基础设施建设，农业种植，农业加工和物流，农业机械设备出口，种子、农药及化肥的出口。支持的主要手段包括以下方面：

1. 互惠贷款下的出口买方信贷

主要用于支持农业基础设施建设，把目前苏丹已有的成熟项目纳入中国进出口银行目前为苏丹提供的30亿美元互惠贷款额度中，也可以其未来大宗农产品的出口收汇款作抵押，提供新的互惠贷款融资计划。该项产品是中国进出口银行比较成熟的对非金融产品，以苏丹政府（财政部）作为借款人，中资企业作为承建人，对涉及农业的公路、铁路、水运、电力、能源、水坝、灌溉渠道等基础设施进行修建或者改造。同时，带动我国对外工程承包以及工程机械的出口。

该项业务的操作仍严格按照中国进出口银行目前对一揽子出口买方信贷的要求及流程进

行，期限及利率根据国家及总行有关规定执行。

2. 优惠贷款

这需要根据政府间签订的有关优惠贷款框架协议进行操作，作用与一揽子出口买方信贷类似，主要用于支持基础设施建设，以苏丹政府作为借款人，中资企业作为承建人。

该项业务也是中国进出口银行比较成熟的对非金融产品，操作中仍严格按照中国进出口银行目前对优惠贷款的操作流程进行，期限、利率及费率根据框架性协议及总行有关规定执行。

3. 出口卖方信贷

主要用于支持那些到非洲进行农业投资的中国企业，资金的主要用途包括灌溉渠道的改造，田间基础设施的修建、改造，农产品加工中心、物流中心的修建，农业机械设备的采购等。

该项贷款以投资苏丹农业的中国企业为借款人，在企业自筹一部分资金的前提下，对企业的上述农业长期投资进行资金支持，待农产品销售或出口后，分期偿还中国进出口银行贷款。其中，对灌溉渠道的改造，田间基础设施的修建、改造，农产品加工中心、物流中心的修建等所需资金，中国进出口银行根据企业资金使用计划、具体项目进度等情况提供贷款，贷款期限相对较长，并提供一定的宽限期；对农业机械设备的采购所需资金，中国进出口银行则根据企业自有农田规模、已签约合作农户的数量，综合计算所需的农业机械设备，来决定贷款金额。

4. 短期贸易融资

中国进出口银行为投资苏丹农业的中国企业提供期限 1 年以内的短期流动资金融通，主要用于支持企业对种子、农药、化肥的采购，待农产品销售或出口后立即偿还。同时，贸易融资还可针对目前苏丹的部分信誉较好的商业银行，为其向中国企业开立的进口信用证提供保兑、指定议付等结算服务，支持中国农业机械设备、种子、农药及化肥的出口。

5. 出口买方信贷

中国进出口银行给苏丹当地的商业银行提供一定的贷款担保额度，由当地商业银行根据苏丹农业机械设备进口商（包括中资企业和当地企业）的申请，评审项目，落实抵押担保，将审批通过的材料报中国进出口银行，同时该商业银行向中国进出口银行提供融资担保。中国进出口银行审批通过后，提供用于购买机械设备的融资款项，直接向中国的农业机械设备的生产厂商（出口商）支付货款，到期后向苏丹的融资担保银行收回贷款，达到支持我国农业机械设备出口的目的。

6. 资金清算

为苏丹农产品进出口提供资金清算平台，包括外币、人民币的清算。一方面，中国进出口银行可以为苏丹央行提供各种清算账户，规避美国制裁而造成的苏丹外汇清算效率低下、费用高的状况；另一方面，中国进出口银行直接给出口卖方信贷企业提供人民币清算账户，为企业规避汇率风险的同时，监控企业农业资金的流向，控制中国进出口银行风险。

综上所述，我们认为，对国家来说，投资苏丹农业对中国的政治和经济都是非常有利的，对保障国家粮食安全和调整农产品结构失衡有非常好的作用；对企业来说，双边政治的友好也为投资企业提供了非常良好的经营环境，农业环境、产品及市场的互补为企业盈利创造了巨大空间，而且通过一定的定量分析，我们也认为企业投资苏丹农业的收益是非常可观的；对中国进出口银行来说，中国进出口银行能提供信贷支持的项目层次较多，空间巨大，业务基本涵盖了中国进出口银行主要的信贷产品。

同时，通过上述调查，我们认为投资苏丹农业的主要风险是政治风险，特别是南北问题和达尔富尔问题，将对苏丹未来国家走向和经济发展带来较大的影响。但我们也应该看到，正是因为有了这些问题的存在，才为中国海外农业提供了走出来的机会。那些政治稳定、经济发展良好的国家或地区，农业投资已达到了非常成熟的水平，国际农业垄断巨头已经提前完成了圈地运动，已没有可供中国企业投资的土地和空间，因此这也是危机中的一次机遇。我们建议在苏丹投资农业项目应首选在北方，现任政府能完全控制的地区。通过我们对当地的实地感受，北方特别是首都喀土穆方圆400公里的地区内，政治稳定，经济发展迅速，社会治安较好，有比较良好的投资环境。2011年南方公投带来的影响主要在苏丹南北边境地区和达尔富尔地区，对目前建议的农业投资项目影响相对较小，如南方事实独立，北方失去大部分石油收益，则农业对于北方经济来说将变得至关重要，这也是我们主张建议投资苏丹农业的重要原因。

参考文献资料

1. 美国国家安全委员会报告：《国家安全研究备忘录：全球人口增长对于美国安全和海外利益的牵连》。
2. 《全国粮食生产发展规划（2006—2020年）》。
3. 苏丹农业部。
4. 苏丹中央银行2007年第四季度年报。
5. 苏丹公路局2007年统计报告。
6. 苏丹铁路公司2007年统计报告。
7. 中国粮油商务网：http：//www. fao. com. cn/info。

三、海湾等阿拉伯国家大力投资苏丹农业

随着国际粮食价格的上涨以及通货膨胀率的居高不下，海湾等阿拉伯国家对苏丹农业的投资越来越多，苏丹的农业用地需求量激增。从2008年开始，一些阿拉伯国家农业投资代表团纷纷到苏丹考察。这些国家有摩洛哥、阿联酋、沙特、埃及、卡塔尔、叙利亚等。

（一）苏丹在吸引农业投资方面存在的优势

早在34年前，苏丹就被世界粮农组织（FAO）推荐为世界三大粮仓之一，另外两个国家是加拿大和澳大利亚。然而苏丹国内的动乱和内战使苏丹近年来成了最大的粮食进口国（现在每年进口小麦约220万吨）。但苏丹在农业发展方面有着得天独厚的自然条件：

① 苏丹位于赤道和北回归线之间，全境受太阳直射，充足的日照为农作物的生长提供了良好的条件。

② 苏丹首都喀土穆为青、白两条尼罗河的交汇点，奔腾不息的尼罗河水为农作物生长提供了丰富的淡水资源。

③ 苏丹是非洲面积最大的国家，其可耕种面积达1亿多费丹（1费丹＝4200平方米），目前只有20%的农业用地被使用，农业投资潜力巨大。

④ 苏丹有着良好的投资环境。据阿拉伯出口信用保险公司统计，苏丹在出口信用保险方面的需求不断增加，至2008年年底已经达到8.7亿美元，占整个公司业务的20%。在农业方面，政府更是不遗余力地加以支持。首先，在政策上，2007年苏丹政府修改了1999年颁布的鼓励投资法，取消税赋，外国投资者享受苏丹国民待遇。其次，在过去的10年里苏丹致力于发展诸如道路、大坝、水库等基础设施，为农业发展创造了良好的硬件环境。

⑤ 苏丹属于阿拉伯国家，在吸引海湾等阿拉伯国家农业投资方面很容易找到结合点。

（二）海湾等阿拉伯国家发展农业的可配置资源缺乏

大部分阿拉伯国家土地处于干旱地区，主要靠雨水种植。海湾六国是世界上水资源和可耕地占有率最低的几个国家，境内无一条完整河流或永久性湖泊。可耕地仅占阿联酋的1%，沙特的2%。然而，海湾地区的人口在不断增加。据统计，2000年海湾六国人口为3000万人，2006年增至3500万人，2010年估计达到3900万人。恶劣的自然地理环境以及不断增加的人口，是海湾六国缺粮的主要原因。

虽然2008年粮食丰收可能会使部分食品价格从高位下滑，但专家预计全球范围的食品供应短缺仍会持续。海湾国家90%的食品依赖进口，食品安全已经成为它们亟待解决的头号问题。根据世界银行的数据，全球食品价格在3年内翻了一番，而海湾地区平均每年在进口食品方面需要投入约100亿美元，食品价格上涨已经成为该地区通货膨胀不断加剧的重要因素。

在这种情况下，财富剧增的海湾国家除了采取措施寻求短期控制粮食物价之外，也开始着眼于从长远保证食品供应，以减轻未来物价上涨的冲击。作为阿拉伯国家的苏丹，近年来经济一直稳步增长，因此自然而然成为海湾国家投资农业的热点地区。

（三）阿拉伯国家在苏丹农业投资的最新进展

沙特为保证本国的粮食安全，沙特海利农业投资公司（Saudi-Based Hail Agricultural

Investment Co.）目前正向苏丹投资1亿美元，在苏丹境内25000公顷的土地上种植小麦、蔬菜以及发展畜牧业。

阿布扎比发展基金也在苏丹投资农业用地，以保证阿联酋的玉米、小麦、土豆和大豆供应。同时，还将种植苜蓿用于牲口饲养和发展畜牧业。阿联酋人口有400万人，但是国内可耕种用地仅占1%。阿布扎比发展基金将通过技术交换和修建灌溉基础设施等方式在苏丹租赁70000公顷农业用地。

卡塔尔国有公司扎达尔控股公司（Zad Holding Co.）已经和苏丹政府建立联营体公司来生产小麦、玉米和油籽。据估计，该项目全部投产后，海湾地区平均每年将从这里进口60%的粮食，同时还可以降低25%的粮食价格。

苏丹农业部长祖贝尔·巴希尔·塔哈（Al Zubeir Bashir Taha）称苏丹政府很愿意吸引更多的海湾国家前来投资。

目前，来自海湾的投资主要投向苏丹北部，但是这些国家也时刻关注着苏丹南部地区的农业投资机会。由于受到石油价格暴跌的影响，白尼罗集团公司（White Nile Group）计划将目前正在苏丹境内实施的石油开发项目暂缓而转入农业方面的投资，同时公司名称也将变为“Agriterra”。

（四）阿拉伯农业投资发展机构在苏丹农业投资中的作用

阿拉伯农业投资发展机构是阿拉伯联盟下的专业组织，宗旨是发展成员国的农业资源，最大限度地增加粮食生产能力，加强阿拉伯国家之间农产品和农业生产必需品的交流。该组织成立于1976年，1977年3月22日开始运作，总部在苏丹喀土穆。目前有19个成员国，是一个独立的农业投资国际机构，在阿拉伯国家之间的农业合作方面起着积极的作用。目前该组织已经在苏丹投资成立了若干大型企业，主要包括：① 阿拉伯农业生产与工业公司，该组织占有42.5%的股份；② 苏丹阿拉伯植物油公司，该组织占有51%的股份；③ 青尼罗河苏丹阿拉伯农业公司，该组织占有51%的股份；④ 卡纳纳糖业公司，该组织占有5.58%的股份；⑤ 苏丹阿拉伯种子公司，该组织占有25%的股份。

（五）苏丹农业投资前景

苏丹传统经济领域优势明显，农业、畜牧业方面已经吸引了大量的投资。同时，苏丹政府也正在加大力量进行棉花、芝麻、阿拉伯胶等主要出口农产品的升级换代，以扩大出口量，提高国际竞争力。受国际金融危机和粮食危机的双重影响，农业将是苏丹今后发展的新亮点，苏丹政府正加大投入建设农业基础设施，培育良种，培训高水平的技术人员，以适应苏丹经济发展的要求。

参考文献资料

非洲商务（The African Business），2009年2月。

第五章　加　纳

一、2008年加纳国民经济运行情况

加纳位于非洲西部、几内亚湾北岸，西邻科特迪瓦，北接布基纳法索，东毗多哥，南濒大西洋，海岸线长约562公里。面积23.85万平方公里，人口2200万人。2008年，受国际经济形势的影响，能源特别是原油以及食品价格上涨较大，加纳经济增速有所放缓，农业和工业生产率有所下降，财政和贸易赤字增加，通货膨胀速度超出预期，国家债务增加，货币大幅贬值，经济发展面临着诸多挑战。

（一）2008年国民经济运行总体情况

从2001年开始，加纳政府奉行稳健的经济和金融政策，积极争取外部援助，在财政上开源节流，致力于减少国内债务占GDP的比重，坚持反通胀和稳定汇率的货币政策取向。政府努力促使“重债穷国倡议”和“多边减债倡议”的落实，以减少财政压力，将有限的财政资源投入社会福利、减少贫困和经济增长。

从近些年来加纳经济的表现来看，加纳政府的上述政策取得了显著的成效，名义通货膨胀率大大降低，加纳赛地的汇率相对于主要国际货币基本保持稳定，GDP增长率稳步上升。但是2008年在控制通胀率和维持汇率稳定方面遇到较大的挑战。

1. GDP平稳增长，经济结构调整任务依然艰巨

近年来，加纳政府努力推行增长和减贫战略（GPRS）①，在努力减少贫困的同时，推动经济发展。总体上看，加纳这些年经济保持了平稳增长的势头。2008年下半年的全球金融危机给加纳带来了一些不利影响，经济各部门都受到不同程度的影响，外需不振导致出口下滑；外国投资减少，外部援助以及外来汇款也大幅减少。在这种背景下，2008年加纳的

---

① 增长和减贫战略（Growth and Poverty Reduction Strategy，GPRS）是加纳前总统库福尔从2003年开始，为配合联合国千年发展目标所制定的国内中长期规划，主要目标是稳步促进加纳经济增长，通过几个中长期规划使加纳在2015年达到中等收入水平（即人均GDP达到1000美元），同时减少国内贫困人口数量。主要通过保持宏观经济稳定增长，大力发展私营经济，提高人口素质，提高政府管理水平和公民责任来实现以上目标。第一阶段的增长和减贫战略从2003年到2005年，第二阶段的战略从2006年到2009年。目前加纳新的政府正在着手准备制定第三期战略。

GDP仍然增长了6.2%，实属不易（见图1）。图2显示了2000年—2008年加纳各部门经济增长率。

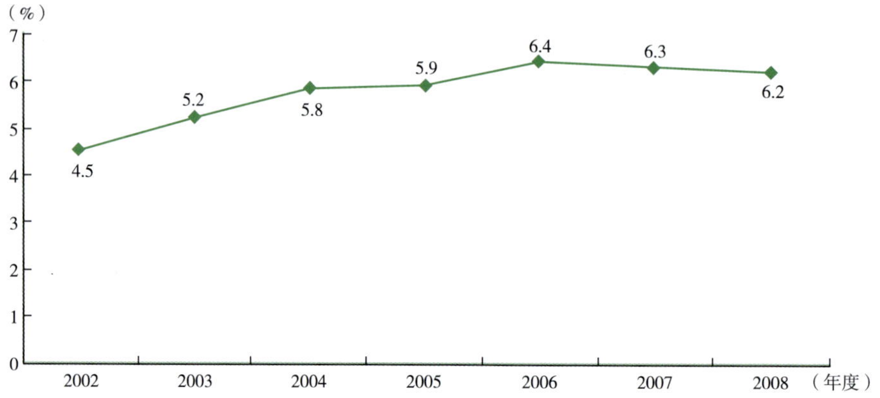

图1　2002年—2008年加纳GDP增长率

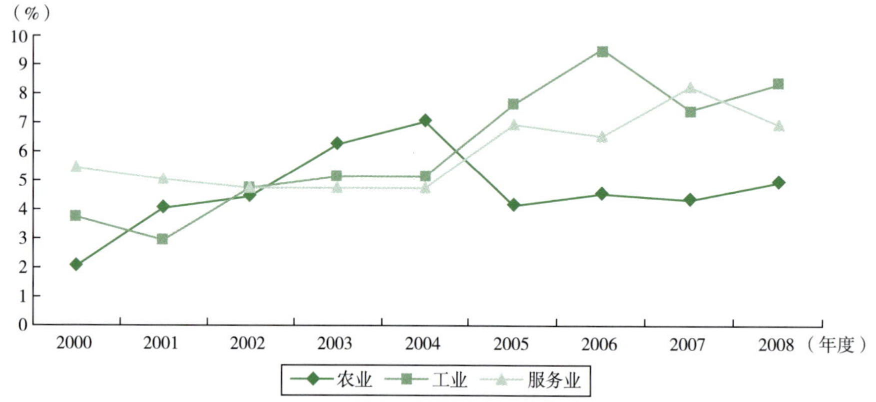

图2　2000年—2008年加纳各部门经济增长率

从国民经济各部门来看，占比最大的农业部门2008年实际增长4.9%，其中种植业和畜牧业增长5.5%；可可生产和销售实际增长5.0%，比预定增长目标高了一个百分点；森林和伐木业实际增长3.5%，高于年初预定的3.0%；渔业实际增长3.0%，低于年初预定目标两个百分点（见表1）。

表1　2006年—2008年加纳农业内部各部门实际增长情况　　单位：%

年　度	2006	2007	2008*	2008**
农业	4.5	3.1	5.0	4.9
种植业和畜牧业	3.5	4.0	5.5	5.5
可可生产和销售	2.0	3.5	4.0	5.0
林业	2.6	2.5	3.0	3.5
渔业	15.0	5.0	5.0	3.0

注：*为年初预定目标；**为实际增速。

由表2可知，2008年工业实际增长8.3%，低于9.8%的预定目标。由于金融危机的影响，部分西方人士包括发展中国家一些原在西欧的经商人士选择来加纳定居和经商，加纳的建筑业出乎意料地增长了14%，对加纳经济产生了较大的推动作用。除此之外，采矿业、供水供电工业部门的增长都低于预定目标。特别是采矿业，从2007年20%的增速急剧下降到2008年的2%。

表2　　2006年—2008年加纳工业内部各部门实际增长情况　　单位：%

年　度	2006	2007*	2008**	2008*
工　业	9.5	6.6	9.8	8.3
采矿业	13.3	20.0	7.9	2.0
制造业	4.2	2.3	4.0	4.0
供水供电	24.2	15.0	22.1	16.3
建筑业	8.2	15.0	13.0	14.0

注：* 为临时数据；** 为年初预定目标。

由表3可知，2008年加纳服务业增长了6.9%，低于2007年的10.0%，主要是由于社会商品批发和零售、公共及私人服务、私人非盈利服务增长都低于预期。但是，在服务业内部，交通、仓储和通信业增长了10.0%，比原定目标高了两个百分点。商业和金融服务业增长依然强劲，达到13%，是服务业内部各部门中增长率最高的。

表3　　2006年—2008年加纳服务业内部各部门实际增长情况　　单位：%

年　度	2006	2007*	2008**	2008*
服务业	6.7	10.0	7.3	6.9
交通、仓储和通信	7.2	10.0	8.0	10.0
批发、零售、餐饮、住宿	7.5	10.0	10.0	7.0
金融、保险、房地产和商业服务	9.0	16.0	13.0	13.0
政府服务	5.7	8.6	2.7	2.7
社区社会和个人服务	4.2	5.0	6.0	4.5
私人非盈利性服务	4.0	5.0	6.0	5.0

注：* 为临时数据；** 为年初预定目标。

从产业结构看，农业作为加纳国民经济主打产业，依然占GDP的35%左右，但加纳农业的发展仍然不够强劲。一方面，加纳政府对农业基础设施投入严重不足，农业灌溉设施极不完备；另一方面，由于土地问题看不到解决的良好前景，大量优质的农田依然没有得到耕作，致使加纳每年还需从国外进口大量农产品，人民生活得不到改善。农业发展不足特别是农田无法被合理开发和使用，仍是阻碍加纳这个非洲小国迈向现代化的重要因素。

农业发展的滞后影响到了加工业、制造业，再加上加纳石油依赖进口，工业部门残缺不全，基础比较薄弱，抗外部风险能力较弱，使得加纳工业增长乏力，影响到经济的健康发展。服务业内部发展也不平衡，金融服务业占整个服务业的主要部分。

随着工业和服务业的增长速度持续高于GDP的增长速度，农业占GDP的比重将不断下降。但是由于加纳是石油净进口国，受国际石油价格高涨的影响，对加纳工业增长的压力增大，而制造业的发展又受到国外廉价产品的冲击，因此产业结构的调整任务仍然比较艰巨。近年来加纳沿海发现了石油资源，如果投入生产，加纳经济增长尤其是工业发展会将出现新的亮点。

2. 政府财政收支及债务状况

（1）概述

图3显示了2000年—2008年加纳财政收入、支出和赤字占GDP比重的情况。2002年以来，在新一轮全球经济强劲增长的带动和影响下，加纳经济增长速度较快，随之而来，政府财政收入也呈现不断上升的趋势。2007年财政收入比2002年增长了近6倍，国家的财力大大增强。

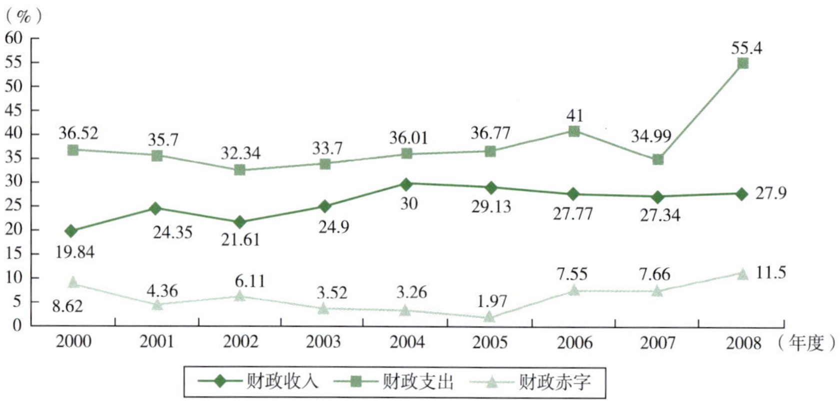

图3　2000年—2008年加纳财政收入、支出和赤字占GDP比重

2008年，从外部来看，上半年国际油价和粮食价格高涨，下半年遭遇全球金融危机；从国内来看，加纳面临着较大的财政和贸易赤字，通胀率不断上升，国家债务存量增加，本币塞地快速贬值。因此，加纳政府财政政策的基点是如何将财政赤字降低到可持续水平，稳定通胀率和汇率，降低债务与GDP的比例，以减轻利息支付压力和促进私营经济的发展。这个目标与强调发展私营经济和出口多样化的增长和减贫战略（GPRS II）相一致。

（2）财政收入状况

2008财年，包括国内财政收入、赠款以及其他收入在内的政府总收入为95.382亿塞地（占GDP的55.4%），比年初预算目标的71.072亿塞地高出34.2%，比2007年增长56.8%。

图4显示了2000年—2008年加纳政府收入状况。2008年国内财政收入（包括税收和非税收收入）达到48.024亿塞地（占GDP的27.9%），比年初预算目标的47.632亿塞地高出0.8%，比2007年增长31.5%。其中，税收收入达到42.995亿塞地（占GDP的25.0%），高于年初预算目标的39.738亿塞地（占GDP的24.4%），比2007年增长29.8%。具体来说：直接税①收入为12.532亿塞地，比年初预算目标的11.224亿塞地高出11.7%，比2007

① 包括个人所得税、公司所得税和其他直接税种，如机场税。

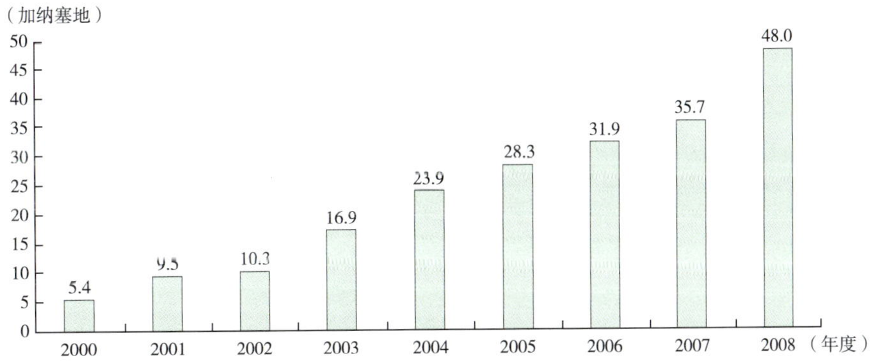

图4 2000年—2008年加纳政府收入状况

年增长33.3%，主要是由于个人所得税比年初预算目标高出16.8%，比2007年增长31.1%；间接税①收入达到15.329亿塞地，稍低于年初预算目标的15.485亿塞地，但比2007年增长17.3%，主要是由于石油税收入表现不佳；国内增值税收入达4.172亿塞地，比年初预算目标的3.72亿塞地高出12.1%，比2007年增长23.7%；进口增值税为6.708亿塞地，高于年初预算目标的6.281亿塞地，比2007年增长35.0%；石油税收入为3.862亿塞地，比年初预算目标的4.9亿塞地低21.2%，比2007年减少4.2%，主要是由于调低石油税率和石油产品消费量减少所致；国际贸易税为7.194亿塞地，比年初预算目标的7.463亿塞地低3.6%，但比2007年增长24.8%；国家健康保险税达3.183亿塞地，比年初预算目标的2.354亿塞地高出33.4%，比2007年增长23.5%。

加纳政府2008年非税收入达到4.339亿塞地，占GDP的2.5%，比年初预算目标高出2.3%，比2007年增长28.3%。其中，3.081亿塞地为千年发展基金所留存，剩余的1.258亿塞地投入到巩固基金。

2008年，加纳获得外部赠款达到8.208亿塞地，低于年初预算目标的8.534亿塞地，比2007年减少4.3%，主要是由于项目赠款的减少。项目赠款比年初预算目标的5.148亿塞地低22.0%，但比2007年增长15.3%。预算支持赠款为2.572亿塞地，比年初预算的2.010亿塞地高出28%。多边"重债穷国"援助金额为9520万塞地。2008年，加纳获得的预算支持和项目贷款共计6.682亿塞地，低于年初预算目标的6.125亿塞地。项目贷款发放共计5.149亿塞地，比年初预算目标的4.853亿塞地高出6.1%，比2007年增长36.2%。预算支持贷款为1.533亿塞地，低于年初预算目标的1.362亿塞地。

加纳政府的其他收入主要是国有企业股份出售收入和双边债权人的债务减免。其中，出售加纳电信公司70%的股份获得9.83亿塞地，出售WESTEL公司的股份获得1540万塞地；双边债权人的债务减免额为7750万塞地。

（3）财政支出状况

2008年，加纳政府的财政支出（包括法定支出和意定支出）达到95.382亿塞地，大大

① 包括增值税、石油税和消费税。

高于年初预算的71.072亿塞地（见图5）。

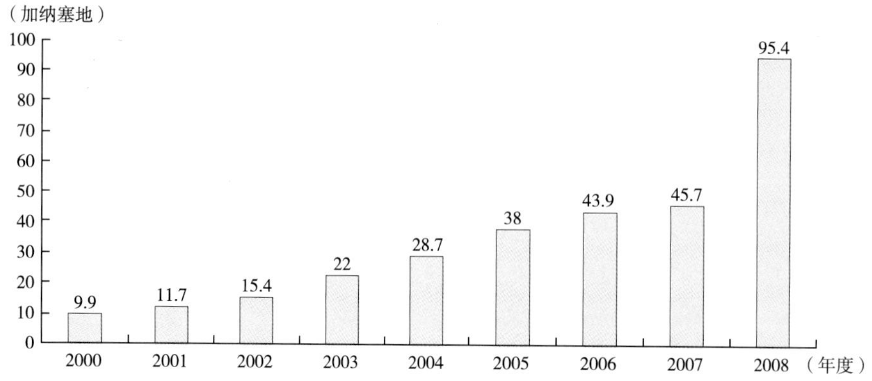

图5　2000年—2008年加纳政府财政支出情况

① 法定支出。2008年，加纳政府法定支出[①]达到23.565亿塞地，占GDP的13.7%，高于年初预算目标的17.289亿塞地（占GDP的10.6%），比2007年增长36.0%。具体情况如下：

债务本息支出共计11.766亿塞地。其中，偿还外债本息支出为6.947亿塞地，远高于年初预算目标的2.932亿塞地，也高于2007年的4.390亿塞地，其中本金和利息支付分别为4.974亿塞地和1.973亿塞地。国内债务利息支付为4.819亿塞地，比年初预算目标高出36.8%，比2007年高出49.6%，占GDP的2.8%，这主要是由于国内借款及其成本增加所致。

对家庭的转移支付主要以养老金、抚恤金和社会保障的形式支付向公务员支付，2008年支出达到3.615亿塞地，高于年初预算的3.180亿塞地，比2007年增长25.5%。

在划拨给各类基金的支出中，划拨给“道路基金”和“石油基金”的金额为1.057亿塞地，其中划拨给前者的金额为1.029亿塞地；划拨给“地区议会共同基金”的金额为2.521亿塞地，比年初预算目标高出7.6%；划拨给“加纳教育信托基金”的金额为2.041亿塞地，高于年初预算目标的1.639亿塞地；划拨给“国家健康保险基金”的金额为2.565亿塞地，比年初预算目标的2.354亿塞地高出8.9%。

② 意定支出。2008年，加纳政府意定支出[②]达71.818亿塞地，高于年初预算目标的53.782亿塞地（占GDP的33.0%），也高于2007年的43.482亿塞地（占GDP的31.1%）。具体情况如下：A. 公务员工资支出为19.876亿塞地（占GDP的11.5%），比年初预算目标的15.599亿塞地高出27.4%，比2007年增长40.1%，主要是由于公务员加薪和人员数量的增加；B. 行政管理费用支出为4.127亿塞地，比年初预算目标的3.856亿塞地高出7.0%，比2007年增长0.7%；C. 服务支出为2.357亿塞地，高于年初预算目标的1.206亿塞地，主要是由于一些预算外支出的增加；D. 总的投资性支出为10.029亿塞地（占GDP的5.8%），

① 包括利息支出、摊销、对家庭转移支付以及法定基金。

② 包括公务员工资、行政管理费用、服务支出和政府投资支出。

比年初预算目标的7.459亿塞地高出34.5%，其中有5.819亿塞地（占GDP的3.4%）来源于2007年在国家市场发行的主权债券收入。

2008年加纳政府外国融资的资本支出为9.164亿塞地，比年初预算目标的10.002亿塞地低8.4%，但比2007年增长26.2%。“多边减债倡议”和“重债穷国倡议”下融资的支出达到2.789亿塞地，高于年初预算的1.832亿塞地。

此外，为沃尔特河管理局（VRA）购买原油的储备基金和政府在法院判决下的支出共计达到4.672亿塞地。其他的转移支付还有国内相关基金、电费补贴和税收豁免，共计8.315亿塞地，高于年初预算目标的6.792亿塞地。另外，还有1.423亿塞地用于清偿2007年的欠款。

（4）财政赤字及融资来源

图6显示了2000年—2008年加纳政府财政赤字状况。2008年，除掉国有企业出售收益，总的财政赤字为25.576亿塞地，占GDP的14.9%，而年初预算目标财政赤字为9.292亿塞地，占GDP的5.7%。加上国有企业出售收益，总的财政赤字为18.829亿塞地，占GDP的11.5%，而年初预算目标为6.534亿塞地，占GDP的4.0%。赤字主要通过国内和国外两个渠道融资。净国内融资为11.527亿塞地，占GDP的6.7%；国外融资为8.302亿塞地，占GDP的4.8%。其中有5.819亿塞地（占GDP的3.4%）是通过提出2007年在国际资本市场发行的政府主权债权收益获得。

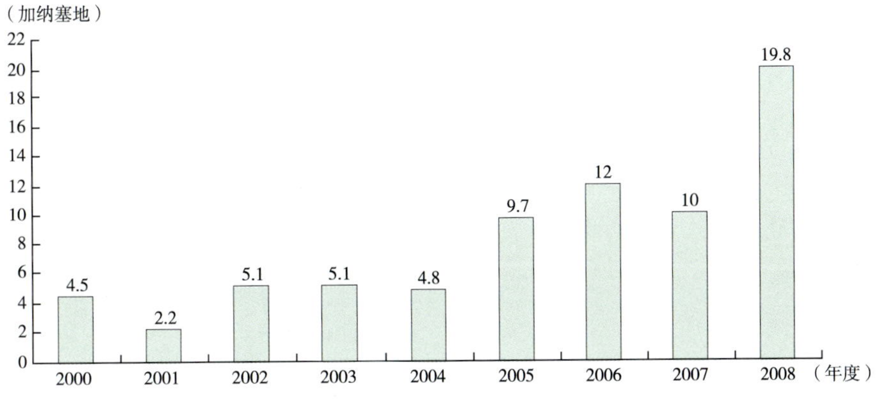

图6 2000年—2008年加纳政府财政赤字状况

（5）政府债务状况

① 债务概况。在“重债穷国倡议”和“多边减债倡议”实施后，国际多边及双边免债总额达到近40亿美元，因此加纳政府公共债务占GDP的比重，从2000年的188.6%，下降到2006年的41.4%，外债负担大大减轻。近年来，加纳政府加强了公共债务的管理，试图将公共债务控制在一个风险适度的水平上，以尽可能小的成本寻找发展资金，以满足政府融资需求，同时确保中长期债务的可持续。

2006年多边减债没有实施前，加纳主要由多边和双边债务构成的外部债务占到公共债务的75%。2006年多边减债实施，外部债务占比下降到41%，而2007年又反弹到48%。这主要是由于加纳首次在国际资本市场发行了主权债券，同时，加纳政府开始重新借入非优惠贷款，而且大多数用于不产生经济效益的项目。2007年以来，公共债务占GDP的比重又上升到52.1%。

加纳政府2008年年末公共债务余额达到80.025亿美元，比2007年年底的74.055亿美元增加了约6亿美元。其中外债和国内债务分别增加了4亿美元和2亿美元。2008年年末，外部债务和内部债务分别占公共债务的49%和51%。

② 外债结构。截至2008年12月，加纳外债总额为39.826亿美元（包括欠IMF的债）。从债权人来看，尽管经过多边减债，但多边债务仍然构成加纳外债的主要部分，占外债总额的49.2%。双边债务占比为27.5%，商业性负债占比为23.3%。世界银行仍然是加纳最大的债权人，占总外债的三分之一。

从外债币种看，特别提款权（SDR）仍然是外债的主体，2008年年末占比达41.6%；美元和欧元占比分别为35.4%和16.5%；人民币、日元及其他币种占比分别约为2.0%、1.0%和4.0%。

从外债利率看，固定利率债务占90.1%，浮动利率债务占8.4%，无息债务占1.5%。固定利率债务主要是多边、双边和欧元债券；浮动利率债务主要是出口信贷和商业银行贷款；无息贷款主要是中国政府及部分双边债权人的债务。

从外债期限看，平均贷款期限为23年，总体上属于长期债务。其中，2.6%的外债将于未来12个月内偿还，19.7%的外债将在未来5年内偿还，77.6%的外债将在未来20年内或超过20年的期限内偿还。总的来说，长期债务占75%，这表明加纳政府的偿债义务主要是长期义务，在未来12个月内需要支付外债的利息和其他费用的总额只约占外债总额的2.1%。

③ 2008年获得的赠款及贷款状况。传统债权人仍然是加纳政府借款的优先来源，但商业性贷款有增加趋势。2008年，加纳政府共签署46个贷款协议，总金额为26.309亿美元，其中20%为多边贷款，22%为双边贷款，58%为出口信贷。从贷款的投向来看，37%的贷款投向能源行业，其余则投向健康、道路、水务、国防、内政及金融等行业。

2008年，加纳政府共获发展援助性赠款36笔，总额达4.559亿美元，其中“多边捐助者预算支持”项下一般预算支持的金额占23%，其余为项目赠款。

2008年，加纳政府在债务减免下获得的资金为2.3699亿美元，其中重债穷国项下1.702亿美元，多边减债框架下6687万美元。重债穷国倡议框架下，免债金额的49.7%来自多边，50.3%来自双边。多边减债框架下，免债金额的66.3%来自世界银行，33.7%来自非洲开发银行。

3. 货币金融市场状况

（1）全年通货膨胀压力较大，市场利率上升较快

加纳中央银行货币政策的基本目标是控制通货膨胀，维持价格稳定。这主要是由于加纳经济总量较小，农业基础不稳，工业门类不全，特别是作为石油净进口国，对国际油价波动的抵御能力非常弱，总体上对外部经济的依赖性大。从2008年全年来看，加纳货币政策委员会实施从紧的货币政策，以应对国内外的各种挑战。作出这一决策的基点是国际油价的迅速

上涨及对国内价格的传递作用、财政赤字的增加、国内需求的旺盛以及能源补贴的增加等，这些因素提高了通胀预期，给价格稳定带来了很大的威胁。

2008 年加纳通货膨胀率大幅上升，年均通货膨胀率达 16.5%（见图 7），其中年底的通货膨胀率为 18.1%。从全年来看，通胀率从 1 月份的 12.8% 上升到 12 月的 18.1%，尤其 6 月份曾一度上冲到 18.4%（见图 8）。其中食品通胀率从年初的 10.6%，急剧上升到年中的 17.7%，年末则稍回落至 16.7%。同样，非食品通胀率也从年初的 14.4%，上升到年末的 19.1%。

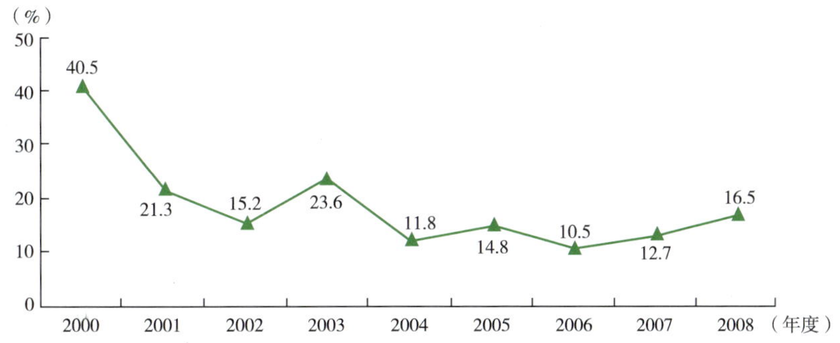

图 7　2000 年—2008 年加纳年均通货膨胀率变化趋势

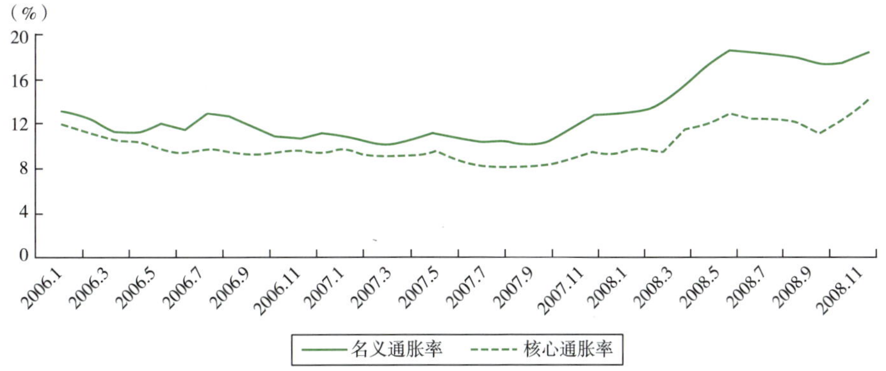

图 8　2006 年—2008 年加纳的名义通胀率和核心通胀率变化趋势

为抑制通货膨胀率的上升，加纳中央银行在 2008 年三次提高基准利率，从年初的 13.5% 提高到 7 月份的 17%，总共提高了 3.5 个基点，17% 的基准利率一直维持到年底。

由于基准利率上调，短期债券市场的利率迅速上升，其中 91 天短期国债的收益率 2008 年上升 14.06 个百分点，达到 24.67%；182 天短期国债收益率也上升了 15.55 个百分点，达到 26.27%；但是，1 年期和 2 年期固定利率央行票据的收益率只分别上升了 7.7 和 8.2 个百分点，达到 20% 和 21%（见表 4）。商业银行的利率发展趋势也与此相似，商业银行平均储蓄存款利率、3 个月定期存款利率和贷款利率分别上升了 4.45、7.38 和 3 个百分点，2008 年年末达到 9%、16.38% 和 27.25%。

表4　　2004年—2008年加纳利率变化情况　　单位：%

年　度	2004	2005	2006	2007	2008
基准利率	18.5	15.5	12.5	13.5	17.0
91天短期国债利率	17.1	11.5	10.2	10.6	24.7
182天短期国债利率	17.9	12.8	10.7	10.7	26.2
1年期央行票据利率	17.9	16.5	15.0	12.3	20.0
2年期央行票据利率	20.0	17.0	15.2	12.8	21.0

由于通胀预期提高，债券市场投资者更加青睐于短期债券，短期债券（91天和182天短期国债）在债券市场占比提高了一倍多，从2007年的20.5%增加到2008年的45.7%。而1年期和2年期固定利率央行票据占比分别下降了10.3个百分点和4.1个百分点。

（2）货币供应量增速加快，银行信贷增速减缓

2008年货币供应方面的显著特征是外汇存款的迅速增加，主要是受下半年本币塞地对主要国际硬通货的迅速贬值的影响。包括外币存款在内的广义货币（M2+）供应量为80.611亿塞地，比2007年增长40.2%，而2007年比上一年同期增长了35.9%，增速呈加快趋势（见图9）。广义货币的增长主要是由于银行系统净国内资产的扩张，特别是对政府的贷款增长了117.2%，而2007年则是下降了25.8%；但是对私人部门贷款的增速从2007年的64.6%下降到2008年的42.8%。贷款的增加主要是由存款增长所推动，2008年存款增长了43.8%，高于2007年的38.6%。其中，受塞地贬值影响，外币存款增长了82.9%，远高于2007年的10%。另外，银行外现金增速保持在27.8%。因此，现金比率从2007年年底的0.29下降到2008年年底的0.26。

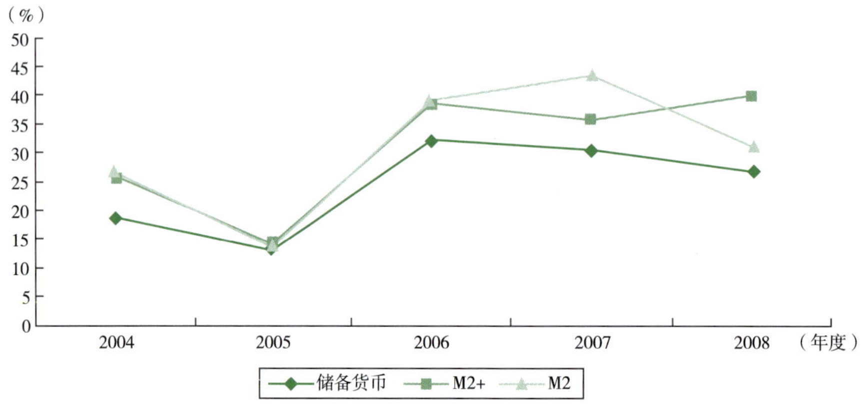

图9　2004年—2008年加纳货币供应增速情况

2008年年底，储备货币比上年同期增长了27.1%，低于2007年的30.5%的增速，主要是由于加纳央行的净外汇资产的下降，但是，由于对政府贷款的增加，加纳央行的净国内资产依然保持强劲的增长势头。

由于实行从紧的货币政策，银行对私人部门和公共机构的信贷持谨慎态度。2008年商业银行信贷达到59.668亿塞地，增长了43.9%，低于2007年的64.6%。同样，对私人部门的

信贷增速为48.2%，低于2007年的59.7%（见图10）。在实体经济领域，商业银行对私人部门的信贷增速从2007年的41.8%下降到25.4%。从信贷投放的领域来看，主要集中于三个行业，服务业占全部信贷的24.1%，商业金融占26.4%，制造业占12.0%。从借款人类型来看，本国企业占67.6%，个人和为外国企业分别占21.5%和9.2%。

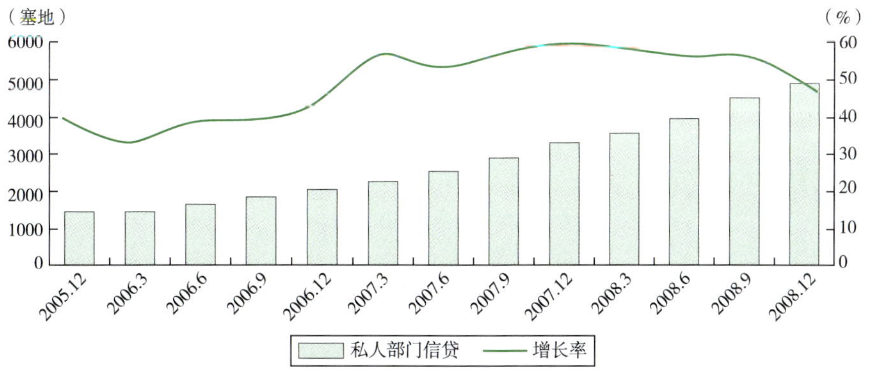

图10 2005年—2008年加纳商业银行对私人部门信贷增长状况

4. 进出口贸易及外国直接投资状况

（1）国际收支状况有所改善，外汇储备有所减少

2008年，加纳国际收支平衡方面的有利因素是加纳的主要出口商品的价格和产量都有所上升（见表5），这使得加纳的出口收入有所增长，但是经济增长带来的进口增加以及国际油价高涨抵消了这一有利因素。因此，2008年，加纳贸易赤字达到了49.988亿美元，高于2007年的38.939亿美元。同样，经常账户赤字也有所增加，达到35.431亿美元（占GDP的21.3%），高于2008年的21.515亿美元（占GDP的14.7%）。2008年的整个国际收支平衡出现9.407亿美元逆差，而2007年实现盈余4.131亿美元（见表6）。赤字主要通过提出储备资金进行弥补，包括2007年发行的7.5亿美元主权债券中尚未使用的部分。

表5 2004年—2008年加纳进出口重要商品价格变化

年 度	2004	2005	2006	2007	2008
可可豆(美元/吨)	1586.9	1524.5	1584.1	1787.2	2072.5
黄金(美元/盎司)	410.0	445.3	602.4	686.5	858.8
北海布伦特原油(美元/桶)	38.7	56.0	67.1	75.8	101.0

由表6知，加纳2008年资本和金融账户盈余28.0648亿美元，低于2007年盈余的25.9142亿美元。经私人资本流入增加了12.313亿美元，达到23.072亿美元，主要是得益于加纳政府向英国沃达丰公司出售加纳电信公司70%的股份收入。2008年的外国直接投资额为12.1159亿美元，高于2007年的8.5538亿美元。但是，净官方投资下降了55.2%，为48.662亿美元，主要是由于国外贷款提款速度减慢。

表6　　2005年—2008年加纳国际收支平衡状况　　单位：百万美元

年　　度	2005	2006	2007	2008
A. 经常账户	-1104.6	-1042.6	-2151.47	3543.12
货物贸易	-2545.1	-3027.00	-3893.98	4998.77
出口	2802.21	3726.67	4172.14	5269.73
进口	-5347.31	-6753.68	-8066.11	-10268.50
服务贸易	1440.5	1984.4	1742.51	1455.65
要素服务	-187.11	-127.36	-138.62	-258.68
非要素服务	-166.61	-136.5	-162.05	-497.17
私人转移	1549.76	1644.58	1833.81	1970.39
官方转移	244.46	603.68	209.37	241.11
B. 资本和金融账户	1165.7	1484.9	2591.4	2806.48
资本账户	331.2	229.9	188.1	463.31
官方赠款	331.2	229.9	188.1	463.31
金融账户	834.5	1255.0	2403.3	2343.17
私人资本	559.3	1019.4	1061.48	2307.20
直接投资	145.0	636.0	855.38	1211.59
股份出售	0.0	0.0	115.0	900.0
其他	414.3	383.3	91.1	195.61
其他投资	275.2	235.6	1327.4	84.99
官方	141.1	212.6	1168.6	486.62
贷款提取	501.3	498.9	1305.4	717.87
其中主权债券	0.0	0.0	750.0	0.0
摊销	-360.2	-286.3	-136.8	-231.25
短期	134.1	23.0	158.7	-401.64
错误和忽略	23.26	-27.17	-26.84	-204.12
C. 总体平衡	84.34	415.12	413.11	-940.75

（2）进出口贸易规模快速增长，贸易逆差不断扩大

加纳属于比较典型的外向型经济国家，2008年的外贸依存度达到97%，近五年来的平均外贸依存度在80%以上。近些年来，随着全球经济增长势头强劲，加纳的进出口贸易规模迅速扩大。2008年的进出口贸易总额达到155.45亿美元，是2002年的3.3倍，比2007年的122.39亿美元增长了27%。贸易逆差为50亿美元，高于2007年的38.9亿美元，增加了28.5%，贸易逆差呈不断扩大的趋势（见图11）。

加纳对外贸易长期处于逆差状态的主要原因是加纳出口产品结构单一，以农矿初级产品为主，附加值不高。长期以来，加纳近90%的外汇收入来自黄金、可可和木材三大传统出口产品（见图12）。2008年，加纳货物出口额达到52.6973亿美元，比2007年增长了26.3%。其中黄金出口收入为22.4625亿美元，增长了29%，主要是由于国际金价的上涨和出口数量的增加。黄金的平均出口价格上涨了25.9%，达到864.03美元/盎司，黄金产量增加了2.9%，达到260万盎司。可可豆出口收入为12.2511亿美元，而2007年为9.757亿美元，

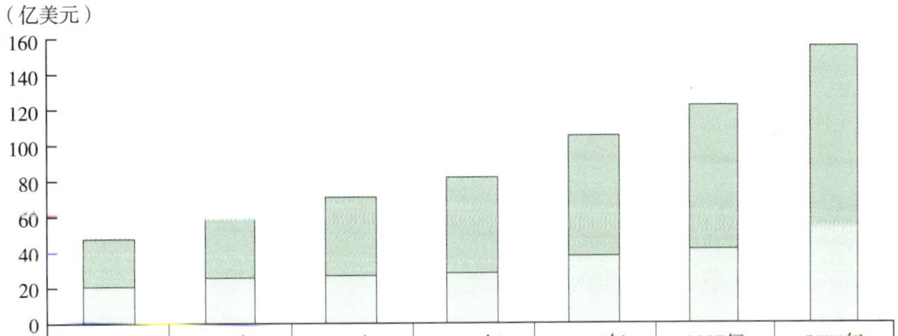

	2002年	2003年	2004年	2005年	2006年	2007年	2008年
进口	27.07	32.32	42.97	53.47	67.54	80.66	102.7
出口	20.15	25.62	27.04	28.02	37.27	41.73	52.75

图 11　2002 年—2008 年加纳进出口状况

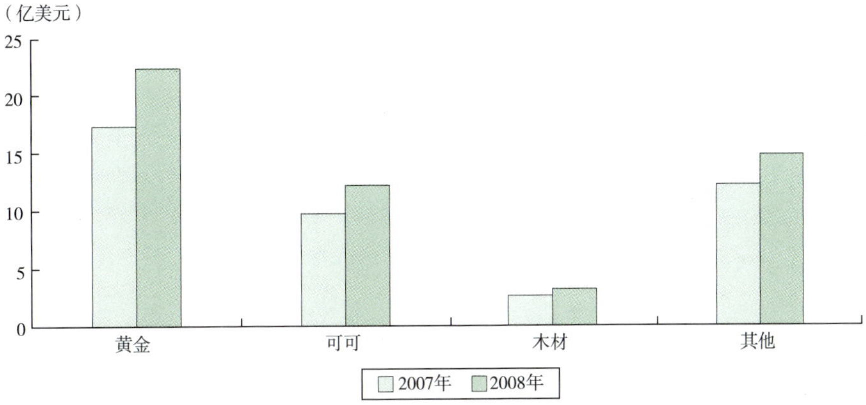

图 12　加纳主要出口商品构成

可可豆出口量增加了 3.3%，达到 563951 吨。木材出口收入也增长了 27.2%，达到 3.168 亿美元，其中木材价格上涨了 14.6%，达到 539.81 美元/立方米，出口数量也增加了 11.02%，达到 586865 立方米。非传统出口收入为 14.8158 亿美元，高于 2007 年的 12.137 亿美元。

加纳主要进口产品有石油、机械设备、工业原料、化工产品和车辆等，主要进口国家为尼日利亚、中国、英国、科特迪瓦、美国、法国。2008 年总进口额达 102.685 亿美元，比 2007 年增长 27.3%。其中，非石油进口达到 79.1175 亿美元，增长了 32.5%。按照用途来看，资本性、中间性和消费性货物进口分别增长 34.3%、25.1% 和 19.9%。石油进口额为 23.5675 亿美元，高于 2007 年的 20.95 亿美元，主要是由于国际原油价格的暴涨。

（3）外国投资增长比较缓慢，大型投资项目较少

随着这些年加纳经济增长平稳加快，投资等商业环境不断改善，加纳吸引外国投资额不断增加。2001 年以来的 7 年间，外国公司在加纳投资总额接近 40 亿美元。2006 年，美国铝业公司在加纳进行铝矾土开采和冶炼的投资金额达到 23 亿多美元。随着近年来加纳投资促进中心有关刺激外国投资政策的落实，外国来加纳的投资有望得到较快发展。

2008 年流入私人资本净额增加了 11.5036 亿美元，达到 22.1184 亿美元，主要是由于加纳电信的出售。同时，直接投资达到 12.2041 亿美元，比 2007 年的 8.5538 亿美元有了较大

幅度的增长。2008 年官方资本流动净额显著下降，从 2007 年的 11.6864 亿美元下降到 5.2303 亿美元，减少了 6.4561 亿美元，主要是由于加纳政府对主权贷款提款速度的减缓。

（4）本币贬值加速，外汇储备减少

尽管加纳央行一直试图维持塞地汇率稳定，2004 年—2007 年，塞地兑美元基本保持了稳定，2005 年还一度出现塞地兑英镑和欧元升值的情况（见图 13）。但随着加纳大选的临近①，执政党为赢得选票而加大了对基础设施项目的投资，到期外债本息的增加以及国际市场食品和原油价格高涨，致使加纳市场中的外汇需求大增。2008 年第二季度后，加纳塞地对国际主要货币的汇率全面下滑，塞地兑美元、英镑和欧元分别贬值了 6%、4.6% 和 11.7%。

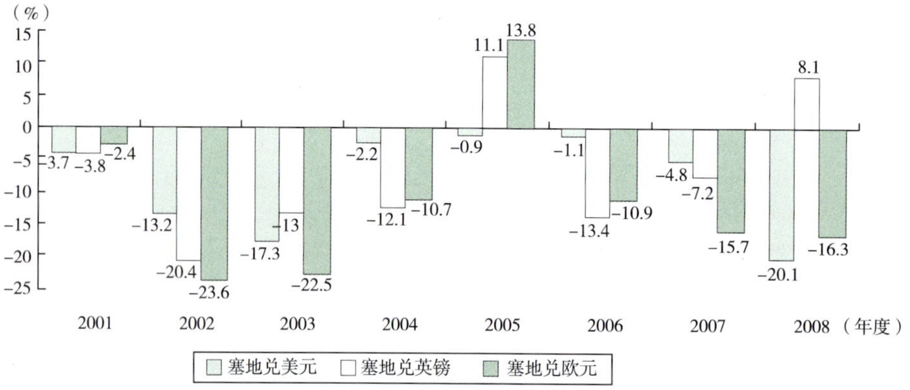

图 13　2001 年—2008 年加纳塞地在银行间市场的汇率变化情况

2008 年全年，在银行间外汇市场，塞地兑美元、欧元分别贬值 20.1% 和 16.3%，但兑英镑却升值了 8.1%；而 2007 年塞地兑美元、欧元和英镑分别贬值 4.8%、15.7% 和 7.2%。外汇交易市场的走势与银行间拆借市场走势基本相同。

由于经常账户赤字增加，加纳外汇储备有所减少。2008 年加纳国际储备总额为 20.362 亿美元，比 2007 年的 28.367 亿美元减少 8 亿美元，主要是由于从 2007 年发行的主权债券中提款用于基础设施投资。截至 2008 年年底，加纳外汇储备只能满足 1.8 个月的货物与服务进口需要。

（二）2009 年宏观政策、战略和目标

2009 年，加纳政府拟紧缩开支、合理设置部门和配备人员，以提升服务、谦逊和诚实为行为准则，"建立一个精简、高效的新政府"。作为第一步，政府部门设置已从 27 个部缩减到 23 个。2009 年宏观经济和财政目标是：实际 GDP 增长 5.9%；年均通胀率为 15.3%；年末通胀率控制在 12.5%；预算赤字占 GDP 的 9.4%；国际储备满足 2 个月以上的货物和服务进口需要。

1. 财政政策面临挑战

中期特别是 2009 年，加纳政府将致力于纠正 2006 年以来的巨大财政赤字，着重改善国

① 加纳于 2008 年年底举行了总统和议会选举，原执政党 NPP 下台，反对党 NDC 上台组阁。

内税收征收机制；合理分配对国有企业的补贴，特别是能源补贴；合理化公共领域工资和其他开支。

2009 年加纳 GDP 增长目标为 5.9%，其驱动力一是新政府将致力于发展农业；二是提高私人部门对经济增长的贡献度。2009 年农业增长目标是 5.7%，主要通过以下途径实现：玉米、水稻及根茎植物的播种面积分别增长 24%、9% 和 1%；政府增加农产品生产、储藏以及加工设备等方面的投入；提升本地牲畜的饲养。工业增长目标为 5.9%，服务业增长目标为 6.6%。

2009 财年总收入预算目标为 97.931 亿塞地，占 GDP 的 45.8%，比 2008 年下降 2.7%。因为出售加纳电信以及主权债提款，2008 年总收入明显增长，但 2009 年没有这样的大笔收入。

其中，国内税收收入，包括税收和非税收收入的总目标为 59.35 亿塞地，计划比 2008 年增长 23.6%。其中包括国家税务局、海关及海关缉私以及增值税在内的总税收收入目标为 51.171 亿塞地，比 2008 年增长 19.0%。直接税预算为 15.545 亿塞地，占总税收收入的 30.4%，比 2008 年增长 24%。间接税预计增长 25.1%，达到 19.174 亿塞地，其中增值税收入为 14.185 亿塞地，石油和消费税分别为 4.362 亿塞地和 6270 万塞地。国际贸易税包括进出口关税目标为 9.225 亿塞地，占 GDP 的 4.3%，占税收收入总额的 17.8%，比 2008 年增长 28.2%，其中进口关税占国际贸易税的 95%。国家健康保险税收入预算为 3.752 亿塞地，占 GDP 的 1.8%，比 2008 年增长 17.9%，包括来自社会保险和国家保险信托收入 1.174 亿塞地。

非税收入的预算目标为 5.909 亿塞地，占 GDP 的 2.8%，其中 3.869 亿塞地为政府各部门留用，2.04 亿塞地将用于一般政府财政支出。

国外赠款收入预计为 13.019 亿塞地，占 GDP 的 6.1%，其中项目和预算支持赠款分别为 6.831 亿塞地和 3.956 亿塞地。“重债穷国倡议”和“多边减债倡议”下获得的资金，预计分别为 1.30 亿塞地和 9330 万塞地。贷款总额预计为 10.292 亿塞地，占 GDP 的 4.8%，其中项目和预算支持贷款分别为 7.925 亿塞地和 2.367 亿塞地。从双边债权人获得的“重债穷国”减债额预计为 1.347 亿塞地。

2009 年财政支出金额预计为 97.931 亿塞地。其中法定支出为 30.127 亿塞地，占总支出的 30.8%，占 GDP 的 14.1%；意定支出为 67.804 亿塞地，占 GDP 的 31.7%。

法定支出将比 2008 年增长 27.8%。其中外债事务预算为 8.551 亿塞地，利息支出和余额为 5.379 亿塞地，国内利息支出预算为 5.077 亿塞地。中央政府向地区议会共同基金及加纳教育信托基金转移支付预算分别为 3.457 亿塞地和 2.751 亿塞地；向国家健康保险基金转移支付的金额为 3.752 亿塞地；向公路基金支付 1.233 亿塞地，石油基金支付 350 万塞地，以对石油开采及相关经营活动提供资金；对养老金的转移支付金额为 2.119 亿塞地，社会保险为 2.197 亿塞地。政府代表其雇员支付定期扣缴款为 5.272 亿塞地，占 GDP 的 2.5%。

意定支出金额为 67.804 亿塞地，占总支出的 68.9%，比 2008 年下降了 5.6%。其中，工资支出预算为 25.338 亿塞地，相当于 GDP 的 11.8%，国内税收收入的 42.5%，占整个意定支出的 37.9%。津贴总额为 3.24 亿塞地，如扣除这部分津贴，工资支出占 GDP 的 10.3%，而 2008 年为 11.5%。政府各部门管理和服务支出预算分别为 2.663 亿塞地和 1.49 亿塞地，共占GDP的1.9%，比2008年低了36%。2009年，为削减政府赤字，使政府开支合理化，政府将压缩公务人员出国、开会以及专题研讨会等活动。国内投资支出预算为3.058亿塞地，占GDP的1.4%，而国外融资投资支出将达到14.756亿塞地，占意定支出的21.8%。其他转移支付为9.057亿塞地，其中3500万塞地将用于缓解石油价格自由化影响，1900万塞地用于国家电力公司的补贴。

2009年加纳从重债穷国倡议获得款项总额预计为2.647亿塞地，其中：20%将用于减少国内债务；50%即1.318亿塞地分配给政府各部门、省地区议会及其他机构，用于各种减贫和改善经济社会状况；其他30%将用于一般财政开支。多边融资支出预算为9330万塞地。

2009年预算赤字约占GDP的9.4%，为此，新政府将从国内获得净融资13.922亿塞地，从外国融资6.26亿塞地。

2. 2009年外部融资和外贸发展展望

公共债务管理的核心战略是，控制公共债务总额的增长速度，以维持可持续发展。中期来看，公共债务占GDP的比例应当控制在GDP的60%以下。

从外债的融资看，具有社会效益的项目主要寻求优惠性质贷款，而经济上可行、能产生经济效益和战略性项目，则可寻求商业贷款。新政府将努力通过政府和私企共担风险的“公私合营”（PPP）方式对部分基础设施项目进行融资。

中期风险管理战略的基点如下：外币债务将与国家外汇收入分离，以使主要外币风险汇率最小化；目前利率结构并没有显示任何紧急利率风险，但危机发生时浮动利率会面临危险，因此需严密监视并保持在25%—35%的国际警戒线内。2009年重债穷国和多边减债收入账户下，预期将收到3.58亿塞地。西班牙政府已经承诺将在7年内以债务促发展形式，为加纳社会经济发展拨付额外债务减免资金4436万美元。从2009财年及中期看，有效的国内债务管理是加纳经济发展过程中非常重要的方面。随着利率的持续下降、汇率环境的稳定以及财政赤字的减少，包括以下几个基点的中期债务管理战略会获得支撑：满足政府每年资金需求；使借款和债务利息成本最小化；到期债务结构合理化；加纳证券市场运转良好并持续深化。

总体目标是拥有充足的外汇储备，以帮助加纳经济应对外部冲击。2006年—2007年加纳外汇储备在很大程度上帮助加纳顶住了2008年石油和食品价格的上涨。2009年国际收支预计显示，2009年加纳出口将下降7.6%，金额为48.7406亿美元；私人往国内的汇款预计下降7.5%，金额为17亿美元。

2009年进口预计下降16个百分点，金额约86.052亿美元。石油进口预计将下降，这主要是基于2009年油价会保持在60美元/桶。2009年加纳经常账户余额预计将提高35个百分点，经济账户赤字占GDP的比例将从2008年的20.87%下降到15%。经常账户大幅改善将对国际储备产生积极影响，预计2009年年末外汇储备将能满足加纳2个月的进口需要。

（三）中长期宏观经济框架

加纳新一届政府在预算报告中描绘了未来中长期宏观经济框架，主要内容如下：

1. 新政府远景规划

新政府将施行审慎设计的政策和方案，开发加纳巨大的人力资源，从而使普通民众成为国家发展日程表上主要的推动者和受益者，特别重视城市和农村的贫困人口。为此，加纳政府将采取以下措施：① 视宏观经济稳定为重要目标；② 为企业提供政策和实施框架，使其更新设备、运用现代技术、获得资本，从而克服阻碍以提升其竞争力的历史和结构性约束；③ 与商界构建合作伙伴关系，以提升、促进国家经济增长；④ 为农业现代化在生产、收割和销售等方面，设计和施行紧急国家行动计划。这包括合理获得耕地，对农业战略性投资以减少农业内在风险（灌溉、耕作），增加农业相关基础设施的投资。⑤ 建立公正、平等的社会分配机制，以提高所有公民的福利，特别是社会中的弱势群体。

2. 加纳政府的宏观政策目标

加纳政府的宏观政策目标是引领加纳在2020年步入中等收入国家行列。本届政府打算通过采用审慎的政策措施，提高政策协调性，提升国家经济管理以实现上述目标。

（1）经济增长

通过下列恰当的相关政策协调来实现经济增长：① 促进宏观经济发展并保持其稳定；② 调集资源以支持经济加速发展；③ 进一步发展能源、交通、水务以及通信等方面的基础设施；④ 通过支持各行各业的中小企业来创造就业；⑤ 推进农业和农村经济的现代化；⑥ 振兴制造业；⑦ 开发对于国家发展起关键作用的人力资本以充实管理；⑧ 推进地区整合。

（2）财政政策

新政府将通过税收征管改革，加强税收激励来提高税收征收工作。政府将改革“国家税务局”，确保税收管理的整合统一。这将促进各税收征管单位间的信息共享，从而使税基评估更加准确、税收网络更广，并避免重复劳动。

管理方面的改革还包括：为税收征管机构提供必要和可靠的资金；为直接税和间接税提供综合的计算机系统；加强能力建设；提高纳税意识；从非正规领域提升税收动员等。税收政策要通过适当的工作激励、生产率的提高来鼓励民众努力工作，从而提高个人的可支配收入。中期的着力点将是施行审慎的开支管理，把非生产性开支降到最低。

（3）货币政策

货币政策要支持财政政策，着力大幅降低通胀压力，稳定物价以及汇率预期。加纳银行的货币政策将致力于降低期末通胀，强化其通胀目标框架。

加纳仍将实施浮动汇率体制，对于汇市的干预目标仅仅是减少市场波动。加纳政府将采取措施，鼓励债券、其他长期证券等市场进一步发展，将储蓄资源动员到投资中去，优化金融体系结构以改善信贷流向。

3. 中期宏观经济目标

中期主要宏观经济目标有：① 平均实际GDP增长达到8%；② 通货膨胀率维持在个位

数；③ 外汇储备满足至少3个月的进口需求；④ 财政赤字占GDP的3%；⑤ 公共债务总额不超过GDP的60%。

（1）结构性政策

中期内，加纳新政府将致力于结构改革和优化，基于石油生产将增加税收的预期，将规划相应政策以确保财政稳定以及债务可持续。

（2）税收管理

加纳面临的一个挑战是如何扩大税基。因为大部分加纳人工作在非正式领域，使税收征管任务繁重。税收管理将强化效率，扩大税基。税收减免约占税收收入总额的9%，这一比例相当可观。税费减免造成的税收流失仍在上升。政府打算对税收减免体制进行总体的再评估，从而降低减免范围，消除减免滥用的情况。作为开始，因“许可”货物结算而产生免税将被削减。除上述使税收征管合理化和改善的努力外，政府将在经济的关键领域寻找机会以给私企提供税收激励。

（3）公共领域改革

政府将实施公共领域的改革，制定一个对那些与政府目标不再相关的次级机构进行结构调整的行动计划，对一些次级机构进行部分或全盘商业化运作。

（4）公共领域工资

新政府认识到工资问题是一个巨大的挑战，因此，将致力于公共领域改革，使工资问题与效率提高联系起来。期望这些改革，能够解决劳动前沿的一些问题，这些问题部分是由既扭曲又管理混乱的公共领域工资结构所导致。

随着针对所有公共领域工作人员的综合性工资结构草案——“单脊法”的出台，这一问题已经取得明显进展。该法结构意在使目前支付体系产生最小流失的同时，使公共领域工资平等而透明。

加纳政府将实施一个分配经济增长福利的规划，目标是为民众提供基本的生活用品。该规划的主要内容有：为所有人提供足够的营养和饮用水；获得预防和治疗疾病的药物；为低收入工人及农村和半城市化社区居民，提供经济适用房；为所有愿意和有工作能力的人提供就业机会；向所有老年居民提供可持续养老的方案；通过农业现代化和农矿产品加工现代化，对经济进行根本性的改革和结构调整。

作为农村现代化和城市重建战略的一部分，新政府将对地方社区进行投资，包括以下内容：新建和翻修农村道路；提供诊所和健康服务；提供学校和社区图书馆；将电力设施延伸到所有社区；在农村地区为老师和医务人员提供住房；为城市高度贫困社区提供公共娱乐设施。

参考文献资料

1. Ministry of Finance and Economic Planning, The Budget Statement and Economic Policy of the Government of Ghana for the 2009 Financial Year, Assembly Press, 2008.

2. Bank of Ghana, Annual Report 2008.

二、惠誉调低加纳国家评级展望

2009年年初，世界著名评级机构——惠誉评级将对加纳的长期外汇发行人违约评级和长期本币发行人违约评级展望都从稳定调整为负面。同时，该机构还将加纳的长期本外币发行人违约评级及国家最高评级确定为“B+”，将短期发行人评级确定为“B”。

惠誉评级位于伦敦的主权评级小组高级主管Paul Rawkins表示，此次之所以调低加纳的评级展望是因为最新数据显示，加纳2008年的财政赤字和经常账户赤字占GDP的比重分别为15%和24%，且通货膨胀率达到两位数①。宏观经济的严重失调使得加纳很难应对当前不利的全球经济环境，也使得加纳新上台的全国民主大会党（NDC）政府面临着严峻的挑战。

虽然有些经济评论人士把加纳2008年经济状况与其20世纪90年代末陷入困境时经济状况②等同的看法有些夸张，但是，惠誉评级认为目前宏观经济失衡有可能使加纳从外债减免中获得的收益迅速被吞噬。外部的冲击有可能使加纳脱离其维持了较短时间的宏观经济稳定运行轨道。

其实加纳财政收支失衡的状况从2006年已经开始显现。2008年财政收入勉强达到预期目标，但是财政支出却超过预期目标的24%，主要是由于政府工作人员工资增加、能源补贴增加和选举前费用支出导致的。由于收支不平衡，加纳政府债务负担加重，外债从2006年的22亿美元增加到2008年的39亿美元，同期政府公共债务从53亿美元增加到76亿美元③，公共债务占GDP的比重从2006年的37%上升到2008年的56%。2008年的财政资金缺口主要通过提取2007年所发行的主权债券收益、私有化收益和增发国内债券来弥补。通货膨胀率的上升使得投资者减少对长期政府债券的投资，短期债券占政府债券的比例从2007年年底的20%上升到2008年年底的46%，极大地增加了短期偿债风险。

由于目前加纳经济明显呈现过热迹象，2008年信贷投放量增加了44%，2009年1月份的通货膨胀率比上个月增加1.73个百分点，达到19.9%，创2004年2月以来新高④，因此加纳央行在2月24日将基准利率从17%提高到18.5%。惠誉评级希望加纳采取从紧的货币政策并且在2009年的预算中缩减开支。但是，重建财政纪律需要时间，如果财政支出没有实质

① 2008年，加纳全年财政赤字25亿加纳塞地，超过GDP总值的15%；全年贸易逆差估计为34.2亿美元，约占GDP总值的18%；通货膨胀率从2007年年底的12.7%上升到2008年年底的18.1%。

② 20世纪90年代末期，由于国际市场黄金、可可价格下跌等外部因素的冲击，加纳经济陷入困境，财政赤字剧增，货币塞地大幅贬值，债务负担沉重。

③ 这还不包含2001年以来加纳被免除的50亿美元债务。

④ 导致通胀率上升的原因包括塞地兑主要国际货币贬值、进口量较大以及目前仍处于歉收季节等。2009年1月非食品类商品与服务的通胀率（11.11%）仍高于食品类商品通胀率（8.75%）。非食品类商品与服务中，酒店、餐厅、饭馆、服装、鞋类和住房等的价格变化最大。食品类商品中，鱼、面包和谷类的价格变化最大。2009年1月，加纳各省的通货膨胀率从24.85%（北部省）至13.79%（沃尔特省）不等，有5个省的通货膨胀率高于全国通货膨胀率（19.86%）。由于食品价格上涨、塞地兑主要国际货币贬值，预计2009年2月通胀率会继续上升。

上的缩减，2009年加纳财政赤字占GDP的比重不可能大幅下降到8%—9%以下。如果2009年不能保持2008年的私人资本流入规模，加纳将不得不走以前的老路，向双边或多边机构申请长期贷款来偿还短期债务，同时增加国内发债力度。

作为撒哈拉以南非洲地区第一个支持政治结构改革的国家，加纳在国际社会享有较好的声誉。2008年，加纳和平地举行了总统和议会选举，自2000年以来再一次地实现政权平稳过渡，巩固了加纳作为非洲极少数几个真正实行民主的国家的声誉。但是，新上台的NDC政府对政权的控制力相对较弱，在议会228个议席中只占有114席，有可能使其保持宏观经济稳定的工作变得更加复杂。

惠誉评级认为，加纳近年来发现的石油如果能够合理管理的话，将有可能提高其主权信用。但是，进行商业开采的开始时间①具有很大的不确定性，因此，要警惕因预期有新的石油收入而继续实行比较宽松的财政政策。新任总统米尔斯最近发表国情咨文，承诺政府将采取一系列措施控制财政出超，保证宏观经济稳定。这些措施包括：大幅削减国家礼宾司的预算资金；大幅削减政府官员出国预算资金；大幅削减会议、培训班等预算资金；监控国有公司、企业的奖金、红利；修改免税体制；提高税收征收效率；改革工资制度等。但全球金融危机使得加纳政府控制财政资金支出的努力面临很大的压力，而较弱的国际收支平衡将对其货币币值和国际储备的稳定产生威胁。惠誉提醒，如加纳不希望主权信用有更大的风险，则必须实行更严格的财政纪律。

参考文献资料

1. Ghanaian Times（加纳时报），2009年3月5日。

2. Fitch Research（惠誉评级）：www. fitchratings. com。

三、2010年加纳预算报告提出重点发展农业

加纳财政部部长Kwabena Duffuor博士2009年11月18日在提交议会审批的2010年财政预算报告中，将发展农业作为促进加纳经济发展的一项重大举措，其中重点是加大发展水稻种植、渔业、家禽养殖等的力度，同时恢复大米、小麦、玉米、蔬菜油和家禽类商品的进口关税。该关税于2008年加纳发生粮食危机时被取消。

此次预算不但提出了实现农业现代化的总体目标，而且提出了许多改变加纳农村落后面貌的计划，如增加农业产量，提高农业生产力，增强食品安全，创造更多的就业机会并降低进口食品的外汇开支等。用拖拉机和农业机具逐步取代传统的镰刀锄头、人力和牲畜耕作

---

① 以前的消息是最早产油时间为2010年。

方式。

加纳政府还将支持大型的公私商业农场，向他们提供农业机具和设备，提供相应的资源用于恢复农业灌溉，特别是 Tono 和 Vea 地区的灌溉。

此外，政府将向农户提供符合标准的优质稻种、机械设备及农药化肥等来支持农民，并对农业贷款提供补贴。力争到 2012 年使玉米、高粱和蔬菜的产量翻番，并向他们提供足够的培训，以提高食品作物链的技术含量和附加值。

另一目标是到 2012 年实现鱼和家禽的自给自足。政府拟在沿海主要鱼镇建设卸鱼点和冷藏库，并提供高马力的渔船给渔民以促进渔业的发展。同时也会为家禽养殖户投入一些设备、种苗、医药等，并建立大型的肉禽生产基地。

在可可生产方面，政府计划于 2012 年实现年产 100 万公吨的目标，这也是为什么 2009 年—2010 年种植季政府向可可种植农户提供 FOB 出口净价 71.1% 的补贴的原因。同时，政府承诺直接为 2008 年—2009 年种植季提供大约 5000 万加纳塞地①的资金，其中 50% 的款项将于 2009 年 11 月分发到位，另外 50% 将于 2010 年的 4、5 月支付。2009 年 10 月政府提供了 1500 万塞地种子购置费建立了可可农户社会安全基金，下一步还将执行特别可可农户住房供给机制，并建立规模农场，采用喷洒灌溉，改善可可种植区的道路设施，促进东部、Ashanti 和西部地区修复旧可可农场以恢复种植工作。

参考文献资料

加纳日报（Daily Graphic），2009 年 11 月 19 日。

四、加纳石油开发情况

（一）加纳地理地质状况及石油勘探基本情况

同中东的波斯湾一样，西非的几内亚湾②近些年来因石油而升温，成为世界关注的热点地区。几内亚湾地区已探明的石油储量超过 800 亿桶，约占世界总储量的 10%。2001 年全球新探明的 80 亿桶原油中，有 70 亿桶均来自几内亚湾。该地区原油的特点是含硫量少，属于提炼成本低的高品质油。由于该地区巨大的石油潜能，引得美欧石油列强蜂拥

① 汇率：1 美元约兑 1.45 加纳塞地。

② 几内亚湾是西非海岸外的大西洋海湾。西起利比里亚的帕尔马斯角，东止加蓬的洛佩斯角。沿岸国家有利比里亚、科特迪瓦、加纳、多哥、贝宁、尼日利亚、喀麦隆、赤道几内亚、加蓬，以及湾头的岛国圣多美和普林西比。有沃尔特河、尼日尔河、萨纳加河和奥果韦河等流入。尼日尔河三角洲东西两侧分别有邦尼湾和贝宁湾。沿岸多浅滩、潟湖和茂密的红树林。大陆架上富藏石油。有鲱鱼、沙丁鱼、鲶鱼、龙虾等水产。

而至，表现活跃的公司都是石油业巨头，如美国的雪佛龙、埃克森美孚，英国的英国石油公司、英荷皇家壳牌公司，法国的埃尔夫集团以及意大利的阿吉普公司等。特别是作为世界最大石油消费国的美国，意欲将几内亚湾建成自己的后备油库①。几内亚湾地区包括了非洲最重要的产油国——安哥拉、尼日利亚、赤道几内亚、刚果（布）、加蓬和喀麦隆等。

加纳位于非洲西部、几内亚湾北岸，西邻科特迪瓦，北接布基纳法索，东毗多哥，南濒大西洋，海岸线约长562公里。从地质上看，加纳有5个沉积盆地：位于西部海岸的塔诺（Tano）离岸盆地；位于西部海岸的海角三点（the Cape Three Points）的离岸盆地（该盆地是塔诺盆地的一个较为独立的子盆地，有时候将该盆地和塔诺盆地一起称为广义的塔诺盆地）；位于中部海岸的索尔特庞德（Saltpond）离岸盆地（该盆地又称为中部盆地）；位于东部海岸的阿克拉－凯塔（Accra-Keta）离岸盆地；位于内陆的沃尔特（Voltaian）盆地。根据加纳国家石油公司（GNPC）② 的资料，加纳的油气资源分布于国家从西部海岸到东部海岸整个沿海地区，目前的勘探活动主要集中在沿海的离岸区块（见图14）。占加纳陆地领土面积40%（约10.3万平方公里）的沃尔特盆地，据称也有可观的油气资源，但目前还没有正式的勘探。此外，加纳沿海还有一定的延伸区域，包括专属经济区（EEZ）和延伸合法大陆架（ELCS）③，据称该区域内也有较大的油气资源潜力。目前加纳已提交了延伸大陆架的申请，正在等待批准。加纳整个的大陆架不超过5000米等深线，这一区域的开发在目前的技术允许范围之内。

加纳石油勘探开发的基本情况如表7所示。加纳早在20世纪70年代就进行过沿海的石油勘探，1970年由Signal和Amocod组成的联合体发现了索尔特庞德（Saltpond）油田。该油田位于距海边的索尔特庞德镇13公里的海面，水深80英尺。1978年由Agripetco公司投产，日产量从4800桶逐步缩小至580桶，直至1985年停产。在此期间共生产原油375万桶和天然气140亿立方英尺。用于生产的钻井平台至今还在该油田。Braspetro公司在1986年评估后认为该油田使用现有油井还能生产120万桶石油和200亿立方英尺天然气。GNPC为了恢复该油田，于2000年与Lushann Eternit公司签订协议④，成立合资公司恢复油田开采，目前该油田实验基地产量500桶/天。Lushann Eternit公司希望通过扩大规模，将产量提高到1000桶/天。

---

① 目前，赤道几内亚、安哥拉、加蓬、刚果（布）和科特迪瓦等国的油气资源已基本掌握在美国公司手中，尼日利亚和安哥拉作为该地区的两个石油储量最为丰富的国家，已分别成为美国的第五和第七大石油供给国。2004年，美国从撒哈拉以南非洲国家进口的石油占其进口石油总量的16%，而据美国家安全委员会预测，到2015年这一比例将升至25%。

② 该公司为加纳国有的石油公司，负责加纳的石油勘探、开发和生产。按照现行法律，其也承担一部分政府行政管理职能，如代表政府审查与国外石油公司签署的石油协议。

③ 1982年通过的《联合国海洋法公约》（以下简称《公约》）以自然延伸原则为基础来定义大陆架，但为了照顾拥有宽大陆架的沿海国的权利，《公约》建立了“200海里以外大陆架”的法律制度。《公约》规定沿海国在确立其200海里以外大陆架的外部界限时，不能完全单方面决定，而应首先向大陆架界限委员会提交申请，然后在该委员会的建议的基础上划定其大陆架外部界限。根据各缔约国的协商确定将2009年5月13日作为提交延伸大陆架的“最后期限”。加纳在最后期限前已经提交了相关的申请，正等待联合国有关机构批准。

④ 该协议签订后，加纳政府可拥有净产量的3%，加纳国家石油公司享有15%的附带权益。

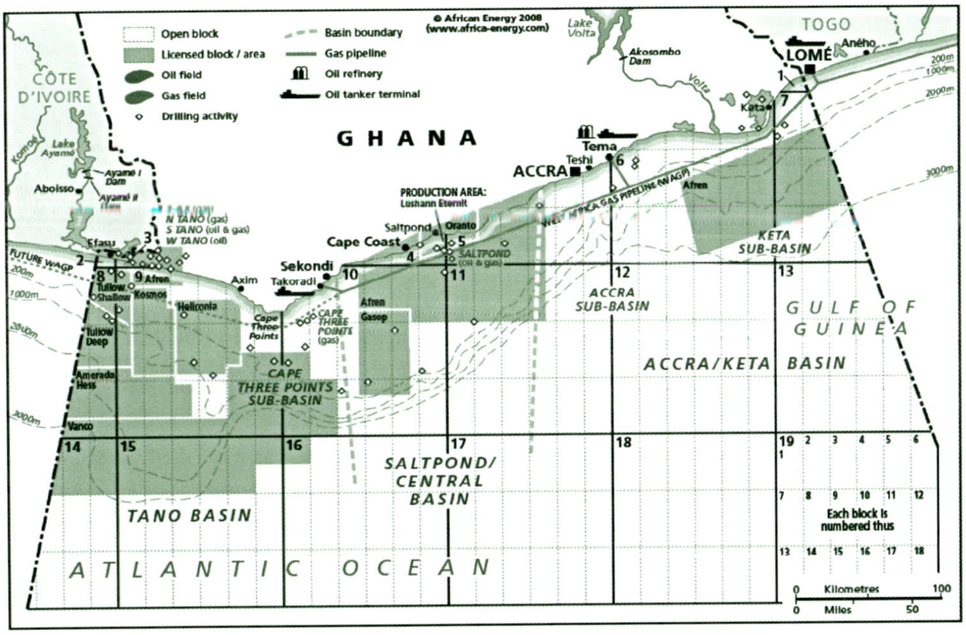

图 14　加纳沿海地区油气的基本情况

资料来源：African Energy 杂志。

从20世纪90年代后期开始，GNPC将注意力从浅海转向深海。由于自身技术和资金实力有限，加纳鼓励国外石油公司对其离岸区块进行勘探。早期因前景不被人看好，与加纳签署勘探开采协议的主要是一些中小型的独立石油公司。2004年7月，GNPC代表加纳政府与由美国的Kosmos能源公司①（作业者）、英国的Tullow石油公司②、美国的阿纳达科（Anadarko）石油公司③、Sabre石油公司和加纳本国的E. O. 集团组成的联合体签订了西海角三点区块（the West Cape Three Points）勘探开发协议。2006年，加纳政府将深水塔诺（Deepwater Tano）区块勘探开发合同授予由Tullow石油公司（作业者）、Kosmos能源公司、阿纳达科石油公司和Sabre石油公司组成的联合体。2007年终于有重大发现，由Kosmos公司和Tullow公司通过Mahogany-1和Hyedua-1两口井在两个区块发现大量的石油。随后该发现区域被命名为Jubilee油田④。

受Jubilee油田发现大量石油的鼓舞，外国石油公司纷纷加入赴加纳淘金的行列。从2007年6月宣布在Mahogany-1油井发现石油后，至少有41家公司向GNPC提交了勘探许可申请

---

① Kosmos是位于美国得克萨斯州的一家规模较小的私人公司，大部分雇员来自原Triton能源公司。Triton能源公司1999年在赤道几内亚发现了Ceiba油田。1999年James Musselman收购了该公司，当Hess公司买下Triton以后，其人员都归于Kosmos公司。

② Tullow石油公司总部位于英国伦敦，在伦敦证券交易所上市，是英国第二大独立油气生产商。该公司主要从事石油勘探开发，在22个国家拥有86张勘探许可证，业务涉及非洲、欧洲、南亚、南美。

③ 阿纳达科石油公司成立于1959年，是世界上最大的独立石油勘探与生产公司之一，总部设在美国得克萨斯州休斯敦市。公司经营业务主要包括油气勘探、开发和石油产品销售等。

④ 该区块发现于2007年，正值加纳独立五十周年之际，而Jubilee在圣经中有五十年节的意思，油田因此被命名为Jubilee油田，以庆祝加纳独立五十周年。

表7 加纳石油勘探开发的基本情况

作业区域	区块面积	承包商及股份比例	承包商专长	批准日期	合同到期日	勘探手段
凯塔盆地	—	Afren 占 68%（作业者）、Mitsui 占 20%、GNPC 占 10%、Gulf Atlantic Energy 占 2%	油气勘探和生产	2002 年 8 月，2006 年 7 月第 1 次修改，2008 年 8 月第 2 次修改，Devon 将其权益转给 Afren	2009 年 8 月	地震数据的获取、处理和解释
海角三点深水	—	Vanco（作业者）占 28.34%、Lukoil 占 56.66%、GNPC 占 15%（附带权益）	深水勘探开发	2002 年 8 月	2009 年 3 月	地震数据的获取、处理和解释
西海角三点	1761 平方公里	Kosmos 占 30.875%（作业者）、Anadarko 占 30.875%、Tullow 占 22.896%、GNPC 占 10%（附加权益）、E. O. 集团占 3.5%、Sabre 石油占 1.854%	油气勘探和生产	2004 年 5 月	2011 年 5 月	地震数据的获取、处理和解释以及钻探
海角三点	2080 平方公里	Vitol Upstream 占 85%（作业者）、GNPC 占 15%	石油运输、精炼和分销	2006 年 3 月	2013 年 3 月	地震数据的获取、处理和解释以及钻探
浅水塔诺	983 平方公里	Tullow 占 31.5%（作业者）、Inter 石油公司、Ai Thani Emirates 石油公司、Sabre 和 GNPC 占 10%	油气勘探	2006 年 7 月	2013 年 2 月	地震数据的获取、处理和解释以及钻探
深水塔诺区	1100 平方公里	Tullow 占 49.95%（作业者）、Kosmos 占 18%、Anadarko 占 18%、GNPC 占 10%、Sabre 占 4.05%	油气勘探	2006 年 7 月	2013 年 2 月	地震数据的获取、处理和解释以及钻探
深水塔诺海角三点	3000 平方公里	Hess 加纳勘探有限公司	油气勘探和生产	2006 年 7 月	2013 年 7 月	地震数据的获取、处理和解释以及钻探
深水索尔特庞德盆地	2050 平方公里	Gasop 石油有限公司	油气勘探和运输	2006 年 7 月	2013 年 7 月	地震数据的获取、处理和解释以及钻探
南海角三点区	740 平方公里	Vitol Upstream 加纳有限公司	石油运输、精炼和分销	2008 年 6 月	2015 年 1 月	地震数据的获取、处理和解释以及钻探
离岸索尔特庞德盆地	1500 平方公里	Oranto 石油公司/Stone 能源加纳有限公司	勘探、开发和生产	2008 年 7 月	2015 年 2 月	地震数据的获取、处理和解释以及钻探
南塔诺深水区	3482 平方公里	挪威的 Aker 公司（作业者）占 85%、Chemu 电力占 5%、GNPC 占 10% 以及增加到 25% 的选择权	建设、工程、建筑服务	2008 年 11 月	2015 年 11 月	地震数据的获取、处理和解释以及钻探

资料来源：GNPC 网站。

（申请首先向加纳能源部提交后转给 GNPC 评估），大大超过之前的平均每年 4 个申请的水平①。到目前为止，加纳共发放了 9 个离岸区块许可证，加纳 80% 的离岸浅水和深水区块勘探许可都已出售。大规模的勘探也使得加纳整个离岸沉积盆地的数据数量和质量得到很大改善，目前 GNPC 拥有 12227.78 平方公里的三维地震数据和 33126.00 平方公里的二维地震数据。

自从 2007 年发现石油以后，加纳在勘探开发方面也取得了一些新的发现（见图 15）。2008 年 2 月，Kosmos 公司宣布其在西海角三点区块最新钻探的 Odum－1 油井又有新发现。该井位于 Jubilee 油田以东约 13 公里，距海岸线 51 公里，位于塔科拉迪港西南 117 公里。该井钻探总深度为 3386 米，发现一个深 60 米的油藏区，净含油层为 22 米。从该油藏区取得的样品显示，其石油密度为 29API 度，不同于 Jubilee 油田。2008 年 10 月，Tullow 公司成功地在浅水塔诺区块钻探一口井（Ebony 1），随后，该公司在 11 月宣布在该井 2053 米深度发现

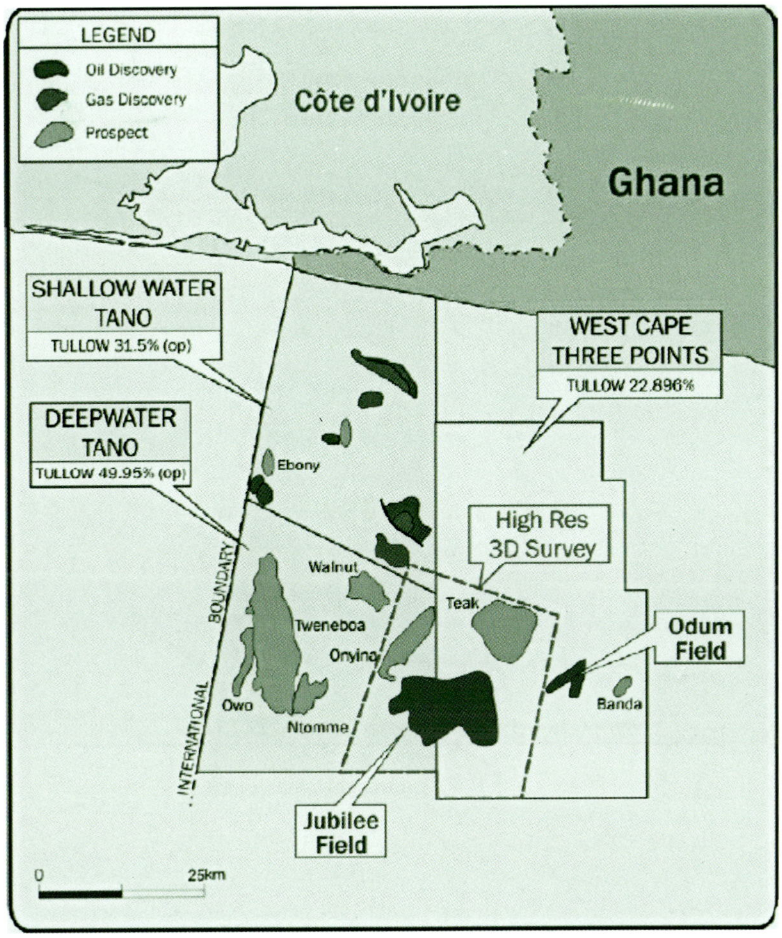

图 15　加纳西部浅水塔诺区、深水塔诺区和西海角三点区勘探发现的概况

资料来源：African Energy 杂志。

① Esau, Ian, "Frontier Play Key to Hitting Targets," Upstream, August 28, 2008. "The far abroad offers future security for the Kremlin and other oligarchs," African Energy, No. 147, October 4, 2008, pg. 3.

了一个4米（13英尺）的油藏区，在2570米深度发现了一个2米的凝析油层。据称该油田储量达2亿桶。GNPC在2009年3月8日宣布在深水塔诺区块发现了重要数量的新油气资源（见图16）。在Tweneboa－1油井从3593米深度钻到到3939米时，发现了一个4米的高压含油层，根据中途测试、压力测量和取样的结果显示，该区域所产密度为26API度的石油位于一个独立的浅层油藏。Tullow公司将这个区域称为Tweneboa油田，预计该油田最高有14亿桶的储量，但这一发现还未得到其他方面的最终确认。

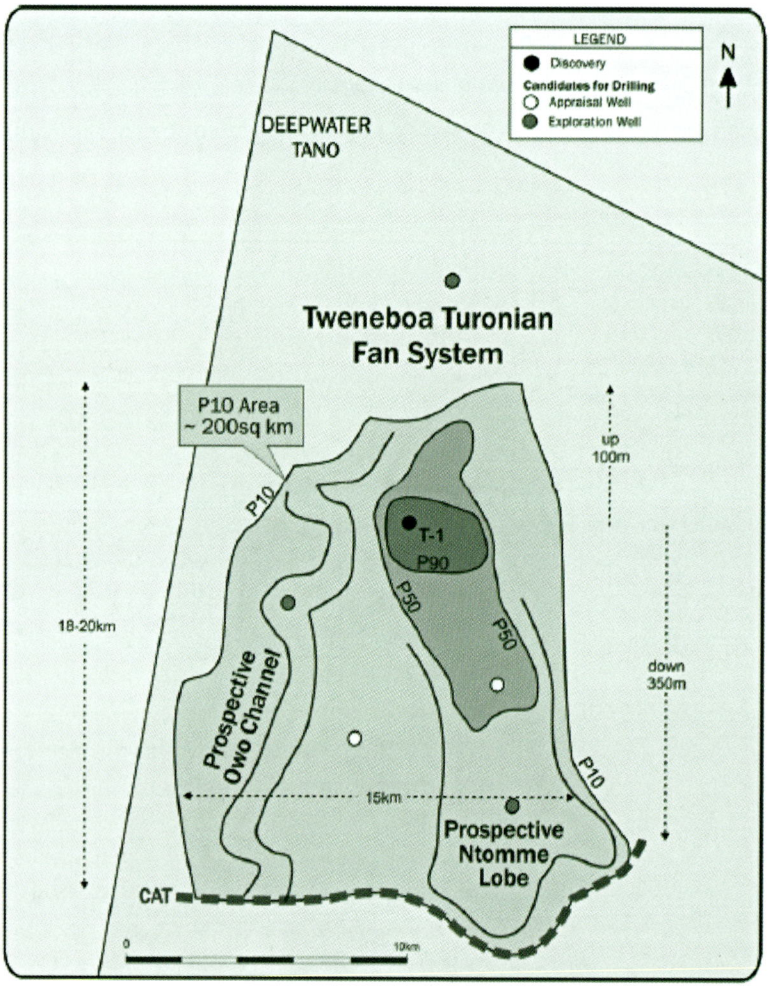

图16 深水塔诺区Tweneboa油气区概况

资料来源：Tullow公司。

（二）Jubilee油田基本情况及开发计划

1. Jubilee油田的发现及其储量

加纳的石油发现主要是基于在Jubilee油田的重大发现。Jubilee油田的位置及基本情况如

图 17 所示。该油田位于加纳西部省附近海域，横跨深水塔诺区和西海角三点区两个区块。Jubilee 油田最早发现于 2007 年 6 月。当时，Komos 能源公司在距离海岸线 63 公里、塔科拉迪西南 132 公里处钻探 Mahogany－1 油井时，发现一个 271 米的油藏区，净含烃层达 96 米。随后，2007 年 8 月，Tullow 公司在相邻的深水塔诺区块钻探 Hyedua－1 油井（该油井位于 Mahogany－1 油井西南 5.3 公里）时，发现一个 202 米的油藏区，净含烃层为 41 米。经过技术分析认定两个油藏区处于同一含油层，属于同一个油田。据 Tullow 石油公司分析，该油田的储量在 6 亿桶到 18 亿桶之间，是一个世界级的好油田。该油田所产石油是轻质低硫原油，预计价格将与北海布伦特石油市场的基准价格相当①。该油田也含有丰富的天然气，估计总储量达 8000 亿立方英尺②。2008 年 12 月，Tullow 公司宣布在深水塔诺区块的新开的 Hyedua 2 号井也有积极的结果，有可能扩大油田的地理范围和估计储量。根据该公司公布的报告，该油田储量至少有 8 亿桶。

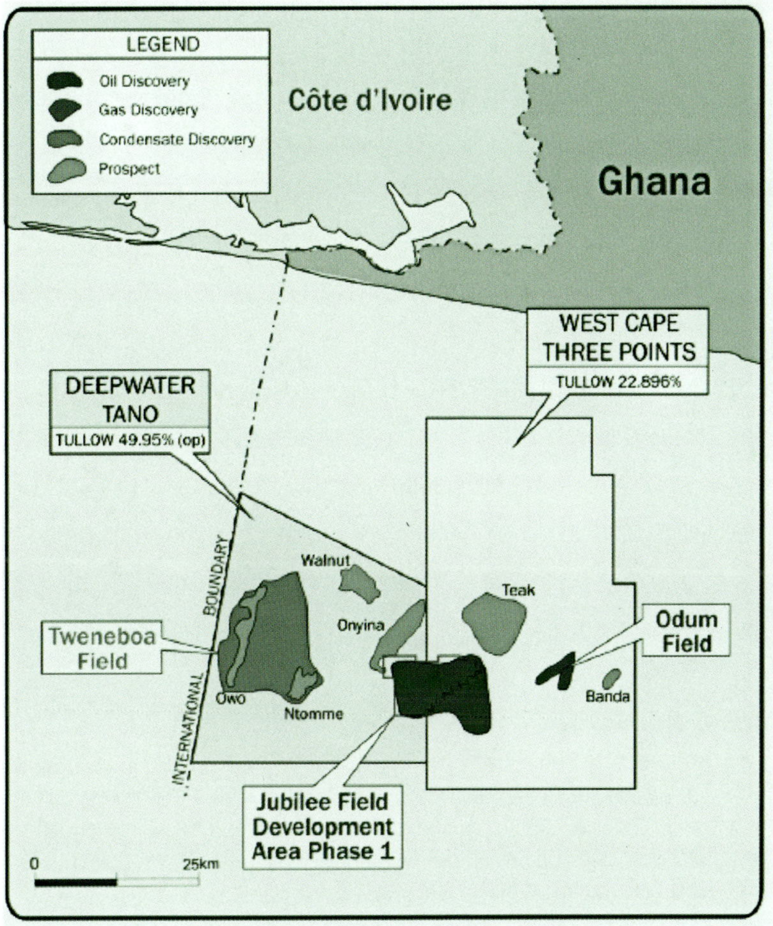

图 17　Jubilee 油田的位置及基本情况

资料来源：Tullow 石油公司。

① Peter Kemp, "Ghana: Ready to Gush," Energy Compass, January 23, 2009.

② "Tullow on track for riches," Lloyd's List, Oct. 10, 2008.

除了 Kosmos 和 Tullow 外，Jubilee 油田横跨的两个区块还有其他公司的股权①。其中规模较大且经验丰富的美国公司阿纳达科（Anadarko）石油公司在两个区块都拥有股份，加纳本地的 E. O. 集团②在西海角三点区块有 3.5% 的股权。

2. Jubilee 油田的开发计划

加纳政府要求 Jubilee 油田在三个基本原则下开发，即：无天然气空放燃烧（天然气零燃烧）；首次生产从 2010 年开始；最大化资源价值。由于 Jubilee 油田发现的油气资源横跨两个勘探区块，为减少开发成本和优化石油产量，将作为一个单元进行开发和生产。为此，该油田两个区块涉及的四个主要公司（Kosmos、Tullow、Anadarko 和 GNPC）在 2008 年下半年协商了一个单一协议并将其与油田开发计划③一起提交加纳政府批准。原计划协议在 2008 年 9 月由政府批准，而油田开发计划在 2008 年年底批准。但油田开发计划一直到 2009 年新政府上台之后才正式地开始评审，时间上有所滞后，这将会影响到油田的开发进程。

由上述四个公司人员组成的整体项目团队（IPT）2008 年聚集到美国得克萨斯州的达拉斯，研究详细的开发计划及前端工程的设计。确定 Tullow 公司作为油田“单一作业者”，而阿纳达科石油公司将贡献其深水钻探经验。Tullow 负责浮式生产储油卸油船（FPSO）④、岸上基地作业及社区和政府关系。从 Mahogany－1 和 Hyedua－1 油井所勘探和地震探测结果显示，Jubilee 油田有一个核心区，各方同意从这个区域开始，实行分期开发方式。

第一阶段将包括核心区开发，要求在 2010 年中期开始生产。该阶段计划钻 17 口井，其中 12 口用于油气生产，3 口用于向油藏区注水，2 口用于将部分生产出来的天然气重新注入油藏区以维持压力，达到更大的原油回收率。在第一阶段，设计日产量为 12 万桶原油和 1.2 亿立方英尺天然气。在开发核心区域的同时，对该油田其他区域的评估程序将继续进行。据报道，2008 年年底，两个钻井平台已到达 Jubilee 油田。Tullow 公司已经和日本 MODEC 公司签署了定购项目第一阶段所需 FPSO 的合同。该 FPSO 能储存 200 万桶石油，日加工石油 12 万桶和天然气 1.6 亿立方英尺，注入 10 万桶水/天，将安装在 3609 英尺的水深中⑤。由穿梭油轮（shuttle tanker）每 10 天卸载一次石油。而海上收集系统将由法国承包商 Technip 承建，

---

① 在西海角三点区块中，股权比例情况如下：Kosmos 占 30.875%（作业者）、Anadarko 占 30.875%、Tullow 占 22.896%、GNPC 占 10%（附加权益）、E. O. 集团占 3.5%、Sabre 石油占 1.854%。在深水塔诺区块中，股权比例情况如下：Tullow 占 49.95%（作业者）、Kosmos 占 18%、Anadarko 占 18%、GNPC 占 10%、Sabre 占 4.05%。

② 该集团的董事包括现任加纳驻美大使 Kwame Bawuah-Edusei 和 Kosmos 加纳公司的负责人 George Yaw Owusu，这两个加纳人在 2008 年都因为发现 Jubilee 油田而被当时的总统库福尔授予沃尔特奖章。

③ 油田开发计划基于油田数据和工程研究，包括以下方面：关于油田开发和生产如何融资的详细资料；关于油井的钻探和完工以及石油生产、储存、运输和交付设施，包括时间表的详细资料；关于伴生气的处置或利用的方式；要求的岸上装置；油田的油气生产概况；开发油田替代方式的经济可行性研究；拟采取的环境保护措施；从国内市场招募员工、采购货物和服务的建议或要求。油田开发计划对如何开发油田和发展加纳石油工业的技术、财务、环境和其他方面有重要影响。

④ FPSO 是英文 Floating Production Storage & Offloading 的缩写。它集生产处理、储存外输及生活、动力供应于一体。FPSO 俨然一座“海上油气加工厂”，把来自油井的油气水等混合液经过加工处理成合格的原油或天然气，成品原油储存在货油舱，到一定储量时经过外输系统输送到穿梭油轮。

⑤ “Ghana's Jubilee Moves Ahead,” International Oil Daily, October 10, 2008.

海底管道将由挪威的 Aker Solutions 铺设①。

按照计划，该油田 2010 年投产后，第一年平均产油 6 万桶/天，在第一阶段内逐步上升到 12 万桶/天。如果通过评估发现更多的储量，将进行第二阶段开发。第二阶段有可能从 2013 年开始，包括第二个 FPSO 的建设，产量将增加到石油 25 万桶/天和天然气 2.5 亿立方英尺/年。

3. Jubilee 油田的天然气商业化计划

Jubilee 油田的石油为轻质原油，含有较高的伴生天然气成分。每一千桶石油生产中将产生 100 万标准立方英尺的天然气。在第一阶段，石油产量为 12 万桶/天，天然气产量为 1.2 亿标准立方英尺/天。到第二阶段，石油产量增加到 25 万桶/天，天然气产量将达到 2.5 亿标准立方英尺/天。由于加纳采取天然气零空放燃烧政策，所以天然气或者重新注入油田或者输送到岸上。目前对于如何处理天然气及其商业化问题，各方的意见相互冲突。可选方案包括：将天然气用于燃气电站燃料；发展液化天然气（LNG）加工出口设施；发展在交通、家庭和化工行业使用天然气的基础设施，将天然气用于加纳国内消费和加工。

2008 年 10 月，Kosmos 公司 CEO Musselman 透露②，天然气首先将用作 FPSO 自用燃料和注入油田维持储藏区压力，但是在第一阶段还有 5000 万立方英尺/天的剩余量可以输送到岸上。其表示加纳政府希望自己筹集资金建设管道通往位于 Efasu 的装机 124 兆瓦的 Osagyefo 热电站，为该电站供气。但是 Kosmos 更倾向于将天然气用于由其自身融资建设装机 240 兆瓦的 BOT 电站项目，以向加纳西部省、中部省和阿散蒂省的金矿和铝土矿供电。GNPC 执行董事 Thomas Manu 向媒体透露，Jubilee 油田所产天然气能够支持 600 兆瓦的发电能力。第二阶段有更大的天然气（超过 2.5 亿立方英尺）。加纳政府计划建设另一根通往塔科拉迪港的输气管道，向 Aboadeze 电站供气。剩余天然气用于供应国内消费市场，部分注入西非天然气管道系统（WAGP）③ 用于出口。2008 年 12 月，加纳总统府发言人表示，加纳计划投资 7.75 亿美元在西部省 Atuabo 镇建设天然气加工厂，生产乙醇、丙烷、肥料及其他产品④。

天然气的加工和运输属于中游产业，为了保证天然气价格具有竞争性⑤并使得管道能够供海角三点盆地和塔诺盆地的其他区块天然气开发共同使用，加纳政府有意由一个独立的公司建设、经营和控制，公司由参与 Jubilee 油田开发的各公司及其他投资者共同所有。GNPC 牵头天然气商业化项目，确保基础设施在第一阶段产油时完成。

---

① “Deal is a Jubilee for Technip,” Upstream, Nov. 14, 2008.

② “Kosmos seeks more credit for Jubilee,” African Energy, Oct. 17, 2008.

③ 西非天然气管道项目（West Africa Gas Pipeline）是由尼日利亚、加纳、贝宁共和国、多哥与雪佛龙、壳牌等西方石油公司合作建设，管道全长 1033 公里，造价 6.2 亿美元。管道全线贯通后，天然气输送量预计将达到每日 1.5 亿立方英尺（1 立方米约合 35 立方英尺），并逐渐提高到每日 2.1 亿立方英尺，最终该项目将达到设计最大的天然气输送量每日 4 亿立方英尺。该项目于 2004 年开工建设，2007 年 3 月宣布完工，原定于 2007 年 4 月投入使用，但由于尼日尔三角洲地区危机、气源不足和环保争端等原因，具体供气日期至今无法确定。

④ “Ghana May Spend $775 Million on Natural Gas Plant,” Bloomberg, 19 December, 2008.

⑤ 根据加纳政府和石油公司签署的石油协议，如果和 Jubilee 油田其他设施一起建设而不由独立公司运营，有关设施必须在五年内摊销，而独立公司的天然气管道和设施可在更长期限内摊销，使价格更具有竞争性。

4. Jubilee 油田的融资问题

大型深水油田开发通常需要数十亿美元的投资。IMF 估计到2010 年 Jubilee 油田启动需要27 亿美元的投资，但是其他业内人士估计项目第一阶段投资在30 亿—40 亿美元之间①。据媒体报道，Tullow 公司计划第一阶段除 FPSO 成本外的投资为 31 亿美元，包括投资 15 亿美元钻探 17 口油井，其他的资金将用于采油树及相关设施②。2008 年 11 月，GNPC 内部人士表示，油田整个开发（包括第一阶段和第二阶段）的成本将超过 65 亿美元③。

2008 年下半年以来全球金融危机对加纳的油田开发计划造成了重大影响，信贷市场紧缩和油价下跌使得部分开发油田的石油公司特别是小型石油公司遇到困难。在加纳勘探开始的石油公司中受影响的包括 Tullow 公司和 Kosmos 公司。

受国际金融危机的冲击，Kosmos 公司决定出售其在 Jubilee 油田横跨的两个区块的股权。其中，Kosmos 公司在西海角三点区块拥有 30.875% 的股权，在深水塔诺区块拥有 18% 的股权。据报道 Kosmos 公司已聘请了渣打集团和巴克莱集团负责出售事宜，其出价为 30 亿美元。目前确定有壳牌、雪佛龙、埃克森美孚、意大利埃尼集团、印度石油天然气公司和中海油等6 家跨国石油公司对此表示兴趣，最终的结果可能于近期揭晓。此外，最新消息显示，GNPC 有意行使石油协议下的优先购买权，收购 Kosmos 公司股份④，但是其在资金方面似乎存在障碍。

Tullow 公司在被确定为 Jubilee 油田的惟一作业者后，也在通过各种途径寻求融资。2009 年 1 月底，Tullow 宣布将从股票发行中筹得 5.65 亿美元，5 月份获得 20 亿美元贷款，包括由 13 家欧洲著名银行⑤提供的 17.85 亿美元优先贷款（Senior Facility）和 1 亿美元非优先贷款（Junior Facility）以及由世行下属国际金融公司提供的 1.15 亿美元贷款。

GNPC 对 Jubilee 油田拥有 10% 的附带权益（Carried Interest），这部分股份不需要投入资金。除此之外，GNPC 在该油田还有一个获取 3.75% 股份的额外付款权益选择权，这一选择权要求在联合体宣布项目商务可行后 60 天内行使。但 GNPC 必须按比例支付石油成本，包括股本、开发和生产成本，这些成本可以延后支付，不要求在产油前一次性支付。如 GNPC 未能支付，承包商有权用生产收入以不低于其为 GNPC 垫付的资金成本抵扣上述成本和相关利益⑥。GNPC 额外权益的资金获取方式包括：用石油探明储量担保进行项目融资贷款；石油公司先向 GNPC 提供资金，GNPC 以生产的份额油偿还；通过加纳政府从国际金融机构或私人

① “Appendix I. Ghana's petroleum sector: Preliminary macroeconomic impact,” in “Ghana: 2008 Article IV consultation—Staff report” (Washington, DC: IMF, October 2008).

② “Ghana's Jubilee moves ahead,” International Oil Daily, Oct. 10, 2008.

③ “GNPC says Jubilee development on schedule,” Middle East and Africa Oil and Gas Insights, Dec. 1, 2008.

④ http: //ghanabusinessnews. com/2009/07/07/ghana-to-buy-kosmos-energys-jubilee-stake/.

⑤ 贷款提供方包括法国巴黎银行、英国苏格兰皇家银行、英国巴克莱银行、法国东方汇理银行、荷兰商业银行、英国劳埃德 TSB 银行、法国南特人民银行、荷兰 NIBC 银行、法国兴业银行、南非标准银行、英国标准渣打银行、日本三井住友银行、英国苏格兰哈里法克斯银行。见 http: //www. bloomberg. com/apps/news? pid = 20601102&sid = aN1femnuhT94。

⑥ “Petroleum agreement among the Republic of Ghana, Ghana National Petroleum Corporation (GNPC), Kosmos, and the E. O. Group, with respect to West Cape Three Points block,” July 22, 2004.

资本市场贷款①。目前还不清楚 GNPC 通过何种方式进行融资。此外，将 Jubilee 油田的天然气商业化的基础设施成本（包括两条输气管道建设）估计超过 10 亿美元，这部分资金至今没有着落。

（三）加纳石油行业主要法律、制度

1. 主要法律

现阶段，加纳规范石油行业的法律主要有三部，即 1983 年的《加纳石油公司法》（PNDC Law 64）、1984 年的《石油勘探生产法》（PNDC Law 84）和 1987 年的《石油所得税法》（PNDC Law 188）。

根据 1983 年的《加纳石油公司法》，成立加纳国家石油公司（GNPC），在能源部的监管下，负责管理加纳石油资源和对资源的勘探开发。该法主要规定了 GNPC 的组织结构、目标和经营方式。

1984 年的《石油勘探生产法》规定了加纳石油和天然气勘探、开发和生产的法律框架。该法还确定了在加纳政府、GNPC 和有意在加纳进行上游经营的潜在投资者之间的合同关系。其规定了在加纳谈判和执行的每一个石油协议的基本条款和条件、合同各方的权利义务及违约责任等。根据该法加纳政府制定了标准石油合同（MPA）。正如其名称所示，标准石油合同规定了各方（即 GNPC、加纳政府和石油公司）之间的石油协议条款和条件。石油协议包括了规范拟进行的石油操作的最终条款和条件。石油协议授权 GNPC 有效地监督石油公司的操作，通过能源部长对违约的投资者进行处罚。GNPC 的监督通过联合管理委员会（JMC）来进行。根据石油协议，该委员会由来自投资者和 GNPC 相同数量的人员组成，由 GNPC 任主席。由委员会来监督、评估、督促投资者对工作计划的执行。该法律还规定，投资者如对授权区块进行勘探开发，经过一定期限后将视为放弃该区块的特许权，目的是确保投资者不阻碍授权区块的开发。放弃的区块将重新打包并分配给有兴趣的投资者。

2. 在加纳获得勘探区块的程序

GNPC 对所有的沉积盆地进行初步的评估，将有潜力的划分为区块②对外出售。投资者如感兴趣，可向 GNPC 索取更多详细的地理数据进行评估。如希望获得区块合同，投资者应向能源部递交申请表和其他要求的资料③（申请费 7500 美元），再将申请转给 GNPC 进行评估。GNPC 将对投资者财务能力、技术实力、工作业绩、提议的工作计划和预算、投资

---

① "The Upstream Petroleum Industry in Ghana," GNPC supplement published in The Ghanaian Times, July 11, 2008.

② 加纳的沉积盆地按照经度和维度被划分大四方形（Quadrant），每个四方形长宽分别为一个经度和一个维度，在大四方形内再划分为 18 个小的方形区块，每一区块 680 平方公里。投资者可以要求获得多个小区块，但按加纳政府政策，最大的合同区域或区块为 3000 平方公里，实际上经谈判可取得更大的面积。

③ 包括投资者在感兴趣区块将要进行的基本工作、区块的范围、最低工作义务（必须与区块面积相称）、最低支出、财务和技术能力等。

者提议的财务方案等方面进行评估。GNPC还将审查投资者的管理能力和关键技术人员的能力。

GNPC评估后将出具一个报告，GNPC将合格的投资者推荐给能源部。能源部将召集石油协议谈判小组与投资者进行谈判，该小组由能源部、GNPC、司法部和国内收入署组成。谈判达成一致后，双方同意的石油协议草稿将提交能源部部长审查，然后由其提交内阁批准。一旦内阁批准，协议将送到国会审查、修改和批准。当国会批准后，石油协议将生效。在没有其他先决条件时，投资者被授予许可证并开始进行勘探。财务能力较弱的投资者将被要求支付履约保证金或提供银行担保。

投资者按照合同规定的勘探期限①在许可区域内进行勘探，如不遵守勘探承诺，一部分区域将视为被放弃。比如，到2009年3月底，Vanco和Hess分别有50%和25%的区块面临放弃的前景。放弃的区块将重新打包并分配给有兴趣的投资者。

3. 加纳的石油税费制度

加纳政府为了规避石油勘探开发活动的风险，没有采用合资体系（Joint Venture System），而是采用矿区使用税费体系（Royalty Tax System）。按照加纳有关法律，政府征收以下税费：

（1）矿区使用费（Royalty）

加纳现行石油法规定，石油公司（投资者）在生产中需支付矿区使用费，但是各个区块的费率不相同。标准石油协议中规定费率在4%—12.5%之间，由谈判决定。一般来说，对于成本和风险较高的深海作业费率较低，而对于风险较低的岸上和浅海油田费率较高。矿区使用费根据总的油气产量征收而不考虑经营利润，可以用石油或现金方式缴纳。

（2）附带权益（Carried Interest）

附带权益使得国家能够分享生产的石油份额而不用对勘探开发活动提供资金，是一种在石油勘探生产中的参与利益。附带权益在许多产油国通常以7%—15%之间收取。加纳政府的标准石油协议也是采用同样的费率范围。如Jubilee油田涉及的两个区块都是采用10%的费率。该权益从全部生产石油中扣除矿区使用费和生产成本后征收，可以用石油或现金方式缴纳。

（3）额外权益（Additional Interest）

额外权益是一种支付权益，是一种选择权，如加纳政府选择参与开发，要求按比例承担开发和生产成本，但不负担勘探和评估成本。该选择权在投资者决定石油开发在财务上和经济上可行和有利润后60天内，由加纳政府决定是否行使。

（4）石油所得税（Petroleum Income Tax）

石油所得税是与利润相关的政府收入。1987年的《石油所得税法》规定的税率是50%，但是具体税率可通过谈判在合同中确定。比如，Jubilee油田采用的税率是35%，同时勘探开

① 一般来说，浅水区域的勘探期为7年，深水区为10年。

发成本五年内摊销。该税收可用石油或现金方式缴纳。

（5）额外石油权益（Additional Oil Entitlement）

额外石油权益又称暴利税，是政府对暴利经营所收的一种税。当投资者的实际内部回报率超过谈判时评估利润的目标回报率时征收。在 Jubilee 油田，对 Kosmos 和 Tullow 设定的目标回报率分别为 25% 和 19%，因此，当净利润超过目标回报率时，Kosmos 和 Tullow 将分别被征收 5% 和 7.5% 的暴利税①。如果回报率更高则将征收更高比例的税。

4. 对石油生产经营的管理和控制

在石油协议中有一些规定，使得 GNPC 能够在参与石油作业的同时对其管理进行监督。

石油协议第 6 条规定了建立联合管理委员会（JMC），这使得 GNPC 能够积极参与石油运营的操作。JMC 由来自投资者和 GNPC 相同数量的人员组成，由 GNPC 任主席。其主要职能是：① 讨论和批准工作计划和预算，在获得批准之后，投资者需要在批准的预算期末提交预算执行情况报告。GNPC 将审查执行情况并有权拒绝任何计算石油成本时不适当的支出②；② 评估和授予分包合同的招标程序要经过 JMC 和 GNPC 的批准；③ 为扣减额外石油权益和石油所得税的目的，所有成本在被接受为石油成本之前需得到 JMC 的批准；④ 所有的评估和开发计划在提交能源部最终批准之前需先经 JMC 批准。JMC 会议每年至少召开两次。

在期中，投资者还需向 GNPC 提交各种期间报告，包括季度经营和财务报告、年度支出报告及 GNPC 和政府要求石油公司提交的其他报告。GNPC 将派出人员驻扎在生产平台或 FPSO 及其他石油生产计量设施，由该派出人员向 GNPC 提交生产的日报、周报、月报、季报和年报。在所有的生产设施上还应当有海关人员。此外，GNPC 还将安排海军在生产区域进行巡逻以保护装置、设施和生产活动。

（四）石油开采对加纳经济发展影响分析

1. 加纳政府获得的收入预测

加纳政府分得的比例具体规定在加纳政府与石油公司签署的石油协议中，下面以深水塔诺区块和西海角三点区块涉及的 Jubilee 油田为例，说明加纳政府可以取得的收入比例。

在 Kosmos 和 Tullow 发现的 Jublilee 油田的协议中，加纳政府享有 5% 的矿区使用费、10% 的附带权益、平均 3.75% 的额外权益和 35% 的石油所得税。假设原油日产量 10 万桶，油价平均 60 美元/桶，储量 5 亿桶，生产 15 年，计算国家财政收益见表 8。

---

① “The upstream petroleum industry in Ghana,” GNPC supplement published in the Ghanaian Times, July 11, 2008.

② 会计指南作为石油协议的一部分，其规定了会计人员的组织和工作方式，也规定了通过财务报告和 GNPC 对会计人员的审计权来控制成本。

表8　　加纳政府能获得石油收入计算表

A. 总产量	100000 桶/天
B. 矿区使用费:总产量的5%	5000 桶/天
C. 净产量	95000 桶/天
D. 生产成本	10000 桶/天相当的现金
E. 附带权益计算基础:C－D	85000 桶/天
F. 附带权益:E×10%	8500 桶/天
G. 开发成本:以30亿美元,60美元/桶摊销	10500 桶/天
H. 额外权益计算基础:E－F－G	66000 桶/天
I. 额外权益:H×3.75%	2475 桶/天
J. 应税基础:H－I	63525 桶/天
K. 所得税:H×35%	22234 桶/天
L. 石油暴利税	约4000 桶/天或更多
M. 国家总的份额(除暴利税)	38209 桶/天
N. 国家总的份额(含暴利税)	约42000 桶/天
O. 净石油比例(除成本外)	超过51%,即42000 占80000 的比例

从表8的计算可以看出，以10万桶/天的产量假设，加纳政府的石油收入至少为38209桶/天，再乘以60美元/桶，结果是2292540美元/天，年收入为836777100美元。如加上暴利税，则收入为252万美元/天，9.189亿美元/年。

如按照油田开发计划，平均以40%的收入归加纳政府所有，油价60美元/桶来计算：第一阶段产量12万桶/天，则收入为288万美元/天，10.512亿美元/年；如进行第二阶段开发，产量达到25万桶/天，则收入为600万美元/天，21.9亿美元/年。

2. 石油开采对加纳政府的影响

石油收入将有利于加纳实现2015年达到中等收入国家的目标。比如，为实现第二期（2006年—2009年）增长和减贫战略（GPRS II）①，需要筹集的资金估计在80.6亿美元左右。在增长和减贫战略中预计的收入为62.7亿美元，资金缺口17.9亿美元。缺口预计将由外部流入和资本市场来解决，但是如果能够实现Jubilee油田产油，政府关于实施该战略的资金缺口将可以通过石油收入来解决大部分。

加纳财政收入主要依靠国内税收及国际组织和外国政府援助。近年来，由于收入增长较为缓慢，财政赤字呈上升趋势（见图18）。2005年以来财政赤字上升得较快，此后赤字维持在10亿塞地以上。2008年由于一系列不可预见的因素影响②，财政赤字更加严重，达到19.8

① 增长和减贫战略（Growth and Poverty Reduction Strategy，GPRS）是库福尔政府从2003年开始，为配合联合国千年发展目标所制定的国内中长期规划，主要目标是稳步促进加纳经济增长，通过几个中长期规划使加纳在2015年达到中等收入水平（即人均GDP达到1000美元），同时减少国内贫困人口数量。主要通过保持宏观经济稳定增长，大力发展私营经济，提高人口素质，提高政府管理水平和公民责任来实现以上目标。第一阶段的增长和减贫战略从2003年到2005年，目前正在实施的是第二阶段的战略，从2006年到2009年，共三年时间。

② 主要有以下几个因素：第一，2007年下半年加纳北部地区遭受严重的洪灾和旱灾，使得政府的支出大为增加；第二，为应对2008年以来全球粮食价格和油价上涨，加纳政府免除了粮食进口税并给石油产品提供大量的补贴；第三，2008年年底的总统大选和议会选举造成了财政支出大幅增加。

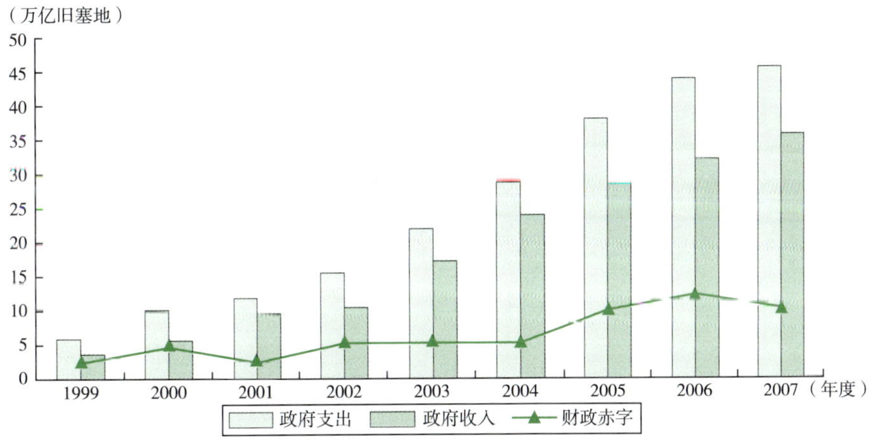

图 18　1999 年—2007 年加纳政府财政收支及赤字情况

资料来源：加纳财政和经济计划部。

亿塞地①。如能实现 Jubilee 油田日产原油 12 万桶/天的目标，加纳政府每年将新增 10.512 亿美元的石油收入，如第二阶段产油计划实施，加纳政府每年新增的石油收入将达到 21.9 亿美元，这将大大超过加纳每年能够获得的 8 亿美元左右赠款，对于解决财政赤字问题将起到重要作用。

此外，近年来由于财政赤字的压力，加纳政府加强了举债力度。2007 年以来加纳公共债务呈现较快增长的趋势。截至 2008 年年底，加纳的全部公共债务为 80 亿美元，占 GDP 的 52.1%，其中外债（包括 IMF 债务）为 39.83 亿美元，占 GDP 的 24.7%。新政府上台后，为稳定国内宏观经济形势，依然保持较大的举债规模，今年 6 月世界银行给加纳提供了 5.35 亿美元的贷款②，并承诺在未来三年内共向加纳提供 12 亿美元的信贷支持。如能够实现顺利的较大规模石油生产，无疑将增强加纳政府的债务偿还能力。

3. 石油开采对加纳贸易平衡的影响

石油开采对较为严重的贸易赤字将有重大帮助。加纳 2002 年—2008 年进出口贸易情况见图 19 所示。

4. 石油开采对实体经济的影响

过去 20 年的研究表明，许多发展中国家的自然资源开发常常对其国内其他行业，特别是制造业产生负面影响，结果导致社会经济状况更差。这一现象常常被称之为“荷兰病”③

---

① 这是加上国有资产出售收入以后的。国有资产出售属于不可持续的收入来源，如果除去这一部分资金，赤字为 25.6 亿塞地。

② 详细情况请参见我代表处 7 月份所报《应对金融危机，世行向加纳提供 5.35 亿美元贷款》。

③ “荷兰病”是指一国特别是中小国家经济的某一初级产品部门异常繁荣而导致其他部门的衰落的现象。20 世纪 60 年代，已是制成品出口主要国家的荷兰发现大量天然气，荷兰政府大力发展天然气业，出口剧增，国际收支出现顺差，经济显现繁荣景象。可是，蓬勃发展的天然气业却严重打击了荷兰的农业和其他工业部门，削弱了出口行业的国际竞争力，到 20 世纪 70 年代，荷兰遭受通货膨胀上升、制成品出口下降、收入增长率降低、失业率增加的困扰。这种资源产业在“繁荣”时期价格膨胀是以牺牲其他行业为代价的现象，国际上称之为“荷兰病”。

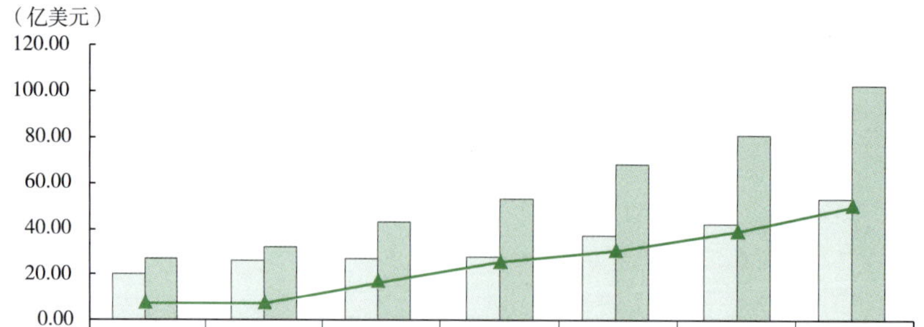

	2002年	2003年	2004年	2005年	2006年	2007年	2008年
出口额	20.15	25.62	27.04	28.02	37.27	41.73	52.75
进口额	27.07	32.33	42.97	53.47	67.54	80.66	102.70
贸易逆差	6.92	6.71	15.93	25.45	30.27	38.93	49.95

图19　2002年—2008年加纳进出口贸易情况

资料来源：加纳财政和经济计划部。

（Dutch Disease）或是资源诅咒（Resource Curse）。即当一国突然发现并大量开发某一自然资源时，一方面使得劳动力和资本转向资源出口部门，制造业等部门不得不花费更大的代价来吸引劳动力，制造业劳动力成本上升首先打击制造业的竞争力。同时，由于出口自然资源带来外汇收入的增加使得本币升值，再次打击了制造业的出口竞争力。这被称为资源转移效应。在资源转移效应的影响下，制造业和服务业同时衰落下去。另一方面，自然资源出口带来的收入增加会增加对制造业的产品的需求。但需求的增加是通过进口国外同类价格相对更便宜的制成品来满足的，这对本国的制造业来说又是一个灾难。

加纳的石油开采是否也会导致这一问题呢？这一问题在加纳引起了很大的争论。许多人表示，加纳也会经历这一现象。这一观点与现在已经出现的制造业部门的状况相符。特别是最近一些年，当外国资金流入增加时，伴随的是汇率升高和贸易赤字的增加。石油生产和外国投资增加两者共同作用，无疑将导致汇率进一步升值的压力，对实体经济造成负面结果，特别是制造业和农业。这需要政府在产业导向和政策倾斜上下功夫，在开发石油资源的同时提升国内已有的农业和制造业等部门的竞争力，以抵消负面影响。从目前的情况来看，加纳政府已经意识到这一问题，但是具体的措施还没有出台。

（五）关于参与加纳石油开发的意义和方式

1. 中方参与加纳石油开发的意义

鉴于几内亚湾潜在的巨大石油储量，加纳也属于几内亚湾地区，参与加纳的石油开采有以下几方面的重要意义：第一，有利于改善我国目前的石油供应结构，获得更多的石油来源，保障国家石油安全。第二，中加经贸往来日渐增多，但是近年来中国对加纳贸易顺差的加大引起加纳国内一些贸易保护的声音，如能从加纳进口石油将有利于改善两国之间贸易不平衡的状况。第三，随着几内亚湾在国际石油市场地位的提升，未来我国肯定要更多地参与该地区的开发，尤其是海上石油开发。通过参与加纳石油开发，能够使中国石油企业增加对该地区的地质情况和特点的了解，有利于提高未来勘探开发的效率和成功率。第四，中加之间政治关系比较友好，加方对来自中国的援助性贷款需求较大。近期加方向中方提出希望为其石油勘探与开采项目、拟在西部省塔科拉迪市建设炼油厂、港口项目及修建有关公路和铁路等提供融资支持。实施上述项目所需资金量较大，仅靠我国传统方式援加的资金量（含中国进出口银行两优贷款资金）恐难满足加纳的需求，因此通过石油换贷款将能为双方开辟更多的合作渠道和方式。

2. 中国进出口银行支持方式建议

从目前情况来看，中国进出口银行主要有以下两种方式参与到加纳石油合作中：

第一，向中国石油企业提供卖方信贷，支持其收购加纳石油区块的股份或进行勘探开发活动。目前，有消息称，加纳 Jubilee 油田的主要权益所有者——美国 Kosmos 公司拟将其油田股份出售，已有中海油等中方公司积极应对。鉴于该油田勘探情况较为深入，已确定有大量的石油储量，建议中国进出口银行与中石油、中石化和中海油等中国大型石油企业保持密切接触，跟踪其最新进展，在需要时为其提供资金支持。

第二，采用“安哥拉模式”与加方进行一揽子合作。采用这种模式能够发挥中国进出口银行的积极主动性，大幅提高中国进出口银行在加纳的业务规模。但是采用这种方式的前提是加纳要有足够出口到我国的石油。从加纳目前 Jubilee 油田的开发计划来看，如果日产量为 12 万桶/天，加纳政府可获得 4. 8 万桶左右，而加纳目前国内日消费量大约在 4 万—6 万桶。考虑到现在油田的参与者主要是欧洲和美国的石油公司，出口到中国的量不会很大。如日产量达到 25 万桶/天，仅加纳政府分得的份额就达 10 万桶，除国内需求外，每天大约有 5 万桶可供出口，以 60 美元/桶计算，一年的出口收入可达 1. 8 亿美元。如 Tweneboa 油田（预计该油田最高有 14 亿桶的储量）投入生产，产量会比较可观，合作的前景将更为广阔。

参考文献资料

1. The Official Website of GNPC：www. gnpcghana. com.

2. The Official Website of Ministry of Energy of the Republic of Ghana：www. energymin. gov. gh.

3. Ian Gary：“Ghana's big test：Oil's challenge to democratic development”, An Oxfam America/ISODEC Report, February 2009.

4. Robert Darko Osei and George Domfe：Oil Production in Ghana：Implications for Economic Development, Sep. 15, 2008, ARI No 104/2008, Real Instituto Elcano.

5. Chris Perry's Report on Oilbarrel Conference 18 June 2009.

6. Kwabena Mprah Jnr.：“Expectations Rise – As Ghana Hits Black Gold”, The African Voice August Edition 2008, pp. 14—15.

7. AnnaCavnar：Averting the Resource Curse in Ghana：The Need for Accountability, Ghana Center for Democratic Development Briefing Paper Vol. 9 No. 3, October 2008.

8. Ernest Aryeetey：The Politics of Managing Oil Wealth for Different Interest Groups, The New Legon Observer, Vol. 2 No. 5, 20 March, 2008.

第六章　尼日利亚

一、尼日利亚2008年国民经济运行情况

尼日利亚位于非洲西部，领土面积92.38万平方公里，人口约1.44亿，为非洲第一人口大国，也是西非地区最大的经济体和撒哈拉以南非洲第二大经济体。2008年，尽管遇到诸多不利因素，但宏观经济仍延续了前几年良好的发展态势。

（一）GDP保持较快增长，非石油部门发展引人注目

2008年上半年全球经济受到国际市场油价高涨的困扰，下半年则受到发源于美国的全球金融危机的影响，陷入低迷状态。对尼日利亚来说，2008年蔓延整个非洲大陆的粮食危机对其造成重大不利影响。从2008年11月开始，全球金融危机的负面影响开始显现出来。从内部来看，尼日利亚主要产油区——尼日尔河三角洲地区局势一直动荡不安，新政府上台后的控制力和执行力弱的缺陷逐步暴露出来，国内基础设施薄弱状况进一步恶化。但由于尼日利亚继续实行了一些经济改革，国民经济继续保持增长态势。

2008年尼日利亚的国内生产总值（GDP）按照1990年不变价格计算为6749亿奈拉，增长率为6.4%（见表1、图1），与近五年（2004年—2008年）的平均增长率持平（见图1）。其中农业对GDP增长的贡献最大，贡献了2.8个百分点，其次是批发零售业，贡献为2.3个百分点，服务业为1.7个百分点，建筑业为0.2个百分点，而工业为负0.5个百分点。考虑到2008年尼日尔河三角洲地区局势不稳定①导致石油产量下降以及持续电力危机等因素的影响，这一增长速度还是较为可喜的。

根据尼日利亚中央银行分析，2008年增长主要由于：拥有良好的货币政策和财政政策；较好的气候条件增加了农业产出；银行业的合并增加了对私营部门的信贷投放；拥有相对稳

---

① 尼日尔河三角洲位于尼日利亚西南部，由尼日尔河冲积形成。南濒几内亚湾，北起农河与福尔卡多斯河分流处，西起贝宁河，东至邦尼河。主要包括尼日利亚的三角洲州、巴耶尔萨州和河流州，面积3.6万平方公里。20世纪50年代发现丰富的石油、天然气后，该地区迅速成为重要的石油产区。由于石油收益分配不均、少数民族边缘化以及环境污染等因素，导致各种武装组织的出现，其中该地区最大的武装组织"尼日尔三角洲解放运动"（MEND）有5000名武装成员。2006年年初以来，该地区频频发生绑架外国人事件，动荡的局势使当地石油生产遭受较大影响，与高峰时的日产量260万桶相比，尼日利亚石油产量减少了约四分之一。从2007年9月开始，武装组织与政府达成了停火协议，但是经过四个月的停火以后，从2008年1月开始，武装分子又开始活跃起来，频频发动武装暴力袭击事件，导致在此开采石油的西方石油公司频频停产。

定的商品市场和外汇市场。此外，石油产品价格和供应的稳定也支持了经济增长。不过，6.4%的GDP增长率低于年初预期的10%。

表1　　2004年—2008年尼日利亚的GDP总量和人均GDP情况表

年　度	2004	2005	2006	2007	2008
GDP总量(10亿奈拉)	11673.60	14735.30	18709.60	20853.60	24028.50
GDP总量(10亿美元)	76.17	88.37	144.49	148.69	175.36
人均GDP(奈拉)	87845.30	109155.10	132604.30	142957.10	159906.80
人均GDP(美元)	658.02	826.31	1030.34	1136.11	1349.08

注：此表的有关数值为名义GDP数值。

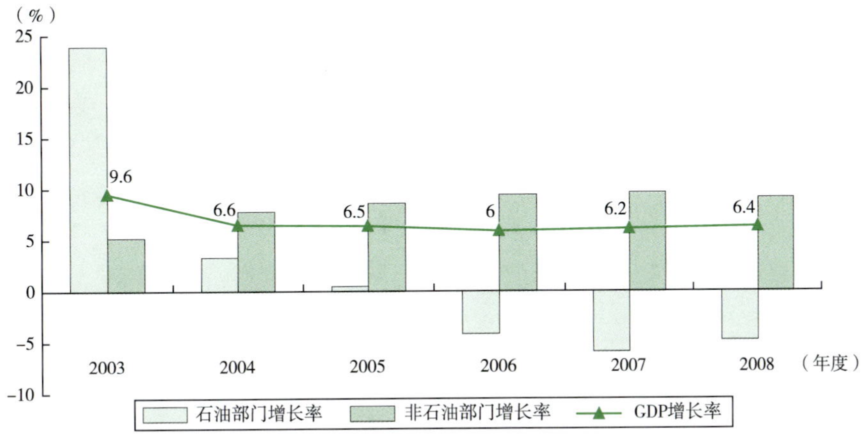

图1　2004年—2008年尼日利亚的GDP实际增长率

2006年以来，尼日尔河三角洲地区持续动荡，导致石油产量不稳定，石油部门出现负增长。因此，近年来尼日利亚经济增长的动力主要来自于非石油部门①。2008年非石油部门的GDP增长率为9.1%，稍低于2007年的9.5%。这主要是受农业的强劲增长所推动，农业内部各部门都实现了较快增长，整个农业的增长率达到了6.5%。其他的动力包括批发零售业、建筑业和服务业，增长率分别为14%、13.1%和10.5%（见表2）。在服务业中，通信业的增长率最高，达到34%，这主要得益于电信服务自由化带来的超常规发展。其他的服务业部门增长率也比较快。工业部门由于受石油工业拖累（增长率为-4.8%），整体下降了2.2%，而除原油以外，固体矿产和制造业分别实现了12.9%和9.3%的增长。

表2　　2004年—2008年尼日利亚三大产业的增长率　　单位：%

年　度	2004	2005	2006	2007	2008
农　业	6.5	7.1	7.4	7.2	6.5
工　业	4.2	1.7	-2.5	-2.2	-2.2
服务业	8.8	8.0	9.2	9.9	10.5

① 石油在尼日利亚国民经济中占重要地位。石油部门占尼日利亚GDP的比重在四分之一左右，占工业产出的比重达85%以上，因此石油部门的状况在很大程度上也影响尼日利亚整个经济的状况。

从经济发展的推动力来看，2008年消费环比下降了4.9%，其中私人消费比2007年下降了14.3%，而政府消费增加了27%，分别为4163亿奈拉和1815亿奈拉，而2007年为4855亿奈拉和1429亿奈拉。固定资产投资和净出口分别增长97.9%和108.5%。政府消费的增长主要是由于石油溢价收入货币化后投入到政府项目，而私人消费下降主要是由于信贷紧缩、政府收入下降和个人收入降低。由表3知，2008年投资、消费和进出口贸易占GDP的比重结构中，消费占GDP的比重依然最大（64.7%），投资所占比重继续呈上升趋势。由于原油价格走高，尼日利亚贸易盈余继续保持递增趋势。

表3　尼日利亚投资、消费和进出口贸易占GDP的比重　单位：%

年　度	2004	2005	2006	2007	2008
消费占GDP比重	80.72	81.97	67.20	66.83	64.70
其中：					
私人消费	73.99	75.16	60.34	58.74	55.95
政府消费	6.73	6.81	6.86	8.09	8.75
总投资占GDP比重	7.39	5.46	8.27	15.25	15.89
其中存量增加	0.01	0.01	0.01	0.01	0.01
出口	30.16	31.66	45.96	40.29	44.30
进口	18.29	19.09	21.44	22.38	24.89
贸易盈余	11.87	12.57	24.53	17.90	19.41
国内储蓄	15.38	15.09	36.97	22.66	23.13
总的国民储蓄	19.27	18.03	32.80	33.16	35.31

（二）三大产业状况分析

尼日利亚的产业结构如表4所示。2008年农业占GDP比重最大，为42.1%，而2007年为42%。工业比重从2007年的23.9%下降到22%，其中石油业从19.6%下降到17.5%，固体矿产和制造业的贡献份额依然非常小。服务业（包括批发零售业）占GDP的35.9%，其中金融保险、公用事业、通信和交通运输占比分别为3.8%、3.4%、3%和2.7%。

表4　尼日利亚三大产业占GDP比重情况　单位：%

年　度	2003	2004	2005	2006	2007	2008
农　业	41.01	40.98	41.19	41.72	42.00	42.10
工　业	31.75	31.10	29.84	27.66	23.90	22.00
服务业	27.24	27.92	28.97	30.62	34.10	35.90

1. 农业发展状况

2008年尼日利亚农业政策的着眼点在于：替代粮食进口，目标是促进当地生产以减少国内对大宗粮食产品，如小麦、大米、食糖等的进口依赖，提高国家粮食安全程度；提供大量就业和阻止从农村向城市过多移民；通过商业化农业促进现代农业发展；支持自然资源保护以阻止土壤肥力下降和植被破坏。为了实现上述目标并应对2008年出现的全球粮食危机，尼日利亚政府采取的主要措施包括：联邦政府与世行合作建立商业化农业发展项目，目标是加强农业生产体系建设和便于五个主要的农业州产品进入市场，项目总成本1.85亿美元，世行提供1.5亿美元，而尼日利亚政府提供3500万美元；从粮食战略储备中拿出6.5万吨投放到市场，减轻粮价上涨的不利影响；完成25个粮仓建设，将储备能力从30万吨提高到62.5万吨；2008年3月—10月暂停大米进口；以优惠的利率和期限发放100亿奈拉的大米加工贷款；向全国各州分发65万吨各类肥料；修复14548公顷灌溉基础设施，将灌溉面积扩大到25000公顷等。

2008年，在农业各部门中，养殖业的增长速度最快，为6.89%，其次是种植业和渔业，分别为6.52%和6.52%。按照1990年的不变价格，农业生产指数增长了7.1%，高于2007年的6.4%，但低于预期的8%。农业的增长主要得益于在尼日利亚国家粮食安全项目（NPFS）下的各种具体措施的实施。主要包括肥料使用量的迅速增长，现有水利设施的修复和扩充以及继续实行农业机械进口零关税。受全球粮食危机影响，农业在2008年受到了很大的关注，也取得了不俗的成绩，但是依然存在着一些挑战，如肥料的使用范围和数量依然不足，加工和储运设施落后，农村地区道路网络较差，交通运输体系效率低下以及信贷资金投入不足等。

2. 工业发展状况

（1）主要政策措施

就工业部门来看，2008年政策措施的目标是巩固在国家经济振兴与发展战略（NEEDS）① 下取得的某些成果。包括通过公私合营形式促进私营部门发展，以此作为工业化的支点，支持中小企业发展。为促进LOKAP工业行动规划②的实施，尼日利亚商业与工业部发起了工业簇群计划，该计划将在所有的州和地方政府实施，目的是促进中小企业的发展，增加其对GDP增长和非石油出口的贡献。为了消除私人投资进入电力行业的主要障碍，尼日利亚电力监管委员会（NERC）推出了多年电价制度（MYTO），对国内电价的定价机制进行改革。此外，为缓冲水泥价格上涨影响而又不使国内水泥生产受到冲击，尼日利亚政府对袋装水泥实行有管制的进口自由化政策。

2008年工业生产指数为117.8（以1990年为100），比上年下降了1.3%。这主要是由于矿产产出下降了2.3%，而制造业产出和电力消费分别增长了2.3%和4.5%。

（2）石油行业状况

2008年，尼日利亚原油（包括凝析油和液态天然气）产量平均为198万桶/天，全年产量70080万桶，而2007年为220万桶/天，全年产量78480万桶，下降了3.6%。产量下降的原因是由于武装分子不时的袭击和破坏，致使包括壳牌、埃克森美孚、阿吉普和雪佛龙等跨

① 该战略为尼日利亚政府制定的到2020年的中长期发展规划。

② LOKAP是拉各斯（Lagos）、卡诺（Kano）、阿巴（Aba）和哈科特港市（Port Harcourt）的首个字母缩写，以上几个城市是尼日利亚的主要工业城市，占尼日利亚绝大部分工业产出。

国石油公司关闭了部分油井。针对这种状况，尼日利亚政府也采取了一些措施以增加产量。2008年其向各石油公司授予了162个勘探开采许可协议，向31个本地公司授予了24个边际油田开采权。2008年度总共有37套钻井设施满负荷运行，比上年增长15.6%。2008年原油出口平均为150万桶/天，总出口量53660万桶，而2007年为170万桶/天，总出口量62050万桶。供应国内市场平均为44.5万桶/天，全年共16240万桶。

尼日利亚国内炼油厂2008年的产量为554.4万吨，大大高于2007年的19.5万吨。这主要是由于对国内现有石油加工和输送设施的修复和维护，特别是2006年2月停产的瓦里炼化厂和卡杜纳炼化厂重新投入运营。

（3）天然气行业状况

2007年第4季度发布的尼日利亚天然气总体规划从2008年开始生效。该规划是为了应对尼日利亚天然气需求短期内大增而供应不足所制定。总体规划的主要目标包括：通过天然气利用便利化以促进天然气相关工业发展，最大化天然气对国内经济的乘数效应；通过有选择地参与高价值市场和战略布置，优化尼日利亚在高价值出口市场的份额和竞争力；通过对天然气开采的管理，确保尼日利亚长期的能源安全。

2008年，尼日利亚天然气总产量为666.4亿立方米，较2007年的659.4亿立方米增长了1.1%。这主要是由于油价上涨增加了对天然气的需求以及电力行业改革和投资者信心增强。在总产量中有26.8%被空放燃烧，而73.2%被利用的天然气中大约有29.4%出售给工业企业，包括尼日利亚电力控股公司（PHCN）、水泥厂和钢铁厂等，11.3%出售给尼日利亚液化天然气公司（NLNG），4.8%用作石油生产公司的燃料。

（4）电力行业状况

工业部门中的电力也占有重要地位。2008年尼日利亚电力总装机容量为7011.6兆瓦，其中水电为1900兆瓦（占27.1%），火电为5111.6兆瓦（占72.9%）。尼日利亚电力控股公司（PHCN）拥有85.3%的发电能力，独立发电厂拥有14.7%的发电能力。但是实际发电能力在2008年继续呈下降趋势，设备平均利用率从2007年的37.4%下降到2008年的35%，比2007年下降了2.4%。发电能力2403.2兆瓦时，比2007年的2623.1兆瓦时下降了8.38%。发电能力连续几年下降，主要是由于尼日尔河三角洲地区动荡导致天然气供应不稳定和设备年久失修。

2008年电力消费2108兆瓦时，比2007年的2245.5兆瓦时下降了6.1%。消费量下降主要是由于发电能力低下和输配电设施老化。发电量和消费电量之间的缺口显示，输配电过程中的损耗率为12.9%，稍低于2007年的14.4%。损耗的发生主要是由于配电设施陈旧落后，偷电行为猖獗。在电力消费中，居民消费占55.3%，商业和街道照明消费与工业消费分别占24.7%和20%。

（5）制造业行业状况

由图2知，2008年尼日利亚制造业落后的局面没有得到明显改善，制造业的生产指数为91.2（以1990年为100），比2007年增长了2.3%。平均的产能利用率从2007年的53.5%上升到53.9%，主要是由于水泥工业的良好表现。但制造业继续改善受到一些不利因素的影

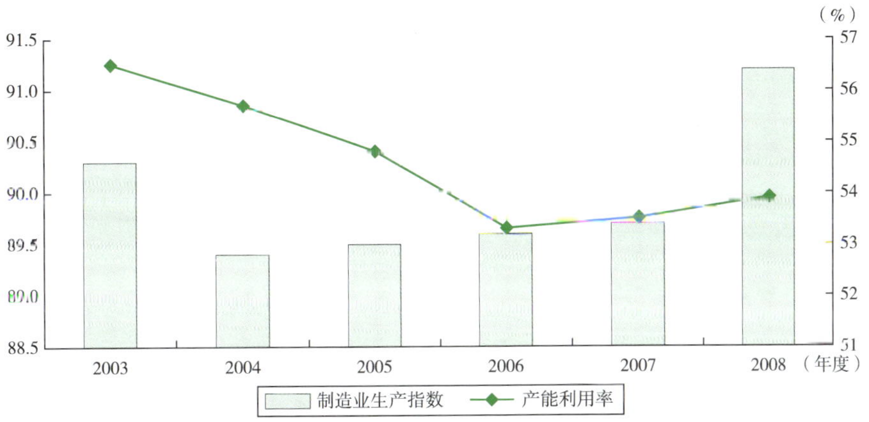

图2　2003年—2008年尼日利亚制造业发展情况

注：制造业生产指数以1990年为100。

响，包括：制成品大规模进口造成不公平竞争和部分当地工厂关闭；限制进口导致走私和倾销严重；假冒伪劣产品盛行；三级政府多重征税；港口的管理落后导致拥塞；对制造业的金融支持不足等。此外，尼日利亚国会2008年拨款法案延迟通过影响了制造商的商业和投资计划。其他限制条件还有落后的基础设施，特别是电力供应，用于发电和生产的柴油价格大幅上涨。这些因素有的在短期内难以得到彻底的解决，尼日利亚制造业发展的道路仍然任重道远。

3. 服务业发展状况

尼日利亚服务业继续保持较快增速。2008年服务业增长率达到10.45%（批发零售业为14%），高于GDP的增速。在服务业内部各部门中，通信业增长速度最引人注目，增长率高达29.65%，其次是商业、社会和个人服务，为22.25%，接下来是宾馆和餐饮业、不动产和商业服务，增长率分别为12.89%和11.42%，而交通运输业、政府服务采购、金融保险业和公用事业的增长率低于行业平均速度，分别为6.99%、6.01%、4.82%和4.17%。

通信业延续了前几年的良好发展势头，增长了29.65%，达到6968亿奈拉，占GDP的2.9%，主要是由GSM移动电话服务增长所推动。截至2008年10月，尼日利亚的电话用户数达到了6429.7万户，比2007年增长了12%，其中固话用户130.7万户，移动电话用户6299万户，尼日利亚成为非洲最大的通信市场。由表5知，2008年每百人拥有电话数（电话密度）也达到了45.93部，高于2007年年底的29.98部。由于通信业的私有化，该行业成为外国对尼日利亚投资的主要领域之一。2007年尼日利亚通信业吸引外国投资存量达到了120亿美元，2007年为115亿美元，增长了4.3%。因特网服务提供商（ISPs）数量共83家，减少了29.1%，表明行业的集中度有所提高。

尼日利亚国内电信公司业开始向国外扩展。2008年10月，尼日利亚与冈比亚政府签署协议，向其提供部分电信服务，如互联互通、号码编制、许可证发放和统一接入等。同时，尼日利亚本土电信公司Globacom获得在贝宁和加纳提供电信服务的许可。但是通信行业依然受服务质量低下所困扰，表现为掉线、非法扣减费用、互联互通较差等方面。

表5　　2004年—2008年尼日利亚电信业发展状况

年　度	2004	2005	2006	2007	2008
固定电话（万户）	112	122.3	167.3	158	130.7
移动电话（万户）	920	1859	3232	5524	6629
国有运营商	2	2	2	2	2
ISPs运营商	36	69	117	117	83
固定无线接入	22	26	26	29	20
许可的移动运营商	4	4	4	4	9
电话密度（每百人电话数）	8.5	16.27	24.18	29.98	45.93
累计投资（亿美元）	60	75	81.5	115	120

（三）政府财政状况分析

1. 财政政策和全国财政收入状况

2008年财政政策的基点是巩固经济增长，将过去几年中取得的宏观经济成果转化为居民生活水平的真正改善。在两年的中期支出框架和七点方针①的指导下，促进基础设施的发展，特别是道路、供水、能源和交通，同时促进人力资本改善、就业创造和社会安全网络。在此思想的指导下，尼日利亚联邦政府主要的财政措施包括：继续按照《财政责任法》规定促进公共部门财政管理的透明、可归责和审慎性；根据《2008年—2012年尼日利亚关税制度》进一步降低关税，促进西非经济共同体内贸易发展，减少走私行为；增加对教育、能源、农业和水资源、安全和尼日尔河三角洲等方面的财政倾斜；支持公共服务改革，改善公共服务质量；从减债基金中拨出1100亿奈拉用于减少贫困项目。

2008年尼日利亚联邦总收入为78666亿奈拉，比上年增长37.6%，占GDP的比重从2007年的24.7%上升到32.7%。总收入超过年初预计目标60335亿奈拉的30.4%，主要归功于前三季度国际市场原油价格的高涨。

在总收入中，石油收入为65306亿奈拉，比2007年增长31.6%，占GDP的27.1%（见图3）。若进一步细分，原油和天然气出口增长21.6%，为22514亿奈拉；石油利润税（PPT）和矿区使用费增长87.4%，为28123亿奈拉；国内原油销售收入增长33.6%，为14625亿奈拉。该增长趋势反映了2008年上半年国际油价上涨，但增长势头被尼日尔河三角洲地区持续的动荡抵消了一部分。在石油收入中，5791亿奈拉被扣减用于合资经营付款，26821亿奈拉进入石油溢价账户②，剩余部分32695亿奈拉在三级政府和其他受益者之间分配。

---

① 尼日利亚总统亚拉杜瓦就任时提出的施政纲领，涵盖电力供应、食品保障、财富创造、交通设施、土地改革、安全形势和国民教育等七个领域。

② 2008年石油溢价收入（由原油溢价、石油利润税和矿区使用费账户组成）达到26821亿奈拉，增长了113.4%。以上三项分别为8415亿奈拉（增长33.4%）、7954亿奈拉（增长29.7%）和779亿奈拉（2.9%），该部分资金用于扩充预算资金，由三级政府及联邦和州政府外部债权人分享。

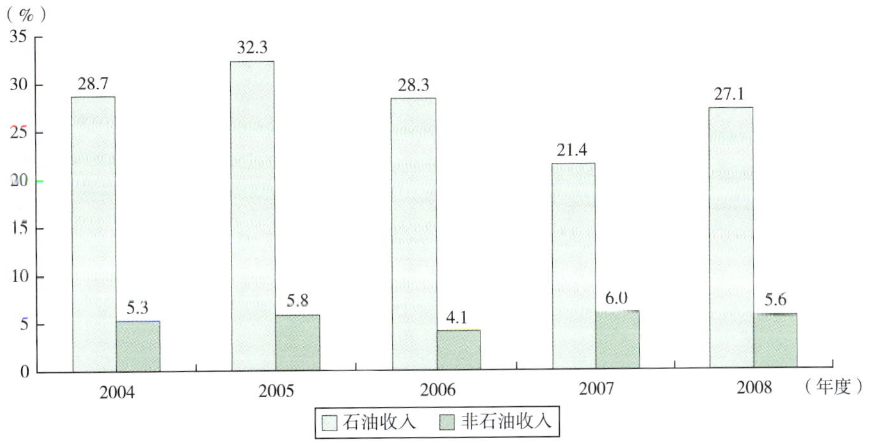

图3 2004年—2008年尼日利亚石油和非石油收入占GDP比重

非石油收入增长6.7%，达到13360亿奈拉（见图4）。其中增值税增长39.7%，达到4045亿奈拉；公司所得税和海关关税分别增长27.5%和16.5%，达到4168亿奈拉和2813亿

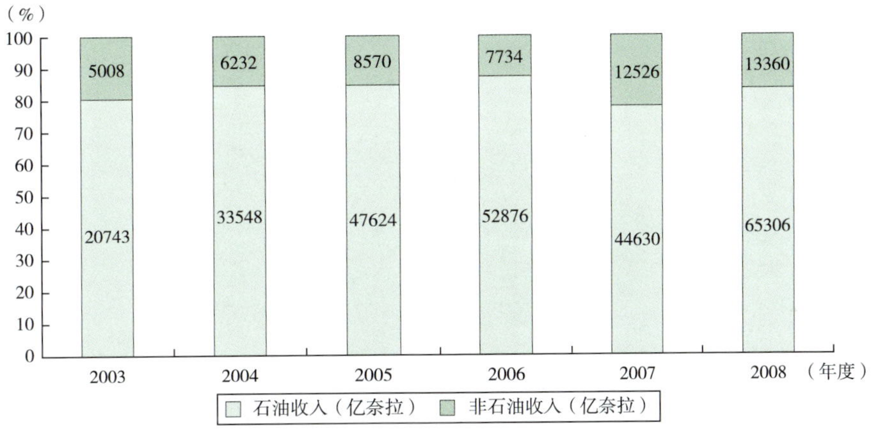

图4 2003年—2008年尼日利亚财政收入构成情况

奈拉；而联邦政府独立收入下降了57.6%，为1140亿奈拉。非石油收入占GDP的比重仅为5.6%，显示了石油收入依然是尼日利亚政府收入的主要组成部分。非石油收入的增长一方面是由于引入了更低的关税，减少了走私行为，另一方面是由于尼日利亚海关关税局和联邦国内收入局的征收效率的提高。

2. 尼日利亚联邦政府①的财政状况

2008年联邦政府保留收入为31934亿奈拉，占GDP的13.3%，而2007年为23337亿奈拉，

① 尼日利亚实行联邦制，包括联邦政府（中央政府）、州政府和地方政府共三级政府。主要收入石油是由国家账户统一负责，然后在三级政府之间进行分配。鉴于中国进出口银行更经常地与尼日利亚中央政府打交道，本文重点分析中央政府的财政收支情况。

占GDP的11.2%（见图5）。其中：来自于联邦账户的为18470亿奈拉；增值税账户583亿奈拉；联邦政府独立收入1140亿奈拉；预算追加3857亿奈拉；石油溢价账户1065亿奈拉；其他来源6820亿奈拉（见图6）。联邦政府收入的增加一方面是由于其他来源收入（包括从上一年未支出的预算资金）大量增加，另一方面是来自联邦账户、石油溢价账户和增值税账户份额的增加。

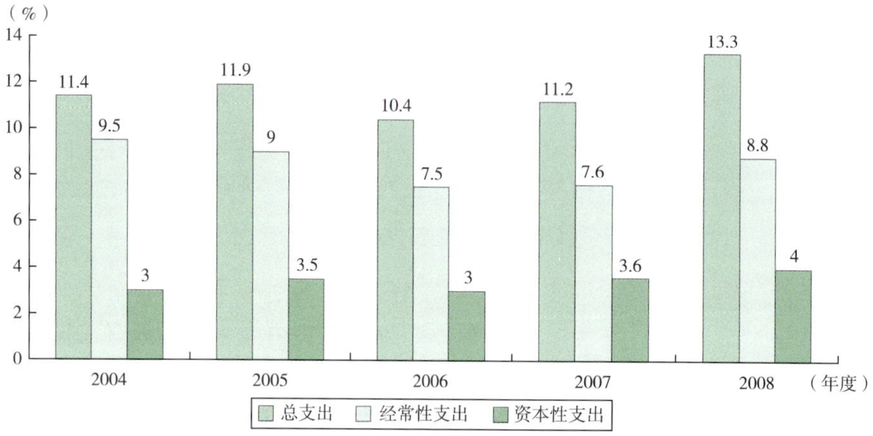

图5 2004年—2008年尼日利亚联邦政府收入支出占GDP比重

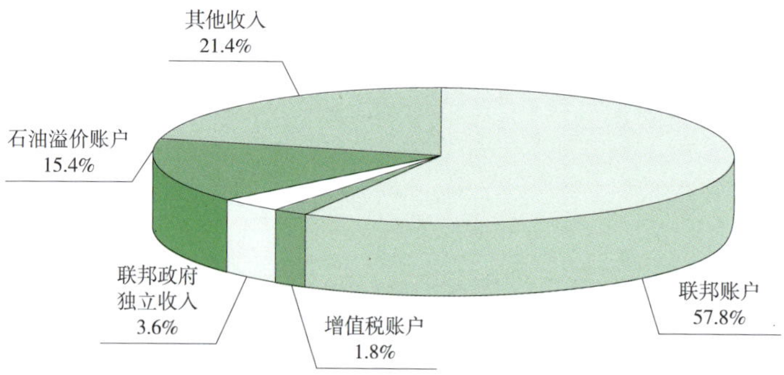

图6 2008年尼日利亚联邦政府收入构成

支出方面，尼日利亚联邦政府2008年总支出增加了32.2%，达到32408亿奈拉，占GDP的比重从2007年的11.7%上升到13.5%。非债务支出（总支出减去债务支出）比2007年增长了27.8%，比2008年年初预定的23758亿奈拉超出20.4%；债务支出为3812亿奈拉，占总支出的11.8%。其中，经常性支出比2007年增加了33.2%，达21174亿奈拉，占总支出的65.3%，占GDP的比重增加了1.2个百分点，达到8.8%。经常性支出的大多数组成部分比上一年有所增长。具体来说，货物和服务部分增长24.5%，利息支付和转移支付分别增长78.4%和41.3%。在货物和服务部分中，人力成本和养老金支出为10807亿奈拉，占经常性支出的51%；一般管理费支出为4574亿奈拉，占21.6%；利息支付为3812亿奈拉（其中国内债务为3222亿奈拉，外债为590亿奈拉），占18%；向联邦首都区划拨和其他划拨1981亿奈拉，占9.4%（见图7）。全部利息支出占GDP的比重从2007年的1%增加到2008年的1.6%，主要是由于尼日利亚联邦政府继续发行联邦债券为政府有关项目进行融资。

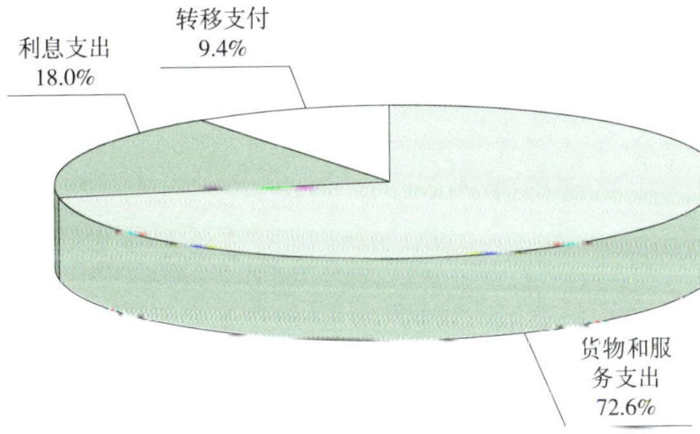

图 7　2008 年尼日利亚联邦政府经常性支出结构

尼日利亚联邦政府经常性支出按照支出的功能分，结构如图 8 所示。行政管理费用增长了 16.7%，达到 7310 亿奈拉，占经常性支出的 34.5%。转移支付增长了 40.3%，达到 7397 亿奈拉，占 34.9%，反映了国内利息支出的迅速增加。经济服务支出增长了 75.2%，为 3138 亿奈拉，占 14.8%，所占比重有所增加。在经济服务部门中，对农业、交通、通信及道路建筑的支出是主要的，占该部分的 72.4%。社会和社区服务支出占 15.8%。

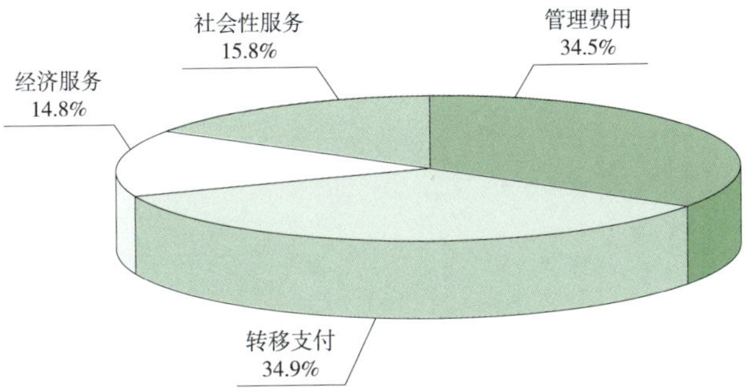

图 8　2008 年尼日利亚联邦政府经常性支出功能构成

尼日利亚联邦政府 2008 年的资本性支出增长了 26.5%，达 9609 亿奈拉，占 GDP 的 4%，占联邦政府收入的 30.1%，超过西非货币区确定的最低 20% 的标准。按照功能来分，结构如图 9 所示。对经济服务的公共投资为 5044 亿奈拉，占资本性支出的 52.5%，高于上一年的 47.2%。在经

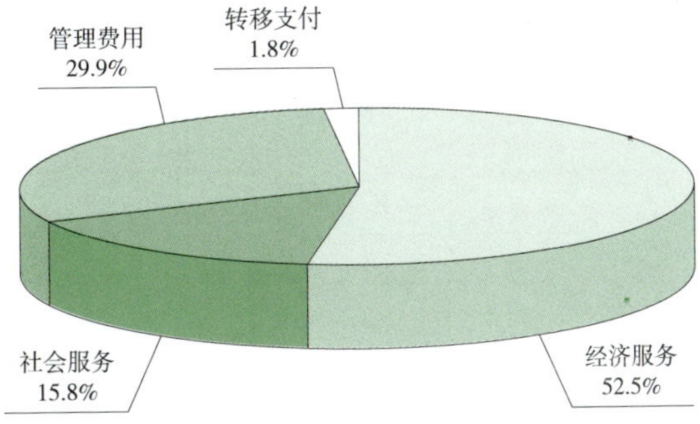

图 9　2008 年尼日利亚联邦政府资本性支出结构

济服务部门中，住房、制造业、矿产采掘业、农业、通信和道路交通共占66.3%。对社会性服务的公共投资增长0.8个百分点，为15.8%，其中对于教育和健康的支出分别增长4.3%和0.3%，达到488亿奈拉和972亿奈拉。

从近几年的情况来看，联邦政府赤字占GDP的比重呈下降并保持稳定的态势，赤字情况较为理想（见图10）。2008年尼日利亚联邦政府财政赤字为474亿奈拉，占GDP的0.2%，而2007年为1172亿奈拉，占GDP的0.6%，其赤字占GDP的比重大大低于西非货币区设定的最高4%的标准。从弥补赤字的来源上看，主要通过国内市场发行联邦政府债券和外部多边机构借款。

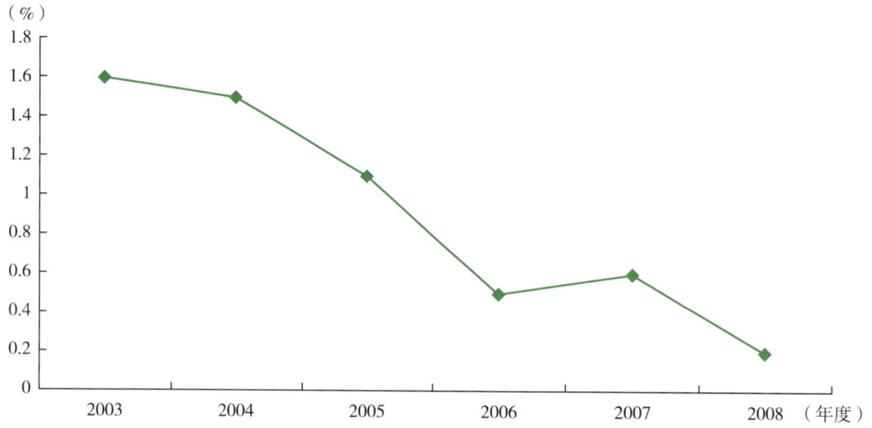

图10　2003年—2008年尼日利亚联邦政府财政赤字占GDP的比重变化

3. 政府债务情况

截至2008年12月底，尼日利亚联邦政府债务存量为28113亿奈拉，占GDP的11.7%，而2007年年底为25977亿奈拉，占GDP的12.5%（见图11）。存量的增加主要是由于新发行了联邦政府债券用于项目融资和支付有关合同款项。因此，联邦政府债券从2007年的11861亿奈拉增长到14456亿奈拉，占全部债务的51.4%。到2008年年底，外债余额为4910

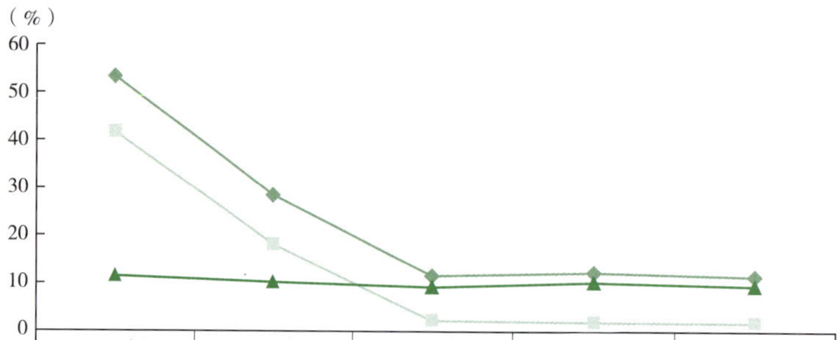

	2004年	2005年	2006年	2007年	2008年
债务总量	53.6	28.7	11.8	12.5	11.7
外债	41.9	18.3	2.4	2.1	2.0
国内债务	11.7	10.4	9.4	10.4	9.7

图11　2004年—2008年尼日利亚联邦政府债务占GDP的比重变化情况

亿奈拉（37 亿美元），占总债务的 17.5%。

截至 2008 年年底，国内公共债务存量为 23203 亿奈拉，比 2007 年增长了 6.9%（见表 6）。这主要是由于新发行了 4956 亿奈拉的联邦政府债券用于国内债务重组、为项目融资和结算政府的其他合同款。银行系统仍然是联邦政府债券的主要持有人，占 74.7%，非银行公众持有剩余的 25.3%。在银行系统中，商业银行持有 14518 亿奈拉，占 83.7%；尼日利亚中央银行持有 2823 亿奈拉，占 16.3%。从债券期限看，2 年和 2 年以内的比重最大，金额为 9520 亿奈拉，占 41%；接下来是期限超过 10 年的，为 4895 亿奈拉，占 21.1%；期限在 2—5 年的为 4727 亿奈拉，占 20.4%；期限在 5—10 年的为 4061 亿奈拉，占 17.5%。

表 6　　尼日利亚联邦政府国内公共债务结构　　单位：亿奈拉

年　度	2004	2005	2006	2007	2008
债务种类					
短期国债	8715	8548	6950	5749	4719
长期国债	4249	4193	4136	4079	4023
发展基金	13	10	7	6	5
联邦政府债券	726	2508	4772	10077	13706
联邦政府特别债券	0	0	1668	1785	750
期限					
2 年以下	9386	9837	8971	7098	9520
2—5 年	712	1639	4312	8209	4727
5—10 年	1845	1070	1940	2529	4061
10 年以上	1760	2712	2310	3860	4895
持有人					
尼日利亚中央银行	4035	4084	3355	2936	2823
存款银行	6691	7262	8229	14100	14518
非银行公众	2978	3913	5349	4660	5862
债务总额	13703	15259	17533	21696	23203

2007 年还清伦敦俱乐部的所有债务后，尼日利亚外债负担大幅度减轻。到 2008 年年底，外债存量为 37 亿美元，比 2007 年增加了 2.1%，主要是由于新提取了 7550 万美元的多边贷款。按照债权人分类，多边机构债务为 31.57 亿美元，占 85.2%；“其他”商业性债务为 5.48 亿美元，占 14.8%（见表 7）。

2008 年尼日利亚债务本息支付金额为 3362 亿奈拉，其中外债为 140 亿奈拉（1.1 亿美元），国内公共债务为 3322 亿奈拉。债务本息支付占 GDP 的比重从 2007 年的 1.4% 上升到 1.6%。

表 7　　2004 年—2008 年尼日利亚外债存量情况　　单位：亿美元

债权人	2004 年	2005 年	2006 年	2007 年	2008 年
1. 多边机构	28.24	25.12	26.08	30.55	31.57
2. 巴黎俱乐部	308.48	154.12	0.00	0.00	0.00
3. 伦敦俱乐部					
(a)石油权益担保	14.42	14.42	0.00	0.00	0.00
(b)本票	7.83	6.50	5.09	0.00	0.00
4. 其他	0.48	4.60	4.27	5.73	5.48
共　计	359.45	204.76	35.44	36.28	37.05

由表8可知，2008年尼日利亚的负债率（债务存量/GDP）从2007年的12.5%下降到11.6%，低于30%的国际警戒线。债务存量与收入的比率也有较大改善，从2007年的111.3%下降到2008年的88%。债务本息支付与收入的比率从2007年的13.9%下降到10.5%，意味着政府的总收入中只需拿出10.5%用于债务本息支付（见表8）。尼日利亚政府债务状况的改善反映了经济的稳步增长和联邦政府收入的增加。

表8　2004年—2008年尼日利亚债务可持续指标　单位：%

指　标	国际标准	2004年	2005年	2006年	2007年	2008年
总债务/GDP	30	53.6	28.7	11.8	12.5	11.6
外债/GDP	30	41.9	18.3	2.4	2.1	2.0
国内债务/GDP	40—60	11.7	10.4	9.4	10.4	9.6
外债/出口	100	106.2	37.2	6.2	5.3	5.0
债务本息支付/收入	20—25	33.2	18.8	23.3	13.9	10.5
总债务/收入	150	470.2	240.1	113.8	111.3	88.0

（四）金融市场发展情况

1. 流动性从过剩走向从紧，通胀率得到控制，但压力仍然较大

2008年尼日利亚央行的货币政策遭遇较大挑战，第2季度遭遇流动性过剩，而第3季度和第4季度受全球金融危机的影响，流动性又从紧。第2季度过剩的流动性主要来源于油价上涨导致石油溢价收入的货币化和三级政府法定分配的增加，还有到期国债的支付。由于金融危机导致间接投资的流入，金融市场特别是银行间市场从2008年8月底开始感受到流动性从紧的压力。为了维护金融体系的稳定性，尼日利亚央行在9月中旬实施了一系列的货币政策措施，确保银行体系具有充足的流动性。

尼日利亚央行主要的货币政策工具是货币政策利率（MPR）、现金储备要求（CRR）、公开市场操作。2008年前半年货币政策的主要目标是抑制流动性过剩，因此在2008年4月和6月两次提高货币政策利率，还在6月将现金储备要求从3%提高到4%。到9月以后，流动性不足开始显现出来，因此尼日利亚央行将货币政策利率从10.25%调低到9.75%，将现金储备要求从4%降为2%，并将流动比率要求从40%降低到30%。同时，将合格债券的回购交易期延长到360天，在双边报价交易平台买卖证券，将贴现范围扩展到联邦政府债券以外的私营部门证券等以确保金融市场的稳定。

表9显示了2005年—2008年尼日利亚货币政策目标的实现情况。由于国际市场高油价带来的银行外汇资产增加和国内信贷投放的增加，2008年基础货币投放量增长29.6%，达15493亿奈拉，超过年初设定的14450亿奈拉和增长7.2%的目标。狭义货币（M1）供应量增长了55.9%，高于2007年的36.6%（见图12）。其中现钞部分增长了21%，而活期存款增长了67%。在狭义货币中，银行外现金占18.4%，低于2007年年底的23.7%。

表 9 2005 年—2008 年尼日利亚货币政策目标实现情况 单位：%

年度	2005		2006		2007		2008	
	年初预计	实际情况	年初预计	实际情况	年初预计	实际情况	年初预计	实际情况
基础货币的增长	6.5	4.2	7.5	5.5	3.2	48.6	20.8	29.6
广义货币（M2）的增长	15.0	24.4	27.0	43.1	24.1	44.2	45.0	57.8
狭义货币（M1）的增长	11.4	29.7	—	32.2	—	36.6	—	55.9
银行信贷的增长	22.5	30.8	-72.3	-69.1	-29.9	276.4	65.96	84.2
银行对私人部门信贷的增长	22.0	29.3	30.0	32.1	30.0	90.8	54.7	59.4
通货膨胀率	10.0	11.6	9.0	8.5	9.0	6.6	9.0	15.1
GDP 增长率	5.0	6.5	7.0	6.0	10.0	6.5	7.5	6.4

广义货币（M2）的增长仍然保持较快速度，2008 年年底达到 91670 亿奈拉，比 2007 年年底增长了 57.8%（见图 12），超过年初预计的 45% 的增长目标。广义货币的增长主要是净国内信贷的增加以及银行系统本外币资产的增加，导致狭义货币和准货币两部分都增长较快。从广义货币各组成部分的比例来看，狭义货币占 53%，准货币占 47%。在狭义货币中，现钞的比例有所下降，从 2007 年的 12.7% 下降到 2008 年的 9.7%，而活期存款所占比例增长较快，从 2007 年的 40.9% 上升到 2008 年 43.2%。在准货币中，定期存款比例从 38.2% 上升到 47%，除了定期存款外，外汇存款也占有相当部分，占广义货币的 10.1%。

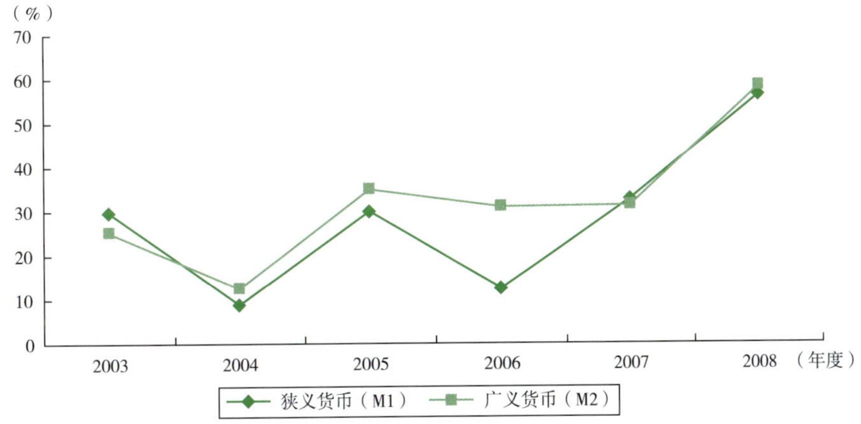

图 12 2003 年—2008 年尼日利亚货币供应量的增长情况

2008 年通货膨胀率表现复杂（见图 13）。1 月—5 月，实现了将通胀率保持在个位数的目标，在 7.8% 到 9.7% 之间浮动。但 6 月以来，受全球经济危机、商品价格上涨、流动性增加、圣诞节消费和奈拉贬值的影响，通胀压力增大，6 月达到 12%，12 月达到全年最高的 15.1%。2008 年综合消费者价格指数（CPI）为 192.6（2003 年 5 月为 100），而 2007 年同期为 167.4。表 10 显示了 2004 年—2008 年尼日利亚的通货膨胀率情况。2008 年 12 月底一般通胀率为 15.1%，高于 2007 年同期的 8.5%，也超出了国内和西非货币区设定的个位数的目标。2008 年年均一般通货膨胀率为 11.6%，远远高于 2007 年的 5.4%。一般通胀率升高的主要推动因素包括住房、水、电、气及其他燃料，以上几项贡献了 3 个百分点，食品和非酒精饮料贡献了 2.3 个百分点。

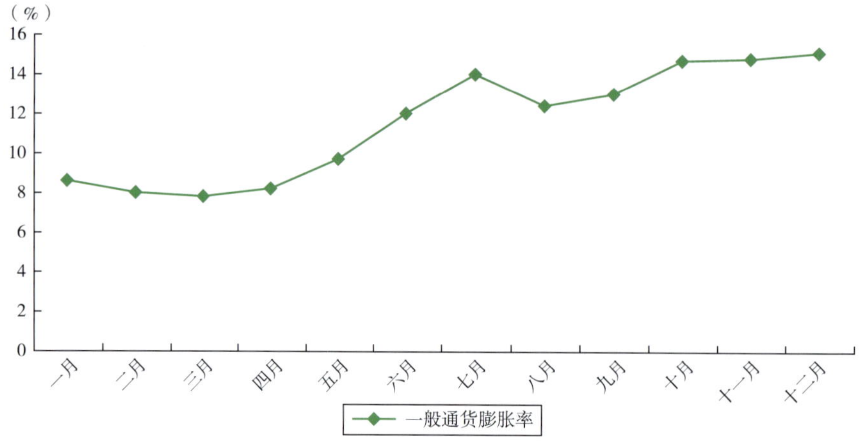

图13 2008年尼日利亚一般通货膨胀率变化趋势

表10 2004年—2008年尼日利亚通货膨胀率情况 单位：%

年 度	2004	2005	2006	2007	2008
一般通货膨胀率（年底）	10.0	11.6	8.5	6.6	15.1
一般通货膨胀率（年均）	15.0	17.9	8.2	5.4	11.6
核心通货膨胀率（年底）	5.9	2.4	17.3	3.6	10.4
核心通货膨胀率（年均）	15.5	8.8	12.8	9.2	5.1

注：核心通货膨胀率为所有商品的消费者价格（CPI）减去农产品价格的指数。

受国际油价和粮价高涨、奈拉贬值以及全球金融危机的影响，尼日利亚未能实现将通货膨胀率控制在个位数的目标。未来尼日利亚政府依然面临着巨大的压力。第一，货币供应量继续增长，2009年以来银行信贷规模继续扩大，给宏观调控造成不小压力。第二，食品和住房及水、电、气、油的价格上涨对尼日利亚通胀的影响最大。尽管目前油价已经下跌，但是由于尼日利亚国内工业制成品和部分农产品①都依赖进口，加上国内电力和水供应短缺，政府控制通货膨胀面临巨大压力。第三，2008年11月以来货币奈拉贬值速度加快，进口货物价格上涨，国内物价水平上涨较快，而2009年以来食品价格对通货膨胀影响较大，短期内食品依赖进口的问题难以解决，因此尼日利亚未来的通货膨胀压力仍然较大。

2. 继续实行以市场为基础的利率制度，银行信贷规模快速增长

尼日利亚中央银行2008年继续实行以市场为基础的利率制度。货币政策利率作为央行的宏观调控手段，在前半年遭遇流动性过剩时，央行于4月和6月两次上调货币政策利率，从9.5%调高到10%再调到10.25%。9月份以后，受金融危机影响，流动性不足开始显现出来，

① 尼日利亚20世纪70年代以前是非洲的粮仓和重要的农产品出口国，但是发现石油后，政府对农业的重视程度下降，农业迅速衰败，成为净进口国。尽管近年来已经开始重视这一问题，但粮食生产还不能完全自给，近几年来从国外进口的食品及活动物价值都在1700亿奈拉（约为14.78亿美元）以上。

因此央行将货币政策利率从10.25%调低到9.75%。由于市场流动性从紧，2008年货币市场利率相对较高。2008年加权平均的银行间隔夜拆借利率为11.86%，高于2007年的8.15%。2008年期限为7天和30天的银行间拆放利率（NIBRO）分别为12.47%和14.32%，而2007年为8.47%和12.1%（见表11）。

表11 2008年尼日利亚货币市场利率变化情况 单位：%

月份	MPR	加权平均			
		银行间隔夜拆借	公开回购利率	7天NIBRO	30天NIBRO
2007年平均	9.13	8.15	7.91	8.47	12.10
2008年1月	9.50	11.22	9.01	11.02	12.99
2008年2月	9.50	10.04	8.91	10.72	12.76
2008年3月	9.50	9.37	8.36	10.06	12.12
2008年4月	10.0	10.51	9.07	10.82	12.78
2008年5月	10.0	9.47	8.34	10.73	13.15
2008年6月	10.25	11.23	8.92	11.36	13.46
2008年7月	10.25	8.61	7.84	10.41	13.06
2008年8月	10.25	14.45	10.36	14.05	15.34
2008年9月	9.75	15.42	10.56	15.80	16.76
2008年10月	9.75	14.09	9.64	14.67	15.63
2008年11月	9.75	15.77	9.47	16.68	17.98
2008年12月	9.75	12.17	8.83	13.35	15.85
2008年平均	9.85	11.86	9.11	12.47	14.32

在信贷市场，除活期储蓄外，其他存款利率都有所上升。活期储蓄利率下降了0.4个百分点，为3.6%；各类定期存款利率波动区间在12.4%—12.9%之间，而2007年为7.9%—10%之间；平均定期存款利率从2007年的8.8%上升到11.96%。银行存款利率的上升主要是由于货币政策利率的上调和银行系统流动性从紧。

受存款利率上升的影响，2008年加权平均的最高贷款利率增加了2.97个百分点，为21.18%。平均定期存款利率和最高贷款利率之间的差从2007年的9.5个百分点缩小到9.2个百分点，这显示了银行效率的提高。但是，加权平均的基本贷款利率从2007年的16.46%下降到16.08%（见图14）。

由于宏观经济形势较好，银行的信贷规模也快速扩大。2008年，尼日利亚银行对国内经济的净信贷增长了84.2%，而2007年为276.4%，增速有所减缓，但依然超过年初设定的66%的目标。这主要是由于对私营部门信贷的快速增长。

尼日利亚银行对联邦政府的净信贷在2008年下降了31.2%，而2007年下降了22.3%，政府部门继续成为银行系统的净债权人。而银行对私人部门（包括州政府、地方政府和非金融性公共公司）的信贷增长了59.4%，略高于年初预计的54.7%，但相比于2007年的90.8%有所下降。其中对核心私营部门（除州政府、地方政府和非金融性公共公司）的信贷增长了59.2%。对私营部门信贷的增加抵消了银行对政府净信贷的减少，使得整个信贷规模快速增长。

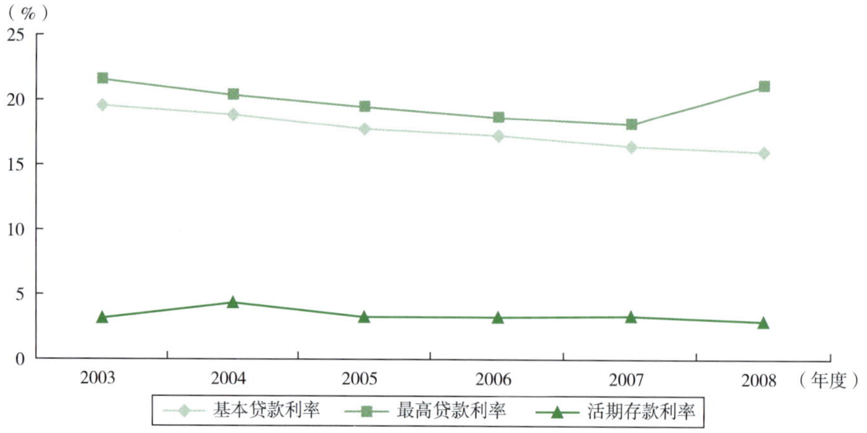

图14　2003年—2008年尼日利亚近年来存贷款利率变化情况

从期限来看，银行信贷主要是短期贷款，到期日在1年和1年之内的占全部贷款的75.4%，而2007年为75.8%；中期（1—3年）和长期（3年以上）占比分别为14.5%和10.1%，而2007年同期分别为13.5%和10.7%。

从行业分布来看，银行对核心私营部门的信贷中，优先行业的贷款余额（截至2008年年底）占26.2%，其他行业占73.8%。优先行业中，对农业、固体矿产、出口和制造业的贷款余额分别占1.4%、11.3%、1%和12.5%。可见，银行还是倾向于将贷款投入非优先行业。

3. 货币市场发展情况

货币市场的活动主要受货币政策和财政政策所推动，而公开市场操作成为尼日利亚央行流动性管理的主要货币政策工具。2008年，尼日利亚银行间资金市场的活动比上年有所增加，全年交易额增长7.3%，达到20.4万亿奈拉，主要是由于公开买回部分交易的大量增加以及流动性不稳定。公开回购部分交易额增长了21.2%，达到14.6万亿奈拉，而银行间拆借交易额增加了16.8%，达到5.8万亿奈拉。银行间拆借和公开回购占比分别为28.4%和71.6%，而2007年分别为36.6%和63.4%。

截至2008年年底，货币市场总资产为2.8万亿奈拉，比2007年增加27.2%。这主要是由于商业票据和联邦政府债券价值的增加，抵消了国债的减少。政府仍然是货币市场的主要运作者，2008年年底政府证券占货币市场资产的68%，而私人有价证券（包括可转让存款证、商业票据和银行承兑汇票）占32%。联邦政府债券成为市场的主要金融交易工具。货币市场价值占GDP的比率比2007年增加1.7个百分点，达到11.5%，但是远远低于私人信贷占GDP比率的33.5%，反映了短期信贷市场在尼日利亚金融市场仍然居于主要地位。

4. 证券市场发展情况

2008年尼日利亚证券市场冰火两重天，前半年表现良好，后半年受金融危机影响，急剧下挫。尼日利亚证券交易所综合指数2008年5月5日曾达到最高的66371.2点，下半年一路下跌，年底收于31450.78点，而2007年年底为57990.22点，下跌45.8%。截至2008年年底，在尼日利亚证券交易所挂牌的310只股票的总市值缩减了28.3%，为9.5万亿奈拉，而2007年年底为13.3万亿奈拉。213家上市公司的市值从2007年的9万亿奈拉缩减到2008年年底的7万亿奈拉。2008年5月3日，总市值曾达到最高的12.6万亿奈拉，2008年12月16日达到最低的6.2万亿奈拉，很大程度上是由于股价下跌、19家公司被停牌以及许多外国投资者受金融危机影响而从尼日利亚市场撤出的影响。2008年年底市值占GDP的比重为39.7%，低于2007年的58.2%；股票交易价值占GDP的比重为10%，而2007年年底为9.2%；流通价值占总市值的比重为25.2%，而2007年年底为15.8%。

一级市场在前三季度的表现都比较活跃，第4季度受全球金融危机影响，交易立即降温。全年批准新发行或并购申请70起，价值为2.2万亿奈拉，而2007年分别为65起和2.4万亿奈拉。其中非银行公司占全部新发行的51.6%，共59个申请价值1.1万亿奈拉；银行业占35.8%，共10个申请价值7798亿奈拉；而联邦政府债券发行额为2750亿奈拉，占12.6%。在非银行公司的申请中，外国公司和保险分别为2950亿奈拉（13.5%）和1505亿奈拉（6.9%）。从证券发行的类别来看，有6080亿奈拉属于首次公开发行（IPO）和增补发行，3765亿奈拉属于配售新股，2790亿奈拉是债券（包括联邦政府债券）发行，剩下的为其他方式发行。

二级市场全年表现也是冰火两重天。全年股票交易量为1931亿股，高于2007年的1381亿股，增长了39.8%（见表12、表13）。全年交易金额为2.4万亿奈拉，比上一年增长了14.3%（见表13）。股票交易额2.4万亿奈拉，占全部交易的99.85%。下半年受全球金融危机的影响，许多外国投资者从二级市场撤出，2008年年底外国投资者在二级市场的投资为1512亿奈拉，而2007年年底为2000亿奈拉。

表12　　2004年—2008年尼日利亚资本市场的基本情况

年　度	2004	2005	2006	2007	2008
挂牌股票数量	277	288	288	310	301
全年股票成交量(亿股)	192	267	365	1381	1931
全年股票交易价值(亿奈拉)	2258	2629	4703	21000	24000
股票交易价值占GDP比重(%)	1.9	1.8	2.6	9.2	10.0
总市值(亿奈拉)	19259	29001	51209	132946	95368
其中					
银行业市值(亿奈拉)	6627	12121	21427	64322	37155
总市值占GDP比重(%)	16.5	19.5	28.1	58.2	39.7
其中					
银行业市值占GDP比重(%)	5.7	8.1	11.8	28.2	15.5
银行业市值占总市值比重(%)	34.4	41.8	41.8	41.8	39.0
年成交量占股票总数比重(%)	8.5	10.1	7.8	6.6	8.0
年交易价值占总市值比重(%)	11.7	9.1	9.2	15.8	25.2
证券市场指数	23844.5	24085.8	33358.3	57990.2	31450.8

表13　　2004年—2008年尼日利亚资本市场发展情况　　单位：%

年　度	2004	2005	2006	2007	2008
挂牌股票数量	4.5	4.0	0.0	5.8	-2.6
全年股票成交量	44.4	38.8	36.8	276.3	39.8
全年股票交易价值	87.6	16.4	78.9	343.7	14.3
总市值	45.4	50.6	76.6	159.6	28.3
其中银行业市值	87.1	82.9	76.8	200.2	-42.2
证券市场指数	18.5	1.0	38.5	74.4	-45.8

（五）进出口贸易、外国直接投资及外汇储备情况

1. 国际收支状况

2008年，尼日利亚的国际收支状况良好，整个国际收支平衡表有1964亿奈拉（17亿美元）的盈余，占GDP的0.8%，而2007年为11272亿奈拉（90亿美元），占GDP的4.9%（见表14）。经常账户盈余达到49827亿奈拉（423亿美元），增长了84.4%，占GDP的21%，主要是由于前三季度的高油价导致石油出口收入增加①。此外，经常转移账户余额也增长了78.7%，达到40234亿奈拉（342亿美元），主要是由于海外侨汇的增加。以上两部分的增长抵消了服务账户和收入账户的赤字。2008年服务账户赤字减少了2.5%，而收入账户赤字增加了17.8%。资本和金融账户的赤字达6682亿奈拉，占GDP的2.8%，而2007年为3247亿奈拉，占GDP的1.4%，赤字有所扩大。尽管国际收支状况较好，但从2008年第4季度开始，尼日利亚开始感受到国际金融危机的压力，很多外国投资者从尼日利亚金融市场撤出，极大地减少了前三季度的盈余。从根本来讲，尼日利亚面临的挑战依然是如何实现经济多样化，减少对石油出口的依赖。

表14　　2005年—2008年尼日利亚国际收支平衡简表　　单位：百万美元

年　度	2005	2006	2007	2008
一、经常账户	30793.10	26466.95	21671.64	42304.47
1. 货物贸易	29168.22	27116.54	33137.74	42189.64
2. 服务贸易	(3263.69)	(4768.89)	(12736.16)	(13151.05)
3. 收益	(2254.10)	(6662.51)	(16746.24)	(20894.06)
4. 经常转移	7142.67	10781.81	18016.30	34159.94
二、资本和金融账户	(19579.82)	(7595.20)	(2602.51)	(5673.29)

① 尼日利亚原油出口主要参考价格——邦尼轻油（37。API）2008年的平均价格为101.15美元/桶，高于2007年的74.96美元/桶。

续表

年度	2005	2006	2007	2008
1. 资本账户	7328.00	10650.00	—	—
2. 金融账户	(26907.82)	(18245.20)	(2602.51)	(5673.29)
(1)直接投资	(14.62)	(16.61)	(468.00)	(972.00)
(2)证券投资	(131.55)	(149.49)	(138.42)	(692.08)
(3)其他投资	(1322.30)	(18871.75)	(19069.13)	(36631.18)
三、储备资产变动	(11324.04)	(14018.94)	(9035.05)	(1667.21)
四、误差和遗漏	(11213.28)	(18871.75)	(19069.13)	(36631.18)

2. 进出口贸易稳步增长，贸易顺差加大

图15显示了2003年—2008年尼日利亚进出口贸易情况。2008年尼日利亚进出口贸易总额为143865亿奈拉，其中石油和非石油产品进出口贸易额分别为103208亿奈拉和41656亿奈拉，增长了17.8%和12.4%。石油产品在尼日利亚进出口贸易中继续居于主要地位，占贸易总额的71.2%，高于2007年的70.3%。贸易依存度（贸易额/GDP）为60.2%，高于2007年的59.8%。2008年进出口贸易顺差为45037亿奈拉，增长了20.2%，高于2007年的19.6%。按月份分析，出口的显著增长是在2008年第2季度和第3季度，与国际油价上涨趋势一致。第4季度油价大跌之后，进口额马上高于出口额，说明尼日利亚出口收入应对石油价格波动风险的能力较弱。

2008年尼日利亚进口继续保持增长趋势，进口额为49914亿奈拉，增长了14.8%，其中石油和非石油产品分别增长13.2%和15.1%。进口的增长反映了国内需求的增长，前3季度奈拉升值对进口的促进作用以及国内电力短缺导致生产不足。按照最终使用人来分，进口的消费性货物比例增加了2.7个百分点，为45.7%，主要是非耐用品占比增加（占42.4%），耐用消费品的比例依然较低（占4.3%）。尽管生产性货物和原材料进口依然占主导地位，但是占比下降了2.3个百分点，占全部进口的53.7%。在生产性货物和原材料中，原材料（基本上是化学产品）进口占29.6%，生产性货物（主要是零备件和农业机械）占24.1%。

按照国际贸易标准分类，尼日利亚所有类别产品进口都比2007年有所增长，其中增长速度最快的是动植物油脂，增长率为30.4%，接下来是化学品（39.6%）、制成品（15.5%）、

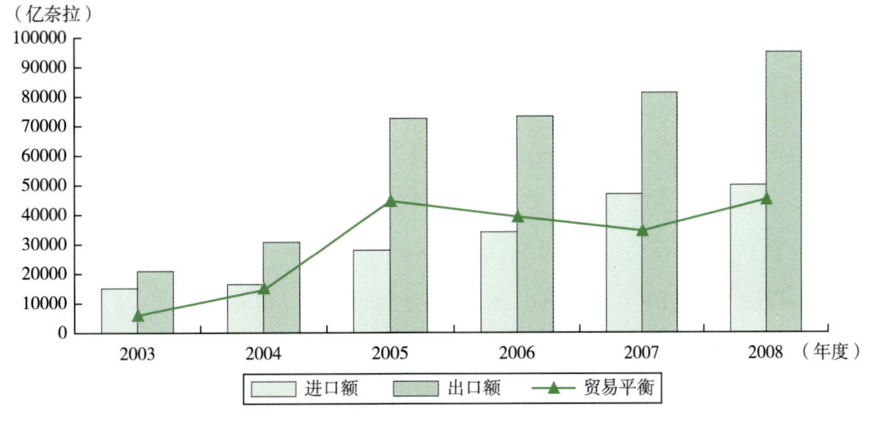

图15 2003年—2008年尼日利亚进出口贸易情况

饮料（14.8%）、机械和运输设备（11.7%）、食品和活动物（11.1%）和原材料（5.2%）。按进口货物价值所占比例，制成品占比最大，为33%，接下来是化学品（25%）、机械和运输设备（22%），其他的占20%。

从进口来源地看，工业国家依然是尼日利亚进口的主要来源地，占55.3%，但低于2007年的58.3%。亚洲国家（除日本）占比下降了2.2个百分点，为25.4%。非洲国家占比增加了1.7个百分点，占6.3%。按国别来分，美国、中国和法国居尼日利亚非石油产品进口的前三位，分别为5863亿奈拉、4275亿奈拉和3827亿奈拉，占其非石油产品进口的14.4%、10.5%和9.4%（见表15）。

表15　2003年—2008年尼日利亚非石油产品十大进口来源国占尼日利亚进口额比例　单位：%

年　度	2003	2004	2005	2006	2007	2008
美　国	11.7	14.5	20.0	22.2	23.3	14.4
中　国	10.4	10.5	12.0	9.6	10.2	10.6
法　国	4.9	9.4	5.0	7.6	6.5	9.4
英　国	13.3	7.9	4.0	1.9	1.6	7.9
荷　兰	8.0	7.4	4.5	2.1	2.6	7.4
德　国	6.9	6.3	3.5	4.3	3.9	6.3
意大利	5.3	6.2	3.0	2.3	2.4	6.2
印　度	7.1	5.3	6.0	7.7	7.5	5.3
南　非	5.5	4.9	5.1	3.1	2.6	4.9
俄罗斯	4.3	4.4	3.0	2.8	3.0	4.4

受前三季度石油价格高涨的利好因素影响，2008年尼日利亚总出口额达到94950亿奈拉（806亿美元），高于2007年的81201亿奈拉（651亿美元）。其中原油出口占全部出口额的92.2%，天然气和非石油产品出口额分别为6490亿奈拉（55亿美元）和943亿奈拉（8亿美元），占总出口的6.8%和1%。尽管出口价值有所增长，但石油出口量比上一年有所减少（见表16）。

表16　2004年—2008年尼日利亚石油出口数量及价值一览表

年　度	2004	2005	2006	2007	2008
石油出口数量(万桶)	74010	82366	65153	80100	76124
石油出口价值(亿奈拉)	29638	67436	65385	73046	87518

从原油出口的目的地来看，美洲仍然是尼日利亚原油出口的最大市场，其次是西欧和亚洲。尼日利亚原油出口到美洲的占比比2007年增加了1.2个百分点，为53%，其出口金额为46384亿奈拉，高于2007年的37757亿奈拉，但数量下降了2.8%，为40350万桶。出口到亚洲的占比上升了0.9个百分点，达到19%。同时，西欧占比增加了2.7个百分点，达21.9%。出口到非洲国家占比为5.2%，依然保持最低。非洲国家中进口最多的是科特迪瓦，其次是塞内加尔、加纳。按照国家来分，美国仍然是尼日利亚石油最大进口国，占全部石油出口额的23%。加拿大和西班牙为第二和第三大进口国，分别占10%和9.3%。中国2008年从尼日利亚进口石油4567.4万桶，价值5251亿奈拉，占全部出口额的6%（见表17）。

表 17 2004 年—2008 年尼日利亚石油十大出口国的出口数量 单位：千桶

年 度	2004	2005	2006	2007	2008
美 国	281583.8	312989.0	294489.3	344430.3	175084.7
加拿大	22230.3	37064.5	9772.9	14418.0	76123.8
西班牙	62244.8	64245.1	44303.7	45657.0	70795.1
中 国	5928.1	23062.3	11727.5	14418.0	45674.3
巴 西	39273.5	43853.7	14985.1	18423.0	38061.9
意大利	25935.4	28827.9	22803.4	36846.0	31210.8
阿根廷	741.0	823.7	651.5	801.0	30449.5
印 度	96331.3	90602.1	58637.3	66483.1	26643.3
法 国	—	40359.1	24758.0	36846.0	24359.6
维京群岛	2223.0	2471.0	1954.6	18423.0	22837.1

2008 年非石油产品出口下降了 44.4%，为 943 亿奈拉。表现不佳主要是由于基础设施特别是电力供应状况较差以及奈拉升值的负面作用。在非石油产品出口中，农产品、半成品、制成品和固体矿产分别占 58.3%、17%、8.7% 和 7.7%，其他产品（主要是石油产品、木炭、艺术品、水泥等）占 8.3%。在农产品中，可可豆、橡胶、鱼虾和棉花分别占非石油产品出口的 32.3%、6.1%、3.5% 和 2.6%。在半成品中，皮革、家具（包括加工木材）和棉纱分别占非石油产品出口的 12.6%、1.1% 和 0.5%。

3. 外国直接投资保持较高水平，国际投资头寸[①]净值继续增加

表 18 显示了 2005 年—2008 年尼日利亚国际投资头寸情况。2008 年，尼日利亚吸引外国直接投资（FDI）比 2007 年增长 5.7%，达到 68.1 亿美元，但仍未达到 2006 年 139.56 亿美元的水平。外国直接投资主要投向了原材料开发和电信领域，这主要是由于国际市场商品价格特别是原材料价格的上涨，像尼日利亚这样拥有丰富油气资源的国家一直受到跨国公司的关注；此外，电信行业私有化和庞大的潜在市场激发了跨国公司的投资热情。2008 年年底，尼日利亚外国直接投资存量 390.5 亿美元，比 2007 年同期增加 64.4 亿美元。

表 18 2005 年—2008 年尼日利亚国际投资头寸情况 单位：百万美元

资产负债类型	2005 年	2006 年	2007 年	2008 年
净国际投资头寸	-20408.70	9387.76	15993.29	18868.55
资产	42954.33	61879.69	78863.61	92669.50
一、海外直接投资	302.00	700.00	1168.00	2140.00
二、海外证券投资	1178.60	1293.16	1374.95	1806.50
三、其他投资	13396.96	17587.42	24987.51	35722.64
1. 官方储备外的公共部门资产	1427.83	1308.03	2581.87	4666.37

① 国际投资头寸（International Investment Position）是在一特定时点上一个经济体系的对外金融资产及负债存量的资产负债表。对外金融资产涵盖对非居民的申索和不牵涉债务人的其他金融资产（例如货币黄金）。另一方面，某经济体系的对外金融负债是指非居民向经济体系的居民的金融申索。尼日利亚中央银行是根据国际货币基金组织出版的《国际收支平衡手册（第五版）》所制定的标准而编制的。

续表

资产负债类型	2005年	2006年	2007年	2008年
2. 银行	4480.25	6025.62	8514.43	12383.74
3. 非银行存款	4242.00	4969.00	7350.00	11104.00
4. 贸易信贷	3246.88	5284.77	6541.21	7568.53
四、尼日利亚官方储备资产	28076.77	42298.11	51333.15	53000.36
负债	63363.03	52491.93	62870.32	73800.95
一、外国直接投资	26345.00	29313.00	32613.00	39048.19
二、证券投资	6877.60	9322.74	14962.99	17708.05
1. 股本投资	3550.00	4890.00	9538.00	11686.00
2. 政府债券	3063.00	4138.00	5079.50	5666.00
3. 货币市场工具	264.00	294.74	327.49	356.05
三、其他投资	30140.43	13856.19	15294.33	17044.71
1. 存款	5509.00	5613.00	6463.00	7313.00
2. 贷款	24613.43	8243.19	8813.33	9731.71
（1）政府贷款	20476.20	3544.49	3654.00	3704.08
（2）银行贷款	985.23	1094.70	1216.33	1307.63
（3）其他贷款	3170.00	3604.00	3961.00	4720.00

根据尼日利亚中央银行发布的国际投资头寸统计数据，2008年年底，尼日利亚的对外金融资产和负债总值分别为927亿美元和738亿美元。从对外金融资产扣除对外金融负债后，尼日利亚依然是净债权的经济体系，在2008年年底，其对外金融资产净值为189亿美元，占GDP的10.8%。

石油收入和外汇储备利息收入的增加增强了尼日利亚外汇储备力量。2008年官方储备账户余额增长3.3%，达到530亿美元，占尼日利亚总对外金融资产的57.2%。其次是其他投资，占金融总资产的38.5%（357亿美元）。而对外直接投资和证券投资占比非常小，表明尼日利亚对外投资力量相对比较弱小。

2008年年底，尼日利亚的对外金融负债总值为738亿美元，其中52.9%（390.48亿美元）为直接投资。如此高比例的直接投资负债，反映了尼日利亚对外国直接投资具有一定的吸引力。证券投资负债增加18.3%，达177亿美元，占对外金融负债总值的24%（177.1亿美元），其中股本证券投资占66%。其他投资负债占23.1%（170.44亿美元），大部分与银行业的存款和贷款有关。

4. 汇率先升后降，外汇储备继续保持增长趋势

2008年前10个月，美元疲软和石油价格走高的趋势没有改变，尼日利亚作为国际上主要的石油出口国家，受此影响本币继续保持升值的趋势。在大额荷兰式拍卖系统（WDAS）①中奈拉兑美元平均汇率为118.92奈拉兑1美元，比2007年升值5.8%（见图16）。在银行间市场和货币兑换所，奈拉兑美元的平均汇率分别为119.07和120.81，比2007年分别升值5.6%和5.5%。奈拉在2008年1—10月升值主要是由于油价上涨带来的外汇储备增加以及非官方途径流入的外汇增加。但2008年最后两个月，奈拉却开始急剧贬值，年底官方窗口外汇

① 尼日利亚的官方外汇交易市场。

汇率达到132.56奈拉兑1美元，比2007年同期贬值近11%（见图16）。同样，在银行间市场和货币兑换所，奈拉汇率也贬到140和139，分别贬值15.7%和12.9%。贬值主要是由于2008年最后两个月全球金融危机蔓延，导致石油收入减少和外汇储备下降，从而引起外汇市场的投机需求和恐慌性购入外汇。

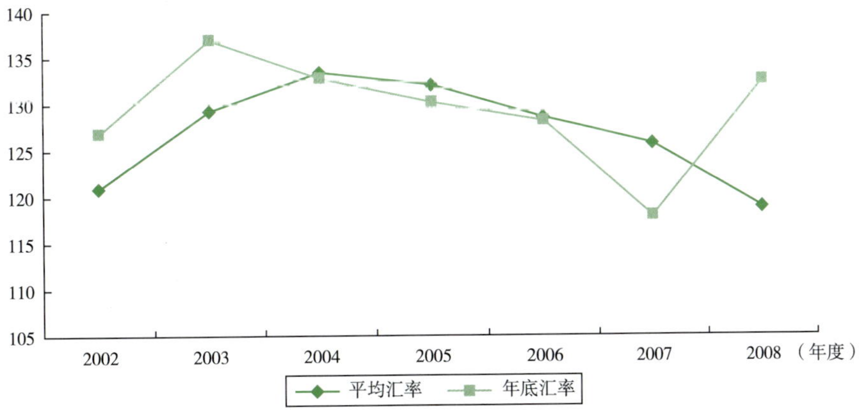

图16 2002年—2008年尼日利亚官方市场奈拉兑美元汇率变化情况

如果从全年奈拉兑主要货币的汇率情况来看，奈拉呈小幅贬值趋势。2008年12月底奈拉的名义有效汇率（NEER）① 为105.6（以2003年5月为100），2007年同期为103.9，表明2008年奈拉兑主要贸易伙伴的货币基本保持强势。2008年年底的实际有效汇率（REER）为169.6（以2003年5月为100），而2007年同期为152.3，表明尼日利亚经济的外部竞争力有所下降。

由于石油价格的不断上涨，2008年尼日利亚外汇储备继续保持2003年以来的增长势头。图17显示了2003年—2008年尼日利亚外汇储备的变化情况。截至2008年年底尼日利亚的外

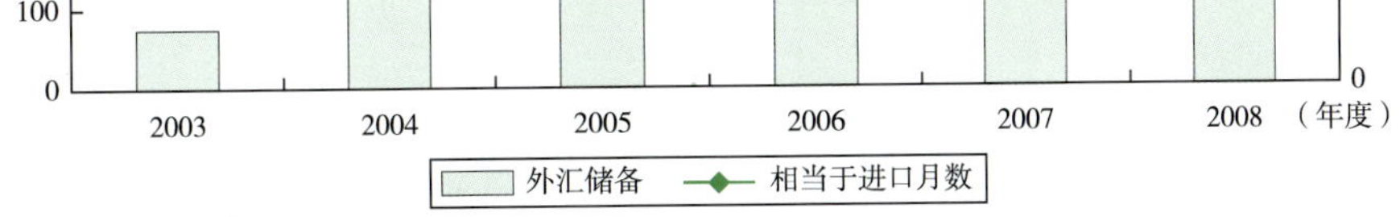

图17 2003年—2008年尼日利亚外汇储备变化情况

① 以奈拉与尼日利亚的12个主要贸易伙伴（美国、日本、中国、印度、法国、德国、巴西、意大利、印度尼西亚、荷兰和西班牙）货币的加权平均数计算。

汇储备达到530亿美元，比2007年增长了3.3%，能够满足13.8个月进口的需要，远高于西非货币区设定的满足6个月进口的需要。

参考文献资料

1. Central Bank of Nigeria：Annual Report & Financial Statement for the Year Ended 31th December 2008.
2. Central Bank of Nigeria：Annual Report & Financial Statement for the Year Ended 31th December 2007.
3. UNCTAD：World Investment Report 2009，United Nation.

二、尼日利亚粮食危机及应对措施

（一）概述

粮食是人类最基本的生活需求。粮食供应的充足、可负担和安全是人类社会数千年来追求的目标。这就是为什么最近国际粮价的上涨引起全球各国政府和人民关注的根本原因。2008年前三个月，国际上大宗粮食产品的名义价格达到了近50年来的最高峰，实际价格达到近30年来的最高，这引起了较为严重的后果。据联合国粮农组织估计，全球有8000万人受到饥饿的威胁，而且该群体还有可能继续扩大，因为全球已经有数千万人正日益感受到获取足够的粮食以保证生活健康的困难。

粮价上涨已经在全球范围引起了社会动荡和暴乱，特别是在发展中国家。从2007年—2008年4月，25个国家出现了因粮食价格上涨而引起的抗议和游行示威。抗议在一些国家导致了一些不幸事件的发生，如科特迪瓦和海地①。危机也对经济运行造成了负面影响，严重威胁宏观经济的稳定和持续增长。2008年粮价走高时，油价也达到了历史最高水平，许多国家面临着三种风险的威胁，即大面积长期性的饥荒、主要粮食作物严重依赖进口和以高昂的价格进口石油。在非洲、亚洲、拉丁美洲和东欧有22个发展中国家属于这一类型，出现了经济混乱。

引起全球粮食危机的主要原因包括：为应对油价上涨而使用大量的粮食制造生物燃料；全球变暖导致洪灾和旱灾的增加；新兴经济体国家人口增长对粮食需求的增加；许多国家的战略粮食储备的减少。

在尼日利亚，粮食和相关商品的价格上涨已经敲响了警钟。比如，50公斤袋装的主流品牌（如caprice gold）进口大米价格2007年12月约为7500奈拉/袋（约为63美元/袋），但是到2008年3月猛涨到14000奈拉（约为117美元/袋），仅三个月的涨幅达87%。同样，棕榈油、玉米、

---

① 此外还有非洲的埃及、莫桑比克、喀麦隆、布基纳法索以及亚洲的菲律宾、印度尼西亚、孟加拉国等国都发生了程度不同的因粮价上涨引起的抗议和冲突活动。

高粱、大豆和加里（garri）① 的价格在同期分别上涨了36%、28%、16%、12%和8%。

（二）尼日利亚爆发粮食危机的主要原因

尼日利亚当前粮食价格上涨有远期和近期两方面的原因。

第一，农业部门的生产结构较为落后。农村的农业生产者主要由使用原始工具、传统和低效生产方式的小农组成。整个国家的拖拉机使用比例依然很低，全国仅有30000台拖拉机，其中有一半还不能正常使用。肥料的使用量依然比较低，世界平均的复合肥（NPK）使用率为93公斤/公顷，而尼日利亚只有13公斤/公顷。此外，储运和加工设施总体上比较缺乏，且效率低下，使得收割后的损失较高，水果和蔬菜估计在50%左右，而根茎类作物为30%。

第二，支持农业发展的基础设施落后。比较明显的就是交通系统效率低下和能源价格过高，以上两个因素限制了农产品进入城市市场。在过去二十年里，尼日利亚的铁路系统实际上已经处于瘫痪状态，因此造成大量的粮食产品不能从生产区运送到市场。而2008年以来成品油价格的上涨也打击了尼日利亚的农业发展，用于农产品运输的卡车用柴油价格在2008年曾达到160奈拉/升（约1.33美元/升），巨大的交通成本使得国内农产品没有很强的市场竞争力。

第三，国内粮食价格的通胀传递效应。由于国内供应不足，尼日利亚大部分城市家庭日常生活所需的食物都是以进口为主，这意味着不但是全球食品类商品的价格变化，而且运费成本的增加，都能够很容易地影响到国内经济。国内经济应对外部价格上涨风险的能力非常弱。因此，一旦出现国际市场价格波动，就能够很快通过进口商品传递到国内市场，造成国内物价上涨。

第四，2007年尼日利亚北部部分州气候条件恶劣。在尼日利亚主要粮食产区，如吉加瓦州（Jigawa）、约贝州（Yobe）、索科托州（Sokoto）、卡齐纳州（Katsina）、凯比州（Kebbi）、贡贝州（Gombe）、卡诺州（Kano）和博尔诺州（Borno）都出现了大面积的旱灾。在中北部地区，雨季比以往结束得早，这对粮食生长造成了负面影响。

（三）粮食危机对尼日利亚的影响

当前全球粮食短缺和粮价上涨已经对尼日利亚造成严重影响。特别是价格上涨导致粮食进口费用大增，经常账户赤字扩大，通货膨胀和贫困加剧。2007年和2008年用于粮食进口的外汇分别为30亿美元和39.9亿美元，这一数字对于尼日利亚这样一个农业潜力巨大的国家绝对是一个讽刺，因为大部分进口粮食品种都能够在国内大量种植和加工。

与粮食进口金额增加相关的一个事实是，危机可能使得经常账户盈余减少，这将有可能对其他宏观经济指标，如汇率和外汇储备等造成消极影响。在目前国际市场油价低迷的情况下这一假定变得更加有可能。

尼日利亚目前在全球饥饿指数中排名第20位，大约有65%的人口的粮食安全没有保障，

① 尼日利亚人的主食之一，用木薯粉制成，该词来自于当地土著语。

而持续的全球粮食危机可能使得局势进一步恶化。鉴于贫困人口对粮价波动的承受能力更脆弱，尼日利亚如果不迅速采取得力措施，贫困率有可能进一步扩大。

总的来说，全球粮食危机对尼日利亚主要的经济发展规划和目标，如七点方针①、2020年远景规划②和千年发展目标的顺利实现是一个威胁。当然，减轻粮食危机影响的实际效果要看尼日利亚政府承诺的有关措施的具体落实情况。

（四）危机中的机遇和尼日利亚政府的应对措施

危机一方面造成了一些潜在和实际的不利影响，另一方面也为尼日利亚促进农业发展，将农业作为宏观经济发展框架的基本动力提供了机会。理论上讲，高粮价应当刺激供给方的反应，从而将市场短缺的信号传递给农民。但是，在尼日利亚只有那些有能力增加产量并获得交通、市场和加工基础设施支持的农业生产者才能对市场信号作出反应。因此，为了促进农业生产，增加市场供给，尼日利亚政府有责任为农民创造有利的政策环境。

在粮食危机高峰期，尼日利亚联邦政府采取了一些短期的补救措施来缓冲危机的不利影响。第一，分两次向市场投放国家战略储备粮，第一次从国家战略粮食储备（NSGR）中拿出42610吨的谷物（包括高粱、玉米和粟米）和加里拨给各州，第二次拿出11000吨，这些粮食由各州以补贴优惠价格销售给公众。第二，政府暂停了2006年以来实行的对进口大米征收50%关税的措施，从2008年4月起，6个月内不征收大米进口关税。第三，为增强国内的大米加工能力，向大米加工行业提供价值100亿奈拉的优惠贷款，支持其购买设备。该部分贷款的年利率为4%，宽限期和还款期分别为5年和25年。

除了短期措施外，尼日利亚联邦政府采取了一些长期措施，以从根本上解决国内的粮食短缺问题。尼日利亚加强了国家粮食安全规划（NFSP）的贯彻力度。该规划由尼日利亚联邦政府和联合国粮农组织（FAO）联合制定，是国家经济振兴与战略计划（NEEDS）在农业领域内具体的表述。其也获得了包括世界银行、非洲开发银行、国际农业发展基金（IFAD）、欧盟和中国③等国际组织和政府的资金和技术支持。该规划包括短期、中期和长期目标。短期目标是快速提高农业产量。中期目标是改善农业生产结构，扩大大规模生产的范围，改善现有的储存加工能力以及其他基础设施以确保粮食产量的稳定。长期目标是增强农产品的国际竞争力，使得国家的外汇收入的50%来自于农业出口。为实现上述目标，政府确定了一些优先发展的农业品种，在种植业中包括木薯、大米、粟米、小麦、糖类、西红柿、棉花、可可、棕榈油和橡胶，在养殖业中包括家禽、山羊、绵羊和牛，还有渔业。

---

① 尼日利亚总统亚拉杜瓦就任时提出的施政纲领，涵盖电力供应、食品保障、财富创造、交通设施、土地改革、安全形势和国民教育等七个领域。

② 按照尼日利亚政府的设想，到2020年要使得尼日利亚进入全球二十大经济体的范围，成为新兴的市场经济国家。政府为此而制定了详细的国家经济振兴与发展战略（NEEDS）。

③ 2003年，中国、尼日利亚和联合国粮农组织签署了金额为2270万美元、期限10年的南南合作协议，资金由尼日利亚政府提供，中国政府将提供20名农业专家和超过500名农业各领域的专业技术人员，协助尼日利亚新建和修复小规模水利设施，包括水坝。到2005年1月，已有380名中国专家和技术人员在尼日利亚工作。

此外，为了实现农业生产的快速转型，尼日利亚联邦政府和世界银行共同发起了商业化农业发展项目（CADP）。该项目第一阶段涵盖五个州（克罗斯河州、埃努古州、卡杜纳州、卡诺州和拉各斯州），目的是加强农业生产体系，营造农业生产价值链，以便于农业产品进入市场。该项目成本估计为1.85亿美元，其中世界银行提供1.5亿美元，联邦政府和参与州的州政府提供剩余的3500万美元资金。

当一国努力通过制定和执行各种长期规划来实现经济发展时，国家粮食安全是最根本的基础，应当将其放在重要位置。就目前的国际环境来说，由于能源短缺，许多发达国家正在寻求石油的替代品，比如生物燃料，这需要消耗大量的粮食。因此，尼日利亚要实现2020年长期规划，迈入世界二十大经济体的行列，必须再次将农业作为经济发展的基础。从这方面讲，粮食危机是一次较好的机遇。

参考文献资料

1. Central Bank of Nigeria：Annual Report & Financial Statement for the Year Ended 31th December 2008.

2. Central Bank of Nigeria：Annual Report & Financial Statement for the Year Ended 31th December 2007.

3. Food and Agriculture Organization of the United Nation（联合国粮农组织网站）：http：//www. fao. org。

三、尼日利亚电力市场的供需状况

电力工业是国民经济的基础产业，对于国民经济其他产业的发展有着直接和重要的影响。在现代经济中，随着电气化水平的提高，电力与经济发展具有紧密的相关性。电力供应满足经济增长的需求是电力发展的主要目标，任何电力的短缺或过剩都将影响到经济的健康发展。近年来，尼日利亚经济在全球良好的宏观环境下取得了不错的成绩，但是其经济增长也受到了电力供应短缺的拖累。

（一）尼日利亚电力工业的历史回顾

尼日利亚的电力工业可以追溯到一个多世纪以前。1898年，当时的公共工程部在拉各斯的伊乔拉（Ijora）修建了尼日利亚历史上第一个发电站，装机容量60千瓦。1925年，在夸河（Kwa）上修建了一座装机容量2兆瓦的水电站。1950年，尼日利亚电力公司（ECN）成立，负责全国的电力供应和开发。同时，成立了私有的尼日利亚供电公司（NESC），按照政府许可在部分地区进行电力开发并建设和运营输配电设施。1952年，该公司在高原州首府乔斯（Jos）附近的库拉瀑布（Kura Falls）修建了一座装机容量4兆瓦的水电站，这是尼日利亚最早的水电站之一，用于支持当地的锡矿生产。尼日利亚供电公司（现在叫做尼日利亚供电集团公司，NESCO）一直到现在都进行运营，是惟一的一家涵盖发电、输电和配电领域的私有电力公司。

随着城市化的迅速发展和电力需求的不断增长，1962年尼日利亚政府依照法律成立了尼日尔大坝局（NDA），负责在尼日尔河建设和维护大坝并对流域水资源进行管理以及其他河流的水电开发，改善内河航运并促进渔业和灌溉的发展。该局所发出的电力都出售给尼日利亚电力公司，由其负责配电和销售。

1972年4月，政府将尼日利亚电力公司和尼日尔大坝局合并，成立了国家电力局（NEPA）。成立国家电力局的初衷是统一管理尼日利亚的发电、输电和配电设置，促进电力行业的人员、资金和其他资源更合理的配置。成立之初，国家电力局拥有532兆瓦的装机容量，包括四座发电站——Afam、Delta和Ijora三个热电站以及Kainji水电站，共有200万用户，高峰期的需求为390兆瓦。此后为了满足国内不断增长的电力需求，国家电力局的规模不断扩大。到2000年，国家电力局共有5958兆瓦的装机容量，用户约500万户，高峰电力需求为2446兆瓦。但是由于实际发电能力只有2000兆瓦，因此缺电非常严重，相比较于2500兆瓦的需求，缺口高达20%。

事实上，尼日利亚的电力供应短缺问题是从20世纪90年代中期开始变得严重起来的。1997年—1998年，一些地区有超过6个月时间没有电力供应，而最大城市拉各斯一度经常出现停电数天的情况。1998年3月，尼日利亚经历过一次全国范围连续6小时的停电。许多商业企业和富裕家庭不得不自备柴油发电机，尼日利亚被称为世界最大的柴油发电机市场①，更糟糕的是发电所用的柴油和汽油也出现短缺。

1999年3月，拉各斯市最大的Egbin电站的机组全部出现故障，造成全城大停电。2000年整个电网崩溃数次。为此，时任总统奥巴桑乔将国家电力局的所有高管开除，新成立一个由9人组成的技术委员会，直接向总统汇报。该委员会被赋予两项任务：一是在2001年年底至少实现4000兆瓦的发电能力；二是与公共企业局（BPE）② 一起，对国家电力公司实行市场化，准备公司重组和最终的私有化。

2005年4月，根据新颁布的《电力部门改革法》成立的尼日利亚电力控股公司（PHCN），接管了原国家电力局的资产，同时成立了尼日利亚电力债务管理有限公司（NELMCO），负责管理国家电力局的遗留债务问题。同时，成立了独立的行业监管机构——尼日利亚电力监管委员会（NERC），作为一个统一的自治性监管机构，主要负责发放许可证和设定电费标准。尼日利亚联邦能源部（MOE，即以前的电力和钢铁部）继续全面负责制定行业政策，管理尼日利亚能源委员会（ECN）③。能源委员会则负责战略性的能源规划和政策协调。

到2007年年底，尼日利亚的电力供应状况更差，实际发电能力只有1500兆瓦。而新政

① 位于伦敦的《非洲商业和技术评论》杂志在2006年4月这期中披露，2002年以来尼日利亚连续四年成为非洲最大的发电机进口国。根据该报告，尼日利亚2005年发电机进口占非洲国家发电机进口总额4.322亿美元的35%，约为1.52亿美元。该报告集中调查规模为2000KVA到5000KVA的柴油发电机，表示尼日利亚进口额是非洲排名第二和第三位的苏丹和埃及的三倍，后两者分别为4060万美元和3200万美元。

② 该局主要负责尼日利亚国有公司的私有化工作。

③ 尼日利亚能源委员会成立于1979年，1988年经过重新认可。

府上台之后，将电力发展放在其执政纲领“七点方针”的首位，表示将在电力领域采取和贯彻基础性改革措施，保障充足的电力供应，确保尼日利亚发展现代经济的能力，计划在2015年实现工业化。因此，新政府继续贯彻2005年通过的《电力部门改革法》，推进电力私有化，鼓励私人资本进入电力行业，在把尼日利亚电力控股公司拆分的基础上，对其下属的6个发电公司和11个配电公司实行私有化改革。同时，尼日利亚新总统亚拉杜瓦在2008年年初批评前奥巴桑乔政府在电力行业投入了160亿美元的巨额资金，却没有任何具体成果。尼日利亚国会迅速成立调查组对前政府的电力支出进行调查。这导致所有的在建项目处于停滞状态，电力供应状况更加恶化①。

(二) 尼日利亚能源消费状况及其需求

1. 一次能源消费情况

从尼日利亚的一次能源消费结构来看（见表19），石油居于首要位置，占全部一次能源消费的比重曾高达84%，近年来有所下降，但占比依然是最高的。近年来天然气的消费比重有所上升，主要得益于政府限制石油伴生气空燃政策的实施。而水电受气候变化的影响起伏较大。2008年，尼日利亚能源消费指数为169.9（以1990年为100），比2007年增长0.4个百分点，而2007年则比2006年下降了0.5个百分点。从绝对数来看，2003年以来尼日利亚的能源消费总量基本呈下降趋势，从2003年最高时的2729万吨标准煤一直下降到2007年最低的1624万吨。2008年总的能源消费折合1720万吨标准煤，比2007年增长了5.9%，主要

表19　　2003年—2008年尼日利亚的能源消费情况

年　度	2003	2004	2005	2006	2007	2008
煤(吨标准煤)	8182.10	8065.74	8050.70	8050.50	8050.70	8050.70
占比(%)	0.03	0.03	0.03	0	0.05	0.05
水电(吨标准煤)	3876335	4041442	3046627	2965771	3113567	3268112
占比(%)	14.20	17.39	12.04	17.00	19.17	19.00
天然气(吨标准煤)	517409	1054219	1384202	1310103	2172122	2618959
占比(%)	1.90	4.54	5.47	7.50	13.37	15.23
石油产品(吨标准煤)	22892249	18135575	20855706	13137451	10950530	11306422
占比(%)	83.87	78.04	82.45	75.40	67.41	65.73
总计(吨标准煤)	27294175	23239302	25294585	17421464	16244270	17201544
占比(%)	100	100	100	100	100	100
能源消费指数	171.20	175.70	176.70	170.00	169.20	169.90

注：能源消费指数以1990年为100。
资料来源：尼日利亚联邦固体矿产开发部；联邦电力钢铁部、NNPC和PHCN。

① 由于经常停电，尼日利亚人将NEPA戏称为“从来不指望有电”（Never Expect Power Always），在改名以后，PHCN被尼日利亚人戏称为“在尼日利亚请持有蜡烛”（Please Hold Candles in Nigeria），另一种说法是“问题已经改名”（Problem Has Changed Name）。

是由于石油产品消费的增加，占整个能源消费的65.7%。水电和天然气的消费也有所增长，分别占总消费的19.0%和15.2%。2008年的水电消费折合为327万吨标准煤，比2007年增长2.8%。水电消费的改善主要是由于Kainji和Jebba水电站发电量的增加，分别为27.07亿千瓦时和27.95亿千瓦时，而2007年分别为23.675亿千瓦时和21.725亿千瓦时，分别增长了14.3%和28.7%。这主要是由于对这两个电站的设备进行了修复。但Shiroro水电站的发电量却比2007年下降了14.1%。从人均能源消费量来看（见表20），尼日利亚的人均消费量近年来也呈下降趋势，2008年只有0.115吨标准煤。

表20　　2003年—2008年尼日利亚人均能源消费情况

年　度	能源消费总量（百万吨标准煤）	人口（百万）	人均能源消费（吨标准煤）
2003	27.294	126.153	0.216
2004	23.239	129.927	0.179
2005	25.295	133.702	0.189
2006	17.421	140.003	0.124
2007	16.244	144.203	0.113
2008	17.202	149.100	0.115

资料来源：尼日利亚中央银行2008年度经济报告。

2. 2008年总的电力生产和消费情况

根据尼日利亚中央银行的数据，2008年尼日利亚电力总装机容量为7011.6兆瓦，其中水电为1900兆瓦，占全部装机容量的27.1%；热电为5111.6兆瓦，占72.9%（见图18）。按照所有者来分，尼日利亚电力控股公司拥有85.3%的装机容量，独立发电厂（IPPs）拥有剩下的14.7%。尽管装机容量较大，但是实际发电能力一直比较低，而且一直呈下降趋势。2008年的设备平均利用率为35%，而2007年为37.4%，下降了2.4%。2008年实际利用的发电能力为2403.2兆瓦时，比2007年的2623.1兆瓦时下降了8.38%（见图19）。发电能力连续几年下降主要是由于尼日尔河三角洲地区动荡导致天然气供应不稳定和设备年久失修。

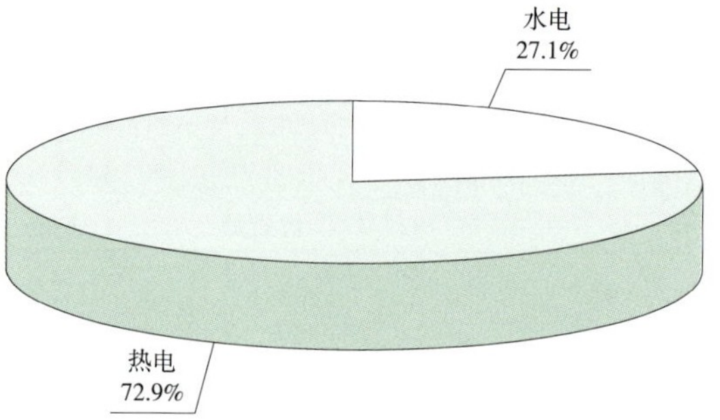

图18　2008年年底尼日利亚电力来源构成

资料来源：尼日利亚中央银行2008年度经济报告。

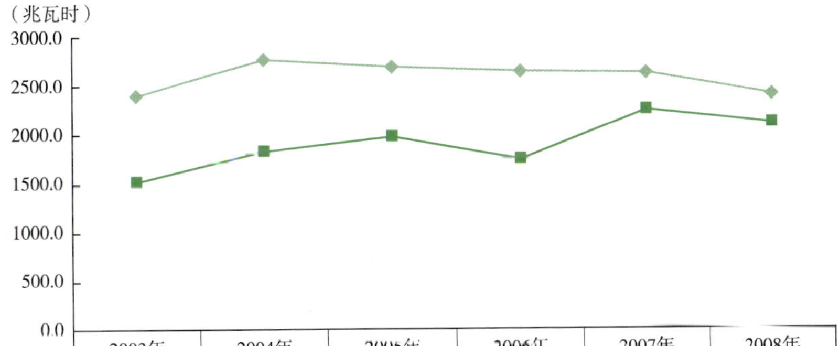

	2003年	2004年	2005年	2006年	2007年	2008年
发电量	2399.0	2763.6	2687.1	2638.1	2623.1	2403.2
消费量	1518.7	1825.5	1973.1	1742.9	2245.5	2108.0

图 19　2003 年—2008 年尼日利亚发电和电力消费情况

资料来源：尼日利亚中央银行 2008 年度经济报告。

2008 年电力消费为 2108 兆瓦时，比 2007 年的 2245.5 兆瓦时下降了 6.1%（见图 19）。消费量下降一方面由于发电能力低下，另一方面也受到输配电设施老化的影响。由于配电设施陈旧落后、偷电行为猖獗，尼日利亚的输配电损耗一直都比较大，2003 年以来一直在 30% 以上，2006 年高达 34%，但此后有所降低。2008 年发电量和消费量的差为 295.2 兆瓦时，输配电损耗率为 12.9%，稍低于 2007 年的 14.4%。从用户来看，居民消费最多，占 55.3%，而工商业和街道照明消费分别为 20% 和 24.7%（见图 20）。

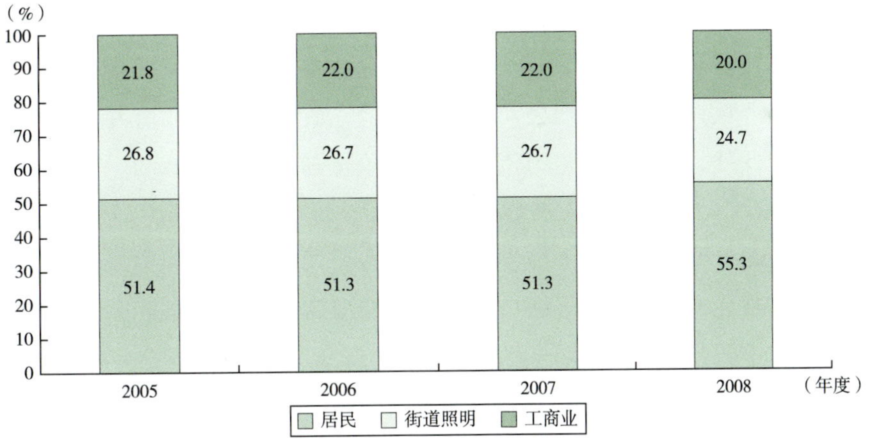

图 20　2005 年—2008 年尼日利亚电力消费量的构成情况

资料来源：尼日利亚中央银行 2008 年度经济报告。

3. 目前存在电力覆盖率低，供应严重短缺问题

衡量电力服务水平的基本指标至少包括覆盖率、数量和可靠性三个方面，就尼日利亚而言这些方面都不理想。

首先，尼日利亚电力覆盖率非常低，目前只有 10% 的农村家庭和全国人口的 40% 能够用上电，有 9000 万人至今生活在黑暗之中。此外，还存在着地区之间的不平衡，在北部的吉加

瓦州、卡齐纳州、凯比州、索科托州和塔拉巴州等地区能够用电的家庭不到10%，但是在拉各斯州100%的家庭能够用电，而南部的埃多州、翁多州和奥孙州约有60%的居民能够接入国家电网。尽管尼日利亚没有精确的统计数据，但根据尼日利亚电力控股公司①提供的数据，2005年该公司拥有400万用户，售电量达到16458兆瓦时。在用户类型中，居民家庭占比最大，达到60%，其次是商业和工业用户，分别占24%和12%（见图21）。

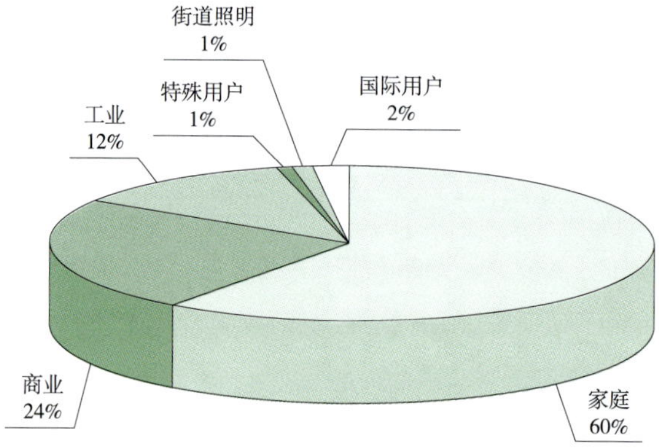

图21　尼日利亚电力用户分布情况

资料来源：尼日利亚电力控股公司。

其次，由于一方面尼日利亚电表使用范围过窄，很大一部分居民用户的供电没有安装电表②，用电量无法精确计量，缴费数量都是估计的；另一方面电力控股公司员工在收取电费的过程中存在着严重腐败现象，大量的电费落入私人腰包，因此，尼日利亚电费收取情况不理想，收取率比较低，只有75%—80%。另外，还存在着大量欠费的现象，尤其是政府机关和国有企业欠费严重，在电力控股公司形成大量的应收账款，而政府并没有有效的政策对呆坏账进行核销。此外，尼日利亚电力市场的电费价格却是世界最低的。目前尼日利亚平均电价只有约6.31奈拉/千瓦时（4.3美分/千瓦时），该价格从2002年以来就没有变过。由于成本的增加，目前的电费水平已经不能覆盖各类电力公司的运营和资本投资成本，如加上天然气供应的费用和独立发电厂费用，缺口就更大。造成这一问题的主要原因是较高水平的技术损耗和电费收取率较低，这两个因素加在一起大约造成收入损失高达50%。其结果是电力控股公司每年都入不敷出，需要政府财政的转移支付来弥补。最近政府监管者推出新的电价定价制度——多年电价指令，就是尝试对这一情况进行补救，通过政府补贴和提高电价来弥补缺口。

再次，就电力供应的数量和可靠性来说，尼日利亚状况不容乐观。对于尼日利亚工业企业来说停电是家常便饭，比如2007年在卡诺州的Sharada/Challawa工业区，每天的停电时间高达17.6小时；在埃努古州和阿南布拉州等地，停电时间达18.5小时；在埃多州和三

① 到目前为止几乎所有的输配电都由该公司负责，所以其数据基本能够反映电力行业用户的实际情况。

② 用户数量据报道是450万户，其中装有电表的为304万户（资料来源：PHCN的公司执行管理部）。基于这一数字，有超过30%的用户没有电表。但是实际入网用户数很难获得，因为目前用户数不再记录和集中管理。用户数存在的冲突增加了关于用户数精确度的疑问。

角洲州地区，对工业区平均每天的供电时间为4.4小时；在包齐州、贝努州和高原州每天的供电时间为4.5小时；在拉各斯的伊科贾工业区，每天供电时间为12.5小时，是全国工业区中最高的。进一步调查表明，尼日利亚所有州的电力供应（包括对居民的供电）状况都比较差。比如，在贝努州，只有首府马库尔迪（Makurdi）每天能够获得5小时的电力供应；在三角洲州某些居民区，一年有一半时间没有电；即使在经济中心拉各斯，情况也很糟糕，许多居民区每天只有4个小时供电，还经常出现短路，某些地区因短路而造成停电时间长达3天以上。以上情况都是发生在城市，在农村地区基本上就没有电力供应。据调查，从2008年1月开始农村地区每年平均供电的时间不到两周，基本上生活在黑暗之中。当有电时，用户又受到电压不稳的困扰，工厂的设备和家里的电器很容易就损坏了，增加了生产和生活成本。

由于供电紧缺，尼日利亚的富裕家庭、政府机关、事业单位以及部分工商业企业不得不购买柴油发电机进行发电。据估计尼日利亚现在有6000万人口使用自备发电设备供电，全国共有汽油和柴油发电机551万台，每年的汽油成本为2555亿奈拉，柴油成本为5409亿奈拉，共计7964亿奈拉（约66.37亿美元）（见表21）。

表21　　尼日利亚自备发电机发电成本

	发电机数量	每天燃料需求(升)	每年燃料需求(亿升)	每年运行成本(亿奈拉)
汽油	500万	2	36.5	2555
柴油	50万(小型)	20	36.5	4380
	3500(中型)	100	1.27	153
	10000(大型)	200	7.3	876

注：尼日利亚市场目前的汽油价格为70奈拉/升，柴油价格为120奈拉/升。
资料来源：尼日利亚能源委员会。

因此，如果按照实际发电能力的状况来看，尼日利亚的自备柴油/汽油发电机所占比重最高，达到50%，其次才是电力控股公司的国家电网发电，占40%（见图22）。但尼日利亚大多数电力用户表示如果电力供应能够持续且稳定，愿意更多地使用电网供电，毕竟与自备发电相比，电网供电的成本还是要低得多①。

4. 与世界其他国家的横向比较

按照全球发展标准，尼日利亚目前电力人均消费水平较低，对一个经济刚从20多年低迷发展中走出来、贫困率较高的国家来说，经济快速发展面临的社会经济条件确实是比较差的。尼日利亚巨大的电力缺口可以通过与其他国家的比较中看出来。表22显示了

① 刊登在2008年8月21日尼日利亚《商业日报》（Businessday）上的一篇题目为“制造商表示电力供应短缺祸害尼日利亚中小企业”。尼日利亚小规模工业协会（NASSI）拉各斯州分会主席Duro Kuteyi说：“我平均每月用于购买柴油的费用在40万奈拉（3300美元），只是为了维持商业运行。尽管电力供应不稳，但我一直在支付电费单，而电力控股公司一直忙于拆分。”在同一篇文章中，Lydin纯净水公司总经理Mojisola Abbas表示，其每周支付超过12万奈拉（1000美元）购买柴油发电生产，满足消费者需求，看来电力控股公司不想让公司继续存活了。

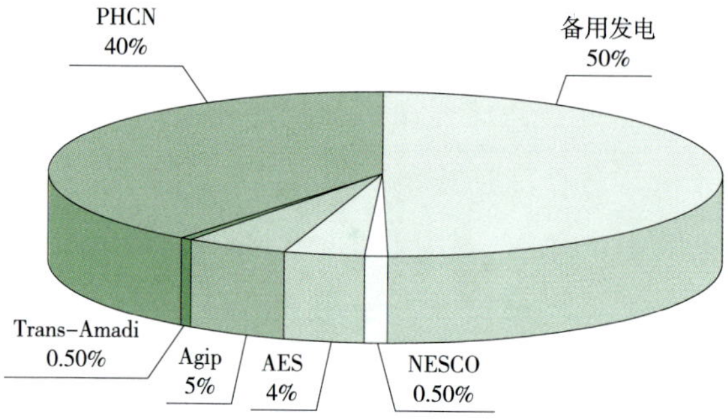

图22 尼日利亚实际发电能力构成

注：PHCN为尼日利亚电力控股公司；NESCO为尼日利亚供电集团公司；AES、Agip和Trans-Amadi为独立电力生产者。

资料来源：尼日利亚OANDO石油公司。

2006年世界电力消费的比较分析。从该表中可以看出，利比亚人口只有550万，但是拥有4600兆瓦的发电能力，而尼日利亚拥有1.4亿人口，但是发电能力却低于利比亚。南非人口4430万，拥有45000兆瓦的发电能力，是尼日利亚的近11倍，而人口只有尼日利亚的三分之一。从人均电力装机容量来看，尼日利亚也是非常低的，只有0.03千瓦，也就是说全国每个人够用一个30瓦的灯泡，即使伊拉克这样的战乱国家也是尼日利亚的14倍。

表22　　2006年世界部分电力装机情况

国　家	人口(万)	发电能力(兆瓦)	人均发电能力(千瓦)
美　国	25000	813000	3.20
古　巴	1054	4000	0.38
英　国	5750	76000	1.33
乌克兰	4900	54000	1.33
伊拉克	2360	10000	0.42
韩　国	4700	52000	1.09
南　非	4430	45000	1.015
利比亚	550	4600	1.015
埃　及	6790	18000	0.265
尼日利亚	14000	4000	0.03

资料来源：IEA。

如果从实际的电力消费量来看（见表23），2008年尼日利亚的人均电力消费量为116千瓦时，而加纳为304千瓦时，埃及为1382千瓦时，南非为4810千瓦时，尼日利亚尚不足南非的3%。从世界范围来看，2008年世界平均的电力消费水平为2659千瓦时/人，非洲平均为557千瓦时/人，因此，尼日利亚只有非洲平均水平的五分之一，世界平均水平的二十三分之一，是非常低的。

表 23 2008 年部分国家和地区电力消费情况

洲/国家	人口(百万)	电力消费(十亿千瓦时)	人均电力消费(千瓦时)
世界(平均)	6536	17377	2659
非洲(平均)	937	522	557
尼日利亚	144.72	16.85	116
肯尼亚	36.55	5.31	145
塞内加尔	12.06	1.82	150
加纳	23.01	6.99	304
加蓬	1.31	1.42	1083
埃及	74.17	102.48	1382
利比亚	6.04	22.27	3688
南非	47.39	227.95	4810

资料来源：IEA，Key World Energy Statistics，(2008)。

5. 尼日利亚未来电力供需情况预测

对于电力行业这样的资本密集型行业，投资规模一般都比较大，因此，有必要对未来的需求进行前期的预测，以准确地反映未来的投资需求及投资必要性。国际上关于电力需求的预测一般使用国际原子能机构（IAEA）提出的能源需求分析模型（MAED）①，该模型是建立在一定的假设条件基础上的。同时，国际原子能机构还提出了能源供应战略替代和一般环境影响模型（MWSSAGE），用于评估满足未来需求的供应战略。尼日利亚能源委员根据以上两个模型分析了尼日利亚在四种假设条件下的能源需求和供应结构。

从过去的几年来看，尼日利亚 GDP 增速都在 6% 以上，而从 1984 年以来，尼日利亚的能源需求实际增长速度为 8.2%。基于历史和现实的情况，尼日利亚能源委员会设定的四种假设分别是：① 参考增长假定：GDP 年均增速 7%；经济的主要动力是制造业；制造业到 2020 年占 GDP 的 15%；符合到 2015 年将贫困减半的千年发展目标。② 高增长假定：GDP 年均增速 10%；制造业到 2030 年占 GDP 的 22%；尼日利亚从农业国家转型为工业国家。③ 乐观增长假定 Ⅰ：GDP 年均增速 11.5%；制造业到 2030 年占 GDP 的 22%；尼日利亚从农业国家转型为工业国家。④ 乐观增长假定 Ⅱ：GDP 年均增速 13%；制造业到 2030 年占 GDP 的 22%；尼日利亚从农业国家转型为工业国家。

根据以上假设条件，即使在 7% 的经济增速条件下，尼日利亚 2010 年的电力需求也达到 15730 兆瓦，2020 年将达到 50820 兆瓦（见图 23），需要的电力装机容量为 55902 兆瓦（见表 24），与 2005 年实际拥有的装机容量 5746 兆瓦相比，到 2020 年电力装机的缺口也达到 50156 兆瓦。因此，在未来的 10 年内，尼日利亚需要对电力行业进行大规模的投资，才能满足 2020 年经济发展的电力需求。表 25 显示了 2010 年—2030 年在参考增长（7%）假设下的电力供应情况预测。国际上各类型电力投资的要求有所区别，其中燃气发电和煤电相对比较低，分别为

① MAED 模型，最初由国际原子能机构（IAEA）提出，是对电力中长期的总体需求进行规划。它要求充分考虑到社会、经济和技术体制诸要素，并进行详细分析。这一模式是基于高中低端的典型事例总结而来的。

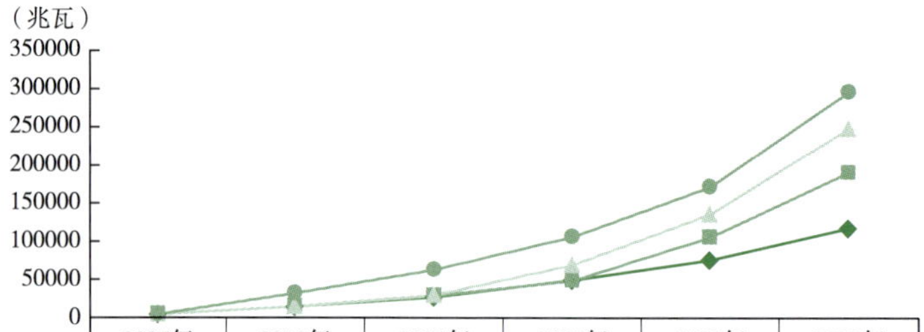

	2005年	2010年	2015年	2020年	2025年	2030年
参考（7%）	5746	15730	28360	50820	77450	119200
高增长（10%）	5746	15920	30210	50180	107220	192000
乐观增长Ⅰ（11.5%）	5746	16000	31240	70760	137370	250000
乐观增长Ⅱ（13%）	5746	33250	64200	107600	172900	297900

图23　2005年—2030年尼日利亚未来电力需求预测

资料来源：尼日利亚能源委员会。

800美元/千瓦和1500美元/千瓦，而太阳能发电和核电的成本较高，分别为3000美元/千瓦和2500美元/千瓦（见表26）。由于燃气发电占尼日利亚所占比重最大按照加权平均成本为1100美元/千瓦计算，需要的投资也达到550亿美元，这还不包括运营和维护成本、燃料成本、天然气和煤炭开发和运输成本以及输配电投资。应该说，尼日利亚未来的电力市场是非常大的。

表24　2010年—2030年尼日利亚电力供应预测　　单位：兆瓦

假设类型	2010年	2015年	2020年	2025年	2030年
参考(7%)	17303	31196	55902	85195	131120
高增长(10%)	17512	33231	62998	117442	211200
乐观增长Ⅰ(11.5%)	17600	34362	77826	151107	275000
乐观增长Ⅱ(13%)	36575	70620	118836	190190	327690

资料来源：尼日利亚能源委员会。

表25　2010年—2030年在参考增长（7%）假设下的电力供应情况预测　　单位：兆瓦

假设类型	2010年	2015年	2020年	2025年	2030年
煤	0	2393	6515	9305	15815
天然气	13555	23617	37733	56086	85585
水　电	3702	4962	6479	9497	11479
核　电	0	0	3530	7005	11872
小水电	40	90	140	227	701
太阳能	5	10	34	75	302
风　能	0	126	1471	3019	5369
总供给	17303	31197	55903	85196	131122

资料来源：尼日利亚能源委员会。

表 26　　各类电站的投资和运营成本　　单位：美元

类　别	每千瓦投资成本	每千瓦每年运营和维护成本	类　别	每千瓦投资成本	每千瓦每年运营和维护成本
煤　电	1500	40	小水电	2000	45
天然气	800	14	太阳能	3000	10
核　能	2500	75	风　能	2000	30
水　电	2000	40			

资料来源：尼日利亚能源委员会。

(三) 尼日利亚发电领域的状况

1. 1999 年以来发电设施建设情况

尼日利亚一度拥有非洲最先进的电力系统。但是在过去的 20 多年里，该国的发电、输电和配电公司在运行中遇到了很大的困难。1989 年—1999 年，尼日利亚在电力行业基本上没有投资。因此，1991 年以来尼日利亚国家电力系统没有任何新的发电机组投产。到 1999 年民选政府上台时，国家电网内主要由 3 个水电站和 4 个燃气电站组成（见表 27，前 7 个为老电站，其中 Kainji、Jebba 和 Shiroro 为水电站，其余 4 个为热电站）。水电站分布在西部尼日尔河上游，火电厂分布在南部沿海地区。

表 27　　截至 2007 年年底尼日利亚已并入国家电网发电的电站一览表

序号	电站名称	建成年限	装机容量（兆瓦）	机组数	可用容量（兆瓦）	可用机组数
1	Kainji	38	760	8	440	6
2	Sapele	29	1020	10	90	1
3	Afam	25	702	20	300	3
4	Jebba	24	540	6	540	6
5	Shiroro	22	600	4	600	4
6	Egbin	22	1320	6	880	4
7	Delta	17	840	18	540	12
8	Egbin AES	6	270	9	270	9
9	Okpai	2	480	3	480	3
10	Omoku	2	150	6	100	4
11	Geregu	1	414	3	414	3
12	Ajaokuta		110	2	110	2
13	Omotosho	新建	335	8	80	2
14	Papalanto/Olorunsogo	新建	335	8	80	2
总　计			7876	111	4924	61

资料来源：尼日利亚联邦能源部，2008 年 3 月。

鉴于电力供应问题对全国社会经济活动的重大影响，尼日利亚民选政府 1999 年上台以后开始对能源领域大规模投资。主要的投资及建设活动概述如下：

① 1999年8月，尼日利亚政府与美国安然公司及其当地合作伙伴Yinka Folawiyo电力有限公司达成新建燃气电站协议。项目分两期建设，服务于拉各斯州。第一期包括建设连接新电站到Egbin电站的变电站。随后建设540兆瓦的独立电厂。尽管世界银行和其他方反对，要求该项目进行竞争性投标，但很快3台装机容量为30兆瓦的通用电气6001B燃气轮机被运往尼日利亚，最终的合同于2000年6月签订。为了项目上马，拉各斯州政府同意对发电进行补贴，但是这一协议被证明是不可行的。2001年1月，美国AES集团宣布收购该项目中安然的大部分权益。电站装有9台的燃气轮机，总装机容量为270兆瓦。国家电力局（后为电力控股公司）负责向电站供气并与其签署了13.25年的购电协议，NEPA也负责向电站提供天然气。2001年6月，美国海外私人投资公司（OPIC）同意为该项目承保2亿美元的政治风险，项目从2001年9月启动。2004年9月，AES集团从7家金融机构为该项目共融资1.2亿美元，据估计，AES集团对该项目的总投资为2.25亿美元。

② 2000年，尼日利亚政府和意大利埃尼集团（Eni）下属的尼日利亚阿吉普石油公司（NAOC）签署了2.4亿美元的合同，在三角洲州Okpai建设一座联合循环的燃气电站，通过跨越尼日尔河长达54公里的132KV输电线接入国家电网。电站距离Kwale石油天然气加工厂14公里，使用该厂原来空燃的中低压天然气。2002年3月，阿吉普公司向阿尔斯通公司采购了两台装机165兆瓦、型号为GT13E2的燃气轮机。原计划2003年年底之前实现单循环运行，之后转为联合循环。但是，直到2005年4月才实现单循环运行，2005年9月实现联合循环。Okpai项目采用联合投资形式，其中尼日利亚国家石油公司（NNPC）占股60%，阿吉普公司占股20%，菲律宾石油尼日利亚有限公司占股20%。

③ 2000年8月，政府和西门子公司签订了1.08亿美元的合同，为Afam燃气电站新增两台装机容量各为138兆瓦的燃气发电机组。2001年12月完工，被称为Afam电站五期。2002年4月，壳牌尼日利亚公司宣布投资建设一座装机450兆瓦的联合循环燃气电站，作为Afam电站的扩容项目，被称为Afam电站六期。2005年12月，韩国的大宇公司赢得4.97亿美元的总承包合同。2006年1月，阿尔斯通公司获得新电站3台GT13E2燃气轮机的采购合同和长期服务协议。据报道，壳牌计划收购Afam电站五期，和六期一道集中管理。Afam电站六期的第一台汽轮机于2008年6月开始运行。除了发电站，Afam六期项目还包括在Okoma建设新的天然气工厂和钻探6口井为电站供气并将多余的气出售给尼日利亚天然气公司（NGC）。Afam电站六期项目预计总成本达到13亿美元。

④ 2001年2月，国家电力局与日本丸红株式会社签署了价值6200万美元的合同，修复原有的Delta电站二期和三期并重新安装6台总装机为150兆瓦的日立H－25型燃气轮机，以替换现有报废设备。合同原计划2001年12月完工，但是新设备直到2002年3月才运达。随后尼方又追加定购6台日立H－25汽轮机组，2005年投入运行。

⑤ 2002年3月，中国机械设备进出口总公司和山东电建三公司宣布与尼日利亚电力矿产部签署了3.9亿美元的合同，建设两座燃气电站，总装机670兆瓦①。两座电站一座位于翁多

① 这两个项目都是由中国进出口银行提供的出口卖方信贷所支持的。

州的 Omotosho，另一座位于拉各斯以西 70 公里的奥贡州 Papalanto。山东电建是主要的土建承包商，项目于 2004 年 9 月开工，2005 年 3 月开始全面建设。每个电站装有 8 台 42 兆瓦的燃气发电机组。Omotosho 电站和 Papalanto 电站的两台机组于 2007 年并网发电，但天然气供应不足使得其至今未充分发挥作用。

⑥ 2002 年 11 月，国家电力局宣布在科吉州的 Ajaokuta 钢铁厂附近建设一座装机 414 兆瓦的燃气电站。该电站安装 3 台 SGT5－2000E 燃气轮机，通过 330KV 输电线向阿布贾供电，2007 年 2 月完工。

⑦ 2004 年，河流州政府开工建设一座装机 150 兆瓦的燃气电站，被命名为 Omoku 电站一期，通过长 200 公里的 132KV 输电线向哈科特港市供电。项目总成本 9600 万美元，安装 6 台 25 兆瓦的燃气发电机组，2006 年 12 月完工。

⑧ 为了使得尼日利亚在中长期能够获得稳定的电力供应，联邦政府 2003 年 8 月提出了国家整体电力项目（National Integrated Power Projects，NIPP），该项目是奥巴桑乔在任期间启动的规模最大的电力项目，涉及发电、输电、配电及天然气供应等多个方面，计划到 2007 年年底新增装机容量 4500 兆瓦。2004 年 12 月，尼日利亚国家经济委员会批准了 30 亿美元特别资金用于国家综合电力项目建设。2005 年 12 月，政府定购了 21 台通用电气燃气轮机，用于 7 个燃气电站建设（见表 28），此外还包括 Mambilla 水电站的建设①。

表 28　　尼日利亚联邦政府 NIPP 项下拟新建电站情况一览表

编号	电站名称	类型	所在位置	机组	总装机(兆瓦)
1	Odukpani，Calabar	燃气电站	克罗斯河州	5	561
2	Egbema	燃气电站	伊莫州	3	338
3	Ihovbor	燃气电站	埃多州	4	451
4	Gbarian/Ubie	燃气电站	巴耶尔萨州	2	225
5	Sapele	燃气电站	三角洲州	4	457
6	Omoku II	燃气电站	河流州	2	230
7	Ikot Abasi(ALSCON)	燃气电站	阿夸伊博姆州	3	300
8	Mambilla	水电站	塔拉巴州	8	2600
总计装机容量		2562 兆瓦			

资料来源：尼日利亚能源部。

亚拉杜瓦政府上台之后，对 NIPP 进行了猛烈的批评并由国会发起调查②，这使得 NIPP 陷入停顿状态。尼日利亚政府暂停了对 NIPP 项下项目工程款的支付，承包商因收不到钱纷纷

① 蒙贝拉水电站（Mambilla）位于尼日利亚东北部的塔拉巴州，靠近喀麦隆边境，是一个跨流域、多功能水利调配和发电项目。该项目从 1982 年开始研究，在 2006 年的第二次中非论坛上提出作为中非合作项目，随后尼日利亚政府与中国政府签署了谅解备忘录。2007 年 5 月，尼日利亚能源部与中国葛洲坝公司（CGGC）签署了项目总承包合同。计划 2014 年完工，建成后将成为尼日利亚最大的水电站和中国在非最大电力项目。该项目工程范围包括两座碾压混凝土重力坝、一座堆石滚水坝、一个调节围堰、两个调水涵洞、一个主航道、一个装有 8 台机组的地下厂房以及一个开关站、进场道路和附属设施。但是由于资金问题以及新政府上台之后对前政府的调查，该项目被迫停止。尼日利亚媒体近期报道，尼日利亚联邦政府有意自己融资重新启动该项目。

② 详细情况参见我代表处 2009 年 7 月 7 日所报《尼日利亚电力行业的 6000 兆瓦之痛》。

暂停了项目建设。在一年多时间的调查中，尼日利亚国内的电力供应状况却每况愈下，面对现实情况，政府意识到只有重启并执行好NIPP，才能实现2009年年底的6000兆瓦目标。因此，2009年2月以来，政府重新审视NIPP项目。随后，尼日利亚联邦政府和州政府通过国家经济委员会决定重启和全面执行修订后的NIPP。到目前为止，部分电站项目已经完工，包括Ihovbor电站、Calabar电站、Egbema电站、Gbarain电站和Sapele电站。还有Omoku二期和Ikot Abasi两个电站尚未完工。

此外，尼日利亚还有大量的独立电力项目在建设或运行当中（详见本文后续部分）。

2. 现有热电设施的状况

从电力构成结构来看，热电占尼日利亚现有发电设施的比重最大，超过70%。在热电中，目前尼日利亚只有燃油或燃气电站，没有燃煤电站①。除上一部分所讲的1999年—2007年期间投资新建的燃气电站外，尼日利亚国有的电力控股公司所拥有的电站基本情况如下：

（1）Egbin电站

位于拉各斯州，是尼日利亚和西非地区最大的电站，装机容量1320兆瓦，于1985年—1987年建成。该电站有6台220兆瓦的燃气和燃油发电机组，机组来自于日本日立公司。由加拿大的Monenco公司作为咨询工程师，日本的丸红株式会社、三菱公司和法国承包商Bougyues公司共同建设完成。

（2）Sapele电站

位于三角洲州的Ogorode，有6台120兆瓦燃气发电机组，由加拿大Shawmount公司建造。全部施工从1976年开始，1978年完工。锅炉来自美国Combustion工程公司，燃气发电机组来自瑞士Brown Boveri & Cie（BBC）公司。1984年新增加了4台75兆瓦的燃气发电机，总装机容量达到1050兆瓦。

（3）Delta电站

位于尼日利亚三角洲州的Ughelli，有20台燃气发电机组，总装机容量880兆瓦。分四期建设②，第四期包括6台100兆瓦的9001E机组，由通用电气和丸红株式会社联合体建设。第四期的主体建设从1988年开始，建设期24个月，属于交钥匙工程。在一定程度上，该电站主要是用来满足瓦里市附近不断增加的电力需求，因为该地区拥有钢铁厂和国家石油公司炼油厂等重工业。

（4）Afam电站

位于河流州哈科特港市郊区，是尼日利亚早期建设的热电站，是电力控股公司四个老热电站之一。1965年安装了第一台10兆瓦的燃气发电机。后来又经过多次扩容，目前所有机组名义装机容量为930兆瓦，但许多建于20世纪70年代，至今已有30多年，基本上已经损坏。

除了主要的中心电站外，尼日利亚电力控股公司在Calabar、Kaduna、Makurdi、Maiduguri、Mubi、Minna、Suleja等地方还有独立的柴油发电站，主要用于紧急情况的备用发

① 尼日利亚曾经于1956年在埃努古州建设了惟一一座燃煤电站——Oji电站，装机30兆瓦，有四台机组。但是在1967年—1970年的内战中严重损坏，没有得到修复。

② 在2004年以后，又进行了第五期和第六期建设，但是这两期与前四期是独立的。

电。但装机容量和目前的运行情况不明。

考虑到国家电网供电能力的不足，尼日利亚主要的工业企业都拥有自己的发电厂。比如，国家石油公司在其炼油厂有390兆瓦的装机容量，1997年尼日利亚铝业公司在其位于阿夸伊博姆州的新厂建设了一座装机540兆瓦的燃气电站。在尼日利亚，大约有40个自建的装有柴油发动机或燃气轮机的大型商业或工业发电厂①，还有许多小型的商业或家用自备发电机。

3. 现有水电设施的状况

水电是尼日利亚国家电力供应的重要组成部分，且一般来说比热电站的寿命更长，运行情况受尼日尔河三角洲局势影响较小，供电较为稳定。目前尼日利亚中大型水电站有3座：

（1）Kainji水电站

位于尼日尔州，是尼日利亚第一个也是第一大水电站。尼日利亚电力公司从1951年开始选址，1955年—1961年进行可行性研究，1962年由政府批准，1964年开始建设，1968年12月建成发电。该电站最初装有4台80兆瓦的水轮机，来自于英国电气公司，发电机来自瑞士的BBC公司。1970年，该电站进行了第一次扩容，新增2台120兆瓦发电机；1978年再次扩容，新增2台120兆瓦机组，水轮机来自奥地利，发电机来自日本日立公司。至此，该电站的装机容量达到760兆瓦。

（2）Shiroro水电站

尼日利亚第二大水电站，位于尼日尔州，建设开始于20世纪80年代早期，1990年完工，安装4台150兆瓦发电机组，水轮机来自Voest公司，发电机来自克罗地亚的Koncar公司。

（3）Jebba水电站

尼日利亚第三大水电站，位于夸拉州，装机容量540兆瓦，于1985年建成。20世纪50年代，当尼日利亚电力公司为Kainji电站选址时，也勘察了尼日尔河上其他有水电潜力的地方。1958年，来自荷兰的咨询公司推荐在Jebba建设水电站。加拿大Monenco负责电站的设计和监理，日本丸红株式会社和当地的工程公司Fougerolle共同建设。6台90兆瓦水轮机由瑞士的Escher Wyss提供，发电机则由日本日立公司提供。

4. 独立发电厂（IPP）② 的状况

电力行业属于资本密集型行业，从前面的论述可以看出，为满足尼日利亚当前和未来的电力需求，需要大量的资金，而仅仅依靠政府自身的资金肯定是不够的，因此需要鼓励外部资金进入，尤其是私人投资。另一方面，国有的国家电力局多年来从发电到输配电的全面垄断，造成了电力行业的失败，多年投资不足使得新的发电能力没有发展，更大范围的农村电气化发展很慢，甚至现有设施都得不到维护。因此，奥巴桑乔上台后，为提高发电能力，积

① 许多独立发电项目就是属于这种类型，详见本文后续部分。

② 独立发电厂（Independent Power Producer，IPP）是有别于综合电业公司的一种发电厂。在电力产业中，分为发电、输电、配电三部分。若一家电力公司经营业务包含这三部分则称之为综合电业公司。若只有经营发电业务，则称之为独立发电厂或简称为IPP。

极鼓励私人资本在尼日利亚投资建立独立发电厂。奥巴桑乔政府首先将目光对准了在尼日利亚的石油跨国公司，希望其为提高尼日利亚的发电能力做出贡献。而国家石油公司则作出强行规定，要求在尼日利亚的跨国石油公司建设独立的供电设施，即独立发电厂，换之而来的是除享受联邦政府投资优惠政策外，还可在新一轮石油区块招标中得到联邦政府优先考虑。此政策得到了跨国石油公司的积极响应。美国 AES 公司于 2000 年率先投资建设了尼日利亚第一家独立发电厂，装机容量为 270 兆瓦。

2005 年通过的《电力部门改革法》，从法律上明确了鼓励私人投资者进入电力行业。与此相配套，政府成立了国家电力监管委员会，负责审核和发放独立发电厂许可证。截至 2009 年 2 月，电力监管委员会共发放了 28 张独立发电厂许可证（见表 29）。许可证总计装机容量为 8446 兆瓦，以天然气燃气发电为主，其中并入国家电网发电的为 8349 兆瓦，离网发电的为 97 兆瓦。尼日利亚大部分独立电厂项目都处于建设期，受新政府对前政府电力投资调查的影响，项目建设速度较慢。到 2009 年 5 月，已经并网发电的独立发电厂包括：AES 电站，现有发电能力 288 兆瓦；Okpai 电站，480 兆瓦；Afam 电站四期，300 兆瓦；Omoku 电站一期，75 兆瓦，以上总计 1143 兆瓦。

表 29　尼日利亚电力监管委员会所发放的 IPP 牌照情况（截至 2009 年 2 月 20 日）

编号	申请者名称	许可证类型	授予日期	总装机（兆瓦）	燃料类型	所在州
1	Ethiope 能源公司	并网发电	2006 年 8 月 24 日	2800	天然气	三角洲州
2	Farm 供电有限公司	并网发电	2006 年 8 月 24 日	150	天然气	奥贡州
3	ICS 电力	并网发电	2006 年 8 月 24 日	624	天然气	阿比亚州
4	Supertek 尼日利亚公司	并网发电	2007 年 8 月 24 日	1000	天然气	阿比亚州
5	Mabon 有限公司	并网发电	2006 年 7 月 12 日	39	水电	贡贝州
6	Geometric 电力公司	并网发电	2006 年 7 月 12 日	140	天然气	阿比亚州
7	Aba 电力公司	配电	2006 年 7 月 12 日		天然气	阿比亚州
8	Westcom Technologies 能源服务公司	并网发电	2007 年 2 月 23 日	1000	天然气	奥贡州
9	Lotus & Bresson 尼日利亚公司	并网发电	2007 年 4 月 12 日	60	天然气	奥贡州
10	Anita 能源公司	并网发电	2007 年 4 月 12 日	90	天然气	拉各斯州
11	第一独立电力有限公司	并网发电	2007 年 5 月 11 日	150	天然气	河流州
12	第一独立电力有限公司	并网发电	2007 年 5 月 11 日	136	天然气	河流州
13	第一独立电力有限公司	并网发电	2007 年 5 月 23 日	95	天然气	河流州
14	Hudson 电站	并网发电	2007 年 5 月 23 日	150	天然气	奥贡州
15	Ibafo 电站	并网发电	2007 年 5 月 23 日	200	天然气	奥贡州
16	Shell 配电公司	并网发电	2007 年 5 月 23 日	640	天然气	河流州
17	Agbara Shoreline 电力公司	并网发电	2007 年 9 月 28 日	100	天然气	拉各斯州
18	尼日利亚阿吉普石油公司	并网发电	2007 年 11 月 29 日	480	天然气	三角洲州
19	Ikorodu 独立电力公司二期	并网发电	2008 年 1 月 14 日	140	天然气	拉各斯州
20	Minaj 控股公司	并网发电	2008 年 2 月 14 日	115	煤	埃努古州
21	Ibom 电力公司	并网发电	2008 年 5 月 12 日	190	天然气	阿夸伊博姆州
22	Notore 电力公司	并网发电	2008 年 9 月 22 日	50	天然气	河流州
	接入电网总计			8349		
23	Ewekoro 电力公司	离网发电	2006 年 12 月 7 日	13	天然气	奥贡州
24	Ikorodu 独立电力公司	配电	2006 年 12 月 7 日		天然气	拉各斯州
25	Ikorodu 独立电力公司	嵌入式发电	2007 年 2 月 23 日	39	天然气	拉各斯州

续表

编号	申请者名称	许可证类型	授予日期	总装机（兆瓦）	燃料类型	所在州
26	CET 电力项目公司	离网发电	2007 年 9 月 28 日	20	天然气	克罗斯河州
27	CET 电力项目公司	离网发电	2008 年 12 月 22 日	5	天然气	拉各斯州
28	Tower 电力设施公司	离网发电	2008 年 12 月 22 日	20	天然气	奥贡州
	离网总计			97		
	全部总计			8446		

资料来源：尼日利亚电力监管委员会。

（四）尼日利亚输配电领域的基本状况

1. 输配电市场的组织结构

尼日利亚的输配电市场原来都是由国有的尼日利亚国家电力局一家负责，并且实行发电、输电和配电一体化的管理体制。实践证明，尼日利亚国家电力局的管理模式出现了很大的问题，没有解决好国内电力供应短缺的问题。因此，尼日利亚政府从 2003 年开始就着手对电力行业进行改革。2005 年尼日利亚国会通过了《电力部门改革法》后，体制改革进入实施阶段。国家电力局被拆分重组为国家电力控股公司。2006 年 7 月，将电力控股公司拆分成 18 个公司，包括 6 家发电公司、1 家输电公司和 11 家配电公司。政府计划除输电公司继续保持国有，将对其余 17 家发电和配电公司逐步实行私有化。

目前，尼日利亚只有一家输电公司，即尼日利亚输电公司（TCN），承担着国家电网运营者、市场营销者和输电服务提供者三个方面的责任。该公司总部位于首都阿布贾市，按照地理分布在全国设有 6 个区域办公室。国家控制中心（NCC）位于 Oshogbo，辅助控制中心位于 Shiroro。

尼日利亚共有 11 家配电公司，负责不同区域的配电和电费收取，但各公司的规模和用户差别较大①。具体情况如下：① 阿布贾配电公司。负责联邦首都区及周边 3 个州（科吉州、尼日尔州和纳萨拉瓦州）的配电和市场营销，有 27.7 万用户，2005 年售电量为 2.1TWh。② 埃科（Eko）配电公司。服务区域非常小，只负责拉各斯市商业中心和拉各斯岛，有 27.6 万用户，2005 年售电量为 2.6TWh。③ 伊科贾配电公司。负责拉各斯州的其他工业区和毗邻埃科配电公司的小型服务区，有 46.5 万用户，2005 年售电量为 2.6TWh。总的来说，拉各斯州的两个配电公司占尼日利亚的电力消费约三分之一。④ 哈科特港配电公司。位于尼日尔河三角洲地区的中心，负责除克罗斯河州和阿夸伊博姆州的配电以外的三角洲石油产业，为 Calabar、Diobu、Ikom/Ogoja、Borikiri、Uyo 和 Yenogoa 地区提供服务。有 20.7 万用户，2005 年售电量为 1163GWh。⑤ 卡杜纳配电公司。服务于西北部地区各州，有 16.2 万用户，2005 年售电量为 1522GWh。⑥ 卡诺配电公司。服务于中北部地区各州，有 28.7 万用户，2005 年

① 关于各配电公司的用户是在 2006 年拆分时统计的，但近两三年来变化不大，售电量只有 2005 年的数据作为参考。

售电量为1228GWh。⑦ 埃努古配电公司。主要服务于阿巴市的商业用户和奥尼查的南部工业区，有76.8万用户，2005年售电量为2.2TWh。⑧ 贝宁配电公司。服务区主要在拉各斯以西、哈科特港市以东的滨海地区以及北部毗邻阿布贾和伊巴丹的地区（该区域有大量的石油工业用户）。有66.5万用户，2005年售电量为438GWh。⑨ 伊巴丹配电公司。服务区域临近拉各斯，包括奥塔（Otta）工业区（该工业区占尼日利亚电力需求的15%），有12.8万用户，2005年售电量为2.8TWh。⑩ 乔斯配电公司。服务于中东部地区各州（该区域有许多旅游资源和矿产工业），有26.3万用户，2005年售电量为438GWh。⑪ 约拉配电公司。该公司服务区域最大，包括东部和东北部的5个州（这里包括许多重要的农业产区），有19万用户，2005年售电量为438GWh。

2. 输配电市场的基本状况

尼日利亚的高压输电系统主要采用330KV和132KV两种标准。截止到2006年，330KV输电线路总长度为4738公里，132KV输电线路总长度6227公里；21个330/132KV变电站和91个132/33KV变电站，6008MVA的330KV变压能力和7805MVA的132KV变压能力（见表30）。尼日利亚电网的一个特点是放射型设计，大部分为单回路，只有少部分为双回路，因此失去了利用回路在主要负荷中心增强效率的作用。此外，尼日利亚输电线路老化和过载现象严重，由于缺少更新和维护经常造成系统瘫痪，由此带来巨大的输电损失。

表30 尼日利亚现有输电设施状况

类　别	2000年之前	2006年	NIPP完成后
330/132KV变电能力(MVA)	5300	6008	11590
132/33KV变电能力(MVA)	5700	7805	11118
330KV输电线路(公里)	4495	4738	6932
132KV输电线路(公里)	5430	6227	7036

资料来源：尼日利亚能源部。

尼日利亚中压输电系统采用33KV和11KV标准。截至2006年，共有33KV输电线路45252公里，11KV输电线路31973公里，0.415KV输电线路232862公里；1048个33/11KV变电站，32000个33&11/0.415KV变电站，8149MVA的33/11KV变电能力，11810MVA的33&11/0.415KV变电能力（见表31）。配电系统的主要问题是线路和设备严重老化，电表使用比例较低，且大部分为老式的后付费电表，因此损耗比较大且欠费严重。

表31 尼日利亚现有配电设施状况

类　别	2006年	NIPP完成后	类　别	2006年	NIPP完成后
33KV输电线路(公里)	45252	47538	33&11/0.415KV变电站(MVA)	11810	14878
11KV输电线路(公里)	31973	36648	33/11KV变电站(个)	1048	1311
0.415KV输电线路(公里)	232862	245905	33&11/0.415KV变电站(个)	32000	84170
33/11KV变电站(MVA)	8149	11649			

资料来源：尼日利亚能源部。

3. 近年来的主要投资和建设活动

① 参与西非电网项目（WAPP）①。为了加强区域电力共享，西非国家1982年就提出了西非电网项目。但直到1998年贝宁和多哥因加纳干旱而电力短缺，要求尼日利亚恢复对两国供电时，尼日利亚才投资建设输电网络，正式参与到西非电网的建设。第一期，建设从尼日利亚到贝宁长70公里的输电线路，输电电压330KV，从尼日利亚的伊科贾到贝宁的萨凯泰（Sakete），首期输电能力为80兆瓦。项目总投资2500万美元，其中1600万美元由非洲开发银行贷款，其余部分由尼日利亚出资。项目2007年2月建成，开启了尼日利亚积极参与非洲电网项目的序幕。

② 2001年2月，南非国有的Eskom公司与尼日利亚国家电力局签署了在尼日利亚东部贡贝、约拉和贾林戈之间建设长380公里、330KV输电线路的合同，金额1.3亿美元。Eskom公司下属的泛非项目公司作为主承包商。

③ 2001年7月，尼日利亚本土的PB电力工程公司承建了一条从Alaoji到Calabar的输电电压为330KV、长140公里的单回路输电线路，项目投资额为2000万美元，于2002年下半年完成。

④ 2002年4月，ABB公司从尼日利亚国家电力局赢得价值4400万美元的两个输电和配电项目合同。第一个合同价格3400万美元，由ABB公司负责设计和建设一条长132公里、330KV输电线路，连接尼日利亚南部的贝宁市和奥尼查市。第二个合同价格1000万美元，在尼日利亚境内7个变电站快速更新92个330KV和132KV断路器及相关零备件和高压备件。

⑤ 2003年4月初，河流州政府投资新建了一条长200公里、132KV输电线路，从河流州政府新建的燃气电站向哈科特港市供电。这是尼日利亚第一次由州政府承担国家电网建设任务。

⑥ 2006年10月，奥韦里—阿华达—耶纳戈阿输电线路建成，使得尼日利亚巴耶尔萨州首次接入国家电网。

⑦ 2008年2月，由INEO公司和Nexans公司承建的246公里、连接尼比尔宁凯比和尼日尔首都尼亚美的输电线路升级项目完成，合同金额1700万美元，使得尼日利亚对尼日尔的输电能力达到80兆瓦。

此外，在尼日利亚国家整体电力项目（NIPP）中还有大量的输配电设施的建设，目前部分已经完工。在全部完工后，将新增5500多公里的330KV输电线路、3000多公里的132KV输电线路和20000公里的中低压输电线路。到时，尼日利亚输配电状况将有所改善。

参考文献资料

1. Central Bank of Nigeria：Annual Report & Financial Statement for the Year Ended 31th December 2008.

2. Central Bank of Nigeria：Annual Report & Financial Statement for the Year Ended 31th December 2007.

3. International Energy Agency："Key World Energy Statistics（2008）".

① 西非电网（West Africa Power Pool）项目属于非洲区域电力共享规划的一部分，共有14个西非国家参与，总投资约46亿美元，目标是建成一个区域性的电力共享和交易网络，用于改善西非地区的电力供应情况，同时推动西非经济共同体的一体化进程。

4. O. I. Okoro, P. Govender, E. Chikuni: "Power Sector Reforms in Nigeria: Opportunities and Challenges".

5. Akin Iwayemi: "Nigeria's Dual Energy Problems: Policy Issues and Challenges", International Association for Energy Economics, Fourth Quarter 2008.

6. Adesiji Rabiu: "The Cost of Electricity in Nigeria", International Association for Energy Economics, First Quarter 2009.

7. Prasad V. S. N. Tallapragada: "Nigeria's Electricity Sector-Electricity and Gas Pricing Barriers", International Association for Energy Economics, First Quarter 2009.

8. The Official Website of Energy Commission of Nigeria: www. energy. gov. ng.

9. The Official Website of National Electricity Regulatory Commission: www. nercng. org.

四、尼日利亚电力发展潜力及存在问题

（一）尼日利亚电力资源潜力

尼日利亚虽然拥有丰富的能源资源，如石油、天然气、煤、水电和可更新能源，但是国内市场能源短缺，尤其是电力短缺问题非常严重。

从表32可以看出，未来尼日利亚电力行业具有较大的开发前景。具体情况分述如下：

表32　　尼日利亚能源储量及利用情况一览表

序号	能源类型	储　量	生产水平	利　用
1	原油	362.2亿桶	206万桶/天	44.5万桶/天
2	天然气	187万亿标准立方英尺	71亿标准立方英尺/天	34亿标准立方英尺/天
3	煤和褐煤	27.34亿吨	微量	微量
4	油砂	310亿桶石油当量	0	0
5	大型水电	11250兆瓦	1938兆瓦(167.4百万兆瓦时/天)	167.4百万兆瓦时/天
6	小型水电	3500兆瓦	30兆瓦(2.6百万兆瓦时/天)	2.6百万兆瓦时/天
7	太阳能	3.5—7.0千瓦时/平方米/天(按使用土地的0.1%计算为485.1百万兆瓦/天)	超过240kWp的太阳能PV或是0.01百万兆瓦时/天	超过240kWp的太阳能PV
8	风能	10米高空风速为(2—4)米/秒	—	—
9	生物能		—	—
	木材	1100万公顷森林和林地	11万吨/天	12万吨/天
	动物粪便	2001年为24500万吨	2001年为78.1万吨/天	没有利用
	农作物残余	7200公顷农用地和所有荒地	1996年超过25.6万吨农作物残余/天	没有利用
10	核能	还没有探明的储量	—	—

资料来源：尼日利亚国家石油公司（GNPC）（2007）；可更新能源总体规划（REMP）（2005）；矿产和钢铁发展部（2008）。

1. 尼日利亚天然气发电潜力

（1）天然气的储量和现有生产状况

尼日利亚拥有十分丰富的天然气资源。截至2007年年底，尼日利亚已探明的天然气储量为187万亿立方英尺（约5.3万亿立方米），占非洲总储量的36.3%，占世界储量的3.0%，居非洲第一位、世界第七位。根据尼日利亚政府的官方报道，天然气的远期储量可能高达600万亿立方英尺，即使按照目前的储量也可持续开采120年，而现有石油储量只能持续开采30—40年。

2008年，尼日利亚天然气总产量为666.4亿立方米（相当于日产量64亿立方英尺），比2007年的659.4亿立方米增长了1.1%。这主要是由于油价上涨增加了对天然气的需求以及电力行业改革和投资者信心增强。在总产量中有26.8%被空放燃烧，剩余的73.2%被利用。其中大约有29.4%出售给工业企业，包括尼日利亚电力控股公司（PHCN）、水泥厂和钢铁厂等，11.3%出售给尼日利亚液化天然气公司（NLNG），而4.8%用作石油生产公司的燃料（见表33）。

表33　　2004年—2008年尼日利亚天然气产量及利用情况　　单位：百万立方米

年　度	2004	2005	2006	2007	2008
天然气总产量	58964.00	57369.40	57753.70	65936.50	66640.80
用作燃料	2245.90	2261.50	2584.90	2656.90	3203.40
出售给工业企业	9168.90	13844.40	15824.00	16264.40	19615.20
出售给液化天然气工厂	572.50	5311.50	6071.00	6239.90	7514.60
重新注入油田	5469.20	10694.00	12223.10	12563.30	15126.80
气举	382.00	1026.90	1173.70	1206.40	1415.10
转化为液态天然气	592.60	1310.60	1498.00	1539.70	1854.30
总利用量	33873.00	34448.90	39374.80	48150.90	48796.00
利用率(%)	57.4	60.0	68.2	73.1	73.2
空燃	25091.00	22920.50	18378.90	20130.40	17844.80
空燃率(%)	42.6	40.0	31.8	30.5	26.8

资料来源：尼日利亚中央银行2008年年度经济报告。

尼日利亚国内现有1100公里的天然气管道，分为8个系统，为发电站或重工业企业供气，由尼日利亚天然气公司（NGC）负责。该公司主要从事天然气处理、运输及市场销售，隶属于尼日利亚国家石油公司（NNPC），总部位于三角洲州的瓦里市，国内共有五个分部。天然气的生产主要是伴生气的生产，因此和石油一样，由尼日利亚国家石油公司与国外石油公司合作进行。

目前尼日利亚天然气开发利用领域最大的问题是天然气空放燃烧。由于尼日利亚目前出产的天然气绝大部分都是在石油开采中的伴生天然气，而又缺乏生产伴生天然气的基础设施，且石油公司最初和政府签署的合同是产品分成协议，不包括天然气，政府强制要求石油公司低价出售，因此石油公司为节约成本在开采石油的同时，通常将伴生气空放燃烧。1995年尼日利亚天然气燃烧损失比例约在80%左右，到20世纪90年代末为70%，2004年下降到42.6%，2005年下降到40%。此后由于政府致力于减少天然气空燃并颁布了有关惩罚措施，因此情况有所好转，2008年的空燃比例下降到26.8%，但离政府的零空燃政策的实现依然有一段距离（见表33）。

（2）天然气未来发展前景和规划

在尼日利亚，天然气资源不仅丰富，而且质量较好，杂质含量低，加工容易。2008年2月，政府推出了一系列的措施以促进尼日利亚天然气行业中长期发展，包括新的天然气定价政策，引进战略集合商（Strategic Aggregator），制定了天然气总体规划①（其确定了未来的天然气基础设施网络由潜在投资者新建、天然气生产者对国内供气的义务）。政府政策要求所有油气运营者预留一定数量的天然气供应尼日利亚国内市场。对于国内供应不足和空燃还设定了惩罚措施，处以3.5美元/百万立方英尺的罚款。关于天然气价格，定价方式有三种：①对国内战略性行业采用成本加成法（Cost Plus）②；②对战略性工业部门采用净值回推法（Netback）；③对商业用户采用可替代燃料价格。最后，应引入战略集合商的概念，其将负责天然气供应的数量和价格。为了鼓励天然气发电，政府实行电站用户和非电站用户区别价格，通过非电站用户交叉补贴电站用户，鼓励燃气发电的发展。

2009年4月，国家石油公司宣布从对尼日利亚天然气开发项目感兴趣的48家公司中挑选了15家能源公司③参加其天然气开发计划，预计对天然气行业的投资将超过300亿美元。同时，政府鼓励石化企业利用石油开发过程中伴生的天然气建立独立发电站，要求石油领域投资者进行上下游一体化开发，因此近期有较多的独立发电站项目在建设之中。

对于天然气基础设施，尼日利亚也制定了相关规划，将输气管道向北部延伸到索科托州、博尔诺州及北部工业中心卡诺州；大幅增加网络密度，满足东南部需求的增长；将东、西、北部管道连通起来；允许所有天然气生产者将其基础设施和国家输气网络连接；将国内天然气基础设施整合为全国性网络，增加供应的灵活性。政府希望通过以上措施，使得尼日利亚天然气供应在2013年至少能满足1.2万—1.5万兆瓦发电所需。

2. 尼日利亚水电开发潜力

尼日利亚位于赤道地区，具有丰沛的降水。该国气候主要受两个风系的影响：由热带锋

---

① 尼日利亚天然气总体规划2007年第4季度发布，2008年开始生效。该规划是为了应对尼日利亚天然气需求短期内大增而供应不足而制定。总体规划的主要目标包括：通过天然气利用便利化和促进天然气相关工业发展，最大化天然气对国内经济的乘数效应；通过有选择地参与高价值市场和战略布置，优化尼日利亚在高价值出口市场的份额和竞争力；通过对天然气开采的管理，确保尼日利亚长期的能源安全。

② 成本加成定价法是指开发成本加运输成本，这种思路忽视了市场的变化。简单而言，净值回推法是让天然气价格与可替代能源的价格挂钩。目前，参照对象已经锁定为价格市场化的原油、煤以及LNG。

③ 这15家能源公司分别是俄罗斯天然气工业股份公司、皇家荷兰壳牌公司、雪佛龙公司、英国天然气集团公司、英国Centrica公司、德国E. ON Ruhrgas公司、挪威国家石油海德罗公司、Global Energy/Hanover公司、Uniona Fenosa公司、Gas Natural SDG SA公司、泰国PTT公司、印度Gail India公司、韩国投资公司、Oando Plc公司和撒哈拉能源公司。

（ITF）产生的潮湿、相对较冷的季风经过大西洋从西南面刮向该国，带来降雨；经过撒哈拉沙漠从东北部刮来干热、含沙尘的干燥信风称为哈麦丹风。热带锋和地形要素之间的相互作用，加上乔斯高原和东南部喀麦隆山脉的地形影响，在全国产生了有明显边界的雨型。南部降雨历时最长，向北逐渐递减。在南部地区，降雨有 8 个月以上，而在最北部地区，年降雨历时不到 3 个月。

尼日利亚境内河流密布，其中最大的是尼日尔河①，流域面积占国土面积的三分之二，在尼日尔河三角洲注入大西洋。其主要支流有东北部的贝努埃河、中北部的卡杜纳河、西北部的索科托河和东南部的阿南布拉河。除此之外，尼日利亚还有部分河流直接注入大西洋，包括东南部的克罗斯河和西南部的奥贡河、奥孙河、奥塞河和奥约河。而西北部的部分河流，包括科马杜古加纳河及其支流注入乍得湖。从地形上看，尼日利亚地形多样，从沿海和尼日尔流域的低地到北部高原和东部边境山脉。由河流、地形和降水等特点形成了尼日利亚分布不均的巨大水电蕴藏量。

据调查，尼日利亚可开发的大型水电资源超过 11000 兆瓦。仅卡杜纳河、贝努河和克罗斯河的总的水电潜力就有 4650 兆瓦。为满足电力需求，国家电力局（现为电力控股公司）和 2010 年国家能源远景规划研究了大量水电站站址。表 34 列出了一些可开发的站址。

表 34　　　　尼日利亚可以开发的水电项目一览表

水电站	所在河流	所在州	装机容量(兆瓦)
Mambila	栋加河	塔拉巴州	2600
Makurdi	贝努埃河	贝努埃州	1010
Zungeru	卡杜纳河	尼日尔州	950
Onitsha	尼日尔河	阿南布拉州	750
Ikom	克罗斯河	克罗斯河州	730
Ifon	奥赛河	埃多州	400
Yola	贝努埃河	阿达马瓦州	360
Beli	塔拉巴河	塔拉巴州	240
Donko	尼日尔河	凯比州	225
Lokoja	尼日尔河	科吉州	200
Afikpo	克罗斯河	埃邦伊州	180
Garin Dali	塔拉巴河	塔拉巴州	135
Gembu	栋加河	塔拉巴州	130
Kramti	蒂卡姆河	—	115

注：100 兆瓦以下的从略。
资料来源：尼日利亚能源委员会。

① 尼日尔河是非洲仅次于尼罗河和刚果河的第三长河，西非最大的河流，发源于几内亚福塔贾隆高原东南坡，流经马里、尼日尔、贝宁、尼日利亚等国，注入几内亚湾。长 4160 千米，流域面积达 210 万平方千米。

除了大型水电站以外，尼日利亚还有较为丰富的小水电（SHP）① 资源。据统计，尼日利亚拥有3500兆瓦的小水电资源潜力（见表35），且分布范围较广，全国大部分地区都有。不过到现在为止只开发了8个小水电站（总装机37兆瓦）。小水电站大部分位于乔斯高原，包括卡杜纳河的Kwall瀑布（Bagel），装机2兆瓦；Kurra瀑布，装机8兆瓦（见表36）。尼日利亚能源委员会于2002年与联合国工业组织下属的小水电国家中心签署协议，通过鼓励地方政府和州政府的积极参与，推动尼日利亚小水电的发展。经过能源委员会与州政府的合作，已经确定了一些潜在的小水电地址（见表37）。目前部分地方正在进行预可研，吸引各方面投资进行开发。应该说，小水电的开发对于解决农村地区、偏远地区的用电难问题有着重要的作用。

表35　　尼日利亚部分州小水电潜力

编　号	州　名	河谷盆地	总数量	潜在装机容量（兆瓦）
1	索科托 Katsina	Sokoto-Rima	22	30.6
2	尼日尔	Sokoto-Rima	11	8
3	卡杜纳	Niger	30	117.6
4	夸拉州	Niger	19	59.2
5	卡诺州	Niger	12	38.8
6	博尔诺州	Hadeja-Jamaare	28	46.2
7	包齐州	Chad	29	20.8
8	Gongola	Upper-Benue	20	42.6
9	高原州	Upper-Benue	38	162.7
10	贝努州	Lower-Benue	32	110.4
11	克罗斯河州	Lower-Benue	19	69.2
12	克罗斯河州	Cross River	18	28.1

资料来源：尼日利亚能源委员会。

表36　　尼日利亚已经开发的小水电情况

序　号	河　流	所在州	装机容量（兆瓦）
1	Bagel（Ⅰ） （Ⅱ）	高原州	1.0 2.0
2	Kurra	高原州	8.0
3	Lere（Ⅰ） （Ⅱ）	高原州	4.0 4.0
4	Bakalori	索科托州	3.0
5	Tiga	卡诺州	6.0
6	Oyan	奥贡州	9.0

注：其中后三个现在已经停止运行，需要修复。
资料来源：尼日利亚能源委员会。

① 小水电（Small Hydropower，SHP）是小型水电站的简称。其装机容量的规模，各国规定不一。1980年召开的第二次国际小水电技术发展与应用考察研究讨论会议（杭州—马尼拉会议）规定：单站容量1001千瓦—12000千瓦为小水电站，101千瓦—1000千瓦为小小水电站，100千瓦及其以下为微型水电站。所以我们统称的小水电包括小水电站、小小水电站和微型水电站。

表 37 尼日利亚潜在的小水电开发地址

序号	流域/州政府	坝址	水头(米)	流量(立方米/秒)	现状
1	KATSINA	JIBIA	18	290—400	预可研
2	KATSINA	FAJINA	12.5	400—500	预可研
3	KATSINA	M/FASHI	12	320—523	预可研
4	KATSINA	MAIRIWA	8	350—550	预可研
5	KATSINA	GWAJGWAYE	12	600—900	预可研
6	KATSINA	ZOBE	19.8	600—900	预可研
7	KATSINA	SABKE	12.5	250—350	预可研
8	OGUN-OSHUN	IDDO	15	2.699	投资者论坛
9	OGUN-OSHUN	SEPETE	14.23	1.984	投资者论坛
10	OGUN-OSHUN	OKE-ADAN	16	2.245	投资者论坛
11	OGUN-OSHUN	ERIN-IJESHA WATERFALL	230	0.91	投资者论坛
12	BENIN-OWENA	—	10	8.09	投资者论坛
13	BENIN-OWENA	PWENA	22.5	7.79	投资者论坛
14	BENIN-OWENA	ELE	22.5	—	投资者论坛
15	UPPER-BENUE	JADA	—	11.87	投资者论坛
16	UPPER-BENUE	MONKIM	18	3.71	投资者论坛
17	UPPER-BENUE	KIRI	22	6	投资者论坛

资料来源：尼日利亚能源委员会。

3. 尼日利亚煤电开发潜力

尼日利亚是西非惟一的产煤国，早在 1909 年就发现了煤炭资源，并于 1950 年成立了尼日利亚煤炭公司（NCC），一直垄断国内的煤炭勘探、开发和销售，直到 1998 年才被打破。尼日利亚的煤炭主要是次烟煤，具有低硫、热量高、低灰分的特点，适合作为燃料。目前探明储量约 6.39 亿吨，尼日利亚官方预测的总储量约 27.5 亿吨。尼日利亚现有 22 块煤田，分布在 13 个州，但主要集中于东南部（见表 38）。目前尼日利亚主要的四大煤矿分别为埃努古州的 Okpara、Onyeama 两个地下煤矿，科吉州的 Okaba 地表煤矿和贝努埃州的 Owukpa 地下煤矿。

尼日利亚从 1916 年就开始开采煤炭，埃努古州 Ogbete 成立第一家采矿厂。1922 年政府对东南部尤其埃努古州煤炭进行大面积规划开发。但尼日利亚煤炭开采率还是比较低，最高年产量是在 1958 年，曾达 94 万吨。自 20 世纪 70 年代起，随着石油资源的开采，尼日利亚的煤产量逐年下降。据联邦统计局统计，2001 年煤产量仅为 18190 吨，此后有所上升，但依然非常低（见图 24）。由于丰富的油气资源可作为工业生产的能源来源，政府对煤炭开采并不重视，导致这一丰富的自然资源长期得不到利用。尼日利亚煤炭主要用于水泥厂和钢厂及国家铁路公司，此外国内还有一些制作煤球用于烹饪燃料的工厂。目前煤炭仅占尼日利亚一次能源消费的 0.05%。煤炭利用水平低主要是由于开发无序、管理落后、技术水平低和资金缺乏。

表 38　尼日利亚煤炭资源分布情况一览表

序号	煤　　矿	所在州	煤的类型	估计储量（百万吨）	探明储量（百万吨）	打孔数量	煤层露头和厚度	埋藏深度	开采方式
1	Okpara	埃努古	次烟煤	100	24	20	许多(1.5米)	180	地下
2	Onyeama	埃努古	次烟煤	150	40	许多	许多(1.5米)	180	地下
3	Ihioma	伊莫	褐煤	40	无数据	0	许多	20—80	露天
4	Ogboyoga	科吉	次烟煤	427	107	31	17(0.8—2.3米)	20—100	露天/地下
5	Ogwashi Azagba/Obomkpa	三角洲	褐煤	250	63	7	4(3.5米)	15—100	露天/地下
6	Ezimo	埃努古	次烟煤	156	56	4	(10.6—2.0米)	20—43	露天/地下
7	Inyi	埃努古	次烟煤	50	20	4	(0.9—2.0米)	25—78	露天/地下
8	Lafia/Obi	纳萨拉瓦	烟煤	156	21.42	123	0(1.3米)	80	地下
9	Oba/Nnewi	阿南布拉	褐煤	30	无数据	2	14(0.3—4.5米)	18—38	地下
10	Afikpo/Okigwe	埃邦伊/伊莫	次烟煤	50	无数据	0	无数据	20—100	地下
11	Amasiodo	埃努古	烟煤	1000	无数据	3	无数据	563	地下
12	Okaba	科吉	次烟煤	250	3	许多	(0.8—2.3米)	20—100	露天/地下
13	Owukpa	贝努埃	次烟煤	75	57	许多	(0.8—2.3米)	10—100	露天
14	Ogugu/Awgu	埃努古	次烟煤	无数据	无数据	0	无数据	无数据	地下
15	Afuji	埃多	次烟煤	无数据	无数据	0	无数据	无数据	地下
16	Ute	翁多	次烟煤	无数据	无数据	0	无数据	无数据	地下
17	Doho	贡贝	次烟煤	无数据	无数据	0	无数据	无数据	地下
18	Kurumu	贡贝	次烟煤	无数据	无数据	0	无数据	无数据	地下
19	Lamja	阿达马瓦	次烟煤	无数据	无数据	0	无数据	无数据	地下
20	Garin Maigungu	包齐	次烟煤	无数据	无数据	0	无数据	无数据	地下
21	Gindi Akwati	高原	次烟煤	无数据	无数据	0	无数据	无数据	地下
22	Jamato Koji	夸拉	次烟煤	无数据	无数据	0	无数据	无数据	地下

资料来源：尼日利亚矿产和钢铁发展部。

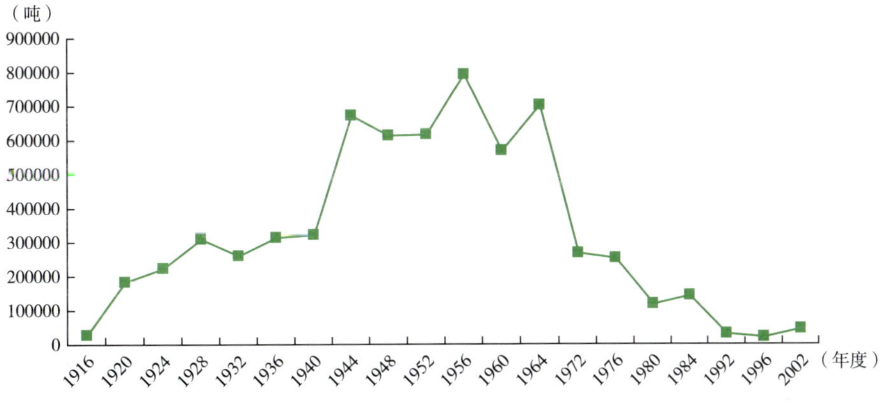

图 24 1916 年—2002 年尼日利亚煤炭产量情况

资料来源：尼日利亚能源委员会。

从全球来看，煤电是电力的重要来源，在各种来源中占比最高，达到 41%，在未来的 30 年内还将保持这一比例。煤的消费量在未来 20 年内将每年增加一个百分点。12 个主要依靠煤电的国家包括：波兰（占全国电力的 93%）、南非（占 93%）、澳大利亚（占 80%）、中国（占 78%）、以色列（占 71%）、哈萨克斯坦（占 70%）、印度（占 69%）、摩洛哥（占 69%）、捷克（占 59%）、希腊（占 58%）、美国（占 50%）和德国（占 44%）（见图 25）。尼日利亚在历史上曾建过两个燃煤电站——埃努古州的 Oji 电站和拉各斯州的 Ijora 电站，这两个电站在尼日利亚内战前一直运行。但战争中受到破坏，后来也没有修复，自此以后尼日利亚的煤电比例为零。

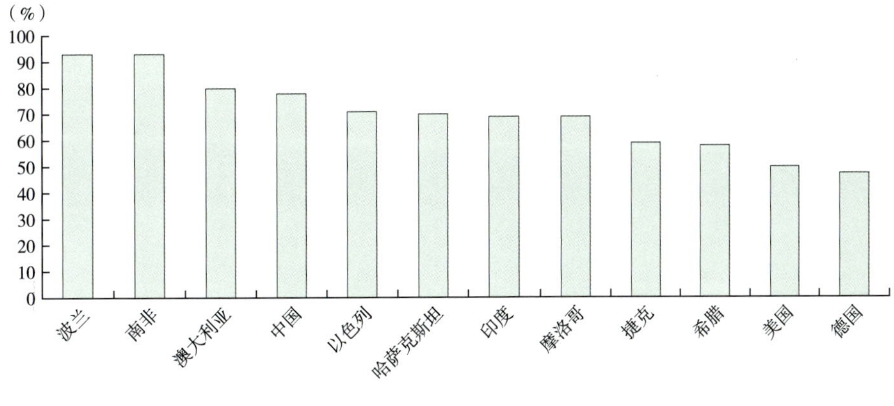

图 25 世界部分国家煤电占电力消费的比重

资料来源：World Coal Institute：Coal Fact，2007。

面对低迷的国内煤炭工业，尼日利亚政府 1998 年修改“1950 尼日利亚国家煤炭公司法令”，取消国家煤炭公司在煤炭业的长期垄断，由固体矿产发展部负责煤炭工业的综合管理，积极鼓励私有化，并于 1999 年颁布“矿产管理 1999 法令”，允许外国投资者以合营方式开发煤炭市场。2004 年，尼日利亚联邦政府把国家煤炭公司列入私有化改革计划。这些改革为煤电的发展铺平了道路。同时，政府在各种场合对投资者展开宣传，鼓励投资者建立坑口电站。

最近尼日利亚各媒体不断报道投资者赴尼日利亚商谈煤电项目，包括中东的主权财富基金以及澳大利亚、中国、美国、印度等国的企业都对此表示了兴趣。

4. 尼日利亚可更新能源发展潜力

可更新能源具有清洁、无污染和可持续性，代表未来能源的发展方向。尼日利亚也拥有比较丰富的可更新能源，除了水电以外，还拥有太阳能、风能和生物能。尼日利亚太阳能为3.5—7.0千瓦时/平方米/天，如果按使用土地的0.1%计算为485.1百万兆瓦/天。在风能方面，10米高空风速为2—4米/秒，尤其是在沿海和北部地区风速较大，资源比较丰富。在生物能方面，尼日利亚有1100万公顷森林和林地，7200公顷农用地，还有其他的荒地，仅1996年有超过25.6万吨/天农作物残余没有利用。动物粪便2001年达24500万吨，也没有利用。

发展可更新能源对于解决尼日利亚边远地区和农村地区的能源问题将具有重要的作用。根据尼日利亚总统委员会2005年提出的25年电力发展计划，假设经济年均增长10%，尼日利亚在短期、中期和长期的电力需求分别为15000兆瓦、30000兆瓦和190000兆瓦。根据这一设想，尼日利亚能源委员会预计，来自可更新能源发电占整个电力需求的比重在短期、中期和长期分别为14%、23%和36%（见表39）。2005年，在联合国发展署（UNDP）的支持下，尼日利亚能源委员会制定了可更新能源总体规划（REMP），作为国家能源总体规划（NEMP）的一部分。目标是扩大可更新能源的使用范围，特别是在农村地区，促进经济增长、就业和振兴等。

表39　　尼日利亚可更新能源发展规划　　单位：兆瓦

序　号	能源类型	短　期	中　期	长　期
1	水电(中大型)	1930	5930	48000
2	水电(小型)	100	743	19000
3	太阳能光电	5	120	500
4	太阳能热电	—	1	5
5	生物能	—	100	800
6	风能	1	20	40
所有的可更新能源		2036	6905	68345
所有能源来源		15000	30000	190000
可更新能源占比		14%	23%	36%

资料来源：尼日利亚能源委员会。

比较可喜的是，近年来政府积极鼓励和参与可更新能源的开发。2008年2月，Aqua能源投资公司①与卡诺州签署了建设、拥有、运营和移交（BOOT）合同，在Tiga和Challawa Gorges水坝建设新的水电站，预计装机为10兆瓦—25兆瓦。该公司也与阿布贾自来水公司一道，在一条城市供水管道上安装了一个50千瓦的示范涡轮机。2000年7月，西门子在尼

① Aqua Energy由澳大利亚和挪威的公司参股。

日利亚中部完成非洲至今最大的太阳能混合系统，包括一个51千瓦的光伏发电系统和两个135KVA的柴油发电机。2001年11月，联合国教科文组织（UNESCO）和尼日利亚政府一起宣布，将在索科托建立一个国际能源研究中心。到2003年年初，位于Usman Danfodio大学的索科托能源研究中心已完成了超过40个可更新能源引导项目。在吉加瓦州，美国能源部、美国国际发展署和吉加瓦州政府合作成立了太阳能光电基金（SELF），拥有一个综合性的太阳能农村电气化项目，以减少该地区的森林采伐。

（二）尼日利亚电力行业存在的主要问题

在前总统奥巴桑乔执政的八年里，政府开始较大规模地对电力行业进行投资，据称投入以及承诺的资金达到130亿美元①。如此大规模的资金投入不但没有使电力供应状况明显改善，而且缺电状况更加严重。由于涉及电力工业的各个环节，原因是多方面的，分述如下：

1. 一次能源供应方面的问题

对于电力行业来讲，稳定的一次能源②供给是保证稳定供应的基本前提条件，但尼日利亚恰恰在这一方面受到诸多的困扰。天然气发电占尼日利亚全部发电能力的70%以上，因此天然气供应的稳定性将对尼日利亚电力供应的稳定产生重要影响。当尼日利亚总统亚拉杜瓦2007年上台时，其专门成立了独立的天然气部，目的是推动天然气工业发展以满足国内需要尤其是电力需要。但是这个部门未能成功地使得跨国石油公司向国内市场供应足够的天然气。一些观察家表示，尼日利亚缺乏法律框架以及有效的天然气价格政策和付费模式，使得石油公司没有动力履行其义务。

尼日利亚国内天然气的主要生产者——石油公司希望对国内市场的天然气供应能够有一个和国际接轨的商业性价格。尼日利亚政府却不同意，认为天然气是国家资产，希望天然气特别是对电站的供气价格较低，以保持国内低电价。而国际市场液化天然气价格更具有吸引力，石油公司更愿意将天然气尽可能多地出口到国际市场，向国内市场供气的意愿不足，往往将剩余的天然气烧掉。目前尽管天然气价格较低，尼日利亚电力控股公司还是经常拖欠天然气供应商的资金，据悉尼日利亚电力控股公司对尼日利亚天然气公司的负债高达70亿奈拉（约5833万美元）。为了收回欠款，尼日利亚天然气公司不得不停止对电力公司供气。

天然气供应还受到尼日尔河三角洲局势的影响。三角洲地区的武装集团不时对主要输气管道——Escravos输气管道进行袭击和破坏③。另一根尼日利亚天然气公司拥有的Escravos-Lagos的管道，也被破坏了数次。这些严重影响了尼日利亚电力供应的稳定。如在2009年4月1日，由于管道被破坏，尼日利亚天然气公司关闭了Otorogu天然气站，这导致尼日利亚电

① 这是根据尼日利亚国会众议院调查报告得出的结论。2008年年初尼日利亚总统亚拉杜瓦曾表示，奥巴桑乔政府在任期内对电力行业的投资超过160亿美元。

② 所谓一次能源是指自然界中以原有形式存在的、未经加工转换的能量资源，又称天然能源。包括化石燃料（如原煤、原油、天然气等）、核燃料、生物质能、水能、风能、太阳能、地热能、海洋能、潮汐能等。

③ 该管道主要是为Egbin热电站供气。

力控股公司的Olorunsogo、Omotosho和Delta电站被迫停止发电，而Egbin电站的发电能力也减少到400兆瓦。这次事件使得尼日利亚实际发电能力下降700兆瓦。经过一个多星期的努力，供气才恢复。

此外，在天然气供应方面，还存在着较大的供需矛盾。据尼日利亚电力部估计，如果要在2009年年底实现供电能力达到6574兆瓦的目标，总共需要1560百万标准立方英尺/天的天然气，但尼日利亚天然气公司目前的天然气供应量只有560百万标准立方英尺/天，这意味着需要增加1000百万标准立方英尺/天。如此巨大的缺口，在短期内是很难弥补的。

在水电方面，近年来受全球气候变暖的影响，尼日利亚国内尤其是北部地区的降水量减少，尼日尔河及支流水量减少，严重地削弱了三个水电站的发电能力。

2. 行业垄断及由此带来的高度腐败

一直以来，尼日利亚电力都是由一家国有企业（原尼日利亚国家电力局，现改为尼日利亚电力控股公司）所垄断，控制了从发电、输电到配电的整个上下游产业。垄断导致人浮于事和腐败横行。尼日利亚电力控股公司现有3.3万名雇员，职工缺乏责任感，工作缺乏透明度，使得电力行业的腐败程度被尼日利亚媒体列为众行业之首。据透明度国际在尼日利亚2091名调查问卷回答者中，电力部门官员涉嫌腐败犯罪的比例占总体涉嫌腐败的58%。该部门不断出现的丑闻已经让尼日利亚民众见怪不怪了，这严重影响了政府政策措施的执行力度。此外，由于管理体制的落后，导致发电和输配电设施经常被盗，无人过问。

3. 设备的维护较差，损耗率高

电力设备严重老化，存在巨大安全隐患。据资料显示，尼日利亚20年以上的电力设备占13.9%，15年以上的占57.1%，10年以上的占79.6%。发电设备的平均利用率不到40%。国家电网因设备陈旧老化、线路不稳固以及无完全回路等原因，经常发生跳闸和中断现象，对生产设备的正常运行造成极大威胁。除了发电能力较低，尼日利亚输配电能力①也很差，电网覆盖范围不足，东北部、西北部及东南部大部分地区至今没有电网设施。在有电网设施地区，电能损耗率高达30%—45%。两位数的输电和配电损失按国际标准来说是相当大的，在全球也是最高的。尼日利亚电网系统的损耗是其他国家运行良好的电力系统的五到六倍。

4. 电价定价制度和收费环节存在问题

尼日利亚零售电价的计价标准由三部分组成：① 能源费用—可变成本回收；② 需求费用—系统实际电压（负荷数）；③ 固定费用—资本成本回收。尼日利亚电力用户分为6类，即居民、商业、工业、街道照明、特殊费用用户和国际用户。每一类又细分了几个子类，总共有21个子类（见表40）。

① 有关尼日利亚输配电设施的现状请参见《尼日利亚电力行业调研报告（二）》。

表 40　　尼日利亚未改革前的电价标准　　单位：奈拉

	用户类别	每千伏安负荷需求	每月最低费用	每月固定费用	每度电价
1	居民				
1.1	R1	—	—	20.00	1.20
1.2	R2	—	—	30.00	4.00
1.3	R3	—	120.00	120.00	6.00
1.4	R4	—	5000.00	120.00	8.50
1.5	R5	—	31250.00	—	8.50
2	商业用户				
2.1	C1	—	90.00	90.00	6.50
2.2	C2	—	120.00	120.00	8.50
2.3	C3	230.00	5000.00	240.00	8.50
2.4	C4	250.00	31250.00	—	8.50
3	工业用户				
3.1	D1	—	90.00	90.00	6.50
3.2	D2	—	120.00	120.00	8.50
3.3	D3	230.00	5000.00	240.00	8.50
3.4	D4	250.00	31250.00	—	8.50
3.5	D5	270.00	1500000.00	—	8.50
4	街道照明				
	S1	—	240.00	—	6.50
5	特殊费用用户				
5.1	A1	—	120.00	120.00	5.80
5.2	A2	—	5000.00	240.00	5.80
5.3	A3	—	31250.00	—	5.80
5.4	A4	—	31250.00	—	5.80
5.5	A5	230.00	500.00	240.00	12.00
5.6	A6	250.00	31250.00	—	12.00

资料来源：尼日利亚电力监管委员会。

尼日利亚一直以来实行廉价电力政策，通过政府补贴维持低电价。2002 年以来，尼日利亚电价水平没有变化过，平均电价只有大约 6.31 奈拉/千瓦时（4.3 美分/千瓦时），是世界上最低的。由于成本的增加，电价一直不能覆盖电力公司的投资和运营成本。因此尼日利亚电力控股公司一直存在严重的资金不足，只有通过政府的财政拨款才能维持运营，根本无力进行新的投资。这一电价政策对于私人投资者也没有任何吸引力。

此外，在收费环节也存在问题。尼日利亚电表使用率非常低，有超过 30% 的用户没有安装电表。对于没有电表的用户，只能以平均消费水平征收。而尼日利亚电力控股公司市场部门的员工基本上也不读表，电费单基本上靠想象估算，结果是经常出现奇怪的电费单。在某些情况下，电费单就是用估计值代替实际消费，消费者经常对尼日利亚电力控股公司的官员和员工有敌意。部分用户甚至拒绝立即支付电费，表示其不能为凭想像而出具的电费单付费。以上因素造成了电费收取比例较低，只有 75%—80%。尼日利亚电力行业还存在着大量欠费的现象，尤其是政府机关和国有企业欠费严重。

5. 投资不足和人才缺乏

在过去的三十年里，尼日利亚电力行业的投资不规律，1981 年—1999 年长期投资不足和电力基础设施规划落后。1999 年，当时的 79 台发电机组中只有 19 台能够运行，平均日发电能力只有 1750 兆瓦。而 1989 年—1999 年这十年内，执政的军政府完全忽略了电力问题，没有兴建任何新的基础设施。在民选政府上台之前（1999 年以前），最新的电站建于 1990 年，最新的输电线路建于 1987 年。大量的历史欠账造成的问题到民选政府上台之后就全面显现出来了。此外，由于政府对电力多年的忽视，电力方面的人才比较缺乏。如中国进出口银行融资建设的 Omotosho 和 Papalanto 两座燃气电站，在建成后因为尼日利亚电力控股公司人才缺乏，不得不由中方承建单位帮助其运营和维护。等到现有在建电站建成后，这一问题将更加突出。

6. 新政府上台后执行力不足和围绕电力问题的政治斗争

由于电力行业的投资巨大，且长期存在的腐败问题，历来是各派政治势力斗争的焦点。今年以来，围绕电力问题的政治斗争此起彼伏。2009 年 2 月下旬，尼日利亚电力部长将电力监管委员会（NERC）的主席和 6 个委员停职，一个多星期后，又将电力控股公司（PHCN）的首席执行官停职。电力监管委员会的问题是，该委员会主席和六个委员因涉嫌欺诈而被经济金融犯罪委员会（EFCC）于 2 月 3 日逮捕，涉嫌在 2008 年从该机构盗用 15.4 亿奈拉资金。对此各方意见不一，部分人认为被起诉的委员滥用职权，通过授予虚假合同盗用单位资金，其他人则认为这是电力部长公报私仇，利用权力报复在电力监管委员会工作期间得罪过他的人。而电力控股公司首席执行官的停职，按照电力部的说法是其阻碍了电路部门实现 2009 年年底 6000 兆瓦的目标。但其本人有不同说法，表示是主动辞职，在给总统的信中指出辞职是因为其管理团队很难和现任政府的部分高级官员和电力部长合作，不希望看到目前电力行业出现的积极发展形势因为政治斗争而停止。

这两起事件在国内引起很大的争议，很多人对此表示担忧。2009 年 3 月，电力行业的投资者在尼日利亚独立电力生产者协会（IPPAN）的支持下，提醒尼日利亚联邦政府关注政治阴谋对其投资的可怕后果。从尼日利亚电力机关委员会获得牌照的 29 个独立电力生产者表示，其计划投资 100 亿美元建设 10000 兆瓦的发电能力，可能受到政府处理电力监管委员会事件的严重影响。

2009 年 4 月，尼日利亚政客再次在电力行业玩起政治游戏。针对尼日利亚联邦政府拟从石油溢价账户拿出 53.7 亿美元用于完成国家整体电力项目（NIPP）① 一事，尼日利亚收入动员、分配和财政委员会（RMAFC）质疑联邦政府使用石油溢价账户资金完成该项目的法律实体和程序上的合法性，并向联邦总会计师写信，要求其注意到石油溢价账户是联邦账户的一部分，资金的划拨必须遵守宪法要求。其也通知了所有联邦账户的受益方（包括国内 36 个州）注意在 53 亿美元中占有的比例，以使其意识到州和地方政府的贡献比率。这可能使得本已开始恢复的国家整体电力项目再次停止。

---

① 详细情况请参见《尼日利亚电力行业调研报告（一）》。

7. 资源利用不合理，对天然气依赖性较大

尼日利亚的能源资源是比较丰富的，而且种类多样。在水力资源利用方面，建设了若干大型水库和287个中小型水库，应该有较大的发展前景。但尼日利亚目前只有3个较大水力发电站，设计装机总量为1900兆瓦，而实际发电量不足一半。287个小型水库发电设计装机总量为734兆瓦，目前只开发了5%。尼日利亚煤炭资源基本上也没有开发，除了两个废弃的煤电站以外，至今没有一个在运行的煤电站。而天然气电站受南部尼日尔河三角洲局势的影响比较明显，过渡依赖天然气使得电力行业抗击突发性事故的能力较弱。从未来国家的能源安全考虑，尼日利亚应该使电力来源多样化。

参考文献资料

1. Central Bank of Nigeria: Annual Report & Financial Statement for the Year Ended 31th December 2008.
2. International Energy Agency: Key World Energy Statistics (2008).
3. O. I. Okoro, P. Govender, E. Chikuni: "Power Sector Reforms in Nigeria: Opportunities and Challenges".
4. Akin Iwayemi: "Nigeria's Dual Energy Problems: Policy Issues and Challenges", International Association for Energy Economics, Fourth Quarter 2008.
5. Adesiji Rabiu: "The Cost of Electricity in Nigeria", International Association for Energy Economics, First Quarter 2009.
6. Prasad V. S. N. Tallapragada: "Nigeria's Electricity Sector-Electricity and Gas Pricing Barriers", International Association for Energy Economics, First Quarter 2009.
7. The Official Website of Energy Commission of Nigeria: www. energy. gov. ng.
8. The Official Website of National Electricity Regulatory Commission: www. nercng. org.
9. Ochereome Nnanna: "Country Returns to Coal Power", Vanguard, 18 May 2009.
10. Hamisu Muhammad: "How Corruption, Power Tussle Put 6000mw Electricity Target at Risk", Daily Trust 8 March 2009.
11. I. E. 埃克波："尼日利亚的水电资源和开发计划"，载于《水利水电快报》第27卷第9期，2006年5月。

五、从油荒看尼日利亚石油下游产业的问题

(一) 尼日利亚再次遭遇油荒

尼日利亚拥有非常丰富的石油资源。截止到2009年1月的统计数据显示①，尼日利亚已

① 数据来源于《石油和天然气期刊》(*Oil and Gas Journal* (*OGJ*))。

探明石油储量为362亿桶，分列世界第11位、石油输出国组织（OPEC）①第7位和非洲第2位。尼日利亚长期以来一直是非洲的最大产油国②，其石油日产量最高曾达到260万桶，且石油质量非常好，出产石油65%为轻质低硫原油。由于勘探开发能力不足，尼日利亚石油工业发展主要依赖与跨国石油公司的合作，目前大约92%的石油生产和84%的工程及其相关服务由跨国石油巨头或外国公司承担。据统计，壳牌、埃克森美孚、雪佛龙德士古、道达尔、阿吉普和阿达克斯等在尼日利亚跨国石油巨头的石油日产量，占尼日利亚整个石油日产量的95%以上。

在一个拥有如此丰富石油储备的非洲最大产油国，从20世纪90年代以来却屡屡出现成品油供应紧张的局面。2009年4月中旬，尼日利亚最大城市——拉各斯的居民一觉醒来发现所有的加油站都排起长队抢购汽油。这一现象并非拉各斯所特有的，在全国，从最北部的索科托州（Sokoto）到中部的联邦首都区和纳萨拉瓦州（Nasarawa），甚至南部石油产区的三角洲州（Delta），都感受到了自2008年3月以来再一次的全国性成品油短缺之痛。在索科托州，很多加油站的汽油都已售罄，还有部分油可售的加油站也排起了数公里的长队。与2008年相比，此次油荒持续的时间更长，从4月中旬一直到5月中旬才有所缓解。

石油短缺使得尼日利亚许多地方的商业活动被迫停止。许多上班族站在公共汽车站束手无策。拥有汽车的家庭，即使运气较好，也得排三个小时以上的队才能够加到油。市场短缺首先导致油价上涨，能够售油的加油站，汽油价格已涨到120—150奈拉/升之间，大大高于以前的65奈拉/升，黑市价格更是达到了200奈拉/升以上，许多不法商人借机大发横财。其次，油价上涨使得交通费用增加了150%，许多上班族每天的交通成本上升到500奈拉。再次，油价上涨还带动了其他商品价格的上涨，使遭受金融危机打击的居民更加苦不堪言。据统计，尼日利亚居民每消费的1奈拉商品中有40考包（Kobo）③是交通成本，因此交通成本上升对物价影响很大。

（二）成品油短缺的原因

此次油荒的导火索是拉各斯油罐车司机罢工。2009年4月17日，拉各斯的油罐车司机由于不满拉各斯州交通管理局（LASTMA）扣押油罐车、逮捕司机并敲诈勒索的行为④，在油气工人国家联盟（NUPENG）下属的油罐车司机工会（PTD）的组织下进行罢工，要求拉各斯州政府立即返还被扣车辆并释放被捕司机。随后双方出现对峙局面。这一罢工在拉各斯市

---

① 尼日利亚于1971年加入石油输出国组织。

② 受尼日利亚南部石油主产区——尼日尔河三角洲地区动荡不安局势的影响，自2006年1月以来该国的石油日产量减少了四分之一。根据石油输出国组织（欧佩克）公布的数据，2008年6月，安哥拉原油日产量达到190.2万桶，超过尼日利亚的188万桶成为非洲第一大产油国。不过仅事隔一个月，尼日利亚就以192万桶的日产量超过了安哥拉，重新成为非洲第一大产油国。2009年以来尼日利亚石油产量又呈现出下降的趋势。

③ 考包（Kobo）是尼日利亚辅币名，1奈拉=100考包。

④ 据油罐车司机工会声称，拉各斯州交通管理局共扣押了50辆油罐车，并要求司机对每辆被扣车辆缴纳15万奈拉的赎金。

居民中产生恐慌，许多人纷纷到加油站抢购汽油和柴油，恐慌迅速蔓延至全国。为了解决这一问题，尼日利亚总统于4月18日召集财政部长、石油部长和国家石油公司（NNPC）总裁开会，商量解决问题的办法。随后约见了拉各斯州州长，与其协商如何和平解决拉各斯州政府与油罐车司机之间的问题。到4月21日罢工事件终于平息，但由此带来的成品油短缺现象并未到此结束，反而更加严重。

导致油荒持续的原因主要有以下两个方面：

一是再次发生输油管道①破坏活动。由于石油利益分配不均和社会治安的恶化，尼日利亚的输油管道近年来频频遭到偷油者和武装分子的破坏。如从河流州哈科特港市到伊莫州阿巴市（Aba）70公里的输油管道受管道破坏行为的影响，在输油中的损失达到30%—40%。为确保输油管道安全，政府规定管道两边各3.5米内划为安全区，并采取措施将油管深埋地下。但这并未阻止破坏活动的发生，据统计每年的管道破坏事件都有数百起。2009年4月23日，武装分子又袭击了尼日利亚国家石油公司（NNPC）② 下属管线和产品销售公司（PPMC）的主要管道体系（System 2B），即由Atlas Cove到Mosimi、Ejigbo、Ibadan、Ilorin和Ore等城市的管道，这使得尼日利亚国家石油公司的管道输送能力下降30%。

二是石油进口商暂停成品油进口。针对2003年以来国际市场原油市场价格不断上涨，政府为了稳定国内油价，从2005年开始对成品油销售商③的进口成品油进行补贴。由政府通过石油均衡基金（PEF）中的油价支持基金（PSF）对进口销售商的差价进行补贴。根据石油产品定价和监管署（PPPRA）最新的定价模式，目前尼日利亚市场汽油的零售价为65奈拉/升，而销售商预期的盈利价格为79奈拉/升，但油库的出库价格为55奈拉/升，因此政府通过油价支持基金对销售商给予24奈拉/升的补贴。在过去的三年多时间里，政府已通过油价支持基金向销售商提供了1.4万亿奈拉的补贴。但是，今年以来，由于财政紧张等因素，政府大量拖欠成品油销售商的补贴。石油进口商表示，政府共拖欠1860亿奈拉的补贴资金。石油销售商多次向政府要求支付补贴资金，总统亚拉杜瓦也曾在3月指示向进口商支付1260亿奈拉满足其要求，使其能够有资金经营，但一直都没有支付。由于金融危机和国内银行流动性紧缩，过去积极给石油销售商提供资金的银行纷纷停止向其贷款，销售商资金短缺。政府态度不明朗，不确定性加大，因此销售商停止成品油进口，市场中的成品油供应只能依靠国内炼油厂，但这远远满足不了需求，由此导致油荒的持续。

为什么油荒在尼日利亚这样一个产油大国多次出现呢？油荒背后的根本原因在于尼日利亚石油下游产业产能严重不足和管理体制落后，满足不了国内的需求。

---

① 目前尼日利亚全国有输油管道5001公里，将各炼油厂和部分港口、油井和储油库相连。其中4282公里为成品油输送管道，719公里为原油输送管道。最长的输油管道从三角洲州的埃斯卡拉沃斯（Escravos）一直延伸到卡杜纳。

② 尼日利亚国家石油公司（NNPC）是上、下游一体化的国家石油公司，成立于1977年，负责监督管理石油工业，以及上下游勘探开发和加工业务。1988年，尼日利亚政府将国家石油公司拆分成12个子公司。尼日利亚95%的油气项目都是通过合资企业融资，其中国家石油公司是主要股东。与壳牌合作的石油开发公司是该国最大的合资企业，平均日产原油110万桶，占全国原油产量的近一半。其他合作的外国公司还有埃克森美孚、雪佛龙、康菲、道达尔等。

③ 目前尼日利亚成品油零售商的供应占市场需求的40%以上。

（三）深层次问题——石油下游产业产能不足和管理体制落后

石油产品在尼日利亚能源消费结构中占有重要地位。2007年，石油产品占尼日利亚能源消费的67.3%。近年来由于国内炼油能力下降和进口减少，成品油消费量从2004年的730.81万吨下降到2007年的575.02万吨（见图26）。国内的炼油厂生产成品油298.1万吨，因而约有一半以上的成品油需要依靠进口，石油产品进口价值达到9974亿奈拉（约83亿美元）（见图27）。

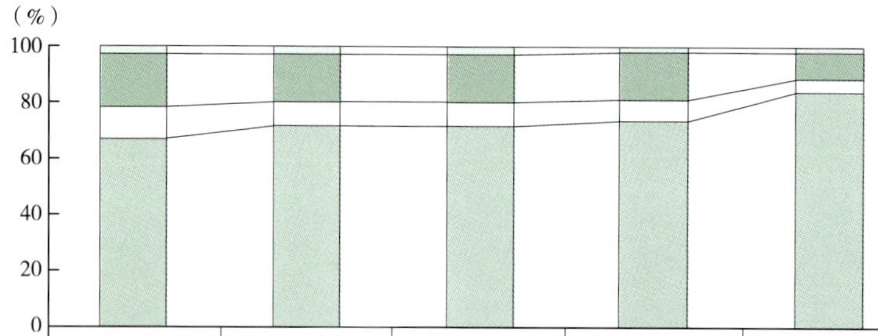

	2003年	2004年	2005年	2006年	2007年
□ LPFO（万吨）	21.31	23.62	23.62	13.58	7.76
■ AGO（万吨）	187.42	175.03	176.03	136.13	68.37
□ DPK（万吨）	112.37	90.77	90.77	67.4	32.15
■ PMS（万吨）	658.61	730.81	730.81	592.57	575.02

图26　2003年—2007年尼日利亚成品油消费情况

注：PMS为汽油，DPK为两用煤油，AGO为柴油，LPFO为低倾燃料油。
资料来源：尼日利亚中央银行年度经济报告。

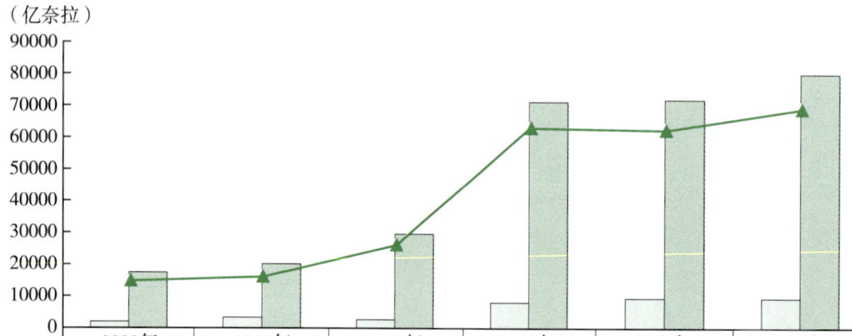

	2002年	2003年	2004年	2005年	2006年	2007年
进口	2667.38	3809.98	3039.53	7972.99	9324.96	9974.58
出口	17876.22	19953.99	29637.96	71405.79	71910.73	79562.91
盈余	15208.84	16144.01	26598.43	63432.8	62585.78	69588.33

图27　2002年—2007年尼日利亚石油进出口情况①

资料来源：尼日利亚中央银行年度经济报告。

① 2008年尼日利亚的石油出口（190万桶/天）中有44%（99万桶/天）出口到美国，25%出口到欧洲，7%出口到巴西，11%出口到印度，4%出口到南非。

尼日利亚国内石油加工业①完全由国家垄断，目前有三家国有炼油厂（见表41），分别是哈科特港炼油厂②、卡杜纳炼油厂和瓦里炼油厂，总设计日加工能力为44.5万桶，由尼日利亚国家石油公司（NNPC）拥有并经营。其中哈科特港炼油厂是撒哈拉以南非洲最大的炼油厂。

表41　尼日利亚三大炼油厂的基本情况

序号	名　称	所处地区	建立时间	承建商	主要产品	生产能力	备　注
1	卡杜纳炼油厂	北部	1980年	日本千代田化学工程建设公司	润滑油、石蜡和沥青	550万吨/年（11万桶/日）	1982年增建润滑油工厂
2	瓦里炼油厂	南部中心区	1978年	意大利Snamprogetti	高级汽油、普通汽油、丙烷、丁烷、液化石油气和柴油	620万吨/年（12.5万桶/日）	1986年增建炭黑厂和聚丙烯工厂
3	哈科特港炼油厂	东南区	1965年	—	普通汽油、燃料油	1050万吨/年（21万桶/日）	哈科特港第一和第二炼油厂于1993年合并
			1989年	法国和日本公司共同承建	液化石油气、车用优质汽油、炼油、粗柴油和燃料油		

但是尼日利亚炼油厂开工情况不理想。据尼日利亚国家石油公司官方报告称，2009年2月只有一座炼油厂在生产，而且未满负荷运行，因此目前的实际日原油加工能力仅有15万桶。之所以出现这一问题，主要有以下几方面的原因：

一是管理维护不善，设备严重老化。尼日利亚三家炼油厂大多建于20世纪80年代以前，到现在已经30多年，由于维护不善，设备故障频繁，开工率自90年代以来总体呈下滑趋势。哈科特港第一炼油厂由于设备老化和电力供应不足已于2000年停产。瓦里炼油厂和卡杜纳炼油厂也经常因热力系统和输油管道出现故障而停产，只有哈科特港第二炼油厂开工率相对较好。

二是政府垄断，管理官僚化。石油行业是尼日利亚的经济命脉，蕴含着巨大的经济利益，是腐败滋生的温床。尽管从2003年以来政府开始推行私有化，但是由于涉及众多的利益团体和复杂的政治较量，到现在都没有实现。在炼油厂，管理呈现出明显的官僚化。公司资金管理、技术授权和其他经营中的紧急情况处理都接受国内行政指令，而此种指令反应非常缓慢。据尼日利亚国家石油公司的一名高级官员透露，炼油厂的总经理对于超过500万奈拉（约为3.3万美元）的采购或修复资金都必须报批，而且批准程序所需时间很长。尼日利亚国家石油公司执行董事的权限是1500万奈拉（约为10万美元）。如超过这一数字，必须召开集团执

① 尼日利亚丰富的石油资源和比较发达的原油生产，为其炼油工业的发展提供了十分充足的物质基础，并使其成为非洲四大石油炼化中心之一（其他为南非、埃及和阿尔及利亚三国）。尼日利亚石油炼化业始于20世纪60年代中期，当时只能生产普通汽油和燃料油。70年代至80年代，尼日利亚石油炼化业进入了高峰期，开始生产润滑油、石蜡、沥青、高级汽油、柴油等。

② 哈科特港第一和第二炼油厂于1993年合并。

行委员会（GEC）①，召开执行委员会会议需事先准备很多的书面会议材料并提前分发给各委员，所需时间也很长。执行委员会的权限是2500万奈拉（约为17万美元），如超过这一金额必须由董事会表决。正如这名官员所说，以上权限规定是在奈拉兑美元的汇率为1:1时制定，但现在汇率已经是150:1，可见政府反应之慢。官僚主义式的管理导致企业不能灵活地应对市场变化，遇到问题也不能及时处理，生产效率低下。

三是价格体制不顺。长期以来，政府一直以每桶9美元的价格将原油出售给国有炼油厂，大大低于国际市场油价25—28美元左右的水平，国家每桶损失15—18美元。尽管2002年2月，政府将出售给国有炼油厂的原油价格从过去每桶9美元提高到18美元，但这一价格也大大低于市场价格。由于国际市场的成品油价格远高于尼日利亚的市场定价，国家每年耗费巨资对成品油进口进行补贴。巨额进口补贴使得国家财政负担十分沉重，而且不利于鼓励国内炼油业的发展。从客观效果看，这一补贴政策并未真正达到平抑国内市场油价的目的，反而产生了许多投机套利活动，仅少数几个州能够维持国家统一定价的水平，大多数州现行的黑市价格则远远高于国家统一定价。此外，石油制成品走私现象十分严重，因为尼日利亚周边邻国的油价几乎是尼日利亚的3倍。巨额利润的诱惑使油品走私非常猖獗，特别是一些在尼日利亚有势力的军政要员和商业巨贾，运用其影响大肆走私，牟取暴利。

（四）政府的鼓励措施和投资机会及风险分析

为减少石油产品进口，满足国内成品油需求，振兴国内石油下游产业，尼日利亚政府推出了一系列的措施。一是希望外国投资者购买尼日利亚国有炼油厂的股份，尽快完成私有化进程，恢复每天44.5万桶的炼油能力，从而结束产油国没油用的怪现象。二是放开石油下游经营政策，出台了若干鼓励私营炼化企业参与石油下游生产的措施，鼓励私人资本进入尼日利亚新建炼油厂，提高国内的炼油能力。三是实施石油上下游捆绑式发展战略。政府决定充分利用新一轮石油区块勘探开采权竞标的机会来推动炼油工业的升级换代，并确定竞标指导原则为：承诺投资尼日利亚下游能源领域（包括炼油、独立发电厂和石化项目）的应标企业最有可能夺标。但是由于一些既得利益者的巨大利益，特别是原油出口和成品油进口中的利益，政府开放石油部门的进程不会一帆风顺。

对于中国企业来说，尼日利亚开放石油下游领域是机会与风险并存。参与尼日利亚石油下游领域合作符合尼日利亚联邦政府的产业政策②，包括优先获得石油区块勘探权，这是保证我国从尼日利亚进口石油的重要渠道之一，有利于我国石油来源的多样化和构建稳定可靠的境外能源供应体系，有利于带动我石油勘探开采技术设备和石油冶炼设备的出口，还有利于提高我国企业在尼日利亚国内市场的份额。目前尼日利亚石油产品很多依赖于进口，国内

---

① 该委员会由总裁、集团执行董事和所有集团下属公司总经理组成。

② 尼日利亚政府吸引外资进入石油下游领域的优惠政策包括：投资新建炼油厂或石化企业或购买现有国有炼油厂的控制性股份的，可优先获得石油区块的勘探开采权；可设立全额独资的炼油厂；确保炼油运营获得稳定的原材料（原油）供应；进口自用生产性机械设备关税优惠；税收减免；根据尼日利亚1996年石油天然气出口自由贸易区8号法案的规定，经批准在尼日利亚石油天然气出口自贸区设立的企业免缴联邦、州和地方政府税收等。

石化产品和成品油市场均存在巨大的供需缺口，中国企业可利用成熟的技术和设备，为尼日利亚提供石化产品和维修服务，打开尼日利亚市场并扩大市场份额。

但是进入尼日利亚石油下游产业也存在着较大的风险。一是尼日利亚国内投资环境不佳，基础设施相当落后，尤其是电力供应情况不理想，大多数企业要靠自备发电机发电，增加了生产成本，此外交通运输条件也不好。因此在投资时需要慎重选址，在供电较为稳定和交通条件较为便利的地点建设场址。二是原油供应和成品油及石化产品销售环节存在风险。炼化生产能否保持稳定，原油供应必须有稳定可靠的来源，并不应受制于人，而尼日利亚油气管道破坏行为频发，同时，尼日利亚成品油市场定价机制仍然属于国家控制。三是安全问题。目前尼日利亚的国内治安不理想，尤其是尼日尔河三角洲地区，有大量的反政府武装从事破坏石油设施和绑架活动。四是工会等组织带来的风险。目前工会尤其是石油行业工会在尼日利亚社会中有很大的影响力①，而我企业与国外工会打交道的经验还比较欠缺，应注意加强这一方面的研究和了解。

参考文献资料

1. 尼日利亚《今日报》(This Day)，“Nigerians Groan Under Acute Fuel Scarcity”，2009年4月21日。
2. 尼日利亚《先锋报》(Vanguard)，“Why We Pray for Fuel Scarcity-Okada Riders, Fuel Vendors”，2009年5月4日。
3. 尼日利亚《先锋报》(Vanguard)，“Confusion Persists Over Deregulation, Fuel Scarcity Looms”，2009年5月5日。
4. 尼日利亚《先锋报》(Vanguard)，“Recurring Fuel Crisis-Taking the Nation's Future to the Past?”，2009年5月6日。
5. 尼日利亚《今日报》(This Day)，“FG Apologises Over Fuel Scarcity”，2009年5月8日。
6. 尼日利亚《今日报》(This Day)，“How Bureaucracy Cripples Refineries”，2009年5月8日。
7. Central Bank of Nigeria, Annual Report & Financial Statement for the Year Ended 31th December 2007.
8. Nigeria Nation Petroleum Corporation, Website：www. nnpcgroup. com.
9. Energy Information Administration of the United States, Website：www. eia. doe. gov.

六、尼日尔河三角洲问题的根源和影响

（一）概述

对尼日利亚来说，石油是宝贵的资源和经济发展的动力，还是诸多问题的根源？许多人

① 如2003年12月，尼日利亚联邦政府宣布自2004年1月1日起，每公升燃油征收1.5奈拉燃油消费税，用于道路维修。但此举遭到尼日利亚工会组织的强烈反对而被迫暂停。

的回答或许更倾向于后者，因为从新闻媒体的报道中看到或听到更多的是，作为非洲第一、世界第十大产油国的尼日利亚常常与动荡、贫富悬殊、腐败、绑架、有组织犯罪、暴力冲突、少数民族边缘化、环境污染等问题联系在一起。这些问题大部分又与尼日尔河三角洲问题有关。

对于尼日尔河三角洲的概念，有三种不同的理解。从地理意义上说，尼日尔河三角洲位于尼日利亚东南部，是尼日尔河①注入大西洋之前与诸多支流冲击而形成的三角洲；从历史上看，尼日尔河三角洲指1958年向少数民族委员会②表达担忧和关切的那些少数民族聚居的地区，这一概念在当时甚至不包括今天的河流州首府哈科特港和瓦里这两个重要城市；从政治意义上讲，尼日尔河三角洲指尼日利亚南部所有出产石油的地区，几乎已成为“石油产区”的代名词。这一意义上的尼日尔河三角洲包括阿比亚州、阿夸－伊博姆州、巴耶尔萨州、克罗斯河州、三角洲州、埃多州、伊莫州、翁多州及河流州等南部九个州（见表42）。本文所指的三角洲问题就是在第三种意义上使用。

表42　　尼日尔河三角洲地区9个州概况

州　名	陆地面积（平方公里）	人　口	首府城市
阿比亚州	4877	2833999	乌穆阿希亚（Umuahia）
阿夸－伊博姆州	6806	3920208	乌约（Uyo）
巴耶尔萨州	11007	1703358	耶纳戈阿（Yenagoa）
克里斯河州	21930	2888966	卡拉巴（Calabar）
三角洲州	17163	4098391	阿萨巴（Asaba）
埃多州	19698	3218332	贝宁城（Benin City）
伊莫州	5165	3934899	奥韦里（Owerri）
翁多州	15086	3441024	阿库雷（Akure）
河流州	10378	5185400	哈尔科特港（Port Hacourt）
总　计	112110	31224577	

资料来源：尼日尔河三角洲发展委员会（Niger Delta Development Commission，NDDC）。

尼日尔河三角洲地区陆地面积约11.2万平方公里，占全国陆地面积的12%左右；总人口为3122.5万人，占全国总人口的22.3%。该地区人口的主要特征是年轻人占绝大多数，超过62%的人口为30岁以下的年轻人，30—69岁的人口占总人口的36%，70岁及以上人口仅占2%。该地区民族众多，约有40个少数民族，主要包括伊贾人（Ijaws）、乌罗博人（Yorubas）、伊比比奥人（Ibibios）、奥贡尼人（Ogonis）、埃菲克人（Efiks）等，其中伊贾人人口最多。

尼日尔河三角洲是世界第三大湿地，生物物种丰富，拥有西非地区最大的热带雨林，盛

① 尼日尔河是西非最大的河流，发源于几内亚境内的富塔贾隆高原靠近塞拉利昂边境地区的丛山之中，干流流经几内亚、马里、尼日尔和尼日利亚等国，注入几内亚湾。支流扩展到科特迪瓦、布基纳法索、乍得、喀麦隆等国。尼日尔河全长4160公里，流域面积810万平方公里。

② 由于少数民族不断要求建立自己的州，1957年9月英国政府在伦敦召开的尼日利亚制宪会议上设立了一个少数民族委员会（也称“威灵克委员会”），在尼日利亚全境调查少数民族的要求和申诉。尼日尔河三角洲地区属于少数民族聚居的地区。

产各类经济木材。由于自然条件优越，在历史上该地区一直是尼日利亚的主要农产区和渔业区之一，盛产棕榈油、橡胶和可可等经济作物，大米、木薯和薯蓣等粮食作物以及菠萝、木瓜、香蕉等热带水果，也出产各类海产品。当地居民以农业或渔业为生。

该地区在20世纪50年代发现石油以后，迅速成为尼日利亚乃至世界主要的石油产区之一。目前，尼日利亚的石油和天然气几乎全部蕴藏在该地区的陆地下面和海底。该地区的石油天然气产量占全国总产量的95%以上，尼日利亚财政收入的80%左右来自该地区。但石油在带来财富的同时，对尼日尔河三角洲的生态环境和社会产生了很多的负面影响，主要表现在：农田被大量侵吞，农业生产受到威胁；石油废气燃烧，原油泄漏，对当地居民的生产和生活环境造成污染；环境污染导致大量男性农业人口移往城镇谋生，留守妇女儿童生活在贫困之中。而尼日利亚联邦政府长期忽视该地区的发展，政府官员贪污腐败、不作为，政策缺乏连续性，外国石油公司忽视当地环境。因此，当地的少数民族为了自身的利益，纷纷组建自己的军事组织，发动对石油设施的袭击，盗取石油，绑架石油公司员工，严重威胁该地区的石油生产、各级政府的财政收入以及国内的和平与统一，成为悬在尼日利亚头上的达摩克利斯之剑。

（二）三角洲问题的历史发展

1. 历史发展

尼日尔河三角洲问题可以追溯到英国殖民统治时期。殖民者将尼日利亚划分为北、西、东3个区，分别由尼日利亚国内三大主体民族——豪萨－富拉尼族（Hausa-Fulani）、约鲁巴族（Yoruba）、伊博族（Igbo）主宰。各区内都有各自的少数民族，依附于主要民族，当时矛盾并不是很明显。但随着石油的开采，尼日尔河三角洲对尼日利亚财政收入的贡献显著增加。政府通过修改国家收入的分配方案，逐步控制了尼日尔河三角洲地区的石油资源①。因此，20世纪六七十年代的尼日尔河三角洲问题，主要是当地的少数民族同尼日利亚联邦政府围绕要求修改收入分配方案展开的斗争。1978年，尼日利亚联邦政府发布《土地使用法令》，将尼日尔河三角洲发现的石油矿藏收归联邦政府。此后，双方的较量就围绕《土地使用法令》的适当性、相关的石油法令和收入分配方案展开。但权力和资源过度地集中在中央，当地的利益诉求根本得不到保障。尽管联邦政府为缓解同产油区民众的矛盾，出台了一些措施，但是在改善当地道路、医疗和教育等基础设施和创造就业方面成效不大。当地居民采取的对抗策略是抗议、游说国会、破坏石油生产设施等。军政府时代对于尼日尔河三角洲地区的任何对抗，采用的都是武力镇压的形式，导致三角洲地区民众对民主主义的失望和日益增长的愤

① 如在1953年，按照“出处原则”（Derivation Principle）的收入分配比例为100%，当时尼日利亚收入的主要来源为三大区的农产品出口，因此这一原则完全符合三大主体民族的利益。1960年尼日利亚独立时，这一比例为50%。石油经济逐步兴起后，该比例由1970年的30%、1977年的25%骤降至1981年的5%、1984年的1.5%和1992年—1999年的1%。也就是说，尼日利亚中央政府几乎完全控制了国家所有石油收入。

怒。同时，罪犯和腐败的政客利用此种不满情绪，为自身的利益目标而组建或支持组建武装组织，各种名目的武装组织在三角洲地区涌现出来。

尼日尔河三角洲地区的武装组织从社区义务警员到政治运行组织、犯罪黑帮，可谓五花八门。这些组织的目标和成员，往往互相交迭，通常与绑架、盗窃原油、攻击石油设施、敲诈、爆炸、谋杀以及操纵选举等联系在一起。武装组织主要由不满的失业年轻人组成，在20世纪90年代开始扩散。第一个反政府武装组织是奥贡尼人民生存运动（MOSOP），该组织在1990年发动了反对政府和壳牌公司污染环境并忽视该地区经济发展的非暴力的运动，使得壳牌公司于1993年停止了在奥贡尼地区的生产。但军政府对该组织采取武力镇压，于1995年将该组织负责人肯·萨罗-维瓦（Ken Saro-Wiwa）和其他八名成员绞死。此后的武装组织，如伊贾青年委员会和尼日尔河三角洲义务警员，都是在村庄或部落的基础上组成的，规模较小。其活动主要是向跨国石油公司敲诈或要求资金进行市政发展项目。

在2003年的选举中，政客们为达到操纵选举结果的目的，支持武装不同的组织。如河流州的州长为选举而支持阿萨里（Asari）出任伊贾青年委员会领导人，并对其进行武装。随后，双方发生分歧，阿萨里组织了伊贾人[①]武装组织——尼日尔三角洲人民志愿者（NDPVF）。州政府又武装了以阿特克（Ateke）为首的名为冰岛人的组织，并支持其与尼日尔三角洲人民志愿者组织进行对抗。在选举结束后，要让被武装起来的组织交回武器就很难，政府转而采取限制。这些人便转向犯罪，通过绑架获得赎金、盗窃石油转卖获益。在政府的打击之下，一些小的武装组织为避免被消灭的命运，纷纷联合起来，在尼日尔河三角洲地区形成了规模最大的反政府武装——尼日尔河三角洲解放运动组织（Movement for the Emancipation of the Niger Delta，MEND）。

2. 尼日尔河三角洲解放运动组织基本情况

尼日尔河三角洲解放运动组织（MEND）在2005年12月，以破坏壳牌公司在三角洲的石油管道而首次进入国际观察家的视线。随后，该组织进行了一系列高调的绑架、爆炸和破坏石油设施的行为，导致了大量的人员伤亡，引起国际社会广泛关注，成为三角洲反政府武装的代名词。

尽管MEND引起了世界关注，但是其内部情况仍然是个谜。其规模估计从几百人到数千人不等。与三角洲其他武装组织一样，MEND主要是由二十岁左右的伊贾族青年男子组成。国际危机集团（ICG）西非高级分析师纳姆迪·奥巴斯（Nnamdi K. Obasi）表示，与过去的其他武装组织相比，MEND看起来更加有经验，其领导人受过良好的教育，部分拥有大学学历，并在国外受过正规的军事训练。分析家都同意，MEND没有一个统一组织，结构比较松散。尼日利亚民主和发展中心研究员欧文将该组织比喻成特许经营，其他组织成员经过特许以后成为MEND的成员。

MEND成员蒙面并配以全身装备，显得比以前阿萨里组织的成员更加训练有素。根据媒

① 伊贾人是尼日利亚第四大民族。

体透露，大部分成员手持 AK47 步枪或冲锋枪，还装备了大量的重型机枪和肩扛火箭弹。据称还有大量的新式和重型武器正在进入该地区①。同时 MEND 也精于对媒体的操控，经常通过电子邮件等形式对外发出警告，确认或否认进攻。一个名为 Jomo Gbomo 的人声称是 MEND 的发言人，并经常通过网络向各大媒体提供消息。

与以前的武装组织不同的是，MEND 从成立之初就体现出了明显的政治目的，在成立时其向尼日利亚联邦政府提出了三个主要要求：将阿萨里从监狱释放；将石油收入的 50% 用于三角洲地区发展；联邦政府从三角洲地区撤军。从 MEND 的行动和主张来看，其目标是"资源控制"，要求分享其所在地区的石油收入，这在一定程度上反应了三角洲地区民众的呼声，因此比以前的武装组织获得更大的同情。

（三）问题的根源分析

1. 历史民族根源

尼日利亚有 200 多个民族②，相互之间的关系错综复杂。在历史上，民族问题对尼日利亚政局形成了很大的威胁。早在独立前，豪萨—富拉尼、约鲁巴、伊格博三大族体之间的矛盾和斗争就非常尖锐。独立后，民族矛盾和冲突始终是影响尼日利亚政局动荡的主要因素之一。三大主体民族把持着尼日利亚政治，少数民族担心遭受主体民族或其他少数民族的控制和压迫，纷纷要求建立属于自己的州或地方政府辖区。少数民族问题引发了尼日利亚政府的建州计划，它使得行政区划越来越复杂，并助长了更多少数民族要求建立本民族的州或地方政府③。

随着尼日利亚经济从农业生产为主转向以石油出口为主，石油资源便成为引发民族之间新矛盾的重要因素。少数民族纷纷要求得到石油财富中的合理份额，控制源自其聚居地的油气资源以及进行民族自决。由于尼日利亚联邦政府通过立法将石油收入的绝大部分收归联邦政府所有，因此，矛盾的核心就是三角洲少数民族为石油收入分配比例的斗争。另外，石油还引起尼日尔河三角洲少数民族之间的冲突升级。虽然绝大多数石油收入归联邦政府所有，但发现石油的地区还是会得到一定收入。对油田属地的争夺往往使得昔日的好邻居反目成仇。此外，同一民族内部围绕谁该享有石油收益、社区发展项目的选址、就业机会和赔偿金的分

---

① 据尼日利亚媒体 6 月 20 日报道，总统亚拉杜瓦 19 日指示军事情报局对一架乌克兰运输机贩运军火事件展开调查。据报道，这架乌克兰运输机据称是飞往赤道几内亚的，16 日晚临时降落在尼日利亚北部卡诺机场加油时被机场安检发现有关证书系伪造而被尼方扣留。尼方检查了运输机，发现机上载有 8 大箱武器和弹药，包括榴弹炮、步枪、机关枪、火箭发射器和迫击炮等。尼日利亚安全部门认为运输机上的军火与尼日利亚反政府武装分子在南部使用的武器类似，并认为这些武器最终的目的可能是尼日尔河三角洲地区。

② 关于尼日利亚民族的数量，说法不一，争论很大。尼日利亚学者法罗拉认为，尼日利亚有 200 多个民族（ethnic groups）。其他的估计数目则相差很大。

③ 旨在"减轻少数民族恐惧"的建州计划在 1967 年有了实质性进展，尼日利亚国家元首戈翁在当年宣布将全国的 4 个区（北、西、中西和东区）划分为 12 个州。此后，尼日利亚州的数量增长很快：1976 年为 19 个，1987 年为 21 个，1991 年为 30 个，1996 年增至 36 个。事实上，建州计划并没有促进尼日利亚各地区的平衡发展。与 30 年前相比，尼日利亚人也没有享有更多的和平、和谐和团结，少数民族问题没有被减弱到最少，分裂主义鼓动也没有被完全遏制。

配等问题也产生了激烈的冲突。这些问题有时候还与宗教因素交织在一起，更加错综复杂。

2. 社会经济根源

尼日尔河三角洲地区河流纵横，沼泽、森林星罗棋布，自然环境影响基础设施的发展。一直以来该地区基础设施薄弱（特别是缺电），企业得不到融资，社会治安形势严峻，吸引外资的环境较差，因此，除石油公司以外，大中型企业寥寥无几，失业率居高不下，贫困率高于全国平均水平。尼日尔河三角洲发展委员会（NDDC）数据显示，该地区就业形势严峻，失业率在20%左右，绝大部分学生毕业后找不到工作，只能自谋职业或等待该地区各类武装组织的招聘，以维持生计。该地区80%的就业人口从事小规模个体经济，包括农业以及零售和批发等，随时面临失业的威胁。由于贫困，该地区人口的预期寿命只有46.8岁；5岁以下儿童死亡率高达20%，为世界最高的地区之一；儿童营养不良率在58%—75%之间，其中严重营养不良的占10%—12%，中度营养不良的占18%—23%，轻度营养不良的占30%—40%。而部分人却因为石油财富一夜暴富，这使得社会心理严重失衡。社会冲突十分严重，每年因打架、斗殴而死亡的人数均在1000人以上，属于社会冲突高发区。长期的冲突导致该地区产生了暴力文化，暴力成为该地区民众日常生活的一部分。

3. 政治因素

尼日尔河三角洲问题涉及尼日利亚国内政治的多个方面：

第一，政府对该地区经济发展政治意愿不强，管理不到位，有些地方甚至处于无政府状态，严重影响三角洲地区的发展。为开发三角洲地区，应对该地区面临的挑战，政府于1960年—1966年设立了尼日尔三角洲发展理事会（NDDB），1992年—1999年设立了产油区委员会（OMPADEC），2000年设立了尼日尔三角洲发展委员会（NDDC），2008年设立了尼日尔河三角洲部。不可否认，政府对当地基础设施（道路、桥梁、医院、学校等）的建设取得一定成绩，但这些离该地区民众的要求相差甚远。当地居民要求分享更多的石油收益，以及因失地或水污染而获得赔偿。但这一诉求尚未得到根本解决。如根据《NDDC法案》，尼日利亚联邦政府2001年—2007年应向NDDC拨款3180.61亿奈拉（约合26.51亿美元），但实际拨款只有934.55亿奈拉，占法定拨款总额的29.4%①。此外，政府决策和资金分配不透明，土地所有权不明确，资源分配不均，也引起较多非议。

第二，政客为选举等政治目的而利用武装组织。在军政府统治结束的历次大选之中，尼日尔河三角洲地区政客为当选，普遍通过支持武装集团来拉选票，操纵选举结果。如2003年河流州州长为选举先后支持阿萨里和阿特克为首的武装组织，该武装组织首脑还与政府保持着千丝万缕的联系。阿特克的侄子就透露，在2005年阿特克的传统婚礼上，州长送了1500万奈

① 到亚拉杜瓦政府时代这一问题仍然没有解决，2008年政府向议会提交的预算案中对“安全和尼日尔三角洲”拨款达4446亿奈拉（约合37.05亿美元），占2008年预算总额的20%，但实际上用于尼日尔三角洲地区开发的资金只有699亿奈拉（其余资金用于购买武器和弹药）。该预算虽然比2007年的240亿奈拉大幅上升191%，但与《NDDC法案》规定的数额（900多亿奈拉）仍相差甚远。

拉。地方政客为了个人利益，往往煽风点火，挑起武装组织的争斗，通过调解争斗而获得政治资本。此外，地方政府的一些官员还通过营救人质事件来转移对其提起腐败调查的注意力。

第三，政府官员、军队与武装组织相互勾结，从中谋利。为应对人质绑架事件，三角洲地区许多州都设有一部分安全预算资金，用于支付赎金。如在河流州，有50亿奈拉的安全资金预算是不受任何审查的。州政府官员往往和武装组织共谋，利用人质绑架事件分取赎金。据河流州一个武装组织称，政府官员通常拿走一半赎金。军队的指挥官和部分政客还与武装组织共谋，通过分流油管并通过驳船送到海上的油轮的方式，每年赚取几千万甚至上亿美元。许多武装组织因此而被一些既得政治利益者保护。

第四，政府处理三角洲危机措施不当，加深了危机的严重程度。政府打击恐怖组织和犯罪的合理性虽不容置疑，但决策的随意性容易削弱政府威信。如2004年年初，阿萨里领导的尼日尔河三角洲人民志愿者向石油公司及州政府发难①，政府在处理此事件中，对阿萨里本人先逮捕，再赦免，最终处以叛国罪入狱。此举不仅让许多武装组织对政府解决问题的诚意产生怀疑，还引发更多武装组织的出现，其中之一就是MEND，它就是在阿萨里被捕后几个月出现的。

4. 国际因素

由于技术落后和资金缺乏，尼日利亚的石油开采长期以来一直处于西方跨国石油公司的控制之下。目前在尼日利亚比较活跃的西方公司有壳牌、埃克森美孚、雪佛龙德士古、道达尔、阿吉普等。这些公司的石油日产量占尼日利亚整个石油产量的95%以上②。而尼日利亚石油出口大部分也是到欧洲和美国③。这些西方公司为了省钱，对基础设施方面的投入逐年递减，且很少检查并维修所铺设的石油管道，管道经常破裂，导致石油溢出着火，对空气造成极大污染；为节约成本，对原油生产的副产品——伴生气简单地一烧了之。环境污染和西方公司忽视当地发展的行为在三角洲地区居民中引起极大反感，石油公司的设施往往成为首先攻击的对象，而石油公司在冲突发生时往往要求尼日利亚政府派军警平息事态，这常常会造成严重的人员伤亡和财产损失，使问题进一步恶化。此外，有分析人士推测，西方的一些石油炒家为炒作油价，暗中支持石油产区的武装分子发布威胁甚至发动袭击。

（四）对尼日利亚造成的影响

1. 经济影响

尼日尔河三角洲问题最直接的影响是，使尼日利亚石油开采行业受到重大打击，严重威

① 该组织声称与尼日利亚政府进行“全面战争”（all-out war）。

② 仅壳牌一家公司的日产量就占尼日利亚全国石油日产量的52%左右，日均生产石油在90万桶。其他西方公司原油日产量分别为：埃克森美孚公司57万桶，雪佛龙德士古公司36万桶，阿吉普公司21万桶，道达尔公司16万桶。

③ 如2007年，尼日利亚出口石油中，出口到的北美占51.8%，西欧占19.2%。仅美国一国就占全部石油出口的43%。

胁尼日利亚赖以生存的经济基础。随着西方公司最近一些年的投入，尼日利亚石油产能迅速增加。目前，尼日利亚石油产能约为320万桶/天，但受到尼日尔河三角洲问题的影响，现在实际产量不到一半，有超过100万桶的产量的油井被关闭。以油价60美元/桶计算，每天损失高达6000万美元。这还造成了政府的财政危机，2009年政府因石油收入减少而面临着严重的财政赤字①，并有可能耗尽石油溢价账户，因为政府正从此账户中拿出大量资金②注入联邦账户。

三角洲危机还对尼日利亚经济其他部门造成了较为严重的影响。比如电力行业③，尼日利亚国内电力装机中70%是燃气电站，电站所使用天然气都是来自于尼日尔河三角洲地区，每一次该地区发生破坏行动④，尼日利亚电力控股公司（PHCN）都不得不关闭部分电站，导致国家电力供应相当不稳定。三角洲地区的动荡使得除了石油公司以外的外国投资纷纷撤离该地区，经济发展的资金缺口更大，而且该地区的暴力还有向尼日利亚国内其他州蔓延的趋势，导致尼日利亚整体治安状况和社会环境的恶化。较差的投资环境使得外国投资者对尼日利亚望而却步，导致经济发展的外部资金渠道不畅。

2. 政治影响

尼日尔河三角洲问题导致了地方民族主义思想盛行，三角洲地区居民对联邦政府措施不力屡屡失望，开始通过暴力寻求包括民族自决在内的其他解决途径。近年来，该地区的民族青年组织更具暴力倾向，更加极端，不断要求实行民族自决。这些组织的一个共同特征就是它们对尼日利亚国家的认同感很少，或根本就没有，有一些组织甚至直接要求脱离尼日利亚联邦。这加大了尼日利亚国家分裂的危险，并且容易导致民族仇恨。在联邦政府内部，三角洲问题往往成为各个派系之间相互斗争的工具，各派政客利用危机为自己捞取政治资本或谋利，有可能引发政治危机或政治暴力行为，影响国家稳定。

总之，尼日尔河三角洲问题的形成有着十分复杂的历史背景和现实原因，三角洲武装组织同当地社区、地方和州政府有着盘根错节的关系，因此解决的难度是相当大的，也需要一个漫长的过程。尼日利亚新总统亚拉杜瓦2007年上台后，将解决尼日尔河三角洲地区安全问题作为施政重点，也采取了一些措施⑤，但从实际效果来讲不明显。今年以来，政府开始推行强硬措施，5月份政府军和武装分子之间爆发了激烈战斗，造成重大人员伤亡和财产损失。军事行动短期而言，可能迫使反政府武装有所收敛，但有可能会激发更多针对政府的报复行为。

---

① 参见我代表处所报《金融危机对尼日利亚的影响概述》。

② 联邦账户每月在三级政府之间分配一次，在今年的前几个月中，四月份政府从石油溢价账户中拿出了900亿奈拉注入联邦账户，3月份拿出850亿奈拉。

③ 参见我代表处所报《尼日利亚电力的6000兆瓦之痛》。

④ 如4月1日，尼日利亚三角洲地区的Otorogu天然气站受到破坏，因此导致位于Olorunsogo、Omotosho和Delta的三座电站关闭，尼日利亚发电能力损失700兆瓦。

⑤ 2007年6月，尼日利亚联邦政府提议召开尼日尔河三角洲地区及部落首领会议，但因遭到地区及部落首领的反对和质疑而流产；2008年5月，亚拉杜瓦在政府机构改革中增设尼日尔河三角洲部，专门负责该地区的社会经济发展事务；2009年4月，亚拉杜瓦首次主动提出有条件赦免武装分子，只要他们放下手中的武器。

从长远来看，尼日利亚政府要真正解决尼日尔河三角洲问题面临两方面的挑战：一是联邦政府是否有能力兑现对该地区社会经济发展所做的各项承诺，包括恢复并扩大对当地大型基建项目的投资；二是坚决惩治贪污腐败，赦免反政府武装组织领导人并修正《石油法案》和《土地使用法案》等。亚拉杜瓦政府措施的效果有待观察。

参考文献资料

1. International Crisis Group："Fueling the Niger Delta Crisis"，African Report No. 118，28 September 2006.

2. 李文刚："浅析尼日利亚少数问题"，载《西亚非洲》，2007 年第 7 期，第 22—28 页。

3. James Briggs："Guide to the Armed Groups Operating in the Niger Delta"，Terrorism Monitor Volume5，7 April 30，2007.

4. L. A. Afinotan and V. Ojakorotu："The Niger Delta crisis：Issues，challenges and prospects"，African Journal of Political Science and International Relations Vol. 3（5），pp. 191—198，May 2009.

5. 尼日尔河三角洲发展委员会（NDDC）网站，网址：http：//nddc. gov. ng/。

6. 美国外交关系协会（CFR）网站，网址：http：//www. cfr. org/publication/12920/。

7. Central Bank of Nigeria：Annual Report & Financial Statement for the Year Ended 31th December 2008.

8. Daily Trust："Niger Delta Crisis-N17 Billion Lost Daily"，21 May 2009.

9. 尼日利亚《今日报》（This Day），"Niger Delta Crisis-Country Losing N8. 7 Billion Daily"，21 May 2009.

第七章 埃 及

一、埃及国民经济运行情况

自1991年推行慎重、循序渐进的经济改革以来，埃及经济运行取得了重要成果。近年来，埃及发展情况良好，GDP保持高增长，在抑制通货膨胀、增加就业机会、吸引外国投资等方面都取得了重大进步。稳定的政治局势是埃及经济取得良好成效的一大要素。但与此同时，埃及整体经济实力还不够强，经济上仍面临诸多挑战。

（一）经济运行的整体情况

1. 国内生产总值

由表1可以看出，2003年—2008年，埃及GDP逐年增长，2007/08财年GDP达4890亿埃及镑（约折合917亿美元），增长率达7.2%，为15年来最高增速。这主要得益于埃及国内需求的不断扩大和非石油产品出口的增加以及税收体制改革的成功，上述因素同时还为埃及创造了积极良好的投资环境。

表1　2003/04财年—2007/08财年埃及GDP及其增长率①

年　度	2003/04	2004/05	2005/06	2006/07	2007/08
GDP②（亿埃及镑）	3808	4004	4261	4562	4890
GDP增长率（%）	4.1	5.1	6.4	7.1	7.2

私营企业的不断发展壮大，越来越多的外国直接投资涌入埃及，对埃及的经济增长起到进一步的刺激作用。随着经济的增长，2007/08财年，埃及人均名义GDP也增至10971埃及镑（约折合2057美元）。

① 埃及财政年度为每年的7月1日至下一年的6月30日。如无特殊说明，本文数据均来自埃及中央银行。
② GDP为实际值，以2002/03财年价格水平为基准。

2. 产业结构分析

据统计，2006/07 财年，生产型行业和服务型行业对 GDP 增长的贡献率分别为 44% 和 56%。

（1）农业

农业是埃及国民经济的重要产业，目前全国可耕地面积为 5230 万亩，约占国土总面积的 3.57%。农业从业人员占全国劳动力总数的 28%，农业生产主要以私营农场为主。近年来，埃及农业生产呈现稳步增长态势，但随着埃及经济的发展，农业产值占国内生产总值比重有所下降，2007/08 财年占 13.6%，而 2006/07 财年为 15%（见表 2）。埃及的主要农作物有棉花、小麦、水稻、玉米、甘蔗、水果、蔬菜等。从总体来看，埃及的粮食自给率较低，需要依靠进口来满足本国粮食需求，而就个别农产品，如大米等，埃及自给有余，因此埃及成为主要的大米出口国。但随着埃及人口的增长，埃及政府于 2008 年 4 月，做出禁止大米出口决定以保证国内市场的需求。埃及的其他主要出口农产品有棉花和土豆。由于埃及是中东北非地区人口最多的国家，总人口达到 8100 万，农业成为保障埃及粮食安全的基础产业，因此政府高度重视农业规划和水利发展，鼓励青年务农。

表 2　　2003/04 财年—2007/08 财年埃及农业产值及其在 GDP 中的比重

年　度	2003/04	2004/05	2005/06	2006/07	2007/08
农业产值（亿埃及镑）	632	646	662	686	663
占 GDP 的比重（%）	16.6	16.1	15.5	15.0	13.6

（2）工业

埃及是非洲工业较发达国家之一，工业体系初具规模，但其工业基础薄弱，行业发展也不平衡，突出表现为工业企业设备老化，生产工艺落后和员工素质亟待提高，此外，工业生产成本高，产品质量难以保证，产品竞争力较低，机电产品自给率低，机械制造业主要以装配为主等矛盾也凸现。20 世纪 90 年代初，政府开始对国有企业进行改制，努力减免国企债务，给企业更多的自主权，同时使国有企业逐步实行私有化。目前私营企业数量已占到埃及工业企业总数的 80%，私营经济在埃及的国民经济中正发挥着越来越大的作用。

埃及的工业以纺织业和食品加工业为主。近年来，石油、钢铁、电力、化肥、水泥、机电、制药、制革和陶瓷等行业均有不同程度的发展。其中，汽车制造和装配业发展较快，石油和天然气工业特别是石化工业发展尤为迅速。从表 3 不难看出，2003 年—2008 年埃及工业产值保持着平稳的发展，在 GDP 中的比重也较稳定。2007/08 财年，埃及工业占国内生产总值的 36.7%。

表 3　　2003/04 财年—2007/08 财年埃及工业产值及其在 GDP 中的比重

年　度	2003/04	2004/05	2005/06	2006/07	2007/08
工业产值（亿埃及镑）	1288	1337	1476	1586	1794
占 GDP 的比重（%）	33.8	33.4	34.6	34.8	36.7

（3）服务业

埃及服务业以旅游和苏伊士运河航运为主。埃及旅游资源丰富，素有世界最大露天博物馆的美誉，金字塔、帝王谷、卡拉纳克神庙都是世界著名古迹，地中海和红海海滨每年吸引大量游客前来观光游览和度假。2007/08财年，埃及旅游人次达1.27亿，旅游收入达108亿美元，旅游业已成为埃及外汇收入的第一大来源。

苏伊士运河（Suez Canal）收入也是埃及GDP的重要组成部分。苏伊士运河连通地中海和红海，使大西洋、地中海与印度洋连结起来，为世界重要的人工水道。2007/08财年，苏伊士运河为埃及创造了52亿美元的产值。

埃及的银行和金融系统比较完善。目前在埃及经营的银行共有81家，其中有4家国有商业银行，24家私营或合资商业银行，21家外国银行分行，11家私营或合资投资银行，21家专业银行。埃及银行业自70年代中期开始进行了一系列改革，目前已基本实现对外开放。外资可享有独资经营银行的许可。埃及镑在资本项目和经常项目下可自由兑换。各银行的业务范围、服务收费、存贷款利率完全自定，中央银行不再干预。

埃及的证券市场（EGX）起步于20世纪初，目前已得到长足的发展，在开罗和亚历山大有两大股票交易市场。2005年11月埃及证券市场成为世界证券市场联盟的成员，它还是第一个加入该联盟的阿拉伯证券市场。埃及在阿拉伯证券市场中排名第一。但由于受到金融危机影响，EGX股票交易量平平，许多上市公司纷纷被摘牌。截至2008年6月，其上市公司数为377家，同比减少167家。

3. 经济结构分析

（1）消费

由表4可以看出，2007/08财年，埃及消费额达到7510亿埃及镑（折合1408亿美元），占GDP的84%①，消费额比上年同期增长20.4%。这主要是由于政府降低了个人所得税和关税税率，一定程度上刺激了本国消费。从消费结构来看，有87%的消费来自于私营部门，占GDP的72.9%。

表4　　2006/07财年—2007/08财年埃及经济结构表　　单位：亿埃及镑

年　度	2006/07	2007/08	增长率(%)	年　度	2006/07	2007/08	增长率(%)
名义GDP	7448	8965	20.4	出口额	2253	2939	30.5
国内总支出	7789	9505	22.0	进口额	2594	3479	34.1
总消费	6236	7510	20.4	总储蓄	1212	1455	20.0
投资	1553	1995	28.5				

（2）投资和储蓄

受国内市场需求增长的影响，2007/08财年，埃及投资总额达1995亿埃及镑（折合

① 2007/08财年，埃及当年名义GDP为8965亿埃及镑（折合1681亿美元）。

374.1 亿美元），同比增长 28.5%，占 GDP 的 22.3%。这些投资中有 67.2%（即 1341 亿埃及镑，折合 251 亿美元）来自于私营部门。埃及的主要投资领域为制造业、交通运输、通信和仓储业。从储蓄方面来看，2007/08 财年，埃及国内储蓄总额达 1455 亿埃及镑（折合 273 亿美元），同比增长 20%，占 GDP 的 16%。投资和储蓄的增加共同促进了埃及 GDP 增长。

（3）进出口

埃及商品主要依靠进口，尤其是许多技术含量高的商品不得不依靠进口，出口商品相对较少，埃及对外贸易连年逆差。2007/08 财年埃及外贸进出口总额 1203 亿美元，其中出口额 551 亿美元，进口额 652 亿美元，分别比上年同期增长 30.5% 和 34.1%，贸易逆差 101 亿美元。埃及与 120 多个国家和地区保持贸易关系，主要贸易伙伴是美国、法国、德国、意大利、英国、日本等国家。埃及主要出口产品有石油产品、棉花、棉纱、磷酸盐、皮革制品、水果、香料等；主要进口商品有机械设备、谷物、电器设备、矿物燃料、塑料及其制品、钢铁及其制品、木及木制品、车辆、动物饲料等。

为扩大对外出口，减少贸易逆差，埃及政府专门成立了由总理领导的出口事务最高委员会，设立出口保险公司、出口发展银行及技术委员会并制定一系列指导措施，主要包括：① 发展民族工业，争取生产更多的进口替代商品；② 限制进口，特别是消费性制成品的进口；③ 争取扩大出口，特别是原油、原棉以外的非传统性商品的出口；④ 适当扩大对等贸易，以解决对外贸易中的入超问题。

据统计，2008 年中国埃及双边贸易额达到 62.4 亿美元，同比增长 35.7%，其中中国对埃及出口 58.1 亿美元，中国自埃及进口 4.3 亿美元，同比分别增长 31.1% 和 78.6%。

4. 货币指标分析

埃及货币政策委员会是该国货币政策的制定者，而中央银行则为货币政策的执行机构。埃及通用货币为埃及镑（Egypt Pound），简称埃镑，1 个埃镑又可分为 100 皮阿斯特（Piaster）。近年来，埃及的货币政策旨在加强宏观经济的稳定性，通过货币发行量和利率的调整来控制通货膨胀，并刺激本国经济快速发展。

（1）货币供给量

2003 年—2008 年，受到埃及经济增长的影响，埃及的货币供应量逐年增加。截至 2008 年 6 月 30 日，埃及广义货币供应量（M2）达 7667 亿埃及镑（见表 5），较上一财年增长了 15.7%。狭义货币供应量（M1）为 1706 亿埃及镑，较上一财年增长 29.9%。这进一步增加了埃及该财年的通货膨胀压力。

表 5　2003/04 财年—2007/08 财年埃及货币供应量　单位：亿埃及镑

年　度	2003/04	2004/05	2005/06	2006/07	2007/08
狭义货币供应量(M1)	776	897	1093	1313	1706
准货币	3573	4042	4511	5314	5961
广义货币供应量(M2)	4349	4939	5604	6627	7667

（2）利率

埃及中央银行根据市场利率的变化，及时调整基准利率。近几年来，中央银行一方面在经济发展过缓时通过降低利率来刺激经济增长，另一方面又在通货膨胀压力加大时通过提高利率来抑制本国通货膨胀率。2007/08 财年中，埃及政府将隔夜存款利率由上年的 8.75% 上调到 10.5% 左右，而隔夜贷款利率则由上一财年的 10.75% 上调到 12.5%（见表6）。存贷款利率也同时上调，主要是为了缓解埃及国内日益增加的通货膨胀压力，但是收效甚微，到 2008 年 6 月底，埃及通货膨胀率已经达到 20.2%。

表 6　　2003/04 财年—2007/08 财年埃及存、贷款利率表

年　度	2003/04	2004/05	2005/06	2006/07	2007/08
存款利率	7.7%	7.7%	9.5%	8.75%	10.5%
贷款利率	13.3%	13.4%	12.5%	10.75%	12.5%

（3）汇率

埃及在阿拉伯国家中的金融开放程度较高，实行货币自由兑换和外汇自由汇出，埃及镑在资本项目和经常项目下可自由兑换，但埃及政府对汇率采取有管理的浮动汇率制，即按照埃及本国经济利益的需要，不时地干预外汇市场，以使埃及镑汇率朝有利于本国的方向发展。2003 年—2008 年，美元对埃及镑的汇率一路下跌。近 5 年来，受到美元的全球性贬值、埃及国外直接投资额的提升以及货币供应量中准货币的大幅增加等三方面因素的共同影响，埃及镑兑美元保持升值趋势，到 2008 年 6 月底，1 美元兑换 5.33 埃及镑（见表7）。受到本币升值的影响，埃及的进口增长幅度高于出口增长幅度。

表 7　　2003/04 财年—2007/08 财年美元兑埃及镑汇率表

年　度	2003/04	2004/05	2005/06	2006/07	2007/08
1 美元折合埃及镑	6.20	5.78	5.76	5.70	5.33

（4）通货膨胀率

近年来，埃及政府一直通过货币政策和经济体制的改革，来抑制高通货膨胀率，2004/05 财年，通货膨胀率由 2003/04 财年的 11.1% 降到 4.7%。但受到埃及经济高速发展、美元贬值、埃及镑的银行利率降低、埃及镑购买力不断加强等因素的影响，从 2005 年开始，埃及的通货膨胀率不断提高，到 2007/08 财年，埃及的平均通货膨胀率由上一财年的 8.5% 飙升到 20.2%（见表8）。这主要是由于该财年埃及受到供给冲击的影响，这些冲击主要包括：国际粮食价格上涨，间接导致其他肉类食品的价格上升，能源、石油价格的上扬，并带动经济生产大部分行业的成本上升。根据 2007/08 埃及 CPI 指数来看，主要商品的通货膨胀率分别为食品类 27.1%，烟酒类 12.1%，能源 7.6%，交通运输 20.1%，服装 4.1%，文化娱乐 21.7%，教育 37.7%，旅游 47.1%。此外，2007 年—2008 年，埃及政府货币供应量的大幅增长也是通货膨胀率上升的一大重要因素。

表 8 2003/04 财年—2007/08 财年埃及通货膨胀率表

年 度	2003/04	2004/05	2005/06	2006/07	2007/08
通货膨胀率(%)	11.1	4.7	7.2	8.5	20.2

5. 财政状况

(1) 财政收支情况

① 财政收入。由于埃及政府实施的一系列经济改革措施，刺激了埃及的经济增长，同时增加了政府财政收入。2003 年—2008 年，埃及政府收入逐年增加，2007/08 财年，埃及财政收入 2214 亿埃及镑，同比增长 22.9%，财政收入占当年名义 GDP 的 24.7%（见表 9）。

近几年来，埃及的税收收入占财政收入的比重逐年上升，这主要是受益于埃及的税制改革。埃及政府通过修改相关法律法规，降低了税率，简化了征收程序，扩大了税基，有效加强了税收征管质量，促进了税收收入的较快增长。2007/08 财年，埃及税收收入达 1373 亿埃及镑，占当年财政收入的 62%，同比增长 20.1%（见表 9）。

表 9 2003/04 财年—2007/08 财年埃及财政收支表 单位：亿埃及镑

年 度	2003/04	2004/05	2005/06	2006/07	2007/08
财政收入	1292	1382	1746	1802	2214
税收	648	731	980	1143	1373
赠予	34	30	16	39	15
其他收入	610	621	750	620	827
财政支出	1403	1698	2279	2349	2823
财政赤字	-111	-316	-533	-547	-609
财政收入占 GDP 比重(%)	27.9	24.9	28.2	24.7	24.7
税收占财政收入比重(%)	50.2%	52.9%	56.1%	63.4%	62.0%
财政赤字占 GDP 比重(%)	2.4	5.7	8.6	7.5	6.8

注：“-”号表示赤字。

2007/08 财年，埃及接受外国赠款 15 亿埃及镑，比上年同期大幅减少，这主要是由于美国对其援助的减少。美国是埃及主要的援助国，其他向埃及提供援助的国家和国际组织有德国、法国、日本、英国、意大利等国以及世界银行、国际货币基金组织和阿布扎比发展基金等。

② 财政支出。2007/08 财年，埃及财政支出 2823 亿埃及镑，同比增长 20.2%。财政支出的大幅提高主要是由于国际、国内市场上商品价格上升。埃及财政支出的重点领域包括工资、购买商品和服务、基本生活补贴（大饼、面包、汽油、电等补贴）、社会保障、教育等。财政支出的扩大一定程度上刺激了埃及国内需求增长，但另一方面也增加了本国的财政赤字。

③ 财政赤字。近年来，埃及政府致力于实施本国的经济改革计划，其中包括实行适度的赤字财政政策，以刺激经济的增长。因此，2003 年—2008 年，埃及财政一直保持赤字，赤字额逐年攀升。2007/08 财年，埃及财政赤字额达 609 亿埃镑，同比增长 11.3%，财政赤字在 GDP 中的比重偏高，达到 6.8%。造成财政赤字偏高的主要原因是政府提供了较多补贴，占

财政总支出的33%左右。

（2）外债

2003年—2007年，埃及新增外债较少，外债水平稳定保持在295亿美元左右，其中有90%以上是还款期到2026年的中长期外债。这些外债主要来自国际双边和多边组织或机构的低息贷款。2007年—2008年，埃及新增外债40亿美元，这主要是由于非美元外债货币兑美元的持续升值，导致外债账面余额增加27亿美元，此外该财年从金融机构提款13亿美元。而就外债偿还情况来看，2007/08财年，埃及外债偿还额为29亿美元，比上年同期降低5510万美元；偿债率达5.3%，比上一财年降低了0.1个百分点，偿债率水平保持正常。近几年埃及外债情况见表10。

表10　　2003/04财年—2007/08财年埃及外债情况表　　单位：亿美元

年　度	2003/04	2004/05	2005/06	2006/07	2007/08
外债总额	299	289	296	299	339
双　边	208	200	195	192	206
多　边	51	51	52	68	74
出口信用	13	8	10	8	8
其他外债	27	30	39	31	51

（3）外汇储备

旅游、侨汇、运河和石油是埃及主要外汇收入来源，近年来，埃及通过一系列措施，努力增加这四项的收入，主要包括：增加旅游投资，加大劳务输出，进行运河改造和提高石油出口等。2003年—2008年，埃及外汇储备逐年增加，截至2008年6月底，埃及外汇储备净额为346亿美元，可满足7.9个月以上的商品进口（见表11）。2007/08财年，旅游、侨汇、运河和石油分别创汇108亿美元、85亿美元、52亿美元和101亿美元。

表11　　2003/04财年—2007/08财年埃及外汇储备情况表　　单位：亿美元

年　度	2003/04	2004/05	2005/06	2006/07	2007/08
外汇储备	148	193	229	286	346

6. 外国直接投资

埃及自穆巴拉克上台后，实行"和平、稳定、发展"的内、外政策，通过各方面的改革，为国外投资和本国经济发展提供了良好的内外环境。埃及为吸引外国投资，先后出台了4部"外国投资法"，并引入"反托拉斯法"以改善本国的营商环境。

埃及是非洲大陆外国直接投资（FDI）增长速度最快的国家，从2003年到2008年短短的5年内，FDI增长超过6倍，原因是其自由化和私有化吸引了工业领域的各类投资者。FDI主要投资领域有石油、金融、信息通讯和制造业。2007/08财年，埃及FDI达132亿美元，居非洲之首（见表12）。其中41亿美元投向石油行业，22亿美元投资金融业，其余主要投资于信息通信和制造业。FDI的增长拓展了埃及的贸易机会，创造了更多的就业岗位，并促进国内企业的扩张和技术升级，对埃及近期的经济发展提供了增长的核心引擎。

表12　2003/04财年—2007/08财年埃及FDI情况表　单位：亿美元

年　度	2003/04	2004/05	2005/06	2006/07	2007/08
外国直接投资(FDI)	21	39	61	111	132

目前，累计在埃及投资较多的国家依次为：英国、沙特、阿联酋、科威特、荷兰、法国、美国、西班牙、利比亚和巴拿马。

（二）资源情况介绍

埃及的矿产资源比较丰富，燃料矿产以石油最为重要，其次还有煤和天然气。金属矿产主要有铁、锰、稀有金属，其次还有金、铝土矿、锌、铅、铜等。非金属矿产以磷酸盐岩最为丰富，其次还有高岭土、石膏、钾盐、重晶石、滑石、石棉、蛭石、萤石、建筑石料及盐类矿产。此外，埃及还有丰富的水资源。

1. 主要矿产资源情况

埃及主要矿产资源有石油、天然气、煤、磷酸盐、铁、白砂、黑砂、石膏、钛、铌、钽、金、铜等。

（1）石油

1884年英国人在苏伊士湾打出埃及的第一口油井，1908年该口油井开始出油，至今已有百年历史。埃及石油生产主要来自4个地区：苏伊士湾地区（占埃及石油产量的70%以上）、西部沙漠、东部沙漠和西奈半岛。近年来，埃及加大石油天然气勘探力度，在上埃及地区、北部地中海海域和西部沙漠地区均发现了新的油气田，截至2008年6月底，已探明原油储量42亿桶。

（2）天然气

埃及是世界第6大天然气出口国，天然气是埃及能源战略的基石，发展天然气产业和增加天然气储量是埃及政府的战略目标之一，近10年来埃及天然气产业发展很快，埃及80%的电站为天然气电站。目前，埃及天然气探明储量达2.06万亿立方米。

（3）煤

在埃及北部以及西奈半岛中西部地区有大量的煤田，其中以迈加拉煤田为最。迈加拉煤田位于西奈半岛北部，估计褐煤储量为5200万吨（其中2700万吨为工业可采储量），该煤田的特点是灰分低（5%—11%）、挥发分高（50%），含硫亦高（2%—6%）。西奈南部的瓦迪托拉及瓦迪布达煤田的地质储量估计为6000万吨，其特点是灰分约占40%—50%，挥发分

7%—27%，含硫0.1%—1%。穆萨煤田的推测储量为4000万吨。

（4）磷酸盐

埃及磷酸盐储量丰富，储量约为70亿吨，主要产于3个地区：西部沙漠区、尼罗河谷地及红海沿岸。

（5）石膏

埃及的石膏资源丰富，主要产地为埃尔哈曼（El Hamman）、法尤姆、伊斯梅利亚、瓦迪里纳（Wadi Rina）、曼宰莱湖、开罗及亚历山大西部等，总储量估计达1亿吨。

（6）白砂

埃及白砂纯度比较高，可用于生产平板玻璃、玻璃容器、彩色玻璃和石油、天然气勘探等。东部沙漠的阿斯旺地区、瓦迪吉那地区和瓦迪达克尔地区白砂硅土含量都在99%以上，储量约800万吨。西奈半岛估计有几亿吨的白砂可供开采，主要集中在北部、南部和谷纳高地，其中谷纳高地储量最为丰富，岩层最厚处超过160米，伴生品高岭土的含量达到8%，非常具有经济价值。

（7）黑砂

埃及黑砂富含丰富的矿物质，比如钛铁矿、赤铁矿、磁铁矿、锆石、石榴石、独居石以及硅酸盐等，其中钛铁矿的含量最大，占到75%。埃及黑砂主要分布在西奈半岛北岸，从Damietta一直延伸到Rafah，已经探明开采的主要在El Arish和Rommana两个地区，分布面积大约为36平方公里，地下1米储量为8800万吨，含各种经济矿物质110万吨；地下10米储量为7.6亿吨，含各种经济矿物质300万吨，其中钛铁矿240万吨。

（8）钛铁矿

埃及钛铁矿估计储量为1800万吨，其中1000万吨已经完全确实，主要采用露天方式开采。

（9）铌钽矿

铌和钽都伴生在花岗岩中，主要分布情况为：东部沙漠的Abu Dabab地区，含铌约0.011%，含钽为0.027%，储量4800万吨；El Nuweiba地区，含铌约0.009%，含钽为0.0156%，储量8300万吨；Umm Naggat地区，含铌约0.0182%，含钽为0.151%，储量2500万吨。

（10）铜和镍

铜和镍都伴生在闪岩矿中，主要集中在阿斯旺附近的Abu Swayl和Gabbro Akarem地区。前者储量大约为8.5万吨，铜含量为2.8%，镍含量为1.53%；后者储量为70万吨，镍和铜的混合含量为0.95%。

（11）金

埃及沙漠地区分布着大量金矿，Garayat地区的金脉厚度在4.5米到15米之间，含金量约每吨7.75—155.5克；Marahiq地区、Atshan地区和Um-Rilan地区矿石的金含量约每吨0.3—1.25克，El Oweinat地区，金含量每吨在0.3克—37.5克之间。

（12）其他金属矿藏

埃及其他金属矿藏有锰、铅、锌、钨、铝、锡等，但储量都不大。

（13）其他资源

除矿产资源外，埃及还拥有丰富的水资源。尼罗河是埃及文明的摇篮，也是埃及重要的资源，尼罗河上的阿斯旺水坝是世界七大水坝之一，全年发电量超过 100 亿度。

2. 埃及对矿产资源投资的管理

（1）有关法律法规介绍

① 矿业立法。埃及与矿业活动有关的法规主要包括：

A. 1956 年第 86 号矿山和采石场法。这是对矿床的勘查、勘探和开发所立的法。

B. 1956 年第 151 号蒸发盐法。管理从卤水中通过蒸发作用所提取出的盐类矿产。

C. 特别法协议。该协议规定，石油和矿产资源部可以有权按照第 86 号矿山和采石场法的有关措施与一家公司、团体或企业在特殊条件下签订矿产普查和开发的协议（一般由地质调查和矿业局或石油总公司与具体的企业签订合同）。这种情况下，协议由特别法产生。

D. 1981 年第 27 号有关在矿山和采石场工作的劳工和雇员的法律。埃及 1981 年曾颁发第 137 号劳工法，再行颁布第 27 号法令的目的是吸引和鼓励从事矿产勘查和开采业的雇工。第 27 号法提供了比第 137 号更优惠的特权，其主旨在于推动矿产勘查和开发。

② 投资立法。埃及的有关投资法包括：

A. 20 世纪 50 年代的外国投资法。当时是纳赛尔政府为了借助西方国家的勘查技术来开发本国石油资源而制订的。

B. 1971 年第 65 号“阿拉伯资本与自由区投资法”。

C. 1974 年第 43 号“阿拉伯资本和外国资本及自由区投资法”。该法令替代了第 65 号法，提供一系列优惠和鼓励措施刺激本国和外国资本投资于矿床的勘查和开发。

D. 1977 年第 32 号投资法补充条款。这条法令提供了更多的优惠措施。

E. 1981 年“股份公司、合股公司和责任有限公司法”。规定合股公司中外资可以拥有 51% 的股份。

（2）矿产资源管理部门

根据埃及法律，埃及境内及大陆架所蕴藏的矿藏都属于国有财产，其开发由国家统一规划并实行归口管理。固体矿藏的归口管理机构为埃及贸工部，即原先的埃及工业与矿产资源部，具体勘探、开采、对外合作等业务委托埃及地质勘探与开采管理总局实施。为促进经济发展，埃及政府通过“利益共享”的合作模式，鼓励外国投资者参与矿产资源的开发。埃及地质勘探与开采管理总局负责与外国勘探公司签署合作开发协议。埃及方面向投资方提供其有意开采区域的所有地质资料，投资方则自己承担勘探、开采的所有费用，所有成本在实际生产后三年内返还。

埃及的石油产业主要由隶属石油部的埃及石油总公司（EGPC）来经营管理。该公司属于管理性企业，主要负责管理埃及石油与天然气行业，提出发展规划，发布油气区块的招投标信息，选择国际合作伙伴，报请石油部核批。埃及石油总公司下属的 13 家公司在埃及石油的勘探、生产、提炼、传输、经营等领域扮演着重要角色。

（三）埃及四大支柱产业

旅游、侨汇、运河和石油是埃及主要外汇收入来源，也是埃及国民经济的“四大支柱”。

1. 旅游

埃及拥有丰富的旅游资源，旅游成为埃及主要的外汇收入来源，也是创造就业机会最多的私营行业。2008年，埃及接待游客达到1.27亿人次，创汇约108亿美元。埃及政府对旅游业高度重视，埃及计划到2011年使旅游业收入达120亿美元，同时吸引游客1400万人次。为达这一目标，埃及旅游部将加强旅游项目开发，包括开展生态旅游和医学旅游等。同时，埃及还将鼓励私人资本投资埃及旅游项目，并逐步减少政府部门在旅游项目中的参与力度。

大量的旅游收入，为平衡国际收支、吸引外资、增加就业、带动其他行业发展做出了巨大贡献。

2. 侨汇

埃及的侨汇收入是埃及经济发展的重要因素，侨汇收入提高了埃及人的生活水平，大大缓解了埃及的失业问题，同时也为劳动力输入国的经济发展做出了贡献。目前世界跨国劳务人员约有2亿多，每年通过合法途径的汇款超过1670亿美元，如果加上其他途径的汇款，汇款总数达到2500亿美元。埃及侨民主要分布在海湾国家和利比亚、约旦，其他国家还有美国、加拿大、澳大利亚、德国、法国、英国、奥地利等。2007/08财年，埃及侨汇收入达85亿美元。

3. 运河

苏伊士运河是联结东、西方的重要海上通道，也是埃及外汇收入的主要来源之一。每天过往船只约40艘左右，年通过船只约14000艘。近年，由于船舶吨位提高，一些超大型油轮不能通过运河，过河船只数量有所下降。埃及重视运河改造，不断加深运河，运河吃水深度由1994年的53英尺增至2001年的62英尺，可通过吨位不超过20万吨的轮船，即当年使用的一切类型的集装箱货轮、所有干散货船、95%的液体货船和5%的油轮。2007/08财年，苏伊士运河创造外汇52亿美元。

埃及运河发展目标是到2017年使运河的宽度由目前的345米加宽到400米，深度由目前的22米增加到25米。运河改建完工后，将可通过吃水深度72英尺、35万吨的油轮。埃及还大力发展运河附近港口设施，以增加运河过境费收入及其他服务收入。

4. 石油

石油产业是埃及的支柱产业之一，在国民经济中扮演着极其重要的角色，也是最重要的创汇来源之一。目前，埃及虽然还不是国际石油输出国组织（OPEC）成员，但其仍然是重要的石油生产和出口国。近年来，埃及约50%的石油产量用于出口。2007/08财年，埃及石油出口创汇101亿美元，占当年GDP的6%和出口总额的18.3%。

埃及为石油工业发展制定了一套综合战略，致力于加强石油勘探，增加产量，满足国内对石油以及化工产品的需求，同时发展出口，积极同发达国家交流，引进先进技术，吸引国外投资。

参考文献资料

1. 埃及央行2003/04年报。
2. 埃及央行2004/05年报。
3. 埃及央行2005/06年报。
4. 埃及央行2006/07年报。
5. 埃及央行2007/08年报。

二、全球金融危机对埃及经济和金融影响分析

受全球金融危机影响，世界经济整体环境低迷，埃及在其2008/09财年上半年（2008年7月1日—12月31日），经济快速增长势头开始减缓，尤其是进入2季度（2008年10月—12月），国际金融和经济危机对埃及的影响逐步显现，旅游、苏伊士运河、石油出口、货物出口等支柱性收入大幅下降，埃及主要经济指标大幅下滑。危机给埃及经济带来严峻考验。埃及政府出台多项应对措施，但效果并不明显。

（一）埃及宏观经济增速回落，危机影响明显

2008/09财年上半年埃及GDP为5025亿埃及镑①，扣除物价因素，实际增长5.0%，增速比去年同期回落2.1个百分点，其中，一季度GDP增长率下降到5.8%，二季度进一步降到4.1%。分行业看，制造业实现增加值824亿埃及镑、农业741亿埃及镑、石油矿产业733亿埃及镑、批发零售业620亿埃及镑，是埃及经济占比最大的4个行业。

从各部门表现看，部门间增速差别较大。通讯仍然是埃及经济增速最快产业，上半年实现增加值145亿埃及镑，增长15.8%。战略性的石油矿产业受投资拉动影响，仍保持较快增速，增长6.8%，比去年同期高3.4个百分点。生产性服务业增速回落最大，苏伊士运河收

① 2009年1月埃及镑对美元汇率为：1美元=5.516埃及镑。

入增速由18.3%下降到3.9%。宾馆与酒店业增速由15.9%回落到0.6%。建筑业由15.6%回落到9.4%。此外，批发零售业、金融保险、仓储运输、电力等行业增速均有不同程度下降。

（二）出口开始萎缩，国际收支恶化

埃及2008/09财年上半年货物进出口总额418亿美元，其中，出口136亿美元，比上年同期增长3.8%，但石油及石化产品出口59.8亿美元，下降0.5%。特别是从2季度开始，受金融危机和油价下滑影响，埃及产品出口开始大幅下降，2季度出口54.3亿美元，下降23.6%，其中，石油出口18.7亿美元，下降46.5%。

在外汇收入来源方面，石油出口、苏伊士运河、旅游及侨汇仍是埃及外汇4大主要来源，上半年这4部门创汇186.7亿美元，比去年同期增长4.6亿美元。但2季度，石油、苏伊士运河、旅游收入分别下滑了46.5%、2.9%和18.2%，侨汇收入暂时保持稳定。

（三）国内投资力度不减，引进外资前景堪忧

2008/09财年上半年，埃及继续大力增加投资，总投资958亿埃及镑，增长13.8%，增速保持在两位数。投资对经济发展拉动作用明显，占GDP的比重18.4%，比上年有所下降。投资主要领域包括石油矿产业（230亿埃及镑）、制造业（191亿埃及镑）、交通通讯业（147亿埃及镑）、电力水利（89亿埃及镑），上述4项投资占埃总投资的68.6%。

2008/09财年上半年埃及吸引外资大幅减少，外资净流入40亿美元，比上年同期下降48.2%，其中石油领域仍然是外资投资重点，吸引外资28亿美元，占68.8%，绿地投资8.8亿美元，其他外资投入领域包括：资产出售2.7亿美元，房地产1亿美元。埃及最主要的外资来源地美国（2007/08年占49%）对埃及投资大幅萎缩，上半年美国对埃及投资19亿美元，下降48%，其中，2季度美国对埃及投资下降了69%，从侧面体现了金融危机对美国对外投资的影响。

（四）外向型生产服务业受冲击最大，旅游和苏伊士运河影响最深

埃及旅游行业遭到危机严重冲击。2008/09财年上半年赴埃及旅游人数604万人，实现旅游收入57亿美元，同比增长2.8%，增速回落27.6个百分点。进入2季度，经济危机对旅游业的影响更趋明显，旅游收入24.6亿美元，同比下降10%。埃及部分地区旅游企业开始裁员，酒店开始降价。

苏伊士运河收入下滑。2007/08财年埃及苏伊士运河费收入52亿美元，是埃及重要的外汇来源。受国际贸易下滑影响，自2008年10月开始，过往苏伊士运河船只开始减少，运河费收入由2008年8月最高的5亿美元逐月下降到2009年3月的3.3亿美元。2008/09财年上

半年苏伊士运河收入27亿美元，增长8.1%，增速回落17.5个百分点，其中2季度（2008年10月—12月）苏伊士运河收入12.6亿美元，同比下降2.9%。

为应对金融危机，埃及政府在危机初期提出了总规模150亿埃及镑的经济刺激计划，2009年初又提出了总额为300亿埃及镑的投资计划。埃及政府各部门采取多项举措，如降低旅游费用以吸引游客，增加对中小企业贷款，降息增加资金流动性，增加出口补贴，加大吸引外资力度，投资基础设施以扩大就业等。但埃及经济高度依赖国际市场的特点决定了其经济能否复苏取决于国际经济危机能否早日结束。

参考文献资料

1. 埃及中央银行网站：http：//www. cbe. org. eg/。

2. 中国驻埃及大使馆经商处：http：//eg. mofcom. gov. cn/。

第八章　喀麦隆

一、喀麦隆2008年国民经济运行情况

喀麦隆地处非洲中西部①，面积47.54万平方公里，人口1892万。2008年，喀麦隆人均预期寿命为50.8岁，约有31.8%的人生活在日均不足1美元的绝对贫困线以下。因地理位置特殊，生态和地貌多样，喀麦隆素有“小非洲”美称。喀麦隆拥有较为丰富的自然资源，农业生产条件相对较好。因此，在撒哈拉以南非洲尤其是中部非洲地区的经济发展条件较好，经济总量约占中非经济与货币共同体②（CEMAC）的60%左右。

（一）国民经济总体运行情况

1. 宏观经济发展概况

1960年独立后，喀麦隆推行“有计划自由主义”、“自主自立平衡发展”和“绿色革命”三项经济发展政策，国民经济发展较快。自20世纪70年代初以来，近海石油的成功开采使得喀麦隆成为撒哈拉以南次区域一个经济繁荣的国家。但随着货币高估导致的经济衰退，经济管理不善，经常项目和财政赤字的扩大及外债的增加，经济曾一度陷入停滞。但20世纪90年代以后，喀麦隆政府在世界银行和国际货币基金组织的支持下开始了一系列经济改革计划。1994年非郎贬值后，喀麦隆抓住机遇，经济开始好转，通货膨胀得到控制，外贸结构改善，工农业增产，财政收入大幅增加。2000年以来，国际货币基金组织批准喀麦隆政府的第二个“减贫促增长”三年计划，向喀麦隆提供美元贷款，并连年进行考察，评估喀麦隆执行“减贫促增长”计划和“重债穷国”改革计划情况，对喀麦隆经济取得的进展总体表示满意。

表1、图1和图2显示了2003年—2008年喀麦隆主要宏观经济指标情况。截至2008年，

---

① 喀麦隆西南濒几内亚湾，西接尼日利亚，东北接乍得，东与中非共和国、刚果（布）为邻，南与加蓬、赤道几内亚毗连。

② 1999年6月25日正式启动，取代原中部非洲关税和经济联盟。成员包括赤道几内亚、刚果（布）、加蓬、喀麦隆、乍得、中非共和国等6国。由中部非洲经济联盟、中部非洲货币联盟、执行秘书处以及共同体法院、共同体议会等专门机构组成。中部非洲货币联盟下辖中部非洲国家银行、各成员国中央银行和中部非洲银行委员会，发行中非经济与货币共同体6国统一使用的中非金融合作法郎。

喀麦隆国内生产总值已经连续13年保持2%—4%的年增长率，增长速度在撒哈拉以南非洲国家中处于中上水平，通货膨胀率基本控制在2%左右。从2005年起，人均GDP超过1000美元。2007年名义GDP达到215.09亿美元。2008年喀麦隆尽管受到石油产量下降的不利因素影响，但宏观经济运行情况较好，得益于石油领域、基础设施领域、电力供应、农业、养殖业的发展，其国内生产总值增长约4.2%，且通货膨胀率得到有效控制，保持在5%—6%之间。这主要得益于公共投资对各项经济指标的拉动作用，在债务减免获得资金的支持下，喀麦隆2008年启动了以城市和城际公路网络为主要对象的基础设施建设和修复计划。2008年开始执行的财政改革将减少政府对石油收入的依赖性。

表1　　　2003年—2008年喀麦隆主要宏观经济指标情况

年　度	2003	2004	2005	2006	2007	2008
名义GDP(亿非郎)	79170	8339	87496	93875	98820	103095
名义GDP(亿美元)	136.22	157.75	166.48	185.49	215.09	250.71
GDP增长率(%)	4	3.7	2.3	3.2	3.4	4.2
人均GDP(美元)	720	880	1000	1080	—	—

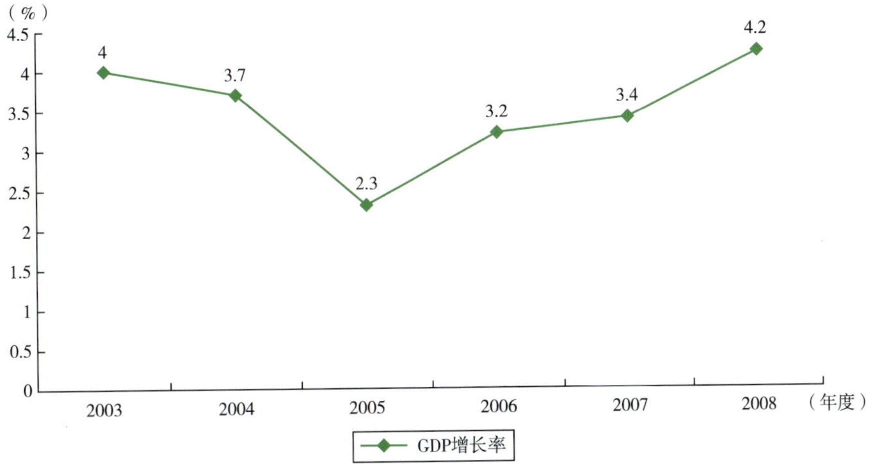

图1　2003年—2008年喀麦隆GDP增长率示意图

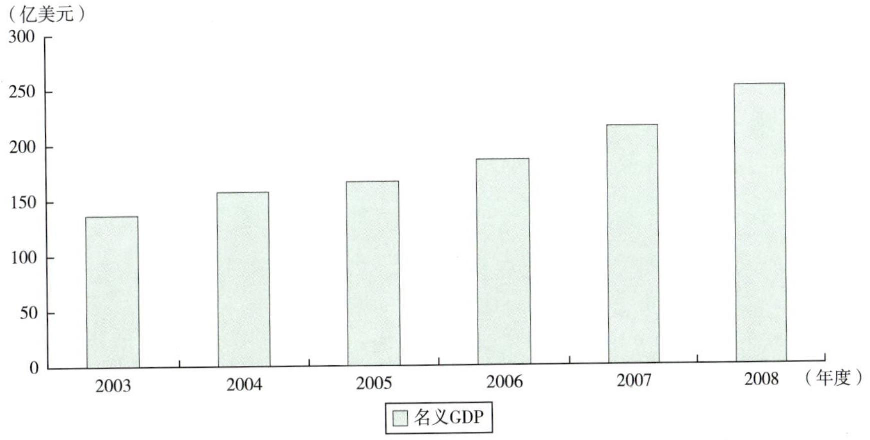

图2　2003年—2008年喀麦隆名义GDP总量增长情况

2008年喀麦隆经济也并非一帆风顺，主要体现在石油和主要经济作物（香蕉、可可、咖啡、棉花）的产量均出现下滑，杜阿拉港的海上运输发展停滞不前，喀麦隆内陆航空运输受到喀麦隆国家航空公司（Camair）停飞的严重冲击等方面。根据中非国家银行（BEAC）提供的数据，喀麦隆2008年国家资本开支为其经济增长贡献了1.3个百分点，高于2007年的0.5%。在私营经济领域，尽管私人投资仍显不足，但2008年私营经济对喀麦隆经济增长的贡献仍有提高，为0.9%，主要体现在能源、公共工程承包和电讯等行业。

2009年，受国际金融和经济危机影响，喀麦隆重新调整了2009年的经济发展预期，经济增长率预期调低为2.8%。在世界经济衰退的大环境下，喀麦隆的一批大型矿产开发项目、水电建设项目和港口建设项目可能会延期启动。喀麦隆的木材出口已经受到了严重冲击，出口量大幅下降，大批从业人员失业。

2. 各产业发展情况

图3显示了喀麦隆产业占GDP分布情况。

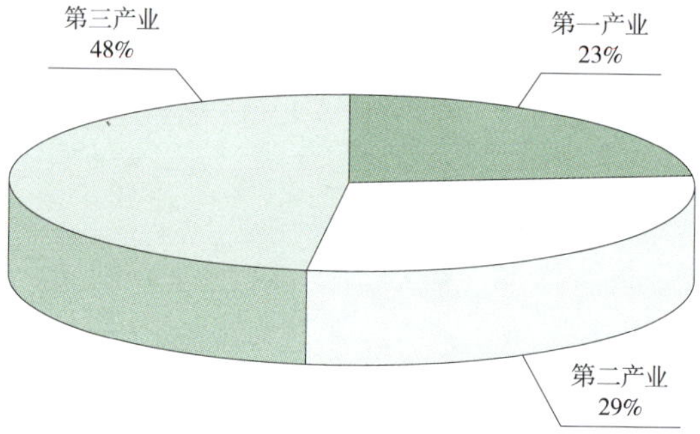

图3 喀麦隆产业占GDP分布情况

（1）第一产业发展情况

2008年，包括农业在内的第一产业占喀麦隆GDP的23%，该产业增长率仅为3.6%，较2007年的5.9%略有下降。素有“中非粮仓”之称的喀麦隆，农业吸引了超过50%以上的人口，农产品主要包括可可、咖啡、棉花、香蕉等。

2008年可可生产增加了28%，较2007年4.5%的增长率有大幅度提高，达到23.9万吨，主要是由于新的种植园投产和国际市场价格上涨。咖啡产量停滞不前，主要是由于农民改种其他周期更短、回报更好的作物。咖啡每年产量约4.5万吨。近年来，由于棉纤维和棉籽价格下跌，导致棉农收入下降，喀麦隆棉花种植面积不断萎缩，产量不断下降。2008年喀麦隆棉花产量仅为11万吨，较2007年下降了一半以上（2005年其棉花产量为30.6万吨，2006年为20.8万吨）。香蕉生产从2004年以来一直下降，2007年下降了9.8%，由2006年的25.95吨下降至23.41吨。2008年1月，欧盟废除了香蕉进口限额和许可，同时受国际市场价格上涨的影响，2008年其香蕉产量增长了21.1%。2008年棕榈油产量增加了15%，主要是由于生物燃料需求的增加和先进生产方式的采用。此外，2008年林业出口占出口创汇的

20%，仅次于石油出口，列第二位，其产值为200万立方米，较2007年的208万立方米略有下降。这主要是由于受金融危机影响，国际市场上对于木材等的需求减少，预计2009年还将继续下降。

（2）第二产业发展情况

喀麦隆的工业在撒哈拉以南法语区国家位居第三，仅次于科特迪瓦和塞内加尔，全国拥有近七百家企业。2008年喀麦隆第二产业（占CDP的29%）增长了1%，主要是由于农业加工和食品加工，以及电力行业的发展受到了建筑行业负增长的影响。

具体来看，2008年，喀麦隆养殖加工业增长了28.2%，主要源于当地需求旺盛，糖业生产也较2007年增长了16.2%，饮料产品产出增加了4.5%，食用油加工下降了0.9%。2008年，铝矿产品产出增加了5.6%，水泥生产增长了0.6%，纺织业则下降了0.4%。2007年由于选举对服装的需求增加，纺织业增长了10.1%。2008年，喀麦隆矿业增长了0.3%，主要靠石油的贡献。1974年，喀麦隆在其西北部海域发现油田，1977年正式开采。1990年原油产量为783万吨。1981年建成第一座炼油厂，年产能力为150万吨，加工的石油产品用于出口。2006年，喀麦隆的石油产出大幅度增长，主要是源于Bakingili油田（储量为4000万桶）在2005年8月投产。喀麦隆2008年石油产量较2007年下降1.37%。根据喀麦隆国家石油天然气公司（SNH）发布的信息，造成石油产量下降的主要原因是部分产油区由于设备未到位导致生产延期。根据SNH内部刊物提供的数据，2008年喀麦隆石油产量为3080万桶，略低于2007年的3130万桶。由于对部分生产设施进行了更新，2008年的石油生产成本有所增长，为每桶9.5美元，高于2007年的每桶7.4美元。2008年喀麦隆在石油领域的投资为4.643亿美元，高于2007年的4.1亿美元，其中3.026亿美元的投资用于石油勘探。

喀麦隆水电资源丰富，但发电能力不足。2004年，喀麦隆全国的年发电量为39.24千瓦时，其中97.3%为水电，2.7%为石油发电，电力消费量为36.49千瓦时。著名的发电厂有埃代阿水力发电厂和亚萨热电站。2008年6月中旬，隆潘卡尔电站建设协议签订，该电站将于2012年竣工。曼维莱水电站建设协议也已经签订，将采用BOT方式建设。整体上，喀麦隆的电力产出近年来持续增长，主要得益于其国家电力公司持续加大对电力行业的投入。截至2008年年底，喀麦隆年发电产能达到4429兆瓦，比2007年增长4.1%。

（3）第三产业发展情况

2008年喀麦隆第三产业（占GDP的48%）增长了6.5%，较2007年5%的增长率略有提高，主要源于通讯和交通运输等公共服务行业的增长。

电信行业2007年增长了29.5%，其中手机用户增长了44.7%，固定电话用户增长了48.7%。2008年总体用户数增加16.5%，营业额增加7.45%。这主要源于设备的更新换代，覆盖范围，扩大，光纤技术，应用，服务质量的提高以及产品的丰富。

2007年，喀麦隆航空公司出现经营问题，客流量下降2.1%，货物运输量下降4.4%。经破产重组后，2008年经营情况改善，客流量增长了25%，货物运输量增长了6.2%。2008

年，喀麦隆铁路运输营业额增长了5.1%，主要是由于客流量增长带动，货物运输则由于木材和棉花产量的减少而没有大的增量。海运增加了2.2%，主要包括出口运输量增长3.1%和进口运输量增长1.8%。

3. 货币政策执行情况

（1）货币供应情况

由图4知，2005年以来喀麦隆货币供应量连年略有增加。2008年，喀麦隆通货膨胀较为严重，为了抑制货币贬值、物价上涨，喀麦隆货币政策偏紧，货币发行量增速放缓，基本与2007年持平。准货币供应量近年来一直保持较为稳定的水平。

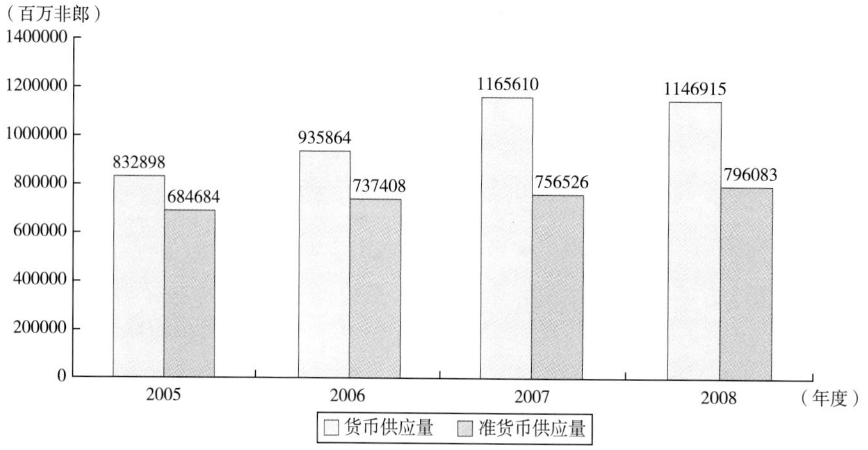

图4　2005年—2008年喀麦隆货币供应量情况

（2）利率

由图5知，近年来喀麦隆央行实行较为稳健的货币政策，贴现率水平保持在4%—5%之间。2008年上半年，喀麦隆平均存款利率维持在4.3%的水平，2008年下半年，为刺激经济增长，其平均存款利率降至3.3%。全年平均贷款利率维持在15%左右。

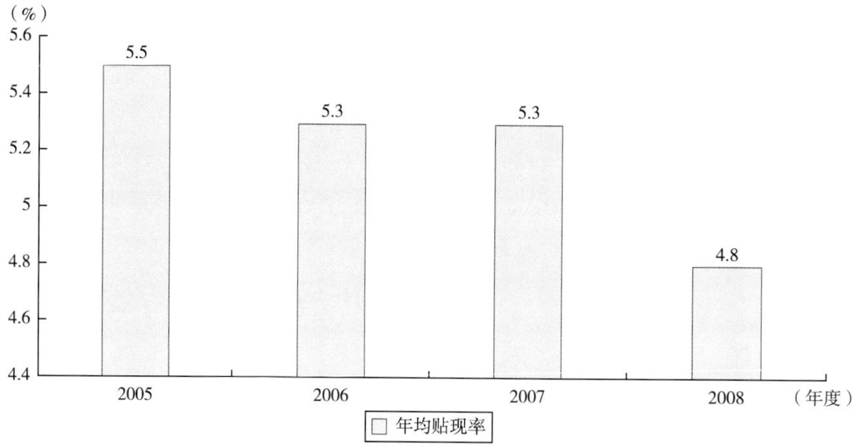

图5　2005年—2008年喀麦隆央行贴现率水平

（3）汇率

喀麦隆属于外汇管制国家，其货币为非洲法郎。非洲法郎与法国法郎保持固定汇率：100 非洲法郎 = 1 法郎。1998 年欧元启动后，非洲法郎与欧元挂钩，655. 957 非洲法郎 = 1 欧元。近年来，受欧元升值及美元的全球性贬值的影响，非洲法郎兑美元的比价随欧元兑美元的比价上升而上升（见图 6）。截至 2008 年年底，1 美元约合 465. 85 非郎。

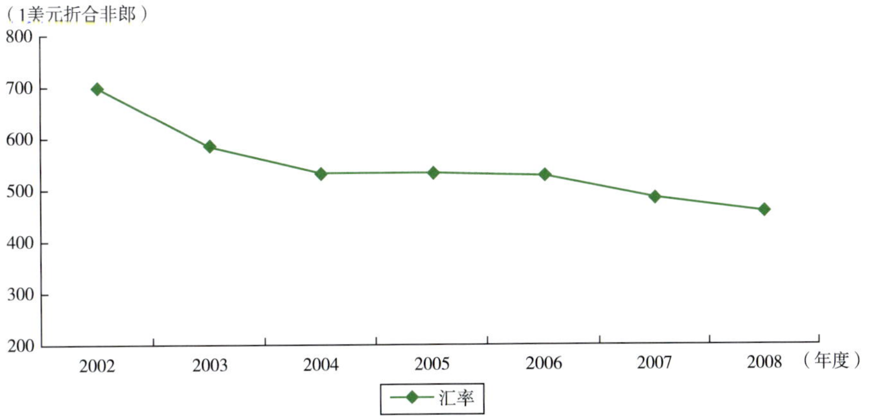

图 6　2002 年—2008 年喀麦隆非洲法郎兑美元汇率变化情况

（4）通货膨胀情况

由表 2、图 7 知，在中央银行①政策的有效调控下，喀麦隆近年来通货膨胀率控制在较为合理的水平。但由于喀麦隆日用消费品等大量依靠进口，因此其物价水平受外界影响较大。2006 年其通货膨胀率上升到 5. 1% 的水平，2007 年回落至 1. 5%。2008 年，由于世界物价上涨，导致了喀麦隆 2008 年通货膨胀指数上涨至 5. 7%，创近年来的新高，远远超出中非经济和货币委员会规定的 3% 限额，其中食物价格指数上涨了 9. 8%，主要是由于进口的谷类产品价格上涨了约 38%。

表 2　　2002 年—2008 年喀麦隆通货膨胀数据情况　　单位：%

年　　度	2002	2003	2004	2005	2006	2007	2008
综合通货膨胀率	2. 8	0. 6	0. 3	2. 0	5. 1	1. 5	5. 7
食品通货膨胀率	4. 8	-0. 7	-1. 9	1. 0	6. 9	0. 5	9. 8
医疗通货膨胀率	0. 6	0. 7	1. 3	0. 8	2. 3	0. 9	0. 5
能源通货膨胀率	1. 2	6. 0	2. 5	1. 9	5. 1	0. 9	3. 5
交通通货膨胀率	0. 0	1. 5	1. 6	6. 9	8. 5	2. 3	0. 5

① 中非银行为喀麦隆中央银行，中非银行是中部非洲经济与货币共同体 6 个成员国统一的中央银行。

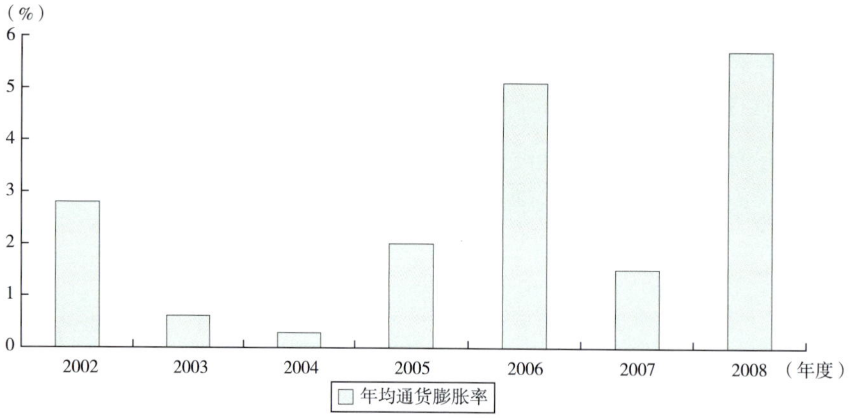

图7　2002年—2008年喀麦隆通货膨胀情况示意图

4. 财政状况

（1）财政收支情况

由表3可以看出，近年来喀麦隆的税收财政收入持续增长，非税收财政收入也保持增长的势头。财政支出保持平稳增长水平，2006年以来，随着投资的增加，资本项下支出比例提高。2008年，喀麦隆政府财政收入及赠予达23469亿非郎，比2007年的19695亿非郎增加了3774亿非郎，涨幅为19.16%。这主要是由于喀麦隆国家石油与天然气公司（SNH）和其他石油公司上缴税费提高，带动石油收入增加了1790亿非郎，由2007年12月底的6313亿非郎增加到2008年12月底的8100亿非郎，涨幅为28.4%。同时，非石油收入增加了672亿非郎，涨幅为5.2%，由2007年12月底的13045亿非郎增加到2008年12月底的13717亿非郎。

表3　2003年—2008年喀麦隆财政收支情况　　单位：亿非郎

年　度	2003	2004	2005	2006	2007	2008
财政收入及赠予	13685	13200	15943	44728	19695	23469
税收收入	11733	11668	13521	16346	16996	20410
非税收收入	1555	1443	1952	1741	1678	1979
赠予	397	89	470	26641	1021	108
财政支出及净借款	12265	10448	12780	13673	15368	18580
经常项下支出	10534	8631	10550	10959	11474	13200
其中工资福利支出	4212	4097	4140	4180	4350	5760
资本项下支出	1691	1867	2060	2714	3894	5380
净借款	40	-50	170	—	—	—

2008年财政支出达18580亿非郎，与2007年的15368亿非郎相比，增加了3212亿非郎，涨幅为20.9%。这主要是由于日常支出增加了1726亿非郎，由2007年的11474亿非郎提高到2008年的13200亿非郎，涨幅为15%。2008年工资支出较2007年增长了32.41%，主要是由于2008年4月政府工作人员调整工资。2008年，喀麦隆资本性投资达到5380亿非郎，

较2007年的3894亿非郎增长1486亿非郎，增长了38.16%，主要是由于喀麦隆自有资金投资及重债穷国和减债促发展协议项下的投资支出均有大幅度增长。

（2）外债状况

喀麦隆是一个净借债国。2006年，在巴黎俱乐部减债等多边和双边减债下，喀麦隆公共外债余额从2005年的58.9亿美元下降至9.63亿美元，私人外债从3.10亿美元下降至1.07亿美元，整体外债下降了51.31亿美元，下降了82.76%，外债负担大为减轻（见图8）。截至2008年年底，喀麦隆的外债总额为14.38亿美元。

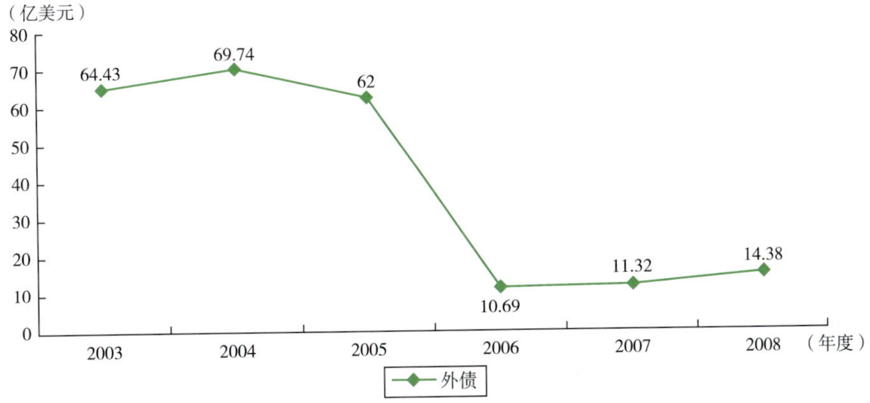

图8　2003年—2008年喀麦隆外债负担示意图

与其他不发达国家相类似，经过巴黎俱乐部、IMF和世界银行等多边机构减债后，喀麦隆债务负担减轻。图9显示了减债后债务净现值与出口总值的比例情况。为了促进经济发展，喀麦隆开始寻找这些国际组织之外的其他方面的发展资金，因此其他双边贷款明显增加（见图10）。

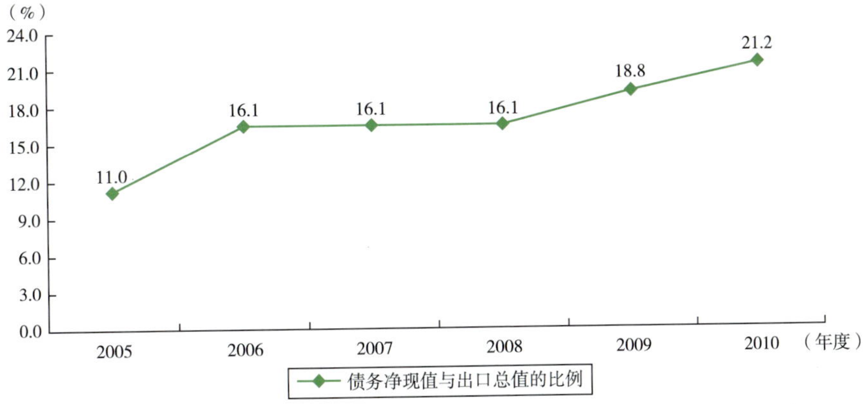

图9　2005年—2010年减债后债务净现值与出口总值的比例示意图

（3）外汇储备状况

由表4知，近年来，喀麦隆官方外汇储备不断增长，能满足进口需要的月数持续增加。截至2008年年底，其外汇储备达到32.19亿美元，能满足5.1个月的进口需要（见图11）。

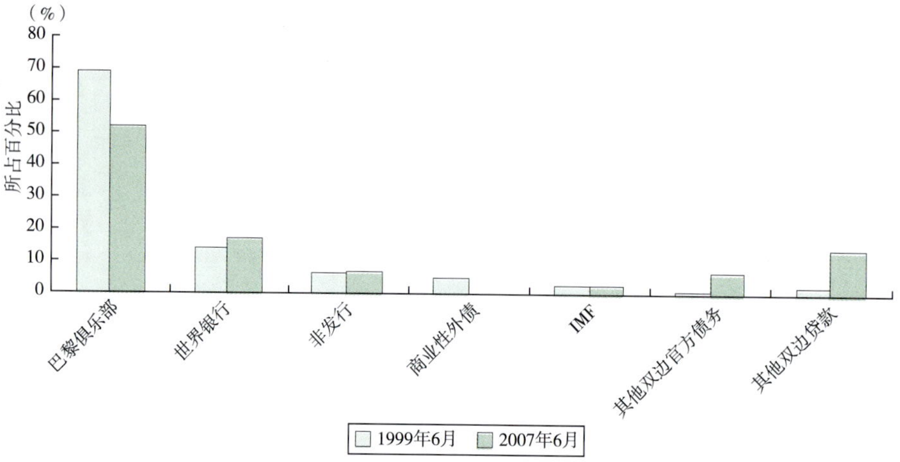

图10　1999年6月与2007年6月外债结构比较

表4　**2002年—2008年喀麦隆外汇储备情况**

年　度	2002	2003	2004	2005	2006	2007	2008
外汇储备(亿美元)	6.4	6.52	8.42	9.65	17.35	29.32	32.19

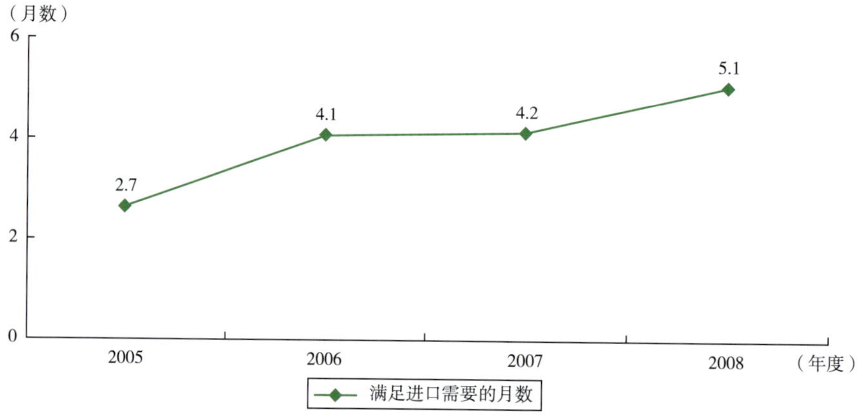

图11　2005年—2008年外汇储备满足进口需要的月数示意图

5. 外贸状况

喀麦隆经济为外向型，对外贸易对喀麦隆经济发展至关重要，出口在拉动经济增长的三大要素中发挥着最为重要的作用。政府为促进对外贸易，大力推进贸易自由化，强调贸易伙伴多样化，减少国家干预和控制，放松贸易管制，同时增强海关监管和内部管理，引进瑞士通用商检公司加强商品检验，努力增加海关收入。喀麦隆与世界上120多个国家和地区有贸易往来，主要贸易伙伴为欧盟、美国、日本等。年均贸易额20多亿美元，约占国内生产总值的三分之一。出口商品多为初级产品，出口收入经常受国际市场价格变动的影响。主要出口商品为原油、木材、原棉、咖啡、可可及其产品、原铝及铝制品、天然橡胶、香蕉等。进口商品为粮食、各种汽车和拖拉机、机械设备及配件、电器及电动机械、各类金属及制品、织物及成衣、化学工业产品、食品饮料类、家用消费品等。

为进一步恢复喀麦隆的经济竞争力，促进和扩大对外贸易，喀麦隆政府于1994年6月颁发《喀麦隆共和国贸易大纲》，取代1989年—1991年财政年度贸易大纲。新的贸易大纲是为喀麦隆政府中期宏观经济调整和结构改革计划服务的，是同喀麦隆政府调整地区外汇汇率、缩减公共开支、加强管理政策和进行结构改革以减少政府对经济的干预而紧密相连的。

2006年，进出口贸易总额排名前五位的国家分别是西班牙、法国、意大利、尼日利亚、中国。五国进出口总额为35.97亿美元，比2005年增长10%。喀麦隆的10大贸易伙伴中，欧盟是喀麦隆最主要的贸易伙伴，共有7个欧盟国家进入前十，其进出口总额占喀麦隆进出口总额的59%。

西班牙以9.28亿美元列喀麦隆进出口贸易伙伴第一名，同比增长33%；法国、意大利分别以9.21亿和8.26亿美元列二、三位，比2005年增长7%和64%。同时，喀麦隆与美国、荷兰、比利时、德国和英国的双边贸易也同步增长。2006年，中国以进出口总额2亿美元排名喀麦隆第七大贸易伙伴，同比增长39.53%。

2008年，喀麦隆的外贸进出口总额为82.61亿美元，较2007年的86.41亿美元略有下降。下降的主要原因是2008年喀麦隆的进口额较2007年减少了5.88亿美元，降幅达12.34%。

6. 外国直接投资情况

近年来，外国资本对喀麦隆的投资一直维持在一个较低水平，其中一个重要原因是喀麦隆投资环境欠佳（见图12）。根据2008年世界银行关于投资环境的报告，喀麦隆在170个国家中排在第160位。

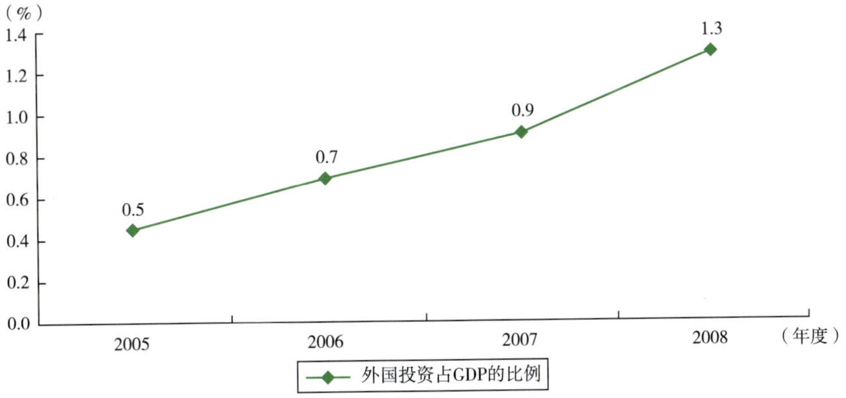

图12　2005年—2008年外国投资占喀麦隆GDP的比重

2008年以来，喀麦隆开始尝试改变引进外资政策，在外汇管制、货币兑换、外汇账户开放、企业待遇等方面，做出一些努力，以此积极吸引国际资本。尽管采取了各种鼓励措施，但喀麦隆吸引外国直接投资的情况仍然不尽如人意。对比其他非洲国家，喀麦隆的投资率在2008年为17.4%，2009年为17.8%，2010年预计达到18.5%。2008年和2009年对喀麦隆私人投资对喀麦隆经济发展的贡献率分别为15.4%和16.3%。14家大型企业2008年和2009年在喀麦隆的总投资额处在6亿和8亿非郎之间。在公共投资方面，2008年和2009年的增长率分别为6.2%和0.7%，2010年预计增长1.9%。简言之，喀麦隆的实际投资率还远未达到25%的可以促进经济起飞的理想状态。

2001年进入喀麦隆的外国直接投资额为3.37亿美元，到2006年这一数字已降至2.2亿美元，其中2002年外国对喀麦隆直接投资曾出现突破性增长，达到6.02亿美元。在1996年—2000年间，外国对喀麦隆直接投资额在每年3000万至5000万美元间浮动。同期外国直接对非洲投资也处在一个较低的水平上，当时喀麦隆吸收到的外来投资仅占外国对非洲直接投资的0.004%，投资存量仅占对非洲投资总存量的0.008%。2002年，全球对非洲投资总量较2000年增加了一倍，由86亿美元增至171.3亿美元。在对外投资方面，喀麦隆在全球投资领域内几乎可以忽略。1997年—2000年间，喀麦隆对外投资额在每年100万—700万美元之间徘徊，2001、2002和2003年的年均对外投资额在300万美元左右。喀麦隆对外直接投资累计存量在1990年时达到1.5亿美元，2000年达到2.55亿美元，到2003年为2.64亿美元。

对比其他非洲国家，尼日利亚吸收的外国直接投资高出喀麦隆14倍，其2000年—2006年的外国直接投资存量高出喀麦隆16倍。在非洲法郎地区，2001年外国直接投资存量在科特迪瓦为34亿美元，占外国对非洲法郎区直接投资总存量的27%，同期对赤道几内亚外国直接投资总额达到20亿美元，而对喀麦隆投资额仅为13亿美元。同时期其他国家，如塞内加尔吸引外资8.59亿美元，贝宁吸引外资6.32亿美元。

考虑到外国直接投资对促进本国经济发展所具有的重大意义以及实际吸收外资情况的不理想状况，喀麦隆政府决定采取有力措施吸收外来投资并竭力将其保留在喀麦隆国内。外国直接投资对于喀麦隆而言不仅意味着资本的流入，更重要的是为喀麦隆带来推动经济发展所必需的先进经验和生产技术。

7. 西方国家对喀麦隆经济发展影响情况

喀麦隆独立之初，经济命脉为外国资本控制，全国200多家工厂企业是法国建造，占外资总额的90%，其中大部分为外国私人资本，主要投入食品、木材、纺织、采矿、港口以及银行等重要经济部门。

上世纪末，世界银行和IMF等多边机构开始介入喀麦隆经济发展，实施调整结构、私有化等一系列改革，但并未取得理想效果。2005年10月24日，IMF、世界银行和非洲发展银行与喀麦隆签订为期三年的经济调整计划，完成日期为2008年6月30日。在此过程中，IMF要求在关税、税收、公共职能和经济结构调整等方面做出成绩。目前，减债发展协议已经运行到第三期①。

---

① 2008年10月6日，第三次减债发展协议战略委员会会议，在落实减债促发展协议方面，共签署了12个专项协议，总额计3527亿非郎，其中83%已经落实。2007年—2008年下年度，已经编入预算1500亿非郎，另有977亿非郎已经划拨给有关城市化卫生和教育组织。10月9日，减债发展协议融资的喀麦隆农畜渔业三个项目，获得了300亿非郎的融资，计划用四年时间，扭转这三个领域产量效率低的情况。

在西方国家中，法国对喀麦隆的经济影响最大。目前，法国是喀麦隆最主要的经济贸易伙伴和最主要的援助国，法国的援助占喀麦隆接受援助的约三分之一。2006 年，法国与喀麦隆签订减债发展合同（C2D），确定该项资金为 3530 亿非郎，使用期限为 2006 年至 2011 年，主要用于农业和矿产资源方面的合作，至 2008 年 6 月底，已经解冻 2900 亿非郎[①]。2008 年 10 月，基于喀麦隆经济结构调整等方面取得了较大成绩，赢得了法国的信任，法国恢复了向喀麦隆直接贷款。

（二）喀麦隆经济发展趋势及规划

1. 喀麦隆经济发展趋势

2008 年上半年，为应对国际经济金融动荡，喀麦隆政府要求加速推动重大工农业项目落实和实施，加大开发水电资源和天然气资源，开发可再生能源以及生物燃料、太阳能，以应对国内能源需求，并开始对农畜渔业产品免征增值税，加快放开化肥等产品进口和销售。采取措施减少捕捞业亏损，目前喀麦隆捕捞业每年亏损在 600 亿非郎，对油料和捕捞设备采取税收鼓励政策。同时，由于发达国家捐赠减少，喀麦隆发展资金短缺，因此 2008 年 9 月喀麦隆政府发表千年发展目标报告，宣布难以在 2015 年前达成千年发展目标，有效降低国内贫困指标。

为促进经济增长、增加就业，喀麦隆加大对社会公益和经济发展影响较大的公共投资，上马一批大型农业、工业和矿产开发项目，发展国内公路、桥梁和铁路基础设施，发展电力和可再生能源，改善自来水电力和住房供应，优先发展包括太阳能在内的电力和新能源项目。同时，大力开采矿藏，加快对东部省庞大的镍矿和钴矿的开采，加快经济首都杜阿拉的现代化建设，特别是港口扩建工程，挖掘旅游业潜力，巩固在教育公共卫生领域所取得的成就，发展信息和通讯技术，全力促进经济增长。与此同时，喀麦隆政府努力控制通货膨胀，实施谨慎而有效的债务政策，优先考虑获取和使用外部优惠贷款。表 5 显示了 2008 年—2012 年喀麦隆主要经济数据预测情况。

表 5　　2008 年—2012 年喀麦隆主要经济数据预测　　单位：亿非郎

年　度	2008	2009	2010	2011	2012
名义 GDP	109290	115600	122420	131020	140280
出　口	31190	31810	31970	32380	33020
财政收入	22520	24730	25830	27190	28460
债务利息	1010	980	860	770	640

2. 喀麦隆国家发展规划

2009 年 3 月，喀麦隆政府出台了国家长期发展规划，制定了至 2035 年将喀麦隆建设成为

---

① 法国已与喀麦隆确定下一阶段减债发展资金为 3500 亿非郎，执行时间为 2011 年至 2016 年。

经济新兴国家的目标。根据规划，喀麦隆将分三个阶段逐步实现这一发展目标。

第一阶段从2010年至2019年，主要目标是建设现代化经济和不断提高增长速度。在这一阶段的10年间，喀麦隆的主要精力将集中在不断提高自身生产能力上，力求从根本上解决粮食短缺和能源供应不足等问题，同时不断完善金融服务体系并改善就业状况。政府希望在这10年间将贫困人口占总人口的百分比降到25%以内。

第二阶段从2020年至2027年，目标是将喀麦隆建设成为中等收入国家。根据世界银行2007年标准，所谓中等收入国家指居民年人均收入水平在3706美元至11455美元之间。喀麦隆希望在规划第二阶段重新加入到全球41个中等收入国家（目前包括博茨瓦纳、加蓬、马约特、毛里求斯、塞舌尔、利比亚和南非等7个非洲国家）的行列中去。为实现这一目标，规划主张在第一阶段取得成果的基础上继续保持经济快速增长和各种经济活动的多样性；不断扩大国家收入分配政策的覆盖范围并进一步强化领土整治力度；维持稳定的商业环境和政府管理，保持并强化为应对气候变化采取的各种努力；不断加强国家内部稳定和团结，稳健推动民主化进程。这一时期将重点推动高技术含量型基础设施的建设和发展，如铁路、电讯、高速公路、机场、港口、输油管道、电网设施等，为将喀麦隆建设成为中非地区经贸交流“十字路口”创造条件。此外，推动全国特别是北部地区农业技术推广应用和灌溉体系建设等工作，鼓励开展大中规模农业开发项目，也是规划第二阶段的重点内容之一。

第三阶段从2028年至2035年，目标是将喀麦隆最终建设成为经济新兴国家，工业产值占国民生产总值的比例预计达到40%。具体表现在国家经济发展模式向质量型转变，国民生产总值的25%左右来自制造业产出的附加价值，50%以上的出口为工业制成品出口。其他方面还表现为广泛开展对外经贸交流，贫困率降到10%以内，人均寿命超过65岁等。

规划强调，为实现上述目标必须坚持三个基本方针，即：不断促进经济增长和工业化进程；不断巩固收入再分配体系，保持社会和谐，保持良好的商业环境和政府管理；不断深化中央政府权力下放改革。

2009年5月，世界银行和非洲发展银行在喀麦隆首都雅温得召开会议，共同商讨对喀麦隆新的援助策略。根据其2035年远期发展规划，世界银行将主要在如下领域对喀麦隆的经济发展提供帮助：增加基础设施投资、实现产业现代化、提高人口素质、增强宏观经济实力。世界银行将对20个项目提供支持，价值2980亿非郎。重点领域是教育、社会发展、交通、私营企业发展、环境、农业、矿业、能源、卫生、人力资源及乡村发展等。非洲发展银行将为7个项目提供资助，即城郊饮用水及医疗项目、乡村发展项目、鸟类保护项目、森林发展项目、增加北部地区贫困家庭收入项目、西南部地区渔业保护及发展项目等。

参考文献资料

1. 非盟年度报告：《Africa Statistical Yearbook 2009》。
2. EIU公司国别报告（《Country Report 2009》, The Economist Intelligence Unit Limited）。
3. 国际货币基金组织报告：《World Economic Outlook 2008》。

4. 世界银行报告：Interim Strategy Note For The Republic of Cameroon，FY07－08，World Bank Report No. 37897。
5. 中非银行网站资料，http：//www. beac. int/index. html。
6. 中华人民共和国驻喀麦隆经商处网站资料。

二、2009财政年度喀麦隆政府经济、社会发展规划概要

(一) 经济目标和主要实施项目

1. 经济发展的主要目标和政府工作重点

喀麦隆政府2009年的工作重点还是放在保持社会稳定、促进国家经济发展上。主要的宏观经济目标是：保持国内生产总值增长4%；年通胀率不超过3%；原油价格控制在68美元/桶以内；美元兑中非法郎（以下简称“非郎”）的汇率控制在1:477以下。

喀麦隆政府拟采取的措施有：加强通信、交通、能源等基础设施的发展；扩大社会人力资源投资，提高人员素质；加大吸引外国直接投资的力度，重点领域是矿产开发、农用工业、能源及建筑业；鼓励出口，扩大国内、区域及国际市场①；延续2008年产业发展计划，重点促进畜牧、养鱼、捕捞、航海、可可、棕榈油、咖啡、香蕉、糖、铝矾土、电力及造船等10个产业的发展；在经济伙伴协议（APE）框架下，促进当地企业发展②；致力于改善投资环境，扩大基本生活物资生产，降低物价水平；控制关系民生的商品价格，保持对一些大宗商品降低关税，稳定燃油价格；与国际金融公司合作，建立企业申办一站式窗口③；试行现代化办公管理，提高政府工作效率；根据总统签署的地方分治的法令，喀麦隆政府将拨付20亿非郎用于该项开支，以提高地方政府的融资能力。

2. 农业方面

实施促进农业生产的紧急计划，加快该行业的增长速度，确保食品及粮食安全，主要是提高芭蕉、大米和块茎作物（如木薯）的产量。为此，喀麦隆政府将采取以下措施：为农户提供农耕设备；将农药和化肥补贴从20%提高到50%；向农民提供低息贷款；建设5个农机中心，配备100台拖拉机，政府补贴15%；提高农产品储藏、加工、保鲜能力；为5000个青年农民创业者提供援助。

---

① 喀麦隆政府表示将积极推行区域一体化，增强与经济高速增长的发展中国家和伊斯兰国家的经济与贸易合作活力。
② 喀麦隆促进当地企业发展的手段主要包括：反对生活成本提高；扩大生产；改善贸易环境。
③ 该措施有利于喀麦隆投资环境的改善，提高其在世界银行“经商”指数上的排名，还可以有效扩大本国和外国直接投资。

3. 能源方面

喀麦隆政府的工作重点是巩固电力方面已取得的进步①，特别是要改变电力匮乏的现状，加强电网一体化建设。为提高供电能力，喀麦隆2009年将新建和改造部分水电站，计划改造松－姆班格（Song－Mbengue）和松－东（Song－Dong）水电站，建设贾河上肖莱大坝以及莫坎、马拉勒、艾毕和尤科小水电站。实施乡村电力规划②和边境地区电气化规划③。

4. 交通方面

（1）公路建设

政府将致力于改造现有道路，扩建乡村公路，完善公路网建设，尤其加强农产品产地和旅游区道路建设，改善道路质量。完成一批道路改扩建工程，同时开发沿路的工农业、旅游项目，道路建设资金来源于计划（PPTE）项下的资金和公共道路建设基金，巴卡西地区④道路建设将优先发展。具体包括：100公里的道路修复沥青铺设；220公里的道路沥青铺设；1000公里的乡村道路修复；闭塞地区400公里的通路连接；38个桥隧修复或修建；8座称重站建设。

（2）其他交通

政府将对航空港实施维修工程，加强杜阿拉和伽鲁阿机场跑道建设；研究尼永河姆马尔马尤至阿邦戈·姆邦间的内河航道建设和修复问题；在阿达马瓦、极北部、东部大区建设车辆技术检测中心，加强道路乘客安全设施建设。

（二）社会和文化领域的主要规划

1. 公共卫生领域的主要计划

包括：启动县级医疗卫生机构；发展巴卡西地区医疗卫生机构；向各地区医院提供医疗照相和血液透析设备；修复和建设公立地区医院和健康中心；在桑梅利马和埃代阿建立健康中心，在杜阿拉建设妇儿医院。

---

① 2008年，喀麦隆对国内电力行业进行了改革，政府推出了对电力行业的直接经营，新成立了国家电力发展公司（EDC）和克里比电力发展公司（KPDC），负责对国有电力资产进行管理并负责对新的政府投资项目进行融资、监管和运营。这两个公司成立后，取得了一定的成果，2008年2月杜阿拉Yassa重油电站开工建设，一期43兆瓦的装机将于2009年1月或2月投入运营；Edéa和Song Loulou水电站修复工程获得资金，将于2009年开工；喀麦隆国家电力发展公司与加拿大铝业巨头Rio Tinto Alcan集团签署Lom Pangar大坝援助协议，2009年1月开工。此外，2008年，喀麦隆还推出三个有关农村电气化建设的项目，包括喀麦隆—尼日利亚边境沿线的26个地区的电气化建设项目，极北大区26个地区的电气化建设项目和西南大区77个地区及北部大区、西北部大区、中部大区和南部大区的33个地区的电气化建设项目。

② 包括对300个地区实现电气化，Mbangmbéré、Gandova、Mayo Djinga、Idenau、Bai、Deuk和Ngoro等地区的小型电站的建设。

③ 包括喀麦隆和尼日利亚边境25个地区实现电气化，以及对CEMAC五国电网互联项目进行研究设计。

④ 巴卡西半岛位于尼日利亚和喀麦隆两国陆地边界最南端。20世纪70年代在其附近海域发现石油和天然气后，尼日利亚和喀麦隆两国因巴卡西半岛归属产生争议，尼日利亚派军队占领该半岛。2002年10月10日，国际法院将巴卡西半岛判归喀麦隆。尼日利亚政府于2008年8月14日将该半岛正式移交给喀麦隆。

2. 教育领域的主要计划

包括：为改善婴幼儿的预教条件，计划修建20个街区幼儿园和40个社区幼儿园；为普及初级教育修建1800间教室，对300所学校进行整修，并增加64000套桌椅；为增强师资力量，计划与5500位毕业于普通教育师范学校的教师签订工作合同；在中等教育方面，将兴建400间新教室、100间绘画和手工间、60间实验室、50间办公室、32间医务室、34间宿舍和30间学校食堂；在职业技术教学方面，将修建10所喀麦隆工业技术学院（CETIC）和2所技术学校，还将修建200间教室、30间专业教室、50间实验室和65间工作室；为提高普通和专业教育信息化技术水平，将修建20个多媒体中心和190间信息技术教室。

3. 体育设施领域的主要计划

包括：将正式实施国家体育基础设施发展计划（PNDIS）① 第一期项目，投资2720亿非郎，包括在雅温得建设一个能容纳6万人的体育场（田径和足球），在杜阿拉建设一个能容纳3万人的体育场和游泳池，在巴富萨姆建设一个能容纳2万人的体育场，在林贝建设一个能容纳2万人的体育场。

（三）喀麦隆政府财政预算

针对石油收入减少的情况，2009年喀麦隆政府将努力提高国内非石油领域收入，特别是扩大征税范围和改善税务管理。在此基础之上，喀麦隆政府提出2009年的财政预算为23024亿非郎，较2008年的22760亿非郎增加264亿非郎，增幅为1.16%。

2009年财政收入预计为：国内收入20544亿非郎，高于2008年的20220亿非郎，占2009年国家预算的89.26%，包括：非石油收入15350亿非郎，高于2008年的14290亿非郎；石油收入5194亿非郎，而2008年为5930亿非郎，其中喀麦隆国家石油天然气公司纳税3894亿非郎，其他石油公司纳税1300亿非郎。国外收入2470亿非郎，低于2008年的2540亿非郎，其中包括1390亿非郎的项目贷款和1080亿非郎的无偿援助。

在财政支出方面，喀麦隆政府的重点仍然放在抗击贫困上，并且以基础设施建设和生产领域投入为主。总体而言，2009年国家财政预算中，将有59.08%用于公共部门运行，25.94%用于公共投资，14.97%用于清偿债务。在经常性支出方面，人员开支由2008年的5100亿非郎增加到2009年的6240亿非郎，增加1140非郎，增幅为22.35%。增加的预算将

① 该计划分为三个阶段，其中第一阶段预计于2009年启动，预计投资超过2720亿非郎，主要内容包括：在雅温得Olembé兴建一座可容纳6万名观众的体育场、一个足球训练场和一个田径训练场；在杜阿拉兴建一座可容纳3万名观众的体育场和一个奥林匹克游泳馆；在巴富萨姆（Bafoussam）和林贝（Limbe）兴建可容纳2万名观众的体育场和一座体育馆。2009年后，计划第二阶段包括：在雅温得Olembé兴建一座可容纳3000名观众的奥林匹克游泳馆，兴建新的喀麦隆国家青年与运动学院训练营，兴建一座三星级宾馆；在加鲁阿（Garoua）兴建一座可容纳2万名观众的体育场、一座2000人体育馆和一个赛马场。第三阶段计划在Bertoua、Ebolowa、Bamanda、Ngaoundéré、Maroua和Kumba等城市兴建可容纳1.5万—2万名观众的体育场和2000人体育馆，此外在Buea和Sangmélima各兴建2000人体育馆一座。

主要用于公共部门临时雇员转正和落实比亚总统2008年作出的关于增加公务员工资的决定①。在公共投资方面，预算支出由2008年的3590亿非郎增加到2009年的4370亿非郎，增加780亿非郎，增幅为21.73%。

喀麦隆政府2009年的财政支出计划将获得来自“重债穷国”倡议下的780亿非郎、“多边减债倡议”下的360亿非郎贷款和法国与喀麦隆债务减免与发展协议（C2D）② 项下的1000亿非郎的支持。

2009年，喀麦隆政府公共债务将由5110亿非郎下降至3446亿非郎，减少1664亿非郎，降幅为32.56%。其中包括：外债979亿非郎，降幅为4.95%；国内公共债务2467亿非郎，降幅为39.53%。

参考文献资料

Cameroon Tribune（喀麦隆论坛报），2008年11月19日报道。

三、喀麦隆矿产资源分布及开发情况

（一）喀麦隆矿产资源概况

喀麦隆国土面积47.5万平方公里。根据2008年11月颁布的总统令，全国设10个大区，即：阿达马瓦大区、中央大区、东部大区、极北部大区、滨海大区、北部大区、西北部大区、西部大区、南部大区和西南部大区。各大区下辖若干个省（全国总计58个省），各省下辖若干个区县。

喀麦隆矿产资源不仅储量丰富，而且品种繁多，已探明的地下矿藏就有30多种，其中列为世界级矿脉的有铝矾土矿、金红石、钴和镍。此外，还有铁矿、锡石矿、黄金、钻石以及大理石、石灰石、云母等非金属矿产。喀麦隆还拥有较为丰富的石油和天然气资源。目前除石油外，喀麦隆其他大部分矿产资源尚未得到开发和利用。矿产开发是喀麦隆吸引外国投资规模最大的领域。

---

① 针对喀麦隆国内生活必需品和原油价格飙升，2008年3月7日，喀麦隆总统比亚下令采取措施，降低某些消费产品关税，提高公务人员购买能力。因此，公民和军人的基本工资上调了15%，住房补贴也提高了20%。行业最低工资（SMIG）也由23514非郎调整为28214非郎。

② 法国作为喀麦隆最大的双边援助国，在对喀麦隆多边债务减免过程中扮演着重要的角色。根据相关统计，在喀麦隆多边外债减免总额中法国占33%。此外，在双边债务减免方面，法国还决定免除因对喀麦隆发展援助而产生的所有对法国的负债，此项减免将在法国与喀麦隆债务减免与发展协议（C2D）框架内执行。根据2006年提供的数据，C2D协议预计执行期为十五年，涉及对喀麦隆援助金额超过10亿欧元（约合7000亿非郎）。协议涉及市镇发展、领土整治、自然资源管理、教育、卫生、社会发展和国家治理等多个领域。

（二）喀麦隆矿产资源储量及分布情况

1. 石油

喀麦隆曾是撒哈拉以南非洲第六大石油生产国，具有开采前景的5.6万平方公里沉积盆地中约有18771平方公里已被批准从事勘探活动（包括特许石油开采区1917平方公里和许可勘探区16854平方公里）。已探明石油储量约为1.03亿吨，主要集中在几内亚湾一带。目前的特许石油开采区主要集中在西南部大区的里奥—德尔雷伊盆地（Rio del Rey）；许可勘探区主要集中在南部大区的杜阿拉/克里比—坎波盆地（Douala/Kribi-Compo）。北部大区濒临乍得湖的洛贡—比尔尼盆地目前尚未开发。

里奥—德尔雷伊盆地和杜阿拉/克里比—坎波盆地都是滨海沉积盆地。里奥—德尔雷伊盆地覆盖包括林贝在内的7000平方公里海域，与尼日利亚原油主要产地同属一个地理结构体系。由于该盆地浅表地层大部分已处于非常成熟的开发阶段，现局部勘探的重点是一些尚未钻探的较小断层面，大范围勘探的重点则是地质风险较高的更深的地层。有的公司如瑞士的ADDAX石油公司目前正在对一些现有边际油气田储量进行评估。在19000平方公里的杜阿拉/克里比—坎波盆地（其中7000公里为海滩）上，石油勘探活动十分活跃，大部分地区都颁发了勘探许可。有关公司正利用赤道几内亚最近发现石油的经验，对该盆地的类似条件进行认真分析和评估。而洛贡—比尔尼盆地（27000平方公里）和芒菲盆地（3000平方公里）是陆地裂变盆地，与尼日尔、乍得等邻国有重大石油发现区域的地质结构十分相似。另外，在几内亚湾的巴卡西半岛①及其附近水域发现了几个油田，据认为可能蕴藏有大量油气资源，但目前也尚未开发。

2. 天然气

喀麦隆天然气储量预计在5000亿立方米左右，主要集中在里奥—德尔雷伊盆地和杜阿拉/克里比—坎波盆地等地区，包括伴生气和非伴生气田，但目前均未开发利用。

3. 铝矾土矿

喀麦隆铝矾土矿储量居非洲第二位。主要分布在阿达马瓦大区的Minim Martap、Ngaoundal和西部大区的Fongo Tongo、Fokamezoun Fokoue两大矿区，其经济意义不尽相同，

---

① 巴卡西半岛位于非洲西部的几内亚湾海岸，人口约15万—30万，面积约665平方公里，位于尼日利亚和喀麦隆两国陆地边界最南端。历史上巴卡西半岛被西方殖民主义者任意割让，其归属曾几经反复。20世纪70年代后期，在巴卡西半岛附近海域发现石油和天然气后，巴卡西半岛归属争议再起。20世纪90年代，尼日利亚军队占领整个巴卡西半岛。1993年年底至1994年年初，尼日利亚和喀麦隆在巴卡西半岛发生武装摩擦。1995年3月16日，喀麦隆政府正式向海牙国际法庭递交诉状，要求国际法庭仲裁喀麦隆与尼日利亚多年来存在的全部陆地和海上边界纠纷。2002年10月10日，国际法院根据1913年《英德条约》、1931年《法英换文以及尼喀两国政府间协议》，对争端作出判决：将双方争议的巴卡西半岛及乍得湖达拉克地区判归喀麦隆。尼日利亚政府于2008年8月14日将在尼日利亚南部的克罗斯河州州府卡拉巴举行仪式，正式向喀麦隆政府移交石油资源丰富的巴卡西半岛控制权，以平息两国多年来围绕该岛的领土争端。但移交之后，该地区的治安状况不是很理想。

但都没有得到开发。其中，Minim Martap、Ngaoundal矿区由一系列海拔高度为1200米—1300米的矿化盖层组成。这些红土岩层发育在源于玄武岩和安山岩的紫红色粘土质岩石之上。杂岩产于黑云母花岗岩基底之上，花岗岩基底有时因受到构造作用而产生斑状结构。红土剖面地表和露出部分的矿石储量估计约为11亿吨。其中氧化铝（AL_2O_3）的平均品位为43%，含3.4%的氧化硅，属于世界级矿床。但开发的不利因素是离港口有500公里之遥。Fongo Tongo、Fokamezoun Fokoue矿床占地450公顷，位于喀麦隆西部大区的Dschang西北12公里处。铝土矿层产于海拔高度为155—1800米的侵蚀高原上，发育在古老的玄武岩和粗面岩之上。估计矿石储量4600万吨，氧化铝品位为47%，氧化硅含量为3.6%。

4. 金红石①

喀麦隆早在1908年就发现了金红石矿，并从1935年到1957年期间开采。矿石主要分布在西南部的埃代阿—克里比、坎波、奥泰来及中部大区的阿科诺林加（Akonolinga）等地，所有矿产均为冲积矿床，易于开采。其中位于中央大区的阿科诺林加与楠加埃博科（Nanga Eboko）地区之间的金红石矿储量为3亿吨。可采矿层小且分散。覆盖层通常很薄，为0.3米—0.6米。冲洗之后二氧化钛（TiO_2）的平均品位为1.5%—3%，金红石储量超过300万吨。

5. 钴和镍

钴和镍主要分布在喀麦隆东部大区，在该大区洛米埃（Lomie）以东30公里处有一个钴、镍矿床。超基性单元占地面积约80平方公里。矿床发育蚀变粘土层，存在具有经济价值的金属含量，Co/Ni > 0.1。仅恩卡姆纳（Nkamouna）的钴矿石储量就达8800万吨，品位为0.215%；镍矿石储量为9500万吨，品位为0.96%。全部超基性岩体的总资源量可达数亿吨。

6. 铁矿

喀麦隆有一定量的铁矿，主要有两个铁矿床，分别是位于东部大区的姆巴拉姆（Mbalam）铁矿和南部大区克里比（Kribi）铁矿。姆巴拉姆矿区位于喀麦隆和加蓬边界地区，包括5块丘陵地，主要蕴含赤铁矿，已探明含中度铁矿（含铁量30%—35%）22亿吨，富铁矿（含铁量60%以上）2.2亿吨。克里比铁矿主要由磁铁矿组成，含赤铁矿、针铁矿和褐铁矿，矿石均质，质量一般，品位为30%—40%，总储量估计约为4亿吨。

（三）喀麦隆矿产资源开发情况

1. 石油开发情况

石油是喀麦隆矿业中最重要的部分，最早的开采始于1976年，是法国埃尔夫石油公司对

---

① 金红石就是较纯的二氧化钛，一般含二氧化钛在95%以上，是提炼钛的重要矿物原料，但在地壳中储量较少。它具有耐高温、耐低温、耐腐蚀、高强度、小比重等优异性能，被广泛用于军工航空、航天、航海、机械、化工、海水淡化等方面。金红石本身是高档电焊条必需的原料之一，也是生产金红石型钛白粉的最佳原料。

里奥—德尔雷伊盆地的开采。1985 年其开采达到顶峰，之后，产量逐年下降，但喀麦隆目前仍是非洲第 7 大、中西非地区第 5 大石油生产国。喀麦隆石油开采主要集中在西南大区的里奥—德尔雷伊盆地，而南部大区的杜阿拉/克里比—坎波盆地 1999 年也开始产油。2007 年，喀麦隆石油产量为 3124 万桶，低于 2006 年的 3188 万桶。在喀麦隆经济中石油仍然占有很重要的位置，石油贸易额约占全国贸易总额的 40%；石油出口占总出口的 40%，进口占总进口的 29%；石油产值占 GDP 的 10% 左右。喀麦隆国内所产石油主要为重油，其国内没有加工能力，主要用于出口。

喀麦隆国内石油精炼产品年消耗量约为 100 万吨，其国内企业有较强的炼油能力。国家石油精炼公司（SONARA）是喀麦隆主要的炼油企业，国内石油产品的 80% 由其生产，其余依靠进口。SONARA 可年生产包括无铅汽油在内的各类精炼石油产品的 200 万吨，其中一半产品用于出口，主要出口国为中非共和国。SONARA 预计到 2011 年实现年产量翻一番（计划在 3 年内投资 3000 亿非郎①用于提高生产能力）。SONARA 生产所需原油的 90% 是从尼日利亚进口，5% 是从赤道几内亚进口或在本国购买。

2. 天然气开发情况

为推动喀麦隆天然气资源的开发，喀麦隆国家石油天然气公司（SNH）专门制定了天然气资源发展计划，主要包括发展天然气热电厂、天然气出口和满足国内天然气需求等内容。2008 年 11 月，喀麦隆国家石油与天然气公司与法国燃气苏伊士集团（GDF Suez）正式签署战略合作伙伴协议，在喀麦隆共同兴建液化天然气出口设施。根据协议，SNH 与 GDF Suez 将对喀麦隆液化天然气的出口进行共同评估，其中包括在喀麦隆南部大区的克里比地区海域和西南部大区的林贝地区海域建设海上浮式生产储卸石油平台（FPSO）。该项目预计投资达 3300 亿非郎，其中喀麦隆出资 720 亿非郎，法国燃气苏伊士集团出资 2580 亿非郎。

此外，喀麦隆还计划在克里比和洛格巴巴兴建燃气电厂。克里比热电厂装机容量为 150 兆瓦，是由美国 AES 电力公司和喀麦隆政府共同出资兴建，预计总投资达 1250 亿非郎，所需天然气来自南萨纳加地区的天然气田；洛格巴巴电站装机容量为 66 兆瓦，该地蕴藏的天然气主要是用来为杜阿拉工业区提供电力的。

3. 固体矿产资源开发情况

喀麦隆政府长期对以铝矾土矿开采和铝生产为中心的矿产开发采取鼓励性政策，铝业一直是当地经济发展的支柱产业之一。喀麦隆铝业公司（ALUCAM）成立于 1978 年，是喀麦隆最大的工业企业，目前年产能为 30 万吨。2008 年公司收入为 1490 亿非郎，占喀麦隆工业产值的 7%，出口收入的 5%。但喀麦隆国内铝矾土主矿区由于交通不便和投资巨大等原因，一直没有开发。喀麦隆所需的大部分铝钒土是从几内亚进口的。

最近，由喀麦隆铝业公司、美国 Hydromine Inc. 公司、迪拜 DUBAL 公司和印度 Aditya

---

① 即中非法郎，2009 年 4 月 21 日与美元的比价为 1 美元兑 507 非郎。

Birla集团下属的Hindalco公司共同组成了生产联合体，计划对喀麦隆阿达马瓦大区的Minim - Martap和Ngaoundal两地铝矾土矿进行联合开采，生产联合体年开采能力预计为300万吨。该开采计划总投资高达60亿美元，在该计划框架内还包括兴建一条由埃代阿至克里比的铁路，一座深水码头和一间铝矾土精炼厂等项目。

在冶铝工业方面，喀麦隆积极推动喀麦隆铝业公司扩产计划，该计划由该公司和加拿大Rio Tito集团合作实施，内容包括兴建两间新的铝冶炼厂，计划2013年建成投产。两间铝厂的生产能力分别为80万吨/年—120万吨/年和220万吨/年—300万吨/年。如果上述项目能够如期实施，至2017年，铝将取代石油成为喀麦隆出口规模最大的商品。

在铁矿开发方面，由澳大利亚Sundance Resources公司控股的喀麦隆铁业公司（Cam Iron）近期宣称其在姆巴拉姆地区的铁矿床探明铁英岩和赤铁矿储量为24.5亿吨，以年开采能力350万吨计算，该铁矿可供开采20年。此外，较大的矿产开发项目还有美国Geovic Mining公司与喀麦隆子公司Geocam在恩卡姆纳地区的镍钴矿项目，但由于勘探、资本市场和金融贷款等多方面原因，Geocam最近宣布推迟这个投资计划。

（四）喀麦隆矿产资源开发有关政策法规

1. 石油开发有关政策法规

自20世纪70年代至20世纪90年代，喀麦隆重石油开采，而轻勘探和资源普查，所以没有发现新的重大油气，导致石油产量逐年下降。为了改变这种状况，喀麦隆政府对石油勘探开发实行鼓励政策，1990年出台了鼓励石油开采措施；1995年颁发了边际油田法；1999年12月颁布了新石油法。规定了投资者在喀麦隆进行石油开发可与政府签订产品分成合同和许可合同（过去为混合合同，条件欠优惠且较为复杂），喀麦隆政府还在合同、税收等方面制定了更加灵活优惠的鼓励措施，主要规定如下：

（1）产品分成合同。签约方可根据日产量或根据合同规定的利润分配比例选择分配方式；生产份额在税前计算，所有经济参数（收回成本的产品比例、生产份额、协议红利或生产红利等）均可在报价基础上进行协商；企业最高纳税率为57.5%，经协商一般在38.5%—50%之间。

（2）许可合同。特许权价率根据产量而定，企业的纳税率也可协商，一般在38.5%—50%之间。

（3）对产品分成和许可两类石油合同。国企参与权根据公司提交的报价协商和变动；以美元结算；合同纠纷通过国际仲裁解决；石油公司在勘探阶段享受免除关税待遇，在开采阶段享受减免关税待遇；公司利润允许调拨回国；产品可在国外储存和出售。

2005年3月，应世界银行和国际货币基金组织要求，喀麦隆加入“采掘工业倡议计划”（ITIE）。该计划旨在改善对采掘工业（包括矿产、石油开发等）的管理，增强资源管理透明度，保证采掘工业最大限度的促进经济的持续性发展和增长。

2. 固体矿产资源开发有关政策法规

喀麦隆最早的矿业法是效仿法国的法律框架制定的。20 世纪 90 年代中后期，喀麦隆政府在世界银行的帮助下制定了新的矿业法，目的是削弱政府在采矿生产中的作用及其行政命令权力，同时增强其监督与管理职能。2001 年 4 月，喀麦隆颁布了新矿业法以取代 1964 年的矿业法。2003 年 3 月通过了《矿产法实施细则》。

喀麦隆矿业法第五条第 1 款规定，矿产资源属国家所有，向任何国家和公司开放，没有歧视。但涉足矿业开发必须办理相应的许可证件。证件有 3 种：踏勘许可证、勘探证、开采证。① 踏勘许可证。非独有的，期限为 1 年，可无限期延长。范围限制在 1 处，面积 1 万平方公里。发证单位为矿产部。② 勘探证。独有的，期限为 3 年，可延期 4 次，每次 2 年。只限 1 处，面积为 1 万平方公里。由矿产部发证。③ 开采证。独家开采，期限为 25 年，根据矿的寿命，可延长 10 年。开采地点为勘探证所限的 1 处。开采证由共和国总统颁发。④ 露天采矿证。独家的，期限为 5 年，开采范围在发给的证书中规定。不确定的可延长 3 年。发证单位为矿产部。

矿业法第五条第 2 款对所有从事矿业开发的企业给予税务和关税方面的优惠政策如下：凡是授予权力，延期和转换矿业方的资质，都应缴纳确定税金。每一类型的资质应按年度缴纳地皮租金。下列优惠政策是给予所有参与矿业勘探和开发的企业和公司，以及他们的承包商和供货商的。

（1）用于采矿的机械设备享受临时进口待遇，所需的零备件和润滑油全免税。

（2）免缴杂税（公司税、利润税）、勘探证持有者税。

（3）建矿期间免征建矿所需进口设备材料、专用润滑油和首批零备件的一切税款，直至第一批产品商业化。

（4）自由转移资本，保证投资开矿的外国自然人和法人根据外汇投资转移收入。

（五）中国企业进入喀麦隆矿产业情况及风险分析

1. 中国企业目前进入喀麦隆矿产业的情况

进行勘探和开采工作。

2. 中国公司在喀麦隆进行矿产开发的不利因素

（1）投资大，周期长。勘探和开发矿产资源需要投入大量资金，形成规模开采并在开采活动中形成强劲的竞争势头需要较长时间，且喀麦隆融资能力差，具有一定的风险。

（2）勘探活动滞后。喀麦隆对全国矿产资源从未进行过规模性的勘探和普查。喀麦隆矿产资源需要进一步勘察和考证。目前公布的矿产资源多半是初步的、大概的，其大部分资源需要重新勘察或深入考证。由于缺少勘测材料、地质地理水文等技术资料以及相关的测试手段，具体到某一矿种、某一矿脉都必须从头考察以确定其开采价值。

（3）基础设施相对落后。喀麦隆工业基础设施不足，公路损坏严重，缺水缺电。

此外，喀麦隆现任总统比亚已70多岁高龄，接班人选至今未明确。未来围绕着领导权的争斗，部族矛盾可能激化、甚至可能导致政党分裂、危及国家稳定。喀麦隆政局的不确定因素将随着时间的推移而逐步增多。加之当地官员腐败严重，职能部门办事效力低下，有法不依现象较普遍。

3. 建议

鉴于：①喀麦隆具有较为丰富的矿产资源；②喀麦隆铝土矿、金红石、铁矿、镍和钴都具有较高的工业价值，且大部分未得到开发利用；③受全球金融危机影响，很多跨国公司都在缩减投资；④从长远来看，中国需要足够的外来资源来实现其今后几十年的工业现代化。因此，我们认为：目前的全球金融危机对许多中国公司来说是进军国外矿业市场的一个较好机会，可以用相对较低的价格购买较好的资源或矿业资产。故建议我国国内矿业企业加强对喀麦隆矿产资源、有关法规等情况的全面调研和分析，抓住机遇探索双边合作的可能性。

参考文献资料

1. Cameroon Tribune（《喀麦隆论坛报》），2009年3月报道。
2. Jeune Afrique（《非洲青年》），2009年第1期。
3. 中国驻喀麦隆大使馆经济商务参赞处编：《喀麦隆投资指南》，2008年。

第九章　埃塞俄比亚

埃塞俄比亚政治经济运行状况

埃塞俄比亚联邦民主共和国（以下简称埃塞俄比亚），国土面积为110.36万平方公里，属非洲东北部内陆国家，人口为7392万。全国约有80多个民族，主要有奥罗莫族、阿姆哈拉族、提格雷族、索马里族和锡达莫族等。居民中45%信奉埃塞俄比亚正教，40%—45%信奉伊斯兰教，5%信奉新教，其余信奉原始宗教。阿姆哈拉语为联邦工作语言，通用语言为英语，主要民族语言有奥罗莫语、提格雷语等。

埃塞俄比亚东与吉布提、索马里毗邻，西同苏丹交界，南与肯尼亚接壤，北接厄立特里亚。高原占埃塞俄比亚国土面积的2/3，平均海拔近3000米，素有“非洲屋脊”之称。

（一）埃塞俄比亚政治情况

在第二次世界大战前，埃塞俄比亚是惟一未被西方殖民的非洲国家，1941年抗意卫国战争胜利后，埃塞俄比亚仍由封建皇帝——海尔·塞拉西、贵族和高级僧侣统治。

从1995年新宪法生效后，埃塞俄比亚成为了一个建立在民族区域自治基础上的联邦制国家；实行三权分立和议会（内阁）制，政教分离；总统为国家元首，由人民代表院提名，经联邦院和人民代表院三分之二多数同意后通过，任期为6年，最多可连任两届。现任总统吉尔马·沃尔德·乔治斯（Girma Wolde Giorgis），2001年10月8日当选，2007年10月蝉联。

总理和内阁拥有最高的执行权力，内阁由多数党或多党联合组阁，集体向人民代表院负责。联邦议会由人民代表院和联邦院组成。人民代表院系联邦立法和最高权力机构，由选民直选产生，任期5年。联邦院拥有宪法解释权，以及裁决民族自决或分离、各州间纠纷等权力，政府设立总理1名，副总理1名，下辖18个部门，7个地区和2个直辖市。

埃革阵从1991年起一直居于执政党地位。执政以来，创建了以民族区域自治为基础的联邦政体，以发展经济为重点，注重协调稳定、发展和民族团结三者间关系。2001年埃革阵“四大”通过新党章、党纲，确立了各民族平等参与国家事务的“革命民主”和“资本主义自由市场经济”的政治经济发展方向，并联合代表埃塞俄比亚各大行政区域和几大主要民族的其他三个党派形成了四党联盟。2005年5月，四党联盟执政逐渐开始代替埃革阵一党执政的埃塞俄比亚政局。反对党以大选存在舞弊为由在首都等主要城市煽动暴力活动，但埃塞俄比亚政府控制局势能力较强，埃塞俄比亚国内形势总体稳定。新政府成立后，积极与反对党接触、对话，致力于政治和解，制定和实施第二个五年发展计划，执政地位得到巩固。2006年9月埃革阵举行第六次全国代表大会，梅莱斯再次当选主席。2007年以来，政府努力推动政治与社会和谐，促进内部稳定，大赦反对党领导人，基本实现政党和解；深化各项改革，加强能力和建设，取得一定成效。目前，埃塞俄比亚政局总体保持稳定，但反政府武装在边远地区制造恐怖袭击事件，局部安全形势有所恶化。

埃塞俄比亚奉行全方位外交政策，主张在平等互利、相互尊重主权、互不干涉内政基础上与各国发展关系，强调外交为国内经济发展服务；重视加强与周边邻国的友好合作，努力发展与西方和阿拉伯国家的关系，争取经济援助；注重学习借鉴中国等亚洲国家的发展经验；努力推动非洲政治、经济转型，重视在非洲特别是东非发挥地区大国作用，积极调解苏丹、索马里等地区热点问题；是非洲联盟、（东非）政府间发展组织、东部和南部非洲共同市场等组织成员。

埃塞俄比亚与西方国家特别是美国的关系良好，于1903年起就与美国建交，是接受美国援助最多的非洲国家之一。美国视埃塞俄比亚为非洲反恐合作伙伴，支持埃塞俄比亚出兵索马里。2003/04财年，美国向埃塞俄比亚提供发展援助6000万美元，粮食援助1亿多美元，另援助4300万美元用于艾滋病防治。2007年，为进一步加深联系，两国高层互访频繁。

在与邻国关系上，埃塞俄比亚与北方邻国厄立特里亚（以下简称厄特）关系紧张。1998年两国因边界小村庄巴德梅爆发边境冲突，关系恶化，2000年签署和平协议。2002年4月，由国际专家组成的埃厄边界委员会对两国边界划分走向作出裁决，两国均表示接受。同年年底，埃塞俄比亚对边委会标界作业图将包括战争爆发点巴德梅在内的部分争议地区划归厄特提出异议，要求修改裁决。厄特坚持裁决不可更改，并拒绝双边协商。目前，埃厄边界局势紧张。

与中国关系上，埃塞俄比亚于1970年11月24日与中国建交。海尔·塞拉西皇帝、门格斯图总统、梅莱斯总理等均曾访华。现在的执政党——埃革阵坚持一个中国立场，重视对华关系，愿学习和借鉴我国改革开放和经济建设的经验。中埃两国签有贸易合作、经济技术合作、文化合作等协定。

（二）埃塞俄比亚经济状况

埃塞俄比亚是世界上最不发达国家之一。该国以农牧业为主，工业基础薄弱。门格斯图执政时期因内乱不断、政策失当及天灾频繁，经济几近崩溃。埃革阵执政后，实行以经济建设为中心、以农业和基础设施建设为先导的发展战略，向市场经济过渡，经济恢复较快，1992年—1997年年均增长7%。1998年，埃厄边界冲突爆发后，经济发展受挫。2001年，埃塞俄比亚政府以埃厄和平进程取得进展为契机，将工作重心转向经济建设。2002年，埃塞俄比亚政府实施“可持续发展和减贫计划”，先后采取修改投资和移民政策，降低出口税和银行利率、加强能力建设、推广职业技术培训等措施，获国际金融机构肯定。但2002年因旱灾严重，其经济增长率放缓，在2003年有所恢复。2005年以来，政府实施“以农业为先导的工业化发展战略"，加大农业投入，大力发展新兴产业、出口创汇型产业、旅游业和航空业，吸引外资参与埃塞俄比亚能源和矿产资源开发，实际经济增长保持了9%以上的增长速度。总体来说，在埃革阵进入首都亚的斯亚贝巴建立新政权后，以梅莱斯总理为代表的埃塞俄比亚新一代领导层，也是新政权的第一代领导人，提倡经济发展为中心，实干精神较强，反对腐败，为埃塞俄比亚近年来的经济发展作出了巨大贡献。

1. 埃塞俄比亚近年来经济总体运行情况

从2003年开始，埃塞俄比亚经济有了较快发展，表1是近年来埃塞俄比亚主要的经济数据。

表1　　2003/04财年—2007/08财年①埃塞俄比亚主要经济数据表②　　单位：美元

财　年	2003/04	2004/05	2005/06	2006/07	2007/08
名义GDP	86.35	96.96	107.00	115.94	121.78
实际GDP	85.72	96.22	106.97	114.82	120.43
实际GDP增长率(%)	11.7	12.6	11.5	11.5	11.6
人均GDP	133.84	145.07	155.93	162.41	165.36

从表1可以看出，近年来埃塞俄比亚经济呈现出快速增长的势头，实际GDP均保持了两位数的增长。从GDP的产业构成方面看，农业及相关产业所占的比重最大且比率基本保持不变，具体产业构成如表2所示。

表2　　2003/04财年—2007/08财年埃塞俄比亚GDP构成情况表　　单位：亿美元

	2003/04		2004/05		2005/06		2006/07		2007/08	
	金额	比率(%)	金额	比率(%)	金额	比率(%)	金额	比率(%)	金额	比率(%)
名义GDP	86.35	100	96.96	100	107.00	100	115.94	100	121.78	100
农业及相关产业	40.33	46.7	45.57	47.0	49.97	46.7	53.10	45.8	53.70	44.1
工业	12.00	13.9	13.09	13.5	14.23	13.3	15.30	13.2	15.83	13.0
服务业	34.02	39.4	38.30	39.5	42.80	40.0	47.54	41.0	52.24	42.9

从表2可以看出，随着埃塞俄比亚经济的增长，其农业、工业、服务业保持着同步的增长，各行业所占GDP的比重在近年来变化不大。同时，由于缺少矿产资源，而水力资源的开发尚在初始阶段，使得埃塞俄比亚长期以来工业所占的比重非常小，基本保持在占GDP的13%—15%的水平。预计随着其水电潜力的进一步开发，其产业构成比率将出现变化。

但在经济快速增长的同时，通货膨胀也在不断加剧，表3是埃塞俄比亚2003/04财年—2007/08财年的通货膨胀情况。

---

① 埃塞俄比亚财年指第一年的7月8日到第二年的7月7日，以下相同。

② 如无特殊说明，埃塞俄比亚国家经济数据均来自埃塞俄比亚国民银行2005/06—2007/08财年年报。

表3　　2003/04财年—2007/08财年埃塞俄比亚通货膨胀率表　　单位：%

财　年	2003/04	2004/05	2005/06	2006/07	2007/08
通货膨胀率	8.6	6.8	12.3	15.8	25.3
其中：					
食品类	11.8	7.7	14.0	17.5	34.9
非食品类	2.8	5.2	8.0	13.5	12.5

从表3可以看出，通货膨胀在加速上升，特别是2007/08财年通货膨胀率达到了25.3%，尤其食品类价格的上涨，使得埃塞俄比亚民生问题日益严重，已影响到整个社会的稳定。

而造成上述通货膨胀的主要因素除了近年来气候变化导致的粮食减产外，还包括埃塞俄比亚国内较为宽松的货币政策所带来的较大货币供应量，表4是埃塞俄比亚2003/04财年—2007/08财年货币供给情况及变化情况。

表4　　2003/04财年—2007/08财年埃塞俄比亚货币供给情况表

	2003/04		2004/05		2005/06		2006/07		2007/08	
	货币供应量（亿比尔）	年增长率（%）	货币供应量（亿比尔）	年增长率（%）	货币供应量（亿比尔）	年增长率（%）	货币供应量（亿比尔）	年增长率（%）	货币供应量（亿比尔）	年增长率（%）
狭义货币	180.4	15.9	212.9	18.0	238.1	11.8	296.2	24.4	353.5	19.4
现　　金	78.4	16.6	100.2	27.8	114.2	14.0	137.1	20.0	176.5	28.8
活期存款	101.9	15.4	112.7	10.6	123.9	9.9	159.1	28.4	177.0	11.2
货币等价物	155.9	14.3	189.2	21.4	225.7	19.3	270.3	19.8	328.3	21.4
储蓄存款	143.7	14.9	173.1	20.5	204.9	18.3	237.2	15.8	294.8	24.3
定期存款	12.2	7.0	16.1	32.1	20.8	29.1	33.2	59.6	33.5	1.1
广义货币	336.3	15.2	402.1	19.6	464.8	15.3	566.5	22.2	681.8	20.4

埃塞俄比亚近几年的货币供给量增速较快，均高于同期GDP的增长率，如2007/08财年内，广义货币供给增长率为20.4%，同期GDP只增长了11.6%，当年货币供给量达到了681.8亿比尔，折合70.8亿美元，占到了当年GDP的58.16%，给通货膨胀带来了非常大的压力。

埃塞俄比亚国民银行也认识到了货币供应过大给经济带来的负面影响，在2007/08财年内改变了部分货币政策，包括：两次调整存款准备金率，由以前的5%调整到15%；2008年4月7日，将商业银行法定流动比率由3%提高到4%。同时，再配合了其他财政政策，预计2008/09财年内，埃塞俄比亚货币供给增长过快的情况将有所缓解。

2. 埃塞俄比亚外贸进出口、国际收支及外债情况

埃塞俄比亚经济落后，工业在国民经济中所占比重10%，国内生产和生活的需求基本上通过进口来实现。长期以来，埃塞俄比亚始终为进口依赖型国家，对外贸易在国民经济中占有举足轻重的地位。

1991年以后，埃塞俄比亚政府制定和实施以市场为导向的新经济政策，致力于恢复和发展经济，对外贸易迅速回升，平均每年以15%的速度发展。当然，基于埃塞俄比亚的自身条件，进口始终大于出口，贸易逆差长期存在。特别是近年来，整体经济的恢复与发展，大大刺激了国内需求，虽然出口发展速度快于进口，但贸易逆差仍在扩大。

埃塞俄比亚的外汇来源主要依赖国际双边和多边贷款和赠款。本国出口创汇能力较弱，最近几年来出口收入占进口支出的比重年均不到35%。

埃塞俄比亚目前主要出口产品有：咖啡（占35%）、豆类和油籽（占24%）、皮革和皮革产品（占8.3%）、花卉（占5.7%）、黄金（占3.6%）、水果和蔬菜、糖及糖蜜、肉制品、畜产品等。埃塞俄比亚进口的主要商品有石油产品、工程机械、农业机械、路用汽车、五金制品、电子产品、通讯设备、纺织服装、橡胶制品、医药、纸制品、化工产品、玻璃制品、洗涤用品、粮食、化肥等。

埃塞俄比亚对外贸易的主要对象国有：欧盟（德国、意大利、法国、英国等）、美国、海湾国家（沙特阿拉伯、阿联酋等）、亚洲（日本、印度、中国和韩国）、非洲（吉布提、肯尼亚、埃及、南非等）。其中，中国、德国、日本、意大利、美国是埃塞俄比亚的五大贸易伙伴。

近年来埃塞俄比亚进出口贸易、国际收支、外汇储备等情况见表5。

表5　2003/04—2007/08财年埃塞俄比亚进出口状况及外汇储备情况表　单位：亿美元

财　年	2003/04	2004/05	2005/06	2006/07	2007/08
出口额	6.00	8.47	10.00	11.85	14.66
进口额	25.86	36.33	45.92	51.26	68.11
经常账户收支（“-”为净支出）	-9.69	-17.33	-22.18	-19.82	-27.91
外汇储备变化（“-”为增长）	-2.68	-0.95	2.08	-0.85	2.64

从表5可以看出，埃塞俄比亚进出口贸易常年保持逆差，且近年来，进口额增长幅度均大于出口增长幅度，逆差逐年加大，使得经常账户体现出的净支出也逐年增加。但由于埃塞俄比亚与西方国家关系良好，通过援助及贷款，使得该国外汇储备的变化并不明显，没有如经常账户一样呈单边走势。据埃塞俄比亚财政部官员介绍，目前埃塞俄比亚的外汇储备能满足埃塞俄比亚8—10个星期的进口用汇需求，埃塞俄比亚政府正在向IMF申请3.5亿美元的贷款，以缓解目前的用汇压力，保证埃塞俄比亚3个月的进口用汇。目前埃塞俄比亚已经出现了外汇管制，对汇出汇款进行了严格的控制，携带外币现钞出境也不得超过3000美元。

表6是埃塞俄比亚近几年主要出口产品的情况表。

从其出口产品分类看，咖啡仍然是埃塞俄比亚的主要出口产品，且近年来出口金额稳中有升，在出口总额中所占的比率较稳定；油菜籽也是埃塞俄比亚的主要出口产品，但近年来出口金额不是很稳定，有一定起伏，在出口总额的比率中呈现下降趋势；而鲜花作为埃塞俄比亚的另一个主要出口品种，近年来其出口金额占总出口金额的比率呈上升趋势，逐渐成为埃塞俄比亚的一个主要出口品种。

埃塞俄比亚2008/09财年出口创汇为15亿美元，同比2007/08财年增长25%。其中芝麻出口是全球第四，主要出口到中国、印度、土耳其、希腊等国家，出口创汇达3.55亿美元；花卉出口创汇达1.31亿美元；皮革制品出口创汇达1.053亿美元；牲畜和肉类出口创汇达7600万美元。埃塞俄比亚政府原计划在2008/09财年出口创汇为26亿美元，因此15亿美元的出口离政府的目标还相差很远。

表6　2003/04—2007/08财年埃塞俄比亚出口产品情况表　单位：百万美元

	2003/04		2004/05		2005/06		2006/07		2007/08	
	金额	比率(%)	金额	比率(%)	金额	比率(%)	金额	比率(%)	金额	比率(%)
咖啡	223.5	37.2	335.2	39.6	354.3	35.4	424.2	35.8	524.5	35.8
油菜籽	82.7	13.8	125.0	14.8	211.4	21.1	187.4	15.8	218.8	14.9
皮革及制品	43.6	7.3	67.6	8.0	75.0	7.5	89.6	7.6	99.2	6.8
豆类	22.6	3.8	35.4	4.2	37.0	3.7	70.3	5.9	143.6	9.8
肉类	7.7	1.3	14.6	1.7	18.5	1.9	15.5	1.3	20.9	1.4
水果/蔬菜	12.7	2.1	16.1	1.9	13.2	1.3	16.2	1.4	12.8	0.9
牲畜	1.9	0.3	12.8	1.5	27.6	2.8	36.8	3.1	40.9	2.8
恰特草	88.0	14.7	100.2	11.8	89.1	8.9	92.8	7.8	108.3	7.4
黄金	48.7	8.1	59.4	7.0	64.7	6.5	97.0	8.2	78.8	5.4
鲜花	2.3	0.4	7.8	0.9	21.8	2.2	63.6	5.4	111.8	7.6
其他	66.7	11.1	73.0	8.6	87.8	8.8	91.8	7.7	106.3	7.2

中国也是埃塞俄比亚出口产品的主要市场之一，表7是中国海关总署关于近年来中国对埃塞俄比亚的进出口情况总金额的统计。

表7　2002年—2006年中埃贸易情况表　单位：亿美元

年　度	进出口额	出口额	进口额	累计比上年同期增减(%)		
				进出口	出口	进口
2002	0.9980	0.9936	0.0369			
2003	1.57	1.527	0.0474	57.3%	58%	28.6%
2004	2.08	1.94	0.1439	32.4%	27.1%	203.6%
2005	3.6971	2.84	0.8571	77.7%	46.4%	595.6%
2006	5.6278	4.3096	1.3182	52.2%	51.7%	53.8%

资料来源：中国海关总署。

外债方面，埃塞俄比亚外债规模年度间变化较大，表8显示了2003/04财年—2007/08财年埃塞俄比亚对外债务数据统计情况。

表8　2003/04—2007/08财年埃塞俄比亚外债情况表　单位：亿美元

财　年	2003/04	2004/05	2005/06	2006/07	2007/08
外债总额	72.00	60.21	60.29	23.00	27.54
多边机构外债	46.80	48.81	48.76	11.87	15.31
双边外债	25.20	7.87	7.98	6.64	9.47

由于国际上免除了埃塞俄比亚的部分债务，使得埃塞俄比亚2006/07财年的外债总额大幅下降，但2007/08财年，国家外债又出现了一定的增长，从表8可以看出，2007/08财年年末，国家外债相对于期初增加了19.7%，达到了27.54亿美元。其中，多边信贷机构的贷款余额也从期初的11.87亿美元增加到期末的15.31亿美元，占所有外债的比率从期初的51.7%增长到55.6%；同期，双边外债也上升了42.6%。

外债占GDP的比率方面，2007/08财年内，也由期初的11.8%上升到期末的12.3%。

外债偿还方面，2007/08财年共偿还本金及利息2.09亿美元，占当年埃塞俄比亚出口总金额的比率由2006/07财年的1.2%上升到2.5%。

外债免除方面，2007/08财年，国际社会对埃塞俄比亚政府免除债务本金为0.24亿美元，利息为0.04亿美元，低于2006/07财年免除的本金0.73亿美元和利息0.3亿美元。

由于近年来埃塞俄比亚的进出口形势未见好转，实际债务也不断增长，国际收支长期处于不平衡状态，使得埃塞俄比亚当地货币比尔对美元的汇率也在不断下跌（如表9所示）。这也从一个方面反映了埃塞俄比亚国际收支的状况。

表9　　2003/04—2007/08财年比尔汇率表（1美元兑换比尔）

财　年	2003/04	2004/05	2005/06	2006/07	2007/08
汇　率	8.6789	8.7095	8.7383	9.0746	9.6562

3. 埃塞俄比亚政府财政收支状况

埃塞俄比亚近5年来财政收支状况见表10所示。

表10　　2004/05—2007/08财年埃塞俄比亚财政收支状况表　　单位：亿美元

财　年	2004/05	2005/06	2006/07	2007/08
财政收入(含捐赠)	23.13	26.62	32.38	41.12
财政支出	28.47	33.56	39.24	48.59
财政赤字(包括捐赠收入)	5.34	6.94	6.86	7.47
财政赤字(不含捐赠收入)	10.59	11.21	15.22	17.73

从表10可以看出，埃塞俄比亚政府财政收入和财政支出近年来呈现出上涨趋势，如不把捐赠款项计算在内，政府财政赤字也不断在增加且速度较快，捐赠款项解决了政府财政的一部分赤字，缓解了财政赤字的快速增长。

从财政收入的来源上看，2007/08财年内，不计算捐赠后的财政收入为30.91亿美元，包括直接税收7.32亿美元，占比23.7%，间接税收17.38亿美元，占比56.34%，其他非税收收入6.21亿美元，占比20.13%。直接税收中，主要为所得税收入，占到了直接税收的94.47%，其余为城镇农村土地使用费；间接税收中，主要为进口关税，占到了间接税收的69.66%；非税收收入主要为政府投资收益，占到了非税收收入的61.09%。

从财政支出看，2007/08财年内，财政总支出为48.59亿美元，包括一般费用性支出

23.61亿美元，占比48.59%，资本性支出24.98亿美元，占比51.41%。其中，一般费用性支出中，政府部门费用支出为9.45亿美元，占比40.00%，社会服务类费用支出为8.97亿美元，占比37.99%；资本性支出中，经济发展类投资为18.36亿美元，占比73.49%，社会发展类资本支出为5.62亿美元，占比22.50%。

援款方面，近年来埃塞俄比亚政府收到国外的援助款项逐年增加，具体金额如表11所示。

表11　　2004/05—2007/08财年埃塞俄比亚援款收入表　　单位：亿美元

财　年	2004/05	2005/06	2006/07	2007/08
援款收入	5.24	4.27	8.14	10.26

但是本数据截至埃塞俄比亚2007/08财年，即2008年7月8日，当时全球金融危机对实体经济及非洲经济的影响还不深。可以预计，在2008/09财年，埃塞俄比亚收到的援助款项将在上一年的基础上有所下降，必然会导致政府财政赤字的上升。

4. 埃塞俄比亚交通运输、通讯等基础设施情况

（1）铁路

亚的斯亚贝巴—吉布提铁路是埃塞俄比亚惟一的铁路，全长共850公里，其中有681公里在埃塞俄比亚境内。现有机车19台，年客运量达70万人次—80万人次，货运量达20万吨—25万吨，分别占全国总运量的2.6%和3.8%。因其设备老化、管理不善、运力不足，目前亏损严重。

（2）公路

公路运输占全国总运量的90%。公路总长42429公里（数据截至2007年7月），过去10年里平均年增长率为8%；道路密集度由1997年每1千平方公里24.1公里增长到2007年的每1千平方公里为91.4公里。全国登记卡车为14万辆，仅9.7万辆可使用。目前，埃塞俄比亚政府正实施公路部门发展计划，对公路系统扩建改造。

（3）水运

埃塞俄比亚海运公司有10艘船，总吨位为8.19万吨，通过从全世界66个港口为埃塞俄比亚运输进出口货物。曾以厄立特里亚的阿萨布、马萨瓦港为主要港口。埃厄发生边界冲突后，主要通过吉布提港进出口货物。

（4）空运

航空业发展迅速。埃塞俄比亚航空公司有近50架飞机，国际航线共50条，国内航线共30多条，安全系数、管理水平和经济效益均佳。埃塞俄比亚共有40多个机场，亚的斯亚贝巴、迪雷达瓦和巴赫达尔为国际机场，其中，亚的斯亚贝巴机场被评为“2007年度非洲最佳机场”。

（5）电讯

2002年12月，埃塞俄比亚电讯公司制定了未来20年的发展规划，计划投资35亿比尔，为全国50个城市提供电讯服务。2006年，全国有固定电话70万个，移动电话线用户220万个。

（6）供电

目前埃塞俄比亚国家电网只能覆盖全国人口的 22%；全国 7000 个村镇中，只有 1800 个能使用电力，且非常不稳定；而由于输变电能力的不足，能使用上电的 140 万人口中，有 40% 都是居住在首都亚的斯亚贝巴；全国人均用电量仅为 36 度/年，而已使用上电的消费人口，人均用电量也仅为 500 度/年。埃塞俄比亚国家电力公司预计通过最近几年上马的发电项目和输变电项目，到 2010 年年末，将埃塞俄比亚供电覆盖率达到 50%。

（三）埃塞俄比亚自然资源情况

埃塞俄比亚位于非洲东部的埃塞俄比亚高原，矿产资源匮乏，工业不发达，但水资源较为丰富，气候适宜，农业发展较好，相关自然资源情况如下：

1. 水资源丰富

埃塞俄比亚境内河流及湖泊众多，素有“东非水塔”之称，系青尼罗河的主要发源地。埃塞俄比亚可开发的地表水资源为 1300 亿立方米，目前只开发了 2 亿立方米，已开发的水电资源占全国 4.5 万兆瓦水电潜力的 2% 不到。埃塞俄比亚政府计划大力开发水电资源，除为本国经济建设提供电力外，还拟向苏丹、肯尼亚、吉布提等周边国家出口。渔业资源迄今未得到有效的商业开发。

2. 农业资源丰富，但开发水平较低

埃塞俄比亚农业劳动力占全国就业总人数的 85% 以上，农业产值占国内生产总值的 48.1% 左右，出口创汇占全国出口总额的 85%。生产以小农耕种为主，耕作方式十分落后，基本靠天收种，灌溉面积只占可耕地面积的 0.77%，抵御自然灾害能力较低。埃塞俄比亚主要的农产品为苔麸、玉米、小麦、高粱、大麦、粟、燕麦等，主要的经济作物有咖啡、恰特草（Chat）、鲜花、蔬菜、油料作物等。

根据中国驻埃塞俄比亚大使馆经商处介绍，埃塞俄比亚主要农产品发展潜力大致如下：

（1）埃塞俄比亚咖啡产量居世界第七、非洲第一

埃塞俄比亚咖啡加工技术落后，出口多为未加工和粗加工咖啡，出口价值不到国际上已加工产品价格的 30%，因此如能引入国际先进的咖啡加工技术和品牌，则出口价值将大幅度上升。

（2）芝麻、蓖麻产量较大

埃塞俄比亚是蓖麻的原产国，经经商处取样品在中国做实验，蓖麻出油率高于中国良种蓖麻。目前，中国每年对蓖麻油的需求约 80 万吨，但埃塞俄比亚国内只有每年 50 万吨的生产能力。

（3）埃塞俄比亚鲜花种植和出口近年来大幅增长，出口额跃居非洲第二

埃塞俄比亚鲜花以花朵大、花期长、花茎长而受到国际市场的青睐。2007/08 财年，鲜

花出口已经达到了1.12亿美元，占当财年埃塞俄比亚出口总金额的7.6%。

（4）木薯种植

由于木薯可以食用、饲用以及用于生物能源的开发，已逐渐成为世界公认的综合利用价值极高的经济作物和重要的工业原料，全球每年的贸易量达200亿美元。目前，中国每年需要进口木薯干、粉约500万吨，已成为世界第一大木薯进口国。埃塞俄比亚的土壤情况和天气情况非常适合木薯的种植，世界上最大的木薯种植国尼日利亚每公顷产量约为17吨—18吨，而埃塞俄比亚的木薯种植产量可以达到每公顷24吨—25吨。

（5）桉树种植

埃塞俄比亚的土壤情况和天气情况适合桉树的生长，目前埃塞俄比亚的桉树种植后没有进行加工，主要作为建筑上面的脚手架使用。如果埃塞俄比亚能引入相应的加工能力，则桉树可作为建材制造，桉叶油提取等行业的原料。

3. 畜牧业发展潜力较大

埃塞俄比亚目前共有活畜约4400万头，数量居非洲首位，世界第十，其中包括牛、绵羊和山羊。畜牧业占了农业总产值的20.6%。但埃塞俄比亚传统的畜牧放养方式使得该产业单位产量非常低，以小规模家庭放牧为主，居住分散，主要分布在埃塞俄比亚东部和南部低洼地区。畜牧业为雨水施给型放牧，缺乏管理，易受干旱和瘟疫的影响，发展比较缓慢。同时埃塞俄比亚的肉类加工和皮革加工较为落后，畜牧产品附加值较低。

4. 旅游业发展潜力巨大

埃塞俄比亚境内古迹众多，但服务基础设施落后，旅游收入较低。全国共有25家星级旅馆，3000多间客房，除国营旅游公司外，私营企业45家，旅行社60余个。2005年全国旅游收入为1.34亿美元，同比增长17.5%。占国内生产总值2%，共接待外国游客22.7万人次。政府已采取扩建机场、简化签证手续等措施促进旅游业发展，计划使埃塞俄比亚到2020年成为非洲十大旅游国之一。2007年，埃塞俄比亚政府通过举办千禧年庆祝活动，吸引了大批外国游客来旅游。

5. 矿产资源相对贫乏

因受制于目前的勘探技术和勘探能力，埃塞俄比亚的开采技术非常落后。目前埃塞俄比亚政府也在加大对矿产的勘察，已探明有一定储量的主要矿产资源有黄金、铂、铌钽、镍、铁、铜、铅锌、煤、纯碱、钾盐、大理石和天然气等。

参考文献资料

1.（英）米凯拉·容：《我不是为你而战斗》。

2. 埃塞俄比亚国民银行：2005/06—2007/08财年年报。

3. 中国海关总署网站：http://www.customs.gov.cn/publish/portal0/。

第十章 坦桑尼亚

坦桑尼亚国民经济运行情况

坦桑尼亚①属于世界最不发达国家，其国民经济基础薄弱，生产力发展水平低下，经济运行具有市场规模狭小、结构不合理、严重依赖外援等特点。1986 年，坦桑尼亚政府接受国际货币基金组织的条件，实行“结构调整计划”，确定了稳定工业、促进农业发展的战略，并积极引入市场机制，增强微观经济活力，大力推行贸易自由化和私有化，已取得一定成效，使坦桑尼亚宏观经济的各项指标得以逐年缓慢增长。此外，由于坦桑尼亚发展资金严重匮乏，其历届政府均把改善对外关系、扩大出口、争取更多外援作为施政重点，特别是自 2005 年基奎特政府执政以来，与西方捐助国和国际金融机构的密切联系，从而吸引外资、减免外债和获得更多援助。

进入 21 世纪以来，坦桑尼亚政府在多年来成功的经济改革的基础上，继续深化改革，加强宏观调控，其私有化进程稳步推进。伴随近年国际经济形势的总体向好，坦桑尼亚的宏观经济也呈现出了良好的发展态势。

（一）近年来宏观经济发展概况

1. 国内生产总值分析

坦桑尼亚的经济增长主要依靠农业、采矿业和旅游业。在 IMF 主导下进行的宏观经济和结构改革，使坦桑尼亚自 2000 年以来经济总量保持着平稳增长。2000 年—2007 年坦桑尼亚 GDP 年平均增长率达 6.76%（如表 1 所示），在非洲非产油国中名列前茅。但由于坦桑尼亚经济基础薄弱、结构单一，其经济发展极易受国际市场价格波动、自然灾害和国际政治形势变化等因素影响。

---

① 坦桑尼亚全称为坦桑尼亚联合共和国（The United Republic of Tanzania），由大陆部分与桑吉巴尔岛等 20 多个岛屿组成，桑吉巴尔岛享有高度自治。本文经济数据为坦桑尼亚联合共和国数据。

表1　　2000年—2007年坦桑尼亚GDP[①]及其增长率　　单位：亿坦先令

年　度	2000	2001	2002	2003	2004	2005	2006	2007
GDP	81528	91003	104445	121071	139716	159653	179413	209484
GDP(2001年基准价)	85853	91003	97522	104237	112397	120681	128812	138019
GDP增长率(%)	4.90	6.00	7.16	6.89	7.83	7.37	6.74	7.15

2007年，坦桑尼亚国内生产总值（GDP）达到209484亿坦先令，约合165.8亿美元，比上年实际增长7.15%，高于2006年的6.74%。2006年坦桑尼亚部分地区气候干旱，粮食大幅减产，物价上涨，电力供应严重不足。2007年以来坦桑尼亚主要粮食产区气候条件很好，灌溉设施和基础设施得到进一步改善，农业的增长拉动坦桑尼亚整体经济增长迅速。坦桑尼亚2000年—2007年国内生产总值变化如图1所示。

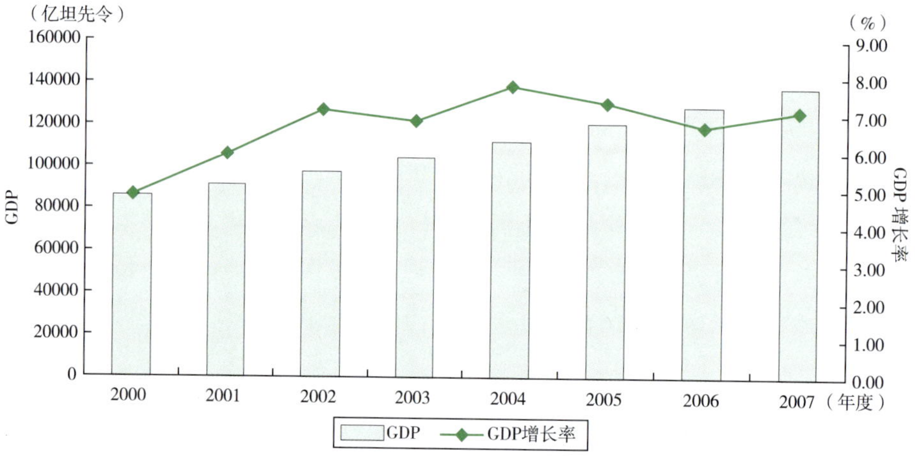

图1　2000年—2007年国内生产总值变化图

受世界金融危机影响，坦桑尼亚总统基奎特2008年年底表示，坦桑尼亚政府正在着手制定名为“B计划”的应急方案，对2008年6月通过的2008/09财政年度预算计划进行修正，旨在通过加强政府对经济的干预力度，以减少国际金融危机对国民经济的冲击。基奎特表示，尽管目前国际金融危机对坦桑尼亚实体经济的影响尚不明显，但预计未来将波及到其国内矿产业、金融服务业、商业、建筑业和农业等财政收入支柱产业，对其出口和外汇储备产生负面影响，因此坦桑尼亚政府必须未雨绸缪，早做准备。

据统计数据显示，2007年坦桑尼亚人均GDP为55.13万坦先令（约合436美元）（如表2所示），但由于人口增长率长期处于高位，近年来经济增长成果几乎被过快增长的人口所抵消，这使得坦桑尼亚国民生活水平迄今没有得到明显提高。目前，坦桑尼亚仍有超过半数人口每人每天的生活费不超过1美元，被列入重债穷国和世界上最不发达国家的行列。

① 本文图表数据来源于坦桑尼亚财政与经济计划发展部《The Economic Survey》和坦桑尼亚央行2006/07年报。

表 2 2000 年—2007 年坦桑尼亚人均 GDP

年 度	2000	2001	2002	2003	2004	2005	2006	2007
人口(百万)	31.9	32.9	33.6	34.2	35.3	36.19	37.5	38
人均 GDP(坦先令)	255574	276605	310848	354009	395796	441152	478435	551274
人均 GDP(美元)	319.67	311.49	328.28	337.29	359.51	387.28	378.68	436.37

2. 产业结构分析

从产业结构来看，近些年坦桑尼亚三大产业在 GDP 中的占比相对稳定。农业是坦桑尼亚的经济支柱，工业基础薄弱，服务业发展缓慢（如表 3 所示）。

表 3 坦桑尼亚 2000 年—2007 年三大产业在 GDP 中占比情况 单位：%

年 度	2000	2001	2002	2003	2004	2005	2006	2007
第一产业	33.11	32.56	32.16	32.22	33.02	31.45	30.10	29.64
第二产业	18.97	19.12	20.87	22.31	22.14	22.50	22.64	23.08
第三产业	47.92	48.32	46.97	45.47	44.84	46.04	47.26	47.28

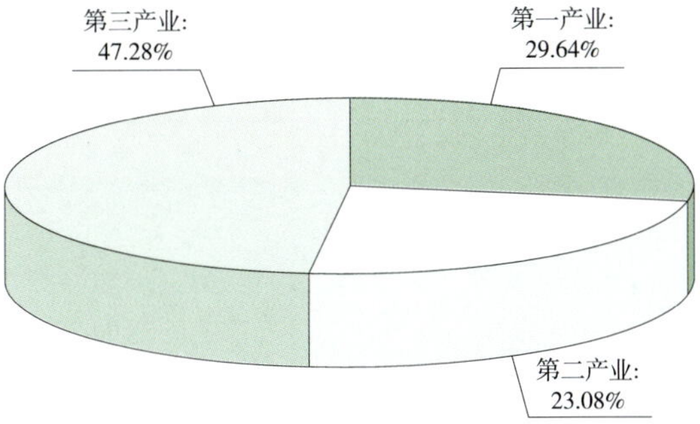

图 2 2007 年三大产业占比情况

（1）农业

坦桑尼亚耕地资源较为丰富，全国可耕地面积为 3940 万公顷，但已耕地面积只有 620 万公顷，占 15.74%。耕地开发水平不高，主要原因是农业生产技术落后投入少，80% 的农民用锄头耕作；水利和交通等农业配套基础设施较差；农业生产规模小，生产效率低下等。农业吸收全国劳动力的 2/3 以上。

坦桑尼亚的主要农作物有玉米、小麦、稻米、高粱、小米、木薯等。主要经济作物有咖啡、棉花、剑麻、腰果、丁香、茶叶、烟叶、除虫菊等。

坦桑尼亚拥有众多的河流、湖泊及广阔的水域，为渔业资源的开发利用提供了良好的自然条件。坦桑尼亚出产罗非鱼、丽鱼、鲇鱼、尼罗尖吻鲈等，渔业资源的开发潜力较大。

（2）制造业和加工工业

坦桑尼亚制造业和加工工业发展滞后，开工率普遍不足，由于水、电、通讯等基础设施比较薄弱，导致不仅生产成本和费用高，且水、电等供应也不能保障，致使企业运营成本居高不下。

坦桑尼亚坦噶尼喀（大陆）制造业以农产品加工和进口替代型轻工业为主，包括纺织、食品加工、皮革、制鞋、轧钢、铝材加工、水泥、造纸、轮胎、化肥、炼油、汽车装配和农具制造等。桑给巴尔（岛）工业以农产品加工为主，主要有椰子加工厂、丁香油厂、碾米厂、糖厂、石灰厂、自来水厂、发电厂和印刷厂等。

（3）第三产业

坦桑尼亚第三产业主要由商业（包括批发及零售业）、餐饮业和旅游业三部分构成，是国民经济的重要组成部分，与农业、工业等其他产业相比占有优势和主导作用，但和东非周边其他国家相比较，其第三产业总体发展水平还不高。

坦桑尼亚旅游资源十分丰富，其三分之一国土为国家公园、动物和森林保护区。目前，坦桑尼亚境内共有12个国家公园、19个野生动物保护区和50个野生动物控制区。坦桑尼亚2000年—2007年三大产业增长情况如表4所示。

表4　　2000年—2007年坦桑尼亚三大产业增长情况　　单位：%

年　度	2000	2001	2002	2003	2004	2005	2006	2007
第一产业	4.30	6.30	5.50	3.00	4.20	6.10	3.50	4.10
第二产业	4.50	6.70	9.60	11.40	11.30	10.40	8.40	9.40
第三产业	5.40	6.50	8.00	8.20	8.00	8.20	8.00	8.30

3. 经济结构分析

（1）消费

坦桑尼亚工业生产技术低下，当地日用消费品供应相对匮乏，多数商品依靠进口，物价水平相对较高，而且随着国际粮价和资源类物资价格的上涨，加上坦桑尼亚本币贬值，坦桑尼亚国内商品价格也逐年上涨。2007/08财年，坦桑尼亚消费总计59980亿坦先令，占GDP的26.9%，其中经常性支出占63.3%，发展性支出占36.7%。

2000年—2007年坦桑尼亚零售商品价格指数变化如表5所示。

表5　　2000年—2007年零售商品价格指数变化情况

（以2001年平均指数为100）

年　度	所有商品		食　品	
	指数	上涨(%)	指数	上涨(%)
2001	100.0	9.6	100.0	8.9
2002	103.8	3.8	104.0	4.0
2003	109.8	5.8	109.6	5.4
2004	116.8	6.4	117.1	6.8
2005	126.5	8.3	125.7	7.3
2006	141.1	11.5	138.6	10.3
2007	154.2	9.3	151.5	9.3

（2）投资

据世界银行 2000 年在对坦桑尼亚的经济考察报告，坦桑尼亚的投资环境在非洲国家中，属于中上水平，这主要归功于近十年来坦桑尼亚政府所采取的各项积极吸引外资的优惠政策。20 世纪 90 年代中期以后，坦桑尼亚政府逐步意识到，由于自由发展资金严重缺乏，仅靠本国力量将无法摆脱贫困现状并使经济实现快速发展，为避免在经济全球化浪潮中被边缘化，必须大力引入外资。为此，坦桑尼亚政府先后制订和颁布了一系列法规、政策和措施，例如：出台微型信贷政策，扶持中小企业发展；减免外资企业部分税费，免去高科技技术产品附加税等政策。这些优惠政策的贯彻和执行，已取得成效，坦桑尼亚投资环境大为改善，各种外部投资大量涌入。根据坦桑尼亚政府的统计数据，2000 年至 2005 年，坦桑尼亚年平均吸引外国直接投资（FDI）4.42 亿美元，截至 2005 年年底累计吸引外国直接投资达 60 亿美元，占其累计国内生产总值的 46.6%，年平均和累计吸引外资在世界最不发达国家名单的排名中分别为第六位和第四位。

进入 20 世纪 90 年代，坦桑尼亚吸引外国直接投资持续稳定增长，在撒哈拉以南地区保持最快增速，曾被认为是 2000 年度非洲地区最具发展潜力的国家之一。2000 年后，由于周边国家经济发展，投资环境好转，投资吸引力增加，致使流入坦桑尼亚的外国直接投资增速出现放缓趋势，如图 3 所示。

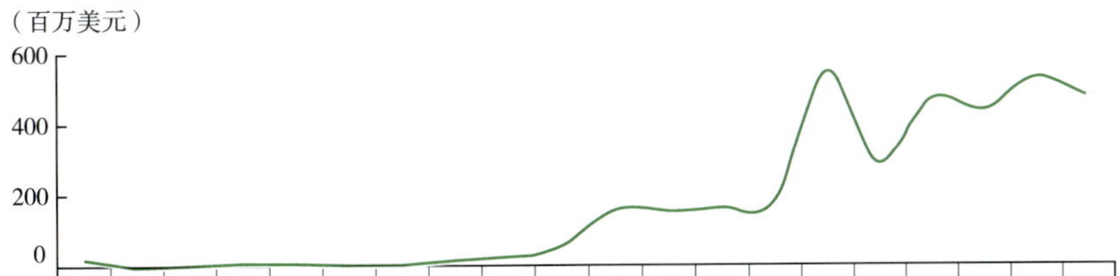

（年度）	1985	1986	1987	1988	1989	1990	1991	1992	1993	1994	1995	1996	1997	1998	1999	2000	2001	2002	2003	2004
	14.5	−7.5	−0.5	3.8	5.8	0.0	0.0	12.0	20.0	50.0	150.0	148.5	157.8	172.2	541.7	282.0	467.2	429.8	526.8	469.9

图 3　1985 年—2004 年外国直接投资（FDI）情况

（3）净出口①

从 20 世纪 70 年代初起，坦桑尼亚对外贸易一直出于逆差状态。2007 年坦桑尼亚进出口总值为 99256.29 亿坦先令，同比增长 29.72%。其中进口为 72967.63 亿坦先令，增长 32.79%；出口为 26288.66 亿坦先令，增长 21.90%，贸易逆差达 46678.97 亿坦先令，占 GDP 的 22.3%，如图 4 所示。

① 关于国际贸易详细分析请见后面国际收支状况分析章节。

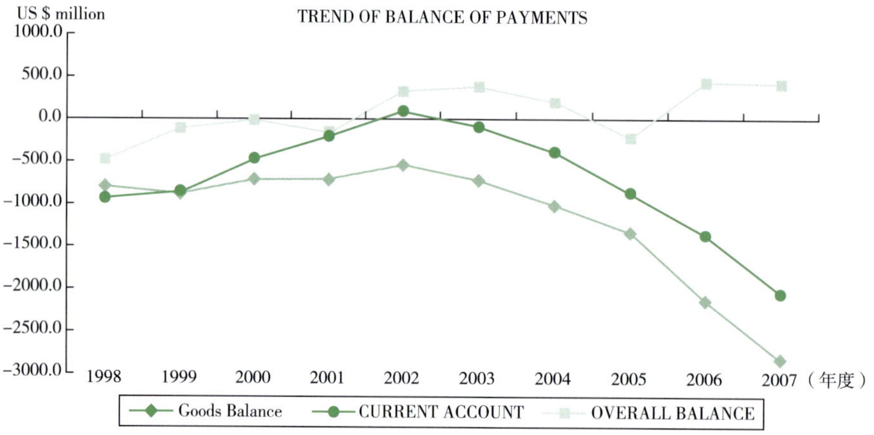

图4　1998年—2007年坦桑尼亚贸易变化图

（二）货币政策分析

坦桑尼亚银行（Bank of Tanzania）是坦桑尼亚的中央银行，是其货币政策的制定机构。坦桑尼亚银行的职责是建立有利的货币条件，使物价保持长期平稳，遏制通货膨胀。根据1995年颁布的坦桑尼亚银行法案第五部分，“银行的首要目标是制定并贯彻货币政策，努力实现维持物价稳定的经济目标，促进坦桑尼亚的国民经济持久平稳增长。”同时，坦桑尼亚银行还负责监督并管理银行业，增强其公开性和稳定性。除此之外，坦桑尼亚银行的其他职能还包括：参与银行间外汇市场交易，代理政府债券的拍卖，保障本国国际收支平衡。

1. 货币供应量

坦桑尼亚银行制定相应货币政策，控制货币供应量增长速度，以保证国内银行的信贷规模不会对国内物价带来巨大上涨压力。

据坦桑尼亚银行统计数据显示，2000年—2007年坦桑尼亚货币供应量保持较快增长，狭义货币供应量从2000年的6012亿坦先令增加到2007年的21563亿坦先令；广义货币供应量也一直保持在20%左右的增长率，从2000年的9565亿坦先令增长到2007年的35382亿坦先令，如表6所示。

表6　　2000年—2007年坦桑尼亚货币供应量　　单位：亿坦先令

年　度	2000	2001	2002	2003	2004	2005	2006	2007
狭义货币供应量(M1)	6012	6913	8156	9811	11861	15288	17989	21563
M1增长率(%)	18.12	14.97	17.98	20.30	20.89	28.89	17.67	19.9
广义货币供应量(M2)	9565	10990	13335	15588	18563	23664	29455	35382
M2增长率(%)	15.15	14.90	21.34	16.89	19.09	27.48	24.47	20.1

2. 通货膨胀

早在2000年之前，坦桑尼亚通货膨胀率曾一度居高不下。此后，随着国家不断加强宏观调控情况出现好转，通货膨胀得到有效遏制，通货膨胀率逐年下降，至2006年以前，通货膨胀率下降到5%左右。但自2006年起，通货膨胀率问题又再度显现，2006年度上升至7.3%，到2008年9月达到11.6%，并创下十年来的最高记录。食品和燃料价格不断上涨是其通货膨胀率居高不下的主要原因，当地经济学家分析认为，因国内供给不足，坦桑尼亚政府已无法降低通货膨胀率，2009年全年通货膨胀率控制在7%的目标将难以实现。2000年—2007年坦桑尼亚通货膨胀率情况如图5所示。

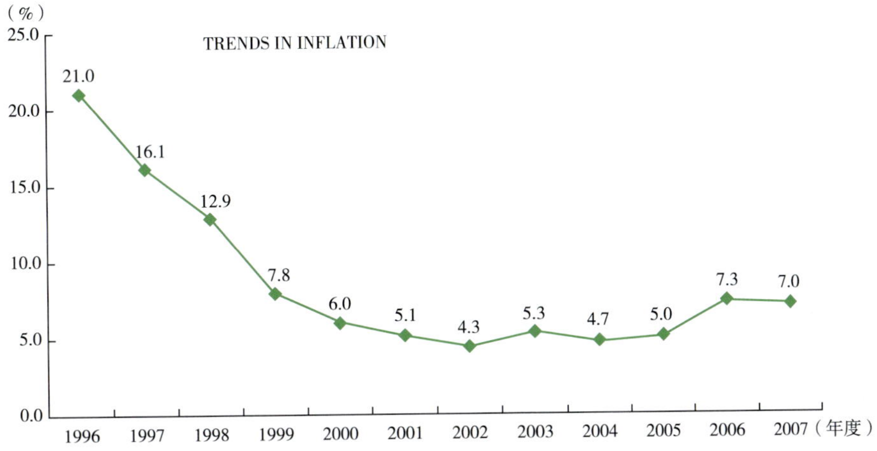

图5 1996年—2007年通货膨胀变动趋势图

3. 利率

坦桑尼亚实施金融自由化以及外汇市场开放的政策，这为实施积极的货币政策拓展了空间。从1993年起，坦桑尼亚中央银行完全实行利率自由化。2000年—2006年坦桑尼亚利率变化情况如表7所示。

表7 2000年—2006年利率变动情况表 单位：%

年　度	2000	2001	2002	2003	2004	2005	2006	2007
央行贴现率	13.10	9.78	9.40	10.60	12.60	13.92	13.40	21.42
存款利率								
活期	7.10	4.17	3.50	2.50	2.40	2.62	2.50	2.63
定期(3—6月)	9.10	5.20	4.00	3.50	4.30	4.41	6.60	8.96
贷款利率								
短期	19.10	20.94	14.80	16.40	15.70	16.06	15.80	13.95
中长期	21.00	19.24	16.80	13.50	14.10	15.38	14.53	16.13
国库券								
91天	7.30	4.15	4.10	6.10	7.70	8.12	7.80	12.62
182天	7.80	4.78	4.20	5.80	8.00	9.43	8.50	16.74
364天	10.30	5.10	4.90	5.90	8.20	10.51	9.60	12.10

坦桑尼亚近些年存贷款利率变化不大，利率水平维持在较高水平，但基本保持稳定。坦桑尼亚银行努力将实际利率控制在通货膨胀率之上。

4. 汇率

坦桑尼亚货币为坦桑尼亚先令。坦桑尼亚先令实行盯住一篮子货币的汇率制度。货币篮子由其主要贸易伙伴国货币组成。坦桑尼亚银行每天公布美元对先令的汇率，与其他国家货币的汇率按这些货币在国际市场上与美元之间的汇率套算得出。坦桑尼亚银行规定货币的买卖价为中间价的 ±0.5%。坦桑尼亚银行不为防范汇率风险提供远期外汇抵补业务，但允许指定交易商与其客户之间签订远期外汇的买入和卖出合同。

从 1991 年外汇法案制定后，坦桑尼亚银行采取了一系列行动逐渐放松了对外汇交易的管制。1992 年 4 月，外汇交易处的建立得到批准；1993 年 7 月，外汇拍卖被引进国内；到 1994 年 6 月，银行间外汇交易市场（IFEM）得到建立。坦桑尼亚的外汇市场由批发和零售市场组成：银行间外汇交易市场是批发市场，意义重大。它决定着国家的官方汇率以及为国际储备所提供的款项。IFEM 的主要目标是：

（1）允许银行以及其他授权交易人积极开发市场和交易手段，从而为客户服务；

（2）增强外汇储备分配的有效性，从而促进市场对汇率的决定作用；

（3）为境外投资创造良好环境，从而为最终实现固定资产的完全自由化铺平道路；

（4）改善货币政策的推行方式。

1999 年至 2008 年间，坦先令持续贬值，2008 年 1 美元兑换 1347 坦先令，相较 1999 年贬值了 68.9%。尤其是进入 2008 年以来，受到全球金融危机影响，坦桑尼亚主要贸易伙伴的欧美市场需求低迷，坦桑尼亚出口受到严重影响，外汇储备下降，坦先令大幅贬值，仅 2008 一年内，坦先令对美元汇率就下跌 17.13%。如图 6 所示。

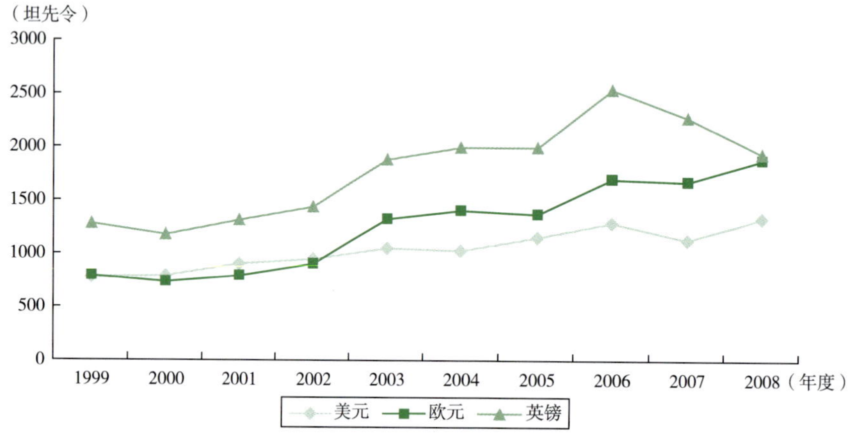

图 6　1999 年—2008 年坦先令对美元、欧元、英镑汇率变动图

（三）财政政策分析

坦桑尼亚政府将脱贫作为政府工作重点，执行以经济结构调整为中心的经济改革政策，推进经济自由化和国企私有化进程。坦桑尼亚的财政政策致力于最大限度地保障税收以支付国家的预算支出，同时建立并维持良好的财政政策，使其不仅吸引投资还使国内的商业活动充满吸引力。从1995年坦桑尼亚税务总局（TRA）建立并改革财政管理体制至今，坦桑尼亚国内税收稳健增长，并超过年度预算。

1. 财政收支①

表8为坦桑尼亚2001/02—2006/07财年政府财政收支统计数据。

表8　　2001/02—2006/07财年政府财政收支统计数据　　单位：亿坦先令

财　　年	2001/02	2002/03	2003/04	2004/05	2005/06	2006/07
财政收入	10429	12175	14593	17737	19296	20668
税收收入	9385	11057	13428	16152	17382	18960
非税收收入	1045	1118	1165	1585	1914	1708
财政支出	14628	19895	25169	32484	47885	40351
财政赤字	-4199	-7720	-10576	-14747	-28589	-19683

坦桑尼亚财政赤字始终保持在较高水平，2006/07财年财政赤字占GDP的比重约为13%，2006/07财年，坦桑尼亚政府税收收入占财政收入的91.7%，是政府收入的主要来源。

据坦桑尼亚官方数据显示，2007年1月至9月，坦桑尼亚实现财政收入约27亿美元，财政收入增长稳定，这有助于坦桑尼亚政府在2008/09财年预算中进一步减少对国外援助的依赖，并有能力进一步扩大对教育、医疗、道路设施以及供水等领域的投资，使百姓受益。

为进一步改善投资环境，增强本国经济发展，坦桑尼亚政府积极调整财政支出结构，在2007/08财政年度中，政府把国家预算的半数以上投向教育、基础设施、公共卫生、农业和城乡用水，其中仅教育经费就占全预算的18%。

为谋求全国经济的均衡发展，坦桑尼亚政府还大幅减少过去集中在政府各部门和坦桑尼亚最大城市达累斯萨拉姆的费用，并加大各级地方政府的预算，以加快地方经济发展的速度。

2. 外汇储备

2007年坦桑尼亚外汇储备达到27.55亿美元，同比增长21.9%，可以支付4.6个月的进口总额，外汇储备的增加主要得益于坦其黄金出口的大量增加。

3. 外债情况

截至2007年底，坦桑尼亚外债总额为53.68亿美元，相比于2006年底的57.49亿美元

① 坦桑尼亚财政年度从当年7月1日至第二年6月30日。

减少了6.6%。政府仍是外债的最大举债方，占坦桑尼亚总外债的80.1%。

20世纪80年代，坦桑尼亚外债负担极其严重，世界货币基金组织将其归入重债穷国行列。随着债权国对重债穷国（HIPC）提供部分债务的减免，坦桑尼亚债务开始有所下降，但目前外债总额仍居高不下。

表9为国际多边金融机构1999/00至2005/06财年对坦桑尼亚减免债务情况。

表9　国际多边金融机构减免债务情况　单位：百万美元

年　度	1999/00	2000/01	2001/02	2002/03	2003/04	2004/05	2005/06	共计
世界银行	9.12	39.78	41.24	43.45	47.79	47.74	48.53	277.65
非洲开发银行	4.51	9.63	0	8.02	10.00	9.99	9.87	52.02
货币基金组织	6.33	17.55	23.36	7.23	11.10	10.72	4.44	80.73
国际农业发展基金会	0	0	0.53	1.34	0.82	1.43	1.47	5.59
北欧信托基金	0	0	0	2.61	1.51	2.83	0	6.95
北欧发展基金	0	0	0	0	0	0.24	0.30	0.54
欧洲投资银行	0	0	0	0	0.24	9.29	3.92	13.45
东非发展银行	0	0	0	0	0	1.30	0	1.30
共　计	19.96	66.96	65.13	62.65	71.46	83.54	68.53	438.23

注：表中国际多变金融机构统计数据按照坦桑尼亚财政年度统计。

（四）国际收支状况分析

2000年以来，贸易逆差逐年增大，由于坦桑尼亚是贫油国家，受国际油价持续攀升的影响，2006年和2007年坦桑尼亚贸易逆差急剧增加，2007年达到46678.97亿坦先令（约合38亿美元）。2008年以来，国际能源价格有所下降，同时，坦桑尼亚在世界银行的支持下积极扩大出口，并减少政府开支和节制借款采购，尽管如此，贸易赤字上升趋势仍未能好转。目前，坦桑尼亚弥补贸易赤字的主要三大经济来源为国外投资、外国援助和旅游收入，每项大约各占三分之一。图7为2000年—2007年坦桑尼亚贸易逆差情况。

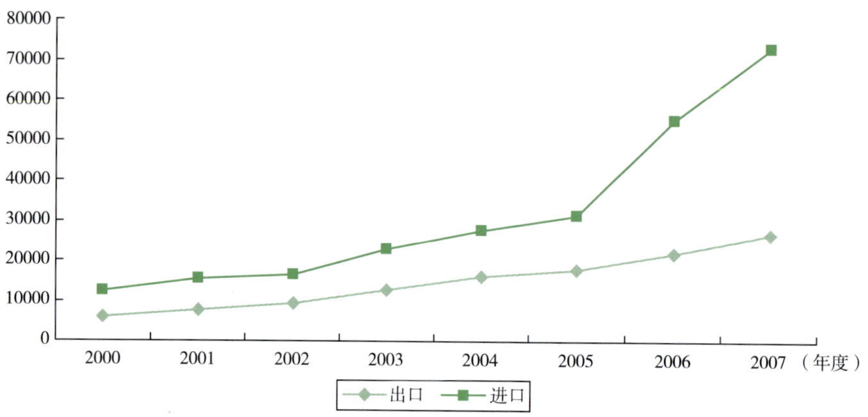

图7　2000年—2007年坦桑尼亚贸易逆差情况

坦桑尼亚的主要贸易伙伴国有印度、德国、英国、日本、沙特、荷兰、意大利、新加坡、肯尼亚和中国等。

在进口方面，由于坦桑尼亚没有现代工业生产体系，不具有电子工业、车、船和机械制造等行业。致使其工农业生产所需设备基本依赖进口。粮食自给不足，多数设备类产品和石油产品也依赖进口。在生活日用品方面，坦桑尼亚自身可以生产的产品种类也不齐全，绝大多数的中高档产品均依赖进口。坦桑尼亚主要的进口产品为工业生产资料和工业品有仪器、饮料、机械设备、金属制品、交通运输工具、石油等；其进口主要来自英国、德国、印度、日本和意大利等国家。

在出口方面，坦桑尼亚主要提供矿产、林产、水产和农业经济作物，而且几乎全部是初级产品。2006 年坦桑尼亚黄金出口大幅提升，相对 2005 年增加了 47.85%，占出口总额的 44.84%。坦桑尼亚黄金产量列非洲第 2 位，金矿开发产值占矿业产值比重最大，但其大多数大型金矿均由外国公司控股。表 10 为 2002 年至 2006 年坦桑尼亚主要的出口商品，图 8 为 1997 年至 2007 年坦桑尼亚的情况变化图。

表 10　　2002 年—2006 年主要出口商品　　单位：十亿坦先令

年　度	2002	2003	2004	2005	2006	2007
咖　啡	33.7	51.2	53.2	83.6	92.8	143.2
棉　花	27	42.2	54.3	127.2	56.8	49.8
剑　麻	6.3	6.9	7.4	8.1	9.3	7.4
腰　果	45.3	43.4	74.1	54.2	62.7	48.3
丁　香	3.8	10.5	11	9.6	10	10.6
宝　石	21	29.3	36.7	28.4	28	23.4
黄　金	260.8	455.6	565.8	654.7	968	672.1

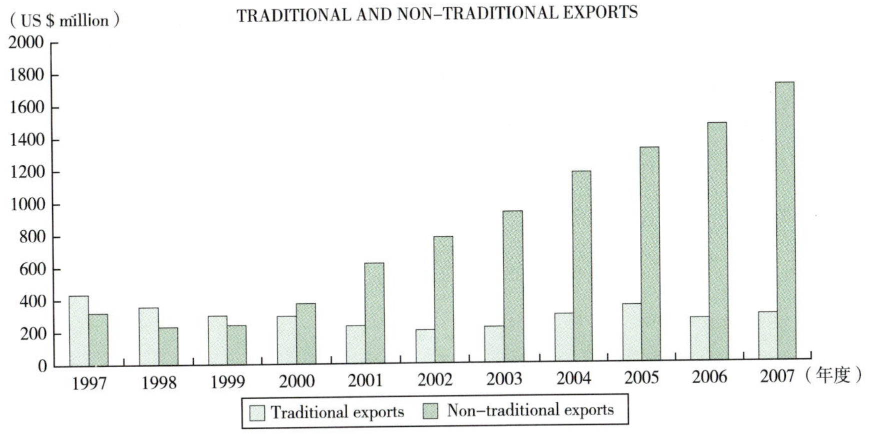

注：图中左侧图例为传统农作物出口，右侧图例为非传统农作物出口。

图 8　1997 年—2007 年出口情况变化图

不论从品种还是金额上看，由于坦桑尼亚的经济对进口依赖程度很高，使其难以实现全面的贸易保护政策。近年来，坦桑尼亚的贸易赤字、外汇收入赤字和财政收支赤字始终没有消除。坦桑尼亚国内通货膨胀、货币贬值的现象自独立以来已连续了近40年。

中国与坦桑尼亚属于传统友谊国家，双边贸易往来密切。根据我国商务部统计数据显示，2007年上半年双边贸易额达3.52亿美元，同比增长44.1%，其中我国出口额为2.31亿美元，进口额为1.21亿美元。我国对坦桑尼亚出口主要包括粮食、车辆、纺织品、轻工产品、化工产品、机械设备、电器、钢材等；从坦桑尼亚进口干制海产品、生皮革、原木、粗铜和木质工艺品等。

（五）坦桑尼亚矿产资源简况

坦桑尼亚矿产资源潜力大，已发现的矿产包括天然气、煤、金、金刚石、铁、钛、铜、镍、磷、天然碱和石墨等。坦桑尼亚已经成为世界贵金属和有色金属勘查开发的热点地区。近十年来矿业产值年均增长速度大于15%，占GDP的比重在逐年增加，其中金矿和宝石产业对矿业贡献最大。

坦桑尼亚为吸引外国投资者，曾经出台对矿业投资的优惠政策，例如减免外国投资者进出口关税以及公司税等。这一优惠政策实施的结果是，矿业开发虽然成为坦桑尼亚近几年经济发展速度最快的领域，但是其通过税收向中央财政的支付额却很有限。2005年至2007年，坦桑尼亚矿业税收平均只占其国内生产总值的2%—3%。为此，在2008/09年度财政预算案中，坦桑尼亚政府将大幅提高对在坦桑尼亚的外国投资采矿者的税收，以增加政府的财政收入。

1. 金矿

坦桑尼亚金矿资源丰富，已发现金矿床主要赋存于太古代绿岩带、元古代岩系和新生代岩层中，在维多利亚湖金矿带发现了世界级特大型金矿。截止到2005年，坦桑尼亚已探明金储量为840吨，资源量为1397吨。坦桑尼亚11个大型金矿产地金储量为810吨，其中盖塔矿区金矿品位为4.05克/吨，储量为640万盎司；普莱德矿区金矿品位为2.6克/吨，储量为270万盎司；布颜乎鲁矿区金矿品位为14克/吨，储量为1000万盎司；图拉瓦卡矿区金矿品位为19克/吨，储量为114万盎司；布克利夫矿区金矿品位为14克/吨，储量为1000万盎司；利夫矿区金矿品位为2.3克/吨，储量为190万盎司；金脊矿区金矿品位为1.4克/吨，储量为160万盎司；北马拉矿区金矿品位为3.17克/吨，储量为206万盎司；库库鲁马矿区金矿品位为2.87克/吨，储量为196万盎司；雅卡夫鲁矿区金矿品位为5.7克/吨，储量为14万盎司；其通矿区金矿品位为1.34克/吨，储量为33万盎司。

2. 金刚石

在坦桑尼亚希尼安加地区瓦杜依城北发现了含金刚石金伯利岩岩脉，岩脉直径达1.5千米。从1940年至2005年，已经采出高级金刚石1700万克拉。在坦桑尼亚已经勘探发现300多个金伯利岩岩管，其中有7个已商业开发，采出金刚石。含金刚石的矿石资源量1.14亿吨，金刚石资源量约650万克拉。

3. 煤

坦桑尼亚煤资源主要分布在坦桑尼亚南部的高原地带，大部分是优质低硫煤，储量约为15亿吨；依维拉煤资源量估计约1.4亿吨；鲁乎地区的矿床资源量为5.85亿吨以上；乎库鲁矿床资源量为1.5亿吨；噶乎拉煤矿资源量为2300万吨。

4. 天然气

坦桑尼亚大陆、桑给巴尔岛及近海海域有若干储油前景良好的区域。坦桑尼亚现已探明的天然气储量为470亿立方米，其中松戈松戈气田探明储量为160亿立方米，姆纳西湾气田探明储量为310亿立方米。

2004年坦桑尼亚东海能源公司开始开发松戈松戈岛天然气，当年产量达1.19亿立方米，第2年产量增加到4.08亿立方米。坦桑尼亚所产天然气全部在国内消费。

参考文献资料

1. The Ministry of Planning, Economy and Empowerment of Tanzania: The Economic Survey 2007.

2. The Ministry of Planning, Economy and Empowerment of Tanzania: Macroeconomic Policy Framework for The Plan/Buget 2007/08—2009/10.

3. Bank of Tanzania: Directorate of Banking Supervision.

4. Ministry of Energy and Minerals of Tanzania: Opportunities for Mineral Resource Development.

5. The Ministry of Planning, Economy and Empowerment of Tanzania: The Tanzania Development Vision 2025.

6. Investment Opportunities broch.

7. Economy And Empowerment: Tanzania In Figures 2007, National Bureau of Statistics Ministry of Planning, June, 2008.

8. 坦桑尼亚财政部统计数据。

9. Bank of Tanzania: http://www.bot-tz.org/.

第十一章　赞比亚

一、赞比亚国民经济运行情况

赞比亚共和国位于非洲中南部，为内陆国家，东界马拉维、莫桑比克，南接津巴布韦、博茨瓦纳和纳米比亚，西邻安哥拉，北靠刚果（金）及坦桑尼亚。大部分地区海拔为1000—1500米，地势大致从东北向西南倾斜。赞比亚的首都是卢萨卡，其官方语言为英语，其领土面积为752614平方公里，人口为1190万人①。

（一）2008年国民经济运行情况

1. 宏观经济总体概况

（1）GDP增长率

赞比亚是非洲最不发达国家之一，经济结构单一，采矿业、农业和旅游业为其经济的三大支柱。赞比亚独立后至20世纪70年代中期经济发展较快，此后由于国际矿业市场价格下跌、政府国有化政策失误等原因，经济陷入困境。自2001年底赞比亚总统姆瓦纳瓦萨上台以来，在西方国家和世界银行、国际货币基金组织的支持下，赞政府大力推行经济结构调整计划，实行经济自由化和私有化政策，取得了一定的成效，其经济出现持续增长的势头，通货膨胀率下降，对外贸易盈余增长，国家财政好转，经济总体运行良好，采矿、制造、农业、旅游业等各产业均得到稳定发展，宏观经济运行平稳。赞比亚政府自2007年1月起贯彻第5个国家发展规划（2006—2011年），提出到2030年将赞比亚发展成一个中等收入工业国家的目标。

近年来，赞比亚GDP增长率稳步增长，如图1所示，2001年—2008年赞比亚实际GDP年均增长率达到5.2%，远高于1991年—1998年GDP年增长率只有0.1%的水平。

2008年上半年受粮食、燃料和肥料价格高涨的影响，下半年全球金融危机又使得国际市场铜价急剧下跌，致使赞比亚宏观经济形势不佳，特别是下半年，主要表现为通货膨胀率和利率的上升，以及本币克瓦查汇率波动幅度增加，经常账户赤字增加。在此种情况下，赞比亚政府采取谨慎的财政政策和货币政策，加大对粮食、肥料等物资的补贴力度，积极干预外汇

① 2009年最新数据，来自赞比亚财政与国家计划部。

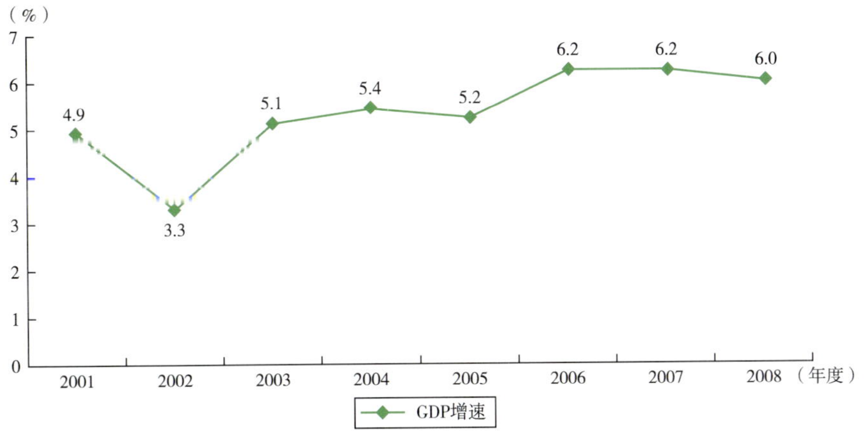

图 1　赞比亚近年来 GDP 增速

资料来源：赞比亚中央银行。

市场，因此其经济依然保持较快增长。赞比亚 GDP 以现行市场价格计算，从 2007 年的 463573 亿克瓦查增长到 2008 年的 552106 亿克瓦查，以 1994 年不变价格计算，从 2007 年的 35631 亿克瓦查增长到 2008 年的 37772 亿克瓦查。其 GDP 实际增长率为 6%，低于 2007 年的 6.2%，也低于年初预计的 7%。赞比亚的经济增长主要来源于运输、仓储和通信业、采矿业、加工制造业、贸易批发零售业等行业增长，而农业（受洪涝灾害影响）和建筑业增长均低于预期。

（2）各行业 GDP 增长情况（详见表 1 所示）

第一产业①的 GDP 从 2007 年的 111767 亿克瓦查②增加到 2008 年的 130112 亿克瓦查，增长了 2.3%，增长主要是由采矿业特别是铜矿部门所拉动。赞比亚的铜产量从 2007 年的 54.98 万吨增长到 2008 年的 56.99 万吨，增长了 3.7%。但是其农林渔业 GDP 下降了 0.1%，占 GDP 的比重为 12.2%，主要是由于部分地区遭遇水灾以及肥料等供应不足导致玉米、高粱和烟草产量下降。

第二产业 GDP 从 2007 年的 125251 亿克瓦查增长到 2008 年的 156368 亿克瓦查，增长了 6%，低于 2007 年的 10%，主要是由于水电气行业的负增长以及建筑业增速减缓。其中，制造业增长了 3.6%，实现连续 5 年的增长，主要是由于食品饮料烟草、木制品、纸制品和金属制品业都实现了增长。水电气部门下降了 1.2%，主要是由于部分电厂停工维修，导致发电量下降，而上半年国际油价上涨对能源行业也产生了负面影响③。建筑业增速从 2007 年的 20% 下降到 9.9%，主要是由于供应限制，特别是水泥及相关建材，导致居民和商业建筑活动的减少。

---

① 按照赞比亚的统计方法，农林渔业和采矿业属于第一产业，制造业、水电气和建筑业属于第二产业，其他行业属于第三产业。

② 关于三大产业的 GDP 数都是以现行市场价格计算的数额。

③ 2008 年赞比亚国内石油产品平均价格为：汽油 7693 克瓦查、柴油 6910 克瓦查、煤油 4925 克瓦查。由于油价上涨，赞比亚政府开始实施干预政策，包括提供补贴和降低消费税（2008 年 6 月，柴油从 30% 下降到 15%，汽油从 60% 下降到 45%，煤油的税率降为零；第三季度消费税继续下降，汽油为 36%，柴油为 7%，煤油为零）。降税使得汽油、柴油和煤油的价格分别下降了 1956 克瓦查、1091 克瓦查和 852 克瓦查。到 2008 年 12 月，其汽油、柴油和煤油价格继续下降了 1873 克瓦查、1786 克瓦查和 1166 克瓦查。

表1　　2004年—2008年赞比亚各行业增长状况　　单位：%

年　度	2004	2005	2006	2007	2008
农林渔业	4.3	(0.6)	2.2	0.4	(0.1)
农业	6.1	(4.0)	3.0	(2.7)	(4.0)
林业	4.3	3.6	1.4	3.7	3.7
渔业	(0.7)	0.5	1.8	1.8	1.8
矿产采掘业	13.9	7.9	7.3	3.6	5.9
金属矿	13.5	7.1	9.0	4.4	6.0
其他矿产	35.8	42.9	(45.8)	(45.5)	0.3
第一产业	7.5	2.5	4.1	1.7	2.3
制造业	4.7	2.9	5.7	3.0	3.6
食品饮料烟草	5.8	3.6	8.9	7.6	4.5
纺织皮革业	(1.9)	(2.9)	(1.3)	(19.5)	(16.7)
木制品业	4.2	3.6	0.7	3.7	13.5
造纸及纸制品业	2.5	10.6	0.3	0.7	25.4
化学橡胶塑料产品	8.5	3.2	4.6	4.2	6.3
非金属矿制品	14.4	7.4	(5.2)	2.3	3.3
基础金属产品	3.1	(2.0)	1.9	(4.8)	30.5
铸造金属产品	4.8	7.4	5.0	7.8	(2.8)
水电气	(1.7)	5.4	10.5	1.0	(1.2)
建筑业	20.5	21.2	14.4	20.0	9.9
第二产业	9.1	10.0	9.8	10.0	6.0
批发零售业	5.0	2.4	2.0	2.4	2.8
餐饮宾馆业	6.4	11.7	16.1	9.6	5.7
交通仓储通信业	6.4	11.0	22.1	19.2	15.8
铁路运输	(1.8)	(11.6)	(2.6)	(18.7)	(20.2)
公路运输	4.2	6.3	6.4	6.4	13.2
航空运输	18.1	10.8	33.5	24.1	13.7
通信	5.0	23.2	40.5	33.6	21.1
金融保险	3.5	3.3	4.0	4.1	5.4
房地产及商业服务	4.0	3.2	3.2	3.1	3.1
社区社会及个人服务	0.6	11.4	9.0	12.5	14.5
公共管理和国防	0.2	6.2	(8.7)	14.8	3.4
教育	0.3	22.2	35.3	13.6	24.4
健康	(0.8)	(2.2)	5.2	1.0	19.5
娱乐宗教文化	4.3	34.1	22.8	9.3	32.2
个人服务	3.0	3.5	3.5	3.5	3.5
第三产业	4.2	5.4	6.7	7.1	7.3
减：FISIM	2.5	2.5	2.5	2.5	2.5
总的价值增加	6.2	5.8	7.0	6.7	6.0
税收	(3.1)	(1.5)	(3.1)	(0.7)	6.0
GDP市场价格	5.4	5.2	6.2	6.2	6.0

资料来源：赞比亚中央银行。

第三产业GDP从2007年的215461亿克瓦查增长到2008年的255656亿克瓦查，增长了7.3%，高于2007年的7.1%。第三产业内部的所有行业都有所增长，其中批发零售业、交通运输业和金融保险业分别增长了2.8%、15.8%和5.4%，而2007年增速分别为2.4%、6.4%和4.1%。

（3）经济发展的推动力

从经济发展的推动力来看（详见表2），消费占GDP的比重依然是最大的，2008年比2007年占比上升了5.43%，达81.82%，其中私人消费占59.26%，政府消费占21.96%，都比2007年有所上升，消费显示出强劲的增长。而投资占GDP的比重却有所下降，从2007年的21.90%下降到2008年的20.79%，由此可见投资对赞比亚经济的拉动作用依然较小。货物和服务净出口占GDP的比重由2007年的1.77%变为2008年的-2.01%，这主要是由于金融危机导致出口的减少以及克瓦查贬值的影响造成的。

表2　　赞比亚消费、投资及净出口占GDP的比重　　单位：%

年　度	2007	2008	年　度	2007	2008
最终消费	76.39	81.82	存货增加	1.34	1.39
私人消费	56.80	59.26	货物和服务净出口	1.77	-2.01
政府消费	19.59	21.96	货物和服务出口	40.77	35.10
投　资	21.90	20.79	货物和服务进口	39.06	37.11
固定资本形成	20.56	19.40			

资料来源：赞比亚中央银行。

2. 三大产业的状况分析

赞比亚自然条件较好，土地肥沃，水力资源丰富，铜和钴等有色金属储量巨大，发展农业和矿业的自然条件都较好。但因种种历史原因，赞比亚长期重视矿业的发展，而忽视了农业资源的开发，其经济发展水平一直随着矿业情况的变化而变化。近年来情况有所转变，赞比亚经济体制改革和多元化的政策取得了初步成效，农业、采矿业和旅游业三大经济支柱产业都有不同程度的增长。统计数据显示，2008年赞比亚第一产业、第二产业和第三产业占GDP的比重分别为24%、29%和47%（如图2所示）。

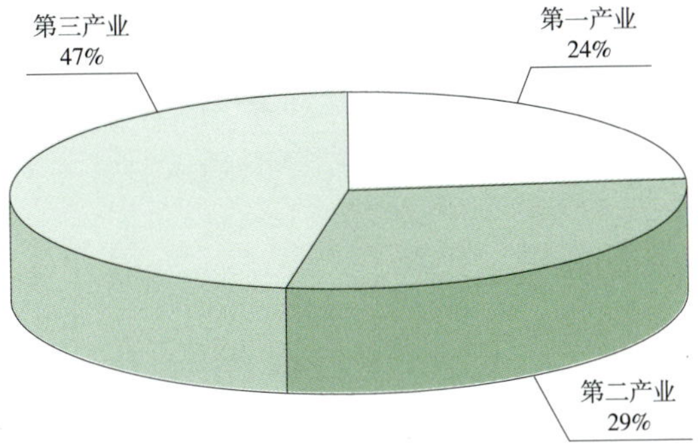

图2　2008年赞比亚三大产业占GDP的比重

资料来源：赞比亚中央统计局。

（1）第一产业

① 农林渔业。农业是赞比亚经济的传统产业部门，全国约半数左右的人口从事农业。赞比亚土地肥沃、气候温和，但由于机械化耕作水平低，普遍缺少灌溉系统，因此目前开垦的

可耕地面积只有250万公顷，只占全国可耕地面积的6%，其农业发展潜力较大。2008年，赞比亚政府为改善国家粮食安全状况，继续通过肥料支持计划（FSP）对小农的肥料支出进行补贴，发展农业区的基础设施。同时，通过对捕鱼和鱼苗投放进行管理，促进其水产业的发展；并继续关注牲畜疾病防控，促进牲畜种群的繁殖。

2008年赞比亚农林渔业为负增长0.1%，而2007年为增长0.4%，这主要是由于自然灾害、投入不足和牲畜疾病造成的。2007/08年农业季节①，由于全国很多地区遭受洪灾、肥料等农业投入不足和产量提高有限，农作物产量比2006/07农业季节有所下降，尤其是玉米、高粱和白肋烟的产量显著下降（详见表3）。其中，玉米产量下降了11.3%，从2006/07农业季节的140万吨下降到2007/08的120万吨，连续第三年下降。高粱、木薯和白肋烟产量分别下降了21.5%、2.1%和13.4%。此外，玉米每公顷产量从2006/07农业季节的1.6吨下降到2007/08农业季节的1.3吨，玉米单位产量下降也是农业总产量下降的重要原因之一。但种植面积的增加在一定程度上抵消单位产量下降的不利影响，农作物总种植面积从上一年的165万公顷增加到170万公顷，增长了2.8%。其中玉米、棉花、粟米、向日葵、木薯、豆类和烟草的种植面积都有所增加，而高粱、花生和弗吉尼亚烟草种植面积则有所下降。

表3　　赞比亚主要农作物种植面积、单位产量及总产量情况

	种植面积（公顷）			单位产量（吨/公顷）			总产量（吨）		
财　年	2005/06	2006/07	2007/08	2005/06	2006/07	2007/08	2005/06	2006/07	2007/08
玉　米	84524	872812	928224	1.8	1.6	1.3	1424439	1366158	1211566
高　粱	43627	31596	24349	0.5	0.4	0.4	21047	12773	9993
粟　米	69529	56817	45508	0.7	0.4	0.8	48159	21707	33934
大　米	14358	20067	25177	1	0.9	1	13964	18317	24023
葵　花	39416	28829	32491	0.4	0.3	0.4	15003	8953	12662
花　生	144250	147320	144201	0.6	0.4	0.5	84010	55215	70527
大　豆	44034	38947	32404	1.3	1.4	1.8	57815	55194	43715
籽　棉	152262	89312	111307	0.8	0.6	0.7	118425	54886	71821
豆　类	54532	55663	59588	0.5	0.4	0.8	27697	24164	44464
白肋烟	6439	55508	1815	1.2	0.4	2.6	7742	5382	4659
弗吉尼亚烟	8521	8265	9299	1.7	1.9	1.8	14685	15562	17005
木　薯	362355	391844	396874	2.9	3	2.9	1059887	1185599	1160853
总　计	1565146	1652159	1698115						

资料来源：赞比亚农业部和中央统计局。

2008年赞比亚粮食盈余相当于56.45万吨玉米。主要是木薯、小麦和玉米盈余。但是，由于玉米的收购、储存和市场投放方面存在一些问题，其国内市场粮食依然短缺，导致玉米和肉类等大宗食品价格上涨迅速，在2008年4季度上涨尤为突出。

① 赞比亚农业受旱季和雨季影响，因此农业季节与日历年度不一致，本部分叙述农业都以农业季节作为衡量比较的单元。

② 采矿业。赞比亚矿产资源丰富，其中铜矿储量约为 1900 万吨，约占世界总蕴藏量的 6%，而铜的伴生矿钴的储量约为 35 万吨，居世界第二位。2008 年，赞比亚废除了《1995 年矿产法》，代之以《2008 年矿产发展法》，新法的主要特征是优化了矿产开发许可证的发放程序，对铀矿和其他放射性矿产开发作出了更加明确的规定。同时，《2008 年石油勘探开发法》对探矿许可和油气生产进行了规定，且对石油勘探开发环境保护作了更加严格的规定，成为规范石油行业的制度性框架。此外，赞政府为便于采矿许可证的发放，于 2008 年 5 月建立了新的电子化矿产地籍系统。该系统使得矿权授予更加公平，确保了矿权的排他性和档案的精确保存。

尽管 2008 年下半年受全球金融危机影响，国际市场铜价大跌①，但赞比亚采矿业 2008 年还是实现了 5.9% 的增长，这主要归功于金属矿产采掘的增长。赞比亚采矿业对 GDP 增长的贡献率为 0.5 个百分点，高于 2007 年的 0.3 个百分点。由于产能利用率的提高和上半年铜价高涨，赞比亚全年铜矿产量增加了 0.8%，从 2007 年的 56.54 万吨增加到 2008 年的 56.99 万吨，这使得金属矿产采掘业②增长了 6%（如图 3 所示）。但钴矿产量继续下降，2008 年产量为 3453 吨，比 2007 年下降了 21.8%（详见表 4）。

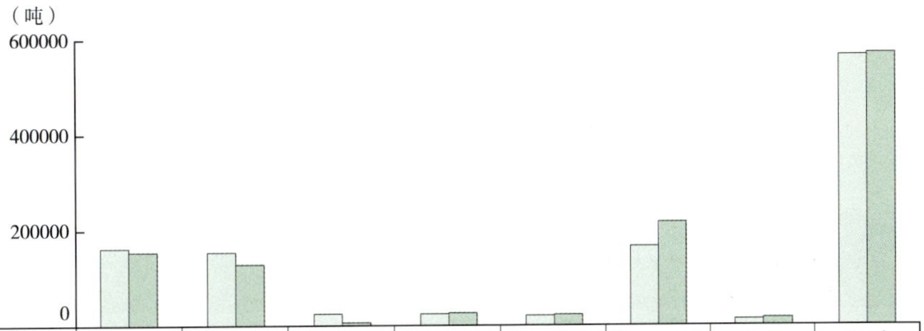

地 区	Mopani	Konkola	Bwana Mkubwa	Chambeshi NFC	Luanshya	Kansanshi	Chibuluma	Total
2007	162530	154304	25069	24185	20832	165994	12638	565550
2008	154646	128187	6455	25999	22464	216791	15345	589887

图 3　赞比亚主要铜矿产量情况

资料来源：赞比亚矿产发展部。

表 4　　近年来赞比亚主要矿产产量　　单位：吨

年 度	2004	2005	2006	2007	2008	2007/08 变化（%）
铜	393336	461748	508360	565435	569891	0.8
钴	6390	5539	4650	4414	3453	(21.8)

资料来源：赞比亚矿产发展部。

① 从 2008 年 7 月的最高 8985 美元/吨跌到 2008 年年底的 2902 美元/吨。

② 2008 年，该行业的其他发展还包括：Lumwana 铜矿和 Munali Hills 镍矿项目分别于 2008 年 10 月和 8 月建成投产。此外，谦比西冶炼厂项目也建成投产。但 Muliashi 铜矿项目受金融危机影响，前景并不明朗。此外，Luanshya 铜矿和谦比西有色项目受金融危机影响经营困难而停产。

但是赞比亚矿产发展依然面临一些挑战，包括新的税收和法律制度的贯彻实施和全球经济的不景气导致铜价波动性较大等。受金融危机的影响，赞比亚2009年采矿业增速预计将显著减缓，但是Lumwana铜矿项目投产在一定程度上能够抵消以上不利因素。

（2）第二产业

① 制造业。为促进制造业发展，赞政府完成了“卢萨卡南部经济区总体规划”，为基础设施发展铺平了道路；开始进行“私有部门发展计划”下的营业执照改革，目标是通过简化商业规则和执照制度来提升私人部门的竞争力。

受政府利好政策的影响，2008年，赞比亚制造业部门实现连续第五年的增长，2008年的增长为3.6%，高于2007年的3%，对GDP增长的贡献率从0.3个百分点增加到0.4个百分点，这主要归功由食品饮料和烟草行业、木制品行业以及造纸及纸制品行业的增长，而服装皮革业和非金属矿产业增长则减缓（如表5所示）。由于谷物研磨制品、啤酒和烟草等产量的增加，食品、饮料和烟草部门2008年增长了4.5%，但是低于2007年的7.6%；木制品行业2008年增长了13.4%，高于2007年的3.7%，主要是国内需求的增长；纸张及纸制品行业2008年增长了25.4%，高于2007年的0.7%；普通金属制品行业2008年增长了30.5%，而2007年则下降了4.8%，这主要是由建筑、交通和包装行业需求所推动；非金属矿产品增速为3.3%，而2007年为2.3%，主要是水泥产值的增加。但由于大量的纺织公司关闭，纺织皮革业2008年负增长16.7%，2007年为负增长19.5%。

表5　2007年和2008年赞比亚制造业生产指数　单位：%

行　业	制造业	食品饮料烟草	纺织皮革	木制品	造纸及纸制品	化学品橡胶塑料	非金属矿产品	基础金属产品	构造金属产品
权　重	0.511	0.2345	0.06	0.006	0.017	0.059	0.025	0.009	0.100
2007年第1季度	109.9	129	61.1	61.1	92.4	116.6	117.7	64.5	91
第2季度	120.8	162.1	42.2	42.2	92.7	95.4	148.3	61.1	85.6
第3季度	133.7	178.3	33.1	33.1	69.2	96.2	153.3	67.2	121.3
前3季度	121.5	156.5	45.5	45.5	84.8	102.7	139.8	64.3	99.3
第4季度	143.8	197.1	75.6	75.6	96.9	72	149.6	67.8	114.1
2007年	125.9	164.6	51.5	51.5	87.2	96.6	141.7	65	102.2
2008年第1季度	113.5	131.9	54.8	54.8	107.4	134.2	125.4	80.2	88.8
第2季度	125.3	169	37.3	37.3	123.1	98.2	152.7	86.6	82.5
第3季度	137.8	189.5	21.7	21.7	88.4	95	155.1	84.8	118.3
前3季度	125.5	163.5	37.9	37.9	106.3	109.2	144.4	83.8	96.5
2007/08年变化	3.3	4.5	(16.7)	13.5	25.4	6.3	3.3	30.5	(2.8)

资料来源：赞比亚中央统计局。

② 能源行业。能源供应的稳定性对于赞比亚整个经济发展有着重要的意义，尤其是对采矿业和食品加工业的影响最为明显。2008年赞比亚政府能源政策基点是确保电力和石油产品的价格和供应稳定。为此，赞比亚政府通过提供燃料补贴和减少石油产品消费税来干预市场，并制定了农村电气化的总体规划（REMP）和电力行业的战略文件。但能源行业2008年的表

现并不佳，负增长1.2%，而2007年为增长1%，主要是受部分发电机组因维护和升级而暂停运行的影响，发电量下降了2.1%。从表6可以看出，赞比亚的电力绝大部分依靠水电①，燃油电站占比非常小。

表6 赞比亚近年来的发电量 单位：百万千瓦时

年 度	2004	2005	2006	2007	2008
主要水电站	8191.9	8920.5	9611.5	9671.0	9438.0
小水电站	48.3	38.9	56.4	58.0	84.2
燃油电站	16.2	14.8	13.4	11.9	11.8
总 计	8265.4	8974.2	9681.3	9740.9	9534.0

资料来源：赞比亚供电公司（ZESCO）。

为解决电力短缺问题，赞比亚政府专门拨出1800万美元用于电力修复项目（PRP）。Kafue Gorge水电站共有6台机组，其中4台的修复和升级工作已经完成；Kariba北岸电站共有4台机组，其中3台的修复也已完成。Kariba北岸电站扩容项目现已开工建设，预计将于2010年完成。此外，开发Itezhi-tezhi水电站的准备工作已经开始。

2008年赞比亚电力出口和进口分别下降了77%和4.2%（如表7所示）。这主要是由于南部非洲地区电力短缺和赞比亚和津巴布韦之间的输电线路不稳定造成的。

表7 **2004年—2008年赞比亚电力进出口情况** 单位：兆瓦时

年 度	2004	2005	2006	2007	2008
电力出口	492178	194556	552283	416720	95843
电力进口	213059	424680	45609	274828	263706

资料来源：赞比亚供电公司（ZESCO）。

2008年赞比亚的原油进口从2007年的449430吨增长到2008年的478407吨，增长了6.5%，其各类石油产品的消费差别也较大。赞比亚柴油消费较2007年增长了16.1%，部分原因是由于电力短缺而增加了柴油发电机的使用，而煤油和航空煤油消费分别增长了32%和37.4%，但是汽油的消费下降了20.1%（如图4所示）。

由于电力行业状况有所改善（电力修复项目完成）②，2009年赞比亚能源行业预计将平稳增长。此外，通过修复石油战略储备设施可以使其石油产品供应安全得到提升。

（3）第三产业

赞比亚第三产业GDP在2008年增长了7.3%，高于2007年的7.1%，其中最引人注目的是运输业、仓储业和通信业，增长为15.8%，稍低于2007年的19.2%，对GDP增长贡献了

① 赞比亚主要有四大水电站，Kafue Gorge水电站、Kariba北岸水电站、维多利亚瀑布水电站和Mulungushi水电站。还有四个小水电站，分别是Lusiwasi水电站、Musonda瀑布水电站、Chishimab瀑布水电站和Lunzua水电站。

② 2009年该行业的焦点继续在于动员国内资源通过公有、私有和公私合营的方式用于主要项目的建设，如Kafue峡谷水电站、Kariba北岸水电站扩容、Itezhi-tezhi水电站和Maamba热电站。国家电力系统发展规划将继续实施。

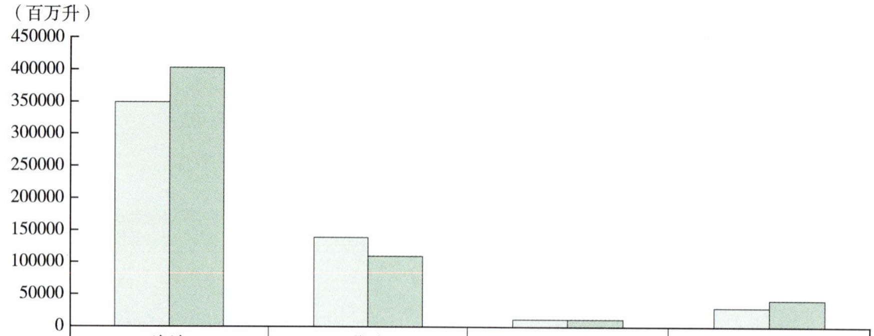

	汽油	柴油	煤油	航空煤油
2007	345491	136770	9722	29028
2008	401100	109220	12840	39890

图4　2007年—2008年赞比亚石油产品消费情况

资料来源：赞比亚能源管理局。

1.3个百分点，而2007年为1.4个百分点。该行业的增长主要是由通信及道路管道运输部门[①]快速增长所致，2008年的增长分别为21.1%和13.2%。

① 通信业。通信业2008年增长了21.1%，而2007年为33.6%，主要是由于移动通信的容量和用户数都有增长。用户数从2007年的220万增长到2008年的320万，增长了56%。网络容量从2007年260万增加到2008年的330万，其中，MTN公司网络容量从2007年的27.5万线增加到2008年的100万线。从市场份额来看，Zain赞比亚公司占据市场份额的78.6%，而MTN和Cell Z分别占18.1%和3.3%（如表8所示）。2008年共有固定电话用户为90600户，而2007年为94330户，下降了4%，这主要是由于移动通信和因特网服务提供商的竞争所致。

表8　　赞比亚移动电话增长状况

	2006年		2007年		2008年		变化
	容量	用户数	容量	用户数	容量	用户数	
Zain	2000000	1325108	2000000	1785457	2000000	2749070	54.0
Cell Z	150000	149168	300000	257595	300000	116880	(54.6)
Mtn	275000	260000	275000	194295	1000000	633336	226.0
总　计	2425000	1734276	2575000	2237347	3300000	3499286	56.4

资料来源：赞比亚电信局。

② 旅游业。旅游业2008年增长了5.7%，低于2007年的9.6%。该行业为GDP增长贡献了0.2个百分点，低于2007年的0.3个百分点。

---

① 该部门增长主要是由于机动车数量的增加。到2008年末，机动车的数量从2007年的22.80万台增长到27.79万台，增长了21.1%。2008年共有41708台汽车进口，其中通过在Nakonde口岸进口21178台，通过Livingstone口岸进口7941台，通过Mwani口岸进口876台。在牌照发放方面，共有174367台机动车发放牌照，而2007年为149639台，增长了62.8%，主要是由于优化了车辆登记程序。

3. 赞比亚政府财政收支状况

（1）财政收支的总体状况

2008 年赞比亚政府财政政策的目标包括：通过维持低水平赤字，将政府国内借债占 GDP 的比重控制在 1.2% 的水平上；执行谨慎的财政政策，继续加强财政纪律，提高国内财政收入。2008 年，尽管赞比亚出现了包括公务员工资支出超过预算、总统大选的支出需求和肥料支持项目的支出增加在内的大量不可预见支出，但是其政府财政收支的总体执行情况还是比较好的。赞比亚的财政总收入（包括赠款但除掉新的矿产税收）为 120082 亿克瓦查，比 2008 年年初预算目标的 121064 亿克瓦查低 0.8%；总支出为 134107 亿克瓦查，比年初预算目标的 137614 亿克瓦查低 2.5%。因此，2008 年预算赤字为 14025 亿克瓦查，比年初预算的 16554 亿克瓦查低 15.3%，占 GDP 的比重为 2.6%，低于年初预算的 3.2%，但是高于 2007 年的 1.2%。除掉外国赠款，赤字占 GDP 的比重为 6.3%，低于年初预算的 8.5%。（详见表 9）

表 9　　2006 年—2007 年赞比亚财政收支概况　　单位：10 亿克瓦查

	2006 年实际		2007 年实际		2008 年预算		2008 年实际	
	金额	占比（%）	金额	占比（%）	金额	占比（%）	金额	占比（%）
收入和赠款	8320.0	21.6	10626.0	22.9	12345.7	23.9	12186.3	22.0
国内收入	6618.0	17.2	8522.1	18.4	9602.3	18.6	10113.6	18.2
其中								
税收收入	6317.0	16.4	8183.6	17.7	8907.5	17.3	9546.3	17.2
非税收收入	301.0	0.8	338.5	0.7	694.8	1.3	567.3	1.0
赠款	1702.0	4.4	2103.9	4.5	2743.4	5.3	2072.7	3.7
总支出	8955.7	23.2	11209.5	24.2	13890.1	26.9	13280.0	24.0
其中								
经常性支出	7414.7	19.2	9366.5	20.2	11210.3	21.7	11313.0	20.4
资本性支出	599.0	1.6	1083.0	2.3	1559.6	3.0	1271.0	2.3
余额变化	-476.0	-1.2	474.5	1.0	-111.0	-0.2	-308.8	-0.6
总平衡（含赠款）	-1111.7	-2.9	-109.0	-0.2	-1655.4	-3.2	-1402.5	-2.5
其中								
总平衡（不含赠款）	-2813.7	-7.3	-2212.9	-4.8	-4398.8	-8.5	-3475.2	-6.3

资料来源：赞比亚财政与国家计划部。

（2）财政收入状况

2008 年，赞比亚政府总的财政收入（包括国内收入和国外赠款）为 121863 亿克瓦查，比年初预算的 123457 亿克瓦查低 1.3%。其中，国内收入达 101136 亿克瓦查，比年初预算目标高 5.3%，占总的财政收入的 82.6%，占 GDP 的 18.7%；赠款占总收入的 17.4%，而 2007 年占 16.2%。总的财政收入占 GDP 的比重为 22%，比年初预算目标的 23.9% 低 1.9 个百分点，也低于 2007 年的 22.4%（详见表 10）。

表10　　赞比亚政府近年来财政收入状况　　单位：10亿克瓦查

	2006年实际		2007年实际		2008年预算		2008年实际	
	金额	占比(%)	金额	占比(%)	金额	占比(%)	金额	占比(%)
收入和赠款	8320.0	21.6	10626.0	22.9	12345.7	23.9	12186.3	22.0
国内收入	6618.0	17.2	8522.1	18.4	9602.3	18.6	10113.6	18.2
税收收入	6317.0	16.4	8183.6	17.7	8907.5	17.3	9546.3	17.2
所得税	2959.8	7.7	3831.9	8.3	3776.3	7.3	4379.9	7.9
个人所得税	2206.6	5.7	2541.4	5.5	2352.3	4.6	2986.0	5.4
公司所得税	694.5	1.8	1222.9	2.6	1352.0	2.6	1327.0	2.4
矿区使用费	58.7	0.2	67.6	0.1	72.0	0.1	66.9	0.1
国内货物服务	1379.4	3.6	1231.2	2.7	1752.0	3.4	993.0	1.8
消费税	821.1	2.1	1204.5	2.6	1394.0	2.7	1424.0	2.6
国内增值税	558.3	1.4	26.7	0.1	358.0	0.7	-431.0	-0.8
国际贸易税	1977.8	5.1	3120.5	6.7	3379.2	6.6	4173.4	7.5
进口关税	742.7	1.9	914.1	2.0	945.2	1.8	1351.0	2.4
进口增值税	1233.3	3.2	2204.1	4.8	2283.0	4.4	2632.0	4.7
出口关税	1.8	0.0	2.3	0.0	151.0	0.3	190.4	0.3
非税收收入	301.0	0.8	338.5	0.7	694.8	1.3	567.3	1.0
费用	98.5	0.3	194.4	0.4	567.7	1.1	388.9	0.7
红利	44.7	0.1	29.3	0.1	12.9	0.0	21.1	0.0
其他收入	140.6	0.4	114.8	0.2	114.2	0.2	157.3	0.3
赠款	1702.0	4.4	2103.9	4.5	2743.4	5.3	2072.7	3.7
预算	423.0	1.1	581.9	1.3	632.0	1.2	643.0	1.2
项目	1279.0	3.3	1522.0	3.3	2111.4	4.1	1429.7	2.6

资料来源：赞比亚中央银行。

①税收收入。赞比亚政府2008年税收收入为95463亿克瓦查，比年初预算目标的89075亿克瓦查高出7.2%，占GDP的17.2%。主要是由于所得税和国际贸易税表现较好，分别超出预算目标16%和23.5%。尽管实际税收征收高于预算目标，但是公司所得税、矿区使用费和国内增值税①分别比年初预算目标低215亿克瓦查、51亿克瓦查和7887亿克瓦查，而其他税种，包括个人所得税、预提税、消费税、进口增值税、进口关税和出口关税的收入比预算目标高。

具体来看：(a) 所得税。所得税收入为43793亿克瓦查，比年初预算目标的41534亿克瓦查高出5.4%，这主要是由于个人所得税和预提税的增加造成的。其中个人所得税比预算目标的23523亿克瓦查高出7.6%，而预提税高出19.5%。但是由于有色金属价格在下半年急剧下跌导致矿区使用费比预算目标低7.1%。(b) 增值税。2008年增值税收入为22100亿克瓦查，比年初预算目标的26410亿克瓦查低了16.3%，这主要是由于税收征收管理上出现了问题。(c) 关税和消费税。关税和消费税的收入为27614亿克瓦查，比年初预算目标的

① 以上不包括2008年新的矿产税制下的新收入。

23392 亿克瓦查高出 18.1%。进口关税比年初预算目标高出 42.9%，强劲的增长主要是由于石油、汽车及汽车零配件等货物进口的增长所致；出口关税比年初预算目标高出 26.1%，这主要是由于铜类产品出口的增长所致；尽管石油产品特别是汽油和柴油消费税率所有降低，但消费税收入比年初预算目标高出 10.1%，这主要是由于汽车进口和啤酒、手机等销量的增加所致。（d）新的矿产税收收入。新的矿产税制于 2008 年 4 月生效，赞比亚政府预计附加矿产收入为 9173 亿克瓦查，但是其实际征收为 3195 亿克瓦查，比预算目标低 65.2%。其中，公司所得税为 222 亿克瓦查，比年初预算目标的 3005 亿克瓦查低了 93.6%，而暴利税收入为 1261 亿克瓦查，比预算目标低了 75.9%，但矿区使用费为 1712 亿克瓦查，比预算目标高出 49.1%。新的矿产税收收入不佳主要是由于部分矿业公司不缴纳暴利税和公司所得税所致①。

② 非税收收入。非税收收入年初预算的目标为 6949 克瓦查，2008 年实际收入为 5673 亿克瓦查，比预算目标低 18.4%，占 GDP 的比重为 1%，低于预算目标的 1.3%。这主要是由于证件使用费收入不佳，比预算目标低 31.5%。此外，新的护照费用标准和驾照费用标准执行不力和延迟也不利于收入目标的实现。尽管非税收收入不佳，但是红利、医疗费用和额外收入的征收分别比年初预算目标高 82 亿克瓦查、36 亿克瓦查和 395 亿克瓦查。这主要是由于政府加强对投资和金融服务的监管所致。

③ 国外赠款。2008 年总的赠款为 20727 亿克瓦查，比年初预算目标的 27434 亿克瓦查低 24.4%，占 GDP 的比重为 3.7%，低于年初预算的 5.3%，这主要是由于项目赠款比年初预算的 21114 亿克瓦查低 32.3%，但是预算支持赠款达到 6430 亿克瓦查，高于预算的 6320 亿克瓦查。

（3）财政支出状况

2008 年，赞比亚政府总的财政支出（包括摊销）为 134107 亿克瓦查，比年初预算目标的 137614 亿克瓦查低 2.5%，占 GDP 的比重为 24.2%，而 2007 年占 GDP 的比重为 23.4%。其中，经常性支出占 84.4%，资本性支出占 15.6%（详见表 11）。

表 11　　赞比亚政府近年来财政支出状况　　单位：10 亿克瓦查

	2006 年实际		2007 年实际		2008 年预算		2008 年实际	
	金额	占比（%）	金额	占比（%）	金额	占比（%）	金额	占比（%）
总支出	8955.7	23.2	11209.5	24.2	13890.1	26.9	13280.0	24.0
经常性支出	7414.7	18.4	9366.5	16.6	11210.3	19.1	11313.0	20.4
工资	2832.6	7.3	3530.9	7.6	4256.5	8.3	4435.1	8.0
PSRP	15.0	0	35.0	0.1	53.0	0.1	30.0	0.1
货物和服务	1885.0	4.9	2437.0	5.3	2846.1	5.5	2464.8	4.4
债务利息	749.2	1.9	775.6	1.7	706.9	1.4	1101.7	2.0
国内债务	689.5	1.8	721.3	1.6	650.8	1.3	879.8	1.6
外债	59.7	0.2	54.3	0.1	56.1	0.1	221.9	0.4
补贴	—	—	409.0	0.9	275.0	0.5	525.0	0.9

① 在新税制下，只有三个矿业公司缴纳了暴利税，两个公司缴纳了公司所得税，但所有的矿业公司都缴纳了矿区使用费。

续表

	2006年实际		2007年实际		2008年预算		2008年实际	
	金额	占比(%)	金额	占比(%)	金额	占比(%)	金额	占比(%)
转移支付	1610.0	4.2	933.0	2.0	1967.9	3.8	1676.0	3.0
社会福利	—	—	266.0	0.6	178.8	0.3	168.7	0.3
其他费用	322.9	0.8	980.0	2.1	926.1	1.8	911.7	1.6
资本性支出	1541.0	4.0	1843.0	4.0	2679.8	5.2	1967.0	3.5
国内资金	599.0	1.6	1083.0	2.3	1559.6	3.0	1271.0	2.3
外部资金	942.0	2.4	760.0	1.6	1120.2	2.2	696.0	1.3

资料来源：赞比亚中央银行。

①经常性支出。2008年经常性支出为113132亿克瓦查，比年初预算目标的112072亿克瓦查高1060亿克瓦查，高出0.9%。其中，人员工资支出占39.2%，货物和服务支出占21.8%，拨款及其他支出占14.8%，剩下的24.1%主要用于利息、补贴和其他费用的支付（如图5所示）。

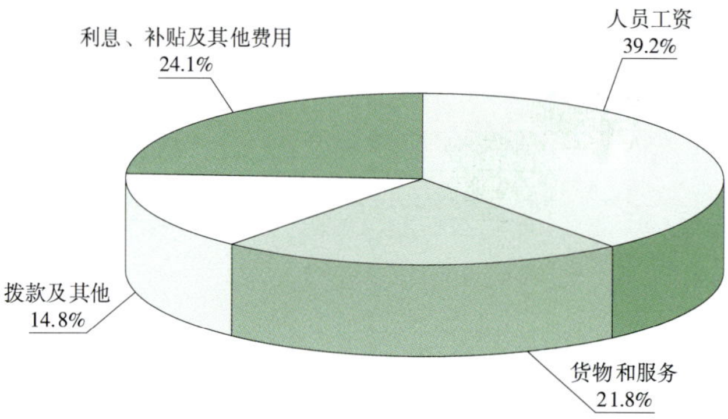

图5　2008年赞比亚政府经常性支出构成

资料来源：赞比亚财政与国家计划部。

具体来说：(a) 工资支出。工资支出为44351亿克瓦查，其中，1679亿克瓦查用于住房补贴，243亿克瓦查用于宪法岗位持有者。工资支出比年初预算高1787亿克瓦查。这主要是由于公务员工资支出增加了15%，高于预算的9%所致。工资支出占GDP的比重为8%。(b) 货物和服务。货物和服务支出为24648亿克瓦查，其中，国内资金支出为18363亿克瓦查，比预算的17932亿克瓦查高2.4%，这主要是由于前总统国葬和总统大选等不可预见的费用支出所致。为此，赞政府下半年限制了汽车费用、国外和国内差旅费。(c) 利息、补贴和其他费用支出。国债利息支付为8798亿克瓦查，比年初预算的6507亿克瓦查高35.2%，这主要是由于利率升高所致；外债利息支付为702亿克瓦查，比年初预算的561亿克瓦查高出25.1%，摊销支出为1517亿克瓦查，比年初预算的1145亿克瓦查高出32.4%，外债利息和摊销支出的增长主要是由于克瓦查对主要外国货币的贬值；2008年赞比亚政府发放了4350亿克瓦查用于肥料支持项目，以减轻高肥料价格的影响，高于年初预算目标的1851亿克瓦查，此外，还有800亿克瓦查用于采购战略性粮食储备，100亿克瓦查投入到农业。(d) 拨款和其他支出[①]。拨款和其他支出为16760亿克瓦查，比年初预算的19679亿克瓦查低2919亿克瓦查。

② 资本性支出。2008年赞比亚政府经常性支出为20976亿克瓦查，比年初预算目标的25542亿克瓦查低18.1%。与2007年相比，资本性支出占GDP的比重下降了0.1个百分点，为2.2%。表现不佳是由于两个因素：第一，政府下半年为保证非预见的经常性支出而限制资本性支出；第二，各部委、各省和支出机构执行力较低导致项目执行进度缓慢。

③ 财政支出的领域。2008年赞比亚国内支出的10个主要领域总支出为11656亿克瓦查，低于预算目标的112952亿克瓦查。其中，一般公共服务占比最高，为33.9%，其次是教育和经济事务，分别为18.4%和15%。国防和公共安全占14.4%，健康占9.4%，剩余部分用于住房和社区服务、社会保障和娱乐、文化和宗教以及环保[②]（如图6所示）。

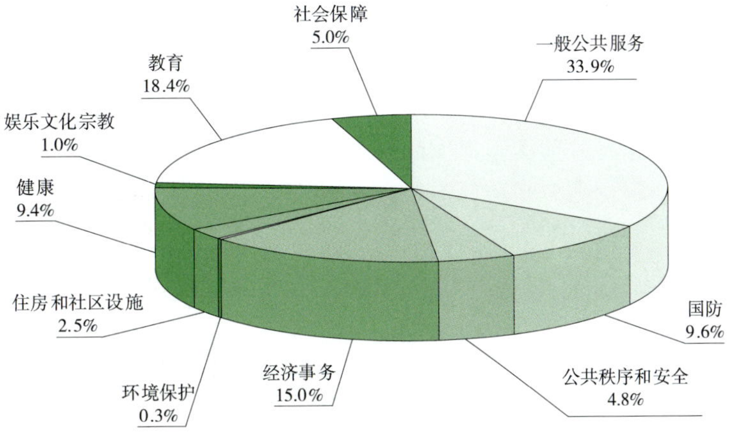

图6 2008年赞比亚政府财政支出领域分布

（4）预算赤字

2008年赞比亚总的预算赤字为14025亿克瓦查，比年初预算目标的16554亿克瓦查低15.3%，赤字占GDP的比重为2.6%，低于年初预算的3.2%。从赤字的来源看，通过国内

---

① 主要包括：1660亿克瓦查用于公务员养老基金；偿还往年欠款6412亿克瓦查，低于年初预算的7175亿克瓦查。其中2699亿和480亿分别用于偿还养老金欠款和住房补贴欠款，2755亿克瓦查用于向货物和服务供应商支付欠款，低于预算的3505亿克瓦查；2276亿克瓦查用于金融重组，高于年初预算的1179亿克瓦查。

② 具体来说：①一般公共服务支出为39477亿克瓦查，低于年初预算目标的42762亿克瓦查，主要是由于2008年10月份的总统大选支出。②国防支出为11201亿克瓦查，高于预算目标的9812亿克瓦查，主要是由于公务员工资提高了15%，高于预算的9%。③公共秩序和安全支出为5579亿克瓦查，其中，430亿克瓦查用于建设警察局。④经济事务支出为17499亿克瓦查，高于年初预算目标的14409亿克瓦查，其中15585亿克瓦查（89.1%）用于农林渔业和交通运输业。支出高于预期主要是由于对肥料支持项目的支出增加所致。在交通运输部门，7655亿（43.8%）用于道路交通事务和服务，主要用于道路的新建和重修。⑤社会部门的支出为42432亿克瓦查，这部分资金与政府通过基础设施和人力资本发展投资来提高社会服务水平的政策是一致的。⑥健康领域的支出为10989亿克瓦查，高于年初预算的9961亿克瓦查，主要是由于对医疗领域的员工工资增加了15%，高于年初预算的9%。⑦教育领域的支出为21461亿克瓦查，高于年初预算的18571亿克瓦查，增长的部分是因为人员工资水平增加了15%，高于年初预算的9%。⑧政府用于社会保障的资金为5881亿克瓦查，高于年初预算的5777亿克瓦查，主要是由于2007/08年度雨季的洪灾导致的救灾支出增加所致。

融资8116亿克瓦查，外部融资5909亿克瓦查，总融资占GDP的比重为2.5%，其中外部和国内融资分别占1.1%和1.5%（如表12所示）。

表12　赞比亚政府近年来赤字来源　单位：10亿克瓦查

	2006年实际		2007年实际		2008年预算		2008年实际	
	金额	占比(%)	金额	占比(%)	金额	占比(%)	金额	占比(%)
总融资	1111.7	2.9	109.0	0.2	1655.4	3.2	1402.5	2.5
国内融资	944.7	2.4	-36.0	-0.1	602.1	1.2	811.6	1.5
银行	204.7	0.5	-431.0	-0.9	602.1	1.2	711.6	1.3
非银行	740.0	1.9	395.0	0.9	0	0	100.0	0.2
外部融资	167.0	0.4	145.0	0.3	1053.3	2.0	590.9	1.1
预算贷款	36.0	0.1	0	0	203.3	0.4	118.3	0.2
项目贷款	298.0	0.8	331.0	0.7	832.0	1.6	472.6	0.9
摊销	-167.0	-0.4	-186.0	-0.4	-114.5	-0.2	-151.7	-0.3

资料来源：赞比亚财政与国家计划部。

（5）外债状况

赞比亚政府继续承诺对外债实施谨慎的管理，外债借款优先考虑优惠性质贷款，以确保减少国家负债成本和降低风险，并将外债存量控制在可持续水平。2008年赞比亚政府出台了债务管理战略，为举借外债提供了清晰的框架，建立关于外债币种、还款期、利率和其他债务风险有关事宜的决策原则。

2008年底，公共对外债务（包括政府债务和私有及国有企业债务）存量比2007年增长了8.6%，从2007年底的20.87亿增加到22.67亿美元。这主要是由于私人部门和国有企业对外债务的增加所致。赞比亚对外债务从2007年的9.81亿美元增长到10.49亿美元，增长了16.7%，其中很大一部分是其2008年上半年对矿产业的继续投资。

表13　赞比亚外债结构　单位：百万美元

债权人	2006年	2007年	2008年	2007/08年变化(%)
多边债权人	562.4	707.8	781.4	10.4
ADB/ADF	72.3	94.0	126.0	34.0
世界银行	257.3	315.5	365.0	15.7
IMF	32.5	85.9	96.6	12.5
其他	200.3	212.4	193.8	(8.8)
双边债权人	395.0	287.0	295.2	2.9
巴黎俱乐部	212.0	212.9	220.7	3.7
非巴黎俱乐部	183.0	74.1	74.5	0.5
商业银行	61.6	111.4	142.1	27.6
政府总外债	1019.0	1106.2	1218.7	10.2
私有和半国有企业	840.3	980.7	1048.5	6.9
总外债	1859.3	2086.9	2267.2	8.6

资料来源：赞比亚财政与国家计划部。

赞比亚政府的外债存量继续增长，2008 年底外债存量为 12.19 亿美元，比 2007 年底的 11.06 亿美元增长了 10.2%，主要是由于原有贷款协议下继续提款，特别是用于道路部门采购修路的推土设备的提款。从债务结构来看，多边债务依然是赞比亚政府外债的主要组成部分，为 7.81 亿美元，占全部外债的 64.1%；双边债务为 2.95 亿美元，占 24.2%，商业性债务为 1.42 亿美元，占 11.7%（如表 15 所示）。

外债还款方面，2008 年外债本息支付为 6010 万美元，其中，本金为 4150 万美元，利息为 1930 万美元。2008 年赞比亚政府新签署了五个贷款协议，总金额达 13200 万美元，将从 2009 年开始提款。这些贷款为优惠性质贷款，用于能源、基础设施、供水和卫生等领域的项目建设，其他贷款则用于预算支持。

3. 货币金融状况

（1）货币政策

2008 年赞比亚政府货币政策的主要目标是：到 2008 年底将通胀率控制在 7%；将储备货币和广义货币的增速分别控制在 11.5% 和 11.6%（详见表 14）。通过谨慎的财政政策对货币政策予以补充。赞比亚中央银行通过实施“银行和金融服务法”（BFSA）以及谨慎监管来维持金融行业的稳定。2008 年下半年全球金融危机，赞比亚央行增强了对金融系统的支持以维持公众对银行业的信心。2008 年，赞比亚央行发布了《风险管理指引》，该指引规定了识别、衡量、控制和监控风险类型和水平的银行风险管理框架，为银行风险管理提供了标准。

表 14　2006 年—2008 年赞比亚货币金融市场的预算和实际执行　单位:%

	2006 年底		2007 年底		2008 年底	
	预计	实际	预计	实际	预计	实际
总体通胀率	10.0	8.2	9.0	8.9	7.0	16.6
非食品通胀率	8.3	18.1	10.7	11.9	8.3	12.9
食品通胀率	10.0	-0.2	7.3	5.9	6.0	20.5
储备货币	10.5	29.6	6.0	9.2	11.5	25.4
广义货币	14.6	45.1	6.0	26.3	11.6	21.8
国内信贷	10.0	25.7	—	20.3	5.8	37.8
政府	5.2	-0.8	—	-20.2	34.0	22.1
公共企业	4.2	-2.6	—	68.7	—	-61.0
私人部门	15.4	54.7	—	41.5	—	50.2
国内融资(占 GDP 比重)	1.8	2.4	1.2	1.0	1.2	1.5

资料来源：赞比亚中央银行和中央统计局。

（2）货币供应状况

2008 年赞比亚广义货币（M3）增速为 21.8%，低于 2007 的 26.3%（详见表 15 所示），主要是由于净外汇资产增长低于 2007 年，但净国内资产的增长高于 2007 年。从绝对值来看，广义货币从 2007 年年底的 107070 亿克瓦查增长到 2008 年年底的 130443 亿克瓦查，增长了 23372 亿克瓦查。2008 年，净外汇资产的增长从 2007 年的 28.1% 下降到 10.7%，主要是由于国际储备①增速减缓所致。国际储备增长为8.9%，低于2007年的48.9%，主要是受下半年大量向市场出售外汇和克瓦查贬值的影响。从对M3增长的影响来看，净外汇资产贡献了5个百分点。净国内资产的增长从2007年年底的24.7%增加到2008年的31.9%，这主要是由于对私人部门和政府的信贷的增加所致。相应地，国内净资产对M3的增长贡献了16.8个百分点。

表15 赞比亚广义货币的年度变化情况 单位:%

年度	2006	2007	2008	对M3增长贡献(2008)
广义货币(M3)	45.1	26.3	21.8	21.8
其中				
净外汇资产	1503.8	28.1	10.7	5.0
净国内资产	-26.1	24.7	31.9	16.8
国内信贷	25.8	20.3	37.8	27.0
政府	-0.5	-20.2	22.1	3.9
公共企业	-2.6	68.7	-61.0	-2.2
私人企业	62.0	41.5	26.6	10.7
家庭	18.4	50.8	164.4	14.5
非银行金融机构	200.6	38.9	3.5	0.0

资料来源：赞比亚中央银行。

2008年储备货币增长加快，从2007年的9.2%增加到25.4%（如表16所示）。从绝对数来看，储备货币的存量从2007年12月底的35237亿克瓦查增加到2008年12月底的44186亿克瓦查，这主要是由于净外汇资产（NFA）的增加，而净国内资产则有所下降所致。净外汇

表16 储备货币的来源和用途 单位：10亿克瓦查

年度	2006	2007	2008	年度	2006	2007	2008
净外汇资产	2807.2	3807.7	4725.4	其他存款	766.6	1023.4	1207.1
净国内资产	419.7	-284.0	-306.8	对储备货币增长贡献(%)			
政府	844.3	-12.6	572.3	储备货币增值	34.0	9.2	25.4
非政府	309.3	234.7	187.4	其中			
其他项目	-734.0	-506.1	-1066.5	净外汇资产	159.1	31.0	208
储备货币	3226.9	3523.7	4418.6	净国内资产	-125.1	-21.8	-0.5
其中				国内信贷	-12.1	-28.9	12.2
现金	1224.2	1513.4	1931.9	政府	-9.4	-26.6	13.2
银行	153.0	208.4	314.8	公共企业	-4.0	0.0	-5.2
非银行	1071.2	1305.0	1617.1	私人企业	-0.3	0.4	25.9
银行存款	1992.7	1992.9	2467.9	家庭	-0.1	-0.1	35.1
本币法定储备	568.3	300.1	408.5	银行	1.5	-2.6	0.1
外币法定储备	401.4	525.0	355.8	其他项目	-113.0	7.1	-12.7
结算账户	256.4	144.2	496.5				

资料来源：赞比亚中央银行。

① 也包括重债穷国（HIPC）资金和法定储备。

资产增加了24.1%，而2007年增速为35.6%，对储备货币的增长贡献了20.8个百分点。净国内资产下降了8%，而2007年为下降了167.7%，对储备货币的增长贡献了负0.6个百分点。流通中的现金和商业银行实际的经常账户余额分别增长了27.6%和244.2%，分别贡献了16.7和14.1个百分点。外汇法定储备存款2008年下降了32.2%，对于储备货币的增长贡献了负6.8个百分点。

（3）通货膨胀率

在2008年一季度整体通胀率保持在个位数，但从4月份开始上升到两位数，随后一直稳步增加到12月的16.6%，比年初预定的年底通胀率为7%的目标高出9.6个百分点，并比2007年12月底的8.9%高出7.7个百分点，这主要是由于食品和非食品通胀率都上升，尤其是食品通胀率上升很快。

年度食品通胀率在2008年第1季度保持了个位数，3月为9.8%，从5月份开始上升到十位数，至12月竟高达20.5%，而在2007年12月份赞比亚食品通胀率为5.9%（如图7所示）。食品通胀率的快速增长主要是受国内市场许多粮食产品（如玉米、小麦、谷物、鱼类、新鲜蔬菜、土豆和干豆等）因供应短缺而价格上涨的影响。此外，由于电力短缺和交通成本的增加而导致生产增加从而也导致加工类食品价格的上涨。

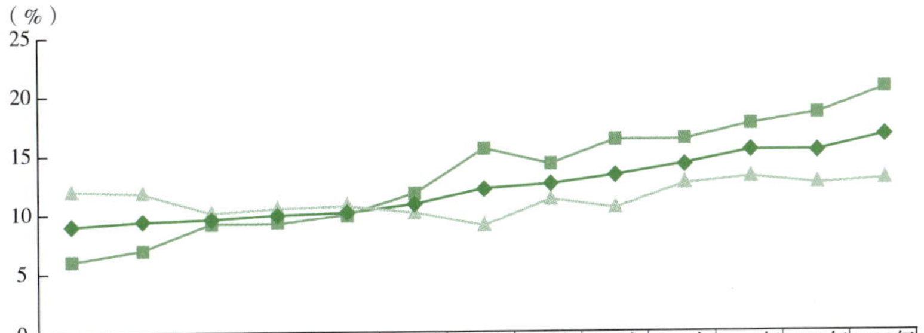

	2007年12月	2008年1月	2008年2月	2008年3月	2008年4月	2008年5月	2008年6月	2008年7月	2008年8月	2008年9月	2008年10月	2008年11月	2008年12月
总体通胀率	8.9	9.3	9.5	9.8	10.1	10.9	12.1	12.6	13.2	14.2	15.2	15.3	16.6
食品	5.9	6.9	9.1	9.1	9.8	11.7	15.6	14.2	16.3	16.2	17.6	18.5	20.5
非食品	11.9	11.7	10	10.4	10.5	10.1	8.8	11.2	10.4	12.4	13	12.4	12.9

图7　2008年赞比亚通胀率变化趋势图

资料来源：赞比亚中央银行。

2008年上半年，非食品通胀率表现较好，2008年3月，非食品类通胀率从2007年12月的11.9%下降到10.4%，6月进一步下降到8.8%。这主要是由于克瓦查在上半年对美元升值了14.4%。但是从下半年开始，情况发生了变化，12月非食品通胀率上升到12.9%，其原因下半年克瓦查对美元贬值了50.3%。此外，由于国际市场价格走高，国内油价在第3季度上涨了11.6%，导致交通成本的增加。

（4）利率状况

① 国债收益率。2008年所有短期国债的收益率都有所上升，导致加权平均的短期国债收益率从2007年12月的12.9%上升到2008年12月的16.8%（如图8所示）。这主要是由于

政府债券需求下降以及2008年大部分时间相对较高的通胀预期使得国债收益率有所增加所致。具体来看，91天和182天的短期国债收益率分别从2007年12月底的11.5%和12.8%上升到2008年12月底的13.8%和15.8%；273天和364天短期国债的收益率从11.9%和11.8%上升到16.1%和18.4%。

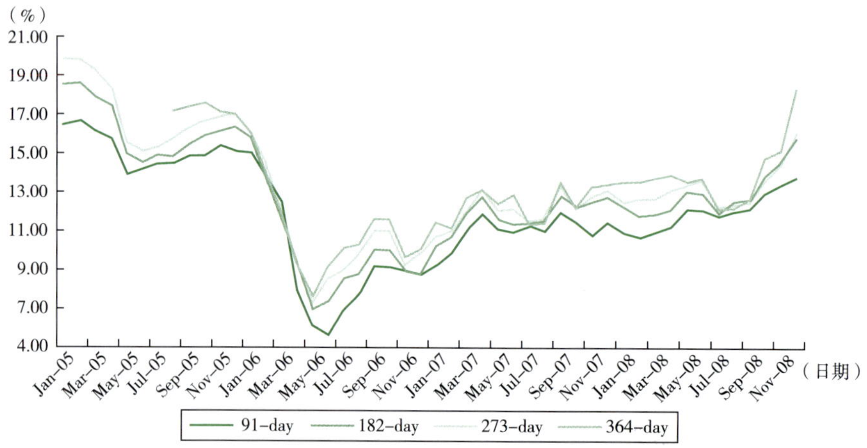

图8　赞比亚短期国债收益率变化情况

资料来源：赞比亚中央银行。

同样政府长期国债的总体收益率也呈上升趋势，综合的长期国债收益率在2008年12月底为16.7%，高于2007年底的15.6%。但是，长期国债的各品种表现却不尽相同。2年期、3年期和5年期长期国债的平均收益率从2007年12月的14.4%、15.5%和15.6%上升到2008年12月的16.6%、16%和18.9%。但是，而7年期、10年期和15年期长期国债收益率则分别从17.7%、18.8%和19.9%下降到17.3%、18.4%和19.3%（如图9所示）。

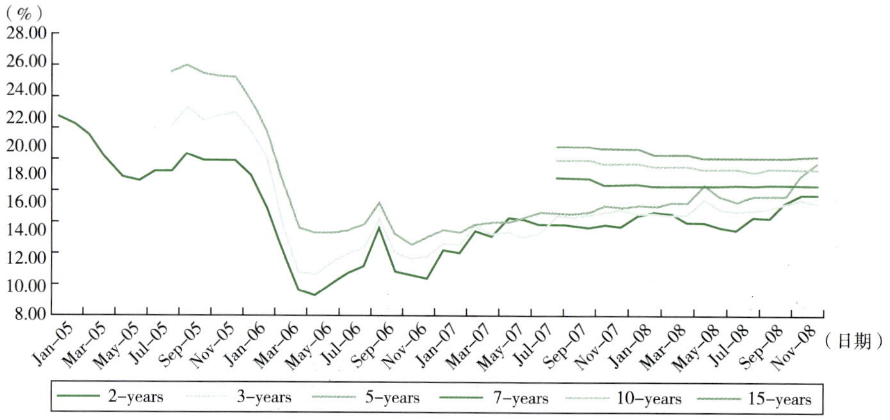

图9　赞比亚长期国债收益率变化情况

资料来源：赞比亚中央银行。

② 商业银行利率状况。2008年除了平均存款利率保持4.8%不便外，赞比亚商业银行的其他名义利率都有所上升。2008年12月底，加权平均的贷款基准利率和平均贷款利率分别

到 110170 万美元，这主要是因为以项目赠款和贷款、预算贷款的形式流入的增加，此外还因为商业银行持有的净外汇资产下降。但是以外国直接投资、间接投资和私人借款等其他形式的流入有所减少。

表 23　　2006 年—2008 年赞比亚国际收支平衡表　　单位：百万美元

年　　度	2006	2007	2008*
经常账户	142.8	-754.5	-1054.9
货物贸易账户	1307.0	899.2	401.7
出口	3890.7	4448.5	4876.9
金属出口	3175.4	3667.7	4000.8
铜	3029.3	3406.5	3684.2
钴	146.1	261.2	316.5
非传统贸易	715.3	780.8	876.2
进口	-2635.8	-3610.5	-4555.2
金属	-520.7	-1059.1	-1380.5
非金属行业	-2115.1	-2551.4	-3174.7
其中石油	-454.0	-493.0	-815.6
承运人港口采购货物	33.6	35.3	37.4
非货币黄金	18.5	26.0	42.6
服务贸易账户	-358.2	-639.6	-618.1
服务收入	228.9	273.4	297.0
服务支出	-587.1	-913.0	-915.1
收入账户	-1168.3	-1544.6	-1398.5
收入	18.4	35.2	29.5
支出	-1186.7	-1579.8	-1428.0
其中股利支出	-1107.0	-1473.6	-1345
利息支付	-56.9	-13.3	-54.1
经常转移	362.2	530.5	560.0
私人部门	153.7	227.9	239.0
官方	208.5	302.6	321.0
商品、SWAP 及全球资金	92.2	156.0	150.0
预算赠款	116.3	146.6	171.0
资本和金融账户	1007.4	1065.4	1017.5
资本账户	2600.4	222.8	230.0
资本转移	2600.4	222.8	230.0
项目援助	197.0	222.8	230.0
金融账户	-1593.0	842.6	787.5
直接投资	615.8	1323.9	938.6
间接投资	50.4	41.8	-6.1
其他投资	-2259.2	-523.1	-145.0
资产	-462.3	-1005.8	-472.1

续表

年　　度	2006	2007	2008*
银行国内资产增加	-48.8	-66.7	142.7
其他短期存款	-413.6	-939.1	-614.8
负债	-1796.9	482.7	327.1
政府	-1779.3	33.9	67.4
贷款提取	91.4	82.7	110.8
项目贷款	82.7	82.7	79.0
预算贷款	8.8	0.0	31.8
贷款摊销	-1870.7	-48.8	-43.3
私人国外借贷	-59.9	448.8	259.6
错误和忽略	-328.5	0.0	50.1
总体平衡	821.6	310.5	12.7

资料来源：赞比亚中央银行。

（2）进出口贸易状况

① 进出口贸易的基本状况。2008年赞比亚货物进出口贸易总额为94.32亿美元，比2007年的80.59亿美元增长了17%，但贸易盈余下降了55.3%，从2007年的8.89亿美元下降到4.02亿美元，主要是因为进口的增加量高于出口收入的增加量。

2008年赞比亚进口贸易增长了26.2%，从2007年的36.11亿美元增加到2008年的45.55亿美元，主要是因为石油产品、肥料、化学品、纸张和纸制品、食品和汽车的进口分别增长了69%、47.1%、40.1%、40.4%、38.4%和29.2%。以上产品进口的增长反映了2008年上半年国际市场上食品、石油和农业投入等的价格上涨。

2008年，赞比亚出口收入增长了9.6%，从2007年的44.49亿美元增长到48.77亿美元，主要是因为金属和非金属出口等的增长。赞比亚的出口产品主要为金属产品，占出口收入的80%以上。2008年，金属出口收入增长了9.1%，从2007年的36.68亿美元增长到40.01亿美元，铜和钴的出口收入都有所增长。铜出口收入增长了8.2%，从2007年的34.07亿美元增长到36.84亿美元，受金融危机影响，铜的平均价格下降了9.3%，从2007年的6938.8美元/吨下降到2008年的6371.8美元/吨，但出口数量的增加抵消了价格的下降，出口量为58.52万吨，比2007年的49.09万吨增长了19.2%。钴的出口收入增长了21.2%，从2007年的2.61亿美元增长到3.17亿美元，主要是因为价格从54312.4美元/吨上涨到68517.8美元/吨，上涨了26.4%，而钴出口量为4625.3吨，比2007年的4809吨下降了4.1%（如图12所示）。

同期，非传统出口收入为8.76亿美元，比2007年的7.81亿美元增长了12.2%（如表24所示）。其中，水泥和石灰、小麦、油气、白肋烟、宝石和鲜果蔬菜的出口分别增长了61.5%、45%、23.7%、18%、13.5%和9.9%，但是，铜线、电缆、蔗糖、鲜花、皮棉、棉纱和电力出口收入有所下降，主要是因为电力短缺以及克瓦查的升值对出口的不利影响。

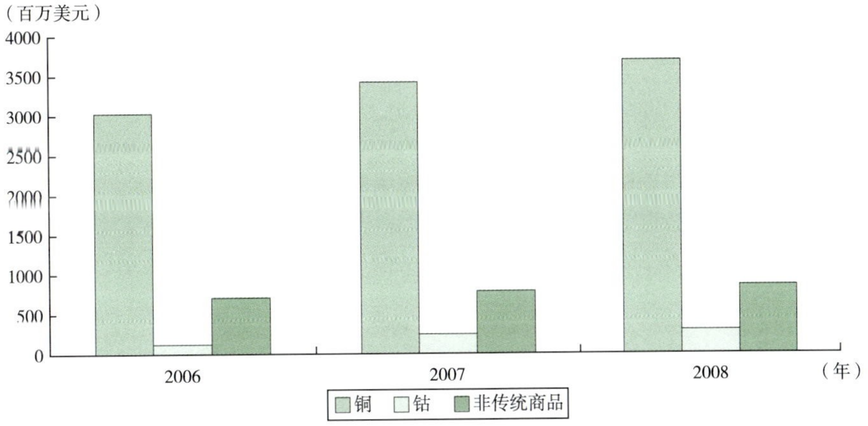

图 12　近年来赞比亚出口情况

资料来源：赞比亚中央银行。

表 24　　**赞比亚近年来非传统商品出口情况**　　单位：百万美元

	2006 年		2007 年		2008 年		2007/08 变化(%)
	价值	占比	价值	占比	价值	占比	
铜　　线	175.0	23.1	195.4	23.6	163.5	17.6	(16.3)
蔗　　糖	54.3	7.2	74.4	9	60.7	6.5	(18.5)
白 肋 烟	70.5	9.3	63.2	7.6	74.6	8.0	18.0
皮　　棉	62.3	8.2	37.1	4.5	35.4	3.8	(4.6)
电　　缆	103.7	13.7	150.5	18.2	54.5	5.9	(63.8)
鲜　　花	34.7	4.6	38.3	4.6	23.7	2.6	(38.1)
棉　　纱	18.9	2.5	12.4	1.5	7.5	0.8	(39.1)
鲜果蔬菜	25.3	3.3	24.6	3	27	2.9	9.9
宝　　石	18.1	2.4	28.6	3.5	32.4	3.5	13.5
油　　气	10.3	1.4	20.9	2.5	25.9	2.8	23.7
电　　力	7.0	0.9	7.3	0.9	3.3	0.4	(54.5)
其　　他	161.5	21.3	265	32.1	445.5	48	68.1
调　　整	15.6	2.1	(91.0)	(11.0)	(26.3)	(2.8)	(71.1)
总　　计	757.2	100	826.6	100	927.6	100	12.2

资料来源：赞比亚中央银行。

② 进出口的地区分布状况

（a）出口目的地（参见表 25）。按照地区来看，2008 年欧洲依然是赞比亚最大的出口目的地，占总出口额的 58.8%。2008 年对欧洲的出口增长了 31.4%，从 2007 年的 21.81 亿美元增加到 2008 年的 28.66 亿美元。在欧洲内部，瑞士和欧盟占比分别为 52% 和 6.7%，而 2007 年分别为 43.3% 和 5.6%，主要是因为对瑞士的铜出口和对荷兰的鲜花出口的增加。

非洲是赞比亚第二大出口目的地，2008 年对非出口增长了 6.6%，从 2007 年的 13.44 亿美元增加到 14.33 亿美元。其中对只属于东南非共同市场（COMESA）成员国的国家出口增加了 56%，从 2.68 亿美元增加到 4.28 亿美元，主要是因为对埃及铜出口的增加；而对只属上升到 20.8% 和 26.9%，而 2007 年 12 月底分别为 18.3% 和 24.4%，主要是由于通胀率的升高。同样，金额超过 2000 万克瓦查的 30 天定期存款利率从 2007 年底的 4.8% 上升到 2008 年底的 5%（如图 10 所示）。

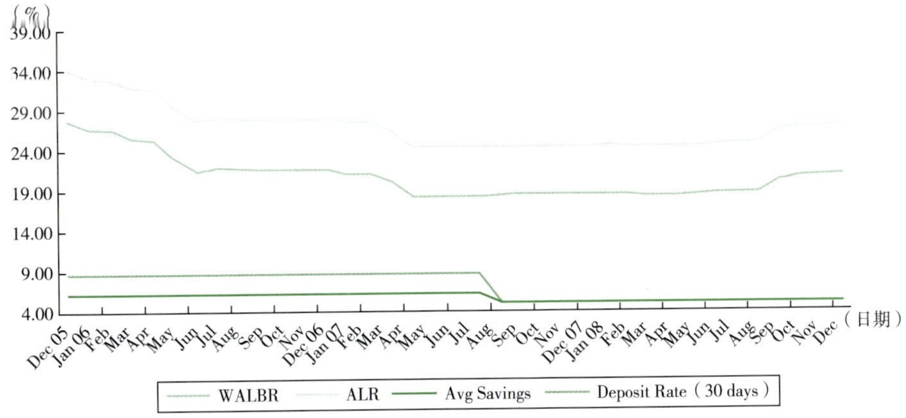

图 10 赞比亚商业银行存贷款利率变化情况

注：WALBR 为加权平均贷款基础利率；ALR 为平均贷款利率；Avg Savings 为平均存款利率；Deposit Rate（30 days）为 30 天期定期存款利率。

资料来源：赞比亚中央银行。

但商业银行所有的实际利率都呈下降趋势，主要是因为通胀率的升高。金额超过 2000 万克瓦查的 30 天定期存款的真实利率和金额超过 10 万克瓦查的平均存款的真实利率从 2007 年 12 月底的 -4.1% 分别下降到 -11.6% 和 -11.8%。此外，实际的平均贷款利率和平均贷款利率分别从 15.7% 和 9.4% 下降到 10.3% 和 2.5%（如表 17 所示）。

表 17 赞比亚近年来利率变化情况

年度	名义利率（%）			实际利率（%）		
	2006	2007	2008	2006	2007	2008
91 天短期国债	8.7	10.7	12.2	0.5	1.8	-4.4
182 天短期国债	8.7	11.3	13.5	0.5	2.4	-3.1
273 天短期国债	9.6	11.3	13.8	1.4	2.4	-2.8
364 天短期国债	9.9	11.2	14.9	1.7	2.3	-1.7
加权平均短期国债	9.2	11.1	14.0	1.0	2.2	-2.6
2 年期国债	10.6	14.1	15.2	2.4	5.2	-1.4
3 年期国债	12.1	14.3	15.6	3.9	5.4	-1.0
5 年期国债	13.5	14.9	16.5	5.3	6.0	-0.1
7 年期国债		17.7	17.3		8.8	0.7
10 年期国债		19.0	18.5		10.1	1.9
15 年期国债		20.0	19.3		11.1	2.7
长期国债综合收益率		14.8	16.3		5.9	-0.3
银行加权平均贷款基础利率	21.6	18.3	19.1	13.4	9.4	2.5
银行平均贷款利率	27.9	27.9	26.9	19.7	15.7	10.3
银行平均存款利率	6.1	4.8	4.8	-2.1	-4.1	-11.8
存款利率*	8.4	4.8	5.0	0.2	-4.1	-11.6

注：*30 天，金额大于 2000 万克瓦查。

资料来源：赞比亚中央银行。

（5）国内信贷

2008年，赞比亚国内信贷增长了37.8%，高于2007年的19.8%。从绝对数来看，由于对私人部门和中央政府的贷款都有所增加，国内信贷从2007年的76487亿克瓦查增长到2008年的105362亿克瓦查。除外币信贷（2008年增长71.8%）外，国内信贷增长了22.7%，高于2007年的15.8%。其中，对私人部门信贷增加了50.2%，高于2007年的43%，对年度信贷增长贡献了35.3个百分点。对家庭的信贷增长了将近164.4%，对私人企业的信贷增长了26.6%，对非银行金融机构的信贷增长了3.5%。同样，对政府的信贷增长了22.1%，而2007年为下降了20.2%，对国内信贷增长贡献了5.5个百分点。但是，对公共企业的信贷下降了61%，对国内信贷增长贡献了负3个百分点。家庭信贷占全部国内信贷的比重从2007年的12.4%增加到2008年的23.7%，而对私人企业和政府信贷占比分别从56.6%和24.4%下降到51.8%和21.9%（如表18所示）。

表18　　　　赞比亚近年来国内信贷基本情况

	2006年				2007年				2008年			
	10亿克瓦查	%			10亿克瓦查	%			10亿克瓦查	%		
		A	B	C		A	B	C		A	B	C
国内信贷	6469.0	28.0	28.0	100	7648.7	19.8	19.8	100	10536.0	37.8	37.8	100
政　府	2474.6	3.7	1.7	38.3	1861.5	-21.6	-8.0	24.4	2311.7	22.1	5.7	21.9
公共企业	224.4	2.6	-0.1	3.5	378.5	68.7	2.4	5.0	147.5	-61.0	-3.0	1.4
私人企业	3054.7	62.6	23.3	47.2	4309.1	41.5	19.9	56.6	5455.2	26.6	15.0	51.8
家　庭	625.4	18.4	1.9	9.7	942.6	50.8	5.0	12.4	2492.5	164.4	20.2	23.7
非银行金融机构	89.9	200.6	1.2	1.4	124.9	38.9	0.5	1.6	129.2	3.5	0.1	1.2

注：A. 变化；B. 对信贷增长的贡献；C. 占比。
资料来源：赞比亚央行。

从贷款投放的领域来看，信贷增长最快的是餐饮宾馆业，增速为280.9%；其次是房地产业，为221.3%；第三是金融服务业，为163.4%。除了天然气、能源和供水部门贷款下降了30.8%外，其他行业都实现了增长。从各领域贷款占比来看，对家庭的信贷占全部信贷的比重继续保持最大，为25.4%；其次是农业，为16.2%；再次是制造业，占10.8%；社区、社会和个人服务领域占比最低，为1.3%（如表19所示）。

（6）金融服务行业状况

① 银行业。2008年赞比亚银行业的状况较令人满意，银行业总资产和收入继续增长，资本充足率和流动性比率继续保持较高水平，资产质量得到改善。银行业的总资产增长了24.4%，从2007年12月底的137793亿克瓦查增长到2008年12月底的171466亿克瓦查。资产中占比最大的依然是净贷款和租赁，2008年底占比为44.3%，高于2007年的38.7%。总负债从2007年12月底的124217亿克瓦查增长到2008年底的154903亿克瓦查，增长了24.7%，这主要是由于存款增长了22.9%，达到122035亿克瓦查。赞比亚所有银行都满足一级监管资本5%和总的监管资本10%的最低资本充足率要求。2008年底，银行业的一级监管资本充足率和总的监管资本充足率分别为15.7%和18.6%，而2007年年底分别为15.9%和

18.6%。资本充足率在过去24个月的下降是由于银行对风险更高的私人部门贷款和租赁类资产的增加所致。

表19 银行贷款的行业分布情况 单位：10亿克瓦查

行业	2006年		2007年		2008年	
	金额	占比(%)	金额	占比(%)	金额	占比(%)
农业	1065.90	27.2	1210.30	21	1321.40	16.2
矿产采掘业	170.5	4.3	231.2	4	382.1	4.7
制造业	520.3	13.3	615.2	10.7	878.5	10.8
水电气及能源	123.9	3.2	280	4.9	193.7	2.4
建筑业	87.4	2.2	203	3.5	324.2	4
批发零售业	568.2	14.5	622.2	10.8	789.9	9.7
餐饮宾馆业	78.3	2	67.3	1.2	256.3	3.1
交通仓储和通信业	312.3	8	414.3	7.2	568.2	7
金融服务业	186	4.7	243	4.2	639.8	7.9
社区、社会和个人服务	97.8	2.5	94.8	1.6	107.8	1.3
房地产	190	4.8	125.3	2.2	402.4	4.9
个人贷款	438.4	11.2	1496.30	26.0	2070.70	25.4
其他	84.5	2.2	154.3	2.7	207.7	2.6

资料来源：赞比亚中央银行。

银行业的资产质量是较好的。不良贷款率和不良贷款占总监管资本比率分别从2007年12月的8.8%和9.6%下降到2008年12月的7.2%和5.2%。银行的收入状况也较好，税前利润增加了1.6%，从2007年的5443亿克瓦查增长到2008年的5360亿克瓦查。利润的增长主要是因为净利息收入和总的非利息收入分别增长了28.2%和24.2%，达到12548亿克瓦查和8878亿克瓦查。流动比率稍有恶化，从2007年底的46%下降到2008年的43%。尽管稍有恶化，但银行业的流动性状况依然较为充足。

② 非银行金融机构。2008年共有76家非银行金融机构处于赞比亚央行的监管之下，而2007年为61家，包括租赁公司①、合作社②、微观金融机构、货币兑换所③和信贷参考局。非银行金融机构的表现总体较好，非银行金融机构监管资本充足，收入表现、资产质量和流

① 2008年租赁公司整体表现比较令人满意。平均来说，租赁公司维持充足的监管资本和储备。在2008年底，租赁公司的监管资本为361亿克瓦查，低于上一年的429亿克瓦查，下降的原因主要是由于提取了233亿克瓦查的贷款损失准备，但似新注入210亿克瓦查的资本抵消了一部分。该行业2008年税后损失为32亿克瓦查。但是其资产自量还是较好的，总资产从前一年同期的2638亿克瓦查减少到2008年的2507亿克瓦查，这主要是因为其他资产下降了31%，从2007年的429亿克瓦查下降到295亿克瓦查。该行业的收入表现有所改善，在2008年，税前损失为32亿克瓦查，低于2007年的45亿克瓦查的税前损失，这主要是因为利息费用下降了11.4%；从2007年的175亿克瓦查下降到2008年的155亿克瓦查，贷款损失也减少了37.9%，从66亿克瓦查下降到41亿克瓦查。

② 2008年合作社的整体状况有所改善。该部门总的监管资本增长了342亿克瓦查，增速为106.2%，而上一年同期为减少322亿克瓦查，这主要是因为注入了251亿克瓦查的新资本和产生91亿克瓦查的税后利润。该行业资产从2007年底的2228亿克瓦查增加到2760亿克瓦查，资产的增加主要是因为其他借款和消费者存款增加了219亿克瓦查，还有就是注入了251亿克瓦查的股权资本。税前利润从2007年底的96亿克瓦查增加到2008年的118亿克瓦查，这主要是因为抵押利息收入从2007年的249亿克瓦查增加到420亿克瓦查。

③ 2008年12月底，货币兑换所的总资产从2007年的213亿克瓦查增加到393亿克瓦查，增长了84.5%。这主要是由于资本和储备的增长所致。2008年12月底，货币兑换所的监管资本为283亿克瓦查，比2007年同期的165亿克瓦查增加了118亿克瓦查。2008年12月底，所有的货币兑换所都满足4000万克瓦查的最低资本要求。

动性状况也正常。5家吸收存款的非银行金融机构占全部资产的52%，表现较好；9家非银行金融机构占总资产的15%，表现正常，占全部资产33%的另外5家机构表现不佳。

微型金融机构的整体状况和表现较为令人满意，该行业资产充足率较好且资产质量和收入表现都不错。2008年底，微型金融机构的总资产为3896亿克瓦查，比2007年底的2376亿克瓦查增长了64%，这主要是因为资本和储备从2007年的793亿克瓦查增加到1244亿克瓦查；贷款从1753亿克瓦查增加到2825亿克瓦查，这主要是因为微型金融机构的数量在2008年有所增加。

（7）货币市场状况

① 银行间货币市场。2008年，赞比亚银行间交易量有所增加，主要发生在上半年。市场的总资金交易量增长了24.8%，从2007年的188516亿克瓦查增加到238368亿克瓦查（如图11所示），部分原因是金融危机深化和随后国际市场信贷条件紧缩而导致外国银行参与国内银行间市场交易的影响。从交易的期限来看，隔夜拆借从2007年的143144亿克瓦查增加到2008年的177364亿克瓦查，而期限超过一天的交易资金量从45372亿克瓦查增加到61002亿克瓦查。外国银行参与国内银行间市场交易，包括隔夜拆借8647亿克瓦查和时间超过一天的拆借14895亿克瓦查。由于外国银行参与国内银行间市场，导致加权平均的银行间市场利率从2007年的11.1%增加到2008年的11.8%。而国内银行拆借资金的平均利率为12%，外国银行为18.4%。

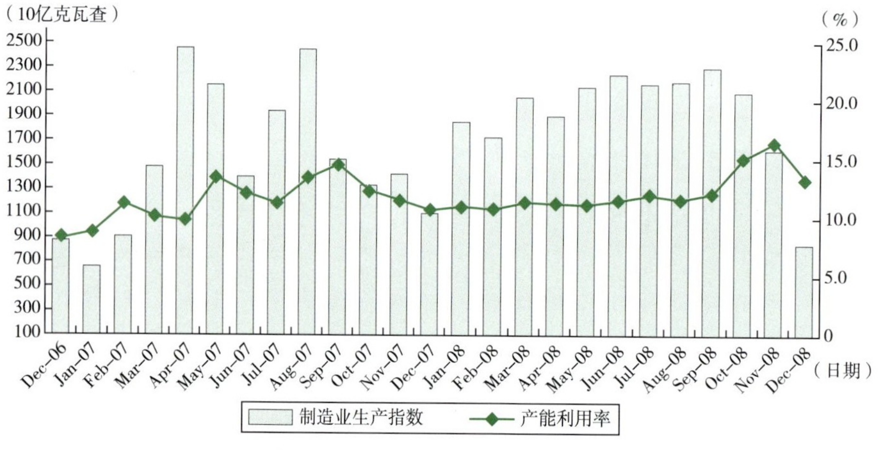

图11 近年来赞比亚银行间市场交易量及利率

资料来源：赞比亚中央银行。

② 国债市场。2008年，政府债券市场继续成为赞比亚政府国内融资的主要渠道。短期国债每周拍卖和长期国债每月拍卖金额保持不变，分别为1000亿克瓦查和1200亿克瓦查，但是需求低于供应。在短期国债市场，认购量从2007年的平均973亿克瓦查下降到2008年的832亿克瓦查；长期国债需求下降更多，从平均2197亿克瓦查下降到986亿克瓦查。因此，短期国债和长期国债的认购率分别从2007年的97.3%和193.8%下降到2008年的83.2%和82.2%（详见表20）。

表 20　　2007 年和 2008 年赞比亚政府债券交易情况　　单位：10 亿克瓦查

	2007 年			2008 年		
	供应量	认购量	认购率(%)	供应量	认购量	认购率(%)
91 天	18.2	15.1	82.9	17.0	12.1	71.2
182 天	21.8	18.9	86.7	21.1	15.6	73.9
273 天	19.2	17.5	91.1	17.8	13.1	73.6
364 天	40.8	45.8	112.3	44.1	42.4	96.1
短期总计	100.0	97.3	97.3	100.0	83.2	83.2
2 年期	20.0	28.4	142.0	25.8	27.8	107.8
3 年期	25.0	33.6	134.4	32.9	18.3	55.6
5 年期	30.0	50.9	169.7	41.7	30.3	72.7
7 年期	17.5	50.7	289.7	7.1	10.1	142.3
10 年期	17.5	32.1	186.9	7.1	5.9	83.1
15 年期	10.0	24.0	240.0	5.4	6.2	114.8
长期总计	120.0	219.7	193.8	120.0	98.6	82.2

资料来源：赞比亚中央银行。

2008 年未到期的政府债券数量增长了 5.6%，从 2007 年的 75953 亿克瓦查增加到 2008 年的 80218 亿克瓦查，主要是因为未到期长期国债的增加，而未到期短期国债则有所下降。政府长期国债从 41962 亿克瓦查增加到 47414 亿克瓦查，增长了 12.9%，对政府债券存量的增加贡献了 7.2%，而流动中的政府短期债券下降了 3.5%，从 33991 亿克瓦查下降到 32804 亿克瓦查，对整个政府未到期债券的贡献为 -1.6%。

（8）资本市场状况

2008 年股票市场表现不佳，主要指数都有所下降。这主要是因为全球金融危机影响了国内的需求，特别是在 2008 年下半年。股票需求下降使得许多股票价格走低，导致卢萨卡证券交易所综合指数以克瓦查标价，从 2007 年 12 月底的 3533.52 点下降到 2008 年底的 2505.88 点，下降了 29.08%，而 2007 年则为增长了 92.9%；如以美元标价，指数下降了 44%，市场回报率低于年度通货膨胀率（详见表 21 和图 12）。

表 21　　卢萨卡证券交易所基本情况

市　值	2006 年	2007 年	2008 年	2007/08 变化(%)
本币(百万克瓦查)	13072466	18872945	20468283	8.4
美元(百万美元)	3188	4827	4106	(14.9)
市值占 GDP 比重(%)	40.0	54.6	37.84	(30.7)
交易量占市值比重(%)	0.7	1.6	3.0	87.5
上市公司数量	15	16	19	18.8
交易公司数量	11	12	9	(25.0)
公司总数	27	28	28	0.0

资料来源：卢萨卡证券交易所。

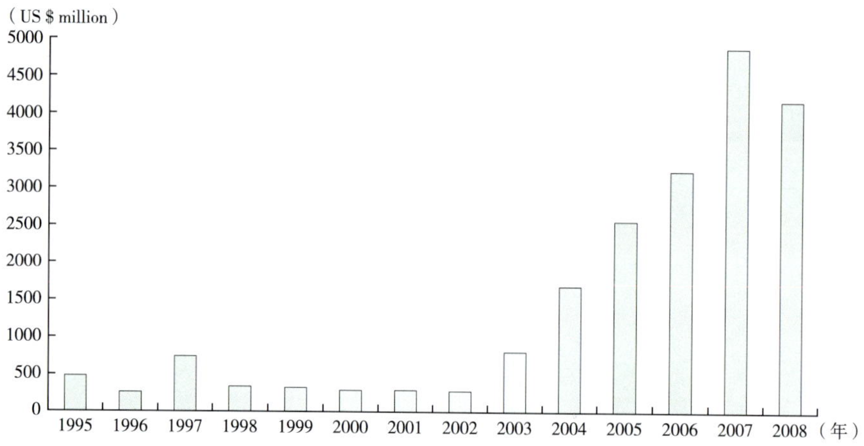

图12　卢萨卡证券交易所以美元表示的市值变化

资料来源：卢萨卡证券交易所。

2008年卢萨卡证券交易所的交易量有所下降，股票交易数量从2007年的280030万下降到2008年的158580万，从全年大多数时候看，市场处于熊市，而下半年的全球金融危机更加重了这一状况。全球金融危机的加深促使外国投资者出售其在卢萨卡证券交易所持有的股票。2008年外国投资者购买量为5830万美元而出售量达到6390万美元，净出售为570万美元；而2007年购买量为3060万美元，出售量为1810万美元，净购买为1250万美元。

2008年卢萨卡证券交易所的总市值增加了8.4%，达到204683亿克瓦查（如表22所示），主要是由于由铜带省能源公司、赞比亚国家商业银行和Celtel电信公司三家公司上市，但是增速仍低于2007年的13.9%。

表22　2006年—2008年赞比亚股票市场交易情况表

	2006年	2007年	2008年	2007/08变化(%)
交易笔数	3662	6199	8384	35.2
交易股票数	858661187	2800247780	1585765172	(44)
交易量(10亿克瓦查)	86.6	293	614.5	109.7
美元(百万美元)	23.9	72.4	167.8	131.8
交易天数	250	250	252	0.8

资料来源：卢萨卡证券交易所。

5. 进出口贸易、外国直接投资及外汇储备情况

（1）国际收支状况

2008年，赞比亚总的国际收支平衡状况（详见表23）表现为盈余减少，总盈余为1270万美元，低于2007年的31050万美元，下降的原因主要是经常账户赤字的增加超过资本和金融账户盈余的增长。2008年经常账户赤字从上一年的75490万美元增加到108910万美元，这主要是因为货物贸易盈余减少。2008年资本和金融账户盈余从2007年的106540万美元增长

于南部非洲发展共同体（SADC）成员国的国家出口下降了19.4%，从7130万美元减少到5750万美元，主要是因为铜和铜矿出口的减少；而对既是COMESA又是SADC成员的国家的出口增加了20.7%，从3630万美元增加到4380万美元。

表25　　2006年—2008年赞比亚出口目的地分布　　单位：百万美元

	2006年		2007年		2008年	
	价值	占比(%)	价值	占比(%)	价值	占比(%)
亚洲	1116	28.7	1064	23.9	761	15.6
欧洲	1676	43.1	2181	49.0	2866	58.8
瑞士	1463	37.6	1928	43.3	2536	52.0
欧盟	211	5.4	251	5.6	327	6.7
其他欧洲国家	3	0.1	1	0.0	2	0.0
非洲	886	22.8	1344	30.2	1433	29.4
COMESA	201	5.2	268	6.0	418	8.6
SADC	445	11.4	713	16.0	575	11.8
COMESA&SADC	240	6.2	363	8.2	438	9.0
其他非洲国家	0.7	0.0	0.4	0.0	1.4	0.0
其他国家	4.0	0.1	29.0	0.7	27.0	0.6
调整	208.7	5.4	(168.5)	(3.8)	(210.1)	(4.3)
总　计	3890.7	100	4448.5	100	4876.9	100

资料来源：赞比亚中央统计局。

亚洲是赞比亚第三大出口目的地。2008年对亚洲的出口下降了28.5%，从2007年的10.64亿美元（占全部出口的23.9%）下降到7.61亿美元（占15.6%），主要是因为对中国的金属出口下降。对世界其他地区的出口下降了6.9%，从2900万美元减少到2700万美元。

（b）进口来源地（参见表26）。按地区来分，非洲依然是赞比亚进口的主要来源地。2008年从非洲大陆的进口增加了29.6%，从2007年的23.76亿美元增加到30.79亿美元，占全部进口的60.8%，主要是因为来自COMESA和SADC成员国家进口的增加。其中来自于既是COMESA又是SADC成员的国家的进口增长了一倍，从2007年的2.69亿美元增加到6.84亿美元；来自于只属于SADC成员的国家进口增长了13.8%，从2007年的20.18亿美元增加到22.96亿美元，占全部进口的比重为45.4%；而来自于只属于COMESA成员的国家的进口增长了9.1%，从8810万美元增加到9610万美元。

亚洲依然是赞比亚第二大进口来源地，2008年来自于亚洲的进口增长了57.8%，从上一年的8.02亿美元增加到12.65亿美元，占全部进口的25%，主要是因为来自中国的钢铁和橡胶产品和科威特的原油进口的增加。但是，来自于欧洲的进口下降了20.3%，从2007年的6.98亿美元下降到5.57亿美元。来自于世界其他国家的进口增长了22.6%，从1.31亿美元增加到1.61亿美元，占全部进口的3.2%。

表 26 2006 年—2008 年赞比亚进口来源地分布 单位：百万美元

	2006 年		2007 年		2008 年	
	价值	占比（%）	价值	占比（%）	价值	占比（%）
亚洲	592.3	19.6	801.5	20.0	1264.7	25.0
欧洲	507.2	16.8	698.1	17.4	556.6	11.0
欧盟	369.1	12.2	672.0	16.8	511.7	10.1
其他欧洲国家	138.1	4.6	26.1	0.7	44.9	0.9
非洲	1813.7	60.0	2376.3	59.3	3078.9	60.8
SADC	1527.9	50.5	2017.6	50.4	2296.1	45.4
COMESA	62.4	2.1	88.1	2.2	96.1	1.9
COMESA&SADC	222.7	7.4	269.3	6.7	684.3	13.5
其他非洲国家	0.7	0.0	1.3	0.0	2.4	0.0
世界其他国家	111.2	3.7	131.4	3.3	161.1	3.2
总　计	3024.0	100.0	4007.0	100.0	5060.4	100.0

资料来源：赞比亚中央统计局。

（3）吸引外国直接投资情况

根据联合国贸发会《2009 年世界投资报告》的数据，2008 年赞比亚共吸收外国直接投资 9.44 亿美元，低于 2007 年的 13.24 亿美元，占南部非洲地区①吸收外国直接投资的 3.5%。到 2008 年，赞比亚的投资存量达到 85.45 亿美元。

（4）外汇市场、汇率和外汇储备状况

① 汇率变化。2008 年，赞比亚本币克瓦查对主要货币的汇率波动性增加。2008 年第 1 季度，由于市场中外汇流入的增加而导致克瓦查对主要货币升值较快。但是，2008 年下半年，由于国内市场外汇流入减少而需求旺盛，克瓦查对主要货币迅速贬值，主要原因包括总统选举带来的政治不稳定性增加，全球金融危机的影响以及国际铜价的迅速下跌。外国投资者对美元需求的增加可以从国内外汇交易市场净流出/入量的变化反映出来，2008 年净流出量为 8690 万美元，而 2007 年净流入量为 9250 万美元。

从全年来看，克瓦查对美元和欧元分别贬值 27.3% 和 16.2%，由 2007 年 12 月的平均 3835.75 克瓦查/1 美元和 5532.27 克瓦查/1 欧元贬到 2008 年 12 月的 4882.34 克瓦查/1 美元和 6427.20 克瓦查/1 欧元。而克瓦查对英镑则升值了 5.6%，从 2007 年 12 月的 7748.28 克瓦查/1 英镑升到 7285.11 克瓦查/1 英镑，克瓦查对南非兰特也升值 11.7%，从 558.82 克瓦查/1 兰特升到 493.60 克瓦查/1 兰特。而 2007 年同期克瓦查对英镑和兰特分别升值 4% 和 4.2%（如图 13 所示）。克瓦查对英镑和兰特的升值主要是因为国际市场英镑和兰特走弱，特别是全球金融危机以后。

① 该地区包括安哥拉、博茨瓦纳、莱索托、马拉维、莫桑比克、纳米比亚、南非、斯威士兰、赞比亚和津巴布韦。

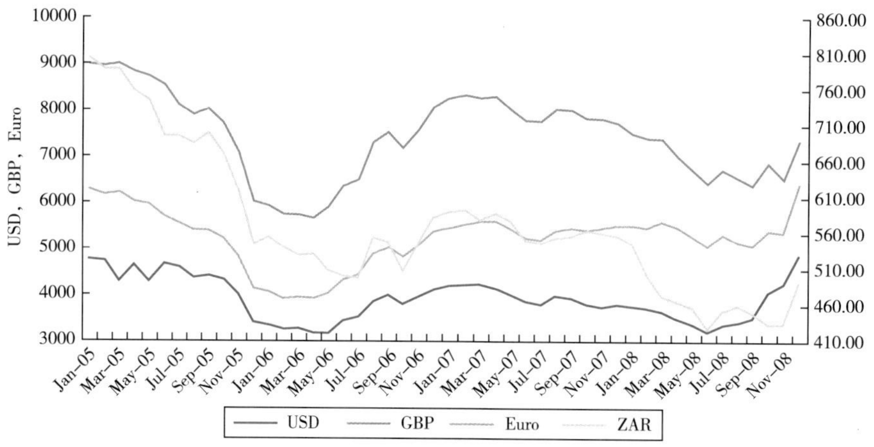

图13　赞比亚克瓦查对主要货币汇率变化

注：USD为美元；GBP为英镑；Euro为欧元；ZAR为南非兰特。
资料来源：赞比亚中央银行。

克瓦查的实际有效汇率（REER）① 升值5.5%，从2007年的108.29降为2008年12月的102.35。这主要是因为国外对国内的相对价格下降了10.5%，这不能全部抵消名义有效汇率贬值5.6%。

② 外汇市场交易状况。尽管波动性增加，但是2008年外汇交易量继续增加，包括外汇的供给和需求都有所上升。市场供给②从2007年的67.12亿美元增加到104.17亿美元，同样，市场需求③从2007年的65.36亿美元增加到2008年的104.63亿美元。因此商业银行2008年净出售外汇4650万美元，而2007年为净购买1764万美元。在总供给中，矿业公司依然是主要的供应者，2008年供应了12.32亿美元，而2007年为8.50亿美元；而非居民供应也从2007年的5.99亿美元增加到11.66亿美元。在需求方面，外汇的主要购买者为非居民，总购买额为12.53亿美元，而2007年为4.47亿美元。在银行间市场，交易量从2007年的28.22亿美元增加到45.12亿美元。商业银行和非银行公众的交易量也有所增加，商业银行从非银行公众购汇从38.58亿美元增加到57.05亿美元，而向非银行公众出售外汇从33.55亿美元增加到52.81亿美元。

其他主要外国货币的交易活动④包括商业银行从非银行渠道购买的南非兰特从2007年的9.88亿增加到2008年的33.97亿，向非银行公众出售南非兰特从29.54亿增加到61.64亿。此外，商业银行向货币兑换所出售南非兰特同期从1610万增加到5090万。但是，银行间兰特交易有所下降，从2007年的1650减少到2008年的1290万。总体来说，商业银行继续对

① 实际有效汇率（Real Effective Exchange Rate，REER）也是一个度量一个国家贸易商品的国际竞争力的重要指标。实际有效汇率不仅考虑了所有双边名义汇率的相对变动情况，而且还剔除了通货膨胀对货币本身价值变动的影响，能够综合地反映本国货币的对外价值和相对购买力。

② 商业银行从各个渠道购买外汇。

③ 商业银行对外出售外汇。

④ 除正文中所列之外，其他的交易活动包括：商业银行从非银行渠道购买欧元从2007年的15860万欧元增加到2008年的21570万欧元，出售欧元也从9600万增加到11920万；而商业银行从非银行渠道购买和出售的英镑也分别从2007年的4440万英镑和4700万英镑增加到5220万英镑和8460万英镑。

非银行公众出售南非兰特反映了南非依然是赞比亚进口的重要来源。

针对需求压力，为减少汇率的波动性，赞比亚央行增加了在外汇市场干预的频率和规模。向市场出售外汇量从 2007 年的 8850 万美元增加到 2008 年的 23500 万美元。但是，赞比亚央行同期购买的外汇却从 14190 万美元减少到 5850 万美元。总的来说，赞比亚央行 2008 年为净出售外汇 17200 万美元，而 2007 年为净购买 5340 万美元。

③ 国际储备。2004 年—2008 年外汇储备增长较为稳定。2008 年有利于增加外汇储备的因素包括国际收支平衡盈余、矿业公司税收收入和项目资金收入；不利于增加外汇储备的因素包括赞比亚央行向外汇市场净出售外汇、向赞比亚政府出售外汇和外债本息支付。截至 2008 年年底，赞比亚的外汇储备为 10.96 亿美元，比 2007 年底的 10.80 亿美元增长了 9.2%，可满足 2.8 个月进口的需要（如图 15 和图 16 所示）。

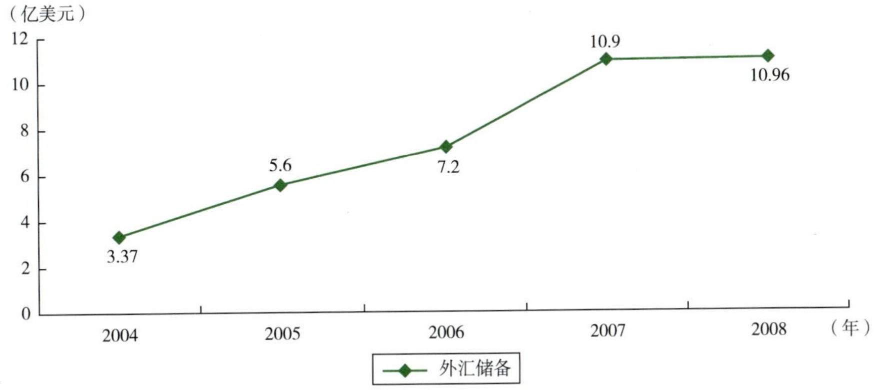

图 15　赞比亚近年来外汇储备增长情况

资料来源：赞比亚中央银行。

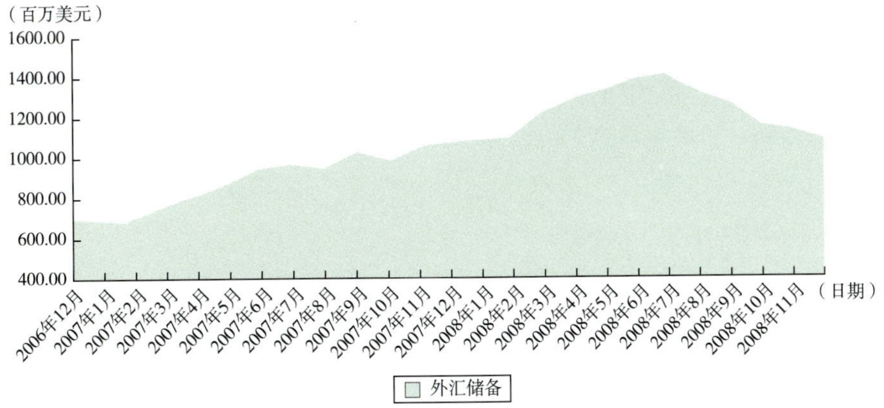

图 16　2007 年以来月度外汇储备变化情况

资料来源：赞比亚中央银行。

（二）赞比亚资源状况和支柱产业简介

赞比亚矿产资源十分丰富，其中铜、钴矿尤其丰富。赞比亚北部位于世界上最大的沉积型铜矿床赞—刚铜矿带上，这条铜带上铜的储量占世界总储量的25%。在赞比亚境内就形成了长220公里、宽65公里的“铜带”。这里铜矿资源储量丰富，品位较高，赞比亚境内已探明铜矿石储量12亿吨，平均品位为2.5%。钴是铜的伴生矿，据统计，赞比亚纯钴储量共约为35万吨，占世界总储量的18%，居世界第二位，钴矿平均品位为0.17%。赞比亚是目前世界上最重要的铜钴生产国之一，其产量分别占世界总产量的3%和12%。此外还有铅、镉、硒、镍、铁、金、银、锌、锡、铀、绿宝石、水晶、钒、石墨、云母等矿物。其中铁、煤和宝石等储量较为丰富。全国森林覆盖率为45%。

1. 赞比亚主要矿产品——铜、钴状况

铜、钴资源是赞比亚最主要的矿产品，铜钴矿产品是赞外汇最主要的来源。目前在赞比亚的主要的铜钴生产矿山情况如下：

（1）坎萨希（Kansanshi）铜钴矿

坝萨希位于西北省索尔韦兹（Solwezi）以北15公里，离刚果南部边境16公里。探明矿石储量2.67亿吨，品位为1.5%—3%，是赞比亚目前最大的铜矿生产矿山。该矿的经营者坎萨希矿业公司①已经投入2.9亿美元进行开采，年产量为11万吨，2006年又投入7000万美元用于高压氧化和过滤。

（2）康科拉（Konkola）铜钴矿

康科拉探明的矿石储量为2.5亿吨，品位为3.8%。该矿山原为英美集团经营，2002年撤资。2005年，印度控股公司Vedanta公司接手，拥有康科拉铜矿山公司51%的股权。赞比亚铜投资有限公司和赞比亚联合铜矿山控股公司分别拥有其余的28.4%和26.6%的股权。Vedanta公司计划再投入4亿美元进行扩建，扩建部分2009年投产后，铜精矿年产量由200万吨增加到600万吨。目前康科拉矿山北部又发现了面积为4300公顷，探明矿石储量为1亿吨的新矿。

（3）恩昌加（Nchanga）铜钴矿

恩昌加以硫化矿和氧化矿为主，探明储量为2.06亿吨，是赞比亚最大、世界第四大露天铜矿。上部矿体露天开采，年生产能力为450万吨矿石，平均品位为2.3%；下部矿体地下开采，年生产能力为280万吨，平均品位为3.7%。该矿归康科拉铜矿山公司所有。

（4）恩卡纳（Nkana）铜钴矿和穆富利拉（Mufulira）铜钴矿

两矿山探明矿石储量近1亿吨，平均品位为2.3%，矿体以黄铜矿、赤铜矿、斑铜矿为主。

---

① 加拿大第一量子矿产有限公司（First Quantum Minerals Ltd）公司占股79.4%，赞比亚联合铜矿山控股公司占股26.6%。

两矿山均为地下开采。莫帕尼铜矿山公司（Mopani Copper Mines）[①] 拥有两矿山的开采权。

（5）其他铜矿

① 谦比希（Chambishi）铜矿。该铜矿年生产能力为 80 万吨矿石（可产约 5 万吨铜精矿），其经营者为中色建设非洲矿业有限公司[②]（NFC Africa Mining plc）。

② 巴卢巴（Baluba）铜矿。该铜矿采用地下开采方式，年生产能力为 140 万吨矿石，经营者是 Luanshya Copper Mines Ltd.。

③ 齐布卢玛（Chibuluma）铜钴矿。该铜钴矿年生产能力为 48 万吨矿石（可产 1.5 万吨铜精矿），其经营者是齐布卢玛矿山公司。

此外，赞比亚还有几座铜矿山正处在筹建中，其中包括卢姆瓦那（Lumwana）、莫康博（Mokambo）和 Mkushi。卢姆瓦那（Lumwana）位于西北省，探明矿石储量为 1.02 亿吨，品位为 1.1%，据称是世界上最大的尚未开发的铜矿之一。莫康博铜矿位于赞比亚穆富利拉，该铜矿已于 1974 年关闭，目前正准备重新进行开发，按测算该矿需总共钻探 136 眼，项目总投资为 5000 万美元，预计 2009 年该矿能正式投入运营。Mkushi 铜矿位于赞比亚中部，目前该项目已取得赞比亚环境委员会批准，拟开发铜矿同时完成一座铜冶炼厂建设，将由非洲 Eagle 资源公司和 CGA 矿业公司将开发。

2. 其他矿产品状况

（1）宝石

赞比亚也是世界上主要生产宝石（特别是绿宝石）的国家之一，赞比亚生产的宝石种类较多，主要有绿宝石、绿柱石、石榴子石、电气石和紫晶等。但宝石开采多为私营小企业，规模小，加工水平低，大部分宝石以非正规渠道进行交易，因此统计很不完善。2007 年赞比亚官方称赞比亚宝石年产值约 70 亿美元。但由于猖獗的非法出口，约 50% 的利润流向国外。赞比亚政府计划成立宝石交易所，把宝石交易纳入正规市场。2007 年赞比亚总统表示将在任期内立法杜绝宝石非法出口，违者将判刑不低于 15 年。

（2）镍矿

赞比亚以前并不生产镍矿。2008 年 4 月位于赞比亚南方省的姆纳里（Munali）镍矿出产了第一批镍矿石，标志着赞比亚不生产镍矿的历史结束。姆纳里镍矿于 2007 年 4 月 3 日破土动工，成立于 2000 年的澳大利亚阿尔比登公司为主要投资商，该公司计划投资 1 亿美元用于该矿的建设。该矿镍金属储量约 10 万吨。该矿是赞比亚第一座镍矿项目，年产镍 8500 吨，同时还可生产 1400 吨铜和 400 吨钴，以及 1.5 万盎司铂系金属。亚洲最大镍生产商中国金川集团也参与了该项目的开发。

---

① 莫帕尼铜矿公司是一家由瑞士嘉能可国际公司（Glencore International AG）与加拿大第一量子矿业公司（First Quantum Minerals）合资组建的 Carlisa 投资公司控股的合资企业，Carlisa 拥有 90% 股权，赞比亚联合铜矿山控股公司占 10%。

② 该公司由中国有色金属建设集团有限公司拥有 85% 股权，赞比亚 ZCCM 投资控股有限公司占 15% 股权。

（3）煤矿

赞比亚煤炭主要为烟煤，每年产量20多万吨，主要矿区有马安巴煤矿（Maamba）和位于南方省的Collum煤矿。马安巴煤矿的经营者是Maamba Collieries有限公司（属政府全资公司），是赞比亚政府经营开采的惟一一个煤矿。马安巴煤矿位于卢萨卡以南350公里，煤层最厚达10米，平均厚度为5.5米，估计储量为7820万吨，其中已探明储量为6020万吨，约3000万吨为易开采煤。该煤矿平均含水2%，灰分为17.5%，挥发分为18.5%，固定碳为59%。该矿年产能力为60万—80万吨。公司下属的煤炭处理厂每年可以洗煤70万—80万吨，索道每年可以把60万—70万吨煤炭运往马苏库火车站。该矿曾经是赞比亚国内最主要的煤炭供应者，产量高时还有相当数量的煤炭出口。但长期以来由于设备得不到更新维修，政府也无力投入资金扩大生产，产量在急剧下降。目前政府正考虑将该煤矿进行私有化。

3. 农业资源在非洲得天独厚

赞比亚是农业国，全国60%以上人口从事农业。国土面积的57%，即约4320万公顷的土地适宜从事农业生产，其中3900万公顷为中高产地，这些地区的年均降雨量为800毫米—1000毫米。其中大部分地区土地肥沃、水利资源丰富，人烟稀少，适于大面积种植多种农作物。但目前可耕地中只开发了约602万公顷，约占可耕地面积的14%，而用于种植粮食作物的土地还不到可耕地面积的6%。赞比亚种植的粮食作物主要有玉米、小麦、大豆和水稻等，经济作物有棉花、烟草、花生、葵花、甘蔗等。赞比亚最近几年扩大了腰果、甘橘、草莓、香蕉、菠萝和芒果等果类种植，并开发大面积的花卉和蔬菜种植，用于出口创汇。

目前赞比亚全国有家庭式小型农户共46万个，均以手工耕作为主，种植面积为0.5公顷至9公顷，种植的玉米、高粱、木薯和豆类仅供家庭消费。赞比亚占地10公顷至20公顷的新型农场约12万个，占地2060公顷的中型农场约2.5万个，占地在60公顷以上的大型农场有740个。后三类农场均为商业型农场，其中，大、中型基本集中在铁路沿线附近，主要是东方省和中央省，生产玉米、向日葵、花生和棉花，除满足家庭需要外部分在当地市场出售。

为发展农业，赞比亚政府在中央省的北部开放了姆库希种植区（Mkushi Farming Block，MFB）和坦赞铁路走廊（Tazara Corridor，TC）供外国投资者大规模开发利用。MFB的面积为20万公顷，其中11万公顷为可耕地，5万公顷适宜灌溉，每个大型农场平均大小为1000公顷，可种植玉米、大豆和小麦等。TC是指从姆库希到纳孔德（Nakonde）沿线810公里两边各30公里—40公里的范围，覆盖土地面积约为450万公顷，约有100万公顷是可耕地。这两块农业区都在坦赞铁路沿线，土地肥沃，自然条件良好，运输方便，比较适合商业化农场的发展。

（三）2009年赞比亚税收调整情况

为缓解金融危机对赞比亚的影响，确保经济保持快速、平稳的发展，赞比亚于2009年调整了部分税种的税率。具体情况如下：

1. 直接税

（1）提高个人所得税的免征“门槛”，免税“门槛”从每月60万克瓦查提高至每月70万克瓦查。

（2）延长能源行业企业（尤其是水力和火力发电厂）的亏损弥补期。亏损弥补期从5年提高到10年，目的是促进能源行业的投资，解决能源短缺。

（3）取消2008年实施的采矿业暴利税征收，减轻矿业企业的负担。

（4）允许采矿业实行100%的资本税前抵扣并在一年而非四年内进行资本税前抵扣，目的是鼓励矿业企业投资。

（5）源于采矿业务的套期保值收入界定为矿业收入，从而使其按照矿业税收体制进行纳税。

（6）预付所得税从现行的3%提高到6%。

（7）未获得贸工部颁发的出口许可证而出口皮棉的公司所得税率由15%提高到35%，目的在于阻止皮棉出口，增加当地附加值。

（8）将个人利息的应缴税率降低为15%。

2. 增值税

（1）对于风车和玉米脱壳机实行零税率，目的在于鼓励这些产品的本地生产。

（2）对于下列农业机械和配件实行零税率：① 两轮拖拉机及其配件；② 不超过60马力的拖拉机；③ 犁、耙、圆盘耙、种植机、播种机、深耕铲、耕田机；④ 泵；⑤ 背负式喷雾器。该项措施将降低农业投入成本，并使农民扩大生产能力，有利于提高农业的利润率。

（3）把缓征（增值税）计划扩大到铜精矿和钴精矿。目的在于鼓励铜精矿和钴精矿的国内冶炼，以便利用已经扩大的国内冶炼能力。

（4）勘探企业的增值税返还期限提高到七年。

（5）允许现行的对于旅游者的零税率观光活动拓展到涵盖旅游经营者之间的分包服务，但收取佣金者除外。这将使团组和个人旅游服务都适用于增值税方面的零税率。

3. 关税和货物税

（1）取消大豆原油和向日葵原油以及棕榈原油的植物原油关税。

（2）纯啤酒的消费税从75%降低到60%，目的在于刺激对于国产啤酒的需求。

（3）取消现行税率为25%的石膏进口关税。

（4）重燃料油的消费税从30%降低到15%，目的在于降低生产成本①。

（5）取消现行税率为5%的包装原料（纸板）的关税，目的在于降低包装材料的生产

① 因为重燃料油是采矿业和制造业的主要投入品。

成本①。

（6）取消现行税率为15%灰色织物②的关税，目的在于降低纺织服装业的生产成本，增强其竞争力。

（7）降低下列资本性设备的进口关税：① 用于冷库制冷或冷冻设备税率从25%降低为零；② 叉车从15%降低为零；③ 有轨推土机与侧铲推土机从5%降低为零；④ 筑路机和校平机，铲土机，打夯机和压路机，前铲装载机，打桩机和拔桩机，吹雪机，自推式煤炭/岩石切削机和隧道挖掘机，钻探或潜没机械，捣固或压实机械从5%降低为零；⑤ 测量设备从25%降低为零。

（8）取消现行税率为15%的卡车的关税，目的在于促进商业运输服务。

（9）取消现行税率为15%的特殊用途机动车进口关税。目的在于通过取消消防车、起重卡车、混凝土搅拌车和可移动钻探铁架塔等专用机动车的进口关税，降低商业成本。

（10）取消现行税率为5%的航空器的进口关税。目的在于鼓励对于航空行业的投资，以及提高旅游业的竞争力。

（11）对于由非污染能源驱动的机动车免征烟尘排放税。

（12）取消现行税率为15%的铜粉、铜板和粗铜的关税。目的在于鼓励利用日益扩大的全国铜冶炼能力。

（13）棉籽出口关税从15%提高到20%。目的在于限制棉籽的出口，从而提高当地的附加值。

（14）移动电话的出口关税从5%提高到15%。目的在于鼓励移动电话的本地生产。

（15）将存放于海关仓库中货物的应付仓储费从任意适用的每吨、每1000千克或每立方米9000克瓦查提高到18000克瓦查。

（16）应进口商或出口商的要求而加班工作的有关官员费用从每小时3600克瓦查提高到每小时35100克瓦查。

（17）应进口商或出口商的要求而提供额外服务需要支付给赞比亚税务局的超过20公里的差旅费用从每公里900克瓦查提高到每公里10800克瓦查。

4. 对于多功能经济区和工业园区的开发商和投资者的鼓励措施

除了"赞比亚发展署法"对于优先行业或产品的经营者赋予的税收鼓励措施，多功能经济区（MFEZ）和工业园区的开发商和投资者将适用于下列鼓励措施：① 取消关于管理费、咨询费和支付给外国承包商的利息费的预扣所得税；② 对于MFEZ和工业园区的开发商的供应品实行零税率；③ 对于MFEZ和工业园区的外国供应商免征反向增值税；④ 对于开发MFEZ和工业园区所进口的原料、设备、机器和零配件免征关税和货物税。该项措施的目的在于扩大国家的工业基础，提高赞比亚企业竞争力。

---

① 因为包装材料是制造业的主要消耗材料之一。

② 包括专门进口用于纺织行业深加工的织机在内。

（四）2009年赞比亚经济概况

据赞比亚财政与国家计划部最新预测，2009年GDP增长约4.3%，达150亿美元。如第四季度全球经济继续回暖，经济环境持续改善，赞经济增长有望达到或超过5%。受粮食、能源等价格触底反弹的影响，预计赞比亚今年通货膨胀率为12%，但同比下降4.6个百分点。

受2008年下半年金融危机影响，发达国家购买力萎缩，赞比亚主要出口产品铜的价格由2008年7月最高8985美元/吨锐减至12月的2811美元/吨，出口收入大幅减少，经济受到严重冲击。但2009年第一季度以来，铜价逐步回升至4190美元/吨，赞比亚政府对年初制定的经济发展目标持乐观态度。

采矿业是赞比亚经济的支柱，2009年初受金融危机影响较为严重，几乎所有矿业公司都压缩规模以节约资金，很多矿业公司关闭，造成大量失业。为此，赞比亚政府采取了保护矿业经营的税收措施。从实际效果看，赞矿业总体运营良好，增长势头强劲①。

1. 赞经济各行业概况

制造业受到需求减少和原材料价格上涨的负面影响，预计2009年将下降1%，而2008年增长了1.8%。旅游业受金融危机影响较大，机场抵港旅客大幅减少，游客人数减少23%，预计旅游收入将下降15%。得益于铜价上涨和赞比亚较为宽松的经济政策，以及卢姆瓦那矿的投产，赞比亚采矿业今年将实现13.1%的增长，预计全年铜产品产量为66.2万吨。农业2009年获得了10年来最大的丰收，全年玉米产量为190万吨，增长了26.7%，农业预计增长5.2%。因赞比亚商业和工业基础设施投资增加，住房需求增长，建筑业今年预计增长10%。

2. 进出口贸易状况

受2009年上半年克瓦查大幅贬值和全球金属产品需求萎缩的影响，赞比亚2009年进出口额将分别下降26%和19%。其中，出口矿产品为65万吨，比2008年的59万吨增长了9.6%，但因产品价格走低，出口收入约为27.8亿美元，比2008年的40亿美元减少30.5%。非传统商品（除铜和钴）出口为8.2亿美元，比2008年的8.8亿美元减少6.4%。截至2009年9月底，赞比亚外汇储备增加到18亿美元。

3. 货币金融领域状况

2009年，赞比亚广义货币增长率由2008年的21.8%降至10.7%。受国内需求不旺盛和商业银行贷款条件严格的影响，国内信贷规模增长率由2008年的37.8%降至12.3%。短期

① 利好消息包括中国有色集团公司收购了停产的卢安夏铜矿和姆纳里镍矿，其中卢安夏铜矿已经复生，姆纳里镍矿也将于近期复工。

国债收益率由2008年的17.1%降至2009年9月的16.8%，长期国债收益率由17.6%增至19.5%，商业银行贷款利率由26.8%增至29.6%。

卢萨卡股票市场指数由2009年4月的2096.7点上升到9月的2807.3点，股市资金由4月的18.5万亿克瓦查（约合40.2亿美元）增至22.6万亿克瓦查（49.1亿美元）。

虽然受到国际金融危机的不利影响，但截至2009年9月，赞比亚金融业情况令人满意，所有银行资金都比较充足。2009年新发商业银行执照5份，其中2家新银行已经开始营业。赞比亚金融业虽总体运转正常，但不良贷款率有所提高，由2008年底的7.2%升至2009年的13%。

4. 财政收支状况

根据赞比亚2009年年初财政预算，全年财政支出约为30.4亿美元，财政收入和国外赠款共计25.2亿美元，其中财政收入为21.6亿美元。截至2009年9月底，财政收入和赠款共18.3亿美元，其中财政收入为15.9亿美元，比预计的17.4亿美元减少了8%，主要原因是贸易税大幅下降。特别是消费税仅完成了60%，进口增值税完成了71%，关税完成了73%，但国内税收入超过计划7.4%，主要是因为矿业税收的增长。截至2009年9月底，财政支出共计22.8亿美元，其中公路项目投入为1.4亿美元，卫生基础设施为0.3亿美元，教育基础设施为0.5亿美元。2009年后3个月，预计支出7.6亿美元。2009年前三个季度，为缓解财政赤字压力，政府国内借款增加，借款额约占GDP的3%。

（五）2010年赞比亚经济发展重点

2010年，赞比亚政府将继续实行经济多元化方针，采取更加积极的财政货币政策，增强经济可持续发展和抵御外部风险能力，伴随着全球经济缓慢回升，其经济发展有望回到危机前的轨道上来。主要宏观经济目标为：GDP达到160亿美元，增长6%；年通胀率控制在8%；政府国内借款额占GDP的比重维持在2%。

1. 2010年财政预算

2010年，安排财政支出约为36亿美元，占GDP的22.5%。其中财政收入约为26亿美元，占72.4%；国外赠款为5.2亿美元，占14.5%；借债为4.8亿美元，占13.1%，其中内债为3.3亿美元，外债为1.5亿美元。

为更有效地应对全球经济危机，刺激经济增长，维持较低的通货膨胀率，赞比亚中央银行计划将调控经济手段由控制货币总量转变为调控短期利率，引入商业银行隔夜拆借措施，增强货币流动性，提高货币政策效果。此外，赞比亚将开放政府债券和其他债券交易的二级市场，增加金融市场运行效率。2010年赞比亚将实行扩张性的财政政策，大规模增加基础设施投资和社会项目支出，力争实现6%的年经济增长目标的。

2. 重点发展领域

（1）农业是赞重点发展领域

赞比亚政府计划拨款2.5亿美元，用于支持农业发展。2010年，新组建的畜牧和渔业发展部将开始运行，重点挖掘畜牧业发展潜力，希望将牛肉变成仅次于铜的第二大出口产品。为此，赞比亚计划在中央省、卢萨卡省和恩多拉省建立免疫畜牧区，主供出口；整修实验室，建设15个防疫检查站以及多个喂养中心。

赞比亚政府将原“肥料支持计划”改为“农民投入扶持计划”，根据该计划，受益农民每人将得到50公斤化肥4袋，10公斤种子1袋，受益人数预计将达534000人。此外，政府将拨专款用于粮食收购。

为吸引农业领域投资，赞比亚政府重点开发了位于北方省Serenje的Nansanga农垦区，区内道路、电力和水利工程已经完成。2010年，赞比亚政府将对位于卢阿普拉省Kawambwa的Luena农垦区进行类似开发，该农垦区以种植甘蔗为主。2009年，赞比亚政府与Man Ferrostaal公司签署谅解备忘录，该公司将投资4亿美元，在北方省种植麻风树，并提炼生物燃油。

（2）矿业是赞经济支柱

矿业是吸引外资的重点领域和出口收入的最主要来源。尽管遭遇全球金融危机，但矿业仍然实现了较快增长。随着2010年矿产品价格上扬，赞比亚对矿业发展持乐观态度。中国中非矿业公司将投资30亿美元，在赞比亚西北省进行矿产开发。

（3）制造业对赞比亚实现经济多元化，提高竞争力和自给能力，促进经济发展具有重要意义

谦比希多功能经济区建设取得明显进展，11家制造企业已投入生产，另外5家将于2010年建成，将提供就业岗位数百个。卢萨卡东部多功能经济区整体设计方案将于年底完成，明年开工建设。卢萨卡南部多功能经济区正在进行区内道路等基础设施建设。

（4）旅游业受金融危机影响最大

但全球经济回暖和南非世界杯的举办，预计2010年赞旅游业将实现15%的正增长。发展旅游基础设施仍是赞比亚2010年及今后一段时期内的工作重点。赞比亚将加快北部旅游圈的开发，建设道路、机场和电力设施。

（5）能源电力供应是赞比亚政府面临的最大挑战

卡里巴北岸电站扩容项目正在进行。卡富埃峡下游电站和Itezhi-tezhi电站的可研报告已经完成，项目正在融资，预计2010年开工。该项目完成后，可增加电力供应100万千瓦。此外，赞比亚政府还将规划建设多个小型水电站，以解决偏远地区的用电问题。

（6）交通通信领域建设是赞比亚经济发展的支柱之一

赞比亚将投入3亿美元用于全国道路建设和维护，并重点改善农村道路条件。为提高通讯服务质量，降低服务成本，赞比亚政府将出售赞比亚电信公司75%的股份，其余25%也将在卢萨卡股票交易市场上市。2009年底，海底光缆将接入赞比亚，结束赞比亚电信长期使用卫星作为国际出口的历史。

参考文献资料

1. Bank of Zambia：Annual Report 2008.
2. Bank of Zambia：Annual Report 2007.
3. Ministry of Finance and National Planning：Economic Report 2008，Feburary 2009.
4. Ministry of Finance and National Planning：Economic Report 2007，Feburary 2008.
5. Ministry of Finance and National Planning：Budget Report 2007.
6. UNCTAD，World Investment Report 2009：United Nation.
7. Central Statistic Office：www. zamstats. gov. zm.

二、赞比亚矿业行业发展状况

非洲大陆的自然资源十分丰富，矿产资源种类多、储量大、分布集中、便于开采，因此素有“世界资源宝库”之称。世界上最主要的50多种矿产中，非洲有17种储量排名第一，金刚石、黄金、铜及其他众多稀有金属都是非洲的优势矿产资源。其中，铜矿资源主要集中在非洲中部地区位于刚果（金）和赞比亚的区域，在该区域有一条“铜矿带”，以储量大、品位高而闻名于世。

赞比亚是位于非洲中部的内陆小国，尽管全境面积只有75.3万平方公里，仅占非洲总面积的2.5%，但其矿产资源却十分丰富，蕴藏了世界约4%的铜储量和3.9%的钴储量，是目前世界上最重要的铜钴生产国之一，其产量约分别占世界总产量的3%和12%。此外，赞比亚还生产其他一些矿产品，主要包括：宝石、金、银、硫、煤、水泥、粘土和石料等。

自全球性金融危机以来，由于全球市场对于铜等原材料需求大幅减少、铜价暴跌，使非洲“铜矿之国”赞比亚的经济发展和铜的生产遭受了沉重打击。

（一）赞比亚矿业在国民经济中的重要地位及其发展情况

1. 赞比亚矿业在赞国民经济中的地位

赞比亚属于世界上最不发达国家之一和重债穷国，1964年独立后至20世纪70年代中期经济发展较快，此后曾由于国际矿业市场矿产品的价格下跌、政府国有化政策失误等原因，经济一度陷入困境。1991年多党民主运动执政以来，大力推行经济结构调整计划，实行私有化改革，取得了一定成效。2005年达到重债穷国完成点，获得了巨额的债务减免，外债由2005年底的55亿美元降至2006年底的6.35亿美元。

2007年，赞比亚政府发布《国家五年发展规划》和《2030年远景规划》，提出于2030年将赞发展成为中等收入工业国家的目标。当年经济运行总体良好，GDP增长约6.2%，全年通胀率约10.6%，汇率稳中有升，国际贸易有较大盈余。农业、旅游业和建筑业保持较快增长。赞比亚 2002 年—2008 年 GDP 增长情况如图 1 所示。

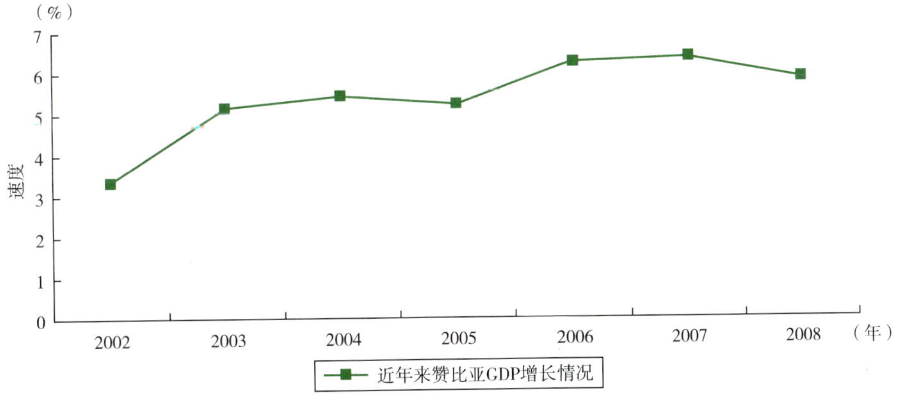

图 1 赞比亚近年来 GDP 增长情况示意图

资料来源：赞比亚财政与计划部。

赞比亚的经济结构单一，主要以矿业开采为主，农业和旅游业也占一定比例。采矿业是赞比亚国民经济支柱产业之一，全国约有 15% 的劳动人口就业于该行业或相关产业，矿业发展的好坏关系到赞比亚经济的兴衰。赞比亚 2005 年—2007 年 GDP 行业分布情况如表 1 所示。

表 1　　赞比亚 GDP 行业分布情况表 2005 年—2007 年　　单位：亿克瓦查[①]

GDP 行业分布情况（以 1994 年的物价作为计算基础）				
经济种类	2005 年	2006 年	2007 年	2007 年增长率（%）
农业、林业和渔业	4683	4582	4670	1.9
农业	2060	2123	2110	-0.6
林业	1652	1674	1761	5.2
渔业	772	785	799	1.8
采矿业	2708	2906	2844	-2.1
金属矿业	2625	2862	2821	-1.4
其他矿业	82	45	22	-49.7

资料来源：赞比亚银行年报。

由于赞比亚工业基础相当薄弱，其矿产品的国内消费比例极低，其中最主要的矿产品铜和钴的自给消费占比长期分别低于 8% 和 3%。

赞比亚矿产品出口创汇收入占其出口创汇的 70% 左右，其主体是铜矿和钴矿的开采和冶炼，铜和钴矿开采和冶炼约占矿业总产值的 90%，其中铜矿在矿产品出口中占绝对比例。2005 年—2007 年赞比亚金属矿产品生产及出口情况如图 2 所示。

过去十余年来，赞比亚经济的快速发展严重依赖于铜矿产业的经营及出口。1965 年至 1975 年，铜出口创汇平均占赞比亚创汇的 95%，占政府财政收入的 45%。而 1991 年至 2000 年，铜的出口创汇占比下降至平均 62% 的水平，矿业对 GDP 的贡献从 1973 年的 32.9% 下降

① 2009 年 4 月 8 日，赞比亚央行公布的数据：1 美元大约兑 5656 克瓦查。

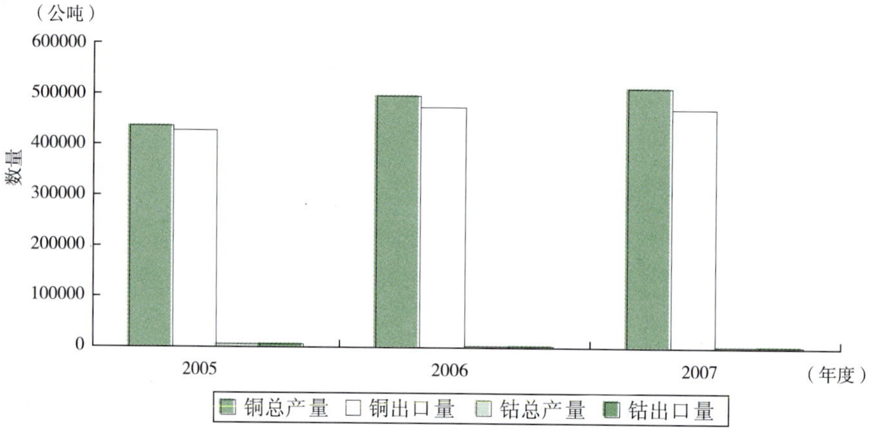

图2　2005年—2007年金属矿产品生产及出口情况

资料来源：赞比亚银行年报。

至2000年的6.2%，下降了81.1%，主要是因为国际市场上金属价格下降所致。

有关统计数据显示，赞比亚过去五年来平均GDP增长速度达到5.5%，近三年更是达到6%的水平，外汇储备也逐年增加，2008年一度达到14亿美元，专家分析这主要得益于赞比亚铜矿业的贡献，特别是近年来国际市场铜价的上涨，铜价从2004年的3000美元/吨左右一路飙升至2007年底的8000美元/吨左右，赞铜产品出口创汇大大增加，税收、就业从中得到极大的带动。

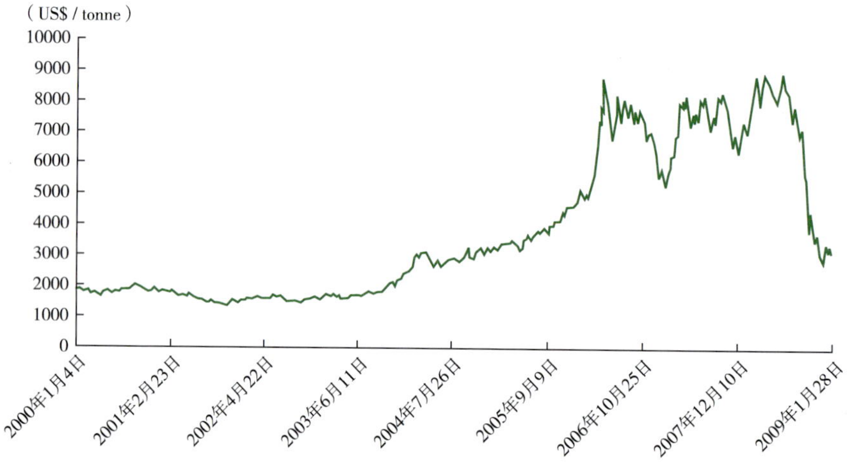

图3　近年来国际市场铜价走势图

资料来源：LME，单位为USD/T。

（二）赞比亚矿业的发展现状

1. 赞比亚矿产资源状况

赞比亚的矿产资源非常丰富，已探明的金属类矿产资源有铜、钴、金、银、铁、锌、铅、硒、锰、镍、锡等；非金属矿产资源有磷、石灰石、钾长石、硫、方钠石、粘土等；能源类矿产资源有铀、天然气、煤和最近发现的石油等；宝石类矿产资源有祖母绿、蓝宝石、玛瑙、石榴石、钻石、电气石、紫水晶、黄水晶、金刚石等。因其财政和技术能力所限，赞比亚仍有45%的国土没有进行地质矿产资源探测。

（1）金属类矿产资源

① 铜。赞比亚是世界著名的铜供应基地，目前其境内已探明的铜矿石储量为12亿吨，平均品位为2.5%。赞比亚北部位于世界最大的沉淀铜矿床赞——刚铜矿带上，这一地带的铜产量占世界总储量的25%，在赞比亚境内就形成了一条长约220公里、宽65公里的“铜带”，规模仅次于南美洲安底斯山脉（智利、秘鲁、阿根廷）和北美洲美国西南部——墨西哥两个铜产区。赞比亚铜矿点主要归属于铜带省和西北省①。目前开采量较大的铜矿有孔科拉（Konkola）矿、莫畔尼（Mopani）矿、康桑希（Kanshashi）矿、卢姆瓦纳（Lumuwana）矿、恩昌加（Nchanga）矿、恩卡纳（Nkana）矿和姆富利拉（Mufulira）铜矿、谦比希（Chambishi）矿、卢安厦（Luansha）矿、巴卢巴（Baluba）矿、齐布卢玛（Chibuluma）矿等。近年来赞比亚铜生产情况如图4所示。

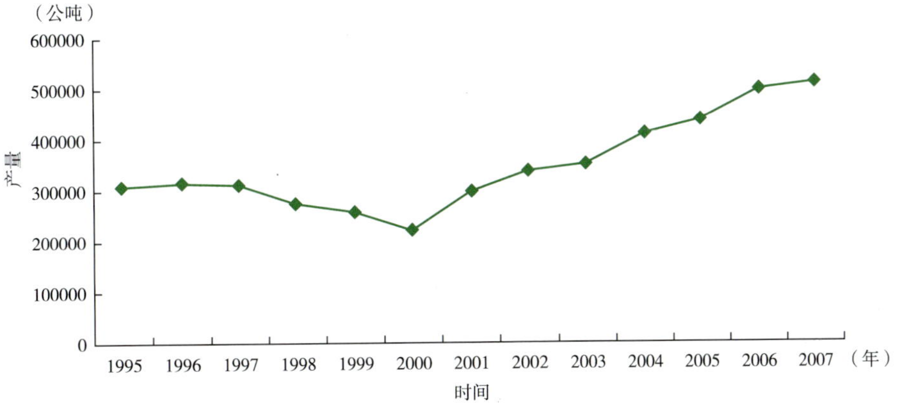

图4　近年来赞比亚铜生产情况图

② 钴。钴是重要的战略物资，主要用于航空工业和蓄电池等领域。钴矿一般与铜矿共生。赞比亚钴矿呈层状分布，稳定性高，是其另一重要的矿产资源。据统计，赞比亚钴储量约为35万吨，占世界总储量的3.9%，目前其钴产量居世界第一。赞比亚钴矿主要分布在铜矿带地区，包括恩昌加（Nchanga）、恩卡纳（Nkana）、谦比希（Chambishi）、卢安厦（Luansha）、巴卢巴（Baluba）、齐布卢玛（Chibuluma）等矿床。近年来赞比亚钴生产情况如图5所示。

③ 铅锌。铅锌主要分布在赞比亚卡布韦地区的白石岩及泥板岩中，并和钒、银等共生。

---

① 赞比亚共分9个省，分别为中央省（Central），省会卡布韦（Kabwe）；铜带省（Copperbelt），省会恩多拉（Ndola）；东方省（Eastern），省会奇帕塔（Chipata）；卢阿普拉省（Luapula），省会曼萨（Mansa）；卢萨卡省（Lusaka），省会卢萨卡（Lusaka）；北方省（Northern），省会卡萨马（Kasama）；西北省（North Western），省会索罗维兹（Solwezi）；南方省（Southern），省会利文斯顿（Livingstone）；西方省（Western），省会芒古（Mongu）。

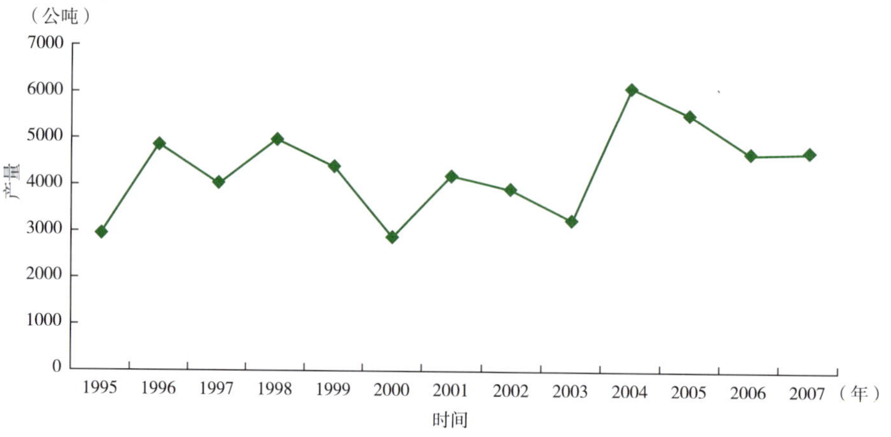

图5　近年来赞比亚钴生产情况图

赞比亚已探明的铅锌总储量为496万吨，其品位含铅15%，含锌25%。赞比亚卡布韦地区是世界上铅锌矿品位最高、储量最丰富的地区之一。

④ 铁。赞比亚铁矿主要分布于首都卢萨卡西南及蒙布瓦（Mumbwa）附近，以含铁石英岩类型的赤铁矿为主，其次还有矽卡岩型铁矿藏，总储量约为24亿吨。其主要的铁矿有卡森帕（Kasempa）、卢班古（Lubungu）、畔巴（Pamba）、桑介（Sanje）、崇戈韦（Chongwe）、南巴拉（Nambala）、奇博特（Chibote）、堪布巴（Kampumba）等。其中卡森帕、奇博特、桑介、崇戈韦、堪布巴铁矿的平均品位均在60%以上，属富矿。据理论测算，卡森帕、卢班古和南巴拉铁矿储量在1.75亿吨至2亿吨之间。赞比亚铁矿资源至今尚未开采利用。

⑤ 金银。赞比亚金矿主要集中在中央省的蒙布瓦（Mumbwa）和东方省的姆文比希带（Mwembeshi Belt）以及西北省地区。而银矿主要集中在铜带省，一般是伴随着铜矿出产。此外，东方省的尼因巴（Nyimba）和匹陶克（Petauke）、卡福爱国家公园和安巴河（Umba River）地区也有银矿。赞比亚金银矿的潜力很大，目前，金矿已经陆续开始开采。赞比亚著名的邓洛宾金矿（Dunrobin Gold Mine）位于卢萨卡以西120公里，采用露天开采堆浸的方式，储量约为4.2吨，含金量为1克/吨（尾砂），每月约能生产50公斤黄金。

⑥ 镍。赞比亚以前并不生产镍矿。2008年4月位于赞比亚南方省的姆纳里（Munali）镍矿出产了第一批镍矿石，标志着赞比亚不生产镍矿的历史结束了。姆纳里镍矿于2007年4月3日破土动工，澳大利亚阿尔比登公司①为主要投资商，该公司计划投资1亿美元用于该矿建设。亚洲最大的镍生产商中国金川集团也参与了该项目的开发。

姆纳里镍矿位于卢萨卡以南60公里处，镍金属储量约为10万吨，还伴有22.3万盎司铂族金属，是赞比亚第一座镍矿项目，可年产镍8500吨，同时还可生产1400吨铜和400吨钴，以及1.5万盎司铂族金属。

① 阿尔比登公司是澳大利亚一家上市公司，成立于2000年，主要业务是在非洲进行镍矿勘探和开采，目前主要向镍矿开采转型。

（2）非金属类矿产资源

① 磷。赞比亚磷矿资源潜力较大，目前已知有 7 个有远景的碳酸盐岩矿床，其中位于赞比亚东北伊索卡（Isoka）以东 25 公里处的恩库姆布瓦矿床潜力最大，该矿床在这里形成了一个长约 1500 米，宽约 900 米，高约 330 米的山岭，在山顶外层的金云母角砾岩环绕着中间层的棕色与白色的铁白云石碳酸盐岩，而铁白云石碳酸盐岩又围绕着内层的硅化碳酸盐岩，在碳酸盐岩中磷灰石大多呈扁平六角形晶体，经初步调查估计矿石储量在 5 亿吨左右，磷酸盐（P2O5）含量为 7.7%。此外，有 2 个磷矿位于卢萨卡南部和东南部，4 个磷矿位于东南靠近莫桑比克边境。

② 其他非金属类资源。在赞比亚西北省的卡森帕、北方省卡普塔（Kaputa）和卢阿普拉省（Luapula）的奇恩吉（Chiengi）都发现有盐；在卢安瓜（Luangwa）发现有钾碱；在卢萨卡省、西北省、中央省和南方省均存在大量的石灰石矿；在铜带省、卢萨卡省有滑石，在东方省和中央省有石墨。此外，在中央省一些地方有高质量的粘土，在铜带省还储藏有泥炭。

（3）能源类矿产资源

① 煤。赞比亚煤矿主要分布在赞比西峡谷中部南方省卡里巴湖北侧的格温贝（Gwenmbe），以及中央省卡布韦东南的卢安诺（Luano）盆地和卢安瓜（Luangwa）的河源处。主要煤矿有马安巴煤矿（Maamba）、恩坎达布韦（Nkandabwe）煤矿、斯安孔都布（Siankondobo）煤矿、马兹—斯纳库姆比（Maze-Sinakumbe）煤矿和姆隆戈瓦（Mulungwa）煤矿等。此外，西方省考马的卡哈雷以及在格温贝的希安巴巴拉（Siambabala）地区发现了露天矿床，但质量不高，储量尚未探明。

赞比亚独立前没有自己的煤炭工业，煤都从津巴布韦进口。1966 年，赞比亚开始开采恩堪达布韦（Nkandabwe）煤矿，该矿储量为 272 万吨，含煤量为 20%—22%。1969 年，该矿因露天已开采完而地下开采不盈利而关闭。

1967 年赞比亚政府决定开采温贝地区的曼巴煤矿（Maamba Collieries）。该矿煤层最厚达 34 英尺，平均厚度为 18 英尺，储量估计为 7820 万吨，其中约 3000 万吨为易开采煤。该煤矿平均含水 2%，灰分 17.5%，挥发分 18.5%，固定碳 59%，热量值为 1130 英热量单位/磅，该矿年产能力为 60 万—80 万吨。由于设备长久得不到更新维修，产量一直不稳定，2007 年赞比亚政府将该煤矿交赞比亚联合铜业公司（ZCCM）经营。

与曼巴煤矿相距 50 公里的地方，有一个依科蓝煤矿，现由中国民营企业扬子江公司经营，该煤矿矿区位于南方省乔马（Choma），于 2000 年 6 月开始运营，每月产量为 5000 吨左右。现正在开采的区域为 60 平方公里，开采证有 4 个，可采年限为 10 年，该区的煤储存量达 2000 万吨左右。

此外，赞比亚还有伊古马煤矿（储量 1400 万吨）、姆隆戈瓦煤矿（储量 1500 万吨）等煤矿。

② 石油和天然气。早在 1986 年到 1991 年间，美孚石油公司（Mobil）和普拉希德石油公司（Placid Oil）就在赞比亚勘探寻找石油和天然气资源，但当时未有任何发现。此后，赞比亚还陆续在其境内不断进行勘探，直至 2006 年 10 月 22 日，才由赞比亚总统姆瓦纳瓦萨宣布

已在该国西北省的查乌马（Chavuma）和赞比希（Zambezi）地区发现石油和天然气。这一发现是由赞比亚矿山和矿产开发部地质调查局做出的，共完成了两次抽样检验。在第一次的11个抽样点中，9个显示有石油，2个有天然气；第二次的18个抽样点中，12个显示有石油，6个显示有天然气。其送检结果已经德国有关机构证实。目前赞比亚成立了一个石油委员会，负责依法推进私有企业在该地区的石油勘探和开采工作，该委员会由赞比亚矿山和矿产开发部部长任主席，能源和水利部部长任副主席，成员包括司法部长、财政和国家计划部部长、总统特别法律顾问等人。目前，赞比亚政府已与欧美、日本及中国的多个公司进行接触，邀请外国公司来赞比亚进行详细勘探，探讨合作机会。

③ 铀。早在20世纪70年代，经航测就已发现在赞比亚卡里巴湖附近地区存在有大量的铀矿，目前在赞比亚已发现的铀总计约有10万吨，据称待开采的卢姆瓦纳铜矿还伴生大量的铀，其氧化铀（uranium oxide）达1140万吨，为此卢姆瓦纳铜矿还计划在该矿新建一间铀冶炼厂。此外，据推测在姆皮卡（Mpika）、塞伦杰、奇帕塔等地区也可能有铀矿存在。

（4）宝石类矿产资源

赞比亚宝石种类较多，除了钻石外，还有祖母绿、黄宝石、紫水晶、绿宝石、孔雀石、石榴石、电气石等。赞比亚几乎每个省都出产宝石。其中，紫水晶产于卡罗莫（Kalomo）、卡拉波（Kalabo）和伦达兹（Lundazi）等地区；石榴石产于卢萨卡；孔雀石产于铜带省；绿玉石产于姆库希（Mkushi）、伦达兹、伊特兹特兹（Itezhi-tezhi）和塞伦杰等地区；锂云母产于姆库希、塞伦杰和铜带省；粉水晶产于卡罗莫和伦达兹；电气石产于钦云玉（Chinyunyu）和伦达兹。

在赞比亚各类宝石中，赞比亚祖母绿尤其值得称道，由于赞比亚祖母绿质量上乘、色泽饱满、瑕疵较少，深受全球消费者欢迎。赞比亚祖母绿产量占世界总产量的20%以上，出口值占宝石出口总额的80%，每年给赞比亚带来1亿—2亿美元的收入。赞比亚祖母绿主要产地是恩多拉（Ndola Rural）。恩多拉祖母绿产地面积约60平方公里，被细分成了几百个十公顷大小的小采矿区。由于大多数矿山对祖母绿的开采予以保密，因此很难对祖母绿的生产以及质量进行精确描述和评估。赞比亚最大的祖母绿生产商是Kamakanga Gemstone Mine（Kagem）。而另一个Grizzly Mining公司则主要是向印度、以色列、日本和欧洲等地出口祖母绿原石。

赞比亚在宝石开采、加工等方面，既缺乏资金，又缺乏技术、设备和专业人才。目前有印度、南非、美国、英国等国的人在赞比亚经营小规模的宝石店。赞比亚宝石的非法出口现象非常严重。统计资料显示，赞比亚宝石产量约占世界产量的20%，价值约70亿美元，而超过50%以上是非法交易。赞比亚政府目前正在制定法律，加强对宝石开采、加工和交易市场的管理。2007年8月21日，赞比亚在恩多拉正式成立宝石加工和培训中心。赞比亚宝石市场领域发展前景看好。

2. 赞比亚主要矿产公司简况

（1）孔科拉（Konkola）铜矿公司

孔科拉铜矿公司是赞比亚目前最大的铜生产企业，其产值约占全国GDP的16%，占全国出口总值的三分之一，雇工达1.1万多人，近年来年产铜保持在20万吨以上，创汇额占赞比亚外汇收入的三分之二以上。2006/07财年孔科拉铜矿公司净利润为3亿美元。股权情况为，印度VEDANTA公司控股51%，英国ZCI公司控股28.4%，赞比亚联合铜业公司（ZCCM）控股20.6%。其下属的孔科拉铜矿于1954年投产，当时该矿蕴藏量为1.2亿吨，平均含铜3.56%，同时富含高品位的钴。孔科拉还控制着恩昌加矿和恩卡纳冶炼厂，恩昌加铜矿1939年开始开采，以硫化矿和氧化矿为主，探明储量为2.06亿吨，平均品味约3%，是赞比亚最大、世界第四大露天铜矿。2006年孔科拉公司投入4亿美元进行扩建，完成后该铜精矿年产量可由目前的年产200万吨增加到600万吨。此外，孔科拉北部又发现了面积为4300公顷、探明矿石储量1亿吨的新矿。

（2）莫畔尼铜矿公司（Mopani Copper Mines Plc）

莫畔尼铜矿公司是由瑞士格兰高尔国际公司（Glencore International AG）和加拿大第一量子矿产公司（First Quantum Minerals Ltd）组成财团出资2000万美元现款购买了姆富利拉冶炼厂（Mufulira Corpper Smelter）、恩卡纳矿选矿厂及其钴厂组成的，是赞比亚第二大铜矿生产商，股权情况为瑞士格兰高尔国际公司控股81.2%，加拿大第一量子公司控股18.8%，赞比亚联合铜业公司（ZCCM）控股10%。其下属姆富利拉铜矿于1933年开始开采，现探明矿石储量近1亿吨，平均品味为2.33%，矿体以黄铜矿、赤铜矿、斑铜矿为主；下属恩卡纳矿于1899年被发现，1932年开采，储量为1.22亿吨，含铜量2.52%。2006年开始，该铜矿公司又投资2.25亿美元建设了一间湿法冶金厂、一间硫酸厂，并扩建了冶炼厂。姆富利拉铜冶炼厂年处理铜精矿能力为80万吨。

（3）康桑希铜矿公司

康桑希铜矿公司目前股权情况为加拿大第一量子公司控股79.4%，赞比亚联合铜业公司（ZCCM）控股20.6%。其运营的康桑希铜矿位于索罗维兹（Solwezi）以北15公里，离民主刚果南部边境16公里，是赞比亚历史最悠久的铜矿之一，早在700多年前，当地人民就在该地开采铜。赞比亚首次出口的铜也来自该矿，但由于各种原因，曾几度停产。该矿探明储量为2.67亿吨，品位为1.5%—3%，预计可开采30年。康桑希铜矿是世界上生产成本最低的两个铜矿之一（另一个为布瓦纳铜矿）。

（4）中色非洲矿业有限公司（Non-Ferrous Africa Mining Plc）

中色非洲矿业有限公司，拥有谦比希铜矿、中赞友好医院和谦比希湿法炼铜有限公司（15%股份）等独资、合资企业。谦比希铜矿位于基韦特和钦戈拉之间，有着悠久的历史，1902年发现，1927年开始地下开采，曾几度关闭，1987年是其最后一次停产。1998年，中国有色集团利用我行贷款投资2000万美元购买其85%的股份，获得其控股权。该矿修复工程于2002年完成，并与2003年7月28日正式投产。目前该公司股权情况是，中国有色金属矿业公司下属的中色非洲矿业有限公司控股85%，赞比亚联合铜业公司（ZCCM）控股15%。公司总资产为2.08亿美元，主要产品为品位45%的铜精矿，在册员工有2000余名，其中中方员工近200人，当地雇员有2000多名。目前，该公司年采选能力已超过130万吨，每年产铜精矿近5万吨。2006年该公司又投入2亿美元建设一间年产15万吨电解铜的冶炼厂。

（5）卢姆瓦纳铜矿公司（Lumwana Mining Company Ltd.）

卢姆瓦纳铜矿公司经营的卢姆瓦纳铜矿位于赞比亚西北省，探明矿石储量为2.69亿吨，品位约为8%，预计铜金属储量为770万吨，矿山寿命为37年，是世界上最大的、尚未被开发的铜矿，建成后也将是非洲最大的铜矿。该铜矿同时还蕴藏大量的钴、黄金、银和铀等矿藏。其中，仅铀矿资源就约有950万吨矿石，品位为0.042%。该铜矿公司由澳大利亚伊奎洛克斯公司（Equinox）拥有100%的股份，年产能为14万吨铜和2300盎司黄金。

（6）谦比希金属公司（Chambishi Metals PLC）

谦比希金属公司下属的谦比希铜矿是世界著名的赞—刚铜矿带上的一个典型的沉积型铜矿床，矿区资源储量大、品位高，平均铜品位为2.2%。中国有色矿业集团拥有谦比希金属公司85%的股份。谦比希金属公司是目前赞比亚最大的钴生产商①，其产量约占赞比亚钴产量的70%，采用由卢安厦铜矿公司供应的铜钴矿作为原料。

（7）卢安厦（Luansha）铜矿公司

卢安厦铜矿公司由瑞士的J&W公司控股42.5%，J&W公司旗下的ENYA控股42.5%，赞比亚联合铜业公司（ZCCM）控股15%。

（三）中国企业在赞比亚矿业行业经营情况

1998年，中国有色集团通过国际投标获得赞比亚谦比希铜矿的经营权，同时获得了谦比希铜矿地表41平方公里的土地使用权，期限为99年。该矿资源含量：铜500万吨、钴12万吨，是我国政府批准在境外开发建成的第一座也是迄今为止最大的一座有色金属矿山，总投资达1.6亿美元。2000年7月开工建设，2003年7月谦比希铜矿主矿体建成投产。投产以来累计生产铜精矿18万吨，实现产量年均30%的增长，为当地提供就业岗位2000多个，被称为中非合作的标志性项目。谦比希铜矿经过10多年的发展，获得了良好的经济效益和社会效益。中国有色集团以谦比希铜矿为核心企业，建设赞比亚中国经济贸易合作区②，得到中赞两国政府的大力支持。2006年，谦比希湿法冶炼和硫磺制酸厂投产、谦比希铜冶炼厂开工建设。中国有色集团以谦比希铜矿为依托，建设中国有色工业园，加大投资力度，并在国内招商，引进更多中资企业，促进当地经济更快发展，实现互利共赢。

2006年3月，中国第三大铜业公司——云南铜业（集团）有限公司与中国有色矿业集团有限公司签署全面合作框架协议，云铜集团对中国有色集团控股的赞比亚谦比希铜矿增资，扩大产能。根据双方达成的协议，云铜集团将与中国有色集团共同开发谦比希铜矿西矿体和东南矿体，最终使谦比希铜矿形成年产铜精矿11万吨的生产规模；并共同在当地投资建设年产15万吨的粗铜冶炼厂，粗铜冶炼厂的产品将全部运回中国销售。

在赞比亚镍矿生产方面，亚洲最大的镍生产商中国金川集团参与了赞比亚南方省的姆纳

---

① 另一家生产钴的主要企业是齐布卢玛（Chibuluma），其股权情况是南非的METOREX公司控股85%，赞比亚联合铜业公司（ZCCM）控股15%。

② 详见2009年1月19日本代表处编撰的情况反应摘要，《赞比亚中国经济贸易合作区·卢萨卡分区成立》。

里镍矿项目的开发。该项目由澳大利亚阿尔比登公司投资兴建。2006 年底，金川集团与阿尔比登公司签署供货协议，姆纳里镍矿生产的镍精矿及其他金属将全部销售给金川集团；而金川集团向该镍矿项目提供 2000 万美元资金，用于镍矿建设。同时，金川集团对阿尔比登公司进行 500 万美元的产权投资。金川集团还计划在该地建设一间镍冶炼厂。

此外，在赞比亚还有天恒矿业等几家民营的铜冶炼厂，这些企业投资不大，在此前国际市场铜价持续走高的情况下，取得了较好的经济效益，但目前铜价下跌至较低水平的情况，经营困难。除此之外，辽宁的一家民营企业投资了位于卡布韦市的 CHIMAN 公司，于 2004 年在赞比亚获得了一个锰矿，探明矿石储量 400 万吨。另一家中国民营企业投资了位于南方省乔马地区的 Collum 煤矿，2006 年生产能力达到 12 万吨。该矿现在只有一个矿井，正在建设另一个矿井，如果全部投产，该矿年产量可达到 20 万吨。

（四）赞比亚矿业行业投资环境

1. 赞矿业行业变迁概况

1964 年赞比亚独立后，通过了“矿业法令”，取消了过去外国公司强加给赞比亚的一些不合理规定，如永久开采权和经营权等，增加了政府在铜矿公司的权利。1969 年，赞比亚政府颁布了“矿业和矿权法令”，对铜矿业进行改革，进一步限制外资公司，只允许矿业公司继续开采 25 年，并规定铜矿公司要向政府上交其利润的 73%。同年，赞比亚成立了赞比亚工业矿业公司（ZIMCO），统一领导、组织和管理赞比亚的矿业活动。1970 年，赞比亚政府成立了赞比亚矿业发展公司（MINDECO），负责矿山公司的生产和发展。同年，赞比亚政府进行铜矿国有化改革，将赞比亚铜矿企业重组为罗安（Roan）联合铜矿公司和恩昌加（Nchanga）联合铜矿有限公司。1973 年，赞比亚政府成立了国营赞比亚金属销售公司（MEMACO），负责赞比亚全部铜的销售。1982 年，罗安联合铜矿公司和恩昌加联合铜矿有限公司被改组成赞比亚联合铜业公司（ZCCM），成为当时世界第二大铜矿公司，负责经营和管理赞比亚境内的铜矿。

在投资优势不断减弱的情况下，从 20 世纪 70 年代中期起赞比亚矿业的发展止步不前，铜产量逐年下降。矿山生产设备陈旧，生产技术落后，矿石保有储量日渐枯竭。为改变这一现状，自 20 世纪 90 年代以来，赞比亚政府把改善投资环境，大力吸引外资作为矿业发展的头等工作来抓。采取的措施主要包括：全面实行市场经济，加快私有化进程；加强矿业活动的规范化管理，制定新的矿业法；建立股票交易所，完善国家的金融体制，以及实现汇率自由浮动；减少贸易壁垒；取消价格和进口控制；降低商业税等。1991 年奇卢巴政府上台后，为了吸引投资，促进赞比亚铜矿业发展，大力推行铜矿私有化。之后外资纷纷进入，赞比亚的铜矿又得到迅速的发展。截至 2005 年，投资于赞比亚矿业外国资本超过 14 亿美元。

进入 21 世纪后，由于国际市场金属价格大幅度增长，赞比亚铜产量迅速回升，2000 年其铜产量仅为 24.9 万吨，2006 年已经达到 51.4 万吨。矿业产值大幅度提高，促进了赞比亚经济的发展。矿业产值占国内生产总值的比重由2000年的5%增加到2006年的11.8%。矿业部门就业人数由2000年的35355人提高到2007年的58108人。

2. 赞比亚的矿权管理情况

赞比亚矿业的政府主管部门是矿山和矿产开发部，其主要职能是负责制定矿业有关的政策和规划，并予以落实。赞比亚早前执行的矿业法是1995年9月通过"矿山和矿产法"。该矿法覆盖了全部矿种。法律规定，如果要在赞比亚境内从事矿产勘探和开发工作，必须先得到矿山与矿产开发部发放的矿业权证。目前发放的矿业权证主要包括以下几种：

（1）大型勘查许可证

有效期为2年，可延期2次，第一次不超过2年，第二次不超过1年。

（2）保留许可证

勘查许可证持有者确信勘查区内具有潜在商业价值的矿床，只是市场条件暂时还不能满足，该持有者可申请保留许可证，保留期限为3年，可延长一次，期限也是3年。

（3）大型特殊采矿许可证

大型勘查许可证持有者有权得到特殊采矿许可证；未取得大型勘查许可证者也可以在空白地区直接申请大型特殊采矿许可证。有效期最长为25年，可延长25年。

（4）小型勘查许可证

有效期不超过2年，勘查面积不超过10平方公里。

（5）小型采矿许可证

期限为10年，经主管部门批准可以延期，但延长期不能超过10年，采区面积不能超过400公顷。宝石开采例外，采区面积不得超过5公顷。

申请人需先向矿山开发局领取登记表，每张表15克瓦查这是20世纪（90年代初标准，以下相同），按有关规定填好表后交回矿山开发局，经有关方面审查批准后，再交一定的费用方可得到申请的许可证。贵金属矿产勘探许可证收费为500克瓦查；采矿许可证收费为5000克瓦查。另外根据申请勘探或开采的面积，每年每公顷收费为50克瓦查。矿山开采闭坑时，要由许可证持有者向矿山开发局提出闭坑报告，经审查同意，得到矿山开发局颁发的闭坑证明文件后方可闭坑。每年发放各类许可证所收的费用约400万克瓦查，按规定全部上交国家财政。

3. 近年来矿业政策和法规的调整情况及相关措施

（1）赞比亚采矿业的有效税率发生变化

20世纪90年代，铜矿私有化狂潮席卷整个赞比亚。当时正值国际铜价低迷，赞比亚政府为吸引投资对铜矿企业仅征收0.6%的矿区使用税和25%的公司税，造成采矿业平均税负偏低。政府认为目前赞比亚的采矿业平均有效税率仅为31.7%，大大低于周边国家。近年来国际矿产品价格大幅度增长，但采矿业税负过低使得赞比亚人民没能成为国际铜价高涨的最大受益者，该国矿产资源所带来的巨额财富绝大多数被外国矿业公司占有。为了确保赞比亚从高涨的国际铜价中获益，政府决定提高相关税收。于是，2008 年 1 月赞比亚政府宣布于 2008 年 4 月 1 日起提高矿业征税税率，使得赞比亚采矿业的平均有效税率提高到 47%。

此次税改的幅度比一年半前提出的税改方案大大提高。2006 年 10 月，赞比亚政府曾提出将权利金增至 3%，同时将矿业公司所得税提高 5 个百分点，因遭到矿业公司的一致反对而未能实施。此次提税方案的提出也遭到了矿业公司的强烈反对，起初赞比亚政府表示决不改变这一决定，同时认为提税不会损害赞比亚矿业公司的生存能力，因为它们的投资回报率依然维持在世界平均线之上。但在全球金融危机的影响下，赞比亚经济及矿业受到了极大的冲击，赞政府不得不做出妥协。在 2009 年 1 月 30 日赞比亚财政和国家计划部部长穆索科图瓦内在向议会提交的 2009 年政府预算案时就宣布，为保持采矿业的全球竞争力，赞比亚政府将不再对矿业公司征收暴利税。但是，该预算草案仍保持对矿业公司利润税的征收税率调节。

（2）赞比亚将施行新的矿产法

2008 年 4 月 1 日，赞比亚矿山和矿产发展法（2008 年第 7 号）颁布，以取代目前还在施行的矿山和矿产法（1995 年第 31 号），新法规定了从 2008 年 4 月 1 日起至 2009 年 3 月 31 日止为期一年的过渡期。在此过渡期内，所有采矿权和非采矿权拥有者、矿产分析试验机构、地质和矿山咨询机构都要完全满足新法律的规定。在条款中，新法律规定了如下事项：① 所有根据旧法律颁发的采矿权和非采矿权到 2009 年 4 月 1 日失效；② 新法律界定的矿产处理设施，其所有人不管是否已经根据旧法律得到许可证，必须在 2009 年 4 月 1 日之前根据新法律取得许可证；③ 探矿权的最大面积范围是 1000 平方公里，每个勘探公司包括其分支机构累计拥有的最大探矿面积不得超过 5000 平方公里。所有探矿权拥有者必须在 2009 年 4 月 1 日前满足该规定；④ 大型采矿权或者大型宝石开采许可的最大面积为 250 平方公里。所有采矿者必须在 2009 年 4 月 1 日前满足该规定；⑤ 界定采矿权范围的多边形在 2009 年 4 月 1 日前必须满足法律定义的 6 秒乘以 6 秒的土地清册栅格规定；⑥ 所有小型采矿权、小型宝石开采权以及探矿许可只能颁发给赞比亚人和赞比亚人拥有的公司；⑦ 所有工业矿产的采矿权只能颁发给赞比亚人和赞比亚人拥有的公司；⑧ 所有宝石开采许可、采矿权、矿产加工处理许可的拥有者从 2008 年 6 月 30 日起必须每年从矿山安全司取得年度营业许可；⑨所有从事矿产分析的机构、地质和矿山咨询机构从 2008 年 9 月 30 日起必须申请专门的许可；⑩所有新的申请必须满足新法律的规定；⑪许可证的转让、修改、改变以及其他任何授权必须按照新法律的规定执行；⑫延期许可的拥有者如果不符合新法律的规定，在 2009 年 4 月 1 日前必须重新进行申请使之符合新法律的规定。

（3）政府将制定单独的铀矿法

过去赞比亚发现的铀矿资源很少，并未单独立法，是与其他矿种一同归“矿山和矿产法”管理的。近年来在赞比亚的铀矿资源有新的发现，同时也受到政府的重视，目前发现的铀矿资源主要集中在西北部和南部，同时部分铜矿的伴生矿中也存在铀矿。由于铀矿的特殊身份，根据国际原子能机构的要求，赞比亚已经起草了铀矿开采法，待与联合国有关机构协商一致后，即可颁布实施，届时矿业公司可申请铀矿开采执照。该法律将允许外国公司在更广阔的地域进行铀矿勘探。

（4）吊销闲置铜矿采矿许可证

2008年初赞比亚政府决定吊销那些在7年期限内未能在该国盛产铜矿的地区开展勘探或开采工作的外国铜矿公司的许可证，以便让其他的投资者到这些闲置的地区进行矿产勘探和开发活动。政府也同时鼓励赞比亚人取得这些矿业权，投资开发这里的矿产资源。

4. 赞比亚出台政策，鼓励对矿业投资

（1）赞比亚发展署法规定的投资优惠

2006年的“赞比亚发展署法”向各种公司赋予了广泛的鼓励措施，其形式包括补贴、豁免和饶让。根据“赞比亚发展署法”，投资者必须达到一定门槛才能享受财政性或非财政性的鼓励政策。根据该法，将投资者分为五类。第一类是在某个领域或产品投资不低于1000万美元的投资者。该类投资者除了享受“赞比亚发展署法”已经规定的鼓励政策之外，还有权与赞比亚政府谈判额外的鼓励政策。第二类是在多功能经济区（MFEZ）和/或在《赞比亚发展署法》规定的某个优先行业或产品投资不低于50万美元的投资者。该类投资者除了享受普通的鼓励政策，还有权享受下列鼓励政策：① 首次宣布红利后的5年内免征红利的所得税；② 首次实现盈利后的5年内免征利润的所得税，第6年至第8年，只对50%的利润征税，第9年和第10年，只对75%的利润征税；③ 对于原材料、资本性货物、包括卡车和专用机动车在内的机器，5年内免征进口关税；④ 对于包括卡车和专用机动车在内的机器和设备，延迟缴纳增值税。第三类是根据“赞比亚发展署法”被认定为微型和小型企业的投资者。与第二类投资者类似，该类投资者除了享受普通的鼓励政策，还有权享受下列鼓励政策：① 位于城市地区的企业，前3年免征所得税；② 位于农村地区的企业，前5年免征所得税。第四类是在“赞比亚发展署法”规定的某个优先行业或产品投资不到50万美元的投资者。该类投资者只能享受普通的鼓励政策。第五类也是最后一类是在“赞比亚发展署法”规定的优先行业或产品之外的任何行业或产品投资任意投资额的投资者。该类投资者只能根据相应的法律享受普通的鼓励政策。普通鼓励政策是指投资于赞比亚经济的不同行业的投资者可以享受的鼓励政策。这些鼓励政策由赞比亚税收主管机关按照不同的法律进行确定，即“海关和货物税法”、“所得税法”、“增值税法”。

（2）赞比亚对投资者在普通税收方面的优惠

根据赞比亚普通税收鼓励政策，投资者在所得税方面有以下优惠：① 在卢萨卡股票交易所挂牌上市的第一年实现的公司所得，可按照相应行业适用的公司税率享受2%的优惠，但是赞比亚人持股比例超过1/3的公司可以享受7%的优惠；② 用于农业、制造业或旅游业的工具、设备和厂房，可在前两年内每年按照50%的磨损成本进行税收抵扣；③ 用于制造业、采矿业或宾馆的建筑物，第一年可按照10%的，以后每年按照5%的磨损成本进行税收抵扣；④ 采矿业和农业的大部分资本性设备可以免缴进口关税；⑤ 铜钴的开采还可以享受为期10年的亏损弥补期（孔科拉和莫帕尼两个铜矿为20年），其他采矿业为5年。

在增值税方面有以下优惠：① 进行增值税注册的企业进口符合条件的资本性货物可以免征增值税（或缓征增值税）；② 出口产品的增值税税率为零；③转让持续经营的企业可以免征

增值税；④ 平等对待有关服务的增值税和反向增值税；⑤ 特定协会，即建筑和民用工程承包商协会，可采用现金收付制账户；⑥ 向注册供应商采购所支付的进口税收免征增值税；⑦ 在进行增值税注册前已经开始营业的企业可申请返还注册前的三个月内进项增值税；⑧ 免税区内的投资者可以降低增值税税率。其中从事采矿业的，增值税方面还可以享受以下优惠：① 采矿企业在投产前的五年内向勘探公司所支付的费用可以返还进项增值税；② 出口矿产品的增值税率为零。

（3）投资者可享受的其他鼓励措施

除了普通的税收鼓励政策，“赞比亚发展署法”还提供了非财政性的鼓励政策。给予投资最少 25 万美元，并且雇用不少于 200 名当地员工的投资者，获得一个自雇许可和最多五名外籍员工的工作许可的权力。除此之外，赞比亚发展署可为注册的投资者提供获得土地，获得投资所需的水、电、交通和通信的服务和设施，使其移民状态合法化，获得在任何特定领域经营企业所需的其他许可，获得可能需要的任何其他服务等支持。

（4）投资者可获得的保障措施

赞比亚发展署还为投资者提供下列投资保障措施：① 保证向母国汇回利润和红利的权利；② 政府不得强制征收企业，除非在极端环境下按照国会的有关法律来实行，如果发生征收情形，应进行以市场价值为基础的完全补偿，并且应按现行汇率进行兑换；③ 投资者免受非商业性风险，赞比亚是世界银行多边投资保护协定（MIGA）和其他国际性条约的签约方，这提供了在发生战争、冲突、灾难和其他骚乱或者征收等情形下的外国投资保护措施；④ 具有解决各种争端的公正场所；⑤ 已经和可能签署的双边投资保护协定。

为了享受赞比亚发展署赋予的鼓励政策，“赞比亚发展署法”规定投资者必须投资于某个优先行业。这些优先行业的范围包括铜产品、铁矿石和钢、钴等大部分矿产行业。

5. 赞比亚矿业投资环境评价

赞比亚地处南部非洲中心位置，是一个多党制的民主国家，也是一个无冲突、多文化的社会，具有以市场为导向的自由经济环境。赞比亚政府欢迎所有行业的投资者，并且制定了一整套鼓励政策，专门致力于创造有利的投资环境，促进国内经济增长。总体来看，其吸引投资的优势主要包括：① 自 1964 年获得独立以来政治持续保持稳定的局面；② 取消了物价、利率、汇率的管制，允许偿债资金的自由汇出；③ 允许净利润的 100% 汇出；④ 以立法形式保证投资者获得完全和市场价格的补偿；⑤ 根据南部非洲发展共同体（SADC）、东南部非洲共同市场/自由贸易区（COMESA/FTA）、非洲增长和机会法（AGOA）的相应协议，免关税进入区域性、大非洲地区和美国市场；⑥ 执行国际标准的银行、金融、法律和保险服务，以及具有股票交易所；⑦ 与许多欧洲、北美洲、非洲和亚洲国家签署了避免双重征税协定。

综合来看，赞比亚矿产资源丰富，政局稳定，有投资优惠政策，这些都为矿业引资创造了较好的条件，是国际矿业投资者关注的地区之一。但是近年来赞比亚政策不够稳定，包括 2008 年大幅度提高采矿企业相关税收，政府对矿业活动干预程度加大，管理能力不足，基础设施落后等方面的原因，对矿业投资产生了较多的不利影响，同时新的矿产法的实施，也给矿业企业经营带来一些不确定的因素。

加拿大Fraser研究所发布的2006/07年度全球矿业公司调查结果中，赞比亚矿业投资环境的总体评价居中后等水平，在被调查的非洲9个国家中排位基本居中；其中代表政治稳定性、政策解释、法规实施、环境、环境控制、税收、土地占有制度、相关经济协议、地质数据库、安全和劳工问题等项指标的“政策潜力指数”排在第50位（位列前面的是美国、加拿大、澳大利亚及拉美一些国家的州、省及地区），总体靠后，在非洲被调查的9个国家中，位列博茨瓦纳、加纳等国之后，位于津巴布韦、民主刚果和南非之前，列第6位。

（五）当前金融危机对赞比亚矿业发展的影响

1. 受金融危机的影响，赞比亚矿业面临严重冲击

自全球性金融危机爆发以来，发达国家实体经济受到严重的冲击，中国、印度等发展中国家经济发展速度也放缓，对于铜等原材料的需求大幅减少，国际市场铜价在短短6个多月内从每吨约8000美元迅速下跌至每吨约3000美元（2008年年底曾跌破3000美元/吨，截至2009年2月4日，铜价为3315美元/吨）。铜价暴跌使赞比亚遭受沉重的打击，整个铜矿采掘业产能下降，许多铜矿企业陷入经营困境，生产停滞，大量矿工失业，投资者因失去信心而纷纷撤资。2008年以来国际市场铜价走势如图6所示。

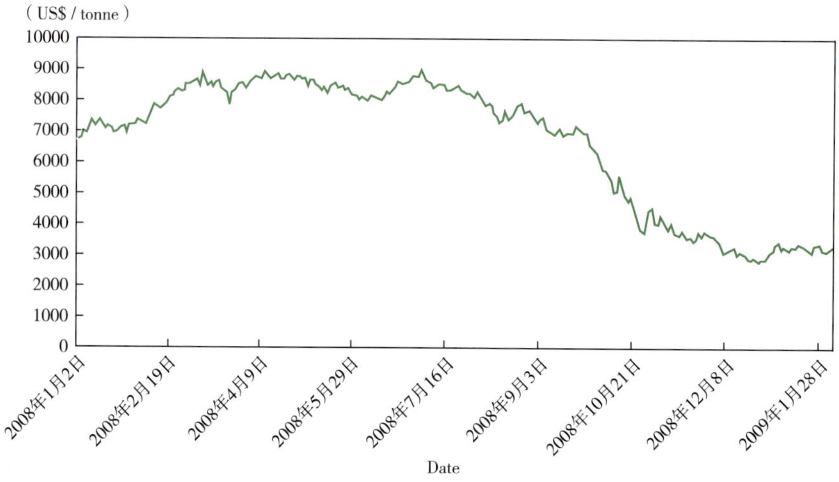

图6　2008年以来国际市场铜价走势图

资料来源：LME，单位为USD/T。

日前赞比亚能源部代理常务秘书Kangamba表示，铜价大幅度下降，企业生产成本居高不下，许多企业已经到了生产即亏损的境地，部分企业甚至已经面临破产倒闭。据他透露，谦比希铜矿和卢安厦已经出现生产经营问题，西方投资商已经通知赞比亚政府，明确说明准备撤出投资。由于金融危机的影响，目前赞比亚金融市场出现流动性短缺，铜业矿业公司从金融机构获得贷款和融资变得相当困难，许多矿业公司被迫暂停新项目建设。这对赞比亚经济

发展、就业、出口等都产生了负面影响。

Kangamba 还强调说，矿业对于赞比亚至关重要，如果矿业出了问题，国家经济、政治将受到极大的影响。随着铜矿陷入困境，赞比亚已经处于非常危险的境地。目前政府已经成立了一个专门委员会，进行相关调研，以寻求妥善帮助铜矿企业走出困境的办法，希望新的企业和个人投资赞比亚铜矿行业，以帮助赞比亚渡过难关。

2. 赞比亚政府采取的应对措施及其矿业发展策略

为了减轻金融危机对赞比亚矿业的打击，赞政府已经采取了多项措施，包括：① 重新优化针对矿业的财政制度，以吸引更多的投资者；② 采取一些诸如降低产品关税等的短期措施，减轻矿业公司的运营成本；③ 发挥协调投资者或股权收购者的中介联络作用；④ 通过 ZCCM 进行投资，增加政府在矿业公司的股权；⑤ 寻找新的产品需求市场；⑥为停产和被撤资的矿业公司寻求新的投资者。

在经济金融危机的大形势下，赞比亚政府越来越重视对小型矿的开发和利用，赞比亚政府认为，尽管大型矿对国家的经济仍至关重要，因其有出口创汇、增加税收、促进基础设施建设和公共服务、促进技术进步、发展相关产业等作用，然而小型矿因具有增加就业（尤其是增加农村地区就业）、增加低成本的矿产开采、促进农村地区小型工业的发展等作用，也不容忽视。

至 2012 年，赞比亚政府计划通过矿山矿产部实现以下目标：① 增加矿产行业投资，促进经济发展；② 建立和维持一个全面的信息系统以即时监控矿产的生产、储存、回购等全过程；③ 进一步加强立法工作，以适应矿业发展需要；④ 提供更好的政策和法律框架以引导矿业发展；⑤ 为矿业部的运作提供更好资金、行政和后勤服务；⑥ 有效地发展和管理一支高效的、积极的、有针对性的人力资源队伍，为矿业提供高质量的服务；⑦ 鼓励矿业行业研究和开发，以增加其产出和附加值，并促进环境保护；⑧ 有效地计划、监控、评估矿产项目的执行情况，以增强政府的宏观调控作用。为了顺利达到以上目标，需要有充足的财政资源、矿产部高素质的员工队伍、稳定的社会和经济环境等。

3. 赞比亚政府目前急需的支持

赞比亚政府目前急需战略上（包括技术上和资金上）的支持，主要有以下几个方面：① 提供技术支持以使高成本的矿场和冶炼厂得以发展，并有效地控制产品的成本；② 以最优惠的利率提供资金支持，以维持旧的矿产项目和开发新的矿产项目；③ 为赞比亚政府提供战略股权投资者，并作为矿业特别是高成本矿的一个运作样本；④ 提供财政支持，以帮助赞比亚建立金属储备体系，以调节金属市场（尤其是在金属价格不景气的时候）；⑤ 提供技术和资金支持，以发展采矿行业（特别是对于工业和农业有重要作用的部分）；⑥ 为赞比亚政府雇员提供成本控制和生产技术等方面的技术培训；⑦ 为赞比亚矿业发展提供更多可选择的电力支持；⑧ 建立下游加工设施基地和其他的矿伴生产品生产基地。

综上所述，赞比亚矿产资源丰富，矿业在其国民经济中占有重要地位，赞政府对投资其矿业也比较支持，对于吸引投资有一定优势。目前，由于遭受金融危机的冲击，欧美国家为应对自身困难，不得不从赞比亚等非洲国家大量撤资，致使外资占绝对比例的赞比亚铜矿企业陷入破产倒闭的困境。如果我国企业能抓住这一历史机遇，适时进入赞比亚矿业行业，则不但能帮助赞比亚解决目前所面临的危机，也能以较低的成本进入以往难以进入的资源领域，实现中赞双方在共同应对全球金融危机中的互利共赢。中国进出口银行作为促进国际经济合作的政策性金融机构，在以金融手段鼓励和支持中资企业投资赞比亚矿业资源领域，建设我国战略资源安全保障体系的伟大事业中大有可为。

参考文献资料

1. 赞比亚财政部经济报告（Economic Report 2005/Economic Report 2006/Economic Report 2007，Ministry of Finance and National Planning，Zambia）。

2. 赞比亚五年发展计划年度报告（2006 Annual Report，Fifth National Development Plan Progress Report，April 2008，Republic of Zambia）。

3. 赞比亚五年发展报告（Fifth National Development Plan 2006—2010，Ministry of Finance and National Planning，Zambia）。

4. 赞比亚银行年报（Annual Report 2005/Annual Report 2006/Annual Report 2007，Bank of Zambia）。

5. 赞比亚矿业部年报（Annual Report 2005/Annual Report 2006/Annual Report 2007，Ministry of Mines and Minerals Development，Republic of Zambia）。

6. 中华人民共和国驻赞比亚使馆经商处提供的资料。

7. 赞比亚指南（Tourism，Trade and Investment，A Guide to Zambia）。

第十二章 博茨瓦纳

博茨瓦纳国民经济运行情况

从1966年独立至今，博茨瓦纳从世界最贫困国家之一发展成为世界中等收入国家。独立后的博茨瓦纳推行民主政治和以市场为导向的经济体系，依靠谨慎的宏观经济政策和良好的政府治理，充分利用其丰富的矿产资源优势，在改善社会环境、加强基础设施建设、提高人民生活水平等方面取得了令人瞩目的成绩。

博茨瓦纳是非洲最廉洁的国家，是非洲最适宜贸易投资的国家之一，也是非洲最具竞争力的国家之一。2008年，穆迪和标准普尔对博茨瓦纳的评价为“相对富裕，低债务，政府保持持续稳定的宏观经济、金融和社会政策”。

博茨瓦纳政府制定了《博茨瓦纳2016年蓝本》（Botswan's Vision 2016），为国家未来的发展设定了政治、经济和社会等各方面的奋斗目标。为实现2016年目标及联合国新千年目标（The United Nations Millennium Development Goals，MDGs），博茨瓦纳拟进一步加大经济的对外开放程度，增强国际竞争力，改善投资环境及公共服务以吸引外国直接投资。此外，博茨瓦纳将致力于改变现有的过度依赖钻石资源开发的经济结构，加大对其他矿产品开发的力度，以避免因钻石生产陷入瓶颈而导致国民经济发展停滞不前。

2008年以来，受世界经济危机对钻石行业和其他矿业的冲击，博茨瓦纳的经济增长受到较大影响，财政也开始出现巨额赤字。但是值得欣喜的是，在矿业拖累经济的同时，博茨瓦纳其他行业出现了加速发展的态势，成为了新的经济增长点。博茨瓦纳经济多样化政策初见成效。

（一）近年来宏观经济状况

1. 国内生产总值发展水平

截至2008年，博茨瓦纳名义GDP为912亿普拉，按当前汇率①约折118亿美元。

2007/08年度，博茨瓦纳经济继续增长，但增速下降。实际GDP增长率为3.3%，较上一年度的5.3%略有下降。由于2007/08年度增速放缓，国家第9个发展计划（NDP9）的五

① 2009年7月10日牌价1美元=7.1普拉。

年平均增长速度降至4.4%，低于原先计划的5.5%。增速下降反映了全球经济危机对以矿业为主要产业的博茨瓦纳经济的冲击。

受全球经济危机影响，博茨瓦纳矿业2007/08年产出缩水3.5%，而上一年度为增长4.7%；矿业对GDP增长的贡献率也从之前的平均（2003/04—2006/07 3年平均）40%转为负43.1%，较大的拖累了博茨瓦纳经济增长的后腿。与此相反，非矿业部门增长了8%，甚至高于上一年度的5.7%的增长率，表明博茨瓦纳经济多样化的国策已见成效。由于非矿业部门经济增长显著，抵消了矿业部门的缩水，确保了全年经济略有增长。

2007/08年度，博茨瓦纳10大行业中，制造业（7.7%）、建筑（11.6%）、贸易和酒店（9.1%）、交通和通讯（12.7%）、银行保险和商业服务（11.1%）、社会和个人服务（7.7%）等6大行业平均增长率超过了7%；农业（-4.4%）、矿业（-3.5%）出现负增长；水电（2.2%）、政府服务（3.6%）增长率较缓。从各行业的增长情况来看，博茨瓦纳的经济多样化日见成效，非支柱产业的经济增长较快，对经济增长的贡献率日渐增加。各行业对GDP增长贡献情况详见表1。

表1　　2003/04—2007/08年度博茨瓦纳各行业GDP增长[①]　　单位：%

年　度	2007/08[②]	2006/07[③]	2003/04—2006/07 平均
农业	-4.4	11.8	0
矿业	-3.5	4.7	4.8
制造业	7.7	14.9	6.5
水、电	2.2	5.9	4.8
建筑	11.6	8.7	2.1
贸易、宾馆和饭店	9.1	8.1	4.4
交通和通讯	12.7	9.1	7.6
银行、保险和商业服务	11.1	5.9	6.0
政府服务	3.6	1.7	3.9
社会、个人服务	7.7	1.6	6.6
GDP合计	3.3	5.3	4.7
不含矿业	8.0	5.7	4.7
不含矿业和政府服务	9.7	7.1	5.0

注：① 以下图表数据未经特别说明，均来源于《博茨瓦纳中央银行2008年年报》。
② Prelim：初步统计。
③ Rivised：修正。

对博茨瓦纳来说，全球经济危机的影响主要通过矿业来传递。矿业对博茨瓦纳GDP的贡献率约40%。2009年矿业产出的紧缩将对博茨瓦纳经济增长产生巨大的负面影响。2009年第一季度，博茨瓦纳钻石行业产出几乎为零，下半年钻石矿还将继续关闭。受此影响，钻石矿业的上、下游产业都要受到影响。由于钻石行业为奢侈品行业，即使2010年全球经济复苏，钻石矿业仍将需要一段时间才能恢复。但是，从长期来看，钻石矿业的供给基础非常牢固，只要全球对钻石的需求复苏，钻石行业立刻就能恢复产量。因此，从长期来说，博茨瓦纳经济增长基础扎实。

2. 货币政策分析

（1）货币供应量和通货膨胀率

博茨瓦纳银行（Bank of Botswana）是该国的中央银行，负责货币发行和调控，制定货币政策。表2为博茨瓦纳银行公布的博茨瓦纳近年流通中货币量及增长率。该表显示2000年以来，博茨瓦纳流通中货币量处于持续增长的状况，反映了博茨瓦纳经济持续发展的态势。但是随着经济过热，货币供应量出现了急剧增加的状况，2006年至2008年，年均货币供应量增长率接近20%。另据统计，2008年大部分时间，商业银行对私人部门的贷款持续增长，而公共支出的增长则比2008/09年财政预算计划要快得多。快速增长对私人部门贷款和政府支出带来了货币供应量的大幅增长，M2 2008年增长了21.1%。

表2　1999年—2008年博茨瓦纳流通中货币量及增长率　单位：百万普拉

年　度	1999	2000	2001	2002	2003	2004	2005	2006	2007	2008
流通中货币	614	612	708	767	825	919	943	1079	1368	1602
增长率(%)		-0.2	15.6	8.4	7.6	11.3	2.6	14.5	26.8	17.0

货币供应量的大幅增长导致了物价的快速上升，2007年12月通货膨胀率达到8.1%，2008年8月则升至最高值15.1%，2008年12月回落至13.7%，但依然很高。2008年全年平均通货膨胀率为12.6%，2007年为7.1%，均远远超出博茨瓦纳央行的通货膨胀率控制目标（3%—6%）。物价上涨的压力主要来自食品价格上涨，其次是石油、电费上涨以及酒精饮料增加税率30%。其他商品的价格上涨则基本上在其中央银行的3%—6%目标值之内。这表明博茨瓦纳的通货膨胀是由于食品和油价上涨逐渐传导至其他物品，而不是因为所有商品的全面涨价引发的。

2008年年末商业银行对私人部门的贷款依然增长强劲，但是进入2009年之后将进行调整，政府预算支出也将比2008年增长缓慢一些。国际石油价格2008年的大幅下跌也将极大缓解通货膨胀，2008年11月引入的酒精税对物价的影响也已经被消化。预计2009年博茨瓦纳通货膨胀率将大幅下降，预计将回到或接近央行的目标区间（3%—6%）。

但是，虽然产出增长将受到抑制，但是受管制物价、政府税收和消费税上调可能对通货膨胀造成上涨压力。尤其是博茨瓦纳住房公司租金将于2009年上调。同时，如果南非电力公司进一步上调电价的话，博茨瓦纳的电价也将上调。

（2）利率

2008年银行利率调整了3次，其中商业银行最低贷款利率（Prime Lending Rate）5月和6月分别调整至16.5%和17%，然后于12月份下调至16.5%。而总体来说，银行存款利率没有变化，商业银行88天存款利率2008年12月为8.5%，与2007年末持平。

（3）汇率

由于博茨瓦纳经济状况良好，外汇储备充裕，普拉自建国以来持续升值。为保持商品的竞争力，博茨瓦纳货币政策的目标是保持货币币值对一揽子货币稳定和有竞争力。

表3为普拉对主要货币汇率情况。根据该表，2008年，普拉名义汇率贬值约2.3%，对国际大多数主要货币贬值。对各国货币来说，对日元大幅贬值35.6%，对美元贬值20.1%，对欧元贬值16.4%，对SDR①贬值18.2%。但是对南非兰特则升值10%，对英镑升值10.6%。

2008年，普拉实际汇率②对南非兰特升值13.5%，对SDR贬值7.7%，对英镑升值24.6%，对日元、美元和欧元分别贬值27.1%、9.3%、6.4%。

表3 普拉对主要货币汇率情况

名义汇率（外币/普拉）				实际汇率（外币/普拉）			
币　种	2007年末	2008年末	变动幅度（%）	币　种	2007年末	2008年末	变动幅度（%）
南非兰特	1.1318	1.2455	10	南非兰特	95.7	108.6	13.5
美　元	0.1665	0.133	-20.1	美　元	111.8	101.4	-9.3
英　镑	0.0833	0.0921	10.6	英　镑	103.1	128.5	24.6
日　元	18.63	12	-35.6	日　元	109.1	79.5	-27.1
欧　元	0.1129	0.0944	-16.4	欧　元	96.4	90.2	-6.4
SDR	0.1053	0.0861	-18.2	SDR	104.6	96.6	-7.7

3. 财政政策分析

表4为2007/08年度至2009/10年度3年内的政府预算情况。

（1）2007/08财政预算执行情况

2007/08财年实现了盈余38亿普拉，高于预计的7.87亿普拉。实现盈余是由于博茨瓦纳持续实行节约支出和减少征税范围，增加税收强度的结果。总收入比预计的高约5.4%，达到286亿普拉。超收主要由于钻石价格上涨推高销售收入，以及提高增值税税率和SACU③税收分红增加。2007/08年度总支出为248亿普拉，比预计少支出16亿普拉，低于预计6%。其中，循环性支出为186亿普拉，比预计少支出1.53亿普拉；发展性支出为66亿普拉，比预计少支出15.2%。

（2）2008/09财政预算执行情况

2008/09财年财政赤字达61亿普拉，比预计的还高出3亿普拉。高额赤字是由于循环性支出多增加了17亿普拉支出，发展性支出多增加了40亿普拉支出。赤字增加主要来自于高等教育奖学金超出预算达9.15亿普拉而发展性支出方面，则主要是政府增加了Morupule B电站扩建项目的资本性支出达15亿普拉，地方政府部门基础设施维护和劳动力培训成本增加了9亿普拉，以及农业部对食品安全计划支出4.65亿普拉。

（3）2009/10财政预算

预计2009/10财年将有巨额财政赤字，赤字金额达到134亿普拉，占GDP的14%。财政赤字主要是由于支出持续增长达到378亿普拉，而收入则将下降至244亿普拉。

2009/10年度的财政收入将大幅下降，比2008/09财年下降约17.8%。这是由于矿业收

① 特别提款权。
② 剔除各国通货膨胀。
③ 南部非洲关税联盟。

入2009/10年度矿业收入还将继续受到经济危机的负面影响，预计钻石产量2009年将比2008年下降一半。从而使来自矿业的财政收入从上年度的109亿普拉下降至68亿普拉，减少40亿普拉，下降幅度达到37.1%。从而使矿业收入从第一大收入变为居于SACU收入71亿普拉之后的第二大收入。

从支出方面来看，2009/10年预计支出378亿普拉，比上年度多19亿普拉，高出预计5.3%。其中，循环性支出预计为274亿普拉，比2008/09年度经修正的循环性财政支出高出16.4%，比2007/08年度高出52.3%。循环性支出增加较多是因为教育和技能开发部增加支出11亿普拉，地方政府增加支出7亿普拉，总统府和卫生部分别增加支出4亿普拉。为节约经费，减少开支，2009/10年度公务员薪水将不予调整，出差预算不调增，不增加政府新岗位（新成立的学校和卫生医疗机构除外）。

发展性支出计划为106亿普拉，比上年度修正后的支出减少15.5%，但是高于2008/09年度的年初预算24%。2008/09年度修正支出之所以高出预算很多，这主要是由于政府为潜在发展进行了特殊的支出安排，这种安排已经于该年度开始，在未来两年内还将持续。在106亿普拉发展性支出中，总统府分到21亿普拉，占19.8%，主要用于HIV/AIDs防治。由于地方政府要进行大规模的基础设施建设，因此分到了次多预算，达15亿普拉。交通部分到了13亿普拉预算，用于机场和主要公路的建设和维护。

表4　2007/08年度—2009/10年度政府预算情况　单位：百万普拉

	2007/08			2008/09		2009/10
	预算	修正	执行结果	预算	修正	预算
收入	27179	27178	28629	29889	29681	24393
矿业收入	10890	10890	11604	10558	10860	6835
非矿业收入	16289	16288	17025	19331	18821	17558
支出	26441	26391	24822	30220	35877	37787
循环性支出	19245	18732	18579	21836	23498	27357
个人薪酬	7086	7720	6850	7910	7997	9576
发展性支出	7257	7720	6548	8500	12495	10558
净贷款	-61	-61	-305	-116	-117	-128
平衡	738	787	3808	-331	-6195	-13394

4. 外汇储备和外债状况

2005年之前，博茨瓦纳外汇储备基本稳定在60亿美元左右，储备结构也没有大的变化，主要组成成分为外汇存款。2006年以来，受国际市场钻石行情影响及国内钻石产量影响，外汇储备有较大幅度增长，2007年末甚至达到97.9亿美元，接近100亿美元大关。2008年末，如果按普拉计价，博茨瓦纳外汇储备总额为686亿普拉，比2007年的585亿普拉增加了100亿普拉，涨幅为17%，这是由于普拉对主要硬通货大幅贬值的缘故。如果以美元计价，博茨瓦纳外汇储备反而减少了6.9%，降至91亿普拉。尽管如此，博茨瓦纳外汇储备仍然足够充裕，可以覆盖其23个月的商品和服务的进口。表5为2000年—2008年博茨瓦纳外汇储备情况。

表5　　2000年—2008年博茨瓦纳外汇储备情况　　单位：百万美元

年　度	2000	2001	2002	2003	2004	2005	2006	2007	2008
外汇储备	6317	5897	5474	5339	5660	6309	7993	9790	9118

博茨瓦纳外债主要为对国际金融机构外债，其次是对外国政府外债。在国际金融机构外债中，非洲开发银行和欧洲投资银行是最大的两个债权机构；在对外国政府外债中，日本、中国和美国分列债权国的前3位。2006年博茨瓦纳外债仅为其外汇储备的4.5%，基本没有偿债压力。事实上，博茨瓦纳近年对外偿债信誉较好，未出现拖欠外债的现象。表6为2000年—2006年博茨瓦纳外债情况。

表6　　2000年—2006年博茨瓦纳外债情况　　单位：百万普拉

年　度	2000	2001	2002	2003	2004	2005	2006
外国政府债务	783.3	783.5	907.5	613.3	568.9	600.2	588.8
其中：美国	108.4	108.4	143	86.1	70.5	84.8	83.7
中国	145.4	145.5	189.6	138.8	129.4	135.7	132.9
科威特	52.6	52.7	85.6	57.8	48.1	55.8	54
沙特	6.1	6.1	2.9	0	0	0	0
比利时	5.2	5.2	5.7	5	4.3	4.8	4.7
日本	465.6	465.6	480.7	325.6	316.6	319.1	313.5
机构债务	1542.2	1542.9	1900.6	1525.8	1377.5	1536.1	1504.2
其中：国际开发协会	46.3	46.4	77.6	41.6	35.3	39.8	38.2
世界银行	94	94.1	85.1	29.6	18.1	26.8	24.2
非发行	869.8	869.8	959.8	847	780.3	845.7	843.0
OPEC基金	23.7	23.8	25.6	13.4	9	11.9	10
商业银行家	5.8	5.6	0	0	0	0	0
欧洲投资银行	341.5	341.6	463.8	387	362.6	409.8	391.4
阿拉伯银行	95.5	95.7	154.6	103	81.1	100.5	98.3
出口开发公司	0	0	0	0	0	0	0
NORDIC投资银行	71.4	71.5	134.1	104.2	91.1	101.6	99.1
其他债务	99.8	99.8	109.3	55.6	43	52.9	50.4
外债总额	2425.3	2426.2	2917.4	2194.7	1989.4	2189.2	2143.4

5. 国际收支及对外贸易状况

近年来，博茨瓦纳国际收支持续保持较大数额顺差，主要原因是博货物出口维持在较高水平。虽然其具备一定规模的进口，服务贸易呈现连年逆差，但由于有强大的货物出口支撑，其经常项目仍能保持巨大顺差。资本项目同样连年保持顺差，但数额较小。表7为博茨瓦纳

2000 年—2007 年国际收支情况。

表 7　　博茨瓦纳 2000 年—2007 年国际收支情况　　单位：百万普拉

年　度	2000	2001	2002	2003	2004	2005	2006	2007	2008
经常项目净额	2782	3492	1245	2288	1641	7972	11319	10838	6406
资本项目净额	194	347	3.9	111.2	149.2	344	142	493	703

博茨瓦纳大宗出口产品包括钻石、铜镍矿、牛肉、苏打灰、纺织品、汽车和黄金；大宗进口产品包括食品饮料烟草、燃料、化工橡胶制品、木材及纸制品、服装、金属制品、机械电子设备、运输设备、盐、家具等。博茨瓦纳货物进出口情况详见表 8，博茨瓦纳主要商品近年进出口情况详见表 9。

表 8　　2000 年—2008 年博茨瓦纳货物进出口情况　　单位：百万普拉

年　度	2000	2001	2002	2003	2004	2005	2006	2007	2008
货物出口总额	13649	13519	14843	14970	17345	22708	26386	30846	33477
货物进口总额	9047	9370	10365	10529	13441	13727	15271	21145	30468
货物进出口净额	4603	4149	4477	4441	3904	8182	11115	9702	3010

表 9　　2000 年—2008 年博茨瓦纳主要商品进出口情况　　单位：百万普拉

年　度	2000	2001	2002	2003	2004	2005	2006	2007	2008
主要进口商品									
食品饮料	1494	1476	2077	2031	2202	2244	2488	3335	4182
燃料	523	712	768	824	1783	2209	3068	3883	5949
化工橡胶产品	1033	1090	1366	1428	1792	1984	2352	3140	3641
木材及纸制品	817	928	921	1050	1463	690	737	940	1198
服装	617	494	585	580	732	776	880	1148	1368
金属及制品	769	814	1015	921	1257	1240	1456	2043	2775
机械电子设备	2356	2078	2366	2211	2634	2714	2999	4639	6109
运输设备	1315	1285	2024	1476	2167	2080	1743	2877	3738
盐及矿产品	0	0	0	0	0	565	600	578	1002
家具	0	0	0	0	0	306	341	444	494
其他	1688	1680	1715	1598	1756	1125	841	1047	1261
主要出口商品									
钻石	11397	11260	12479	11707	13133	16982	19713	20483	21365
铜镍矿	552	410	482	695	1578	2301	3823	5522	5119
牛肉	278	427	279	260	284	310	363	592	530
苏打灰	208	225	268	230	251	332	463	474	505
纺织品	244	193	183	227	561	1117	917	2186	1817
汽车	270	299	408	443	556	573	184	139	235
黄金	0	0	0	0	0	183	206	239	382

从博茨瓦纳进出口商品结构和金额分析，该国的矿产品出口占据出口商品总额的90%，其中钻石出口占举足轻重的地位，其出口商品结构单一。博茨瓦纳进口商品主要集中在食品饮料和机械设备类，由此可见，该国轻、重工业发展程度较低。

（二）近年来社会环境发展状况

1. 劳动就业状况

截至2008年3月的统计显示，2007/08年度博茨瓦纳正式的就业岗位（不包含少于5名雇员的小型企业）比上年度增加2.2%，总就业人数达到30.9万人。其中私人部门就业和半国营企业占全部就业的60%，剩余的就业岗位则几乎全部来自政府，其中中央政府部门占29.6%，地方政府部门占8.8%。新增的6600个就业岗位中，61%来自中央或地方政府，私人部门岗位增加相对迟缓，增长率仅为1.7%，新增3000个岗位，主要在制造业、批发和零售业、教育以及金融服务业。

从就业人口分布状况分析，博茨瓦纳产值最高的采矿业就业人数相对并不高，而欠发达的制造业和建筑业是主要的劳动密集型行业。此外，中央和地方政府雇佣人数相对庞大，但实际工作效率较低，显示出博茨瓦纳政府机构臃肿，执政能力不佳。表10为2000年—2008年博茨瓦纳主要经济门类劳动就业情况表。

表10　　2000年—2008年博茨瓦纳主要经济门类劳动就业情况表[①]

年　度	2000	2001	2002	2003	2004	2005	2006	2007	2008
私营和半国营企业	155859	161058	168404	173177	177006	177351	183184	187588	190148
其中：农业	5805	6279	6273	6464	5598	5554	5460	5479	5563
采矿业	8090	6812	7410	7961	8681	9270	10502	11736	11673
制造业	29305	27951	29707	30164	32771	32396	33598	35204	35888
电力供水	2559	2763	2857	2839	2742	2430	2411	2835	2800
建筑业	28066	28417	28750	29023	28771	24364	24903	21789	21810
商业	44766	49419	53287	54951	51570	55979	56736	44126	59759
交通通讯	9143	10219	10099	10141	13147	12608	13257	27567	12294
金融	17747	18171	18227	18987	21056	21763	22865	24755	25353
社会及个人服务	4099	4576	5145	5609	4264	5137	5413	5309	5643
教育	6278	6451	6649	7039	8405	7850	8039	8789	9366
中央政府[②]	83661	84653	84576	86572	91249	96702	86555	88521	91455
地方政府	20362	20965	21799	22240	22460	24662	25152	25869	27014
合　计	259882	266676	274779	281989	290715	298715	294891	301978	308617

① 仅含正式经济门类雇佣人数，不含个体经营及小型企业就业人数。
② 不含博茨瓦纳军队人数。

2. 工资收入状况

表 11 为博茨瓦纳主要经济门类月均收入情况表。该表显示，从工资增长速度来看，博茨瓦纳电力、通讯、采矿、金融及政府机关等工资增长幅度较大；农业、制造业、建筑业等行业增长缓慢。从月收入水平看，电力、金融、采矿、教育、交通通讯、政府机关等工资收入较高，而农业、制造业、建筑业等收入较低。该现象从侧面反映了博茨瓦纳近年来在经济发展上的不均衡，以及在关系国计民生的一些主要行业上发展停滞不前的格局。

表 11　　博茨瓦纳主要经济门类月人均收入情况表　　单位：普拉

年　度	1999	2000	2001	2002	2003	2004	2005	2006	2007	2008
农业	383	434	409	563	542	626	697	830	756	735
采矿业	2249	3010	2423	3206	3362	3385	4518	5274	7013	7113
制造业	785	1096	835	849	944	1114	1219	1475	1350	1617
电力供水	3166	3616	3525	4517	5569	5476	6124	7786	9141	7943
建筑业	776	1006	917	997	1050	904	1138	1408	1789	1456
商业	953	1001	1179	989	1253	1395	1538	1769	1651	2006
交通通讯	2318	2689	2616	3510	3597	2703	3585	3770	5222	4973
金融	1979	2164	2251	3056	3080	2878	3350	4594	5472	7194
社会及个人服务	1413	1669	1660	1998	1965	2084	2527	2331	2464	3644
教育	2261	3069	2775	2895	2830	3708	5010	5061	4873	5933
中央政府	1733	2001	2232	2804	2781	3335	3489	3686	3928	4322
地方政府	1496	1732	1948	1866	2502	2362	2545	2656	3294	3183

（三）产业结构分析

表 12 为 1998/99 年—2007/08 年博茨瓦纳主要经济门类 GDP 情况。根据该表，博茨瓦纳三大产业在 GDP 中的平均占比情况为：农业占 GDP 总量的 1.7%；工业占 GDP 总量的 51.3%；服务业占 GDP 总量的 46.9%。

在工业门类中，采矿业占 GDP 总量的 39.9%，居绝对主导地位，是博茨瓦纳国民经济的主要支柱。

在服务业中，贸易、宾馆、餐饮业占 GDP 总量的 10.7%；银行保险业占 GDP 总量的 11.6%；政府服务占 GDP 总量的 16.5%。这三者为服务业中最重要的成分。

博茨瓦纳农业比较落后，80% 以上粮食依赖进口。农业生产中最重要的是养牛业及牛肉加工和出口。2005 年，由于博茨瓦纳北部地区爆发口蹄疫，博茨瓦纳肉类委员会（BMC）暂时关闭了所有屠宰场，使牛肉生产和出口受到较大影响。2006 年，随着疫情得到控制，生产逐渐恢复。但是，由于农业生产技术落后，投入该行业的资金少，以及世界各国农业保护，博茨瓦纳农业 GDP 2007/08 年又出现下降，较上一年度下降 4.4%；占 GDP 比重也持续下降，由 1998/99 年度的 3% 下降至当前占 1.7%。博茨瓦纳除牛肉略有出口外，大部分粮食靠进口。

表12　　1998/99年—2007/08年博茨瓦纳主要经济门类GDP情况①　　单位：百万普拉

财　　年	1998/99	1999/00	2000/01	2001/02	2002/03	2003/04	2004/05	2005/06	2006/07	2007/08	占比(%)
农业	443	405	445	433	441	454	404	389	435	416	1.7
矿业	5863	6626	7740	7473	8291	8307	9805	9450	9892	9545	39.9
制造业	661	684	681	683	703	709	763	784	901	970	4.1
水、电	334	371	391	406	444	472	489	507	537	548	2.3
建筑业	917	939	955	1000	1006	1027	1036	1002	1089	1215	5.1
贸易宾馆餐饮业	1502	1596	1700	1840	1990	2143	2045	2172	2348	2562	10.7
运输邮政通讯业	579	596	606	625	631	610	666	769	839	945	4.0
银行保险业	1636	1707	1795	1922	1973	2016	2115	2351	2490	2767	11.6
政府服务业	2333	2474	2641	2861	3267	3434	3591	3736	3800	3937	16.5
社会服务业	618	645	663	705	725	775	856	920	934	1006	4.2
合　　计	14886	16043	17617	17948	19471	19947	21770	22080	23265	23911	100.0

博茨瓦纳矿藏比较丰富，主要矿藏为钻石，其次为铜镍、煤、苏打灰、铂、金、锰等。石油勘探正在进行之中。博茨瓦纳是世界上最重要的钻石生产国和出口国，钻石储量和产量均居世界前列。钻石基本出口，是国家收入的主要来源，约占政府收入的50%和GDP的30%。2008年博茨瓦纳钻石产量为3260万克拉，低于2007年的3364万克拉。钻石销售量为2890万克拉，比2007年低17%。2008年前三季度钻石价格上涨20%，销售形势良好；但第四季度开始受全球金融危机影响，钻石价格骤降，销售收入锐减，2009年上半年产量几乎为零。近年来，针对钻石开采业难以有新突破的现状，博茨瓦纳政府倡导实施经济发展多元化政策，一方面加大对其他矿产品开发的力度，另一方面注重开发方式的多样化。钻石加工生产已从过去的垄断经营，转变到逐步允许其他私人资本的进入。表13为博茨瓦纳1999年—2008年钻石产量情况表。从该表可以看出，自1999年至2006年，博茨瓦纳的钻石产量处于稳步上升的状况，再加上钻石价格逐年上涨，其钻石产值增长较快，促进了博茨瓦纳GDP的较快增长。2007年博茨瓦纳钻石产量虽然有所下降，但是由于当年钻石价格暴涨，使得该年的钻石产值未出现下降。2008年之后，博茨瓦纳的钻石产量出现下跌的迹象，价格也开始下调。2009年上半年博茨瓦纳钻石矿则基本上未进行开采，这给博茨瓦纳经济增长造成了较大打击。

表13　　1999年—2008年博茨瓦纳钻石产量情况表　　单位：百万克拉

年度	1999	2000	2001	2002	2003	2004	2005	2006	2007	2008
产量	20.97	24.55	26.19	28.34	30.37	31.04	31.90	34.29	33.64	32.60

① 以1993/94年价格计算。

铜镍是博茨瓦纳继钻石后重要的出口矿产品，已探明的铜镍矿蕴藏量为4600万吨。博茨瓦纳煤蕴藏量为170亿吨。表14为1999年—2008年博茨瓦纳除钻石外其他矿产的产值情况。该表显示，1999年以来，除钻石外的其他矿产品产值处于持续增长的状况，但在2008年受金融危机的影响产值下降了26%。

表14　1999年—2008年博茨瓦纳矿业产值情况表　单位：百万普拉

年度	铜镍	煤	石灰石	盐	黄金	合计
1999	558	26	106	19		709
2000	801	30	122	32		985
2001	665	29	186	37		917
2002	859	30	210	65		1164
2003	1052	26	174	47		1299
2004	1223	29	218	46		1516
2005	1676	28	218	38		1960
2006	3799	48	234	55	289	4425
2007	5091	45	350	52	360	5898
2008	3596	46	330	53	568	4593

博茨瓦纳制造业并不发达，在国民经济中所占份额较低，主要包括纺织业和食品饮料业。由于其纺织产品竞争力较弱，出口有限，数年来没有大的发展；近年来食品饮料行业内需不足，导致该行业面临较大的发展阻力。博茨瓦纳紧临非洲制造业大国南非，由于其主要工业产品大量从南非进口，也抑制了本国制造业的发展。

博茨瓦纳电力需求日益增长，当前高峰期需求达到530兆瓦。目前，博茨瓦纳Morupule电站仅能供电120兆瓦，进口占总需求的23%，其余部分均需从南非和莫桑比克进口。Morupule电站已服役26年以上（设计年限为30年），缺乏维护，停机维修时有发生。2008年，南非又爆发了严重的电力危机，减少了对博茨瓦纳60兆瓦的电力出口，给博茨瓦纳电力的供应造成困难。博茨瓦纳目前尚未发现石油，成品油依靠进口。总体来看，博茨瓦纳能源电力行业较为落后，与其经济发展不相适应，是制约其经济发展的重要因素。2009年，由中国工商银行和南非标准银行（Standard Bank）共同贷款，由中电工承建的博茨瓦纳“Molupula B”电站一期项目将开工，装机容量为4×150兆瓦，工期为42个月。项目结束后，博茨瓦纳将实现供电自给并略有出口的目标。博茨瓦纳与南非交界的Mmamabula坑口电站也在研建中，装机容量为1320兆瓦。该项目预计75%以上的发电量将用于出口。

博茨瓦纳是非洲主要旅游国，数量众多的野生动物是其主要的旅游资源，其宾馆餐饮等与旅游相关的行业也较为发达。为促进旅游业的发展，博茨瓦纳政府把全国38%的国土划为野生动物保护区，设立了3个国家公园，5个野生动物保护区。奥卡万戈内陆三角洲和乔贝国家公园为主要旅游点。20世纪90年代以来，博茨瓦纳旅游业持续增长，收入占国内生产总值的4.5%左右。近年来由于地区形势因素影响，博旅游业发展速度放慢。

博茨瓦纳建筑行业发展比较缓慢。受益于殖民时期良好的基础设施建设底子，博茨瓦纳政府在基建方面的投入较少，使建筑行业发展动力不足。该行业的迟缓发展也从侧面影响到制造业相关行业的发展速度。

博茨瓦纳金融服务行业较为发达，在GDP总量中占据较重要位置。尤其是最近10年以来，博茨瓦纳银行保险业以年均13.7%的速度迅猛发展。近年来博茨瓦纳政府致力于将博茨瓦纳打造成地区性金融服务中心，专门成立了“博茨瓦纳金融服务中心”（Botswana International Financial Services Centre，IFSC），将提升本国金融服务水平、帮助外国金融机构了解博茨瓦纳并在博开展业务等列为其主要任务。

（四）外国直接投资

表15为按行业统计的外国对博茨瓦纳投资的情况。根据该表，92%的外国直接投资集中在矿业和金融业，其中矿业占有份额最大，达到57%；金融其次，占35%。其他投资的行业集中度也类似，矿业和金融业占据了绝大部分投资。其他投资中的公共管理类投资约为19亿普拉，主要是博茨瓦纳政府的外债。

表15 外国对博茨瓦纳投资存量按行业统计情况表 单位：百万普拉

截止日期：2007年12月31日

行业	直接投资			其他投资		
	资本	非资本	合计	资本	非资本	合计
矿业	3299	0	3299	0	3704	3704
制造业	71	19	90	0	327	327
金融	1983	67	2050	1265	1061	2326
批发零售	8	136	144	0	356	356
电、水和天然气	0	0	0	0	270	270
房地产和商业服务	116	0	116	0	73	73
交通、仓储和通讯	33	6	39	0	49	49
建筑	5	3	8	0	10	10
医疗	32	0	32	0	1	1
公共管理	0	0	0	0	1907	1907
其他	18	23	41	0	438	438
合计	5565	254	5819	1265	8197	9462

表16为按国家统计的外国对博茨瓦纳投资的情况。根据该表，外国直接投资中欧洲是博茨瓦纳的主要投资来源地，占总投资的59%。其中，由于钻石业巨头戴比尔斯公司注册地在卢森堡，因此卢森堡又是欧洲国家中的主要对博茨瓦纳直接投资国，占欧洲对博茨瓦纳直接投资的84%。南非是博茨瓦纳的第二大投资国，南非对博茨瓦纳的投资集中在金融行业。

表 16　　外国对博茨瓦纳投资存量按国家统计表

截止日期：2007 年 12 月 31 日　　　　单位：百万普拉

国　家	直接投资			其他投资		
	资本	非资本	合计	资本	非资本	合计
中、北美洲	418	0	418	0	2	2
美国	418	0	418	0	2	2
欧洲	3374	39	3414	0	3928	3928
英国	472	24	496	0	291	291
荷兰	51	5	56	0	0	0
卢森堡	2832	0	2832	0	446	446
其他欧洲国家	20	10	30	0	3192	3192
亚洲太平洋地区	6	47	52	0	5	5
非洲	1694	168	1862	1265	1736	3001
南非	1597	161	1758	1265	1417	2683
中东	61	0	61	0	77	77
其他	11	0	11	0	2449	2449
合　计	5565	254	5819	1265	8197	9462

从上述两表分析，博茨瓦纳目前的行业集中度和国家集中度都非常高，外国投资主要集中在矿业和金融业；投资来源国则集中在欧洲的卢森堡和非洲的南非。而这两个国家对博茨瓦纳主要的投资则分别是矿业和金融业。博茨瓦纳经济对个别行业和个别国家的依赖性依然非常大，经济多样化国策的最终实现尚需时日。

参考文献资料

博茨瓦纳银行 2008 年年报。

第十三章　乌 干 达

一、乌干达2008/09年度国民经济运行情况

乌干达位于非洲东部，是横跨赤道的内陆国。北接苏丹，东连肯尼亚，西邻刚果（金），西南与卢旺达接壤，南与坦桑尼亚交界。国土面积为241550.7万平方公里（其中陆地面积199807.4平方公里，水面和沼泽地为41743.2平方公里），人口为3066万人①。

（一）2008/09年度乌干达宏观经济发展概况

1. 宏观经济总体概况

乌干达是联合国公布的世界上最不发达国家之一，独立后②的前10年是相对安定时期，经济曾实现较快增长；之后，由于连年战乱，经济一度濒临崩溃。1986年由穆塞韦尼③领导的乌干达"全国抵抗运动组织"执政后，开始实施务实、稳健的经济发展政策，积极进行结构调整，优先发展农业，整顿国营企业，扶植私营经济发展，推行自由贸易政策，国民经济逐步复苏和发展。自1991年以来，乌干达经济年均增长6%。减贫方面也取得较大的成果，被世界银行列为经济结构调整计划样板国家。乌干达已从1985年时的贸易体制极为严格的国家转变为目前非洲贸易体制最为开放的国家。

乌干达国家统计局的数据显示，2008/09财年④，尽管遭遇国际金融危机的不利影响，其经济仍旧继续保持高速增长。乌干达GDP按现行市场价格计算为29.82万亿乌先令（约159亿美元）（如表1所示），扣除物价上涨因素，相对于2007/08财年的24.71万亿乌先令（约134亿美元）实际增长了7%，稍低于2007/08财年的9%。以2002年不变价格计算，2007/08财年和2008/09财年乌干达的GDP增长速度分别为6.7%和8.3%（如图1所示），表现要好于东非地区的其他国家。

---

① 数据来源于乌干达国家统计局2009年统计结果。

② 乌干达于1962年10月9日宣告独立。

③ 1986年1月起任总统，1991年、1996年和2001年连选连任，2006年2月再次当选。

④ 乌干达财政年度计算方法为上一年的7月1日到当年的6月30日。因此，2008/09财年为2008年7月1日至2009年6月30日。其他财政年度依此类推。

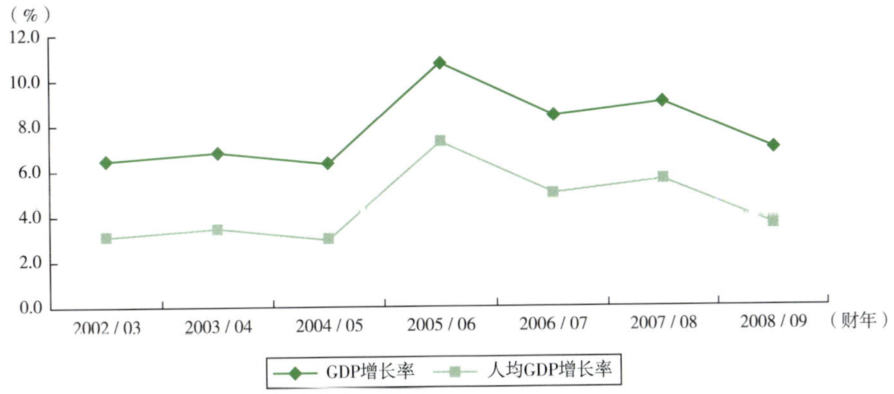

图 1　乌干达近年来 GDP 总量和人均 GDP 实际增长率

资料来源：乌干达中央银行、国家统计局和财政部。

表 1　2003/04 财年—2008/09 财年乌干达 GDP 总量和人均 GDP 情况表：

年　度	2003/04	2004/05	2005/06	2006/07	2007/08	2008/09
GDP(10 亿先令)*	13972	16026	18172	21187	24709	29824
GDP(10 亿先令)**	13070	13897	15396	16691	18202	19469
人均 GDP(先令)*	544529	604859	664269	750039	847166	990314
人均 GDP(先令)**	509354	524538	562792	590904	624068	646477

注：*按当前价格计算。**按 2002 年不变价格计算。
资料来源：乌干达中央银行、国家统计局和财政、计划与经济发展部。

乌干达经济的强劲增长主要是被服务业的快速增长拉动的，2008/09 财年其服务业 GDP 比上一财年增长了 9.4%。其中，交通和通信业增长 20%；金融服务业增长 21%；而健康服务从上一财年负增长 4.8% 恢复过来，实现 8.1% 的增长；农业较上一财年增长了 2.6%，其中经济作物增长 1.7%，粮食作物增长 2.9%；工业较上一财年增长了 3.8%，其中矿产和采掘业增长 9.2%，制造业增长 8.3%。受金融危机影响，建筑业增速下降到 2.2%，大大低于过去 4 个财年（2004/05 至 2007/08 财年）的平均 15.5% 的增长速度（详见表 2）。

表 2　2003/04 财年—2008/09 财年乌干达各行业 GDP 增长情况　　单位：%

财　年	2003/04	2004/05	2005/06	2006/07	2007/08	2008/09
GDP 增速	6.8	6.3	10.8	8.4	9.0	7.0
农林渔业	1.6	2.0	0.5	0.1	1.3	2.6
经济作物	7.3	-5.5	-10.6	5.4	9.0	1.7
粮食作物	-1.5	-0.2	-0.1	-0.9	2.4	2.9
畜牧业	4.7	3.0	1.6	3.0	3.0	3.0
林业	3.1	6.5	4.1	2.0	2.8	3.3
渔业	9.6	13.5	5.6	-3.0	-11.8	-0.1
工业	8.0	11.6	14.7	9.6	9.1	3.8

续表

财　年	2003/04	2004/05	2005/06	2006/07	2007/08	2008/09
矿产采掘业	1.7	27.2	6.1	19.4	3.0	9.2
制造业	6.3	9.5	7.3	5.6	7.6	7.2
正式	8.3	11.8	7.8	4.9	9.2	8.3
非正式	1.7	3.6	6.0	7.7	3.3	4.0
电力	7.7	2.1	-6.5	-4.0	5.4	4.2
供水	4.2	3.9	2.4	3.5	3.8	4.1
建筑	10.0	14.9	23.2	13.2	10.8	2.2
服务业	7.9	6.2	12.2	8.0	10.2	9.4
贸易	6.3	7.2	12.3	10.4	14.7	7.6
宾馆餐饮业	9.5	6.5	8.7	11.3	10.7	7.9
交通通信	15.8	9.8	17.1	17.7	21.3	20.0
公路、铁路和水路运输	8.9	6.7	12.8	9.5	20.8	12.4
航空运输	13.8	19.4	6.9	13.8	17.8	1.3
邮政和电信	28.6	11.8	26.2	29.1	22.6	32.2
金融服务	0.0	13.0	31.7	-11.9	24.1	21.1
房地产	5.5	5.5	5.6	5.6	5.6	5.7
其他商业服务	7.0	9.2	12.5	10.6	14.3	8.8
公共管理和国防	7.7	-5.4	15.8	-6.3	13.3	4.7
教育	9.1	4.4	9.4	10.6	-6.5	4.8
健康	0.9	5.6	12.9	2.7	-4.8	8.1
其他个人和社区服务	16.1	15.0	14.1	13.4	12.8	12.3

资料来源：乌干达中央银行、国家统计局。

从经济发展推动力来看（详见表3），2008/09财年乌干达最终消费支出额按现行市场价格计算增长了10.4%，而上一财年增速仅为4.1%。消费占GDP的比重从2007/08财年的83.5%上升到86.2%，改变了过去3年连续下降的趋势。其中，私人消费占GDP的比重从2007/08财年的71.7%上升到2008/09财年的74.1%，而政府消费占比增加了0.3个百分点。2008/09财年投资支出额增长了9.2%，高于2007/08财年6.5%的增速，使得投资占GDP的比重增加了0.5个百分点，为26%。其中，政府固定资产投资占比从2007/08财年的4.9%上升到2008/09财年的5.4%。私人固定资产投资占比保持不变，依然为20.4%。其中，私人建筑工程类固定资产投资占比从17%下降到15.9%，机械设备类投资占比从3.4%上升到4.5%。出口在2008/09财年增长了13.2%，低于2007/08财年66.7%的增速。进口增长了25%，稍低于上一财年29%的增速。出口占GDP的比重增加了1.2个百分点，由2007/08财年的20.1%上升到21.3%。进口占比增加了4.4个百分点，从上一财年占比的29.1%增加到33.5%。进口的快速增长源于消费性货物和生产性货物的进口需求都比较旺盛，且由于增速高于出口，导致贸易逆差呈扩大趋势。

表3　　乌干达消费、投资和进出口占GDP的比重（以现行市场价格计算）　　单位：%

财　年	2004/05	2005/06	2006/07	2007/08	2008/09
现行价格 GDP	100	100	100	100	100
消费占 GDP 比重	87.5	87.8	87.5	83.5	86.2
私人消费	72.6	73.6	74.3	71.7	74.1
政府消费	14.9	14.1	13.2	11.8	12.1
投资占 GDP 比重	22.5	24.4	26.1	25.5	26.0
固定资本形式	22.4	24.2	25.9	25.3	25.8
政府	4.9	5.2	5.3	4.9	5.4
私人	17.4	19.1	20.6	20.4	20.4
存货变化	0.1	0.2	0.2	0.2	0.2
建筑工程	16.9	18.8	19.5	19.8	19.0
政府	3.1	3.4	2.9	2.8	3.2
私人	13.8	15.4	16.6	17	15.9
机械设备	5.4	5.4	6.4	5.5	6.8
政府	1.8	1.7	2.4	2.1	2.3
私人	3.6	3.7	4	3.4	4.5
净出口占 GDP 比重	-10	-12.2	-13.6	-9	-12.2
出口	13.1	12.7	13.2	20.1	21.3
货物	9	8.8	10	16.6	17.9
服务	4	3.9	3.2	3.5	3.4
减:进口	-23.1	-24.9	-26.8	-29.1	-33.5
货物	-15.8	-17.1	-18.5	-21.9	-25.6
服务	-7.3	-7.8	-8.2	-7.2	-7.9

资料来源：乌干达财政、计划与经济发展部。

按照不变价格计算的消费、投资和进出口占GDP比重变化（详见表4）有助于说明高通货膨胀率对乌干达的影响，特别是对消费和投资的影响。按不变价格计算，乌干达私人消费支出和进口支出占比GDP比重连续3年保持增长。消费占GDP的比重从2007/08财年的87.2%增加到2008/09财年的90.5%。这主要是因为粮食和燃料价格持续上涨增加了生活成本，使得私人消费也随之增长，而政府消费支出连续15年呈下降趋势，但依然不能抵消私人消费的增长。投资占GDP的比重连续3年下降，从2007/08财年的22.6%下降到2008/09财年的21.7%，但投资占GDP比重下降的原因并不是由于真实投资额的下降而是相对价格的变化，其中私人建筑工程类投资占GDP的比重，由2007/08财年的15%下降为2008/09财年的13.3%，政府建筑工程类投资和私人机械设备类投资占比则有所增加。消费和投资支出占GDP比重按现行市场价格和不变价格计算的结果出现较大差别，这反映了价格变化对消费性货物和服务的影响大于其他种类的支出，家庭不得不拿出更多的收入用于抵消消费品价格上涨的不利影响。因此，乌干达政府优先通过增加国内生产以满足国内需求来控制通货膨胀。

表4　乌干达消费、投资和进出口占GDP的比重（以2002年不变价格计算）　单位：%

财　年	2003/04	2004/05	2005/06	2006/07	2007/08	2008/09
不变价格GDP	100.0	100.0	100.0	100.0	100.0	100.0
最终消费	88.4	87.5	87.8	89.7	87.2	90.5
个人消费	73.2	72.6	73.6	76.9	76.2	80.3
政府消费	15.3	14.9	14.1	12.7	11.0	22.0
总资本形式	21.3	22.5	24.4	23.7	22.8	21.9
固定资本	21.1	22.4	24.2	23.4	22.6	21.7
存货变化	0.2	0.1	0.2	0.2	0.2	0.2
净出口	-9.7	-10.0	-12.2	-13.3	-10.1	-12.4
出口	12.1	13.1	12.7	16.7	21.6	21.3
货物	8.0	9.0	8.8	12.7	17.6	17.6
服务	4.1	4.0	3.9	4.0	3.8	3.6
减:进口	-21.8	-23.1	-24.9	-30.1	-31.7	-33.7
货物	-15.3	-15.8	-17.1	-21.1	-24.1	-25.9
服务	-6.6	-7.3	-7.8	-9.0	-7.6	-7.7

资料来源：乌干达财政、计划与经济发展部。

2. 乌干达产业状况分析

乌干达自然条件较好，土地肥沃，雨量充沛，气候适宜。农业在国民经济中占据着重要地位，占出口收入的95%。乌干达工业落后，企业数量少、设备差、开工率低。统计数据显示，2008/09财年乌干达农业、工业和服务业占GDP的比重分别为23.7%、24.2%和52.1%（如图2所示）。

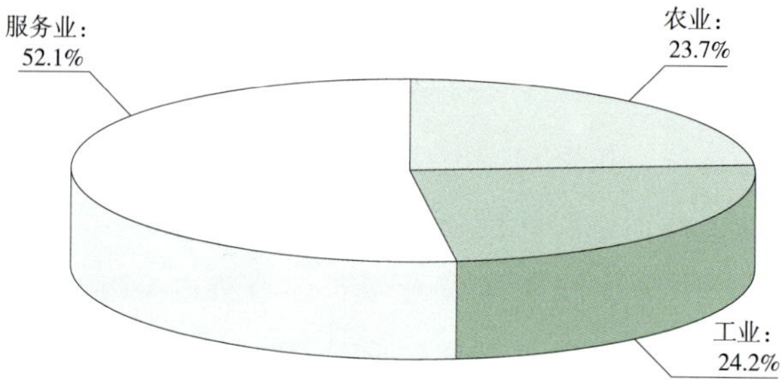

图2　2008/09财年乌干达三大产业构成

资料来源：乌干达中央银行。

（1）农业

乌干达农业人口约占全国人口的80%，全国可耕地面积占陆地总面积的42%，占全国土地面积的25%，已耕地面积为500万公顷。主要粮食作物有饭蕉、小米、木薯、玉米、高粱、水稻等。主要经济作物有咖啡、棉花、烟草、茶叶等。此外，乌干达河流湖泊面积达36902.6平方公里，渔业资源较为丰富，是乌干达经济的一个重要组成部分，渔产品是乌干达重要出口产品之一。

2008/09 财年，乌干达农业的增速为 2.6%，是 2007/08 财年的两倍，增长的主要原因是由于粮食作物生产的增加。农业占 GDP 的比重也有所增加，从 2007/08 财年的 21.2% 增加到 2008/09 财年的 23.7%。具体来说，粮食作物生产 2008/09 财年增长 2.9%，而上一财年为 2.4%，这主要是因为政府加强了对农业相关服务的支持，国内人口迁移导致北部和东北部地区农业的恢复以及较高的市场价格刺激了粮食生产。而经济作物增长则较为缓慢，增速为 1.7%，远低于 2007/08 财年的 9%，主要是因为咖啡生产出现 3% 的负增长，而咖啡生产占经济作物产出的 60% 以上。茶叶生产在 2008/09 财年下降了 11.3%，而上一年则实现 9.8% 的增长。表现不好主要有两个原因：第一，肯尼亚蒙巴萨港所报的出口价格相当低，大量产品低价拍卖；第二，乌干达茶叶的主要出口目的地欧洲经济的衰退，导致对茶叶需求减少，影响茶叶出口。过去茶叶生产中最大的问题是电力供应不稳，这严重削弱了茶叶行业的竞争力，但 2008/09 财年，电力状况有所改善，由于部分电站正在建设之中，预计未来电力状况会得到进一步的改善，这将有助于降低茶叶生产成本，提高乌干达茶叶的生产能力。2008/09 财年棉花生产增长了 85.5%，已从上一财年的 54% 的负增长中恢复过来，主要是因为棉花发展组织（CDO）采取一些措施来提高生产效率和产量，包括：供应质量较好的种子、扩大种植面积以及增加对棉花收购价格的补贴。渔业部门停止过去两年的负增长，2008/09 财年增长率为零。由于政府采取措施控制非法捕捞以及增加鱼苗投放，预计渔业部门将在未来几年复苏并实现增长。

（2）工业

乌干达工业发展落后，企业数量少、规模小、设备差且使用率较低。其中，矿产采掘业潜力较大，但总体发展程度很低。制造业主要以农产品加工业为主，包括棉花、咖啡、茶叶、糖和粮食，几乎完全用来供应国内消费；制衣业主导着小规模的工业，也包括纺织业、金属制造业、家具制造业和一般的工业作坊。在过去十年间，乌干达工业恢复很快，平均每年增长率超过 10%，在 GDP 中所占比例逐渐增加；但工业产品仍不能满足国内需求，尤其是电力供应严重短缺，相当程度上制约了乌干达制造业的发展。

2008/09 财年乌干达工业部门增长了 3.8%，远低于 2007/08 财年的 9.1%，特别是建筑业增速的减缓对整个工业部门的增长有重要影响。以现行市场价格计算，2008/09 财年工业占 GDP 的比重稍有下降，为 24.2%，而上一财年为 25.6%。具体来说，制造业实现了 7.2% 的较快增长，稍低于 2007/08 财年的 7.6%。其中食品加工行业的增长较为迅速，此外，纺织业、服装业、化学品、油漆和肥皂生产也实现了增长。矿产和采掘业 2008/09 财年增长率为 9.2%，高于上一财年的 3%，主要是由水泥的生产原料石灰石、瓷砖的生产原料陶瓷土以及混凝土的生产原料石料的需求增加所拉动。

乌干达工业生产指数在 2009 年 1 月至 3 月比 2008 年同期增长了 6.9%，而 2008 年比上一年同期增长了 7.4%。主要是由于周边市场的进口需求强劲，导致乌干达工业品出口增长较快。制造业的良好表现主要是由食品加工业所推动，该行业生产指数 2009 年第 1 季度比上年同期增长了 12%，但食品加工业总体的良好表现并不能掩盖其内部部分行业的不景气，2009 年第 1 季度，食用油、奶制品、谷物加工和食糖加工的生产指数比上年同期分别增长了

37.2%、51.1%、39.6%和33.9%，而鱼类、咖啡、茶叶和动物饲料加工的生产指数则分别比上年同期下降了43.8%、13.7%、26.7%和27.25%。在其他制造业部门中，纺织服装业生产指数增长了52%，化学品、油漆和肥皂生产指数增长了10.2%。轧棉生产指数在2009年第1季度增长了245%，结束了2008年1月以来连续四个季度的下降，复苏的原因主要是电力供应的增加以及政府对农民提供的补贴支持使得轧棉厂能够以较低价格收购棉花。同样，皮革和鞋类生产指数2009年1季度比上年同期增长了78.2%，结束了自2008年1月以来连续4个季度的下降趋势。钢铁及其他金属产品从2008年1季度以来一直下降，生产指数2009年1季度比上年同期下降20.3%（如表5所示）。下降的主要原因是乌先令贬值带来生产成本和原材料价格的增加，此外建筑业增速减缓也使得需求有所下降。

表5　2002/03—2007/08乌干达制造业指数（以2002年为100）

财　年	2002/03	2003/04	2004/05	2005/06	2006/07	2007/08
制造业	108	110	119	128	136	149
食品加工	99	105	104	112	123	131
饮料烟草	95	116	127	152	155	190
纺织鞋类	97	144	174	131	139	151
锯木造纸和印刷	100	115	116	131	133	163
化学品	102	109	124	131	142	134
砖和水泥	96	104	124	132	157	162
金属制品	109	112	127	133	132	141

资料来源：乌干达中央银行。

（3）服务业

服务业在乌干达GDP中所占比重最大，近年来其增速一直高于GDP增速。2008/09财年，服务业占GDP比重为51.2%，继续实现较快增长，增速为9.4%。其中，交通和通信业的增长速度超过20%，延续了前几年的良好表现。而其中邮政和电信行业起了较大的拉动作用，该行业2008/09财年的增速为32.2%，高于上一年的22.6%。在过去的五年里，该行业年均增速为24.4%，实现了长期快速的增长。截至2008年底，乌干达共有电话用户872.3万户，其中固定电话用户16.8万户，移动电话用户855.5万户，仅从2007年到2008年，移动用户就增加了300多万户，增长了65.7%（如图3所示）。到2008年底乌干达电信渗透率为30%。邮政和电信行业的良好表现与乌干达政府通过发放电信运营牌照，增加全国的电信覆盖率和因特网接入率的目标是一致的。由于更多的运营商加入到电信服务行列，电信渗透率不断增加，而电信运营商之间的竞争导致单位通信费用降低。在电信和因特网服务改进的同时，该行业还开发出一系列新产品，提高了通信效率进而提高了整个经济活动的效率。

金融服务业①2008/09财年增长了21.7%，高于2007/08财年的24.1%。商业银行依然是金融服务业增长的最大贡献者。事实上，2008/09财年金融服务业高速增长主要是因为商

① 包括商业银行、中央银行、保险、外汇兑换所和其他与金融中介有关的活动。

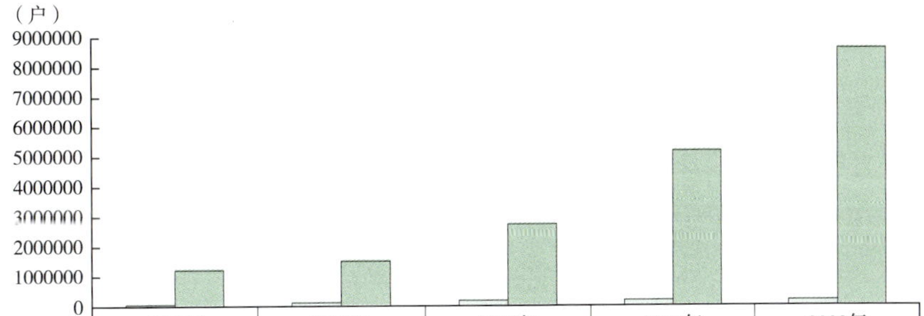

	2004年	2005年	2006年	2007年	2008年
□ 固话用户	82495	100777	129863	165788	168481
■ 移动用户	1165035	1525125	2697616	5163414	8554864

图3　近年来乌干达电话用户增长情况

资料来源：乌干达通信委员会。

业银行的净利息收入和其他收入的增长。房地产服务业2008/09财年增长了5.7%，稍高于上一财年的5.6%，该行业对GDP的贡献率尽管有较大潜力，但目前依然比较低，2008/09财年占GDP的比重为6.2%。航空运输和相关服务行业增速从2007/08财年的17.8%下降到2008/09财年的1.3%。宾馆餐饮业增长了7.9%，低于2007/08财年的10.7%，增长主要是因为入境旅游[①]人数的增加（尽管增速较慢）以及城市人口的增加。

3. 乌干达政府财政状况分析

（1）财政政策

2008/09财年，乌干达政府财政战略集中于为基础设施发展提供更多的资源，以解决限制经济增长的关键性问题。同时，由于一直承受着高通胀特别是进口通胀的压力，乌干达政府采取了从紧的财政政策。为了实现增加基础设施支出和减少通胀率两个目标，乌干达政府采取一定措施以创造必要的财政空间，从而向优先领域投入更多资源。实施的措施包括：确保财政支出划拨基于工作计划的实际执行，由财政部建立有效的监管机制，监督和评估资金的使用效果，保证优先领域的支出；加强与其他监管和评估机构的合作；加强对预算执行的跟踪研究，包括与大学的研究机构进行合作，对预算执行的经验进行总结。因此，2008/09财年，乌干达政府大量增加发展性支出，保证预算赤字的稳定。尽管国内财政收入不足，但计划实施的优先计划和项目支出并没有受到限制。在执行以上措施的过程中，许多政府机构或是缺乏可信的工作计划，或是执行力不足，导致政府日常支出少于预期。这在一定程度上缓解了国内收入短缺的问题，乌干达政府不必削减其他公共支出以满足发展性支出要求。另一个有助于减轻国内财政收入不足问题的重要方面是援助性质拨款和援助性项目贷款的增加。

考虑到2008/09年国内高通胀压力和高贷款利率，乌干达政府放弃了通过国内银行融资解决部分优先项目的资金短缺问题的设想。这一决定对维持本币币值稳定和确保私人部门拥

① 旅游业是乌干达重要的创汇产业之一，乌干达主要旅游点有白尼罗河源头、伊丽莎白国家公园和基代坡河谷国家公园等。

有足够的信贷资源是必要的。否则，通过国内银行融资解决项目资金问题将有可能导致更高的通货膨胀水平并使得利率升高，且有可能压缩私人部门可获得的信贷资源，这将不利于私人部门的增长，并最终影响乌干达经济的增长。此外，乌干达财政政策也致力于稳定其国际储备，避免因为外部流入带来的不确定性对国内经济造成损害。

（2）2008/09 财年乌干达政府财政收支状况

① 财政收支概况。乌干达政府 2008/09 财年的财政支出高于年初预算目标，但国内财政收入特别是税收收入低于预期，而国外赠款增长部分不能弥补，导致财政赤字迅速扩大。

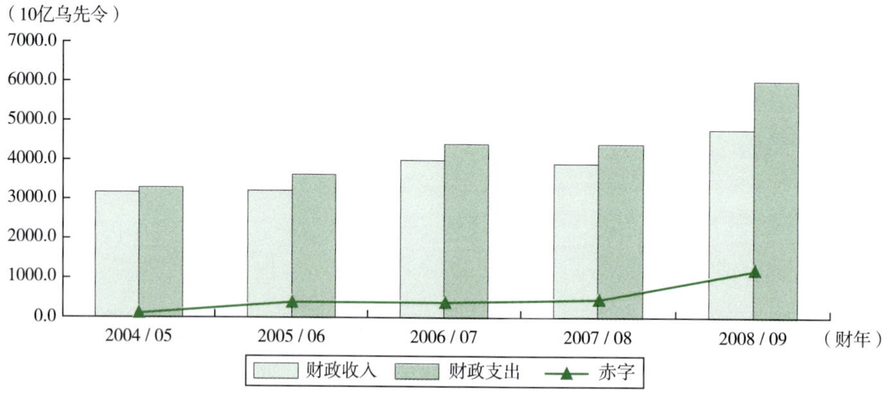

图4　近年来乌干达政府财政收支状况

资料来源：乌干达国家统计局。

2008/09 财年，乌干达国内财政收入（税收收入和非税收收入）为 51110 亿乌先令，其中国内财政收入比年初预算目标低 1510 亿乌先令，国外赠款比年初预算目标高 554 亿乌先令，整个财政收入（包括国内财政收入和国外赠款）比年初预算短缺 768 亿乌先令。短缺主要由国外贷款来弥补，2008/09 财年乌干达接受国外贷款达 4300 亿乌先令，其中项目贷款为 1906 亿乌先令，这使得预算资金中来源于外国援助部分（包括赠款和贷款）占乌干达财政收入的比重从 2007/08 财年的 27.6% 上升到 2008/09 财年的 42.4%。国内财政收入和国外赠款占 GDP 的比重为 17.1%，高于上一财年的 15.8%，但国内财政收入占 GDP 的比重从 12.8% 下降到 12.4%。

2008/09 财年，乌干达总财政支出为 58485 亿乌先令，比上一财年增长了 37%。财政支出占 GDP 的比重从 2007/08 财年的 17.3% 上升到 2008/09 财年的 19.6%，结束了近 5 年来财政支出占 GDP 比重下降的趋势。乌干达政府从 2005/06 财年开始，决定增加在某些优先领域，如道路、能源、农业及健康和教育基础设施等的政府公共投资，以消除阻碍经济增长的障碍并减少经商成本。为此，乌政府将新的财政资源更多地分配给投资类型支出，而限制政府消费性支出。2008/09 财年，实际的预算执行情况显示，发展性支出比上一财年增长了 140%，而固定资产投资的支出占总财政支出的比重上升到 20.4%，而 2007/08 财年为 12.4%，同期具有消费性质的经常性支出占比从 87.6% 下降到 79.6%。以上变化体现了乌干达政府改变财政支出方向政策的效果。

表 6　　2003/04—2008/09 乌干达政府财政运行的主要指标　　单位：%

财　年	2003/04	2004/05	2005/06	2006/07	2007/08	2008/09
收入和赠款/GDP	20.2	19.3	17.7	18.0	15.8	17.1
国内收入/GDP	11.8	11.8	12.3	12.4	12.8	12.4
总支出/GDP	21.6	19.5	19.5	18.7	17.3	19.6
赤字/GDP(不含赠款)	-9.8	-7.8	-7.1	-7.0	-4.6	-7.8
赤字/GDP(含赠款)	-1.5	-0.5	-2.2	-1.9	-2.0	-3.4
国内融资/GDP	1.5	0.5	-0.4	1.2	0.9	0.0
其中：银行融资	2.3	1.5	-0.3	2.9	0.9	0.6
非银行融资	-0.8	-1.1	-0.1	-1.7	0.1	-0.6
援助/总预算	52.3	46.9	38.5	48.4	27.6	42.4
援助/GDP	11.3	9.1	7.5	9.0	4.8	8.3
国外借款/赤字(含赠款)	3.1	1.8	2.6	3.9	2.1	4.0
援助/赤字(含赠款)	199.0	352.8	117.4	207.6	107.3	116.5
援助/赤字(不含赠款)	115.7	116.2	105.30	128.8	103.1	107.3
政府投资/总预算	17.3	16.3	15.7	11.0	12.4	20.2
政府费用/总预算	82.7	83.7	84.3	88.1	87.6	79.8

资料来源：乌干达财政、计划与经济发展部。

② 财政收入状况分析。2008/09 财年，乌干达税务局（URA）的税收收入为 36997 亿乌先令，比 2007/08 财年增长了 17%。但是，与近些年都超出年初预算目标相反，2008/09 财年比年初预算目标的 38507 亿乌先令少 1510 亿乌先令，主要是因为间接税、公司税、关税、石油税以及进口环节税等方面都表现不佳。

具体来说，2008/09 财年国内直接税收入为 10515 亿乌先令，比年初预算目标 10201 亿乌先令，高出 314 亿乌先令。其中公司所得税为 2489 亿乌先令，比年初预算目标低 10%，主要是因为许多大额纳税者，特别是电信、石油和电力行业的企业 2008 年下半年受全球金融危机影响，收入减少，但从 2009 年上半年以来情况逐渐好转。而个人所得税和预提税收入分别为 5654 亿乌先令和 1540 亿乌先令，都比年初预算目标高 11%，使得国内直接税收入超出年初预算目标。个人所得税的增长主要是由于奖金支付和公务员加薪，而成功收取大额纳税者欠税和当年预提税的顺利收取使得预提税收入增长较快。

国内间接税为 7749 亿乌先令，比年初预算目标低 1291 亿乌先令，主要是由于消费税和增值税分别比年初预定目标低 254 亿乌先令和 1037 亿乌先令。由于中小企业逃税漏税、缺乏良好的会计制度以及税收当局监测和执行能力不足，使得间接税的收取上面临一些挑战。此外，经济增速减缓和电信部门价格下降也削弱了增值税的纳税基础。

国际贸易税收入为 18952 亿乌先令，比年初预算目标少 190 亿乌先令，这主要是由于石油进口税、进口关税和进口消费税表现不佳。其中，石油进口税、进口关税和进口消费税分别为 5614 亿乌先令、3652 亿乌先令和 1111 亿乌先令，分别比年初预算目标少 325 亿乌先令、379 亿乌先令和 165 亿乌先令。以上部分税收收入主要是受到税收征收体制不顺和汇率贬值的不利影响。而进口增值税为 7673 亿乌先令，比年初预算目标高出 699 亿乌先令，主要是因为进口数量的增长，特别是电信设备、水泥和摩托车进口的增长以及税收管理的改善。

2008/09财年，乌干达政府为营造良好商业环境和促进私人部门发展而采取了一些税收优惠措施，包括对教育部门的所得税豁免；将对建筑材料的税收豁免延长一年以及对农业加工行业的税收优惠。这些措施在短期内可能会造成一定的税收损失，但长期来讲还是有利于增加政府的税源。2008/09财年乌财政部会同乌干达法律改革委员会对《消费税法》进行了修改，修正案预计将于2009/10财年提交国会审批，该法的修改预计将提高未来乌干达政府的消费税收入。

2008/09财年乌政府非税收收入为349亿乌先令，占国内总收入的1%左右。目前，乌干达财政部正在修正所有的非税收收入费用标准，这从中期来看将有助于增加政府财政收入。乌干达政府其他扩大税收基础的措施包括改善税收管理机制以及通过改善政府服务而提高公众纳税的积极性和自觉性。2008/09财年乌干达政府税收收入构成图如图5所示。

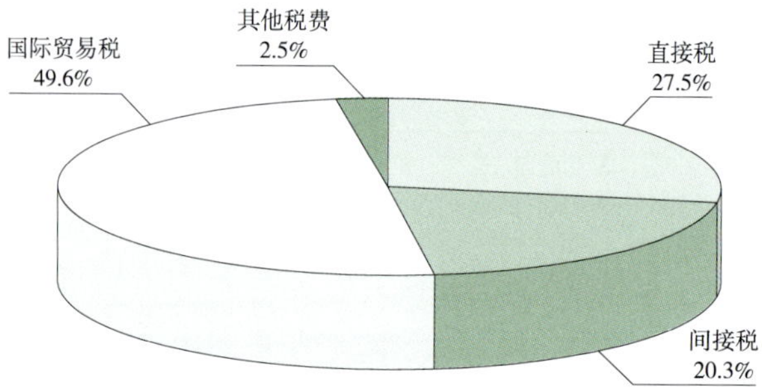

图5　2008/09财年乌干达政府税收收入构成图

资料来源：乌干达财政、计划与经济发展部。

③ 财政支出状况分析。2008/09财年乌干达政府总的财政支出为58485亿乌先令，比年初预算目标低185亿乌先令，比2007/08财年的42656亿乌先令增长了37.1%。其中经常性支出为46781亿乌先令，发展性支出为11704亿乌先令，分别占总支出的80%和20%。

乌干达政府从1997年开始实施的地方分权战略对于贯彻执行“贫困根除行动计划”有着重要作用。乌干达生活在贫困线以下的人口比例从1992年的56%下降到2005年的31%。伴随着政府承诺向地方分权，中央财政对地方政府和其他自治机构的转移支付成为乌干达政府财政支出的最大部分。2008/09财年，转移支付达到1.994万亿乌先令，占政府经常性支出的34.8%。其中，对地方政府的转移支付中资本转移为1.17万亿乌先令，占地方政府费用的20%，比2007/08财年增长了15%。但是，尽管分权是政府经济转型的重要战略政策，但是投资性支出占对地方政府转移支付的比例依然很低，2008/09财年为20%，占政府总支出的比重只有3.4%。目前正在实施的提高支出和预算执行效率改革预计将增加投资支出的比重。

在经常性支出中（如图6所示），工资（包括工资和津贴）支出2008/09财年为5319亿乌先令，占总支出的9.1%，低于2007/08财年的11%，也低于年初预定的10.8%的目标。利息支出为3564亿乌先令。其中对国内公共债务的利息支出为3103亿乌先令，比上一财年增长了14.3%。多边减债后，乌外债利息支出大大减少，2008/09财年为460

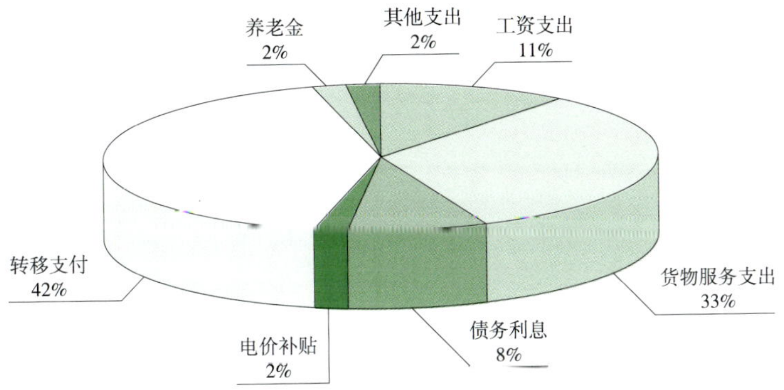

图6　2008/09 财年乌干达经常性支出构成图

资料来源：乌干达财政、计划和经济发展部。

亿乌先令，但是比上一财年多 21%。为应对能源危机，乌干达政府从 2006/07 财年开始对消费者的电价进行补贴，当年的补贴额为 2080 亿乌先令，2007/08 财年和 2008/09 财年下降到 920 亿乌先令。乌干达对公务员实行非纳费型养老保险制度。2008/09 财年养老金支出为 785 亿乌先令。

2008/09 财年，乌干达政府发展性支出为 11704 亿乌先令，比 2007/08 财年的 5293 亿乌先令增长了 121%。在发展性支出中，国内发展预算支出为 6314 亿乌先令，项目援助为 5390 亿乌先令。从支出投向的领域看，道路桥梁的支出为 6757 亿乌先令，占 57.7%；非居民建筑支出为 2371 亿乌先令，占 20.3%；机械设备支出为 1061 亿乌先令，占 9.1%；运输设备支出为 423 亿乌先令，占 3.6%（详见图 7）。

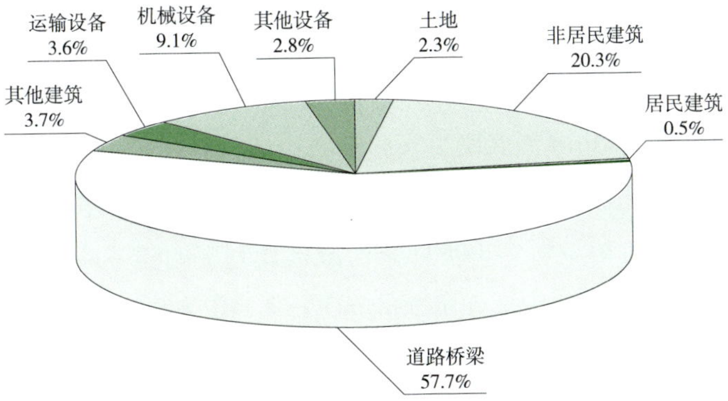

图7　2008/09 财年乌干达经常性支出构成图

资料来源：乌干达财政、计划与经济发展部。

④ 财政赤字及其弥补来源。2008/09 财年，乌政府财政赤字为 10242 亿乌先令，比 2007/08 财年的 4892 亿乌先令增长了 109%。赤字占 GDP 的比重比上一财年也有所增加，占比从 2007/08 财年的 2% 增加到 2008/09 财年的 4.6%。除掉国外赠款，赤字占 GDP 的比重从 4.6% 增加到 9.1%。这主要是因为乌干达政府大幅增加对道路建设项目的投资而国外赠款受到金融危机影响大幅下滑。根据乌干达政府国家债务战略和预算，财政赤字主要通过国外借

款来解决，其中世界银行提供1亿美元拨款支持乌干达政府改善政府财政状况。2008/09财年，总的外部贷款为10324亿乌先令，是政府赤字的107%（详见表7）。

表7 2006/07—2008/09乌干达政府财政赤字弥补来源一览表 单位：十亿乌先令

	2006/07实际	2007/08实际	2008/09预算	2008/09实际	预算与实际差额	与上年变化(%)
融资需求	-398.28	-489.2	-941.89	-1024.20	-82.31	109
国内融资	261.8	234.55	-305.79	8.19	313.98	-97
银行融资	618.82	210.69	-125.83	178.19	304.02	-15
非银行融资	-357.02	23.86	-179.96	-170	9.96	-812
国外融资	-679.71	-622.49	-636.1	-1032.39	-396.29	66
负债净变化	679.71	415.49	636.1	1032.39	396.29	148
贷款	826.68	524.82	763.3	1193.70	430.4	127
项目贷款	356.72	520.69	585.3	775.9	190.6	49
预算支持贷款	469.97	4.13	178	417.8	239.8	10017
贷款偿还	-103.63	-86.67	-93.9	-110.3	-16.4	27
拖欠款项偿还	-5.74	—	—	-18.91	-18.91	—
特殊融资	-37.61	-22.66	-33.3	-32.1	1.2	42
资产净变化	-207	—	—	—	—	—
错误和忽略	19.63	-101.26	—	—	—	—

资料来源：乌干达财政、计划与经济发展部。

（3）政府债务情况

2008/09财年，乌干达的总债务敞口约为40亿美元，包括19亿美元的已提款但尚未偿还的债务，16亿美元已签署合同但尚未提款的债务以及约5亿美元的贷款担保。从表8中可以看出，近年来在"多边减债倡议"（MDRI）下的债务减免极大地减少了乌干达的外债存量，减轻了其债务负担。在"多边减债倡议"实施前，由于大量援助的迅速涌入和乌干达经济对外依赖性的增加，外债负担日益沉重。2005/06财年，乌干达外债存量为44.6亿美元，负债率（外债存量/GDP）高达51.7%。2005年多边减债计划下的债务减免行动减掉了乌干达11亿美元的外债，所减免的债务绝大部分属于世界银行、IMF和非洲开发银行等多边机构债务。经过持续几年的免债，到2008/09财年，乌干达外债存量下降到19.04亿美元，其中多边债务为16.54亿美元，双边债务为2.5亿美元，负债率也下降到13%。

2008/09财年，乌干达免债额比2007/08财年增加了900万美元，达到129.39万美元，主要是因为在多边减债计划下乌干达最大债权人世界银行部分到期债务被减免。而在"重债穷国倡议"（HIPC）下的债务减免安排保持稳定，减债额为5000万美元。值得注意的是，由于"重债穷国倡议"下符合减免条件的债务逐步减少，免债额也逐渐下降。在"多边减债计划"下的财政收益也从2007/08财年的8480万减少到2008/09财年的7990万美元。由于IMF在"重债穷国倡议"下符合免债条件的债务全部到期，2009/10财年财政收益将进一步减少至6340万美元。

表 8 2005/06 财年—2008/09 财年乌干达政府外债情况 单位：百万美元

财　年	2005/06	2006/07	2007/08	2008/09
外债存量	4464.38	1468.08	1792.60	1904.00
多边债务	4146.60	1180.41	1527.43	1654.09
双边债务	310.38	281.29	265.20	250.36
债务减免后偿债额	117.38	60.95	62.21	53.64
本金	90.73	50.05	51.72	41.61
利息	26.65	10.90	10.49	12.03
债务减免额	77.72	151.85	118.09	129.39
其中多边减债倡议下减债额	n. a	74.31	84.76	79.88
债务比率(%)				
外债存量/GDP	51.7	14.7	13.1	13.0
外债偿还额/出口货物和服务	7.7	2.2	2.2	1.6
债务偿还额/国内收入	8.1	2.8	3.2	2.3

资料来源：乌干达财政、计划与经济发展部。

2008/09 财年，乌干达总的外债偿还额（包括 IMF 债务）为 5370 万美元，低于上一财年的 6220 万美元。这主要是因为债务减免和美元对其他债权人货币升值，导致到期用美元表示的外债本金减少。2008/09 财年偿债额中，本金偿还额为 4161 万美元，利息偿还额为 1203 万美元。偿债率（债务偿还额/货物和服务出口）从 2005/06 财年的 7.7% 下降到 2008/09 财年的 1.6%。同期，外债债务率（外债偿还额/国内财政收入）从 8.1% 下降到 2.3%。由于更多的贷款到期，2009/10 财年的债务偿还额将增加到 5560 万美元。

债务的可持续性与 GDP、出口和国内财政收入增长有重要关系。确保债务可持续的关键是如何将新的贷款资金用于提高国内经济的增长能力，因而产生更多的财政收入以满足未来债务偿还要求。为此，乌干达政府于 2007 年 12 月发布了“债务战略”，阐明了未来 5 年外债投入优先领域，即农业、道路、能源、供水、健康和教育基础设施。

4. 金融市场发展状况

（1）货币政策及货币供应状况

2008/09 财年，乌干达政府货币政策面临两大挑战：一是如何管理经济中货币供应，以减轻燃料进口价格和进口食品价格上涨带来的通胀压力；二是由于企业外汇需求的增加导致乌先令汇率波动较大，政府一方面需要出售外汇以稳定汇率，另一方面又需要维持足够的外汇储备。为应对这些挑战，乌干达采取从紧的货币政策，目标集中在维持价格稳定，为金融中介发展提供良好环境，以支持私营部门为主导的增长。乌干达政府通过出售短期国债、长期国债和在银行间外汇市场进行外汇交易来减少市场多余的流动性，同时也利用回购协议等方式防止流动性不足。

2008/09 财年，乌干达广义货币（M3）① 供应量为 62976 亿乌先令，比 2007/08 财年增

① 乌干达广义货币（M3）由广义货币（M2）加上外汇账户资产组成。

长了24.4%，增速低于2007/08财年31.8%，增长主要是因为银行系统净外汇资产和国内资产都得到了增加。广义货币（M2）① 供应量为49209亿乌先令，比上一财年增长了26.1%，低于2007/08财年的30.3%。其中，流通中的现金、活期存款、定期存款分别增长了16%、20.3%和38.7%，而上一财年增速分别为24.4%、26.5%和39.8%。存款的增加主要是由于商业银行吸收存款的力度加大以及银行数量的增加。而外币存款达到13769亿乌先令，增长了18.6%，增速低于上一财年的36.9%。2004年6月—2009年6月乌干达货币供应状况如表9所示。

表9　　乌干达货币供应状况

单位：10亿乌先令

年　　度	2004.06	2005.06	2006.06	2007.06	2008.06	2009.06
广义货币(M3)	2587.3	2811.1	3271.6	3842.0	5062.9	6297.6
外汇账户	662.4	653.3	706.6	848.1	1161.2	1376.9
广义货币(M2)	1922.9	2155.9	2563.7	2993.9	3901.7	4920.7
流通中现金	529.3	605.1	744.9	863.6	1074.0	1245.4
活期存款	804.0	860.2	961.5	1128.0	1426.9	1732.7
定期存款	589.6	690.7	857.3	1002.3	1400.7	1942.51

资料来源：乌干达财政、计划与经济发展部。

广义货币（M3）占GDP的比重从2007/08财年的18.5%增加到2008/09财年的19.8%，表明货币作为经济活动中交易媒介的作用日趋重要。流通中现金占广义货币（M2）的比率从2007/08财年的27.5%下降到2008/09财年的25.4%，表明采用现金进行交易的减少，而定期存款占广义货币（M2）的比重则从35.9%上升到39.6%。

基础货币在2008年6月至2009年6月期间增长了19.8%，而2007/08财年同期增速为29.9%。基础货币增长速度的减缓反映了央行从紧的货币政策，导致了净国内资产和净外汇资产的缓慢增长。2008/09财年，外汇净资产增速为17.7%，低于上一财年的30.6%；净国内资产增速为15.5%，而上一财年增速为36.1%。

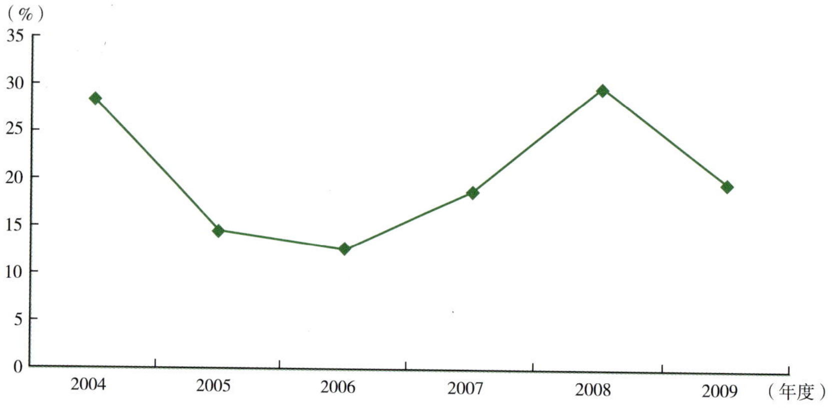

图8　乌干达近年来基础货币增速

资料来源：乌干达中央银行。

① 乌干达广义货币（M2）由流通中的现金、私人部门活期存款和定期存款组成。

表 10 乌干达中央银行资产负债情况 单位：10 亿乌先令

年　　度	2004. 06	2005. 06	2006. 06	2007. 06	2008. 06	2009. 06
净外汇资产	1680. 5	2050. 8	2614. 0	3330. 9	4351. 0	5119. 7
外汇资产	2049. 1	2324. 4	2633. 6	3347. 7	4369. 2	5142. 2
其中外汇储备	2029. 4	2306. 8	2594. 7	3324. 7	4347. 3	5040. 7
外汇债务	368. 7	273. 5	19. 6	16. 8	18. 2	22. 6
净国内资产	-899. 2	-1209. 2	-1648. 4	-2084. 2	-2836. 6	-3276. 9
净国内信贷	-463. 8	-812. 0	-969. 6	-1688. 0	-2300. 5	-2216. 8
政府债务	-489. 6	-833. 4	-991. 2	-1712. 7	-2325. 9	-2226. 4
政府贷款	1220. 6	1070. 9	1360. 6	1481. 5	1829. 8	2516. 6
政府债券	200. 0	200. 5	232. 6	200. 0	275. 2	238. 8
政府资金账户	140. 6	159. 1	215. 7	167. 9	185. 8	158. 7
政府存款	1769. 6	1945. 7	2368. 8	3226. 3	4245. 1	4823. 0
对半国有机构贷款	1. 9	1. 3	0. 9	4. 2	4. 1	2. 2
对私人部门贷款	23. 9	20. 1	20. 8	20. 5	21. 3	7. 4
对商业银行贷款	85. 8	86. 7	95. 5	113. 4	100. 0	7. 4
其他项目净资产	-435. 5	-397. 3	-678. 8	-396. 3	-536. 0	-1060. 1
其他资产	171. 5	139. 8	175. 8	281. 3	369. 6	475. 4
其他负债	606. 9	537. 1	854. 6	677. 5	905. 7	1535. 6
其中：升值	444. 0	519. 1	640. 5	447. 5	432. 8	446. 6
IMF 现金升值	-3. 7	0. 5	-0. 2	1. 4	17. 1	22. 4
基础货币 + 商业银行央行票据投资	867. 1	928. 3	1061. 1	1360. 1	1614. 5	1950. 4
基础货币	809. 9	928. 3	1046. 1	1242. 5	1614. 5	1950. 4
央行外现金	605. 3	698. 6	837. 7	981. 1	1230. 0	1468. 7
存款准备金	264. 9	295. 6	278. 2	330. 6	457. 1	500. 4
交易余额	204. 6	229. 7	208. 4	261. 4	384. 5	481. 6
商业银行央行票据投资	57. 2	0. 0	15. 0	117. 6	0. 0	0. 0

资料来源：乌干达中央银行。

（2）食品价格上涨推动了通胀率的上升，防通胀压力仍然较大

乌干达政府从 1992/93 财年以来就建立了通货膨胀记录，在过去的 20 年中，平均年通胀率为 5%。但近年来，通胀水平整体较高。2008/09 财年，总体通胀率从 2008 年 7 月的 13. 9% 下降到 2009 年 6 月的 12. 3%，但全年平均通胀率为 14. 1%，高于 2007/08 财年的 7. 3%，这表明整体价格水平的上涨。年均通胀率的上升主要是由于食品类价格上涨所致，2008/09 财年平均的食品通胀率为 27. 1%，远高于上一财年的 0. 4%。

在食品类中，从 2008 年 5 月到 2009 年 5 月期间，大宗粮食价格上涨了 56. 8%，而水果、蔬菜、肉禽、面包谷物类分别增长了 30%、13%、23. 1% 和 31. 3%。而 2007 年至 2008 年 5 月间，大宗产品价格只上涨了 6. 4%。新鲜食品价格增长了 30. 8%，而在前一财年则为负增长。2008/09 财年，食品通胀率在 2008 年 8 月达到最高的 33. 7%，因此，导致全年平均通胀率高达 14. 1%，是 2005/06 财年以来最高的一年。食品价格上涨的主要原因是邻国，特别是南苏丹、刚果（金）和卢旺达对乌粮食的需求高涨。

核心通胀率[①]2009年6月为11%，全年平均为12.5%，高于2007/08财年的8%。其中，加工食品价格上涨了12.5%，而上一财年增长将近21%；木炭和木柴价格增长了9.2%，低于前一年的17.2%；学前教育和小学教育成本增加了16.5%，初中教育成本增长了10%，而上一财年分别增长了9.8%和9.1%。造成核心通胀率持续高涨的原因包括国际市场油价下跌的滞后效应以及全球经济衰退对汇率的影响。2008/09财年，国际油价在2008年7月达到历史最高的147美元/桶，引起乌干达国内油价上涨。尽管10月份油价下降到70美元/桶，但是直到2009年1月乌干达国内油价才下降。这主要是因为乌先令对美元贬值、肯尼亚蒙巴萨至内罗毕的输油管道经常出现故障以及索马里沿海海盗活动使得石油运输成本增加，造成2008/09财年乌干达国内油价居高不下，导致国内交通成本的增加。就汇率对通胀的影响而言，乌先令对美元贬值导致一般物价水平特别是家庭消费产品价格的上涨。但是，从2008年12月以来，部分非食品类商品价格开始下降，而其他商品涨价幅度减慢。2008年5月至2009年5月期间，石油价格下降了8.9%，而上一年同期则为增长19.5%，这使得交通费用下降了1.8%。

表11　乌干达各类商品价格指数（以2005/06财年为100）　单位：%

	食品	饮料、烟草	服装、鞋类	水、电、气	家庭及个人用品	交通、通信	教育	健康娱乐及其他	所有项目
权　重	27.2	4.7	4.4	14.8	4.5	12.8	14.7	16.8	100.0
2003/04	111.6	92.1	98.4	89.9	95.9	86.8	86.7	89.6	86.9
2004/05	104.8	97.4	96.2	93.9	97.6	89.9	94.4	96.5	93.8
2005/06	100	100	100	100	100	100	100	100	100
2006/07	107.9	101.1	104.5	117.1	105.4	107.7	104.3	104.3	107.4
2007/08	113.7	107.7	112.1	129.8	117.8	117.5	110.6	109.7	115.3
2008/09	145.5	120.8	121.1	142.1	132.1	124.1	118.9	121.6	131.6

资料来源：乌干达中央银行。

2009年以来总体通胀率趋于稳定，核心通胀率呈下降趋势（如图9所示）。但是由于乌干达为石油进口国，对国际原油价格波动抵抗能力较弱，且2009年以来，食品通胀率一直居高不下，9月份甚至达到了49.5%，因此，未来乌干达控制通胀的压力依然较大。

（3）利率和国内货币市场状况

乌干达商业银行名义加权平均贷款利率从2007年12月的18.2%升高到2008年8月的23.3%，到2009年3月，名义贷款利率接近于21%。但真实贷款利率（扣除通货膨胀因素后）从2007年5月的14.1%下降到2009年1月的4.5%，到2009年3月又回升到6.9%。利率升高主要是因为受金融危机影响，从国外获得资金的渠道减少，原来从海外借贷的公司开始从国内银行借贷。与东非其他国家相比，乌干达市场贷款利率也相对较高。目前乌干达依然存在贷款利率上升的压力，主要是因为商业银行增加其营业网点导致经营成本较高、银行间关于借款人信息的共享能力较差，财产权、合同及登记方面的法律不完善以及外汇资产

① 除去食品、燃料、水电以外的通胀率。

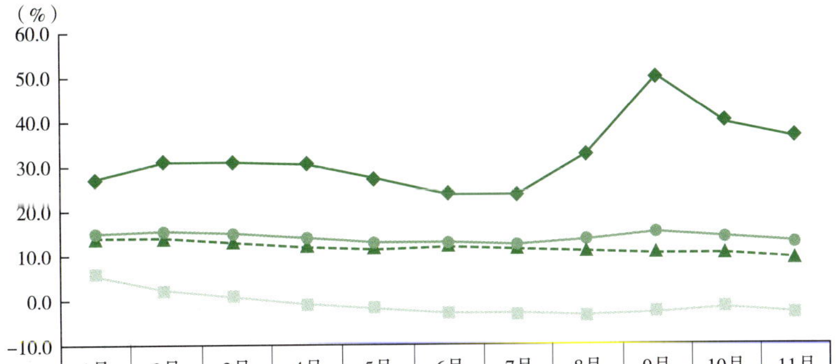

	1月	2月	3月	4月	5月	6月	7月	8月	9月	10月	11月
食品	26.8	30.0	30.4	29.9	26.8	22.7	22.8	31.9	49.5	39.0	35.5
水、电、气	4.4	1.4	0.3	-1.6	-2.7	-3.9	-3.7	-4.2	-3.7	-2.4	-3.4
核心通胀率	13.6	13.3	12.0	11.1	10.5	11.0	10.4	9.9	9.8	9.3	8.8
总体通胀率	14.5	15.0	14.1	13.4	12.5	12.3	11.7	12.6	14.6	13.4	12.0

图9　2009年乌干达通胀率

资料来源：乌干达中央银行。

投资的增加。2007年4月至2009年3月，乌干达名义加权平均存款利率如图10所示，真实存贷款利率如图11所示。

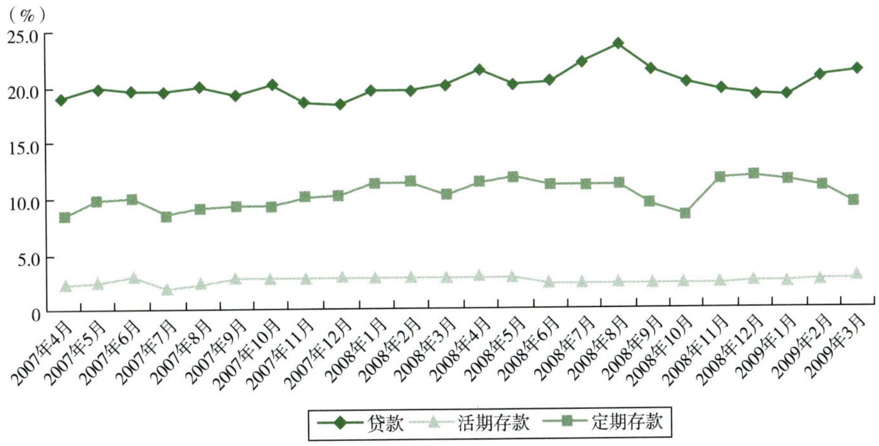

图10　乌干达名义加权平均存贷款利率

资料来源：乌干达中央银行。

活期存款的利率从2008年6月的2.1%升高到2009年3月的2.39%，而同期定期存款利率从10.85%下降到8.97%。但是受通货膨胀因素影响，2008/09财年，真实的活期和定期存款利率都为负值。

在2008年7月到2009年3月期间，乌干达政府发行了部分2年期和3年期长期国债。截至2009年3月底，全部到期的长期国债为3518亿乌先令，未到期长期国债存量为1.2万亿乌先令，同期，乌干达政府赎回400亿乌先令的债券。2009年3月，二级市场债券交易量达到8795亿乌先令，比2008年3月的6986亿乌先令有所增长。交易规模的增长是由于投资者

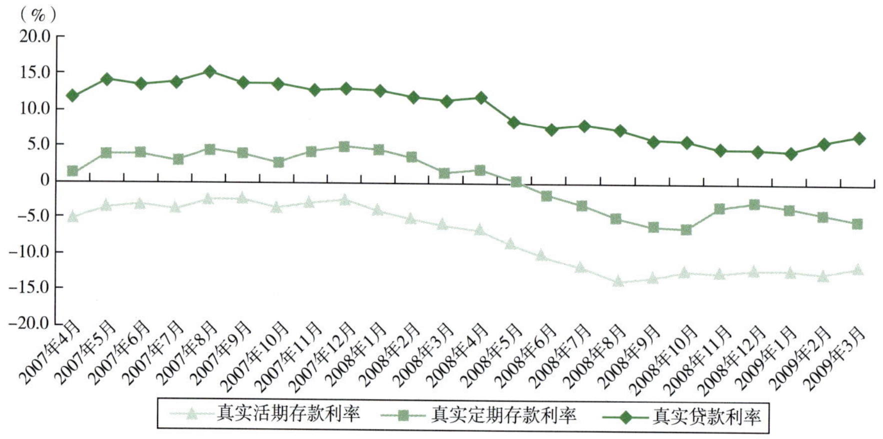

图11　乌干达真实存贷款利率

资料来源：乌干达中央银行。

更加多样化和外国投资者从一级市场退出而进入二级市场。2年期和3年期长期国债的年均利率分别从2008年3月底的13.9%和13.6%增长到2009年3月底的18.5%和17.4%，利率的增加反映了流动性的紧缩。2008/09财年前半年，乌干达央行为减少市场流动性而赎回了约840亿乌先令的短期国债。2008年12月底短期国债存量为1.1万亿乌先令。但是短期国债二级市场的交易量从2008年3月的6656亿乌先令增长到2009年3月的7813亿乌先令。

由于市场流动性紧缩，2008/09财年前半年所有短期国债的平均利率有所升高（如图12所示）。加权平均利率增加约1个百分点，从2008年6月的14.07%增加到2008年12月的15.04%。2009年3月，91天、182天和364天的短期国债有效收益率分别为6.7%、10.2%和11.8%，而2008年3月分别为8.2%、12.5%和13.5%。同期，贴现率从7.8%、11.5%和11.9%分别下降到6.4%、9.5%和10.6%。

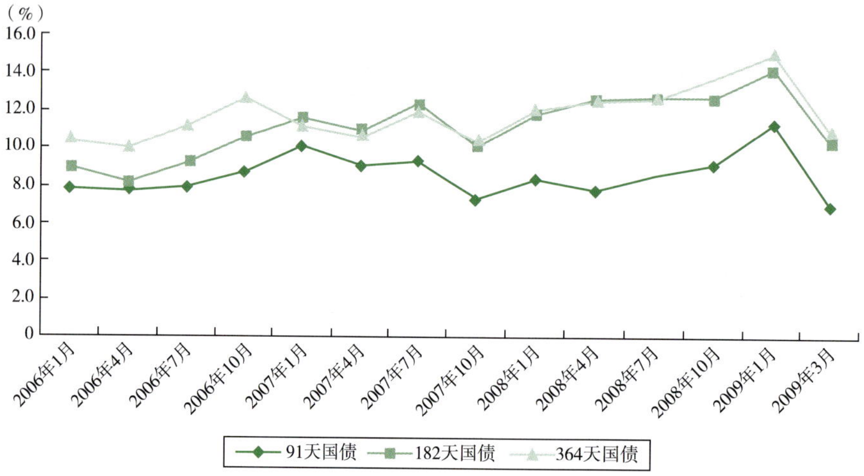

图12　乌干达短期国债利率

资料来源：乌干达中央银行。

（4）国内信贷市场波动较大，总体趋势逐渐向好

尽管遭遇金融危机，但乌干达银行业依然保持稳定并运行良好。2008/09 财年乌干达银行业的规模继续扩张，金融机构数量继续增加且服务范围也得到延伸。在该财年，乌干达央行批准了两家新的商业银行，即 Ecobank 乌干达子行和 Equity 银行乌干达子行，从而使得 2005 年以来新成立的银行数达到 7 家。商业银行总数量增加到 21 家，而分支机构数量从 2007 年 12 月的 194 家增加到 2009 年 4 月的 325 家。

2008/09 财年，乌银行业总资产从 2008 年 6 月的 67057 亿乌先令增加到 2009 年 6 月的 84220 亿乌先令，增加了 17163 亿乌先令，增长 25.6%。但是，在 2008 年 6 月至 2009 年 6 月期间，商业银行净外汇资产下降了 20.4%，而上一财年则增长了 46.6%，主要是因为外汇负债增长高于外汇资产增长。而商业银行的净国内资产则增加了 24%，主要是因为对私人部门信贷的增加。同期，商业银行在中央银行的存款增长了 9.5%，低于上一财年的 40.9%。

2008/09 财年，商业银行对私人部门贷款余额为 36217 亿乌先令，比上一财年增加了 29.8%，低于上一财年的 56.7% 的增长。从信贷投放的领域来看，存在着较大差异。“其他服务和个人贷款/家庭使用”（包括房地产、个人贷款和其他）类信贷继续占据商业银行信贷的最大比例，占 42.1%，但低于 2008 年 6 月的 51.5%。贸易行业贷款占 20.6%，制造业的信贷占 15.2%，分别高于 2008 年 6 月的 12.2% 和 12.4%。投入到农业领域的信贷从 2008 年 6 月的 6% 下降到 2009 年 6 月的 4.5%。从增长来看，对贸易领域的信贷的增长最快，超过 100%，其次是对个人和制造业信贷，增长分别为 87.9% 和 61.7%，而对农业部门的信贷则下降了 1.5%。

表 12　　乌干达商业银行对私人部门信贷情况　　单位：10 亿乌先令

行　业	2007 年 6 月	2008 年 6 月	2009 年 6 月	2007 年 6 月	2008 年 6 月	2009 年 6 月
	对私人部门信贷的行业分析			占全部贷款的比重（%）		
农业	121.81	197.08	163.11	6.75	8.83	4.5
制造业	257.40	364.09	549.30	14.27	16.30	15.2
贸易	284.50	294.11	746.64	15.78	13.17	20.6
交通电力	118.71	245.31	233.28	6.58	10.98	6.4
建筑业	112.58	122.44	414.68	6.24	5.48	11.4
矿产采掘业	44.00	12.06	10.70	2.44	0.54	0.3
其他服务和个人	864.33	998.14	1503.97	47.93	44.69	41.5
总　计	1803.33	2233.24	3621.69			

资料来源：乌干达中央银行。

就商业银行的负债来说，2008/09 财年，非银行客户在银行系统存款增长了 26.3%，低于 2007/08 财年的 33.9%。私人活期存款增长了 20.3%，定期存款增长了 38.7%，而 2007/08 财年增长分别为 26.5% 和 39.8%。活期存款和定期存款的增加主要是因为对公众金融系统的信心、商业银行加大吸收存款的力度以及商业银行数量的增加。2008/09 财年商业银行的外汇存款也增长了 18.6%，但低于 2007/08 财年的 36.9%。

5. 进出口贸易、外国直接投资及外汇储备情况

（1）国际收支状况

2008/09财年，乌干达国际收支平衡状况有所恶化，赤字达17950万美元，占GDP的3%，而2007/08财年盈余为23820万美元（占GDP的4.8%），主要是因为经常账户赤字状况恶化。由于私人部门进口增加，经常账户赤字从上一财年的96480万美元增加到122450万美元。而部分外国投资者从乌政府证券市场的撤出，使得资本和金融账户盈余也从12030万美元减少到10450万美元，减少了10.8%（详见表13）。

表13　2007/08和2008/09财年乌干达国际收支平衡表　单位：百万美元

财　年	2007/08	2008/09	年度变化(%)
A. 经常账户平衡(A1+A2+A3+A4)	-482.02	-1094.85	127.1
A1. 货物账户(贸易平衡)	-911.75	-1299.21	42.5
(a)总出口(fob)	2597.74	2811.56	8.2
(i)一般货物	2529.19	2765.45	9.3
咖啡	348.63	337.15	-3.3
非咖啡(不含非货币黄金)	1112.14	1186.22	6.7
其他	1068.42	1242.08	16.3
(b)总进口(fob)	-3509.50	-4110.77	17.1
政府进口	-176.56	-349.70	98.1
项目进口	-95.20	-248.17	160.7
非项目进口	-81.37	-101.52	24.8
私人部门进口	-3280.40	-3700.05	12.8
石油进口	-543.08	-544.65	0.3
非石油进口	-2737.32	-3155.40	15.3
估计进口	-52.53	-61.03	16.2
服务和收入账户	-844.59	-1029.12	21.8
A2. 服务账户	-564.89	-648.41	14.8
A3. 收入账户	-279.70	-380.70	36.1
A4. 经常转移	1274.33	1233.48	-3.2
(a)流入	1520.19	1419.73	-6.6
(i)一般政府流入	426.60	559.13	31.1
赠款	379.01	510.48	34.7
预算支持	232.19	288.36	24.2
项目援助	146.81	222.12	51.3
重债穷国援助	47.59	48.65	2.2
(ii)其他部门	1093.59	860.61	-21.3
劳务汇款	546.36	413.87	-24.2
其他	547.23	446.74	-18.4
(b)流出	-245.86	-186.26	-24.2
(i)政府一般流出	0.00	-0.01	
(ii)劳务汇款	-245.86	-186.24	-24.2
B. 资本和金融账户	1173.89	1046.55	-10.8

续表

	2007/08	2008/09	年度变化(%)
(a)直接投资	778.43	736.47	-5.4
(b)间接投资	37.19	-194.76	-623.6
股票	-10.05	-40.59	303.8
债券	59.31	-154.16	-359.9
(c)金融衍生品	-0.12	9.72	-8386.3
(d)其他投资	358.38	495.11	38.2
C. 总平衡(A+B)	691.87	-48.30	-107.0

资料来源：乌干达中央银行。

在经常账户中，2008/09 财年乌干达继续保持服务净进口国的地位，赤字为 6.48 亿美元，比上一财年增长了 14.8%。经常转移账户中，以赠款和贷款形式的外部流入在 2008/09 财年分别增长了 34.7%和 94.1%。从绝对数来看，国外赠款从 2007/08 财年的 3.79 亿美元增加到 2008/09 财年的 5.1 亿美元；而同期国外贷款从 2.46 亿美元增加到 4.78 亿美元。受全球经济衰退影响，2008/09 财年乌海外汇款收入下降了 24.2%，从 2007/08 财年的 5.46 亿美元下降到 4.14 亿美元。同样，通过非政府组织进行的私人经常转移下降了 18.4%，从 5.47 亿美元下降到 4.47 亿美元。以上两项收入总计比上一财年下降了 2.33 亿美元。而因政府接受赠款的增加，经常转移账户盈余 12.33 亿美元，比上一财年减少 3.2%。

2008/09 财年，资本和金融账户盈余为 10.47 亿美元，而 2007/08 财年为 11.74 亿美元，减少了 1.58 亿美元，主要是由于外国投资者在乌证券市场投资的减少。

（2）进出口贸易状况

2008/09 财年，由于进口需求的增长远远超过出口收入的增长，乌干达的贸易赤字进一步扩大，从 2007/08 财年的 4.82 亿美元扩大到 10.94 亿美元。出口占 GDP 的比重稳定在 17.7%，而进口占 GDP 的比重比上一财年增长了 1.8 个百分点，为 25.8%，因此贸易赤字占 GDP 的比重从 -6.3% 上升到 -8.2%（如图 13 所示）。

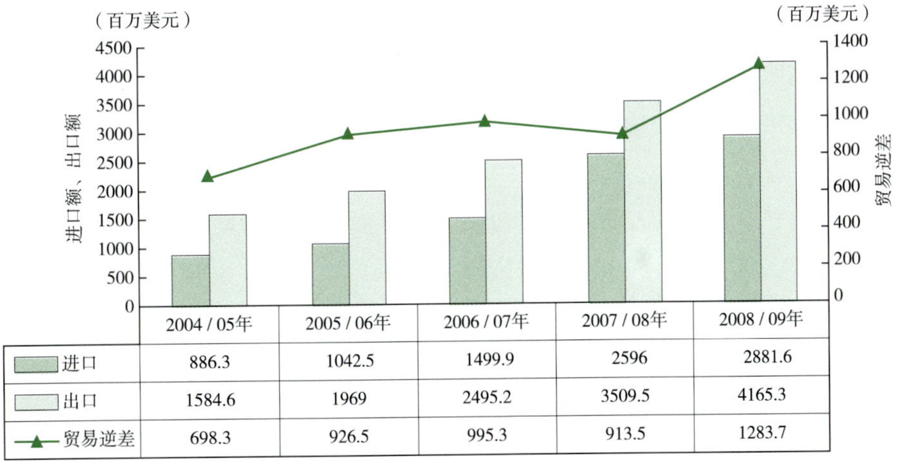

图 13　乌干达近年来进出口贸易情况

资料来源：乌干达财政、计划和经济发展部。

2008/09财年乌干达货物出口增长了9.3%，从2007/08财年的25.98亿美元增加到28.11亿美元，主要是由于与邻国边境非正式贸易的增长。非正式贸易从2007/08财年的10.68亿美元增长到2008/09财年的12.42亿美元，增长了16.3%。在非正式贸易中，工业品的出口占总出口的70%，为8.31亿美元，而上一财年为8.75亿美元，下降了5%。玉米和大豆的出口分别增长了55%和34%，而香蕉和其他农产品出口分别下降了17.4%和23.2%（如图14所示）。

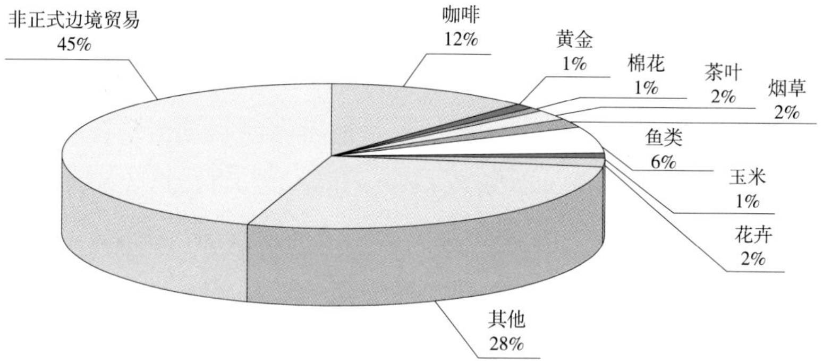

图14 2008/09财年乌干达出口产品结构

资料来源：乌干达财政、计划与经济发展部。

咖啡出口收入下降了3.3%，为3.37亿美元，主要是由于国际市场咖啡价格平均下跌了8.5%，尽管咖啡出口数量增长了5.2%，但仍然不能补偿价格下跌的损失。非咖啡出口稳步增长，从10.68亿美元增长到11.86亿美元，增长6.7%。其中，茶叶出口收入增长了11.3%，而出口数量也增长了7.1%。对周边以外国家的鱼类产品出口收入下降了5.4%，主要是因为金融危机后出口量的下降，而对周边国家的鱼类产品出口下降了10.7%，主要是出口量下降了16.5%。棉花出口额和出口量都有所增长，出口收入增长了将近40%，而出口数量增长了89%。棉花出口的强力反弹主要是由于政府对农民的价格支持措施，减缓了国际市场价格波动的风险。出口商品中出现下降的还包括皮革、芝麻和钴矿。值得注意的是，乌干达大量的出口都是对周边国家，尤其是维多利亚湖地区国家的出口，其中对南部苏丹出口最多。非正式的边境贸易占总出口的63%，而对苏丹的非正式出口占2008/09财年前9个月的67%，其次是对刚果（金）的出口，占16.4%。

2008/09财年乌干达进口额达到41.11亿美元，而2007/08财年为35.10亿美元，增长了17%。这主要是由于非石油私人部门进口和政府项目进口的强劲增长。非石油产品进口增加了4.18亿美元，从2007/08财年的27.37亿美元增长到2008/09财年的31.55亿美元。政府项目进口为2.48亿美元，而上一财年为9520万美元，增加了1.53亿美元。此外政府的非项目进口也增长了24.8%，从8140万美元增加到10150万美元。从产品来看，除石油进口外，私人部门进口较多的还有机械设备和汽车，占31.2%；化学品，占11.8%、基本金属产品，占11.45%；饮料、蔬菜产品、油脂类，占11.2%。

从地理分布来看，东非共同体、欧盟和中东是乌干达产品出口的主要目的地（如图15所示），2008 年[①]对这 3 个地区的出口分别为 7.53 亿美元、5.39 亿美元和 1.53 亿美元，占全部出口的比重分别为 46.8%、33.5% 和 9.5%，以上两个地区合计占比将近 90%。而亚洲、欧盟、中东和东共同体则是乌干达进口的主要来源地（如图 16 所示），2008 年进口分别为 15.73 亿美元、8.86 亿美元、7.92 亿美元和 6.75 亿美元，占全部出口的比重分别为 33.7%、19%、17% 和 14.5%，以上地区合计占比达到 84.2%。

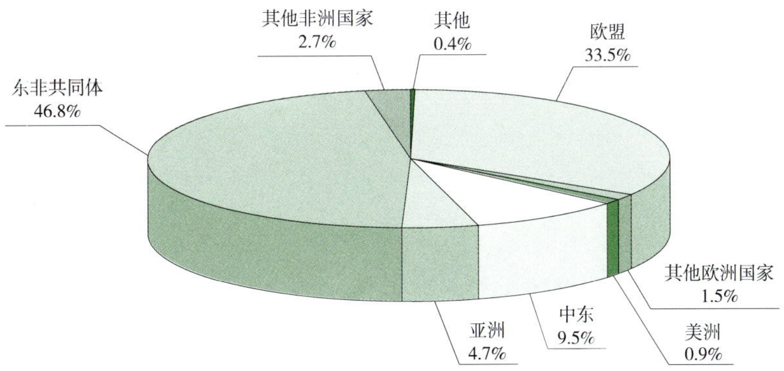

图 15　2008 年乌干达出口目的地的地区分布

资料来源：乌干达中央银行。

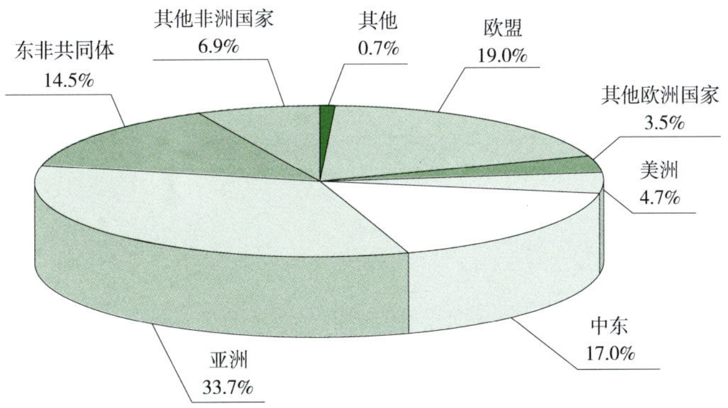

图 16　2008 年乌干达进口来源的地区分布

资料来源：乌干达中央银行。

按照国家来分，2008 年乌干达前 5 大出口目的国分别为苏丹（占全部出口的 15.5%）、肯尼亚（9.9%）、阿联酋（8.8%）、卢旺达（8.5%）和刚果（金）（8.1%），以上五国占乌干达出口超过一半。前 5 大进口来源国分别为阿联酋（占全部进口的 11.7%）、肯尼亚（11.4%）、印度（10.4%）、中国（7.9%）和南非（6.6%）。

（3）吸引外国直接投资情况

2000 年以来乌干达吸引外国直接投资一直保持稳步增长的势头。根据乌干达央行的数据，2008/09 财年乌干达吸收外国直接投资为 7.36 亿美元，比 2007/08 财年 7.78 亿美元下降

① 此处按照日历年度计算，即从每年的 1 月 1 日到 12 月 31 日。

了5.4%。其中，股权投资下降了6000万美元，从上一财年的5.97亿美元下降到5.37亿美元，而投资红利再投资从2007/08财年的1.81美元增加到1.99亿美元，增长了近10%。这反映了在乌干达私人直接投资继续具有较好的盈利性。

而据乌干达投资局最新统计，2008年，乌干达注册投资总额为24亿美元，其中外来直接投资为19.84亿美元，在乌干达投资项目为224个，创造了4.8万个就业岗位。主要的投资项目包括：能源、采矿、制造业、金融服务、房地产、交通、通信和酒店等，其中制造业投资为6.21亿美元；交通、通信和物流投资为9.53亿美元；金融、房地产、旅游和商业投资为8亿美元；电力、燃气、水利投资为1.75亿美元；农业、社会服务、建筑、矿产等投资比例较小。按投资额排列，前10位国家分别是：新加坡、比利时、英国、印度、肯尼亚、巴基斯坦、毛里求斯、中国、芬兰和美国。

（4）乌干达汇率和外汇储备情况

2008/09财年乌干达对美元年均汇率贬值了13.8%，从2007/08财年的1695.5:1贬值到1930:1，而2007/08财年比上一年升值4.7%。按照月度变化来看，乌先令对美元银行间平均汇率从2008年6月的1600.74:1贬值到2009年6月的2137.18:1，贬值33.5%（如图17所示）。乌先令贬值主要是由于公司和外国投资者对于外汇的需求增长、进口需求增长以及2009年1月以来美元对世界主要硬通货走强；另一方面，海外汇款和非政府机构经常转移的减少也导致乌外汇供应的减少。

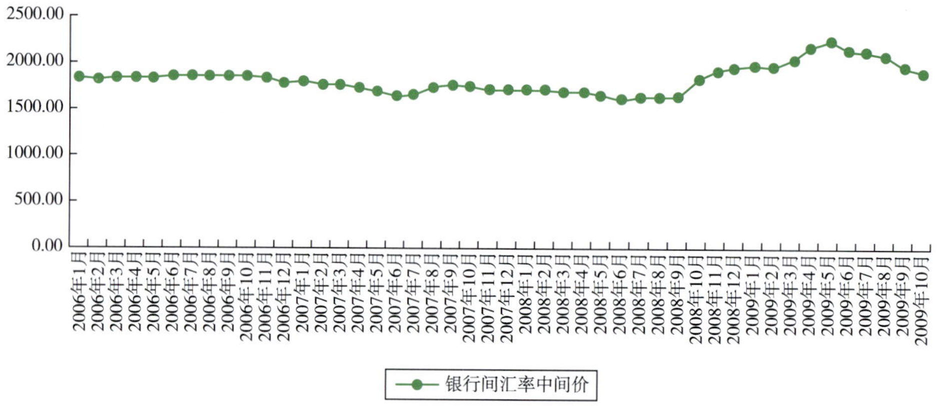

图17　乌干达先令对美元的汇率走势

资料来源：乌干达中央银行。

从图17可以看出，乌先令从2008年10月开始贬值，当月贬值11.8%，贬值到1838.66:1，随后乌先令持续贬值，2009年5月达到2247.68:1。但是从2009年6月乌先令开始升值，一直持续到10月份，10月份汇率为1898.28:1。

从本币对其他货币汇率来看，2008/09财年，乌先令对欧元、日元和人民币分别贬值2.2%、22.5%和16.2%，但是对英镑、肯先令、南非兰特和巴基斯坦卢比分别升值13.7%、4.7%、17.2%和16%。

促进经济转型和社会繁荣。新财年农业发展的关键是帮助农民脱贫，改善农民生活，促进农村经济增长和社会转型。2009/10财年，乌干达政府农业预算投入为1.26亿美元。

农作物和牲畜疾病、投入不足、农业科技人员匮乏、天气因素、资金不足和农业推广服务落后成为限制乌干达农作物产量和农产品附加值提高的主要因素等。由此，新财年乌干达政府在农业方面将着重采取以下措施：提高农作物产量和农业生产力；解决农作物病虫害和牲畜疾病；推广高产种子，种植抗旱作物和提高饲料品质；支持农业现代化、灌溉和农产品加工发展；通过法规和隔离措施限制疾病传播；兴修水利设施，增加440万立方米库容；重新修订国家农业推广服务计划，加强农业推广服务；建立示范化农场，逐步推进商业化农场建设；通过商业银行和乌干达开发银行设立农村信用机构，采取低利率长期贷款，帮助农民购买农产品加工机械和设备；政府通过提供技术支持和增加农业投入，提高农业产量和农产品附加值；2009/10财年，乌干达政府计划投入1636万美元农业推广服务资金和1363万美元农村信用资金。

（2）交通基础设施

为消除限制乌干达交通运输发展的不利因素，降低商业成本和促进经济增长，乌干达政府制定了中期公路发展规划，预算投入为4.96亿美元。此外，为建设乌干达北部地区交通走廊，乌干达政府计划在2009/10财年及今后两个财年内拨款6亿美元。

2009/10财年，乌干达政府将继续发展和维护公路基础设施。具体措施为：继续完成322公里国家公路网；重建395公里国家公路网；将1061公里的国家公路升级为柏油路并完成2050公里国家公路网升级的设计工作；成立公路基金加强对现有公路维护，政府拨款1.2亿美元，各地区城市管理机构和国家公路局自筹部分资金推动项目实施。此外，新财年乌干达政府还计划发展铁路和水路，开通乌干达南部金甲码头至坦桑尼亚首都达累斯萨拉姆，及连接乌干达西部和北部的艾伯特湖（Albert）的水上航线。

（3）能源基础设施

2009/10财年，政府将首先重点完成布贾卡里（Bujagali）水电站项目一期50万千瓦发电机组的建设，计划2010年12月完成。随后完成70万千瓦卡如玛（Karuma）水电站项目设计。政府将通过与私营企业合作支持卡如玛水电站项目。此外，为发展能源基础设施，政府将拨款3863万美元成立能源项目发展基金。

2009/10财年，乌干达政府还将通过兴建热电厂和小型水电站缓解电力不足的状况，计划分别完成3个装机共为2.4万千瓦热电站和3个装机容量共为1.6万千瓦的小水电项目建设。在输电和农村供电方面，完成从乌干达到肯尼亚、卢旺达、坦桑尼亚和民主刚果共880公里高压输电线路建设，同时继续投入227万美元通过实施农村能源转化第二阶段计划，以落实农村电气化计划。

（4）教育

2009/10财年，乌干达政府将继续巩固初级和中等教育成果，通过改善教育设施、教材和监管，达到提高教学质量目的。初等教育方面，乌干达政府计划拨款986万美元用于改善全国小学卫生设施和教师住房。新财年乌干达政府将继续落实其2008年基础教育法案，加快推进实施小学义务教育。中等教育方面，2009/10财年，乌干达政府将通过新成立学校和修建教室等方式，帮助提高中学入学率。此外，为提高中学入学率和教学质量，乌干达政府通过担保贷款方式分别从非洲开发行和世界银行贷款8000万美元和1.5亿美元用于建设中学校舍和提供教材。

（5）就业

为降低失业率，解决年轻人的就业问题，2009/10财年乌干达政府将通过向年轻人提供职业技术培训方式提高就业率，政府将拨款136万美元实施该计划。

（6）卫生

2009/10财年，乌干达政府将加大医疗卫生基础设施建设和艾滋病及疟疾药品的供应力度。疟疾防治方面，提高居民住房蚊帐的发放率，从目前的15%增至2010年的85%；在疟疾多发地区保证每户居民家中都有灭蚊药；将5岁以下儿童疟疾治疗普及率从71%提高至80%等。其他卫生措施包括改善社会资源管理、加强非传染性疾病预防措施等。

（7）水利

为保证水供应的安全，2009/10财年，政府将通过采用深水井、雨水收集装置、泉水保护、管道用水及自流式装置等措施，为88万农村居民提高安全饮用水，到2009/10财年农村安全饮用水覆盖率增加到65%。2009/10财年乌干达政府农村供水目标为：建设9座水供应装置、建设大型自流式供水项目和完成5个管道供水项目设计。城市供水目标为：分别完成14个大中城市和22个小城镇供水工程建设；安装2万套水管装置，铺设143公里管线装置；完成其他城市水供应装置和管道铺设计划。

（8）地区和平、安全和政府部门改革

① 北部地区重建和国防安全。2009/10财年，根据乌干达政府北部和平、恢复和发展计划，政府将在未来3个财年内投入5亿美元用于稳固北部地区和平和经济重建。该计划主要包括修建公路、学校、卫生、水利、警署和地方管理设施。2009/10财年，乌干达政府计划投入4545万美元用于扶持该计划。为保护国家主权和领土完整，应对随时可能来自国内外的威胁，2009/10财年，乌干达国防将继续推进军队现代化建设。

② 政府部门改革。为改善公职部门形象，提高办事效率，2009/10财年乌政府将采取以下措施：（a）细化政府部门工作计划和支出。从2009/10财年开始，所有政府部门必须准备全面的工作计划，详述本财年活动安排和计划支出。（b）推进财政管理一体化体系。为改善公共财物管理，2009/10财年政府将继续普及计算机一体化财务管理系统。（c）引入工资支付系统。为减少工资支付过程中的欺诈行为、加速工资流动管理和降低交易成本，乌干达政府引入了快捷便利的工资支付系统，该系统可保证公务员工资可直接转入银行指定账户。（d）工资和养老金改革。为改善公务员和事业单位人员工资和养老待遇，2009/10财年，乌干达政府将增加5%公务员和事业单位人员工资及养老金。

2. 乌干达2009/10财年其他领域发展计划

（1）信息通信和石油开发

为提高信息传输速度和降低商业成本，2009/10财年乌干达政府将通过铺设连接全国主要城镇1500公里光纤以及连通东非海底光缆，完成覆盖全国的网络项目建设。2008/09财年乌干达探明石油储量为20亿桶，2009/10财年乌干达政府将继续加大石油勘探、开发和投入力度。

（2）旅游业和工业园区建设

旅游业是乌干达服务业中增长较快、创汇较多的行业之一。2009/10财年，乌干达政府将继续利用其自然动植物资源优势促进乌干达旅游业的发展，计划为此投入90万美元。乌干达政府2008年6月开始卡帕拉工商业园区公路基础设施第一阶段改造工程，计划2009年8月完成；第二阶段工程包括修建小型电站、天桥，计划2011年前完成。

（3）颁布商业法规和土地注册改革

为打击假冒伪劣商品和提高商业化管理水平。2009/10财年，乌干达政府将颁布《反假冒商品法》、《抵押法》、《自由区法》、《公司法》、《破产法》、《资本市场法修正案》和《投资法修正案》。2009/10财年，乌干达政府将推广土地信息系统，完成全国范围土地注册和计算机化管理，改善土地管理和服务。

（4）支持乌干达工业研究院发展

使乌干达工业研究院成为提高附加值、创新、企业孵化器、生产和加工设计、技术转让中心，为乌干达实现工业化打下基础。

（三）乌干达资源状况分析

1. 矿产资源的状况

（1）矿产资源概况

乌干达矿产资源较丰富，已探明矿产种类超过50种，主要包括：铜、钴、铁矿、铀、钨、镍、锡、钛、铅、铂、钯、铑、钨锰铁矿和白钨矿，金刚石、瓷土、石灰石、大理石、花岗岩、皂石、石棉、磷酸盐等。实际开发矿产品达十几种，除部分金属矿外，许多矿产品资源储量待进一步确定。

其中位于乌西南部的卡什衣铁矿石储量约460万吨，该铁矿储量大部分是赤铁矿，该地区和附近地区铁矿总储量估计在5000万吨左右；铜矿（含钴—硫化物）主要集中在基伦贝，该矿占地3000英亩，目前只开采了400多英亩，铜、钴和镍储量约值12亿美元；锡、钨和钽矿主要在乌西南部的卡拉戈韦—安哥里恩岩石中的花岗岩里；铬矿在卡拉摩伽地区；磷酸盐矿集中在乌东部的卡拉摩伽—托洛洛地区，如苏库卢磷酸盐矿估计有2.3亿吨；金矿集中在布希亚地区和乌西南部的卡拉戈韦—安哥里恩沉积层。

（2）矿产资源开采情况

2005年乌铌—钽产量11000公吨，铁矿石产量208.53吨，石灰石产量518383吨，钨锰5.832吨，蛭石25000公吨，钴1000公吨，金400公斤，铅1000公吨，钨115公吨。

目前，乌干达矿产资源勘探与开发得到许多国家和世界组织的关注和支持。2004年，在世界银行、非洲开发银行、北欧开发基金会的资助下，乌干达能源矿产开发部地质勘探和采矿司开始对国内矿产资源情况进行为期5年的勘探。

2006年12月，乌干达政府出资750万美元对境内矿产资源进行航空勘探。据乌干达航空探矿结果，其矿产资源分别分布于全国七大区域内。其中矿产资源品种最齐全、储量最丰富的地区主要集中在乌干达西南部的第七区，该区域内已探明地下含有储量丰富的金、钻石、锡、钨、镍、铜、钴、结晶花岗岩、铁矿和绿宝石等矿藏。此外，东南部金贾（Jinja）、布希亚（Busia）、伊干嘎（Iganga）、卡姆利（Kamuli）、特若若（Tororo）和布基里（Bugiri）地区位于第一区，探明储有金、铅、锌和铜矿。而位于尼罗河西岸的第五区和中部的第六区也已探明储有金矿、碳酸盐岩和结晶花岗岩等矿藏。

乌干达能源矿产部预计，10年后其矿业投资者将从现在的234家增加到300家，矿产品出口从现在2200万美元/年增加到3.5亿美元/年。勘探投资也从500万美元增加到5000万美元，同期财政收入将从100万美元/年增加到3500万美元。目前在乌干达从事矿产资源勘探与开发的公司约10家，其中，托洛洛水泥有限公司，在托洛洛、莫洛托、姆巴里和卡普克瓦地区开采和勘探石灰石和火山灰材料；希玛水泥有限公司在卡西斯和卡巴罗勒地区开采石灰石和火山灰材料；卡西斯（钴）有限公司开采钴和石灰石矿；布斯特玛采矿CIE有限公司在布希亚地区开采金矿；坎民资源（乌）有限公司在玛纳法地区进行蛭石勘探和开矿，其子公司坎民金有限公司在布希亚地区勘探金矿；马库杰姆（乌）有限公司在尼土嘎莫、卡努谷和基索若地区进行钶—钽、钨锰、锰和锡矿的勘探和开采；3T采矿有限公司在尼土嘎莫地区勘探锡矿；金帝国有限公司和美国采矿有限公司与南非非洲人宝石公司在布什衣地区勘探金矿；佛兰德投资有限公司在尼土嘎莫、姆库努、卡姆温格、布什衣和姆巴拉拉地区勘探金、铂金属和贱金属；中心联合机构在布儿里和布希亚地区勘探金及贱金属；艾缪宝石有限公司在尼土嘎莫地区进行钶—钽的开采。

（3）矿产资源管理情况

2003年乌干达颁布新的《采矿法》并制定了矿产开发政策，2005/06财年，乌干达能源与矿产部制定设计地质信息，文献和环境管理体系。乌干达政府希望通过上述矿产政策和措施：① 促进私营经济参与推动采矿业发展；② 保证矿产品开发支持国民经济和社会发展；③ 当地工匠小规模采矿合法化；④ 减少和减轻矿产品开发产生的不利影响；⑤ 取消妇女参与矿产品开发的限制性做法，保护儿童不因采矿受到伤害；⑥ 加强当地矿产品的开发能力；⑦ 提高矿石附加值，增加矿产品贸易。

乌干达能源与矿产发展部是矿产品资源开发的业务主管部门，地质勘探和矿产司具体办理矿产开发许可证和延期业务。截至2006年年底，已发出矿产勘探许可证265个，其中，金矿勘探许可证发出最多，其次是铜，钴，锌和钨锰。乌干达将发出更多勘探许可证给境内外投资商。矿产许可证有5种形式：

① 探矿许可。持有人可在乌干达境内任何地方进行勘探。可同时持有1个以上的探矿许可证，但必须能证明矿产资源存在的可能性并向能源矿产部提交工作计划，勘探期限为1年，不得延长。

② 试开采许可。试采地区面积不超过500平方公里，且为独家开采。试开采许可有效期

为3年，期满可延长2年。如再延长，需地质勘探和矿产司批准。

③ 保留许可。适用于试采许可期间发现矿产品，但因种种原因不能立即开采。保留期限3年，可延长2年。

④ 矿产租赁。矿产租赁给已持试采许可证的采矿人，用于采矿。租赁合同和条款由地质勘探和矿产司确定，并在60天内通知。租赁期不超过21年，《采矿法》规定延长期不超过15年。

⑤ 定点许可。用于小规模采矿，其生产开支不超过500个货币点（一个货币点等于20000乌先令，约12美元）。

根据2003年颁布的《采矿法》，乌能源与矿产发展部代表国家对所有矿产行使所有权。矿产权只能经地质勘探和能矿部矿产司同意才可转让。

2. 石油资源状况

（1）乌石油勘探开发现状

乌干达地处东非大裂谷地区，从石油蕴藏传统理论和地质构造看，特别是乌干达西部与刚果金接壤的司姆利基（SIMLIKI）盆地及阿尔伯特湖周围地区被专家认为可能蕴含石油。从20世纪60年代乌干达独立后，特别是20世纪90年代初，乌干达政府出台政策和措施，鼓励外国公司参与其石油勘探和开发并把该地区划分为5个勘探区，后增至9个。其中5块分别授权予加拿大Heritage石油公司、英国Tullow石油公司（两块）、Tower石油公司和Dominion石油公司。

从20世纪90年代开始，外国石油公司陆续开始在此地进行较大规模石油勘探活动。2006年以后，Tullow石油公司和Heritage石油公司陆续在其钻探区发现石油和天然气。其中，Heritage石油公司2007年在乌干达西部阿尔伯特湖盆地3A勘探区块钻探3口油井均发现石油，油田规模分别为70平方公里和40平方公里，且地质结构不复杂。2008年年初，该公司在该区块开始试验性开发，证实该区块产油能力可达到13900桶/天。2008年12月，Heritage石油公司在乌干达西部本优柔地区阿尔伯特湖沿岸又发现石油。根据三维地质分析和进一步勘探与评估，此次勘探的1号油井可能是乌干达迄今发现的最大油田。2009年2月，Heritage石油公司又在阿尔伯特湖盆地“鱼狗”油田发现大量石油，开发储量约2亿桶。最新发现的“鱼狗3A”油田已完成初步钻探评估，并将做进一步试验以确定储量。

Tullow石油公司在乌阿尔波特湖裂谷盆地拥有3个石油和天然气勘探许可。2007年年初，该公司在瓦拉加1号油井探明储量约12000桶/天，姆普塔1号油井1100桶/天，尼兹兹2号油井天然气日流量为1400万立方英尺，鱼狗1号油井14000桶/天。此外，2008年8月，该公司宣布在乌干达西部艾伯特湖附近卡萨米尼1号油井发现石油和天然气。预计可开采石油总量约10亿桶。近期，该公司又在格拉本地区发现总储量约6亿桶的石油和天然气，具有商业开采价值。

截至目前，各石油公司已在乌干达西部石油勘探区域完成约20%的勘探并将在艾伯特湖周围地区继续勘探。根据乌干达能源矿产开发部近期统计，其目前已探明石油储量约3亿—6

亿桶，远期的石油储量约20亿桶。

乌干达发现石油后，2007年乌干达政府协调石油勘探公司共同制定了“早产石油规划”（EARLY PRODUCTION SCHEME），计划2009年9月在Tullow石油公司勘探的姆普塔油田开始生产石油，计划前3—5年日产重油为4000桶—5000桶，此后10年内逐步扩大到日产10万—15万桶。2009年3月，Tullow石油公司表示，由于该公司未能就原油价格、精炼厂造价、市场销售范围及投标手续等事项与乌干达政府达成一致，原定2009年实施的石油生产计划推迟至2010年年初。乌干达政府也在2009年6月表示，由于Tullow公司最近在乌格拉本地区又发现大型油田，为节约生产成本和提高效率，乌政府将推迟“早产石油计划”中的产油时间，即由原计划2010年初产油推迟至2010年第四季度。

（2）乌石油勘探、开发存在的问题

① 资金投入不足，勘探开发进展缓慢。与固定矿产资源开发项目一样，乌干达政府自身没有资金和能力进行石油勘探开发，主要是依靠外国公司。由于石油勘探存在较大风险，一旦失败，一切损失均由勘探开发公司承担，因此外国投资者也十分谨慎，对勘探开发总体投入不足，进展缓慢。

② 政府在石油销售问题与开发企业存在较大分歧。2008年年初，Tullow公司向乌干达能源矿产部提交石油生产和销售项目建议书。但乌干达政府一直未对建议书予以批复，原因是生产石油销售范围双方存在分歧。按照乌干达政府意见，在乌干达开采石油应在其当地提炼，并优先满足本地市场需求。而Tullow公司则坚持所产石油应出口，在东非地区和国际市场销售，以获得更好利润。这一问题影响了乌干达石油生产计划的实施和公司投资步伐。

③ 石油生产计划受到质疑。石油勘探公司2006年宣布在乌干达发现石油后，乌干达能源和矿产开发部联合石油公司制定了“早产石油计划”，以期早日产油，解决其国内能源短缺问题，但计划并未按期实施。长期从事石油研究和咨询的英国Richmond能源公司专家认为，2009年9月产油的计划已流产，即使是计划2010年生产也存在较大变数，因为迄今基础设施尚未开始建设。在实施“计划”之前，还有如规划、工程承包和市场营销等大量问题需要解决。

④ 石油收益分配引争议。到目前为止，乌干达政府未对外界公布任何关于政府如何与利益相关者分配石油收入和产品的协议内容。政府未对外公布石油收入和产品分配协议已引起外界种种猜疑和批评。尽管乌干达民众要求政府公布石油分配协议的呼声很高，但其政府和参与石油开采的外国油气公司均表示，出于保护国家机密和商业利益考虑，目前还不能对外公布有关石油产品和收入分配协议的任何内容。而乌干达公众迫切希望了解政府如何分配石油收入，及石油收入的使用和支出情况。目前关于政府何时公布石油收入分配协议、分配中会不会产生腐败、石油开采是否会对环境造成影响及政府如何利用石油收入改善乌干达国民生活是乌干达大多数民众所关心的问题。

参考文献资料

1. 乌干达财政、计划与经济发展部：Public Financial Management Performance Report 2008，June. 2009.

2. 乌干达财政、计划与经济发展部：Background to the Budget 2009/10，June. 2009.

3. 乌干达财政、计划与经济发展部："Budget Speech，Financial Year 2009/10"，June. 2009.

4. 乌干达财政、计划与经济发展部：Approved Estimates of Revenue and Expenditure（Recurrent and Development）Financial Year 2009/10，June. 2009.

5. Bank of Uganda（乌干达中央银行）：Annual Report 2008/09，June. 2009.

6. Uganda Bureau of Statistics：2009 STATISTICAL ABSTRACT，June. 2009.

二、乌干达石油资源勘探开发现状

乌干达是一个矿产资源相对贫乏的国家，石油及其相关产品均需进口。乌干达每年进口约8.5亿升石油，价值5亿美元，是其财政的主要负担。因此加强石油勘探、开发力度，解决能源短缺成为乌干达历届政府和百姓的迫切愿望。

乌干达地处东非大裂谷地区，从石油蕴藏传统理论和地质构造看，特别是乌西部与刚果金接壤的司姆利基（SIMLIKI）盆地及阿尔伯特湖周围地区被专家认为可能蕴含石油。从20世纪60年代乌干达独立后，特别是20世纪90年代初以来，乌干达政府出台政策和措施，鼓励外国公司参与乌干达的石油勘探和开发，并把该地区划分为5个勘探区，后增至9个。其中5块分别授予加拿大传统（Heritage）石油公司，爱尔兰塔鲁（Tullow）石油公司（2块），陶尔（Tower）石油公司和多米尼农（Dominion）石油公司。

（一）石油勘探开发现状

从20世纪90年代开始，外国石油公司陆续开始在乌干达进行较大规模的石油勘探活动。2006年以后，塔鲁石油公司和传统石油公司陆续在其钻探区发现石油和天然气。传统石油公司2007年在乌干达西部阿尔伯特湖盆地3A勘探区块钻探3口油井均发现石油，油田规模分别为70平方公里和40平方公里，且地质结构并不复杂。2008年年初，该公司在该区块开始试验性开发，证实该地块石油生产能力达到13900桶/天。2008年12月，该公司在乌干达西部本优柔地区阿尔伯特湖沿岸又发现石油。根据三维地理分析和进一步勘探与评估，此次勘探的水牛1号油井可能是乌干达迄今发现的最大油田。2009年2月，该公司又在阿尔伯特湖盆地"鱼狗"油田发现大量石油，开发储量约为2亿桶。最新发现的"鱼狗3A"油田已完成初步钻探评估，并将做进一步试验以确定储量。

塔鲁石油公司在乌阿尔波特湖裂谷盆地拥有3项石油和天然气勘探许可。2007年年初，该公司在瓦拉加1号油井探明储量约12000桶/天，姆普塔1号油井为1100桶/天，尼兹兹2号油井天然气日流量为1400万立方英尺，鱼狗1号油井为14000桶/天。此外，2008年8月，该公司宣布在乌干达西部艾伯特湖附近卡萨米尼1号油井发现石油和天然气。预计可开采石油总量约10亿桶。近期，该公司又在格拉本地区发现总储量约6亿桶的石油和天然气，具有商业开采价值。

截至目前，各石油公司已在乌干达西部石油勘探区域完成约20%的勘探，并将在艾伯特湖周围地区继续勘探。根据乌干达能源矿产开发部近期统计，乌干达目前已探明石油储量约3亿—6亿桶，预计石油总储量约20亿桶。

乌干达发现石油后，2007年其政府协调石油勘探公司共同制定了“早期石油生产规划”（EARLY PRODUCTION SCHEME），计划2009年9月在塔鲁石油公司勘探的姆普塔油田开始生产石油，计划前3年—5年日产重油为4000桶—5000桶，此后10年内逐步扩大到日产10万—15万桶。2009年3月，塔鲁石油公司表示，由于该公司未能就原油价格、精炼厂造价、市场销售范围及投标手续等事项与乌干达政府达成一致，原定2009年实施的石油生产计划推迟至2010年初。乌干达政府也在2009年6月表示，由于塔鲁公司最近在乌格拉本地区又发现大型油田，为节约生产成本和提高效率，乌干达政府将推迟“早产石油计划”石油生产时间，即把原计划2010年初生产石油推迟至2010年第4季度。

（二）石油勘探和开发中存在的主要问题

1. 资金投入不足，石油勘探、开发进展缓慢

与磷肥、铜矿、铁矿等其他资源性开发项目一样，乌干达政府自身没有资金和能力进行独立自主的勘探和开发，主要是依靠西方能源公司。乌干达石油勘探、开发历时近40年，由于时间跨度长，同一项目由不同企业反复做可行性论证，花费了不少人力物力。石油勘探存在较大风险，一旦失败，一切损失均由勘探开发公司承担，因此外国投资者十分谨慎、小心，对勘探和开发总体投入不足，勘探开发进展缓慢。

2. 政府与企业在所产石油的销售问题分歧较大

2008年年初，塔鲁公司向乌干达能源矿产部提交石油生产和销售项目建议书。但乌干达政府一直未对建议书予以批复，原因是生产石油销售范围双方存在分歧。按照乌干达政府意见，在乌干达开采的石油应在当地提炼，并优先满足本地市场的能源需求。而塔鲁公司则坚持所产石油应出口，在本地区国家和国际市场销售，以获得更好利润。这一问题影响了乌干达石油生产计划的实施和公司投资步伐。

3. 石油生产计划受到质疑

石油勘探公司2006年宣布在乌干达发现石油后，乌干达能源和矿产开发部联合石油公司制定了“早产石油计划”，以期早日生产石油，解决乌干达能源短缺，但并未按计划实施。长期从事石油研究和咨询的英国Richmond能源公司专家认为，2009年9月塔鲁公司产油计划将流产，即使是计划明年生产也存在较大变数，因为迄今基础设施并未开始建设。在实施“计划”之前，还有如规划、工程承包和市场营销等大量问题需要解决。

4. 石油收益分配引争议

到目前为止，乌干达政府未对外界公布任何关于政府如何与利益相关者分配石油收入和产品的协议内容。这已引起外界种种猜疑和批评。尽管乌干达民众要求政府公布石油分配协议的呼声很高，但乌干达政府和参与石油开采的外国油气公司均表示，出于保护国家机密和商业利益考虑，目前还不能对外公布有关石油产品和收入分配协议的任何内容。而乌干达公众迫切希望了解政府如何分配石油收入，及石油收入的使用和支出情况。目前关于政府何时公布石油收入分配协议、分配中会不会产生腐败、石油开采是否会对环境造成影响及政府如何利用石油收入改善乌干达国民生活等是乌干达大多数民众关心的问题。

参考文献资料

1. 乌干达能源矿产部网站资料。
2. 乌干达财政部统计年鉴。

三、乌干达或将成为新兴石油大国

目前，美国能源部高级官员萨利·科恩菲尔德表示，乌干达拥有可能与海湾国家石油储量一样多的石油。该官员是美国能源部化石能源办公室高级分析家。萨利·科恩菲尔德是在接待一个乌干达代表团①访美期间，大胆作出以上表态的。她表示，乌干达的石油储量相当惊人，石油储量也许超过目前储量排名世界第一的沙特阿拉伯。据称她的这些言论并非空穴来风，是基于目前钻探出来的流体检测和其他一些石油方面的数据进行推测的结果。

（一）乌干达石油资源勘探开发现状

目前，乌干达拥有 4 个石油勘探公司，分别为 Heritage Oil、Tullow Oil、Tower Oil 和 Dominion Oil。其中，Tullow and Heritage 已成功在 Albertine 盆地两个块区登记了部分油井，其位置靠近东非大裂谷附近。

根据目前统计的数据，从澳大利亚 Hardman Resources 勘探公司（现被 Tullow 接管）2006 年 6 月第一次发现石油至今，乌干达每个勘探日发现的石油储量约为 350 万桶。此外，已发现的 Buffalo 井和 Giraffe 井是乌干达最大的两个井，也是非洲地区最大的陆地油井之一。

石油勘探专家表示，这或许不过是冰山一角。相关的勘探工作还在积极进行中，如果情

① 该乌干达代表团是执行一个关于如何更有效利用自然资源的国际考察项目而出访，代表团成员由乌干达能矿部的官员、国会议员、社会人士、记者等组成。

况像安哥拉那样的话，将来产量或许超过目前的估计。各个油井的流体测试显示，产出可以从每天 1500 桶至 14000 桶不等。结合先前的有关资料，勘探专家认为，这些油井已完全具备商业开发价值。Tullow Oil 首席执行官 Aidan Heavy 先生曾于今年年初透露，该公司成立了一个专家组，专门研究和制定对整个 Albert ine 盆地的石油开发计划。2008 年 4 月份，Tullow 公司对 Butiaba 地区 Lake Albert 附近的区域进行了钻探，发现了超过 10 亿桶的石油储量。位于 Butiaba 地区的 Giraffe－1 探井纯油层深达 38 米，如果算上间隔层，藏油地层深达 89 米。这是目前这一地区发现的储油最厚的。Buffalo－1 探井在 1 区，钻探时发现了 15 米深的气田和 28 米深的油田，据估计天然气田实际上应该达到 48 米，油田达到 75 米甚至更深。

从目前钻探活动进展看，Butiaba 的钻探活动和目前在 Kaiso－Tonya 地区及 Kingfisher 地区钻探都进展顺利，成功率达到了 100%。

（二）乌干达石油分配协议方案

按照乌干达的政府规划，2009 年就要正式开采石油。但到目前为止，乌干达政府仍未对外界公布任何关于政府如何与利益相关者分配石油收入和产品的协议内容。尽管乌干达民众要求政府公布石油分配协议的呼声不断高涨，但乌干达政府和参与石油开采的外国油气公司均表示，出于保护国家机密和商业利益角度考虑，目前还不能对外公布有关石油产品和收入分配协议的任何内容。

乌干达国家环境保护论者协会负责人表示，政府未对外公布石油收入和产品分配协议已引起了外界种种猜疑和批评。乌干达公众迫切希望了解政府如何分配石油收入，及石油收入的使用和支出情况。虽然乌干达政府尚未公布石油分配内容，但有相关人士预测，乌干达所有石油收入中，乌干达政府享有 70%，石油公司 30%。在政府获得的 70% 中，中央政府占 80%，地方政府占 17%，湖区油田土地所有者占 3%。此外，为鼓励外国石油公司进入乌干达石油领域，乌干达能源矿产部曾表示，其石油正式开采后，3 年内乌干达石油产品销售收入的 50%—60% 归在乌干达外国油气公司所有，在扣除向政府缴纳 5%—12.5% 的特许使用金后，剩余收入将用于收回他们在石油开采前的投资成本，3 年后乌干达全部石油产品销售收入归政府所有。

目前关于政府何时公布石油收入分配协议，分配中会不会产生腐败，石油开采是否会对环境造成影响及政府如何利用石油收入改善乌干达国民生活条件是乌干达大多数民众关心的问题。萨利·科恩菲尔德表示，乌干达应该迅速建立起良好的管理体系，充分利用发现的石油资源为国家谋取福利，而不要像尼日利亚那样，没有系统地管理好石油资源。萨利·科恩菲尔德还表示美国十分愿意帮助乌干达发展石油和天然气行业，同时也希望帮助乌干达防治行业带来的环境问题。

（三）乌干达石油资源开发前景

乌干达石油开采后，将自主生产石油产品，此举可为其每年节省 4 亿美元石油产品进口费用。目前，乌干达所需大量石油产品都是依靠进口，包括无铅优质汽油、普通石油、工业柴油、燃料油及其他石油产品，如沥青和油脂等。肯尼亚①是乌干达最大的石油产品输出国，每年从肯尼亚进口石油产品占其对外出口的30%。乌干达石油产品自主生产将改变石油产品纯依赖进口的现状，为其节省大量进口费用。

目前，英国一家油气公司已与乌干达政府提前签署了油气生产协议。该公司计划在乌干达兴建一间日加工能力4000桶的石油精炼厂和一间热电厂。5月，伊朗总统内贾德在与乌干达总统穆塞维尼会晤时也表示，伊朗计划将在乌干达投资建设一间炼油厂，并为乌干达石油官员提供管理和技术培训。

对于乌干达这个非洲新兴“油仓”，各国均已纷纷有所动作，但是由于目前恰逢金融危机影响，有些国家心有余而力不足，因而此时我国企业应适时出击，以在乌干达石油开采领域占有一席之地。

参考文献资料

商业周刊（Business Week），2009年6月2日。

① 实际上，肯尼亚自身尚未发现有开采价值的石油储藏，其出口的产品主要来源于进口原油加工。

第十四章 津巴布韦

一、津巴布韦政治经济运行情况

津巴布韦共和国（The Republic of Zimbabwe）面积为39万平方公里，东邻莫桑比克，南接南非，西和西北与博茨瓦纳、赞比亚毗邻，无出海口，为内陆国家。津巴布韦地广人稀、矿产资源丰富，20世纪80年代，津巴布韦曾经是非洲最富裕的国家之一，被称为非洲的“菜篮子”、“非洲的明珠”，但是20世纪90年代末起，津巴布韦经济持续下滑，国内通货膨胀严重，人民生活贫困不堪。

（一）国家概况

1. 国家简史

公元1100年前后，津巴布韦开始成为中央集权国家。13世纪，卡伦加人建立莫诺莫塔帕王国，15世纪初王国达到鼎盛时期。1890年沦为英国南非公司殖民地，1895年定名为南罗得西亚。1923年，英国政府接管该地，给予“自治领”地位。1953年，英国将南罗得西亚、北罗得西亚（今赞比亚）和尼亚萨兰（今马拉维）合组为“中非联邦”。1963年年底“联邦”解体。1964年，南罗得西亚白人右翼势力组成以伊恩·史密斯为首的政府，并于1965年11月宣布独立。20世纪60年代，津巴布韦非洲人民联盟和津巴布韦非洲民族联盟（简称民盟）先后成立，领导人民进行反对白人种族主义统治的武装斗争。1979年，津巴布韦各派在英国主持下召开伦敦制宪会议。1980年2月底举行议会选举，穆加贝领导的民盟获胜。同年4月18日独立，定国名为津巴布韦共和国。

2. 人口、民族、语言和宗教

津巴布韦人口为1348万人，1980年以来年均人口增长率为2.2%①。黑人占人口的97.6%，主要有绍纳族（占79%）和恩德贝莱族（占17%）；白人占0.5%；亚洲人约占0.41%。官方语言为英语、绍纳语和恩德贝莱语。津巴布韦40%的人口信奉原始宗教，58%的人口信奉基督教，1%的人口信奉伊斯兰教。

① 资料来源：非洲开发银行《2009年非洲统计年鉴》。

（二）国家政治局势

1. 津巴布韦危机的由来与概况

2000 年，成千上万的独立战争老兵在政府的支持下，收缴了几百个白人拥有的农场，声称这些农场是被殖民者非法霸占的。同年 6 月，Zanu－PF 党（非洲民族联盟爱国阵线，由穆加贝与恩科莫于 1987 年将各自所在的政党合并而成，以下也简称民盟）在国会选举中以微弱优势战胜反对党 MDC（争取民主变革运动，简称民革运）。竞选之前暴力浪潮席卷津巴布韦。

2001 年，政府同意结束对白人土地的侵犯，用以换取英国的资金支持进行土地改革。事后，穆加贝否认他对这一协议阳奉阴违。民盟制定法律对安全、媒体、竞选等方面进行了严格控制。批评家称这些政策是为了维持穆加贝的统治。

2002 年，民盟领导人穆加贝在与反对党民革运领导人茨万吉拉伊激烈竞争的竞选中获胜，赢得 6 年的总统任期。民革运党和观察家谴责竞选不公。英联邦暂时吊销了津巴布韦成员国身份，欧盟对津巴布韦实施禁止入境的惩罚，并冻结了穆加贝及其助手们的财产。同年 8 月，穆加贝颁布政令，强令成千上万的白人农民把他们的农场让给没有土地的黑人。

2003 年 2 月，茨万吉拉伊被法庭指控图谋暗杀穆加贝，茨万吉拉伊予以否认。同年，英联邦和欧盟继续对津巴布韦实施制裁。6 月，民革运组织大规模抗议活动意图推翻穆加贝政权。但在保安力量的严厉控制下，抗议活动不了了之。贸易联盟（Trade Union）的领导人和几十位人权人士则在防暴警察驱散抗议游行的过程中被捕。为此，英联邦峰会宣布继续吊销津巴布韦成员国身份。以牙还牙，津巴布韦政府则干脆宣布退出英联邦。

2004 年，在南非总统塔博·姆贝基的斡旋下，穆加贝同意与反对派进行正式会谈以解决津巴布韦危机。同年 2 月，已持续 1 年的茨万吉拉伊叛国案庭审结束，哈拉雷法庭宣判茨万吉拉伊意图谋杀穆加贝案无罪。民革运党称如果穆加贝政府不能进行真正意义上的竞选改革并废除严厉的国家安全法规，民革运将不参加 2005 年 3 月的议会选举。

2005 年，美国称津巴布韦是 6 个“暴政堡垒”国家之一。津巴布韦否认这一指控。同年议会选举中，民盟获得了三分之二的选票，民盟党获得参议院中的绝大多数席位，反对派称投票被非法操纵。同年，联合国人道救援组织主任埃格兰在结束了对津巴布韦为期四天的访问后称，该国正走向“灾难”。

2006 年，民盟批准将原定 2008 年举行的总统大选推迟至 2010 年。

2007 年，茨万吉拉伊在一次群众集会后被捕并受重伤。在防暴警察驱散人群的过程中，一人中枪身亡。民盟和反对党民革运在南非进行初步会谈。

2008 年，津巴布韦举行总统和议会选举。在大选结束两周后，组织者开始重新清点选票。反对派称，重新点票的目的是改变穆加贝在总统竞选中失利，民盟在议会竞选中失败的事实。民革运欲通过法庭阻止竞选委员会在 23 个民盟失败的选区重新计票。民革运同时指控在警察保护下的武装暴徒闯入民革运支持者家中进行殴打和焚烧等活动。

2008年4月15日，在最高法院拒绝立即公布17天前进行的总统选举结果后，反对派号召无限期总罢工。5月2日，竞选组织者称茨万吉拉伊在总统选举中虽获得多数票，但票数不够，仍需与穆加贝进行一次决选。反对派拒绝接受这一结果。5月10日，茨万吉拉伊宣布他将参加决选，尽管他认为自己已经在选举中获胜。5月16日，决选日期定为6月27日。6月4日，茨万吉拉伊在参加选前活动时被捕。警方在扣留茨万吉拉伊超过8小时后将他释放。6月5日，英美外交人员在调查政治活动中的暴力问题时遭滞留。所有外国救援组织的活动也被禁止。6月12日，民革运总书记比提因叛国罪被捕并面临死刑。6月19日，距离决选不到一周时间，暴力活动升级。四名反对派成员在住房遭燃烧弹袭击后，被焚烧致死。6月22日，茨万吉拉伊退出选举。茨万吉拉伊称不愿让人民为了投票给他而牺牲生命。同时，他指控穆加贝“向人民宣战”。

2. 津巴布韦政局近况

2008年9月份民盟和民革运两党达成了全面政治协议（Global Political Agreement，GPA），并于2009年2月份共同组建了联合政府，津巴布韦的政局逐步回稳。

根据2008年9月15日执政党民盟（Zanu－PF）、反对党民革运茨派（MDC－T）和民革运穆派（MDC－M）签署的GPA，前总统穆加贝继续担任总统，民革运茨派领导人茨万吉拉伊（Tsvangirai）担任政府总理，民革运穆派领导人穆坦巴拉（Mutambara）担任副总理；茨万吉拉伊控制警察和政府，穆加贝控制军队和国家安全部队；民革控制16个部，民盟15个。协议还包括对军队民盟将领的赦免。协议初定18个月内起草新宪法并公投，2年内条件允许的情况下进行大选。协议签署之后，两党三派为争夺财政部长和其他重要部长的职位进行了激烈争夺。直到2009年2月中旬，执政党和反对党方才签署联合政府协议，产生内阁部长名单。根据该名单，35个部门中的18个部长（含内政部）由民盟担任，15个部长（含内政部）由民革运茨派担任，3个部长由民革运穆派担任。内政部则有两个正部长，由民盟和民革运茨派各派一名部长，两位部长轮流执政。从部长名单来看，民盟和民革运各自占据半壁江山。但是，民盟掌控的部门是比较重要的部门，例如农业、矿业、新闻媒体等部。

2009年10月，津巴布韦联合政府政党间发生了严重的意见分歧。总理茨万吉拉伊于2009年10月16日在哈拉雷民革运党部召开新闻发布会上宣布，民革运将部分撤出联合政府，该党的部长将不再出席内阁会议，他本人也取消与穆加贝总统每周一的例行碰头会。但他表示，他仍然恪守全面政治和解协议，继续留在联合政府里。南共体决定派调解团赴津巴布韦进行调解。

3. 津巴布韦国际外交环境

联合政府是穆加贝领导的民盟与欧美支持的反对党民革运妥协的产物，是穆加贝在掌握军队等实权的情况下对欧美作出了一定让步的成果。此外，联合政府执政以来，津巴布韦经济秩序得到了较快、较大程度的恢复，西方国家认为津巴布韦的腐败、独裁、危害人权等事项出现了大幅减少。为此，西方国家对联合政府开始予以认可。西方国家由对津巴布韦实施制裁转变为开始支持联合政府，向其伸出援助之手。

日本、德国、澳大利亚率先解除了对津巴布韦的旅游禁令。美国2009年4月中旬也宣布解除对津旅游禁令，美国国务卿希拉里还于津巴布韦29周年国庆之际（2009年4月19日）发去了贺电，对津巴布韦近期采取的措施和取得的成果表示赞赏。挪威、瑞典、澳大利亚等国则纷纷向津巴布韦提供大量人道主义援助，号召欧盟国家向津巴布韦伸出援助之手。成见最深的英国对津巴布韦的政策也实现了180度转变。英国驻津大使2009年4月24日与津巴布韦副总理会谈时宣布英国支持津巴布韦联合政府，承诺在世界银行、国际货币基金组织、国际金融公司等机构开会讨论对津巴布韦的金融支持提案时英国将不投反对票，并尽力促成提案。英国还表示将不仅提供人道援助，还将帮助支付教师工资并帮助津政府改进税收系统。

津巴布韦的周边国家、IMF和世界银行等国际组织也纷纷起草、研究对津巴布韦的经济援助计划。截至2009年4月23日，世界各国对津巴布韦共提供了2.75亿美元①的人道主义援助，其中美国援助7700万美元，英国援助1200万美元，日本1100万美元，加拿大1060万美元，荷兰等欧洲其他国家援助500万至60万美元不等。中国公开的援助为500万美元现汇和3000万人民币项目援助。各国对津巴布韦的援助还在源源不断地提供，据津巴布韦工商部长宣布，津巴布韦未来短期内还将获得4亿美元援助，分别是来自SADC地区约2亿美元，COMESA地区约2亿美元。据英国驻南非高专署2009年4月末宣布，英国还将向津巴布韦提供2亿兰特（约2000万美元）援助。

（三）国民经济情况

1. 经济发展简史

津巴布韦曾经是撒哈拉以南非洲地区仅次于南非的工业最发达的国家，也是世界上中等收入的发展中国家。正式独立后，政府吸取了非洲独立较早国家的发展教训，未实行大规模的国有化，而是实行公有制（占GDP的20%）和私有制（占GDP的80%）并存的混合经济。

20世纪80年代平均经济增长2.7%。但也存在不少问题，如严重依赖于农业、落后的殖民地时期的基础设施，对外国投资的矛盾心理和不熟练的国内劳动力。虽然有丰富的自然资源，但津巴布韦继续严格管制经济，从而导致当地企业缺乏市场推动。1991年实施经济结构调整和改革五年计划，逐渐使经济向开放的市场化经济转变，GDP有稳定增长，投资环境有所改善。但之后几年由于遭受旱灾，主要计划指标均未实现，经济平均每年增长仅1%。1996年9月公布了《津巴布韦经济和社会改革计划草案》，于1997年开始执行。计划在1996年—2000年期间国内生产总值年均增长5%，同时改善宏观经济环境，大力治理通货膨胀和财政赤字等。1999年，津巴布韦经济继续下滑。1999年GDP增长仅1.2%。主要经济部门表现不佳：农业增长3.5%，制造业和矿业仅增长1%，主要矿产品黄金出口受国际市场价格下跌影响，收入下降。宏观经济形势更加恶化：出口锐减，国际货币基金组织停援，外汇储备

① 中国驻津巴布韦使馆经商处提供的数据。

几近枯竭，货币贬值压力增大；年均通膨率为61.2%，人民购买力下降，市场萎缩，商业贷款利率高居不下，私营企业发展受阻，失业率高达50%以上，财政负担沉重，债务负担加大，国营企业亏损严重，私有化进程缓慢。

为解决经济发展中存在的高赤字、高通胀、高利率、高失业等问题，2000年4月，政府开始实施第二阶段经济社会发展计划，改革财政金融体制，对国有企业实行商业化和私有化。2000年年初以来，由于土地问题争端不断升级。土地改革的核心是将控制在白人手中的土地收归国有，并分配给黑人农民、农场工人耕种。但是这种政策伤害了占津巴布韦人口极少数的白人利益，这些白人主要是英裔，与国际资本有千丝万缕的联系。由于自己的利益被伤害，这些白人农场主停止运作农场，导致大量农场工人失业，加剧了通货膨胀的影响。他们鼓动国际金融组织断绝了给津巴布韦的援助，进一步加剧了通货膨胀造成的困难。津巴布韦的经济形势已到了独立20年来最困难时期，其外汇一度告罄。

2. 国民经济概况

2000年以来，津巴布韦经济持续衰退，GDP年均减少5.9%，累计减少超过40%；近年来情况更为恶化，出口锐减、外资撤离，经济陷入了一片危机之中。津巴布韦政府试图使用外国贷款、加印钞票来解决经济问题，但是却导致通货膨胀愈发严重。2008年津巴布韦经历了史无前例的恶性通货膨胀；生产效率低下；失业率奇高，达到了87%以上；食物极其短缺；工业化程度大幅降低，2008年制造业产出减少了73.3%，矿业产出减少53.9%；农业产量逐年下跌，从2002年的产量高达27万吨锐减至目前不足4万吨。

2008年下半年开始，津巴布韦又遭受到了全球性经济危机的冲击，国际矿业价格大幅下跌，需求锐减，对以矿业为支柱产业的津巴布韦是巨大的打击，侨汇收入、银行贷款、直接投资、外国援助等也受到经济危机的直接冲击。农业因为物资短缺、投入不足而无法开展生产；工业则因流动资金全失和市场消费不足而纷纷倒闭或无法开工。据统计，津巴布韦一季度全国工业开工率仅为10%左右。2008年GDP负增长高达14.1%，为近9年来国民经济衰退最严重的一年。

近10年津巴布韦GDP增长率情况见表1。

表1　　津巴布韦近10年GDP增长率

年　度	2000	2001	2002	2003	2004	2005	2006	2007	2008	2009*	2010*
经济增长率(%)	-7.8	-0.2	-5.9	-7.4	-3.6	-4	-3	-6.9	-14.1	3.7	6

注：*2009年、2010年数据为预计数。

资料来源：非洲发展银行2009年鉴、IMP世界经济观察2009.10。

3. 财政状况

（1）2008年财政收支情况

① 收入情况。2008年，津巴布韦恶性通货膨胀，因此以津巴布韦元折算成的财政收入数字巨大，估计为1.496×10^{34}津元。其中，个人所得税（PAYE）收入为2.4×10^{33}津

元；企业税收入为 9.6×10^{33} 津元；增值税收入为 7.92×10^{32} 津元；关税收入为 2.8×10^{30} 津元；消费税收入为 9.67×10^{31} 津元；其他间接税收入为 1.4×10^{33} 津元。非税收收入为 4.522×10^{33} 津元。

据预算报告说明，2008 年个人所得税征收情况较好。增值税额仅占 2008 年税收总额的 5.3%，主要原因是市场价格失控，商品供给匮乏。关税收入减少，原因是 2008 年 5 月起津巴布韦对生活必需品不再征收进口关税。消费税主要来自二手车的买卖，而其他间接税主要来自证券交易的印花税。

② 支出情况。2008 年通胀同样也影响了政府的支出，各部门总支出增长，达到 5.17×10^{31} 津元。财政支出的大幅增加的主要原因是交通、住房和物价水平不断上升，国家不得不增加支出，提高公务员工资水平。

（2）2009 年财政预算情况

2009 年，津巴布韦政府宏观经济目标是把通胀率降到两位数的水平，同时实施 GDP 增长 2%。为了实现上述目标，津巴布韦政府根据以往经济发展趋势推断，预计 2009 年名义 GDP 值约为 55 亿美元，财政收入约为 10 亿美元。2009 年预算财政支出总额为 10 亿美元。

4. 货币发行与通货膨胀情况

2006 年 6 月 1 日，在通货膨胀率突破 1000% 的情况下，津巴布韦中央银行发行面值 10 万津元的无记名支票以方便携带。此后，通货膨胀情况不断恶化。到 2009 年 1 月 10 日，津巴布韦财长宣布发行面额 500 亿津元的钞票，这种超大面额的货币仅够购买两条面包。此时津巴布韦的通货膨胀率已经达到 231000000%，1 美元可对换 250 亿津巴布韦元。

2009 年 2 月 2 日，津巴布韦中央银行决定从巨额钞票上砍去 12 个零，也就是 1 万亿钞票将等于 1 津元。此时津巴布韦的通货膨胀率已经达到了百分之 10 亿津元，不砍零前 1 美元可以兑换 250 万亿津元。

2009 年 3 月，津巴布韦新任财政部长滕达伊·比蒂宣布，废除使用本国货币和外币双重定价的强制性法律。目前，津巴布韦元已退出流通领域，取而代之的是美元和其他外国货币（主要是兰特）。自从使用外币结算以来，津巴布韦经济秩序混乱不堪的局面迅速结束。结束之初，由于美元等交易货币稀缺，老百姓购买力弱，市场价格较高。但是随后不久商家供应的货物就出现了大幅度的增加，市场上货物充足，流通的美元也日益增多，物价在两个月内回到了比较合理的水平。据津巴布韦统计局统计，3 个月内津巴布韦综合消费物价指数下降了 40%。津巴布韦市内公共交通车票从 1 美元降至 50 美分，面包从 1 美元降至 50 美分—80 美分，水泥从 15 美元/包降至 7.5 美元—8 美元，面粉从 10 美元/10kg 降至 4.5 美元—5 美元，375ml 食用油从 2.5 美元降至 1.05 美元—1.3 美元。在价格引导下，津巴布韦经济秩序出现了明显好转，经济开始复苏。

5. 外债与外汇储备

近年来，津巴布韦外债占 GDP 的比重呈逐年递增趋势，截至 2007 年度，当年外债占

GDP 比重达 85.9%，负担沉重。

近十多年来津巴布韦外汇储备稀少，造成外汇短缺的主要原因：一是津巴布韦的出口表现不佳，由于出口商品单一、附加值低，加之不良的宏观经济环境，使津巴布韦缺乏新兴的创汇能力，难以扩大出口，满足整个经济对外汇的需要；二是1997年以后来自外国的直接投资大幅度减少，根据津巴布韦储备银行的报告，1999年发达国家对津巴布韦的投资数额只有1997年相应投资数额的1/20；三是1998年出兵民主刚果以后，国家在此方面耗用大量外汇。

外汇短缺的一个不可避免的后果是津巴布韦不能及时足量拿出外汇适时进口关系国家经济命脉的燃料油、电力等重要物资，这一严重后果给津巴布韦整个生产力体系蒙上了一层阴影。由于津巴布韦连年贸易逆差，加之近年出口减少，导致外汇长期短缺，外汇储备稀少。

6. 对外贸易情况

（1）外贸总体情况

2008年度津巴布韦出口总额为16.06亿美元，较上一年下降14.32%；进口总额为20亿美元，较上一年增长7.6%。由于连年高通货膨胀，尤其是2008年津巴布韦国内市场已无秩序可言，大部分企业也无法正常生产经营，主要出口商品产量和销量均大幅下降。

另外，在多年经济衰退后，津巴布韦本国工业基础设施基本上都已陈旧落后，已满足不了人民日常生活用品需求。生活必需品主要靠从国外进口。津巴布韦外贸情况见表2。

表2 近年对外贸易情况 单位：百万美元

年 度	2003	2004	2005	2006*	2007#	2008#
出口总额	1670	1680	1694	1727	1606	1376
进口总额	1778	1989	2053	1998	1900	2000
贸易收支	-108	-309	-359	-271	-294	-624

注：*2006年为估计数。

#2007年、2008年数据来自津巴布韦2009年预算报告。

资料来源：国际风险评估协会、津巴布韦2009年预算报告。

（2）十大进出口贸易伙伴

津巴布韦主要进口贸易伙伴分别是南非、赞比亚、博茨瓦纳、马拉维、英国、刚果、中国、莫桑比克、刚果金和科威特。

津巴布韦主要出口贸易伙伴分别是南非、赞比亚、瑞士、荷兰、马拉维、英国、美国、德国、刚果、中国、莫桑比克、博茨瓦纳和沙特阿拉伯。

（3）主要出口项目

① 矿业。2008年矿产出口6.67亿美元，占总出口额的51%，较上一年的8.02亿美元下降了15.7%，主要是受全球经济危机影响，国际市场对矿产品需求减少。

② 烟草业。2008年烟草出口2.04亿美元，较上一年的2.47亿美元下降了24.3%，主要是为了抵制过低的市场价格，烟农拒绝收割部分烟草，导致全年烟草产量未达到原定的7500万公斤的产量目标。

③ 农业和制造业。农产品和制成品出口分别占总出口额的 15%，分别较上一年下降了 4.5% 和 12%。这两个行业存在的主要问题是投入不足，生产制造能力低下和经营成本过高，因此两行业出口业绩不佳。

④旅游业。2008 年旅游收入为 2910 万美元，较上一年下降了 55%，主要是因为津巴布韦国内政局动荡和西方国家对其进行经济制裁。

（4）主要进口项目

2008 年主要进口商品是粮食、石油、电子产品和其他工业制成品。其中，粮食占总进口额比重很大，主要用来救济因旱灾而收成减少的灾民。

7. 经济结构及主要经济行业

津巴布韦产业分布较为全面，矿产、农业、旅游业以及制造业，曾经是撒哈拉以南非洲各国当中，除南非之外，产业结构最为发达的国家之一。

（1）农业

农业是津巴布韦的支柱产业，政府对水利灌溉等基础设施的建设投入最大。既有大规模的商业农场，又有中小型农场，农作物有玉米、烟草、棉花、高粱、小麦等，号称“非洲小粮仓”。津巴布韦的烟叶是世界驰名，曾为世界第三大烟草出口国，年产 17 吨—18 吨，98% 供出口。但自从土改后，津巴布韦的农业生产遭到严重破坏，产量逐年下滑，粮食不能自给，许多曾经出口的农产品如今都需要从国外进口。

津巴布韦农业发展的水平较高，全国 68% 的人口从事农业生产，其农业特点有四个：

① 以“非洲人农业”和“欧洲人农业”为特征的二元结构。津巴布韦农业历史形成的最明显的特点是存在两种农业：一是非洲人“公社地区”（即部族地区）的传统小农业；二是欧洲殖民者大型的商业性农业。

② 农业受气候影响很大，对国民经济也有重大影响。由于农业在国民经济中的重要地位，主要作物的丰歉对国家经济有重要影响。但是，津巴布韦农业的抗灾能力很弱，特别是易受旱灾的危害。如果农业丰收，国家的经济增长就快；农业歉收，经济增长就慢，甚至为负增长。

③ 农业区按降雨量多少划分。津巴布韦只有 1.8% 的地区全年降雨量超过 1000 毫米，而多雨区又集中在东部地区。另有 15% 的地区雨量可达到 750 毫米以上；约 27% 的地区全年降雨量不足 450 毫米，主要分布在南部和西部。越是雨量少的地区，年际降雨量变化越大。

④ 以烟草为农业出口的支柱产品。津巴布韦的农业比较多样化，与其他撒哈拉以南非洲国家相比，其粮食作物、经济作物和畜牧业都比较发达。但是津巴布韦最重要的出口作物是烟叶和棉花，特别是烤烟。

（2）矿业

矿产业占 GDP 比重约为 4%，占外汇收入比重约为 16%。

（3）制造业

制造业曾经是对津巴布韦出口贡献最大的产业，出口目的地包括欧洲、非洲以及远东地区。这个产业与矿产业以及农业的联系较为紧密，很多都是通过矿产和农业产品的深加工以实现出口。主要的出口产品包括铁合金、棉麻布、钢铁，以及其他包括服装、布匹、家具、塑料在内的纯制造业产品。近十年来，津巴布韦国民经济持续衰退，工业设施得不到升级更新，现大部分已陈旧淘汰，国内主要制成品都需要进口。

（4）旅游业

旅游业占GDP比重为6%，占外汇收入比重为5%。津巴布韦旅游产品丰富，包括维多利亚瀑布、万吉国家公园、卡里把大坝、大津巴布韦遗址以及东部高地。受政府“东向政策”的影响，近年亚洲游客剧增。津巴布韦在2004年成为中国旅游目的地国。

（四）短期经济发展计划（STERP）

1. 背景

2008年9月15日权力分享协议签署之后，津巴布韦政府就开始酝酿制定一个短期经济发展的规划。2009年2月16日联合政府组建后，津巴布韦财政部开始起草短期经济发展计划。2009年2月24日津巴布韦财政部在联合政府内阁第一次工作会议上提交了该短期经济发展计划，并在会上进行了审议该计划。该计划2009年3月份开始实施。

短期经济发展计划实际上是一个短期经济稳定和发展计划。其核心目标是保持津巴布韦宏观、微观经济的稳定，恢复储蓄、投资和经济增长，为顺利实施津巴布韦中、长期经济发展计划打下基础。

2. STERP优先发展的领域

（1）政治和管理问题

一是制宪及其程序问题；二是媒体及其改革问题；三是立法改革问题，包括三个方面，分别是强化权力和责任、提升管理和法律法规、促进公平和公证（包括男女平等）。

（2）社会保障问题

一是食品和人道主义援助；二是教育问题；三是医疗健康问题；四是对特定的弱势部门的保障问题。

（3）保持经济稳定

一是实施以增长为目标的经济恢复计划；二是恢复津巴布韦元的价值，并保持货币稳定；三是提高各经济部门的开工率，增加就业；四是确保粮食、燃料和电力等基础物资的供应；五是重建社会、医疗和教育部门；六是确保水供应和环境卫生。

3. 短期经济发展计划的措施

短期经济发展计划将根据2009年预算报告的有关政策，准备实施以下措施：一是社会保障措施，通过恢复公共服务，加强人道主义援助，特别关注弱势群体（包括妇女、儿童、残疾人、老年人和无父母的儿童家庭）；二是大力扶持生产性部门；三是创建有利的投资环境；四是建立良好的宏观经济环境，包括采取需求管理措施、扩大各经济部门的生产能力，使经济稳定发展。

4. 宏观经济改革计划

（1）保持宏观经济稳定

实施好宏观经济稳定政策是保证短期经济发展计划成功的先决条件，维护宏观经济稳定的具体政策措施：① 所有企业都可以使用南非兰特、美元或其他可兑换货币进行商业交易；② 取消外汇交易许可证制度；③ 取消向津巴布韦储备银行上交外汇的制度，不论内贸企业还是外贸企业都不再上交外汇；④ 使用可兑换货币纳税；⑤ 量入为出执行国家预算；⑥ 取消准财政支出和不再印钞；⑦ 建立一个利率体系。

（2）财政政策

具体政策包括：① 保持收支平衡。由于津国内财政收入有限，财政部将量入为出，保持收支平衡。② 控制通货膨胀。建立以外汇为基础的物价指数体系。以美元计价的商品价格不断上升，表明在津巴布韦仍存在严重的通胀。③ 多货币流通，并以南非兰特为参考货币。

5. 资金来源

津巴布韦的基础设施、基本社会服务状况日益恶化，重建和恢复需要大量资金投入。据估计各行业重建所需资金需求如下：① 农业 9.8 亿美元；② 教育 8 亿美元；③ 医疗 8.2 亿美元；④ 供水和环卫 10.4 亿美元；⑤ 交通运输基础设施 6 亿美元；⑥ 地方政府能力提升 4.5 亿美元；⑦ 工业 11.5 亿美元；⑧ 电力 10.4 亿美元。

要恢复津巴布韦整个经济，需要许多年，目前短期发展计划的资金重点用于支持粮食、水务、医疗、教育、药品、公共服务、基础商品供应、社会福利和公路网建设等领域。估计总资金需求约为 84.1 亿美元。

联合政府已明确财政部下属的综合收入基金（CRF）将是短期经济发展计划资金来源主渠道。政府将处理非战略性的资产和国有企业股份的资金投入到 CRF 中。此外，财政部还要设立一个计划执行部门专门负责管理用于短期经济发展计划的资金。

上述重建资金需求已超出了联合政府目前资金能力，因此 SADC 和非盟的资金援助是非常关键的因素。

（五）资源情况

1. 矿产资源概况及储量情况

津巴布韦的主要矿产品为黄金、镍、铜、锌和铅；工业用矿产品包括石灰石、磷酸盐、粘土和白云石。另外，新探明的铂金和沼气储量也极为丰富。铂金储量居世界第二位；沼气储量预估为5亿立方米，居东南非之首。津巴布韦矿产品储量和产量情况见表3。

表3　　矿产品总体情况

矿　产　品	储　　量	年开采量	开采年限
黄金	1.3亿吨	20吨	65万年
铂金	28亿盎司	240万盎司	1200年
铬铁矿	9.3亿吨	70万吨	1300年
镍	76.1万吨	9000吨	500年
煤	260亿吨	480万吨	5500年
钻石	1650万吨	—	>300年
铁矿石	300亿吨	30万吨	10万年
铜	520万吨	—	—

资料来源：津巴布韦地质调查局。

津巴布韦矿业是经济重要组成部分之一，近年来，由于国内政治经济形势的影响，其产值占津国内生产总值的比重由最高时的6%降至4%左右。津巴布韦主要的出口矿产品为黄金、高碳铬铁合金、镍、铂族金属、花岗岩、石棉、煤和钻石。除黄金和铂金由津巴布韦储备银行专营外，津巴布韦其他矿产品的出口（包括铁合金和钢材），都要通过津矿产品销售公司（Minerals Marketing Corporation of Zimbabwe，此公司为国有）进行。

矿业有望成为促进津巴布韦经济增长的重要行业。但由于津巴布韦工业化水平低，矿产品加工能力有限，大部分矿产品附加值较小，而且受资金、技术和市场因素限制，其在自主开发矿产资源的过程中，仍然不得不依赖于西方国家的跨国公司。

2. *矿产资源与开采情况*

津巴布韦矿产资源丰富，是世界上黄金、铬、石棉、金刚砂等矿种的重要生产国。津巴布韦目前投入商业化开采的矿产品有40多种，主要有黄金、铬矿、镍、石棉、铜和煤等。

（1）黄金

黄金是津巴布韦最重要的矿产品，目前，已探明的黄金储量约为1300万吨。其年产量约为20吨左右，在非洲仅次于南非和加纳，位于世界前20名。

津巴布韦采用现代技术生产黄金开始于1916年，含金矿石的开采量每年约75万吨。成品黄金全部由津巴布韦储备银行收购，对主要金矿的付款通过津巴布韦矿业协会（Chamber of Mines）完成。

（2）石棉

津巴布韦出产的石棉纤维长，质地优良。津石棉主要分布在马沙瓦（Mashawa），姆贝沦瓦（Mberengwa）、埃西戈迪尼（Esigodini）、菲拉布西（Filabusi）以及泽维沙瓦内（Zvishawane）等地。

（3）铬矿

津巴布韦境内有两个铬矿带，一个为著名的 Great Dyke 矿带，另一个为 Mberengwa 南部地区的 Limpopo 矿带。津巴布韦每年铬矿开采量平均在 70 多万吨左右，位于世界第四，主要被用来冶炼高碳、低碳铬铁后出口。

（4）铂族金属

铂族金属包括铂金、钯、铑、钌、铱以及锇，在汽车等领域消除工业污染、高品质玻璃、手机、电视、电脑磁盘、石油精细工业以及珠宝投资等方面有重要应用。

津巴布韦拥有世界上第二大铂族金属资源，主要分布在 Great Dyke 矿带区域。目前，津巴布韦的铂金是以未加工形式出口，深加工领域还是空白。

（5）煤

截至目前，津巴布韦煤炭蕴藏量约 270 亿吨，其中优质炼焦煤为 3.5 亿吨，主要产地位于北马塔贝莱兰省的旺吉（Hwange），赞比西河谷和津巴布韦东南部地区。万基（Wankie）煤矿是全国最大煤矿，产煤约大部分供国内消费，少量出口。津巴布韦的 4 间火力发电厂，即哈拉雷发电厂、布拉瓦约发电厂、旺吉发电厂和穆尼亚提发电厂以及津巴布韦国家铁路局、津巴布韦钢等所用煤均靠万基煤矿供应。

（定稿于 2009 年 11 月 11 日）

参考文献资料

1. 维基百科网：en. wikipedia. org。
2. 津巴布韦政府网：www. gta. gov. zw。
3. 美国中央情报局网（CIA）：www. cia. gov。
4. Short Term Emergency Recovery Programme（《津巴布韦短期经济发展计划》）。
5. 津巴布韦 2009 年财政预算报告。
6. 非洲开发银行 2009 年统计年鉴。
7. IMF 世界经济展望报告，2009 年 10 月。
8. 中国驻津巴布韦使馆经商处网站：zimbabwe. mofcom. gov. cn。

二、津巴布韦矿业概况

（一）矿业简介

津巴布韦是南部非洲的一个内陆国家，以矿产资源丰富而闻名，其中有 40 多种矿产储量很大。2005年，津巴布韦矿业占其当年国内生产总值（以下简称GDP）的4.5%，雇佣人员约占津巴布韦总人口的5%。据津巴布韦储备银行①（RBZ）估计，2004年津巴布韦矿产品出口收入占其外汇总收入的38%以上。过去，津巴布韦曾经是世界上第三大黄金生产国，仅次于南非和加纳，年产黄金25吨左右，且以每平方公里6公斤的产量位居世界第一。

但是近年来，由于津巴布韦政府无视规章制度、开采行为监管失败，以及非法开采和走私黄金，津巴布韦黄金产量大幅下降至年产约6.75吨。不过，矿产业专行人士认为一旦津巴布韦现任总统穆加贝（Robert Mugabe）移交政权，其黄金行业就能够迅速恢复。与其他国家相比，津巴布韦的基础设施状况尚可，不像安哥拉或刚果民主共和国（DRC）的基础设施在几十年的内战中被严重破坏。此外，津巴布韦还拥有一支素质较高的劳动者队伍。

另外，津巴布韦的铂金含量为世界第二位，仅次于南非。MIMOSA和NGEZI矿山分别位于津巴布韦的南面和西面，近期这两座矿山的开发，使津巴布韦的铂族金属产量大幅提高。津巴布韦铬矿含量也是世界级的，主要分布在两个铬矿带，一个为著名的大岩墙②（Great Dyke）矿带，另一个为Mberengwa南部地区的Limpopo矿带，按平均Cr_2O_3含量45%—50%计算，总储量约6.08亿吨。津巴布韦每年铬矿开采量接近70万吨左右，位于世界第四位，主要被用来冶炼高碳铬铁、硅铁合金后出口。品位③达到40%以上的铁矿石储量也很多。但是近年来，津巴布韦惟一的钢铁生产企业津巴布韦钢铁公司④（Zimbabwe Iron and Steel Company Limited，ZISCO）的经营业务不甚理想。津巴布韦计划通过提升津巴布韦钢铁公司的运营能力来推动津巴布韦中短期的铁矿石生产。津巴布韦还生产铬铁和镍，这些矿产具有很大的增值潜力。

煤炭是津巴布韦最主要的能源矿产。津巴布韦拥有巨大的煤炭储量，主要产地位于北马塔贝莱兰省的旺吉（Hwange），赞比西河谷和津东南部地区。旺吉煤矿公司（Hwange Colliery Company，HCC）是津巴布韦主要的煤炭生产企业，拥有充足的产能，可以满足津巴布韦国内的能源需求。

目前，津巴布韦开采的其他矿产有：石棉、蓝晶石、金刚砂、菱镁矿和磷酸盐等。上述矿产的产量较小，但是有理由相信对津巴布韦国内外投资者来说，这些矿产还有潜力。随着金属钌在计算机硬盘驱动器的制造中大量使用，国际市场上钌的价格也大幅上涨。作为世界上少数几个生产金属钌的国家之一，津巴布韦从近期钌价格上涨中获益颇丰。2009年1月，

---

① 津巴布韦储备银行（Reserve Bank of Zimbabwe）是津巴布韦的中央银行，近来因津巴布韦通货膨胀严重而接连发行超大面额钞票而闻名世界。

② 津巴布韦大岩墙闻名世界，呈南北向纵贯几乎整个津巴布韦，长度450公里，宽4公里—15公里，该岩墙中的铬铁矿和铂族金属储量均位居世界第二位。

③ 矿石品位指单位体积或单位重量矿石中有用组分或有用矿物的含量。一般以重量百分比表示（如铁、铜、铅、锌等矿）。

④ 津巴布韦钢铁公司是撒哈拉以南非洲最大的综合性钢铁生产企业之一，始建于1946年，坐落于津巴布韦中部奎奎市（Kwekwe）附近的红崖（Redcliff）。津巴布韦钢主要拥有高炉、焦化、炼钢、轧钢等工艺设备，还包括矿山、辅助原料矿和烧结厂。产品主要有钢坯、型钢和焦炭等。

THU 集团（北美一家金属锂提取和加工企业）宣布津巴布韦的锂矿开采业将得到更新。

津巴布韦不稳定的经济环境阻碍了西方企业在津巴布韦开发利用他们的采矿权。矿产走私也是令人们关切的一个问题。

在津巴布韦，电力供应不稳定是影响当地矿产业发展的一个主要障碍。为了缓解电力供应不足的情况，津巴布韦矿业协会与津巴布韦电力公司 Zensa 签署了合作备忘录，从莫桑比克进口电力。根据津巴布韦矿业协会与 Zensa 的协议，在津巴布韦当地的矿业公司也被要求与 Zensa 公司分别签署单个的供电协议。

（二）管理结构及制度建设

总体来说，津巴布韦的矿业政策是为了保障津巴布韦矿产资源的可持续发展，以及创造就业机会。但是对勘探和开发矿产资源没有规划。津巴布韦矿业部和津巴布韦矿业协会是津巴布韦矿产业最重要的两个管理部门。环境问题在矿产开发初期及整个开发过程中能得到应有的重视，具体管理部门为津巴布韦环境管理局。

在津巴布韦，规范矿业开发最重要的法律就是《矿山与矿产法》。这部法律自 1961 年执行以来，已先后进行了几次修订。根据该法律，津巴布韦所有矿产权均属于总统，企业和个人可以通过向津巴布韦矿业委员会提出申请获得开发矿床的权力。采矿活动向本国人、外国人以及企业开放。津巴布韦不参与私营内资或外资企业的矿产项目管理。目前，政府通过津巴布韦矿业开发公司（the Zimbabwe Mining Development Corporation，ZMDC，为国有公司）和津巴布韦矿产品销售公司（the Minerals Marketing Corporation of Zimbabwe，MMCZ，为国有企业）参与矿产业。津巴布韦矿业开发公司成立于 1982 年，目的是为了使政府能够参与矿业开发活动以及拯救那些面临倒闭的矿业开发企业。其在矿产勘探、采矿、扶持合资矿业企业和小型矿业企业方面发挥着积极的作用。而津巴布韦矿产品销售公司成立于 1992 年，主要负责销售津巴布韦的矿产品和金属制品。除金和银由津巴布韦储备银行专营外，津巴布韦其他矿产品的出口（包括铁合金和钢材），都要通过津巴布韦矿产品销售公司进行。

关于环境保护方面的法律是津巴布韦《环境管理法》（the Environment Management Act）。该法律于 2007 年 2 月份进行了修订，主要用于扼制非法开采活动，尤其是非法开采黄金和钻石，以及防范可能导致环境破坏和掠夺矿产的漏洞。修订后的新《环境管理法》对环境保护提出了更高的要求，只有严格合法的矿业从业者才能获得开采资格。新法律同时大幅度地提高了获得环境影响评估执照的费用，这导致众多小型矿产业者向政府建议修改该项政策。

2008 年 3 月，津巴布韦通过了《本土化和经济权力法》（the Indigenization and Economic Empowerment Act），试图提升津巴布韦当地人在经济活动中的作用。该法律规定在津巴布韦所有主要的商业领域，津巴布韦本国人持有的股份比例不低于 51%。近期，根据《津巴布韦卫报》①（the Zimbabwe Guardian）报道，津巴布韦矿业部提议区别对待矿产业，本国人持有的股份比例最高不超过40%。截至目前，《本土化和经济权力法》尚未确定何时生效，为了安抚外国投资者，津巴布韦各级行政人员建议在未来5年—10年内分阶段实施该法律。

（三）矿业被视为经济复苏的关键

津巴布韦总理Morgan Tsvangirai在2009年5月召开的津巴布韦矿业协会年度会议上发表演讲，表示如果津巴布韦能够消除阻止外国投资的那些政策，则可以吸引总计达160亿美元矿产开发投资资金。总理还说政府将在未来12个月内营造出一个更有利于矿业投资的政策环境，这样，当全球经济危机过后，津巴布韦就能够在未来10年内吸引到更多的投资资金。

2009年9月，政府再次关注矿产开发行业。总统Robert Mugabe和总理Morgan Tsvangirai都发表演说，表示在2009年年底前，政府将重新审议《矿山与矿产法》。根据Morgan Tsvangirai的说法，2009年年底津巴布韦政府很有可能执行合理的矿业税费，并采取实际行动放松对矿产业的管制。

目前，关键问题是津巴布韦对矿业政策的任何修改都会涉及当地黑人权利问题。津巴布韦非洲民族联盟（Zimbabwe African National Union）的旧政策是津巴布韦本国投资者在所有矿业活动中，必须持有51%的股份比例。但是，该政策遭到了矿业企业的抵制，这些企业认为应降低黑人权利持股比例，最多不超过40%。总理Morgan Tsvangirai关于该问题曾作说明，任何一项新的黑人权利计划都应参照国际惯例来执行，不应歧视非黑人津巴布韦人。目前，最重要的是政府与矿业企业进行谈判，从而解决矿权问题，只有这样，外国投资者才能在透明的法律框架下正常运营。

（定稿于2010年1月7日）

参考文献资料

2009年第4季度《津巴布韦矿业报告》（Zimbabwe Mining Report），Business Monitor international公司出版。

三、津巴布韦铂金矿行业发展情况

铂族金属有许多独特、优异的物理化学性质，在国民经济及高新技术产业中有非常广泛

① 该报纸是一个私人拥有的网络在线报纸。

而重要的应用。早在20世纪60年代即被称为现代工业“维他命”。近二三十年来，随着高新技术及其产业的形成和发展，人类社会进入了知识经济和生态文化的新世纪，铂族金属的应用领域不断扩大，而且许多应用至今无法用其他材料取代。因此20世纪80年代国外将铂族金属的重要地位升格为“首要的高技术金属”。这种重要的战略地位将会在本世纪人类社会的持续发展中得到不断地体现和验证。

（一）世界铂金矿分布及市场情况

1. 世界铂金矿分布与用途

在自然界铂金的储量比黄金稀少。虽然有60多个国家都发现并开采铂矿，但铂金矿主要分布于非洲南部、俄罗斯和南美洲。据有关资料显示，世界铂族元素矿产资源总储量约为7.1万吨。其中，南非铂金总储量约为6.3万吨，占世界总储量的89%，津巴布韦仅次于南非，占世界储量的第二位，这两个国家的储量占世界总储量的90%以上。

铂金矿用途广泛，主要用途有二：一是工业原料，主要用于汽车工业，尾气排放上使用，以及航空、医疗材料；二是用于制造首饰，铂金作为一种价格超过黄金的贵金属，由于具有许多优良的特性，其用途十分广泛。它通常用于工业、珠宝首饰业、投资（储备、制币）和科学技术等领域。在世界铂金总需求量中，用于制造汽车废气催化转化器的曾经占60%以上；用于珠宝首饰制造的曾经占30%；用于投资保值性购买的曾经占25%。

2. 世界铂金市场情况

2008年全球对铂金的纯需求量①为635万盎司，较上一年下降了5%。除对铂金实物投资以外，铂金用量最大的几个行业的需求量均不同程度地下降了。汽车工业对铂金的需求量最大，但受全球经济危机影响，总需求量大幅减少到381万盎司。其他工业对铂金需求迅速下滑，下降到176万盎司。珠宝首饰业对铂金需求量为137万盎司，同比下降6.2%。只有铂金现货投资需求量增长了1.5倍，达到42.5万盎司。

2008年一方面铂金市场需求下降，另一方面铂金供应上也面临一系列的挑战，世界主要供应商的产量都出现了下降，尤其是南非和俄罗斯的产量之和占世界总产量的90%以上。从供电到因安全原因而停产，从技术人员短缺到恶劣天气的影响，南非铂金生产遇到一系列问题，供应量仅为453万盎司，较上年下降了10.7%。俄罗斯铂金产量也大幅下降。因此，世界铂金总供应量仅为597万盎司，较上年大幅下降9.5%。尽管在全球经济减缓的背景下，市场需求减少，但供应量大幅减少仍导致市场上铂金供不应求，市场缺口高达37.5万盎司。

（1）市场需求分析

① 铂金纯需求量为当年新产出的铂金量，不含回收后再进入市场的铂金量。

由于铂金价格的不稳定以及经济的萎靡，2008年铂金需求处于波动之中。2008年世界金融危机严重打击全球汽车工业，北美汽车市场销售量首先下跌，尤其是小型汽车销售大幅下挫近20%。之后，欧洲汽车销售量下滑6%。虽然欧洲更严格的排放标准促使在乘用车上更多地使用富含铂金的柴油微粒过滤器，以及中国汽车产量的增长为汽车行业对铂金的需求提供了支撑。但总的来说，2008年汽车尾气净化催化剂行业对铂金的总需求下降了8.2%，降低至381万盎司。

2008年从废旧催化式转换器中回收的铂金量增加至101万盎司。出现增长的部分原因是催化剂的平均回收量的提高，部分原因是高价格鼓励了回收行业处理之前囤积的库存。

2008年首饰行业对铂金的净需求下降了6.2%，降低至137万盎司。2008年的前6个月，创纪录的价格减少了各个市场消费者的购买，并促进了亚洲对旧首饰回收的上升。而随着价格下跌，特别是中国的零售和生产商抓住机会重建他们的铂金首饰库存。许多零售商还降低了零售价格，刺激更高的消费。因为价格的下跌，中国和日本的回收量急剧下降。因此，在2008年第四季度和2009年早期，铂金的净需求量强劲上扬。然而在欧洲及北美各国，由于消费者信心不足，制约了所有贵金属首饰的购买，需求仍显疲软。

2008年工业行业对铂金的需求从185万盎司下降至176万盎司，第四季度特显疲软。化工行业在2008年末期因消费需求降低而削减产量，导致需求出现下降。结果，尽管2008年工厂新增了产能，但对铂金的需求仍持续下滑，降低至39.5万盎司。在玻璃行业，由于亚洲生产玻璃纤维和LCD电视玻璃工厂的建设，使得对铂金的需求旺盛。然而由于中国多家阴极射线管（CRT）玻璃工厂关闭，铂金回销到市场，使得铂金净需求降低至39万盎司。电子行业尽管硬盘实际铂金用量增加，但由于日常库存的降低，使该行业的净需求下降至22.5万盎司。而石化行业采购了24.5万盎司铂金，相比前一年增加了4万盎司。其他应用领域购买了50万盎司铂金。

2008年全年现货投资净需求增长了150%，达到42.5万盎司。2008年上半年通过欧洲交易所交易基金（ETF）进行的购买力非常强劲。但是，随着下半年大宗商品和资产价格的跳水，投资者抛售了大量铂金。而日本个人投资者的行为却与众不同，他们在2008年前几个月卖出比买入多，而在最后一个季度因为价格降低而购买了大量铂金条。

（2）市场供给分析

全球铂金供应从2007年的660万盎司下降至2008年的597万盎司。这是因为南非产量骤降，同时俄罗斯的产量也在降低。而北美的供应量与2007年相比没有变化。虽然津巴布韦的政治和经济形势相当困难，但津巴布韦和其他较小矿区的产量基本持平，达到29.5万盎司。

2008年南非的铂金供应很不理想，仅为453万盎司，下降了54万盎司。由于多种原因，包括恶劣天气、因安全问题停产、劳资纠纷、缺乏技术人员等，三大主要开采商Anglo Platinum、Impala以及Lonmin的产量均比2007年更低。最初预期供电的中断会对整个国家造成重大影响，但对铂金生产直接损失仅只有约6万盎司。而一些较小的开采企业的产量有所提高，Modikwa、Northam、Two Rivers和Crocodile River均报告铂族金属的产量有小幅度的增长。

2008 年俄罗斯的铂金供应量也有所下降，主要原因是 Norilsk Nickel 的产量降低，从 72.7 万盎司下降至 63.2 万盎司。北美的铂金供应持平，为 32.5 万盎司。Stillwater 和 North American Palladium 的销量下降，但作为加拿大镍矿副产品的铂金产量有所增长。尽管津巴布韦政治和开采环境非常困难，但其铂金产量仍然有所增长，津巴布韦和其他矿区的供应量上升至 29.5 万盎司。

近年世界铂金供求情况见图 1。

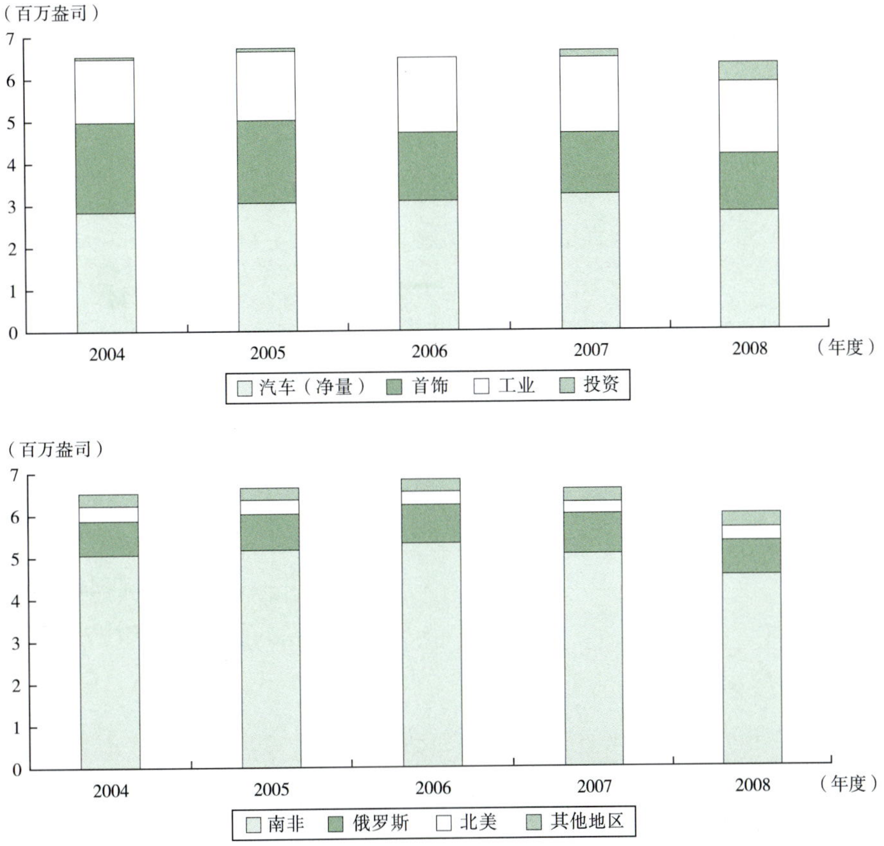

图 1　2004 年—2008 年铂金需求量与供应量图

（3）市场价格走势

2008 年铂金价格出现前所未有的动荡。年初的价格为 1530 美元/盎司，略低于 2007 年 12 月创纪录的价格 1544 美元/盎司。之后，南非铂金供应中断和弱势美元使得铂金价格于 2008 年 3 月 4 日达到创纪录的 2276 美元/盎司。高价格一直持续到年中，此时对全球经济局势的担忧导致许多基金开始大量抛空大宗商品和股票投资。虽然对基本面的判断是价格变动中的一个原因，但基金投资活动对价格影响更大。近年来，大量购买铂金导致价格达到创纪录的高位，但该金属的相当部分以预购、期货仓位和现货的形式存在，并在 2008 年下半年被抛售。几百万盎司的多头仓位被抛售，使铂金价格于 2008 年 10 月跌落到 756 美元，年底反弹恢复到 899 美元。详见图 2。

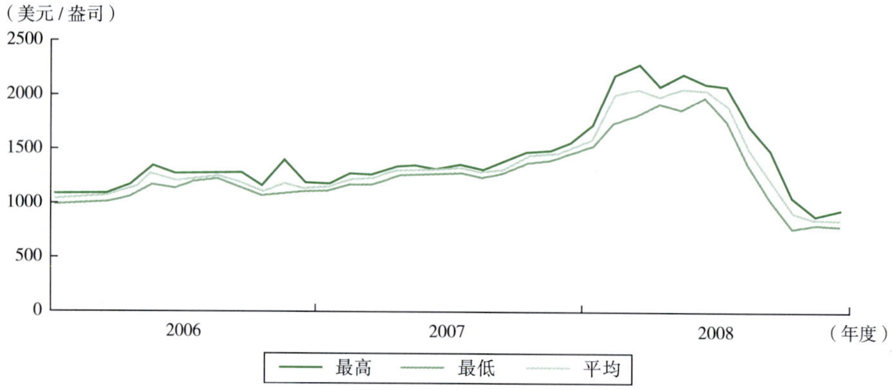

图2　2006年—2008年铂金的月价格走势图

（二）津巴布韦铂金矿蕴藏及开发情况

1. 津巴布韦铂金矿储量及分布

津巴布韦铂金矿储量约5132吨，主要分布在大岩墙地区（GREAT DYKE）。在大岩墙上，主要分布有三个铂金矿带，一大两小。其中，大矿带位于大岩脉的中北部（HARTLEY GEOLOGICAL COMPLEX），储量约占85%，两个小矿带位于大岩墙西南部延伸的SELUKWE COMPLEX和WEDZA COMPLEX，储量分别约占为10%和4%。

2. 津巴布韦铂金矿开采现状

津巴布韦大岩墙是世界最大的火成杂岩体之一，总体长度约550公里，宽度为3公里—11公里。1924年在其岩体的硫化物带中发现矿化铂族元素，20世纪80年代圈定铂族元素储量为7900吨。尽管津巴布韦铂金资源丰富，但全部被西方公司所控制。大岩墙带上被探明的四块主要铂族金属矿区有三块（Snake Head、Hartley、Mimosa）为南非Implats集团所控制，还有一块（Unki）为Anglo Platinum所拥有。

目前西方公司开发津巴布韦铂金资源基本是通过露天或井下开采，经过选矿、火法冶炼产出含铂钯的高冰镍送往南非进一步精炼，而大量的钯、铑、金等贵金属与铜、钴均未计价。

津巴布韦政府逐渐意识到加大矿产自主权，建立自己精炼厂的必要性，但矿业改革不能采取激进的做法，因此在矿业法的修改上向西方公司作出了妥协，这样也可以创造较好的投资环境，西方公司也可以扩大在津巴布韦的投资规模。

最近，因为Implats集团就铂金资源和津巴布韦政府达成协议，消除了增加投资的担忧，所以对外宣布将对设在津巴布韦的控股子公司Zimplats追加投资2.58亿美元，用于建设两个铂金地下开采矿井和一个选矿厂。

(三)津巴布韦矿业开发规则

1. 政府开发矿业的原则

政府积极鼓励外资来开发本国矿产资源。政府总体政策是“向东看”,要依靠中国和俄罗斯。

2. 投资矿业有关法律法规

(1)矿业立法

津巴布韦主要的矿业法规是1961年颁布的《矿山和矿产法》,以及1991年颁布的《小规模采矿法》。1996年对《矿山和矿产法》进行了重新修订。

在津巴布韦,所有矿产开发活动都必须遵守《矿山与矿产法》,规定所有矿产属国家所有,所有的矿业权均由总统授予。

津巴布韦有一项特殊的“独家探矿订单”(EPO)制度。该制度授予持有者在特定地区寻找所规定矿产的专有权。专有权有效期为3年,必要时可申请延期3年。这项“独家探矿订单”的申请和执行有着严格的规定。首先,“独家探矿订单”申请者必须向矿业管理部门“矿业事务局”(矿业部秘书兼任局长)提出申请,经审核同意后才建议矿业部部长签发“独家探矿订单”。之后,订单持有者必须每隔6个月提交一份详细的工作计划。一旦发现了矿床就可以注册采矿地,并有资格立即开始采矿活动。“独家探矿订单”可以转让。新近修订的《矿山与矿产法》允许建立“特别采矿租约”(Special Mining Leases)。其特点是承租人与政府就经营的期限和条件可以协商,并签订协议。如果矿权地一直不进行开发,而且无充足的理由,国家有权收回。

(2)矿业税费

目前,津巴布韦针对矿业开发的税收主要有三大类:第一类是企业所得税,目前税率为15%;第二类是营业税,目前税率为5%;第三类是增值税,目前税率为15%,并可全额抵扣。

3. 基础设施

津巴布韦矿业基础设施较好,主要体现在公路铁路运输便利。津巴布韦是内陆国家,运输以铁路、公路和航空为主,海运主要通过南非的德班港(距哈拉雷1700公里)和莫桑比克的贝拉港(距哈拉雷600公里)。铁路通往南非、莫桑比克、赞比亚和博茨瓦纳。铁路总长为4300公里,其中哈拉雷至达布卡(DABUKA)的300公里为电气化铁路。公路总长为8.5万公里,其中1.9万公里为国家级公路,1.5万公里为沥青路面。另外,津巴布韦有较普及的供电网络。

津巴布韦矿业的人才教育基础也比较雄厚,较大的与矿业相关的教育机构有:津巴布韦矿业学院（Zimbabwe School of Mines），综合技术学院（Polytechnical Colleges）、津巴布韦大学和国家科学技术大学（National University of Science and Technology）。

（定稿于2009年12月11日）

参考文献资料

1. 环球铂业有限公司提供的《铂金项目开发概要》。
2. Johnson Matthey：《Platium 2009》报告。
3. 宋国明：《津巴布韦矿业投资指南》，《中国发展观察》，2006年02月15日。

第十五章 莫桑比克

一、莫桑比克2008年经济发展情况概述

2008年莫桑比克农业、交通运输、通讯、矿业开发等行业发展形势好于预期，整体经济增长较快。世界银行、国际货币基金组织以及莫桑比克政府统计数据显示，2008年，莫桑比克实际GDP增长率达6.8%，官方外汇储备继续增加，当年通货膨胀率由年初的13%下降到年末的6.2%，本币梅蒂卡尔对美元的实际汇率上升约24%。

（一）经济总体保持高速增长

自20世纪90年代中期以来，莫桑比克相对于周边情况相似的非洲国家来说，经济发展较为迅猛，十几年来保持着GDP年均增长8%的速度。据国际货币基金组织统计，2008年，莫桑比克实际GDP增长率达6.8%，高于预期（见表1）。同年，官方外汇储备比2007年增加了近1.4亿美元，达到可满足4.4个月进口货物与服务的水平。由于国际商品价格自2008年下半年后大幅下降，莫桑比克国内通货膨胀率从2008年3月13%的高峰下降到2009年5月3%的水平。

表1　2007年—2010年莫桑比克主要经济数据

年　度	2007	2008	2009	2010
名义GDP(亿美蒂卡尔)	2080	2390	2610	2880
实际GDP增长率(%)	7.4	6.8	4.3	5.0
人均GDP(美元)	398	477	440	445
消费者价格指数(%)	10.3	6.2	5.8	5.7
财政结余占GDP(%)	-3.8	-2.2	-5.6	-4.3
净官方外汇储备(亿美元)	15.08	16.44	14.21	12.75
满足进口货物与服务的月数	4.7	4.4	3.9	3.6

注：表中2009年和2010年数据为预测值。
资料来源：国际货币基金组织。

促成莫桑比克经济发展较快的原因，一方面是由于该国实现了外贸出口的多元化，出口产品增加，收入提高。近十年来莫桑比克外贸收入增长了三倍，出口收入占全年

GDP的30%，扭转了以往外贸赤字占GDP 30%的局面。另一方面是由于大量的外国援助和投资的涌入（见表2）。这部分资金主要投向该国的铝、煤和天然气等自然资源开发领域，如巴西淡水河谷公司对Moatiza煤矿开采投资金额约为13亿美元，而外商对Sasol天然气管道项目的巨额投入也将使莫桑比克对南非出口的天然气量翻一番。据统计，2008年流入的外资总额约占莫桑比克当年GDP的23%。大量的资金流入促进了莫桑比克经济的发展。

表2　2006年—2010年莫桑比克接受外资和援款情况（占当年GDP比例）　单位：%

年　度	2006	2007	2008	2009	2010
外国私人资本	2.7	5.7	4.5	3.6	3.8
其中：FDI	2.1	5.3	4.7	4.4	4.4
净借款	0.6	0.6	-0.2	-0.8	-0.6
援款	12.8	13.1	17.6	16.2	14.5
其中：预算内	12.3	12.7	17.0	16.2	14.5
预算外	0.5	0.4	0.6	0	0

注：表中2008年至2010年数据为预测值。
资料来源：莫桑比克政府、国际货币基金组织。

为发展经济，莫桑比克政府近年来致力于经济结构的调整，在大力发展农业的同时，积极发展以电解铝为代表的加工制造业，并培养出新的经济增长点。此外，近年来莫桑比克的旅游业也取得了长足的发展。随着莫桑比克政府逐步对国家公园和野生动物保护区内陈旧设施的更新改造，提高其现代化水平，莫桑比克旅游业的投资环境得以改善，外国游客赴莫桑比克人数大幅增加，外资对旅游业的投入也在增加，使旅游业发展成为莫桑比克国民经济的一大亮点。据莫桑比克旅游部的统计数字显示，2008年来莫桑比克旅游的外国游客人数为150万人，旅游收入达到1.9亿美元，而2004年的外国游客数量仅为90多万人，当年的旅游业收入仅为9500万美元。

（二）调整出口结构，推动贸易自由化，改善国际贸易状况

2000年以前，莫桑比克对外出口主要以对虾、腰果、棉花和蔗糖等传统的渔业和农产品为主，出口收入有限。2000年以后，随着莫桑比克电解铝、电力及天然气等大型项目的投产，莫桑比克出口产品开始多元化，铝、电、天然气等非传统出口产品迅速取代了农产品在出口中的地位，成为莫桑比克当前出口收入的最主要来源（见表3）。其中，莫桑比克最大的铝业公司莫赛尔公司（Mozal）的铝产量占莫桑比克全国铝产量的70%和莫桑比克出口收入的50%。2008年，该公司的铝产量因南非电力公司（ESKOM）供电量减少而较2007年下降10%，但凭借2008年高昂的铝价，该公司的收入不降反升。2009年，全球经济衰退对该公司的影响要小于对世界上其他铝业公司的影响。该公司的母公司澳大利亚必和必拓公司拟维持该公司目前的生产水平，同时降低生产成本，以抵消需求下降造成的影响。

续表

年　度	2007	2008	2009	2010
当年未分配收入(+)或支出(-)	-0.9	0.3	0.0	0.0
接受援款额	9.3	9.5	11.8	14.0
其中:项目援款	5.4	5.8	7.7	10.0
非项目援款	3.9	3.7	4.1	4.0
总　计	-3.8	-2.2	-5.6	-4.3

注：表中2009年和2010年数据为预测值。
资料来源：莫桑比克政府、国际货币基金组织。

（四）金融体系保持稳定，但金融中介功能有待进一步加强和深化

自2003年以来，莫桑比克政府采取措施，发展该国的银行和金融系统，加强中央银行的管控能力，提高商业银行的资本金充足率和流动性（见表7）。莫桑比克政府还通过加强中央银行的监管权力，对国内商业银行引进了国际金融汇报标准体系，制定了基于风险控制的监管要求，同时对问题银行进行大规模重组，改善银行的资产负债表。通过运用市场操作手段，政府制定的货币与汇率政策得以较好地执行，从而降低了实际利率水平，保持了利率的稳定性。但从整体上看，莫桑比克金融系统的金融中介功能有待进一步加强与深化。绝大多数莫桑比克民众仍得不到金融机构的服务，银行存款与贷款额占该国GDP的比重无论在绝对值方面还是与周边情况相似国家相比，都显得较低。造成上述问题的原因主要有两点：一是莫桑比克经济基础设施落后、法律体系薄弱和严重缺乏信贷与财产基础信息等结构性问题限制了贷款客户数量的增长，加大了金融服务的成本与风险；二是银行业缺乏竞争，银行成本与息差较高，高额的银行代理费与手续费推升了借贷成本。因此，对于莫桑比克银行金融业来说，改进与完善其金融中介职能将是一个长期、缓慢而渐进的过程。

表7　　2004年—2008年莫桑比克银行业主要数据

年　度	2004	2005	2006	2007	2008
资本金情况					
法定资本金与风险资产比例	18.65	16.00	12.53	14.21	13.9
净资本金与资产比例	9.51	8.04	6.06	6.35	6.65
收入与利润情况					
资产回报率(%)	1.43	1.81	3.51	1.92	3.5
股权回报率(%)	18.73	27.42	55.39	25.13	40.7
利息收入占总收入比重(%)	60.15	58.01	63.07	56.15	57.08
流动性情况					
流动资产占总资产比重(%)	58.12	55.52	51.87	53.25	49.27
存贷比	283.07	191.90	179.34	198.21	170.62
资产组合与质量情况					
各行业贷款占总贷款比例(%)					
农业	9.45	8.49	6.39	9.42	8.05

续表

年　度	2004	2005	2006	2007	2008
工业	11.94	16.77	22.15	19.51	16.72
建筑业	3.35	4.13	5.64	5.74	4.24
商业	21.29	27.36	27.40	24.44	25.62
运输与通讯	7.19	5.83	6.15	12.18	11.15
其他	36.18	35.05	32.27	28.70	34.22
不良贷款比例	6.42	3.82	3.26	0.90	1.95

资料来源：莫桑比克中央银行。

由于当前莫桑比克金融体系与国际金融体系联系并不紧密，此轮国际金融危机对莫桑比克金融系统的直接影响较小。但莫桑比克银行业仍面临一些潜在的风险，一是莫桑比克国内大部分银行均由外资银行控股，一旦这些控股银行出现重大风险问题，将无法避免地波及莫桑比克国内银行；二是莫桑比克银行业面临着本国经济下滑的风险，信贷资金大量集中在少数产业上，集中度较高导致潜在风险较大。

（五）外债压力不高

国际货币基金组织认为，莫桑比克当前的债务水平并不高（见表8）。莫桑比克政府公共债务中大部分为外国政府和国际多边机构的外债，虽然2009年莫桑比克对外出口收入和国家财政收入将会减少，外债占GDP的比重以及偿债率会有所上升，但总体而言，莫桑比克外债负担仍处于警戒线以内，偿债压力不大。

表8　　2006年—2008年莫桑比克外汇储备与外债情况

年　度	2006	2007	2008
官方外汇总储备（亿美元）	12.41	15.2	16.6
相当于进口货物与服务的月数	4.4	4.7	4.4
净官方外汇储备（亿美元）	12.31	15.04	16.44
外债净现值占当年GDP比例（%）	9.8	16.8	17.6
偿债率（%）	0.8	3.4	1.5

注：表中2008年数据为预测值。
资料来源：莫桑比克政府、国际货币基金组织。

（六）2009年经济展望

从2008年的情况来看，全球金融危机对莫桑比克的影响不大，但该国2009年及以后的经济发展仍存在着较多的不确定性因素。在过去的十多年中，莫桑比克经济的发展主要依靠外贸收入增加和外资流入支撑，但未来这种模式并不一定能长期持续下去。以2009年为例，本年前几个月的外贸收入明显低于2008年同期水平，2009年全年的出口收入可能较2008年下降30%。

与此同时，外资流入的速度也比2008年缓慢，外资额可能会比2008年下降40%，莫桑比克政府对一些大型项目的投资有可能因此推迟。这些因素将可能导致莫桑比克2009年的GDP增长率下降。此外，出口收入的减少预计将导致2009年官方外汇储备比2008年减少约2.2亿美元，外汇储备能满足的货物与服务的进口额下降到4个月以下的水平。银行与金融系统虽然与全球金融体系联系不深，但鉴于莫桑比克经济存在下滑风险和该国银行信贷集中度较高的现状，莫桑比克银行业潜在的信贷风险不可小觑。此外，南非经济复苏乏力也可能会影响到莫桑比克经济的发展。

参考文献资料

1. 莫桑比克政府门户网站：www. portaldogoverno. gov. mz。

2. 莫桑比克中央银行网站：www. bancomoc. mz。

3. 国际货币基金组织网站：www. imf. org。

4. 世界银行网站：www. wordbank. com。

二、当前莫桑比克电信市场简况

莫桑比克是世界上最贫困国家之一，经济不发达，人均收入低，基础设施薄弱。这些因素使得当前莫桑比克电信市场处于较低的发展水平，电信网络覆盖严重不足，市场规模小，用户数量少，渗透率低，公司盈利水平不高。然而，随着未来莫桑比克国内经济的发展，该国电信市场将呈现出广阔的发展空间。目前，莫桑比克电信市场的监管机构是莫桑比克交通与通讯部下属的莫桑比克国家通讯委员会（以下简称“INCM”）。具体来说，莫桑比克交通与通讯部主要负责制定电信行业整体发展政策和目标，而INCM则负责无线频率波断的使用和对运营商的日常监督。

（一）莫桑比克当前的政策与投资环境

自1992年莫桑比克内战结束以来，莫桑比克解放阵线作为莫桑比克执政党地位稳固，有力地保证了国内政局的长期稳定。为改变本国的贫困面貌，莫桑比克政府决定加大对卫生、教育、农业及基础设施等领域的投入。与此同时，政府正在逐步放松对国营经济部门的管制，政府官僚作风也有所转变，这些因素都有效地促进了外资的流入。在世界银行发表的《2009年全球经商环境》（2009 Doing Business）报告中，莫桑比克在“保护投资”方面位列178个国家中的第33名，在撒哈拉沙漠以南的黑非洲国家中仅排在南非和毛里求斯之后，排名较为靠前。当前莫桑比克境内的自然资源尚未得到充分有效的开发利用，国外资金主要集中于该国的煤炭开发领域，对其他资源的开发投入不多。作为南部非洲发展共同体（以下简称“南共体”）的成员，莫桑比克享受该组织15个成员国的免关税待遇。如果南共体能如期在2012年实现计划中的关税同盟，则莫桑比克的对外贸易成本将进一步降低，莫桑比克港口也将因承运东南部非洲地区大量国际贸易物资的功能而兴盛起来。

但就目前而言，莫桑比克仍是世界上最贫困国家之一，国民经济发展水平不高，人均收入较低，政府财力有限，财政资金大部分来自于外国援助。在全球金融危机的背景下，莫桑比克政府预测本国2009年经济增长率约为6.3%，低于2008年6.5%的水平。但有国际机构预测莫桑比克2009年的经济增长率有可能低至4.1%，远低于莫桑比克政府的预测。虽然该国在世界银行“2009年全球经商环境”报告中“投资保护”一项的排名领先大部分非洲国家，但在整体评价中，莫桑比克在178个国家中仅排名第134位。现阶段，莫桑比克仍以铝等自然资源的出口为主要出口创汇来源，而这些原材料的需求易受到国际主要进口国经济波动的影响，在全球经济对原材料需求下降的情况下，莫桑比克对外出口收入将有所下降。莫桑比克境内土地全部为国有，这一现状限制了私营部门以土地作为抵押品获取金融机构贷款的融资能力。莫桑比克自身发电能力有限，电力需大量从南非进口。目前，莫桑比克的电力供应受南非电力出口下降的影响较大。上述这些因素均制约着莫桑比克经济的发展。

（二）莫桑比克固网通讯市场情况

据统计，2008年，莫桑比克固网通讯市场的用户数为6.6万，渗透率仅为0.3%（见表9），在首都马普托以外地区的固网电话覆盖相当有限。造成目前莫桑比克固网市场落后的一个主要原因是长期的内战使得该国的通讯基础设施遭到了严重的破坏。

表9　　2006年—2013年莫桑比克固网用户数与渗透率

年　度	2006	2007	2008	2009	2010	2011	2012	2013
用户数(千户)	67	67	66	64.7	64	63.3	62	60
渗透率(%)	0.3	0.3	0.3	0.3	0.3	0.3	0.3	0.3

注：表中2009年至2013年数据为预测值。

目前，莫桑比克国内的固网运营商主要是国有的莫桑比克电信公司（以下简称“TDM”）。莫桑比克政府指出，TDM是莫桑比克经济发展的核心力量之一，政府将继续保持TDM的国有地位，不会将其私有化。但莫桑比克政府2008年6月宣布，决定在未来颁发数张新的固网牌照，引进更多的固网运营商。这一决定将结束TDM在市场上的垄断地位，使其未来不得不面临较激烈的市场竞争。为迎接挑战，TDM正在不断加强其资金力量，扩展其在国内的网络，将固网铺设到以前不曾覆盖的农村以及偏远地区。与此同时，TDM还开始在主要省会城市开展宽带互联网服务。

按照目前莫桑比克固网市场状况，任何想要进入该国固网市场的运营商都要首先投资铺设基础网络，初期投资额将不低于2000万美元，以便在11个主要省会城市建立起包括语音、传真和互联网接入的基础网络。目前，TDM因缺少足够的资金，该公司的网络还达不到上述水平。据媒体报道，TDM现有资金500万美元，该公司希望通过援款与贷款相结合的方式筹集其余资金。但与无线移动网络的发展相比，固网发展的投资相对较大，网络的扩张也不如移动网络扩张那样方便和迅速。因此，在莫桑比克移动网络发展较快的情况下，固网市场未来的发展速度将相对较低。

（三）莫桑比克无线移动通讯市场情况

1. 莫桑比克移动通讯市场简况

与莫桑比克固网发展较慢的情况相比，该国移动用户数量则呈指数级速度增长，年均增长率达 30%。预计 2009 年莫桑比克移动用户数量约为 532 万，移动用户的渗透率将达到 25%（见表 10）。虽然莫桑比克无线移动市场近年来发展稍快，但由于该国贫困人口众多，无线移动通讯市场仍处于较低的发展阶段，这反映在较低的渗透率和 ARPU 值上。目前，莫桑比克移动市场的 ARPU 值仅为 4.6 美元，远低于安哥拉 24 美元的水平。此外，莫桑比克当前移动用户中绝大多数为预付费用户，约占整个移动用户数量的 97%，而后付费用户仅占 3% 左右，无线移动通讯 90% 的业务是初级的语言服务，数据传输服务只占 10%。

随着未来莫桑比克经济的发展，该国电信市场上农业与商业机构等企业用户将逐步增多，后付费的移动用户数将继续增加，商业机构需要的数据传输服务需求也将不断上升。据国际研究机构的数据显示，如果莫桑比克移动市场未来发展速度保持稳定，截至 2015 年，该国移动用户数将从 2009 年的约 530 多万发展到 3070 万，市场收入也将由 2009 年的约 4 亿美元上升至 18 亿美元左右，由此可见，莫桑比克未来的无线移动通讯市场有着较为广阔的发展空间（见图 1）。

表 10　　2006 年—2013 年莫桑比克无线移动市场用户数

年　度	2006	2007	2008	2009	2010	2011	2012	2013
用户数(百万)	2.339	3.475	4.675	5.322	6.562	7.784	8.902	9.891
渗透率(%)	11.6	16.9	22.3	24.8	29.9	34.7	38.8	42.1

注：表中 2009 年至 2013 年数据为预测值。

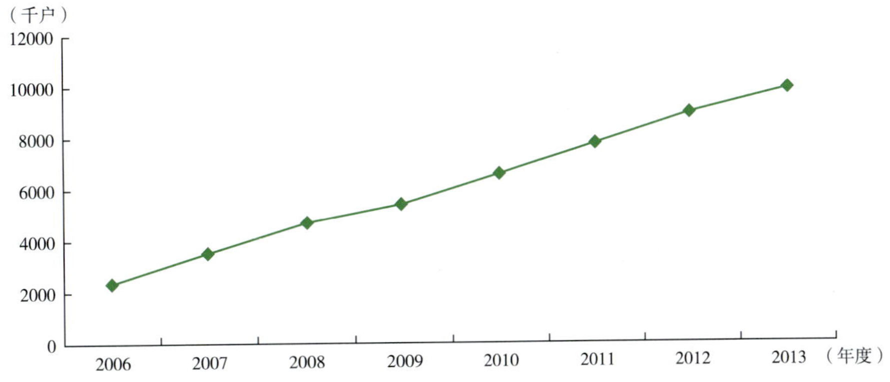

图 1　2006 年—2013 年莫桑比克无线移动用户数量发展趋势

2. 莫桑比克移动运营商简介

目前，莫桑比克境内有两大主要的移动运营商，分为是mCel公司和Vodacom莫桑比克公司。

（1）mCel公司

mCel是TDM旗下负责经营无线移动业务的子公司，为国有控股。该公司成立于1997年，当时只提供后付费服务，因为成本较高，当时该公司移动用户的渗透率只有1%。2002年后，该公司推出预付费服务，市场反映转好。目前，该公司在莫桑比克无线移动市场的份额基本保持在70%以上，现有移动用户约为356万户。2008年3月，mCel选择爱立信公司作为其移动宽带网络解决方案的供应商，启动了网络升级工程。该工程是将mCel现有网络向全IP网络转换的一部分，可帮助mCel现有网络承载更大量的宽带数据传输。2008年6月，mCel宣布将投资约7000万美元扩展其在全国的网络覆盖范围，提高服务质量，为该公司未来开展3G业务做好准备。mCel提出要在2009年实现网络100%的覆盖率。

据有关消息称，莫桑比克有意于2009年下半年开始对mCel进行部分私有化改革，但目前尚不清楚该公司哪部分业务将被出售，也不清楚私有化改革的最后期限。有媒体暗示该公司20%的股份将以公开募股的形式出售，但具体情况不详。

（2）Vodacom莫桑比克公司

Vodacom莫桑比克公司是莫桑比克境内的私营移动运营商，是Vodacom与Telkom South Africa于2003年在莫桑比克成立的合资公司。Vodacom莫桑比克公司于2004年开始运营，业务主要集中在预付费用户方面。在该公司进入莫桑比克后，莫桑比克移动通讯市场开始进入一个较活跃的发展期。在像莫桑比克这样一个有60%贫困人口的国家，只有大量开展预付费移动通讯服务，普通百姓才有可能用得起移动通讯服务。2004年，Vodacom莫桑比克公司98%的股份为Vodacom持有，当地投资者持有的股份比例仅为2%。2008年5月，莫桑比克的瓦塔纳投资公司出资1000万美元，收购了Vodacom莫桑比克公司5%的股份。目前，Vodacom莫桑比克公司被莫桑比克本国投资者持有的股份已达15%，Vodacom表示有意继续出售其持有的股份，但为确保其持股股东的地位，Vodacom出售的股份累计将不超过50%。目前，Vodacom在莫桑比克移动市场的占有率约为30%，用户数约为163万户。截至2008年年底，该公司用户中只有1.8%为后付费用户，多数为公司团体，其余绝大多数用户均为预付费用户。近期，Vodacom莫桑比克公司宣布将投资5000万美元，用于在农村地区建立更多的基站，扩大其在农村地区的网络覆盖率。

3. 莫桑比克移动通讯市场发展趋势

2008年9月，有消息称若莫桑比克政府颁发第三张移动运营牌照，葡萄牙电信公司有意进入莫桑比克移动电信市场。据媒体报道，葡萄牙政府早已开始与莫桑比克政府商谈扩大其在莫桑比克投资的相关事宜，葡萄牙电信公司也已拥有莫桑比克主要互联网内容提供商

Teledata 公司 50% 的股份。2008 年 12 月，媒体称莫桑比克政府将拍卖第三张移动运营牌照，与 2004 年 1500 万美元的拍卖价格相比，此次拍卖的价格将会更高，而葡萄牙电信公司表示其有意参加竞拍。若莫桑比克移动通信市场能引入第三个运营商，无疑将改善现有服务水平，从整体上有利于莫桑比克移动通信市场的发展。但 2009 年 4 月，莫桑比克政府透露，由于本国移动市场的发展状况并不理想，政府决定推迟拍卖新的运营牌照。目前，有消息称莫桑比克政府可能于 2011 年引进第三个移动运营商。

现阶段，mCel 和 Vodacom 莫桑比克公司每年的资本投资约为 3500 万美元，在引入第三个移动运营商的情况下，其第一年对先期的基础设施建设的投资将达到 5000 万美元，且随后每年的投入也将介于 3500 万美元至 4000 万美元之间。

虽然当前莫桑比克移动用户的渗透率较低，但同时也预示着该国通讯市场未来广阔的发展前景。随着莫桑比克政府启动国有运营商的私有化进程和引入新的移动运营商，市场竞争将日益激烈，进而刺激无线通讯市场的进一步发展。此外，经过莫桑比克海岸的东南非海底光缆工程（SEACOM）已经动工，这一工程在降低无线通讯费用的同时，还可大幅提高数据传输速度，这对于吸引更多公司投资莫桑比克移动通讯行业意义重大。总体来看，莫桑比克无线移动市场有着较强的发展潜力，无论对运营商还是产品和技术供应商而言，都是一个难得的发展机遇。

（四）莫桑比克互联网市场情况

目前，莫桑比克互联网市场很不发达，2008 年用户数仅为 25 万，市场渗透率不足 1.5%（见表 11）。

表 11　　2006 年—2013 年莫桑比克互联网与宽带用户数

年　度	2006	2007	2008	2009	2010	2011	2012	2013
互联网用户数(百万)	18	20	25	32	40	47	55	65
互联网用户渗透率(%)	0.9	1.0	1.2	1.5	1.8	2.1	2.4	2.8
宽带用户数(百万)	0	0	0.1	0.12	0.18	0.2	0.22	0.29
宽带用户渗透率(%)	0	0	0	0	0	0	0	0

注：2009 年至 2013 年数据为预测值。

为改变这种落后的状况，TDM 和其他运营商已启动包括在莫桑比克首都马普托建设 WiMAX 网络工程在内的大量工程项目，以提高宽带互联网用户的数量和渗透率。随着莫桑比克工商企业等商业机构的发展，预计其社会未来对宽带互联网的需求将所有增加。但由于莫桑比克经济发展速度较慢，因此，其宽带互联网市场的发展速度也不会太快。莫桑比克互联网市场发展趋势见图 2。

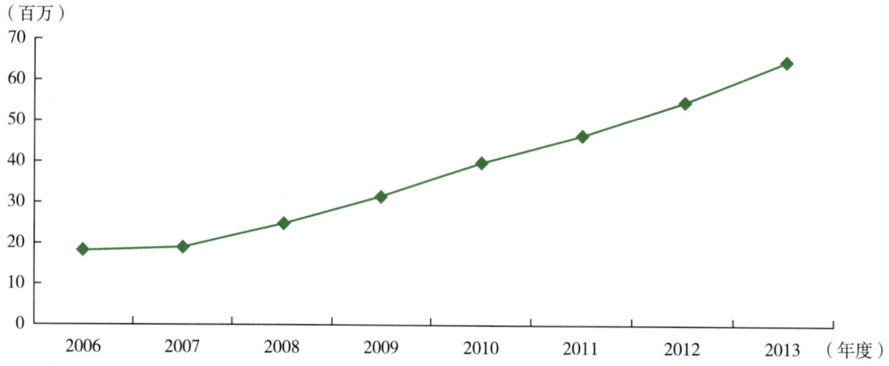

图2　2006年—2013年莫桑比克互联网市场发展趋势

参考文献资料

1. 莫桑比克政府门户网站：www. portaldogoverno. gov. mz。

2. 国际货币基金组织网站：www. imf. org。

3. 世界银行网站：www. wordbank. com。

第十六章　纳米比亚

纳米比亚宏观经济概况

纳米比亚国土面积约为82.4万平方公里，人口约为200万人，地广人稀，矿产资源较为丰富。该国长期以来政局稳定，政府治理良好，经济基础设施较完善，是非洲国家中经济发展水平较高的国家之一，属于世界中等收入国家。但受白人殖民统治时期的种族歧视政策的影响，该国在1990年独立后存在着较为严重的社会和经济发展不平衡现象，两极分化显著、贫富差距较为悬殊、黑人失业率高，这些消极因素制约着该国经济的进一步发展。

（一）自然资源状况

纳米比亚西临大西洋，海岸线长达1600公里，是世界上渔业资源极为丰富的国家之一，捕鱼量位居世界前十名，主要有鳕鱼、金枪鱼、龙虾等，其中大量供应出口。该国矿产资源丰富，主要有钻石、铀、铜、锌、铅、金等，素有“战略金属储备库”之名。纳米比亚境内可耕种土地面积约为6900万公顷，主要种植玉米、高粱和小麦等，但由于气候干燥、土地贫瘠，农作物产量低。

（二）政府经济政策及经济现状

自1990年独立以来，纳米比亚政府一直推行市场经济，着力吸引外资，发展制造业、矿产品加工业、金融业和旅游业，并鼓励私营经济的发展。中央政府采取谨慎的财政政策，本币纳元一直与南非兰特挂钩，其经济发展与南非密切相关。现任总统波汉巴执政以来，纳米比亚政府继续奉行从紧的财政政策，扩大对公路、铁路和港口等基础设施的投入，以提高劳动生产效率。由于政府管理水平相对较强，法律与监督体系较为完善，社会长期稳定，加之矿产资源丰富，因此，纳米比亚经济近年来一直保持着稳定的增长，通货膨胀水平温和，外贸收支盈余较大，政府负债水平较低。近三四年来，纳米比亚GDP年增长率一直保持在4%左右，2008年人均GDP约为4100美元（见表1、图1）。进入2009年，受全球金融危机的影响，该国经济增速趋缓，进入经济结构调整的阶段。

表 1　　2005 年—2009 年纳米比亚主要宏观经济数据

年　度	2005	2006	2007	2008	2009
GDP(百万纳元)	46176	54013	61456	69672	76254
人均 GDP(美元)	3709	4007	4296	4127	3892
CPI(%)	2.3	5.1	6.7	10.3	9.1
官方储备(百万美元)	316.0	512.8	906.6	1394.2	1178.2
外债占 GDP 比例(%)	25.5	28.1	24.3	28.4	28.0
汇率(美元/纳元)	6.4	6.8	7.1	8.3	

注：表中 2008 年、2009 年数据为预测值。

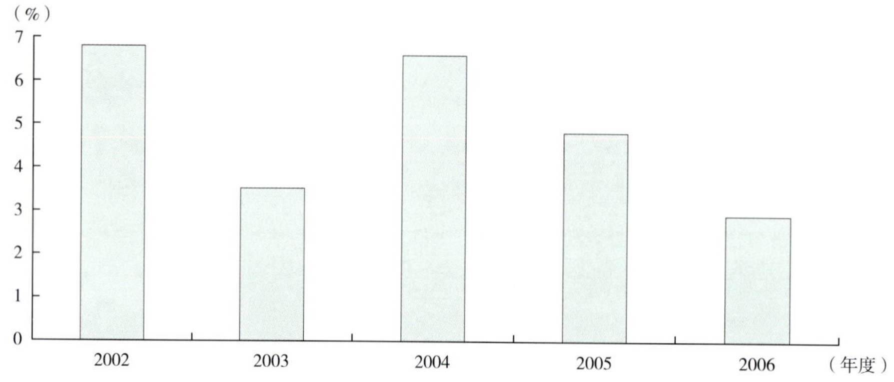

图 1　2002 年—2006 年纳米比亚 GDP 年均增长率

然而，由于纳米比亚人口较少，其经济总量规模较小。当前该国经济中的突出问题是失业率与贫困率高，成年人中感染艾滋病的比例也较高（见图 2）。据世界银行《2006 年世界发展指数》的统计数据显示，纳米比亚人均一天收入在 2 美元以下的贫困人口约占全国人口的 56%，失业率高达 30%，基尼系数高达 0.6，为世界上最高的国家之一。在 2006 年联合国对 177 个国家进行的人类发展指数调查中，纳米比亚居第 125 位，社会财富分配严重不均。

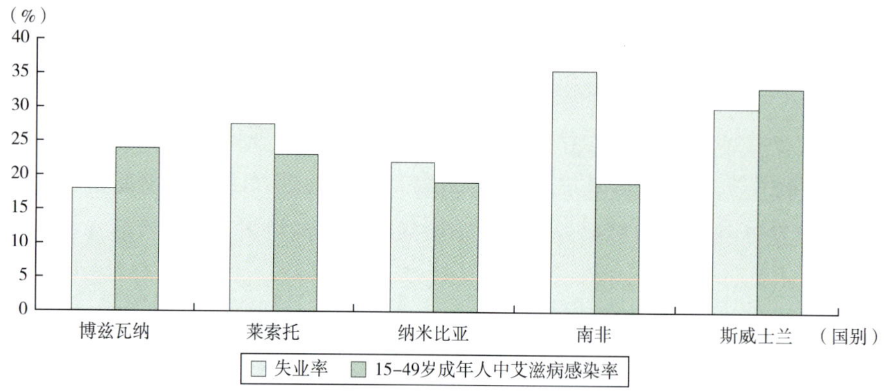

图 2　纳米比亚与邻国失业率与艾滋病感染率比较

（三）主要产业状况

矿业、渔业和畜牧业是纳米比亚经济中传统的三大支柱产业。纳米比亚独立后，在国家宏观经济政策的扶植下，以金融、旅游、房产地、商业销售等为主的第三产业迅猛发展，并超越第一、第二产业成为国民经济的主导力量（见表2）。在传统的农牧渔业中，因降雨量少、土地贫瘠，农作物产量低且不稳定，粮食不能自给，大量靠从南非等国进口。相对而言，渔业和牛、羊养殖与畜牧加工业较为发达，每年有大量的渔产品、牛、羊及其肉制品出口南非、欧洲等国家和地区。加工制造业中除矿产品加工业较为发达外，其余主要为小规模的私人企业，总体并不发达。

表2　　2003年—2006年纳米比亚主要产业占GDP的比重　　单位：百万纳元

年　度	2003	2004	2005	2006
第一产业	2979	3372	3438	3709
其中:农业	1010	1019	1130	1175
渔业	732	666	643	612
采矿业	1237	1688	1665	1922
第二产业	2741	2808	2910	2918
其中:加工业	1911	1968	2009	1842
肉类加工	97	88	95	84
鱼类加工	277	269	256	159
食品与饮料生产	872	885	929	980
其他加工品	665	726	728	618
电力与水	266	279	315	299
建筑业	564	562	586	777
第三产业	9266	9907	10591	11023
其中:销售与修理	1674	1801	1915	2117
酒店与餐饮	332	321	322	332
运输与通讯	1372	1558	1815	2014
运输与贮藏	753	816	863	964
邮政与电讯	619	741	952	1050
金融、房地产与商业服务	1958	2123	2263	2316
社区、社会与个人服务	144	135	140	144
中央政府	3475	3650	3811	3769
其他供应商	310	318	324	330
GDP总值	14986	16088	16938	17650

相对于非洲其他矿业资源丰富的国家，纳米比亚矿业经济规模不大，但其对纳米比亚的国民生产总值、出口创汇及财政收入有着较大的影响。自1990年独立以来，矿产品的出口一直占纳米比亚名义GDP的21%和全部出口收入的57%，政府通过采矿业获取的税收和经营收入占政府财政总收入的7.5%。在所有矿产资源中，钻石是纳米比亚最重要的矿产品。纳米比亚钻石年产量达200万克拉，钻石出口收入占纳米比亚全部出口收入的39%。自独立以来，钻石出口占

纳米比亚名义GDP的14.2%，纳米比亚政府从钻石开采中收取的税收和经营费用占财政收入的6.5%。目前，纳米比亚钻石中90%由Namdeb公司负责生产，该公司是由纳米比亚政府和德比尔斯公司各持50%的股份组建而成的合资公司。除钻石外，纳米比亚其他的矿产资源还包括铀、锌、金、铜等。在2006年纳米比亚矿产品出口值中，钻石的出口额约占70%，铀占15%，锌占7%，金占3%，铜占3%，其他矿产品占2%（见图3），其具体的出口数额见表3。目前，纳米比亚为采矿业制定的法律和税收政策均符合国际标准，成为其他非洲矿产大国的典范。

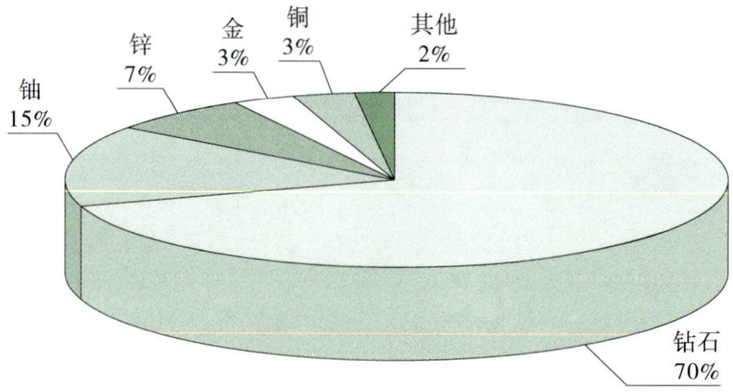

图3 纳米比亚主要矿产品构成

表3 2003年—2007年纳米比亚矿产品出口额数据 单位：百万美元

年 度	2003	2004	2005	2006	2007
钻 石	510.9	824.5	848.3	1083.8	469.9
铀	78.3	116.3	145.6	229.8	214.3
锌	26.2	32.7	43.9	112.9	54.0
黄 金	29.0	24.6	35.8	53.0	31.7
铜	24.3	33.0	30.5	46.2	21.5
银	3.7	4.8	5.6	13.0	3.9
铅	7.5	7.1	5.4	11.1	4.3
其 他	13.6	8.9	8.2	8.6	9.0
合 计	693.5	1052.0	1123.3	1558.4	808.5

注：2007年数据为当年上半年数据。

此外，天然气有望成为纳米比亚未来出口的重要资源。目前，纳米比亚政府已制定计划，准备开发库都海上天然气田。该天然气田已探明储量约为1.3万亿立方尺，可满足一个800兆瓦的发电站使用20年。纳米比亚政府计划于2010年投产，项目预计投入资金约10亿美元。目前，纳米比亚国家石油公司（National Petroleum Corporation of Namibia，简称为“Namcor”）为国营石油进口商。在当前纳米比亚尚无法自己生产石油与天然气的情况下，私人石油公司必须从Namcor采购50%的石油，剩余的50%可直接从国外进口。

（四）财政与货币政策

纳米比亚政府一直奉行谨慎的财政政策，使中央政府财政收支一直保持着稳定的状态。

中央政府的财政收入近 90% 来自于税收。在财政开支方面，近两年中央政府进一步收紧开支，利用现有的财政盈余，进一步优化政府投资方向，扩大了对基础设施领域的投入。纳米比亚是南部非洲关税同盟和兰特货币区成员国，本币纳元一直与南非兰特挂钩，国际社会普遍认为纳米比亚的这一货币政策对于本国经济保持长期稳定发展的局面发挥了相当重要的作用。近年来，由于纳米比亚政府从紧的财政开支政策以及南部非洲关税同盟收入的提高，纳米比亚中央政府 2007/08 财年的财政盈余占当年 GDP 的 4.7%。而受全球金融危机影响，该国 2008/09 财年财政预计将出现赤字（见表 4），赤字总额约占 GDP 的 2.6%。为抑制通货膨胀，纳米比亚政府通过提高银行利率的方式，使通胀水平保持在 7% 以下的水平。纳元汇率保持长期稳定。

表 4　　2006/07 财年—2008/09 财年纳米比亚中央政府财政收支情况　　单位：百万纳元

年　度	2006/07	2007/08		2008/09	
		预算额	预计值	预算额	预计值
收入与援助	16893	18363	20608	20844	21710
其中：收入	16843	18159	20404	20703	21568
税收	15734	16910	19048	19300	20070
个人所得税	3374	2983	3714	3728	4279
企业所得税	2161	2070	2834	2674	2353
钻石开采	360	250	221	355	214
其他矿业开采	351	359	780	461	285
非矿业所得	1451	1470	1834	1858	1854
增值税和销售税	3002	3263	3854	3756	4350
国际税收	6698	8085	8085	8502	8502
其他	500	509	561	640	585
非税收所得	1109	1249	1356	1404	1498
援助款	50	204	204	141	143
支出	15315	18246	17736	24902	23540
其中：经常性支出	12512	14053	13933	17564	16948
人事	6213	6725	6827	7709	7584
商品与服务	2289	3105	2913	4038	3566
利息支付	1263	1156	1179	1189	1234
国内	1169	1037	1067	1050	1095
国外	94	119	112	139	139
补贴和其他经常性转让	2747	3067	3015	4630	4564
资本性支出	2169	2998	2612	6242	5451
购买资本性财产		2168		3469	3469
项目融资（预算外）		488		2613	1823
资本转移		342		159	159
净借出款	633	1195	1190	1141	1248
合　计	1578	-117	2872	-4058	-1830

（五）银行业简况

纳米比亚目前共有4家商业银行，其中1家为本国私人控股银行，另外3家为外资银行控制的分支机构，本国无国有银行。从银行的数量和规模来看，纳米比亚银行业实际被外资银行所控制。从当前情况看，纳米比亚政府加强了银行监管体系，银行资本金较充足，盈利情况良好（见表5）。

表5 2004年—2008年纳米比亚银行主要经营数据

年　度	2004	2005	2006	2007	2008
数量(个)	4	4	4	4	4
其中:私人商业银行	1	1	1	1	1
国有银行	0	0	0	0	0
外资银行分支机构	3	3	3	3	3
资产(十亿纳元)	23.4	28.2	33.4	36.5	40.4
其中:私人商业银行	5.2	6.8	8	9.6	11
国有银行	0	0	0	0	0
外资银行分支机构	18.2	21.4	25.4	26.9	29.4
资本充足情况					
其中:资本充足率(%)	8.8	7.8	7.5	7.9	8.0
资本对风险加权资产比例	15.4	14.6	14.2	15.7	15.8
盈利情况(%)					
其中:资产收益率	2.1	3.5	1.5	3.5	3.2
所有者权益收益率	24.2	45.6	19.9	44.9	39.4
存款(十亿纳元)	17.2	21.5	26.4	33	36.4
其中:私人商业银行	2.5	5.5	6.9	8.7	10
国有银行	0	0	0	0	0
外资银行分支机构	14.7	16	19.5	24.3	26.4
净外国资产(百万美元)	87.6	-24.8	696.3	1005.0	1545.4
其中:纳米比亚银行(央行)	351.3	313.6	454.1	898.3	1255.8
商业银行	-263.7	-338.4	242.2	106.7	289.6
境内利率(年末值)(%)					
其中:存款利率	6.4	6.0	6.9	8.3	8.6
贷款利率	10.7	10.8	12.4	13.6	14.3
央行透支利率	7.5	7.0	9.0	10.5	10.5
3个月国库券利率	7.5	7.0	8.7	9.2	10.5

注：表中2008年数据为截至当年9月份数据。

（六）进出口贸易情况

纳米比亚出口产品主要以矿产品、渔产品和牛羊等畜牧产品为主，其中钻石出口占了出口总额的40%左右。纳米比亚经济对进口的依赖较为严重，食品、衣服和机械设备等绝大多数生活和生产必需品需通过进口获得。南非是纳米比亚第一大贸易伙伴。近几年来，随着矿产品价格的上涨，纳米比亚出口总额呈上升趋势。加上纳米比亚钻石产量的提高和南非从纳米比亚进口的增加，使纳米比亚国际收支中经常项目下的顺差增加迅速，2007 年的国际储备较 2005 年翻了一番，相当于 3 个月的进口货物与服务总额。表 6—表 10 从不同角度提供了大量反映近年来纳米比亚进出口贸易情况的数据。

表 6　　**2005 年—2009 年纳米比亚国际收支平衡表**　　单位：百万美元

年　度	2005	2006	2007	2008	2009
经常项目	344.4	1105.1	804.0	168.6	58.2
其中:货物	-265.3	94.8	-172.0	-825.2	-1108.6
出口(FOB 价)	2066.7	2652.3	2915.3	3107.1	2376.5
其中:钻石	848.3	1083.8	909.8	898.0	525.1
其他矿产品	275.0	474.7	804.6	1056.1	797.9
鱼	155.9	431.0	445.1	466.1	379.5
进口(FOB 价)	-2331.9	-2557.5	-3087.3	-3932.3	-3485.1
服务	43.1	97.2	84.9	28.5	253.9
其中:运输	-107.8	-48.5	-120.9	-205.5	-109.0
旅游	239.7	265.3	301.5	318.0	383.7
其他服务业	-88.8	-119.8	-95.8	-84.0	-20.8
收入	-103.1	-37.3	-109.0	-101.5	-74.8
经常项目转移	669.7	950.3	1000.2	1066.7	987.7
资本与金融项目	-451.9	-1177.6	-856.4	-168.6	-58.2
其中:资本项目	79.4	84.7	83.1	82.4	83.4
金融项目	-531.2	-1262.3	-939.5	-250.9	-141.6
其中:直接投资	360.4	398.5	976.4	654.6	525.9
证券投资	-1043.7	-1112.4	-1470.2	-1017.9	-995.9
其他投资	114.4	-407.9	-1.5	601.3	112.4
净储备资产	37.6	-140.5	-444.2	-489.0	216.0
错误与遗漏	107.4	72.5	52.4	0.0	0.0
官方储备总额	316.0	512.8	906.6	1394.2	1178.2

注：表中 2008 年、2009 年数据为预测值。

表 7　　**2003 年—2006 年纳米比亚主要进口国进口数据（按 CIF 价计算）**　　单位：百万纳元

年　度	2003	2004	2005	2006
比 利 时	77.5	61.2	103.1	68.7
加 拿 大	5.6	5.9	9.7	23.9
中　　国	194.6	182.1	255.6	659.4
法　　国	93.7	29.8	33.3	62.5
德　　国	375.6	284.8	307.7	425.1
印　　度	74.2	137.4	83.3	139.6
以 色 列	91.5	4.7	7.8	16.6
日　　本	94.7	55.9	30.8	44.1
荷　　兰	43.8	33.0	80.6	56.2

续表

年　　度	2003	2004	2005	2006
新 西 兰	0. 5	1. 0	0. 1	0. 9
俄 罗 斯	17. 2	9. 2	8. 6	16. 5
新 加 坡	94. 0	48. 8	39. 8	52. 1
南　　非	14573. 4	13239. 3	13364. 3	15698. 5
西 班 牙	258. 5	102. 1	227. 6	135. 1
瑞　　士	88. 9	69. 4	131. 8	160. 6
英　　国	211. 9	400. 1	172. 1	160. 7
美　　国	149. 3	115. 8	125. 2	283. 1
津巴布韦	235. 1	120. 9	130. 6	126. 4
其他国家	1203. 8	627. 6	955. 1	925. 6
总　　计	17883. 9	15528. 8	16063. 1	19055. 6

表8　　**2003年—2006年纳米比亚主要出口国出口数据**　　单位：百万纳元

年　　度	2003	2004	2005	2006
安 哥 拉	3152. 2	1523. 4	1145. 3	1309. 9
澳大利亚	60. 9	35. 0	58. 2	51. 6
比 利 时	58. 8	48. 9	57. 4	83. 1
博兹瓦纳	107. 5	78. 8	75. 4	103. 1
加 拿 大	136. 6	346. 4	511. 4	866. 7
中　　国	107. 2	205. 1	288. 5	332. 5
刚　　果	355. 1	66. 0	74. 0	310. 7
法　　国	161. 3	1561. 6	94. 6	275. 7
德　　国	150. 0	230. 3	593. 7	740. 4
加　　纳	155. 0	9. 0	33. 3	30. 2
冰　　岛	55. 2	22. 1	1. 1	0. 3
意 大 利	309. 6	266. 0	395. 4	1654. 1
日　　本	108. 7	106. 5	171. 5	285. 4
荷　　兰	160. 5	139. 3	219. 0	249. 5
俄 罗 斯	56. 4	11. 0	15. 4	26. 0
南　　非	3202. 8	4055. 5	4864. 3	5668. 5
西 班 牙	2035. 8	1061. 5	1150. 2	1372. 6
瑞　　士	38. 8	35. 4	47. 1	162. 8
英　　国	2641. 9	3407. 3	3274. 3	5877. 7
美　　国	655. 9	1258. 8	1454. 5	555. 2
津巴布韦	27. 6	22. 8	35. 3	33. 4
其他国家	601. 0	1226. 8	1388. 6	2976. 4
总　　计	14338. 8	15717. 5	15948. 5	22965. 8

表 9 **2003 年—2007 年纳米比亚出口产品数据** 单位：百万美元

年 度	2003	2004	2005	2006	2007
钻石	510.9	824.5	848.3	1083.8	469.9
其他矿产品	182.6	227.5	275.0	474.7	338.6
鱼类产品	229.5	178.7	155.9	204.8	146.0
其他加工产品	156.5	308.5	403.3	559.4	248.1
食品及鲜活动物	161.3	194.4	265.5	269.7	132.9
其他消费品	2.8	4.5	4.6	4.3	2.0
其他出口产品	7.4	85.3	114.0	55.7	3.7
总计(按 FOB 价)	1250.9	1823.4	2066.7	2652.3	1341.3

注：表中 2007 年数据为当年上半年数据。

表 10 **2003 年—2006 年纳米比亚进口产品数据** 单位：百万美元

年 度	2003	2004	2005	2006
食品、鲜活动物、饮料及烟草	61.3	85.2	92.7	80.8
纺织品、衣服及鞋类	44.2	43.0	47.6	56.1
木材、纸及纸制品、家具	123.8	128.2	140.3	136.9
矿物燃料及润滑剂	256.3	171.2	188.0	192.9
化工、塑料、医疗及橡胶制品	99.5	105.8	116.0	126.4
金属及其制品	7.1	12.7	25.5	23.1
机械及电子商品	452.4	465.4	468.6	576.9
交通运输工具	264.0	351.8	388.2	423.6
其他进口品	1025.5	1044.2	1057.8	1199.1
总计(以 CIF 价计)	2334.2	2407.6	2524.8	2815.9

注：表中 2006 年数据为初步数据。
资料来源：纳米比亚中央银行。

与其周边的南部非洲国家相比，纳米比亚国际收支的经常项目状况较好。图 4 是 2006 年纳米比亚与其周边国家经常项目余额占 GDP 比重的比较（数据由 IMF 提供）。

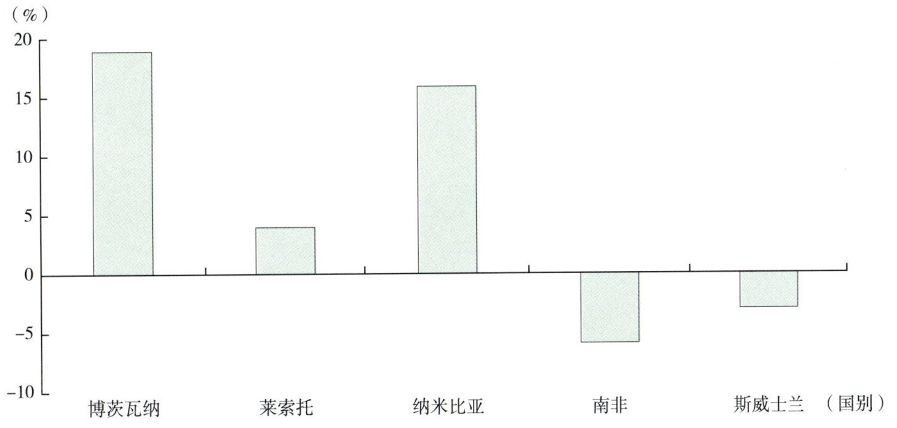

图 4 纳米比亚与周边国家经常项目余额占 GDP 比重的比较

（七）债务情况

纳米比亚政府一直审慎地控制着政府债务水平。据世界银行的统计数据显示，2004/05财年纳米比亚政府公债水平约为当年GDP的33%，到2007/08财年下降到GDP的24.3%，低于政府提出的25%的目标（见表11）。从2005年起，纳米比亚政府直接外债负债总额控制在GDP的5%左右，低于绝大多数撒哈拉沙漠以南的非洲国家水平。惠誉评级公司2005年给予纳米比亚外币长期风险的评级是BBB-，本币长期风险评级是BBB。

表11　　2006/07财年—2009/10财年纳米比亚政府债务情况　　单位：百万纳元

年　度	2006/07	2007/08	2008/09	2009/10
政府直接负债	13638	11995	15664	17628
其中:国内	10928	8852	10453	10817
国外	2710	3143	5212	6810
政府担保债务	3768	3413	4907	5637
总　计	17406	15408	19692	23264
占GDP比重(%)	31.2	24.3	28.8	29.8

注：2008/09财年、2009/10财年数据为预测值。

图5为从1998/99财年至2007/08财年间，纳米比亚政府公共债务负债率（公共负债占GDP比率）情况。其中数值为25%的横线代表债务警戒线。从该图中不难看出，自1998/99财年至2002/03财年，纳米比亚负债率基本在警戒线以下。而从2002/03财年开始，纳米比亚公共债务负债率突破了警戒线，并呈上升趋势，于2004/05财年达到峰值，后逐步下降，预计2007/08财年纳米比亚的公债负债率情况将下降到警戒线以下水平。

图5　纳米比亚政府公共债务率

整体来看，纳米比亚当前是撒哈拉沙漠以南的非洲国家中经济发展水平较好的国家之一。国内形势长期稳定，政府治理水平较高，法律体系较健全，经济呈稳定发展势头，政府对外举债的信誉度较高，国家风险不大。在2005年世界经济论坛发布的《全球竞争力报告》中，纳米比亚在被调查的131个国家中公众机构能力方面排名第53位，在司法独立方面排名第34位，在财产权方面排名第41位。但由于该国经济规模不大，总体需求并不高，对该国投资规模宜慎重。

参考文献资料

1. International Monetary Fund, Namibia: 2005 Article IV Consultation—Staff Report, April 2006.
2. International Monetary Fund, Namibia: 2006 Article IV Consultation—Staff Report, January 2007.
3. International Monetary Fund, Namibia: 2007 Article IV Consultation—Staff Report, February 2008.
4. International Monetary Fund, Namibia: 2008 Article IV Consultation—Staff Report, May 2009.
5. International Monetary Fund, Namibia: Selected Issues and Statistical Appendix, February 2008.
6. International Monetary Fund, Namibia: Selected Issues Paper, April 2009.

第十七章　毛里求斯

一、毛里求斯国民经济运行情况

自1968年独立以来，毛里求斯经济稳步发展，特别是20世纪八九十年代，经济发展成绩尤为显著。但是毛里求斯经济发展对外依存度过高。2000年以后，随着世界经济一体化和国际贸易自由化的深入发展，给毛里求斯现行的经济发展模式带来冲击，再加上近几年国际市场油价飙升，外部环境的恶化加大了毛里求斯国际贸易逆差，影响其经常性账户的收支状况，使毛里求斯经济发展困难重重。2005年新政府上台后加速经济转型，致力于培育新的经济增长点，重点发展旅游业、海产品加工业、信息通讯业和金融服务业。但随着全球经济低迷，毛里求斯经济增长也遇到了较大的困难。

毛里求斯正在通过一系列改革来适应不断变化的经济，采取改善贸易环境、优化税收、改革劳动力市场等措施力争扭转宏观经济下滑的局面，同时毛里求斯也在寻求经济多元化发展。

（一）近年来宏观经济发展概况

1. 国内生产总值分析

1991年至2000年，毛里求斯国内生产总值（GDP）年平均增长率超过5%。2000年以后，毛里求斯GDP增长速度明显放缓，2002年至2005年连续四年增长率都不到5%，2002年和2005年是毛里求斯近10年经济发展最低点（见图1）。

2005年7月毛里求斯新一届政府上台以后，推行了一系列改革措施，进一步完善优惠的投资环境，创造更多的就业岗位，实现经济发展民主化，保证经济持续、快速增长，毛里求斯2005年—2008① 年GDP增长速度呈加快趋势，保持在5%之上。自2008年下半年，受全球经济危机影响，毛里求斯本国经济增长率呈放缓趋势，根据毛里求斯中央银行最新统计数据显示，2009年毛里求斯GDP增长率仅为2.5%。

---

① 毛里求斯财政年度为上一年的7月1日至本年的6月30日，除特殊说明外，本文中所有统计数字时限均为财政年度。

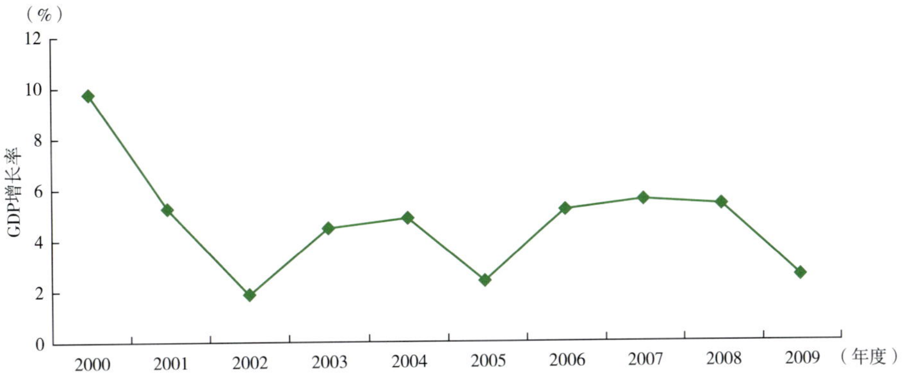

图1　毛里求斯 GDP 增长率变化趋势图

从人均 GDP 上看，2008 年毛里求斯人均 GDP 约为 6639 美元，比 2007 年增长 4.7%，属于中等收入的发展中国家。

2. 产业结构分析

从产业结构来看，近些年毛里求斯的三大产业在 GDP 中所占的比例相对稳定（见表 1）。毛里求斯传统的蔗糖、出口加工等产业在国民经济中的比重逐渐减少，服务业比重逐年增加。图 2 为 2008 年毛里求斯三大产业比重情况图。

表 1　　2003 年—2008 年毛里求斯三大产业占 GDP 比重情况　　单位：%

年　度	2003	2004	2005	2006	2007	2008	平　均
第一产业	6.5	6.5	6.0	5.6	5.0	4.3	5.7
第二产业	30	29.2	27.6	27.6	27.8	29.1	28.6
第三产业	63.5	64.3	66.4	66.8	67.2	66.6	65.8

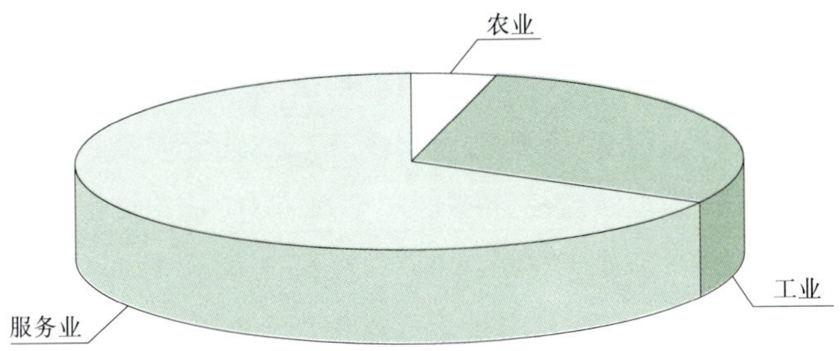

图 2　2008 年毛里求斯三大产业在 GDP 中的占比情况

毛里求斯农业产值占国内生产总值的 6% 左右，占就业劳力的 1/4。全国可耕地面积为 11.08 万公顷，主要作物是甘蔗，其他农作物有茶叶、烟草、马铃薯、玉米、洋葱等。粮食全部依赖进口，年均进口 20 万吨左右。猪肉和家禽基本自给。渔业专属经济区有 170 万平方公里，水产资源丰富。

毛里求斯工业产值占国内生产总值的 28% 左右。工业主要包括制糖业和出口加工业，制糖是毛里求斯的传统工业，拥有现代化糖厂19家。毛里求斯出口加工业始于20世纪70年代末，由引进纺织服装业开始。近30年来，出口加工业一直是毛里求斯经济中最具活力的行业。这一行业为毛里求斯创造了大量的工作岗位，并促进了其他行业的发展。

毛里求斯服务业产值占国内生产总值65%左右，是该国近些年主要的经济增长点，主要包括旅游业、金融服务业、交通运输业、批发零售业等，其中旅游业和金融服务业已经成为毛里求斯的支柱产业。

由表2可以看出，毛里求斯农业受气候影响较大，发展不稳定，2005年—2007年呈负增长，尤其是2007年，毛里求斯主要农作物甘蔗，由于受二月热带风暴“加米迪”和以后的时而持续大雨、时而雨量不足的恶劣气候条件影响，造成甘蔗减产，榨糖率降低。2007年全年蔗糖产量仅为44万吨，是2002年以来产量最低的一年。

表2　　2005年—2008年毛里求斯各产业增长情况表　　单位：%

序号	产业＼年度	2005	2006	2007	2008
1	农业	-5.4	+0.6	-7.4	+6.4
	其中：蔗糖业	-9.2	-2.9	-13.6	+3.7
2	矿业	-3.6	+9.1	-9.1	+0.0
3	制造业	-5.5	+4.0	+2.2	+3.2
	其中：纺织	-14.7	+2.9	+8.5	+0.0
4	能源（电力、燃气和水）	+3.8	+4.0	+3.4	+4.0
5	建筑业	-4.4	+5.2	+15.2	+11.1
6	零售业	+5.6	+5.5	+4.5	+4.6
7	酒店业	+5.6	+3.5	+14.0	+2.7
8	运输、仓储和通信业	+7.7	+7.4	+7.7	+6.2
9	金融服务业	+5.4	+7.0	+7.5	+10.1
10	房地产业	+6.5	+6.5	+7.6	+7.6
11	公共事务管理	+5.3	+4.0	+0.5	+1.7
12	教育业	+6.1	+4.1	+2.5	+3.4
13	医疗卫生业	+6.2	+7.9	+4.6	+4.6
14	其他	+7.2	+6.5	+8.0	+8.3
GDP增长率		+2.3	+5.1	+5.4	+5.3

尽管毛里求斯纺织业在经历四年衰退期后，2006年和2007年状况有很大好转，但2008年纺织业产值较上年零增长。在可预见的未来，毛里求斯纺织业仍将面临多重冲击，主要包括：本币卢比升值、欧洲市场购买力下降，棉花、运输、燃料、电力及工资等价格上涨及整个世界性经济衰退等。为寻找新的经济增长点，毛里求斯一些纺织企业主已将资金投向酒店业、金融业和信息通讯业等。

相比以上两个传统产业低迷的表现，毛里求斯服务业，包括通信、交通、房地产和金融服务业发展迅速，已经成为毛里求斯经济发展的新的支柱。

3. 经济结构分析

（1）消费

毛里求斯2008年消费支出达2318.49亿卢比，较上一年实际增长8.27%，大大高于2007年的4.7%（见表3）。毛里求斯资源匮乏，大量物资需要进口，消费增加主要由于进口商品物价上涨导致。毛里求斯近10年来物价逐年上涨，但涨幅基本平稳，近些年由于国际能源和粮食价格上涨导致毛里求斯国内电力、交通、旅游等方面消费价格大幅升高。根据毛里求斯公布的消费价格指数显示，2006年以后物价上涨迅速，2008年6月的平均价格相对于2006年6月的平均价格上涨20.64%（见表4）。

表3　　2005年—2008年毛里求斯消费支出情况　　单位：亿卢比

消费＼年度	2005	2006	2007	2008
居民消费	1273.49	1454.91	1657.90	1969.29
政府消费	273.68	293.55	307.43	349.20
总　计	1547.17	1748.46	1965.33	2318.49
GDP	1964.75	2296.29	2598.29	3037.30
消费占GDP比例(%)	78.75	76.14	75.64	76.33

表4　　2003年—2008年毛里求斯消费价格指数

月份＼年度	2003	2004	2005	2006	2007	2008
1月	78.6	81.7	86.5	91.7	99.7	109.6
2月	78.7	82.0	86.9	92.0	100.5	110.7
3月	78.7	82.0	87.2	92.5	101.4	110.8
4月	78.8	82.2	87.2	92.4	102.4	111.9
5月	79.3	82.5	87.3	92.6	102.9	113.0
6月	79.6	82.9	87.4	94.0	103.4	113.4
7月	80.1	83.8	87.9	96.8	103.7	
8月	80.0	83.9	87.9	97.5	104.1	
9月	80.4	84.2	87.4	98.1	105.3	
10月	80.7	85.4	88.0	98.5	106.8	
11月	80.7	85.4	88.5	99.3	107.6	
12月	81.1	85.7	89.0	99.6	108.2	
平均	79.7	83.5	87.6	95.4	103.8	
年平均增长率	+3.9	+4.7	+4.9	+8.9	+8.8	

注：以上价格指数以2006年7月至2007年6月平均价格为100比较。

（2）投资

根据最新的经济数据和新项目投资统计显示，2008年毛里求斯的投资将达到718.81亿卢比，比2007年增加13.56%，扣除物价因素，真实增长率为3.86%，远远低于2006年的18.2%，主要原因是由于2006年航空产业投资的加大。2008年私人部分投资继续快速增长，其中大部分投向旅游和酒店等服务业，私人部分投资占投资总额的82.77%，比2007年增加了6个百分点。

2005年毛里求斯新一届政府上台后，实行多项经济改革，大力吸引外国直接投资。毛里求斯政府在吸引国外投资方面提供了诱人的优惠政策：允许外商独资设立公司；汇兑自由，投资者可以自由汇出外汇资金，资本可以自由撤出；外资企业享受国民待遇；对进入自由港区内所有的进口商品免征海关税、免增值税、企业所得税为15%，有优惠的市场准入条件。毛里求斯现有30000多家离岸公司，更是只有0—3%的税收。毛里求斯政府计划在未来3年内将本国变为一个免税岛，这也将使之成为中国企业进入非洲、印度、美国等广大市场的高效便利通道。

毛里求斯与世界上众多重要市场和国家签有贸易促进协定：与美国签订《非洲发展与机遇法案》，至2015年前，6450种商品可免关税、免配额进入美国市场；与欧盟制定《科托努协定》，至2020年前，所有工业品可免关税、免配额进入覆盖27个国家、4.8亿人口的欧盟市场；毛里求斯与印度有着历史、文化、政治、经济上的紧密联系，“特惠贸易协定”（PTA）的签订，使毛里求斯产品低关税甚至零关税地进入印度市场；毛里求斯也是东南非共同市场（COMESA）和南部非洲发展共同体（SADC）成员国，两个组织分别有19和16个成员国，最多覆盖4亿人口，年贸易金额超过1200亿美元，绝大多数成员国之间实行零关税；日本、澳大利亚等众多国家给予毛里求斯普惠制待遇。

2008年“经济自由度指数（Index of Economic Freedom）①”显示，毛里求斯在所统计的162个国家中排名第18位，位居40个撒哈拉南部非洲国家之首。在相关报告中，评价方认为毛里求斯商业环境良好、商业运作透明有效、政府积极鼓励吸收外资、收入及公司税率合理、政府财政支出所占GDP的比例也相对合理。

2008年，毛里求斯吸引外国直接投资共计114.2亿卢比（约合3.8亿美元），比2007年稍有下降。其中酒店和房地产业通过大力推行“综合旅游休闲计划”（IRS）② 吸引外资58.73亿卢比，成为吸引外资最多的国民经济部门（见表5）。2008年，酒店业、房地产业和金融服务业这三个产业吸引外国直接投资占总额的91.4%。

根据最新统计数据显示，进入2009年以来，受全球经济危机和毛里求斯自身经济发展放缓影响，毛里求斯吸引外国直接投资的力度有所减小，2009年第一季度外国对毛里求斯的直接投资金额为13亿卢比（约合4000万美元）。对毛里求斯投资居第一位的国家是法国，金额为3.25亿卢比（约合1000万美元），中国居第二位，金额为1.71亿卢比（约合534万美元），其次为阿联酋、瑞士、英国和美国等。

---

① 经济自由度指数（Index of Economic Freedom）是由《华尔街日报》和美国传统基金会发布的年度报告，涵盖全球155个国家和地区，是全球权威的经济自由度评价指标之一。该指数根据经济自由度50个指标评价各个国家的得分。每一个指标的最高得分为5分，最低得分为1分。在一个指标上分数越高，政府对经济的干涉水平越高，因此经济自由度越低。各个指标累加后的平均值可以计算出总体系数。美国传统基金会的观点是，具有较多经济自由度的国家与那些较少经济度的国家相比，会拥有较高的长期经济增长速度和更繁荣。

② IRS计划旨在发展以国际标准建筑的，拥有高档的休闲娱乐设施的豪华居住型小区。小区内可选择设立高尔夫球场、码头、独立游泳池、餐饮、海上及其他运动设施及健身中心等。同时也提供如保安、设施维护、园艺、生活垃圾处理及家政服务等日常管理。

表 5 2002 年—2009 年毛里求斯各产业吸引外国直接投资情况表 单位：百万卢比

行业＼年度	2002	2003	2004	2005	2006	2007	2008
农业	—	—	484	19	26	12	447
渔业	—	1	—	—	—	6	—
制造业	65	127	387	263	181	271	149
能源	—	25	—	—	17	—	—
建筑业	—	1	14	46	11	45	68
零售业	386	288	123	510	198	38	103
酒店业	99	103	121	536	2610	5979	3985
运输通信业	13	1	47	191	56	18	22
金融服务业	316	1311	392	481	3593	4056	4564
房地产业	100	109	228	759	473	1030	1888
教育业	—	—	—	2	55	30	74
医疗服务业	—	—	—	—	2	29	120
总计	979	1966	1796	2807	7222	11514	11420

（3）净出口

毛里求斯国小力薄，资源匮乏，对国际市场的依赖性较大，能源和粮食都需要进口，其贸易常年处于逆差状态，且呈越来越大的趋势（见图 3）。亚洲是毛里求斯最主要的进口商品来源地。毛里求斯主要的出口商品是服装和糖，市场多为欧洲国家。

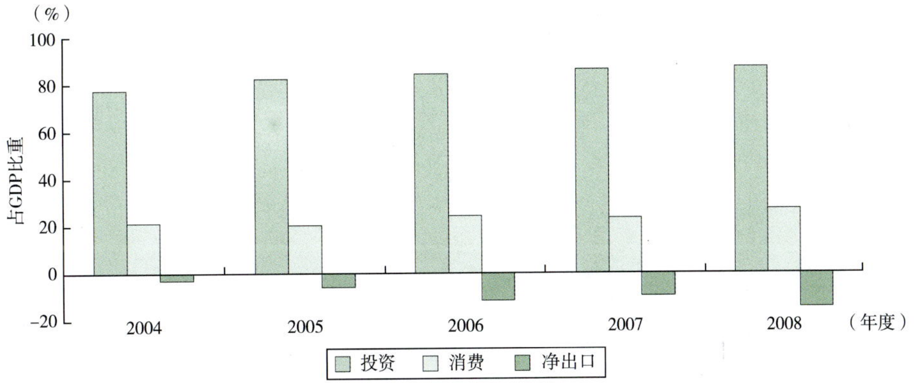

图 3 2004 年—2008 年毛里求斯投资、消费、净出口占 GDP 比重变化图

4. 货币政策分析

毛里求斯银行（Bank of Mauritius）是毛里求斯的中央银行，负责制定和执行货币政策，保持货币和金融市场稳定。促进经济健康发展是毛里求斯银行的首要目标。毛里求斯货币为卢比，2007 年 4 月 23 日，毛里求斯中央银行成立货币政策委员会（The Monetary Policy Committee），专门负责国家货币政策的制定，该委员会由央行行长做主席，包括 2 名副行长，2 名董事会董事，3 名金融银行专家。

1993年，毛里求斯接受国际货币基金组织协定第8款的规定，实行自由货币政策，对来毛里求斯旅游观光、投资办厂的人和企业取消一切外汇管制，对其汇入汇出资金不加任何限制。

（1）货币供应量

如表6所示，2001年—2007年毛里求斯货币供给量增长较快，除了2005年，其他6年都保持2位数以上增长，近8年货币供应量增加了1.4倍。近些年货币供应量的过快增长在一定程度上加剧了国内的通货膨胀。从2009年开始，毛里求斯央行为了控制通货膨胀，开始减少货币供应量，2009年6月比2008年年底下降了2.05%。

表6　2001年—2009年毛里求斯货币供应量统计　单位：亿卢比

年　度	2001	2002	2003	2004	2005	2006	2007	2008	2009年6月
货币供给量	127.12	151.36	174.39	213.22	226.47	250.69	283.09	306.62	300.33
增长率(%)	14.85	19.07	15.22	22.27	6.21	10.69	12.92	8.31	-2.05

（2）通货膨胀

如图4所示，2000年—2005年，毛里求斯通货膨胀率保持相对比较合理水平，2006年—2008年，受国际油价和日用品价格上涨影响，毛里求斯通货膨胀率增长迅速，2007年6月达到近10年最高的10.7%，央行为了应对过高的通货膨胀率，执行紧缩的货币政策，以保障国内经济的稳定发展和应对全球经济危机，2009年毛里求斯的通货膨胀得到了一定程度的抑制，2009年8月通货膨胀率回落到5.2%。

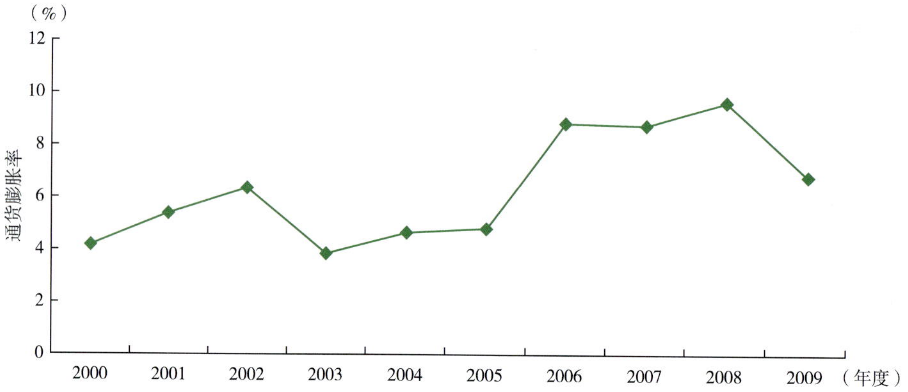

图4　2000年—2009年毛里求斯通货膨胀率变化图

近期世界货币基金组织（IMF）的专家也指出，毛里求斯政府应该采用谨慎的步骤来消除通货膨胀的威胁，尽力做到货币供给平衡和维持市场总体价格稳定，为经济复苏奠定良好基础。

（3）汇率

毛里求斯货币卢比对外价值根据与毛里求斯的主要贸易伙伴（主要为欧美）的加权一篮子货币的关系决定。对外国货币的买卖实行差价，由毛里求斯银行公布。使用“钉住”一篮子货币的汇率。这就决定了毛里求斯的汇率波动不仅要受到本国宏观经济形势的影响，也要受到美元、欧元、英镑这几种国际硬通货汇率波动的影响。

近8年，卢比对美元汇率相对稳定，卢比对欧元持续贬值，2009年比2002年相对于欧元贬值了近50%（见图5）。

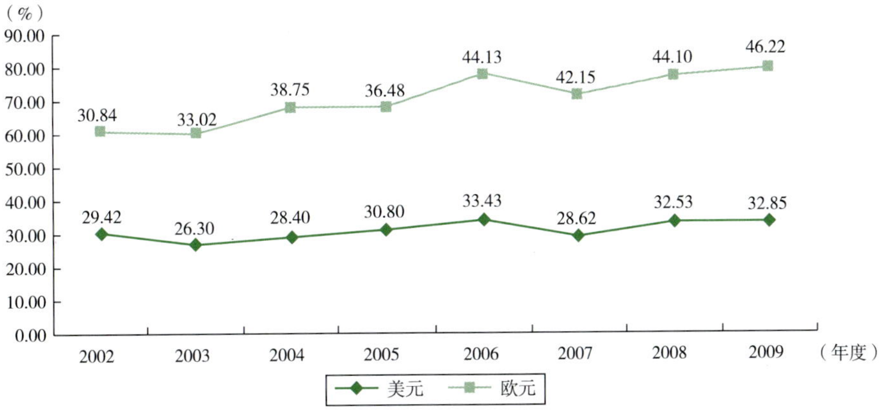

图5 2002年—2009年毛里求斯卢比汇率变化图

（4）利率

毛里求斯银行从2006年12月18日起，废除原来使用的基准利率（Lombard Rate），由回购利率（Repo Rate）代替其成为新的政策性基准利率，并将基准利率定在年利率8.5%的水平。

为应对国际金融危机给毛里求斯经济带来的不利影响，毛里求斯银行货币政策委员会2009年3月26日召开会议，决定将其基准利率（Repo Rate）由原来的年利率6.75%下调100个基点至5.75%，并于当日生效（见表7）。该利率再次创下毛里求斯央行从2006年12月18日使用基准利率（Repo Rate）以来的最低基准利率。

表7 2008年6月—2009年6月毛里求斯央行基准利率变动情况表

时　间	2008.6	2008.7	2008.10	2008.12	2009.3	2009.6
基准利率(%)	8.00	8.25	7.75	6.75	5.75	5.75

（5）国内信贷情况

如表8所示，截至2009年6月，毛里求斯国内信贷总投放1796.82亿卢比（约合60亿美元），相比2005年同期增加了73.86%。信贷支持力度最大的行业为建筑业，而后依次为旅游业、贸易业、金融业和制造业。近些年，信贷规模增长较快的行业主要是旅游业、建筑业、金融业和基础设施等方面。

表8 2005年6月—2009年6月毛里求斯各行业国内信贷投放情况 单位：百万卢比

行业＼年度	2005	2006	2007	2008	2009	2009年比2005年增长(%)
农　业	7345.5	7844.4	6851.7	9248.1	12221.6	66.38
制造业	14397.7	14975.8	14944.9	17304.5	18042.5	25.32
旅游业	15116.9	15340.5	17882.8	24037.6	30133.7	99.34
运输业	1507.9	1681.5	1771.6	955.7	926	-38.59

续表

行业 \ 年度	2005	2006	2007	2008	2009	2009年比2005年增长(%)
建筑业	16990.8	19474.9	22917.1	29957	38248.2	125.11
贸易业	15534.7	17712.5	19736.4	20053.9	23295.4	49.96
信息技术	1288.4	492.2	599.2	924.9	1244.7	-3.39
金融业	10239.2	13343.7	15812.7	18819.7	18928.4	84.86
基础设施	1509.7	2832.8	4136.7	5124.9	5170.3	242.47
地方政府	43.2	79.7	95.1	47.7	49	13.43
国有公司	6087.5	8938.3	6904.1	7768.1	12136.7	99.37
个人	9790	11342.4	13683.2	15887.4	16545.7	69.01
其他	3495.4	3779.7	4188.7	2837.6	2739.8	-21.62
总计	103346.9	117838.4	129524.2	152967.1	179682	73.86

5. 财政政策分析

（1）财政收入和支出

毛里求斯财政收入稳步增加，赤字保持相对合理水平，财政赤字占GDP的比重从2005/06财年逐年降低。2005年6月新一任政府上台后，毛里求斯通过深层次的社会经济改革，建立公平、开放、合理、有效的新型经济发展模式，进一步完善优惠的投资环境，创造更多的就业岗位，实现经济发展民主化，保证经济持续、快速增长。2007/08财年赤字占GDP比重从2005/06财年的5.3%降到3.8%，降低约28.3%。毛里求斯财政部预测2008/09财年财政赤字占GDP比例进一步降低到3.0%（见表9）。

近日，毛里求斯政府公布了近期国家财政赤字数据及相关预测，预计2009年下半年财政赤字将会占到国民生产总值的4.8%，2010年将达5%。毛里求斯经济界普遍认为，在当前不利的经济形势下，赤字适度增长属正常现象。毛里求斯部分私营企业经营者也认同上述看法，称政府规划中的几个基础设施项目耗资巨大，自然会由此带来巨额财政赤字和通货膨胀；占国民生产总值5%的比重低于20国集团普遍认可的6.5%的上限，属可接受范围。

表9　2001/02—2008/09财年毛里求斯政府财政收支统计数据　单位：百万卢比

财政年度	2001/02	2002/03	2003/04	2004/05	2005/06	2006/07	2007/08	2008/09
财政总收入	25270.3	30298.1	33675.8	36050.2	39219.6	42168.5	50501.0	62216
财政总支出	33569.1	39532.8	42567.3	45074.9	49564.1	51607.6	60055.0	70569.6
财政赤字	-8298.8	-9234.7	-8891.5	-9024.7	-10344.5	-9439.1	-9554.0	-8353.6
财政赤字占GDP比重(%)	-6.1	-6.2	-5.4	-5.0	-5.3	-4.3	-3.8	-3.0

（2）外债

如图6所示，毛里求斯外债近些年保持一定水平，占GDP比例一直保持在6%左右，总体上说，毛里求斯债务负担不重。截至2009年6月，毛里求斯政府外债总额约为169.8亿卢比，与2008年6月相比增加36.4%。

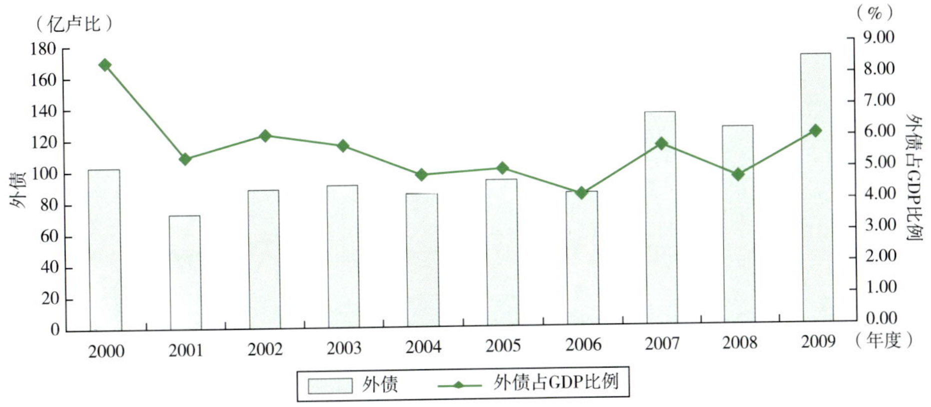

图 6　2000 年—2009 年毛里求斯外债情况图

（3）外汇储备

毛里求斯外汇储备充足。根据毛里求斯银行近期公布的有关数据显示，截至 2008 年 12 月底，毛里求斯外汇储备为 901.64 亿卢比（约合 31.07 亿美元），可支付 36.6 周的进口费用，比 2007 年年底增加了 43.3 亿卢比（约合 1.49 亿美元），增长 5%。

6. 对外贸易情况分析

如图 7 所示，2008 年，毛里求斯进出口总体情况表现良好，保持了一定增长，但逆差继续扩大。2008 年毛里求斯对外贸易总额为 2146.17 亿卢比（约合 71.5 亿美元），比 2007 年增长 6.6%。其中，出口 839.46 亿卢比（约合 27.98 亿美元），同比基本持平；进口 1306.71 亿卢比（约合 43.56 亿美元），同比增长 10.9%。贸易逆差 467.25 亿卢比，比 2007 年上升了 36.2%。

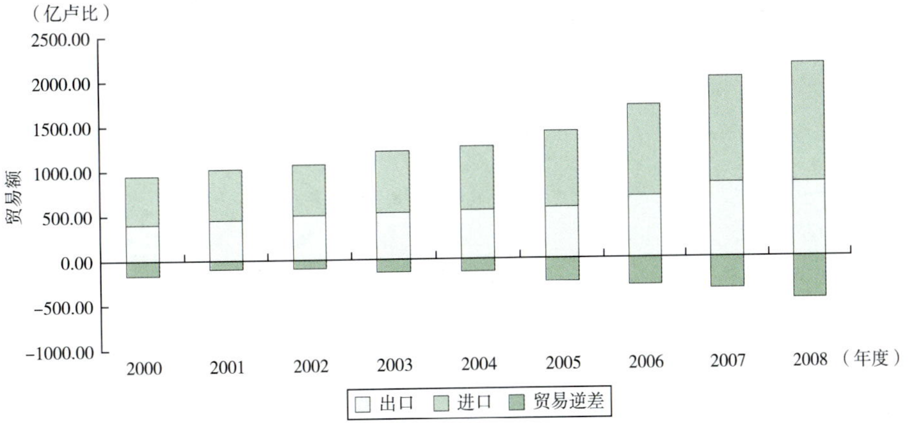

图 7　2000 年—2008 年毛里求斯对外贸易情况

（1）出口

从出口商品结构看，纺织服装、蔗糖和鱼及鱼类制品仍然是毛里求斯主要出口商品，但所占比重有所下降。2008 年上述三大主要出口产品约占其出口总额的 67.9%，低于上年

74.68%的水平。纺织服装继续保持第一大出口商品地位，约占出口总额的40.5%，但较上年下降近7%；蔗糖和鱼及鱼类制品分别占13.9%和13.5%。

从出口市场看，欧洲仍为毛里求斯第一大出口市场，但南非等国成为其出口的新兴市场。2008年毛里求斯对欧洲出口约占其出口总额的67.9%，维持2007年的水平，达403.92亿卢比。英国依旧是毛里求斯最大的出口对象国，出口额占其出口总额的24%，达202.06亿卢比。毛里求斯其他主要出口对象国还包括法国、美国、马达加斯加、意大利和南非，分别占其出口总额的13.4%、6.7%、5.9%、4.6%和3.6%。在上述国别中，除南非外，其他均出现下降。毛里求斯向阿联酋的出口自2007年开始下滑以来，2008年出口情况进一步恶化，同比跌幅达25.8%，阿联酋已经退出了其主要出口对象国行列。但南非、留尼旺和塞舌尔等邻近国成为毛里求斯的出口新兴市场，2008年毛里求斯对上述三国出口同比分别增长8.6%、10.8%和32.8%。

（2）进口

从进口商品结构看，“矿物燃料、润滑油及有关原料”、“机械及运输设备”、“按原料分类的制成品”和“食品及活动物”仍是毛里求斯的主要进口商品。四类商品共占该国进口总额的78.1%，与上年基本持平。其中“矿物燃料、润滑油及有关原料”占21.4%，“机械及运输设备”、“按原料分类的制成品”和“食品及活动物”分别占19.8%、18.9%和18%。

从进口地区看，亚洲为毛里求斯第一大进口来源地，份额呈增长态势，占进口总额的54.85%，略高于2007年的51%，达到716.79亿卢比；其次为欧洲国家，占其进口总额的24.3%。毛里求斯主要进口来源地所占比重如下：印度23.9%，中国11.5%，南非8.1%，法国7.7%，日本4.1%，西班牙2.8%，马来西亚2.6%，意大利2.5%，澳大利亚2.4%，美国2.4%。

7. 应对全球经济危机的措施

毛里求斯总理拉姆古兰及经济大管家希达南财长在2008年圣诞节前举行的记者招待会上宣布，为应对国际经济危机，保持毛里求斯经济稳定增长，创造和维持就业机会，提升群众购买力，毛里求斯政府将在今后两年内投入104亿卢比，用于刺激如下行业：制造业、旅游业、建筑业、信息技术业、制糖业和金融业等。

毛里求斯政府采取的主要措施如下：①未来2年内实现预算支出60亿卢比；②追加基础设施投资26亿卢比；③对教育、环境和体育设施项目补贴5亿卢比；④增加可支配发展基金10亿卢比；⑤降低现金储备4%—5%，促使商业银行贷款25亿卢比；⑥政府购买企业股权，使企业具备流动资金；⑦增加旅游预算1亿卢比；⑧2009年1月至2010年12月期间停收临时关联税（Temporary Solidarity Levy）；⑨放开糖价；⑩为自由港企业延长2年的免税；⑪完成与欧盟渔业协定谈判；⑫降低对服务外包企业的收费标准；⑬为保护本国企业，今后两年，冻结对地区协定国的产品减税。

（二）毛里求斯主要产业发展情况

独立之初，毛里求斯经济是以制糖业为主的单一经济，蔗糖出口占其出口总额的99%，产值占GDP的近三分之一。20世纪70年代末，毛里求斯进行经济结构调整，创立了出口加工区（以纺织服装业为主），并积极发展旅游业，逐渐形成了以制糖业、纺织服装业和旅游业为三大支柱产业的经济格局。

20世纪90年代以来，毛里求斯鼓励发展离岸金融业务，力图成为印度洋上的金融中心。同时，毛里求斯政府还致力于发展信息通讯技术业（ICT），希望使之成为毛里求斯第五大经济支柱。

1. 糖业

毛里求斯是亚洲加勒比海、环太平洋地区各国向欧洲出口食糖的最大的贸易商，且几乎占到了亚太地区向欧盟出口食糖总量的38%。毛里求斯可耕地面积11万公顷，其中约7万公顷种植甘蔗。随着城市化的发展，毛里求斯甘蔗种植面积呈逐年减少趋势，糖厂数量也逐年减少。近几年蔗糖产量也逐年递减，尤其是2007年受气候影响，产量仅有43.6万吨，是近10年糖产量最少的一年（见表10）。虽然2008年毛里求斯的蔗糖产量从去年的43.6万吨增至46万吨，增幅为5.5%，但仍称不上是一个好年景，丰产年每公顷食糖单产可望达到8吨，而2008年每公顷单产仅为7.3吨。

表10　　2000年—2006年毛里求斯甘蔗种植面积、产量和糖厂变动情况表

年　度	2000	2001	2002	2003	2004	2005	2006	2007	2008
甘蔗面积(万公顷)	7.31	7.32	7.22	7.08	6.97	6.84	6.67	6.62	6.3
产量(万吨)	56.9	64.6	52.1	53.7	57.2	52	50.5	43.6	46
糖　厂	14	14	12	11	11	11	10	10	10

长期以来，毛里求斯蔗糖主要销往欧盟。根据毛里求斯等“非加太”产糖国同欧盟签署的糖业协定，毛里求斯每年以相当于国际市场三倍的价格向欧盟出口食糖50万吨。此外，毛里求斯还获得每年向美国出口1.2万吨糖的配额，价格也是协议高价。目前，毛里求斯自产蔗糖基本上全部出口欧美市场，而国内市场消费则通过进口解决。

随着全球贸易自由化的深入发展，欧盟迫于内外压力从2006年开始进行糖业体制改革，分四个阶段下调原高额保护糖价，2006/07财年削减5%，随后三个年度的削减幅度分别为5%（2007/08财年），15.6%（2008/09财年）和36%（2009/10财年）。毛里求斯出口到欧盟的糖价将由目前的每吨19000卢比（约合523.5欧元）跌至12100卢比（约合319.5欧元）。这样，毛里求斯每年将减少约36亿卢比的外汇收入，相当于毛里求斯糖业收入的三分之一。据估算，毛里求斯政府在未来十年将减少近300亿卢比的外汇收入。另外，毛里求斯还将面临糖价改革所带来的严重失业问题，直接影响其社会和政治的稳定及农村的持续发展。

为此，毛里求斯政府一方面积极争取从欧盟获取更多的财政补贴，一方面致力于国内糖业改革，努力实现向更加集中化、机械化、现代化和多元化的甘蔗产业过渡。原有制糖业将发展为含多种糖生产、利用蔗糖渣产电、利用废糖蜜生产乙炔为一体的甘蔗工业。鼓励现有中小甘蔗种植者和糖厂的合并重组，增加单位产量、降低生产成本。毛里求斯政府将出资5亿卢比，帮助甘蔗种植者选择新的甘蔗品种，购买新的机器设备，建立现代化的耕作系统和灌溉模式。

2. 出口加工区

1970年，毛里求斯政府颁布《出口加工区法》，制定了一系列鼓励措施以吸收国内外资金，发展出口加工业。与很多国家不同，毛里求斯出口加工区企业分布在全岛各地，无特定区域。企业只要取得出口加工区企业资格，即可享受有关优惠。

近年来，毛里求斯出口加工业逐渐进入升级调整期，困难日渐增多。随着全球纺织品贸易一体化的发展，毛里求斯纺织服装业进一步萎缩，产量和出口均有较大下降，一部分香港和台湾企业撤离外迁。

目前，毛里求斯出口加工区内企业以本国资本为主，其余来自法国、德国、意大利、印度和香港等国家和地区。截至2006年年底，毛里求斯出口加工区有企业434家，就业人数为64609人，其中外劳人数为15069人（见表11）。

表11　　2000年—2006年毛里求斯出口加工区情况表

年　度	2000	2001	2002	2003	2004	2005	2006
企业个数	518	522	506	506	501	506	434
新建	34	24	9	23	20	24	9
关停	28	20	25	23	25	19	81
员工数	90682	87607	87204	77623	68022	66931	64609
相对于上年变化	-692	-3075	-403	-9581	-9601	-1091	-2322
增长率(%)	-0.8	-3.4	-0.5	-11.0	-12.4	-1.6	-3.6
出口(百万卢比)	30961	33695	32683	31444	32046	28954	33707
进口(百万卢比)	16399	17140	16909	15579	17195	15518	19026
原材料(百万卢比)	14700	15637	15251	14079	14734	13658	16791
机械设备(百万卢比)	1699	1503	1658	1500	2461	1860	2235
净出口(百万卢比)	14562	16555	15774	15865	14851	13436	14663
净出口占出口比重(%)	47.0	49.1	48.3	50.4	46.3	46.4	43.5
总附加值(百万卢比)	12523	13681	13600	13171	13140	12108	13694
占制造业比重(%)	50.7	49.9	48.1	44.5	41.1	37.6	37.7
占GDP比重(%)	12.0	11.6	10.9	9.6	8.6	7.5	7.5
总附加值增长率(%)	+6.0	+4.4	-6.0	-6.0	-6.8	-12.3	+4.6
投资(百万卢比)	1702	1758	1468	1418	2508	2376	2245

毛里求斯政府为了加快纺织服装业等制造业的结构调整，加速出口加工业区和非出口加工区的合并，于2006年取消本地制造业所需原料进口的关税，降低其生产成本，并改革“国家公平基金”（National Equity Fund），将该基金总资本5亿卢比中的一半以更灵活的方式用

于帮助纺织服装业等出口加工业。

全球经济衰退引发了毛里求斯出口加工区各公司的担忧。在2008年开始的几个月，原油价格上升导致原材料的价格上升，对出口单位带来不利影响。目前，主要市场衰退的趋势给他们带来更大的影响。随着欧洲特惠贸易协议的结束，从2009年开始，这种情况进一步加剧。

3. 旅游业

毛里求斯属亚热带气候，阳光明媚、海水清澈、沙滩白细，旅游资源丰富，来此观光度假的游客络绎不绝。近年来，旅游业发展迅速，是该国重点发展的支柱产业之一。

由于旅游宣传取得成效，酒店接待能力提高和新航线的开辟等有利因素，2008年毛里求斯吸引外国游客93万人次，比上一年增加2.6%，为该国带来约431亿卢比的收入（见表12）。游客主要来自法、英、意、德等西欧国家及留尼汪、南非、马达加斯加等周边国家或地区。毛里求斯已制定旅游发展计划，争取到2015年吸引200万外国游客。

表12　　2003年—2007年毛里求斯旅游人数和旅游总收入统计表

年　度	2003	2004	2005	2006	2007	2008
旅游人数	702018	718861	761063	788276	906971	930616
旅游总收入（百万卢比）	19415	23448	25704	31942	37206	43105

毛里求斯现共有98家酒店，10666个房间，21403个床位，酒店入住率为66%，游客平均停留10天左右，按照毛里求斯游客的增长速度，酒店数量将远远不能满足游客需求。根据2009/10财年政府规划，为了促进旅游形式多样化，发展商务、会议、购物、文化、医疗等特色旅游，毛里求斯政府将投资修建五个度假村，内含酒店、购物中心和娱乐休闲广场。未来十年投资修建2.5万个房间，直接和间接创造5万个和10万个就业岗位。

根据毛里求斯中央银行最新公布的数据，2009年4月本国旅游业收入29亿卢比，同比大幅缩水20.2%，这是自2008年10月以来该行业收入连续7个月出现同比负增长。据有关人士分析，金融危机使赴毛里求斯旅游人数不断减少是导致其旅游业长期不景气的主要原因。此外，面对入住率不断下滑，毛里求斯酒店不得不采取打折促销等手段以保证一定客流量，如此进一步缩小了利润空间。

4. 金融服务业

毛里求斯金融保险市场自由、开放。外资银行和保险公司经批准可以在毛里求斯注册营业；银行利率放开，由各商业银行自行决定；无外汇管制，当地货币卢比可与外币自由兑换。近年来，毛里求斯金融服务业发展较快，已经发展成为毛里求斯第四大支柱产业。

毛里求斯中央银行2009年8月份公布的《金融稳定报告》指出，到2009年上半年为止，毛里求斯金融业对国际金融危机的冲击表现了一定的抵抗力，绝大多数金融机构经营正常。报告分析指出，毛里求斯银行业一直专注于传统业务领域，未开发复杂的金融衍生产品或持有外国银行的不良资产，以及有效的金融监管体制是其金融业未遭受重大冲击的主要原因。

5. 自由港

20世纪90年代以来，毛里求斯政府为进一步改善经济结构，减少对出口产业的依赖，着手发展离岸业和转口贸易，毛里求斯创立了离岸业务中心和自由港，目的是使毛里求斯成为印度洋上的金融和贸易中心。截至目前，毛里求斯离岸业经营实体超过10000家，以离岸银行和离岸公司为主。

自由港新一期的扩建工程也正在规划之中。计划新建1.4万平方米的工业区和1000平方米的办公区，拟于2009年年底完工。

6. 渔业

毛里求斯海岸线长约250公里，有170万平方公里的专属经济区，渔业资源丰富，经济价值较高的品种主要为金枪鱼。近些年，毛里求斯为保护渔业资源，避免过量捕捞，政府开始采取限制措施。如今，海产品不能自给，每年还需大量进口。毛里求斯为加速经济转型，鼓励发展渔产品加工业，把它列为吸引外资的重点产业之一。

7. 其他新兴行业

近期，毛里求斯政府建立了“国家信息通讯发展战略计划”，力争将毛里求斯建设成“数码岛”。通过专项拨款来发展多层次培训计划，建立信息通讯业人才库，吸引外国专业人士来毛里求斯工作。

此外，毛里求斯政府拟推动发展的新兴产业还包括：海水养殖及海产品出口加工业、知识中心、制药中心、免税岛等。

参考文献资料

1. Annual Report, Year ended 30 June 2008, Bank of Mauritius.
2. Monthly Statistics Bulletin, July 2009, Bank of Mauritius.
3. AEO 2008 Mauritius country study, African Economic Outlook.
4. OECD Africa economic outlook.
5. MAURITIUS IN FIGURES 2008.
6. Budget Speech 2008/09.
7. 毛里求斯财政部网站：http://www.gov.mu/portal/site/MOFSite。
8. 毛里求斯中央银行网站：http://bom.intnet.mu/。
9. 毛里求斯金融服务委员会网站：http://www.gov.mu/portal/sites/ncb/fsc/index.html。
10. 毛里求斯投资局资料。

二、毛里求斯大力发展新兴产业

目前愈演愈烈的美国金融危机正波及毛里求斯，实体经济受到的影响开始凸显。由于近年来，毛里求斯政府立足于长期可持续发展，积极实施经济多样化发展战略，将发展重点逐步从传统的制糖业、纺织业和旅游业向建筑业、金融服务业和信息通讯等产业拓展，并已取得初步成效，使得金融危机所产生的影响能控制在最小范围内。

（一）受金融危机影响，主要传统支柱产业面临挑战

毛里求斯传统支柱产业以制糖业、纺织业、旅游业等为主，受2008年全球金融危机影响，毛里求斯主要贸易伙伴欧洲和美国市场萎缩，毛里求斯两大支柱产业旅游业和纺织业均不同程度受到影响，2008年，其纺织服装业订单同比下降15%，旅游业也比预期的下降很多（见表13）。毛里求斯统计局预测本国2009年经济增长率将下降至4%，将低于2008年的5.2%，私人投资增长将下降到9.2%，远远低于2008年的24%。

毛里求斯总理拉姆古兰及经济大管家希达南财长在圣诞节前举行的记者招待会上宣布，为应对国际经济危机，保持毛里求斯经济稳定增长，创造和维持就业机会，提升群众购买力，毛里求斯政府将在2009年和2010年两年内投入104亿卢比（约合3亿美元），用于刺激如下行业：制造业、旅游业、建筑业、信息技术业、制糖业和金融业等。

表13　　2005年—2008年毛里求斯各产业增长情况　　单位：%

年　度	2005	2006	2007	2008
农　业	-5.4	+0.6	-7.4	+5.2
其中：蔗糖业	-9.2	-2.9	-13.6	+5.5
其他	-1.1	+4.5	-1.1	+5.0
矿　业	-3.6	+9.1	-9.1	0.0
制造业	-5.5	+4.0	+2.2	+1.8
其中：蔗糖加工	-9.2	-2.9	-13.6	+5.5
食物加工	+2.1	+9.6	+4.0	+2.6
纺织	-14.7	+2.9	+8.5	+0.2
其他	+0.4	+1.8	-3.1	+2.4
电力、燃气和供水	+3.8	+4.0	+3.4	+4.5
建筑业	-4.4	+5.2	+15.2	+11.0
零售业	+5.6	+5.5	+4.5	+4.6
酒店和餐饮业	+5.6	+3.5	+14.0	+3.1
交通通讯业	+7.7	+7.4	+7.6	+7.2
其中：金融服务业	+5.4	+7.0	+7.5	+10.1
保险	+5.0	+5.0	+5.1	+5.0

续表

年　度	2005	2006	2007	2008
银行	+4.8	+7.1	+7.9	+12.9
其他	+9.5	+11.0	+11.2	+7.0
房地产业	+6.5	+6.5	+7.6	+7.6
公共管理和国防	+5.3	+4.0	+0.5	+2.6
教　育	+6.1	+4.1	+2.5	+2.0
健康和社会服务	+6.2	+7.9	+4.6	+5.5
其　他	+7.2	+6.5	+8.0	+8.3

（二）金融危机为新兴产业发展带来了机遇

1. 建筑业蓬勃发展，正在成为毛里求斯新的经济增长点

与纺织业、制糖业等相比，毛里求斯建筑业反而出现了强劲的增长势头，2007年建筑业增长15.2%，2008年继续保持11%的增长速度。业内人士称，在当前由美国引发的全球金融危机的冲击下，毛里求斯仍能实现建筑业较高速发展目标主要得益于以下两方面：一是毛里求斯政府有关首都路易港商业中心功能外移的决定，为房地产的发展提供了契机，促进了伊冰（Ebene）和摩卡（Moka）地区的城市化建设；二是毛里求斯不断开工兴建豪华别墅、购物中心、停车场及公路等项目，尤其是针对欧洲和南非等国的别墅项目销售状况良好，价格不断上涨，有的涨幅甚至高达100%，进一步推动了房地产的发展。

2007年上半年毛里求斯吸引外国直接投资56.76亿卢比，其中旅游和建筑业通过大力推行“综合旅游休闲计划”（IRS）吸引外资35.21亿卢比，成为吸引外资最多的国民经济部门，2007年全年达到100亿卢比。

IRS计划旨在发展以国际标准建筑的，拥有高档的休闲娱乐设施的豪华居住型小区。小区内可选择设立高尔夫球场、码头、独立游泳池、餐饮、海上及其他运动设施、健身中心等；同时也提供如保安、设施维护、园艺、家政服务等日常管理。

2. 大力发展金融服务业

毛里求斯金融保险市场自由、开放。外资银行和保险公司经批准可以在毛里求斯注册营业；银行利率放开，由各商业银行自行决定；无外汇管制，当地货币卢比可与外币自由兑换。近年来，毛里求斯金融服务业发展较快，已经发展成为毛里求斯第四大支柱产业。2007年，金融服务业产值215.7亿卢比，比上年增长14.4%，占GDP的10.6%，其中保险业比上年增长10.3%，商业银行业增长15.8%，其他金融业增长16.6%。

3. 大力发展信息通讯业

近期，毛里求斯政府建立了“国家信息通讯发展战略计划”，力争将毛里求斯建设成

语系），官方通用法语。居民中信奉基督教（天主教和新教）的占70%，信奉传统宗教的占20%，信奉伊斯兰教的占8%。

3. 地理与气候

马达加斯加国土面积58万平方公里（包括周围岛屿），位于印度洋西南部，为世界第四大岛。隔莫桑比克海峡与非洲大陆相望，海岸线长5000公里。全岛由火山岩构成，中部为海拔800米—1500米的中央高原，察拉塔纳纳山主峰马鲁穆库特鲁山海拔2876米，为全国最高点；东部为带状低地，多沙丘和潟湖；西部为缓倾斜平原，从500米低高原逐渐下降到沿海平原。全国有贝齐布卡、齐里比希纳、曼古基和曼古鲁四条较大河流。东南沿海属热带雨林气候，终年湿热，季节变化不明显；中部为热带高原气候，温和凉爽；西部为热带草原气候，干旱少雨。

4. 行政区划与首都

马达加斯加全国分为6个自治省，111个县，1000多个区，1万多社区。从2007年年底开始，马达加斯加对国家行政区划进行了改革，在原有的6个省的基础上分成了22个大区，以更好的分权和实施管理。马达加斯加的六个省分别为：塔那那利佛省、安齐拉纳纳省、菲亚纳兰楚阿省、马哈赞加省、图阿马西纳省和图利亚拉省。

首都塔那那利佛（Antananarivo），人口120万人（2000年）。塔那那利佛坐落在马达加斯加中部高原一个马蹄形的山脊上，是一个接近赤道的高原城市。塔那那利佛是全国最大的城市，也是一座具有亚、非、欧三大洲混合风格的城市。塔那那利佛是全国的交通枢纽，工业主要集中在城市的西半部。

5. 政治体制

1992年9月颁布的第三共和国宪法规定，马尔加什人民组成一个政教分离、有组织的主权国家，是统一的、不可分割的共和国。总统是国家元首、武装力量的最高统帅，由全民直接普选产生，任期五年。

1998年3月15日，通过全民公决修宪。新宪法赋予总统直接任命总理、解散议会的权力；国民议会和参议院均需三分之二的多数方可中止总统权力。

议会实行两院制。议会由国民议会和参议院组成。国民议会议员任期5年，通过普选，按照党派得票比例产生。参议院议员任期6年。2007年4月，通过全民公决修宪，决定把参议院议员任期由6年缩短为5年。

6. 政局情况

近7年来，马达加斯加政局一直比较稳定。但2009年年初马达加斯加国内政局出现动乱，该国反对党与执行党之间发生了激烈的政治斗争，最终反对党获胜。这次动乱始于2008年12月23日，当时马达加斯加政府以擅自播放前总统拉齐拉卡讲话为由，关闭了马达加斯加首都塔那那利佛市市长、反对党领导人拉乔利纳经营的电视台。随后，拉乔利纳不断召集群众集会，抨击马达加斯加总统拉瓦卢马纳纳独裁，指责总统把家族生意和国家经济混为一体。

2009年1月26日，随着政府与反对派冲突加剧，塔那那利佛和其他地区爆发大规模骚乱，造成重大人员伤亡和财产损失。1月31日，拉乔利纳宣布“接管国家政权”。2月3日，拉瓦卢马纳纳总统宣布解除拉乔利纳的市长职务，拉乔利纳则呼吁其支持者继续举行抗议活动，直至拉瓦卢马纳纳政府辞职。

2月7日，拉乔利纳在首都市中心广场召开有数万人参加的反政府集会，宣布出任“马达加斯加总统”，并成立“过渡政府”，接管国家权力，并任命43岁的蒙加·罗因蒂佛·扎菲辛米瓦洛为“过渡政府总理”。随后，拉乔利纳带领近两万名支持者前往总统府“接管权力”，并在总统府前与守卫部队对峙，最后导致总统府守卫部队开枪射击，造成300多人死伤。这次大规模流血事件让马达加斯加政局更加恶化。此后，拉乔利纳号召其支持者恢复总罢工，直至拉瓦卢马纳纳下台。

从2月16日开始，拉乔利纳连续发起占领政府部门办公地的行动，并一度“接管”政府4个部门，但随后遭到军警驱逐。2月21日和23日，在马达加斯加基督教会联合会调解下，拉乔利纳和拉瓦卢马纳纳举行了两轮会谈，但未取得成果。

3月2日，马达加斯加再次爆发反政府示威活动。此后，大批军警和宪兵奉命上街维持秩序，封锁了反对派经常举行集会的市中心“5·13”广场。3月8日，距塔那那利佛市中心约6公里的苏阿涅拉纳军营发生兵变，600名军人拒绝执行上街镇压反政府示威者的命令，并得到其他8个军营的支持。反对派随后继续举行示威活动。

3月11日，发生兵变的军营将领举行会议，一致推举安德烈·恩德里亚乔纳为武装部队总参谋长。3月13日，反对派“接管”总理府。3月15日，拉瓦卢马纳纳总统提出通过全民公决解决政治危机，但遭到拉乔利纳拒绝。拉乔利纳同时扬言要逮捕总统，让武装部队服从他的命令。3月16日晚，支持拉乔利纳的部分武装部队占领位于市中心的总统府。3月17日，马达加斯加总统拉瓦卢马纳纳颁布总统令，宣布解散政府，成立军事执行委员会来行使总统和总理权力。但总统令遭到反对派和支持反对派的军人的抵制。当晚，马达加斯加海军上将拉马罗逊向反对派领导人拉乔利纳移交了总统权力。

10月6日晚，马达加斯加四个主要政治派别在首都塔那那利佛就过渡权力机构中的关键职位安排达成一致：马达加斯加现政权领导人拉乔利纳将继续担任过渡权力机构总统，前总统扎菲的支持者拉库图瓦希尼出任过渡权力机构副总统，前总统拉齐拉卡的支持者曼加拉扎出任过渡政府总理。

但是，6日晚各方达成的只是原则上的共识，并非正式协议。在过去的十几年中，马达加斯加每一次权力更替，几乎都会引起严重的政治危机。各方为解决危机也曾签署过多个协议，但真正得到落实的并不多。此次达成的共识即便能变成正式的协议，它会不会被各方真正予以执行尚难预料。

这场政治危机，已经给马达加斯加经济带来了沉重打击。作为世界上最不发达的国家之一，马达加斯加严重依赖外国援助，但自拉乔利纳上台后，国际货币基金组织、美国和欧盟相继冻结了对马达加斯加高达数亿美元的发展援助。另外，严重的政局动荡也使作为马达加斯加支柱性产业的旅游业、采矿业和纺织业收入锐减，导致国民经济出现负增长、外汇储备减少，货币贬值，食品价格高涨，当地民众的生活水平更是直线下降。

（二）经济运行情况

1. 国内生产总值

马达加斯加2004年—2008年GDP的年平均增长率为6.1%。但自2008年年底开始的国内政局动荡，估计到2010年大选前，国内政治斗争仍将继续，预计2009年GDP可能出现负增长。马达加斯加近几年国内生产总值见表1“1984年恒定价格表示的国内生产总值”。

表1　　1984年恒定价格表示的国内生产总值

年　度	2004	2005	2006	2007	2008
GDP值①(10亿阿里阿里)	498.8	521.7	547.3	581.2	623.3
年度变化率(%)	5.3	4.6	4.9	6.2	7.1

资料来源：马达加斯加中央银行2008年年报。

2. 通货膨胀情况

近年来马达加斯加的通货膨胀率一直居高不下，消费价格从2004年中期开始迅速增长。尤其是2006年、2007年受国际原材料市场价格上涨的影响，马达加斯加国内商品价格也随之大幅上涨。2006年—2008年通货膨胀率见表2。

表2　　2006年—2008年马达加斯加通货膨胀率一览表　　单位：%

月份＼年度	2006	2007	2008
1月	10	10.8	8.7
2月	8.8	13.7	7.2
3月	9.4	14.6	6.9
4月	10.4	14	6.9
5月	12.8	11.6	7.9
6月	13.6	10	9.1
7月	11.6	8.9	10.4
8月	9.6	8.5	11.2
9月	10.9	8.3	10.8
10月	11.4	7.9	10.8
11月	10	8.5	10
12月	10.8	8.3	10.1

① 1984年价格表示、以10亿阿里阿里为单位。

2008年，前4个月通货膨胀率所有下滑，但从5月份开始，随着国际商品市场价格上涨的刺激，马达加斯加国内通货膨胀开始加剧。马达加斯加政府积极采取措施，价格上涨势头很快得到了遏制。2008年12月通货膨胀率为10.1，较2007年同期8.3高出1.8个百分点，主要原因是2008年国际原油和粮食价格不断上涨。2008年物价情况见图1“2008年消费价格指数的变化图”。

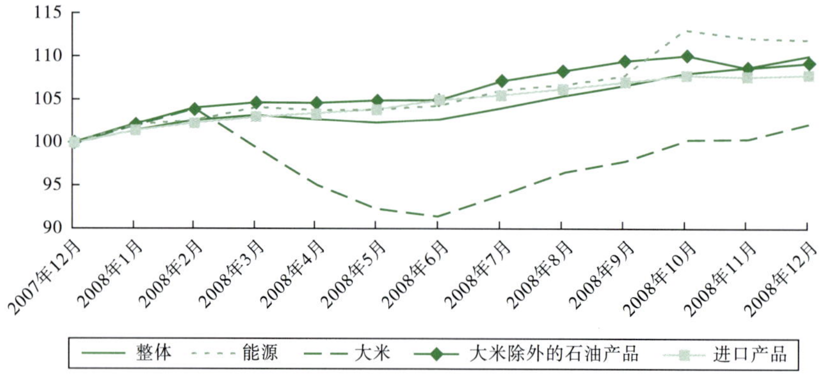

图1　2008年消费价格指数的变化图

注：横坐标为时间，从2007年12月至2008年12月。（基数100=2007年12月）

3. 外国直接投资和国外援助

（1）外国直接投资

2007年，马达加斯加实际利用外资总额为10.37亿美元，与2006年相比，增加229%。增加的主要原因是：由加拿大、日本和韩国共同投资的镍钴矿项目（总投资约35亿美元）在2007年进入快速实施阶段。2007年外资主要来源国分别为加拿大、日本、韩国和美国，投资额分别为50311万美元、20066万美元、20066万美元和8583万美元。2007年外资主要投资行业为矿业，投资额为98916万美元，占该年外资总投资额的95.38%。2006年和2007年马达加斯加接受投资情况见表3“2006年—2007年马达加斯加外资来源国情况统计表”和表4“2006年—2007年马达加斯加外资投入领域情况表”。

表3　　2006年—2007年马达加斯加外资来源国情况统计表　　单位：万美元

外资来源国	2006年实际投资	2007年实际投资	增减情况（%）
加拿大	13535	50311	271.7
日本	445	20066	4409.21
韩国	440	20066	4460.459
美国	7915	8583	8.44
法国	2635	1078	-144.43
毛里求斯	240	1672	596.67
留尼旺	1480	150	-886.67
英国	1040	1150	10.58
印度	460	17	-2605.88

续表

外资来源国	2006 年实际投资	2007 年实际投资	增减情况(%)
卢森堡	435	0	
中　国	310	161	-92.54
瑞　士	210	22	-854.55
斯里兰卡	140	11	-1172.72
南　非	90	22	-309.09
其　他	0	505	
总　计	31520	103783	229.26

表 4　　2006 年—2007 年马达加斯加外资投入领域情况表　　单位：万美元

投资领域	2006 年投资额	2007 年投资额	增减情况(%)
矿产开采	22105	98917	347.48
金融	3835	1983	-93.39
制造业	1980	433	-357.27
交通业	940	1461	55.42
石油产品分销	910	633	-43.75
汽车销售及维修	810	211	-283.89
水产业	385		-385
通讯业	285	89	-220
其他	265	8.3	-3092
总　计	31520	103783	229.26

资料来源：马达加斯加经济发展局。

（2）接收外国援助情况

2007 年，马达加斯加接收各类外援总额为 48642 万美元。其中，贷款 21582 万美元，赠款 27060 万美元（见表 5）。主要出资者是世界银行，出资 11360 万美元；欧盟，出资 12051 万美元（无偿）（见表 6）。

表 5　　2006 年—2007 年马达加斯加接收外援统计表　　单位：万美元

年　度	贷　款	无　偿	总　计	与上年相比增减(%)	主要出资者
2006	28145	21052	49197	-3	欧盟、世界银行、非洲开发银行、法国、日本等
2007	21582	27060	48642	-1.12	同上，另加德国

表 6　　2006 年—2007 年马达加斯加接收外援（主要出资者）统计表　　单位：万美元

出资者	2006 年		总　计	2007 年		总　计
	贷　款	无　偿		贷　款	无　偿	
世界银行	10800	1750	12550	11360		11360
国际农发基金	1311		1311	3032		3032
非洲发展基金	13484		13284	1380		1380
OPEC 国际发展基金				280		280

续表

出资者	2006年		总计	2007年		总计
	贷款	无偿		贷款	无偿	
阿拉伯非洲经济发展银行	500	35	525	430	23.5	453.5
沙特阿拉伯基金	850		850	0		0
日本		83	83	0	1633	1633
德国		1244	1244	0	5829.4	5829.4
法国		5285	5285	0	5683.2	5883.2
欧盟		12311	12311	0	12051.4	12051.4
其他		400	400	5100	1840	6940
科威特基金	1200		1200	0		
总计	28145	21108	49253	21582	27060.5	48642.5

（3）汇率

马达加斯加法郎（旧货币）于2004年经历冲击，贬值超过一半，从而引发了严重通胀。2005年1月1日马达加斯加阿里阿里（Malagasy Ariary，MGA）取代马达加斯加法郎，兑换率为0.2阿里阿里等于1马达加斯加法郎。2005年5月通胀率上升，引起骚乱，不过之后物价回落，局势渐趋稳定。在之后的时间里基本保持稳定。并且，由于马达加斯加国际收支平衡情况的改善而引起了阿里阿里轻微的升值。2006年—2008年，美元对阿里阿里年汇率平均值分别为：1美元兑2142.3阿里阿里、1美元兑1873.9阿里阿里和1美元兑1708.37阿里阿里。

4. 财政状况

（1）财政收入

近年来，马达加斯加的财政收入实现了持续增长，2008年为26854亿阿里阿里，比2007年增加了22%。

（2）财政赤字

近年来，马达加斯加财政赤字逐年下降，但比例依然较高。而且，由于其财政收入中，捐款所占比重较高，从2006年—2008年的三年中分别为38%、27%和21%。因此，马达加斯加财政风险较大，财政收入状况值得重点关注。马达加斯加财政收支情况见表7“2006年—2008年马达加斯加财政收入情况”和表8“2003年—2008年政府财政收支统计数据”。

表7　2006年—2008年马达加斯加财政收入情况　单位：十亿阿里阿里

年度	2006	2007	2008
财政总收入	2122.1	2201.4	2685.4
预算收入	1323.1	1608.1	2137.1
税收收入	1260.9	1607.8	2136.9
非税收收入	62.2	34.6	49.7
预算外收入	0.1	0.3	0.2
捐赠	798.9	593.2	548.3
一般捐赠	173.2	89.1	127.5
资金捐赠(*)	625.7	504.1	402.8

注：(*)——2006年数据中不包括多边债务减免计划IADM。
全部数据均以时价表示。

表 8　　**2003 年—2008 年政府财政收支统计数据**　　单位：十亿阿里阿里

年　度	2003	2004	2005	2006	2007	2008
财政收入	1007.8	1654.6	1682.9	2122.1	2201.4	2685.4
财政支出	1340.7	2118.4	2121.6	2565.5	2594.3	3030.9
财政赤字	-332.9	-463.8	-438.7	-443.4	-392.9	-345.5
财政赤字占财政支出(%)	24.83	21.89	20.68	17.28	15.14	11.40

注：数据中不包括多边债务减免计划 IADM。
　　全部数据均以时价表示。

（3）外债和外汇储备

在达到重债穷国计划要求之后，在 2006 年 2 月马达加斯加享受了多边债务减免计划框架下（多边债务减免计划 IADM/国际货币基金组织 IMF）对国际货币基金组织的近 20 亿美元债务的减免，使马达加斯加外债从 2005 年 12 月底的 266170 万特别提款权 DTS（折合 380390 万美元）减少到 2006 年年底的 111910 万特别提款权 DTS（折合 168220 万美元）。以占 GDP 百分比表示，马达加斯加的外债存量在 2005 年年底为 81.4%，在 2006 年年底降为 28.8%。

截至 2007 年年底，马达加斯加对外公共债务总额为 16.7 亿美元。其中，欠国际组织债务 9.6 亿美元（主要包括世界银行 7.5 亿美元和非洲开发银行 1.2 亿美元）；欠巴黎俱乐部成员国 0.96 亿美元；欠巴黎俱乐部成员国以外国家 6.16 亿美元（主要包括阿尔及利亚 1.4 亿美元、利比亚 2.18 亿美元、伊拉克 2.18 亿美元）。

马达加斯加 2007 年对外还款总额为 2140 万美元。

马达加斯加外债情况见表 9“马达加斯加公共债务情况表”和表 10“2006 年—2007 年马达加斯加对外还款情况统计表”。

表 9　　**马达加斯加公共债务情况表（截至 2007 年年底）**

债　权　人	累计债务情况（百万美元）	债　权　人	累计债务情况（百万美元）
非巴黎俱乐部成员国	615.94	俄罗斯	73.35
阿尔及利亚	139.99	国际组织	957.76
毛里求斯	7.52	非洲开发银行	6.89
伊拉克	218.17	阿拉伯非洲经济发展银行	21.3
利比亚	218.50	欧洲投资银行	30.83
阿布扎比基金	2.94	非洲发展基金	123.18
沙特基金	11.30	国际农业开发基金	15.83
科威特基金	17.52	国际发展联合会（世界银行）	752.12
巴黎俱乐部成员	96.24	国际发展基金（OPEC）	7.59
西班牙	2.59	总　计	1669.94
法　国	20.30		

资料来源：马达加斯加财政预算部公共债务局。

表10 **2006年—2007年马达加斯加对外还款情况统计表** 单位：万美元

债权人＼科目	2006年偿还到期债务			2007年偿还到期债务		
	本　金	利　息	总　计	本　金	利　息	总　计
其他官方债权人		45	45	83	63	146
毛里求斯		24	24	83	28	111
沙特阿拉伯		16	16		16	16
科威特		5	5		19	19
经济合作组织	1721	526	2247	398	74	472
西班牙		6	6			
法　国	373	88	461	398	74	472
俄罗斯	1348	432	1780			
国际组织	1512	1238	2750	670	852	1522
非洲开发银行	49	18	67	84	26	110
阿拉伯经济发展银行	71	7	78	84	11	95
欧共体/欧洲投资银行	284	33	318	316	34	350
非洲发展基金	163	187	350	6	159	165
国际农业发展基金		7	7		11	11
国际发展联合会（世行）	875	963	1837	29	584	613
石油出口国组织基金	70	23	93	151	27	178
总　计	3233	1809	5042	1151	989	2140

资料来源：马达加斯加财政预算部公共债务局。

2007年，马达加斯加外汇储备为6.3亿美元，相当于该国当年3个月的进口额①。

5. 对外贸易情况分析

（1）对外贸易概况

马达加斯加长期以来一直为进口依赖型国家，长期以来对外贸易逆差。马达加斯加外贸情况见表11“2003年—2006年马达加斯加对外贸易统计数据”。

表11 **2003年—2006年马达加斯加对外贸易统计数据**

（以百万特别提款权DTS表示）

年　度	2004	2005	2006	2007	2008
出口额	669.1	578.5	669.6	808.2	823.8
进口额	963.6	981.7	1041.9	1463.3	2140.9
贸易逆差	-294.5	-403.2	-372.3	-655.1	-1317.1

注：表中2008年数据为预测数。

马达加斯加的出口商品以农产品和矿产原材料为主，包括：咖啡、虾、铬矿石、香草、丁香、棉纺织品等。进口商品主要为石油、车辆、机械设备、药品、日用消费品及食品等。主要贸易对象国是法国、美国、中国、欧盟、南非、南部非洲发展共同体、东南亚部分国家和印度洋诸岛国等。马达加斯加历年外贸变化情况见表12、表13。

① 马达加斯加2007年进口总额为25.35亿美元。

表 12 **2003 年—2008 年马达加斯加出口商品的变化表**

（以百万特别提款权 DTS 表示）

年 度	2003	2004	2005	2006	2007	2008
咖 啡	3.1	3.2	5.2	8.9	11.2	8.9
香 草	138.6	94.8	33.2	32.6	36.4	26.4
丁 香	20.5	19.1	11.7	18.3	23.9	18.8
胡椒粉	1.3	1.2	1.2	2.6	2.6	2.2
虾	38.8	32	23.6	34.6	25.4	17.8
糖	0.7	7.1	1.6	4	2.4	4.4
可 可	0.7	4.4	2.8	9.2	12.1	9.9
棉 布	3.7	5	0	0.1	0	0
剑 麻	1.2	1.6	2.6	4.9	1.9	1.2
铬	2.1	5.9	7.9	12.5	7.8	21
石 墨	5.2	3	2.7	1.9	2.0	2.2
丁香香精	2.5	3.1	3.5	5	6.2	4.8
其他商品（包括石油产品）	102.9	124	143.7	166.1	180.7	167.6
再出口（其他海关条例）	99	24.1	48.4	44.2	40.6	74.3
工业免税区（ZFI）出口	191.4	340.8	291.8	324.7	454.9	464.5
总 计	611.6	669.1	579.9	669.6	808.2	823.8

表 13 **2003 年—2008 年马达加斯加进口商品的变化表**

（以百万特别提款权 DTS 表示价值，以千吨表示数量，以特别提款权 DTS 表示每公斤价格）

年 度	2003	2004	2005	2006	2007	2008
食品	83.4	61.1	89.1	58.4	84.1	97.4
大米	52.1	25.2	55.6	27.6	44.6	55.3
其他	31.3	35.9	33.5	30.8	39.5	42.1
能源	180.9	147.4	194.8	228.1	252.9	365.9
原油	63.6	41.4	0	0	0	0
成品	68	106.2	194.8	228.1	252.9	365.9
其他	0	0	0	0	0	0
设备	155.8	254.2	251	158.3	324.0	710.2
原材料	157.7	182.6	175.3	191.9	247.2	442.7
消费品	144.5	152	162.2	162.6	197.9	248.2
其他海关条例下的产品	115.0	80.8	72.3	149.3	267.3	334.2
工业免税区（ZFI）	144.4	255.5	210.3	277.1	348.2	320.1
CAF 总计	932.5	1133.6	1155	1225.8	1721.6	2518.8
FOB 总计	792.6	963.6	981.7	1041.9	1463.3	2140.9

（2）2008 年马达加斯加进出口情况

2008 年，马达加斯加对外贸易进出口总额为 46.39 亿美元，其中进口 34.55 亿美元，出口 11.84 亿美元。

① 进口情况。2008 年，马达加斯加从 170 个国家（地区）进行了进口，其中，从表 14 所列 10 个主要国家（地区）的进口额为 239507 万美元，占当年进口总额的 69.31%。

表14　　2008年进口额排名前10位的国家（地区）统计

进口来源国（地区）	2008年进口额（万美元）	占进口总额（%）	排名位次
中　　国	76752	22.21	1
巴　　林	33135	9.59	2
法　　国	23634	6.84	3
南　　非	21720	6.27	4
欧　　盟	20208	5.85	5
美　　国	18691	5.41	6
印　　度	16712	4.84	7
日　　本	11515	3.33	8
德　　国	9043	2.62	9
毛里求斯	8097	2.34	10
小　　计	239507	69.31	

注：上述关于从中国进口的统计数据中，未包括从香港特别行政区（1026万美元）和台湾地区（2629万美元）的进口。

② 出口情况。2008年，马达加斯加对147个国家（地区）进行了出口，其中对表15所列10个主要国家（地区）的出口额为96289万美元，占当年出口总额的81.34%。

表15　　2008年出口目的国（地区）排名前10位统计

出口目的国（地区）	2008年出口额（万美元）	占出口总额（%）	排　　名
法　国	43554	36.79	1
美　国	25264	21.34	2
德　国	6268	5.30	3
中　国	4112	3.47	4
意大利	3850	3.25	5
西班牙	3014	2.55	6
英　国	2936	2.48	7
荷　兰	2533	2.14	8
留尼汪	2387	2.02	9
南　非	2371	2.00	10
小　计	96289	81.34	

注：上述关于对中国出口的统计数据中，未包括对香港特别行政区（909.6万美元）和台湾地区（37万美元）的出口。

③ 进出口商品结构情况。2008年，马达加斯加前10个主要进口商品进口额为110605万美元，占当年进口总额的32.0%（见表16）。

表16　　2008年进口额排名前10位的商品统计

进口商品名称	进口额（万美元）	占进口总额（%）	排　名	进口数量（吨）
柴　油	33140	9.59	1	403772
钢筋和轧钢	11348	3.28	2	102138
家　电	11221	3.25	3	7671
塑料产品	9272	2.68	4	40213
煤　油	8793	2.54	5	93591
卡　车	8542	2.47	6	15914
棉　布	7637	2.21	7	12775
旅游车和巴士	7277	2.11	8	8583
大　米	6781	1.96	9	156515
汽　油	6594	1.91	10	74162
小　计	110605	32.0		

2008 年，马达加斯加前 10 个主要出口商品出口额为 87813 万美元，占当年出口总额的 74.17%（见表 17）。

表 17　　2008 年出口额排名前 10 位的商品统计

出口商品名称	出口额（万美元）	占出口总额（%）	排　名	出口量（吨）
纺织服装	52139	44.04	1	35524
虾	10102	8.53	2	10046
石油产品	8104	6.85	3	68883
香　草	4492	3.79	4	2148
铬矿石	3013	2.55	5	112613
金枪鱼罐头	2999	2.53	6	7545
丁　香	2779	2.35	7	8286
可　可	1504	1.27	8	6352
咖　啡	1353	1.14	9	7510
香精油	1328	1.12	10	1416
小　计	87813	74.17		

④ 马达加斯加与中国双边贸易情况。2008 年，马达加斯加与中国（不包括香港特别行政区和台湾地区）的进出口贸易额为 80842 万美元，其中，马达加斯加对中国出口为 4109 万美元，从中国进口 76733 万美元，与 2007 年相比，分别增长 48.66%、56.78% 和 56.35%（见表 18）。

表 18　　2007 年—2008 年马达加斯加与中国进出口贸易情况统计　　单位：万美元

年　度	2007	2008	比 2007 年增长（%）
对中国出口	2764	4109	48.66
从中国进口	48942	76733	56.78
进出口总额	51706	80842	56.35

⑤ 马达加斯加对中国出口商品结构。2008 年，马达加斯加对中国出口前 10 种主要商品出口总额为 2396 万美元，占出口总额的 86.6%（见表 19）。

表 19　　2008 年马达加斯加对中国出口排名前 10 位的商品统计

出口商品	出口额（万美元）	占出口总额（%）	排　名	出口量（吨）
铬矿石	2862	69.65	1	105452
原　木	312	7.60	2	982
牛皮（原皮）	129.6	3.15	3	1484
工业石料	124	3.01	4	2243
剑　麻	75	1.83	5	1663
拉菲草	70	1.70	6	566
丁香精油	43	1.06	7	88
石　英	39.8	0.97	8	847
衬　衫	21	0.52	9	10
木材（锯材）	11	0.27	10	92
总　计	3688	89.76		

⑥ 马达加斯加从中国进口商品结构。2008 年，马达加斯加从中国进口前 10 种主要商品总额为 16648 万美元，占进口总额的 21.70%（见表 20）。

表 20　　2008 年马达加斯加从中国进口排名前 10 位的商品统计

进口商品	进口额(万美元)	占进口总额(%)	排名	重量(吨)
家电	5732	7.47	1	5664
棉布	2149	2.8	2	4314
钢筋和轧钢	1934	2.52	3	22191
水泥	1875	2.44	4	180858
塑料产品	1080	1.41	5	5814
卡车	974	1.27	6	3459
制药产品	928	1.21	7	1317
棉线	669	0.87	8	856
轮胎	665	0.866	9	3598
文具用品	642	0.84	10	4879
总计	16648	21.70		

（三）马达加斯加产业情况介绍

1. 总体情况

近年来，马达加斯加产业结构呈现出这样一种趋势，即服务业发展较快，其增长速度远高于其他两个产业，占国民经济的比重逐年增加。2007 年在国内生产总值中，农业占 24.2%，工业占 15.2%，服务业占 53%。近年来，由于缺水和劳动生产率较低，马达加斯加的农业增长速度继续下降，占国内生产总值的比重也在逐年下降，由 2004 年占 GDP 的 1/3 下降到 2007 年的 1/4。三大行业占 GDP 情况见表 21“2004 年—2007 年马达加斯加三大产业在 GDP 中占比情况”。

表 21　　2004 年—2007 年马达加斯加三大产业在 GDP 中占比情况　　单位：%

年度	2004	2005	2006	2007	平均值
农业	32	31.36	30.53	24.20	29.52
工业	11.79	11.60	11.47	15.20	12.52
服务业	47.75	48.44	49.46	53	49.66

马达加斯加工业基础薄弱、门类不齐全、结构不合理，近年来工业部门的增长也很缓慢。工业免税区（ZFI）经济活动的停滞不前影响了工业部门的增长。仅有饮料行业、烟草行业、建筑材料制造业近年显示出了良好的增长业绩，生产迅速增加。制糖业由于资金困难，不能进行设备更新，发展受限。造纸行业仅有的一家公司，也因缺乏新产品并且被竞争产品所替代，目前订单不足，其生产能力的使用率很小。

服务业是马达加斯加的支柱产业，近年来，由于旅游业的发展和大型工程以及房地产业的快速发展，服务业实现了持续增长，2004 年增长率为 6%，2005 年增长率为 6.1%，2006 年增长率为 7.1%，有力地促进了 GDP 的增长。由于移动电话的迅速发展，电信行业取得了显著的进步，网络基本覆盖全国。建筑、公共工程行业的增长速度不断加快，2005 年和 2006 年分别增长了 18.7% 和 22.5%。公共工程的快速发展得益于公路的修筑和房地产投资的增加。银行业在 2006 年显示出了较大的活力，增长率达到 2005 年的一倍多，是过去五年之中最高的。同样，保险行业 2006 年增长了 10.6%。

2. 各产业具体情况

（1）农业

马达加斯加是世界上农业自然条件最好的国家之一，农业在经济中占重要地位。2007 年，该国农业产值占国内生产总值的比例为 24.2%。近年粮食生产恢复较快，粮食自给率有所提高，经济作物稳步发展，其中 Vanilla 香草产量和出口量居世界第一位。

马达加斯加拥有 3500 万公顷土地可用于农业、牧业及其他经济作物的开发，其中 800 万公顷可用于农业开发。至 2007 年年底，实际已开发的各类用地约 266 万公顷，其中，农业用地约 235 万公顷（130 万公顷种植水稻和旱稻，33 万公顷种植玉米，31 万公顷种植木薯，41 万公顷种植红薯、花生及大豆等）；31 万公顷用于种植经济作物，主要有甘蔗、咖啡、香荚兰、灯草等。

2007 年，马达加斯加稻谷总产量为 401 万吨，人民喜食稻米，每年人均消费稻米约 115 公斤。由于本国稻米不能完全自给，每年尚需进口约 20 万吨。政府对农业的政策是发展农村的生产、生活环境，减少贫困，在农业生产方面实行自由化和私有化，并且集中力量加大对农村生产基础设施、资讯、教育、通讯等方面的投资管理，打破国营企业制糖、棉花等生产、收购方面的垄断。

马达加斯加对于与外国签订的双边协定中属赠送的稻米和肥料的进口权实行竞标拍卖。

2006 年，农民根据产销合同组织生产，农产品产量大幅增加。Ambatofinandrahana 是马达加斯加玉米主生产区，其玉米主要出口给毛里求斯饲料公司。马达加斯加的高原地区是花生主生产区，2006 年花生产量达到 29.8 万吨，此产量已保持近十年。近些年来，农业部门要求农民要根据市场需求与销售管道组织生产，以便提高经济效益和生产积极性。

为了鼓励农业发展，马达加斯加政府还将对农业计划和农业研究等方面提供资金上的支持，允许私人从事兽医职业。蝗虫灾害对农业一直是个严重的威胁，马达加斯加政府在重灾区实施灭蝗计划，在尽可能减少对环境和人身健康影响的前提下，确保当地农民的收入稳定。

（2）牧业

马达加斯加的牧业和农业具有紧密的联系。牧业的显著标志是全国约 1/2 的农户从事养牛业，但增长速度缓慢，每年仅增长 1%。而养猪业近几年有较大发展。

此外，其他的养殖业如养蚕、养蜂、养鱼在马达加斯加农业中也占有一定的分量。畜牧业发展条件优良，牧场广阔，以牛、猪、羊等畜产品生产为主。牛的饲养主要集中在马达加斯加西南部的图利亚地区和西北部的马任加地区。

（3）林业

据马达加斯加旅游森林环境部提供的资料，截至2005年年底，该国森林覆盖面积约931万公顷（其中，湿林450万公顷，旱林250万公顷，其他230万公顷），占国土总面积的15.7%。马达加斯加的树种以针叶林为主，但也有红木、紫檀、黑木及巴里桑等名贵树种。前几年，该国的红木、紫檀木和巴里桑等名贵木材在国际市场供不应求，树种存量急剧减少。近几年来，马达加斯加政府已采取严格措施，禁止上述名贵树种原木出口，但加工成品仍可出口。

（4）工业

马达加斯加工业基础薄弱，没有重工业，工业产值约占国内生产总值的15%。有大小企业580余家，一半以上的企业设在塔那那利佛省。主要有轻工业、采矿业、农产品加工业、纺织业、建材工业、炼油、农机维修等。在现有工业企业中，设在免税区的工业企业占了大多数，其中，服装加工约占64%，通信和资讯产业约占8%，农产品加工约占6%，手工艺加工约占5%，化工制造约占4%，其他约占13%。

免税工业区始建于1990年。截至2007年年底，共有465家企业在免税区落户，提供就业机会140727个。2007年，免税区企业进出口贸易总额为127388万美元，占当年该国进出口贸易总额的33.4%，其中，进口占22%，出口占56%。

（5）矿业

矿业在马达加斯加经济上具有关键的地位，政府为此已向国民议会提交了新的矿业法，确定了该行业的法律地位和环境标准。政府在矿业部成立了环境事务办公室，专门负责业主与相关行政机关的联系。

马达加斯加拥有极丰富的矿产资源，其外贸出口收入的10%来自于矿产品。许多矿藏含量已经确认，主要有铬矿、石墨、铝矾土、云母、宝石和石英等。

近几年来，来自加拿大、日本、韩国、英国、南非、中国等国的公司先后与矿产能源部签署了协议，对获得的矿山进行开采或勘探，已签约的项目总投资达50亿美元。目前，只有铬矿属于政府控制开采和经营，年产约1.5万吨，全部供出口。

马达加斯加已先后与加拿大、日本、韩国联合体及英国公司签署了关于镍钴矿和钛铁矿开采协议。开采项目已经正式启动，将在2010年前后正式生产矿产品。此外，政府正在对铝矾土矿、煤矿、铁矿、铀矿等进行研究或招标。

马达加斯加对矿业开发实行矿产证登记管理，分为三个阶段：① 预留期（3个月），每个方格（0.39平方公里，即625米×625米）需交2000阿里阿里（约1美元）。② 申请探矿许可证。在3个月预留期过后，企业必须在申请探矿权（Permis de Recherche）和放弃申请之间作出选择，否则将视为自动放弃。③ 探矿工程结束后，如认为有开采价值，可直接申请开采许可（permis d'Exploitation），如果有把握，企业可以在预留期结束时直接申请开采许可。

马达加斯加负责管理和颁发矿产许可证的部门是矿产能源部矿产测绘管理局（Bureau du Cadastre minier de Madagascar，Ministrère de l'Energie et des Mines）。截至2007年年底，该国

矿业管理局实际已颁发的矿产证约75万个方格。

（6）渔业

为了确保渔业的可持续发展，马达加斯加政府采取新的渔业政策以保护各种捕鱼方式（传统捕鱼、手工捕鱼和工业化捕鱼）的共同发展。另外，政府正在对渔业政策进行一项研究，采取公平竞争、自由选择的原则，制订有关虾捕捞许可证发放和作废的规定。

马达加斯加的渔业资源相当丰富，主要有海虾、龙虾、海参、金枪鱼以及其他经济型鱼类。虾的出口收入位居马达加斯加出口收入的第二位。另外，在诺西贝（Nosybe）、马任加（Mahajanga）、木伦达瓦（Morondava）等地区还建有四个大型水产养殖基地。

马达加斯加拥有5603公里海岸线，30万公顷红树群落，155000公顷湖泊和潟湖。目前，每年实际捕捞量为12万吨，其中，鱼10万吨，虾1.5万吨（主要向欧洲出口），螃蟹1750吨。此外，在归其所有的经济区域中，每年可捕捞金枪鱼约5.2万吨。

据统计，马达加斯加现有约12万名捕鱼者，但拥有的捕鱼工具非常简陋，且数量少。平均每个渔民只拥有1.6张渔网、3把鱼叉和0.6艘独木舟。

（7）旅游业

马达加斯加作为一个岛国，其海岸线长达5000多公里，岛上动、植物资源相当丰富，自然景观千姿百态，美不胜收。由于独特的地理环境和多样的气候条件，马达加斯加拥有极大的旅游资源。但旅游设施不足、旅游服务相对匮乏。

世界上70%的狐猴生活在岛上，1000多种兰科植物争奇斗艳，146处国家公园和历史建筑受到保护。另外，马达加斯加的四周散落着许多岛屿，西北部的诺西贝岛和东部的圣马里岛犹如两颗镶嵌在大海中的珍珠吸引着许多爱好海水浴的游客在这里驻足。旅游业现已逐渐成为马达加斯加外汇收入的重要来源。

马达加斯加的狐猴（leslemuriens）闻名世界。为方便游客参观，旅游局专门在首都附近约20公里处建立了狐猴公园，养有包括“指猴”在内的9种形状各异的狐猴（共40余只）。该公园已成为许多外国游客必游的景点。游客们在导游的指引下可慢慢靠近狐猴，驻足与其戏耍，并与其拍照留念。

此外，在首都机场附近，1座五星级饭店项目正在施工中，将于2009年6月建成。该宾馆拥有272个房间，是迄今为止马达加斯加最大的五星级饭店。政府非常重视发展旅游业，正在加紧旅游设施的建设。根据发展计划，到2012年，供接待游客的宾馆房间将由目前的13281间增加到21900间，游客数量由2007年的21.7万人增加到50万人。

（8）电力

马达加斯加电力发展落后，年发电量为10.45亿千瓦（2007年），电力供需矛盾十分突出。其电价被列入世界上最高国家行列，目前，每度电约25美分。电力供应严重不足，从很大程度上制约了经济发展。

近年来，政府非常重视电力发展，将发展水电资源作为国家优先发展领域加以推动。据了解，目前共规划了28个水电站开发专案，总发电容量将达到4468.5兆瓦。但是由于资金没有落实，水电站的开发尚未进入实施阶段。该国政府正在积极寻求合作伙伴，以尽快建设上述电站。

在电力方面，马达加斯加政府通过立法，允许私人参与该领域的经营活动。采取特许和许可证制度。政府已经通过招投标的形式将国营水电公司（JIRAMA）私有化。

（9）航运业

马达加斯加目前共有17个港口，其中，1个主要港口（塔马塔夫港）、3个辅助港口（马任加、图里亚和安齐哈纳纳港），其他13个港口为内航沿岸停靠港。马达加斯加进出口货物中的70%由塔马塔夫港口进出，20%由3个辅助港口进出，10%由上述13个内航沿岸港口进出。

（10）能源业

① 石油资源。据马达加斯加有关部门介绍，西部沿海地区具有存在石油资源的可能性。为此，自从2005年以来，该国政府先后将划分的20个陆地石油区块中的19个出售给外国公司。除马达加斯加石油公司2008年1季度开始试产石油外，目前，其他的石油区块经营者正在加紧勘探。

此外，SOLIMA公司为马达加斯加私营石油公司，它所从事的石油业务已经不再需要马达加斯加政府的批准。

② 生化能源。意大利投资商近日对外宣布，意方将投入5000万欧元用于在马达加斯加西北部波安尼（Boeny）地区进行麻风树种植和加工。

2008年1月份，该投资商已经在1000公顷土地上进行了试验种植。提炼的麻风树油与柴油进行一定比例的混合后即可获得一种新的可再生能源——生物柴油。据估计，他们在3万公顷土地上种植的麻风树将获得总量达4万—7万吨的麻风树油，预计可为当地提供1200个就业机会。

除意大利投资商之外，目前还有7家大投资商计划在该领域进行投资，总投资额达2亿美元（不含意大利投资）。

此外，据马达加斯加行动计划（Madagascar Action Plan），即未来五年发展规划制订的发展目标，在2008年至2012年的五年内，马达加斯加将在基础设施建设、农村发展、矿产能源开发、经济增长、良政建设、教育卫生、民族团结等8个领域加快发展速度。为此，需要投资92亿美元，截至目前，已经落实49亿美元，尚有43亿美元待落实。

（四）马达加斯加矿产资源现状

马达加斯加矿藏丰富，已探明的主要矿产资源有石墨、铬铁、铝矾土、石英、云母、金、银、铜、镍、锰、铅、锌、煤等，其中石墨储量居非洲首位，此外还有较丰富的宝石、半宝石资源以及大理石、花岗岩和动植物化石。

近几年来，马达加斯加政府加大了对矿业开发的招商引资力度，取得了较好的成果。截至目前，政府已先后与加拿大、日本、韩国联合体及英国公司签署了关于镍钴矿和钛铁矿开采协议，总投资额约42亿美元，其中镍钴矿35亿美元、钛铁矿7亿美元。开采项目已经正式启动，将在2010年前后正式生产矿产品，目前，正在进行基础设施建设。此外，还有铝矾土矿、煤矿、铁矿、铀矿等正在进行研究或招标。有关情况简要介绍如下：

1. 钛铁矿

位于马达加斯加东南部地区的Taolagnaro。项目总投资约7亿美元，由作为力拓矿业集团公司成员之一的马达加斯加Qit矿产公司（简称QMM）投资开采。目前，正在进行港口等基础设施建设，预计在2009年年底投产。其中，港口工程正在加紧施工，由日本公司负责实施。该矿业项目设计年产75万吨钛矿和2.5万吨锆石。据有关方面介绍，该项目的产品将由日本和韩国负责包销，各进口50%。该项目投产后每年将向马达加斯加政府上缴2600万美元的税金。开采期为25年。

2. 镍钴矿

该项目主矿区位于马达加斯加东部的Ambatovy地区，总投资额约35亿美元，其中，加拿大Sheritt International占股40%、日本公司和韩国公司分别占股27.5%，加拿大另一家小公司占股5%。该项目的主要技术指标如下：储量为12500万吨，其中含镍1.04%，含钴0.099%，可年产镍6万吨，钴5600吨，硫酸氨19万吨，开采期约30年。该项目于2007年11月8日正式启动，将于2010年前后正式投产。该项目投产后，每年将向马国缴纳约8500万美元的资源税。

3. 铝矾土矿

该项目位于马达加斯加东南部的Manatenia，储量约16500万吨，三氧化二铝含量约47%，由加拿大Alcan集团与马达加斯加投资促进公司签约，该铝矾土矿属于马达加斯加投资促进公司所有。目前，加拿大公司正在就矿山开发进行研究，计划与马达加斯加政府签约，建立一个炼铝厂。目前，该项目尚处在研究阶段，所需投资额尚不明确。据有关人士估计，大约需8亿—10亿美元。

4. 煤矿

该项目位于马达加斯加西南部的Sakoa地区，储量预计为6500万吨。根据英国Vuna Energy Ltd公司通过其子公司马达加斯加矿业集团公司与马达加斯加政府签署的合作议定书，该项目将由马达加斯加矿业集团负责开采。目前，正在就基础设施建设等进行研究。

5. 铀矿

目前，在马达加斯加探讨开采铀矿的公司主要有印度公司、以色列公司、澳大利亚公司等。根据马达加斯加政府规定，铀矿资源属于战略性资源，由马达加斯加国家战略工业和矿业管理局负责统一管理。据资料记载，法国公司在20世纪四五十年代曾经在马达加斯加开采铀矿达1000多吨，全部出口。后因马达加斯加在1960年宣布独立，法国公司放弃开采。截至目前，共有9家公司在马达加斯加勘探铀矿，但尚未宣布开采。

6. 铁矿

马达加斯加境内有多处铁矿，但目前发现的最大铁矿位于其西北部的Soalala地区。探明储量约8亿吨，含铁品位平均为35%。近年来，日本、印度、中国等多家公司先后到该矿区考察，并希望与马达加斯加政府签署开采协议。考虑到多国公司均想得到该矿区的开采权，马达加斯加政府决定通过国际招标方式择优选定承担单位。有关投标意向书的递交工作已于2008年6月30日受理。据统计，共有26家外国公司递交了投标意向申请。其中，澳大利亚4家、日本3家、加拿大3家、南非3家、中国4家（含与澳大利亚+香港的联合体1家）、韩国2家、印度5家、巴西1家、土耳其1家。

（定稿于2009年11月11日）

参考文献资料

1. 马达加斯加中央银行网站：www. banque - centrale. mg。
2. 维基百科网（WIKIPEDIA）：www. en. wikipedia. org。
3. 美国中央情报局网（CIA）：www. cia. gov。
4. 马达加斯加统计局网站：www. instat. mg。
5. 中国驻马达加斯加使馆经商处网站：mg. mofcom. gov. cn。

第十九章　斯威士兰

斯威士兰政治经济情况

斯威士兰全称斯威士兰王国（The Kingdom of Swaziland），是非洲大陆国土面积最小的国家之一，仅为1.7万平方公里。斯威士兰是非洲东南部的内陆国家，北、西、南三面为南非所环抱，东与莫桑比克为邻，没有出海口。斯威士兰地处南非高原东南边缘德拉肯斯山脉的东坡。从东到西由海拔100米递升为1800米，形成面积大致相等的低、中、高三级梯状地带。多河流，属亚热带气候。首都在姆巴巴内，主要城市有曼齐尼，货币为埃马兰吉尼。

斯威士兰也是非洲大陆人口最少的国家。根据2008年7月25日斯威士兰公布的人口普查数据，目前全国人口总数为101.84万人，人口总数比十年前减少了1/5。斯威士兰的人种构成比较简单，斯威士兰族人口占90%，祖鲁族和同家族占6%，白人占2%，其余为欧非混血人种。斯威士兰60%以上的人信奉基督教新教和天主教，其余信奉原始宗教。官方语言为英语。

（一）国家概况

1. 国家简史

15世纪后期，斯威士兰人由中部非洲和东非逐渐向南迁移，16世纪定居于此地并建立起王国。1907年，斯威士兰成为英国的保护地。1963年，英国制定了斯威士兰第一部宪法，规定斯威士兰由英国专员进行统治。1967年，斯威士兰颁布了独立宪法，同年4月由斯威士兰最高酋长索布扎二世领导的因博科德沃民族运动党在议会选举中获得全部24个议席，组成内部自治政府。1968年9月6日，斯威士兰正式宣布独立，成立了斯威士兰王国，索布扎任国王。此时，斯威士兰仍留在英联邦内。1982年索布扎二世逝世，由大王后泽莉维摄政。1983年“王室委员会”立马科塞蒂韦王子为王储，由王储之母恩通比王后摄政。1986年马科塞蒂韦王储登基，称姆斯瓦蒂三世，即现任国王。

2. 政治体制

（1）政治体制变革

斯威士兰是目前世界上少数几个仍实行绝对君主制（君主专制）的国家之一，也是南部非洲唯一的迄今仍禁止政党活动的国家。1978年10月制定的宪法规定，斯威士兰是一个没有种族歧视、不分肤色和信仰、人人平等地享有自由和公正的国家；私有财产不可侵犯；禁止一切政党活动，国王为权力至高无上的国家元首。其行政权通过由首相主持的内阁行使，立法机构议会的作用仅限于辩论政府提案并向国王提供咨询。斯威士兰1993年10月举行全国大选。由于这次大选是依照1992年实施的"廷克汉德拉"传统选举法（也称作部落居住区选举法，候选人只能以个人身份参选）进行的，因此遭到"多党制"提倡者的强烈反对，抗议活动一度此起彼伏。1995年以来，斯威士兰工会联合会（SFTU）发起数次大规模全国罢工，提出解除党禁，实现民主化进程等政治要求。斯威士兰国王为缓和局势，成立修宪委员会（后被宪法起草委员会取代）。但此后，原定于1999年年底完成的修宪工作一直推延。直到2003年5月，宪法起草委员会才向国王递交了新宪法草案。此后宪法草案历经多次反复修改，但仍然禁止政党活动。

（2）政治体制

① 国会。分为众议院及参议院。众议院由65名议员组成；参议院由30名议员组成。国会议员之任期每任5年，参众两院均能提出法案。

② 内阁。行政部门以总理为首长，下设14部。

③ 司法机关。斯威士兰司法采取三级制，即地方法庭、高等法院、最高法院。此外尚有17个斯威士兰传统法院，负责处理有关习惯法的案件，至于有关移民案件，则由特别法庭审理。

④ 宪法、君主和政党。斯威士兰的人民多数仍支持王室。近年来在西方国家压力及邻国南非民主观念影响下，国内部分社团的自主意识开始抬头，多次要求改革政治体制，实行多党制。1995年斯威士兰的职工联盟发动了全国大罢工，时间长达两周，造成重大损失，此次罢工并演变成政治事件，工人提出了解除党禁、国王虚位、修改宪法等政治诉求。国王为缓和局势成立了修宪委员会修改宪法。历经十年拖延，斯威士兰终于于2005年7月26日通过新宪法。但是通过的新宪法仍实行绝对君权制。根据新宪法，斯威士兰实行君主专制，国王是斯威士兰的灵魂，是全斯威士兰人的偶像，国王拥有最高行政、立法和司法权，严禁政党活动。

（二）国民经济发展情况

1. 概况

斯威士兰奉行自由市场经济，重视利用私人和外国资本，鼓励出口。斯威士兰在20世纪80年代末期经济发展较快，90年代经济出现回落。近年经济呈低速增长。斯威士兰是南部非洲关税同盟（SACU，下同）成员国，每年从该组织所获税收份额是其国库收入的最大进项。但近年来，由于南部非洲关税同盟出台税收分配份额新方案，斯威士兰每年从该组织所获收入渐趋下降。

斯威士兰经济严重依赖南非，进口商品90%来自南非，出口商品50%销向南非。1994年以前，由于南非实行种族隔离遭到西方国家制裁，南非境内的投资实体和新的外国直接投资纷纷转向斯威士兰等国家。斯威士兰经历了投资和经济增长的黄金时期。1986年—1995年十年间斯威士兰实际GDP年均增长率达到6.5%。斯威士兰迅速步入了中等收入国家的行列。但是，自从南非种族隔离取消后，斯威士兰当局没有顺应潮流给予投资者有吸引力的补贴等吸引外资优惠政策，投资又重新回到了南非。再加上国有土地的低效率、反复的干旱、艾滋病的迅速蔓延等问题困扰，斯威士兰的经济增长率迅速下滑。自2000年至2006年，斯威士兰实际GDP增长率平均仅2.4%，比其他南部非洲关税同盟成员国平均增长率低近两个百分点。

2. 近年国民经济增长情况

2003年—2008年，斯威士兰实际国内生产总值虽然逐年增长，但年经济增长率相对较低，且有所波动，其中2003年增长率为近六年最高，但也仅达到3.9%。2008年实际GDP达152.8亿埃马兰吉尼，较2007年的123.2亿埃马兰吉尼增长2.4%（见表1、图1）。而按2008年当年价格计算的名义GDP约28.4亿美元，人均名义GDP约为2778美元①。人均国内生产总值虽居撒哈拉以南非洲国家前列，不过在世界范围内仍属于中等偏下收入国家。

表1　　2003年—2008年斯威士兰GDP情况表　　单位：百万埃马兰吉尼

年　度	2003	2004	2005	2006	2007	2008
实际GDP②（以不变价格计算）	11045.5	11323.2	11573.2	11905.6	12320.6	15277.5
实际GDP增长率（%）	3.9	2.5	2.2	2.9	3.5	2.4

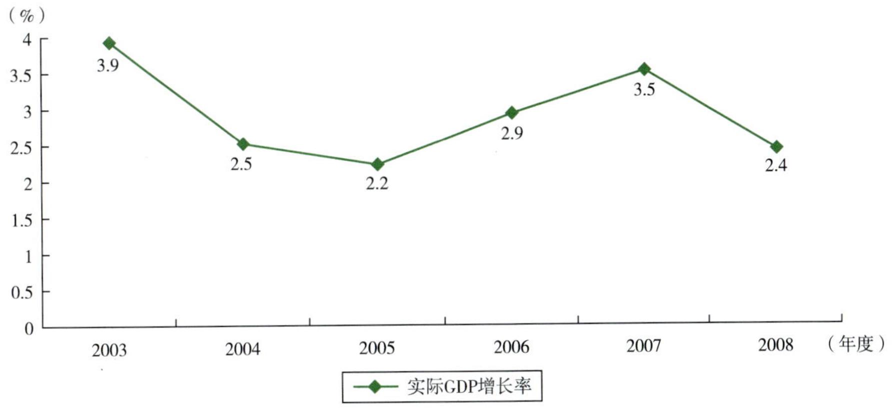

图1　2003年—2008年斯威士兰GDP增长情况

① 该数据来源于维基百科网站。

② 用不变价格计算的国内生产总值叫做实际国内生产总值，而用当年价格计算的国内生产总值叫做名义国内生产总值。

2008年实际GDP增长率较2007年3.5%有所下降，主要有两方面的原因，一是出口表现不佳，尤其是纺织品出口大幅下降；二是吸引外国投资乏力，外资增长缓慢。2008年斯威士兰主要贸易伙伴南非、欧美国家受全球金融危机影响，市场需求下降，从而导致斯威士兰出口下降。斯威士兰经济发展对出口依赖性很大，主要贸易伙伴需求减少，拖累了斯威士兰国民经济增长。这反映了金融危机的第二波影响力——即发达国家经济危机进一步影响发展中国家的经济增长。另一方面，为了控制通货膨胀，斯威士兰国内实行高利率，同时也抑制了国内经济的发展。高利率限制了建筑业的发展，人们买房建房的需求下降，另外2008年国际原油等原材料价格暴涨，提高建筑成本，需求进一步下降。

尽管存在上述不利因素，2008年也出现了一些有利于斯威士兰经济增长的因素，如斯威士兰货币汇率贬值，斯威士兰出口到共同货币区①的产品价格竞争力提高。另外，2008年风调雨顺以及玉米市价提高，斯威士兰农业收成和收益均获得提高，推动了经济增长。

2009年影响斯威士兰经济增长的不利和有利因素并存。一方面欧盟糖价下跌、来自南部非洲关税同盟的收入减少、世界经济复苏曲折导致外资流入进一步减少、财政压力和艾滋病的影响等因素将给斯威士兰经济带来负面影响；而另一方面，如果中长期内通货膨胀得到控制，通过降息刺激经济发展，同时由于2009年雨水充足以及实施LUSIP灌溉项目，预计2009年农业发展较好，支持经济增长。

3. 行业情况

（1）总体行业情况

斯威士兰的经济比较多样化，第一产业包括农业、林业和矿业，约占GDP的13%。第一产业以农业为主，农业又以制糖用的甘蔗种植为主。第二产业约占GDP的37%。第二产业以制造业为主，制造业约占第二产业的86%，而制造业又主要以纺织和软饮料浓缩汁为主。斯威士兰的第三产业（服务业）比重较大，约占GDP一半，其中政府服务是斯威士兰最大的行业，约占服务业的42%。斯威士兰三大产业占比情况见图2。

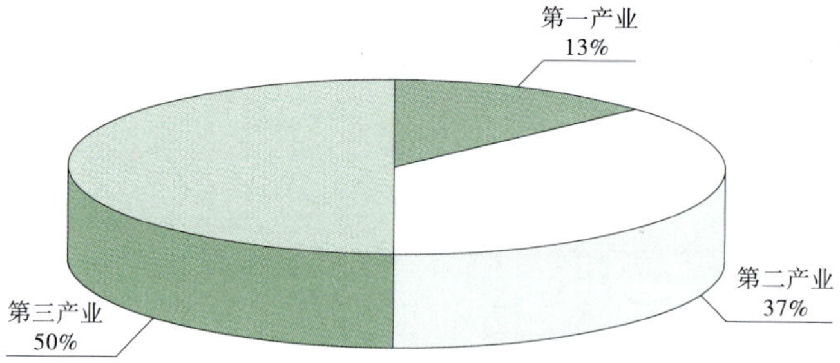

图2 斯威士兰三大产业占比情况

① 1986年，南非与莱索托、斯威士兰签订了三方货币协定，成立共同货币区（CMA）。1990年纳米比亚独立后也成为“共同货币区”成员。莱索托、斯威士兰和纳米比亚三国都有自己的货币，但币值都与南非兰特等值。

（2）农业

① 棉花。2007/08 财年斯威士兰棉花产量为 394 吨，较上一年度下降了 47%。产量大幅下降与斯威士兰棉花的主要收购人南非 KwaZulu Natal 轧棉厂的关闭有关。尽管斯威士兰棉花促进局在政府的帮助下，复产了当地一家轧棉厂，并且政府对棉花收购价格进行补贴，保证 4 埃马兰吉尼/公斤的棉花收购价格，但受南非 KwaZulu Natal 轧棉厂关闭的消极影响，斯威士兰农民们种棉积极性受到很大打击，不愿意再种棉，导致复产的这家轧棉厂 2008 年未达到保本产量。斯威士兰 2007/08 财年生产的 394 吨棉花可以生产出 143 吨棉纱布，价值为 163 万埃马兰吉尼。目前斯威士兰棉花业面临的主要困难是棉纱布质量不高，必须加入进口的高质量的棉纱布才能生产出高质量的纺织品。2008 年，作为棉花副产品的棉花种子产量达 211 吨，价值 40 万埃马兰吉尼。棉花种子主要出售给南非的动物饲养业者。尽管天气条件不利、全球市场需求下降，但 2008/09 财年棉花种植情况较好，种植面积增长了三倍，达到 3295 公顷，这与轧棉厂复产和收购价格提高到 4.5 埃马兰吉尼/公斤有很大关系。

2 009 年是有机棉试验项目实施的第三年，同时斯威士兰政府期望能扩大 130 公顷到 200 公顷的有机棉的种植范围。目前，生产有机棉的主要挑战是控制害虫和提高产量。近年斯威士兰棉花产量情况见表 2 “2004/05 财年—2007/08 财年斯威士兰棉花产量”。

表 2　　2004/05 财年—2007/08 财年斯威士兰棉花产量

财　　年	2004/05	2005/06	2006/07	2007/08
产量(吨)	3168	984	720	394
对种植者的价值(百万埃马兰吉尼)	6.6	2.2	2.5	2
平均售价(埃马兰吉尼/公斤)	2.09	2.1	3.5	4

资料来源：斯威士兰中央银行 2008 年年报。

② 牛奶和奶制品。奶制品业情况与其他农产品相似，斯威士兰当地牛奶和奶制品供应量有限，满足不了市场需求，需要从国外进口。据斯威士兰官方统计，2008 年斯威士兰牛奶和奶制品进口量为 9.1 百万公斤/升①，较 2007 年的 7.4 百万公斤/升增长了 23%。2008/09 财年初步统计数据显示，非正规市场消费了约 60% 牛奶及奶制品。

2008 年斯威士兰实际消费奶制品 15.5 百万公斤/升，较 2007 年的 13.3 百万公斤/升增长了 16.7%。其中，2008 年斯威士兰国内奶制品产量为 6.4 百万公斤/升，较 2007 年的 5.9 百万公斤/升增长了 9.5%。2008 年，斯威士兰奶制品局通过实施“产能建设计划”（the Swaziland Dairy Board Capacity Building Initiative）调动了小农场主的积极性，增加了奶制品的

① 奶制品计量单位。

产量。2008年产自地契土地①（Title Deed Lands，TDLs）的鲜奶量占斯威士兰全国总产量的60%，达3.4百万升，较2007年增长0.34%，这得益于地契土地乳畜群管理水平的提高和较好的天气条件。

为了满足斯威士兰民众对牛奶和奶制品不断增长的需求，斯威士兰奶制品局将继续促进当地奶制品生产、加工、配送以及鼓励对奶制品产业链的投资。同时，奶制品局还将加强对农户的培训工作，包括小规模生产的个体农户和大型农场。配套服务将跟进，包括培训、技术指导、人工授精、资源评估和项目评估。此外，奶制品局将断续推动山羊奶生产，这种奶性价比更高。目前，斯威士兰境内共有12个小型山羊奶生产户和1个中型山羊奶生产企业。

③ 柑橘。由于2008年国际原油价格居高不下，加上包装用纸箱价格上涨，生产商成本增加、产量减少导致利润减少，造成2008年柑橘产量较2007年有所下降。柑橘生产面积相对稳定，2008年为1890公顷，2007年则为1886公顷。

出口量方面，柑橘产量的下降影响了柑橘出口量，2008年斯威士兰柑橘出口量为39893吨，较上一年下降5751吨，出口收入也相应下降，仅为1亿埃马兰吉尼。

在内销方面，由于出口成本增加，不少农户调整销售市场结构，由外销转为内销，因此2008年柑橘内销量增加到38214吨。斯威士兰国内主要收购商为水果罐头公司，该公司将收购的柑橘加工成柑橘罐头出口。但国内销量的增加并没有带来销售收入的增加，由于国际市场上罐装柑橘制品价格下跌，反而使2008年国内销售额较上一年减少了7.8%，仅为44.8百万埃马兰吉尼。斯威士兰近年柑橘产量和出口量情况见表3。

表3　　2005年—2008年斯威士兰柑橘产量表

年　度	2005	2006	2007	2008
种植面积(公顷)	1872.7	1904	1886.8	1889.8
产量(吨)	67032.2	70506	85262.7	80711.7
出口量(吨)	32606	45240	45644	39893
出口金额(百万埃马兰吉尼)	70.723	103.97	114.2	100
国内销量(吨)	34805	41951	35915	38214
国内销售额(百万埃马兰吉尼)	25.12	12.64	48.56	44.8

① 斯威士兰的土地所有权形式分为两种。一种土地称为斯威士国有土地（Swazi Nation Land，SNL），这种土地约占斯威士兰全部土地面积的四分之三。斯威士兰约四分之三人口生活和劳作在SNL上。SNL土地由国王代表国家拥有，由部落首领管理和分配，生活在SNL上的人民大多数耕作小块的农田，种植玉米或饲养牲畜，偶尔种植经济作物。生活在这些土地上的人民面临着交通不便、与市场隔绝、灌溉设施差、常遭遇恶劣气候打击等诸多问题，过着靠天吃饭的生活，因此这些土地基本上是用来解决斯威士兰人温饱的，投资和生产效率极其低下。但事实上生活在这些土地上的人民往往解决不了温饱问题。斯威士兰约有66%的人口无法获得基本的食物需求，约43%的人口生活在长期贫困中。当2004年和2005年干旱肆虐的时候，该国约四分之一的人口需要食品救济。另一种土地形式称为地契土地（Title Deed Lands，TDLs）。这种土地一般都是较高水平的大农场，实施大规模的灌溉，生产效率较高。TDLs一般种植有商业价值的农作物，例如糖蔗、林木和柑橘。TDLs的高效率和国有土地的低效率形成了鲜明的对比，构成了斯威士兰经济的二元特征。这种二元特征导致了斯威士兰国家整体的低增长、社会极不公平和高失业率。

④ 牲畜。来自斯威士兰农业与合作部的数据显示，2008 年斯威士兰牲畜数量进一步减少，较 2007 年下降 0.8%，约 634563 头。总的来说，牛群数量在下降，主要原因是落后的自给性农业、不利的天气条件和低下的牧场管理水平，限制了牲畜数量的增长和质量的提高。不少牧场退化，不得不转向饲养山羊和绵羊，这些牲畜可以在小规模的牧场中饲养。2008 年，山羊和绵羊数量为 497170 头，较上一年不到 1%。

由于 2008 年食品价格上涨，牲畜商业屠宰量大幅下降 28.4%，仅为 28155 头。一方面，斯威士兰肉类工业公司（SMI）因为有出口市场，屠宰量下降不多，2008 年实际屠宰量为 7139 头，较上一年下降 2.3%。另一方面，其他商业屠宰商主要依赖国内市场，由于国内市场需求下降，其屠宰量大幅下降 34.4%，仅为 21016 头。

食品价格居高不下，不仅影响肉类及肉制品需求，而且影响供给。谷类价格上涨，饲料成本增加，牲畜价格上涨，最终导致屠宰厂生产成本增加。但是肉类及肉制品价格销售价上涨幅度低于生产成本的增加，2008 年 45% 的屠宰场倒闭，目前仅剩下约 60 家。此外，牲畜的死亡率由 2007 年的 3.7% 上升到 2008 年的 5.7%，在一定程度上影响了牲畜的供给。

在出口方面，2008 年斯威士兰牛肉出口量大增 40%，达到 1169 吨，增加的出口量主要来自欧盟，由于欧盟在 2008 年解除了进口斯威士兰牛肉的限制法令。尽管 2008 年牛肉出口大增，但与每年 3300 吨的出口配额相比仍存在很大差距。邻国莫桑比克是斯威士兰牛肉第一大出口市场。2008 年斯威士兰向莫桑比克出口牛肉 864 吨，较 2007 年增长 10.6%。

随着出口量的增加，肉类出口收入翻番，达到 52.5 百万埃马兰吉尼。2008 年肉类价格上涨、斯威士兰货币贬值是实现出口收入增长的重要因素。

2009 年影响肉类行业发展的积极因素和消极因素并存。积极的因素是，根据斯威士兰与欧盟的协议，出口配额将继续保留，同时进入瑞士和挪威两个新市场。消极因素则是，受全球金融危机影响，市场需求减少，出口价格下降，肉类供应量没有太多增加，因此出口收益可能会减少。

斯威士兰牲畜产量、屠宰量情况见表 4“斯威士兰牲畜数量和屠宰量情况”，肉类产量见表 5“2004 年—2008 年斯威士兰肉类产量表”。

表 4　斯威士兰牲畜数量和屠宰量情况

年　度	总牲畜数	SMI 屠宰量	其他商业屠宰量	总屠宰量	死亡数量	死亡率(%)
2003	600252	20697	10680	31377	35698	5.9
2004	623712	11433	4370	15803	21575	3.5
2005	648250	10723	31169	41892	24869	3.8
2006	657860	8162	34581	42743	25560	3.9
2007	639718	7312	32027	39339	23882	3.7
2008	634563	7139	21016	28155	36409	5.7

注：2008 年数据为初步数据。

表5 2004年—2008年斯威士兰肉类产量表

年　　度	2004	2005	2006	2007	2008
总产量(吨)	4116	7464	7955	8116	5202
出口量(吨)	223	837	803	834	1169
出口金额(千埃马兰吉尼)	7612	17580	19130	26412	52464
国内销售量(吨)	6023	7017	7142	7288	4066

（3）制造业

① 纺织业。纺织品和棉纱业是斯威士兰制造业中的主要行业和主要出口创汇行业，约占斯威士兰出口总额的1/5。由于斯威士兰享受美国的《非洲成长与机会法案》（AGOA），亚洲国家纷纷在斯威士兰投资设厂，外国直接投资增长强劲，服装出口2000年至2005年增长了285%。由于纺织行业是FDI的主要吸收行业，劳动密集的纺织业还大量促进了就业。但随着美国阶段性削减AGOA的优惠，斯威士兰的纺织业将不得不面对全球贸易自由化的冲击，面对国际的直接竞争。

② 制糖业。2008/09财年糖产量为62.7万吨，较2007/08财年下降0.67%。糖产量的下降一方面是制糖业在实施产品结构升级战略，以应对高端市场降价压力。今后，制糖业将减少粗糖产量，增加高等级糖和精糖产量。另一方面与当年度甘蔗产量下降有关，2008/09财年甘蔗产量较上一年度下降了3.2%。

2008/09财年糖产量下降，同时当年度糖实际销售量较上一年度也有所下降，约为61.8万吨，比当年糖产量少8696吨。2008/09财年糖的库存量达到10.1万吨，较2007/08财年的9.3万吨增长了8.6%。

2008/09财年糖出口量为29.9万吨，较上一财年的32万吨减少了6.6%。由于国际市场（包括东部和南部非洲共同市场，Common Market for Eastern and Southern Africa）糖价下跌，斯威士兰制糖业市场导向由国际市场转向高端高价格的市场。因此，斯威士兰在南部非洲关税同盟（SACU）区域内的糖销售收入增长了4.1%，达到31.97万吨。同时，尽管欧盟在2008/09财年削减了14%的糖采购价，斯威士兰向欧盟出口的糖总量还是维持在18万吨以上水平。

虽然，2008/09财年糖出口量和价格双双下降，但出口收入却较上一年度增长了2%，达到11.5亿埃马兰吉尼（见表6）。这是由于斯威士兰糖出口主要以欧元进行结算，2008/09财年斯威士兰货币埃马兰吉尼对欧元大幅贬值，2007年年底1欧元兑9.66埃马兰吉尼，到2008年年底1欧元兑12.11埃马兰吉尼，因此以斯威士兰埃马兰吉尼统计的糖出口销售收入就增加了，掩盖了斯威士兰糖生产和销售量下滑的实际情况。

表6 2005/06财年—2008/09财年斯威士兰糖生产销售情况

财　　年	2005/06	2006/07	2007/08	2008/09
总产量(吨)	652735	623357	631236	626984
出口量(吨)	320212	319834	319507	299023
出口金额(百万埃马兰吉尼)	557	980.7	1128	1153.3
国内销售量(吨)	314537	318201	307232	319715

③ 纸浆。2008 年 Sappi Usutu 纸浆厂①的牛皮纸浆产量为 14.2 万吨，较 2007 年的 17 万吨大幅下降 19.9%。其产量下降的原因主要有以下几方面：一是 2008 年该厂停工时间比往年要长，达到了 65 天；二是近年来火灾不断，2 万多公顷的储备林被毁，这影响了该厂的可持续发展；三是受全球金融危机影响，国际市场对其产品的需求减少。由于产量减少，该工厂被迫只能向其核心客户供应纸浆。从国际纸浆价格方面来看，2008 年纸浆价格为 565 美元/吨，较 2007 年 607 美元/吨下降了 6.9%。由于价格下跌，不少牛皮纸浆制造商退出了市场，市场供应预计会减少，供需将逐渐又趋于平衡，国际纸浆价格有望于 2010 年触底反弹。

由于产量削减，斯威士兰纸浆的出口量相应也大幅减少。2008 年斯威士兰实际出口纸浆 14.7 万吨，较 2007 年的 17.4 万吨减少 17.7%。纸浆的出口收入也大幅减少，2008 年实现收入 684.4 百万埃马兰吉尼，较 2007 年的 562.5 百万埃马兰吉尼减少 21.7%（见表 7）。

表 7　　2005 年—2008 年斯威士兰纸浆生产销售情况

年　　度	2005	2006	2007	2008
总产量(吨)	173200	160654	170398	142167
出口量(吨)	202588	159344	173572	147432
出口金额(百万埃马兰吉尼)	499.1	423.6	684.4	562.5

（4）电力

2008 年斯威士兰国内电力行业发展较多，发电量为 212 千兆瓦时（GWH），较 2007 年大幅增长了 58.4%。由于南部非洲电力供应短缺，斯威士兰电力公司（The Swaziland Electricity Company，SEC）扩大了发电量。

从电力供应来看，近年南非经济快速发展，由于电力行业发展滞后，其国内电力供不应求，因而减少了对周边国家电力供应（南非是南部非洲国家主要的电力供应国），结果导致 2008 年南部非洲地区电力供应短缺。幸运的是，2008 年斯威士兰境内雨水充足，帮助斯威士兰电力公司下属的水电站能全年满负荷运转，发出更多的电力。其中，装机容量 20 兆瓦的 Maguga 电站于 2007 年 6 月开始发电，2008 年全年满负荷运行发电。

从电力需求来看，受金融危机影响，工业区中一些企业倒闭，2008 年斯威士兰境内总用电量反而较 2007 年减少了 13%，仅为 1001.7 千兆瓦时。当年进口电量也减少了 5.9%，约为 957.2 千兆瓦时。进口电量中的 75% 来自南非国家电力公司（Eskom），其余的来自莫桑比克电力公司（EDM）和南部非洲电网（SAPP）。斯威士兰 2006 年—2008 年发电售电情况见表 8。

表 8　　2006 年—2008 年斯威士兰发电售电情况表

年　　度	2006	2007*	2008#
国内发电量(GWH)	125.8	134.2	149
进口电量(GWH)	774.2	1017.7	957.2
斯威士兰电力公司售电量(GWH)	912	1151.9	979.8

注：2007* 列中数据为修整数。
　　2008# 列中数据为初步数据。

① 该公司系非洲最大的森林产品制造商英国萨佩（Sappi）公司在斯威士兰的牛皮纸制造子公司。

电力短缺造成电价上涨，2008年6月—9月三个月内，斯威士兰电价多次上调，累计涨价20%。高电价使消费者不得不抑制需求，减少用电量。同时，2008年年末电力公司客户数为67004户，仅比上一年增长了12.4%。其中，工商业客户受电价上涨因素影响较大，数量较上一年减少了6.2%，下降到10224户。

（5）金融服务业

① 概况。斯威士兰金融业很小，但是门类齐全，包括各种非正式的金融机构。金融部门包括斯威士兰中央银行（Central Bank of Swaziland，CBS），4家商业银行，1家建筑协会，2家信托公司，2家金融开发机构，56家信用合作社（Savings and Credit Cooperatives，SCCOs），1家股票交易所，200多个退休基金，6家保险公司以及100多家小型金融机构（micro finance institutions，MFIs）。2006年年末，斯威士兰的银行、SCCOs、退休基金、保险公司等金融机构总资产合计占GDP 105%，其邻国纳米比亚为160%（2004年年末），博茨瓦纳为118%。斯威士兰金融业总资产合计约30亿美元，纳米比亚为107亿美元（2004年年末），博茨瓦纳为120亿美元（2006年年末）。

② 银行情况。斯威士兰中央银行（CBS）是斯威士兰的中央银行，负责对银行的监管。

商业银行主要由外国拥有。标准银行、第一国民银行、Nedbank都是南非银行的子公司。斯威士兰最大的商业银行是标准银行，第三大商业银行是斯威士兰银行，其为本土银行，并为政府所有。所有商业银行在全国的分行网点都提供个人和公司银行服务。斯威士兰建筑协会是一家储蓄金融机构，提供抵押贷款。

斯威士兰银行系统总体比较稳健，不良贷款率虽然比SACU其他成员国高，但是还算是比较低的，2007年6月末仅为4%。银行系统的贷款大部分流向糖工业（约占贷款总额70%）。根据世界银行2007年数据，斯威士兰只有35%的成年人在金融机构开有账户。斯威士兰银行2003年—2007年各项指标情况见表9。

表9　2003年—2007年斯威士兰银行指标表　　单位：%

年　度	2003年12月	2004年12月	2005年12月	2006年12月	2007年6月
运营比率					
一级资本比例	14	14	15	20	23
二级资本比例	20	16	17	26	23
资产质量					
贷款/存款	75	73	83	86	88
盈利资产/总资产	90	87	92	65	67
不良贷款/总贷款	2	3	2	4	4
贷款损失准备金/总贷款	9	8	7	10	9
流动比率					
流动资产/总储蓄	19	18	17	20	20
可用准备金/总存款	18	19	20	10	12
流动资产/总资产	14	14	13	15	14
盈利指标					
净收入/平均总资产（资产回报率）	4	3	3	6	3
净收入/净资产（净资产回报率）	29	20	20	52	26
总支出/总收入	60	64	68	71	74

③ 信用合作社。因为银行监管不足，法律法规欠缺，斯威士兰的信用合作社发展很快。贷款和存款占 GDP 的比重从 2002 年的 0.5% 分别上涨到了 2006 年的 1.5% 和 2% 。信用合作社存贷款发展速度远远高于四大商业银行。信用合作社存款占商业银行存款的比率从 2002 年的 3% 上升到 2006 年的 10% 。2002 年以来，信用合作社贷款年均增长 116% ，而商业银行为 25% 。但是，斯威士兰对信用合作社的监管比较松。信用合作社需要每年递交经审计年报给监管部门，但是信用合作社没有对这些报表进行系统审查的能力。此外，一些审计部门没有遵循国际会计标准。在一些信用合作社中，甚至没有计算机系统记账。CBS 对商业银行的监管不包括信用合作社。

④ 退休基金。斯威士兰有 200 多家退休基金，最大一家是公共服务退休基金（Public Service Pension Fund，PSPF），专门为公务员服务，另外还有远见退休基金（Provident Fund，PF），为私人雇员服务。公共服务退休基金单独一家约占金融系统 55% 的资产，2007 年 3 月总资产达到 74 亿埃马兰吉尼，约折 10 亿美元，占 GDP 59% ，超过了四家商业银行的资产总和。公共服务退休基金资产回报率 2006/07 财年达到 30% ，2005/06 年度为 42% ，近十年平均达到 25% 。投资的目标是至少 5% 的资产回报率。公共服务退休基金 70%—85% 的资产存放在南非。

⑤ 保险公司。2007 年来，斯威士兰当局开放了当地的保险和退休金市场，实施了 2005 年保险法、2005 年退休法、保险公司和退休基金注册条例（Registrar of Insurance）等一系列法律。但是直到目前，斯威士兰的保险市场仍由斯威士兰皇家保险公司（Swaziland Royal Insurance Company，SRIC）垄断。由于斯威士兰皇家保险公司在非洲市场的竞争力较差，大多数生命保险保单由南非保险经纪人在斯威士兰开立。根据上述法案，五家新保险公司（大多数来自南非）已经进入当地市场。2006 年年末，保险市场规模大约为 20 亿埃马兰吉尼，占 GDP16% 。RIRF 成立于 2006 年 9 月，负责保险中介和退休基金的注册和监管。法律要求保险和退休金公司的资产必须有一定比率在斯威士兰境内投资，2007 年 11 月开始，需达到 10% ，三年内必须升到 30% 。当局希望能通过此办法将国内储蓄导向国内的经济，以刺激投资。另外，法律还要求保险人必须在斯威士兰注册，有斯威士兰办公地点，部分股权必须由斯威士兰人拥有。

⑥ 股票交易所。斯威士兰股票交易所（Swaziland Stock Exchange，SSX）很小，成立于 1990 年，只有 6 只上市股票，市值 2 亿美元。其中一只股票同时还在约翰内斯堡股票交易所上市。斯威士兰股票交易所是 SACU 成员国中最小的股票交易所，同时也是成长性最差的股票交易所。当前股指仅为 2001 年的 80% 左右，而南非、纳米比亚、博茨瓦纳则分别为 180% 、200% 和 250% 。

（三）通货膨胀

2008 年，斯威士兰的通货膨胀严重，通胀率达到两位数，尤其是 2008 年前三个季度，物价持续上升。当年平均通货膨胀率高达 12.6% ，较 2007 年的 8.1% 增加了 4.5 个百分点。运输和食品涨价是推动通货膨胀的主要因素，在推动通货膨胀各因素中占比高达 75% 。同时这两个行业在斯威士兰CPI一揽子商品中所占比重也很高，超过45%。斯威士兰国内物价上涨还与南非通货膨胀有直接关系，因为南非是斯威士兰的最主要的贸易伙伴，同时斯威士兰货币汇率是盯住南非汇率的。通过汇率、贸易（斯威士兰进口商品90%以上来自南非）纽带，南非的通货膨胀传导到斯威士兰，加剧了斯威士兰的通货膨胀。

斯威士兰的运输价格在2008年平均上涨了28.4%，较2007年8.8%增加19.6个百分点。当时国际原油价格飙升，2008年7月油价达到147.3美元/桶，使得斯威士兰国内汽油和柴油价格在2008年四季度从8埃马兰吉尼/升分别涨到9.3埃马兰吉尼/升和10.90埃马兰吉尼/升。在运输费用上涨和供应短缺的情况下，食品价格自然也逐渐走高，斯威士兰2008年食品价格在2007年上涨17.6%的基础上断续上涨18.9%。

另外，住房、水电气的价格在2008年也增长了10.2%。饭店和酒店的服务价格暴涨，由2008年一季度增长8.5%到四季度增长高达21.2%。相反，2008年教育和医疗价格上涨幅度与上一年同比有所回落，分别为1.1%和2.9%，较2007年分别回落2.5个百分点和0.8个百分点。斯威士兰2005年—2008年消费指数情况见表10。

表10　2005年—2008年斯威士兰国家消费指标（平均值）

分类＼年度	2005	2006	2007	2008	分类＼年度	2005	2006	2007	2008
食　品	9.1	14.7	17.6	18.9	通　讯	9.6	0	-4.6	4.5
烟　酒	7.3	8.1	9	9.8	文化娱乐	-1.3	-1.6	0.9	2.2
衣服和鞋	1.5	-2	-0.6	1.8	教　育	11.6	3.2	3.6	1.1
住房、水电气	2.5	1.3	1.2	10.2	饭店和酒店	-0.6	1.2	5.9	15.1
家用器具	-0.1	-0.1	2.1	8.3	其　他	0.3	-0.2	-1.7	5.1
保健医疗	-0.1	0.1	3.7	2.9	综合指数	4.8	5.3	8.1	12.6
运　输	5.3	6.6	8.8	28.4					

（四）对外贸易

1. 概况

斯威士兰的经济和南非的经济密切相连，斯威士兰90%的进口来自南非，50%以上出口南非。其他主要贸易伙伴为美国和欧盟。斯威士兰的主要出口产品为纺织品和糖类。美国和欧盟为斯威士兰纺织品出口和糖类出口提供了较多贸易优惠。

2. 近年来进出口贸易情况

近几年来，斯威士兰出口金额总体上比较平稳，没有大的波动，稳定在120亿埃马兰吉尼左右。而进口金额总体上呈增长趋势。贸易余额由2004年贸易盈余转变为2005年后的贸易赤字。2008年斯威士兰出口129.59亿埃马兰吉尼，较2007年增长5.4%；进口140.36亿埃马兰吉尼，较2007年增长8.0%，进出口总额为269.95亿埃马兰吉尼，较2007年增长

6.7%。2008 年贸易赤字为 1077.3 亿埃马兰吉尼，较 2007 年大幅增长 52.8%。

斯威士兰 2008 年的出口收入主要来自软饮料，由于斯威士兰货币对美元贬值，所以软饮料出口量虽然只增长了 1%，但用斯威士兰货币表示的出口收入增加。南非依然是斯威士兰软饮料的最大出口市场，占其软饮料出口市场的 91.2%，而销向世界其他地方的软饮料仅占 7.8%。

斯威士兰 2008 年进口额大幅增长的主要原因是 2008 年上半年斯威士兰国内进口需求强劲，且国际市场商品价格比较高。进口商品结构也因国际原料市场价格暴涨而发生变化，原油占商品总进口额的比重提高，约占 11%。2003 年—2008 年斯威士兰外贸情况见表 11。

表 11　　**2003 年—2008 年斯威士兰外贸情况表**　　单位：百万埃马兰吉

分类＼年度	2003	2004	2005	2006	2007	2008
出口额	12609.1	11667.4	10407.3	11260.2	12292.6	12958.5
进口额	-11651.2	-11080.3	-12048.6	-12966.6	-12997.7	-14035.8
商品贸易余额	957.9	587.1	-1641.3	-1706.4	-705.1	-1077.3
服务流入	1549.2	1612.5	1796.8	1918.3	1703.4	1782.1
服务流出	-2639.5	-2439.3	-2561.8	-2528.3	-3561.5	-4093.6
服务贸易余额	-1090.3	-826.8	-765	-610	-1858.1	-2311.5
劳务流入	464.5	824	1725.1	1636.5	2018.9	2415
劳务流出	-781.9	-807	-591.3	-1541.8	-1729.2	-2070
劳务收支余额	-317.4	17	1133.8	94.7	289.7	345
单方面转移流入	2546.6	2395.6	2159.7	2480.2	2655.6	3459.5
单方面转移流出	-1410.2	-1712.1	-1539.9	-1589.9	-1366	-1677.4
转移收支余额	1136.4	683.5	619.8	890.3	1289.6	1782.1
经常账户余额	686.7	460.7	-652.8	-1331.5	-983.9	-1261.6

（五）外国直接投资（FDI）

1. FDI 状况

2008 年，斯威兰士的外国直接投资（FDI，下同）总额为 61.58 亿埃马兰吉尼，较 2007 年的 60.56 亿埃马兰吉尼增长了 1.7%。这是投资、金融和服务业发展的结果。从事制造业和服务业的公司在 2007 年受到南非兰特对美元汇率负面影响，但在 2008 年由于埃马兰吉尼对美元汇率比较稳定，平均汇率为 8.26 埃马兰吉尼/美元。

根据初步统计，2008 年斯威士兰实际 FDI 净投资额与 2007 年持平，为 8.03 亿埃马兰吉尼。说明 2008 年没有新的外国直接投资进入斯威士兰。不过，当年收益再投资较 2007 年增长 8.7%，达到 39.11 亿埃马兰吉尼，这部分增长主要来自于各行业的大公司进行的业务扩张、设施更新和新项目建设。

2008年，斯威士兰长期资本存量较2007年增长了2.2%，达到9.86亿埃马兰吉尼。其中，增量中一部分为外商直接投资企业的银行贷款。短期资本存量为4.58亿埃马兰吉尼，较2007年大幅下挫34%。近年斯威士兰吸收外国直接投资情况见表12。

表12　　按投资类型分类的斯威士兰FDI情况　　单位：百万埃马兰吉尼

年　度	2004	2005	2006	2007*	2008#
净投资额	678.9	724.6	767	802.9	802.9
收益再投资	2793.7	2647.3	3136.5	3597	3910.7
长期资本	828	850.4	945.8	965.2	986.4
短期资本	963.4	750.1	942.6	690.9	458.2
FDI合计	5264	4972.4	5791.9	6056	6158.2
FDI变动率(%)	9.3	-5.5	16.5	4.6	1.7
再投资收益变动率(%)	9.3	-5.9	14.2	-7.4	-8.6
平均通胀率(%)	3.4	4.8	5.3	8.1	12.6

注：2007*列中数据为修正数据。
2008#列中数据为初步数据。

按照行业来分类，不同行业FDI有增有减，但总体上呈现增长。

（1）矿业

外资对斯威士兰矿业的投资一直在减少，政府复杂的审批程序和低效率阻碍了外商对该行业的投资。

（2）服务业

经调整后的2007年斯威士兰服务业的FDI存量为9.35亿埃马兰吉尼，2008年FDI存量初步统计数为7.56亿埃马兰吉尼。2008年较2007年下降19%。

（3）投资业

2008年斯威士兰投资业的FDI存量初步统计数为4.33亿埃马兰吉尼，较2007年的2.48亿埃马兰吉尼增长了74.4%。增长部分为未分配分支机构利润和投资收益留存增加。

（4）农业

2008年斯威士兰农业FDI额为9.54亿埃马兰吉尼，较上一年减少了2.7%。减少原因有两个：一是在斯威士兰从事农业的基本上都是跨国公司，受全球经济减速影响，这些公司减少了新的投资；二是斯威士兰本地企业从其国外母公司获得的优惠资金额度减少。

（5）金融业

2008年斯威士兰金融领域的FDI存量为4.21亿埃马兰吉尼，较上一年略有减少。斯威士兰金融业由南非几家大银行主导，这些银行把利润再进行投资，用于升级系统和新建分支机构，其他用于执行斯威士兰央行所推行的金融行业改革系统。另外，一些外资银行一直在运作短期公司间资金往来，这使2008年年底外资银行资金净流出额增加。斯威士兰各行业吸收外国直接投资情况见表13。

表 13　　按行业分类的 FDI 情况　　单位：百万埃马兰吉尼

年度 行业	2004		2005		2006		2007*		2008#	
	存量	变动%	存量	变动%	存量	变动%	存量	变动%	存量	变动%
制造业	3440	12.2	3111.3	-9.6	3351.4	7.7	3387.4	1.1	3516.4	3.8
服务业	476.7	10	337.2	-29.3	731.9	117.1	935	27.7	756	-19.1
投　资	180.7	29	124.1	-31.3	178.3	43.7	248.4	39.3	433.2	74.4
农　业	709.6	-9.9	970.7	36.8	1051.7	8.3	980	-6.8	954	-2.7
金融业	290.4	5.2	351.5	21	373.3	6.2	427.5	14.5	420.6	-1.6
矿　业	166.5	198.4	77.5	-53.5	77.5	0	77.5	0	77.5	0
合　计	5263.9		4972.3		5764.1		6055.8		6157.7	

注：2007*列中数据为修正数据。
2008#列中数据为初步数据。

2. 斯威士兰政府为吸引 FDI 所做的工作

斯威士兰央行研究部门、斯威士兰中央统计办公室、斯威士兰投资促进局（SIPA）共同致力于建立一个更严谨更全面的数据统计系统，用于统计分析流入斯威士兰的外国私人投资情况。在美国国际开发署（USAID）的帮助下，斯威士兰政府目前正在制定一项投资政策。之前，政府执行的投资方向指导政策主要来自对斯威士兰境内的外商投资企业的市场调研。斯威士兰投资促进局负责提供准备引进的外国资金的有关信息。

2008 年，出现了一些新外国投资者投资斯威士兰，其中多数投资者是在详细研究过斯威士兰能给他们提供的各项政策和服务后，才决定投资斯威士兰的。大多数 FDI 集中在两个领域，分别为土木工程钻探和采矿设备制造业、旅游业（如投资酒店、高尔夫球场、度假中心等）。

其他一些行业在吸引 FDI 方面也有所进展，如制造业、纺织业、农业和牛肉业。由于欧盟取消了对斯威士兰牛肉贸易制裁，斯威士兰牛肉进入了利润丰厚的欧盟市场。受益人包括斯威士兰农业与合作部、斯威士兰肉制品工业及其欧盟的合作伙伴。目前斯威士兰的牛肉业由外国投资者主导，因为是他们的投资恢复了斯威士兰牛肉业，从而满足欧盟市场巨大的牛肉及其制品需求。

近年来，由于南部非洲地区其他各国对新 FDI 的竞争，流入斯威士兰的 FDI 持续下降，这已经对斯威士兰经济发展造成很大的挑战。对斯威士兰政府来说，目前优先考虑的是如何消除阻碍 FDI 流入的各种因素，这对斯威士兰未来经济发展很关键。在斯威士兰国内，阻碍 FDI 的限制因素众所周知，减少和消除这些因素应该被政府作为优先考虑问题。

3. 外汇

在全球金融危机背景下，2008 年斯威士兰货币埃马兰吉尼对世界各主要货币，尤其是美元大幅贬值。2008 年 1 月埃马兰吉尼兑美元的平均汇率为 6.9858 埃马兰吉尼/美元，12 月平均汇率为 9.9496 埃马兰吉尼/美元，埃马兰吉尼对美元贬值高达 42%。同样，埃马兰吉尼对英镑和欧元的汇率也走弱，截至 2008 年年底，埃马兰吉尼对英镑和欧元的平均汇率分别为

14.8471 埃马兰吉尼/英镑和13.3693 埃马兰吉尼/欧元。

斯威士兰货币汇率波动的主要影响因素如下：

① 投资者对新兴市场风险重新评估后，证券投资基金纷纷撤离；

② 由于进口增加，国际贸易收支表中的经常账户项下的贸易赤字在扩大，同时金融危机抑制了外国投资流入，从而导致资本账户项下的投资流入变得不稳定；

③ 电力供应制约。电力短缺严重影响了一些贵金属的开采，同时世界对南非解决电力短缺的能力丧失了信心；

④ 美元对其他各国货币的波动。

用名义有效汇率指数（NEER）① 来衡量时，斯威士兰货币埃马兰吉尼在2008年贬值1.48%，这说明斯威士兰货币对其主要贸易伙伴的货币均贬值。用实质有效汇率指数（REER）② 来衡量时，2008年埃马兰吉尼只贬值了0.92%，2007年则为升值0.13%。斯威士兰货币在REER条件下贬值幅度小于在NEER条件的贬值幅度说明斯威士兰国内通货膨胀速度高于其贸易伙伴。实事上，斯威士兰国内通胀率由2008年1月份的10.6%上升到了2008年12月份的12.9%，增长了2.3个百分点。

斯威士兰货币对其主要贸易伙伴货币贬值，除了有利于出口行业以外，还有利于旅游业等行业。由于货币贬值，到斯威士兰的外国游客大增。不过，货币贬值不利于斯威士兰偿还高额的外债，因为支付同等的外债，需求支付更多本币。

2008年由于通货膨胀严重，政府实施了紧缩的货币政策，但是随着全球经济危机的负面影响逐步扩大和通胀率回落，斯威士兰政府目前通过降息等措施放宽货币政策，抵御经济衰退和复苏经济增长。

2008年尽管由于保持与南非兰特汇率一致，斯威士兰埃马兰吉尼汇率波动很大，但斯威士兰货币管理当局仍然认为盯住南非兰特有利于国家经济发展。采取合理有效的货币政策能对汇率起到支持作用，就像合理的货币政策能保持利率和通胀率稳定，这一点在南部非洲共同货币区内已得到证明。

（六）货币政策执行情况

1. 概况

在2008/09财年期间，斯威士兰货币政策经历了从紧缩到平稳，再到后来的适度放松三

① 名义有效汇率指数（Nominal-Effective Exchange Rate，简称NEER）为一国货币对若干主要贸易国家货币的汇率，分别按照某一权数求算的加权平均数，是尚未调整相对物价上涨率变动差异的汇率指数。

② 实质有效汇率指数（Real-Effective Exchange Rate，简称REER），是拿来衡量一国货币的汇率是否遭到低估或高估的重要指标，可显示本国货币对外国货币的平均真正价值。该指数若超过100，显示平均币值较基期的水准升值，也就是该国货币价值似乎有被过分高估的情况；相反的，若低于100，表示平均币值较基期贬值，亦即币值遭到低估。

实质有效汇率指数计算方式，就是将有效汇率指数平减物价指数，因此，实质有效汇率指数不再仅代表两国间之汇率水准而已，而是综合考虑本国通货相对主要贸易国之许多双边汇率关系，且扣除各国相对物价的变动差异。在衡量一国通货对外平均价值及其汇率变动对出口价格竞争力的影响时，以实质有效汇率指数作为计算标准较为合理。

个阶段。货币政策遇到的最主要挑战是先是控制通货膨胀压力，之后是放宽资金融通条件支持鼓励投资，最后是应对全球经济危机促进本国经济增长。2008/09 财年上半年，货币政策于 2008 年 4 月份收紧，并一直保持到 11 月份，保持紧缩的货币政策的主要目的还是应对国际能源和食品价格的大幅上涨。

但在 2008/09 财年下半年，国内外经济情况发生了变化，受国际金融危机影响，市场需求逐步下降，国际商品市场价格下跌，全球通货膨胀率开始下降。而斯威士兰同大多数非洲国家一样，国民经济高度依赖商品出口，国际商品市场价格下跌对斯威士兰经济构成严重威胁。为此，斯威士兰政府推出了一系列措施来缓解经济增长减缓的预期。2008 年 12 月起参照全球和本地区许多央行的做法，斯威士兰中央银行也开始大力实施宽松的货币政策，从而刺激经济发展。从中短期来看，全球经济复苏仍需要一段时间。尽管有通胀预期，但大多数国家仍选择实施宽松的货币政策来刺激经济增长。

斯威士兰的商业银行根据斯威士兰央行的政策导向，也纷纷调整自己的利率水平。贷款基准利率与贴现率下调了相同的幅度。长期存款利率较短期存款利率下调幅度更大，特别对小储户的存款利率更低，反映出市场对未来通货膨胀率下降表示乐观。事实上，2008 年高达 12.9% 的通货膨胀率，使储户的真实收益为负值。

从 2008 年 6 月份起，斯威士兰央行调整了贴现率，将贴现率维持在低于南非储备银行回购利率（repo rate）50 基点（basis point）的水平。之所以下降利率水平，是为了减缓高利率对斯威士兰国内经济的冲击，当时斯威士兰国内经济增长停滞，处于南部非洲 CMA 区域国家最低水平。

2008 年最初实施的紧缩货币政策限制了银行信贷资金流向私营部门，从而限制了斯威士兰国内经济增长。私营部门信贷增长速度低于通货膨胀速度反映出经济实际下降。斯威士兰各行业信贷需求均有所下降。但信贷扩张是在推动经济发展方面起关键性的作用，因此斯威士兰央行非常重视信贷增长情况。2009 年一季度，个人信贷总量开始显现增长态势。

2008 年私营部门信贷扩张减速，广义货币供应量（M2）增长也随之减速，但 2009 年一季度情况有所变化，M2 出现大幅增长。净外国资产和私营部门信贷增长支持了 M2 的增长。同时，狭义货币供应量（M1）和准货币也以不同速度增长，其中准货币的显著增长与储户预防动机（precautionary motive）① 有关。

2007 年来自 SACU 的关税收入大增，净外国资产也随之大幅增加，2008 年 SACU 关税收入和斯威士兰本币贬值带来的货币收入增长依然支持着净外国资产的增长，但增长速度已放缓。在 2008/09 财年，斯威士兰官方外汇储备总额可至少覆盖 3 个月的进口额，超过了国际上通行的覆盖 3 个月进口额的标准。

2008 年，各银行的流动性偏好一直很强，因此银行希望获得投资收益的需求也在不断增加。为了管理流动性和间接限制跨境投资，斯威士兰央行于 2008 年 12 月引入了一种新的 56

① 预防动机是指人们为了应付意外事件发生而持有货币的动机，也称谨慎动机。

天期央行票据①，同时发行28天期央行票据。由于对新票据需求旺盛，造成新票据超额认购。

2. 利率

2008/09财年，贴现率是斯威士兰央行各种货币政策调控手段中最主要的手段之一。斯威士兰央行通过调整贴现率来传递政府宏观经济政策导向，以及调节受到全球金融危机冲击的斯威士兰经济。2008年上半年，斯威士兰央行实施了紧缩的货币政策来抑制通货膨胀，2008年4月将贴现率调高了50个基点（即0.5个百分点），达到当年利率最高点11.5%。这一利率一直维持到2008年11月，之后由于通货膨胀压力减轻，斯威士兰央行为刺激经济增长，分别于2008年12月、2009年2月和2009年3月先后3次下调贴现率，贴现率由11.5%下降到8%，累计下调3.5个百分点。

2003年，斯威士兰历史上首次允许本地各银行利率低于南非同类银行利率0.5个百分点。2008年6月起，斯威士兰贴现率和贷款基准利率一直保持在南非同类利率水平之下。各类存款利率也保持在南非同类利率水平之下，但与南非利率差距在缩小。各商业银行的贷款基准利率也相应上调，最高达15%，之后又回落，截至2009年3月回落到11.5%。

存款利率下调，但各种存款利率下调幅度并不相同，从存款利率结构上来看，各机构鼓励短期存款而非长期存款。如：一年期存款②平均利率下调了4.71个百分点，截至2009年3月降到5.29%。斯威士兰一年期存款利率与南非同类存款利率的利差由2008年3月的1.97个百分点扩大到2009年3月的2.49个百分点。而短期存款利率下调幅度较小，如31天期存款平均利率为5.26%，仅下调2.04个百分点。斯威士兰31天期存款利率与南非同类存款利率的利差由2008年3月的3.75个百分点缩小到2009年3月的2.76个百分点。

91天期短期国库券利率由2008年3月9.88%下调到2009年3月的7.63%，下调2.25个百分点。2008/09财年中大多数时间，斯威士兰短期国库券利率要略高于南非同类利率。

储蓄存款平均利率由2008年3月的5%下调到2009年3月的3%，仅下调2个百分点。这是所有利率中下调幅度最小的利率品种，说明小储户的储蓄收益相对略有提高。

法定准备金和流动性需求。2008/09财年，斯威士兰央行要求商业银行执行的法定存款准备金率和负债流动性需求率分别2.5%和13%。斯威士兰银行仍执行较低的负债流动性需求率，即10%。但本年度，商业银行上交斯威士兰央行的准备金率高于法定要求的比率，一直维持在2.7%—3.2%之间。

2008/09财年斯威士兰国内商业银行流动性过剩。本年度商业银行国内流动资产增长了

① 央行票据是中央银行发行的由商业银行和其他金融机构购买的一种票据。通过央行票据的发行，可以从商业银行和其他金融机构收回一部分资金，从而起到适度紧缩货币的作用，并为央行提供可供调度的资金来源。

央行票据作为中央银行向商业银行等金融机构发行的短期债券，是公开市场操作的工具之一。尽管这是一种基于客观现实（货币政策操作面临针对外汇储备增加而提出的对冲操作的要求，而恰恰这时央行又严重缺乏操作工具）的不得已的选择，但它仍然是一种在特定的情形下央行发行的一种临时的、短期的、具有明显的阶段性特征的“非规范”政策工具。

央行票据是一种有选择性的政策工具，购买就有紧缩作用，不买就没有紧缩作用。根据自身情况，有的银行愿意买，有的银行不愿意买。央行票据发行后，是否就减少了商业银行的实际贷款资金，还有待调查，但从原理上讲，央行票据的发行，确实会减少商业银行的可用资金。但它是一种平缓的货币政策工具，不会立即让银行减少贷款或者贷不了款。

② 在斯威士兰一年期存款被视为长期存款。

12.2%，达到10.03亿埃马兰吉尼。增量部分主要是商业银行大量增持斯威士兰央行发行的短期债券。斯威士兰央行为了抑制流动性，也加大了短期债券发行力度。由每周发行3000万埃马兰吉尼增加到7000万埃马兰吉尼。流动资产占总负债的比率由2008年3月的17.3%下降到2009年3月的15.8%，下降了1.5个百分点。总负债的增长，尤其是2009年一季度负债大幅增长导致流动资产占总负债的比率下降。

截至2009年3月斯威士兰央行票据发行总量达2.1亿埃马兰吉尼，其中28天期票据1亿埃马兰吉尼，56天期票据1.1亿埃马兰吉尼。国库券发行总量没有变化，截至2009年3月底仍为3.32亿埃马兰吉尼，其中：商业银行、个人和非银行金融机构持有国库券比率分别为85.4%、9%和5.2%，剩下0.4%被斯威士兰央行持有，用于公开市场操作。

斯威士兰近年商业银行资产流动性情况见表14。

表14 斯威士兰商业银行流动性情况表

项 目	年变动率（%）				2009年3月底金额（千埃马兰吉尼）
	2005/06财年	2006/07财年	2007/08财年	2008/09财年	
总流动资产	-14	6701	32.8	89.2	3079242
国内流动资产	6.8	36.2	26.6	12.2	1003169
外国流动资产（净）	-41.5	141.5	41.2	183	2076073
比率（%）	2005-3-31	2006-3-31	2007-3-31	2008-3-31	2009-3-31
流动资产/国内总流动负债	14.2	14.6	16.6	17.3	15.8
外国流动资产/国内总流动	10.8	6.1	12.2	14.2	32.6
贷款/存款	97.6	111.3	101.7	100.2	80.7

（七）财政状况

1. 财政收入

斯威士兰财政收入占GDP比重一直介于25%—35%之间。1996/97财年占GDP曾达到35%，2002/03财年跌到了26.7%。但是，2006/07财年突然跃升至41.5%，今后几年还将继续保持该高位占比。然而，在此期间斯威士兰虽然采取了一系列税收改革（取消租金收入税收减免、修订销售税减少漏洞、加强税收征收）措施，国内税收收入却基本没有增长，稳定在占GDP 12%左右；非税收收入则呈现出下降趋势，从1998/99财年的占GDP 2%降到了2002/03财年的1.2%，现又进一步降低至0.8%左右。

斯威士兰财政收入的跃升几乎全部来自SACU税收分成收入的变动。2005年以来，引入SACU新的收入分配公式①之后，斯威士兰和SACU的其他成员国都收获了一笔横财。斯威士

① 新公式包括三部分：1. 关税，包括有SACU征收的所有关税；2. 消费税，包括SACU内部征收的所有消费税；3. 发展基金，消费税的15%。新公式有利于小国家的收入。

兰的额外收入占到GDP的5%—8%。2006/07财年SACU税收分成占GDP比上年增加9.4%，促使斯威士兰财政收入占GDP比上年度增加了9.5%。当前SACU收入约占政府财政收入的60%以上，2008/09财年为66.3%。由于来自SACU的巨额收入，在经历多年财政赤字后，2005/06财年开始斯威士兰财政盈余大幅增加，尤其是2006/07财年突然出现了大额盈余，财政盈余占GDP达到11%。巨额盈余使外汇储备可以覆盖3.4个月的进口。同时，外债负担20年来有了显著降低，2006年外债占GDP已经降到20%以下。

今后一段时间，斯威士兰财政收入的主要来源仍将来自SACU，其财政状况也严重依赖SACU收入，但是这种局面似乎并不是持续不变的，因为：一是南非要求重新审视现存收入分配公式；二是南非经济增长出现下滑，尤其2009年将为负增长；三是在贸易自由化的背景下，关税税率将下调；四是SADC很有可能形成另一个区域关税同盟，从而降低SACU成员的份额。

近年斯威士兰财政收入情况见表15。

表15　　2005/06财年—2009/10财年斯威士兰财政收入　　单位：百万埃马兰吉尼

财　年	2005/06	2006/07	2007/08	2008/09估计值	2009/10预算
收入和利润税	1270.4	1534.8	1646	1708.7	1842.1
财产税	13.3	3	17.1	13.7	15.4
消费和贸易税	3891	6112.7	5864.7	6934.1	6796.6
SACU收入	3137.47	5321.8	4987.5	6009	5626.7
其他税收收入	3.9	16.4	23.8	25.4	28.5
总税收收入	5178.7	7666.8	7551.6	8681.9	8682.5
非税收收入	148.2	187.9	346.7	381.5	355
总收入	5326.9	7854.7	7898.3	9063.4	9037.5
外国赠予	172.2	165.6	187.3	145	335.5
合　计	5499.1	8020.4	8085.5	9208.4	9372.9

2. 财政支出

斯威士兰总支出占GDP从1996/97财年的24%增加到了2004/05财年的35.5%，之后略有下降。总支出增加的主要原因是由于工资支出从占GDP的10%上升到了14%，约占财政总支出的一半，是非洲大陆支出最高的国家之一。

尽管支出持续增加，贫困面却仍在扩大，斯威士兰69%的人口生活在每天一美元的贫困线以下。而且社会部门的支出依然很低。例如，虽然斯威士兰的艾滋病率世界最高，但是健康领域的支出比周边其他国家低。教育支出情况也类似，自2000年以来，预算分配给医疗和教育的部分仅占2.5%和6%。而初级教育普及远未实施，约有23%以上儿童没有上学。虽然农业支出占GDP比重约占4%，但是农产品产量还是持续稳步下降，约有25%的人口需要食物救济。除了经常性开支外，为穷人提供社会服务的质量、食品安全等都不能必要和及时的到位。

与邻国相比，斯威士兰资本支出较低，对经济增长和减少贫困影响极其有限。低资本支出导致了较低的资本积累和很慢的经济增长。从实际资本支出情况看，2001/02财年—2006/07财年年均增长仅1%，而经常支出年均增长为1.5%。斯威士兰的资本支出大多数和大型计划有关，例如：Usuthu上游开发、千年发展计划等。后者于2000年启动，计划是加快经济发展。然而该计划的关于吸引新的国际和国内投资的部分却没有任何进展。此外，资本支出的质量需要提高以确保社会回报率最大化。斯威士兰的资本支出一般没有作良好的计划。各部委上报的资本支出计划经常超过财政支出中资本支出的上限，导致各部委之间财政资源的竞争。由于项目选择没有充足的技术和可行性评估，使得财政资源流向了很多低增长和低减困的项目，例如2006/07财年约有50%的资本支出流向了公共办公楼更新。

近年斯威士兰财政支出情况见表16。

表16　　2005/06财年—2009/10财年斯威士兰财政支出　　单位：百万埃马兰吉尼

财　年	2005/06	2006/07	2007/08	2008/09 估计值	2009/10 预算	过去5年 平均占比%
总公共服务	2156.2	2544.5	2570.3	3285.6	4433	50
行政管理	1503.7	1802.3	1824.5	2431	2874	34.8
公共秩序、安全和国防	652.6	742.2	745.9	854.6	1559	15.2
社会服务	1568.6	1572.9	2147.9	2580.3	2589.2	34.9
教　育	1146.7	1143.5	1500.3	1720.5	1619.3	23.8
医　疗	311.3	318.4	530.8	705.4	785.5	8.8
其他社区和社会服务	110.5	111	116.8	154.4	184.4	2.3
经济服务	437.7	400.2	620.4	964.4	1009.7	11.5
农　业	160.1	142.8	275.1	333.7	265.6	3.9
工业和矿业	62.4	54.4	20.2	246.3	243.9	2.1
运输和通讯业	168	156.3	234.2	321.7	286.6	3.9
其　他	47.1	46.7	91	62.7	213.5	15
公共债务利息	253.8	163.8	183.6	238.6	243.4	3.6
合　计	4416.3	4681.3	5522.2	7068.8	8275.2	100

3. 财政预算

2009/10财年政府财政预算是在全球经济危机的背景下制定的，该预算重点关注下述领域：一是消除穷困和饥饿；二是加强医疗体系对抗艾滋病；三是通过营造稳定有效的投资环境，创造更多的就业；四是通过分权政策，使政府服务更贴近民众。

预算优先考虑发展以下方面：一是刺激经济增长；二是基础设施建设；三是发展旅游业；四是推进公共部门改革。

（1）2009/10财年政府收入预算

2009/10财年政府预算总收入9037.5百万埃马兰吉尼，比上年减少0.2%。其中，来自SACU的关税收入为5626.7百万埃马兰吉尼，较上一年减少6.4%，占预算总收入的63%。考虑到SACU成员国家与其主要贸易伙伴签署了自由贸易协议和在WTO多哈贸易谈判回合下同意的关税总体下调的要求，政府预计来自SACU的收入将减少。预算外国赠予由2008/09财年的145百万埃马兰吉尼增长到335.5百万埃马兰吉尼。为了减少财政收入对SACU收入的过度依赖，斯威士兰政府将采取扩大税基和减少费用支出等措施保持斯威士兰政府的可持续运转。

（2）2009/10财年政府支出预算

2009/10财年政府财政经常性支出8275.2百万埃马兰吉尼，比上年度增加1206.4百万埃马兰吉尼，比上年度增加17%，占总支出的72.8%。公共服务和安全、国防开支为4433百万埃马兰吉尼，占经常性财政支出近50%，教育和培训占23.8%，医疗占8%。增加的经常性支出大部分是用于增加政府公务员的工资，这一部分占经常性支出总额的47.9%。公债利息支出预算为243.4百万埃马兰吉尼，较上一年度的238.6百万埃马兰吉尼增长2%。一方面政府偿还外债，另一方面将继续通过发行国债从国内融资。财政支付转移将主要流向几个需求增加拨款的机构，包括向斯威士兰大学拨款228百万埃马兰吉尼，向Raleigh Fitkin Memorial医疗拨款52百万埃马兰吉尼和向斯威士兰邮政、电讯公司（SPTC）拨款45百万埃马兰吉尼。

商品和服务采购支出预计将由2008/09财年的14.5亿埃马兰吉尼，大幅削减至2009/10财年的11.1亿埃马兰吉尼，下降26.7%。

（八）外债

1. 外债存量

截至2009年3月底，斯威士兰外债存量总额①为39.95亿埃马兰吉尼，较上一财年39.69亿埃马兰吉尼增长了0.7%。其中，斯威士兰中央政府债务从2008年3月底的32.65亿埃马兰吉尼上升到2009年3月底的34.43亿埃马兰吉尼。而公共外债（包括给国营机构的担保）从上一财年的35亿埃马兰吉尼增长到2008/09财年的36.05亿埃马兰吉尼。私营部门无担保债务达3.9亿埃马兰吉尼，较上一财年同期减少了16.8%。

2008/09财年斯威士兰外债略有增加的主要原因是当年度斯威士兰货币埃马兰吉尼对美元和其他主要国际货币贬值。大部分外债均以美元或其他国际货币来表示，由于斯威士兰本币贬值，则以本币表示的外债数值增加了。而实际上，2008/09财年外国贷款放款减少了，因为大型政府项目提款减少了，如Mbabane Bypass公路、LUSIP灌溉项目（该项目已接近完工）。

2009/10财年斯威士兰政府打算分别与石油输出国家组织（OPEA）基金、阿拉伯非洲经济发展银行（BADEA）签署新的贷款协议，为建造Sicunusa-Nhlangano公路和Sikhuphe国际机场大道（该大道由BADEA和科威特政府共同融资）提供资金。

① 总外债=公共外债+私人无担保债务。
公共外债=多边债务+双边债务+私人债务
=中央政府外债+法定团体外债。

2. 外债结构

斯威士兰外债主要分三类，分别是多边债务、双边债务和私人债务。多边债权人主要有非洲开发银行（AFDB）、欧洲投资银行（EIB）、国际复兴开发银行（IBRD）和国际农业开发基金会（IFAD）等机构。双边债权人主要是外国政府组成，分别为丹麦政府、德国政府、日本政府、科威特政府、南非政府和中国台湾等。私人债权人主要有南部非洲开发银行（DBSA）、Gensec、英国 Hambro 银行和南非兰特商业银行等。

截至 2009 年 3 月底，国际组织多边债务为 21.85 亿埃马兰吉尼，近 5 个财年占公共外债平均比重为 59.7%；双边债务为 10.35 亿埃马兰吉尼，近 5 个财年占公共外债平均比重为 27.5%；私人债务为 3.85 亿埃马兰吉尼，近 5 个财年占公共外债平均比重为 12.8%。斯威士兰中央政府外债为 34.43 亿埃马兰吉尼，占公共外债的 91.1%。另外，私人无担保外债为 3.9 亿埃马兰吉尼。

斯威士兰外债情况见表 17。

表 17　　2005 年—2009 年斯威士兰外债情况表　　单位：百万埃马兰吉尼

年　度	2005	2006	2007	2008	2009	过去 5 年平均占比 %
多边债务	1241.7	1387.8	1676.7	2059.1	2184.9	59.7
双边政府债务	703.7	560.3	649.8	996.6	1035.2	27.5
私人债务	236.3	353.6	415.7	444.5	384.8	12.8
公共债务合计	2181.7	2301.7	2742.3	3500.1	3604.9	100
其中：中央政府外债	1815.5	1998.8	2533.3	3265.2	3443.2	91.1
未定团体外债	366.2	302.9	208.9	234.9	161.7	8.9
私人无担保外债	400.2	446.1	460.5	469.2	390.1	
合　计	2581.9	2747.8	3202.8	3969.3	3995	

参考文献资料

1. 国际货币基金组织《斯威士兰国别报告》。
2. 国际货币基金组织《斯威士兰国别报告附表》。
3. 斯威士兰中央银行网站：www.centralbank.org.sz。
4. 维基百科网站：en.wikipedia.org。

第二十章　马拉维

一、马拉维政治经济情况

马拉维是非洲中部的内陆国家，国土面积118484平方公里（包括2.4万多平方公里水域）。西毗赞比亚，东北连坦桑尼亚，东部和南部与莫桑比克为邻。马拉维、坦桑尼亚、莫桑比克三国之间的马拉维湖为非洲第三大湖。东非大裂谷纵贯全境，境内多高原，3/4国土海拔1000米—1500米。国民经济以农业为支柱，出口产品以附加值低的农产品为主，工矿制造业尚未发展起来，国内有效需求不足，基础设施条件落后，是世界上最贫穷的国家之一。

（一）国家概况

1. 国家简史

16世纪班图人开始大批进入马拉维湖的西北一带，并在马拉维及毗邻地区定居。19世纪80年代后期，英国和葡萄牙在这一地区进行了激烈争夺。1891年英国正式宣布这一地区为“英属中非保护地”。1904年由英国政府直接接管马拉维政府办公大楼。1907年设立总督，改称尼亚萨兰。1953年10月英国强行将该地同南罗得西亚（今津巴布韦）、北罗得西亚（今赞比亚）组成“中非联邦”。1961年8月举行大选，海斯廷斯·卡穆祖·班达领导的马拉维国民大会党在立法委员会中获多数席位。1963年2月，班达成为自治政府总理。同年12月联邦解体。1964年7月6日宣布独立并改名为马拉维。1966年7月6日，成立马拉维共和国，班达出任首任总统。1971年班达成为马拉维共和国终身总统。1993年6月，马拉维实行多党制。1994年5月17日，举行首次多党制选举，联合民主阵线主席巴基利·穆卢齐当选为总统。1999年6月穆卢齐蝉联总统。2004年5月，穆卢齐钦定接班人穆塔里卡赢得大选，成为马拉维第三任总统。2009年5月连任。

2. 人口、民族、语言和宗教

马拉维全国人口1290万人（2005年估计数），绝大多数为班图语系黑人。主要有尼昂加族、契瓦族和尧族等8个部族，约有8000名欧洲人，1.2万名亚洲人。官方语言为英语和奇契瓦语。大多数人信奉原始宗教，20%信奉天主教和基督教新教。

3. 政治结构和政局

1993 年经全民投票，马拉维从一党专政制转变为实行多党民主制，立法、司法和行政三权分立。

国家总统是政府和内阁首脑，内阁由总统任命。

实行单院制的国民大会是马拉维立法机构，由 193 个席位构成，由全民投票选举产生，议员任期 5 年。总统和议会选举每五年举行一次。

司法机构由最高法院、高级法院和地方法院构成，首席法官由总统任命，负责领导司法机构。

自 1993 年马拉维实行多党制以来，已经进行了四次总统选举。从历届选举来看，马拉维的政局过渡平稳，未出现大型骚乱。

此外，马拉维国内的民主监督比较有力，在野党对执政党的政策时常进行猛烈抨击，民主实行比较充分。因此，马拉维政局比较稳定。

（二）国民经济

1. 概况

马拉维是传统的农业国，由于地处内陆交通不便、自然资源缺乏（特别是能源匮乏）和基础设施薄弱等原因，马拉维经济长期发展缓慢。2008 年马拉维名义 GDP 为 30.32 亿美元①，在非洲 53 个国家（不含索马里）中列第 39 位，经济总量较小。如果按人口平均，则马拉维的人均 GDP 非常少，按 2008 年价格计算仅有 212 美元，在非洲 53 个国家中排名倒数第 3 名，仅比布隆迪和多哥略多，是非洲最穷的国家之一。马拉维被联合国列为世界最不发达的国家之一。

长期以来，马拉维的经济发展严重依赖国际多边机构的经济援助以及私人捐赠。国际无偿援助和发展优惠贷款占马拉维财政收入的 1/3。2006 年，马拉维获得了重债贫穷国债务减免。债务减免大大减轻了马拉维偿债负担，但是财政赤字状况依然严重，马拉维的外债余额又开始出现攀升势头。

2. 宏观经济数据分析

近几年，马拉维实际年 GDP 逐年增长，2006 年—2008 年 GDP 分别为 3480 亿马拉维克瓦查（以下简称克瓦查）、3777 亿克瓦查、4142 亿克瓦查；GDP 增长率保持在 6.7% 以上，其中，2008 年 GDP 增长率高达 9.7%。马拉维经济强劲增长的动力主要来自于农业、制造业、信息通信业以及金融保险业的快速扩张。经济高速发展受益于马拉维近年来稳定的宏观经济

---

① 资料来源：非洲开发银行《2009 年非洲统计年鉴》。

环境，低通胀率、低利率①和稳定的汇率。2008年，农业、工业和服务业三大产业机械设备投资大幅增加。受全球金融危机的影响，2009年，流入马拉维的外国投资减少，国际商品市场价格下跌，导致马拉维出口受到冲击，2009年GDP增长速度减缓，预计GDP增长率在7%左右。近几年马拉维GDP情况见表1、图1。

表1　　2006年—2009年马拉维GDP及其增长率　　单位：十亿克瓦查

年　度	2006	2007	2008	2009*	年　度	2006	2007	2008	2009*
GDP值（以2005年恒定价格计算）	348	377.7	414.2	443	经济增长率(%)	6.7	8.6	9.7	7.0

注：2009*年数据为估计值。
资料来源：马拉维储备银行2008年年报。

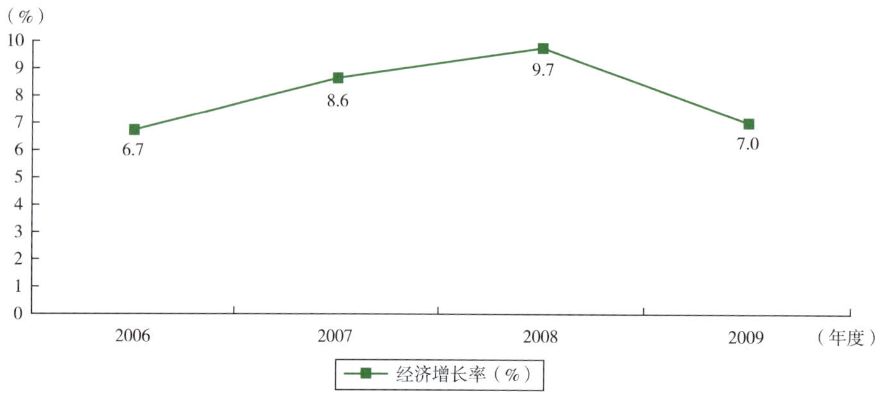

图1　2006年—2009年马拉维GDP增长趋势图

从马拉维国民经济结构看（见表2），农业是马拉维的支柱产业，占其GDP的30%以上。其他的主要产业依次是批发与零售业、制造业、金融与保险业，约分别占GDP的14%、8%和6%，这三个产业占GDP的比重之和仍然低于农业占GDP的份额。因此，马拉维农业发展的好坏直接影响到其经济发展状况。

3. 财政收支

（1）财政收入

2008年马拉维政府实现财政收入1813亿克瓦查（约12.5亿美元），比上年度增加219亿克瓦查，占GDP 32.8%。2007年政府财政收入则比2006年增加了298亿克瓦查。2008年财政收入中，来自国内的收入为1208亿克瓦查，占GDP 21.8%，占财政总收入的2/3，其中税收收入1101亿克瓦查，比上年增加234亿克瓦查；来自外国援助的财政收入为605亿克瓦查（约4.17亿美元），占总财政收入的1/3，占GDP 10.9%。可见，马拉维财政收入严重依赖外国援助。外国援助中，236亿克瓦查为项目资金，121亿克瓦查为对

① 2008年马拉维国内利率水平为近14年来最低。

财政平衡的直接援助。

表 2　　马拉维 GDP 组成结构表　　单位：百万克瓦查

年　　度	2006	2007	2008
A. 农、林、渔业	109209	122632	136432
B. 矿业	3211	3362	3589
C. 制造业	28486	29508	33095
D+E. 公共事业	5638	5944	6178
F. 建筑业	15950	17425	18833
G. 批发与零售业	51248	53616	58018
H. 运输与仓储业	12700	13396	14122
I. 住宿与食品服务业	6346	6709	7207
J. 信息与通讯业	8868	9412	14243
K. 金融与保险业	21924	23862	26643
L. 房地产业	15795	16385	16907
M+N. 专业、科学与技术业，管理与支持服务	5683	5928	5972
O. 公共管理与国防	11933	12311	13478
R. 教育	10693	11452	11929
Q. 健康与社会工作	13330	14536	15781
R+S+T+U 其他服务类	16397	17000	17627
GDP	347950	377730	414240

从历年财政收入情况看，马拉维的财政收入绝对额呈稳步上升趋势，2001 年来年均增长 30%。从财政收入占 GDP 的比重来看，财政收入占 GDP 的比重各年略有波动，但基本介于 25%—40%之间，比重较高，反映了马拉维财政部门对经济活动的掌控能力较强。从财政收入的构成来分析，则可以发现马拉维财政对外国援助和国际融资的依赖性较强，缺乏自身可持续发展的能力。

（2）财政支出

2008 年马拉维政府财政支出 2163 亿克瓦查，占 GDP 38.6%，比上年度增加 477 亿克瓦查。其中经常性支出 1645 亿克瓦查，占 GDP 29.3%，比 2007 年的 1116 亿克瓦查增加了 529 亿克瓦查，增加的经常性支出有一半是因为化肥补贴由于国际化肥价格飙升而大幅增长了 3 倍；此外 2008 年 7 月政府公务员大幅调薪使薪资支出从 67 亿克瓦查增加至 339 亿克瓦查。利息支出为 138 亿克瓦查，比上年增加 10 亿克瓦查。发展性支出 2008 年为 517 亿克瓦查，比 2007 年度的 583 克瓦查减少了 66 亿克瓦查。发展性支出减少是由于外国对发展性援助减少了 95 亿克瓦查。2008 年度发展性支出占总支出比例为 24%，而 2007 年为 34%。马拉维尽管财政收入有所增加，但是由于国际化肥价格飙升，补贴受益人数增加，以及政府公务员调薪，导致马拉维财政赤字大幅增加。2008 年马拉维财政赤字占 GDP 比重达到 6.1%，比 2007 年的 2.2% 大幅增加。历年来马拉维财政收支情况见表 3。

表3　　历年马拉维财政收支情况表　　单位：亿克瓦查

年　度	2001	2002	2003	2004	2005	2006	2007	2008
A. 总收入和援助(1+2)	285	320	506	688	970	1293	1608	1813
1. 国内收入	229	265	364	483	624	749	944	1208
2. 国际援助	56	55	142	204	346	543	664	604
B. 总支出(3+4+5)	315	459	647	777	990	1332	1686	2163
3. 经常性支出	261	398	510	633	795	1013	1104	1645
4. 发展性支出	43	61	136	144	188	318	583	517
5. 向外贷款	10	0	0	0	7	0	0	
C. 未获援助前财政平衡(1-B)	-86	-194	-283	-294	-366	-583	-742	-955
D. 获援助后财政平衡(A-B)	-30	-139	-141	-89	-20	-39	-78	-350
E. 财政总借款	48	155	114	93	62	20	103	324
6. 净外国借款(7-8)	28	-2	-7	7	-9	-12	53	73
7. 借款	60	39	58	89	88	104	73	81
8. 还款	32	41	65	82	97	116	20	8
9. 净国内借款(10+11)	26	167	122	85	69	-8	51	238
10. 银行	53	98	31	36	10	-52	-7	332
11. 非银行	-27	69	91	49	59	44	58	-94

资料来源：马拉维储备银行2008年年报。

（3）通货膨胀

2008年马拉维通货膨胀率为8.7%，较2007年的8%略微上升了0.7个百分点。通货膨胀率上升的主要原因是国际原材料市场价格上涨，特别是2008年上半年国际油价大涨。由于马拉维不产油，国内石油全部依赖进口，油价飙升直接推动了马拉维国内通货膨胀，属于输入性通货膨胀。从历年马拉维通货膨胀率情况看，马拉维通货膨胀率呈总体下降趋势（见图2）。

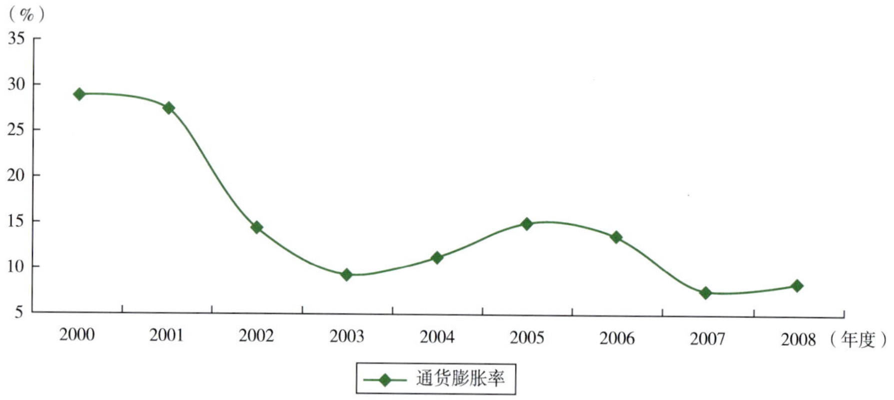

图2　2000年—2008年马拉维通货膨胀率趋势图

① 食品通胀情况。2008年马拉维食品通胀率有所下降，由2007年的7.4%下降到7.0%。2008年马拉维粮食丰收，国内市场粮食供应充足，一定程度上抑制了食品通货膨胀，但2008年6月以后，随着国际粮食价格上涨，食品通胀率再次上升。

② 非食品类商品通胀情况。2008 年马拉维非食品类商品平均通胀率达到 10.7%，较 2007 年的 8.5% 提高了 2.2 个百分点。随着国际油价的飙升，马拉维国内交通运输价格也大幅飙升，交通运输通胀率由 2007 年的 10% 上升到 2008 年的 18.3%，从而带动了非食品类通胀率的大幅上升。同样，受燃料价格暴涨的影响，2008 年烟酒类商品的价格增长率也较 2007 年增加了 3.9 个百分点。

4. 债务、外汇储备和汇率

（1）债务

① 外债。马拉维经济长期依赖援助，外国援助是马拉维经济发展的重要来源之一和主要动力，但同时也成了马拉维经济发展的主要负担。1999 年至 2005 年，马拉维外债水平长期高于 25 亿美元，最高时（2004 年）达到了 32 亿美元，约占 GDP104%①。2006 年西方国家对马拉维债务减免后，马拉维的外债水平大幅下降至 4.88 亿美元，目前马拉维外债负担较轻。但是继 2006 年减债以来，马拉维的外债又开始出现较快的增长势头。截至 2008 年 12 月末，马拉维外债余额为 6.831 亿美元，比 2008 年 6 月末上涨了 14.3%，比 2007 年年末上涨约 18%，比 2006 年年末上涨了 40%。

马拉维外债中，绝大多数为多边债务，2008 年年末达 6.12 亿美元，占全部外债 89.5%。双边债务相对较少，2008 年年末仅为 7160 万美元，占全部外债余额 10.1%。自 2007 年全部偿还完商业贷款后，目前马拉维外债中没有商业贷款。

多边债务中，世界银行集团的国际开发协会（International Development Association，IDA）是最大的债权人，2008 年年末债权余额达 1.88 亿美元，占多边债务余额 30.7%，占全部外债余额 27.5%。ADF 和 IMF 则分别是第二大和第三大债权人，债权余额分别占多边债务余额 20.6% 和 20.3%。其他多边债权人还包括国际农业开发基金（International Fund for Agriculture Development，IFAD）、北欧开发基金（Nordic Development Fund，NDF）、阿拉伯非洲开发银行（Arab Bank for Africa Development，BADEA）、欧洲投资银行（European Investment Bank，EIB）、欧佩克国际开发基金（OPEC Fund for International Development，OFID）和非洲开发银行（African Development Bank，ADB），债权余额占多边债务比重分别为 12.0%、5.5%、3.5%、3.3%、3.2% 和 1.0%。

截至 2008 年年末，马拉维有三个双边债权人，分别是科威特基金（Kuwait Fund，KF）、中国台湾进出口银行（the Export and Import Bank of China（Taiwan），Taiwan Eximbank）和印度进出口银行（the Export and Import Bank of India，India Eximbank）。

三个双边债权人中，KF 的债权为 4710 万美元，占 65.8%；其次，Taiwan Eximbank 和 India Eximbank 债权分别为 2180 万美元和 270 万美元。其中，India Eximbank 于 2008 年下半年刚开始向马拉维提供贷款。中国进出口银行于 2009 年开始将向马拉维提供优惠贷款。项目提款后，中国进出口银行将成为马拉维主要的债权人和最大的双边债权人。

① 资料来源：马拉维财政部《Mid-Year Debt and Aid Report》（2008 年 6 月—12 月）。

② 西方国家对马拉维的债务减免。2005年8月马拉维满足了世界银行和IMF减债的要求之后，次年世界银行、IMF以及巴黎俱乐部成员国对马拉维进行了债务减免。此次债务减免规模巨大，共减免马拉维外债24.82亿美元，使马拉维外债余额从2005年年末的29.7亿美元降低至2006年年末的4.88亿美元，减免84%。剩余4.88亿美元债务因债权人未参与债务减免计划，因此没有免除，这些债权人包括EIB、IFAD、NDF、BADEA、OPEC基金和KF。为保持外债可持续，IMF和世界银行还同意马拉维可以要求进一步的债务减免。84%债务减免之后，马拉维每年的外债偿还额从1.25亿美元降低至1500万美元。

③ 内债。截至2008年12月末，马拉维总内债存量[①]为1474亿马拉维克瓦查（Malawi Kwacha，MK），折合美元约10.16亿美元，比2008年6月末的1152亿克瓦查增长了28%[②]。内债急剧增长主要是因为2008年下半年油价和化肥价格高涨导致财政压力过大，而国际的流入低于预期，政府不得不增加内债借款。内债增加的另一原因是2008年7月和10月分别有634亿克瓦查外债到期，而马拉维政府从国际货币市场和金融市场只融到了512亿克瓦查的贷款，缺口部分只能通过借取内债补充。

④ 马拉维政府债务总体状况分析。从上述情况分析可见：

A. 减债后马拉维政府债务负担依然沉重。减债后马拉维2008年年末外债为6.83亿美元，占GDP约26%，加上内债约10亿美元，内外债合占GDP 64%。因此虽然国际给予了大幅减债，马拉维当前的政府负债水平依然相当沉重。

B. 马拉维的外债上升较快。自2006年减债以来，马拉维的外债再次出现了较快的上升势头，2006年年末至2008年年末两年时间内，外债上升了40%，年均增长18%。并且外债增长势头日趋加快，2008年仅下半年即增长了14.3%。

C. 马拉维外债结构良好。马拉维外债全部为赠予成分超过35%，贷款期限为25年至40年[③]的官方发展援助（占90%）和优惠性的开发贷款（占10%），商业性贷款为零，相对降低了马拉维的借贷成本。

（2）外汇储备

近年来，马拉维的外汇储备水平稳步、较快增长，2002年至2008年按克瓦查计算年均增长22%。但是，外汇储备的总体水平偏低，2008年外汇储备余额为177亿克瓦查，折合美元仅1.26亿美元[④]，占GDP 4%，仅能覆盖1.16个月的商品进口[⑤]。从马拉维外汇储备情况来看，目前马拉维的外汇储备可以支付每年到期的外债本息。但是，从马拉维外汇储备绝对额，外汇储备占GDP的比例和覆盖商品进口的月份数来看，马拉维的外汇储备偏低。马拉维历年外汇储备情况见表4。

---

① 包括RBM的贷款资本化。

② 马拉维统计数据为23.7%，应为计算错误。

③ 据马拉维财政部官员介绍。

④ 汇率按2008年12月31日汇率1美元=140.5997马克瓦查。

⑤ 资料来源：马拉维储备银行2008年年报。

表4　马拉维历年外汇储备情况表

年　度	2002	2003	2004	2005	2006	2007	2008
外汇储备(亿克瓦查)	15	19	36	90	154	301	177

资料来源：马拉维储备银行2008年年报。

（3）外汇管制政策

马拉维已经放开经常账户外汇，但是资本账户项下的外汇仍然实行管制。在经常账户市场，受权的交易银行可以为居民开立外币账户。但是该外币账户不能接受从马拉维国内市场购得的外汇或其他外币账户的转账。外汇账户最低余额必须高于500美元或等值外汇。

2005年1月开始，居住国家以外的马拉维居民允许在受权交易银行开立外汇账户。这种账户视同外交官、国际非政府组织（NGO）开立的外汇账户，不受外汇兑换和留存规章约束。从外汇管制政策来看，在马拉维从事合法的工程承包所得可以在缴纳有关税收后汇回。

（4）汇率

马拉维政府对于外汇实行灵活的浮动汇率政策，但对资本项目仍实行管制。在外汇储备有所增加的情况下，马拉维外汇汇率保持稳定。2008年马克瓦查兑国际各主要货币有升也有降。一方面，克瓦查对美元保持了稳定，2008年年底1美元兑换140.5997克瓦查；另一方面，克瓦查对欧元和英镑不断走强，对这两种货币分别升值4.4%和27.4%。2008年年底1欧元和1英镑分别可兑换198.4424克瓦查和202.6042克瓦查。克瓦查对欧元和英镑升值的原因是在全球金融危机后，这两种货币分别对美元贬值。尽管克瓦查对世界其他硬通货走强，却对日元大幅贬值18.8%，2008年年末1日元兑换1.5565克瓦查。

在南部非洲发展共同体（SADC）区域内，马拉维克瓦查对其主要贸易货币南非兰特和赞比亚克瓦查也同样走强。2008年年底，1兰特和1赞比亚克瓦查分别可兑换15.0173马拉维克瓦查，马拉维克瓦查对兰特和赞比亚克瓦查分别升值21.8%和20.8%。

5. 对外贸易

近几年来，马拉维对外贸易情况继续恶化，虽然出口增加，但进口更快，贸易赤字上升较快。2008年出口总额约为1227亿克瓦查，比2007年的1031亿克瓦查上涨了19%。2008年进口总额约为3045亿克瓦查，比2007年的1564亿克瓦查上涨了95%。2008年进出口总额为4272亿克瓦查，比2007年增加1676亿克瓦查，同比上涨了65%。2008年的贸易赤字为1818亿克瓦查，是2007年贸易赤字额643亿克瓦查的1.8倍。贸易条件恶化与2008年下半年国际原材料价格大幅上涨有直接关系，尤其是石油等燃料价格暴涨远远超过其他商品价格的上涨幅度，因此尽管2008年马拉维出口增长了19%，但其他贸易赤字仍然大幅增加。马拉维历年对外贸易情况见表5。

表5 马拉维历年对外贸易情况表 单位：百万克瓦查

年　度	进口总额	出口总额	贸易赤字额	年　度	进口总额	出口总额	贸易赤字额
2000	32283	23625	-8658	2005	140179	59640	-80539
2001	39480	31817	-7663	2006	162498	90830	-71668
2002	53657	31417	-22240	2007	156387	103192	-64277
2003	76650	51672	-24978	2008	304473	122698	-181774
2004	101554	52627	-48927				

资料来源：马拉维国家统计办公室。

出口产品中烟草为最大宗商品，占出口总额的74%，排在烟草之后依次是茶叶12%、蔗糖9%、棉织品5%。在进口产品中以石油类产品为最大类进口产品，其后则为车辆、化肥、乘用车、货用车辆等（见表6）。

表6 2008年马拉维四大出口产品

产品名称	出口额(百万克瓦查)	占出口总额比值	产品名称	出口额(百万克瓦查)	占出口总额比值
烟　草	61088.0	74%	蔗　糖	7681.0	9%
茶　叶	10190.5	12%	棉　花	3732.8	5%

资料来源：马拉维储备银行2008年年报。

按贸易与地区对象分，马拉维最大贸易对象为英联邦国家。2006年马拉维与英联邦国家的贸易额占其全年贸易总额的65%，其中马拉维对英联邦国家出口总额为439亿克瓦查，占马拉维出口总额的48%，从英联邦国家的进口额占马拉维进口总额的74%。第二大贸易伙伴是南部非洲发展共同体（Southern African Development Community，SADC）。马拉维与SADC国家的贸易总额占其贸易总额的50%，其中占出口的31%，进口的60%。主要贸易国家为南非、莫桑比克、津巴布韦、赞比亚。欧盟是马拉维第三大贸易对象，占其贸易总额的24%，其中占进口的15%、出口的40%。东南部非洲共同市场（Common Market for Eastern & Southern Africa，COMESA）是马拉维第四大贸易对象，占其贸易总额的11%。马拉维与主要贸易伙伴贸易情况见表7。

表7 2006年马拉维主要贸易地区统计数据 单位：百万克瓦查

	进口额	出口额	贸易总额	占马拉维贸易总额比
英联邦国家	119872	43964	163837	65%
南部非洲共同体	97463	28387	125851	50%
欧　盟	24382	35916	60297	24%
东南部非洲共同市场	16060	10621	26681	11%
北　美	5811	7523	13334	5%
远　东	5912	1366	7278	3%

目前马拉维关税平均为14%，最高税率为25%。马拉维对外贸易的限制仍很多，如进口

水泥、盐、面粉需要许可证，出口玉米实际上是禁止的。马拉维目前是东南部非洲共同市场以及南部非洲发展共同体成员，目前这两个共同体都计划于2010年实现关税同盟。这两者的功能与作用对于马拉维来说有所重叠，为此，政府目前正在考虑如何在这两者当中找到更适合自己的角色和位置。

6. 外国援助

由于马拉维国力羸弱，国家财政资金拮据，国家建设资金大量依靠外援补充。据统计，自2000年以来，马拉维接受了大量的国外援助资金，从2006年到2010年的四年内，外援资金将达到马拉维GDP的24%。世界银行2007年年初通过对马拉维的“四年援助战略”，在此期间内世界银行将对马拉维提供约3.4亿美元的援助。欧盟从2007/08年度开始，对马拉维实施“六年欧洲发展基金计划”，预计提供的援助将达到3.5亿欧元。此外，马拉维在未来几年内还将获得美国的“千年挑战”基金的援助，目前美国援助的金额未定。马拉维近年来接受的外援资金情况见表8。

表8 马拉维近年来接受的外援资金情况（占GDP比重） 单位：%

财　　年	2001/05	2006/10
马拉维获得的官方援助净额	19.7	24.0
其中：政府获得外援净额	10.7	18.2
援助总额	13.2	18.4
支付债务额	-2.5	-0.2
非政府组织项目获得援助额	9.0	5.9

（三）马拉维产业状况

1. 农业

农业是马拉维国民经济支柱产业，大约85%的人口从事农业生产或相关行业。农业产值占GDP总值的30%以上，农产品出口占整个出口总值的90%以上。马拉维农业发展潜力很大，可耕地面积占国土面积的38%，实际耕地面积192万公顷。主要经济作物有烟草、茶叶、甘蔗、棉花、咖啡等。

畜牧业以饲养牛、羊、猪、鸡为主。马拉维湖和希雷河上游为主要产鱼区。马拉维现有森林总面积为260多万公顷，森林覆盖率为30%左右。

2. 制造业

马拉维制造业比较薄弱。只有一些烟草、茶叶、蔗糖等初级产品加工业，以及纺织、服装、鞋类、建材和酿酒等食品加工业，约占其GDP总额的12%。

3. 能源业

马拉维的能源严重不足。全国能源需求的90%以上靠烧木材和木炭，3%靠水力发电，4%靠石油产品，1%靠燃煤。石油产品全部需要进口。由于最主要的能源来自木材，造成林地的严重破坏和浪费。马拉维每年因开荒及采集烧材毁林达4万公顷，由于人口的快速增长，对环境的压力越来越大。政府一直希望通过开发本国的能源解决这个问题，但马拉维至今没有发现任何油气资源，利用风能和太阳能成本太高，目前还不现实。

马拉维电力工业落后，全国仅有7%左右的人口能够用上电。

4. 旅游业

旅游业在马拉维具有很大的发展潜力。近年来，政府按照2003年—2008年旅游业发展战略，大力发展旅游业，改进旅游设施，国际游客大幅增长，2006年接待国际游客48万人次，比1995年17.3万人次增长两倍多。旅游业收入为10.08亿克瓦查（约合7400多万美元），占GDP比重为3%。游客主要来自英国、南非、津巴布韦、赞比亚、莫桑比克、坦桑尼亚等国。主要旅游胜地有马拉维湖、国家公园、狩猎区和自然保护区等。

5. 交通运输业

马拉维道路与交通运输设施严重落后，主要表现为全国公路通车总里程短，道路保养情况差，铁路运力不足，通向港口的道路少，缺乏空中交通。目前，马拉维境内公路总长2.73万公里，其中沥青路只占17%，铁路总长789公里。这些情况造成马拉维交通成本相当之高，约占商品成本的55%，而周边国家的交通成本平均约为17%。这种交通极不发达的状况不仅因为马拉维本身是一个内陆国家，更由于政府管理不善，尤其是农村地区。现马拉维部分进出口货物需要通过莫桑比克纳卡拉港、贝拉港和南非德班港以及坦桑尼亚达累斯萨拉姆港转运。

（1）铁路

总长789公里，南起姆兰杰，经布兰太尔、利隆圭至赞比亚和马拉维边界的姆钦吉，东面与莫桑比克铁路相接。莫桑比克纳卡拉铁路线为马拉维进出口货物重要通道，自1992年莫桑比克内战结束后，马拉维通过该铁路线运输的货运量大增。

（2）公路

总长2.73万公里，其中沥青路占17%，与莫桑比克、坦桑尼亚、赞比亚、津巴布韦、博茨瓦纳及南非的公路连接。

（3）航空

马拉维有4个民用机场，其中利隆圭Kamuzu机场和布兰太尔Chileka为国际机场。马拉维航空公司为该国唯一的一家国有航空公司，经营国内和区域国际航线，拥有大小客机9架，国际航线5条，通往南非、肯尼亚、坦桑尼亚、埃塞俄比亚、赞比亚、津巴布韦和欧洲。

6. 通讯业

马拉维通讯业欠发达，不仅通讯服务差，而且收费较高。市内电话每分钟收费 0.03 美分，同一行政区之间通话每分钟收费 0.06 美分，不同行政区之间通话每分钟收费 0.1 美分。国际电话按不同国别收费在 1.2 美元—2 美元左右。马拉维电信公司为该国唯一的固定电话服务公司，2006 年进行了私有化。TNM 和 Celtel 为马拉维现有的两家移动通讯运营商，另有 MalawiNet 等三家互联网服务商。2007 年马拉维固定电话拥有量为 10 万部，人均拥有量不足百分之一，移动电话拥有量为 90 多万部，人均拥有量为百分之七。

（定稿于 2009 年 12 月 10 日）

参考文献资料

1.《马拉维实现富裕发展战略》（Malawi Growth and Development Strategy From Poverty to Prosperity 2006 - 2011）。

2. 马拉维国家统计办公室网站：www. nso. malawi. net。

3. 马拉维储备银行 2008 年度报告。

4. 中国驻马拉维经商处网站：malawi. mofcom. gov. cn。

二、马拉维政府债务状况

马拉维是非洲中部的内陆国家，国民经济以农业为支柱，出口产品以附加值低的农产品为主，工矿制造业尚未发展起来，国内有效需求不足，基础设施条件落后，是世界上最贫穷的国家之一。马拉维国力羸弱，2007 年名义 GDP 仅为 25.8 亿美元，人均 GDP 仅为 162 美元，外汇储备仅 1.3 亿美元①。

（一）外债情况

1. 外债总额

2005 年之前，外国援助是马拉维经济发展的重要来源之一和主要动力，但同时也成了马

① 资料来源：IMF。

拉维经济发展的主要负担。1999年至2005年，马拉维外债水平长期高于25亿美元，最高时（2004年）达到了32亿美元，约占GDP104%。2006年西方国家对马拉维债务减免后，马拉维的外债水平大幅下降至4.88亿美元。然而，虽然西方国家的大规模、巨额减债使马拉维的外债负担剧减，现在外债负担已经相对较小，但是继2006年减债以来，马拉维的外债便又开始出现了较快的增长势头。截至2008年12月末，马拉维外债余额为6.831亿美元，比2008年6月末上涨了14.3%，比2007年年末上涨约18%，比2006年年末上涨了40%。外债上涨主要是因为非洲开发银行的非洲发展基金（African Development Fund，ADF）和国际货币基金组织（IMF）的提款大幅增加。马拉维近10年来外债水平情况见图3“马拉维历年外债余额变动图”。

图3 马拉维历年外债余额变动图

2. 外债结构

马拉维外债中，绝大多数为多边债务，2008年年末达6.12亿美元，占全部外债的89.5%。双边债务相对较少，2008年年末仅为7160万美元，占全部外债余额的10.1%。自2007年全部偿还完商业贷款后，目前马拉维外债中没有商业贷款。

（1）多边债务

多边债务中，世界银行集团的国际开发协会（International Development Association，IDA）是最大的债权人，2008年年末债权余额达1.88亿美元，占马拉维多边债务余额的30.7%，占全部外债余额的27.5%。

ADF和IMF则分别是第二大和第三大债权人，债权余额分别占多边债务余额的20.6%和20.3%。2008年下半年ADF和IMF的债权出现了较快的增长势头，分别比2008年6月末增长了17.6%和10.4%。

其他多边债权人还包括国际农业开发基金（International Fund for Agriculture Development，IFAD）、北欧开发基金（Nordic Development Fund，NDF）、阿拉伯非洲开发银行（Arab Bank for Africa Development，BADEA）、欧洲投资银行（European Investment Bank，EIB）、欧佩克国际开发基金（OPEC Fund for International Development，OFID）和非洲开发银行（African

Development Bank, ADB), 债权余额占多边债务比重分别为 12.0%、5.5%、3.5%、3.3%、3.2% 和 1.0%。

马拉维多边债务构成情况见图 4。

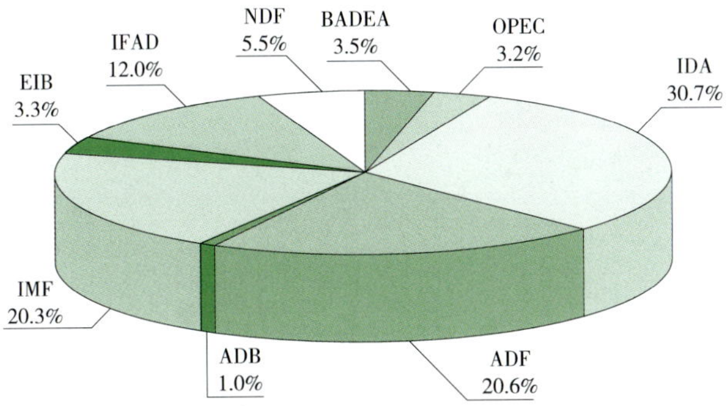

图 4 马拉维多边债务构成图

(2) 双边债务

截至 2008 年年末，马拉维有三个双边债权人，分别是科威特基金 (Kuwait Fund, KF)、中国台湾进出口银行 (the Export and Import Bank of China (Taiwan), Taiwan Eximbank) 和印度进出口银行 (the Export and Import Bank of India, India Eximbank)。

原先巴黎俱乐部债权人也是马拉维的双边债权人之一。但自从 2006 年 8 月巴黎俱乐部完成对马拉维的 100% 减债之后，巴黎俱乐部对马拉维债权减为零。

三个双边债权人中，KF 的债权为 4710 万美元，占 65.8%；其次是 Taiwan Eximbank 和 India Eximbank，债权分别为 2180 万美元和 270 万美元。其中，印度进出口银行于 2008 年下半年刚开始向马拉维提供贷款。

(3) 按借款人分类

马拉维外债的借款人主要可分为三大类，分别是中央政府（由财政部代表)、马拉维储备银行 (Reserve Bank of Malawi, RBM) 和国有企业。其中，RBM 做借款人的外债主要是与 IMF 签署的减贫和发展贷款 (the Poverty Reduction and Growth Facility, PRGF) 和外部冲击贷款 (The Exogenous Shock Facility, ESF)；而国有企业的外国贷款则一般由财政部作担保。

马拉维大多数外债由中央政府做借款人，占 2008 年年末外债余额的 81.4%，比 2008 年 6 月的 86% 略有减少。RBM 和国有企业贷款则分别占 18.5% 和 0.1%。RBM 的贷款有所增加是由于 2008 年 7 月和 12 月分别提取了大额 PRGF 和 ESF。

3. 近年新发生外债和外国援助情况

2007 年 7 月至 2008 年年末，马拉维共发生外债和外国援助提款 9.41 亿美元（大部分为赠款)，其中 2007/08 财年①提款 5.33 亿美元，2008 年下半年提款 4.09 亿美元。2008 年下半年发生的提款几乎与上个财年全年的提款持平。

① 2007 年 7 月 1 日至 2008 年 6 月 30 日。

新发生的外债和外国援助提款中，DFID、欧盟、挪威、美国以及世界银行为主要的援助方（或援助国）。马拉维近年新发生外债和外国援助明细（见表9）。

表9　马拉维近年新发生外债和外国援助明细

债权人	2007/08 财年提款		2008/09Q1 和 Q2 提款	
	美　元	占　比	美　元	占　比
ADB	20262916	3.8%	32985764	8.1%
加拿大	9256861	1.7%	4367183	1.1%
DFID	145492367	27.3%	70515517	17.2%
EU①	70727387	13.3%	108518479	26.5%
FAO	1098402	0.2%	2603098	0.6%
GDC	15581968	2.9%	11720108	2.9%
GTZ	12611046	2.4%	7044312	1.7%
KFW	2970922	0.6%	4675796	1.1%
全球基金	0	0.0%	74330065	18.2%
冰　岛	0	0.0%	2146345	0.5%
IFAD	8000000	1.5%	122766	0.0%
爱尔兰	0	0.0%	1960784	0.5%
日　本	14670736	2.8%	10471850	2.6%
KF	21319	0.0%	457812	0.1%
挪　威	68924384	12.9%	37379272	9.1%
Opec 基金	0	0.0%	134250	0.0%
UNFPA	9329204	1.8%		0.0%
UNICEF	27926293	5.2%		0.0%
UNDP	8322188	1.6%	2804077	0.7%
USAID	57045445	10.7%	18963863	4.6%
世界银行	66397059	12.5%	24093137	5.9%
WFP	8587375	1.6%	4385253	1.1%
WHO	988786	0.2%	1090331	0.3%
合　计	532632690	100.0%	409049954	100.0%

2008年下半年外债和援助提款中，45%（1.86亿美元）为直接的项目支持；26%（1.056亿美元）为预算支持②；其余29%（1.18亿美元）用于医疗、艾滋病防治、食品安全等部门性专项支持。

2008下半年外债和援助提款中，用于医疗部门的项目数最多，达112个，金额也最大，达1.33亿美元；其次为政府经济部门，项目数47个，金额为1.14亿美元；再次是教育、交通运输、农业、政府民主、农村开发等。

2008年下半年外债和援助提款中，90.48%，517.7亿夸查（Malawei Kwacha，MK③）

① EU：欧盟；FAO：食品和农业组织；GDC：德国开发公司；GTZ：德国技术合作协会；KFW：德国再建设银行；UNFPA：联合国国家人口基金；UNICEF：联合国儿童基金会；UNDP：联合国开发计划署；USAID：美国国际开发署；WFP：世界粮食计划署；WHO：世界卫生组织。

② 直接将资金注入马拉维财政收入，用以弥补财政预算缺口。

③ 2008年年末1USD＝145MK。

（约合 3.57 亿美元）为赠予成分超过 35% 的官方发展援助，8.9%，50.9 亿 MK（约合 3500 万美元）为开发机构优惠贷款；0.63%，3.58 亿 MK（约合 247 万美元）为技术支持资金。外债和援助提款情况见表 10 和表 11。

表 10　　各种援助在马拉维外债提款中的占比（2007 年下半年至 2008 年年末）　　单位：亿 MK

援助类型	2007/08 财年	占　比	2008 年下半年	占　比
官方发展援助	674.8	90.52%	517.68	90.48%
优惠贷款	57.62	7.73%	50.91	8.90%
技术支持	13.02	1.75%	3.58	0.63%
合　　计	745.44	100.00%	572.18	100.00%

表 11　　开发机构优惠贷款明细（2007 年下半年至 2008 年年末）　　单位：亿 MK

开发机构	2007/08 财年	2008 年下半年	开发机构	2007/08 财年	2008 年下半年
非洲开发银行	26.13	43.02	欧佩克基金	0	0.19
国际农业开发基金	11.18	0	世界银行	20.28	7.07
科威特基金	0.03	0.64	合　计	57.62	50.92

4. 马拉维减债计划

2005 年 8 月，马拉维满足了世界银行和 IMF 减债的要求之后，次年，世界银行、IMF 以及巴黎俱乐部成员国对马拉维进行了债务减免。此次债务减免规模巨大，共减免马拉维外债 24.82 亿美元，使马拉维外债余额从 2005 年年末的 29.7 亿美元降低至 2006 年年末的 4.88 亿美元，减免 84%。剩余 4.88 亿美元债务因债权人未参与债务减免计划，因此没有免除，这些债权人包括 EIB、IFAD、NDF、BADEA、OPEC 基金和 KF。为保持外债可持续，IMF 和世界银行还同意马拉维可以要求进一步的债务减免。84% 债务减免之后，马拉维每年的外债偿还额从 1.25 亿美元降低至 1500 万美元。

（二）内债

1. 内债总额

截至 2008 年 12 月末，马拉维总内债存量①为 1474 亿 MK（约合 10.16 亿美元），比 2008 年 6 月末的 1152 亿 MK 增长了 28%②。内债急剧增长主要是因为 2008 年下半年油价和化肥价格高涨导致财政压力过大，而国际的流入低于预期，政府不得不增加内债借款。内债增加的另一原因是 2008 年 7 月和 10 月分别有 634 亿 MK 外债到期，而马拉维政府从国际货

① 包括 RBM 的贷款资本化。
② 马拉维统计数据为 23.7%，应为计算错误。

币市场和金融市场只融到了512亿MK的贷款，缺口部分只能通过借取内债补充。

2. 内债结构

（1）按种类分

马拉维近年来的内债结构基本变化不大。内债渠道很少，且以短期居多。一种是短期国库券（Treasury Bills，TBs），期限分别为91天、182天和273天。截至2008年年末，TBs占内债余额的76.5%，比2008年6月末的70.3%进一步增加。其中，273天TBs占全部TBs的57.3%，比年中增加了10个百分点，91天TBs和182天TBs分别占38.6%和4.1%。三种期限TBs的利率平均为13.4%。虽然从2003年至今马拉维的TBs利率呈现了大幅下降的趋势，从2003年的33%以上下降至目前的13.4%，但是现今的利率依然很高，给财政造成了很大的债务负担（见表12）。

表12　　马拉维TBs利率情况表　　单位：%

	2003年	2004年	2005年	2006年	2007年6月	2008年6月	2008年12月
银行利率	33	25	25	25	20	15	15
91天TBs	33.1	24.6	24.4	19	16.5	12.2	13.4
182天TBs	34	24.6	24.5	19.4	16.4	9.6	13.3
273天TBs	33.9	24.6	24.3	20.4	16.9	12.6	13.5

另一种是长期政府债券，期限一般大于3年，少于25年。截至2008年年末，长期债券占内债余额23.5%。第三种是RBM贷款，由于马拉维财政部于2008年11月和12月将RBM的所有债务转化为了TBs，因此目前马拉维的RBM贷款为零。

（2）按债权人分

RBM是马拉维内债的最大债主，2008年年末拥有内债58.6%的份额，比2008年6月末的48.2%进一步上升了10.4个百分点。如前所述，RBM内债债权增加主要是由于债务转化。

其他债权人为商业银行、贴现公司、其他金融机构和其他银行。

各类债权人占内债的比重情况见图5。

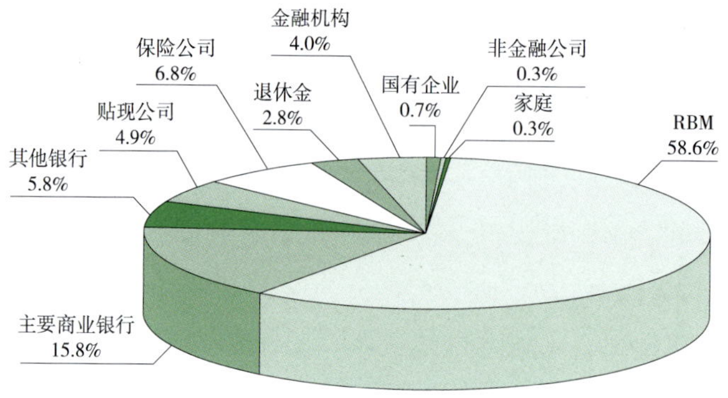

图5　马拉维内债按债权人占比

(三) 结论

1. 减债后马拉维负债依然沉重

减债后马拉维外债降至4.88亿美元，占2006年年末GDP的21%；2008年年末马拉维外债有较大增加，但仅为6.83亿美元，约占GDP的26%。

如果加上内债（约10亿美元），则内外债合占GDP 64%，虽然国际给予了大幅减债，马拉维当前的政府负债水平依然相当沉重。

2. 马拉维的外债上升较快

自2006年减债以来，马拉维的外债再次出现了较快的上升势头，2006年年末至2008年年末两年时间内，外债上升了40%，年均增长18%。并且外债增长势头日趋加快，2008年仅下半年即增长了14.3%。如果按照此趋势发展，很快马拉维又将进入重债贫穷国行列，财政将难以为继。

3. 马拉维外债结构良好

马拉维外债全部为赠予成分超过35%，贷款期限为25年至40年①的官方发展援助（占90%）和优惠性的开发贷款（占10%），商业性贷款为零，相对降低了马拉维的借贷成本。

参考文献资料

1. 马拉维财政部《Annual Debt and Aid Report》(2007年7月—2008年6月)。
2. 马拉维财政部《Mid - Year Debt and Aid Report》(2008年6月—12月)。
3. 《Malawi Development Assistance Strategy (2006—2011)》。
4. 马拉维财政部《Brief on Debt Relief Under the Enhanced HIPC Initiative》, 2007年8月。

三、马拉维能源利用现状

马拉维能源供给严重不足，全国能源需求90%以上靠烧木材和木炭等初级方式解决，仅4%靠石油产品、3%靠水力发电、1%靠燃煤解决，且其石油产品全部依靠进口。

---

① 据马拉维财政部官员介绍。

（一）马拉维水电等能源利用现状

1. 马拉维电力发展概况

根据马拉维矿产能源部和马拉维电力公司（Electric Supply Corporation of Malawi）公布的统计数据显示，马拉维2005年全国总发电量约为14亿度，其中60%被用于工商业，居民用电不到40%。全国总人口中能够用电的约占7%，约10万户左右。

马拉维全国发电装机总容量为304兆瓦，其中285兆瓦（94%）来自于希雷河上的水力发电站，其余的以遍布全国各地的小柴油发电机组为主。马拉维主要电站情况见表13。

表13　　马拉维主要电站情况表

	电站名称	装机情况	总功率（兆瓦）	建成时间
1	Nkula Falls A	3×8兆瓦	24	1966
2	Nkula Falls B	5×20兆瓦	100	1992
3	Tedzani Falls I	2×10兆瓦	20	1973
4	Tedzani Falls II	2×10兆瓦	20	1977
5	Tedzani Falls III	2×25兆瓦	50	1996
6	Kapichira Falls Phase I	2×32兆瓦	64	2000
7	Wovwe Mini Hydro	3×1.5兆瓦	4.5	1995
8	Blantyre Gas Turbine	1×15兆瓦	15	1975
9	Mzuzu Diesel Units	1×1.1兆瓦	1.1	
	合　计		298.6	

2. 马拉维水电利用现状

马拉维电力主要来源为水力发电，而水力发电绝大部分来自于希雷河上的恩库拉（Nkula）、泰扎尼（Tedzani）、卡布奇拉（Kapichira）三座水电站，总供电能力达278兆瓦。由于季节和年份的不同，希雷河的流量差别很大，导致每年的发电量有很大的变化。另外，由于电站设备运行多年，老化和损坏严重，加上水草和淤泥堵塞，目前的发电能力大大下降。

希雷河是马拉维湖的唯一出口，其流量为200立方米/秒—500立方米/秒，蕴藏的水力能量相当可观。据预测可达到1200兆瓦，目前已开发不到300兆瓦。如能充分开发，不仅可满足马拉维目前工农业发展需要，还可向邻国出口电力。希雷河全长402公里，向南流8公里后，经马隆贝湖（Lake Malombe），进入中游河谷。从马拉维湖到马托佩（Matope）长132公里，落差只有7米，这一段水能很少。从马托佩（Matope）至奇夸瓦（Chik－wawa）之间为84公里峡谷区，这一段大小瀑布连续不断，蕴藏丰富的水能资源。其主要瀑布有：科洛姆比佐（Kholombidzo）瀑布、恩库拉（Nkula）瀑布、泰札尼（Tedzani）瀑布、汉密尔顿（Hamilton）瀑布和卡布奇拉（Kapichira）瀑布等，总落差达384米。目前，这些瀑布上已建成了3座水电站。

另外在位于上希雷河利翁代（Liwonde）处，1965 年建成了卡穆佐土坝（Kamuzu Barrage）。该坝高 15 米，库容 130 万立方米，主要用于供水。同时还可以控制马拉维湖的水位，以确保希雷河具有足够的发电水流量。

3. 马拉维几处主要水电站

（1）恩库拉（Nkula）水电站

恩库拉（Nkula）水电站始建于 1966 年，全部完成于 1992 年。陆续建设了 2 个电站，即 Nkula Falls A 和 Nkula Falls B，总装机容量 124 兆瓦。由于设备老化，发电能力大大下降。目前德国正提供援助进行改造。

（2）泰扎尼（Tedzani）水电站

泰扎尼（Tedzani）水电站始建于 1973 年，全部完成于 1996 年。陆续建成 3 个电站，总装机容量 90 兆瓦。2005 年，该电站一些机组曾因事故遭到破坏，降低了供电能力。最近，马拉维电力公司（Escom）宣布，已成功对泰扎尼水电站两组发电机组进行修复，增加了 20 兆瓦的供电量。

（3）卡布奇拉（Kapichira）电站

卡布奇拉（Kapichira）电站设计为二期建设，2000 年建成一期，已安装 2 台机组，总装机容量 64 兆瓦。另外 2 台机组的土建工作已经完成，正在进行国际招标。

4. 煤炭能源利用现状

马拉维已探明煤炭储量为 2000 万吨，由于开发困难，多年来年产量徘徊在 6 万吨左右。主要煤矿可分为北部地区和南部地区，北部地区较多，有：Ngana，livingstaoia，North Rukuru，Kibwe，Lufira，Mwankenja 等煤矿；南部地区有：Lengwe 和 Mwabvi 煤矿。马拉维的煤矿均已被详细勘探，其中最大的是 North Rukuru 煤矿，远景储量约 1.65 亿吨。其次是 Ngana 煤矿，远景储量 5000 万吨。马拉维 Michenga 矿业公司是国内最大的矿产公司，所属的 Livingstonia 煤田，煤炭年产量 5 万吨，占马拉维煤炭总产量的 80% 以上。但是马拉维境内煤矿大多埋藏较深，位置偏僻，开发成本较高，故近年来产量增加缓慢。

（二）马拉维能源利用效能状况

1. 能源低效利用方式正致使马拉维环境急剧恶化

马拉维的森林和丛林面积几乎占据国土的一半，拥有丰富的木材资源。但由于马拉维最主要的能源来自木材，造成林地的严重破坏和浪费，马拉维每年消费的木材和木炭达 750 万吨（其中 80% 为居民直接消费，20% 用于农业生产需要，特别是烟叶和茶叶的加工），远超过了其 370 万吨的可再生能力。此外，由于人口的快速增长导致马拉维因开荒烧材毁林每年多达 4 万公顷，人口增长对环境压力的负面作用逐渐凸显。

近年来，马拉维政府一直都期望寻找并开发更多的能源来源渠道，以解决环境急剧恶化的问题。由于马拉维自身缺乏油气资源，而开发利用风能和太阳能目前成本仍较高，故而目前还未找到有效途径彻底改变这一局面。

2. 输变电线路发展滞后

由于发电容量不够及洪水、烧荒和人为破坏等原因，马拉维电力供应质量比较差，停电是十分经常的现象。几乎每周都要停电2次—4次，特别是在晚6点至8点用电高峰时。

马拉维输电线路全部为架空明线，基本没有地下电缆供电。金属输电塔总长815公里，高压等级为132/66千伏。木质电杆1250公里，电压等级33/11千伏。

马拉维电力公司ESCOM承认，在农村偷盗电线、变压器油及输电线路杆件等是非常普遍的现象。每年为了保护及维护供电线路要花费大量人力和巨资，而仍无法制止。

（三）马拉维未来能源发展规划

1. 拟新建部分电站

由于经济发展，马拉维供电能力不足和国内需求增长的矛盾日益突出。为了解决这个矛盾，马拉维能矿部目前正在计划建设一些新的项目。

（1）卡布奇拉（Kapichira）电站二期

该项目要求在原一期的基础上，再安装2台32兆瓦发电机组。土建工作已全部完成，总投资预计5000万美元。目前正在进行国际询价，尚未确定实施公司。

（2）Lower Fufu水电站

建于希雷河上，总装机容量90兆瓦—100兆瓦，预计投资1.2亿美元。尚未进行可行性研究和设计。

（3）Kholombidzo High水电站

建于希雷河上，总装机容量262兆瓦，预计投资3.3亿美元。尚未进行可行性研究和设计。

（4）Kholombidzo Lower水电站

建于希雷河上，总装机容量217兆瓦，预计投资3.12亿美元。尚未进行可行性研究和设计。

（5）Mpatamanga水电站

建于希雷河上，总装机容量263兆瓦，预计投资3.55亿美元。尚未进行可行性研究和设计。

2. 拟建莫桑比克至马拉维输电线路

莫桑比克的Caborra Bassa水电站装机容量2075兆瓦，是南部非洲最大的水电站。为了解决电力不足问题，马拉维政府同莫桑比克政府早在 1998 年就签订了建设输电线路的备忘录。根据协议规定，各自政府负责本国线路的建设。2003 年马拉维电力公司进行了该项目本国输电线路招标，莫桑比克的 Caborra Bassa Operating Company（HCB）赢得了工程。莫桑比克于 2008 年向世界银行申请了 4500 万美元的贷款，用于项目施工。但是由于 2009 年 5 月马拉维国内将进行新一届的总统大选，议会迟迟不能批准此项目。

据报道，该线路将沿莫桑比克的 Tete 走廊通往马拉维南部地区。由于距离不长（200 公里左右），一旦开始施工，此项目将会很快完成。马拉维的南部，特别是布兰太尔市周边是马拉维经济最为发达地区，能源短缺成为制约其经济进一步发展的瓶颈。如能得到稳定的电力供应，预计马拉维的经济发展将得到有力地推动。

参考文献资料

1. 马拉维矿产能源部和工程部相关材料。
2. 马拉维经商处网站。

第二十一章　莱 索 托

莱索托政治经济运行情况

莱索托王国（The Kingdom of Lesotho）是个面积30355平方公里的高原内陆国家，四周被南非环绕。莱索托地势崎岖，东高西低，山地占58%，平原占17%，丘陵占15%，河谷地带约占10%。东北部为海拔1800米—3000米的山地和高原，是奥兰治河和土格拉河的发源地；西南部沿边界有宽约40公里的狭长丘陵地带，全国70%人口集中在此。

（一）国家概况

1. 国家简史

莱索托王国独立前称巴苏陀兰。19世纪初，巴苏陀兰酋长莫舒舒一世统一各部族，建立了王国。为抵抗布尔人（荷裔南非人）入侵，莫舒舒一世于1843年接受了英国的"保护"。1868年，英国正式宣布巴苏陀兰为其"保护地"，取名巴苏陀兰，并于1871年并入英国在南非的开普顿殖民地。1884年英国又宣布巴苏陀兰为其"高级专员领地"。1960年，巴苏陀兰成立国民议会和行政会议。同年3月，莫舒舒二世被宣布为巴苏陀兰的最高酋长。1965年举行大选，巴苏陀兰国民党获胜，成立自治政府。1966年10月4日宣布独立，定名为莱索托王国，莫舒舒二世加冕国王，由国民党执政，乔纳森任首相。1986年1月20日，莱索托发动军事政变，由准军事部队司令莱哈尼耶少将任主席的军事委员会接管政权，授予国王立法和行政权力。1990年3月5日莱哈尼耶废除1986年授权国王的法令，3月10日国王被迫流亡英国，11月6日莫舒舒二世被废黜王位，由其长子莫哈托王子继位，称莱齐耶三世。1993年3月莱索托举行了1970年以来的首次多党大选，巴苏陀兰党以绝对优势重返政坛，资深政治家莫赫勒出任政府首脑。1993年8月17日，莱齐耶三世发动政变，宣布解散议会和政府。28天后，在周边的津巴布韦、博茨瓦纳和南非领导人施压下，国王恢复了巴苏陀兰党政府的合法地位。1994年1月25日，莫舒舒二世恢复王位，莱齐耶三世退为王位继承人。1996年1月15日，莫舒舒二世不幸车祸身亡，王储莫哈托于2月再次继位。1998年5月莱索托举行独立后第三次大选，民主大会党以绝对优势获胜继续执政，莫西西里出任首相。莱索托主要反对党不承认选举结果，从举行抗议示威和罢工演变成骚乱。9月22日，莱索托政府邀请南共体联军入境干预，局势恢复正常。2007 年 2 月，莱索托举行独立以来第五次大选，莱索托民主大会党连续获胜，莫西西里连任首相至今。

2. 行政区划与首都

全国划分为十个行政区：马塞卢、贝勒、莱里贝、布塔布泰、莫霍特隆、加查斯内克、马费腾、莫哈莱斯胡克、库廷、撒巴—泽卡。其中，马塞卢（Maseru）是莱索托的首都，人口 37 万，其中城区人口 15 万（1999 年统计数），是莱索托的政治、商业中心。交通便利，距非洲最大的工业和商业中心约翰内斯堡 455 公里，约 4 小时车程。

3. 政体与对外政策

1966 年 10 月 4 日宣布独立，定名为莱索托王国，实行君主立宪制和议会民主。国王为国家元首，首相为政府首脑。现国王莱齐耶三世（Letsie III）1996 年 2 月 7 日登基，1997 年 10 月 31 日加冕，2000 年 2 月结婚。

莱索托奉行不结盟和睦邻政策，同 70 多个国家建立外交关系，是南部非洲关税同盟（SACU）、南部非洲发展共同体（SADC）、南部非洲货币共同区和 WTO 的成员国。

莱索托与英国、爱尔兰有传统的关系，爱尔兰是其最大的援助国，美国和德国也给予其以很大援助。莱索托注意保持与南非的睦邻关系，其在南非的劳工汇款额约占其 GDP 的 40%—45%。莱索托同周边的其他非洲国家保持了较好的联系与交往。

（二）国民经济情况

1. 莱索托国家经济概况

莱索托是一个国土面积较小，人口较少，人均收入较低的国家。自然资源贫瘠，经济基础薄弱，产业结构和产品出口品种单一，主要的自然资源是水，向南非出售水资源是莱索托的重要收入来源。莱索托 83% 人口居住在农村，农业劳动力占全国劳动力总数的 70%。服装业是莱索托重要工业及主要出口行业，服装出口额占莱索托全部出口额的 70% 左右。2008 年受全球经济危机影响，莱索托服装出口占总出口比重下降到 49%。莱索托经济高度开放，进口占 GDP 90% 左右，外汇和财政收入对侨汇和 SACU 关税分成依赖性很强。

2. 国内生产总值情况

根据非洲开发银行统计资料显示，2003 年—2008 年，莱索托国内生产总值（GDP）波动较大，但总体呈增长态势，且增长速度较快，近 6 年 GDP 年均增长率达 11.3%。莱索托政府预计 2009 年 GDP 将达 159 亿麦洛蒂（Maloti）①，GDP 增长率达 13.5%。莱索托历年 GDP 增

① 莱索托是当地货币单位，2009 年 10 月 31 日 1 美元约合 7.3 麦洛蒂。

长情况见表1和图1。

表1　2003年—2007年莱索托GDP及其名义增长率　单位：百万麦洛蒂

年　度	2003	2004	2005	2006	2007	2008
GDP值	7524	8342	8758	10292	11797	13386
GDP增长率	6.5%	10.9%	5.0%	17.5%	14.6%	13.5%

资料来源：非洲开发银行2009年度统计报告。

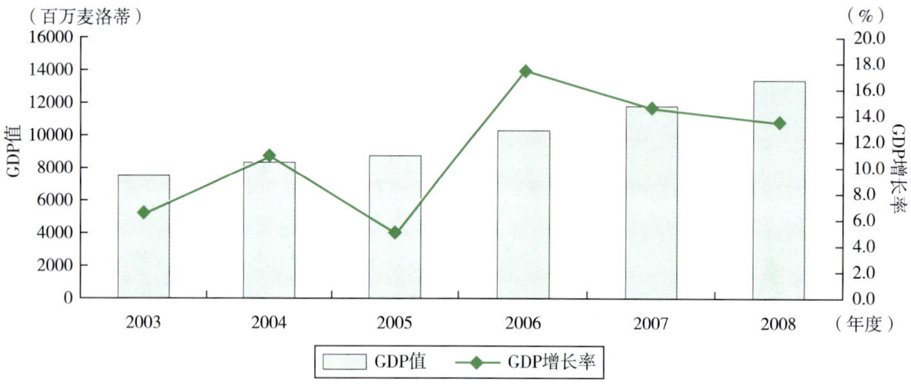

图1　2003年—2008年莱索托GDP及其增长率情况

从人均GDP来看，人均GDP约660美元（2008年GDP为16.2亿美元）。2008年联合国人类发展指数排名中，莱索托在175个国家中排第138位。

3. 财政收支状况

根据2009/10财年财政预算，2009/10财年预算总收入99.42亿麦洛蒂，占GDP的62.3%；预算总支出为116.32亿麦洛蒂，占GDP的72.9%；预计财政赤字16.9亿麦洛蒂，占GDP比重为10.6%。

预算总收入中，88.64亿麦洛蒂来自财政收入，其中税收收入80.07亿麦洛蒂，分别为关税收入53.08亿麦洛蒂，所得税收入14.63亿麦洛蒂，增值税收入10.65亿麦洛蒂，其他税收1.72亿麦洛蒂；非税收收入8.56亿麦洛蒂，分别为向南非卖水收入3.41亿麦洛蒂，其他收入5.15亿麦洛蒂。莱索托战略合作伙伴国将援助10.79亿麦洛蒂，合计财政总收入为99.42亿麦洛蒂。与预算财政总支出116.32亿麦洛蒂相抵，预计财政赤字16.9亿麦洛蒂。财政赤字中有3.83亿麦洛蒂将由多边组织提供的优惠贷款补足。

财政总支出中，82.37亿麦洛蒂为经常性开支，其中公务员薪水支出26.72亿麦洛蒂，商品和服务支出28.78亿麦洛蒂，转移支付和补贴25.34亿麦洛蒂，利息支出1.54亿麦洛蒂（外债利息0.67亿麦洛蒂，内债利息0.87亿麦洛蒂）；34.15亿麦洛蒂为资本性支出，其中政府资金支出19.53亿麦洛蒂，援助项目支出10.79亿麦洛蒂，优惠贷款项目支出3.83亿麦洛蒂。

2003/04—2008/09财年莱索托财政收入和财政支出状况见表2和表3。

表 2 莱索托历年财政收入状况 单位：百万麦洛蒂

财　年	2003/04	2004/05	2005/06	2006/07	2007/08	2008/09	2009/10（预算）
财政收入	3439	4326	4490	6462	6976	8147	8864
财政收入占 GDP	41.70%	48.40%	47.70%	64.50%	59.20%	58%	55.6
税收收入	2886	3376	4000	5805	6287	7568	8007
关税收入	1422	2012	2306	3946	4098	4901	5308
关税收入/财政收入	41.35%	46.51%	51.36%	61.06%	58.74%	60.16%	59.88%
所得税	853	729	925	972	1179	1491	1463
其他税	613	635	770	888	1010	1176	1236
非税收收入	552	480	490	657	689	579	856
卖水收入	193	195	236	262	301	327	341
其他收入	359	285	254	396	388	251	515

表 3 莱索托历年财政支出情况 单位：百万麦洛蒂

财　年	2003/04	2004/05	2005/06	2006/07	2007/08	2008/09	2009/10（预算）
经常性开支	2929	3098	3476	4204	4965	6193	8237
公务员薪水支出	1123	1177	1276	1378	1606	1894	2672
商品和服务支出	958	986	1104	1298	1643	1888	2878
转移支付和补贴	631	779	976	1222	1431	2278	2534
利息支出	216	156	121	306	285	133	154
外债利息	91	91	75	265	236	70	67
内债利息	125	65	46	41	49	63	87
资本性支出	625	665	741	918	1701	1514	3415
财政总支出	3555	3762	4217	5116	6660	7697	11632
财政总支出占 GDP(%)	43.10	42.10	44.90	51.10	56.60	54.8	72.9

2001 年以前，关税收入约占莱索托财政收入的 60% 以上，但自 2001 年南部非洲关税同盟改变分成办法后，莱索托关税收入分成逐年下降，直到 2006/07 财年关税收入才开始出现了大幅的增长，这主要是得益于莱索托从 SACU 中的税收分成的增加。因此，SACU 的税收分成收入对莱索托的财政收入具有非常重要的影响。但是，莱索托在 SACU 中的税收分成收入已经达到顶峰，今后将很难有大的突破，这将对莱索托未来经济发展产生较大影响。

从表 3 来看，莱索托财政支出占 GDP 的比重总体上逐渐增大，尤其 2009/10 财年财政总支出高达 116.3 亿麦洛蒂，占 GDP 的比重甚至达到了 72.9%。根据莱索托 2009/10 年度财政预算报告，全球金融危机对其经济的影响很大，针对其当前面临的严峻经济形势，政府提出了 10 项刺激经济发展措施：

① 实施政府范围的协调和机构改革计划，清除开展经济活动的障碍，进一步创建有竞争力的投资环境。

② 采取财政措施，支持纺织服装业和进出口企业。鼓励已存在的企业再投资，更新生产工艺和设备，开发新的出口产品，开拓新的市场。

③ 投资改善工业区的道路、给排水、工厂厂房以及通讯设施。提高国家发展公司技术管

理能力。为中小以及微型企业开展技术培训等方面提供财政支持，鼓励商业银行在支持中小以及微型企业方面发挥更大作用。

④ 扩大修建城市和农村道路投资，完成几个城市之间主干线道路和桥梁建设。

⑤ 制定投资、政府与私人企业建立合作伙伴关系等相关的法律框架文件。

⑥ 研究制定国家住房建设和土地管理政策，刺激开发房地产市场。

⑦ 加强银行监督管理系统，严格控制非银行系统进行储蓄集资活动，建立国家信用管理机构，实行黑名单制度。

⑧ 加强与南非合作伙伴关系，进一步共同投资和开发高原水利工程项目。

⑨ 准备利用3年到5年时间改善司法系统，保障经济发展。

⑩ 加强再生资源利用，加强公共服务投资。

为实施刺激经济发展措施，莱索托政府制定了一个扩大财政支出的赤字预算方案。根据莱索托政府提出的刺激经济发展措施，2009/10财年财政预算支出分配1.12亿麦洛蒂用于刺激就业项目，在已分配8.73亿麦洛蒂用于建设和维修城市和农村道路项目基础上将增加分配2.15亿麦洛蒂专用于农村道路桥梁建设项目，增加分配6.39亿麦洛蒂专用于城市之间主干道路建设项目，分配0.59亿麦洛蒂用于马塞卢工业基础设施服务建设项目，分配3.18亿麦洛蒂用于供水和卫生基础设施建设项目，分配给农业和食品安全部2.26亿麦洛蒂专用于农业项目。

4. 外汇储备、外债和汇率

（1）外汇储备状况

莱索托总体官方储备近年来增长较快。2005/06、2006/07、2007/08、2008/09四个财年外汇储备分别达到5.19亿美元、6.58亿美元、7亿美元和7.98亿美元。莱索托目前的外汇储备能覆盖约6个月的商品和服务进口，100%的短期债务和到期长期债务。外汇储备余额能够覆盖目前外债余额。

从以上莱索托外汇储备的绝对值和比较分析，莱索托外债偿还能力较强。

（2）外债情况

莱索托的外债规模保持了持续下降趋势并达到比较稳定的水平。由于汇率升值、减少新外债举借以及2005年政府用SACU税收分成提前偿还了非优惠贷款等原因，莱索托的名义外债余额从2002/03财年的占GDP的82%逐年降低至2005/06财年末的占GDP的47%，外债余额减少至6.94亿美元。2005/06、2006/07、2007/08、2008/09财年（预计）外债余额分别为6.52亿美元、6.26亿美元、6.87亿美元和7.12亿美元。目前，莱索托的债务水平相对稳定，已经降低至中度风险水平。

莱索托的外债余额中，以多边债务为主，2006年年末多边债务余额占全部外债余额达到85%。而多边债务中，尤以国际开发协会（IDA）所占比例最多，2006年IDA占多边债务余额75%。莱索托负债情况见表4。

表4 莱索托负债情况表 单位：百万麦洛蒂

财年		2004/05	2005/06	2006/07（预计）	2007/08（预计）	2008/09（预计）
双边债务	债务余额	468.5	422.0	262.9	259.3	254.6
	本期还本	93.0	57.5	104.4	24.8	25.8
	利息偿还	11.1	2.0	7.1	5.8	4.8
	合计偿还	104.1	59.5	111.5	30.6	30.6
债权人主要为巴黎国民银行、法国 Natexis 银行南非分行、科威特阿拉伯经济发展基金、中国政府和南非政府五家。						
多边债务	债务余额	3489.1	3581.6	3646.7	3741.2	3783.5
	本期还本	99.6	32.7	117.6	132.6	140.1
	利息偿还	32.0	10.9	30.1	30.7	31.3
	合计偿还	132.2	43.8	150.3	165.1	172.4
债权人主要为非洲开发银行、非洲发展基金、阿拉伯非洲经济发展银行、英联邦发展公司、欧洲投资银行、国际开发协会、国际农业发展基金、国际货币基金、尼日利亚信托基金、欧佩克国际发展基金						
商业银行	债务余额	316.4	306.7	111.4	94.1	86.3
	本期还本	24.0	9.5	25.0	17.3	7.8
	利息偿还	42.9	5.6	15.0	13.0	12.0
	合计偿还	66.9	15.2	40.0	30.3	19.7
出口信贷	债务余额	78.5	69.1	26.4	14.5	3.8
	本期还本	28.8	10.3	26.2	11.9	10.7
	利息偿还	5.9	1.4	2.6	1.4	0.7
	合计偿还	34.8	11.7	28.8	13.3	11.4
债务合计	债务余额	4352.5	4379.5	4047.4	4109.1	4128.3
	本期还本	245.4	110.0	273.2	186.6	184.4
	利息偿还	91.9	19.9	54.8	50.9	48.8
	合计偿还	337.9	130.1	330.7	239.3	234.2

（3）外债政策

莱索托1967年出台的《借款和担保法案》（1967年第15号法案）及1975年14号修正案和22号修正案、1976年1号修正案和14号法案（《政府债务政策》）授予莱索托财政部代表政府就举借外债的贷款条款进行对外谈判和协议签署的权利，任何法律实体未经财政部授权不允许举借外债。《借款和担保法案》对内外债总额也规定了上限，规定外债余额任何时候不允许超过近三个财政年度财政收入总和。

（4）汇率情况

由于莱索托货币麦洛蒂实行与南非货币兰特固定联系体制且等值原则，而2008年下半年兰特对美元大幅度贬值，带动麦洛蒂对美元同幅度贬值。2009年1月—10月，随着南非兰特对美元逐步走强，麦洛蒂对美元也相应升值，截至2009年10月27日1美元合7.62麦洛蒂。

5. 对外贸易及政策

（1）对外贸易概况

莱索托十分重视出口加工业的发展，鼓励私人和外商投资。为此，莱索托政府设立了贸易出口发展基金，为出口商提供优惠信贷。近十年来，莱索托出口加工业的迅速崛起带动了其对外贸易的快速发展。1990年莱索托进出口贸易总额仅19.35亿麦洛蒂，到2000年达到65.19亿麦洛蒂，其中出口贸易总额为14.68亿麦洛蒂，比上年增长39.3%，进口为50.51亿麦洛蒂，比上年增长6.1%，贸易逆差35.82亿麦洛蒂。近年来，莱索托进出口贸易额逐年增长，2003年进出口总额为110.32亿麦洛蒂，到2007年达到175.55亿麦洛蒂，年均增长9%。同时，贸易赤字也逐年递增，2007年达到了58.27亿麦洛蒂。莱索托近年的外贸情况见表5。

表5　　2003年—2007年莱索托进出口贸易情况表　　单位：百万麦洛蒂

项　　目	2003年	2004年	2005年	2006年	2007年
出　口　额	3557.4	4533.4	4138.0	4736.7	5863.9
进　口　额	-7474.5	-8360.3	-8313.7	-9255.8	-11691.2
贸易差额	-3917.1	-3826.9	-4175.7	-4519.2	-5827.3
进出口总额	11031.9	12893.7	12451.7	13992.5	17555.1

资料来源：莱索托央行2007年报。

（2）出口贸易结构

近年来，莱索托政府采取了一系列鼓励私人投资、引进外资及鼓励发展出口型工业的政策，加上美国2000年颁布《非洲增长和机会法案》（AGOA），莱索托被列入受益国行列，其出口加工业得到较快发展，出口贸易结构亦有了重大的变化，工业产品在莱索托出口中开始占主导地位。

以2008年出口情况为例，2008年总计出口产品71.84亿麦洛蒂，其中：

① 食品与牲畜出口315.66百万麦洛蒂。

② 饮料出口162.52百万麦洛蒂。

③ 原材料出口1766.89百万麦洛蒂。

④ 工业制成品出口171.04百万麦洛蒂。

⑤ 交通及机械产品出口1014.2百万麦洛蒂。

⑥ 服装及其他纺织产品出口3697.76百万麦洛蒂。

⑦ 未分类商品出口47.65百万麦洛蒂。

工业制成品、交通及机械产品和服务制品等产品出口额合计为48.83亿麦洛蒂，占总出口额的67.97%。

（3）进出口市场及其分布

莱索托的市场是开放型的，其与南非、纳米比亚、博茨瓦纳和斯威士兰五国为南部非洲关税同盟国，五国的国内产品可免税自由流动。由于莱索托工业基础薄弱，制造、加工能力有限，工业品和日用消费品绝大多数依赖进口。相对其贫困来说，莱索托的市场各种商品供应充足；消费品档次为中下，同类更高档的消费品可以到临近的南非城市采购。

据莱索托中央银行公布的数据显示，2008年莱索托出口总额为71.84亿麦洛蒂。按照商品出口目的地统计具体为：

① 对非洲出口2861.11百万麦洛蒂，占其总出口额45.9%，其中对南部非洲关税同盟国出口2738.93百万麦洛蒂，对南部非洲发展共同体国家出口21.57百万麦洛蒂，对其他非洲

国家出口 100.61 百万麦洛蒂。

② 对美国出口 2536.68 百万麦洛蒂，占莱索托总出口额 37.1%。

③ 对欧盟出口 1742.49 百万麦洛蒂，占莱索托总出口额 16.2%。

④ 对亚洲出口 39.33 百万麦洛蒂，占莱索托总出口额 0.8%。

（4）劳务输出情况

莱索托约有 17% 的劳动力在南非打工，主要从事金矿和煤矿的开采。近年来，尤其是受全球金融危机影响，莱索托在南非的就业人员大幅下降。

（5）对外贸易管理

莱索托属南非关税同盟区，有关贸易管理措施与南非基本相同。莱索托实行自由贸易制度，对一般商品进口没有许可证管理，但对一些特殊商品实行许可证管理。这些商品包括鲜活海鲜、酒类、石油及部分石化产品、放射性矿产品、废旧产品、对环境有害的产品、赌博器材以及武器等。企业经营贸易需领取经营许可证，经营彩票、赌博和酒类等商品和行业的企业，需要领取特许经营许可证。

6. 通货膨胀

莱索托工业制造和加工能力很低，绝大多数工业品和日用消费品依靠进口，对外依赖很大。受 2008 年全球能源和粮食价格高涨因素的影响，以及莱索托长期干旱造成的食品短缺所导致的食品和饮料价格的上涨，还有南非储备银行 2008 年政策进一步调整对其共同金融区域（CMA）其他国家造成的影响，莱索托国内各种产品价格上涨幅度较大，通货膨胀率从 2007 年的 8% 上升到 10%，通胀情况严重。

7. 就业状况

莱索托劳动力过剩，有相当部分的男壮劳力在南非从事矿业开采。多年来，莱索托就业压力一直很大，失业率很高。2008 年失业率仍然高居不下，维持在 40%—45%，给政府、社会和家庭造成很大压力和困扰。

（三）基础设施情况

1. 铁路

莱索托是内陆国家，交通运输主要依靠陆路，仅有铁路 2.6 公里，连接首都马塞卢与南非边境。

2. 公路

莱索托公路总长 5300 公里，其中柏油路 1200 公里，砂石路 2010 公里，土路 2090 公里。莱索托客、货运输公司提供全国客、货运输服务，一些私营公共汽车也提供客运服务。

3. 航空

莱索托全国主要机场有2个，首都莫舒舒国际机场可起降中型民用客机，1986年莱索托启用了国际航线，每天有航班通往南非。全国有小机场31个，以国内运输为主，从首都有航线通往各地。

4. 邮电通讯

莱索托电信公司实行私有化，逐渐改造电信基础设施，利用被南非环绕的优势，通信和互联网设施比较便利。目前，莱索托电信市场上共有电信运营商2家，分别是ECONET莱索托电信公司和VODACOM公司。其中，ECONET莱索托电信公司同时经营固网和移动网络，总用户数13万，固网用户6万、移动用户7万；VODACOM公司拥有用户13万。莱索托全国电信普及率仅为38%。

5. 水利

莱索托水利资源丰富，但水利设施较落后。由于莱索托工业区发展较快，自来水供应及污水处理工作已难以胜任需要。目前政府正在准备筹资兴建新的水库，改造水供应和水处理设施。

6. 电力

莱索托电力供应也在不断改造，以适应日益增长的工业用电和民间用电需要，但电力供应不足还是工业发展的主要障碍。此外，1998年1月，莱索托建成了规模巨大的水力发电站，如今莱索托每年通过向南非卖水获得了大量收入。

（定稿于2009年11月12日）

参考文献资料

1. 维基百科网（WIKIPEDIA）：www. en. wikipedia. org。
2. 莱索托政府网：www. lesotho. gov. ls。
3. 美国中央情报局网（CIA）：www. cia. gov。
4. 莱索托统计局网：www. bos. gov. ls。
5. 莱索托财政部网：www. finance. gov. ls。
6. 中国驻莱索托使馆经商处：ls. mofcom. gov. cn。

第二十二章 厄立特里亚

厄立特里亚政治经济状况

厄立特里亚是世界上最不发达的国家之一。长达30多年的独立战争以及1998年爆发的厄埃（厄立特里亚同埃塞俄比亚，下同）边境战争使厄立特里亚经济遭受重创。近年来虽战火停息，但厄埃边境局势依然紧张，使厄立特里亚政府难以集中精力搞经济建设，加之受本次全球金融危机和经济危机的影响，且国内干旱严重，导致外汇严重短缺，粮食安全问题突出，因而厄立特里亚宏观经济形势一直不佳，经济发展缓慢。

（一）厄立特里亚政治情况

1. 厄立特里亚国家简介

厄立特里亚位于非洲之角，扼守红海咽喉，国土面积11.7万平方公里，19世纪80年代沦为意大利殖民地，第二次世界大战期间，又被英国占领。1950年12月，联合国通过390号决议，决定厄立特里亚为一个自治区域同埃塞俄比亚组成联邦，允许厄立特里亚有自己的宪法、议会和独立的政府。1962年，埃塞俄比亚通过了厄立特里亚与埃塞俄比亚合并的决议，迫使厄立特里亚成为埃塞俄比亚的一个省。但此举遭致厄立特里亚人民的强烈反对，在厄立特里亚人民民主正义阵线（以下简称“厄人阵”）的领导下与埃塞俄比亚进行了长期的斗争，1991年，厄人阵基本控制了厄立特里亚全境，并出兵帮助埃塞俄比亚提格雷人民解放阵线（以下简称“提人阵”）于当年推翻了埃塞俄比亚独裁统治者门格斯图，使得以提人阵为主体的政治联盟埃塞俄比亚人民革命民主阵线（以下简称“埃革阵”）控制了埃塞俄比亚政权。由于厄人阵在推翻埃塞俄比亚门格斯图独裁战争中有功，厄埃关系进入蜜月期，埃塞俄比亚同意厄立特里亚两年后在国际监督下举行公民投票决定厄立特里亚的政治前途，如公投通过即可独立。1993年4月23日至25日厄立特里亚举行独立投票，在99.8%的投票支持独立的背景下，厄立特里亚正式独立。

2. 国内政治状况

厄立特里亚在1993年赢得独立后，领导厄立特里亚人民进行长期武装斗争的厄人阵成为国家的执政党，也是目前厄立特里亚唯一的合法政党，现有党员60万人，中央办事机构为中央执行委员会，有19名成员，为国家的主要领导人，总书记伊萨亚斯·阿费沃尔基1993年任国家总统并连任至今。国内政治是高压下的稳定，境内无反对派和反对党，在邻国苏丹、埃塞俄比亚有少量反政府派别和武装，主要包括厄立特里亚解放运动和伊斯兰救国运动等，但对国家政治稳定不构成大的威胁。据中国驻厄立特里亚大使估计，在今后5年之内，厄立特里亚政坛变动的可能性较小，高压下的稳定伴随着领导人不开放、老旧的统治思想仍将继续维持。

3. 对外政治关系

与埃塞俄比亚之间的地缘政治关系是厄立特里亚目前面对的最大政治难题。厄立特里亚和埃塞俄比亚边界长达1000多公里，1991年厄人阵控制厄立特里亚全境到1993年公投后独立，再到1998年这段时期，是厄立特里亚与埃塞俄比亚关系的蜜月期，也是厄立特里亚经济发展的黄金时期。但1998年5月双方因为边界小村庄巴德梅而爆发的战争使厄埃关系恶化，之后双方边界冲突不断。由于美国在非洲执行“抓大放小”的政策，在厄埃冲突中一直对埃塞俄比亚比较偏袒，并在背后对埃塞俄比亚进行支持，埃塞俄比亚也凭着国力、人口以及经济等方面的巨大优势，在边界冲突中态度强硬。2005年，设在海牙的埃厄划界委员会所确定的埃厄边境，未得到埃塞俄比亚的承认，而联合国为双方确定的缓冲地带约24公里，均在厄立特里亚境内，其面积达到了约2.4万平方公里，约占厄立特里亚国土面积的1/5，而该缓冲区又正好是厄立特里亚土地最肥沃的地区，因而严重影响了厄立特里亚农业、畜牧业甚至国家经济的发展。冲突也使得厄埃双方在边界地区集结重兵，造成厄立特里亚国内经济建设中劳动力严重缺乏。厄立特里亚政府认为在双边冲突中，以美国为首的联合国过分偏袒埃塞俄比亚，因此在2005年，驱逐了缓冲区的维和部队以及大量在厄立特里亚工作的联合国人员，造成其在国际社会上更加孤立。

2008年，厄立特里亚又因为杜梅伊拉角和杜梅伊拉岛问题，与邻国吉布提发生了边界冲突，造成数十人死亡，目前双方仍有军事对峙。

在与中国关系上，厄立特里亚与中国政治关系良好，1993年，我国政府派遣特使出席了厄立特里亚开国庆典，并于当年与厄立特里亚签署联合公报，宣布两国建立大使级外交关系。从厄立特里亚政府官员口中了解，中国和卡塔尔是该国为数不多的几个可信赖的朋友。

（二）厄立特里亚国民经济状况

厄立特里亚总人口485万，是世界上最不发达的国家之一。在国内高压并保守的政治环境下，厄立特里亚采用的是公有制经济制度，社会经济以手工农业和一部分国营企业为主，分配上实行平均分配，采取严格的外汇管制，类似于中国改革开放之初的经济模式。1998年爆发的厄埃边境战争使厄立特里亚经济遭受重创，一方面战争使厄立特里亚失去了埃塞俄比亚这一个主要市场；另一方面，厄立特里亚军队数量居高不下，一直保持在30万左右，几乎占到了全国人口的1/10，青壮年几乎全部进入部队服役，导致经济部门的青壮年人口严重不足。加之近年来受国际市场油价波动和干旱造成的粮食歉收的影响，使得厄立特里亚外汇严重短缺，粮食安全问题突出，宏观经济形势一直不佳，经济发展缓慢。

在其一党专政的政治体制下，执政党厄人阵第三把手党中央经济部长——拉各斯成为了国家经济的实际掌舵人，厄立特里亚国家财政部和社会经济发展部的主要职能是执行和贯彻党中央的经济政策，并对国家大型工程项目进行管理，但无最终决策权。国家的主要进出口贸易则由厄立特里亚唯一合法的进出口公司——国营红海公司进行管理和实际操作。

预计在其高压但稳定的政治环境下，最近几年厄立特里亚经济整体环境不会出现大的变化。

1. 经济总体运行情况

根据IMF统计的2004年—2008年厄立特里亚名义GDP和实际GDP增长率以及通货膨胀率见表1。

表1　　2004年—2008年厄立特里亚主要经济数据表

年　度	2004	2005	2006	2007	2008
名义GDP(亿美元)	10.7	11	10.9	12	12.1
实际GDP增长率(%)	1.5	2.6	-1	1.3	1.2
通货膨胀率(%)	25.1	12.5	15.1	9.3	11

从表1能看出，厄立特里亚国民生产总值增长较为缓慢，近几年来，其人均GDP水平不足撒哈拉以南非洲国家平均水平的一半。特别是2005年，由于厄立特里亚政府驱逐缓冲区的维和部队以及大量在厄立特里亚工作的联合国人员（原因见前述厄立特里亚对外政治状况一节），导致这部分外国人员在当地的消费骤降。根据中国驻厄立特里亚大使馆预测，这部分年收益将减少1亿美元—2亿美元，因此2006年名义GDP和实际GDP都出现了下滑。由于实际GDP增长率低于人口增长率，且国内通货膨胀率长期处于两位数水平，人均实际收入呈现不断下降趋势，人民生活未得到改善。长期的战争使得厄立特里亚外汇不足、贸易活动较低，同时，从事经济活动的适龄人口不足，使得厄立特里亚国内物价急剧上涨。除了政府控制的汽油、米、面等少数基本商品外，大部分商品，特别是进口商品和进口建筑材料，年价格上涨幅度均为两位数。

特别是关系国民生计的粮食生产，由于2007年10月到2008年6月的降雨量低于常年，使正常应于6月份开始的耕作季节由于雨水减少被迫推迟。2008年大雨季（7月—9月）降雨量减少尤为严重，估计将会造成粮食减产20万吨，相当于2007年收成的一半。联合国中心紧急应对基金（CERF）2008年已经拨款200万美元通过粮农组织给厄立特里亚提供了2.6万份种子、肥料和工具。同时，由于干旱导致的饲草缺乏，厄立特里亚的畜牧业也遭受了严重打击。2008 年厄立特里亚名义上能满足国内 60% 人口的粮食供给。

2. 外汇储备和外债情况

厄立特里亚政府鼓励出口。主要贸易伙伴有意大利、苏丹、沙特、阿联酋、中国等，出口产品主要是原材料和初级产品，如油菜籽、食盐、牲畜、皮革等。厄立特里亚工业基础薄弱，使得国内工业品、农业产成品主要依靠进口，主要进口商品包括：机械运输设备、各种工业制成品、食品饮料、石油、化工产品等。

2004 年—2008 年期间，厄立特里亚进出口贸易、国际收支、外汇储备的情况见表 2。

表 2　　2004 年—2008 年厄立特里亚外汇收支及外汇储备情况表

年　度	2004	2005	2006	2007	2008
出口额（亿美元）	0.62	0.68	0.75	0.82	0.83
进口额（亿美元）	6.40	6.04	4.19	4.32	3.97
经常账户收支（亿美元）	-0.07	0.03	-0.36	-0.56	-0.62
外汇储备（万美元）	3900	3000	3100	2200	2000

从表中可以看到，厄立特里亚经济中进口金额所占的比率较大，远远高于其出口，但由于有大量的侨汇资金和部分援助资金弥补，基本维持了其国际收支不至于大幅度失衡。据统计，目前厄立特里亚移居海外的侨民超过 100 万左右，根据厄立特里亚经济发展部官员提供的 2006 年数据，每年侨汇收入约占国民生产总值的 1/3。外汇储备方面，2008 年年末仅为 2000 万美元，约能支持该国 3 个月的进口用汇。

外债方面，由于厄立特里亚国家成立时间较短，且由于种种原因与西方大国的关系相对较差，因此获得的国外贷款较少，最近几年变化也不大。据 IMF 提供的数据，2004 年—2008 年各年外债数据见表 3。

表 3　　2004 年—2008 年厄立特里亚债务数据表　　单位：亿美元

年　度	2004	2005	2006	2007	2008
外债余额	7.18	6.2	6.0	7.75	7.16

厄立特里亚 2007 年、2008 年外债负债率分别为 64.6%、59.2%，均高于国际标准危险线，债务率分别约为 130.5% 和 127.0%，也大大高于国际标准危险线。

根据我国驻厄立特里亚大使馆经商处介绍，目前厄立特里亚外债偿还基本正常，但今年也首次出现了拖欠世界银行贷款 200 万美元的情况，逾期 10 天后才偿还，据厄立特里亚财政部解释，原因是内部还款审批流程耽误所致。

外汇汇率方面，本币纳克法币值一直呈下降趋势，从 1996 年 1 美元兑换 6.3577 纳克法贬值到 2008 年的 15.3750 纳克法。表 4 显示了 2004 年—2008 年美元兑纳克法的各年末汇率：

表 4　　2004 年—2008 年厄立特里亚汇率表（1 美元兑换纳克法）

年　度	2004	2005	2006	2007	2008
汇　率	13. 7875	15. 3679	15. 3750	15. 3750	15. 3750

2005 年后，厄立特里亚官方采取了严格的外汇管制，根据官方公布的外汇牌价，纳克法币值稳定，但官方牌价已严重偏离其实际价值，从 2005 年外汇管制开始，外汇黑市就已经出现，据调研了解，到 2009 年年初已经贬值到 1 美元兑 29 纳克法。

3. 财政收支状况

财政收支方面，根据 IMF 提供的部分数据、比率推算，大致数据见表 5。

表 5　　2004 年—2008 年厄立特里亚财政收支状况表　　单位：亿美元

年　度	2004	2005	2006	2007	2008
财政收入	2. 94	3. 25	3. 08	3. 41	3. 29
财政支出	6. 92	7. 04	5. 97	6. 70	6. 30
财政赤字(包括援款收入)	2. 09	1. 95	1. 85	2. 17	2. 23
财政赤字(不含援款收入)	3. 98	3. 79	2. 89	3. 29	3. 01

从表 5 中可以看出，近几年来，厄立特里亚政府财政收入和支出均增长不大，比较稳定，但财政赤字问题也一直无法解决。援助款项可以解决一部分财政赤字问题，但问题仍然显得比较严重，如 2008 年，财政赤字（包括援款收入）占到了名义 GDP 的 18. 4%，且没有发生变化的趋势。

同时，我们也看到，援款收入在上述统计的几年内呈现下降趋势，图 1 显示了 2004 年—2008 年厄立特里亚政府收到的援款金额。

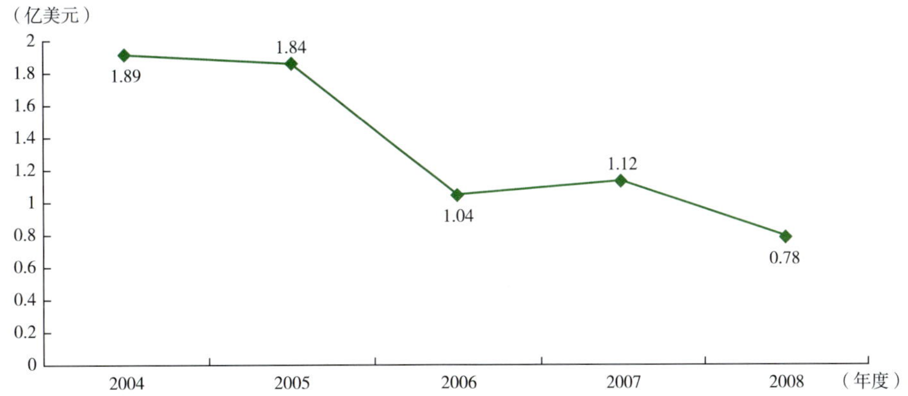

图 1　厄立特里亚 2004 年—2008 年援款收入图

厄立特里亚的主要援助国是美国、意大利及一些北欧国家，预计随着全球金融危机的扩散，并已经开始对全球实体经济带来了较深的影响，这些援助国均忙于自救，对外官方援助额将面临大幅度削减，2008 年厄立特里亚政府实际收到的援款金额应低于上述金额，2009 年随着金融危机的加剧，厄立特里亚收到的政府援款可能还会大幅度下降。

4. 其他经济数据

由于厄立特里亚自1998年起一直未对外公布经济数据，因此其他很多经济数据无法获得。在调研过程中，根据社会经济发展部副部长口头提供的数据，截至2008年年末，厄立特里亚失业率维持在10%，存款利率为6%，贷款利率为8%—12%。

（三）厄立特里亚自然资源状况

厄立特里亚经历了30年的独立战争以及1998年爆发的厄埃战争，使国内工业基本被战争摧毁，工业产品不得不依靠进口。目前，厄立特里亚适合开发并有一定投资价值的自然资源主要包括矿产资源和渔业资源，现就这两种自然资源情况做一个简单的介绍。

1. 矿产资源简介及开发情况

厄立特里亚主要矿产有铜、铁、金、镍、锰、煤、重晶石、长石、高岭土、钾碱、岩盐、石膏、石棉、大理石。根据地质调查数据显示，厄立特里亚黄金和普通金属储量丰富。铁-锰矿、工业和建筑业用矿藏（如花岗岩、大理石和石灰石）等储量极为丰富。厄立特里亚大理石材质优异，出口潜力巨大。通过地质勘探，专家认为厄立特里亚红海附近可能也有石油和天然气。

受厄立特里亚矿业法及能源和矿产部的鼓舞，几家外国企业已取得了不同地区的勘探权。厄立特里亚热切欢迎中国企业参与矿业部门的发展。目前在开发中的项目主要包括：

（1）白沙（Bisha）金矿项目

白沙（Bisha）金矿项目位于厄立特里亚首都阿斯马拉以西150公里处，矿区总面积为224平方公里（14公里×16公里），是一个世界级的大型贵金属和有色金属矿藏。根据厄立特里亚能矿部提供的《2007厄立特里亚矿产展望》中介绍，白沙金矿属火山块状硫化物矿床，探明储量中含黄金108万盎司、蕴藏在地表及地表浅层的铜金属100万磅、锌金属196万磅。此外，该矿床推测储量含铜金属和锌金属量分别为2.35亿磅和13.8亿磅。

白沙金矿项目由厄立特里亚国家矿业公司和加拿大Nevsun公司共同投资建设，双方组成联营体—白沙矿业股份公司，其中厄立特里亚国家矿业公司占股40%，加拿大Nevsun公司占股60%。中国进出口银行已于2008年1月23日与厄立特里亚财政部签署贷款协议，协议金额8000万美元，期限6年，用于支持该项目的发展。该矿产项目属厄立特里亚建国以来第一个开采的矿业项目。

项目建设方面，南非Senet Engineering公司为该项目的EPC总承包商，并由其负责完成该项目的前期设计工作。该项目以开采金矿为主，根据前期试验，矿品质量为1吨矿出8克金。项目第一期原计划在2009年3月完工并开始出矿，但到目前还在建设中。

据厄立特里亚方面介绍，中方企业——中国地质矿业总公司（以下简称CGM）就收购加拿大 Nevsun 公司在该项目上的60%股份事宜一直在参与谈判，但在转让价格以及该矿的储量等方面存在争议，且缺少融资方支持，因此收购事项尚在谈判中。

（2）其他金矿、铜矿项目

中国地质矿业总公司 CGM 与厄立特里亚国家矿业公司组建了一个合资公司，目前已圈定的矿业权面积达1000平方公里。该矿区经初步调查有四个矿化蚀变带，其中三个为金矿矿化带，一个为铜多金属矿化带。CGM 已确定了具体实施方案，包括：野外补充勘查工作，可行性研究报告，项目立项和审批工作以及矿山建设等。目前国家开发银行正在跟踪该项目。

2. 渔业资源情况

厄立特里亚濒临红海，海岸线长达1200公里，共有12.1万平方公里的海洋专有经济区，其中包括5.2万平方公里的大陆架，350个中小岛屿。主要海港有马萨瓦、阿萨布等。厄立特里亚红海领海是一片富饶的、未被污染的、美丽的海域，蕴藏着发展经济的主要资源，是世界上重要的反映生物多样性的宝库之一。红海所具有的如水温高、盐度高、相对其他海域的封闭性等特征造就了这一地区的生物多样性和地域独特性，给投资者在捕鱼和旅游领域提供了众多机遇。

（1）渔业资源状况

由于红海饵料丰富，海洋物种繁多，已知约有1000种鱼类和220种珊瑚，一些稀有海洋物种在该海域占据了较高的比例，主要包括：

① 高价值的珊瑚鱼群。在珊瑚礁和石质海底地区最优质的鱼种是笛鲷和石斑鱼。产量约为每年5000吨。种类有红色笛鲷、血笛鲷、岩鳕鱼和石斑鱼。

② 软体底层鱼。在厄立特里亚海域可用拖网捕捞底层鱼的海洋面积约为5700平方公里，底层鱼潜在捕捞量为每年1000吨到1.8万吨。一艘240马力的尾拖捕捞渔船每天的捕捞量为2.2吨—3.3吨。

③ 小表层鱼。沙丁鱼和凤尾鱼的资源量约为每年5万吨。过去捕捞主要依靠海岸大围网，只有在少数地点才能捕捉到靠近海岸的鱼群。鱼群在9月下旬或10月上旬出现，捕鱼季节到次年的3月—4月结束。每年渔季马萨瓦的渔船都前往鱼群集中的阿萨布海域。

④ 大表层鱼。鲭科鱼群、印度洋马鲛鱼群在全年多数时间都出没于厄立特里亚海域，但尚未进行工业捕捞。金枪鱼只是在10月至下一年5月才追随沙丁鱼和凤尾鱼群到岸边巡游，并在3月至6月离开近海。据保守估计，厄立特里亚海域内的金枪鱼、马鲛鱼年产量可达到5000吨。

⑤ 甲壳类海产品，包括龙虾、螃蟹和大虾。厄立特里亚海域大虾的主要产地是祖拉湾（Zula Bay）、赫蓟格海湾（Hergigo Bay）和廓尔谷松渔场（Gurgusum Ground）。主要的捕虾季节在冷季，而6月至9月的热季难见虾群。据调查，虾群主要集中在几个特定区域，估计每年的捕捞量约500吨。据推测，具有商业捕捞数量的大螯虾主要集中在笛福内岛（Difnei Island）、哈维岛（Harwil Island）和拉斯卡萨湾（Ras Kasar）、拉黑塔湾（Raheita）、巴拉索湾（Barasole）和阿萨布湾。据估计，如使用龙虾笼，年捕获量可达140吨。在40米—60米

的水深处，可以长期保持的最大龙虾捕捞量在500吨以上。

（2）生产现状

1993年，12家外籍公司获得了在厄立特里亚海域捕鱼的许可证，捕捞中小型的软体底层鱼。1995年开始，外籍船舶减少，目前在厄立特里亚作业的外籍船舶主要来自埃及。按厄立特里亚法律规定，外籍公司必须同厄立特里亚本地的企业合资合作，才能获得捕鱼许可。渔产品全部由厄立特里亚国家渔业公司（NFC）垄断出口（授权船只可直接出口）。2006年厄立特里亚共捕捞海产品1.1万吨，同比增长49.4%，其中90%出口到国外，给政府带来了340万美元和230万纳克法的收入。其中传统手工捕鱼697吨，出口干品白/黑海参180吨（2005年为199吨）；工业捕虾546吨，海蜇132吨，螃蟹17吨，石斑鱼1083吨，梭鱼、金枪鱼1056吨，歧须鮠鱼和线鳍鱼4763吨，沙丁鱼368吨，其他1785吨。在厄立特里亚注册的本国和埃及工业化拖船为75艘（2005年70艘，下同），小渔船为506艘（435）；注册的本国渔民为985（1100）人，外国水手为2135（1965）人。

参考文献资料

1. IMF 2008年世界经济金融回顾（World Economic And Financial Surveys）。

2. 中国驻厄立特里亚大使馆经商处网站：http：//er. mofcom. gov. cn/。

第二十三章　塞舌尔

塞舌尔经济发展状况

塞舌尔地处印度洋的西南部，由115个①大小岛屿组成，其中花岗岩岛41个，珊瑚岛74个，多丘陵和山地，全国陆地面积455.39平方公里，海洋经济专属区130万平方公里，人口约8万人。

塞舌尔作为一个以旅游服务业为经济基础和主要外汇来源的国家，经济规模小，外汇储备不足，非常容易受到国际经济周期波动的影响。2008年受国际金融危机影响，导致该国旅游业表现平淡，再加上燃油和食品价格上涨的影响，塞舌尔经济明显恶化。

（一）塞舌尔经济发展概况

1. 经济发展基本情况分析

塞舌尔的国内经济在经历了2001年—2003年的不景气后，在2004年—2007年期间恢复了高速增长势态，且年增长率不断提高。但全球金融危机的蔓延给塞舌尔经济带来了重创，虽然2008年名义GDP（国内生产总值，下同）从2007年的68.770亿卢比②增长到2008年的87.557亿卢比，但扣除通货膨胀的影响后，实际GDP（以2006年恒定价格计算）相对于2007年却出现了0.9%的下降（见图1、表1）。

表1　2004年—2008年塞舌尔名义GDP和实际GDP总量
（实际GDP以2006年恒定价格计算）　单位：亿卢比

年　度	2004	2005	2006	2007	2008
名义GDP	46.957	50.432	56.283	68.770	87.557
实际GDP	48.312	51.491	56.283	61.718	61.175

过去的几年里，为实现将塞舌尔建设成一个世界级的旅游目的地的目标，政府一直致力于

① 塞舌尔信息部建议援用此数目。
② 2008年年底，塞舌尔卢比汇率为1美元兑9.4357卢比。

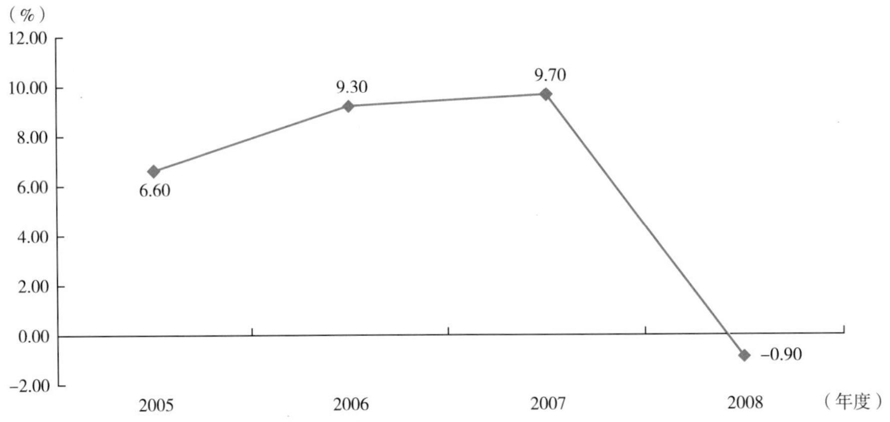

图1　2005年—2008年塞舌尔GDP增长情况

对投资环境的改善，使得国外直接投资，特别是旅游业方面的直接投资活动趋于活跃。虽然受到了国际金融危机的冲击，但2008年内，仍有270个项目得到了塞舌尔投资局的审批，这些项目中有1/3来自于国外直接投资。国外直接投资金额也由2007年的15.21亿卢比增长到2008年的31.1亿卢比，占到了2008年GDP的36%，阻止了经济的进一步下滑，同时这些投资也将对未来塞舌尔旅游业的发展打下良好的基础。但由于2008年塞舌尔中央银行对货币政策进行了调整，利率自由化导致了利率的大幅上涨，预计2009年中，直接投资也将受到一定的影响。

为应对危机影响，塞舌尔加快了经济战略的改革，希望通过改革将塞舌尔经济从政府主导转变为市场主导，逐渐减少政府对经济领域的干预，向私人部门提供更多的资源从而增加就业。该改革也一直得到国际货币基金组织的支持。2008年，作为改革的一部分，塞舌尔政府已经将部分政府的商业营运机构私有化，包括前塞舌尔市场委员会。政府也承诺，在2009年，将继续对其他部分政府营运机构私有化。

塞舌尔政府改革的具体战略包括：

① 外汇市场自由化，让卢比汇率完全地自由浮动，取消对限制卢比汇率变化的各项现行措施。

② 货币政策框架的改革，在保证金融市场稳定的前提下，创造一种以市场为导向的融资体系。

③ 通过削减公务员人数和取消以维护社会稳定而支付的间接补贴，达到大幅度降低财政支出的目的。

④ 根据塞舌尔政府的支付能力，实施一系列复杂的债务重组战略，以恢复对外债务的可持续性。

⑤ 通过继续实施私有化，减少国家在经济中的影响，扩大私营经济的作用，加强财政管理以及税收调整等。

在战略的具体执行中，为应对燃油价格、食品价格上涨对财政收支和国际收支带来的巨大压力，塞舌尔政府取消了对某些公共事业部门的补贴，并对公用事业服务收费，对燃油及部分生活必需品采取弹性价格制，以真实反映产品和服务的生产成本和土地成本。但是这些政策的实行，促使塞舌尔国内物价快速上涨，通货膨胀严重，2008 年的通货膨胀率达到了 63.3%。表 2 显示了 2004 年—2008 年塞舌尔通货膨胀率。

表 2　　2004 年—2008 年塞舌尔通货膨胀率统计　　单位：%

	权　重	2004 年	2005 年	2006 年	2007 年	2008 年
通货膨胀率	100	-2.5	-0.7	2.3	16.7	63.3
其中：鱼类	3.3	-9.1	27.8	-3.5	19.4	11.4
其他食品类	25.5	-4.3	-0.5	7	25.7	74.3
非食品类	71.1	-1.7	-1.6	1	3.8	61.1

除了上述经济措施对通货膨胀带来影响外，2008 年塞舌尔卢比的大幅度贬值，也直接导致进口商品的价格 2 倍甚至 3 倍的上涨，从而带动了本地农产品以及公用服务产品价格的上涨。具体体现为：2008 年，非鱼类食品价格上涨了 74%，住房、饮用水、电力和燃气价格上涨了 90%。随着对公共交通的补贴取消，交通类物价水平也上涨了 60%。

2. 产业结构分析

从产业结构来看，塞舌尔主要行业为旅游业。三大产业在 GDP 中的占比相对稳定。如不考虑税收和补贴，2008 年三大产业产值分别为农业 1.729 亿卢比，工业 9.648 亿卢比，服务业 39.654 亿卢比，三大行业的比重见图 2。

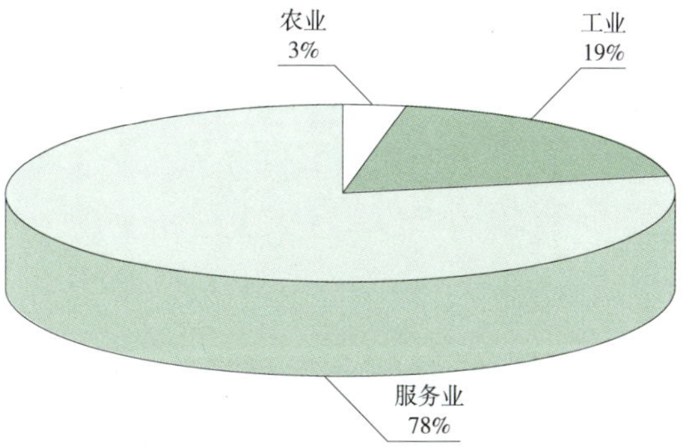

图 2　2008 年塞舌尔各行业占 GDP 比率

（1）农业

农业在塞舌尔 GDP 中所占比率最小，约 3%，由渔业、养殖业和一般农业三个部分构成。2008 年，受不利天气、国际燃油价格上涨引起的生产成本上升，以及政府经济改革取消对食品的补贴的影响，塞舌尔农业生产困难重重。

① 渔业。根据 2006 年不变价格计算，2008 年渔业捕捞完成总产值 8060 万卢比。这一年是塞舌尔渔业发展非常不利的一年，特别是二季度国际市场油价飙升，使得捕鱼活动大幅度减少，导致总捕捞量和总收入减少，而单位捕捞成本大幅度上升。同时，印度洋上的海盗活动也是影响塞舌尔渔业捕捞的不利因素之一。表 3 是塞舌尔渔业局统计的最近几年捕捞上岸量的情况。

表3　　2004年—2008年塞舌尔渔业捕捞上岸量　　单位：公吨

年　度	2004	2005	2006	2007	2008
手工捕捞	4374	4583	4050	3651	5036
半机械化捕捞	111	251	260	270	190
机械化捕捞					
其中：捕鱼量	408366	389256	389936	246657	244190
转运量	300937	338271	371087	212000	210000

从表3可以看出，手工捕捞在2008年有了一定发展，从2007年的3651公吨增加到5036公吨。但半机械化捕捞和机械化捕捞表现差强人意，2008年的半机械化捕捞量相对于2007年下降了24%，机械化捕捞相对于2007年下降了1%。市场价格方面，2008年鱼肉上涨幅度大于2007年上涨幅度，达到了10%，上涨的主要原因包括：燃油价格的上涨；11月份政府取消了对鱼肉价格的补贴；本国货币卢比贬值。

受世界经济大环境的影响，渔业方面吸引的FDI也在2008年达到了最低值，同样的，当地企业对渔业方面的投资也在逐渐减小。据统计，2008年塞舌尔发展银行对渔业的贷款从2007年的1500万卢比下降到1200万卢比，其他商业银行对渔业的贷款也从2007年的240万卢比下降到了180万卢比。

② 养殖业。对虾养殖场的产值仍旧是养殖业的主要构成部分。该养殖场主要用于饲养和生产新鲜对虾，但受2008年经济大趋势的影响，对虾生产由2007年的368公吨下降到289公吨，下降了21%。

③ 一般农业。由于通货膨胀，农业投入要素价格上涨，再加上持续的干旱和洪灾，土地又稀缺，使得2008年的一般农业发展非常困难。按照2006年不变价格计算，2008年共完成产值9230万卢比，比2007年的9410万卢比下降了1.9%。同时，利率的上涨也导致农业投入减少进而影响产出，2008年塞舌尔发展银行在农业方面的贷款从2007年的830万卢比下降到800万卢比；商业银行对农业的贷款也从2007年的1230万卢比下降到930万卢比。从需求方面来说，由于政府取消了对动物饲料的补贴，导致农产品价格快速上涨，消费者也更多的用进口食品来代替本国食品，使得国内农产品需求也出现了下降。

粮食、肉类生产的下降，必然对塞舌尔的国家粮食安全带来影响。为应对该危机，2008年二季度塞舌尔政府及部分利益相关者制定了“2008年—2011年粮食安全战略”，该战略包括了5个主要框架性问题以提高塞舌尔的粮食安全保障，包括：农业土地及土地优化；农业要素的投入和供应；农业基础设施建设；农业政策及农业人口的发展；农业技术培训。

（2）工业

塞舌尔工业基础薄弱，门类较少，结构不合理，建筑业占了工业的很大一部分。2008年，对整个工业来说，也是困难的一年，除了建筑业仍旧保持良好的表现外，其他制造业产值都出现了下滑。

① 建筑业。按2006年不变价格计算，2008年建筑业产值为39030万卢比，较2007年的34070万卢比增长了14.56%。从2008年对建筑材料的需求也可以看出建筑行业的增长

情况。相对于2007年，对建筑材料的需求增长了28%，其中：石料、石灰以及混凝土的需求分别上升了7.9%、54%和24%。当然，建筑材料需求的上涨比率并不能完全代表建筑业，因为很多建筑商为了规避原材料涨价的风险，囤积了很多建筑材料以应付2009年项目的需求。但是也应该看到，整个国家的经济不景气状况加上国际金融危机的影响，在2009年也必然通过旅游业传导到建筑业，包括国内投资和FDI（国际直接投资，下同）两方面。FDI投资者在国际金融市场筹集资金越来越困难，而国内投资者也因为借贷成本太高，不愿投资新的项目。

从银行数据上看，2008年，商业银行向建筑商提供了10500万卢比的贷款，而2007年这个数据仅为8700万卢比，而2008年贷款的增长还是在利率上升带来的不利影响背景下达到的。

② 制造业。2008年由于本币贬值带来的燃油价格上涨加上经营环境恶化，使得制造业投入要素的价格以及工人工资上涨，塞舌尔制造业受到了较大冲击，按照实际GDP的价格计算，制造业在2008年的产值较2007年减少了12%。

作为制造业的主要支柱，2008年饮料生产还没有达到2007年的水平。根据统计，2008年软饮料和啤酒生产相对于2007年分别下降了28%和19%，而果汁生产也下降了24%，

此外，沙丁鱼生产也出现了大幅度的下降。2008年罐装沙丁鱼量为28907吨，相对于2007年下降了8.4%。但由于罐装沙丁鱼主要供出口市场，以外币结算，因此所受卢比汇率贬值的影响不大。2008年，沙丁鱼出口收入16000万美元，相对于2007年的18200万美元略有下降。

（3）服务业

2008年，塞舌尔的服务业在年初还有一个良好的发展势头，但随着国际金融危机的影响逐渐扩大，全年服务业的产值相对于2007年还是有所下降。

① 旅游业。旅游业是塞舌尔经济的最主要构成部分，也是最容易受国际经济周期波动影响的行业。2008年，由于欧洲经济的衰退，导致从欧洲到塞舌尔旅游的人数下降，特别是第四季度，旅游业更是受到重创。根据塞舌尔统计局的统计数据，2008年到达的游客人数从上一年的161273人下降到158952人，下降了1.4%，但由于卢比的贬值，使得以卢比计价的旅游收入还上升了28%，达到了24.38亿卢比，但如果以美元计价，则2008年的旅游收入则从2007年的2.78亿美元下降为2.69亿美元。表4显示了最近几年塞舌尔旅游业的发展状况。

表4　　2004年—2008年塞舌尔旅游业发展状况

年　度	2004	2005	2006	2007	2008
到达游客数	120765	128654	140627	161273	158952
平均逗留天数(过夜)	10.04	9.69	9.82	10.2	10.15
旅游外汇收入(亿卢比)	9.38	10.51	12.51	19.01	24.37
单个游客平均每天消费(卢比)	773.5	842.9	906.2	1155.8	1510.5
宾馆床位使用率(%)	46	49	57	56	57

从游客来源上看，最近几年，欧洲游客占到了抵塞舌尔旅游总人数的78%，其次是非洲游客，占12%。2008年金融危机使得塞舌尔旅游业的核心市场遭到打击，其中：来自英国的游客量下降了19%，来自意大利的游客量下降了6.8%，来自法国的游客下降了1.6%，但是有一个例外，德国抵塞舌尔旅游人数增长了9.3%。

② 通讯业。受2008年国家经济改革计划以及第四季度全球金融危机对塞舌尔旅游业的影响，通讯业的需求出现了下降。虽然国际长途电话费收入增长了8.5%，但本地电话费下降了34%。但另一方面，移动电话用户数在2008年增长了10%，手机使用率有一定提高。

通讯业的顾客满意率在塞舌尔是最高的，3G以及3DGE技术的运用支持了“移动宽带上网”、“视频通话”等服务的发展；频繁的推出优惠券、增值服务等，加上与银行业务相捆绑，也提高了顾客的忠诚度。

（二）货币政策分析

塞舌尔中央银行（CENTRAL BANK OF SEYCHELLES，以下简称“CBS”），是塞舌尔货币政策的主要制定者和执行者。塞舌尔货币为卢比（Rupee），由塞舌尔中央银行统一发行和管理。

在政府经济战略改革的旗帜下，CBS借鉴了IMF的意见，采取相应的措施对货币政策进行调整。2008年实施的主要货币政策包括：把存款准备金由以前的5%提高到了13%；将银行的最低本地资产率从以前的65%下降到了50%，而且可能最终取消最低本地资本率这一监管指标，根据谨慎性的原则采用流动资产率对银行进行监管；将存款的最低年利率由3.5%提高到4.5%；存款拍卖制度，CBS以拍卖的方式收回商业银行多余资金头寸。

1. 货币供应量方面

相对于2007年货币供应趋紧的情况，2008年货币供应量有了一定的增加，表5显示了塞舌尔最近几年来货币供应量的情况。

表5 2004年—2008年塞舌尔货币供应量 单位：亿卢比

年度	2004	2005	2006	2007	2008
货币供应量M3	42.685	44.425	46.597	45.499	51.048
货币供应量M2	34.533	36.979	39.579	38.144	41.176
货币供应量M1	12.269	13.970	13.920	16.020	17.011

从广义货币M3的供应上看，2008年增长较快，增长率达到了12%，而2007年这个比率还为-2.4%。从最具有流动性的M1上看，2008年比上一年增加了9910万卢比，增长率为6.2%。这其中，主要还是由于储蓄存款的增加，而公众持有的货币增长比较缓慢，从2007

年的4.08亿卢比增长到2008年的4.30亿卢比，增长率为5.4%，这也反映了在通货膨胀的大趋势下，人们不愿意持有更多的货币在手上。

2. 国内信贷方面

从投放方向上看，2008年商业银行对私营企业的贷款占到了信贷投放总量的49%，而2007年这个比率仅为40%；对半国营企业的贷款，其占信贷投放总量的比率也从2007年的7.7%上升到了9.5%；相反，政府向商业银行的贷款相比较于2007年减少了840万卢比。从信贷投放方向上看，也显示出了政府的经济战略改革在2008年已初见成效，政府开始逐渐从经济领域退出。塞舌尔近几年来的信贷投放量见表6。

表6　2004年—2008年塞舌尔的信贷投放量　单位：亿卢比

年　度	2004	2005	2006	2007	2008
信贷投放量	54.926	55.235	53.027	55.488	67.602

3. 利率

由于货币政策改变中涉及到利率市场化、自由化的原则，加上货币政策管理结构的改变，使得2008年年底本币利率大幅上涨。这也符合政府为了抑制通货膨胀，收紧市场流动性的方针，以最终维持本币汇率稳定。表7显示了最近几年来塞舌尔利率情况。

表7　2004年—2008年塞舌尔利率情况　单位：%

年　度	2004	2005	2006	2007	2008
定期存款利率					
7天以下	1.77	2.07	3.28	2.53	2.42
7天到3个月	4.75	3.07	3.12	3.77	7.83
3个月到6个月	3.91	3.31	3.29	3.46	5.73
6个月到1年	3.12	3.02	3.23	3.32	7.47
1年以上	3.01	3.01	3.48	2.72	5.84
平均借款利率	9.81	9.90	10.52	11.26	16.19

从表7可以看出，2008年，除了“7天以下”，其他种类的定期存款利率都出现了大幅度的上涨，其中存款利率最高的是“7天到3个月”的定期存款利率，已经上涨到了7.83%，其次就是“6个月到1年”的定期存款利率，达到了7.47%。但从利率上涨点数来看，“6个月到1年”的定期存款利率涨得最多，相对于2007年上涨了4.15%。存款利率中涨得最慢的是“3个月到6个月”的存款，相对于2007年仅上涨了2.27%，达到了5.73%。但是从贷款方面看，商业银行的贷款利率上涨了4.94%，达到了16.19%。

利率的快速上涨也反映了塞舌尔经济的压力，特别是作为一个大部分商品依靠进口的国家，在外汇收入下降的时候，通货膨胀特别严重，直接影响了国内金融市场的稳定。

（三）财政状况分析

由于内外经济环境的不景气，塞舌尔政府在财政经济领域进行了一系列改革，改革涉及到逐渐建立一个新的公共财政体系；建立一个透明、高效、有利于吸引投资者的市场环境。而且根据目前的实际情况，将有效压缩国内消费，特别是政府消费，以保证在国际经济变化的大环境下，维持国内经济的稳定和可持续性。

为此，2008年塞舌尔财政政策的一个主要变化就是取消了大量的政府补贴。但补贴的取消给通货膨胀和社会稳定带来了非常大的压力。为此，政府专门设立了一个为社会上最容易受影响的个人提供生活补助的福利机构以维护社会稳定，同时，针对企业，取消了对产品和服务定价方面的限制，允许产品和服务价格自由浮动以应对成本的上升，这也是造成通货膨胀率奇高的主要原因之一。同时，政府为了削减开支，2008年还解雇了总人数达1491的政府雇员，对政府部门进行精简以提高办公效率。

表8显示了塞舌尔最近几年来财政预算收入和实际收入的情况。

表8　2006年—2008年塞舌尔财政预算收入及实际收入情况　单位：亿卢比

	2006年预算	2006年实际	2007年预算	2007年实际	2008年预算	2008年实际
总收入	19.29	24.76	24.22	25.49	25.47	32.63
现金收入	19.24	24.03	23.62	25.20	25.32	29.42
其中：贸易税	1.99	2.25	2.60	2.65	3.60	4.10
转移支付	1.25	1.25	1.25	1.25	1.35	1.35
营业/收入税	3.04	2.97	3.16	3.60	3.59	5.24
其他间接税	6.73	7.23	8.83	8.84	10.23	10.58
罚金收入	1.16	1.66	1.43	1.11	1.33	2.72
管理费收入	0.97	0.74	1.03	0.89	0.34	0.37
租金收入	0.96	1.44	2.56	1.32	2.56	2.04
公共服务收费	0.09	0.09	0.09	0.10	0.10	0.11
利息和股息	1.61	3.47	1.29	0.96	1.13	0.65
索　赔	0.33	0.40	0.40	0.45	0.31	0.45
其　他	1.11	2.53	0.66	0.10	0.08	0.07
捐赠收入	0.05	0.73	0.60	0.29	0.15	3.21

从表8可以看出，2008年财政实际总收入32.36亿卢比，比预算增加了7.16亿卢比，增长率达28%。其中，现金实际收入29.42亿卢比，主要部分是其他间接税10.58亿卢比。从各项税收来看，扣出通货膨胀的影响后，相对于2007年还是有一定增长，主要是因为2008年前3个季度，全球金融危机对塞舌尔的影响还没有完全显现出来，整个社会的经济活动还是比较稳定。

表9显示了塞舌尔最近几年来财政预算支出和实际支出的情况。

表 9　　2006 年—2008 年塞舌尔财政预算支出及实际支出情况　　单位：亿卢比

	2006 年预算	2006 年实际	2007 年预算	2007 年实际	2008 年预算	2008 年实际
总支出	17.51	23.02	20.95	24.85	22.78	34.69
现金支出	15.14	19.01	18.56	21.72	19.68	23.66
其中：各项行政经费支出	13.57	14.77	14.79	17.39	15.13	18.88
退休金及养老金	0.40	0.39	0.45	0.34	0.40	0.39
补助金	1.33	1.87	1.98	3.21	1.95	2.34
社会保险捐助	1.43	1.47	1.33	1.36	1.39	1.55
其他经费支出	1.70	1.22	1.31	2.10	1.05	3.47
手续费	1.93	4.24	3.77	4.33	4.56	4.77
公共债务利息	1.79	4.06	3.60	4.22	4.35	4.49
资本性支出	2.37	4.04	2.39	3.74	3.10	3.05
净借出款项	0.00	-0.03	0.00	-0.62	0.00	7.98

从表 9 可以看出，2008 年财政实际支出相对于 2007 年的实际支出以及 2008 年的预算都增加了不少，增长率分别达到了 39.6% 和 52.3%。其中，主要几个增长因素为：2008 年各项行政经费相比于 2007 年和 2008 年预算增长了 8.6% 和 24.8%，但相对于 63.3% 的通货膨胀率，实际支出有了下降，显示出政府削减消费、分流人员的政策达到了一定功效；净借出款从 2007 年的负值大幅增加，主要是政府对半国营企业的贷款达到了 7.15 亿卢比，这些贷款主要提供给了半国营企业塞舌尔石油公司，以在国际油价剧烈波动的时候保证塞舌尔国内的石油供给。这也是塞舌尔财政从预算盈余到实际赤字的主要原因。

从财政收支平衡上看，如果不考虑公共债务利息支出，财政实际盈余 2.43 亿卢比，但由于 2008 年利息支出达到了 4.49 亿卢比，导致财政实际赤字 2.06 亿卢比，加上当年债务偿还所需的 0.92 亿卢比，塞舌尔政府不得不又向国外举债 2.06 亿卢比和国内举债 0.92 亿卢比进行平衡。这实际上又再一次加重了塞舌尔政府的债务偿还的负担。

（四）外汇收支状况分析

2007 年年底到 2008 年国际市场上粮食和燃油价格的暴涨使得塞舌尔经济内外交困。对内方面，粮食和燃油价格上涨使国内生产和消费活动混乱；对外方面，为支付增加的进口款项，塞舌尔国际收支出现严重失衡，使得塞舌尔政府向外举借外债以及清偿外债的能力都受到了不利影响。同时，由于国际金融危机的影响，2008 年年末，旅游收入和 FDI 流入额都出现了下降。

2008 年，塞舌尔国际收支出现了 32.33 亿卢比（折合 3.44 亿美元）的赤字，相对于 2007 年 2.67 亿卢比的盈余，塞舌尔国际收支在 2008 年的一年内出现了 35 亿卢比的恶化（见表 10）。而要解决这部分赤字，仍需主要依靠对外举借外债。

表10　　2004年—2008年塞舌尔国际收支的主要情况　　单位：亿卢比

年　　度	2004	2005	2006	2007	2008
1. 经常性账户	-3.30	-9.57	-7.40	-19.07	-42.92
货物进出口	-8.535	-16.462	-16.022	-28.277	-51.919
货物出口（贷记）	16.560	19.300	23.192	26.480	46.534
货物进口（借记）	25.095	35.762	39.214	54.757	98.453
服务贸易	6.092	7.375	8.620	11.822	11.736
收入（贷记）	17.963	20.282	23.756	32.259	45.620
其中：旅游收入	9.383	10.505	12.517	19.012	24.378
支出（借记）	11.871	12.907	15.136	20.437	34.885
其他收入	-1.853	-2.204	-2.422	-4.822	-10.416
经常性转移支付	0.995	1.717	2.426	2.212	7.678
2. 资本和金融账户	-1.621	8.762	13.121	22.102	9.735
资本账户	0.054	1.643	0.729	0.504	0.425
金融账户	-1.676	7.119	12.392	21.599	9.310
直接投资	1.673	4.314	7.594	15.205	31.100
股权投资	0.059	0.056	11.054	2.090	0.106
其他投资	-3.408	2.749	-6.256	4.303	-21.896
3. 误差和遗漏	0.02	-0.029	0.107	-0.368	0.854
国际收支综合平衡	-4.901	-0.841	5.830	2.670	-32.332

但举借新的外债，对塞舌尔来说也日益困难。由于外汇储备有限，加上外部金融环境的恶化，塞舌尔在2008年年中陷入了债务危机。为了支持国内经济的发展以及支撑塞舌尔相对较高的生活水准，在过去几年里，塞舌尔政府集中举借了大量的国内和国际债务，而且严重的是，最近举借的外债大部分属于商业性贷款，还款条件非常苛刻，而这种模式被证明是不可持续的。2008年7月，在国际国内双重危机的影响下，塞舌尔对一笔贷款协议项下的结构性对外本票支付出现违约，而根据贷款协议，债权人要求塞舌尔加速偿还贷款本金。这次事件对塞舌尔的国家主权信用评级带来了非常不利的影响，标准普尔立即将塞舌尔的国家主权信用评级从B-降到SD（有选择性的违约）。之后，2008年10月，塞舌尔又对另外一笔2006年的2000万美元国际债券的利息偿还违约。

这些违约事件的发生，导致了对外债需求强烈的塞舌尔更加难于从国际市场上筹借到资金。因此在2008年下半年，塞舌尔当局开始了与IMF的一系列磋商，最后在11月达成协议，根据该协议，IFM将向塞舌尔提供2年期2600万美元的支持，条件是塞舌尔对经济进行一系列复杂的改革。IMF的支持使得塞舌尔与其贷款人进行债务重组以及豁免部分债务的谈判成为了可能。

1. 货物进出口状况

由于塞舌尔是一个大部分商品都依靠进口的国家，进口额对国际收支具有非常大的影响。2008年，由于国际石油价格和商品价格的暴涨，使得塞舌尔进口账面金额达到了98.453亿卢比（折合10.474美元），占到了当年名义GDP的112%，虽然出口也有部分增长，但从账面上计算，货物进出口赤字当年仍达到了51.919亿卢比（折合约5.523亿美元），较2007年的进出口贸易赤字28.277亿卢比增长了83.6%，这也是塞舌尔国际收支失衡的主要原因。

出口商品方面，仍旧以金枪鱼罐头出口为主，占到了出口总收入的93%，表11显示了近年来塞舌尔按照FOB价格计算的出口商品价值。

表11　　2004年—2008年塞舌尔出口商品情况（FOB价格计算）　　单位：百万卢比

年　度	2004	2005	2006	2007	2008
桂　皮	0.5	0.5	0.8	0.5	0.7
冻鱼或者鲜鱼	13.1	16.5	14.5	12.9	29
金枪鱼罐头	923.2	969.6	1031.4	1231.2	2038.7
其他已处理鱼类	8.3	10.2	3.1	6.5	9.3
虾、蟹	42.7	31.8	46.1	15.4	23
其他出口产品	109.4	136.4	119.7	80.4	87.1
总　计	1097.3	1165.1	1215.5	1346.9	2187.7

进口商品方面，食品和燃油进口分别占到了进口总额的25%和31%，而这两方面也是增加得最快的，相对于2007年，食品和燃油进口额分别增长了114%和121%，最终引起了塞舌尔2008年国际收支失衡。表12显示了近年来塞舌尔按照CIF价格计算的进口商品价值。

表12　　2004年—2008年塞舌尔进口商品情况（CIF价格计算）　　单位：百万卢比

年　度	2004	2005	2006	2007	2008
食品、牲畜、植物油	740.3	808.8	1004.6	1227.1	2618.3
饮料和烟草	35.4	45.9	60.4	76.5	175.5
燃　油	718.6	872.4	1113.8	1439.0	3182.8
化学品	198.5	238.4	191.8	253.2	352.5
工业制造产品	560.6	661.0	944.8	1166.2	1608.4
机械及交通设备	440.0	1045.2	814.5	1509.1	2163.6
其他商品	38.4	174.4	86.3	108.5	174.6
总　计	2769.3	3846.0	4216.2	5779.6	10275.7

2. 服务贸易状况

2008年，塞舌尔服务业实现盈余11.74亿卢比，相对于2007年来说下降了约1%，其中旅游收入仍占服务贸易的主要部分，占比达53.4%，金额24.379亿卢比，与2007年相比，旅游收入增长了28.2%。这些增长主要表现在2008年前3个季度，但第四季度，由于主要旅游市场——欧洲的经济出现大幅度衰退，人们收入减少，削减了部分旅游支出，导致塞舌尔旅游业受到了很大程度的影响。

3. 资本账户情况

2008年，塞舌尔资本项目盈余4250万卢比，相比于2007年减少了790万卢比。资本项目盈余主要来自于南非复兴基金支付的总额约2900万卢比的捐赠资金，其他还包括中国和阿联酋提供的部分双边援助资金。

4. 金融账户情况

金融账户2008年盈余9.31亿卢比，但比2007年的21.599亿卢比下降了57%，这一大幅下降主要是由于直接投资所引起的，2008年直接投资流出量相对于2007年几乎翻了一倍。虽然2008年流出增加，但直接投资栏目还是保持了31.1亿卢比的盈余，其中包括国外投资净流入的32.5亿卢比和境内居民对外投资1.401亿卢比。

虽然2008年中塞舌尔对部分美元债券和欧元定价的本票毁约，没有偿还，但在国际收支平衡表中，还是当作偿还了处理的（把应还贷款当作了欠款处理，不纳入国际收支平衡表统计），因此体现在其他投资中，净流出21.896亿卢比。

截至2008年年末，塞舌尔政府外债总额共3.20亿卢比（约合3404万美元）。但到期拖欠外债金额累计达到了41.179亿卢比（约合4.38亿美元），其中大部分为商业性贷款。

5. 外汇储备

2008年年末，塞舌尔外汇储备有了一个较大幅度的增加，央行储备从2007年年末的3.225亿卢比（约4000万美元）增加到2008年年末的12.071亿卢比（约7300万美元），增长了274%（见表13）。按照进口货物CIF价值计算，央行储备可以保证塞舌尔8.4个星期的进口，相对于2007年的3.9个星期有了较大提高，但相对于外债负担水平，外汇储备明显不足。

表13　　2004年—2008年塞舌尔外汇储备统计数据　　单位：亿卢比

年　度	2004	2005	2006	2007	2008
官方储备总额	1.902	3.093	6.544	3.259	12.151
央行储备	1.878	3.087	6.533	3.225	12.071
央行短期借款	4.940	3.944	0.0	0.0	1.574
官方储备净额	-3.038	-0.851	6.544	3.259	10.578

6. 汇率

由于外部经济的影响，塞舌尔卢比汇率在2008年出现了大幅贬值，表14显示了塞舌尔近年来年平均加权汇率情况。

表14　　2004年—2008年塞舌尔卢比平均汇率情况

年　度	2004	2005	2006	2007	2008
美　元	5.5000	5.5000	5.5190	6.7102	9.4357
欧　元	6.8378	6.8483	6.9300	9.2363	13.5934

从表13可以看到，塞舌尔卢比兑美元年平均加权汇率由2007年的6.7102贬值到2008年的9.4357，幅度达到40.62%，而年末实际汇率贬值幅度更是惊人。

2008年中的大部分时间，卢比汇率基本上稳定在1美元兑8卢比左右，1月份到10月份，卢比汇率从7.9995贬值到8.6067，贬值幅度为7.59%。但由于年底经济改革战略的实施，外汇市场自由化，当11月3日汇率管制一取消，卢比兑美元汇率就跌到了14.2405，11月份月均汇率为16.1760，到12月月末，卢比兑美元汇率相对于10月月末，贬值了87%。

由于2008年中塞舌尔外汇资金不足，一直存在着一个平行于官方外汇市场的外汇黑市，其汇率远高于官方汇率，但卢比采取自由浮动后，情况有了改善，官方汇率也基本反映了市场上对外汇的需求。

（五）资源状况和支柱产业

塞舌尔矿产资源匮乏，渔业资源较丰富。其中，森林面积约2000公顷；塞舌尔山为最高峰，海拔905米；塞舌尔专属经济区200海里，大陆架200海里，海洋经济区面积约130万平方公里。

旅游业和渔业是塞舌尔的两大支柱产业，两大产业创汇额占塞舌尔全部外汇收入的90%以上，是塞舌尔外汇收入的主要来源。

1. 旅游业

（1）基本情况

塞舌尔风景秀丽，全境50%以上地区被辟为自然保护区，享有“旅游者天堂”的美誉，1993年在世界十大旅游点评选中名列第三。主要景点有马埃岛、普拉兰岛、拉迪格岛和伯德岛等。旅游业是塞舌尔第一大经济支柱，2008年的旅游收入为2.69亿美元，直接或间接创造了约70%的国内生产总值。旅游业每年给塞舌尔带来2亿多美元外汇收入，约占外汇总收入的30%以上，并创造了40%以上的就业。

目前塞舌尔每年接待外国游客约16万人，主要来自法国、英国、德国、意大利、瑞士、美国和南非等国家。塞舌尔拥有较大的星级饭店32家，中小型旅馆62家。南非和海湾多家公司在塞舌尔兴建高级奢华型酒店，包括：Ephelia Resort & Spa酒店、Emirates Resort酒店和Qatari Diar Resort酒店等都将逐渐开始营业。

（2）存在的问题

近年来，塞舌尔旅游业得到较大发展，外汇收入不断增加，但也存在一些问题，主要有：

① 酒店业主要为外资所掌控，尤其是高等级标准的酒店。所以酒店业产生的收益主要被外资获取，政府所得较少。

② 由于塞舌尔人力资源有限，旅游业严重依靠外来劳动力，部分旅游外汇收入因被外来劳工获取而相应流失。

③ 旅游业从业人员收入比全国平均劳工收入大约低10%，这进一步减弱了旅游业作为就

业来源的吸引力。

④ 长期以来到塞舌尔的游客绝大多数来自欧洲，如2008年78%的游客来自欧洲，使得塞舌尔旅游业容易受欧洲地区经济波动的影响。特别是这次金融危机，旅游业受到重创的同时，给国民经济和国际收支都带来了重大影响。

2. 渔业

渔业是塞舌尔另一大支柱产业，一方面给塞舌尔带来了大量外汇收入，另一方面提供大量就业机会。2008年渔业创汇约2亿美元，占出口总额的96%。

捕鱼业以及金枪鱼加工业在整个渔业产业中占有重要地位。其中，2008年共捕鱼459416吨，相对于1996年捕鱼265658吨，12年增长了72.9%。

根据塞舌尔经济改革战略，最新的渔业综合发展计划已公布，包括2010年将要实施的海洋科学管理项目，其目的是研究在保护区域的渔业发展情况。同时根据综合发展计划，政府将进一步将渔业产业私有化，鼓励私营部门参与和投资渔业。

综上所述，由于塞舌尔国家经济规模小、经济结构比较单一、出口创汇能力弱，使得国家经济的发展对全球经济环境的依赖性非常强，而在过去的2008年，国际粮食、燃料价格暴涨，加上全球金融危机，使得塞舌尔经济、财政、国际收支各个方面都受到了重创，GDP出现了负增长，通货膨胀严重，国内信贷收紧，财政赤字增加，进出口贸易和国际收支都出现了大幅度的赤字，出现了到期债务不能偿还，导致国家信用评级也下降的情况。针对以上状况，塞舌尔政府加快了一系列经济战略的改革，改革涉及宏观经济、财政、金融、外汇收支等各个方面，希望通过市场化、私有化增强经济活力，但在目前这种世界经济不景气的大环境下，收效甚微。预计2009年世界石油价格的下跌，有利于防止塞舌尔的国际收支及通货膨胀状况进一步恶化，但其主要国民收入和外汇来源的旅游产业复苏尚需时日。

参考文献资料

1. 塞舌尔渔业局（Seychelles Fishing Authority）。
2. 2004年—2008年塞舌尔中央银行年报（Annual Report of Central Bank of Seychelles，Year 2004—2008）。
3. 塞舌尔统计局（Seychelles Statistics Bureau）。

第二十四章 科 摩 罗

科摩罗 2008 年政治经济情况[①]

科摩罗位于印度洋西部，南部非洲东侧莫桑比克海峡北端入口处，东、西距马达加斯加和莫桑比克各约 300 公里。全国由大科摩罗、昂儒昂、莫埃利、马约特四岛[②]和数座小群岛、珊瑚礁组成，国土面积 2235 平方公里，人口 86 万人。

（一）政治形势最新发展情况

从历史上看，科摩罗是一个充满政治风险的国家。自 1975 年独立以来，科摩罗国内共发生了 21 次政变或反政变。政局动荡一直都是影响科摩罗经济发展特别是旅游业等行业发展的重要因素。纵观科摩罗历史，在政治上长期存在一些不稳定因素，比如马约特岛问题、民族和解问题[③]等。2006 年 5 月 26 日，来自昂儒昂岛的新总统桑比在首都莫罗尼宣誓就职。总统权力的顺利交接，使科摩罗政治走上了相对稳定的发展轨道。新总统增强了昂儒昂岛在联盟政府中的政治影响，有利于昂儒昂岛局势的稳定。

随后，在非洲联盟派出的维和部队帮助下，科摩罗推翻了昂儒昂岛的地方反政府领导人，在 2008 年 3 月重新获得了对昂儒昂岛控制权。但对于马约特岛主权的收回，目前看来希望越来越小，该岛于 2009 年 3 月举行全民公决，即将成为法国的一部分。在 2009 年 9 月的联合国大会上，科摩罗总统桑比一直设法游说，将马约特岛保留在科摩罗联盟内，但成功的可能性已经很小。

在重新控制昂儒昂岛后，科摩罗总统桑比开始进行经济和政治整顿，并将在 2010 年继

① 本报告主要是基于 2008 年的数据，但是由于科摩罗的统计数据不完整，部分采用 2007 年的数据。

② 科摩罗共分为三个自治岛（不含马约特岛），各岛由行政长官领导。岛下设县、乡、村，全国共有 15 个县、24 个乡。三个岛为大科摩罗岛（7 个县）、昂儒昂岛（5 个县）和莫埃利岛（3 个县）。马约特岛目前仍被法国占领。

③ 1997 年 7 月，昂儒昂岛要求脱离科摩罗归属法国，10 月宣布独立。2001 年 2 月，在非统和法语国家组织等的斡旋下，科摩罗政府、反对党、昂儒昂岛当局、各岛代表及非统等 9 方签署《科摩罗和解框架协议》，科摩罗全面民族和解进程正式启动。12 月 23 日，科摩罗通过新宪法草案，决定成立科摩罗联盟，给予科摩罗四岛高度自治。2002 年 3 月—4 月，科摩罗举行全国大选。经两轮选举，阿扎利当选科摩罗联盟总统。2006 年 4 月 16 日和 5 月 14 日，科摩罗联盟举行两轮总统选举，根据新宪法，科摩罗联盟总统由各岛轮任，任期四年。昂儒昂岛独立候选人、宗教领袖桑比以 58.14% 的得票率当选科摩罗联盟新总统，5 月 26 日宣誓就职。

续。为了减少国内的财政支出压力，桑比总统于2009年5月17日推动就新宪法进行全民公决。新宪法允许桑比总统解散议会，将伊斯兰教确立为国教，将桑比总统的任期延长到2011年①。同时，减少联盟政府和各岛自治政府不必要的公务活动。但是，三个自治岛的反对派担心这次全民公决体现了桑比个人专制的意志，主要是为了延长其任期，拒绝向下一任总统产生地莫埃利岛移交权力，这将使得达成民族和解的2001年宪法所确立的各岛轮流执政制度遭到破坏。

尽管如此，但2011年总统大选的准备活动早已拉开帷幕，莫埃利岛现任行政长官穆罕默德·阿里·塞德（Mohamed Ali Said）可能与前任行政长官穆罕默德·塞德·法祖尔（Mohamed Said Fazul）进行竞争，而法祖尔是前联邦总统阿扎利·阿苏马尼（Azali Assoumani）的盟友。根据宪法，下一任总统将在莫埃利岛产生，该岛排名靠前的三位总统候选人将由科摩罗全国选民进行投票，产生下一任总统。对桑比总统来讲，依然有时间将他的一位盟友推上总统宝座，但是他目前还没有找到合适的盟友。

尽管目前民族和解已有喜人的进展，但昂儒昂岛分裂主义势力依然存在，这实际上是科摩罗各岛之间政治经济矛盾的反映。目前，虽然新宪法一定程度上使矛盾各方达成了妥协，但是妥协的不彻底性也给将来的局势发展留下了隐患。新一轮大选还有一年多一点的时间，这也许会是新一轮矛盾爆发的导火线。历史经验表明，当前的科摩罗局势很显然不能被看作是长治久安的开端。政局的不确定性，势必影响投资者对科摩罗进行投资的信心。此外，现任政府面临的财政压力也有可能削弱其协调各种矛盾的能力。因此，科摩罗政治上还存在着一些不确定性。

（二）国民经济整体运行情况

科摩罗经济落后，外债负担严重，是联合国宣布的世界最不发达国家之一。经济以农业为主，工业基础薄弱，经济严重依赖外援。近年来，由于国际市场丁香等主要出口产品价格大幅下跌，外汇收入减少，财政入不敷出。2006年桑比总统上台后，致力于发展农业和中小企业，努力扩大出口，增加就业，改善民生，经济有所起色，但由于长期以来面临发展资金匮乏的难题，科摩罗经济发展仍面临着巨大困难。

1. 国内生产总值

科摩罗地理位置偏僻，人口密度大，航空和海运很不发达，各岛之间交通亦不方便，加之资源严重匮乏，经济发展滞后，长期严重依赖国际经济援助。长期的政局动荡使科摩罗基本上没有连续的经济发展战略和政策，经济发展绩效很低。1997年，科摩罗昂儒昂岛爆发独立危机，致使科摩罗政局出现动荡。2003年12月，科摩罗各岛自治政府与联盟政府又发生了财政纠纷，经济发展进一步受挫。此后，国际金融机构冻结了对科摩罗援助，并表示只有

---

① 根据2001年新宪法，科摩罗联盟总统由三个自治岛轮任，任期四年。桑比总统来自昂儒昂岛，任期从2006年开始到2010年结束。2010年应当进行总统大选，由来自莫埃利岛的候选人任总统。

待科摩罗民族和解进程完成后才能重新为其提供财援。这一举措曾一度致使科摩罗国库空虚，建设资金严重缺乏，经济发展放缓。

2007 年，科摩罗 GDP 达到 1662.29 亿科摩罗法郎①（以下简称为科法郎），扣除通货膨胀因素，实际 GDP 增长 0.8%，低于 2006 年的 2.6%（见表 1），人均 GDP 约 462 欧元左右。经济增长乏力主要是由于科摩罗缺水缺电，港口设施差、吞吐量小，缺乏资金和熟练技术工人，这严重影响了其经济发展。

表 1　　2002 年—2007 年科摩罗 GDP② 及其增长率

年　度	2002	2003	2004	2005	2006	2007
GDP(亿科法郎)	1289.80	1384.26	1458.52	1504.76	1592.64	1662.29
GDP 实际增长率(%)	2.3	2.1	1.9	2.8	2.6	0.8

由于能源、食品以及日常用品等基础产品全部依赖进口，科摩罗的经济发展受世界市场价格波动影响较为明显，抗外部风险的能力较弱。2007 年以来，受国际油价和粮价上涨的影响，经济增速迅速下降，据国际货币基金组织预测，2008 年 GDP 增速只有 1%，2009 年只有 0.8%，大大低于 2002 年到 2006 年平均 2.4% 左右的增速。但随着国际油价的回落和全球经济复苏，科摩罗经济也逐渐走向复苏，2010 年的 GDP 增速预计将达到 1.5% 左右。

从经济各部门来看（见表 2），近年来，科摩罗的农业增速基本保持稳定，由于农业占 GDP 比重较大，因此，农业成为科摩罗经济稳定的最重要基础。科摩罗工业③发展的波动性较大，2007 年以来，受全球油价和粮食价格高涨的影响，科摩罗工业各部门受影响非常严重，2007 年制造业增速为 -7.4%，电力燃气和供水为 -10.5%，建筑业为 -0.8%。科摩罗服务业各部门中，商业和酒店业增速较为稳定，成为服务业稳步增长的基础。

表 2　　2002 年—2007 年科摩罗经济各部门的经济增速　　单位：%

年　度	2002	2003	2004	2005	2006	2007
农　业	2.7	2.9	2.7	3.0	2.6	2.3
制造业	-0.6	2.5	1.0	2.7	3.0	-7.4
电力、燃气、水	-3.0	2.5	5.0	1.9	2.1	-10.5
建筑业	10.8	3.9	0.5	2.5	3.1	-0.8
商业和酒店业	0.8	1.8	0.5	3.6	3.3	1.6
金融业	2.1	2.5	3.0	2.8	3.1	-4.6
交通通讯业	3.3	2.1	1.5	2.5	3.1	1.7
公共管理	2.1	-1.0	1.2	1.0	0.6	-0.8
其他服务	2.1	0.5	1.0	0.7	1.7	-0.6

① 从 1999 年以来，科摩罗实行与法国法郎以及欧元的固定汇率制度。法国法郎与科摩罗法郎之间的汇率被固定为 1 法国法郎等于 75 科摩罗法郎。欧元与科摩罗法郎之间的汇率为 1 欧元等于 491.968 科摩罗法郎。

② 本文图表数据来源于非洲开发银行经济统计年鉴。

③ 科摩罗工业主要包括制造业、电力燃气水以及建筑业三类。

从经济发展的推动力来看（见表3），最终消费占科摩罗GDP的比重依然最大，2007年为1857.10亿科法郎，比2006年增长3.87%，主要是由于政府消费增长了15.4%（见表4）。最终消费占GDP的111.7%，其中私人最终消费占98.8%，政府最终消费占12.9%。近年来投资增长较快，固定资本形式从2002年的158亿科法郎增加到2007年的232.03亿科法郎，但投资占整个GDP的比重依然很小，2007年为13.96%，投资对经济的拉动作用依然较小。货物和服务净出口总值2007年为－426.84亿科法郎，占GDP的比重为－25.7%，受国际市场原材料价格下降的影响，贸易逆差有进一步扩大的趋势。

表3　　2002年—2007年科摩罗消费、投资和进出口情况　　单位：百万科法郎

年　度	2002	2003	2004	2005	2006	2007
最终消费	127730	140975	155477	166736	178790	185710
政府消费	20538	19297	19275	19463	21255	21455
私人消费	106192	121678	136202	147273	157535	164255
投　资	15800	16066	16921	18024	21770	23203
固定资本形式	13300	13566	14421	15524	18920	20294
存货增加	2500	2500	2500	2500	2850	2909
进出口贸易	－13551	－18616	－26535	－34284	－41296	－42684
货物和服务出口	20192	11695	7382	4757	3893	3566
货物和服务进口	33743	30311	33917	39041	45189	46250
GDP	128980	138426	145863	150476	159264	166229

表4　　2002年—2007年科摩罗消费、投资和进出口增长情况　　单位：%

年　度	2002	2003	2004	2005	2006	2007
政府消费	4.1	－6.0	－3.2	－2.4	0.0	15.4
私人消费	2.0	8.1	6.2	8.2	3.1	－1.5
固定资本形式	－3.2	－22.7	14.2	3.2	15.8	20.2
存货增加	3.1	－30.1	－34.5	－38.1	－20.2	－6.9
货物和服务出口	－2.1	－10.1	5.4	11.6	5.6	7.4
货物和服务进口	4.1	－6.0	－3.2	－2.4	0.0	15.4

2. 产业结构分析

科摩罗是以农业为主的国家，全国可耕地面积7万多公顷，2007年农业产值占国内生产总值的40.83%（见表5）。科摩罗80%的人口生活在农村，70%的劳动力从事农业生产，农产品出口占出口总额的99%。农业生产技术低下，产量受气候影响明显。科摩罗主要粮食作物为水稻、玉米和薯类，粮食不能自给，每年需进口3万多吨大米。科摩罗主要农产品产量情况见表6。经济作物丁香、鹰爪兰、香草对科摩罗经济有重要意义，是科摩罗经济的主要支柱。但是，近年来，由于国际市场竞争的加剧和合成香料的替代效应，香料价格大幅下降，使得科摩罗加快经济结构调整的必要性进一步凸显出来。科摩罗近年畜牧业有所发展，在大科摩罗岛有两家养鸡场，肉类和牛奶主要从马达加斯加和南非进口。

表 5　　2003 年—2007 年科摩罗各行业产值情况　　单位：百万科法郎

年　　度	2003	2004	2005	2006	2007	占　比
农　业	56882	59933	62033	65254	67874	40.83%
工　业	16352	17230	17776	18556	18095	10.89%
制造业	5795	6106	6125	6441	6780	4.08%
电力、燃气、水	2146	2262	2408	2767	2676	1.61%
建筑业	8411	8862	9243	9348	8639	5.20%
服务业	65193	68690	70867	75453	80162	48.22%
商业和酒店业	35417	37317	38120	42361	45830	27.57%
金融业	6225	6569	6697	6918	6882	4.14%
交通和通讯业	7139	7522	7652	7934	8253	4.96%
公共管理	19264	20297	21253	21409	22534	13.56%
其　他	743	783	853	827	869	0.52%
金融媒介服务产出	-3595	-3788	-3908	-3996	-4206	-2.53%
合　　计	138427	145853	150476	159264	166229	100.00%

表 6　　2001 年—2006 年科摩罗农产品产量情况　　单位：吨

年　　度	2001	2002	2003	2004	2005	2006
大　　米	2945	2934	2924	2914	2904	2893
玉　　米	3812	3835	3859	3882	3906	3929
茎状植物						
木　　薯	54128	54876	55624	55000	56265	57559
芋　　头	8982	9137	9293	9451	9612	9775
其　　他	5337	5434	12366	12283	12565	12855
豆　　类						
大　　豆	8374	8535	8695	8859	9026	9196
绿　　豆	410	321	328	334	341	347
花　　生	270	851	863	874	886	898
香　　蕉	60003	60891	61779	59000	61036	63782
椰　　子	75451	76821	52127	39793	40503	40700
蔬　　菜						
土　　豆	620	502	513	524	536	547
番　　茄	900	352	360	369	378	387
其他蔬菜	5690	1312	1339	1367	1396	1425
水　　果	3550	3409	3465	3521	3578	3636
肉　　类						
家　　禽	97	130	182	169	208	187
牛　　肉	1660	2226	1700	2055	2008	2400
羊　　肉	348	380	450	551	392	458
鱼	14000	15387	15965	16000	17200	17000
牛　　奶	4002	4331	4002	4208	3997	4197

科摩罗渔业资源较丰富，主要鱼种为金枪鱼、红鱼和青鱼，按照法国渔业专家的估计，科摩罗近海每年可持续的捕捞量在 85000 吨以上，但因其工具落后仅限于近海捕捞。科摩罗现有渔民 8000 余人，年捕鱼量约 17000 吨，尚不能满足国内需求。科摩罗政府与欧盟签有捕

鱼协定，按照该协定，欧盟被允许有渔船40艘在科摩罗海域内捕鱼。

科摩罗工业基础薄弱、规模小，主要为农产品加工业，另有印刷厂、制药厂、可口可乐瓶装厂、水泥空心砖厂和小服装厂等。科摩罗工业发展的障碍主要是市场容量小和电力缺乏，2006年科摩罗全国的发电量只有2200万千瓦时。2007年科摩罗工业产值占GDP为10.89%（见图1）。

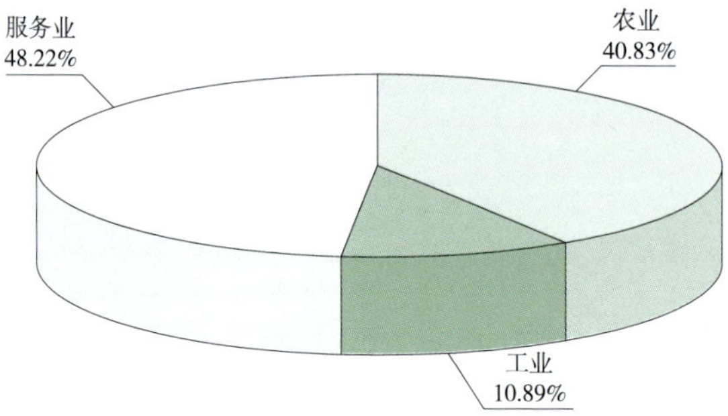

图1 2007年科摩罗三大产业占比情况

服务业方面，科摩罗旅游资源较为丰富，在吸引游客方面有着较大的潜力，但长期的政局动荡延误了科摩罗旅游产业的发展壮大，近年来每年的旅游入境人数只有2万人左右。目前，随着政局的趋稳，政府正积极调动各方资金，开发旅游资源①。2009年8月，卡塔尔国家酒店集团公司同意在大科摩罗岛北部建设该岛第一个大型度假酒店。科摩罗通信业也比较落后，2007年每千人拥有电话只有48部、移动电话23部，电信渗透率仅为7.1%，远低于世界平均发展水平（见表7）。

表7 科摩罗近年来通信业发展情况

年　　度	2003	2004	2005	2006	2007
每千人固定电话用户数	3	11	19	45	48
每千人移动电话用户数	17	19	21	23	23

2007年服务业产值占科摩罗GDP的54.7%，其中占比最大的是商业和酒店业以及政府公共管理，占GDP的比重分别为27.57%和13.56%，而金融业和交通通讯业占比都较小，分别为4.14%和4.96%。

3. 金融环境状况

科摩罗国内现有银行共4家：科摩罗中央银行（la Banque Centrale des Comores），该银行历史较为悠久，成立于1962年；科摩罗工商银行（la Banque pour l'Industrie et le Commerce），该银行为科摩罗唯一的商业银行，在1990年年底成为巴黎国发银行科摩罗分行，注册资本共600万法国法郎；科摩罗发展银行（la Banque de Developpement des Comores），该银行为科摩

① 如获得欧盟支持的生态旅游项目——“腔棘鱼类公园”，以及大科摩罗岛加拉瓦海滩饭店区的开发项目等。

罗政策性银行之一，注册资本共600万法国法郎，政府拥有50%的股份；科摩罗国家储蓄银行（la Caisse nationale d'epargne），该银行同为科摩罗政策性银行之一。

（1）货币供给量

近年来，科摩罗的货币供应状况不是很稳定，2008年科摩罗的货币供应量（M1）为348.32亿科法郎，比2007年下降7%，而2007年则比上年增长了51.78%。而准货币为127.56亿科法郎，比2007年增长了3.45%（见图2）。

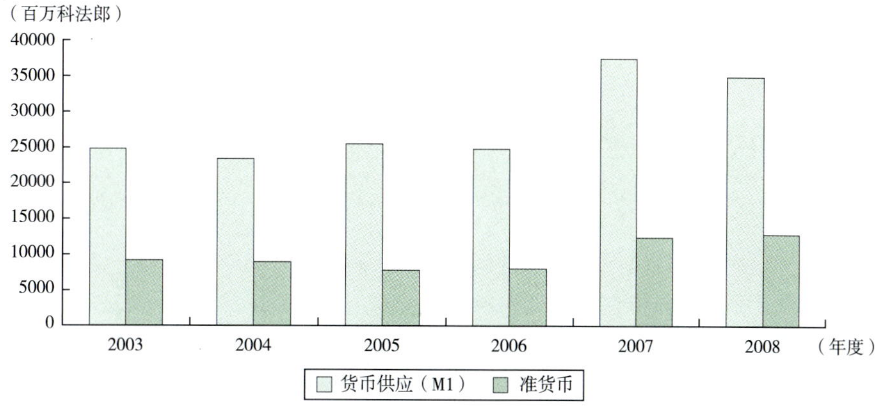

图2　2003年—2008年科摩罗货币供应量情况

尽管货币供应量有所下降，但是科摩罗的通货膨胀率在2005年以来却呈现出稳步上涨的趋势，2008年达到近年来的新高，为5.9%（见图3），但与非洲其他国家相比，通货膨胀率尚保持在相对较低的水平。通胀率的上升主要是由于科摩罗经济的外部依赖性比较强，以及2005年来国际油价和粮食价格的上涨对其国内价格水平的传导作用。

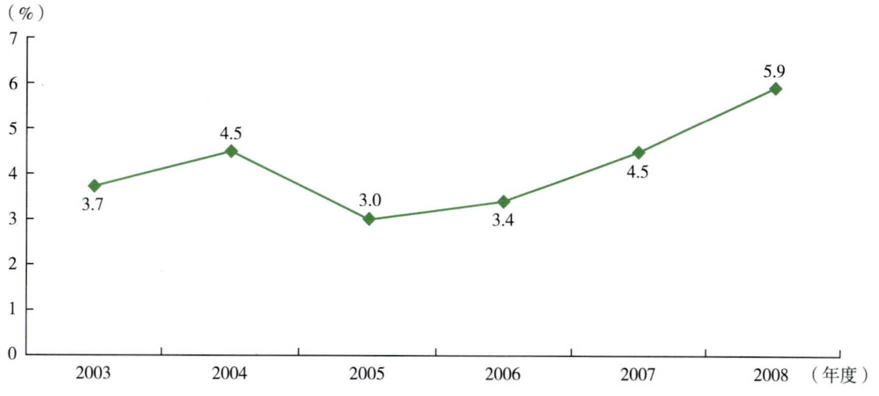

图3　2003年—2008年科摩罗年均通货膨胀率变化情况

（2）利率

近年来，科摩罗的利率水平较为稳定。贷款利率保持在14%左右，存款利率保持在3%左右（见图4）。

银行对国内的信贷投放量从2003年到2006年一直保持稳定，对私人部门的信贷占全部

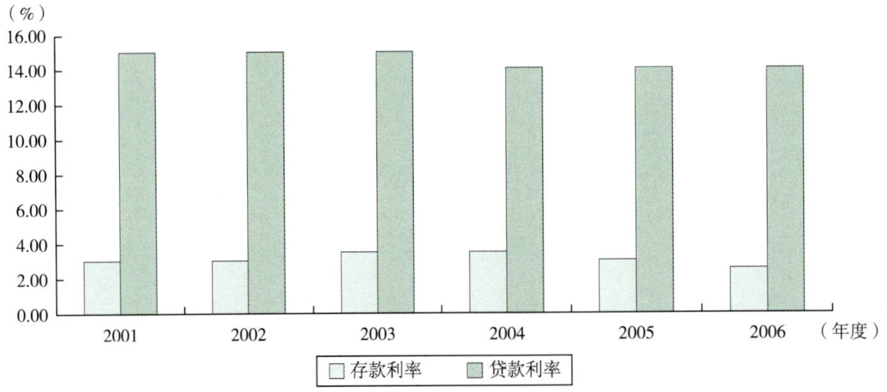

图4　2001年—2006年科摩罗存贷款利率变化

信贷的比重都在80%以上，但是2007年国内信贷比上年增长了125%，其中对私人部门信贷增长了87.9%，对政府的信贷增长了230%。因此，私人部门占全部信贷的比重也有所下降，为61.9%。2008年，国内信贷比上年增长了1.55%，主要是由于对私人部门信贷增长了4.62%。近几年科摩罗的信贷发展状况见表8。

表8　　2003年—2008年科摩罗信贷发展状况　　单位：百万科法郎

年　度	2003	2004	2005	2006	2007	2008
净外币资产	37588	37046	37442	39668	42246	40574
国内信贷	13133	12671	13827	12681	28506	28948
其中:对私人部门信贷	11444	10402	10260	9397	17657	18473

（3）汇率

科摩罗属法郎区。科法郎与欧元汇率绑定，保持固定汇率1欧元＝491.96775科法郎，与美元等比价为浮动汇率，近年来由于美元兑欧元贬值，科法郎兑美元的汇率也呈现出升值的趋势，从2003年到2008年，科法郎累计升值将近30%，2008年的科法郎兑美元的平均汇率为335.85科法郎兑1美元（见图5）。

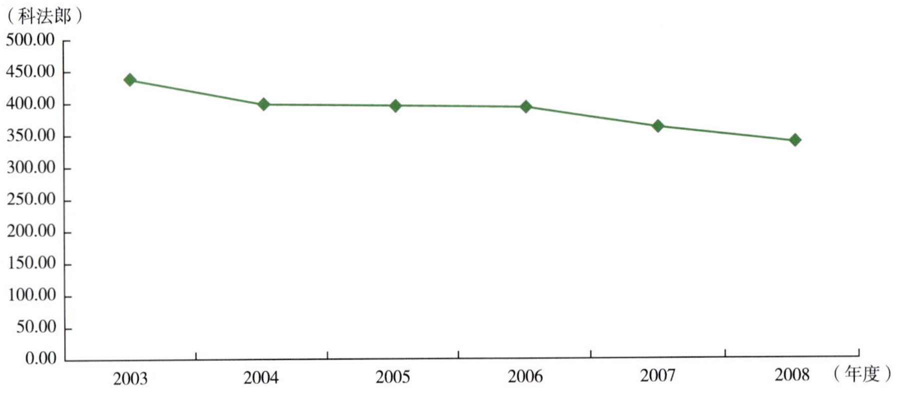

图5　2003年—2008年科法郎兑美元的汇率变化

4. 财政状况

（1）财政收支情况

科摩罗财政收入主要依靠税收和国外赠款，近年来税收收入逐步下降，从2003年的196.22亿科法郎减少到2008年的164.67亿科法郎，而赠款则呈增加趋势（2008年赠款占财政收入的42%），尤其是2006年桑比总统就任后，由于在民族和解方面取得进步而受到国际社会的支持，外部援助的规模明显加大（见表9）。科摩罗财政支出主要为公务员工资，占国家财政总支出的60%左右。

表9　　2003年—2008年科摩罗财政收支情况　　单位：百万科法郎

年　度	2003	2004	2005	2006	2007	2008
总收入	25482	26434	30509	29533	33945	38332
税收收入	19622	19407	17797	17260	16678	16467
非税收收入	2713	3038	6175	4295	4482	5834
赠　款	3147	3989	6537	7978	12785	16031
总支出	30347	28847	30425	33598	37314	38978
经常性支出	22769	22546	23523	25766	27040	27735
其中：工资支出	11493	12631	12872	13205	15052	16198
资本性支出	7578	6301	6902	7832	10274	11243
财政赤字	-4865	-2413	84	-4065	-3369	-646

2008年1月16日由科摩罗联盟财政预算部长阿里·索瓦里提出的2008年财政预算获得了通过。该预算强调了政府应增加公共的支出，如对旅游业、农业、渔业、教育、卫生等社会基础产业的投入。此次通过的财政预算明确了政府扶植重点产业以推动经济发展的发展策略。同时，新预算还根据科摩罗的行业近期发展规划提出了若干具体发展目标：交通方面，计划利用利比亚援助的沥青来实施道路改造项目和基础设施道路建设项目；农业方面，计划实施改善食品安全和种植品种多样化等项目；渔业方面，通过利用伊朗提供船只，大力促进渔业发展；教育方面，通过利用欧盟提供的PASEC项目资金，增加小学和初中数量，改善技术学校和大学的教学水平；住房方面，投资建设了国内第一家砖厂，通过依靠科摩罗海外侨民的资金注入，以大力促进科摩罗住房产业的发展。

科摩罗2008年总体预算收入（含赠款）和支出年初预计分别为339亿科法郎和342亿科法郎，赤字为2.51亿科法郎。从预算的实际执行情况来看（见表9），2008年科摩罗财政收入（含赠款）383.32亿科法郎，比年初预算超出13.1%，比2007年的339.45亿科法郎增长了12.9%，其中税收收入164.67亿科法郎，非税收收入为58.34亿科法郎，国外赠款收入为160.31亿科法郎。财政总支出为389.78亿科法郎，比年初预算超出13.97%，比2007年373.14亿科法郎增长了4.5%，其中经常性支出为277.35亿科法郎，主要是公务员工资支出（达到161.98亿科法郎，占财政支出的42%），资本性支出为112.43亿科法郎。财政赤字为6.46亿科法郎，比2007年的33.69亿科法郎有明显下降，但仍低于年初预算目标的2.51亿科法郎。

（2）外债状况

科摩罗基础设施建设全部依靠外援。联合国系统（含世界银行）的援助居科摩罗外援首位。法国是提供双边援助最多的国家。其他的援助方还有欧盟、沙特阿拉伯、科威特、毛里求斯、中国等。近年来的官方发展援助有所增加，2007年达到4400万美元，比2007年的3000万美元增长了46.7%。

近年来，科摩罗外债基本保持稳定。在非洲开发银行为其免除了近3400万美元债务后，其到期未偿还债务数量出现大幅下降。2007年，在世界货币基金组织的倡导下，科摩罗政府还达成了FRPC计划①。截至2008年年底，科摩罗外债总额为2.77亿美元，但由于到期债务的增加，近两年的偿债金额比以前大幅增加，2007年和2008年分别为4300万美元和1000万美元，大大高于2003年到2006年年均400万美元左右的偿债量。按照债权人来看，科摩罗的外债主要是多边债务，其中世界银行是科摩罗最大的债权人。近年来科摩罗的外债状况见图6。

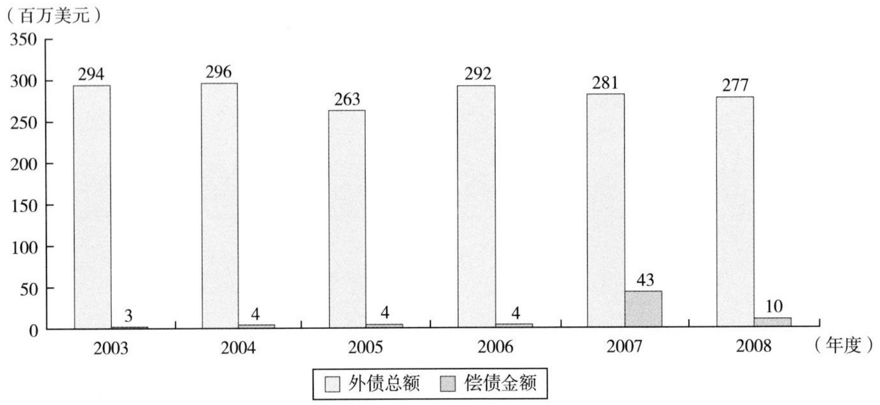

图6　2003年—2008年科摩罗外债状况

5. 国际收支及国际贸易状况

（1）国际收支概况

由于国际市场香料等原材料价格的下降，近年来科摩罗国际收支平衡表的货物贸易账户赤字不断加大，从2003年的3800万美元增加到2008年的1.56亿美元。经常转移账户盈余呈现出逐年增长的势头，2008年达到1.23亿美元，这在一定程度上弥补了货物贸易账户的赤字。由于服务贸易账户赤字也呈增长趋势，因此，总的来看，近年来科摩罗的经常账户赤字呈现出扩大的势头，从2003年的1000万美元赤字增加到2008年的4500万美元（见表10）。

---

① 经济发展与减贫优惠计划（FRPC）是世界货币基金组织特设的针对低收入国家的借贷资金，旨在促进贫穷国家发展，增强宏观经济稳定性和消除贫困。

表 10　　**2003 年—2008 年科摩罗经常账户简表**　　单位：百万美元

年　度	2003	2004	2005	2006	2007	2008
货物账户	-38	-60	-80	-90	-116	-156
服务账户	-6	-5	-3	-8	-9	-14
净收入	-3	-2	-1	0	2	2
经常转移	37	50	56	74	92	123
经常账户平衡	-10	-17	-28	-24	-31	-45

（2）对外贸易状况

对外贸易在科摩罗经济中占有重要的地位。科摩罗几乎全部生活用品依靠进口，主要出口香料等农产品。近年来，科摩罗出口商品数量和金额见表 11。

表 11　　**2004 年—2006 年科摩罗出口商品数量和金额**

项目 年度 商品	产量（吨）			金额（百万科法郎）		
	2004	2005	2006	2004	2005	2006
华尼拉	38	78	51	3407	1343	502
丁　香	2880	1500	1786	2883	2059	2636
依兰香	33	40	31	825	1000	641
其他香料	0.3	0.3	0.1	87	87	54
其他产品	98	170	687	180	268	60
合　计	3049.3	1788.3	2555.1	7382	4757	3893

科摩罗对外贸易的特征之一就是贸易逆差逐年增大。2007 年科摩罗进出口贸易总额达到 1.29 亿美元，比 2006 年的 1.04 亿美元增长了 24.0%，其中出口额 900 万美元，比上年增长了 200%，进口 1.2 亿美元，比上年增长了 18.8%。贸易逆差 1.11 亿美元，比上年增加 13.3%，从 2002 年到 2007 年，科摩罗的贸易逆差从 2800 万美元增长到 1.11 亿美元，增长了将近 4 倍，而且还有进一步扩大的可能性（见图 7）。

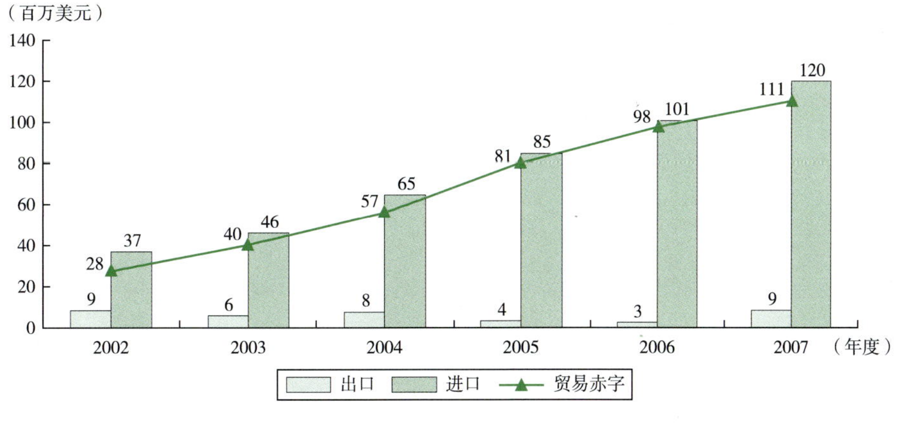

图 7　近年来科摩罗进出口贸易状况

香草、丁香和鹰爪兰为科摩罗传统的三大出口香料，出口产品单一，受近年来国际香料价格波动影响明显，出口收入呈不稳定状况。如图7所示，科摩罗2002年的出口收入为900万美元，2006年出口产品产量比上年增长了43%，但收入反而下降，只有300万美元，波动幅度非常大。

科摩罗工业基础落后，粮食产量不能自给自足，几乎全部生活用品依靠进口。进口产品主要为粮食、肉类、石油产品、水泥、铁、日用品、交通工具和建筑材料等（见表12）。

表12　2004年—2006年科摩罗进口商品数量和金额

商品＼项目＼年度	数量（吨）			金额（百万科法郎）		
	2004	2005	2006	2004	2005	2006
大　米	40620	33499	32937	4777	4504	4037
肉　类	4399	5132	4995	3018	3778	3044
面　粉	5447	4757	5475	979	962	891
糖	4263	4963	5537	700	904	1361
奶制品	1214	1329	1958	800	837	1154
医　药	145	149	197	735	652	700
纺织品	711	564	1162	342	424	703
石油产品	49016	47042	55132	7085	8395	9888
水　泥	48006	55868	66823	1735	2686	3129
汽　车	2773	2176	2169	3911	2245	2944
钢　材	5190	3294	6673	1345	1032	2763
其他产品	12625	15948	20697	8490	12622	14575
合　计	174409	174721	203755	33917	39041	45189

从贸易的主要地区分布来看，科摩罗产品的主要出口地是法国、美属萨摩亚、美国、德国和新加坡，其中法国是科摩罗出口产品的主要目的地。科摩罗进口产品主要来自阿联酋、法国、南非、巴基斯坦和印度，其中阿联酋是科摩罗最大的进口来源地（见表13）。

表13　2002年—2007年科摩罗主要贸易国及其贸易额　单位：百万美元

年　度	2002	2003	2004	2005	2006	2007
法　国	16.1	19.0	23.2	15.2	21.6	13.0
阿联酋	3.3	6.0	11.3	26.0	31.1	46.5
南　非	4.6	3.0	4.0	14.1	9.6	3.2
印　度	0.4	0.0	4.9	3.0	5.7	1.6
巴基斯坦	0.0	0.0	0.0	2.7	3.8	4.8

近年来，科摩罗注意加强发展地区贸易，并参加了印度洋委员会，通过签署双边贸易协定加强同本地区其他国家的贸易关系。2006年5月，科摩罗成为东南非共同市场自由贸易区的第12个成员国。

（3）外国直接投资

《科摩罗投资法》是有关在科摩罗投资的主要法律依据。根据《科摩罗投资法》，只要达到法定条件，就可以享受投资优惠待遇，如税收减免等。经营出口业务的企业可享受由《财政法》确定的特殊优惠政策，此项特殊优惠政策的实施细则由总理签发的法令加以规定。此外，为了促进对当地生产的投资，对投资农业、手工业、渔业和畜牧业的企业给予特殊优惠政策，优惠政策由部长会议制定法令加以规定。

科摩罗由于国内资源贫乏、地理位置偏僻、政局不稳等不利因素，无法为外国投资者提供足够信心，因此，其外国直接投资长期处于相对较低水平。从图8可以看出，进入20世纪90年代后，科摩罗外国直接投资始终很少，增长速度缓慢，主要投资国为法国。由于科摩罗属于阿拉伯国家，近些年与北非和中东国家联系紧密，阿拉伯国家对其援助力度逐年增大，科威特、阿联酋等阿拉伯国家纷纷进入科摩罗进行投资。

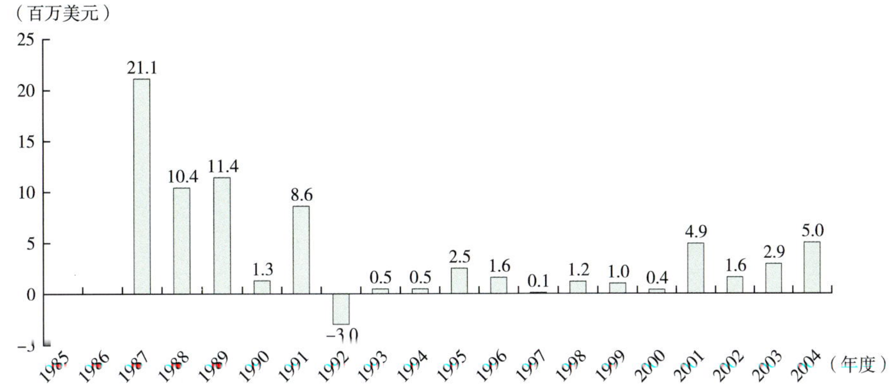

图8　1985年—2004年科摩罗的外国直接投资情况

(4) 外汇储备

科摩罗进出口贸易长期有较大的逆差，外汇比较缺乏，近年来的外汇储备都在1亿美元左右徘徊，2008年年底外汇储备为1.15亿美元（见图9）。由于外汇储备十分紧张，再加上国际粮食和各种资源产品价格上涨等因素，科摩罗面临的进口压力越来越大，并已严重影响到其经济发展。

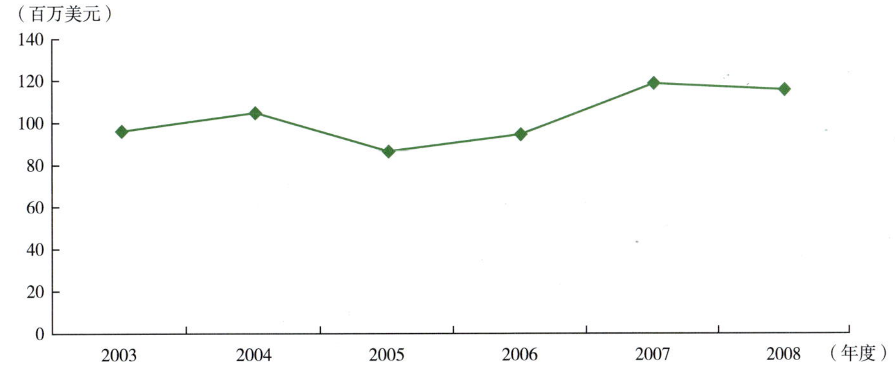

图9　2003年—2008年科摩罗外汇储备变化情况

（三）科摩罗资源状况

1. 能源状况

科摩罗无矿藏资源，水力资源匮乏，森林面积约2万公顷，占国土总面积的15%，渔业资源较丰富。

科摩罗首都莫罗尼市有自来水供应，供水网主要在市中心地区，地势较高一些的地方尚未铺设管道。科摩罗其他居民饮用水主要靠积集屋面雨水，部分较好的房屋自建有蓄水池。科摩罗各地雨量分布不均，部分地区旱季后期存在饮用水供应困难。昂儒昂岛泉水、河流较多，水质较好，该岛多处筑有水坝截流，利用地势将水流引入水池，或通过管道输送到城镇或村庄的集中供水站，基本可保证常年供水。

科摩罗目前供电尚不能满足基本需要，部分地方还未架设输电线路。因供电设备陈旧、保养技术水平差、缺零配件，无法保证供电的日常基本维持。大科摩罗岛、莫埃利岛和昂儒昂岛主要都是依靠柴油发电机进行发电，在昂儒昂岛还设有小型水力发电站3座。科摩罗各地区近几年的电力供应情况见表14。

表14　　2004年—2006年科摩罗各地区电力供应情况

项目 / 年度 / 地区	用户量（户）			发电量（百万千瓦时）		
	2004	2005	2006	2004	2005	2006
大科摩罗岛	19242	20634	23575	35	38	40
昂儒昂岛	6941	8376	9873	8.12	8.6	9.7
莫埃利岛	1345	1477	1518	1.08	0.908	0.943
合计	27528	30487	34966	44.2	47.508	50.643

2. 旅游资源

科摩罗旅游资源丰富，海岛风光秀美，伊斯兰文化引人入胜，但旅游资源尚待充分开发。科摩罗现有客房760间，床位880个。位于大科摩罗岛的加拉瓦阳光度假饭店（Galawa Sun Resort Hotel）为科摩罗最大旅游设施。外国游客中68%来自欧洲，29%来自非洲。近年因政局动荡，旅游业受到严重影响。近几年抵科摩罗外国旅客人数见表15。

表15　　2002年—2006年抵达科摩罗外国旅客人数　　单位：人

年度	2002	2003	2004	2005	2006
旅游	3508	3909	4104	4655	5120
商务	4264	4114	4320	4913	5404
探亲	9472	11315	13578	14999	16198
其他	1458	1234	1296	1293	1793

参考文献资料

1. African Development Bank Group (AfDB), the African Union Commission (AUC) and the United Nations Economic Commission for Africa (UNECA), African Statistical Yearbook, 2009.

2. Central Bank of Comoros, Annual Report, 2003—2006.

3. The Africa Report, published by Group Jeune Afrique, No. 20, December 2009 - January 2010.

4. IMF, World Economic and Financial Surveys—Regional Economic Outlook—Sub-Saharan Africa.

第二十五章 索马里

索马里政治经济情况

索马里位于非洲大陆最东部的索马里半岛上，北临亚丁湾，东濒印度洋，西与肯尼亚、埃塞俄比亚接壤，西北与吉布提交界。海岸线长3200公里。大部分地区属热带沙漠气候，西南部属热带草原气候，终年高温，干燥少雨。国家面积为637660平方公里。其中陆地面积627340平方公里，水域面积10320平方公里。人口1040万（2009年估计数），绝大部分是索马里人，自然增长率2.2%，分萨马莱和萨布两大族系。其中萨马莱族系占全国人口的80%以上，分为达鲁德、哈维耶、伊萨克和迪尔四大部族。萨布族系分为迪吉尔和拉汉文两大部族。官方语言为索马里语和阿拉伯语，通用英语和意大利语。伊斯兰教为国教，穆斯林占总人口的95%。

首都摩加迪沙（Mogadishu），人口80万（2004年估计数）。热季平均气温26℃—32℃，凉季平均气温23℃—28℃。国家元首为过渡联邦政府总统谢赫·谢里夫·谢赫·艾哈迈德（Sheikh Sharif Sheikh Ahmed），2009年1月31日在吉布提宣誓就职，由在吉布提召开的索马里过渡联邦议会选举产生。

（一）国家简史

公元前1700多年，非洲之角即出现了以出产香料著称的“邦特”国。公元7世纪起，阿拉伯人和波斯人不断移居于此，在亚丁湾和印度洋沿岸建立贸易点和若干个苏丹国。1887年，索马里北部沦为英国“保护地”，称为“英属索马里”；1925年，索马里南部沦为意大利殖民地，称“意属索马里”。1941年英国控制了整个索马里。1960年6月26日索马里北区独立，7月1日索马里南区独立，即日南、北两部分合并，成立索马里共和国。1969年，索马里国民军司令穆罕默德·西亚德·巴雷（Mohamed Siad Barre）发动政变上台，成立索马里民主共和国。1991年1月西亚德政权被推翻，索马里陷入内战，多个政权并存。1991年2月，阿里·迈赫迪·穆罕默德（Ali Mahdi Mohamed）成立新政府，自命为“临时总统”，改国名为“索马里共和国”。1991年5月18日，索马里北部宣布“独立”，成立索马里兰共和国，阿卜杜拉赫曼·艾哈迈德·阿里·图尔（Abdurahman Ahmed Ali Tour）为“总统”。1993年5月，穆罕默德·易卜拉欣·埃加勒（Mohamed Ibrahim Egal）继任“总统”。2002年4月埃加勒病逝后原“副总统”达希尔·里亚尔·卡辛（Dahir Riyale Kahin）于5月1日继任

"代总统"。1995 年 6 月 15 日，索马里当时的最大武装派别领导人穆罕默德·法拉赫·艾迪德（Mohamed Farah Aideed）宣布在摩加迪沙成立临时政府，自任"总统"；1996 年 8 月 4 日，其子侯赛因·穆罕默德·艾迪德（Hussein Mohamed Aideed）在老艾迪德遇害后继任"临时政府总统"。1998 年 7 月，阿卜杜拉希·尤素福（Abdullahi Yussuf）在索马里东北部成立"邦特兰"地方割据政府并任主席。2002 年 3 月 31 日，拉汉文抵抗军（RRA）决定成立"索马里西南国"，并选举夏尔古杜德（Col. Hassan Mohamed Nur Shrgudud）为主席。目前，国际社会对自 1991 年 2 月以来成立的上述政权均未予以承认。

（二）政治形势

自 1991 年西亚德政权倒台后，索马里一直处于军阀武装割据、国家四分五裂的无政府状态。国内各派打打停停，经过不断分化组合，逐渐形成索马里兰、邦特兰、拉汉文兰和艾迪德等摩加迪沙派别四分天下的格局。国际社会曾 13 次调解索马里问题，均无结果。

2002 年 10 月 15 日，索马里第 14 轮和会在肯尼亚的埃尔多雷特召开，除索马里兰外的索马里所有政治军事派别和民间团体均派代表与会；27 日，与会各派领导人签署《关于停止敌对和索马里全国和解进程相关机构与原则的宣言》，规定立即在索马里实现全面停火，制定新的宪法，并成立包容各方的联邦制中央政府。当年 11 月 29 日，和会进入第二阶段，与会各方决定成立 6 个专题委员会：联邦制与临时宪章委员会，复员、解除武装与安置委员会，土地与财产权利委员会，经济恢复、机构建设与资源调动委员会，地区与国际关系委员会，责成各委员会起草向领导人会议和大会提交的建议。但索马里兰继续拒绝出席和会，并积极寻求国际社会承认其独立地位。

2004 年 2 月 23 日，索马里和谈全体代表举行会议，通过索马里《过渡宪章》。10 月 10 日，索马里过渡议会在肯尼亚首都内罗毕选举阿卜杜拉希·优素福·艾哈迈德为索马里过渡联邦政府总统，任期 5 年。联合国、非盟、阿盟、欧盟及世界其他主要国家均表示欢迎。11 月 3 日，优素福总统任命阿里·默哈迈德·格迪为索马里过渡政府总理。2005 年 1 月 15 日，索马里过渡联邦政府正式成立。6 月起，过渡政府迁回索马里境内乔哈尔办公。2006 年 1 月，索马里过渡政府总统与过渡议会议长签署旨在达成全面谅解的《亚丁宣言》。2006 年 6 月，索马里地方派别伊斯兰法院联盟武装控制首都摩加迪沙，并加紧扩张势力，逼近过渡政府所在地拜多阿。2006 年 12 月下旬以来，索马里过渡联邦政府在埃塞俄比亚军队支持下击溃了伊斯兰法院联盟武装，控制了首都摩加迪沙及索马里大部分地区。

2007 年 7、8 月份，索马里全国和解大会在首都摩加迪沙召开，优素福总统、格迪总理等高官和索马里各部族代表以及其他国家、国际或地区组织的代表 2600 多人出席，索马里各方代表就国内停火、解武等众多议题进行了讨论，达成广泛共识。9 月中旬，优素福总统、格迪总理、马多贝议长在沙特阿拉伯吉达签署全国和解大会最后成果文件。10 月 30 日，优素福总统任命努尔·哈桑·侯赛因为索马里过渡联邦政府新总理。2008 年 1 月 10 日，经索马里过渡议会批准，努尔总理组建了新内阁。12 月 29 日，优素福总统向过渡议会正式宣布辞职。2009年1月31日，索马里过渡议会选举谢赫为总统，任命舍马克为总理并成立了新的过渡政府。索马里新政府积极寻求与各方和解，得到国内和国际社会的普遍支持。但索马里国内“沙巴布”等反政府武装拒绝对话，继续对索马里过渡政府发动进攻。

联合国自2007年2月起，通过决议授权非洲联盟向索马里派维和特派团。目前特派团兵员约4300人，主要来自乌干达和布隆迪。

（三）经济情况

索马里是联合国宣布的世界上最不发达的国家之一。经济以畜牧业为主，工业基础薄弱。20世纪70年代初，由于国有化政策过激加上自然灾害等因素，经济严重困难。20世纪80年代，在世界银行和国际货币基金组织等机构支持下，调整经济政策，强调优先发展农业，逐步实行经济自由化，放宽贸易限制，鼓励外资和私人投资，取消农产品价格控制，实行索马里先令（以下简称“索先令”）贬值、美元拍卖、紧缩财政开支等政策，经济一度好转。但自20世纪90年代初，索马里爆发内战后，国民经济遭到极大破坏，经济持续倒退，人民生活越来越依赖国外侨汇①，每年从国外汇入的美元总金额在40亿美元以上（据半岛电视台报道每年光汇入北部索马里兰区域的外汇就达20亿美元）。近年来，部分地方割据政权辖区局势平稳，经济有所改善。

1. 经济概况

在20世纪70年代，索马里人均GDP增长了37%，到20世纪80年代人均GDP增长率下降至6%，而到20世纪90年代人均GDP增长率又恢复到37%。自从内战爆发以来，索马里经济从科学社会主义计划经济过渡到自由市场经济。由于多年战乱和政府统计数据的缺失，目前很难准确计算出索马里的经济规模和经济年增长率。根据美国中情局（CIA）的资料，索马里1994年、2001年、2005年和2008年按购买力平价法计算的GDP估计值分别为33亿美元、41亿美元、48.09亿美元和55.24亿美元。2008年人均GDP，按购买力平价法计算为600美元，国内生产总值增长率（实际增长率）为2.6%。索马里汇率非常不稳定，在2000年1月，官方公布汇率为1美元兑2555.42索先令；但实际市场汇率为1美元兑10100索先令，而在2001年—2002年期间索先令大幅贬值，市场汇率达到1美元兑30000索先令，从2003年起索先令市场汇率又开始升值到1美元兑20000索先令，至2006年4月继续升值到1美元兑13400索先令。2007年1月官方公布汇率1美元可兑1288.26索先令，但实际上在黑市上1美元可兑换23000索先令。

2. 产业情况

索马里经济以农牧业为主，工业基础薄弱。根据美国中情局2005年估计数字显示，索马里产业结构情况为农业、工业和服务业占比分别为65%、10%和25%（见图1）。

---

① 由于战乱，约有200万索马里人侨居海外。

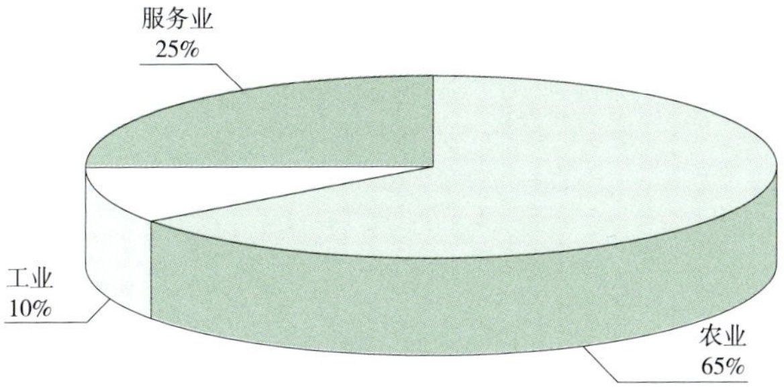

图 1　2005 年索马里产业结构图

（1）农、牧业

农业是索马里国民经济的支柱产业。全国有可耕地 820 万公顷，占全国土地面积 13%，已耕地仅 100 多万公顷。主要农作物有高粱、玉米、稻米、豆类、芝麻、棉花、香蕉、乳香和没药等。种植产品产值在国内生产总值中占 20% 以上。香蕉、乳香和没药是重要出口农产品。香蕉受自然条件影响增减幅度很大，有的年份产量可达 15 万吨，有的年份仅 5 万吨左右。乳香年产 600 吨左右，没药年产可达 2000 吨，二者产量均占世界产量的一半。粮食一般年份都不能自给，年进口量 10 万吨左右。由于内战和大旱，更加剧了索马里粮食的短缺局面，1991 年以来粮食几乎全部依靠国际救济。1999 年—2001 年索马里主要农作物产量见表 1。

表 1　1999 年—2001 年索马里主要农作物产量表　单位：千吨

年　度	1999	2000	2001	年　度	1999	2000	2001
玉　米	143	210	210	芝　麻	22	23	23
高　粱	62	100	100	甘　蔗	210	220	220
大　米	2	2	2	香　蕉	50	55	55
豆　类	14	15	15				

畜牧业是索马里重要产业，其产值占到国内生产总值的 40% 以上，占出口收入的 70% 左右。全国 65% 的人口从事畜牧业。主要饲养山羊、绵羊、牛和骆驼。索马里饲养骆驼的数量在世界上首屈一指。1990 年，全国骆驼总数高达 685 万头。牲畜存栏数 1973 年为 2214 万头，1986 年为 4100 万头，1990 年为 4200 万头。在内战最为激烈的 1991 年和 1992 年，各种牲畜均遭重大损失。据联合国粮农组织估计，1991 年牲畜头数降至 2800 万头，1992 年降至 1500 万头。2000 年畜牧产品出口占出口总额的 65%。2001 年—2003 年索马里主要出口活畜数量见表 2、表 3。

表 2　2001 年—2003 年经柏培拉港出口活畜数量　单位：头

年　度	2001	2002	2003	年　度	2001	2002	2003
绵羊与山羊	42554	178777	550085	骆　驼	2660	12354	21874
牛	13962	14936	84312				

表3　2001年—2003年经博萨索港出口活畜数量　单位：头

年　度	2001	2002	2003	年　度	2001	2002	2003
绵羊与山羊	548853	1280768	1468109	骆　驼	1950	8246	4259
牛	42248	47050	71228				

（2）工业和服务业

工业产值占国内生产总值9%左右，以中小型企业为主。主要工业部门有纺织、制糖、制药、皮革、烟草、炼油、电力、建筑材料和食品工业等。1991年中央政府被推翻后，工业生产基本上处于瘫痪和停顿状态。不过近年来，逐渐有投资者重新回来投资索马里。如：2004年，可口可乐公司在索马里首都摩加迪沙开设了灌装工厂。以下是索马里主要工业、服务业部门简况：

① 交通运输业。索马里交通运输业落后，境内以公路为主，无铁路。且公路因战乱和年久失修，路况非常差。目前，索马里国家公路系统号称有22100公里，其中全天候公路大约2600公里。公路网的中心是首都摩加迪沙，全国五条主要公路均在此交汇。目前，除了西北部索马里兰和东北部邦特兰境内的公路之外，大都年久失修。全国汽车总数不多。1989年，全国共有汽车10000辆。内战爆发后，各种车辆遭到很大破坏。其中卡车、公共汽车1989年是8000辆，1991年下降为1000辆。近些年，在索马里兰和邦特兰，公共汽车的进口贸易开始恢复。内陆交通运输主要靠骆驼和汽车。

索马里海上运输占有重要地位，主要港口有南方的摩加迪沙和基斯马尤，北方的柏培拉和博萨索。由于南方冲突不断，北方两港目前承担主要海运任务。1997年，欧盟出资对柏培拉和博萨索进行了一定程度的现代化改造。

索马里有大小机场61个，绝大部分条件简陋，跑道未经铺垫。摩加迪沙和柏培拉有国际机场，可起降大型客机。2001年索马里重建“国家”航空公司——索马里航空公司，但索马里兰和邦特兰均不允许其飞机在两地起降。2001年3月，埃塞俄比亚航空公司开通了从亚的斯亚贝巴飞往索马里兰“首都”哈尔格萨的航班，每两周一班。此外，联合国运送援助物资的飞机也经常在索马里起降。

② 通讯业。在内战期间，索马里公共电信网络几乎都被破坏，目前索马里境内大多数城市的通讯服务，如国内、外电话服务，均由私人无线通讯公司提供。而且这些电信服务质量较战前更好，其上网费是非洲大陆最低廉的。截至2005年，索马里共有固定电话10万部，移动电话50万部。

在摩加迪沙、哈尔格萨和Galkayo都设有广播电台，每天用索马里语和其他语言进行广播。截至2001年，索马里境内有两家电视台，分别位于摩加迪沙和哈尔格萨。截至1997年，索马里拥有收音机47万台、电视机13.5万台。

2001年美国“9·11”事件后，由于美国怀疑索马里藏匿基地组织成员而对其进行制裁，影响了索马里因特网发展。但随着网吧的增加，索马里因特网使用人数仍不断增长。索马里全境因特网用户从1999年的200人迅速增长到2005年的9万人①。目前索马里境内在用电脑至少有5万台，平均每台电脑使用人数为两人。

③ 财政金融业。索马里全国仅索马里兰有较为健全的行政机构，可开展正常的经济运作。2000年，索马里兰预算收入为750亿索马里兰先令，约合2600万美元。政府收入的85%来自柏培拉港关税。2001年，索马里债务总额为25.3亿美元。

近年来，因战乱而停业的银行开始恢复。目前，索马里较大的银行有：索马里兰中央银行、邦特兰中央银行（1999年8月成立）、索马里巴拉卡特银行（设在摩加迪沙，1996年开业；2001年“9·11”事件后，其在美国及欧洲的分支机构被关闭）和索马里—马来西亚商业银行（设在摩加迪沙，1997年4月开业）。不过，当地居民心里认可的银行都是像西联、Dahabshil这样的汇款公司，每年汇款公司要处理5亿—10亿美元外汇相关业务，因此外汇业务成为索马里最主要的金融服务。

3. 对外贸易

索马里外贸在经济中占有重要位置，但连年逆差。传统出口商品为活畜（20世纪90年代年均出口约300万~350万头）、香蕉、乳香、没药和皮革。主要进口原油、机械及零配件、食品、车辆、建材、医药和纺织品等。主要贸易伙伴为沙特阿拉伯、也门、阿拉伯联合酋长国、吉布提、肯尼亚等国，其中沙特为索马里最大的出口市场。2002年，索马里主要出口目的地为沙特（34%）、阿联酋（34%）、也门（16%）和阿曼（8%），进口货物的主要来源国为吉布提和肯尼亚。2000年—2002年索马里主要贸易伙伴及贸易情况见表4。

表4　　2000年—2002年索马里主要贸易伙伴及贸易情况　　单位：百万美元

出口目的地	2000年	2001年	2002年	进口来源国	2000年	2001年	2002年
沙特	41	—	—	吉布提	87	96	104
阿联酋	41	38	33	肯尼亚	40	44	48
也门	19	21	23	印度	8	9	10
阿曼	9	9	9	泰国	22	19	17
巴林	2	2	2	巴西	20	34	37
印度	2	3	3	英国	19	9	16

4. 外国援助

索马里是当今世界上接受外援数量最多的国家之一。从1960年独立到1973年，索马里获得外国垄断公司投资约1亿美元，而外国政府和国际机构援助的资金近7亿美元。1973年以后，主要由于索马里推行国有化政策，再加上政局不稳，外国垄断公司投资减少，最后导致全部撤离。到20世纪80年代前期，据统计，几乎100%的索马里发展预算依赖外援，50%

① ITU（国际电信联盟）的估计数。

的经常性开支依赖国际贷款和赠款。所以，当20世纪80年代中期索马里政府开始接受国际货币基金组织主导的经济结构调整，并实行自由经济政策，外援急剧减少时，政府机构的管理能力也随之下降，有的甚至停顿。在1985年—1990年期间，索马里共获得外援4.4亿美元，而同时期的外债已高达24亿美元。1991年1月索马里陷入战乱和地方割据状态后，外国政府和国际社会加强了对索马里的人道主义援助。20世纪90年代以来，先后约有150个国际机构向索马里提供人道主义援助。2004年10月过渡联邦政府成立后，得到了包括中国在内的一些国家的援助。

5. 资源情况

索马里自然资源贫乏。主要有铁、锡、锰、锗、镍、铬、镁、锌、铝、铀、石英石、绿柱石和石膏等。此外，还有石油和天然气。除绿柱石和石膏外，大部分矿藏均未开发。

索马里拥有非洲大陆最长的海岸线，渔业资源丰富。据估计，年捕捞量可达18万吨，但受捕捞方式落后、市场销量不大等因素限制，目前年捕捞量仅2万吨。索马里国内各派别都向外国渔业公司出售捕鱼许可证，但由于其长期处于无政府状态，外国渔船在索马里领海偷捕现象十分严重。近年来海盗在索马里及其邻近海域扣押过往船只和船员以此索要赎金的事件发生频繁。

此外，索马里森林覆盖率为13%。

（四）与中国的关系

中国和索马里于1960年12月14日建交。1990年年底，索马里内战爆发，中国驻索马里使馆、医疗队和工程技术人员于1991年1月被迫撤离，迄今未返回。

近年来，中国常驻联合国代表团在联合国安理会积极参与讨论索马里问题，推动索马里和平进程，并曾于2003年—2007年担任联合国安理会索马里问题协调员。中国驻索马里邻国使馆和常驻联合国代表团与索马里各派保持友好接触。自1992年起，中国政府和红十字会每年均向索马里灾民捐赠一定数额的药品和一般物资。印度洋海啸波及索马里后，中国政府、中国红十字会和中华慈善总会分别向索马里提供了现汇及物资援助。

索马里国家与中国政府关系良好，由于中国政府多年来对索马里的帮助，尤其是基础设施上的帮助，索马里南部的体育馆、国家剧院、索马里南北公路主干道，北部哈尔格萨的供水设施，都是中国几十年前援建的。这些使得当地人民对中国非常友好。索马里过渡政府成立后高度重视对华关系，多次重申一个中国立场，并愿进一步加强与中国政府的联系，优先发展与中国的合作。

目前，索马里主要从中国进口日用品和电信设备。此外，已经有中国商人在当地进行渔业资源进口、建设水泥厂等项目。

参考文献资料

1. Economy of Somalia.

2. http://en. wikipedia. org/wiki/Economy_of_Somalia.

3. Somalia.

4. http://countrystudies. us/.

5. The World Factbook.

6. https://www. cia. gov/library/publications/the - world - factbook/print/so. html.